国家科学技术学术著作出版基金资助出版

汽车轻量化导论

马鸣图　王国栋　王登峰　等 编著

Introduction to
Automotive Lightweight

化学工业出版社

·北京·

汽车的轻量化，就是在保证汽车的强度和安全性能的前提下，尽可能地降低汽车的整备重量，从而提高汽车的动力性，减少燃料消耗，降低排气污染。

本书对汽车轻量化及其国内外的最新进展进行了全面系统的论述，书中不仅论述了轻量化的基础，包括轻量化的重要意义，轻量化的表征参量、评价方法、材料性能和汽车零件功能之间的关系，计算机模拟和材料在高应变速率下的响应特性；还为汽车轻量化指明了实施路径和方法：轻量化的优化设计，合理选材和采用先进的成形技术。全书不仅理论和实际应用相结合，而且经典的基础知识和新近研究进展为一体，这些都将为促进我国汽车轻量化的发展提供有益的参考。

本书可供从事汽车生产、设计、研发的技术人员阅读，也可供相关专业的师生参考。

图书在版编目（CIP）数据

汽车轻量化导论/马鸣图等编著. —北京：化学工业出版社，2020.1

ISBN 978-7-122-35462-4

Ⅰ.①汽⋯ Ⅱ.①马⋯ Ⅲ.①汽车轻量化-研究 Ⅳ.①U462.2

中国版本图书馆CIP数据核字（2019）第245369号

责任编辑：刘丽宏　　　　　　　　　　　文字编辑：陈　喆
责任校对：王鹏飞　　　　　　　　　　　装帧设计：王晓宇

出版发行：化学工业出版社（北京市东城区青年湖南街13号　邮政编码100011）
印　　装：凯德印刷（天津）有限公司
787mm×1092mm　1/16　印张43½　字数1146千字　2020年6月北京第1版第1次印刷

购书咨询：010-64518888　　　　　　　　售后服务：010-64518899
网　　址：http://www.cip.com.cn
凡购买本书，如有缺损质量问题，本社销售中心负责调换。

定　　价：298.00元　　　　　　　　　　　　　　　　　　　　　版权所有　违者必究

前言

从能源的生产方式、储存方式、传输方式、分配和再生，一些学者论述了第三次工业革命即将到来或初露端倪，为应对这一工业进展和革命的形势，世界各国特别是工业化基础较好的国家，都提出或制定了发展战略，如德国提出了工业4.0的战略，我国也提出了"中国制造2025"。这种形势对汽车工业的要求是电动化、智能化和轻量化。

汽车工业的发展，汽车产量和保有量的增多，在给人们出行带来方便的同时，也产生了能耗、安全和排放三大问题，汽车工业节能减排刻不容缓；在诸多汽车节能减排的手段中，轻量化是最直接、最有效的节能减排手段。同时轻量化也是汽车工业发展和竞争能力的体现，并将成为汽车工业今后长期的重点科研课题和重要研发方向。本书对汽车轻量化做了全面的论述，试图给读者关于轻量化和相关学科的准确概念和对汽车轻量化系统完整的认识，并展示出轻量化的需求和今后的发展前景。本书既是编者多年来研发工作所取得成果的总结和提升，也是对世界各国关于轻量化的最新研发进展的全面论述。本书的内容特别注意现实的实用性和长远发展的相互融合，并从导论的角度提升本书的科学价值，以期有利于提升我国汽车工业的竞争能力和综合技术水平，并促进我国汽车工业的健康发展。因此，本书所涉及的相关内容对我国包括乘用车、商用车、传统燃油车、新能源汽车等轻量化的未来发展具有长期的参考价值和重要的战略指导意义。

汽车轻量化是从轻量化的概念认识开始，通过优化设计、合理选材和采用先进的成形技术等多专业、多学科、多种工艺技术、多种材料的优势集成，是一个系统工程。因此本书编者联合在汽车设计领域、材料加工领域、材料研发和应用领域中相关的专家、学者，共同完成此书。书中将尽可能做到物理概念准确、力学概念清晰、数学推导严谨，从发展的角度写应用，从应用的角度论发展，做到理论探讨深入、实用创新性强、理论和实践有机融合，并试图从科学技术导论的角度完成此书的撰写。

全书共分14章。第1章介绍汽车工业发展和汽车轻量化的重要意义，不仅节能减排，而且对我国汽车工业竞争能力的提升和健康发展都具有重要意义；第2章介绍汽车轻量化的表征参量和评价方法，包括乘用车、商用车以及新能源汽车的轻量化和相关内容；第3章介绍汽车轻量化工程的实施，从汽车车身与有关典型构件的功能要求讲起，论述了轻量化工程的实施是通过优化设计、仿真分析，采用先进的成形技术和合理的选材等多种专业优势的集成，是一项系统工程；第4章论述了材料性能和零部件功能之间的关系，这两个是汽车轻量化的基本概念，列举了大量的例子、试验结果，论述了两者之间的异同，给读者正确区分和应用这两个概念提供基础和依据，同时列举了关于这一概念和思想应用的举例，正确利用这一思想给正向选材等提供了依据和方法；第5章为轻量化材料在高应变速率下的响应特性，论述了高应变速率的基本概念、测试方法、试样类型、数据处理和本构方程以及典型材料高应变速率下响应特性的试验结果，为轻量化的安全件进行碰撞时的计算机模拟提供基础知识和数据；第 6 章介绍汽车用先进高强度钢的氢脆和延迟断裂，高强度钢的应用特别是马氏体级别钢的应用，氢脆和延迟断裂是关注的一个新问题，本章简单概述了氢脆延迟断裂的基本概念，表征评价方法以及氢脆的产生原因和预防措施，为高强度钢扩大应用同时避免使用过程中发生氢脆和延迟断裂提供参考和基础知识。

前 6 章为轻量化论述的基础知识。

第 7 章介绍乘用车结构的轻量化设计，基于乘用车白车身的性能要求，通过计算机模拟和多种优化方法，对白车身的优化设计进行了较全面的论述；第 8 章介绍商用车结构的轻量化设计，商用车保有量与乘用车无法相比，但它是汽车燃油消耗的主体，美国统计的结果占汽车燃油消耗的 60%，轻量化节能减排必须加大对商用车的研发力度，本章对商用车的典型构件车架、驾驶室、行走机构和桥壳等轻量化设计进行了深入的探讨和分析，突出了商用车的轻量化的特点；第 9 章介绍汽车轻量化和先进高强度钢的应用，高强度钢是既轻量化又提升安全性的、性价比高的汽车制造的基础材料，本章介绍了高强度钢和先进高强度钢的最新研究进展和在汽车轻量化中的应用前景，从应用哲学的高度，介绍了高强度钢的选用原则和思考以及相关的应用研究成果；第 10 章介绍了汽车轻量化和铝合金的应用，铝合金是一种重要的、为了方便满足某些法规要求所应用的轻量化材料，减重效果明显，本章介绍了铝合金的特点，应用的优势，铝合金应用的形式，高性能铝合金汽车板的研发成果以及在汽车轻量化中最新的应用和所取得的进展，为铝合金的扩大应用提供依据；第 11 章为汽车轻量化和塑料复合材料的应用，塑料复合材料是最轻的汽车轻量化的材料，在汽车的内饰件上有广阔的应用，近年来玻璃纤维增强或碳纤维增强复合材料的发展和性能的提升，使这类材料在汽车结构件上展示了广阔的应用前景，本章对这一材料的特性、应用和新近发展进行了较详细的综述；第 12 章论述了镁合金的应用，评述了镁合金的特点、优势和在汽车轻量化中应用的现状、问题和前景；第 13 章为汽车轻量化和热冲压成形技术，从热冲压成形的材料、工艺、装备、检测评价全面论述了这一技术的特点、优点和新近的快速发展的形势及所展示的广阔应用前景，该技术是获得高精度、超高强度汽车冲压件的基本手段和方法，特别介绍了我国有关产、学、研相结合的团队，瞄准"中国制造2025"所开发的处国际先进水平的全数字化的具有自主知识产权的热冲压成形生产线；第 14 章介绍了其他先进的成形工艺，如激光拼焊板、辊压成形、液压成形和差厚板成形工艺的基本原理和检测评价方法及其发展和应用近况。

以上可以看出，从第 7 章到 14 章，正是依据轻量化的实施路径，即从轻量化的概念到优化设计，合理的选材，应用先进的成形工艺技术等多种专业和多种材料优势集成的实现轻量化的技术路线所进行的全面系统的论述，在这些章节中，尽可能做到优化设计、原理、方法和汽车零件或整车轻量化效果相结合，材料的基本性能和零件功能要求相结合，基于先进成形工艺原理，结合材料的特性，合理确定成形工艺的有机融合。

书中第1、2、4章由中汽院马鸣图独立执笔编写；第3、5、9章由马鸣图和东北大学王国栋共同编写；第6章由香港大学骆智超、王舟、黄明欣共同编写；第7、8章由吉林大学王登峰编写；第10章由中汽院马鸣图、周佳联合编写；第11章由北京玻璃钢研究院王婧编写，马鸣图进行补充修改；第12章由重庆大学蒋斌编写；第13章由马鸣图编写，同济大学李芳芳对计算机模拟的应用和部分热点问题进行补充；第14章由宝山钢铁股份有限公司鲍平、吴川总撰稿，其中液压成形和内高压成形由逯若东、胡晓、陈东辉执笔，辊压成形由石磊执笔，激光拼焊板由郭瑞泉执笔，汽车用变厚板由张文执笔。

本书编写过程中，吴娥梅同志完成了文献查找和校正、图表制作的巨大工作量。东北大学轧制技术及连轧自动化国家重点实验室和相关单位为本书的编写提供诸多支持。在此，对有关人员和单位致谢！

本书各章节互有联系而又自成体系，可独立阅读，书中内容涉及汽车设计和分析技术、材料工艺技术等多种专业知识以及材料的物理和力学冶金、应用技术的各种领域，虽然编者力图将该领域内最新的进展奉献给读者，但汽车轻量化、材料和工艺技术仍在迅速发展中，在书稿成书的过程中，一些作者又承担多项国家科技项目或自然科学基金项目，在十分繁忙中完成书稿，因此书中不足之处在所难免，请读者不吝指正。

编著者

目 录

第1章 汽车工业发展呼唤汽车轻量化 … 1
1.1 汽车工业发展概况 … 1
1.2 节能减排是汽车工业发展的必然趋势 … 5
1.3 汽车轻量化意义重大 … 6
1.4 世界各国十分重视节能减排和轻量化 … 12
1.5 世界各国汽车轻量化的研发现状和进展 … 15
   1.5.1 美国轻量化研究现状和研发方向 … 17
   1.5.2 加拿大轻量化研究现状和研发方向 … 20
   1.5.3 日本轻量化研究现状和研发方向 … 21
   1.5.4 德国轻量化研究现状和研发方向 … 21
1.6 轻量化必须保证汽车的安全性和可靠性 … 22
1.7 发展新能源汽车 … 23
1.8 轻量化的LCA评估和优化设计 … 26
1.9 商用车轻量化 … 29
1.10 倡导主机厂和汽车零部件厂的生态平衡关系 … 29
参考文献 … 30

第2章 汽车轻量化的表征参量和评价方法 … 32
2.1 概述 … 32
2.2 乘用车白车身设计、功能、意义和内涵 … 32
2.3 乘用车整车轻量化效果的评估方法 … 35
2.4 乘用车轻量化评价参量的比较 … 47
2.5 商用车轻量化的表征参量 … 48
参考文献 … 49

第3章 汽车轻量化工程的实施 … 51
3.1 概述 … 51
3.2 车身的优化设计 … 52
   3.2.1 有限元分析的优化设计方法 … 53
   3.2.2 汽车轻量化优化设计和安全 … 54
   3.2.3 多学科多目标优化技术在汽车轻量化设计中的应用 … 57
   3.2.4 车身及主要结构件的拓扑优化技术 … 59

3.3　合理的选材 ………………………………………………………………………… 62
　　3.3.1　几种材料特性的比较 …………………………………………………………… 62
　　3.3.2　几种轻量化材料全寿命周期的评价 …………………………………………… 64
　　3.3.3　主要轻量化材料的环保性分析 ………………………………………………… 69
　　3.3.4　主要轻量化材料的回收性分析 ………………………………………………… 70
　3.4　先进的成形技术 …………………………………………………………………… 71
　3.5　轻量化的技术路线 ………………………………………………………………… 71
　参考文献 ………………………………………………………………………………… 78

第4章　材料性能和零件功能的关系 …………………………………………… 80
　4.1　概述 ………………………………………………………………………………… 80
　4.2　材料性能定义和范畴的拓宽 ……………………………………………………… 80
　4.3　材料性能和零件功能的关系、异同及表征 ……………………………………… 81
　　4.3.1　不同零件的功能和材料性能的对应关系 ……………………………………… 82
　　4.3.2　工艺因素对零件功能和材料性能的对应关系的影响 ………………………… 82
　　4.3.3　服役过程中的材料性能和零件功能的变化 …………………………………… 94
　4.4　材料研发必须重视应用研究 ……………………………………………………… 95
　4.5　材料性能和零件功能关系的理念的应用 ………………………………………… 96
　参考文献 ………………………………………………………………………………… 99

第5章　材料高应变速率下的响应特性 ………………………………………… 102
　5.1　概述 ………………………………………………………………………………… 102
　　5.1.1　应对第三次工业革命，汽车工业将向电动化、智能化、轻量化方向发展 …… 102
　　5.1.2　现代汽车设计理念中的轻量化 ………………………………………………… 102
　　5.1.3　发展轻量化技术已成为世界各国共识 ………………………………………… 104
　　5.1.4　现代汽车安全理念中的轻量化 ………………………………………………… 105
　　5.1.5　虚拟开发是新车开发的重要手段 ……………………………………………… 105
　5.2　汽车碰撞和工业实践需要材料在高应变速率下的响应特性 …………………… 106
　　5.2.1　动态载荷和应变速率 …………………………………………………………… 106
　　5.2.2　高应变速率下材料力学性能的测试技术 ……………………………………… 107
　　5.2.3　高速拉伸的试样的形状和尺寸 ………………………………………………… 109
　　5.2.4　高速拉伸时信号振动的基本原理及测量技术前沿 …………………………… 110
　　5.2.5　高速拉伸的数据处理 …………………………………………………………… 112
　　5.2.6　高速拉伸数据的本构方程 ……………………………………………………… 115
　5.3　影响高速拉伸试验数据可靠性和分散性的因素 ………………………………… 123
　5.4　几类典型材料高速拉伸的响应特性 ……………………………………………… 124
　　5.4.1　高强度钢和第一代先进高强度钢 ……………………………………………… 124
　　5.4.2　防弹钢的高速拉伸性能 ………………………………………………………… 129
　　5.4.3　第二代先进高强度钢——高锰TWIP钢 ……………………………………… 134

  5.4.4 Q&P 钢和 Q&PT 钢 ………………………………………………… 137
 5.5 铝合金在高应变速率下的响应特性 …………………………………… 141
 5.6 镁合金在高应变速率下的响应特性 …………………………………… 147
 参考文献 ……………………………………………………………………… 152

第 6 章 汽车用先进高强度钢的氢致延迟断裂 ………………… **158**

 6.1 概述 …………………………………………………………………… 158
 6.2 可扩散氢与残余应力 …………………………………………………… 159
  6.2.1 可扩散氢 …………………………………………………………… 159
  6.2.2 残余应力 …………………………………………………………… 161
 6.3 氢致延迟断裂的微观机理 ……………………………………………… 163
  6.3.1 不涉及塑性变形的延迟断裂机理 ………………………………… 164
  6.3.2 与塑性变形相关的延迟断裂机理 ………………………………… 164
 6.4 氢致延迟断裂性能的表征方法 ………………………………………… 165
  6.4.1 恒载荷拉伸试验 …………………………………………………… 165
  6.4.2 慢速率拉伸试验 …………………………………………………… 166
  6.4.3 断裂韧性试验 ……………………………………………………… 167
  6.4.4 弯曲与冲杯试验 …………………………………………………… 168
 6.5 先进高强度钢的氢致延迟断裂分析 …………………………………… 169
  6.5.1 热冲压钢 …………………………………………………………… 170
  6.5.2 含 TWIP 效应的钢 ………………………………………………… 171
  6.5.3 含 TRIP 效应的钢 ………………………………………………… 172
 参考文献 ……………………………………………………………………… 173

第 7 章 乘用车结构的轻量化设计 ………………………………… **179**

 7.1 概述 …………………………………………………………………… 179
 7.2 对乘用车的性能要求 …………………………………………………… 179
 7.3 乘用车白车身的性能要求 ……………………………………………… 181
  7.3.1 白车身刚度 ………………………………………………………… 181
  7.3.2 白车身的安全性 …………………………………………………… 188
  7.3.3 白车身的固有频率和 NVH 性能 …………………………………… 191
  7.3.4 白车身使用寿命和回收 …………………………………………… 196
 7.4 乘用车结构 CAE 分析 ………………………………………………… 204
  7.4.1 CAE 分析的重要意义 ……………………………………………… 205
  7.4.2 CAE 分析的方法 …………………………………………………… 206
  7.4.3 CAE 分析的各种软件 ……………………………………………… 207
 7.5 乘用车结构轻量化的优化设计 ………………………………………… 209
  7.5.1 结构拓扑优化设计 ………………………………………………… 209
  7.5.2 结构尺寸优化设计 ………………………………………………… 211

7.5.3 结构形状优化设计 ……………………………………………………… 212
7.5.4 白车身结构载荷传递路径分析和抗撞性设计 …………………………… 213
7.6 结构灵敏度分析方法 ……………………………………………………………… 214
7.6.1 概述 ………………………………………………………………………… 214
7.6.2 静态灵敏度分析理论 ……………………………………………………… 215
7.6.3 结构动态灵敏度分析 ……………………………………………………… 218
7.6.4 综合选取设计变量 ………………………………………………………… 220
7.7 基于性能目标最优的优化设计方法 ……………………………………………… 221
7.7.1 概述 ………………………………………………………………………… 221
7.7.2 单目标优化设计 …………………………………………………………… 221
7.7.3 多目标协同优化设计 ……………………………………………………… 223
7.8 白车身轻量化多目标优化设计举例 ……………………………………………… 227
参考文献 …………………………………………………………………………………… 228

第8章 商用车结构的轻量化设计 ……………………………………… 231

8.1 商用车的工作模式和承载特性分析 ……………………………………………… 231
8.1.1 底盘车架 …………………………………………………………………… 232
8.1.2 驾驶室 ……………………………………………………………………… 232
8.1.3 行走机构 …………………………………………………………………… 232
8.1.4 动力总成系统 ……………………………………………………………… 232
8.1.5 悬架系统 …………………………………………………………………… 233
8.1.6 车轮 ………………………………………………………………………… 233
8.2 商用车驾驶室轻量化设计 ………………………………………………………… 233
8.2.1 驾驶室参数化建模 ………………………………………………………… 234
8.2.2 驾驶室弯扭刚度分析 ……………………………………………………… 234
8.2.3 驾驶室低阶模态分析 ……………………………………………………… 236
8.2.4 基于被动安全性的驾驶室轻量化优化设计 ……………………………… 237
8.2.5 商用车驾驶室其他轻量化方法 …………………………………………… 242
8.3 商用车车架结构轻量化设计 ……………………………………………………… 248
8.3.1 车架结构有限元建模 ……………………………………………………… 250
8.3.2 车架有限元自由模态分析 ………………………………………………… 251
8.3.3 车架弯曲和扭转刚度的计算 ……………………………………………… 252
8.3.4 车架结构强度分析 ………………………………………………………… 255
8.3.5 车架结构轻量化设计 ……………………………………………………… 257
8.3.6 车架疲劳寿命分析与轻量化 ……………………………………………… 261
8.4 驱动桥桥壳轻量化设计 …………………………………………………………… 265
8.4.1 概述 ………………………………………………………………………… 265
8.4.2 桥壳结构有限元建模 ……………………………………………………… 266
8.4.3 桥壳结构强度和刚度分析 ………………………………………………… 269

8.4.4　桥壳结构轻量化设计 …………………………………………………… 272
　参考文献 ……………………………………………………………………………… 276

第9章　汽车轻量化和先进高强度钢的应用 ……………………………… 279
　9.1　概述 ……………………………………………………………………………… 279
　9.2　汽车钢板的分类 ………………………………………………………………… 281
　9.3　汽车钢板的典型显微组织 ……………………………………………………… 285
　9.4　汽车高强度钢和先进高强度钢的研究进展 …………………………………… 293
　9.5　高强度钢的材料选用和设计哲学 ……………………………………………… 309
　　9.5.1　应用高强度钢时的重要性能 …………………………………………… 310
　　9.5.2　设计哲学 ………………………………………………………………… 313
　9.6　高强度钢的应用和相关问题 …………………………………………………… 317
　　9.6.1　成形性 …………………………………………………………………… 318
　　9.6.2　加工硬化特性 …………………………………………………………… 323
　　9.6.3　回弹 ……………………………………………………………………… 324
　　9.6.4　疲劳性能 ………………………………………………………………… 338
　　9.6.5　应变历史对双相钢疲劳性能的影响 …………………………………… 347
　　9.6.6　点焊性能 ………………………………………………………………… 350
　　9.6.7　工艺性能 ………………………………………………………………… 354
　　9.6.8　烘烤硬化 ………………………………………………………………… 356
　　9.6.9　压溃吸能 ………………………………………………………………… 356
　参考文献 ……………………………………………………………………………… 357

第10章　汽车轻量化和铝合金的应用 ……………………………………… 362
　10.1　概述 …………………………………………………………………………… 362
　10.2　铝合金的特点和优点 ………………………………………………………… 364
　10.3　汽车铝合金的应用形式 ……………………………………………………… 366
　　10.3.1　铸造铝合金 …………………………………………………………… 366
　　10.3.2　精密铸造铝合金 ……………………………………………………… 368
　　10.3.3　半固态铸造成形 ……………………………………………………… 373
　　10.3.4　锻造铝合金 …………………………………………………………… 379
　　10.3.5　挤压铝合金 …………………………………………………………… 380
　　10.3.6　变形铝合金板材 ……………………………………………………… 382
　10.4　各类型铝合金在汽车中的典型应用 ………………………………………… 383
　　10.4.1　铸造铝合金的应用 …………………………………………………… 383
　　10.4.2　锻造铝合金的应用 …………………………………………………… 391
　　10.4.3　挤压铝合金的应用 …………………………………………………… 393
　　10.4.4　轧制铝合金板材 ……………………………………………………… 395
　10.5　铝合金在汽车典型零部件和白车身上的集成应用 ………………………… 397

10.5.1	铝合金副车架	397
10.5.2	铝合金在汽车悬架上的应用	399
10.5.3	铝合金在新能源车上的应用	401
10.5.4	铝合金在典型整车上的应用	403
10.5.5	其他新型铝合金在汽车上的典型应用	405

10.6 汽车用高性能、高成形变形铝合金板材的研究进展 410
   10.6.1 对汽车变形铝合金板材的力学性能要求 410
   10.6.2 成形性 419
   10.6.3 预处理（T4P）和抗时效稳定性 436
   10.6.4 烘烤硬化性 441
   10.6.5 抗凹性 442
   10.6.6 5000系铝合金镁含量和应力腐蚀开裂 444
   10.6.7 油漆的光鲜性——表面状态、罗平线和橘皮 445
   10.6.8 油漆兼容性 456
   10.6.9 铝合金应用时的焊接技术 457

参考文献 460

第11章 汽车轻量化和高分子基复合材料的应用 464

11.1 概述 464
11.2 高分子基复合材料的定义和分类 464
   11.2.1 高分子基复合材料的定义 464
   11.2.2 高分子基复合材料的分类 465
11.3 纤维增强树脂基复合材料 465
11.4 增强纤维 466
   11.4.1 玻璃纤维 466
   11.4.2 碳纤维 467
   11.4.3 芳纶纤维 468
11.5 树脂基体 469
   11.5.1 热固性树脂基体 469
   11.5.2 热塑性树脂基体 470
11.6 复合材料的界面 470
   11.6.1 界面剪切力的提出 471
   11.6.2 界面剪切力的测定方法 471
11.7 热固性树脂基复合材料的制造工艺与方法 472
   11.7.1 手糊成形工艺 472
   11.7.2 喷射成形工艺 474
   11.7.3 树脂传递模塑（RTM）成形 475
   11.7.4 袋压法、热压罐法、液压釜法和热膨胀模塑法成形 476
   11.7.5 夹层结构成形工艺 476

11.7.6 模压成形工艺 477
11.7.7 卷管成形工艺 479
11.7.8 缠绕成形工艺 479
11.7.9 拉挤成形工艺 480
11.8 热塑性树脂基复合材料的制造工艺与方法 480
11.8.1 挤出成形工艺 481
11.8.2 注塑成形工艺 482
11.8.3 连续纤维增强热塑性复合材料成形工艺 483
11.8.4 树脂注入成形工艺 484
11.8.5 GMT片材模压工艺 484
11.9 复合材料的强度理论 485
11.9.1 连续纤维增强高分子基复合材料的强度 485
11.9.2 不连续纤维增强高分子基复合材料的强度 486
11.9.3 长纤维和短纤维增强高分子基复合材料的混合强度 487
11.10 树脂基复合材料在汽车轻量化中的应用 487
11.10.1 汽车用复合材料的特点 487
11.10.2 复合材料在汽车上的应用 489
11.10.3 复合材料在新能源汽车上的典型应用 508
参考文献 512

第12章 汽车轻量化和镁合金的发展应用 514

12.1 概述 514
12.2 镁合金的特点和优势 515
12.3 镁合金应用的类型 515
12.3.1 汽车用铸造镁合金 515
12.3.2 汽车用变形镁合金 516
12.4 汽车用新型镁合金的研究现状和进展 516
12.4.1 高强高韧镁合金 516
12.4.2 耐热镁合金 518
12.4.3 高耐蚀性镁合金 521
12.4.4 高性能变形镁合金 522
12.4.5 阻燃镁合金 522
12.4.6 半固态成形镁合金 524
12.4.7 镁基复合材料 524
12.5 镁合金在汽车轻量化中的典型应用 527
12.5.1 镁合金方向盘骨架 528
12.5.2 镁合金仪表盘支架 528
12.5.3 镁合金轮毂 529
12.5.4 镁合金座椅骨架 530

12.5.5 镁合金自动变速器壳体	530
12.6 扩大镁合金应用的问题和方法	530
12.6.1 积极推进镁合金的基础研究	530
12.6.2 建立世界级的产品开发和设计平台	531
12.6.3 加快推进镁合金牌号和产品标准化	532
12.6.4 积极开展汽车全寿命周期评价的研究	532
12.6.5 大力推进汽车板 EVI 服务模式	533
12.6.6 积极组建产学研用协同创新体	533
参考文献	535

第13章 汽车轻量化和热冲压成形技术 · 541

- 13.1 概述 · 541
- 13.2 热冲压成形材料的开发 · 543
- 13.3 热冲压成形板的镀层 · 549
- 13.4 热冲压成形钢的高温流变特性、FLD 和摩擦系数的测定 · 551
- 13.5 加热工艺 · 555
- 13.6 成形和冷却 · 557
- 13.7 热冲压成形时的计算机模拟 · 558
  - 13.7.1 冲压成形和冷却过程中的模拟 · 559
  - 13.7.2 热传导模拟 · 560
  - 13.7.3 材料的流变模型和本构方程 · 564
  - 13.7.4 马氏体相变模型 · 567
  - 13.7.5 成形极限图和摩擦系数 · 568
- 13.8 不同组织状态下的 22MnB5 钢的本构方程 · 573
- 13.9 热冲压成形零件热-力耦合仿真的实际应用 · 575
  - 13.9.1 工艺参数对热冲压成形前防撞梁的影响 · 575
  - 13.9.2 热冲压成形零件开模变形的仿真 · 581
- 13.10 热冲压成形的模具设计 · 594
- 13.11 热成形零件的性能检测 · 599
  - 13.11.1 准静态力学性能和高速拉伸性能 · 599
  - 13.11.2 热冲压成形钢板的尖冷弯 · 601
  - 13.11.3 热冲压成形质量的检测和构件功能的检测 · 603
- 13.12 热冲压成形零件的后续加工 · 604
- 13.13 热冲压成形的热点 · 606
- 参考文献 · 615

第14章 汽车轻量化和其他先进成形技术 · 622

- 14.1 液压成形 · 622
  - 14.1.1 概述 · 622

14.1.2	板料的液压成形原理和方法	622
14.1.3	板料液压成形的形式	623
14.1.4	板料液压成形的应用	625

14.2 内高压成形 ······ 627
 14.2.1 内高压成形的原理和方法 ······ 627
 14.2.2 内高压成形的装备 ······ 630
 14.2.3 内高压成形的模具设计 ······ 634
 14.2.4 内高压成形的用材和性能要求 ······ 639
 14.2.5 内高压成形零件的检测和评价 ······ 642
 14.2.6 内高压成形的典型应用 ······ 643

14.3 辊压成形 ······ 644
 14.3.1 辊压成形工艺概述 ······ 644
 14.3.2 高强钢辊压成形材料特性 ······ 645
 14.3.3 高强钢辊压成形工艺设计及装备 ······ 646
 14.3.4 高强钢辊压成形零件的检测与评价 ······ 649
 14.3.5 高强钢辊压成形件在汽车轻量化的应用 ······ 651
 14.3.6 辊压成形前沿技术 ······ 652

14.4 激光拼焊板冲压成形技术 ······ 654
 14.4.1 概述 ······ 654
 14.4.2 激光拼焊的原理和方法 ······ 654
 14.4.3 激光拼焊焊缝组织和性能 ······ 655
 14.4.4 影响激光拼焊板质量的因素 ······ 656
 14.4.5 激光拼焊板在汽车工业中的应用 ······ 658
 14.4.6 激光拼焊板冲压成形基本原理 ······ 658
 14.4.7 激光拼焊板冲压成形优势 ······ 659
 14.4.8 激光拼焊板冲压成形性及其模具设计制造关键技术 ······ 660
 14.4.9 激光拼焊板冲压件可制造性分析 ······ 663
 14.4.10 激光拼焊板零件优化设计 ······ 665
 14.4.11 激光拼焊板冲压件在车身中的典型应用 ······ 667

14.5 汽车用变厚板（VRB） ······ 670
 14.5.1 概述 ······ 670
 14.5.2 变厚板轧制技术基本原理 ······ 671
 14.5.3 变厚板应用关键技术 ······ 674
 14.5.4 变厚板的检测评价 ······ 677
 14.5.5 变厚度钢板在汽车行业的典型应用 ······ 679

参考文献 ······ 681

第 1 章 汽车工业发展呼唤汽车轻量化

1.1 汽车工业发展概况

自 1953 年建立第一汽车制造厂至今，我国汽车工业已经走过了 60 多年的历程，从无到有，至 1992 年产量 100 万辆，经历了 40 年的时间；从 1992 年的 100 万辆产量到 2000 年的 200 万辆，经历了 8 年的时间；2000 年以后，我国汽车工业均以两位数的速度增长；到 2009 年，我国汽车工业达到 1374 万辆，首次超过美国，居世界第一；2010 年更达到 1800 万辆，汽车工业已经成为我国的支柱产业；到 2016 年我国汽车保有量达到 1.9 亿辆，汽车产量 2811 万辆。2007～2016 年我国汽车产销量及占世界产销量的比例见表 1-1[1]；2007～2018 年销量的增长见图 1-1。

表 1-1 2007～2016 年我国汽车产销量及占世界产销量的比例

年份	产量			销量		
	中国产量/万辆	世界产量/万辆	中国占世界的比例/%	中国销量/万辆	世界销量/万辆	中国占世界的比例/%
2007	888	7327	12.1	879	7120	12.3
2008	935	7053	13.3	938	6810	13.7
2009	1379	6170	22.4	1364	6540	20.9
2010	1826	7761	23.5	1806	7460	24.2
2011	1842	7999	23.0	1851	7790	23.8
2012	1927	8414	22.9	1931	8170	23.6
2013	2212	8751	25.3	2198	8564	25.7
2014	2372	8975	26.4	2349	8824	26.6
2015	2450	9078	27.0	2450	8968	27.4
2016	2811	9498	29.6	2802	8424	33.3

可以看出，自 2000 年以来，我国汽车产量和保有量增长迅速[2~4]。目前，汽车工业已

成为我国的支柱产业,汽车工业在国民经济中的比重日渐增长,其工业增加值的变化情况见表 1-2,2007~2014 年汽车工业总产值的变化情况见表 1-3[5,6]。

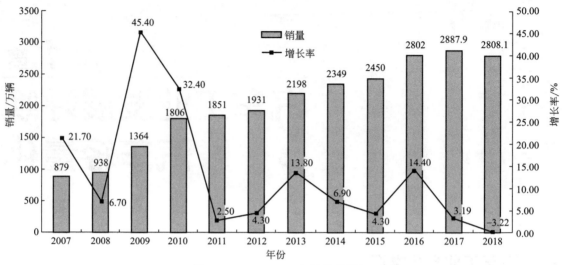

图 1-1　2007~2018 年销量的增长

表 1-2　2007~2014 年我国汽车工业增加值

年份	汽车工业增加值(A)/亿元	全国 GDP 总量(B)/亿元	A/B/%	机械工业增加值(C)/亿元	A/C/%
2007	4141.4	268019.4	1.55	19533	21.20
2008	4104.1	316751.7	1.30	24450	16.79
2009	5378.9	345629.2	1.56	28043	19.18
2010	6759.7	408903.0	1.65	37400	18.07
2011	7451.7	484123.5	1.54	44345	16.80
2012	7940.4	534123.0	1.49	48069	16.52
2013	8606.2	588018.8	1.46	53309	16.14
2014	9174.3	636138.7	1.44	56492	16.24

表 1-3　2007~2014 年我国汽车工业总产值

年份	汽车工业总产值(A)/亿元	全国工业总产值		机械工业总产值	
		产值(B)/亿元	A/B/%	产值(C)/亿元	A/C/%
2007	17242.0	386747.0	4.46	73567	23.44
2008	18780.5	507448.0	3.70	94040	19.97
2009	23437.8	548311.0	4.27	107484	21.81
2010	30248.6	698591.0	4.33	141583	21.36
2011	33155.2	884269.0	3.75	168871	19.63
2012	35774.4	997013.3	3.59	184131	19.43
2013	39225.4	1130760.2	3.47	203230	19.30
2014	42324.2	1234745.2	3.43	570932	7.41

汽车工业的发展不仅融入了各种先进的材料、成形技术、电子电控技术以及各种先进的制造工艺，而且由于汽车工业的发展需要，也促进和带动了各种先进技术和工艺的发展。汽车工业的迅速发展在给人们的出行带来方便和改变人们生活模式的同时，也产生了一系列相关的问题，包括能耗、排放造成的环境污染以及安全事故等。

针对汽车工业发展所带来的问题，世界各国为保证汽车工业的健康发展，都制定了相关的法规，包括能源消耗的限制法规、保证汽车乘员安全的各类碰撞法规和减少环境污染的排放限制法规，以及为汽车节能减排而进行汽车轻量化、小型化以及寻找新能源的各种研发工作，以期降低汽车工业对环境、安全、能耗的负面影响，充分发挥汽车工业不可替代的各种优势。在这些研发工作中，材料性能和典型构件功能提升，对于保证汽车轻量化、小型化、新能源汽车的健康发展和节能减排以及提升汽车的安全性、可靠性和舒适性都具有十分重要的作用。

(1) 世界汽车工业的发展

汽车工业的发展并强烈影响人类的生活是20世纪初（1907年）美国福特T型车的问世并大批上市后开始的。20世纪20年代，汽车制造业在美国工业中产值居首，出口值居第三。汽车的快速生产、普及对相关运输行业产生了巨大的冲击，同时也给各类产品流通带来了极大的方便。到1990年，美国新车销售达到1340万辆，并多年来居世界首位。

进入21世纪，各国汽车工业仍然迅速地发展，特别是我国汽车工业的发展为世界汽车工业的发展注入了新的动力。表1-4列出了2007~2016年世界主要汽车生产国汽车产量，从表中所列数据可以看出，世界上主要汽车生产国家汽车产量虽有波动，但总体趋势仍在上升，而全球的汽车总产量也一直有明显的上升趋势。由此，我们有理由说汽车工业的发展和由汽车工业所带来的汽车文明仍在全世界迅速拓展。

表1-4　2007~2016年世界主要汽车生产国汽车产量　　　　万辆

年份	美国	德国	法国	意大利	英国	日本	韩国	印度	全球总计
2007	1078	621	302	128	175	1160	409	225	7327
2008	871	604	257	102	165	1156	381	231	7053
2009	573	521	205	84	109	793	351	264	6170
2010	776	591	223	86	139	963	427	354	7761
2011	865	631	224	79	146	839	466	394	7999
2012	1033	565	197	67	158	994	456	415	8414
2013	1108	573	174	66	159	963	452	389	8751
2014	1166	591	182	70	160	977	452	384	8993
2015	1210	603	197	101	168	928	456	413	9078
2016	1220	606	208	110	182	920	423	449	9498

(2) 我国汽车工业的发展

我国汽车工业的发展起源于1953年，近十年来，我国汽车工业迅速发展并在世界汽车工业中占到举足轻重的地位。汽车消费的快速增长与私人消费成为汽车消费的主体密切相关，截至2009年，我国私人汽车的拥有量为3707万辆，是2000年的10.4倍，占乘用车保有量的77.7%，私人购车成为市场消费主体的重要意义还在于开启了我国汽车大众消费的时代。随着私人汽车消费爆发式的增长，我国汽车市场需求的细分程度明显提升，形成了竞争激烈的产品细分市场，其中，轿车及主要乘用车已成为汽车行业增长的主要动力。正是因为汽车的私人消费以及由此导致的对其汽车的价格、使用成本、售后服务、技术含量、安全性、质量稳定性、汽车报废的残值等综合考虑，促使汽车企业之间的竞争由过去的产品竞争逐步拓展到技术研发、产品质量、售后服务等多方面系统的竞争，推动了整个汽车产业、汽车文明的成熟发展[7]。

为适应我国汽车工业的迅速发展，产业研发投入不断加大，自主创新能力有了明显提升。我国民用汽车保有量和私人轿车拥有量见表1-5。近十年来，我国已由原来的汽车进口大国发展成为汽车出口国。2007～2014年我国整车出口情况见表1-6。

表1-5 我国民用汽车保有量和私人轿车拥有量

年份	全国汽车保有量/万辆	私人汽车		
		保有量/万辆	占全国汽车保有量的比例/%	其中轿车保有量/万辆
2007	4358	2876	66.0	1522
2008	5099	3501	68.7	1947
2009	6280	4575	72.85	2605
2010	7802	5939	76.12	3443
2011	9356	7327	78.31	4322
2012	10933	8839	80.85	5308
2013	12670	10502	82.89	6410
2014	14475	—	—	7590

表1-6 2007～2014年我国整车出口情况　　　　　　　　　　　　　　　　辆

年份	乘用车					商用车				
	总量	轿车	越野车	小客车≤9座	其他	总量	载货车	客车>9座	专用汽车	其他
2007	264501	188638	25671	43210	6982	349911	275806	41896	12261	19948
2008	318593	241316	24438	40523	12316	362415	287720	33928	14364	26403
2009	153005	102432	12280	17872	20421	217025	177926	23264	8912	6923
2010	282368	179940	22502	39918	40008	284285	232081	36517	8710	6977
2011	470090	372083	24309	64086	13212	379718	322053	42415	12845	2765
2012	587700	495456	4863	71201	16180	428029	355450	54450	16657	1472
2013	553339	424471	3063	103089	22716	395210	310673	63089	17328	4120
2014	507723	370943	5231	99346	32203	440186	329528	88071	17550	5037

(3) 汽车工业发展所产生的问题

汽车工业的快速发展、汽车产量的增加、汽车保有量的增多在给人们的出行带来方便，推动汽车文化、汽车文明的兴起和城市化进程的同时也产生了油耗、排放的环境污染和安全三大问题[8,9]。

2017年，我国石油消耗总量6亿吨，进口4.188亿吨，对外依存度为69.8%；日本为100%，欧盟各国为77%。因此，世界各国，尤其是汽车工业发达的国家均对汽车用油给予了极大的关注，提高汽车的燃油效率、节约汽车用油刻不容缓。

汽车工业发展带来的另外一个问题，就是尾气的排放和对环境的污染。汽车的尾气排放，包括NO_x、CO、硫化物等对人体直接有害的气体，通过对尾气排放的治理已经大幅度下降，但CO_2是无法消除的，从理论上来讲，每燃烧1L汽油，就会产生2.5kg CO_2。CO_2虽然不是有害气体，但它是温室气体。2017年，我国汽车保有量达到2亿辆，二氧化碳排放近18亿吨。如图1-2所示为大气中二氧化碳多年来的变化情况，按韩国POSCO的统计值，至2009年10月，大气中CO_2的含量已经达到$390×10^{-6}$[10]，而人类赖以生存并感到舒适的生存环境的CO_2上限是$430×10^{-6}$；美国海洋和大气管理局于2015年5月6日发布数据显示，全球大气中CO_2含量首超$400×10^{-6}$。按这样的增长速度，过不了几十年，大气中的二氧化碳含量就会达到上限值。而大气中二氧化碳的含量不仅会影响我们舒适的程度，还会影响到气候的变暖。图1-3给出了格陵兰岛近年来的冰层变化情况，该图形象地表示了格陵兰岛近年来的冰层融化范围的扩大，是温室气体增多引起气候变暖的一个形象表征和证明[11]。在人类活动各个产业排放的温室气体中，电力工业居首位，其次是交通运输，然后是工业；商业、民用和农业其温室气体排放很低，这也表征了降低汽车运行过程中的温室气体排放对抑制全球变暖和改善人类生存环境的重要意义[8,11]。

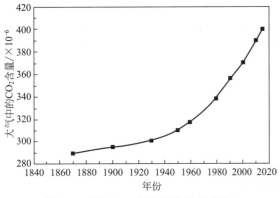

图1-2 大气中二氧化碳含量的变化

图1-3 格陵兰岛季节性的冰层变化情况

汽车工业的发展、运行车辆的增多也带来了交通安全问题。从2005年以后，我国每年死于交通事故的人数都超过10万人，每年伤亡人数超过20万人，即百万辆汽车死亡人数超过0.5万人。因此，如何提高汽车运行过程中的安全性和出现交通事故后减少对人身的伤害（被动安全性）也是汽车工业发展所面临的重大问题。面对以上问题，汽车工业将向着电动化、智能化和轻量化方向发展。

1.2 节能减排是汽车工业发展的必然趋势

如前所述，至2017年全世界汽车保有量已超12亿辆，我国已超2亿辆，每年消耗大量的石油并排放大量的CO_2，汽车工业必须节能减排。按各车型公告的油耗数据统计计算表明，我国的汽车燃油消耗比日本平均高10%～15%。为了保持我国汽车工业的健康发展，必须降低汽车工业的油耗，由此降低汽车工业的有害气体和温室气体的排放。文献[12]中数据表明，汽车工业中的能耗包括制造中和使用中的能源消耗，汽车制造中的能耗仅占汽车全寿命周期能耗的15%，而汽车大量的能耗是使用中的能耗，即使用过程中对石油制品的消耗。日本曾有数据假定一部乘用车"一生"所消耗的能量为$3×10^8$kcal（1cal=4.1868J），则行驶占82%，制造材料占10%，加工工艺占5%，轮胎占2%，润滑油占1%，可以看出减少汽车自重从而降低使用中的油耗具有重要意义。因此，美国汽车的自重自 1974 年以来，已经迅速下降。汽车自重这种明显的变化只有通过各种构件用材的变化和轻量化工程的实施才可能实现。

能源的消费与经济的增长密切相关，有专家统计了人均 GDP 和人均能源消费之间的关系[13]。目前，虽然我国的经济总量超过日本，但能源的消费也远超日本，约为日本的 5 倍。从人均国民收入来看，目前仅是日本和美国的 10%，即使到 2020 年，也仅相当于日本和美国的 20% 左右，因此，经济的发展和能源的消费这一矛盾还会持续增长。基于这种情况，我们国家将节能减排作为重要国策，汽车工业节能减排更是发展的必然。

汽车工业节能减排的手段包括开发新能源汽车、减阻汽车（包括减小风阻、发动机组的摩擦阻力、传动系统中的摩擦阻力等），而最直接、最有效的手段是汽车轻量化。

1.3 汽车轻量化意义重大

(1) 汽车轻量化是节能减排的有效手段[8,9,12]

大量的研究和统计分析表明，汽车运动中油耗的 75% 与整车质量有关，乘用车质量每减少 10%，可节约能耗 6%~8%，温室气体排放也可减少 6%~8%，有害气体减少 4%~6%；对商用车轻量化而言，每减少 1000kg 可节油 6%。乘用车汽车运行的阻力与汽车质量的关系可做如下理论分析，乘用车汽车运行的阻力包括空气动力学阻力、滚动阻力、加速度阻力、爬坡阻力，这几种阻力见图 1-4[14]。

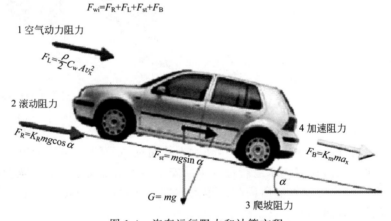

图 1-4　汽车运行阻力和计算方程

综合各计算方程，可得出汽车运行阻力的方程为

$$F_{wi}=F_R+F_L+F_{st}+F_B \tag{1-1}$$

车轮滚动阻力 F_R 为

$$F_R=K_R mg\cos\alpha \tag{1-2}$$

空气动力学阻力 F_L 为

$$F_L=\frac{\rho}{2}C_w A v_x^2 \tag{1-3}$$

爬坡阻力为

$$F_{st}=mg\sin\alpha \tag{1-4}$$

加速度阻力 F_B 为

$$F_B=K_m m a_x \tag{1-5}$$

以上各式中，m 为汽车质量；ρ 为空气密度；C_w 为风阻系数；A 为汽车迎风截面积；v_x 为车速；g 为重力加速度；a_x 为汽车加速度；K_R 为上坡阻力系数；K_m 为加速度阻力系数。将式(1-2)～式(1-5)代入式(1-1)可得

$$F_{wi} = \frac{\rho}{2} C_w A v_x^2 + m(K_R g\cos\alpha + g\sin\alpha + K a_x) \tag{1-6}$$

式(1-6)表明，汽车运动阻力与汽车质量密切相关。通常当车身设计完成后，汽车的风阻便能固定，则汽车运动的阻力与汽车的自质量呈线性关系。大量的实验结果证实了以上所分析的结果，相关数据示意见图1-5。

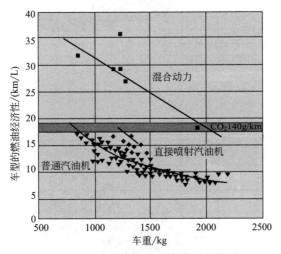

图1-5 燃油经济性与汽车车重的关系

欧洲全顺车研究表明，约75%的油耗与整车质量有关，降低汽车质量就可有效降低油耗以及排放。美国在欧洲全顺车的实验表明，在满足欧Ⅳ标准条件下，每百千米油耗 Y 与自重 X 满足以下关系

$$Y = 0.003X + 3.3434 \tag{1-7}$$

日本的试验表明，当汽车的自重从1500kg减到1000kg时，每升燃油平均行驶的里程由10km上升到17.5km，相当于每减重100kg，每升油可多行驶1.5km，即在此区间内，燃油经济性提高了4.6%～10%。与此同时，二氧化碳排放则随车子重量的增加而增加，也大体呈线性关系，可见汽车轻量化是实现节能减排的重要手段和方法。汽车轻量化不是简单意义上的用轻质材料代替原有材料，而应该是在同样的发动机排量下，满足汽车的使用要求并进行成本控制，通过轻量化的优化设计、轻量化材料的应用、先进的成形技术，并考虑到汽车的安全、维修等一系列关键技术的综合应用所取得的汽车减重的突破。用计算机模拟了装有不同发动机的紧凑型家庭轿车、中型轿车以及SUV车减重10%所产生的节油效果，结果表明，对紧凑型家庭轿车减重10%，可节油2.6%～6.8%，对中型轿车，可节油1.9%～8.2%，对SUV车，可节油2.4%～7.4%。可见，不同车型、不同发动机，同样减重10%，其整车的节油效果都有不同。

日本给出了不同变速箱、不同发动机类型的燃油经济性、排放和车重的关系，分别示于图1-6～图1-8[15]。由图可以看出，轻量化对不同变速箱车型的碳排放和节油效果影响亦不相同。自动变速箱轻量化的节油效果和碳排放较好，直喷发动机的碳排放效果和节油较好。

从全寿命周期评估来看，轻量化可以节能减排，赋予了轻量化汽车新的竞争能力，在燃

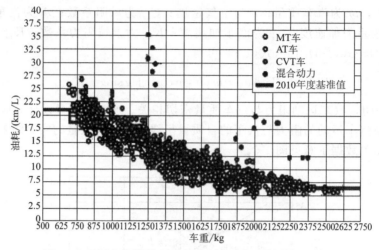

图 1-6　不同变速箱类型的乘用车自重与油耗之间的关系

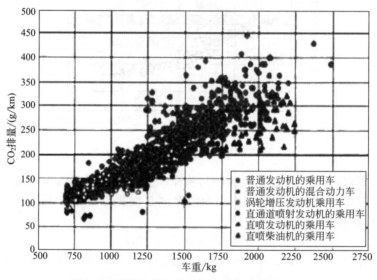

图 1-7　不同发动机类型的车重与碳排放关系

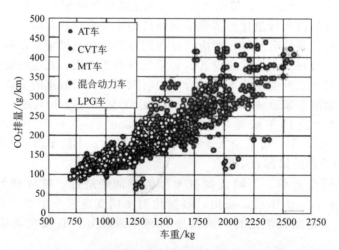

图 1-8　不同变速箱类型的车重与碳排放关系

油价格持续攀升的现实情况下，这无疑是扩大轻量化车型市场的有效手段和方法。在具有相同的安全性和舒适性的条件下，人们更希望购买到轻量化和节能减排的汽车。

（2）汽车轻量化可以提升汽车及相关产业的竞争能力

汽车轻量化可以提高汽车动力性、舒适性和竞争能力。汽车轻量化之后，在同样的发动机情况下，由于汽车运行阻力的降低，而使发动机的动力性能提升、加速性能改善，同时，由于汽车轻量化可以平衡汽车中附加的与舒适性相关的附件、汽车电器、汽车电子的增重而不另外增加汽车的重量，即可在较高舒适性的前提条件下，保持节能减排。另一种情况是汽车轻量化之后，由于汽车的运动阻力下降，汽车的加速性能得以提升或者是在同样的加速性能下，可以减少发动机的功率，因而发动机可以进一步小型化，从而产生二次的减重效果。此外，汽车轻量化实施过程中将会采用一系列的新技术、新工艺、新材料，从而提升汽车的档次，也提高了汽车的竞争能力。同时，对相关的新材料、新技术、新工艺的发展也起到了极大的推动作用。

马克思说过："工业上一旦产生对某种技术上的需求，则比办若干所大学更能促进该技术的发展。"马克思的这段论述，充分强调了工业应用背景的重要性。汽车轻量化需要采用高强度钢和先进高强度钢，它是既保证汽车轻量化，又保证安全的难以替代的性价比高的材料。汽车轻量化促进了各类高强度钢的产生和发展，早期汽车用的高强度钢为普通高强度钢，强塑积为 10000～15000MPa·%。由于汽车轻量化的需要，先后产生了第一代先进高强度钢，包括双相钢、相变诱发塑性钢、复相钢、马氏体级钢以及热冲压成形钢；这类先进高强度钢的强塑积在 15000～20000MPa·%。为了进一步提高高强度零件的成形性或撞击吸能，而发展了第二代先进高强度钢，即孪晶诱发塑性钢；这类钢的强塑积大体在 50000～60000MPa·%，即抗拉强度为 1000MPa，总伸长率为 50%～60%；虽然其强塑积很好，但由于这类钢含有大于 15% 的 Mn，从而增加了钢的成本；冶金轧制工艺复杂，焊接工艺和性能有待开发和提升，而且伸长率太高，对成形和使用性能也有过分富余，成形构件还有氢脆和延迟断裂的潜在风险，因此限制和影响了它的应用。汽车工业实际需要的是介于第一代和第二代先进高强度钢性能之间的一类新型材料，这就导致了第三代高强度钢的诞生。第三代先进高强度钢的强塑积为 30000MPa·% 左右，即抗拉强度为 1000MPa，伸长率在 30% 左右。目前为得到第三代高强度钢，又有不同的技术路线，包括淬火和分配处理（Q&P）、淬火回火分配处理（Q&PT）、δ 铁素体为基体的相变诱发塑性钢、δ-TRIP 钢以及含 Mn 量为 5% 的通过奥氏体逆转变的新一代 TRIP 钢，可根据不同的工艺技术采用不同的技术路线进行生产。各类高强度钢或先进高强度钢的伸长率和抗拉强度之间的关系如图 1-9 所示。

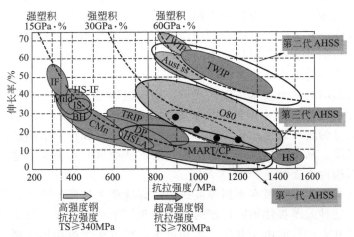

图 1-9　高强度钢或先进高强度钢的伸长率和抗拉强度之间的关系

为了改善高强度钢的应用性能,又出现或促进了先进成形技术的发展,如热冲压成形、液压成形、辊压成形以及激光拼焊板等。近年来高强度钢的先进成形技术发展很快,热冲压成形[16,17]是这类先进成形技术中重要的一种,热冲压成形技术的关键技术包括热冲压成形性能稳定的热冲压成形用钢,带保护气氛的节能型的并具有良好的自动化平台的加热炉,快速的送料系统以及具有高速冲压功能和冲压速度可调的热冲压成形压机和带冷却系统、温度可控的热冲压成形模具的设计加工或延寿[18]。其中,模具的设计还需要不同温度下热冲压成形材料的流变曲线,其模具的模面设计、模体结构设计、模体的冷却系统设计以及冷却系统的模拟见图1-10[19~21]。

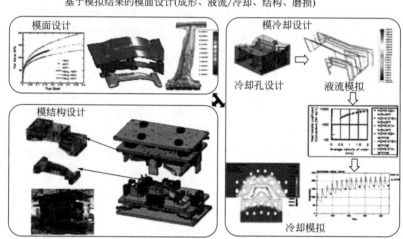

图1-10　热冲压成形的模具设计和冷却系统设计的模拟

目前热冲压成形零件在汽车上已经有广泛的应用,随着技术的成熟和国产品牌安全性的提升,热冲压成形将会有更广泛的应用。

另一项先进的成形技术为液压成形。其典型零件为发动机的副车架,该零件原由九个以上的冲压件组焊成,采用液压成形后,该零件变为一件,重量减轻50%以上。在一些难成形的零件中,如铝合金的发动机罩盖也可以用液压成形解决板材成形困难的问题。目前,国内已建成有五条内高压成形生产线,并解决了相关的技术问题,正在扩大应用。

激光拼焊板也是近年来发展较快的一种加工工艺技术。早期的激光拼焊板是为了解决汽车冲压件用的板宽问题,目前已发展到不同厚度的板材、不同强度级别的板材、不同表面质量的板材组合拼焊在一起以满足冲压件的功能要求。随着激光拼焊板焊缝质量和冲压性能的改善以及激光拼焊板的冲压模具设计技术的提升,激光拼焊板会在提高汽车冲压件的功能和降低汽车冲压件的成本等方面有更多的应用。

高强度钢板成形的另一类技术是辊压成形。辊压成形是为解决高强度钢板的冲压成形困难,特别是高强度热轧板制作冲压大梁成形时的回弹和模具磨损严重而开发的一种成形工艺。目前,汽车大梁的辊压成形已应用较为普遍。辊压成形和计算机的结合已使这种辊压成形技术从一维向三维、从简单层面向复杂层面发展,从而进一步扩大了这类成形技术应用于高强度钢汽车成形构件方面的生产。

因为考虑到汽车激光拼焊板在不同厚度拼焊时焊缝两边过渡的突变,所以一种新的差厚板技术正在开发。这种差厚板使不同厚度的板面实现了平滑的过渡,有望成为不同厚度激光拼焊板的一个合理补充。目前由于其生产率和成本,在汽车上应用还受到一定的限制。

铝合金在汽车轻量化中已有较多应用，如动力传动系统的各类铸件和壳体，挤压材多用于汽车车身的各类结构件。高强度、高成形性的铝合金，即6000系的可热处理的铝合金板材已开始应用于汽车覆盖件，和钢制覆盖件相比，减重40%以上，特别是用于发动机罩盖，还具有减振、导热性好的优点，同时还有利于对行人保护法规的实施，这类铝合金板材的典型应用是奥迪A8的全铝车身。锻造铝合金主要用于车轮各种结构件，要求这类构件有较好的强度和抗疲劳性能。近年来，半固态成形和挤压铸造用于生产高性能的汽车结构件，如半固态成形铝合金车轮以及一些车身的疲劳件，应用这种技术可进一步提高这类构件的疲劳强度、减少一般铸件的缺陷，和锻件相比，可降低成本。用于车身外覆盖件的变形铝合金板材必须具有抗时效稳定性、成形性、烘烤硬化性、抗凹性、翻边延性、油漆兼容性等相关应用性能的合理匹配，目前这类铝合金汽车板的生产尚有一定难度，国外只有少数铝合金公司才能生产。我国经过国家863计划和国家科技支撑计划的支持基本解决了这类铝合金的生产工艺问题，但是预处理工艺装备尚需完善，以达到铝合金轧制板材的产品批量稳定生产。

在汽车中应用的塑料复合材料也是一种有效的轻量化材料，目前的发展方向是长纤维增强塑料复合材料，以提高材料的强度；其工艺方面的发展方向是在线模压或在线注塑技术，以稳定产品质量、降低产品成本。

镁合金是一种有效的汽车轻量化材料，解决镁合金汽车零部件的制造工艺、提升镁合金的性能尤其是防腐抗力以及有效降低制造成本、稳定镁合金汽车零部件的质量，有望在汽车轻量化中扩大应用。

需要提出的另一点是高强度轻量化材料的应用需要高性能的冲压模具材料或提升模具的寿命，这也是目前汽车轻量化发展的一个重要方面。

总之，汽车轻量化是高强度钢、先进高强度钢、轻量化材料（铝合金、镁合金、塑料复合材料）的优势集成，汽车轻量化将会促进这些新技术、新材料的发展，从而对汽车相关工业起到强大的带动作用。

(3) 汽车轻量化是社会发展的需要

2017年我国石油对外依存度已超过65%，石油的进口和储备已涉及我国的能源战略安全，汽车轻量化有效的节能减排不仅可以减少大量的尾气排放和大气污染，还可以降低我国石油的战略储备量和提升能源安全，从而保证汽车工业的正常运行和发展，进而有利于我国国民经济的正常运行和社会发展，因此，汽车的节能减排也是我国社会发展的需要。

大气中的CO_2含量在2009年已达到390×10^{-6}，与人类感到比较舒适的CO_2含量的上限值430×10^{-6}已经很接近了，如果再不对CO_2的排放进行控制，将会影响人类赖以生存的地球环境和生活质量。CO_2的另一个影响是使气候变暖，研究气候变化的政府间的气候变化问题小组曾提供过一个报告[22]，认为地球气候变暖的现象确实在发生，20世纪全球平均气温上升了0.6℃，1981～1990年全球平均气温比100年前上升了0.48℃，北半球春天的冰雪解冻期比150年前提前了39天，秋天霜冻开始的时间却晚了10天左右，该小组根据气候模型预测：按照现在的趋势，到21世纪末，地球的温度可能上升1.4～5.8℃，这将使地球海平面每世纪上升10～25cm。气候变暖导致灾害性的气候事件频发，如水资源分布失衡、冰冻和积雪融化加速、海平面上升等。地球气候变暖的主要原因与以CO_2为主的6种温室气体的持续排放有关，而温室气体的持续排放，与过去100多年来工业革命所产生的石化能源消耗有关。因此，应对气候变化的关键是大幅度降低石化能源的消耗，而汽车正是大量消耗石化能源的交通工具。从1997年世界各国签订京都议定书到2009年的哥本哈根气候会议以及2014年的巴黎协议，都提出了控制CO_2

排放的更大目标和低碳经济的概念。因此，汽车工业的轻量化和节能减排、低碳经济以及为实现国际气候大会所提出的低碳经济的目标都有密切关系。低碳经济的实施实际是一种思想的创新，这种思想是从传统的劳动生产率时代进入到未来的资源生产的时代发展起来的。大幅度地提高石化能源的生产率和降低 CO_2 排放将是未来几十年经济创新的重要任务。低碳经济的发展不是单一地考虑气候变化，而是要同时考虑促进经济的增长，低碳经济通常用 CO_2 的生产率来表征：单位 CO_2 排放所产生的经济总量（CO_2 浓度/单位经济的倒数）。一方面低碳经济要减少分母中的 CO_2 排放，另一方面要增加分子中的经济产出，即提高 CO_2 的生产率。这就意味着要实现低碳经济的发展就必须大幅度地提升 CO_2 的生产率，低碳经济创新的关键在于经济发展的变革。工业经济社会的特点是以高能耗产品的生产和销售为中心，低碳经济社会的特点是以低能耗服务的提供为中心，因此，汽车的轻量化和节能减排的意义实际上是为企业或用户提供更好的节能性的产品。低碳经济的革命创新还体现在能源流的整个过程，要提高能源的生产率和降低 CO_2 的排放，就要发展清洁能源，就要降低传统的高碳的石化能源的消耗。

轻量化有利于满足法规要求，也可使轴荷更好地合理分配，在不增重的前提条件下提高舒适性。同时有利于降低摩擦消耗、改进行驶的动力学性能、提高行驶的舒适性、优化动力对质量的比，最终有利于降低 CO_2 和有害气体排放，因此，无论普通燃油车、混合动力车和新能源汽车都需要轻量化。总之，从社会发展、能源战略储备的角度以及环境和社会发展的需要，轻量化都具有重要意义。德国电动车发展计划中[23] 共分 6 个灯塔项目，其中第三个灯塔项目是轻型车身，即开发轻型车身的材料和技术，计划投入 3.28 亿欧元，将汽车轻量化提到比较高的地位。轻型化的车身技术在电动汽车轻量化上拓展和应用，不但使德国作为汽车生产大国可以和国际竞争对手在技术上平起平坐，更可能使德国在电动车技术上获得领先优势。

1.4 世界各国十分重视节能减排和轻量化

针对汽车工业发展所面临的问题，世界各国都制定了一系列法规。包括节能减排、提高汽车安全性和可靠性的法规，针对汽车的节能减排，美国于 20 世纪 70 年代末开始制定燃油法规——公司平均油耗法（CAFE），规定了汽车生产厂家出厂车辆的平均油耗必须达到一定的值，否则汽车厂家将进行赔款或者停止销售。CAFE 规定：1978 年为 7.61km/L（18mile/gal，1km/L＝2.365mile/gal），1980 年为 8.46km/L（20mile/gal），1985 为 11.67km/L（27.6mile/gal）。美国政府提出，2012 年美国汽车平均油耗为 6.5L/100km，这就意味着乘用车每百千米平均油耗应该小于 5L。在汽车油价持续攀升的今天，这一法规更加严格。在美国，当某车型不能满足 CAFE 规定时，该车型的生产厂家将受到高额罚款，该车的买主也将被征收汽油超标税，汽油超标税的起征点为 9.52km/L（22.5mile/gal）。

日本到 2010 年实现的汽油乘用车燃油效率目标为 15km/L，比 1995 年提高了 22.7％。

欧盟通过控制二氧化碳的排放量控制乘用车的燃油消耗，2009 年单车平均排放 CO_2 减少到 140g/km（相当于耗油量 5.72L/100km），2012 年达到 120g/km（相当于耗油量 4.9L/100km）。这使得人们更加关注汽车轻量化。

我国《乘用车燃料消耗量限值》规定，2010 年前，乘用车新车平均油耗比 2003 年降低 15％以上，即 2010 年乘用车平均燃油消耗应为 7.5L/100km 以下，相当于单车平均排放 CO_2 为 200g/km，与发达国家仍存在明显差距。目前，我国制定了新的油耗法规，规定乘用车的油耗为 6.3L/100km，与国际油耗水平相接近；2020 年，乘用车平均油耗为每千米

5L/100km，达到国际水平。

针对汽车的排放污染，各国也制定了相应的排放法规。欧盟各国1993年开始实施欧Ⅰ，1997开始实施欧Ⅱ，2000年实施欧Ⅲ，2004年实施欧Ⅳ，目前已提出实施欧Ⅴ、欧Ⅵ标准；美国于1993年制定了类同欧Ⅰ的排放标准，同时提出过渡低排放汽车（TLEV）、低排放汽车（LEV）和超低排放汽车（ULEV）排放标准，对汽车排放提出更高的要求；我国目前已全面实施欧Ⅱ排放标准，2007年7月1日起，实施欧Ⅲ标准，目前一些重点城市已开始实施欧Ⅴ，北京、上海等地开始实施欧Ⅵ。各国日益严格的燃油法规见图1-11。

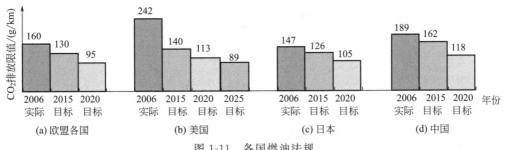

图 1-11 各国燃油法规

为保证人员和车辆安全，美国在1977年制定了联邦汽车安全标准（federal motor vehicle safety standard[24]），这个标准的内容在技术上逐年加严。此外，1970年，美国、日本与西欧各国共同制定了安全试验车（experimental safety vehicle）计划，并进行了几年的研究试制和国际交流，从而得出，保证安全的一个重要措施是汽车构造和构件要显著增强。例如，美国规定[12]汽车的前保险杠必须承受在8.05km/h（5mile/h）车速下的撞击无任何永久变形。近年来，安全法规逐年严格，基于有关单位的统计报告，在车辆碰撞事故中，正面碰撞占49%，侧面碰撞占25%，追尾（即后碰）占22%，虽然侧碰比例较少，但人员伤害最严重。欧美除制定了正碰法规FMVSS 208和ECE R94外，还制定了侧面碰撞法规FMVSS 214和ECE R95；我国于2004年6月1日起实施正撞法规，2006年7月1日起正式实施侧碰法规。目前我国正实行和欧洲类似的碰撞晋级评级的办法，各地区的碰撞法规见图1-12[25,26]。碰撞法规逐年加严，如美国，车顶部的压溃强度从2.5倍的车体重量提升到4.2倍；侧撞的壁障由原来的900kg提高到1300kg。目前，我国汽车顶部的压溃强度从1.5倍的车重提高到了2.5倍。

各国政府还采取制定相关技术的标准，如燃油经济性的标准和法规、温室气体的排放标准和法规，美国加州还要求销售零排放的车辆等来推动轻量化的发展。在财税政策方面，欧盟各国和日本都制定了高额燃油税收政策，燃油税至少比原油基价高50%，日本还制定了汽车的重量税，根据车型重量的不同，其超出部分按比例收税；欧盟各国和日本制定了财税的补贴和减免政策，这一政策是基于发动机的尺寸和效率、CO_2排放情况实施税务减免的，美国还制定了经济处罚条例，对高油耗的车辆征收高油耗税。各国政府通过科技计划、研发项目为轻量化技术的发展提供补贴。总之，各国政府通过技术标准的制定使之成为带动轻量化技术发展的原动力。各类法律规章制度是整体政策实施的前提和保证，财税政策是对消费者购买节能的轻量化产品的引导，政府的研发项目和支持大大促进了轻量化技术的发展，再加上一系列创新的管理制度，为轻量化政策的推广奠定了基础，使轻量化在世界各国能够协同发展。

各个国家、地区推动汽车轻量化的模式见表1-7。

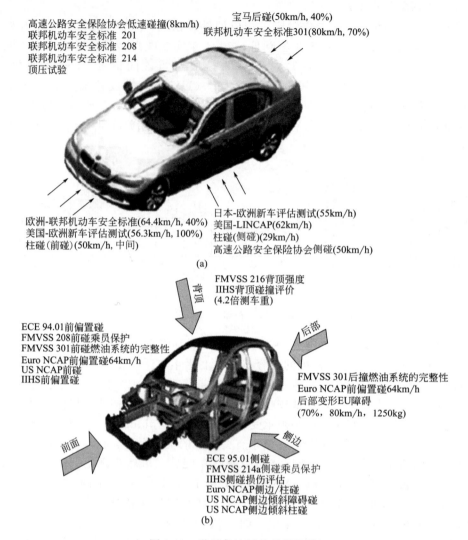

图 1-12 世界各地区的碰撞法规

表 1-7 各个国家、地区推动汽车轻量化的模式

提高燃油经济性方案		措施/形式	国家、地区
技术标准	燃油经济性标准	数值标准:每加仑行驶英里数,每升行驶千米数或百千米油耗	美国、日本、加拿大、澳大利亚、韩国
	温室气体排放标准	g/km 或 g/mile	欧盟各国、美国
	技术要求及目标	要求销售零排放车辆	美国
财税政策	高额燃油税	燃油税至少比原油基价高 50%	欧盟各国、日本
	重量税	根据车型重量不同,超出部分按比例收税	日本
	财政补贴	基于发动机尺寸、效率及二氧化碳排放实施税务减免	欧盟各国、日本
	经济处罚	高油耗税	美国
科技计划	研发项目	为轻量化技术提供补贴	美国、日本、欧盟各国

1.5 世界各国汽车轻量化的研发现状和进展

自 20 世纪末以来,世界各国都十分重视汽车轻量化的研发工作,诸如美国"新一代轿车合作伙伴计划(the partnership for a new generation of vehicle,PNGV)"。美国布什政府期间还实施了汽车研究与燃油伙伴计划(the freedom CAR and fuel partnership plan),汽车轻量化都是其中的核心路线之一。美国行业协会和各企业之间建立了较为稳定的汽车轻量化研究机构,美国能源部主导下达的重大汽车材料开发项目共有五项,其中有两项直接与汽车轻量化有关,一是汽车轻量化材料专项(automotive light weighting materials program),二是高强度减小质量材料专项(high strength weight reduction material program)。两个项目的应用对象和研究侧重点稍有不同并互为补充,此外还有汽车动力系统材料专项、高温材料专项、重型汽车动力系统材料专项。对于商用车轻量化,美国专门设计了 21 世纪卡车轻量化计划以及 21 世纪卡车轻量化专用材料,2003~2005 年,美国政府对这两个项目的投入资金达到 5170 万美元。2005 年 5 月,美国能源部和 USAMP 又追加为期 5 年、金额达到 7000 万美元的研究合同,继续为这两个项目提供支持。

欧洲各国对于汽车轻量化技术也给予了高度关注和支持。在欧洲研究委员会发表的战略发展计划中,有许多技术都涉及汽车轻量化。从 1998 年到 2002 年,欧洲各国支持的计划有碳纤维复合材料车身项目、镁合金材料专项、复合材料回收专项;2002~2006 年,有镁合金锻件专项、大型综合材料技术专项、汽车动力系统材料专项、重型汽车动力系统材料专项、高温材料专项。世界各国都十分重视 LFT 的应用,欧洲复合材料研究中心将 LFT 复合材料作为优先发展的最重要的轻量化复合材料;美国俄亥俄州的州立大学建立了美国国家复合材料中心,并在全球招聘 LFT 复合材料的研发人才;日本东京工业大学建立了国家汽车轻量化先进材料中心,其中 LFT 复合材料和碳纤维复合材料并列为优先发展的轻量化材料。

我国自主品牌汽车轻量化水平与国外同类车相比,整体水平较低,发展潜力巨大。因此,国内各企业和我国政府都十分重视汽车轻量化技术的开发和应用,并于 2007 年成立了中国汽车轻量化技术创新战略联盟。该联盟几乎包括了国内所有的自主品牌的汽车企业和大型的汽车材料厂商以及有关的科研单位和高校。2010 年科技部对汽车轻量化立项,支持汽车轻量化新技术及其在自主品牌车型上的应用,资助金额为 9600 万元。目前,该项目已经完成并验收,共分六个专题,其内容分别如下。

专题一为车身参数化轻量化设计及其在目标车型上的集成应用,主要研究内容为建立白车身全参数化 CAE 模型,搭建白车身优化分析平台,形成白车身结构、轻量化设计、试验、评价方法集成应用等多种轻量化关键技术,实现混合动力轿车减重 5%,并达到安全碰撞 C-NCAP 四星级的要求,同时将白车身轻量化设计和评价技术规范的成果在有关单位实现应用,形成混合动力汽车轻量化关键零部件和整车的批量生产能力,为提高我国新能源汽车的轻量化水平、自主研发能力和产品的竞争力提供有力的支撑。

专题二为超高强度钢热冲压成形技术的开发及其在目标车型上的集成应用,该项目的主要目标是通过热冲压成形工艺、模拟分析、模具设计和装备等关键技术的研究,建立一条拥有自主知识产权的超高强度钢热冲压成形生产线,形成典型零部件如保险杠的前后防撞梁,门的 A 柱、B 柱等超高强度钢热冲压成形的设计、工艺技术的开发能力,并在目标车型上应用;以超高强度热冲压成形为依托,通过多种轻量化技术的集成应用,实现相关目标车型的减重 8%,同时满足 C-NCAP 五星级的要求,并形成批量生产的能力。

专题三为高强度钢先进成形技术的开发及其在目标车型上的集成应用，课题的研究目标主要是通过产品的优化设计、先进成形工艺的开发、模具的设计与制造以及部分关键设备的研究，掌握高强度钢冲压成形、高强度钢内高压成形、三维辊压成形等先进成形技术，并在新开发的 CUV 城市多功能车上进行应用，同时集成其他轻量化技术，实现与同类对标车相比减重 5%，碰撞达到 C-NCAP 四星级的标准，并形成批量生产能力。在高强度钢冲压成形技术方面，将研究高强度钢板变形力学行为、高强度钢板成形特性的评价、高强度钢成形极限图 FLD 的建立方法、高强度钢成形的 CAE 分析、高强度钢回弹特性的评价预测以及回弹的补偿和高强度钢性能稳定的控制因素。高强度内高压成形技术的研究包括内高压成形产品的工艺分析和设计方法，内高压成形零件的材料选择，成形模具的设计和制造，工艺优化、仿真和质量控制以及内高压成形管子的选材和制造工艺。三维辊压成形技术将研究三维辊压成形的机理、三维辊压成形装备的设计和制造以及典型控制系统的原理。

专题四为纤维增强塑料前端模块的开发及其在目标车型上的集成应用，课题的研究目标为纤维增强塑料前端模块的设计技术、制造技术和评价技术，形成纤维增强塑料前端模块的设计规范，性能检测规范和模具设计规范。开发出的纤维增强塑料前端模块与原冲压成形的前端模块相比，减重 30%，结合其他轻量化技术的集成应用，在相关目标车型上与原对标车型相比，减重 5%，并实现 C-NCAP 四星级以上的碰撞星级要求，所开发的共性技术在联盟内部进行推广应用。

专题五为变形铝合金的应用技术开发及其在目标车型上的集成应用，课题以变形铝合金在汽车车身上的应用研究为基础，在相关车型上应用，实现轻量化，开发出轻量化的铝合金车身的东风混合动力客车，实现整车减重 10%，并将有关成果应用于长安混合动力轿车的变形铝合金的冲压发动机罩盖上，实现发动机罩盖减重 40%，重点解决变形铝合金的应用技术、冲压成形技术、板材的冲压性能的评价技术，并将开发的铝合金汽车板在相关车型上推广应用。

专题六为轻量化的共性技术研究，重点研究三个方面，第一是轻量化材料、试验方法的规范制定。第二是轻量化数据库的建设，将建立一个安全、数据准确、方便使用、设计人员乐于使用、权限明晰、访问速度快捷的轻量化数据信息共享数据库。在数据库的平台性能建设方面，要实现数据库的基础功能、系统的管理功能以及安全可靠，可存数据容量 10TB，数据库的平台能承受 200 以上的用户同时在线访问；首批数据量不少于 20 种典型轻量化材料的基本力学性能，不少于 20 种典型功能零部件的功能数据。第三是轻量化的发展战略研究，将为我国汽车轻量化近期、中期和远期的发展目标、发展的相关政策、发展的环境以及预期取得的效果进行研究和预测。

同时，科技部还进行了汽车轻量化国家重点实验室立项方案的论证，以期为我国汽车轻量化提供较长期的发展技术支持。"十三五"期间已将电动车轻量化列入国家重点研发计划。

世界上工业发达的国家如美国、加拿大、日本、德国都十分重视轻量化材料、轻量化技术的研发工作以及轻量化工程的实施，先后从国家层面设立了许多专项进行轻量化的相关研究。

目前，国际上已经开展的典型的轻量化工程见表 1-8[25]。

表 1-8 国际上典型的轻量化工程

序号	项目名称	轻量化目标	技术路线	组织方	研发投入
1	PNGV	30%	多材料	美国钢铁协会	2 亿美元/年

续表

序号	项目名称	轻量化目标	技术路线	组织方	研发投入
2	Super Light-Car	40%	多材料	欧洲钢铁协会	1914 万欧元
3	AL	40%	铝	国际铝协会	—
4	ULSAC	21%~32%	钢	国际钢铁协会	880 万美元
5	ULSAS	20%	钢	国际钢铁协会	200 万美元
6	ULSAB	20%	钢	国际钢铁协会	2200 万美元
7	ULSAB-AVC	20%	钢	国际钢铁协会	1000 万美元
8	ABC	30%	钢	阿赛洛钢厂	—
9	NSC	20%	钢	蒂森钢厂	—
10	FSV	35%	钢	国际钢铁协会	6000 万欧元

1.5.1 美国轻量化研究现状和研发方向

① 由美国三大公司克莱斯勒、通用、福特组成了 USCAR（the United States Council for Automotive Research Ltd.，美国汽车研究理事会有限责任公司）。美能源部和 USCAR 为提高燃料效率，在轻质材料的开发上投入了大量经费。这些材料包括先进高强度钢、铸造镁合金、金属基复合材料、铝拼焊板和热塑性复合材料。作为美国能源部技术项目的一部分，其轻量化研究的课题和方向如下。

a. 发展轻型复合材料座椅。主要是以玻璃纤维增强复合材料为主进行工艺和设计，以生产一个轻重量、低成本复合材料结构的座椅。

b. 轻质镁合金集成的发动机。生产镁合金的动力系统部件，设计缸体、油底壳和镁合金罩盖，确定材料的要求，确定每个组件的最佳合金模具设计和部件的制造。

c. 聚合物回收项目。每年在美国产生 500 万吨碎纸废物，其中有 30% 的聚合物，回收它们并应用于汽车聚合物零件开发，将大大降低汽车生产成本。

d. 电阻点焊的红外无损检测。这是一种快速、稳健和可靠的质量检验方法，是汽车轻量化大量应用高强度钢时一种非破坏性检测焊缝质量的方法。

e. 低成本的钛材料应用。钛的密度低、弹性性能高，是减少弹簧质量的理想材料。

② 橡树岭国家实验室（橡树岭，田纳西州）和汽车复合材料协会（南菲尔德，密歇根州）正在研究用碳纤维复合材料取代钢在汽车中的大量应用，以达到减少车辆重量的目的和满足提高燃料效率的需求。

橡树岭国家实验室（Oak Ridge National Laboratory）轻量化研究项目包括：

a. 铝合金的成形研究。包括开发冲压的柔性压边圈控制系统、铝合金板材的温成形、铝板电磁成形、铝合金汽车覆盖件的腐蚀项目以及先进的低成本的颗粒增强铝基复合材料的铸造技术。

b. 聚合物复合材料的研发。纤维增强坯料的制造方法和复合材料密集型结构的制造工艺的开发；热塑性复合板材制造和高性能低成本复合材料的大批量加工技术。

c. 高强度钢的应用研究。高强度钢板在高应变速率下的变形特性模拟；不同工艺路径下的成形极限图；高强度钢板在冲压和液压成形时的承力介质与润滑油；高强度钢板连接技术；钢板疲劳特性；高强度钢拼焊板；热冲压成形板摩擦系数等。

③ 美国还成立了汽车用钢的合作伙伴关系（automotive steel partnership），在轻量化方面所做的工作如下。

a. 轻型化项目。2002年在SUV车型前门设计的基础上减少重量25%，并且大大减少和控制覆盖件制造成本。未来阶段将改进和处理后车门、引擎盖、后车厢盖、提升式门、尾部挡板和推拉门。

b. 前端轻量化项目。研究前端的成本和质量变化对构件功能的影响，在汽车前端结构设计中，必须满足价格和功能的要求。

c. 轻型越野车车架项目。重点是将SUV车的重量减少25%。该方案的第一阶段是对越野车结构优化的可行性进行研究，第二阶段是对越野车进行详细的成本分析和模拟碰撞，对轻量化优化设计的可行性进行研究。

d. 拼焊板项目。已完成了高速拼焊板项目的研究和轻型结构前端补丁型激光拼焊板的研究。此外，管材的拼焊研究正在计划中。

e. 高强度钢冲压项目。目标是扩大高强度钢板材的应用。戴姆勒克莱斯勒公司在这个项目上验证并改进现有的模型信息，提供可靠的回弹预测技术。通用汽车公司在这方面的研究，正处于模具开发、设计和试用阶段。

④ 爱迪生焊接研究所和俄亥俄州立大学综合系统工程系焊接工程事业部还开展了6061-T6铝合金和AISI 1018钢板异种摩擦焊接、属性和微观结构表征的研究。这些材料的力学性能、防腐蚀能力及电阻点焊性能良好，使其在汽车轻质结构中的应用前景广阔。

⑤ 美国密歇根大学（迪尔伯恩分校）成立了汽车轻量化材料与工艺中心（the Center for Lightweighting Automotive Materials and Processing，CLAMP）。CLAMP创建于1998年，是一个一流大学研究中心，致力于开发汽车轻量化使用的先进材料的应用、轻量化设计潜力、先进材料加工技术；曾得到美国能源部的研究生汽车技术教育项目［the U.S. department of energy's graduate automotive technology education（GATE）program］的支持，主要鼓励研究减少汽车重量的汽车设计方法和制造方法。目前，该中心设有如下的实验室：材料测试实验室，金属成形实验室，塑料、复合材料成形实验室，凝固处理实验室，显微镜实验室，腐蚀测试实验室，测量实验室。实验室中的设备设置全部围绕着材料和工艺的应用研究以及相关的检测实验。该中心还建立有汽车轻量化材料数据库，针对轻量化汽车制造业这一新兴的领域、设计师需要的最新轻量化材料和工艺数据，为工程师、设计师、研究者提供以网络为基础的轻量化材料信息数据。该中心围绕下列研究方向开展相关工作。

a. 材料性能与表征　轻量化材料的性能测试方法和表征参量是轻量化材料和工艺技术研究的重要方面，譬如：铝合金拼焊板的耐久性研究旨在解决搅拌摩擦焊工艺拼接的板材应用中的问题，TWB不同厚度板材的激光拼焊的疲劳耐久性问题；进行应力或应变控制疲劳试验，以有助于用于疲劳关键部件的拼焊板的开发和设计。

• 汽车热塑性塑料疲劳性能——对不同工艺参数和不同填充料（如滑石粉等）的聚丙烯和填充玻璃纤维增强的聚酰胺复合材料进行疲劳性能试验，建立复合材料的疲劳设计准则。基于对各种条件下热塑性复合材料的蠕变、应力松弛、疲劳和冲击负荷的试验结果，对这类材料的热变形特性进行分析，构建这类复合材料广义的本构模型。

• 铝合金接头连接方式——研究6111-T4和5754-0状态自铆接之后接头的静态和疲劳行为；探讨自冲铆接的工艺参量对疲劳性能的影响和提高接头寿命的方法，提出疲劳失效的机理和理论模型，指导铆接工艺的制定和性能的预测。

• 新型轻量化多功能复合结构的工艺及力学性能——研究高性能、轻型多功能复合结构（其表层为高性能耐冲击合成纤维和环氧树脂的复合材料，中间层为高吸收能的泡沫铝）

的制造工艺和性能评价以及连接技术；探讨这种混合结构的静态力学性能和低速冲击响应特性以及影响因素，对相关的性能进行计算机模拟，制定合理的表征参量。

• 板材抗凹性的表征——研究汽车车身用铝合金板材的合金成分、冷成形、油漆烘烤工艺对静态和动态抗凹性能的影响以及相关的静态和动态的试验方法，并进行计算机模拟；提出用于预测板材和构件抗凹性的理论模型和表征参量。

• 显微组织对镁合金腐蚀行为的影响——研究发动机用铸造镁合金（例如AZ91D和AM50）的腐蚀行为，并进行腐蚀试验和微观组织观察；腐蚀环境既包括水溶液，又包括发动机冷却液。探讨砂型铸造、压铸和触变注射成形的镁合金构件的微观结构对腐蚀行为的影响。

b. 连接成形。铝和尼龙板的连接——研究应用与搅拌摩擦焊类似的技术，进行铝合金和尼龙板的连接，研究焊接工艺和参量对焊缝性能的影响，对焊接接头的强度、微观组织、静强度和疲劳强度的失效机理进行研究，并用滚压和表面化学处理对铝合金6111和尼龙6-8202焊接连接后的表面强化进行试验和检测，以研究表面强化对焊接接头强化的效果和机理。

c. 加工工艺。在加工工艺的项目中，他们对磨削过程进行了计算机信号采集、储存和离线测量，来检测和控制磨削操作，以建立磨削的动态平衡模型，优化批量磨削工艺，并将有关的研究结果用于硬盘的制造。

d. 金属复合管、金属塑料复合管和相关构件的研发。这类复合管主要用于轻量化汽车空间框架的结构元件，重点开发复合管的制造工艺以及焊接工艺，进一步开发低成本环保轻量化热塑性树脂基复合材料、金属塑料复合材料，建立低成本热塑性树脂基复合材料的设计和工艺数据库；开发热塑性树脂基的梁形件和管形件的快速压力成形工艺、振动摩擦焊技术以及大批量低成本的快速成形技术。

e. 先进的金属成形技术。铝合金的回弹特性——研究冷加工、退火、弯曲半径和工具对铝合金板材回弹的影响，进而用双向拉伸和弯曲等不同应力状态研究铝合金的回弹；建立回弹的预测模型，以期预测和降低铝合金板材冲压构件的回弹。

管材液压成形——研究影响直管与弯管液压成形的相关因素并进行计算机模拟，建立管材液压成形的变形模型，预测管材液压成形的工艺和效果。

铝合金板材的超塑性成形——研究铝合金板材的超塑性成形工艺、在超塑性成形状态下板材的成形极限图，建立超塑性状态下铝合金板材的数字模拟工具。

从美国有关科研单位轻量化的研究方向，可以看出他们重点进行的是材料的应用研究，尤其是大量应用的钢材、钢板和铝合金板材，重点研究其应用特性和轻量化构件的功能，既进行大量的应用试验，同时也提出与应用性能相关的理论模型，并通过这些模型来预测材料和构件的成形性以及相关的使用性能，这与笔者多年来一直呼吁的进行材料的应用研究是十分一致的。而对一些小批量应用的轻量化材料，使其开发与应用研究相结合。因此，在今后的轻量化的研发过程中，突出轻量化材料和构件的应用研究，是轻量化工作的重点研发方向。为推广、扩大轻量化的成果，美国特别注重轻量化材料和构件的评价方法、评价参量的研究与开发，同时积极组织建立相应的数据库，为轻量化设计、轻量化工艺的制定、轻量化构件的应用提供技术服务和咨询。

美国经过综合研究，提出了轻型轿车轻量化的进展和要求，见图1-13。该图表明，从整车的内饰件、动力总成、车身和底盘/悬架系统来看，都还有相当大的减重潜力。

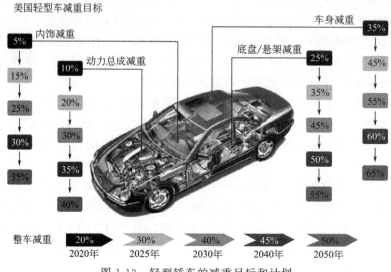

图 1-13　轻型轿车的减重目标和计划

1.5.2　加拿大轻量化研究现状和研发方向

① 加拿大自然资源部材料科学国家实验室主任 Jennifer Jackman 博士所承担的 Auto21 是加拿大有代表性的轻量化项目，该项目研究内容为：

a. 为提高燃油效率而降低车重。

b. 满足客户的敏感度评价。

c. 材料使用时要结合高效率的生产流程，且兼顾对能源和环境的影响。

d. 生产的材料和构件要超出目前车辆的撞击吸能和碰撞时的安全缩进距离的要求，良好的耐腐蚀性（结构完整性和耐久性）和 NVH（噪声振动和平顺性）等相关性能要求。

e. 研究镁合金、泡沫铝材料在汽车轻量化中的应用，同时改善材料的焊接性能。

② 镁合金的 NVH 设计项目。

梅斯大学 Noording Maggieatala 博士负责的镁合金的 NVH 设计项目是另一个加拿大政府支持的轻量化项目。该项目瞄准镁合金汽车前端体进行研究和开发，是使镁合金从单一的零件应用到一个复杂的汽车部件的集成应用，并优化镁合金车身结构，从而改进汽车的噪声、振动和舒适性（NVH）以及疲劳性能。项目的具体任务：

a. 设计开发和试制出一个轻量级的镁合金铸造的仪表板支架和前端模块。

b. 测量关键的疲劳数据并进行疲劳设计，开发出一个疲劳构件的设计分析程序。

c. 在汽车轻量化的结构中引入镁合金应用组件，其连接方式采用激光和搅拌摩擦焊。

③ 可回收、轻量化高分子纳米复合材料。

由加拿大多伦多大学 Nagy Bhaney 博士负责的轻量化高分子纳米复合材料项目是在聚合物中加入纳米粒子，如二氧化钛、碳纳米管、纳米黏土等合成轻量化汽车零部件的高分子材料的共混料研究，这种材料所制的汽车零部件具有高的力学性能、耐高温性能以及聚合物的可循环再生等特性。

④ 先进高强度钢。

由皇后大学 Keith Pilki 博士负责的先进高强度钢的研发是通过合理设计化学成分，优化处理工艺，进一步提高高强度钢的强塑积，并进行微观特性和变形机制的研究。

1.5.3 日本轻量化研究现状和研发方向

战略产业振兴理事会（Council for Vitalization of Strategic Industry）围绕汽车轻量化协调组织有关企业开展以下方面的工作。

① 日本汽车研究所　采用 CFRP（碳纤维强化树脂）制作 3 座的轻量型电动车车身，车身重量只有 300kg。复合材料制成的盒状外壳厚度不足 1mm，并在其中填充发泡苯乙烯材料，以提高中空结构的刚度及强度，并可使 CFRP 的表面减薄。尽管类似浴缸形的车身重量只有 45kg 左右，却符合轻量化车身的正面碰撞标准。目前，CFRP 采用的是热固性树脂，将来打算改为热塑性树脂，帝人、三菱化学和东丽三家厂商均涉足该领域。CFRP 的车身构件已于 2010 年开始试产。

② 丰田公司和帝人株式会社　运用吹塑成形技术成形的零件安装在汽车后部空调管上，重量减轻 40%。帝人株式会社还成功开发了应用高品质和耐久性 "BIOFRONT"（耐热性生物塑料）纤维制作的汽车用坐垫织物、用于汽车内部的装饰件。利用芳纶纤维对橡胶进行改性后制作汽车零件，有效地减轻了零件的重量，提升了汽车的燃油效率；利用聚碳酸酯树脂制作车窗，为新一代 N-700 系车辆的轻量化做出了贡献。

③ 新日本制铁和 JFE 钢铁　已经着手开发强度为普通钢材 7 倍的超高强度钢，这些钢材的应用可以有效减薄汽车安全件的钢板厚度、减低重量，成为比其他材料有更高竞争潜力的性价比高的汽车轻量化材料。

④ 日本马自达汽车公司　将超细临界流体（SCF）发泡技术和核心反向扩展成形工艺相结合开发出一种注塑的新技术，可生产多层部件，减少对树脂的消费量，更好地控制泡沫结构，改进塑料的热绝缘和隔音降噪性能，有效地实现汽车轻量化，制作的部件也有利于回收利用。

1.5.4 德国轻量化研究现状和研发方向

德国汽车工业协会（German Association of Automotive Industry）曾报道了德国一些典型汽车厂家新近开发和应用的轻量化技术，德国宝马公司与朗盛公司（Lanxess GmbH）以及通用塑料公司进行了合作，开发出一种以 ABS 三元共聚物和聚酰胺（ABS/PA）为基础的共混材料代替钢材，用于制造汽车的侧边翼子板，使车重减重了 4kg，改善了喷涂性能，代替了聚酰胺（PA）和聚苯醚（PPO）的共混材料。

德国大众路波车型（装载直喷式增压中冷柴油机）所有车身部件都是轻质金属材料制成的，包括前挡泥板、车门、发动机罩和尾门，其中尾门的金属外层是铝质的，内板是镁合金制成的。汽车的许多内部构件也是轻质金属制成的，如座椅的框架由铝制成，方向盘的内骨架由镁制成，乘客舱和发动机室之间的组合隔板是铝质的，支撑结构通常也是由高强度的薄板金属制成的。为解决新材料的防腐蚀保护和连接，大众采用创新的锁铆连接法、迭边压接、激光钎焊等技术。在大批量生产的轿车上采用 CO_2 激光束焊接，与传统的焊接工艺相比，焊接成的高强度钢板车身的强度提高了 50%。此外，奥迪 A8 也是全铝车身的一个典型例子。

德国 UPSOAR 开发了一种轻量化皮带盘，这种皮带盘由铝-锌-镁系列的 7A09S 航空铝合金制造，经锻造和 T6 处理，该合金具有高强度和优异的耐应力、耐腐蚀能力，经硬质阳极氧化涂装后，具有良好的耐磨性，从而使该产品的应用大幅度地减轻了重量，提高了使用安全性，并提升了发动机的转速，发动机高速状态可以省油、提高马力，且零件的散热性能极好。

德国萨克森技术公司将油底壳等零件的功能进行集成和优化设计，在满足发动机的"湿式"润滑系统中所必需的润滑、冷却、清洗、密封、防锈等功能所需要的储油量前提下，开发了首例载货汽车发动机热塑性塑料油底壳，并使汽车发动机的油底壳结构简化、体积缩小、重量减轻。

德国帕德博恩大学 O. Hahn 等人和宝马公司提到"多材料轻量化结构"及"合适材料用在合适的部位"的轻量化用材理念，给出了车身材料的发展趋势，通过对多材料进行结构优化，既能改进汽车性能，又能显著减小质量。当前材料组合仍以高强度钢、铝、镁和复合材料为主。

德国航空航天中心（DLR）和复合材料技术研究所共同提出汽车复合材料的发展主要是纤维增强复合材料，并深入研究基体和纤维的品质改善，如通过嵌入纳米粒子进入环氧基体，使复合材料的力学性能以及电气和热特性改进，以适应汽车发展的特殊需要。

德国电动车发展计划中[23]分6个灯塔项目，共投资39.67亿欧元，包括蓄电池的投入9.86亿欧元，其内容为材料研发和蓄电池技术（第2、3代）、新型蓄电池概念（第4代）、安全概念和测试方法、批量生产的工艺流程技术；电动车驱动技术包括电动驱动机、高集成的驱动系统、随车充电技术以及生产技术，投入9.82亿欧元；轻型车身和材料的开发和应用技术，计划投入3.28亿欧元，包括轻型车身材料的开发、轻型零部件的开发和结构优化、电动车车身轻型结构的开发；充电和基础设施包括充电站、网络集成、IKT接口界面交通系统，计划投入7.53亿欧元；动力总成系统的材料回收，计划投入0.9亿欧元；整车集成技术，投入8.28亿欧元。其中，轻型化的车身目标是综合考虑驾驶的动态性能和成本因素后，降低车身重量。车身轻量化技术在电动车上的发展，不但可以使德国在车身技术上保持国际竞争地位，而且可以获得在电动车技术上的领先优势，其轻量化的途径除采用新型材料外，要挖掘多材料设计的巨大潜力，不但要开发电动汽车用新型车身的轻量化材料，而且要使电动汽车各部件都达到轻量化。

1.6 轻量化必须保证汽车的安全性和可靠性

汽车的安全性一直是人们关注的重点之一，特别是轻量化之后，是汽车安全性面临的主要问题之一。对轻量化和安全性的关系，人们的认识存在一定的偏颇。其起因是 Evans 的 1975～1998 年的统计结果，该统计结果表明驾驶较轻车和较重车的死亡率之比 R 与较重车质量和较轻车质量之比 μ 的关系，见图 1-14[27,28]。并得出

$$R = \mu^{3.58} \tag{1-8}$$

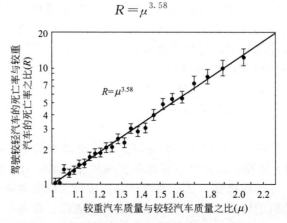

图 1-14 驾驶较重汽车和较轻汽车死亡率的比较

以此公式计算，车重每减少 10%～20%，其死亡的比例将分别提高 45.8% 和 122%。由此得出，轻量化会影响乘员的安全性。这些统计结果，只是简单地减重，没有考虑优化设计的高强度钢、高吸能材料的应用，在同时满足各种碰撞安全法规的条件下，采用高强度、高吸能的材料所制造的轻量化车型的安全性一定不会逊于较重的一般用材的车型。

在世界各国日益严格的安全法规推动下，如何解决好轻量化与车辆安全之间的矛盾是汽车轻量化方面的重要课题之一。前述的经验关系是对一般车辆用材情况下得出的，既要轻量化又要保证碰撞性能，就必须利用高强度和超高强度的车身结构材料以及高吸能的材料，才能设计出满足各种安全法规要求的既轻量化又安全的车身结构。正是因为采用了高强度的材料，才能够保证轻量化后车型的乘员安全性。事实上，汽车轻量化之后，从碰撞的惯性力来说，其安全性还会有一定的提升，所以高强度的轻量化材料和普通的结构材料所制造的车身结构对大量事故所造成的伤亡会有另外一种经验关系和统计分析。目前，许多轻量化的车身设计和碰撞安全测试已经证明了这一点。

汽车工业发展的另外一种趋势是提高汽车使用的可靠性，汽车使用的可靠性涉及汽车的电器、车身结构、汽车的制造技术、汽车的发动机、汽车电子等若干领域。就目前来讲，汽车可靠性能提升正是目前国产汽车品牌的重要课题，需要多种专业的技术人员协同配合、共同攻关，从一些基础的细节做起，并改变现有的制造模式和管理模式，采用精益生产以提升汽车整体运行的可靠性。

汽车材料和零部件的延寿也就是在汽车的使用生命周期内保证材料性能和零件功能的可靠，达到汽车安全运行的目的。汽车轻量化的实施是从汽车轻量化的概念开始，通过优化设计再进行合理的选材以及运用先进的成形技术而取得的综合效果。要保证轻量化的汽车材料、零部件的延寿，就必须根据零部件的功能要求和使用的环境、零件的设计应力、受力模式进行合理的选材，避免零部件由于选材不当、加工工艺不合理以及使用环境造成零部件使用过程中提前失效。对这些问题认识不足，就会影响汽车零部件的使用寿命。根据汽车零部件的工作环境、受力模式、加工制造工艺和材料的不同，汽车构件的延寿也不同，可以分为以下几个方面进行分析和考虑。

① 对车身结构件重点考虑冲压成形工艺、焊接工艺、防腐工艺以及材料应用的强度水平、安全系数、轻量化的系数和汽车的使用路面和环境等方面，采取不同的措施和方法进行分析。

② 对于传动系统零件，如齿轮变速箱体以及桥壳等重点考虑零件的磨损、接触疲劳、弯曲疲劳、润滑情况、支撑构件的受力情况以及对相关的热处理工艺和化学热处理工艺、强化工艺等进行分析。

③ 对发动机零件，以摩擦、磨损为主要工作模式的，如曲轴、连杆轴套、活塞和活塞环、缸套活塞环等；部分结构件以疲劳为主，譬如曲轴、连杆等；有些件承受热疲劳，如发动机的排气歧管等。针对这些零件的受力模式和失效模式，进行分析并采取相应的强化措施，保证零件使用的可靠性。

1.7 发展新能源汽车

寻求新的能源替代一次性的石化能源是汽车工业节能减排、进行正常运行和发展的有效措施之一。新能源汽车包括纯电动汽车、混合动力汽车以及燃料电池汽车。目前新能源汽车还有很多技术问题需要深入研究，如电动汽车需要解决电池的储能问题、快速充电问题、汽车的续驶里程问题、电池的使用寿命问题和汽车电池的回收问题等；氢燃料电池虽然在某些公司的汽车上进行了试用，但仍有大量应用技术需改进和完善；金属燃料电池汽车从某种意义上来讲，距批量运行仍有应用方面的路程要走。由于电动汽车和混合动力汽车增加的电池、电动机以及操控系统，从而极大地增加了汽车的重量。按目前电池的储能水平，每行驶1km所需电池的重量为1kg左右，因此新能源汽车，特别是电动汽车的轻量化更为重要，否则，就不能达到节能的目的。

在认识和研发电动汽车的时候，必须进行全生命周期的能耗和二氧化碳排放的评估。说电动汽车零排放是一种误导，就目前来讲，大量的电力也来自一次性的石化能源，如煤、天然气等，在发电过程中也会有大量的二氧化碳排放。而且随后的电动汽车使用过程中，经过多次的能量转化，每转化一次都有一定的能量损失，所以在寻求新的替代能源的时候，全生命周期评估和提高不同能量形式转化的效率都十分重要。因此新能源汽车轻量化就更为重要，而实施新能源汽车轻量化肯定会涉及很多新的材料、新的结构及新的构件；对新能源汽车进行合理的性能评估，提高其使用的可靠性，保证其合理的使用寿命就更为重要。

近年来，基于汽车工业快速发展对环境和能源方面带来的巨大压力，国内外正大力发展各类节能型及新能源汽车，节能型及新能源汽车已成为当前及未来国内外汽车技术及产品市场竞争的焦点领域、低碳经济重要的组成部分，对缓解能源供需矛盾、改善环境、促进经济可持续发展有着重要的推动作用。发展新能源汽车已经成为世界各国的共识，中国为实现"到2020年单位国内生产总值CO_2排放比2005年下降40%～45%"的目标，已将新能源车列入七大战略性新兴产业之中[29]。在2012年国务院发布的《节能与新能源汽车产业发展规划（2012～2020年）》中进一步明确了电动汽车将是新能源汽车的主攻方向。在当前传统燃油乘用车动力系统的燃油效率已近极限，短期内发动机的热效率难以有明显提升的情况下，以电动车为代表的新能源乘用车将成为我国实现2020年汽车产业节能减排的重要手段和方法。电动车因为电池的能量密度和续使里程的要求，其轻量化更为重要。我国新能源汽车的发展始于2009年左右，随后在2009～2012年由政府牵头率先在公共交通领域进行了行业推广应用；2013年，由国家主导开始了全国范围内的新能源乘用车的推广应用；从2014年开始至今，由于国家政策的鼓励以及国家2020年乘用车燃油目标的推进，新能源乘用车产量逐年提升。新能源汽车市场变化见图1-15。由该图可以看出：近年来，新能源乘用车市场销量一直呈快速增长趋势，我国新能源汽车产业的发展取得了明显成效。据业内预估，到2020年我国纯电动汽车和插电式混合动力汽车的生产能力将达200万辆，累计产销量也将超过500万辆，实现与国际同步发展，成为我国汽车市场的重要组成部分。

图1-15　2014～2017年我国新能源汽车市场变化

新能源汽车由于电池的能量较低和续驶里程的规定，导致其动力系统质量占整车比例远大于传统燃油车，因此面临更为严峻的轻量化压力。以纯电动轿车为例，其动力电池组质量占整备质量1/5左右，驱动电动机和电控部分将占整备质量1/4左右；插电式HEV动力电池组的质量占整备质量1/8左右，驱动电动机和电控部分将占整备质量1/6。这些质量相当于传统燃油汽车乘坐3~4人的满载状态。国内典型电动车整备质量分布情况见图1-16。因此新能源车必须在电气化的同时采取比传统意义上的轻量化技术更先进的技术，即新能源车对先进轻量化技术的需求更为迫切。

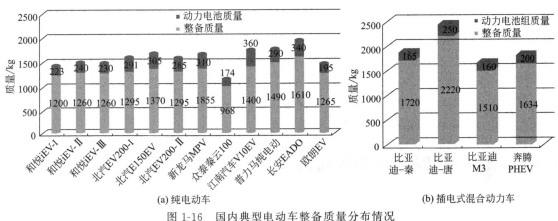

图1-16 国内典型电动车整备质量分布情况

图1-17示出了轻量化对新能源汽车能耗、续驶里程的影响以及几种提升续驶里程的方法，在当前电池能量密度提升短期内无法实现本质突破的情况下，轻量化是满足新能源汽车服役性能需求及节能减排最有效的技术手段。文献[30]中指出，对于新能源车而言，其整备质量每减重100kg，在无制动能量回收的情况下，NEDC（新欧洲驾驶循环）工况百千米耗电量将下降5.5%，续航里程增加5.5%。此外，新能源车整备质量每减重100kg，其电池电量约减少1.1kW·h，按1500元/(kW·h)计算，成本减少1650元。因此对于新能源汽车而言，在保持相同续驶里程的前提下，应用轻量化技术可以降低车辆装载动力电池的成本。新能源汽车不同整备质量需装载电池能量见表1-9[30]。

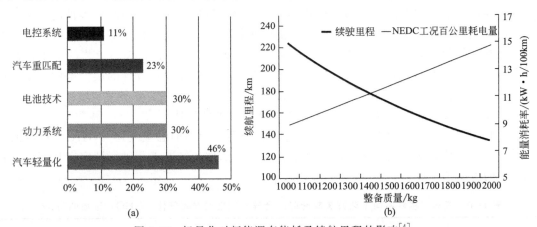

图1-17 轻量化对新能源车能耗及续航里程的影响[4]

国内某公司曾对重量为1610kg，新欧洲驾驶循环（NEDC）的续驶里程为177km的基准车计算重量增加或减少100kg的能量变化，初步结果为每减少100kg，能耗下降3.2%。以这类计算方法估算了宝马i3的节能效果，它的整备质量为1195kg，减重415kg，续驶里程可提升 12%（即将近 200km），能耗率下降 12%（即 13.76kW·h/100km）。

表 1-9　新能源汽车不同整备质量需装载电池能量[30]

整备质量/kg	NEDC 工况纯电续驶里程为 150km 时电池能量/kW·h
1000	13.34
1200	15.11
1400	16.88
1600	18.63
1800	20.34

正因如此，当前国家层面高度关注轻量化技术在新能源汽车产业领域内的发展，在诸如《中国制造 2025》《汽车产业中长期发展规划》等纲领性文件中均强调了轻量化技术研发与应用在我国汽车尤其是新能源汽车产业发展进程中的突出地位，轻量化已成为我国未来新能源汽车产业技术发展的最为重要的方向之一。

1.8　轻量化的 LCA 评估和优化设计

正如前述，汽车轻量化已得到国内外广泛的认同，并引起各国政府广泛的支持。近年来，这一技术发展很快，在以下几个方面取得了许多新的进展。

① 轻量化的优化设计是汽车轻量化的重要途径之一，是汽车轻量化产品开发的基础和前提。轻量化的优化设计主要对汽车零部件的结构、断面形状、相关的尺寸参数进行拓扑优化、形貌优化、尺寸优化，以使部件的相关承载部位充分发挥，起承受载荷、增加刚度、吸收撞击的作用。由于汽车结构的复杂性，轻量化的优化设计必须同时满足构件的强度、刚度、振动、噪声、零件的结构功能、安全性和使用的耐久性等构件的多种功能指标要求。目前应用于汽车轻量化优化设计的主要方法有[31~35]：有限元方法、单目标优化设计方法、多目标优化设计方法、拓扑优化、形貌优化和尺寸优化的多重优化方法，多学科协同优化方法和多目标的灵敏度分析优化方法以及最近提出的车身参数轻量化的优化设计方法。对于车身典型的构件，以期达到零件功能部件化和部件零件化的设计方法，从而减少零件的数量，提高零件的性能和功能，减少零件的焊点，既能满足轻量化，又能简化制造工艺、降低零件的成本、提升零件的功能。如液压成形、激光拼焊（TWB）板等都是这一工艺的例子，在车身的参数化的设计中，欧洲车身会议展示的各类车型是轻量化优化设计的典型范例，本书在相关章节中将会详细评述，关于轻量化的设计也会专章论述。

② 对轻量化典型构件进行不同工艺路线的全寿命周期评估。

表 1-10 是汽车门槛件不同工艺方法制造时的全寿命周期的温室气体（GHG）排放的对比。采用这种评估方法可以更全面地对轻量化汽车零部件的制造工艺进行评定，从而促进轻量化技术的可持续发展。

表 1-10　汽车门槛件不同工艺方法制造时的全寿命周期的温室气体（GHG）排放的对比

方案	全生命周期/kg	材料和制造/kg	门槛制造时的排放/kg	车辆使用阶段/kg	车辆回收/kg
基准门槛（重 10.26kg）的 CO_2 排放①	15980	2291	5.7	14640	−956.8
方案一，冲压②	53.2	8.6	0.4	48	−3.8

续表

方案	全生命周期/kg	材料和制造/kg	门槛制造时的排放/kg	车辆使用阶段/kg	车辆回收/kg
方案二，热冲压	−37.1	−18	3.9	−32.1	9.1
方案三，辊压成形	−182.6	−44.9	−0.7	−158.6	21.5
方案四，液压成形	−248.2	−67.5	10.1	−223.4	32.5

① 一般低强度钢的冷冲压成形。
② 高强度低合金钢冷冲压成形。

③ 多目标拓扑优化设计的例子。

2007年，梅赛德斯-奔驰W204车门的设计代表了车门功能、重量、价格、质量、产品兼容性之间最优的可能组合，通过这种多目标的拓扑优化设计，使车门的碰撞性能提升，重量减轻1kg，价格下降15%；强调的是内置式的窗框，最轻量化的钢铁材料的设计，降低干扰面角度的可见性，增强框架和固有刚度，改进碰撞性能，100%机器人扫描直流焊接，门铰链采用高强度材料（ZE340），门内的防撞杆采用超高强度钢（MSW1200），这种轻量化的车门结构见图1-18。另一个优化设计的例子是将轿车的承载式车身结构用于长途重型拖挂车上，具体结构和实物见图1-19，减重效果见表1-11。

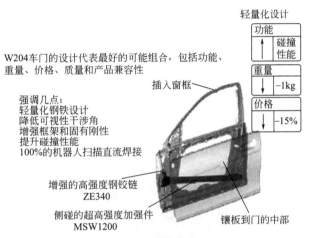

图1-18 轻量化的车门结构

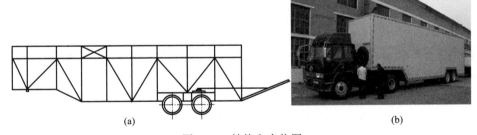

图1-19 结构和实物图

表1-11 减重效果

车型	总质量18t 厢式半挂车		总质量28t 厢式半挂车		总质量40t 厢式半挂车	
	新型	旧型	新型	旧型	新型	旧型
整备质量/kg	5000（样车）	9000（统计）	6000（样车）	12000（统计）	7000（样车）	14000（统计）
装载质量/kg	13000	9000	22000	16000	33000	26000

第三个轻量化结构的例子是发动机，见图1-20。这类新型结构的发动机，当功率为85hp（1hp=745.7W）时，发动机排量为850mL，发动机的重量仅为43kg，而目前传统的

发动机与之相当功率的重量在 95kg 以上，因此，新型结构发动机是轻量化效果非常好的一种发动机。

图 1-20　轻量化的发动机

第四个例子是由北京维艾迪公司开发的 HN-CVT 变速器，也是轻量化的全自动变速器。这种变速器结构简单，零件总数仅为国外同类型变速器的 50%～60%，重量为国外同类型产品的 50%。更主要的是这类型的自动变速器，解决了重型商用车和军用车大功率发动机用的自动变速器的问题，目前这是我国自主开发的国际上先进的产品，其产品和结构原理示意图见图 1-21。目前这类变速器已经形成了一系列的产品，正在进行产业化的工作。

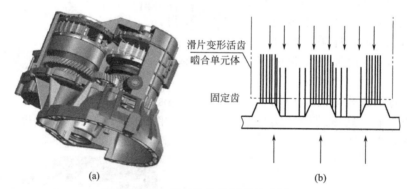

图 1-21　产品和结构原理示意图

对于承受动载荷的产品，应用动态模拟和疲劳敏感度的设计分析技术来预测汽车结构的耐久性，是进行承受动载荷构件轻量化设计的一个有效手段，图 1-22 为疲劳损伤敏感度的

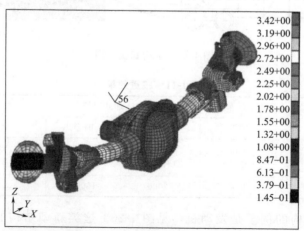

图 1-22　疲劳损伤敏感度的设计分析

设计分析。图中展示的疲劳的系统默认频率值为 42.144Hz，本征矢量为水平方向的（非分层的）。

1.9 商用车轻量化

在我国的石油消耗中，汽车占石油消耗的 60%，商用车占汽车石油消耗的 60%。商用车是生产资料，它不是简单的代步工具，商用车的载重量大，发动机排量大，每年的续驶里程高，通常商用车每年的行驶里程高达 20 万千米，因此，汽车工业消耗的石油中大部分用于商用车。在商用车中，长途拖挂车和重型商用车占商用车油耗的 60%，因此商用车的节能减排，尤其是重型拖挂车的节能减排，已成为人们关注的焦点。一辆重型拖挂车如果采用高强度钢和铝合金，初步计算结果可减重 4t，则一年可多拉货 80 万吨·千米，每吨·千米按 4 角计，则 1 年多拉货所创造的价值就高达 30 多万。因此，商用车的节能减排对轻量化的意义更大。1998 年，美国商用车（1~8 级载货汽车）每天消耗石油约占全部汽车消耗量的 60%，商用车是燃油消耗的主体，从增长趋势看，商用车表现为强劲的增长，商用车的轻量化对于节约石油资源具有十分重要的战略意义。为此，美国卡车、客车工业与其支持工业及联邦政府组成联盟，研究和开发商用车实用技术，提出了美国 21 世纪的卡车计划，在提高其安全和性能的同时，显著降低燃油消耗和排放。

1.10 倡导主机厂和汽车零部件厂的生态平衡关系

在我国汽车工业发展的过程中，已经形成了一种主机厂主导，零部件厂一切服从主机厂的不正常的主从关系。这种关系严重影响中国汽车工业的技术创新，产品质量水平的提升，更有甚者主机厂不顾零部件厂发展的需要，肆意要求零部件厂今天降价 5%，明天降价 10%，没完没了地玩弄价格战。零部件厂进行新技术、新产品、新工艺的开发时，得不到主机厂的支持。主机厂榨干、挤尽零部件厂一些微薄的利润来保自己的效益，同时还要拖欠零部件厂的货款，寻找各种理由侵吞零部件厂的货款。这是一种极不正常的主从关系，稍不顺心，就取消配套资格。

众所周知，汽车由上万种的零件或部件组成，零部件的水平提升，轻量化效果的提升，才能保证整车厂的质量和轻量化水平的提升。低劣的零部件，主机厂绝对做不出高性能、高质量的整车，这是再普通不过的众人皆知的基本道理。主机厂和零部件厂应该是正确的生态平衡关系，一荣俱荣，一损俱损。主机厂应该和零部件厂协同开发主机厂需要的高水平零部件，二者协同发展，只有建立起这种正确的生态平衡关系，我国汽车工业才能高水平地发展，我国才能从产销大国变成汽车制造强国。

改革开放以来，世界上几乎所有的有一定影响的汽车公司都在我国建立了合资公司，从我国巨大的汽车市场中获取了丰厚的利润，国人用市场换技术的打算已经基本落空，拥有自主知识产权的技术还得靠国人自身的努力去创造。在这种形势下，倡导主机厂和零部件厂的生态平衡关系，摆正各自的位置，共同努力，协同创新，合理分配创新成果取得的效益，共同为实现我国从产销大国到汽车制造强国的梦想而努力奋斗。

小结

汽车工业诞生已经有一百多年历史，从美国福特的 T 型车开始，为汽车工业批量生产和进入大众化消费，即乘用车进入家庭，提供了汽车工业迅速发展的条件、环境和机遇。汽车提供给人类的不仅仅是一个简单的代步工具，作为一个现代化的产业，在国民经济中具有举足轻重的地位，没有任何一种产业像汽车产业这样对其他产业和就业有巨大的拉动作用，更因汽车的普及、汽车的广泛应用而彻底改变了人们的生活方式，从而形成了一种内涵丰厚的汽车文化和文明。但是汽车工业的发展、汽车产量和保有量的增多，也带来了能耗、排放污染和安全三大问题。针对这三大问题，世界主要汽车工业发达国家都制定了相关的法规，而且逐年严格，以保证汽车工业的健康发展。汽车轻量化是汽车节能减排最有效而且最直接的方法和途径。但轻量化不能影响汽车安全，因此就必须采用高强度的轻量化和高性能材料，并通过优化设计、合理选材，采用先进的成形工艺等多种专业、材料优势的集成，才能做出既轻量化又安全和使用性能可靠的汽车；为提高汽车的可靠性，应深入了解汽车用材、主要零部件的性能和功能以及使用中的失效模式，有针对性地采用一些强化措施，以此提升汽车使用的可靠性。随着我国汽车工业的发展，汽车材料的性能提升、寿命延长，汽车零部件性能的改进、可靠性的提高，尚有大量的研发工作，这也是每一个汽车材料、制造业研发人员共同的使命。随着我国汽车行业的研发工作进展，汽车使用可靠性的提升，我国汽车工业不仅是世界上产销最大的国家，也一定会成为世界上的汽车制造强国。

参 考 文 献

[1] 国务院发展研究中心产业经济研究部，中国汽车工程学会，等.中国汽车产业发展报告（2016）[M].北京：社会科学文献出版社，2016.

[2] 孙年益.世界汽车浪潮 [M].北京：经济管理出版社，1991.

[3] 中国工程院，美国工程院美国国家研究理事会.私人轿车与中国 [M]. 北京：机械工业出版社，2003.

[4] 马鸣图.先进汽车用钢 [M].北京：化学工业出版社，2008.

[5] 国务院发展研究产业经济，中国汽车工程学会，等. 中国汽车产业发展报告 [M].北京：社会科学文献出版社，2011.

[6] 陈一龙.2011中国汽车工业发展（泰达）国际研讨会 [R].2011.

[7] Ma Mingtu. Brief introduction of China automotive industry development [R]. POSCO Global EVI Forum，2008.

[8] 马鸣图，易红亮，路洪洲，等.论汽车轻量化 [J].中国工程科学，2009，11（9）：20-27.

[9] Ma Mingtu, Yi Hongliang, Lu Hongzhou, et al. On the automotive Lightweight [J]. Engineering Sciences，2012，9（2）：71-77.

[10] Kim, Sun mon. Research Progress for POSCO automotive steels plates [R]. Guangzhou: In proceedings of POSCO Chinese EVI Forum，2009.

[11] Autonio Fuganyi. Action Towards CO_2 education [R]. in progressing of strategy seminar for car body engineering in Europe 2011，Bad Nau Heim.

[12] 马鸣图，吴宝培. 双相钢——物理和化学冶金 [M].2版.北京：冶金工业出版社，2009.

[13] 李修峰.可再生资源的战略地位和发展前景 [R].成都：2011年国际化报告研讨会，2011：5-7.

[14] Marlen Bertram. Improving Sustainablity In the transport sector through weight reduction and the application of Aluminum [R]. Dalian：International Seminar on the car with aluminum，2007.

[15] 汽车轻量化技术专题组.中国汽车轻量化技术政策专题研究报告 [R].内部资料，2008，12：5.

[16] Paul Akerstrom. Modelling and Simulation of Hot stamping, Doctoral Thesis. Lulea University of Technology，2006，30：1-4.

[17] 马鸣图，张宜生.超高强度钢热冲压成形研究进展 [M]//汽车先进制造技术跟踪研究2016.北京：北京理工大学出版社：15-75.

[18] APT line and System Design [R]. Shanghai：APT Press Hardening Seminar，2010.

[19] Martin Skrierud. Simulation of the Hot forming Process [R]. Shanghai：APT press Hardening semi-

nar,2010.

[20] Johan Triberg. APT Simulation and Design Process [R]. Shanghai: APT Press Hardening Seminar, 2011.

[21] POSCO Tech. Research Lab, Posco HPF Technology [R]. 在中汽院技术交流报告, 2009, 10.

[22] 徐渝. 低碳经济和我们的行动 [R]. 在中汽院所作报告, 2011.

[23] 德国国家电动汽车平台报告 [R]. 中国汽车参考, 2011, 4: 19-36.

[24] 杜芳慈. 欧美日汽车技术法规及认证制度 [R]. 北京: 中国汽车工程学会世界汽车技术研究报告, 2003: 1-7.

[25] 马鸣图. 汽车轻量化和高强度钢的应用研究进展 [R]. 无锡: 中国汽车工程学会材料学会特邀报告, 2012.

[26] Bruno Lüdke, Markus Pfestorf. Functional Design of a "Lightweight Body in White" -How to determine Body in White Materials according to structural Requirements [C]. TMS, 2006: 24-40.

[27] Evans L. Driver fatalities versus car mass using a new exposure approach. Accident Analysis and Prevention, 1984, 16: 19-36.

[28] Evans L. Car mass and likelihood of occupant fatality. SAE paper 820807 Warrendale, PA: Society of Automotive Engineers, 1982.

[29] 唐葆君, 刘江. 中国新能源汽车产业发展展望 [J]. 北京: 北京理工大学学报（社会科学版）, 2015, 17 (2): 1-6.

[30] 刘頔, 朱成. 铝合金用于新能源乘用车车身轻量化及经济性分析 [J]. 科技与创新, 2018 (3): 20-23.

[31] Yang R J, Tho C H, Gu L. Recent Development in Multidisciplinary Design Optimization of Vehicle Structures, AIAA-2002-5606, 2002.

[32] Marklund P O, Nilsson L. Optimization of a car body component subjected to side impact, Structural and Multidisciplinary Optimization. 2001, 21 (5): 383-392.

[33] 钱德梦, 梁林. 某轿车白车身的轻量化设计研究. 合肥工业大学学报（自然科学版）, 2009, 32 (增刊): 191-193.

[34] 杨井哲, 邓兆祥, 高书娜. 基于灵敏度分析的白车身结构轻量化设计. 现代制造工程, 2011, 2: 103-106.

[35] Donald M Baskin, David B Reed, Thomas N Seel. A Case Study in Structural Optimization of an Automotive Body=In-White Design. SAE paper 2008-01-0880.

第 2 章
汽车轻量化的表征参量和评价方法

2.1 概述

按《BOSCH 汽车工程手册》[1]，道路车辆可以分为机动车辆、汽车、汽车挂车、挂车、半挂车等。其中机动车辆包括机动两轮车，如摩托车、低座摩托车和轻便摩托车等；汽车包括轿车，如普通轿车、华贵轿车、活顶轿车、活顶游览车、双门轿车、游览车、旅行轿车、厢式车身货车、多用途轿车、特种轿车；商用汽车如客车（小型客车、城市客车、短途客车、长途客车、无轨电车、铰接式客车和特种客车）、载货汽车、特种货车、牵引车（拖杆牵引车、半挂牵引车和农业拖拉机）、汽车列车（轿车列车、活动住宿列车、客车列车、全挂列车、拖杆牵引列车、半挂汽车列车、双挂汽车列车和平板列车）、汽车挂车、挂车（通用挂车、有篷挂车和特种挂车）、半挂车（通用半挂车和特种半挂车）。

2017 年中国汽车总产量约为 2900 万辆，汽车保有量为 2.17 亿辆，汽车乘用车为 1.85 亿辆，载货汽车占 2341 万辆。载货车作为一个运输工具和生产资料，是一个再创造价值的工具，乘用车大部分作为代步工具。由于这种不同的用处导致两种不同类型车辆年续驶里程有极大差异，通常乘用车平均年续驶里程为 2 万～2.5 万千米。而载货车年续驶里程通常超过 20 万千米，再加上两种车型的排量相差很大，通常载货车的排量为乘用车的 4～6 倍，因此两类型车辆的总体油耗也相差极大，载货车的总体油耗为乘用车总体油耗的 1.5～2 倍，虽然如此，但乘用车大部分在城市市区行驶，乘用车多为私人轿车，其节能减排的意义仍然十分重大。已经表明对于乘用车重量每减轻 10%，油耗下降 6%～8%，二氧化碳排放也下降 6%～8%，有害气体排放下降 4%～6%，因此轿车轻量化意义仍十分重大。本章综述乘用车车身轻量化表征方法的评价方法以及各参量的物理意义。

2.2 乘用车白车身设计、功能、意义和内涵

一部乘用车的主要构件为动力系统，主要是发动机；传动系统，主要是变速箱、传动轴和前桥或后桥；悬架系统，螺旋弹簧和减振器或扭杆弹簧以及横向稳定杆；车轮，包括车轮（轮辋、轮辐）和轮胎；车身，包括白车身、车身外覆盖件、车身内覆盖件以及车身结构件和内饰件等。

近年来，大量的轻量化工作集中在车身上，其中车身轻量化据文献[2,3]的工作又可分为白车身（指不含四门两盖，即不包含前后、左右车门和发动机罩盖及后备厢盖的车身）的轻量化（又称超轻钢车身 ULSAB——ultra light steel automobile body）；车身覆盖件的轻量化（又称超轻钢覆盖件 ULSAC——ultra light steel automobile cover）；超轻钢悬架（又称 ULSAS——ultra light steel automobile suspension）。这里白车身通常是指乘用车的车身结构件组成的用于承载乘用车全部载荷，并与汽车安全性及舒适性紧密相关的部件，其英文叫 body in white。乘用车驾驶的动力学、油耗、被动安全、舒适性、质量和使用的可靠性以及外观和环保的功能，构成了乘用车典型的市场需求，这些市场的需求和要求则被转化成为乘用车车身设计的功能要求。不断提高的市场要求、更加严格的政策法规以及激烈的市场竞争导致车身的功能要求不断提升，这些功能通常又是相互矛盾和制约的，而通过优化设计、合理选材、采用先进的成形技术，使车身这些相互矛盾的性能和功能得到合理的匹配，达到节能、环保、高功能和合理性价比的完美统一。这些功能体现在乘用车白车身（或白车身＋四门两盖和车身、车间可安装的全部零件）上为白车身的刚度，包括静态刚度和动态刚度。静态刚度是指白车身结构在特定条件下测定的弯曲刚度、扭转刚度。静态扭转刚度是指将白车身安装在扭转刚度的测试设备上，其施力点为前后弹簧的固定点（可以认为在这种状态下，是由四个弹簧组成的弹簧舱），施加大小相等、方向相反的垂直力，使白车身绕中间轴线旋转，加载的最大扭矩为 4000N·m，求得单位扭转角的扭矩值，即扭转刚度。施加的垂直力按下式计算：所施加的力 $F=M/S$，$M=1/2$ 前轴最大载荷×轮中心距，S 为左右悬架弹簧支撑点的间距。

弯曲刚度是指白车身抵抗弯曲变形的能力。其弯曲刚度的测试结果是以白车身满载使用工况下所对应的载荷值进行加载，测量门框下边梁上与前后轴中点连线的中点纵向坐标点的平均挠度，所对应弯曲刚度由以下公式给出。

$$EI=\frac{F}{\Delta S} \tag{2-1}$$

式中　EI——弯曲刚度，N/mm；

　　　F——弯曲加载力，N；

　　　ΔS——门框下边梁上与前后轴中点连线的中点纵向坐标点的平均挠度值，mm。

(1) 轻量化系数

宝马公司较早提出乘用车车身轻量化的表征参量——轻量化系数 L，并可表示为[4]

$$L=\frac{m}{C_t A}\times 10^3 \tag{2-2}$$

式中　L——白车身轻量化系数，$kg/\{N\cdot m/[(°)\cdot m^2]\}$；

　　　m——白车身的结构重量（不包括四门两盖和玻璃），kg；

　　　C_t——车身静态扭转刚度（不包括四门两盖和玻璃），$N\cdot m/(°)$；

　　　A——左右轮边宽度与前后轮中心距的乘积所得的面积，m^2。

各参量意义的示意图见图 2-1。白车身轻量化的效果体现在 L 值的下降，在上述关系式，面积 A 也是表征性能的重要参量。以笔者的理解，该参量中的前后轮中心距大小决定了车子的大小、乘用空间，因

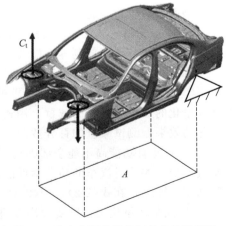

图 2-1　白车身轻量化的相关参量示意图

为前后轮中心距确定之后，车子的轮边宽度也相应地确定，车子的轮边宽度与前后轮中心距之比应符合黄金分割，即轮边宽除以前后轮轴距的比值接近 0.618；按照这些数据，方程中的 A 实际确定了车子的级别，即 A 级、B 级、C 级和 D 级等，这与车子的宽敞舒适度也密切相关。笔者统计了大量的数据，其轮边宽和前后轮轴距之比都接近于 0.618，几种典型车子的轮边宽和前后轮轴距以及轮边宽和前后轮轴距之比的计算结果见表 2-1。

表 2-1 一些车型的轮边宽、前后轮轴距以及二者之比

车型	车宽 B/mm	前后轮轴距 C/mm	B/C
奥迪 A6	1845	2945	0.626
长安 6331ECA	1230	1840	0.668
五菱荣光 6450B 加长版	1615	3050	0.530
长城 H6	1825	2680	0.681
丰田凯美瑞	1820	2775	0.656
广本雅阁	1845	2800	0.659
德国大众帕萨特	1834	2804	0.654
上海通用君威	1856	2737	0.678
法国标致 3008	1837	2613	0.703

从表 2-1 可以看出，车宽和前后轮轴距的比大都在 0.62～0.65，由于查不到轮边宽、车轮宽度的准确数据，所以这里采用的数据为车子的宽度，因此这一比值比 0.618 偏高，但可以看出一个趋势：车子的轴距和轮边宽之比大体符合黄金分割。

(2) 白车身的轻量化指数

虽然轻量化系数具有一定的物理内涵，但对于不同车型、不同公司产品，用 L 的绝对值难以说明其轻量化效果，通常轻量化是与原标杆车相比较所得的相对值。因此，为了更直接地反映轻量化的效果，也为了消除轻量化系数 L 的量纲，基于式(2-2) 和相关的轻量化设计概念，文献 [5～7] 提出了轻量化指数 L_i 作为表征轻量化效果的指标，即

$$L_i = 1 - \frac{L_2}{L_1} \tag{2-3}$$

将 L_1、L_2 代入即可得轻量化指数的表征方程

$$L_i = 1 - \frac{(m_2/m_1)(C_{t1}A_1)}{C_{t2}A_2} \tag{2-4}$$

式中，L_i 为轻量化指数，%；L_1 为标杆车的轻量化系数，L_2 为开发车型的轻量化系数，kg/{N·m/[(°)·m²]}；m_1、m_2 分别为标杆车和新开发车型白车身的质量，kg；C_{t1}、C_{t2} 分别为标杆车和新开发车型扭转刚度，N·m/(°)；A_1、A_2 分别为标杆车和新开发车型前后轮轴距与轮边宽的投影面积，m²。

根据式(2-2)～式(2-4)，我们可以认为汽车轻量化是具有相同发动机排量与配置，满足同样碰撞安全与噪声控制等性能要求的汽车自质量的比较，自质量小的汽车相对自质量大的汽车称为汽车轻量化。并可以将轻量化效果分为以下几种情况。

① 对于已有的功能可满足要求的汽车，轻量化的设计是降低重量而保持原功能不变，其轻量化的效果是直接的减重，用式(2-2) 的体现就是轻量化系数下降，用式(2-3) 表示轻量化的效果，测试减重的百分数。

② 对现有功能尚不能全部满足要求或需要提升的汽车，轻量化设计是完善功能而保持质量不变，如改进汽车的动力学性能、NVH 性能和声学性能、操纵稳定性，提高汽车的刚度和安全性等，在式(2-2)、式(2-3) 中体现轻量化的效果是扭转刚度的提升。

③ 汽车轻量化设计既要提高改进性能，同时也要使汽车减重。汽车的轻量化设计实际上是功能改进、质量降低、结构优化和合理价格的结合。例如，由国际钢铁协会组织的全世

界 34 家钢铁公司联合进行的超轻量钢车身（ULSAB）项目就是功能、材料、减重、成本的结合。超轻钢汽车覆盖件（ULSAC）和超轻钢汽车悬架（ULSAS）的汽车轻量化设计项目虽然其目标不同，但也都类似 ULSAB-AVC（advanced vehicle concept）超轻钢车身先进轻量化设计概念，其实施也是设计、功能、材料、减重和成本的综合，使项目达到最优性价比。

（3）白车身单位体积重量的评价方法

考虑到白车身的长、宽、高对轻量化的影响，提出了白车身单位体积重量轻量化的评价参量，并可表示为

$$V_\mathrm{m} = \frac{m}{V} = \frac{m}{LHW} \tag{2-5}$$

式中，m 为白车身的重量；L、W 和 H 分别为白车身的长、宽和高。

显然对白车身，我们更多的是考虑白车身的安全性、舒适性等性能。在轻量化系数中，已经考虑了白车身的尺寸，即面积 A，从汽车设计准则来看，车子的长、宽确定之后，汽车的高度也应按比例确定，实际上轻量化系数中的 A 已经隐含了白车身的体积参量，这里仅用单位体积的重量来评价，显然是不全面的。因此，目前这一参量应用较少。

2.3 乘用车整车轻量化效果的评估方法

（1）对乘用车整车轻量化的综合效果评估

轻量化系数和轻量化指数的提出和应用，可以有效地指导汽车轻量化白车身的设计和对其轻量化效果进行评估，但是在式（2-2）、式（2-3）中仅包括白车身，并不包含四门两盖的重量，因此，轻量化系数和轻量化指数只能评价白车身的减重效果，其他整车的减重效果，如 ULSAB 项目中提出的超轻钢汽车覆盖件（ULSAC）、超轻钢汽车悬架（ULSAS）、超轻铝合金汽车覆盖件和其他底盘件的轻量化效果都无法进行评价；轻量化后对车辆其他相关性能，如碰撞、节油、回收、操控性能等都难以进行评价，因此有人提出轻量化效果的综合评价系数，来评价轻量化对整车综合性能的影响。即

$$E = (W_\mathrm{L}/W_\mathrm{B}) \div \sum_{i}^{n}\left(\frac{P_\mathrm{L}^i}{P_\mathrm{B}^i}\rho_i\right) \tag{2-6}$$

式中，W_L 为轻量化后的空载汽车重量；W_B 为对标车的平均空载汽车重量；P_L^i 为汽车轻量化后的各种汽车性能，如碰撞、节油、回收、操控性能等；P_B^i 为典型对标车的各种性能；ρ_i 为各种性能指标对相应的平均指标的贡献度，$\sum \rho_i = 1$。

根据式（2-5），轻量化的效果体现在 E 值的下降，并可分为以下几种情况：

首先是通过各种轻量化技术，包括优化设计、合理选材，即应用高强度轻量化的材料以及先进的成形技术，取得 $W_\mathrm{L}/W_\mathrm{B} < 1$，而 $\sum_{i}^{n}\left(\frac{P_\mathrm{L}^i}{P_\mathrm{B}^i}\rho_i\right) > 1$，轻量化效果 $E < 1$，即重量减轻，性能提升，取得了良好的轻量化效果。

其次是通过一些轻量化的措施，取 $W_\mathrm{L}/W_\mathrm{B} < 1$，即与原车型相比，轻量化的车型空载重量减轻，而 $\sum_{i}^{n}\left(\frac{P_\mathrm{L}^i}{P_\mathrm{B}^i}\rho_i\right) \approx 1$，即轻量化后的车型和原车型性能相当，轻量化的效果只是重量的减轻。在轻量化车型性能满足要求的情况下，仍然是可取的轻量化效果。

最后是 $W_\mathrm{L}/W_\mathrm{B} < 1$，即轻量化后的车型重量减轻，但 $\sum_{i}^{n}\left(\frac{P_\mathrm{L}^i}{P_\mathrm{B}^i}\rho_i\right) < 1$，即轻量化后车

型的性能比原车型的综合性能有所下降，如果下降到关键性能不能满足要求的情况，则这种轻量化效果是不可取的。

另外，在轻量化设计中，还必须考虑一个重要的因素——成本，即价格的评估，轻量化后的综合成本应与原车成本相当或略有下降，这样的轻量化效果才可能更具有商业价值。除非轻量化后的性能提升远高于成本的上升，其最终的性价比仍然具有比较高的竞争优势，这种轻量化的效果才是可取的。

虽然上述式(2-6)已经综合考虑了轻量化效果的一些相关因素，但作为一个综合评价，还需要从表 2-2 中所列的因素考虑，以评价其轻量化效果的合理性。

表 2-2 汽车轻量化的合理性及可行性影响因子

评估因子		评估指标
工程	技术风险	①技术的可行性—关键技术突破的困难度 ②所投入的轻量化技术 know—how 的先进性程度 ③综合评价性能提升的程度—碰撞、燃油、NVH 等 ④可预见的技术进展速度
	产业化风险	①规模化批量生产的可行性 ②轻量化部件的性价比 ③规模化生产成品率、效率、供货量/价格的稳定性
经济	产业经济风险	①汽车产品生命周期成本核算以及基础投入：原材料成本、制造、装配、维修、回收成本等；设备等投入 ②汽车寿命周期内使用或有效利用的经济效益，对能源贡献（供应或节约）的潜力
	市场风险	①顾客的需求程度 ②最终产品的性价比
环境与法规	生态风险	①轻量化材料或部件的可回收性能、轻量化设计的易拆卸性能 ②法规的适应性
	健康风险	毒性/有害物质

显然，作为一个轻量化项目进行评估时，有诸多复杂因素。作为项目操作的可行性，即使再多的因素也仍然可以按相关程序进行评估，但是作为汽车轻量化，其评估参量和评估方法就要求物理意义明确，表述尽量简单，评价方法简单可行，因此从这个意义上来说，本节式(2-2)和式(2-3)基本表征了轻量化的主要特征，其相关参量的物理意义明确，公式的表述简单。式(2-6)虽然考虑到轻量化更多的因素，但表述和评价方法复杂，操作的可行性也有难度，因此仍有探讨余地。

(2) 考虑到碰撞安全的整车轻量化指数

考虑到碰撞安全，特别是不少相关人员对轻量化认识有些偏颇，总认为轻量化的车型安全有问题，他们总觉得车体较重的车型才是安全的，将轻量化和安全认为是矛盾的双方，而没有看作是二者可以通过采用合理的轻量化措施取得的合理匹配。为解决人们心中的这一顾虑，从轻量化的表征参量和评价方法中进一步显示出轻量化相关性能，如扭转刚度以及安全性所代表的参量引入到式(2-2)中，从物理本质和评价方法上给人们一个轻量化和安全性的完整概念。基于这种考虑，在文献[8~10]中提出了基于车身多目标设计的汽车轻量化评价方法，在国内的车型开发中，通常将被动安全、模态、刚度作为整车开发过程中关注的目标，因此提出了多目标的车身轻量化的评价方法。该评价方法考虑到车身的固有频率、车身的刚度、车身的碰撞安全性、车身的重量和车身尺寸等因素，所提出的轻量化的评价参量

E_c 可以表示为

$$E_c = \frac{m_{\text{Body}}}{C_t A [\text{ENCAP}] F} \left[\frac{\text{kg}}{\text{N} \cdot \text{m}/(°) \cdot \text{m}^2 \cdot \text{Hz}} \times 10^4 \right] \tag{2-7}$$

式中　E_c——轻量化评价指数；

m_{Body}——车身重量，带四门两盖，不带前后挡风玻璃，kg；

C_t——白车身静态扭转刚度，不带四门两盖，带玻璃，N·m/(°)；

A——车身投影面积，一般以轴距×轮距来表示，m^2；

F——车身一阶扭转频率，Hz。

这里从以上所定义的各物理参量可以看出，如 E_c 代表整车轻量化的评价指标，但是有些参量又是取自于白车身，而［ENCAP］又是整车碰撞的概念，因此这一参量物理意义的准确性和含义的范围尚需进一步地统一和提升。此外，车身的一阶扭转频率应与车身刚度有关，这里既有车身刚度，又有扭转频率，其物理参量是否有些重复？因此这一参量的应用还有不少问题。

汽车是运动的构件。车身一般由薄壁结构构成，影响薄壁结构厚度极限的主要是构件刚度，而影响构件刚度的主要是几何结构和材料自身的频率，汽车构件与驾驶的振动频率发生共振时，材料厚度过低的现象就呈现出来了，因此要求大多数汽车构件有较高的自身频率，材料自身振动频率极限的出现往往是在汽车速度最大的时候。如一辆汽车的最大限速120km/h，则在达到最大限速120km/h前，要求构件的第一阶的自身振动频率不出现。

一般认为构件的频率只与几何结构相关，但文献研究表明[11]，构件和车身固有频率与材料的厚度、强度、重量有如下定性关系。

对恒定屈服强度的结构（同一种材料）：

① 当循环载荷值增加时，固有频率降低；

② 当厚度减小时，应力值增大，固有频率降低。

对恒定循环载荷值的结构：

① 当厚度减小时（恒定屈服强度），应力值增大，固有频率降低；

② 当厚度减小10%~20%时，同时屈服强度增加50%，可使固有频率恒定。

这些定性结果表明，在结构优化的基础上，当构件的材料厚度减小10%~20%时，同时采用高强度材料，如屈服强度增加50%，可以补偿由于厚度降低造成的构件固有频率的降低，即车身的固有频率与车身重量、轻量化有着密切的关系。而车身以及整车的模态与舒适性、平顺性等密切相关，提高车身频率是车型开发的一个主要目标。

自轻量化系数以及结构利用效率系数提出，静态扭转刚度一直被作为汽车轻量化的重要参数。车身静态设计的初始要求便是刚度和准静态结构强度的优化。一般认为刚度与材料的厚度、弹性模量以及构件的几何结构相关，通常认为刚度只依赖于材料的弹性模量而与材料的屈服强度无关，即对于一个给定构件，如果构件的厚度降低而结构不变，则刚度也随着降低。

文献［11］研究表明，更薄的高强度钢汽车比软钢的汽车刚度更高，甚至达到了更重的汽车的刚度水平。他们的研究表明，高强度钢有利于刚度的提升。目前我国主流品牌的典型车型的扭转刚度在13000~20000N·m/(°)，按照轻量化系数的评价方法，中国的轻量化系数随着刚度的提升和重量的降低，轻量化系数也从10左右下降到了5左右。

目前车身轻量化多应用灵敏度分析，在保证刚度和模态提升或变化不大的前提下，优化车身零件厚度。文献［12］以某型轿车为例，应用以灵敏度分析为基础的修正可行方向优化算法，在保证车身刚度和模态性能不降低的前提下，以车身结构质量的最小化为目标，优化车身零件的厚度，从而实现车身结构的轻量化，车身减轻的质量为原来的6.22%，车身结构的弯曲和扭转刚度也都获得不同程度的提高，主要模态频率变化在1Hz以内。同样，文献[13]根据车身构件的灵敏度分析结果选择设计变量，在提高车身刚度和动态性能的前提下，以轻量化为目标优化车身构件厚度，使车身总质量减轻了9.7%，刚度和固有频率也都有所提高。

总之，车身刚度和模态是重要的车身性能，也是汽车轻量化工程实施过程中的重要关联参量，任何轻量化手段的应用都会引起车身刚度和模态的变化，因而在评价汽车轻量化效果时，需要对车身刚度和模态进行考量，牺牲关键性能的轻量化将不会被认可。

汽车结构的改变、材料厚度降低以及材料变更一定会影响汽车的安全性能，而汽车轻量化工程的实施必然要通过上述几种手段，因此考量轻量化后的被动安全性能就显得十分必要了。一辆汽车，不论重量控制得多么优秀，如果不能保证安全，或者重量降低后，安全水平没有提升或者保持，而是降低到了不可接受的水平，那么这种轻量化是没有意义的。"如何制造一辆既安全又轻的汽车"已经被文献[14]研究，笔者根据统计学的观点，认为轻量化材料的应该应用于制造更轻、更大的汽车，这样的汽车能使两车对碰时，双方的伤害均减小，也可以减小对被撞车辆乘员的伤害，还可以降低单车碰撞时对乘员的伤害。然而由于目前汽车在向小型化、轻量化、智能化等方向发展，制造又轻又大的汽车已经不是时代的潮流，因而，安全性能对于小型化、轻量化的汽车来说是一项挑战。轻量化与安全可以是相辅相成的，如热成形技术的应用既能轻量化又能提高汽车的安全性能，铝合金发动机罩盖的应用既可以减轻重量又可以提高行人保护性能。

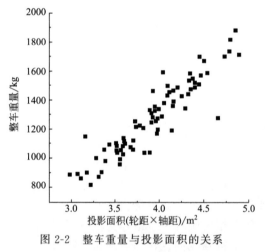

图2-2 整车重量与投影面积的关系

欧洲对汽车安全性进行星级评价，即ENCAP的评价方法，而我国主要应用CNCAP程序。二者的主要区别是正碰的速度ENCAP为64km/h，CNCAP为58km/h。

车身重量与车身尺寸有着一定的关系，这是很好理解的。一般随着轴距以及轮距的增加，车身或者整车变重。笔者比较了整车重量与投影面积（轴距×轮距）的关系，如图2-2所示，可见随着车身尺寸增加，整车质量增大，当然这里与车型级别提高、相关的配置增加也有一定的关系。但随着轻量化技术的提高以及车身设计技术的提高，整车的重量在逐年降低。

(3) 考虑到安全和发动机排量的轻量化系数

重庆长安公司考虑到轻量化与发动机的排量有关，提出了一种轿车整车轻量化评价参量，即整车轻量化系数，该方法利用轿车整车整备质量M、发动机排量V_e、四轮间的正投影面积A和安全性CNCAP星级四个参量来表征评价，具体公式为

$$L_z = \frac{M}{V_e A [\text{CNCAP}]} \times 10^{-1} \tag{2-8}$$

式中，L_z为整车轻量化系数；M为整车整备质量，kg；V_e为发动机排量，L；A为四轮间的正投影面积（即前或后轮的轮边宽乘轴距），m^2。方程中除CNCAP测定较为麻烦外，其他参量都比较明确。发动机排量的增大是可以降低轻量化系数的，即有更好的轻量化效果。

按照式(2-8)给出的评价方法，对一些国产自主品牌车型的整车轻量化系数进行了计算，如表 2-3 所示。

表 2-3 一些国产自主品牌轿车整车轻量化系数计算结果

车型	整备质量 M /kg	轴距 C /mm	前/后轮距 B /mm	排量 V_e /L	CNCAP 等级	整车轻量化系数 L_z
奔腾 B70	1450	2675	1540/1540	2.0	4	4.40
比亚迪 F6	1435	2740	1551/1551	2.0	4	4.22
哈弗	1520	2680	1565/1565	2.0	4	4.53
荣威 550	1483	2705	1555/1555	1.8	4	4.90
长安逸动	1275	2660	1550/1569	1.6	4	4.80
腾翼 C50	1255	2700	1490/1520	1.5	4	5.65
腾翼 C30	1125	2610	1471/1457	1.5	5	3.93
吉利远景	1200	2602	1482/1462	1.5	4	5.22
荣威 350	1280	2650	1543/1544	1.5	5	4.17

从表中可以看出，该评价方法能够对轿车整车的轻量化水平进行正确评价和比较，且使用方便，只需根据厂商提供的整车技术参数，不需要额外的试验测量，就可对其轻量化水平进行分析评价，具有一定的适用性。

(4) 乘用车面密度评价参量

文献 [15] 对各类乘用车，包括 2011～2013 年欧洲、美国、日本、韩国 12 家主机厂 (Audi、BMW、Buick、Ford、Honda、Hyundai、Mazda、Mercedes-Benz、Nissan、Toyota、Volkswagen、Volvo) 共计 117 种 4 门轿车和 66 种承载式 SUV 的统计数据，发现整车的面密度与投影面积大体呈线性关系。整车面密度 (D_a) 定义为车辆的整备质量 M 除以轮边距与轴距的乘积（脚印面积 A），即

$$D_a = M/A \tag{2-9}$$

对某一给定车型的面密度 D_{a0}，公式(2-9)可改写为

$$D_{a0} = M_0/A \tag{2-10}$$

式中，M_0 为给定车型的整备质量。

随着轮边距与轴距乘积的投影面积 A 增加，D_a 整体呈线性增加趋势（图 2-3），满足下列方程：

$$D_a = aA + b \tag{2-11}$$

式中，D_a 为同类车型的整车面密度随脚印面积的线性变化值；a 为变化斜率；b 为常数。若同种车型包括不同配置，则车型质量取各类配置的平均值。根据图 2-3 所示的 4 门轿车的统计结果，a 值可取 77.80，b 值可取 14.16；根据图 2-3 所示的承载式 SUV 统计结果，a 值可取 81.22，b 值可取 38.49。承载式 SUV 与 4 门轿车的统计结果表明，随车型增大，整车面密度增大的斜率近似一致。随着

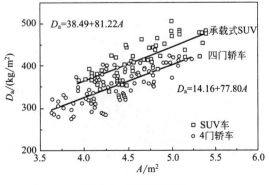

图 2-3 整车面密度

统计车型样本的变化，a、b 值将会有所改变，即拟合曲线的斜率将有所变化，但不会太明显。

在回归线（或平均线）附近的车型接近轻量化平均水平，在车型回归实线右下方的车型轻量化水平较高，而在回归实线左上方的车型轻量化水平较低。若将考察车型的对应数值标注在图中相应位置，就可以定性地明显看出轻量化水平高低。

为了比较同类车型的轻量化的水平，可用整车相对面密度值来表征，并可表示为

$$\Delta D_{am} = D_{a0} - D_a \tag{2-12}$$

式中，ΔD_{am} 为整车相对面密度；D_{a0} 为给定车型的面密度；D_a 为同类车型统计分析的面密度。ΔD_{am} 整车相对面密度值接近于零表示车型接近同类车型的平均轻量化水平，该值越小，其轻量化水平越高。

（5）莲花汽车的轻量化评价的名义密度参量

莲花汽车公司工程部于 2010 年受国际清洁交通委员会的委托，对一款 CUV 车，即城市多功能车进行了轻量化潜力研究。该研究选定的车型是产于北美 2009 款丰田 Venza（即对标车型），该车装有 4 缸发动机，采用前轮驱动，其正碰和侧碰均达到美国新车碰撞 5 星级标准，整备质量为 1705kg，项目研究的目的是控制成本，推进整车轻量化的工程深入实施[16,17]。该研究在保证对标车型基本功能（内部空间、后备厢、座位数、NVH 性能等）不变的前提下，提出两个不同的轻量化汽车结构。第一个目标车型称为"轻量化车型 1"，可用 2014 年研发出来的技术进行开发，并于 2017 年量产，目标为扣除动力总成的系统重量，减重率达 20%，主要通过已生产的车辆和相关技术来实现。

莲花汽车的名义密度定义为

$$D = M/V \tag{2-13}$$

式中，D 为名义密度；M 为整备质量；V 为车身的体积。体积的测算进行了详细的分类，对于轿车、SUV 和掀背式小客车、小卡车车型分别采用式(2-14)~式(2-16)进行体积计算。

$$V_{轿} = BHW + (L-B) \times 0.5HW \tag{2-14}$$

$$V_{客} = [0.33(L-B)H + BH + 0.67(L-B) \times 0.5H]W \tag{2-15}$$

$$V_{卡} = [L_B \times 0.5H + 0.5(L-L_B)H + 0.5(L-L_B) \times 0.5H]W \tag{2-16}$$

式中，H 为车身高度；B 为轴距；W 为车身宽度；L 为车长度；L_B 为卡车车厢底部长度。

LOTUS 工程公司对 2017~2020 年的车型重量减低的机会或者轻量化进行了全面的评估，该报告是提交给国际清洁交通委员会的报告，该报告选定的基本车型是日本丰田 Venza，该车型各总成质量分布情况见图 2-4。对该车型进行了 Benchmark 分析，见图 2-5。图中数据表明该车型比所选定的例子 2007 讴歌 RD X2.3 和 2008 现代 Santa Fe 有更高的车辆密度，轻量化的潜力和讴歌 RD X2.3 相比为 9.02%，和 2008 现代 Santa Fe 相比为 1.88%，该车型所用钢类见图 2-6。基于 Benchmark 的结果，制定了轻量化低开发的方案和高开发的方案。

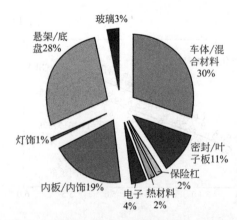

图 2-4 丰田 Venza 各总成的质量分布情况

项目	2009 丰田 Venza	2007 讴歌 RD X2.3	2008 现代 Santa Fe
车身重量/kg	382.5	336	359.5
宽/mm	1925	1870	1870
高/mm	1370	1380	1420
长/mm	4583	4260	4360
体积/m^3	12.09	10.99	11.58
门/个	5	5	5
座位/个	5	4	5
单位体积的质量/(kg/m^3)	31.65	30.56	31.05
标准化质量/kg	382.5	348	375.3

图 2-5 车身的 Benchmark 分析

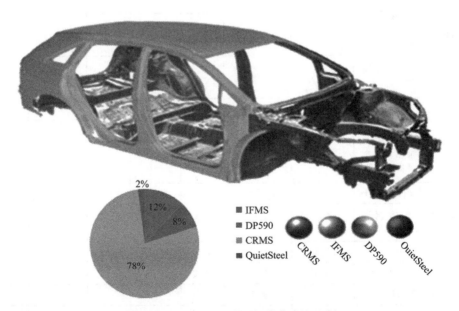

图 2-6 丰田 Venza 所用钢类分布和比例

轻量化的低开发方案是以高强度钢为主题的,重量节约 15%;高开发的方案是高强度钢、铝合金、镁合金和塑料复合材料的多材料应用,减重目标为 40%。低开发方案的用材分布和比例见图 2-7,低开发方案的结果见表 2-4。

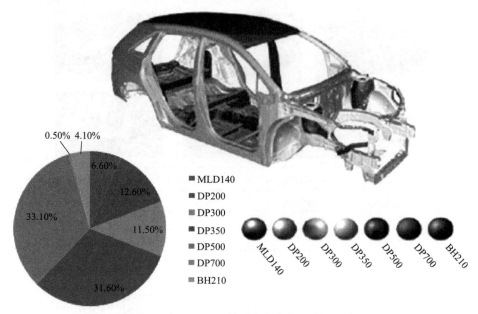

图 2-7 丰田 Venza 低开发方案的用材和比例

表 2-4 丰田 Venza 低开发方案的结果

系统		子系统	Venza 标准/kg	车身结构百分数/%	材料质量/kg			改后车身/kg	与 Venza 相比的花费/%
					MS	HSS	Mg		
全车身			403.15	—	—	—	—	339.33	—
1		挡风玻璃、雨刮器、垫圈	9.15	—	—	—	—	8	—
2		车身外部装饰	11.5	—	—	—	—	6.55	—
3	车身结构	底部/地板	113.65	29.6	0.2	93.78	0	93.98	94
		前围板	15.08	3.8	0.62	11.84	0	12.46	98
		前结构和散热器横向构件	25.15	6.6	2.88	13.95	5	21.83	117
		车体侧边 LH	65.22	17.1	4.51	49.41	0	53.92	98
		车体侧边 RH	65.22	17.1	4.51	49.41	0	53.92	98
		车顶	27.83	7.3	3.19	19.18	0	22.37	97
		内部加强件	58.35	15.3	23.5	30.8	—	54.3	100
		NVH	8	2.1	—	—	—	8	100
		装饰	4	1.1	—	—	—	4	100
	总计		—	382.5	100	39.41	268.37	5	339.33	98
质量节约量/%			—	—	—	—	—	15.90	—

轻量化的高开发方案除了减重目标之外,还必须考虑基本结构和车身基本机构的功能要

求，包括弯曲刚度和扭转刚度、碰撞吸能的载荷路径管理和所要求的水平、可接受的振动模态，车身应具有足够的强度以保证安装各种车辆的系统所应承受的载荷，车身应有足够的刚度以保证车门和前后玻璃的安装，要保持合适形状，以保证继续安装座位和其他覆盖件。轻量化高开发方案的结果见表 2-5。轻量化高开发的材料分布见图 2-8。该项目还对覆盖件、车门进行了 Benchmark，其结果见表 2-6。LOTUS 公司还对典型零部件用材的轻量化效果、成本进行了系统的对比分析，从

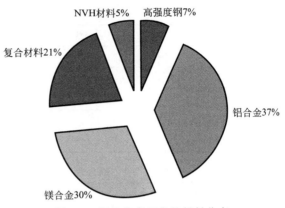

图 2-8 轻量化高开发的材料分布

而为这些零部件的选材提供了有益的参考和依据。LOTUS 公司还对 50 余种轿车和近 20 种皮卡车的主要尺寸、特征密度和发动机的主要参数进行了调研、分析和计算，其中表 2-7、表 2-8 列出了部分车型的调研结果。表中轮辙面积是指前后轮中心距乘以轮边宽；投影面积为车长乘以车宽；厢式轿车体积＝[0.5×(车长－轴距)＋轴距]×车宽×车高，多功能厢式跑车 SUV 和掀背式小客车的体积＝[0.33×(车长－轴距)＋轴距＋0.665×(车长－轴距)×0.5]×车宽×车高；特征密度＝车辆密度/新开发的目标车的密度。

表 2-5 丰田 Venza 高开发方案的结果

系统	子系统	Venza 标准/kg	车身结构百分数	材料质量/kg				改后结构总计/kg	与 Venza 相比的花费/%
				复合材料	钢	Al	Mg		
全车身	—	403.24	—	—	—	—	—	235.61	—
1	挡风玻璃、雨刮器、垫圈	9.15	—	—	—	—	—	8	—
2	车身外部装饰	11.59	—	—	—	—	—	6.55	—
3	底部和地板	113.65	29.6	32.4	14.5	24.46	12.4	83.76	110
	前围板	15.08	3.8	0	0	0	12	12	141
	前结构和散热器横向构件	25.15	6.6	0	0	7.6	11	18.6	167
	车体侧边 LH	65.22	17.1	6.96	0	19.69	12.3	38.95	117
	车体侧边 RH	65.22	17.1	6.96	0	19.69	12.3	38.95	117
	车顶	27.83	7.3	0	0	10.3	6.5	16.8	298
	内部加固	58.35	15.3	—	—	—	—		
	NVH	8	2.1	—	—	—	—	8	100
	装饰	4	1.1	—	—	—	—	4	100
总计	总计	382.5		46.32	14.5	81.74	66.5	221.06	135
减少百分数/%	—	—	—	—	—	—	—	42.20	—

表 2-6 覆盖件的 Benchmark 和轻量化结构

名称	Venza/kg	轻量化调整/kg	节约/kg
前门	40.06	17.12	22.94
后门	29.16	17.54	11.62
后挡板	14.49	8.91	5.58
发动机罩盖	16.8	6.25	10.55
总计	100.51	49.82	50.69

表 2-7 部分轿车参量的调研和特征密度的计算结果

项目	中型豪华轿车									
车型外形										
牌号	Audi		Mercedes		Lexus		Acura		BMW	
车型代号	A4		C-Class		HS 250h		TL		3-Series	
单位	mm	in	mm	in	mm	in	mm	in	mm	in
长	4699.0	185	4622.8	182	4699	185	4953	195	4521.2	178
宽	1828.8	72	1778	70	1778	70	1879.6	74	1828.8	72
高	1427.5	56.2	1445.3	56.9	1506.2	59.3	1452.9	57.2	1419.9	55.9
轴距	2809.2	110.6	2768.6	109	2700	106.3	2768.6	109	2768.6	109
前轮距	1564.6	61.6	1541.8	60.7	1534.2	60.4	1606	63.2	1501.1	59.1
后轮距	1551.9	61.1	1544.3	60.8	1529.1	60.2	1620	63.8	1513.8	59.6
NHTSA 轮辙/ft^2	47.12		45.98		44.51		48.07		44.92	
投影面积/ft^2	92.5		88.47		89.93		100.21		89	
体积/ft^3	346.1		335.37		349.88		372.33		334.24	
密度/(lb/ft^3)	10.36		9.86		10.56		10.02		10.06	
特征密度	1.84		1.75		1.87		1.77		1.78	
重量/lb	3587		3307		3695		3730		3362	
发动机种类	Turbo1.4		NA V-6		Hybird 1.4		NA V-6		NA 1-6	
发动机排量/L	2		3		2.4		3.5		3	
功率/hp	211		228		187		280		230	
转矩/lbf·ft	258		221		138		254		200	
(重量/功率)/l(b/hp)	17		14.5		19.8		13.3		14.6	
II 前撞设置	良好		良好		良好		良好		良好	

表 2-8 部分皮卡车参量的调研和特征密度的计算结果

项目	全尺寸的卡车				
车型外形					

续表

项目	全尺寸的卡车									
牌号	Ram		Toyota		Ford		Nissan		Chevrolet	
车型代号	1500		Tundra		F-150		Titan		Silverado	
尺寸单位	mm	in	mm	in	mm	in	mm	in	mm	in
长	5763.3	226.9	5809	228.7	5887.7	231.8	5704.8	224.6	5847.1	230.2
宽	2016.8	79.4	2029.5	79.9	2011.7	79.2	2019.3	79.5	2029.5	79.9
高	1861.8	73.3	1920.2	75.6	1930.4	76	1945.6	76.6	1877.1	73.9
轴距	3568.7	140.5	3700.8	145.7	3670.3	144.5	3550.9	139.8	3644.9	143.5
前轮距	1727.2	68	1724.7	67.9	1701.8	67	1724.7	67.9	1729.7	68.1
后轮距	1714.5	67.5	1724.7	67.9	1701.8	67	1724.7	67.9	1701.8	67
NHTSA 轮辙/ft^2	66.1		68.7		67.23		65.92		67.32	
投影面积/ft^2	125.11		126.9		127.49		124		127.73	
体积/ft^3	512.54		536.67		542.88		530.21		528.44	
密度/(lb/ft^3)	9.13		9.78		8.83		9.41		9.28	
特征密度	1.62		1.73		1.56		1.67		1.64	
重量/lb	4677		5250		4795		4987		4904	
发动机种类	NA V-6		NA V-6		NA V-6		NA V-8		NA V-6	
发动机排量/L	3.7		4		3.7		5.6		4.3	
功率/hp	210		270		302		317		195	
转矩/lbf·ft	235		278		278		385		260	
(重量/功率)/(lb/hp)	22.3		19.4		15.9		15.7		25.1	
II 前撞设置	良好		良好		良好		良好		良好	

注：NHTSA——美国国家公路交通安全管理局。

基于这些结果和轻量化方案的分析结果，该公司提出了计算轻量化潜力的方程，方程如下

$$PWS = (特征密度/1.62) \times 32.4 \tag{2-17}$$

式中　　PWS——所定项目的重量节约值（projected weight savings），%；

特征密度（specific density）——车辆的密度/新开发的目标车的车辆密度（如相 2 的高开发车型）；

1.62——基本车型的特征密度，基本车型 Venza 的车辆密度/轻量化车型的车辆密度，如相 2 的高开发车型；

32.4——相 2 的高开发车型限定的重量降低值，%。

用车辆密度和特征密度对实施项目的重量节约潜力进行计算，笔者用式(2-3)和欧洲车身会议的部分典型车型的 Benchmark 资料，计算了一些车型的减重潜力，见表 2-9。

表 2-9　典型车型的效果计算

车型	车长/mm	车宽/mm	车高/mm	车重/kg	轻量化系数	车辆密度/(kg/m³)	预期可减重量/kg
2007 年欧宝 Antara	4575	1850	1704	1805		157.26	495
2007 年奥迪 A5	4625	1854	1372	1465(2.0T)		156.16	399
2007 年奔驰 C 级	4581	1770	1448	1570(1.8T)	2.03	166.89	457
2008 年雪铁龙 C-5	4780	1860	1450	1510(2.0T)	2.45	147.34	388
2008 年尼桑 Teana	4780	1860	1450	1484(2.0T)		144.80	375
2008 年帕萨特 CC	4796	1856	1422	1454		146.79	372
2008 年斯柯达 SuperbⅡ	4838	1817	1462	1465(1.8T)		145.15	371
2008 年沃尔沃 XC60	4628	1891	1713	1944		162.15	550
2008 年奥迪 Q5	4629	1888	1653	1900	2.51	163.75	543
2009 年欧宝 Astra	4419	1814	1487	1405		148.45	364
2009 年奔驰 E 级	4868	2071	1464	1750(1.8T)	2.40	146.46	447
2010 年雪铁龙 C4	4329	1789	1504	1270		136.04	301
2010 年沃尔沃 S60	4575	1804	1428	1560(2.0T)		164.76	448
2010 年雷诺 Latitude	4885	1830	1490	1495(2.0T)		143.40	374
2010 年萨博 9-5	5008	1868	1466	1500		142.07	372
2010 年宝马 5 系	4899	1860	1464	1580(2.0T)		146.39	403
2010 年奥迪 A8	5137	1949	1460	1740(2.8T)	1.25	148.94	452
2010 年法拉利 458	4527	1937	1213	1380		163.67	394
2011 年奥迪 A6	4915	1874	1455	1715(2.0T)		160.04	479
2011 年马自达 CX5	4540	1840	1670	1476		132.69	341
2011 年 BMW1 系	4239	1748	1421	1320		153.39	353
2011 年福特 Foucs	4358	1821	1484	1325(1.8T)		139.13	322
2012 年宝马 3 系	4531	1817	1421	1465(2.0T)		155.64	398
2012 年福特蒙迪欧	4854	1886	1495	1630		150.08	427

众所周知，欧洲车身会议所展出的车型轻量化效果都是比较好的，即使在这种情况下仍有很大的减重潜力，我国汽车的轻量化效果和国外同类车型相比，还有一定或者较大差距，因此我国汽车轻量化有大量工作需要做。

采用莲花公司的分析方法，采用对标方式可分析目前一般乘用车可实现的轻量化潜力。举例如下：

以马自达 3 Sedan 作基础车，以丰田 Corosa 作轻量化改造成功的目标车，则用丰田 Corosa 轻量化技术改造基础车和其他车可能收到的效果见表 2-10。

表 2-10　用丰田 Corosa 轻量化技术改造基础车等的轻量化效果

车型	现代 Elantra	马自达 3 Sedan	尼桑 Verca	本田 Plus	雪佛兰 Cruze	道奇 Callber	丰田 Corosa
轴距/mm	2700	2641.6	2590.8	2691.4	2694.8	2641.6	2601.0

续表

车型	现代 Elantra	马自达 3 Sedan	尼桑 Verca	本田 Plus	雪佛兰 Cruze	道奇 Callber	丰田 Corosa
车重/lb	2895	3170	2751	3064	3102	3173	2800
体积/ft³	326.23	328.48	343.22	357.67	340.76	383.10	376.30
车辆密度/(lb/ft³)	8.90	9.82（基础车）	8.02	8.67	9.1	8.46	7.48（目标车）
特征密度	1.1898	1.3128	1.0722	1.1591	1.2166	1.1310	1.0
特征密度比	0.9063	1.0	0.8167	0.8829	0.9267	0.8615	
可减重率/%	10.578	11.672	9.533	10.305	10.817	10.056	0
可减重量/lb	306.23	370.00	262.25	315.76	335.53	319.07	0

（6）考虑到油耗、发动机功率的轻量化系数

在公式(2-7)的基础上修订提出了新的整车轻量化评价指标 E'

$$E' = \frac{MQ}{C_t V[\text{CNCAP}]FP} = \frac{1}{C_t[\text{CNCAP}]F} \times \frac{M}{V} \times \frac{Q}{P} \quad (2-18)$$

式中，E' 代表整车轻量化评价指标；M 为汽车的整备质量，根据相关行业标准定义；Q 为百千米综合油耗，按照 GB/T 19233—2008《轻型汽车燃料消耗量试验方法》；C_t 为白车身静态扭转刚度，带玻璃的油漆白车身，不带四门两盖；V 为名义体积，长×宽×（高－离地间隙）；F 为车身一阶（扭转）频率；P 为发动机的功率；[CNCAP] 为 CNCAP 星级评分，若是 [ENCAP] 安全分数可进行转化。新的指标与原有指标趋势一致，对油耗和整备重量更为敏感，更体现了轻量化的工作目标。通过对近四千款车型的数据分析，初步建立了油耗和整备重量与整车相关参数的统计学关系，经验证，符合率较好，其中：

$$\text{油耗} = 1.703 + 0.0026M + 0.00144 \times 排量 - 0.00657P + 0.07175V \quad (2-19)$$

$$\text{整备质量} = 48.237Q - 7.71 \times 排量 + 2.18P + 81.7V - 113 \quad (2-20)$$

2.4 乘用车轻量化评价参量的比较

迄今为止，已经提出的乘用车轻量化的评价参量有轻量化系数 L、轻量化指数 L_i、轻量化综合评价参量 E、考虑到碰撞星级的轻量化指数 E_c、考虑到安全和发动机排量的轻量化系数 L_z、莲花汽车的名义密度等。在这些评价参量中，轻量化系数 L 的计算方程简单，公式中所包含的物理参量白车身质量 m、扭转刚度等物理意义明确，其含义也较丰富，基本表征了乘用车的基本性能特征，也是迄今应用较广的一个乘用车评价参量；在公式中所涵盖的几个物理参量测试均比较方便，测量结果的可比性比较强，特别是在扭转刚度的测试方法规范化之后，用该方程所计算的轻量化系数具有较好的可比性。

笔者系统查阅了 2006～2013 年的欧洲车身会议，在评述轻量化效果时，有 50% 左右的车型应用这一参量，有 20%～30% 的车型应用轻量化指数，而其他部分车型则给出了车身的相关尺寸，投影面积、弯曲刚度、扭转刚度、白车身的自质量，以此完全可以计算出车身轻量化系数，但这一参量有一个不足，在比较不同类型乘用车轻量化时，用这一系数很难给出一个轻量化的直观的概念。在乘用车里面车型的种类很多，包括 A、B、C、D 各不同级别的车型，而各个级别车型中又有普通轿车、SUV 车、MPV 车，这些不同级别的车即使有同样的轻量化系数，也很难判断哪种车型轻量化效果更好。正是在这种情况下，在很多车型开发中，都是在同样的车型条件下，对所开发的车型和原车型进行比较，以判断新开发车型较原车型功能相当情况下轻量化的进展。因此轻量化指数较好地表征了新车型的轻量化技术和水平的进步，特别是对同一种品牌车，用这一参量可非常准确地评价这一车型轻量化的进展。其他轻量化参量的计算方程中，有的考虑到发动机的排量，有的考虑到碰撞的安全性，有的考虑到汽车的回收等，但这些参量的测试和获取都比较麻烦。还有些参量，如发动机的排量在不同条件下有很大的不确定性，如缸内直喷、涡轮增压等在同样的发动机排量下，其功率相差甚大，未能表征出发动机的本质特征。如果考虑到车辆轻量化的比较时，必须保证车辆的性能，如在安全性、动力性的前提下，才可比较轻量化的效果，那么在轻量化的表征参量中可以基本不考虑这些相关参量。莲花公司在进行轻量化的工作中，提出了名义密度的概念，作为轻量化的比较参量，显然这一参量也只有在保证汽车性能相当的前提下才有意义。而这一参量实际上也是一个轻量化的综合比较参量。

笔者曾提出单位重量的发动机功率值作为轻量化的一个比较参量。采用该参量可以避免不同级别不同类型的车子比较时应用轻量化系数的不确定性，对综合比较轻量化的效果有一定意义，但目前应用还较少。如按照这一思路，考虑到莲花公司的名义密度参量，如用单位名义密度的发动机功率，也不失为一个较全面的评价汽车轻量化的参量。这一参量称为轻量化参数，可表示为

$$L_\mathrm{P}=P/D \tag{2-21}$$

式中，P 为功率，W；D 为名义密度，kg/m^3。

该参数越高，即功率越高，名义密度越小的轻量化效果越好。

2.5 商用车轻量化的表征参量

商用车是与乘用车完全不同的车型，商用车的轻量化效果通常用载质量利用系数来表示。其载质量利用系数的定义为：额定载质量/整备质量，目前国外这一值的水平≥1.6。

我国商用车载质量利用系数抽样分布统计分析表明，普通载货车（含卡车、仓栅式货车、厢式货车）中，43%的产品载质量利用系数达到1.6以上，特别是30吨级和15吨级车已分别有53%和64%达到1.6以上，但18~24吨级却有70%的产品载质量系数在1.0左右。

自卸车自重偏高的问题比较突出，99.2%以上产品的载质量利用系数在1.10以下，只有约0.3%的产品达到1.6以上。

以载质量利用系数对重型载货车的总量进行评估，70%以上产品的载质量利用系数在1.1以下，只有16.5%的产品达到1.6以上；而国外同类产品的载质量利用系数基本在1.67以上，可见我国重型载货车轻量化总体水平与国外比差距巨大。

在普通载货车中，统计样品23.2%的载质量平均系数为1.0，这类车的平均质量为20t，要使载质量平均系数提到1.6以上，应减重2.3t。样品18.9%的载质量平均系数为1.25，这类车的平均质量为25t，要使载质量平均系数提到1.6以上，应减重1.5t。样品13.6%的载质量平均系数为1.5，这类车平均质量为25t，要使载质量平均系数提到1.6以上，应减重0.4t。综合看，54%的产品应当平均减重1.5t。

自卸车：统计样品98%的载质量平均系数为1.0，这类车的平均质量为28t，要使载质量平均系数提到1.6以上，应减重3.23t。

以载货车、自卸车各50%计，则重型载货车的75%（213.6万辆）应平均减重2.3t。

即按每车每年平均行驶 10 万千米计算,由于自质量偏高,目前每年可能浪费 4914 万吨·千米的燃油!

小结

本章概述了轻量化的评价方法、轻量化的表征参量。目前,尚未有统一的表征参量,而以宝马公司提出的轻量化系数应用较多,该方程具有一般物理方程的参量简单、可测、物理意义明确等特点,故应用较多。考虑到轻量化工作都是以原标杆车为基础所进行的轻量化提升,因此用轻量化指数可以较好地表征轻量化工作前后的轻量化效果,轻量化指数这一参量也有较多的应用。

一些作者提出的其他参量由于测试复杂,或者不少参量具有不确定性,故实际应用较少。莲花公司提出的名义密度的概念可以较好地比较不同等级和不同类型车的轻量化效果。究竟用哪一种参量来表征轻量化的水平,还有待进一步的工作,对于同一平台车,用轻量化系数或轻量化指数可以较好地表征轻量化的效果;对于不同级别、不同类型的车型轻量化比较时,采用名义密度更有优势。如果考虑到汽车轻量化是在保证汽车基本性能要求,如汽车的动力性能、碰撞安全性等条件下的轻量化,对轻量化评价时,就不一定考虑更多的其他因素。

参 考 文 献

[1] 康拉德·莱夫. BOSCH 汽车工程手册. 中国汽车工程学会, 译. 北京: 北京理工大学出版社, 2016.

[2] Liu Shengdong. Application of advanced High Strength Steel in VLSAB-AVC Program, in China-America Automotive Materials Semina, Detroit, MI, March, 2003.

[3] ULSAB-AVC Program. Technical Transfer Dispatch 6#, ULSAB-AVC Body Structure Materials, 05-01-2001, AISI.

[4] Bruno Lüdke, Pfestorf Markus. Functional Design of A Lightweight Body in White How to Determine Body in White Materials According to Structural Requirements in Niobium Microalloyed Sheet Steels for Automotive Applications edited by TMS. The minerals & Materials Society, 2006: 21-35.

[5] 马鸣图, 易红亮, 路洪洲, 等. 论汽车轻量化 [J]. 中国工程科学, 2009, 11 (9): 20-27.

[6] 马鸣图, 路洪洲, 李志刚. 论轿车白车身轻量化的表征参量和评价方法 [J]. 汽车工程, 2009, 5: 403-406.

[7] Ma Mingtu, Lu Hongzhou. Design, Evaluation Methods and Parameters of Automotive Lightweight [C] //Proceeding of the FISITA 2012 World Automotive Congress. Heidelberg: Springer-Verlay Berlin and Heidelberg Gmbh&Co. k., 2013, 196: 965-975.

[8] 路洪洲, 王智文, 马鸣图, 等. 基于车身多目标设计的汽车轻量化评价方法研究.//2012 汽车工程学会论文集. 北京: 北京理工大学出版社.

[9] 路洪洲, 王智文, 马鸣图, 等. 乘用汽车的轻量化星级评价规则研究 [C]. 2012 中国汽车轻量化技术研讨会演讲集, 2012: 307-319.

[10] Lu Hongzhou, Wang Zhiwen, Ma Mingtu, et al. Multi-objective evaluation regulation study of automotive lightweight [C] // Proceeding of the FISITA 2012 World Automotive Congress. Heidelberg: Springer-VerlayBerlin and Heidelberg Gmbh&Co. k., 2013, 196: 1047-1056.

[11] KASPER A S, SWENSON W E, DINDA S, et al. Kinetic Modulus of Steel: A New Automotive Design Parameter. SAE Technical Paper 790003, 1979, doi: 10.4271/790003.

[12] 韩旭, 朱平, 余海东, 等. 基于刚度和模态性能的轿车车身轻量化研究. 汽车工程, 2007, 7: 545-549.

[13] 雷明准, 陈剑, 陈心昭, 等. 灵敏度分析方法在车身轻量化中的应用. 汽车工程, 2009, 7: 682-685.

[14] E L. "How to Make a Car Lighter and Safer", SAE Technical Paper 2004-01-1172, 2004, SAE 2004 World Congress & Exhibition, March 2004, Detroit, MI, USA, Session: Achieving Light Weight Vehicles (Part 1 & 2).

[15] 姚再起,马芳武,刘强,等. 汽车轻量化评价方法研究 [J]. 中国工程科学,2014,16(1): 36-39.

[16] Lotus Engineering. Evaluating the Structure and Crashworthiness of a 2020 Model-Year, Mass-Reduced Crossover Vehicle Using FEA Modeling [R]. August 31, 2012.

[17] 王利刚. 控制成本,推进整车轻量化工程深入实施—莲花汽车公司轻量化研究案例分析 [J]. 中国汽车参考,2012,4: 42-51.

第 3 章
汽车轻量化工程的实施

3.1 概述

汽车轻量化并不是简单的重量下降，它是要在达到车身规定的尺寸和功能要求，包括汽车驾驶的动力学性能，汽车的油耗，汽车的被动安全性、舒适性、质量外观以及性价比等市场要求下，按这些要求转化成汽车的设计功能。其车身设计功能要求见图 3-1[1]。

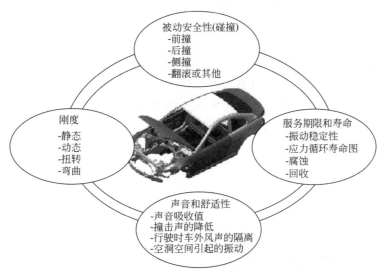

图 3-1 车身的功能要求

可以看出，这些要求包括：第一是车身的刚度要求，有静态、动态、扭转和弯曲刚度，这些参量和汽车振动的频率以及由此产生的汽车乘坐的舒适性密切相关。第二是被动安全性能，包括汽车的前撞、后撞、侧撞、翻滚、偏置撞、柱撞等。欧盟等许多国家都用碰撞的安全星级评定来引导用户购车的意向。第三是汽车的内外噪声和舒适性，包括声音的吸收值、车辆行驶撞击声的降低值、车辆行驶时车外气动风声的隔离值、NVH 值、空洞空间引起的振动值等。第四是车辆的使用寿命和时间，包括振动的稳定性、疲劳应力循环寿命图、耐腐蚀性以及汽车的回收和再生,这些功能的要求在制定车身轻量化方案和进行车身设计时都必须加以考虑。目前汽车竞争的市场,其要求不断提高,汽车的各类法规政策在不断地严格,汽车的市场竞争日趋激烈,这必然导致车身设计功能的提升。为了符合这些功能的要求,在制定车身轻量化方案和进行设计时,必须提高强度,从而提高被动安全性,同时要增强动态刚度、提高静态刚度,以提高汽车的舒适性。还要满足整车负荷的50%分布在前轴与后轴之间,并通过一系列新技术的应用,满足汽车使用寿命的要求。因此轻量化工程的实施,就是通过优化设计,采用先进的高强度的轻量化的材料,并通过先进的成形技术来满足轻量化车型的功能要求。实际上轻量化工程的实施是通过车身几何形状的优化设计,再加各类轻量化材料的优势集成以及先进成形工艺的优势集成等多专业的优势集成,是一项系统工程。

3.2 车身的优化设计

轻量化优化设计是轻量化工程实施的第一步,也是最重要的一步,没有优化设计,就不可能取得相关的轻量化效果。1965年以前的车身设计准则是无限寿命设计,经过近30年的有限寿命设计,再到1990年以后的轻量化设计,汽车本身技术发展驱动的设计进步取得了巨大成效。各阶段的汽车设计和轻量化设计的具体技术内容、设计准则、支撑技术见图3-2[2]。日本在轻量化设计时,特别注重等寿命设计,即整车一般采用柔性设计,整体结构强度匹配合理,使用过程中的强度潜力逐步得到充分发挥,结构中各主要零部件和总成寿命基本相当,从而使整车资源得到合理而充分的利用。在基于载荷和强度特性的结构轻量化设计方法中,考虑到汽车载荷的基本特性,利用疲劳断裂的概念,即低载强化特性,开发了低成本的设计技术。这一技术必须有各种强度级别的材料低载强化的特征、低载强化的时间,并确定低载强化的范围,测定好材料的 S-N 曲线,对零件进行有限元的强度分析,优化零件的形状,直至预测构件的疲劳寿命。在这一方法中,必须抓住结构零件的强化和损伤的两重性,搞清楚什么样的载荷、什么时间造成零件的损伤,什么时候产生强化效果,并弄清在不同的工艺条件下钢制零件的低载强化规律,以适应设计不同品种钢材的低载强化特性的需要;找出有强化效果的载荷与零件可强化区的对应设计技术,以充分发掘零件的强度潜力,建立基于强度潜力充分发挥的低成本设计理念研究。

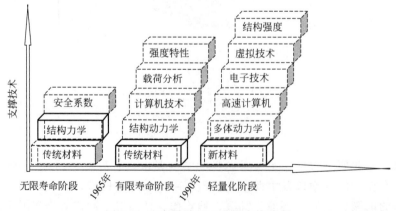

图3-2 汽车设计的三个标志性阶段

目前,应用于汽车结构轻量化设计的方法有:①有限元方法;②单一目标优化设计方法;③多目标优化方法;④多学科协同优化方法;⑤灵敏度分析方法;⑥拓扑优化、形貌优化和尺寸优化方法；⑦车身结构参数化、轻量化设计方法。

3.2.1 有限元分析的优化设计方法

在上述诸多汽车结构轻量化方法中，有限元和灵敏度设计方法应用最多，是技术相对较成熟的设计方法。车身的优化设计是以车身的功能为基础，这种优化设计又必须有大量的材料和工艺技术数据作为依据，国外经过多年来的积累，一些大的公司都建立了自己的材料工艺技术和典型零部件数据库，而我国目前基本没有这类数据库，因此影响了我国车身优化设计的开展。进行车身优化设计的另一个重要方面，是以 Benchmark 为基础，在 Benchmark 的基础上，分析标杆车各类相关性能的情况，提出新车型的各类功能要求，然后在优化设计中以原 Benchmark 的车身参量为基础，结合所要改进的目标，通过优化设计，逐步逼近所达到的新车身优化的性能要求。

通常白车身的轻量化设计流程见图 3-3，整车的轻量化设计流程见图 3-4。

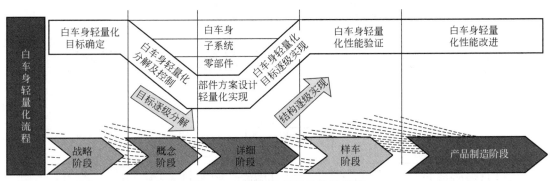

图 3-3 白车身的轻量化设计流程

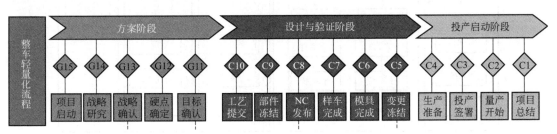

图 3-4 整车的轻量化设计流程

在车身轻量化设计中，可以按不同的目标进行分解，然后通过优化设计，逐一达到所设定的目标值，其具体见图 3-5。在进行目标分解时，可以借鉴国际上知名的轻量化工程的相关经验，对重要零部件采用新材料、新工艺、新结构，并根据相关的资料和数据、专家经验，通过大量的 CAE 分析验证，在满足白车身性能的前提下，评估各分总成对白车身总成轻量化的影响，根据贡献率，逐步将目标重量分解到零部件的层面，分解过程中，通过 CAE 手段，密切关注白车身总成与各零部件相互影响的关系。在初步设计完成后，要进行相容性分析，包括白车身各类性能、安全、NVH、刚度、强度、平衡性等，其白车身相容性检查的相关项目见图 3-6。

成本控制和成本分析极为重要，图 3-7 示出了成本分析和控制的设计流程。

基于有限元方法，轻量化的设计分析流程示于图 3-8。随着轻量化技术的发展，有限元方法还大量用于轻量化材料替代后的结构性能分析、优化和评价，把有限元分析方法与优化

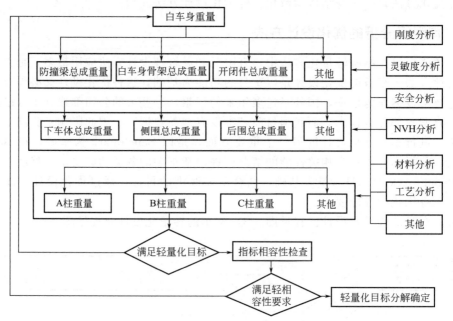

图 3-5 优化设计时的目标分解

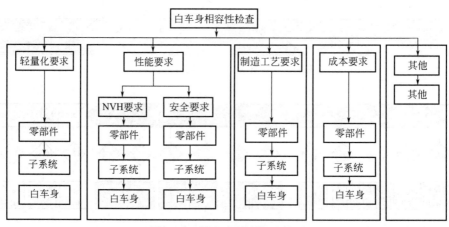

图 3-6 白车身相容性检查

设计相结合已成为轻量化优化设计的有效方法之一,并在汽车产品优化设计中得到广泛应用。最近,白车身全参数化的建模与轻量化分析在我国轻量化设计中得到广泛应用。吉林大学和长安汽车公司结合所承担的国家"十二五"科技支撑计划,对这一方法进行了开发和研究,利用相关的程序对白车身优化设计和典型零件优化设计,通过全参数建模进行分析和评价工作,并在长安新车型开发中得到应用。在第 3 章和第 4 章中已有论述,此处不再累述。

3.2.2 汽车轻量化优化设计和安全

汽车轻量化优化设计的一个很重要的目的是改变轻量化和安全一直被人们认为的是相互矛盾的这种认识,并提出解决这问题的方法和途径。长期以来,对汽车的安全已形成一个非常好的设计理念,即保护自己、保护所有的人,也就是说在别人碰撞自己的时候,安全设计就要能够有效地保护自己,而在碰撞别人时,要有效地减轻对别人的伤害。在汽车中,通常

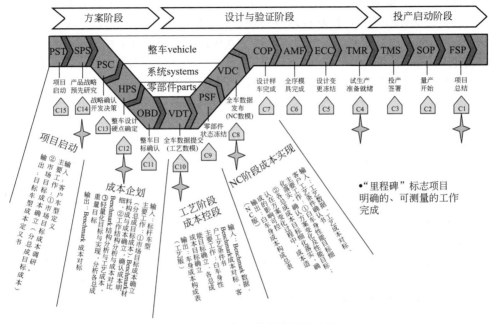

图 3-7　成本分析和控制的设计流程

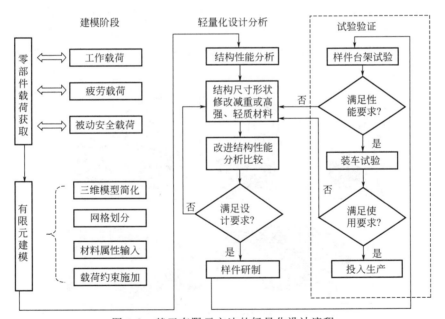

图 3-8　基于有限元方法的轻量化设计流程

有主动安全和被动安全,其主动安全又称预防安全系统,预防安全可以通过安全驾驶、事故预防和事故回避来防止,其具体是通过六位一体的车辆稳定性的控制系统,即 VSA(vehicle stability assist),包括 ABS(anti-skid brake system)、EBD(electronic brake force distribution)、TCS(traction control system)、BAS(brake assist system)、SC(system control)等技术来提高车辆的主动安全性,然后通过一些被动安全措施来减少碰撞时的冲击力,提高车辆的安全性的。如设计更安全的车身,在发生碰撞时,控制在车体上的冲击力,降低对车辆的伤害,同时确保乘员生存的空间。要设计相容性的碰撞车身,就要在提高自我安全性能的同时，降低对被撞车辆的伤害。为提高车身的安全性，采用气囊保护，在车辆发生碰撞时，通过气囊的展开，控制对乘员的冲击力，降低对乘员的伤害，这包括正碰安全气囊、侧面安全气囊、侧面帘式安全气囊。通过行人保护的安全措施来减少对行人的伤害，即通过控制碰撞时对行人的冲击力，减少对行人的伤害。在汽车制造主要用低强度钢和没有油耗法规要求的时代，主动安全的一个重要设施就是把汽车做得更重一些，用的钢板厚一些，以此有效地减少碰撞时对行人的伤害。大量的统计表明，车辆碰撞时的伤亡指数 R（驾驶较轻车辆的驾驶员死亡率与驾驶较重车辆的驾驶员死亡率之比）与 μ^x（较重车辆质量与较轻车辆质量之比）呈线性的关系，即 $R=\mu^{3.58}$（见第 1 章图 1-14），由此得出，较重的汽车更安全。

从大量结果看，确实较重车型在安全方面具有优势，但该试验结果并没有反映另外一个明确的事实，即车子越重，碰撞时对行人的伤害越大，因为车子越重，在同样的速度下，它的动能越高（$E=1/2mv^2$）。减少碰撞对驾驶员和乘员的伤害，还可以通过应用高强度材料来解决。材料的强度越高，在达到同样的吸能条件下，所用的材料厚度越薄；但为保证车身的功能，厚度减薄之后，会使刚度明显下降，为满足车身的刚度要求，需要通过计算机模拟优化设计，采取更合理的界面形状来达到所需要的轻量化车子的各项性能。因此优化设计完全可以在一定的强度下减薄到合理的厚度，同时保证车身的刚度和安全性，实现轻量化。

在汽车的优化设计中，还必须保证碰撞对行人保护的法规。考虑到汽车的质量远远大于行人的质量，故这种车身质量的大小碰撞后对行人的二次伤害，基本可以忽略。碰撞后对行人的二次伤害，主要是指行人头部撞击到发动机罩盖上所产生的二次伤害，因此发动机罩板的材料和性能对汽车碰撞行人后对行人头部的二次伤害具有特殊的作用。汽车行驶时对行人碰撞的过程示于图 3-9。从图中可以看出，对行人首次伤害是腿部，二次伤害多为头部，一般高度的行人，通常倒在发动机盖板上，不同材料对腿部和头部的伤害指数见图 3-10。

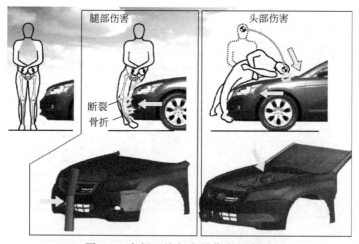

图 3-9　车辆碰撞行人的伤害示意图

可以看出，当车辆的发动机罩、翼子板、前保险杠等部位设计得过于坚硬时，行人的头部和腿部与之碰撞将产生较大的伤害，即伤害指数 HIC 值很高；相反，上述部位设计得太过柔软时，对行人同样也会产生大的伤害，这可能是太软的材料碰撞后会使行人受到发动机等更坚硬材料的伤害，因此导致伤害指数上升。我们通过对这些部位进行针对性优化设计，选择合适的硬度，实现优异的行人保护性能。通常发动机前罩采用铝合金，不仅是铝合金硬度较低，也与铝合金板材弹性模量较低、具有较高的撞击吸能等因素有关，从而可以有效降低对行人的伤害。

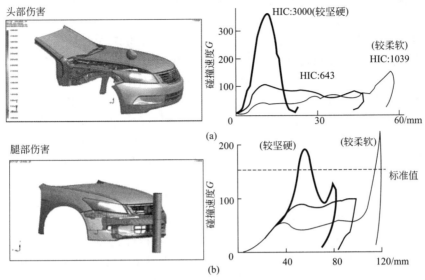

图 3-10　不同的前保险杠材料和发动机盖板材料伤害指数的比较

在进行轻量化优化设计和安全性设计时，一个重要的手段就是计算机模拟。用计算机模拟可以有效地了解汽车各类碰撞时的载荷传递模式，从而找出高强度材料或者高吸能材料应该应用的部位。计算机模拟时不同碰撞载荷下的路径见图 3-11。

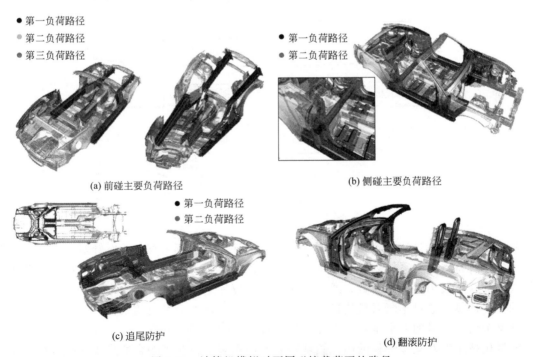

图 3-11　计算机模拟时不同碰撞载荷下的路径

3.2.3　多学科多目标优化技术在汽车轻量化设计中的应用

随着汽车结构复杂程度的发展，汽车的优化设计已牵涉了数十门学科，而且各学科之间相互作用、相互影响。随着汽车技术的迅速发展，汽车各分系统结构越来越复杂，它们之间的耦合程度也越来越广,为了充分利用这种耦合以提高系统性能,迫切需要建立用于多学科、多目标的综合优化设计方法。

汽车车身也是一种大型复杂系统,对其进行设计需要考虑许多学科的影响,包括安全性、结构强度、刚度、空气动力性等。汽车的轻量化设计实际上就是一个多学科设计优化(multidisciplinary design optimization,MDO)过程。国外大型汽车公司已有把 MDO 应用于汽车设计领域并取得成功的应用报道,他们对于不同学科之间的分析和计算软件之间的整合已经日趋规范化,其集成结果已经在市场上应用。而目前国内汽车行业在 MDO 方面的研究和应用仅是起步。与国外相比,国内在这方面的投入力度、研究深度及应用广度都需要加大,以尽快将 MDO 应用于汽车的轻量化设计领域,为此首先应建立汽车多学科优化设计模型。

对于汽车总体设计这一复杂的多输入多输出反馈系统,我们采用模块化的思想,即在对产品设计的整体进行分析后,根据各个学科的特性和要求将整个系统划分成若干个模块(子系统),对于每个模块分别独立进行分析求解,并行地进行优化然后根据各个模块间的关系采用合适的策略进行耦合分析,通过系统耦合变量的协调来满足各个模块及其之间的要求,最终获得产品的整体最优结果,求得系统最优解,其多学科优化设计流程见图 3-12。

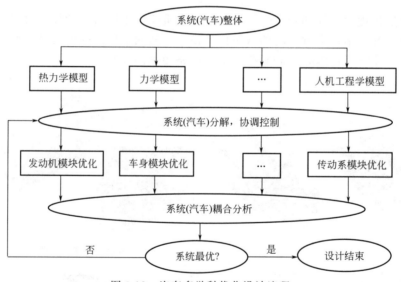

图 3-12 汽车多学科优化设计流程

然后根据优化设计流程,对汽车多学科优化设计模型进行求解。此时针对汽车这一复杂系统和各学科特点,将系统划分成多个模块,优化时可分为两级:系统级和模块级,利用各个模块内部联系较为紧密的参数,通过特殊信息的传递来保持模块间的耦合,并尽量实现模块间的并行计算,通过不断对模块进行协调优化,以实现整个系统的最优。每个子系统只负责设计整个设计变量的一个子集,设计变量在各子系统之间可共享。

轻量化技术涉及众多学科的研究领域,需要运用多学科交叉融合所形成的综合性、系统性知识体系来加以解决。车身结构轻量化时,一方面要满足轻量化的要求,另一方面又要兼顾碰撞安全性、动静态性能等。国外在这方面已经做了大量的基础研究工作,并取得了重大突破。图 3-13 表示了国外某汽车公司在车身结构轻量化时所牵涉的学科,其中包括碰撞安全性(正碰、后碰及侧碰等)、静态性能、动态性能等。

多学科优化设计的目的是将设计过程系统化,要求将产品不同阶段、不同性能的内容都能在设计阶段很好地反映出来,通过充分利用各个学科(子系统)之间的相互作用所产生的协同效应,获得系统的整体最优解,同时还要实现各学科的并行设计,缩短设计周期。为实现多学科的优化设计,尚需解决以下关键的技术:

① 产品开发全过程、全性能、全寿命多学科模型的建立;
② 各个学科之间的规划和分解;
③ 有效的寻优搜索策略及整体收敛性分析;
④ 各学科之间耦合性质的分析。

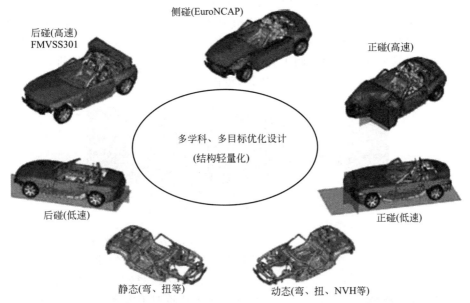

图 3-13　多学科、多目标优化设计在结构轻量化中的应用

汽车轻量化技术涉及众多的共性技术和前沿技术,其关键、核心技术的突破不可能由单个企业或科研机构独立完成,通过官、产、学、研、用的联合模式或以联盟的形式对其关键、重大问题进行战略性和前瞻性的超前部署,协同配合,联合攻关。

虽然国内在多学科、多目标优化设计方面的研究才刚刚起步,但是这一设计方法已经显示出在汽车设计过程中可以提高设计效率和产品质量。在汽车结构优化设计方面,国内已从主要依靠经验设计逐渐发展到应用有限元等现代设计方法进行静强度计算和分析阶段。目前已经开始应用参数化多目标的设计软件和方法进行轻量化设计。可以预测,多学科优化设计在未来几十年内将在汽车轻量化设计领域发挥重要作用。随着该项技术得到越来越广泛的普及与应用,它将大大提高我国汽车产品核心竞争力、整体系统的性能优化和设计的层次。此项技术的深入应用,每年也将为整车制造企业节省大量的开发资金,并使现行的汽车设计模式得到根本改善,提升自主品牌的竞争能力。

3.2.4　车身及主要结构件的拓扑优化技术[3]

车身结构件的轻量化优化设计可分为三个方面:其一为尺寸优化——优化变量为杆件的横截面尺寸或板壳的厚度分布;其二为形状优化——优化变量为杆系结构的节点坐标或表示连续体结构外形的变量;其三为拓扑优化——优化变量为杆系结构的节点布局、节点间的连接关系,或连续体结构的开孔数量和位置等拓扑信息。

连续体结构拓扑优化的最大优点是可在结构拓扑形状未知的前提下,根据已知边界条件和载荷条件确定出较合理的结构形式。因此在工程设计的初始阶段，即选型设计上具有重要意义。拓扑优化不涉及结构尺寸设计，但可以提出最佳形状设计方案。与结构尺寸优化和形状优化相比，结构拓扑优化由于在设计初期就被引入，因此具有更大的设计自由度，能够得到更好的优化效果，是一个更具有挑战性的领域，已经成为当今结构设计研究的一个热点。

拓扑优化设计技术可分为两种，其一为离散体结构拓扑优化技术；其二为连续体结构拓扑优化方法。

① 离散体结构拓扑优化技术　离散体结构拓扑优化技术起始于桁架类离散体结构的优化设计。1904 年 Michell 用解析方法研究了单载荷作用下应力约束的结构设计，提出了桁架结构设计的 Michell 准则，其二维的 Michell 桁架拓扑优化见图 3-14。离散体结构优化的解析解很准确，可同时得到结构的多个最优拓扑结构，能够解决一些简单构件和桁架优化，但解析方法所涉及的复杂数学推导限制了它在实际工程中的应用。因此，目前大多致力于数值求解方法的研究，一般将离散体拓扑优化问题转化为数值求解。

图 3-14　二维 Michell 桁架拓扑优化

② 连续体结构拓扑优化方法　连续体结构拓扑优化方法又可分为均匀化方法和变密度法。

均匀化方法最早起源于复合材料的微观结构领域，用于计算具有周期性结构的材料微观尺寸参数与其宏观弹性性质之间的关系，其数学基础是 Besoussan 等[4,5] 发展的基于摄动理论的周期性结构分析方法。该方法的基本思想是在材料中引入微结构（单胞），优化过程中以微结构的单胞尺寸为设计变量，以单胞尺寸的消长实现微结构的增删，并产生由介于中间尺寸的单胞构成的复合材料，从而实现结构拓扑优化模型与尺寸优化模型的统一和连续化。

Bendsoe 等 1988 年提出了均匀化方法[6]，均匀化方法中典型的微结构单胞形式有以下两种。

一种为单变量微结构，如图 3-15 所示，微结构单胞的密度为

$$\eta = 2a - a^2 \quad (3-1)$$

式中，a 为微结构的单胞尺寸，$0 \leqslant a \leqslant 1$。

另一种为双变量微结构，如图 3-16 所示，微结构单胞的密度为

$$\eta = a + b - ab \quad (3-2)$$

式中，a、b 为微结构的单胞尺寸，$0 \leqslant a \leqslant 1$，$0 \leqslant b \leqslant 1$。

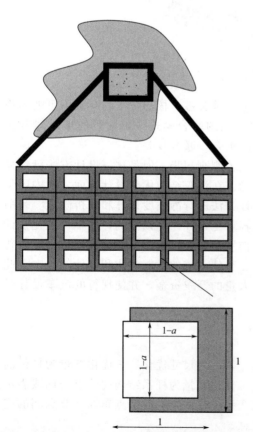

图 3-15　单变量微结构单胞图

根据所需要优化的材料特性，建立起结构或材料特性与单变量微结构单胞或者双变量结构的关系，利用相关的拓扑优化的算法，就可以计算出经优化的各类白车身和相关结构件的性能参量。

变密度法是连续体结构拓扑优化的方法之一。该方法人为地假设材料的宏观物理常数与其密度之间为非线性关系。将连续体离散为有限元模型后，将每个单元内的密度指定为相同，以每个单元的密度为设计变量，以

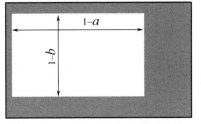

图 3-16　双变量微结构单胞图

结构的柔顺性最小为目标，考虑材料质量约束（或体积约束）以及平衡条件，从而人为引进一种假想的密度可变材料，并假定该材料的相对密度（伪密度）和弹性模量之间的关系，每个单元的伪密度为设计变量，将结构拓扑优化问题转化为材料最优分布的设计问题，应用优化准则法或数学规划方法求解材料最优分布设计。

结构拓扑优化工作流程可以参考图 3-17。

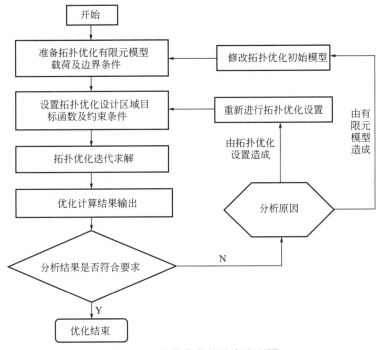

图 3-17　拓扑优化的基本流程图

作为一种新兴优化方法，拓扑优化应用前景广阔。根据国内汽车行业的特点，应着重在以下方面开展重点研究工作。

① 开展工艺条件约束下的结构拓扑优化研究。

② 开展多学科、多目标、多工况拓扑优化技术的应用研究，以满足实际工程问题中，车身结构承受多种载荷工况作用下所对应的多目标的拓扑优化。

③ 拓扑优化数学模型及算法的研究。

目前，拓扑优化相对于尺寸优化与形状优化，仍然处于初始阶段，应开展使用先进的算法提高拓扑优化的效率方面的研究，如基于遗传算法和基于水平集方法的拓扑优化技术。同时，也应解决连续体拓扑优化中的数值不稳定现象（如棋盘格式）及其抑制的相关问题。

④ 开发高效、方便、界面友好、计算效率高、可视化效果好的拓扑优化软件,以加速拓扑优化技术在实际工程设计中的应用,节省产品开发周期和降低生产成本。

拓扑优化设计是对结构本质属性的设计,其理论和认识均有待深化,加速拓扑优化设计技术,一方面需要理论的突破,另一方面需要与计算机技术结合。只有同时注重两方面的研究工作,才能将其先进性应用到实际生产中,达到显著降低成本,提高汽车结构性能的目的。

对于汽车车身以及底盘结构,应用拓扑优化技术能够在满足刚度、强度及动态特性的要求下进行轻量化,对降低成本、减少油耗和环境污染方面都会产生积极的作用。

3.3 合理的选材

在汽车的轻量化材料中,广泛应用的结构材料为高强度钢和先进高强度钢,这类材料是既可轻量化又保证安全的性价比高的、符合目前维修习惯的汽车制造的基本材料。铝合金是既可轻量化又有助于行人法规保护实施的一类具有发展前景的轻量化材料。塑料复合材料是有效轻量化、用量迅速增加的一类轻量化材料。镁合金是轻量化效果显著、性价比有待提升的一种轻量化结构材料。这里简单评述一下四类结构材料,对其性能特点有一个总体的认识,对合理地选材、充分利用和发挥材料的优势会有所帮助。

3.3.1 几种材料特性的比较

(1) 高强度钢和先进高强度钢[7,8]

汽车用高强度钢有普通高强度钢、第一代先进高强度钢以及热冲压成形钢,这类高强度钢其强塑积在 1000~2000MPa·%,所涵盖的种类包括高强度 IF 钢、低碳软钢、各向同性钢、烘烤硬化钢、碳锰固溶强化钢、高强度低合金钢以及第一代先进高强度钢(包括双相钢、TRIP 钢、马氏体级钢、复相钢、热冲压成形钢等)。第二代先进高强度钢为高锰系列和奥氏体钢系列,这类钢的强塑积在 60000MPa·%,又称孪生诱发塑性钢,应用这类先进高强度钢,尚有成形、焊接和延迟断裂等方面的问题,有待深入研究。第三代先进高强度钢其强塑积大体在 25000~40000MPa·%,获得第三代先进高强度钢的方法和途径有超级贝氏体,这类钢的碳含量较高,实际是以贝氏体为基体的 TRIP 钢,另一条路线为 Q&P,即淬火和分配处理钢,通过淬火、分配处理获得以马氏体、贝氏体为基体的 TRIP 钢,目前这类钢在上海宝钢率先实行了产业化,并有批量产品供应市场。还有一条技术路线是 Q&PT,即通过淬火-回火分配处理获得回火马氏体为基体的 TRIP 钢。第四条技术路线是利用奥氏体逆转变,获得 BCC+FCC 的组织,这类钢里面含有 5%~9%的锰,通过回火时的奥氏体逆转变,得到马氏体基的 TRIP 钢。第五种技术路线是 δ-TRIP 钢,这类钢是以 δ-铁素体+贝氏体+马氏体+残留奥氏体的 TRIP 钢,这类钢的抗拉强度为 800MPa 左右,但伸长率达到 40%。

先进高强度钢强韧性的改善使这类钢可以在更高的强度水平下进行冲压成形,譬如 DP980 就可以冲压成一些车身结构件。由于冲压成形应解决模具的磨损和回弹等两大问题,因此在强度超过 1000MPa 之后,即使可以冲压成形,模具的寿命和回弹也都会遇到较大问题,TRIP 钢的出现,可以获得更好的成形性能。部分形状简单的零件可使用 1200MPa 的 TRIP 钢、Q&P 钢进行冲压成形,但笔者认为这类钢种虽然具有冷冲压成形的能力,但全寿命周期评估时,采用冷冲压是否合理,有待进一步的研究。强度级别大于 1000MPa 小于 1500MPa,可考虑用辊压成形,但是批量生产时的回弹、形状尺寸的稳定性以及二次加工脆性等也有待研究。就目前的生产工艺水平来讲,在抗拉强度大于 1200MPa 之后,用热冲压成形钢或许是一种更合理的工艺路线。目前热冲压成形钢的不足是强度较高、韧性有待提升，随着热冲压成形技术的进步，如最近已有报道开发出抗拉强度 1800MPa、伸长率 15%～20% 的热冲压成形用钢，使得热冲压成形可以在更多的冲击吸能零件上应用。

(2) 铝合金[9,10]

铝合金的密度小，只有钢铁的 1/3，应用铝合金一次减重效果可达 30%～40%，二次减重可提高到 50%。汽车上每使用 1kg 铝，可使轿车在寿命周期内减少 20kg 的尾气排放。铝合金可循环再生，是绿色环保材料。采用铝合金所节省的能量是生产该零件所用原铝生产耗能的 6～12 倍，因此近年来铝合金在汽车上的用量迅速攀升。以北美轿车为例，2002 年每辆车用铝 124kg，2010 年达到 160kg。铝合金在汽车上应用的形式有锻制零件、挤压铝型材、轧制板材、各类铸造件，包括金属模铸造、挤压铸造、半固态铸造、砂模铸造、消失模铸造等，以及铝合金线材、铝基复合材料。应用铝合金板材作汽车冲压件，除减重之外，由于铝合金本身的特性，还有利于减少碰撞对行人的伤害，即有利于对行人保护法规的实施[11]。铝合金还具有成形性好、耐蚀性好的特点。用铝合金制造商用车的油箱，完全消除了钢制油箱的锈蚀剥落，从而避免了柴油机喷嘴的堵塞，有利于发动机工况的正常和节能减排。用铝合金制造油箱，可以减重 60%。铝合金板材的冲压零件成本与生产量有关。在铝合金轻质冲压零件中，成本由三部分组成：材料成本、制造成本和装配成本。当零件的产量由 6 万台提高到 20 万台时，零件的成本可以下降 40%。利用铝合金挤压材，可以用于汽车的安全件，如保险杠、门的防撞杆。高性能的铝合金挤压材还可以制造全铝车身。锻造铝合金商用车车轮和一般钢车轮相比，可以减重 50%，和高强度车轮相比可减重 25%。运动构件的轻量化可以取得更好的节能减排效果。随着轻量化技术的发展和铝合金焊接性能的改进、铝合金涂装性能工艺的完善、生产成本的下降，铝合金有望在汽车轻量化中得到更多的应用。

(3) 塑料复合材料[12]

塑料复合材料密度小、比强度高、抗腐蚀性能优良、容易成形，可使复杂零件的加工工序简单、耐冲击抗振动，设计的自由度大、外观多样、电绝缘和热绝缘性良好，在汽车上已经有广泛的应用。常用的塑料有聚氯乙烯（PVC）、丙烯腈-丁二烯-苯乙烯（ABS）、聚丙烯（PP）、聚乙烯（PE）、聚氨酯（PU）、聚甲醛（POM）、尼龙（又称聚酰胺，PA）。不同类型的塑料有不同的性能，分别用于汽车中不同的部位，包括各类内饰件、外装件、油箱、发动机进气歧管等。塑料的不足：耐热性不足、强度偏低、耐疲劳性差、热固性塑料的再生性能差、低温韧性差、长期使用性能的稳定性不足、易老化。为改进这些不足，塑料复合材料最近几年发展较快，塑料复合材料既具有塑料的优点，又克服了它们的一些不足，其性能和功能的可设计性更强，对基体的性能包括强度、刚度、韧性、损伤容限、抗疲劳、抗冲击、抗腐蚀、热性能和化学性能等都有改进，从而赋予塑料更高的性价比，目前应用较多的为长纤维增强复合材料（LFT），这类复合材料除具有一般复合材料的优点之外，还具有更好的性价比，同时还可回收，更有利于汽车用塑料的单一化，因此是一种有发展前景的汽车轻量化材料[13,14]。目前应用的典型构件有发动机的进气歧管、汽车的前端模块，这些零件用长纤维增强复合材料不仅轻量化效果好，而且制造成本还会下降。今后有望在汽车外装件和结构件中大量应用。

(4) 镁合金[15,16]

镁合金也是一种有效的轻量化材料，镁合金密度为 $1.81g/cm^3$。以 AZ91D 为例，具有明显的减重优势。镁合金具有高的比强度，在保持弯曲强度相等的情况下，和钢相比，镁合金可减重 60%。应用于 SUV 车的后门板，可减重 40%；应用于仪表盘支架，重量仅为 2.07kg；同样镁合金也可应用于前端模块，目前应用最多的是传动系统的变速箱壳体，既可有效地轻量化，又可减轻噪声。镁合金还可以应用于汽车板材和挤压材。但由于镁合金是六方结构，成形性较差，因此应用的板材需要温成形，挤压材也是如此。镁合金的铸件需要气体保护才可以有效地浇铸成汽车构件。镁合金的抗腐蚀性能差，在所有的金属中，其电极电位最低，因此目前镁合金的应用还受到限制。但对于防腐性能要求低的构件，如方向盘骨架，已得到广泛应用。

在对汽车轻量化的四大类材料的性能特点认识之后，最终确定如何选材时，还应该进行相关材料的 LCA 评估，即全寿命周期的能耗和 CO_2 的评估，这样才能真正使好的材料用在合适的地方。

3.3.2 几种轻量化材料全寿命周期的评价

美国 Argonne 实验室早期提出了关于寿命周期评估的一些概念[17]，综合起来，生命周期评价是一种"从摇篮到坟墓（cradle-to-grave）"的环境管理和分析工具，它从产品生命周期全过程来量化其资源能源消耗和环境排放，并评价这些消耗和排放对于资源、生态环境及人体健康带来的影响。产品生命周期评价已成为国际上认定绿色产品或生态产品的主要方法[18]。

产品 LCA 评估方法遵循 ISO 相关标准[19,20]，其基本计算逻辑如式(3-3)所示。

$$b_{T,F,g} = b_{F,g} + \sum a_{T,i} b_{i,g} \tag{3-3}$$

式中，$b_{T,F,g}$ 为以功能单位 F 为基准的基本流 g 的累积量；$b_{F,g}$ 为以功能单位 F 为基准的基本流 g 在产品生产过程的直接流量；$a_{T,i}$ 为原燃料在产品系统中单元过程 i 每功能单位的直接消耗量；$b_{i,g}$ 为基本流 g 在单元过程 i 的直接流量；$\sum a_{T,i} b_{i,g}$ 为以功能单位为基准的基本流 g 在所有前景过程（foreground process，如原材料的开采过程、运输过程等）和所有后景过程（background process，如产品的使用过程、废弃物利用过程等）的累积量。

由于钢铁材料 LCA 涉及的单元过程多达数千个，通过式(3-3)计算将相当复杂，因此一般采用专业基于式(3-3)计算逻辑的 LCA 软件完成。以下内容采用宝钢自行开发的钢铁产品 LCA 软件 BaosteelLCA 3.0 完成。

完成 LCA 计算后，可利用式(3-4)定量化计算评价钢铁产品性能的提升对环境的贡献。

$$Q_g = \frac{I^g_{\text{High-performance}} - I^g_{\text{Benchmark}}}{I^g_{\text{Benchmark}}} \tag{3-4}$$

式中，Q_g 为高性能钢材的环境收益百分比；I 为产品 LCA 结果，High-performance 为高性能钢材，Benchmark 为基准比较钢材，g 为环境负荷因子（能耗、CO_2 排放等 LCI 指标或全球变暖潜力、酸化潜力等 LCIA 指标）。

Q_g 值为负表明环境负荷减少，即高性能钢材生命周期范围内产生了环境收益；Q_g 值为正表明环境负荷增加，即高性能钢材生命周期范围内不仅没有产生环境收益，反而增加了环境负荷。

在进行生命周期评估时，分两种能耗计算方法，一种为可再生材料生命周期能耗算法，另一种为不可再生材料生命周期能耗算法。考虑到对环境的影响，还有全寿命周期的环境评价，重点是温室气体的排放，则以可再生材料生命周期能耗算法为例进行计算。

(1) 可再生材料的综合能耗计算方法[21,22]

对可再生材料生命周期能耗算法进行研究，除了应考虑再生过程的能耗外，还应在其寿命期内分摊初次生产的能耗。目前，材料的寿命期采用平均循环次数 n 来表示，对于不可再生材料，循环次数为1，对于可再生材料，平均循环次数根据材料的再生率来确定，见式(3-5)~式(3-7)。可再生材料的生命周期能耗分析见图 3-18。

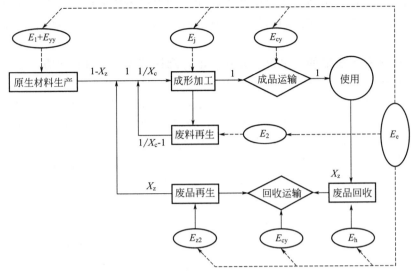

图 3-18 可再生材料生命周期能耗分析图

其中材料分解回收的能耗 E_h 很小,通常不大于再生总能耗的 1%,因此忽略不计。可再生材料的生命周期能耗计算模型如下:

$$E_z=(E_1+E_{yy})(1-X_z)+E_{z2}X_z+E_2\left(\frac{1}{X_c}-1\right)+\frac{E_j}{X_c}+E_{cy}+E_e \quad (3-5)$$

$$E_{z2}=\frac{E_1+E_{yy}+(n-1)(E_2+E_{cy})}{n} \quad (3-6)$$

$$n=\frac{1}{(1-X_z)} \quad (3-7)$$

式中 E_z——可再生材料综合能耗,tce/t,tce 是 1t 标准煤当量;

E_1——原生材料生产能耗,tce/t;

E_2——材料再生过程能耗,对于金属材料指再生熔炼的能耗,tce/t;

E_{z2}——材料再生综合能耗,tce/t;

E_{yy}——矿石运输能耗,tce/t;

E_{cy}——材料运输能耗,tce/t;

E_j——材料成形加工的能耗,tce/t;

E_e——能源生产和运输能耗,tce/t;

n——材料的平均循环次数;

X_z——材料再生率;

X_c——材料加工过程的综合成材率,主要考虑铸坯、轧制、切削等加工工序中产生废料和废品的因素。

(2) 各轻量化材料生命周期综合能耗计算

① 金属材料能耗计算 综合能耗计算时,应综合考虑材料的可回收率和再生损耗来确定材料的再生率。铝材再生损耗率按 10% 计算[23],钢铁材料的再生损耗按 10% 计算[24]。对于一般的设备产品,考虑使用损耗,钢材可回收率约为 90%,铝材的可回收率约为 95%。因此,钢材和铝合金对应的 X_z (为可回收率-再生损耗率)分别为 80% 和 85%。

原生金属材料的能耗采用国家发改委能源所的研究结果[25],该数据包括从矿山开采到铸锭全过程的综合能耗,包括了主要生产工序和辅助生产系统的能耗,但不包括成形加工和运输环节的能耗。钢材再生能耗按原生钢材能耗的40%计算[26],为 $1.18 \times 40\% = 0.47$ (tce/t)。

熔炼再生法是我国废铝的主要再生方式,也是能耗较少的一种再生方式,因此铝再生过程的能耗均按熔炼再生法计算。

我国钢材的综合成材率按75%计算[27],我国有色金属的综合成材率约为70%[28]。运输能耗计算时,矿石运输按国内生产计算,金属材料和原料运量的30%由汽车运输,70%由火车运输计算,金属矿石铁路运输的平均距离为574km,金属成品铁路货运的平均运距按1083km计算,煤炭铁路运输的平均距离为574km,公路货运的平均运距按61km计算[29]。铁路货运的能耗为713gce/(t·km)(gce是1g标准煤当量),载货汽车运输的汽油消耗为0.071L/(t·km)[30],汽油的热值为34823kJ/L[31],则汽车货运的综合能耗为84.4gce/(t·km)。由此计算出金属矿石原料综合运输能耗为5kgce/t(kgce是1kg标准煤当量),金属成品运输能耗为7kgce/t。生产1t原生材料需要矿石原料的运力约为:钢材为4t,铝材为5t[32],镁合金为12t(11t白云石和1t硅铁)。能源生产和运输能耗均按煤炭计算,煤炭生产电耗为3019kW·h/t,煤炭生产和储运煤耗约为5%[33],煤炭89%由铁路运输[25],因此按铁路运输计算,其运输能耗约为4.2kgce/t,由此计算出煤炭生产和运输的综合能耗为67kgce/t。

因此,对可回收的金属材料,钢、铝、镁汽车构件的综合能耗参照式(3-5)~式(3-7),并考虑煤炭生产和运输的综合能耗为67kgce/t(0.067tce/t),并用此值代替 E_e,E_z 就可写为

$$E_z = 0.067 E_z + (E_1 + E_{yy})(1-X_z) + E_{z2} X_z + E_2 \left(\frac{1}{X_c} - 1 \right) + \frac{E_j}{X_c} + E_{cy} \quad (3-8)$$

② 塑料能耗计算 根据文献[34]显示,PP塑料原生材料的能耗为2.316tce/t。塑料的主要加工工序能耗为:造粒工序综合能耗为0.15tce/t,挤出工序综合能耗为0.17tce/t。加工能耗 E_j 为造粒和挤出工序能耗之和,为0.32tce/t。塑料加工成材率按90%计算,PP塑料再生率按70%计算,塑料成品和原料的运输能耗 E_{cy} 和 E_{yy} 为6kgce/t。

根据以上数据,计算出几种常用轻量化材料全寿命周期的综合能耗,见表3-1。

表3-1 轻量化材料全寿命周期能耗计算表

计算参量	普通钢	高强度钢	铝合金	镁合金	塑料(以PP为例)
密度/(t/m³)	7.8	7.8	2.7	1.8	0.9
原生过程能耗 E_1/(tce/t)	1.18[25]	1.18[25]	9.56[25]	7.5	2.316[25]
再生过程能耗 E_2/(tce/t)	0.47	0.47	0.478	0.375	0.16
原料运输能耗 E_{yy}	0.02	0.02	0.025	0.06	0.006
材料运输能耗 E_{cy}	0.007	0.007	0.007	0.007	0.006
能源生产和运输综合能耗 E_e	0.0736	0.0736	0.297	0.236	0.12127
再生率 X_z	80%	80%	85%	85%	70%
综合成材率 X_c	75%	75%	70%	70%	90%
成形加工能耗 E_j/(tce/t)	0.144	0.144	0.68	0.68	0.32
平均循环次数 n	5	5	6.667	6.667	3.333
再生综合能耗 E_{z2}/(tce/t)	0.622	0.622	1.85	1.19614	0.813

续表

计算参量	普通钢	高强度钢	铝合金	镁合金	塑料（以PP为例）
单位重量综合能耗 E_z/(tce/t)	1.17	1.17	4.43	3.526	1.81
单位体积综合能耗/(tce/m³)	9.13	9.13	11.96	6.35	1.63

注：1. 其中钢、铝合金和塑料的原生过程能耗为2003年的数据，镁合金的数据为2007年的数据。
2. 考虑到具体零部件制造时，一般轻量化材料是以同体积替换现用材料（考虑到强度时会适当变更厚度），因而计算了单位体积综合能耗（tce/m³），其计算公式为 E_z/密度。

由上表可知，几种轻量化材料中PP塑料的单位体积综合能耗最低，铝合金的最高，高强度钢和镁合金次之。零部件的选材应综合考虑成本、能耗和强度设计要求，性价比高和对节能环保贡献较大的材料将会得到广泛的应用。

(3) 主要轻量化材料应用的减重及经济性分析

轻量化材料应用的内在驱动力是应用的综合制造成本以及轻量化效果。就轻量化材料本身价格的多少研究没有意义，从主机厂的角度，轻量化材料应用的经济性分析应考虑综合制造成本，即轻量化材料所应用零部件的采购成本。

表3-2为轻量化材料代替常用（传统）材料的综合制造成本的对比。表中所列综合制造成本包括原材料成本、模具开发费用分摊、制造成本和运输成本等，备注所列数量为按照此产量进行模具开发等费用分摊。表3-3为乘用车零部件减重及经济性数据，表3-4为钢制和镁合金仪表板骨架对比。

表 3-2 轻量化材料代替常用材料的综合制造成本对比

轻量化材料	原用材料	减重效果	综合制造成本	性能改善	典型应用零件	备注
高强度钢	普通钢板	−15%～−20%	约增加10%	显著改善碰撞安全性能	车身结构件	按50万辆计算
铸铝	钢铁	−40%左右	增加50%左右	改善燃油经济性	发动机缸体	—
镁合金	压铸铝合金	−25%左右	−8%左右	改善NVH性能	变速箱壳体	按50万辆计算
LFT-PP复合材料	深拉延低碳钢板	−50%左右	基本持平	可以设计更复杂的形状；不易损坏、更换方便；改善行人保护性能	翼子板	按10万～15万辆的产量

表 3-3 乘用车零部件减重及经济性数据

零件名称	乘用车						
	原用材料	重量/kg	价格	轻量化材料	重量/kg	减重幅度	成本变化
白车身总成	20%高强钢+普通钢板	420		45%高强钢+普通钢板	390	−8%	基本持平
轿车车轮	B380CL	9	70元	A356	7	−20%	+100元
轿车缸体	HT250	57	684元	AlSi9Cu3	29	−50%	+280元

表 3-4 钢制和镁合金仪表板骨架对比

仪表板类型	钢制	镁合金
示意图		

续表

仪表板类型	钢制	镁合金
加工方法	管梁、弯曲、冲孔和焊接	1600t 压铸成形
成本（RMB）	A	$(1+15\%)A$
重量/kg	6.8	3.2
NVH 性能 垂直/水平	36.4/33.8	39.3/35.8
优点	便宜、易于改型设计	重量轻、尺寸稳定、NVH 性能好
缺点	重量大	设计灵活性差，相应的紧固件价格高

（4）汽车减重与节油经济性数据

世界铝业协会联合欧洲铝业协会和美国铝业协会委托 IFEU——德国海德堡责任有限公司能源与环境研究所（2003年、2004年和2007年）对各类车型的减重与节油经济性数据进行了统计分析，有关结果列于表 3-5 和表 3-6。从表 3-6 的综合结果可看出，每减重 10%，可节油 6% 左右。

表 3-5 IFEU 汽车减重与节油经济性数据 1

车辆类型	重量/t	平均油耗/(L/100km)	减重100kg 节油/(L/100km)	全寿命周期里程/1000km	减重100kg 全寿命节油/L	备注
小型轿车 长途为主	1	6	0.36	200	720	
小型轿车 市区为主	1	8.5	0.55	150	829	汽油节油数据、柴油节油数据为对应数据的 70%
中型轿车 长途为主	1.6	9	0.28	300	844	
中型轿车 出租	1.6	11	0.52	500	2578	
豪华轿车 长途为主	2	12	0.30	100	300	
城市客车 停车少	15	40.5	0.15	1000	1485	
城市客车 停车多	15	45	0.26	1000	2550	
长途客车 高速	18	30	0.04	1200	500	
长途客车 中速	18	35	0.10	1200	1167	
货车 高速	27	35	0.084	1200	1011	50%全负荷

续表

车辆类型	重量/t	平均油耗/(L/100km)	减重100kg节油/(L/100km)	全寿命周期里程/1000km	减重100kg全寿命节油/L	备注
货车中速	27	40	0.089	1200	1067	20%全负荷
轻型货车平均使用	3.5	12	0.171	375	643	0%全负荷
轻型货车市区商用	3.5	13.5	0.289	450	1302	0%全负荷

表3-6 IFEU汽车减重与节油经济性数据2

车型	减重10%对应节油效果	备注
乘用车	5.7%	一般直接效果是2%~4% 另作更改时可达6%
轻型商用车	5.7%	
中型货车	5.7%	
汽车列车	4%	
城市客车	5.6%	
长途客车	2.4%	

3.3.3 主要轻量化材料的环保性分析

轻量化材料的环保性评价需从全寿命周期的角度进行全面的衡量，主要体现在以下两个方面。

(1) 轻量化材料全寿命周期生产制造中的环保性评价

轻量化材料全寿命周期生产制造中的能源消耗所造成的污染物排放量同能耗一样，也是以标准煤计量，吨煤的二氧化碳排放约为2.3t，以及少量的二氧化硫和氮氧化物等，据此计算出轻量化材料全寿命周期生产制造中CO_2的排放量，见表3-7。这一数据与文献[35]中吨钢CO_2的排放量相近。

表3-7 轻量化材料全寿命周期生产制造中CO_2的排放量

轻量化材料	单位重量综合能耗E_z/(tce/t)	全寿命周期生产制造中CO_2的排放量/t
高强度钢	1.17	2.691
铸铝	4.43	10.189
镁合金	3.526	8.11
PP	1.81	4.163

(2) 轻量化材料替代传统材料应用于整车上的环保性评价

轻量化材料替代传统材料应用于整车上从而减少污染物排放量下降。这些污染物的排放量可以通过轻量化材料应用使整车重量减轻的数据来转化。

《中国汽车工业"十一五"发展规划纲要》提出："要积极开发应用新材料，推广应用高强度材料及轻质、环保、复合材料，限制使用对环境污染或安全有危害的材料。到 2010 年，汽车整备质量减轻 10%"。目前的交通运输用油占石油消费总量的 41%，2007 年汽车燃油消耗约 1.517 亿吨。按照汽车自重每减少 10%，燃油消耗可降低 6%～8% 计算，节油量和减排量的预测计算结果见表 3-8。

表 3-8 轻量化材料对汽车工业的节能降耗及减排效果

时间	节省燃油消耗总额	减少污染物排放
到 2010 年末	3500 万吨以上	下降 10%
到 2015 年末	1.2 亿吨以上	
到 2020 年末（预测）	2.6 亿吨以上	

3.3.4 主要轻量化材料的回收性分析

(1) 金属材料的回收

汽车用金属材料包括钢铁和有色金属（镁、铝、锌和铜合金等）。轿车中钢铁的比例约 75%，有色金属占车重的 10%～15%。车用钢材有特殊钢和钢板两大类，其中钢板占有很重要的地位，载重汽车的钢板用量占钢材耗量的 50% 左右，轿车则占 70% 左右；特殊钢主要用来制造汽车发动机和传动系统的许多零部件。

国外对报废汽车的金属回收十分重视，一个重要的渠道是由各大汽车公司回收自己生产的旧车，对回收后可重用的零部件直接用于现使用的车上，不可重用的零部件则以材料形式回收综合利用。目前，西方发达国家车用材料可回收利用的已经达到 75% 左右，最先进的德国奔驰汽车公司的金属材料回收率已经达到 95%。

图 3-19 为从废旧汽车回收金属材料的莱茵哈特法工艺流程。

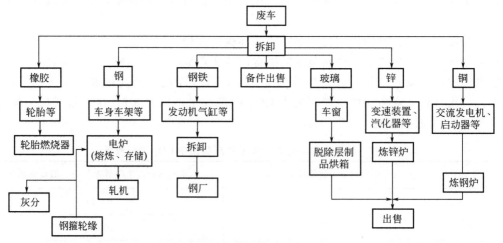

图 3-19 莱茵哈特法工艺流程

(2) 塑料及其复合材料可回收利用性

车用塑料及其复合材料主要有两类，即热塑性树脂和热固性树脂。大部分热塑性材料都可回收再利用，热固性材料较难回收利用，只能能量回收或粉碎后作为填料使用。

汽车用高分子材料的一个重要趋势是单一化，因此未来汽车中用的工程塑料 PP 塑料和

PP+玻纤增强的复合材料或 PP+碳纤的复合材料都会迅速增加,而 PP 为基的塑料和复合材料都是可回收的,可以用这些材料进行回收利用。

大多数回收 PP 由汽车部件如蓄电池盒子、汽车保险杠和仪表板回收得到。回收 PP 通过增强改性,还可用于汽车其他部件的制造,日产公司根据不同汽车部件的使用性能要求,将回收改性的聚丙烯分为 5 类,并用于 98 种汽车零件的制造(转向柱护套、杂物箱、暖风导管、车门护板等),美国 KW 塑料公司将回收的蓄电池盒子用于 Ford 汽车的防溅板,FI-AT 汽车公司将回收的 PP 保险杠通过再造粒用于防尘仪表板和空气过滤器。

考虑到材料的回收利用,轻量化材料的能耗和碳排放当用另一种评估方法,目前评估材料回收利用的数据还有待积累。

3.4　先进的成形技术

车中应用的先进成形技术有激光拼焊板、液压成形、辊压成形、热冲压成形、差厚板技术,这些成形技术已经有一系列的文献进行论述[36~43]。在成形技术中,针对不同的汽车轻量化零件,有不同的应用。由于这些技术均是近年来才发展和完善应用的,迄今为止,尚没有 LCA 的评估数据,因此作为选择先进的成形技术时,只能依据零件成形的需要和每种工艺技术的特点进行选择和应用,正因为如此,也有人从 LCA 的角度对一些先进成形技术提出了异议,如用超高强度钢的热冲压成形和先进高强度钢的冷冲压成形和辊压成形,哪一种工艺方法更为合理,就出现了一些争议,因此,积累一些相关的 LCA 数据,并进一步深化认识每一种先进工艺的特点,会为汽车轻量化构件制造时选择更合适的工艺提供依据,有关这些工艺的特点将有专章论述。

3.5　轻量化的技术路线

轻量化技术路线是一个大的课题,由于轻量化的车型不同、用材不同,销售的价位不同,所建立的车身开发的技术平台不同,因此很难有一个统一的轻量化的技术路线。车身各零部件的总成不同,所采用的技术路线也不相同。目前,国际上的轻量化应用比较多的是乘用车的白车身。

在国际上进行的轻量化工程中,国际钢铁协会组织的超轻钢车身其目标为白车身减重 20%,原白车身重 270kg,如满足 2000 年的碰撞法规,则项目最终的结果可以减重到 203kg;如满足 2004 年碰撞法规,则可以减重到 218kg。项目还要求白车身的价格在轻量化之后不能升高,原白车身的价格为 979 美元,如满足 2000 年的碰撞法规,白车身的价格为 949 美元,即轻量化后性能与原白车身相当,而价格下降;如满足 2004 年的碰撞法规,价格为 972 美元,即轻量化后碰撞性能又提升,价格还略有下降。该工程叫 ULSAB(ultra light steel auto body),是国际钢铁协会针对国际铝协所开发的全铝车身、提升钢铁材料的竞争力而做的项目。取得上述结果的主要是高强度钢的应用,原白车身用材为 80% 软钢、20% 的高强度钢;而满足 2000 年碰撞法规的 ULSAB 采用 85% 的高强度钢、8% 的超高强度钢、7% 的软钢;对满足 2004 年碰撞法规的 ULSAB-AVC 项目,其采用 64% 的超高强度钢、36% 的普通高强度钢。超轻钢车身要比全铝车身价格便宜得多,而且也可以取得较好的轻量化效果,但对某些车型售价比较高,采用全铝车身,也是一条可以接受的轻量化的技术路线[44,45]。

由国际钢铁协会组织全世界 32 家大型钢铁企业开展了 ULSAB 超轻钢车身先进概念车

的联合研究项目，32家钢铁企业见表3-9。PNGV计划（新一代轿车合作伙伴计划）选择的车型为C级车（轴距2.8m，轮边宽大于1.7m，排量大于2.5L），并对车型的安全性、舒适性、燃油经济性、环境的适应性均提出了相关要求。车身结构的用材为100%的高强度钢，其中80%以上为先进高强度钢。钢公司的产品同时参与到这一工程中去，并洞察未来钢铁产品的应用，在车身结构中81个主要零件将用高强度钢，PNGV的车身为218kg，原Benchmark的对标车为263kg。这里定义屈服强度小于210MPa的为低强度钢，屈服强度大于210MPa、小于550MPa的为高强度钢，屈服强度大于550MPa的为超高强度钢。在高强度钢中又分为普通高强度钢和先进高强度钢。各类高强度钢和先进高强度钢和强度级别的分类示于图3-20。在车身设计中，要考虑弯曲刚度、扭转刚度和一阶模态，影响刚度性能的有弹性模量、截面厚度、截面形状；另一个考虑的因素是工作应力，影响的因素有截面厚度、截面形状、屈服强度。在ULSAB-AVC中用的各类高强度钢的性能列于表3-10。

表3-9 32家大型钢铁企业

钢铁企业			
阿赛罗	南非钢铁公司	浦项	印度Tata
美国AK钢铁公司	伊斯帕特内陆钢公司	芬兰罗德洛基	蒂森克虏伯钢铁公司
中国宝钢公司	日本神户	底特律Rouge钢公司	米纳斯钢铁
伯利恒公司	美国林坦科沃特公司	印度钢铁管理公司	法国于齐诺尔钢铁公司
布罗肯希尔钢铁公司	国家钢公司	萨尔茨基特钢公司	美钢联
中国台湾中钢	新日本制铁公司	阿根廷Siderar公司	瓦卢瑞克钢公司
英荷科洛斯公司	日本钢管公司	瑞典钢公司	奥钢联
加拿大多法斯科	捷克诺瓦哈特钢公司	加拿大钢铁公司	威尔顿钢公司

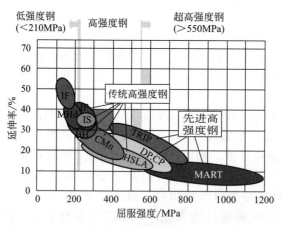

图3-20 各类高强度钢和先进高强度钢和强度级别

表3-10 ULSAB-AVC中用的各类高强度钢的性能

牌号	屈服强度/MPa	抗拉强度/MPa	总伸长率/%	n值	r	K值
BH210/340	210	340	34～39	0.18	1.8	582
BH260/370	260	370	29～34	0.13	1.6	550
DP280/600	280	600	30～34	0.21	1.0	1082
IF300/420	300	420	29～36	0.20	1.6	759

续表

牌号	屈服强度/MPa	抗拉强度/MPa	总伸长率/%	n 值	r	K 值
DP300/500	300	500	30~34	0.16	1.0	762
HSLA350/400	350	400	23~27	0.14	1.1	807
DP350/600	350	600	24~30	0.14	1.0	976
DP400/700	400	700	19~25	0.14	1.0	1028
TRIP450/800	450	800	26~32	0.24	0.9	1690
DP500/800	500	800	14~20	0.14	1.0	1303
CP700/800	700	800	10~15	0.13	1.0	1380
DP700/1000	700	1000	12~17	0.09	0.9	1521
Mart950/1200	950	1200	5~7	0.07	0.9	1678
Mart1250/1520	1250	1520	4~6	0.065	0.9	2021
DP280/600	280	600	27~30	0.15	1.0	1100
DP500/800	600	800	16~22	0.10	1.0	1250
Mart950/1200	1150	1200	5~7	0.02	0.9	1550

注：1. 屈服强度和抗拉强度是最小值，其他是典型值。
2. 总伸长率——A_{50} 或 A_{80} 的平板试样，A_5 管状试样。
3. n 值是真实应变为 5%~15% 之间的计算值。
4. K 值是外推真实应变为 1.0 时的真应力值，它是一个材料性能参数，常用于一步成形模拟的代码。

在 ULSAB-AVC 白车身中，用 DP700/1000、CP700/800 和马氏体级钢来制造侧边和横向的安全结构件，以赋予这些零件优良的吸能特性，高的屈服强度又可赋予这些结构件高的抵抗变形的能力和压溃吸能的能力，这些件的用材见图 3-21。应用较低屈服强度的 DP280/600 和 DP500/800 做白车身的前后端部零件（图 3-22），采用这些材料可使零件具有较低的初始碰撞的脉冲和优良的吸能特性，双相钢高的 n 值和加工硬化速率，可保证所制零件良好的性能稳定性。对这些材料所制的 C 级车辆的安全性和碰撞性能进行了检测，检测时用 US-NCAP100% 前撞，56km/h 刚性壁障，62km/h 可变形壁障碰撞后达到五星级标准。用 Euro-NCAP 40% 重叠率的前碰 64km/h，采用可变形壁障侧碰 50km/h 满足 4 星级的标准。此外，还进行了刚性柱障，碰撞速度 32km/h 侧边柱撞；采用移动壁障，碰撞速度为 56km/h 后碰；以及顶部压溃翻滚。所有碰撞结果表明，安全性令人满意。PNGV 计划所开发的轿车碰撞结果和前述结果类同。对 56km/h 正碰进行了 CAE 分析，表明这类白车身纵梁的渐

■ 双相钢
■ 烘烤硬化钢
■ 马氏体钢
■ 相变诱导塑性钢
■ 无间隙原子钢
■ 高强度低合金钢

图中 × 为 DP700/1000、CP700/800 和马氏体基钢来制造侧边和横向的安全结构件

图 3-21 用高屈服强度的钢所制作的前端和后端一些组件

图 3-22 用低屈服强度的钢所制作的侧边和横梁一些组件

进碰撞性能良好,碰撞时驾驶空间的侵入水平低,转向柱的移动位移水平低。CAE 分析的目标值和试验结果对比列入表 3-11,目标值和实测值有较好的一致性。同样用 CAE 分析计算了侧碰时 B 柱的峰值加速度和 40% 重叠率正碰时的有关位置的侵入量,其 PNGV 级轿车的侵入量都处于比较好的值。这一例子是以高强度钢和先进高强度钢进行白车身轻量化时的技术路线,对于其他的技术路线可以仿照这一例子实施。

表 3-11 CAE 分析的目标值和试验结果对比

碰撞的检测项目	目标值	结果
纵梁碰撞变形值/mm	650	645
到 0 速度的时间/ms	无	70
转向柱后移的位移/mm	<80	10

欧洲、美国和日本都制定了汽车轻量化的技术路线图,欧洲的轻量化技术路线和轻量化方案流程见图 3-23、图 3-24。图中示出了用材方案,特别是图 3-24 示出了合理的选材,应

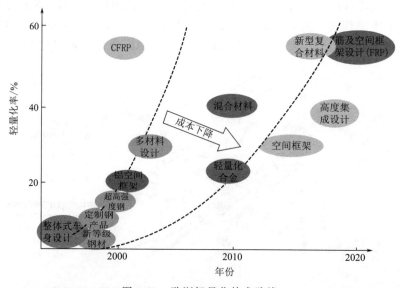

图 3-23 欧洲轻量化技术路线

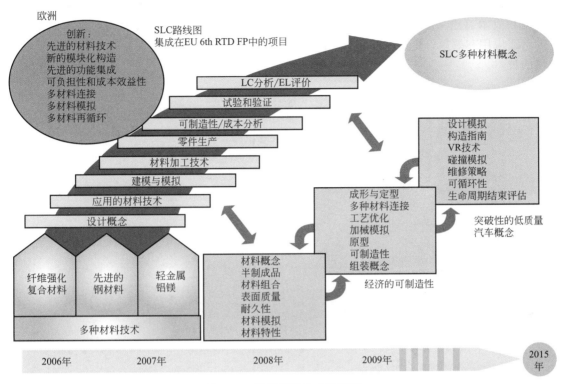

图 3-24 欧洲轻量化方案流程

用的先进成形技术和设计分析技术,以及这些技术之间的关系,同时图中也列出了各种材料、工艺和成品的技术经济分析。图 3-25 为美国轻量化技术路线,包括各类先进复合材料

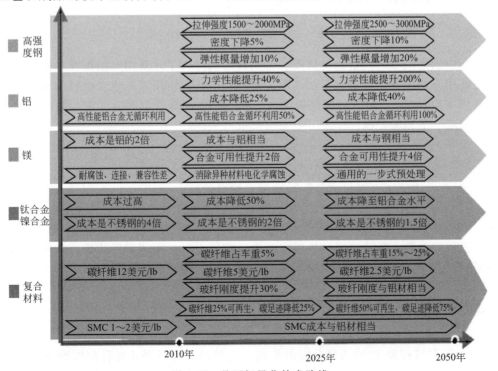

图 3-25 美国轻量化技术路线

的应用，轻质材料镁合金、钛合金的应用，超高强度钢铁材料的应用以及这些材料的技术经济数据和成本对比。图3-26示出了日本多材料轻量化的技术路线以及典型车企不同年代的技术路线应用和效果，更展示了2030年的发展前景，足见汽车轻量化是今后汽车工业长期发展的技术。

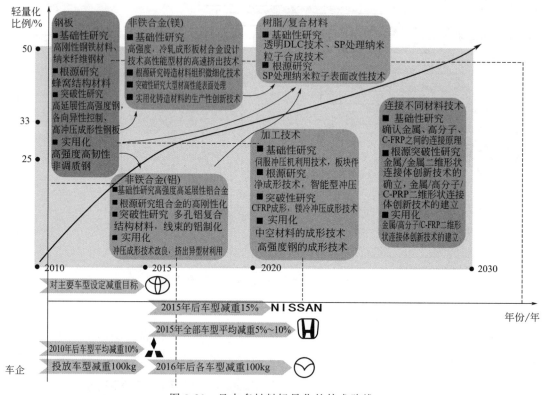

图3-26　日本多材料轻量化的技术路线

目前，中国商用车的轻量化是从最容易实现的构件入手，商用车的车身占商用车的比例较大，在商用车的车身中大梁和车厢是容易实现轻量化、使用较低强度材料的构件。一般商用车多采用屈服强度345MPa、抗拉强度大于510MPa的低合金高强度钢，按照轻量化的拇指法则（也是一个经验方程）

$$t_{HS}=t_{MS}\sqrt{R_{eMS}/R_{eHS}} \tag{3-9}$$

式中　t_{HS}——高强度板减薄后的厚度；

t_{MS}——普通软钢（或较低强度级别钢）原设计厚度；

R_{eMS}——普通软钢（或较低强度级别钢）屈服强度；

R_{eHS}——高强度钢屈服强度。

材料的屈服强度上升，意味着板材的厚度减少，实际上对不同的零件的受力条件和变形特性会有不同的表达式，譬如钢板制成的零件，在使用中承受弯曲力矩而变形时为[46]

$$\sqrt{\sigma_y}\,t=常数 \tag{3-10}$$

当材料承受扭转力矩变形时为

$$\sqrt[3]{\sigma_y}\,t=常数 \tag{3-11}$$

在拉伸-弯曲或拉伸-扭转的复合应力作用下变形时，则根据其复合程度而建立上式的中间关系。

各种不同的变形形式下用高强度钢板代替普通钢板,板厚减少量的通用关系如下。

$$1-\frac{t_1}{t_2}=1-\left(\frac{\sigma_1}{\sigma_2}\right)^n \tag{3-12}$$

式中,σ_1、σ_2 为材料更替前后各自的材料强度;t_1、t_2 为相应的板厚;n 为由变形形式决定的常数。

这些方程表明,对大梁这种槽形结构,以承受弯矩为主的受力和变形模式,提高屈服强度可以有效地减薄大梁的厚度,有效地实现轻量化,目前我国大梁的结构通常是 8mm 厚的大梁＋5mm 厚的衬梁,重量都超过 1t。目前已开发了屈服强度 650MPa 以上的高强度钢,用这种钢优化设计大梁的结构,由双梁改为 8mm 的单梁,重量可减轻 300kg 以上,并保证大梁的使用性能。

仓栅式的半挂车车厢是应用高强度钢进行轻量化的另一个例子,车厢各零件的用材变化和轻量化的效果见表 3-12。该车的外形结构见图 3-27。

表 3-12 仓栅式的半挂车车厢各零件的用材变化和轻量化的效果

项目	普通仓栅半挂车配置 (普通钢)/mm	轻型仓栅半挂车配置 (高强度钢)/mm	普通仓栅半挂车 重量/kg	轻型仓栅半挂车重量/kg	可降低自重 /kg
翼板	14/16	8/8 700MPa 级	876.2	470.1	406.1
腹板	8	5 700MPa 级	758.5	468.1	290.4
地板	3	1.5 1200MPa 级	693.6	346.8	346.8
边梁	16# 轻型槽钢	3 折弯件 700MPa 级	327.3	149.6	177.7
立柱	立柱外罩 4,带内封板,宽度 180	立柱外罩 3,无内封板,宽度 120 700MPa 级	252.0	141.3	110.7
合计			2907.6	1575.9	1331.7

图 3-27 仓栅式的半挂车

这两个主要构件的轻量化,可减重 1600kg,效果非常明显。商用车的桥壳、车轮、弹簧都有轻量化的潜力,但这些件由于受力较车厢和车架要复杂得多,工艺和制造过程也较为复杂。因此从车架和车厢入手,是一个简单有效的轻量化途径。应该强调的一点是高强度钢的应用,一定会伴随有成形方式和连接方式的变化,新的成形和连接方式,必须适应高强度钢的要求,譬如原来用普通低合金高强度钢,其成形方式可以用冲压成形,连接方式用焊接,而改用屈服强度 650MPa 之后,其成形方式只能用辊压成形,其连接方式由焊接改为铆接和螺栓连接。

小结

通常轻量化的技术路线实际上是多种材料的优势集成、多种先进加工工艺的优势集成,再考虑各种材料和工艺的性价比,不同等级的车辆(如 A、B、C、D 级等)、目前市场售价等，进行综合分析比较。由于材料技术的发展，各种汽车应用的轻量化材料也在竞争，尤其是其性价比的竞争；各种加工工艺技术也在竞争，特别是引进技术、装备的国产化和我国对各种先进技术的掌握，以及加工技术发展和成熟，产品的用量加大，各个加工工艺的性价比也在提升，但提升的幅度有差异，因此在不同阶段会有不同的轻量化的技术路线。

其他轻量化的技术路线，如发动机、底盘、传动系统、电子电器、空调、外室零件等的轻量化技术路线，由于其用材和制造工艺、零件的构成不同，因此对轻量化和油耗的影响均不相同。显然，不同零部件总成的轻量化效果对整车性能的影响，对轻量化、节油的影响都不相同，亦应采用不同的技术路线[47]。

考虑到轻量化的效果，在选择轻量化的技术路线时，还应本着由易到难、由浅入深的思考和路线，即轻量化实施简单、效果显著的一些构件可以先一步进行，实施难度大，也有轻量化效果的，可以随着轻量化技术的发展逐步进行。

参 考 文 献

[1] Bruno Lüdke, Markus Pfestorf. Functional Design of a "Lightweight Body in White" -How to determine Body in White Materials according to structural Requirements. Niobium Microalloyed Sheet Steels For Automotive Applications Edited by TMS (The Minerals, Metals & Materials Society), 2006.

[2] 汽车轻量化技术专题组.中国汽车轻量化技术政策专题研究报告 [R].2008：61-62.

[3] 汽车轻量化技术专题组.中国汽车轻量化技术政策专题研究报告 [R].2008：82-87.

[4] BENSOUSSAN A, LIONS J, PAPANICOLAOU G. Asymptotic Analysis for Periodic Structures. North Holland, Amsterdam, 1978.

[5] BENSOUSSAN A. Stochastic Control by Functional Analysis Methods. North Holland, 1982, Volume 11.

[6] BENDSOE M P, KIKUCHI N. Generating optimal topologies in structural design using a homogenization method. Computer Methods in Applied Mechanics and Engineering, 1988, 71 (2)：197-224.

[7] Ma Mingtu, Yi Hongliang. Light Weight Car Body and Application of High Strength Steels [M]. Advanced Steels, Edited by Yuqing Weng, Han Dong, Yong Gan, Springer and Metallurgical Industry Press：187-198.

[8] 马鸣图，易红亮.高强度钢在汽车制造中的应用 [J].热处理, 2011, 26 (6)：9-20.

[9] Ma Mingtu. Application of Aluminum Alloy in Automotive Light Wight [C]. Dalian：Invited Lecture in 2007 international conference of China Aluminum and transportation.

[10] 马鸣图，马露霞.汽车轻量化和铝合金的应用 [J].新材料产业, 2008 (9)：43-50.

[11] 马鸣图，游江海，路洪洲，等.铝合金汽车板性能及其应用 [J]. 中国工程科学, 2010 (12)：4-20.

[12] 马鸣图，杨洪，魏莉霞.汽车轻量化和塑料复合材料的应用 [J].新材料产业, 2007 (9)：34-38.

[13] 马鸣图，魏莉霞，朱丽娟.塑料复合材料在汽车轻量化中的应用 [J].化工新型材料, 2011, 39 (11)：1-3, 111.

[14] 魏莉霞，马鸣图，杨洁.长纤维增强热塑性复合材料在汽车轻量化上的应用 [J].新材料产业, 2013 (9)：45-52.

[15] 贺岩松，杨诚.镁合金在轻量化汽车中的应用 [J]. 汽车工艺与材料, 2002, 6：25-27.

[16] 马鸣图.新型材料助力汽车轻量化 [J].高科技产业化, 2006, 1：20-23.

[17] 王全录. New Transportation Fuels and Advanced Vehicle Technologies：Issues and Life-Cycle Results [R]. 2008年北京汽车新能源和轻量化研讨会, Argonne National Laboratory.

[18] 刘颖昊，刘涛，郭水华.从LCA视角评估钢铁产品改进的环境效益 [J].环境工程, 2012 (S2)：437-439.

[19] International Organization for Standardization (ISO). ISO14040 Environmental management-Life cycle assessment-Principles and framework [S]. ISO：Geneva, Switzerland, 2006.

[20] International Organization for Standardization (ISO). ISO14044 Environmental management-Life cycle assessment-Requirements and guidelines [S]. ISO：Geneva，Switzerland，2006.

[21] 汽车轻量化技术专题组.中国汽车轻量化技术政策专题研究报告.2008：42.

[22] 李兆坚.可再生材料生命周期能耗算法研究 [J]. 应用基础与工程科学学报，2006，14（1）：50-57.

[23] 王保士.我国再生资源（废旧物资）回收利用现状、问题与建议 [J].再生资源研究，2001（3）：30-31，36.

[24] 林青林，黄志伟.废钢质量的分析 [J].冶金丛刊，2003，148（6）：37-39.

[25] 周大地.2020中国可持续能源情景 [M].北京：中国环境科学出版社，2003.

[26] 绿色奥运建筑研究课题组.绿色奥运建筑评估体系 [M].北京：中国建筑工业出版社，2003.

[27] 冯起.废金属资源和先进的废钢加工工艺的经济评价 [J].冶金经济与管理，2000（5）：19-21.

[28] 姜松.中国再生有色金属资源的开发利用 [J].中国资源综合利用，2000（1）：18-21.

[29] 国家统计局.中国统计年鉴（2004）[M].北京：中国统计出版社，2004.

[30] 国家统计局工业交通统计司，国家发展和改革委员会能源局.中国能源统计年鉴2000—2002 [M].北京：中国统计出版社，2004.

[31] 动力工程师手册编辑委员会.动力工程师手册 [M].北京：机械工业出版社，2001.

[32] 刘江.中国资源利用战略研究 [M].北京：中国农业出版社，2002.

[33] 中国能源发展战略与政策研究课题组.中国能源发展战略与政策研究 [M].北京：经济科学出版社，2004.

[34] 李兆坚.常用塑料材料生命周期能耗计算分析 [J].应用基础与工程科学学报，2006，14（1）.

[35] 韩颖，李廉水，孙宁.中国钢铁工业二氧化碳排放研究.南京信息工程大学学报（自然科学版），2011，3（1）：53-57.

[36] 马鸣图，路洪洲，李志刚.汽车轻量化和高强度钢的先进加工成型技术 [J].机械工程材料，2008，32（2）.

[37] 何毅.激光拼焊汽车板的新进展 [J].汽车工艺与材料，2009（8）：1-3.

[38] 林俊峰，苑世剑，刘钢，等.内高压成形技术在汽车工业中的应用 [J].材料科学与工艺，2004，12（5）：532-535.

[39] 刘继英，李强.辊压成形在汽车轻量化中应用的关键技术及发展 [J].汽车工艺与材料，2010，2：18-21.

[40] Ma Mingtu，Zhang Yisheng，Song Leifeng. Research and Progress of Hot Stamping in China [C]. Edited by MaMingtu and Zhang Yisheng 2014 International Conference on hot Stamping of UHSS，1-17.

[41] Han Dong，Wang Cunyu，Chen Ying. Warm Stamping of the 3rd Generation Steel for Automobiles，Edited by MaMingtu and Zhang Yisheng 2014 International Conference on hot Stamping of UHSS，18-21.

[42] Ding Shichao. New problems in Roll Forming High Gauge AHSS and Proposed Solution [C]. 武汉：2013年中国汽车轻量化技术国际研讨会演讲集，2013：264-268.

[43] 刘钢. Progress on Internal High Pressure Forming of High Strength Steel Complicated Components [C]. 武汉：2013年中国汽车轻量化技术国际研讨会演讲集，2013：276-279.

[44] The UltraLight Steel Auto Body Consortium，UltraLight Steel Auto Body Final Report，Washington，D. C. published by American Iron and Steel Institute.

[45] Liu Shengdong. Applications of Advanced High Strength Steels in ULSAB-AVC Program. 底特律：中美材料研讨会，2003.

[46] 马鸣图.先进汽车用钢 [M].北京：化学工业出版社，2008.

[47] 一汽技术中心.汽车轻量化技术发展研究报告.汽车轻量化联盟，2014.

第 4 章
材料性能和零件功能的关系

4.1 概述

长期以来,汽车零件的设计一直以材料的基本力学性能,主要是屈服强度、抗拉强度等指标作为设计的依据,并以此来预测零件的静态性能[1]。因此,大量的机械工程手册[2]和汽车工程手册[3,4]等,其中涉及材料性能部分的内容也是以常规力学性能为主。虽然在一些专业材料的手册中,如美国金属学会编写的金属手册,已将材料的性能进行了很大的扩展[5],从而为设计师的选材提供了方便,但由于当时汽车设计技术和发展水平的局限,则很少在设计中涉及材料性能拓展的内容。

20 世纪末,尤其是进入 21 世纪初,汽车设计技术、汽车零件的制造工业,尤其是采用高新技术改造和提升传统材料的进展[6],使得材料的性能、工艺性能有了较大的提升[7]。计算机技术、数字模拟技术和模态分析技术[8~12],在计算机设计分析中有了广泛和深入的应用,尤其是一系列先进的加工技术和成形技术,使得经过加工成形后,汽车零件的功能有了很大的提升,已不能用原材料的性能来预测零件的功能。因此本章就结合一些典型实例,来阐明材料性能和零件功能的关系,论述两个概念的异同。并通过准确认识材料性能和零件功能的关系,在零件功能预测、充分发挥材料潜力和提升零件功能以及零件轻量化的设计制造中,得到新的进展。

4.2 材料性能定义和范畴的拓宽

早期材料力学性能多指五大指标:即材料的屈服强度、抗拉强度、伸长率和断面收缩率以及一次冲击 a_k 值(V 形缺口和 U 形缺口);这一时期持续期间,设计准则多是以屈服强度为准,并积累了一些经验方程,如材料的疲劳强度 σ_{-1},可以用抗拉强度和材料断面收缩率的乘积来估算,同时所制成的零件功能和材料性能基本一致。但是应该说明,在材料的常规力学性能指标中,还有一些不完全准确的概念、理解和认识。譬如抗拉强度,它是一个塑性失稳的概念和参量,并不是一个材料断裂的概念和表征参量。准确地说,抗拉强度是材料的加工硬化速率和材料的几何软化速率相平衡时材料的流变应力[13]。20 世纪 60 年代,在材料基本力学性能合格的情况下,所制零件在使用时突然断裂,为解释这一现象,而出现了断裂力学[14,15] 这一学科，由此拓展了材料性能：断裂韧性 K_{IC} 和 J_{IC}，并出现了一系列的试验方法[16]。20 世纪 80 年代初，美国为应对轻量化的日本汽车的竞争以及应对石油输出国组织提高油价而引发的两次石油危机，汽车工业轻量化需要轻量化的零部件，特别是高强度冲压件；一类高成形、高强度的冲压用钢——双相钢应运而生；如何准确评价高强度材料的成形性与新的评价表征参量和测试方法而成为材料科学和工程研究的新课题；除了应用普通力学性能指标外，还引入了加工硬化指数（加工硬化指数可分为均匀应变指数 n_u、给定应变范围下的应变硬化指数以及瞬时应变下的应变硬化指数）[17] 和 r 值，即塑性应变各向异性比。并应用了 Keeler[18] 推出的成形极限曲线（FLC 或 FLD——成形极限曲线或极限图），这类曲线是以主应变和次主应变为坐标系的成形图，在该图中包含了纯剪切、拉伸、三轴应力下材料的成形性能以及双轴应变和等双轴应变下的各种应力和变形模式；因此，更准确和更全面地反映了板材的成形性能，并可根据 FLC 或 FLD 图对冲压件的成形性进行预测。由于 n 值、r 值以及 FLC 或 FLD 对板材成形性评价的重要性，因此，目前在一些企业的板材性能规范或标准中，都引入了相关的 n 值、r 值以及 FLC 或 FLD 作为板材性能的重要评价参量。计算机技术的发展，不但可以对板材成形性进行模拟，还可以通过材料和零件的随机疲劳特性或恒幅疲劳特性，对成形零件在动态应力作用下的使用寿命进行预测。因此，在许多材料性能中又提出了疲劳性能的要求。材料和零件的循环应变状态下承受应变的计算和设计，对材料疲劳性能要求中特别提出了应变疲劳曲线的要求，以预测材料零件在给定的循环应变模式下的疲劳寿命。在应力比 $R=-1$ 时的循环应变下的疲劳寿命[19] 和应力比 $R=0.1$ 时的拉-拉应力疲劳所测量的材料疲劳特性是完全不同的材料疲劳特性。当材料承受高周低应力的载荷模式时，应采用高周疲劳性能数据，即通常的存活率为 50% 时的疲劳极限作为设计准则和疲劳模拟。

轻量化技术的发展使得材料的设计应力大幅度提升，特别是对于一些高性能轻量化的弹性元件，如气门弹簧、悬架弹簧等，其设计应力已接近材料弹性极限；在这样高的循环应力下工作的材料和零件、承受恒定载荷的材料或零件变形量会增加，或者在恒定的变形量下，材料或零件承受载荷的能力会下降，这种现象称之为应力松弛[20~22]。因此对于许多弹性材料或零件，把松弛抗力作为一种特性进行了规定，并提出了松弛应力的相关评价参量和实验方法[22,23]。

汽车工业的发展、汽车功能的提升，提出了各种各样的材料性能要求，处在腐蚀环境中的零件要求高的腐蚀抗力[24,25]；处于高速运行中的齿轮需要高的单齿弯曲疲劳和高的接触疲劳抗力[7,26]；作为汽车高强度安全件，需要有特殊的高应变速率下的响应特性[27,28]；长期高温下工作的进排气门材料应具有高温下的蠕变抗力和良好的耐磨性[29]。对这些不同的材料或零件特性的要求和研究，导致了不同实验方法、表征参量的开发和应用。

4.3 材料性能和零件功能的关系、异同及表征

汽车材料的性能是汽车零件选材和预测零件功能的基础和依据。这对于汽车工业发展的中早期，即 20 世纪 70 年代以前，材料的基本力学性能作为汽车零件选材的基础和对零件功能预测的依据，基本上是合理的。20 世纪 70 年代末，石油输出国组织进行石油提价，制造了两次石油危机，从而引起了汽车节能减排和汽车轻量化技术发展[30]。由于汽车工业发展需要，而产生了一些新型的高强度高成形性的新钢——双相钢[13]。此后，随着这种新一代的组织强化钢的出现，以材料基本力学性能作为汽车零件选材基础和零件功能预测依据的、多年来传统的理念开始动摇。同时，由于材料科学的进展，新开发的材料将适用于汽车零件

的工艺过程要求,并在工艺过程实施的同时,适合于汽车零件的功能要求、性能变化和组织强化,如烘烤硬化钢,从而导致了材料性能和零件功能之间发生新的变化,以材料的性能为依据所预测,零件功能经过加工工艺处理后产生了很大差异。现列举一些典型例子说明材料性能和零件功能的关系和异同。

不同汽车零件的功能,由于其受力模式不同、失效模式不同,其对应的材料性能参量也不同,从而使零件功能与材料参量有更好的、更准确的对应关系,不再是长期以来的设计选材理念:不管什么零部件,都以其屈服、抗拉强度为设计参量的依据。

4.3.1 不同零件的功能和材料性能的对应关系

表 4-1 列出了不同应变模式和失效模式的汽车板材零件功能和不同材料性能的对应关系[7]。可以看出:对于 4 种变形和受力模式,希望零件对应 4 种功能,其对应的材料参量均不相同。例如对于承受大塑性变形的零件,希望零件具有高的吸能和高的压溃强度;如保险杠等汽车安全件,希望压溃强度为 $P_s \propto t\sigma_b^n$,$n=1/2$,但压溃吸能为 $A_E \propto t^2\sigma_b^{2n}$,$n=2/7\sim1/2$;对于具有高的压溃抗力的零件、使用中承受小的塑性变形的零件,则与材料的冲压变形后产生微塑性变形的流变应力有关,即 $P_t \propto t\sigma_p^n$,$n=1/2.5$;这种对应关系已改变了原来传统的设计概念,从而使零件功能和材料性能有了更好的对应关系。

表 4-1 不同零件所对应的不同材料性能

构件使用中可能承受的变形量	用高强度钢所制造的零件	希望的零件的性能	板厚、强度和性能之间的关系方程
大的塑性变形	保险杠、加强板、门防冲柱、边梁加强筋	高的压溃强度高的吸能	$P_s \propto t\sigma_b^n (n=1/2)$ $A_E \propto t^2\sigma_b^{2n} (n=1/2\sim2/7)$
小的塑性变形	车顶盖、发动机盖板、门外板、行李箱盖板	高的压痕抗力	$P_t \propto t\sigma_p^n (n=1/2.5)$
非常小的弹性与塑性变形	车身边梁、横梁	高的模量	$P \propto tE_D^n, 1/E_D=1/E+1/E_s$
非常小的变形	边梁车轮	疲劳强度	$\sigma_{-1} \propto \sigma_b$

注:P_s 为压溃强度;A_E 为压溃吸能;P_t 为压痕抗力;P 为微变形抗力;σ_{-1} 为疲劳强度;σ_b 为抗拉强度;t 为板厚;σ_p 为成形构件应变下的流变应力;E_D 为动荷设计模量;E 为弹性模量;E_s 为正割模量;n 为常数。

4.3.2 工艺因素对零件功能和材料性能的对应关系的影响

(1) 应变和烘烤硬化对不同钢种流变应力的影响[17]

图 4-1 示出了不同的工艺流程对三种钢的流变应力的影响,其工艺流程包括 2% 的拉伸预应变(定义为应变硬化);170℃、30min 的烘烤硬化(烘烤硬化);拉伸 2% 预应变后 +170℃、30min 烘烤(总硬化);总的硬化增量正好是应变硬化增量与烘烤硬化增量的和。应变硬化参量、烘烤硬化参量以及应变硬化和烘烤硬化之和的试验测试方法见图 4-2。

由于应变和加工历史的不同,材料的流变应力特性完全不同,尤其是对于先进高强度钢,如双相钢、TRIP 钢,这些特性十分突出,而与这种性能变化相关的零件特性和功能也必然会发生相应的变化。例如中汽院、马钢公司曾和江铃公司用双相钢 DP600 制造了车型 V38 的车轮,在进行疲劳试验时发现,经过冲压、焊接而未进行油漆烘烤的车轮,其疲劳寿命无法满足其车轮的法定要求,而经过冲压、焊接、油漆烘烤后的车轮,其疲劳寿命完全可以满足其使用要求,显然这是由于双相钢的烘烤硬化特性所决定的。经过冲压变形和油漆烘烤，使材料的性能在原交货状态的基础上，增加了应变硬化和烘烤硬化，从而使材料的流变应力得到极大的提升，这种提升反映在零件的功能上则为疲劳寿命的升高。如果没有经过应变和烘烤硬化，则车轮的使用寿命就不可能达到法定的使用要求。

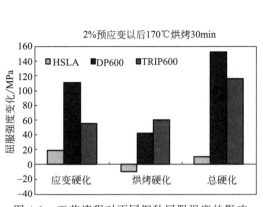

图 4-1 工艺流程对不同钢种屈服强度的影响

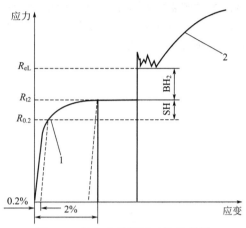

图 4-2 几个参量测试时的示意图

1—2%预应变的应力-应变曲线；2—同一试样烘烤后的应力-应变曲线

(2) 钢板弹簧的使用寿命和喷丸强化的影响

钢板弹簧的制造工艺是下料、锻制成形、淬火、回火，然后进行喷丸强化处理和预压处理（预压处理又称为预设定，presetting）。经过这种处理，可以有效地提高板簧的疲劳寿命[31~33]。喷丸强化可以使弹簧表面的脱碳层变薄，使表层组织结构细化，包括晶粒细化（破碎）和嵌镶块细化，从而可以提高表面裂纹的萌生抗力和裂纹扩展抗力；喷丸还可以造成表面压应力，从而减少弹簧承受拉应力表面的拉应力幅，如采用应变喷丸还可以有效地增加弹簧表面的残留压应力，从而更有效地提高板簧的疲劳寿命，不同喷丸残留压应力的比较见图 4-3。

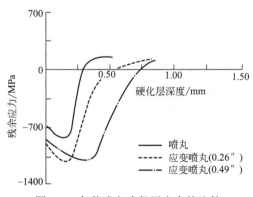

图 4-3 各种喷丸残留压应力的比较

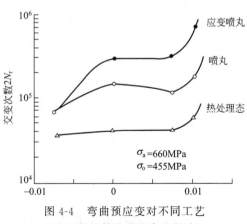

图 4-4 弯曲预应变对不同工艺处理的板簧疲劳寿命的影响

在钢板弹簧中，亦有其他弹性元件，还采用一种预设定工艺（presetting），或称预压工艺、预扭工艺（扭杆弹簧）；这种工艺不但可以作为一种分检手段，在预压时，将不能满足性能要求的弹簧元件分检出去，不流入下一道工序，而且还可以增加工件中的残留压应力，从而有效地提高疲劳寿命。图 4-4 示出了这种弯曲预应变对钢板交变次数的影响，可以看出，弯曲预应变增加，可以明显提升交变疲劳寿命；预应变还可以消除弹性元件的残留变形，具有稳定弹性元件尺寸的作用；但预设定工艺参数的制定必须考虑到弹簧钢的 Bauschinger 效应。

(3) 工艺因素对齿轮疲劳强度的影响[31]

工艺因素对齿轮疲劳强度的影响是材料性能和加工成齿轮后的齿轮功能尤其是疲劳强度不同的又一典型例子。齿轮疲劳性能的影响因素可以归纳如下：

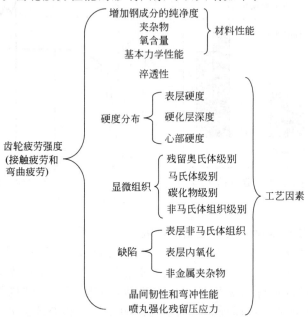

可以看出，在诸多的因素中，材料性能和齿轮的功能既有关系又十分不同。材料性能对齿轮的功能虽有影响，但齿轮的加工工艺因素对随后齿轮的功能有更大的影响；这里应该强调的是齿轮的强力喷丸，这种工艺可以提高齿轮表面的残留压应力，是提高单齿弯曲疲劳有效的方法，是材料和其他工艺因素难以替代的强化方法。美国 100t 电传动的后桥齿轮，其喷丸残留压应力已超过 1000MPa。

齿轮寿命较常用的评价方法是单齿弯曲疲劳和接触疲劳，只有应用性能良好的齿轮材料和先进的加工工艺技术相结合，才能达到提高齿轮功能的效果。

齿轮的单齿弯曲疲劳是通过将渗碳热处理后的直齿齿轮，采用一定的夹具，按照单齿弯曲疲劳的实验方法[34]，其加载示意见图 4-5；然后在高频疲劳实验机上进行疲劳实验，铌微合金化的 Mn-Cr 系齿轮钢 MC16Z 的单齿弯曲疲劳 P-S-N 曲线见图 4-6[35]。图中示出了存活率 50%、95%、99% 的疲劳极限，图中齿根部的应力根据齿轮的相关参数，按 GB/T 14230—93 第八项公式计算可得。

$$\sigma'_F = \frac{F_t Y_{FE} Y_{SE}}{bm Y_{ST} Y_{\delta relT} Y_{RrelT} Y_X} \tag{4-1}$$

式中　　Y_{FE}——载荷作用于 E 点（节圆）时的齿形系数；

　　　　Y_{SE}——载荷作用于 E 点（节圆）时的应力系数；

　　　　F_t——加载载荷，N；

　　　　m——齿轮模数；

　　　　b——齿轮齿宽；

　　　　Y_{ST}——取 0.2；

$Y_{\delta relT}$,Y_{RrelT}——按标准 GB 3480 中表 24 进行计算。

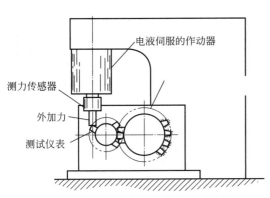

图 4-5 单齿弯曲疲劳加载方式示意图

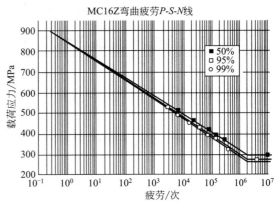

图 4-6 MC16Z 钢的单齿弯曲疲劳 P-S-N 曲线

经普通喷丸处理后,其 P-S-N 曲线的变化见图 4-7,不同存活率下的疲劳极限分别提高 15%、21% 和 23%;而且经喷丸处理后,其不同存活率下的单齿弯曲疲劳极限变化更加接近,这表明喷丸不仅可以提高齿轮的单齿弯曲疲劳极限,而且还可以减少齿轮性能的分散性,提高齿轮使用的可靠性。

文献[36]曾详细研究了喷丸强化对齿轮功能的影响,并探讨了相关机理。在该文献中将齿轮的喷丸处理分为普通喷丸和强化喷丸两种,将获得很高的喷丸强度的方法叫强化喷丸。两种喷丸强化方法的对比列于表 4-2。可以看出,普通喷丸和强化喷丸的主要不同因素是喷丸速度和丸粒硬度。新的强化喷丸方法中,其丸粒硬

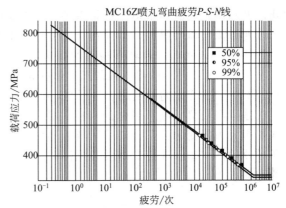

图 4-7 喷丸处理的 MC16Z 钢的
单齿弯曲疲劳 P-S-N 曲线

度更高,而且速度更高。采用强化喷丸和普通喷丸后的丸粒硬度、丸粒速度对残留压应力的影响对比见图 4-8 和图 4-9。在该实验中,所用钢种是 Cr-Mn 系的齿轮钢,这类钢伪渗碳状态下的力学性能为:R_p 为 1263.4MPa,R_m 为 1358.5MPa,A 为 8.5%,ψ 为 38.5%。可以看出,在给定的丸粒速度下,随着丸粒硬度增加和喷丸时间增加,残留压应力的峰值增加;在给定的喷曝时间下,随着丸粒硬度增加和丸粒速度增加,残留压应力的峰值增加。但在目前的条件下,即采用离心抛丸系统,尚难以获得超过 100m/s 的丸粒速度,为获得更大的丸粒速度,应该用喷丸替代抛丸,通过这种喷丸处理,残留压应力的峰值可达到 1100MPa。

表 4-2 两种齿轮喷丸方法的对比

喷丸方法	普通喷丸	强化喷丸
系统类型	抛丸	喷丸
丸粒硬度	46~48HRC	53~55HRC
丸粒直径	φ0.6mm	φ0.6mm
丸粒速度	50~60m/s	90~100m/s
喷曝时间	50s	80s

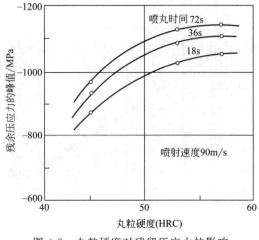

图 4-8 丸粒硬度对残留压应力的影响

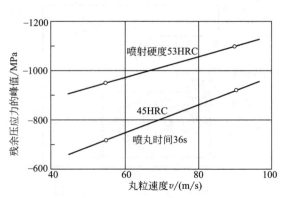

图 4-9 喷丸速度对残留压应力的影响

渗碳处理后+强化喷丸后的残留压应力，最高可达-1100MPa，其深度高达 50μm，其强化深度和渗碳层的残留奥氏体量有关。喷丸实际上是微观尺寸的塑性加工变形，由于这一加工改变了渗层显微组织，因此在合适的喷丸工艺下，可导致渗层显微组织发生以下变化。

① 残留奥氏体量和残留压应力的变化。

经不同喷丸工艺后的渗层残留奥氏体量的变化和分布示于图 4-10。在强力喷丸后残余奥氏体小于 10%，其变化的深度达表层下 200μm，这与残留压应力的变化相对一致（图 4-11）。残留奥氏体量与残留压应力变化的对应关系示于图 4-12，该图更清晰地表明了残留奥氏体量和残留压应力的变化关系。残留压应力的形成是与残留奥氏体含量下降及应变诱发马氏体转变所导致的体积膨胀即应变诱发马氏体转变的结果。组织的变化必然引起材料性能和零件功能的改变。

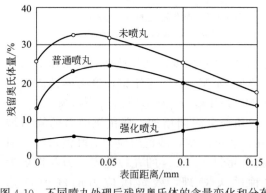

图 4-10 不同喷丸处理后残留奥氏体的含量变化和分布

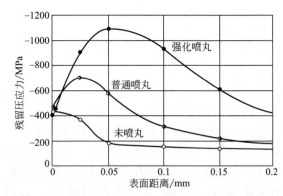

图 4-11 不同喷丸处理后残留压应力的变化和分布

② 残留奥氏体量和硬度的变化。

经不同喷丸处理后的渗层截面硬度分布的变化示于图 4-13。在强力喷丸后，其最大硬度超过 900HV，其深度也超过表层下 200μm，与残留奥氏体改变相对应。图 4-14 示出了残留奥氏体改变量和硬度变化之间的关系。可以看出，由喷丸引起的硬度变化与喷丸引起残留奥氏体量的变化相对应。残留奥氏体转变为马氏体可以引起硬度的增加。

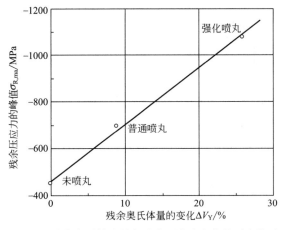
图 4-12 残留奥氏体含量与残余压应力变化的对应关系

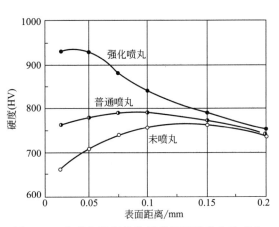
图 4-13 由喷丸引起的渗层截面硬度分布的变化

图 4-15 示出了旋转弯曲疲劳的试验结果。如以 10^6 循环下的疲劳应力作为疲劳强度，则强力喷丸可以较普通喷丸提高 1.2 倍；如以高应力（750MPa 的弯曲应力）下的疲劳寿命进行比较，则两种工艺的疲劳寿命相差超过 10 倍。

齿轮钢经过喷丸处理，零件的实际功能和以材料的性能预测的零件功能完全不同，这也是一个典型例子。

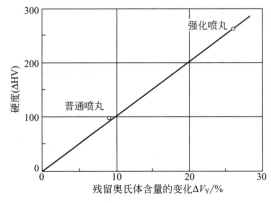
图 4-14 残留奥氏体量和硬度变化量之间的关系

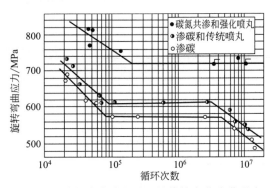
图 4-15 碳氮共渗喷丸处理的旋转弯曲疲劳强度

(4) ZF 齿轮功能的弯冲力表征

德国 ZF 公司在进行了大量的试验后，提出了用弯冲力对 ZF 钢的变速箱齿轮进行评价，所用的弯冲试样见图 4-16。对不同的钢种，只要弯冲力大于一定的值，就表明这类齿轮的综合性能可以满足使用要求。ZF 公司典型钢种的弯冲值见表 4-3[37]，冲击试验设备见图 4-17。几种钢喷丸和不喷丸的弯冲值对比见表 4-4。表 4-4 的数据也表明，喷丸可以有效地提高弯冲值，即提高齿轮的综合功能。

表 4-3 ZF 齿轮钢的弯冲值指标

钢号	ZF6	ZF7、ZF7B、ZF1	ZF1A
弯冲值/kN	≥47	≥49	≥54

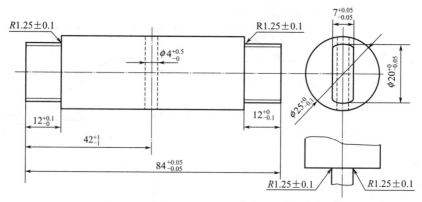

图 4-16 弯冲试样

图 4-17 冲击试验设备

表 4-4 几种钢喷丸和不喷丸的弯冲值对比

钢号	工艺	弯冲值/kN					
MC16Z	渗碳	54.97	59.90	69.33	57.02	58.97	70.70
		平均值：61.82					
	渗碳＋喷丸	70.11	68.33	60.57	62.64	65.61	60.04
		平均值：64.55					
20CrMo	渗碳	55.39	56.18	50.51	50.05	56.67	46.60
		平均值：52.57					
	渗碳＋喷丸	56.51	53.42	51.08	49.83	55.99	57.76
		平均值：54.10					
20CrMoTi	渗碳	48.13	48.37	47.89	49.99	47.73	45.87
		平均值：47.99					
	渗碳＋喷丸	50.42	48.05	49.42	46.54	47.11	51.63
		平均值：48.86					

（5）材料的 Bauschinger 效应和 UOE 制作的管线[23]

Bauschinger 效应（以下简称 BE）通常是指金属合金的流变行为（流变应力和加工硬化速率）对应变历史和应变状态的某些依赖关系。即在塑性变形中，反向变形的流变应力（例如压缩）常小于初始方向应变的流变应力（例如拉伸），然而在应力反向后，加工硬化速率有短暂的上升[23]。任何汽车零件或机械构件都经过复杂的加工和应变历史，显然这就决定了零件的功能和材料的性能，既有密切的关系，又有明显的不同。材料的 BE 对零件功能有明显影响的例子是管线。经过 UOE 工艺加工成形的管线（UOE 的工艺过程是将板材弯成 U 形——类似纯弯曲过程；然后将 U 形件压制成 O 形，即 O 阶段，并进行焊接；然后将管子内径进行扩展达到给定尺寸，即 E 阶段），在这种工艺过程中，板材沿厚度方向的不同点将会承受不同的应力应变历史，因此材料的 BE 特性将明显影响成形管线的功能，即承压能力。考虑到 BE 效应，通过给定圆环的测试和有限元分析可以预测和检验不同材料 UOE 成形后的管子承压能力。其相关计算方法在文献 [23] 中已有详细的论述，有兴趣的读者可以查阅书中的第 9 章。通常对于具有明显 BE 效应的材料，经 UOE 成形管线后，其管线的承压能力将明显下降。

（6）Bauschinger 效应和螺栓冷镦时的工艺性能改善

材料 BE 的力学特性，即反向流变时，屈服强度降低的特点，在零件加工时也可改善零件的成形性。螺栓经冷拔，随后冷镦和辊压搓丝加工就是一个典型的例子[38]。例如，8.8 级冷作强化的微合金化的非调质钢，其钢材经过热轧到指定规格。螺栓钢材料通常为热轧盘卷，在热轧后，标准件厂进行冷拔，一方面改善螺栓热轧后的表面质量，另一方面也达到给定公差的材料尺寸；冷拔过程是材料的加工硬化过程，因此冷拉后材料的屈服应力、流变应力和抗拉强度都升高；冷拔后进行压缩变形。由于 BE 作用，在一定拉延变形后，冷镦压下量为 66% 的压缩真应力处于较低值。以 8.8 级的螺栓用非调质钢为例，该钢热轧后的力学性能为 $R_{p0.2}=435\text{MPa}$，$R_m=690\text{MPa}$，A 为 30%，Z 为 66%，经冷拔变形 20% 以上时，抗拉强度即可达到 800MPa 以上，满足 8.8 级螺栓的强度要求。

在冷拔减面率达 35% 时，材料的断面收缩率基本稳定，其值可达 50% 左右。在冷拔后压缩变形抗力，即压缩屈服真应力随减面率的升高而增加，拉拔减面率为 30% 时，压缩屈服真应力有轻微下降。冷镦变形为 66% 的压缩真应力 σ_{CH} 随拉拔减面率的变化见图 4-18。

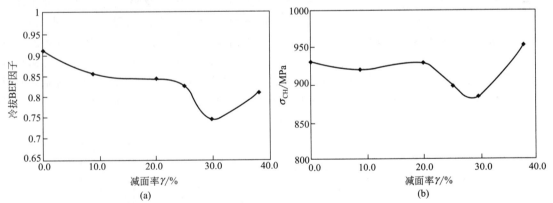

图 4-18 冷拔时减面率与 BEF 因子（BEF=σ_{r0}/σ_F，即反向屈服应力与正向流变应力之比）的关系和冷拔减面率和冷镦变形为 66% 的压缩真应力 σ_{CH} 的关系

由于材料的 Bauschinger 作用，材料经冷拔变形后再反向变形时，尽管其抗拉强度在升高，但 σ_{CH} 基本变化不大，且在 $\gamma=20\%\sim30\%$ 时，出现一个谷值，利用这一谷值，就可以很好地完成螺栓的冷镦变形工艺，其变形抗力比正向变形抗力要低得多；利用这种 BE 效应，已成功生产出 8.8 级和 10.9 级的非调质钢螺栓，并在生产上成功应用。冷拔后的表面压应力和搓丝后的螺栓表面压应力将有利于提高螺栓的疲劳强度。以 9.8 级非调质钢螺栓为例说明这类螺栓的生产工艺流程：

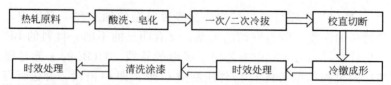

冷拔、冷镦后屈服强度的变化列于表 4-5。非调质钢螺栓和调质钢 9.8 级螺栓疲劳性能的对比见图 4-19；用这种方法制作螺栓具有明显的经济效益，可节约钢材 16%～33%，取消退火、淬火、回火处理，可节约能耗 50%～70%，同时可以减少环境污染，并可缩短生产周期约 15%，提高螺栓表面质量和尺寸精度，但模具消耗有所增加。

表 4-5　冷拔、冷镦后屈服强度的变化

减面率/%	冷拔后 $R_{p0.2}$/MPa	冷镦后 $R_{p0.2}$/MPa	相对下降/%
22.0	624	534	14.4
46.0	847	629	25.7
57.0	842	663	21.3

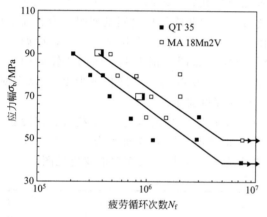

图 4-19　非调质钢和调质钢 9.8 级螺栓疲劳性能对比

(7) 辊压强化的曲轴疲劳性能[39]

曲轴是发动机中重要的零件，承受高周疲劳载荷，为保证其工作的可靠性，提高曲轴的疲劳强度一直是业界关注的课题。从材料的角度，主要是提高材料强度，但会影响其加工性能和韧性、延性，甚至会影响其断裂的模式；从设计的角度是通过采用较重的连接板和约束部分的重叠，以降低其疲劳应力；从表面强化来看，采用氮化、感应淬火硬化和深度辊压以及喷丸等方法增加主轴颈圆角的压应力。不同的硬化方法对 42CrMo 钢曲轴疲劳强度增加值的影响见图 4-20。由图可以看出，深度滚压对提高疲劳寿命效果十分显著，其次为氮化，然后是感应淬火。深度滚压提高了曲轴疲劳强度的原因包括：产生内部残留压应力，提高表面硬度，改进表面粗糙度，这些都有利于提高曲轴的疲劳强度。由

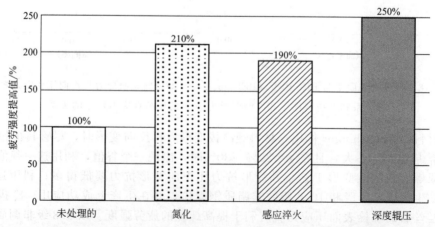

图 4-20　不同强化方法对 42CrMo 钢曲轴疲劳强度增加值的影响

35MV7 钢制成的曲轴不同工艺处理之后的疲劳强度及其增加值的变化见图 4-21，疲劳强度为 10^7 次的弯矩。

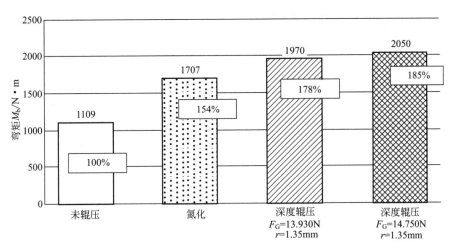

图 4-21　不同强化工艺处理之后的疲劳强度及其增加值的变化

辊压强化对球铁曲轴的疲劳强度提升特别有效，施于辊压强化装置中滚轮上的力 F_G 与曲轴疲劳强度及其增加值的关系见图 4-22，随着 F_G 的增加，其疲劳强度迅速增加。

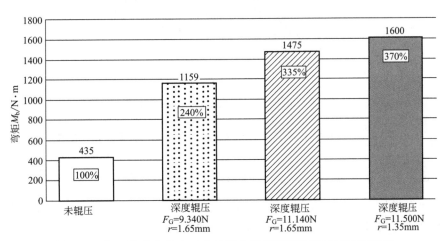

图 4-22　施于滚轮上的力对曲轴弯曲疲劳强度及其增加值的影响

曲轴的辊压强化过程是一个较复杂的过程，其影响强化效果的因素较多，如滚压力的大小和分布、滚轮的半径、滚压后的内应力大小、滚压力和硬度值的变化、滚压层的深度、滚压时的矫直方法和参量等；但滚压后的残留应力无疑是影响疲劳性能提升的重要因素之一。滚压后的残留应力对发动机运行过程中弯曲载荷的影响见图 4-23。

辊压的残留压应力明显地改变了曲轴运转时应力的分布，降低了拉应力幅，可以有效地提高疲劳寿命。

（8）材料的高速拉伸性能和零件的撞击吸能

汽车中的许多零件，特别是安全件，都会承受冲击载荷，即高应变速率下材料和零件的响应特性、高速拉伸性能对这类零件就显得特别重要。此外，很多汽车零件是冲压成形的，而冲压是在应变速率远高于准静态下拉伸时的应变速率。为准确地进行成形模拟，也需要了解材料高应变速率下的响应特性。不同材料在高应变速率下其响应特性也不相同。对大部分

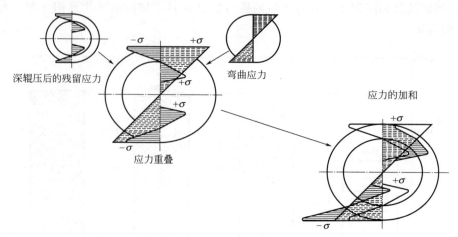

图 4-23 残留应力对发动机运转时弯曲载荷的影响

钢铁材料，应变速率升高，其屈服强度升高，见图 4-24[40]。

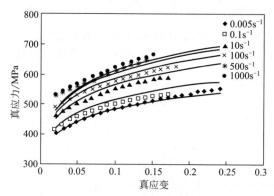

图 4-24 BH300 钢不同应变速率下的流变曲线（实测值和拟合值）

高应变速率下的吸能值 $\left(\dfrac{\sigma_s+\sigma_b}{2}\delta_u\right)$ 以及在伸长率为 10% 时的吸能值 $\left(\dfrac{\sigma_s+\sigma_b}{2}\delta_{10}\right)$ 均随应变速率的增加而增加，见表 4-6[27]。显然这种特性对于汽车安全件是有利的，但就目前而言，大多数设计中均未考虑材料在高应变速率下的响应特性及其对零件功能的有益影响。

表 4-6 材料在高应变速率下的吸能和应变速率的关系　　　　　　　　J/mm³

钢种	吸能值	应变速率					
		$0.005s^{-1}$	$0.10s^{-1}$	$10s^{-1}$	$100s^{-1}$	$500s^{-1}$	$1000s^{-1}$
BH300	E_U	0.093	0.072	0.100	0.102	0.112	
	$E_{10\%}$	0.0357	0.0374	0.0413	0.0443	0.0463	0.0473
HSLA350	E_U	0.078	0.058	0.073	0.089	0.080	
	$E_{10\%}$	0.0417	0.0422	0.0468	0.0493	0.0527	0.0545
440W	E_U	0.089	0.068	0.106	0.118	0.107	
	$E_{10\%}$	0.0394	0.0419	0.0450	0.0473	0.0504	0.0518
HSS590	E_U	0.096	0.077	0.108	0.124	0.121	
	$E_{10\%}$	0.0498	0.0526	0.0571	0.0579	0.0596	0.0591

续表

钢种	吸能值	应变速率					
		$0.005s^{-1}$	$0.10s^{-1}$	$10s^{-1}$	$100s^{-1}$	$500s^{-1}$	$1000s^{-1}$
TRIP590	E_U	0.145	0.090	0.135	0.158	0.160	
	$E_{10\%}$	0.0507	0.0538	0.0549	0.0578	0.0606	0.0582
DP600	E_U	0.080	0.072	0.110	0.130	0.149	
	$E_{10\%}$	0.0570	0.0611	0.0628	0.0659	0.697	0.0745
DP800	E_U	0.080	0.086	0.086	0.119	0.144	
	$E_{10\%}$	0.0740	0.0786	0.0807	0.0831	0.0897	0.0900

铝合金应变速率下对材料性能的影响与钢铁略有不同。譬如 AA5754 和 AA5182 在高应变速率下流变特性的变化示于图 4-25[41,42]，由图可以看出：对于合金 AA5754 和准静态拉伸相比，随应变速率增加，其流变应力增加，但应变速率达到 $1500s^{-1}$ 时和 $600s^{-1}$ 时基本相当，而 AA5182 合金的流变应力和准静态基本相当，并未随应变速率增加而增加，但两个合金的总伸长率和准静态相比，在应变速率为 $600s^{-1}$ 时，下降最明显，而后随应变速率增加而总伸长率增长，直至应变速率为 $1500s^{-1}$ 时，其真应变和准静态相当接近；在汽车铝合金零件受撞击的计算和模拟时，必须考虑这种应变速率的响应特性。

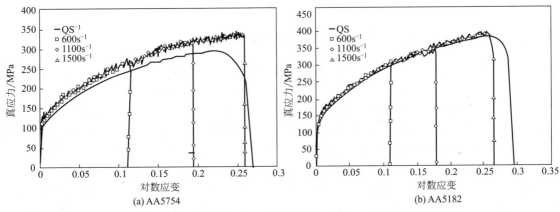

图 4-25 应变速率对 AA5754 流变应力和 AA5182 流变应力的影响

(9) 高强度钢点焊后的冲击吸能

点焊是汽车制造中的重要连接方式，在一般乘用车中多达 4000 个焊点，高强度钢冲压件的一个重要连接方式也是点焊。点焊的质量对一些用点焊方式连接的冲压零件的功能发挥具有十分重要的影响。由于一些高强度钢的冲压零件是安全件，在使用中会承受冲击载荷。因此在焊点的性能评价时，应用简单的拉伸剪切方式就不能准确评价其所制构件的功能，其拉伸剪切的载荷模式和使用中的冲击载荷模式有明显的不同；而载荷模式的变化，则会明显影响其失效模式，高的应变速率会使材料的延性下降、屈服上升，从而使原本韧性断裂的试样发生脆性断裂。而点焊的质量又明显影响其断裂模式，从而影响断裂吸能；Zhan 和 Jacek[43,44] 提出了点焊冲击试验方法，用于高强度钢点焊效果的检测。图 4-26 示出了不同点焊冲击时失效模式的位移-时间曲线[44]，表 4-7 列出了不同失效模式的冲击吸能比较可以看出，不同失效模式其能量吸收有极大的不同，显然这会影响车辆碰撞时零件的撞击吸能。

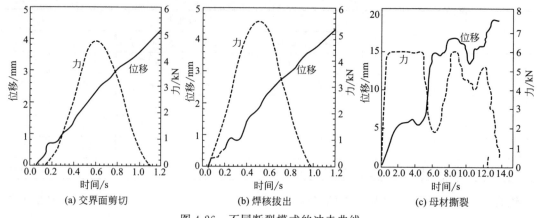

图 4-26 不同断裂模式的冲击曲线

表 4-7 不同失效模式的冲击吸能比较

试样序号	被动摆角度/(°)	主动摆角度/(°)	能量/J(读取值)	能量/J(计算值)	失效模式
1	75.5	48.5	7.1	7.7	交界面剪切
2	76.0	47.5	9.9	12.2	拔出
3	48.5	36.0	107.6	111.2	撕裂

4.3.3 服役过程中的材料性能和零件功能的变化

在由材料加工成零部件的工艺过程中，大多数加工工艺会提升材料性能，直至提升零件的功能。这其中一些工艺虽然明显提升零件功能，如辊压、喷丸强化等都可以明显提升零件疲劳寿命，但对材料的一般性能并无明显影响；也有些工艺过程则会降低材料性能、零件的功能，如焊接和点焊工艺过程就是如此。即使优化的焊接工艺，也会降低热影响区材料性能和焊后零件功能。服役过程中材料性能和零件的功能也在发生改变，特别是一些动荷零件，经过一定的使用寿命之后，大部分零件的功能和寿命都会下降，但不同的载荷模式，不同的材料响应特性，其结果都不相同。如零件承受拉压循环载荷，材料的特性是循环软化特性，在使用一段时间后，材料的反映是流变应力下降、延性上升，零件的受载如果处在高周区，则可能会使寿命下降；但低周区寿命受材料延性控制，可能会导致寿命上升。反之，如材料具有循环硬化特性，则在零件承受循环载荷后，材料在随后的受力时会发生流变应力上升、延性下降，这时零件受载如在应变疲劳的高周区，则零件寿命可能会上升，此时疲劳寿命受强度控制；如零件受载处在低周区，则零件寿命可能下降，此时，零件寿命更多受延性控制。

对于经过表面强化的零件，由于残留压应力而使零件寿命上升；在零件循环变形过程中，残留压应力会由于循环拉应力的作用而逐步衰减，从而降低零件的疲劳寿命；而零件压应力的变化对材料的基本力学性能没有明显反映，但对零件的疲劳寿命有明显影响。

了解材料和零件的制造工艺历史，以及这些历史对材料性能和零件使用寿命的影响，了解零件和材料对服役历史的响应特性，对零件服役寿命的预测，对再制造工艺的制定，都是必须的。尤其是建立各类材料性能和零件功能的数据库，对充分发挥材料和零件的使用潜力都是必须的。

4.4 材料研发必须重视应用研究

一个新材料或者用高新技术改造传统材料,其研发工作大体分为4个方面。以钢铁材料为例,首先是探讨材料的化学成分、工艺、组织和性能的关系,求得所需性能合理的成分、工艺(冶金和成材工艺)和组织组成及性能的关系,并将有关结果提交给冶金生产厂。冶金厂根据相关结果制订出冶金生产试制工艺,并确定可否采用经济有效的工艺路线生产出性能良好、可以满足用户需求的材料,这是材料研发的第二步。冶金试制的材料如不能满足用户的需求,或者性价比不完全合理,则应进行相关的工艺调整,重新试制。在冶金厂试制出性能良好、性价比合适的新材料之后,交给使用单位进行材料的应用工艺试验,即材料研发的第三步。如可以用经济、方便、快捷的方式,能将材料转化为有用的物件或零件,则表明材料具有良好的应用工艺性能。以铝合金冲压板材为例,材料应具有抗时效稳定性、成形性、冲压件的抗凹性、可焊性、烘烤硬化性、油漆的兼容性、翻边延性、油漆表面的光鲜性等,如都可以满足要求,则表明材料的使用工艺性能良好。最后对冲压和焊接的零件进行使用性能试验。不同的冲压件有不同的使用性能要求,有些是疲劳,有些是压溃吸能,有些是碰撞对行人保护的法规要求等。如果通过使用试验,可以满足材料的各项使用性能要求,则至此材料开发的四个方面才告完成。以上可以看出,材料开发的全过程包含有四个方面的内容:

① 化学成分、工艺、组织和性能的研究;
② 材料的冶金工艺性能研究和材料试制;
③ 材料的应用工艺性能研究和零件试制;
④ 材料所制零件的使用性能研究。

这四个方面构成材料研发的全过程,缺一不可。这一过程的示意图见图4-27。

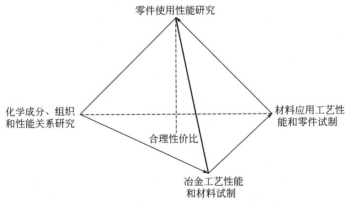

图4-27 材料研发全过程示意图

在我国以往的材料开发中,不少项目缺乏完成材料研发的全过程,导致所研发的材料难以在工业生产中应用;也有部分项目的主导者缺乏对应用工艺试验和零件使用试验重要性的认识,导致只重视材料研发的第一步和第二步。实际上,后边两个过程是更重要的过程,应用研究的工作量更大,和材料的实际应用更接近,对材料的推广应用更为重要,它是推广应用的基础。令人感到欣慰的是,国际上一些知名公司,如POSCO、上海宝钢等在材料研究和推广应用中,已经意识到应用研究的重要性;在企业内专门成立了用户研究部门,和用户一起探讨如何满足用户的需求,提出和树立了以"用户的成功和信赖,作为企业的明天"的理念和思想;从用户开发产品伊始,就先期介入,和用户共同进行开发和应用研究。这些公司已经成立了相关应用研究机构，和应用单位一起做好应用研究，但国内大多数材料生产企业对这一问题的认识仍有待深化。

4.5 材料性能和零件功能关系的理念的应用

(1) Benchmark 工作和材料的反求

汽车工业的发展到一定阶段，都会开发新的车型，建立新车型开发平台；新车型开发的一个重要方法和手段，就是对现有的同类型车型进行 Benchmark，也就是对现有同类型车型进行解剖分析，了解同类车型的结构、用材和制造工艺，在此基础上建立相关的数据库，进行新车型的开发和设计，并确定用材工艺。如国外某一 C 级车的开发中，收集了全世界 30 多款同类车型，进行 Benchmark 分析。

当前我国汽车工业各汽车厂在建立汽车研发数据库和设计开发新的车型时，也都应用 Benchmark 建立汽车材料和零部件功能数据库。进行 Benchmark 工作时，首先是拆车，然后是进行零件 3D 数据的测试和零件功能的测试，如对一些覆盖件，要测量其抗凹性、NVH 性能，对一些结构件要测量疲劳性能、耐久性能，并评估其可靠性。然后从零件上取样进行材料的性能测试，在进行材料性能测试时首先测量硬度、准静态拉伸性能，结合组织、成分分析，判断其材料的基本牌号，再根据零件的功能和所推断的工艺过程，综合分析，反求其原材料的性能，判断其材料的牌号，这中间可参考一些经验数据，但经历这一过程的分析判断，对材料的准确判定、今后新车型的选材、制造工艺的确定和建议，都会有重要的参考价值。这一过程贯彻了材料性能、零件功能之间关系的理念的应用。

(2) 二次加工硬化和氢脆

一般冲压用钢，尤其是先进高强度钢，在零件成形加工时，都会发生较大的变形，特别是先进高强度钢，在整个成形过程中，都会由于组织变化、流变应力的变化而产生一定的性能提升，通常是强度提升、延性下降；对一些组织强化钢和相变诱发塑性钢，在原材料性能检测时，由于是复相组织，特别是 TRIP 钢种，有一些残留奥氏体可以作为氢陷阱，在材料未加工成零件时，原材料通常具有良好的强韧性匹配。材料冲压成零件后，就会产生二次加工硬化，流变应力明显提升，组织中的残留奥氏体量大量减少，并发生马氏体相变，生成硬脆的孪晶马氏体组织，韧性下降。零件的这种组织和性能，对氢脆和延迟断裂更加敏感。在进行成形加工时会引进一些残留应力，由于零件形状的复杂性，残留应力状态也是复杂的，在有拉应力存在的情况下，对氢脆会更为敏感。

对一些 TRIP 钢，原来基体假定是低碳马氏体或贝氏体，氢原子溶于原位错通道进行扩散，TRIP 效应发生后，形成的孪晶马氏体一方面会阻止氢原子的扩散，对氢原子的聚集有阻碍作用，这可能会有碍于氢脆发生；另一方面如作为氢原子扩散的壁垒，就会在孪晶马氏体处发生氢原子的聚集，特别是在孪晶马氏体形成时诱发的微裂纹处聚集，就会使延迟断裂抗力降低，对氢脆的阻止是不利的。

一般汽车制造工艺过程中都会经过油漆烘烤，在油漆烘烤过程中，位错型马氏体和孪晶马氏体碳化物的形态会发生一定的变化，位错组态也会发生变化，一些位错会发生位错缠接，形成不完整的胞状组织，碳化物也会发生一定的变化，这些对氢脆抗力和延迟断裂的提升都是有利的。热冲压成形钢是超高强度钢，它是通过热成形后淬火得到超高强度的，而热成形加热过程中不同的表面对加热炉环境的气氛有不同的响应特性，产生不同的氢脆反应，热冲压成形钢的油漆烘烤同样也会改善和提高延迟断裂抗力。在分析材料的氢脆和延迟断裂时，要综合考虑二次加工硬化、组织的变化等这些复杂因素。

(3) 失效分析和预防

汽车零件失效分析和预防是一门专门的学问，找出失效的原因，提出预防失效的措施，给出零件延寿的方法，是失效分析和预防的基本目的。做好失效分析工作，是多学科相结合的一项工作，涉及材料科学、结构力学、疲劳与损伤、环境与腐蚀等多学科知识的融合。

目前，许多失效分析工作停留在简单的材料使用是否合适的层面，实际材料的失效原因有选材问题、设计结构问题、使用环境问题、安全裕度设定是否合理的问题、制造工艺问题、零件功能的设定问题等，在进行失效分析时，应从材料的成分和性能分析开始，通过了解零件加工工艺，确定零件的功能，然后评价零件功能是否满足使用要求，对失效零件的断口分析，只是对零件失效模式判定的旁证。

失效分析的另一个任务是对已经存在缺陷的零件判定和预测零件失效或寿命终止的时间，这更需要了解所制零件的材料性能、零件加工工艺、零件的功能，特别要了解零件工艺对零件功能的影响，譬如，承受动载疲劳的零件，表面强化喷丸或其他表面处理，引入表面残留压应力，表层组织的细化、加工硬化等都可以有效提高疲劳寿命，延长材料的使用寿命。

因此一个完整的失效分析，从材料的选材和使用性能分析起，全面了解材料的加工工艺历史、零部件的成形工艺历史、零件的服役历史、零件的服役环境、失效的模式、残留寿命的估算、材料性能和零部件功能之间的关系等方面技术，才能准确找出失效的原因，从而提出预防失效和延寿的方法。显然在这一工作中，弄清材料性能和零部件功能也是一个核心工作。

(4) 充分发挥零件加工工艺的作用和材料潜力

任何制造业，最终追求的都是高功能的零部件。零件加工工艺的选择，对获得高功能的零件，具有十分重要的作用，材料性能只有在合理的加工工艺下，才能得到充分发挥，赋予最终应用的零件高功能和高性价比。

在零件制造选材时要避免下列倾向：尽可能选择高性能的材料，这样就造成材料的合金成分高、价格高、加工性能差、成形工艺困难。这种选材不仅增加了成形零件的成本，并且由于材料的工艺性能差，加工时不能发挥材料的功能和潜力，造成合金的浪费和材料功能的富余。

合理选材是充分了解材料性能和零件功能关系，基于构件使用中的基本功能，确定材料的性能，通过加工工艺、发掘材料的潜力，分清加工工艺过程对材料性能和零件功能的影响，充分利用改进材料性能和提升零件功能的相关加工工艺，避免和减少使用不利于材料性能发挥和降低零件功能的工艺，最终取得高性价比的零件。

目前，计算机和模拟软件的发展，对部分加工工艺过程中材料性能的变化，已经可以通过计算机模拟进行预测，为合理选材发挥加工工艺的作用和发掘材料潜力提供了一个有利的手段。如进一步建立材料性能和零件功能的数据库，将为合理选材和高性价比零件制造工艺的确定提供依据和基础。

(5) 材料数据库的建设和应用

汽车工业的发展，新车型的开发，尤其是自主品牌的发展，使不少企业都忙于建设材料数据库。在数据库建设中，不仅要深刻认识材料性能和零件功能之间的关系，同时笔者认为：要建设真正自主知识产权的数据库，还应包含有典型零件的加工工艺；不同零件的选材依据；为保证零件功能，多种材料方案和制造工艺的比较；典型零件设计结构、制造工艺、功能、失效模式等。在数据库的建设中，材料性能的测试要准确，物理概念要清晰，目前材料力学的发展，已经有大量的新的材料参量和概念引入。就笔者了解，不论是钢厂还是汽车厂，所建数据库都不包含以上相关内容，同我国汽车工业一样，数据库的建设还有相当的路程要走。西方等国家汽车方面的数据库已经有近百年的积累，即使如此，笔者在阅读有关企业的数据时，也发现一些试验数据有明显的错误，或者需要完善的地方。

(6) 材料生产单位的 EVI 服务

EVI 实际是材料研发和生产单位在应用单位新产品开发中的先期介入模式，要满足材料使用单位的需求、开发新的材料，就必须深刻了解材料应用单位新产品的功能要求、材料加工工艺对材料性能的要求，在材料的使用单位进行材料加工时材料性能的变化、加工工艺对零件功能变化的影响，这些都是 EVI 服务时要进行的工作。EVI 服务融合了材料的研发和应用，要和用户紧密地结合在一起，进行深入的应用研究，才能找出最好的材料加工工艺，充分发挥材料的性能，获得所制零件最高的性价比；既要指导用户选用合适的材料，又要和用户一起用好材料，这里面贯穿了零件功能和材料性能关系的研究和认识。

(7) 材料强度性能提升和零件的轻量化

按照拇指法则，强度提升就可减薄结构件用钢板的厚度，实现轻量化。

厚度和强度的关系

$$1-\frac{t_2}{t_1}=1-\frac{\sigma_1^n}{\sigma_2^n}$$

式中，t 为不同强度级别的板材厚度；n 为由变形形式所决定的常数，当零件承受弯曲力矩变形时，$n=1/2$；σ_1、σ_2 为材料更替前后的流变应力，该应力可是在材料冲压变形时材料冲压变形量下的流变应力，也可是材料的屈服或抗拉强度。材料厚度的减少和实现轻量化必须考虑所制零件的压溃吸能，压溃吸能与材料抗拉强度、板厚的关系可用下式表示：

$$A_E = k t^2 \sigma_b^{2n} \quad (n=2/7 \sim 1/2)$$

式中，A_E 为压溃吸能；t 为厚度；σ_b 为抗拉强度；n 为常数，当材料承受纵向弯曲时，n 可取 $2/7$。

在汽车强度提升、厚度减薄进行轻量化时，还应该考虑一个因素，即零件的刚度。对承受弯曲载荷的零件，刚度可用下式表示

$$S_n^b = \frac{E_n}{E_0} \times \frac{t_n}{t_0} S_0^b$$

式中，E 为弹性模量；t 为厚度；S 为刚度。

厚度减薄还应该考虑另一个因素，为零件局部臌胀失稳（bulking）抗力，该抗力正比于零件厚度的立方。

$$\frac{L_n}{L_0} = \frac{E_n}{E_0} \times \frac{1-\mu^2}{1-\mu_n^2} \left(\frac{t_n}{t_0}\right)^3$$

式中，E 为弹性模量，t 为厚度；μ 为泊松比。

因此，在强度提升、零件厚度减薄和轻量化时，必需综合考虑零件的各种功能，才能达到零件预期的轻量化效果，使零件性能达到提升和满足。

小结

汽车材料的性能和汽车零件的功能是两个不同的概念，材料性能是成分、组织、制备工艺等因素相关的综合反映的结果。而零件的功能是材料性能、零件制备工艺、结构等因素的综合反映。在一定的条件下，材料性能可以预测零件的功能，但必须考虑工艺因素和零件结构形状的影响。大多数情况下，材料性能和其预测的零件功能有明显的不同。不同的零部件

功能要求、不同的原材料所对应的性能，从这个意义来说，目前正在改变以材料强度为基本设计依据的设计理念。

很多零部件的制备工艺都是为进一步提升零件的功能，即进一步提升材料性能、充分发挥材料潜力的加工工艺，如一些零件的表面强化工艺：喷丸、辊压、表面处理强化等，由这些工艺造成的表面压应力，普通材料性能测试中几乎没有反映，但对零件的疲劳寿命，则有明显改善。这种强化方法是一般材料性能改善难以达到的，而有些零部件的加工成形工艺是既使材料性能下降，又使零部件性能下降，如焊接工艺所造成的材料热影响区和焊缝，尤其是对于某些疲劳件，更是如此。

加强应用研究应成为材料研发和生产中必须遵循的基本准则。只有加强应用研究，才可完成材料研发的全过程，才可以使新开发的材料既得到合理应用，又可充分发挥材料性能的潜力，获得功能良好的零件，才可以建立新材料的 LCA 系统和相关的数据库，才可给材料推广应用打下基础。

本章列出了几点材料性能和零件功能关系的应用，深刻认识材料性能和零件功能之间的关系，即需要有大量的工艺技术的开发和应用，同时用这一概念指导实践，可以找到在汽车工业中和整个制造业提升中更多的应用。

参 考 文 献

[1] 汽车工程手册编委会.汽车工程手册：设计篇［M］.北京：人民交通出版社，2001.

[2] 第一汽车制造厂，长春汽车材料研究所.机械工程材料手册黑色金属材料［M］.第4版.北京：机械工业出版社，1991.

[3] 汽车工程手册编委会.汽车工程手册：制造篇［M］.北京：人民交通出版社，2001.

[4] Bosch 公司. Bosch 汽车工程手册［M］.张羡曾，丁立宏，王绍铣，等，译.北京：北京理工大学出版社，1990.

[5] 美国金属学会主编.金属手册［M］.第9版：第一卷，第二卷，第三卷，等.北京：机械工业出版社，1991.

[6] 马鸣图.用高新技术改造传统材料［M］.马鸣图，沙维．材料科学与工程研究进展：第一卷.北京：机械工业出版社，2000.

[7] 马鸣图.先进汽车用钢［M］.北京：化学工业出版社，2008.

[8] Geng Lumin, Sa Chung-yeh, Thomas Octjens, et al. Springback Compensation for Ultra High Strength Stamping［C］. Detroit，SAE paper 2003-01-0686，2003：41-48.

[9] Douglas Hughson. Gear optimization and Design Analyses in Gear Design［C］. Detroit，SAE inter，inc，1990：175-186.

[10] DANA WHITE D, HENDERSON JAMES L. Computer-Aided Spur Gear Design［C］. ibid, p187-196.

[11] FARUOUE O，SAHA N，et al. Modeling of Spot Weld under Impact loading and Its Effect on crash Simulation［C］，Detroit，SAE paper，2006-01-0959.

[12] HUIY Ching，KUN Chuang，SHU Tien，et al. A CAE Optimization Process for Vehicle High Frenquency NVH Application［C］. Detroit，SAE Paper，2005-01-2422.

[13] 马鸣图，吴宝榕.双相钢物理和力学冶金［M］. 2版.北京：冶金工业出版社，2010.

[14] KNOTT J F. Fundamentals of Fracture Mechanics［M］. London Btteworths，1973，p195 lishing，1974，Leyder．

[15] BROCK D. Elementary Engineering Fracture Mechanics［M］. Noordhoff，International Publishing，1974，Leyder．

[16] 陈篪，蔡其巩，王仁智，等.工程断裂力学［M］.北京：国防工业出版社，1977.

[17] 马鸣图，Shi M F.先进高强度钢及其在汽车工业中的应用［J］.钢铁，2004，7：68-72.

[18] KEELER S P. Determination of Forming Limits in Automotive Stampings [C]. Detroit, SAE techpeper, No650535, 1965.

[19] GEMODA S. 金属的疲劳和断裂 [M]. 颜鸣皋, 刘才穆, 译. 上海: 上海科技出版社, 1983.

[20] 苏德达. 弹簧应力松弛及预防 [M]. 天津: 天津大学出版社, 2002.

[21] MaMingtu. A study on sag resistance of new steel 35SiMnB for Suspension leaf Spring [C]. Detroit, SAE paper, 931968, 1993.

[22] MaMingtu. A study on sag resistance of new steel 35SiMnB for Suspension leaf Spring [C]. Detroit, SAE trans, Section 6, Passengorcars, 1994: 2126-2132.

[23] 马鸣图, 段祝平, 友田阳. 金属合金中的包辛格效应及其在工业中的应用 [M]. 北京: 机械工业出版社, 1964.

[24] 黄建中. 汽车及其材料的腐蚀与对策—中国瑞典合作研究文集 [C]. 北京: 冶金工业出版社, 2008.

[25] Shigeru Wakanu, Minuru Nishihara. Deformation Corrosion Resistance of Several Coated Steel in Two Simulated Model Tests [C]. Detroit, SAE paper 890706, 1989-2-27～1989-3-3, P1-6.

[26] Dale H Breen. Fundamentals of Gear stress/strength Relationships and Materials selection, Gear Design [C]. Detroit, SAE Inter, 1990: 43-56.

[27] 马鸣图, 应白桦. 汽车高强度钢和先进高强度钢板 [M]. 马鸣图. 先进汽车用钢: 第二章. 北京: 化学工业出版社, 2008.

[28] Yan Benda, Xu Ken. High Strain rate behavior of advanced high strength steel for Automotive Applications [C]. 44th MWSP conference Proceedings, 2002, Sep., Vol. XL, P493-507, Orlando.

[29] 程世长. 气阀钢和气阀合金 [M]. 马鸣图. 先进汽车用钢: 第14章. 北京: 化学工业出版社, 2008.

[30] 马鸣图, 易红亮, 路洪洲, 等. 论汽车轻量化 [J]. 中国工程科学, 2009, 11 (9): 20-27.

[31] 马鸣图. 汽车用合金结构钢的现状和研究进展 [R]. 中国汽车工程学会, 世界汽车技术发展研究报告, 2003: 114-138.

[32] BALDAUF F K. Shotpeening and presetting Strenthening for leaf Spring [C]. Detroit, SAE paper, 790513, 1979.

[33] MATTSON R L, ROBERTS J G. Internal Stress and Fatigue in Metals [M]. Ectats Elsevier Publ. Co. Newyork, 1959: 337-360.

[34] DON H. Testing Automotive Materials and Components [C]. SAE, Inc, 1993, Warrendale PA. USA, P149-168, Detroit.

[35] 重庆汽车研究所, 石家庄钢铁有限公司. 16MnCr5, 20CrMo, 20CrMnTi 齿轮性能对比研究 [C]. 内部报告, 2006.

[36] MIWA Yoshisa, Masayuki Suzawa, Yukio Arimi, et al. Carbonitriding and hard shot peening for High-strength Gears in Gear Design AE15 [C]. SAE inter 1990, USA, Warrendale, PA, P413-421, Detroit.

[37] 重庆汽车研究所, 綦江齿轮厂. 重型 ZF 变速箱齿轮钢国产化应用研究 [R]. 汽车齿轮钢鉴定会议资料, 1991.

[38] 苏世怀, 于同仁, 惠卫军. 汽车紧固件及其用钢的研究与发展方向 [M]. 马鸣图. 先进汽车用钢. 北京: 化学工业出版社, 2008.

[39] Hegenscheidt corporation. Presentation of Deep Rolling and Roll Straightening Technology [C]. 2008, Feb, in CAERI Seminor, Chongqing.

[40] Xu K, Wong C, Yan B, et al. A High Strain Rate Constitutive Model for High Strength Steels [C]. SAE inter, USA, Warrendale, 1, 2003-01-0260, p19-25, Detroit.

[41] SMERD R, WINKLER S, SALISBURY C, et al. High Strain rate resile testing of automotive aluminum alloy sheet [J]. Inter, J. of Impact Engineering 2005, 32, 541-560.

[42] Ma Mingtu, You Jianghai, Lu Hongzhou, et al. Research Progress of Aluminium Alloy Automotive

Sheet and Application Technology [J]. Engineering Science, 2012, 10 (4): 29-34.
[43] Zhan Hongyan, Jacek Senvar. Resistance Welding Fundamental and Application [M]. Tayloy & Francis Group, New York, 2006: 129-139.
[44] Recommended Practices for Test Methods for Evaluating the Resistance Spot Welding Behavior or Automotive Sheet Steel Materials [C]. Detroit, AWS D89-97, SAE D89-97 ANSI D89-97 Miami (Fl) 1997.

第 5 章 材料高应变速率下的响应特性

5.1 概述

5.1.1 应对第三次工业革命，汽车工业将向电动化、智能化、轻量化方向发展

在文献 [1,2] 中分别论述了第三次工业革命的基础已经基本建立，包括能源本身的转型，新技术能源和新的通信技术融合，能源的生产方式，能源的储存技术，能源的分享机制，利用互联网技术将大的电网转化为能源共享的网络，以及如何更有效地利用新能源，特别是运输工具所需要的共享电网的建立等，以此为依据，论述了第三次工业革命的前兆已经出现，或正在孕育新的工业革命。18 世纪后期，在英国发生了以蒸汽机技术为标志的第一次工业革命，机器生产代替了作坊式的手工制作；20 世纪初，发生了源于美国的以规模化生产为代表的第二次工业革命，其典型案例是福特的 T 型汽车生产线，使得汽车成了改变世界的机器；正在孕育和即将发生的第三次工业革命，是数字化的制造技术，而大规模流水线的生产方式，将逐步被个性化的分散式生产代替。为应对第三次工业革命，确保德国制造业在新一轮工业革命中占领先机和保证德国制造业未来的领先地位，德国科学家和工程院提出并发布了实施工业 4.0 战略的建议。该战略提出第一次工业革命的特点是蒸汽机，第二次工业革命的特点是电气化，第三次工业革命的特点是信息化，第四次工业革命的特点是网络技术与物理实体的结合。德国经济部已设立专项基金支持这一计划的实施。为应对第三次工业革命，汽车行业的应对就是电气化、智能化和轻量化。为实现这三化，必须进行数字化、智能化和绿色制造的研发和应用，数字化制造技术是集计算机技术、网络技术、制造技术与现代科学管理技术的交叉、融合、发展和应用的结果。数字化制造是轻量化的基础和应用。

5.1.2 现代汽车设计理念中的轻量化

2000 年以后，我国汽车工业迅速发展[3]。2014 年，我国汽车产量 2372 万辆，其保有量达到 1.5 亿辆，石油消耗为 5.18 亿吨，进口为 3.08 亿吨，石油对外的依存度高达 60%，汽车消耗石油占石油消耗的 60% 以上[4]。每燃烧 1L 汽油，将产生 2.5kg CO_2，2014 年我国因汽车燃油排放的 CO_2 超过 10 亿吨。CO_2 不是有害气体，但它是温室气体，可导致全球气候变暖和气候反常。美国海洋和大气管理局 2015 年 5 月 6 日发布的数据表明，全球大气

中的 CO_2 含量首超 $400×10^{-6}$，而我们赖以生存的地球大气中的 CO_2 含量的上限值为 $430×10^{-6}$，足见这一问题的紧迫性。汽车排放中的有害气体，可通过三元催化剂、后处理技术等进一步改善，但 CO_2 排放无法改变，只能通过减少燃油的消耗来减少，因此我国汽车工业发展再次表明，汽车工业节能减排刻不容缓。

(1) 轻量化与节能减排

汽车轻量化已被列为节能与新能源汽车目标发展的核心技术，在《中国制造2025》中提出"节能与新能源汽车"作为重点发展领域，明确了"继续支持电动汽车、燃料电池汽车发展，掌握汽车低碳化、信息化、智能化核心技术，提升动力电池、驱动电机、高效内燃机、先进变速器、轻量化材料、智能控制等核心技术的工程化和产业化能力，形成从关键零部件到整车的完整工业体系和创新体系，推动自主品牌节能和新能源汽车与国际先进水平接轨"的发展战略。排量小于1.6L的乘用车，购置费减半。

轻量化可以有效节能减排，研究表明，汽车75%的油耗与整车质量有关，降低汽车质量，就可以有效地降低油耗和排放。在汽车运行阻力的组成中，包括空气动力学阻力、滚动阻力、爬坡阻力、加速度阻力，除空气动力学阻力与质量无关外，其他阻力都与质量呈线性关系[5]；降低汽车的质量，就意味着降低汽车的运行阻力，就意味着节能减排。日本曾测量了不同变速箱的汽车油耗和车辆重量之间的关系，也表明车重和每升燃油的续使里程大体呈线性关系[6]，见第1章图1-6。对不同发动机汽车的排放，测量结果也表明，每千米 CO_2 排放量也和车体重量大体呈线性关系[6]，见第1章图1-7、图1-8。

在2011年，车身工程战略研讨会上，菲亚特公司提出汽车各种因素对油耗的影响[7]，包括动力性能的改善，如动力系统性能提升10%，可降低油耗约10%；滚动阻力降低10%，可降低油耗约1.5%；空气阻力降低10%，可降低油耗约2.7%；车重降低10%，可降低油耗约3.5%~6%，各因素对油耗的影响见图5-1。在四种节能的手段中，轻量化的效果居第二位。欧洲铝协通过大量的试验表明[8]，车重每减轻10%，可节油6%~8%，相应的排放也有类似的降低值。

(2) 轻量化与汽车功能改进

轻量化是产品开发必须考虑的因素。目前对汽车产品有更高的期望值，譬如我们希望汽车产品更安全、更舒适，同时也希望汽车更加轻盈；希望汽车产品有更高的价值性能，同时也希望汽车有更低的燃油消耗和更少的排放；希望在汽车中有更多的创新，但同时希望汽车使用更加可靠；希望汽车产品有更高的品质，更具有吸引力，同时也希望汽车有更低的价格；希望汽车有更大的乘用空间，同时也希望有更加紧凑的外部尺寸；希望汽车有更好的个性化的服务，同时保持生产上的经济性。这些诸多必须考虑因素中，在汽车上都与轻量化有关。

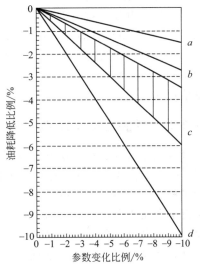

图5-1 各因素对油耗的影响
a—滚动阻力；*b*—空气阻力；
c—车重；*d*—动力系统

轻量化可以提升汽车的加速性能，以奥迪车为例，每减重100kg，从0加速到100km/h，将会超前6m；减重200kg，将会超前12m。与此相对应，可以改进汽车的制动性能，缩短制动距离；可以降低制动过程中摩擦片的温度，而摩擦片温度的降低，又能改进摩擦片材料摩擦系数的稳定性，从而有利于提升制动系统的稳定性，避免了制动器摩擦片发热而导致的制动作用的降低；同时制动的可控性更好，制动的响应性能更精确，制动器摩擦片的寿命也得到提升。

轻量化还可以改进汽车的安全性。轻量化的结果可以提升汽车的操控性，轻量化降低了汽车的运动惯量，既改进加速性，也改进减速性，由此减弱了碰撞时对别人的伤害。轻量化可以提升产品的竞争能力，由于轻量化的减重，可以减少汽车的用材费用；由于轻量化的实施，在汽车设计中，将会融入更多的先进技术，这些都提升了产品的竞争能力。轻量化的节能减排，会降低汽车排放对环境的压力，尤其是温室气体对环境的影响。

(3) 新能源汽车发展与轻量化

对新能源电动汽车，由于电池能量密度的限制，按目前的水平是每续使里程1km，电池的重量增加1kg。以北美的数据为例，家庭第二辆车一般作为通勤代步车时，一次充电的续使里程设计为175km，其动力电池的重量将大于250kg，这中间包含有电池箱、电池模块、热管理系统、电池管理系统、安全控制模块。目前我国电池的能量密度已经达到100W·h/kg，但组成动力电池系统之后的系统能量密度通常为70W·h/kg，最高仅达到100W·h/kg。特斯拉电池系统的能量密度为170W·h/kg，而传统能源，譬如汽油约12000W·h/kg，按照20%的转换率，约为2400W·h/kg，所以二者是无法比拟的。故电动汽车轻量化就更为重要[9]。

在德国开发和提升新能源汽车的灯塔计划中，专门列出了轻量化电动车车身的开发课题[10]，其轻型车身的开发投资3.28亿欧元，包括开发新型车身的材料，开发和改进轻型车身的部件，开发轻型车身的结构等研发内容，而且强调新能源汽车轻量化车身的开发是重要的基础技术。轻量化可以帮助缓解因装备承重和电池增重而增加的整车重量的压力，其技术价值更加突出。

5.1.3 发展轻量化技术已成为世界各国共识

各国政府制定专项政策，特别是提升燃油法规，以促使汽车节能减排，这类法规日益加严。图5-2示出了欧盟、美国、日本、韩国的不同年代燃油法规加严的情况，以欧盟为例，行驶里程2008年为15.1km/L，2015年提升到18.1km/L，2020年提升到26.5km/L，分别相当于百千米油耗为6.6L、5.5L和3.8L。美国、韩国和日本有类似的法规，我国也有类似的情况。2011年我国的油耗法规为百千米油耗8L，2015年提高到6.9L，三部委进一步加严到5.9L，2020年达到百千米油耗5L，2025年达到4L。这些新的油耗法规的实施，一方面可以通过发动机性能的改进、风阻和滚动阻力的降低等方法来实施，但轻量化是最直接、最有效的手段。因此，近年来各国政府十分重视轻量化基础相关技术（设计、材料、工艺）的发展。

1993年，美国政府支持了新一代汽车合作伙伴计划技术的专项，2002年又实施了自由合作汽车研究计划。美国能源部主导的项目有汽车轻量化专项、汽车动力系统材料专项、汽车高温材料专项、高强度轻质量的材料专项、重型汽车动力系统材料专项；欧盟技术研究与发展框架计划有1998~2002年碳纤维增强复合材料项目、镁合金项目、复合材料回收项目，2002~2006年有镁合金锻件项目、大型综合材料技术项目、汽车动力系统材料专项、重型汽车动力系统材料专项、高温材料专项。与此同

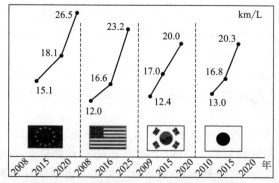

图5-2 不同年限世界各地区的油耗法规

时，世界各国十分重视长纤维增强复合材料的研发和应用。欧洲复合材料研究中心将LFT复合材料作为优先发展的最重要的复合材料。美国俄亥俄州立大学建立了美国国家复合材料中心，在全球招聘LFT复合材料人才；日本东京工业大学建立了国家先进材料工程中心，其中LFT和碳纤维复合材料并列为优先发展的重点的轻量化材料。国外的主要汽车企业已经广泛采用满足使用性能的轿车车身轻量化系数的评价与控制；基于碰撞能量传递分析的零部件设计与材料制造技术选择，提高了车身碰撞的安全性；在改进汽车性能的控制成本条件下，借助于多种轻量化技术的集成应用，如车身模块化的设计技术所设计的车身前端模块、门内板等，实现整车减重；我国汽车轻量化技术创新联盟，在科技部的支持下，进行了轻量化整车技术项目，针对有预定轻量化目标的整车轻量化技术，集成应用系统进行研究，并形成了相应的设计和评价规范。为支持轻量化技术的发展，1998年美国密歇根大学汽车轻量化材料与工艺中心得到美国能源部的研究生汽车技术教育项目的支持，建立了汽车材料数据库；美国克莱斯勒、福特汽车、通用汽车也联合建立了汽车材料数据库。日本、欧洲也有同样的事例；我国已建立了汽车材料数据库的雏形。目前国际上已有多个轻量化工程项目，并取得了良好效果（见第1章表1-8）。

韩国机械院冶金企业和汽车厂联合开展了韩国国产品牌汽车轻量化工程，减重10%。最近德国新能源汽车的研发在电池和驱动部分各投入9.8亿欧元，轻量化车身设计开发投入近4亿欧元。韩国浦项于2013年曾开发了一款全高强度钢的电动车的白车身[11]，该电动车最大速度可达150km/h，该方案取得了成本和轻量化的双重效益，再次验证了先进高强度钢对于新能源汽车开发中应用的新机遇，该白车身对标车型是296.3kg，开发的新的白车身为218.1kg，原设定目标是减重20%，实际减重达到26.4%，轻量化效果明显。

5.1.4 现代汽车安全理念中的轻量化

汽车安全法规越来越多，对汽车安全性的要求越来越高。在欧洲，人们对汽车安全的意识更强，汽车制造厂家常用碰撞星级的评价来引导人们购车的意向。

汽车的各类安全法规，包括正碰、侧碰、追尾、偏置碰（不同重叠率）以及小角度碰撞等，也逐步加严。在碰撞时既要考虑到碰撞构件的吸能，也要考虑构件的变形量，即保证乘员的空间尽可能少地变化，也就是尽可能减少对乘员的伤害。既轻量化又保证安全，就必须用高强度和超高强度的材料；为达到这种双重目的，就必须进行优化设计，优化设计时要用相关的优化设计软件，同时，要有强大的数据库支撑。优化设计的目标有多种，譬如以最终轻量化为目标的优化设计、以安全为首位的优化设计、以NVH为首位的优化设计、以整车性能最优的优化设计，但这些优化设计效果首先应用计算机模拟进行预测，然后再进行试验验证。通过计算机模拟，可以大幅度减少试验工作量，近年来受到人们的青睐，但进行计算机模拟，需要有强大的数据库支撑。在进行汽车安全设计时，计算机模拟更是一个重要手段，因为整车碰撞价格高，而试验工作又非常烦琐，通过计算机模拟，可以最大限度地减少碰撞次数，降低车辆开发的成本；而进行安全碰撞的计算机模拟时，材料在高速应变下的数据和相关的本构方程是计算机模拟的基础，有了这些数据，可以大幅度地提高模拟的精度和模拟的效果，使模拟的效果更具有实用性。而碰撞模拟的大量数据，源于高速拉伸，汽车轻量由于可以减少碰撞时的动能和动量，因而可以减少碰撞对别车的伤害；这些正契合了被碰时可有效保护自己，碰撞别人时可减少其伤害的安全理念。

5.1.5 虚拟开发是新车开发的重要手段

近年来，新车开发所需要的时间越来越短，其开发周期的变化见图5-3。新车开发的时间取决于原型车研制的时间,目前汽车的结构越来越复杂,复杂化的设计呼唤高效、可靠的虚拟开发工具。而虚拟开发离不开准确全面的材料数据库,只有在准确全面的数据库支撑下,虚拟设计才能有效表征实物的试验结果。汽车是一个运动构件,虚拟开发过程必须进行动态的仿真。为模拟动态中的材料响应和疲劳响应,从而对零部件的性能、功能进行预测,就必须有材料的疲劳数据和动态响应数据进行支撑。为了模拟汽车碰撞中对各项安全法规的适应性,就必须有各种应变速率下的材料本构模型,就必须进行材料在高应变速率下的动态响应的测试,并建立材料应变速率下的本构方程,以满足汽车虚拟设计和计算机模拟的需要。

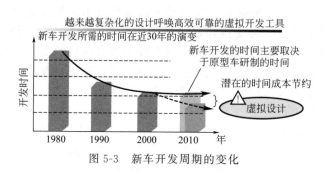

图 5-3 新车开发周期的变化

5.2 汽车碰撞和工业实践需要材料在高应变速率下的响应特性

在自然界和工业实践中发生的诸多现象,与静态设计和解析的情况相悖。如地震过程中的桥梁、房屋的倒塌;军事工业中的子弹对防护装置的枪击和穿透;汽车各种安全碰撞;工程爆破中的断裂现象;雨雪冰沙、各类飞鸟对飞行器的高速撞击;各类冲压时的零件变形和开裂的响应,以及这些在高应变速率下材料的力学响应、失效方式和在静态下是完全不同的。工程上的静态设计准则,解析、计算和验证,与这类情况完全不符,即目前材料静态下的响应特性无法满足对这些构件特殊受力状态下变形模式和失效模式的模拟和预测。又如汽车构件的冲压变形过程,使用常规的准静态的力学性能也难以准确模拟和预测冲压过程中的变形、开裂和起皱等诸多缺陷形成的原因和预防措施。一般的冲压过程,材料的应变速率远大于准静态的应变速率。一系列的工业实践中出现的问题,对材料在高应变速率下的响应特性提出了需求。不同材料在不同的应变速率范围有不同的应变速率响应特性。

5.2.1 动态载荷和应变速率

动态载荷大体可分为两种,一种为动态循环载荷,另一种为动态冲击载荷,示意图见图 5-4。

应变速率可以分为工程应变速率和真应力真应变速率。工程应变速率可以表示为

$$\dot{e} = \frac{de}{dt} = \frac{1}{L_0} \times \frac{dL}{dt} = \frac{V}{L_0} \tag{5-1}$$

式中,e 为工程应变;t 为时间;L_0 为拉伸试样的初始标距;L 为瞬间的长度;V 为拉伸速度。

真应变速率可以表示为

$$\dot{\varepsilon} = \frac{d\varepsilon}{dt} = \frac{d[\ln(L/L_0)]}{dt} = \frac{1}{2} \times \frac{dL}{dt} = \frac{V}{L} \tag{5-2}$$

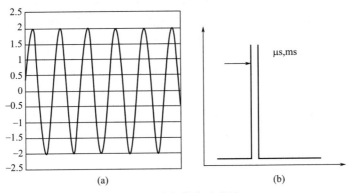

图 5-4 动态载荷示意图

或

$$\dot{\varepsilon} = \frac{d\varepsilon}{dt} = \frac{d[2\ln(D_0/D_i)]}{dt} = -\frac{2}{D_i} \times \frac{dD_i}{dt} \tag{5-3}$$

式中，ε 为真应变；D_0 为原始样品的直径；D_i 为变形瞬间的直径；其他参量同前式。真应变速率和工程应变速率的关系可表示为

$$\dot{\varepsilon} = \frac{V}{L} = \frac{\dot{e}}{1+e} \tag{5-4}$$

应变速率敏感性是材料的固有特性，通常用应变速率敏感指数 m 来表示。一般材料的流变应力和流变速率之间的关系可表征为[12]

$$\sigma = C(\dot{\varepsilon})^m \big|_{\varepsilon, T} \tag{5-5}$$

这里 C 为常数，m 为应变速率敏感系数，m 值可用阶梯变速拉伸来测定：

$$m = \frac{\partial \ln\sigma}{\partial \ln\dot{\varepsilon}}\bigg|_{\varepsilon, T} = \frac{\Delta \ln\sigma}{\Delta \ln\dot{\varepsilon}}\bigg|_{\varepsilon, T} = \frac{\ln(\sigma_2/\sigma_1)}{\ln(\dot{\varepsilon}_2/\dot{\varepsilon}_1)} \tag{5-6}$$

在外力作用下，拉伸试样的宏观变形是微观上位错运动的结果，应变速率与可动位错的平均运动速度 v 的关系为

$$\dot{\varepsilon} = ab\rho v \tag{5-7}$$

式中，ρ 为可动位错密度；a 为比例常数；b 为布氏矢量。

方程式(5-7)清楚表明了应变速率的物理本质，同时也表明应变速率是随可动位错的密度变化而变化，随可动位错的平均运动速度变化而变化。

5.2.2 高应变速率下材料力学性能的测试技术

早期材料应变速率敏感性的测试，始于对轨道钢的动态断裂强度测试[13]，同时由 Thomas Young 提出描述动态断裂强度弹性波理论[14]。1872年，J. Hopkinson 完成了第一个动态演示试验，实现了金属丝的动态加载[15,16]。1897年，Dunn 设计了第一台高应变速率力学性能测试试验机[17]。随后，B. Hopkinson 在其父亲 J. Hopkinson 的研究基础上，加长了铁丝的长度并给出了波在传播中的分析表达式[18]，该实验为后续的 Hopkinson 杆试验装置的研制提供了理论支撑；他于 1914 年完成了 Hopkinson 杆试验装置的研制，并利用 Hopkinson 压杆测定了子弹撞击和爆炸的脉冲波形[19]。1940年，开始在动态拉伸试验中使用应变片技术[20]。1945年，一种分离式霍普金森压杆（Split Hopkinson Pressure Bar，SHPB）发明问世[21]。随后，一些学者开始尝试利用 Hopkinson 压杆技术研究材料在高温下的动态力学性能[22~25]。20 世纪 70 年代，ZWICK 等公司开始高速拉伸试验机的研制和

生产[26]；80年代初，计算机开始用于Hopkinson压杆试验中[27]。各应变速率区域划分示于图5-5，相应的各类测试系统见图5-6，其中包括摆锤试验机、落锤试验机、飞轮试验机、推进式压缩试验机、液压拉伸试验机、霍普金森压杆。几类试验机的特点如下。

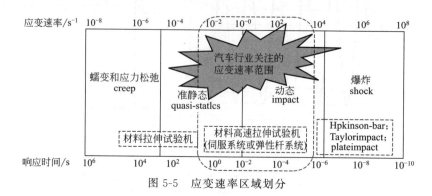

图 5-5　应变速率区域划分

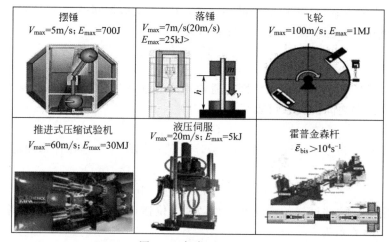

图 5-6　各类测试系统

① 摆锤试验机是常用的一种冲击试验机，这类试验机目前已经全数字化，可以记录冲击试验过程中冲击试样的起裂功、裂纹扩展功和断裂总功，可以记录冲击时最大载荷点的载荷、相对应的位移和冲击功，断裂失稳点的载荷、位移和冲击功，失稳终止点的载荷、位移和冲击功，最大位移点的载荷、位移和冲击功。冲击时的试样形状受到限制。

② 落锤冲击。落锤试验装置主要是由一个落锤和一个大质量的装置组成，利用一个下落的重锤对试样施加压缩载荷。这种试验技术具有应变率为 $100s^{-1}$ 时产生高加载的能力，譬如，最大冲击速度>20m/s，最高应变速率>$1000s^{-1}$，锤头质量可以在 2~50kg 之间进行变化。它的一个突出缺点是在这种试验中既不能实现恒定载荷，也不能实现恒定应变速率。它可以完成中等应变速率的压缩、拉伸、剪切和部件试验。

③ 日本鹭宫的弹性杆系统的组成图见图5-7，与目前大多数弹性杆相类似，这类系统的优点是可以获得很高的应变速率，用这个系统做试验时，用压缩试样较为方便，但该系统应变的测量、载荷测量较为复杂。由于加载模式的限制，该系统所测的最低应变速率至少大于 $500s^{-1}$。国外用这一系统测量高应变速率下的材料响应特性时，通常与液压的试验系统进行对照，以相互验证[28]。

④ 电液伺服高速拉伸机。日本鹭宫、德国 ZWICK、英国 INSTRON 等公司先后都开发

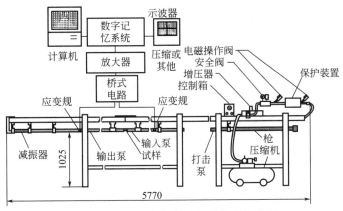

图 5-7　日本鹭宫的弹性杆系统的组成图

了电液伺服高速拉伸试验机。液压系统采用液压泵和多个储能器并行工作的加载方法，通常最大载荷 50～65kN，在加载时，当位移速率小于 1m/s 时，采用闭环控制；位移速率大于 1m/s 时，采用开环控制。载荷测量可用载荷包，或用夹具上贴应变片的力传感器，或在样品上贴应变片的力传感器进行测量。大部分液压伺服的加载框架可以实现应变速率的上限值 $(1.0～5.0)×10^2 s^{-1}$，在这样的应变速率下的液压数据会被振荡所困扰，这些振荡就会叠加到载荷包的响应特性上。各液压设备的最大加载速度为 4～20m/s，应变测量有激光引伸计、多普勒激光、位移传感器及应变片。应变速率测量范围从准静态到 $1000s^{-1}$。所需要的应变速率和应变量与试样标距的大小、设备最大位移的速度、应变量以及应变测量方式、材料特性等因素有关，如采用应变片测量，通常测量的应变范围应在 10% 以下，激光引伸计和动态光学引伸计不受应变范围的影响。应用光学应变计可以进行全应变场的应变测量，这时应对试样喷涂散斑。典型的全应变场的应变测量示意图见图 5-8。

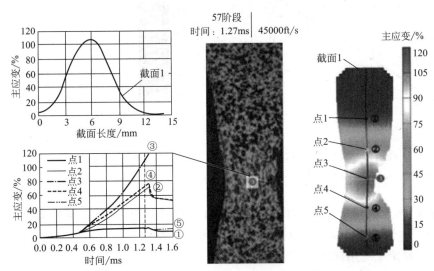

图 5-8　高速拉伸时全应变场的应变测量（光学引伸计）

5.2.3　高速拉伸的试样的形状和尺寸

德国标准 SEP1230[29] 和国际标准 ISO26203-2[30] 对金属板材高速拉伸试样所规定的

形状和尺寸见图5-9。

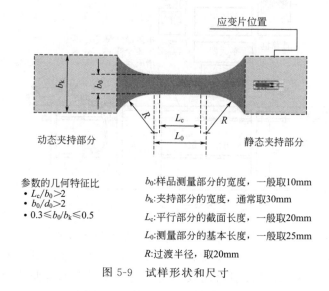

参数的几何特征比
- $L_c/b_0 > 2$
- $b_0/d_0 > 2$
- $0.3 \leq b_0/b_k \leq 0.5$

b_0:样品测量部分的宽度,一般取10mm
b_k:夹持部分的宽度,通常取30mm
L_c:平行部分的截面长度,一般取20mm
L_0:测量部分的基本长度,一般取25mm
R:过渡半径,取20mm

图5-9 试样形状和尺寸

试样的标距长度与拉伸时位移速度、名义应变速率的关系见图5-10。在高速拉伸试验,拉伸位移速度为20m/s时,拉伸时间和线应变、标距长度之间的关系见图5-11(光学引伸计的测量结果)。由图5-10可看出,随着标距的缩短,拉伸位移速度增加,应变速率提升。图5-11表明,在同样的拉伸位移速度条件下,随着时间的增长,线应变增长,在达到一定拉伸变形时间之后,随标距的缩短,线应变增长。

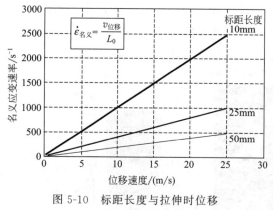

图5-10 标距长度与拉伸时位移速度、名义应变速率的关系

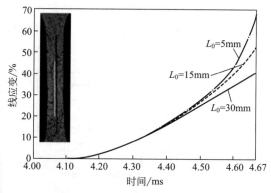

图5-11 拉伸时间和线应变、标距长度之间的关系

国际标准ISO26203-1为弹性杆的高速拉伸试验标准[31],我国国标GB/T 30069.1—2013也规定了弹性杆的高速拉伸试验标准[32]。考虑到塑料复合材料的特殊性,对塑料复合材料高速拉伸制定了专用标准[33,34]。

5.2.4 高速拉伸时信号振动的基本原理及测量技术前沿

近年来国内外学者对高速拉伸中力的信号振荡效应(force signal surge effect)的基本物理原理也做了深入研究。文献[35]将整个拉伸机简化为单一的质-弹-阻理论模型,发现了高速拉伸机固有自然频率、力信号噪声振幅和加载速度的联系。并得出结论,需要提高拉伸机固有频率来减小噪声振幅。

在此之后文献［36］将应力波基本理论应用在高速拉伸机上，通过理论分析和基于 LS-DYNA 的应力波数值仿真，发现高速拉伸测试中，因为拉伸机动态加载产生的应力波对传统的压电陶瓷力传感器造成非常强的振荡，频率在 6kHz 左右；而对测试样品的振荡影响几乎可以忽略不计，并且振动频率较高，接近 16kHz，用 LS-DYNA 的拉伸机应力波仿真模型及仿真结果如图 5-12(a) 所示，注意蓝色曲线为压电陶瓷传感器上的应力波振动，红色为样品弹性段力-时间曲线。基于此结论，重新设计了样品尺寸，在原有的塑性形变区域外增加了弹性段，并通过高速图像相关技术，实验采集了动态拉伸测试中样品弹性段的弹性形变，再换算为样品力-时间曲线，图 5-12(b) 黑线示出了计算的应力波动值与时间的关系曲线，红线为 DIC 的测量值。图 5-12(c) 示出了 DIC 的测量装置。为验证通过改变拉伸样品弹性段长度，就可以控制应力波造成的振动频率的这一方法，用 LS-DYNA 进行了计算，并用试验验证，计算值和实验值的对比示于图 5-12(d)。此工作的意义在于：①实验验证了以上应力波仿真方法的准确性；②如图 5-12(b) 中红色力-时间曲线所示，找到了一种避免应力波干扰的动态拉伸力信号测量方法。

文献［37］在以上研究结果的基础上，通过应力波仿真分析和对夹具的设计优化，开发了基于应变片的测力传感器和样品固定装置，分别示于图 5-13(a)～(c)。新开发的传感器基本上避免了应力波的干扰，图 5-13(d) 示出了两种传感器测量的力-时间曲线对比，红色线为压电陶瓷测力传感器，蓝色线为应变片测力传感器。

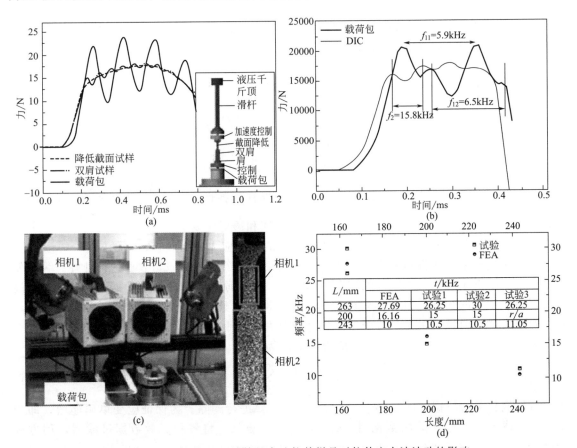

图 5-12　用 LS-DYNA 计算的高速拉伸样品对拉伸应力波波动的影响

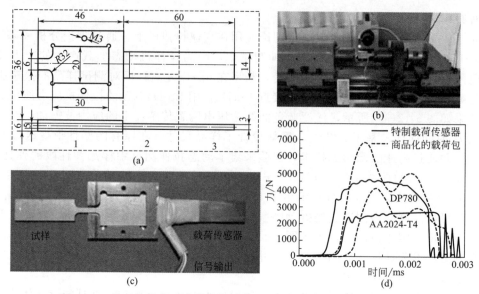

图 5-13 基于仿真和试验结果所开发的应变片的测力装置及应用结果

5.2.5 高速拉伸的数据处理

(1) 原始数据的处理

按照一维应力波理论，当利用弹性杆进行材料的高速性能试验时，可利用方程式(5-8)～式(5-10)进行应力应变曲线的计算。

$$\dot{e}(t) = \frac{C}{L_s}[\varepsilon_I(t) - \varepsilon_R(t) - \varepsilon_T(t)] \tag{5-8}$$

$$e(t) = \int_0^t \dot{e}(t)dt = \frac{C}{L_s}\int_0^t [\varepsilon_I(t) - \varepsilon_R(t) - \varepsilon_T(t)] \tag{5-9}$$

$$\sigma(t) = \frac{E}{2} \times \frac{A_0}{A}[\varepsilon_I(t) + \varepsilon_R(t) + \varepsilon_T(t)] \tag{5-10}$$

式中，L_s 是样品的试验段长度；$C = \sqrt{\dfrac{E}{\rho}}$ 是导杆的弹性波速；$\dfrac{A_0}{A}$ 表示导杆与样品的截面积之比；ε_I、ε_R、ε_T 分别为入射应变、反射应变和透射应变。

利用上述方程，就可以计算给定应变速率下的工程应力应变曲线。

在高应变速率下所得到的应力应变曲线波动很大，因此需对原始数据进行处理。为了使原始数据更贴近于材料的真实性能和真实的数据，需对原始数据的无效数据进行处理，过滤掉数据中非正值的数据，即当 $\varepsilon_i \leq 0$ 或 $\sigma_i \leq 0$ 时，删除数据对 (ε_i, σ_i)。当应力比较波动时，对应力的取值可采用同一应变下，各对应应力值的平均值法。

即当 $\varepsilon_i = \varepsilon_{i+1} = \cdots = \varepsilon_{i+n}$ 时，应力的取值为

$$\sigma_i = \frac{1}{n+1}\sum_{i=0}^n \sigma_i \tag{5-11}$$

对其他相关的数据对 $(\varepsilon_{i+1}, \sigma_{i+1}) - (\varepsilon_{i+n}, \sigma_{i+n})$ 进行删除。为保证应变单调递增，即当 $\varepsilon_{i+1} \leq \varepsilon_i$ 或 $\sigma_{i+1} \leq \sigma_i$ 时，将数据对 (ε_{i+1}, σ_{i+1}) 删除。将各种无效数据过滤后，用方程式(5-12)～式(5-18)进行计算真应力应变曲线的相关参量和其他力学参量[38]。由此获得的无效数据过滤后的真应力真应变曲线见图 5-14。

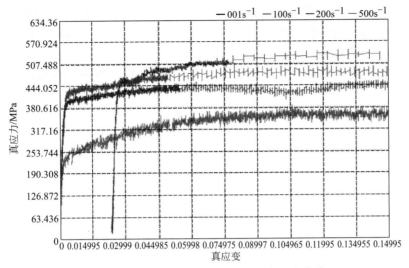

图 5-14　无效数据过滤后的真应力真应变曲线

真应力应变曲线

$$\varepsilon_i = \ln(1+e_m) \tag{5-12}$$

$$\sigma_i = \sigma_m(1+e_m) \tag{5-13}$$

抗拉强度

$$\sigma_b = \max(\sigma_i) \tag{5-14}$$

弹性模量

$$E = \frac{\sum_{i=1}^{n}\varepsilon_i \sum_{i=1}^{n}\sigma_i - n\sum_{i=1}^{n}\varepsilon_i\sigma_i}{\left(\sum_{i=1}^{n}\varepsilon_i\right)^2 - n\sum_{i=1}^{n}\varepsilon_i^2} \tag{5-15}$$

n 值（给定应变范围内的应变硬化指数的平均值）

$$n = \frac{\sum_{i=1}^{n}\lg\varepsilon_i \sum_{i=1}^{n}\lg\sigma_i - n\sum_{i=1}^{n}(\lg\varepsilon_i \lg\sigma_i)}{\left(\sum_{i=1}^{n}\lg\varepsilon_i\right)^2 - n\sum_{i=1}^{n}\varepsilon_i^2} \tag{5-16}$$

屈服强度

$$\sigma_s = \min\left(E - \frac{\sigma_{si}}{\varepsilon_{si} - 0.002}\right) \tag{5-17}$$

均匀伸长率（即抗拉强度对应的伸长率）

$$e_u = L_u/L_0 \tag{5-18}$$

均匀真应变

$$\varepsilon_u = \ln(1+e_u) \tag{5-19}$$

式中，ε_i 为真应变；e_m 为工程应变；σ_i 为真应力；σ_m 为工程应力；σ_b 为材料的最大失稳抗力，即抗拉强度；E 为弹性模量；n 为给定应变范围内的应变硬化指数的平均值；σ_s 为屈服强度；ε_{si} 和 σ_{si} 分别为大于 0.002 的真应变和对应的真应力；e_u 为均匀伸长率；L_u 为均匀伸长值；L_0 为原始标距长度；ε_u 为均匀真应变。

（2）应力应变曲线的平滑

实测的应力应变曲线的平滑方法有：

① 平均法，即应力波动的上限值和下限值的平均法，该方法较为直观，通常误差在可

接受范围内，但是用霍普金森杆测量的曲线上，屈服强度区域会有很大的波动，采用这一方法时，应用准静态测试的值作为参考，并将屈服后的各点的平滑曲线向屈服点延伸，以求出比较合理的动态应变下的屈服强度。

② Savitzky-Golay 法，即多项式拟合法，通常用二阶或三阶多项式进行拟合，即可得到较为精确的拟合数据。多项式拟合所用的拟合方程为

$$\sigma(\varepsilon_p) = a_0 + a_1\varepsilon_p + a_2\varepsilon_p^2 + \cdots + a_n\varepsilon_p^n \tag{5-20}$$

$$\begin{bmatrix} \sum_{i=1}^{m} 1 & \sum_{i=1}^{m}\varepsilon_p & \cdots & \sum_{i=1}^{m}\varepsilon_p^n \\ \sum_{i=1}^{m}\varepsilon_p & \sum_{i=1}^{m}\varepsilon_p^2 & \cdots & \sum_{i=1}^{m}\varepsilon_p^{n+1} \\ \cdots & \cdots & \cdots & \cdots \\ \sum_{i=1}^{m}\varepsilon_p^n & \sum_{i=1}^{m}\varepsilon_p^{n+1} & \cdots & \sum_{i=1}^{m}\varepsilon_p^{2n} \end{bmatrix} \begin{bmatrix} a_0 \\ a_1 \\ \cdots \\ a_n \end{bmatrix} = \begin{bmatrix} \sum_{i=1}^{m}\sigma \\ \sum_{i=1}^{m}\varepsilon_p\sigma \\ \cdots \\ \sum_{i=1}^{m}\varepsilon_p^n\sigma \end{bmatrix} \tag{5-21}$$

这一方程的拟合计算，已有相关的计算机程序；计算机的 excel 表中即可找到，只要输入相关的试验数据，就可自动生成拟合结果。

③ 傅立叶法。用傅立叶法也可对高应变速率下的材料的试验应力应变曲线进行拟合。这一方法也有相关的计算机程序，但拟合的误差略高。

以上三种方法拟合的工程应力应变曲线的对比见图 5-15。

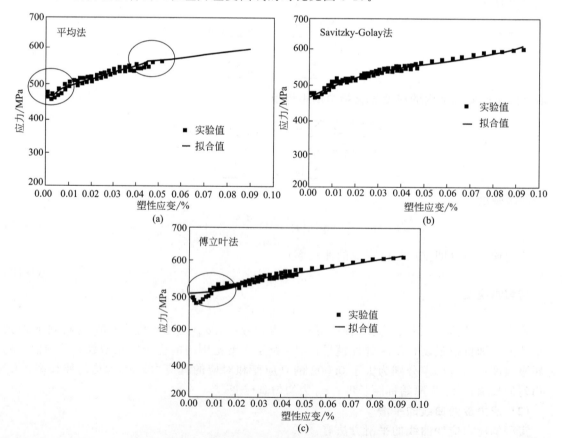

图 5-15　三种方法拟合的工程应力应变曲线

④ 用 LS-DYNA 进行模拟[39]。用 LS-DYNA 进行平滑的曲线见图 5-16。

⑤ Hollomon 方程。如用高速拉伸的试验数据，计算出真应力真应变数据，就可用 Hollomon 方程

$$\sigma = K\varepsilon_p^n \quad (5-22)$$

对试验曲线进行拟合和平滑。用该方程拟合时，亦可从 excel 表中的相关程序中进行操作。

此外通过调整载荷测量系统夹持环节的质量、刚度的合理匹配，可有效降低动载荷的振

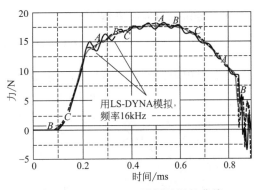

图 5-16 LS-DYNA 进行平滑的曲线

荡[40]。图 5-17 示出了通过试件、夹具、测量环节改变等使振荡信号减少的一个例子。在有效地减少数据振荡之后，将为曲线的平滑提供更好的基础。

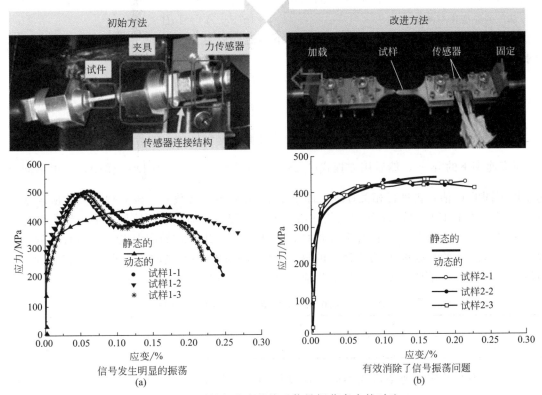

图 5-17 测量方法改进前后信号振荡大小的对比

5.2.6 高速拉伸数据的本构方程

汽车碰撞时，不同部位的不同构件或同一构件的不同部位都会承受不同的碰撞速度或不同的应变速率[41]。如汽车前撞时，A、B、C 三点的应变速率的实际测试结果见图 5-18。高速拉伸试验时，试验的数量是有限的，计算机模拟时，将模拟出任意一点的应变速率和变形情况。为给计算机模拟提供各类应变速率下材料的应力-应变数据库，必须建立高速拉伸的本构方程，目前常用的本构方程如下。

(1) Johnson-Cook 方程[42]

$$\sigma = (A + B\varepsilon^n)\left(1 + C\ln\frac{\dot{\varepsilon}}{\dot{\varepsilon}_0}\right)(1 - T^{*m}) \tag{5-23}$$

以上方程中，A、B、C、m、n 都是根据试验数据拟合的材料常数，其中 A 为参照温度下的屈服应力，B 为硬化模量，C 为应变速率硬化指数，m 为热软化指数；T^{*m} 是一个温度比，又称当量温度，$T^{*m} = (T - T_{室温})/(T_{熔} - T_{室温})$，其中 T 为试验温度，$T_{熔}$ 为材料的熔点；ε 为应变，$\dot{\varepsilon}$ 为应变速率，$\dot{\varepsilon}_0$ 为准静态的应变速率或参考应变速率，$\frac{\dot{\varepsilon}}{\dot{\varepsilon}_0}$ 为无量纲的塑性应变率。

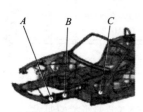

位置	$\dot{\varepsilon}_{max}/s^{-1}$
A	200
B	100
C	70

图 5-18 汽车前撞时典型部位的应变速率测试

当应变率为 $10^{-3}\,\mathrm{s}^{-1}$ 时，方程式(5-23)可简化为

$$\sigma = A + B\varepsilon^n \tag{5-24}$$

在参考的应变速率下，方程式(5-24)中常数 A 即为准静态拉伸曲线的屈服强度，将方程式(5-24)变化形式并取对数为

$$\ln(\sigma - A) = \ln B + n\ln\varepsilon \tag{5-25}$$

将不同应变下的流变应力，用 $\ln(\sigma - A)$ 对 $\ln\varepsilon$ 作图，其截距求出 B，斜率可求出 n。

将 JC 方程转变形式可得

$$\frac{\sigma}{A + B\varepsilon^n} - 1 = C\ln\frac{\dot{\varepsilon}}{\dot{\varepsilon}_0} \tag{5-26}$$

将与 3 个应变速率相对应的一系列应变（如 4 个应变量）下的流变应力求出，并计算出 3 个应变速率下的 $\ln\frac{\dot{\varepsilon}}{\dot{\varepsilon}_0}$，然后用方程式(5-26)的关系 $\frac{\sigma}{A + B\varepsilon^n} - 1$ 对 $\ln\frac{\dot{\varepsilon}}{\dot{\varepsilon}_0}$ 作图，求出不同应变速率段不同的 C 值，再进行相关处理，即求出 JC 方程中的常数 C。该方程和上述所求常数的方法曾用于经 T7451（T7451 处理工艺：通过固溶处理、冷却后进行拉伸变形，然后再进行时效并消除应力）处理的 7050 铝合金高速拉伸性能计算，用实测值所回归的 JC 方程中的常数见表 5-1，用表 5-1 的常数和 JC 方程计算的该合金的流变曲线与实测的流变曲线的对比见图 5-19。由图可以看出，在某些应变速率和某些应变区有一定的差异，总体趋势基本吻合[43]。

表 5-1 7050-T7451 初始 JC 模型的特征参量

参量	A/MPa	B/MPa	n	C
值	490.8	530.0	0.5804	0.005138

实际上不同的应变速率段或不同的应变区域，方程中的 C 值是不同的，即该常数不是恒定的，它与应变区域和应变速率相关，显然这是和初始的 JC 方程中的 C 值恒定和假定是不同的，图 5-20 示出了在不同应变量、不同应变速率下 C 值的变化情况。

C 可以表示为应变和应变速率的函数，即 $C = f\left(\varepsilon, \ln\frac{\dot{\varepsilon}}{\dot{\varepsilon}_0}\right)$，文献 [43] 根据 7050-T7451 的试验结果，将这一函数表示为

$$C = C_0 + C_1\varepsilon + C_2\varepsilon^2 + C_3\ln\frac{\dot{\varepsilon}}{\dot{\varepsilon}_0} + C_4\left(\ln\frac{\dot{\varepsilon}}{\dot{\varepsilon}_0}\right)^2 + C_5\varepsilon\ln\frac{\dot{\varepsilon}}{\dot{\varepsilon}_0} \tag{5-27}$$

应用 7050-T7451 铝合金的试验数据所求得的 JC 方程的相关参量（A、B、n）和 C 函数方程中的回归常数见表 5-2。

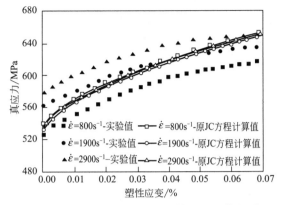

图 5-19 用初始 JC 模型的实验值和预测值的对比

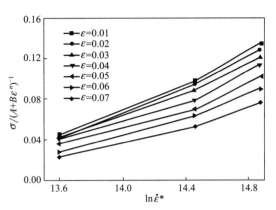

图 5-20 不同应变量与不同应变速率的 C 值

表 5-2 7050-T7451 铝合金 JC 方程的相关参量（A、B、n）和修正的 C 值的回归参量

参量	A/MPa	B/MPa	n	C_0	C_1
值	490.8	530.0	0.5804	0.1807	0.4391
参量	C_2	C_3	C_4	C_5	
值	−0.4771	−0.02948	0.001207	−0.03139	

利用表 5-2 中所得的回归参数，所计算的真应力真应变曲线和试验的曲线比较见图 5-21。由图可看出，计算值和实验值有较好的一致性，说明 C 值修正的必要性，但目前对 JC 方程的处理中，很多人将 C 值作为常数来处理，导致计算值和试验值的偏差。

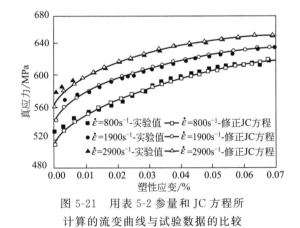

图 5-21 用表 5-2 参量和 JC 方程所计算的流变曲线与试验数据的比较

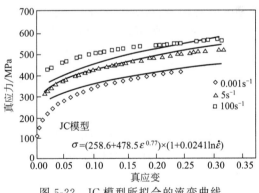

图 5-22 JC 模型所拟合的流变曲线

JC 模型是基于加工硬化和材料应变速率敏感性、温度敏感性的数学方程。从数学上，它是这些因素的乘积，所计算的在不同应变速率下的应力-应变关系只可能是发散的。

文献 [28] 研究表明：某些高应变速率下的某些材料在大应变下，流变应力表现出发散的特性。但在文献 [44] 中则得出在大应变下，流变应力饱和的情况下，应力应变曲线表现出收敛的特性，这种应力收敛的特性可能与高应变速率下试验时的绝热效应有关，在这种情况下，模型所预测的应力应变曲线不能从本质上反应试验数据的真实趋势。用文献 [44] 所做的 DQSK 钢的三种应变速率室温下的数据拟合了 JC 方程的相关参量,利用拟合参数和 JC 方程,进行了应力应变曲线的计算,和试验数据的比较见图 5-22,可以明显地看出实验值和预测值之间的差别,特别是在小应变范围内,实验值和计算值差异明显,因此提出了修正的 JC 方程。

(2) 修正 Johnson-Cook 方程

修正的 JC 方程有两种:一种将应变硬化中原 Ludwik 方程用 Hollomon 方程代替,并在速率硬化项中增加幂指数硬化项,见方程式(5-28)。

$$\sigma = B\varepsilon^n \left[1 + C\varepsilon^{n'} \ln\left(\frac{\dot{\varepsilon}}{\dot{\varepsilon}_0}\right)\right] \tag{5-28}$$

式中,B、C、n、n' 均为拟合常数。在汽车车身结构应用的材料中,温度的结果并不具有特别重要的意义,在修正的 JC 方程中,去掉了温度项,与传统的 JC 方程相比,该方程具有以下优势。

其一是在这模型中,当应变速率 $\dot{\varepsilon}$ 为准静态的应变速率时,模型就简化为幂指数模型,这时的 JC 方程,就像广泛应用的 Hollomon 方程($\sigma = K\varepsilon^n$),用来描述材料的应变硬化行为,n 即通常的应变硬化指数。在原始的 JC 方程中,常数 A 或者定义为屈服应力,或者作为曲线的拟合参数,如果这一参数作为屈服应力,则在 $A + B\varepsilon^n$ 中的 n 值就不对应于 Hollomon 方程中的 n 值。如果参数 A 是从严格的数学曲线拟合的常数,则在 $A + B\varepsilon^n$ 中的常数 A 就没有任何物理意义。在以上两种情况中,JC 模型中的 n 值都不是在普通拉伸试验中的测量值。其二是试验项 $\varepsilon^{n'}$ 与不同参数的应力应变行为相对应,$n + n' > 0$,就可描述发散形的流变曲线 [图 5-23(a)];$n + n' < 0$,就为收敛形的流变曲线 [图 5-23(b)];$n + n' = 0$,为平行的流变曲线 [图 5-23(c)]。图 5-24 展示了修正的 JC 模型和 JC 模型的预测值与试验数据的比较,可以看出,修正的 JC 模型,拟合效果更好,修正的 JC 模型拟合参量为:$C = 0.014$,$n = 0.264$,$n' = -0.436$。因为 $n + n' < 0$,所以用修正 JC 模型拟合的数据是一个收敛形的曲线,比 JC 模型拟合得更好。为比较 JC 模型和修正的 JC 模型拟合的效果,在 $1/100 \mathrm{s}^{-1}$ 应变间隔下,对各种应变速率下模型的预测值与实测值之间误差的百分数进行了评估,这一误差公式可以表示为[45]

$$\mathrm{Error} = \frac{\sum_{i=1}^{n}\sum_{j=1}^{m} |\sigma_{ij}^{\mathrm{p}} - \sigma_{ij}^{\mathrm{e}}| / \sigma_{ij}^{\mathrm{p}}}{nm} \tag{5-29}$$

式中,σ^{p}、σ^{e} 分别为预测值和实验值;m 为数据点的数;n 为应力应变曲线的数。以该方程进行计算,JC 方程的平均误差为 4.5%,修正的 JC 模型的平均误差为 2.7%,改进了 40%。

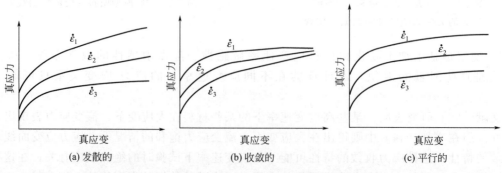

图 5-23 不同应变速率下的应力-应变关系的图解

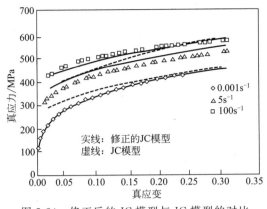
图 5-24 修正后的 JC 模型与 JC 模型的对比

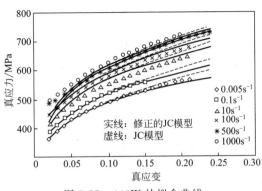
图 5-25 440W 的拟合曲线

文献 [45] 用修正的 JC 方程对 7 个高强度钢类进行了拟合，这 7 类钢为 BH300、HSLA350、440W、HSS590、TRIP590、DP590、DP800，用修正的 JC 方程和 JC 方程拟合的参量和误差见表 5-3 和表 5-4。对 440W 的拟合曲线见图 5-25。表中数据表明，修正的 JC 方程拟合效果优于 JC 方程，拟合误差均低于广泛应用的 JC 模型。仔细分析图 5-25 的曲线可看出，在低应变区，特别是准静态应变速率下，应变速率$\leqslant 0.005\mathrm{s}^{-1}$，修正的 JC 方程有明显的误差。修正的 JC 模型可以描述高应变速率下的几个钢种的流变曲线。从表 5-3 中可看出，参量 C 除了 BH300 和 HSS590 之外，均随着抗拉强度的升高而降低，对这一参量和强度之间的关系用线性回归，就可得出 $C=-0.00003\mathrm{TS}+0.0402$。

表 5-3 修正的 JC 方程拟合参量

钢种	B	C	n	n'	误差率/%
BH300	676	0.021	0.19	−0.05	1.5
HSLA350	644	0.029	0.13	0.06	1.7
440W	739	0.027	0.18	0.10	1.5
HSS590	914	0.038	0.16	0.42	0.9
TRIP590	1043	0.017	0.20	0.14	1.0
DP600	1010	0.02	0.15	0.103	1.5
DP800	1230	0.012	0.13	0.07	1.1

表 5-4 JC 方程拟合的参量

钢种	A	B	C	n	误差率/%
BH300	363	701	0.02	0.725	2.0
440W	403	500	0.0214	0.593	2.1
HSLA350	370	685	0.0188	0.594	1.7
HSS590	455	1007	0.0146	0.663	1.5
TRIP590	478	742	0.0141	0.399	1.1
DP600	472	1025	0.0119	0.676	1.5
DP800	583	900	0.0095	0.357	1.6

这里 TS 为准静态的抗拉强度，n 为 $-0.05\sim 0.14$，平均取 0.1，这样就可以导出基于 7

个钢种的准静态的数据,计算高应变速率下的应力应变关系,该经验方程如下:

$$\sigma = B\varepsilon^n \left[1 + (-0.00003\text{TS} + 0.0402)\varepsilon^{0.1}\ln\left(\frac{\dot{\varepsilon}}{\dot{\varepsilon}_0}\right)\right] \quad (5\text{-}30)$$

在该经验方程中,$B\varepsilon^n$ 值为幂指数,在准静态应力应变速率下拟合的曲线值。该经验方程表明,随着材料强度的增加,应变速率敏感性降低,这和试验结果一致。基于应变速率 0.005s^{-1} 的拉伸试验所得出的 B、n、TS 值和用该方程计算的应力应变曲线的结果的误差列于表 5-5,典型曲线见图 5-26。对其他钢种的拟合也令人满意,只是对 TRIP590 和 BH300 在一些中等速率下有较大误差。经验方程的获得和建立均比较简单,对大部分高强度钢有一定的实用性,但该方程普适性和物理意义均有待于深入探讨。在缺乏高速拉伸试验条件和数据的情况下,为扩大某些高强度钢的应用,用这类方程估算一些高应变速率下的数据,还是有一定参考价值的。在具有高应变速率测试装备和条件下,建议进行试验数据的测试和本构方程的拟合,求出相关的本构方程,为实际应用中更准确地模拟提供条件。

表 5-5　B、n 和 TS 值

钢种	B	n	TS/MPa	误差率/%
BH300	692	0.19	419	2.0
HSLA350	655	0.129	443	2.0
440W	768	0.195	460	1.5
HSS590	993	0.197	592	2.2
TRIP590	1048	0.216	629	2.7
DP600	1050	0.156	660	2.1
DP800	1237	0.13	827	1.4

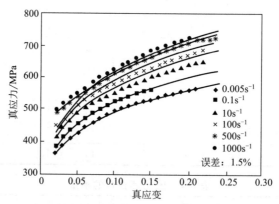

图 5-26　用经验方程所拟合的曲线与实测点的比较 (440W)

另一种修正的 JC 方程为在应变硬化项中,用二阶多项式硬化代替原 Ludwik 方程,见方程 (5-31)。

$$\sigma = A(1 + E\varepsilon + F\varepsilon^2)(1 + C\ln\dot{\varepsilon}^*)(1 - T^{*m}) \quad (5\text{-}31)$$

式中,A、E、F、C 都是拟合常数,该方程中考虑了温度项,因此更适合于在高应变速率下对材料温升敏感的试验数据的拟合。

(3) Cowper-Symonds 方程[46]

该方程为基于加工硬化和应变速率敏感性的数学方程,从数学上来说,也是幂指数方程,用该方程在不同应变速率下所计算的应力应变值也是发散的。方程可写为

$$\varepsilon = D\left(\frac{\sigma}{\sigma_0} - 1\right)^q \tag{5-32}$$

式中，σ 为流变应力；σ_0 是准静态的流变应力；D 和 q 是常数。

该方程还可以写为

$$\sigma = \sigma_0 \left[1 + \left(\frac{\dot{\varepsilon}}{D}\right)^{\frac{1}{q}}\right] \tag{5-33}$$

σ_0 为准静态下的流变应力，对这一应力有两种处理方式，一种用 Hollomon 方程[见方程式(5-22)]来描述，代入方程式(5-33)，就可得到

$$\sigma = K\varepsilon_p^n \left[1 + \left(\frac{\dot{\varepsilon}}{D}\right)^{\frac{1}{q}}\right] \tag{5-34}$$

对于高速压缩变形，如子弹打靶时的变形，则 CS 方程可为

$$\sigma_f = (\sigma_0' + \beta E_p \varepsilon_p^{e+f}) \left[1 + \left(\frac{\dot{\varepsilon}}{D}\right)^{\frac{1}{q}}\right] \tag{5-35}$$

式中，σ_f 为流变应力；σ_0' 为初始屈服应力；β 为硬化参数；ε_p^{e+f} 为有效塑性应变；E_p 为塑性硬化模量，$E_p = \frac{E_{\tan}E}{E - E_{\tan}}$，$E$ 为弹性模量，$E_{\tan}$ 为正切模量；D、q 为应变速率参数。

另外一种处理方式

$$\sigma_0 = \sigma_s + E_t \varepsilon \tag{5-36}$$

式中，σ_s 为屈服强度；E_t 为正割模量，将它代入方程式(5-33)，就可得到

$$\sigma = (\sigma_s + E_t \varepsilon) \left[1 + \left(\frac{\dot{\varepsilon}}{D}\right)^{\frac{1}{q}}\right] \tag{5-37}$$

(4) ZA 方程

ZA 模型是以位错力学为基础的材料动力学计算的本构关系，Zerilli 和 Amstrong 提出了这种模型[47]，考虑到张量取向因子 m'、位错密度 ρ 及位错的平均运动速度，利用这些参量就可计算材料的剪应变速率，位错上限的运动速度接近于弹性剪切波的速度，考虑到位错产生的速度与位错运动克服局部障碍的激活能、激活的面积以及单轴应力和剪应力的关系和上述各参量与温度的关系、晶粒度初始流变特性（包括固溶原子的初始位错密度）等因素对位错运动、初始屈服和流变应力的影响，提出了体心立方金属的本构方程

$$\sigma = \Delta\sigma_G' + C_1 \exp(-C_3 T + C_4 T \ln\dot{\varepsilon}) + C_5 \varepsilon^n + nd^{-1/2} \tag{5-38}$$

该方程除了独立的应变硬化因素之外，还考虑了来自速率硬化和热软化的因素，以及晶粒大小的依赖关系，对体心立方金属，这一关系比面心立方金属依赖性更强一些。

对于面心立方金属

$$\sigma = \Delta\sigma_G' + C_2 \varepsilon^{1/2} \exp(-C_3 T + C_4 T \ln\dot{\varepsilon}) + kd^{-1/2} \tag{5-39}$$

式中主要考虑 σ 对温度的软化和应变速率硬化的依赖关系随应变硬化增长而增大。

当合金成分和显微组织确定后，则 $\Delta\sigma_G' + kd^{-1/2}$ 为常数，方程式(5-39)可改写为

$$\sigma = C_0 + C_1 \exp(-C_3 T + C_4 T \ln\dot{\varepsilon}) + C_5 \varepsilon^n \tag{5-40}$$

该方程中速率硬化项的影响和温度硬化项的影响是通过对数函数和温度的负值的加和，再以指数函数形式表现出来，以使其在高应变速率下强化来影响效果。

当 $\frac{\dot{\varepsilon}}{\dot{\varepsilon}_0} = 1$ 时，方程式(5-40)可简化为

$$\sigma = (C_0' + C_5\varepsilon^n) + C_1\exp(C_3 T) \tag{5-41}$$

该方程为各因素的加和方程，用该方程所计算的不同应变速率下的应力应变曲线，只能是平行的。用试验和计算所做的不同应变速率下的应力应变曲线在正常的情况下是发散的，随着应变速率和应变的增加，应变硬化现象是增加的。

(5) 修正的 ZA 模型

为描述高温下材料的流变特性，文献 [48] 提出了修正的 ZA 模型，其方程可以表示为

$$\sigma = (C_1 + C_2 \varepsilon^n) \exp[-(C_3 + C_4 \varepsilon) T^* + (C_5 + C_6 T^*) \ln \dot{\varepsilon}^*] \quad (5\text{-}42)$$

式中，σ 为 V. Misses 流变应力；ε 为等效塑性应变；$\dot{\varepsilon}^* = \dfrac{\dot{\varepsilon}}{\dot{\varepsilon}_0}$ 为无量纲的应变速率，即用参考应变速率归一化（将有量纲的表达式化为无量纲的表达式）的应变速率，$\dot{\varepsilon}_0$ 为参考应变速率；$T^* = T - T_{\text{ref}}$ 为温度影响因子，即实际温度－参考温度；$C_1 \sim C_6$、n 为材料常数，利用相关试验数据，就可求出方程式(5-42)中相关材料常数，从而计算相关条件下的流变曲线。

(6) 双幂函数模型

同时考虑流变应力和应变速率影响的本构方程在许多情况下用双幂函数

$$\sigma_e = B_e \varepsilon^n \dot{e}^m \quad (5\text{-}43)$$

通用的写法为[49]

$$\sigma_e = f_1(\varepsilon) f_2(\dot{\varepsilon}) \quad (5\text{-}44)$$

式中，ε 为真应变；σ_e 为（拉压时的）正流变应力；$\dot{\varepsilon} = d\varepsilon/dt$，为真应变速率。

如存在一个恒定的应变硬化指数 n，在应变速率和温度恒定时，假定为下列形式

$$n = \left(\frac{\partial \log \sigma_e}{\partial \log e}\right)_{\dot{\varepsilon}, T} \quad (5\text{-}45)$$

在应变和温度恒定时，对数的应变速率敏感指数为

$$m = \left(\frac{\partial \log \sigma_e}{\partial \log \dot{e}}\right)_{e, T} \quad (5\text{-}46)$$

在恒定速度下，$f_1(e)$、$f_2(\dot{e})$ 可以从式(5-45)、式(5-46) 的积分获得，其结果的表现形式即为方程式(5-43)。B_e 为拉伸或压缩时的塑性模量，根据真应变 $\varepsilon = \ln(1+e)$，e 为工程应变，σ_f 为真应力，则可为

$$\sigma_f = B_\sigma \varepsilon^n \dot{e}^m \quad (5\text{-}47)$$

ε 为总应变，为弹性应变 ε_e 和塑性应变 ε_p 之和，当 ε_e 极小时，$\varepsilon = \varepsilon_p$；当 ε_p 极小时，$\varepsilon = \varepsilon_e$，即弹性应变区的情况，这里不予讨论。

当 n 和 m 与应变、应变速率无关时，方程式(5-47) 微分可得

$$\frac{d\sigma}{\sigma} = n \frac{d\varepsilon}{\varepsilon} + m \frac{d\dot{\varepsilon}}{\dot{\varepsilon}} \quad (5\text{-}48)$$

当 m 值和 n 值对于应变速率和应变硬化分别为独立相关时，则对方程式(5-47) 全微分可得

$$\frac{\partial}{\partial \varepsilon}\left(m \frac{\sigma}{\dot{\varepsilon}}\right) = \frac{\partial}{\partial \dot{\varepsilon}}\left(n \frac{\sigma}{\varepsilon}\right) \quad (5\text{-}49)$$

m 值仅与应变速率相关，n 值仅与应变相关，显然，这只是对某些特定应变范围下是满足的。试验表明，n 值作为应变的函数，随应变增加而减少，m 值则随应变增加而增加。

当考虑温度影响时，方程式(5-44) 可变为

$$\sigma = f_1(\varepsilon) f_2(\dot{\varepsilon}) f_3(T) \quad (5\text{-}50)$$

对于某一温度范围和应变速率范围内，方程式(5-50) 可变为

$$\sigma = \sigma_e \varepsilon^n \dot{\varepsilon}^m \exp(-bT) \quad (5\text{-}51)$$

在更大的温度范围内，可采用一般形式

$$\sigma = \sigma_e \varepsilon^n \dot{\varepsilon}^m \sum_{i=1}^{q} a_i \exp(-b_i T) \tag{5-52}$$

该方程可在很宽的范围内（温度、应变速率、应变硬化等）来描述材料的流变特性。

(7) 高温下材料的流变应力、应变速率和温度之间关系的本构模型

在高温下进行塑性变形时，材料的加工硬化性能很弱，这时的流变应力和应变速率、温度与应变速率都有较密切的关系。在低应力下，应变速率和流变应力之间的关系可用幂函数关系来描述；在高应力下，可用指数函数关系来描述；在整个应力范围内，可用双曲正弦函数，并考虑热激活项的 Arrhenius 方程[50,51]，以上三种情况的本构方程分别如下：

$$\dot{\varepsilon} = A_1 \sigma^{n_1}, \quad \alpha\sigma < 0.8 \tag{5-53}$$

$$\dot{\varepsilon} = A_2 \exp(\beta\sigma), \quad \alpha\sigma > 1.2 \tag{5-54}$$

$$\dot{\varepsilon} = A [\sinh(\alpha\sigma)]^n \exp\left(-\frac{Q}{RT}\right) \tag{5-55}$$

式中，A_1、A_2、A、n_1、β 为常数，且满足 $\alpha = \dfrac{\beta}{n_1}$。

考虑到 Zener 和 Hollomon 建立了流变应力 σ、应变速率 $\dot{\varepsilon}$ 和温度 T 的关系，即

$$Z = \dot{\varepsilon} \exp\frac{Q}{RT} \tag{5-56}$$

利用方程式(5-56)，即可得到

$$Z = \dot{\varepsilon} \exp\frac{Q}{RT} = A [\sinh(\alpha\sigma)]^n \tag{5-57}$$

式中，Z 为 Zener-Hollomon 参数，即温度补偿的应变速率因子，s^{-1}；Q 为变形激活能，J/mol，其值反映了材料热变形的难易程度；R 为摩尔气体常数，J/(mol·K)；A 为结构因子，s^{-1}；n 为应力指数；α 为应力水平参数，MPa^{-1}。

由此根据试验数据就可求出上述方程中的各参量[52]。描述材料应变硬化、应变速率硬化和温度影响的本构方程还有 MTS 模型、Steinberg-Guinan-Lund（SGL）模型等，但应用比较多的还是经验方程 JC 方程、修正的 JC 方程、Cowper-Symonds 方程以及考虑温度、应变激活能的 Zener-Hollomon 参数的 Arrhenius 方程。

从以上所列举的方程可以看出，根据试验数据求出本构方程的参量，是十分麻烦和费时的，尤其是在选定本构模型的合理性时，要应用多个本构方程的比较，并分析其相关误差情况，计算工作量很大。为此，文献［38］中编写了数据处理软件，该软件将常用三种模型的相关参量的拟合程序化，同时可以和平滑处理后的试验数据进行比较和误差分析，求出适用于描述该种材料的应变速率和温度影响的本构模型。用这种方法得出的本构模型，会给出更加合适的相关材料的本构模型。该软件已进入商业化阶段，有兴趣的读者可以和作者相联系。

5.3 影响高速拉伸试验数据可靠性和分散性的因素

影响高速拉伸试验数据分散性的因素有多种。

(1) 试验设备

目前的试验设备不统一，有液压的，有霍普金森杆、落锤、电液伺服，这些设备在短时间内求得统一的试验载荷、加载速度以及相关参量的测量精度还有难度。因此在高速拉伸的试验标准中，在目前没有统一的试验装备的条件下，尽可能规范相关设备测试参量的试验误差是十分必要的。

(2) 高速拉伸的试验试样标距尺寸的影响

在同样的位移速度下，不同的标距长，其应变速率是不同的。一些高速拉伸试样取自于构件，有时受到材料的限制，试样尺寸很难统一；不同的试验设备和应变测量装置，试样尺寸也不相同，故在分析试验误差时，必须考虑这些因素，同时在进行试验时，不同材料的试样切取尽可能一致，尽可能靠近相关标准。如取非标试样，应使试样测量段产生均匀的应力状态，并在此区域内发生断裂，以增加试验数据的可比性。

(3) 应变测量方法

目前的应变测量方法有多种，应变片、激光引伸计以及非接触测量的光学引伸计，它们的测量误差、测量方法、数据的采集和分析方法都不统一，这也必然会带来数据的分散性；因此规范和统一应变的测量方法也是提高数据一致性、降低数据分散性的方法。当进行一些要求较高的高速拉伸试验时，如能采用几种应变测量方法进行校验，可能会得出可比性更强的数据。

(4) 试验数据的采集和试验曲线的平滑

进行高速拉伸时，应尽可能多地采集数据，以有利于数据分析时应用；数据采集的步长尽可能小，应力和应变的对应性尽可能好，试验中尽可能采取措施使应力的振荡尽可能小。对试验数据曲线进行平滑时，可采用多种方法进行比较，以求得误差较小的平滑曲线。目前规定数据平滑方法和误差值尚有难度，一般来说，应用多项式平滑会取得较好效果。

(5) 高应变速率下的本构方程的拟合

根据试验数据，求得试验材料在各应变速率下的本构方程和相关参量是使试验结果普适化和推广应用的重要的一步，但对本构方程的选择，对不同的材料，还很难提出确切的建议。就目前的试验结果，大多数人采用 Johnson-Cook 方程或修正的 Johnson-Cook 方程。对不同的材料可能会有不同的适用的本构方程，但选择本构方程时必须对各个试验数据进行拟合，并分析各个拟合方程的误差，由此选择出拟合数据与试验数据误差最小的本构方程。显然要完成这项工作的好的方法是通过计算机程序化，模拟、分析和比较。

(6) 试验夹具的设计与试验环境

试验材料以及与之相匹配的试验夹具、刚度和试验环境都会影响高速拉伸的试验结果，试验夹具的设计和刚度，都会影响试验载荷的振荡；对于低熔点的材料，如铝合金、塑料复合材料，试验环境也会影响其试验效果，特别是试验时的绝热效应，也会影响试验结果。在分析对比试验结果时，应该考虑这方面的影响。

5.4 几类典型材料高速拉伸的响应特性

5.4.1 高强度钢和第一代先进高强度钢

在汽车的轻量化材料中，高强度钢和先进高强度钢是既可轻量化又提升安全性的性价比高的一种基础材料。近年来随着汽车工业的发展，高强度钢和先进高强度钢发展很快。目前在汽车工业中广泛应用的有一般高强度钢，包括 IF 钢、高强度 IF 钢、C-Mn 钢、高强度低合金钢、烘烤硬化钢、各向同性钢等；先进高强度钢包括双相钢或复相钢、TRIP 钢（应变诱发塑性钢）、马氏体基钢、热冲压成形钢，这些钢又叫第一代先进高强度钢，它的强塑积在 20000MPa·% 左右。为了提高强塑积而开发了第二代先进高强度钢，即孪晶诱发塑性钢，这类钢的强塑积为 60000MPa·%，抗拉强度 1000MPa，伸长率 60% 左右，由于这类钢的点焊性能、延迟断裂性能等尚需进一步研究，目前仅有韩国 POSCO 公司进行了工业试制，并在一些汽车安全件上进行了应用；这类钢如此高的 Mn 含量，也给生产带来了诸多不便,同时 60% 的伸长率也太富余。最近几年,强塑积为 30000～40000MPa·% 的第三代高强度钢出现,以适应汽车工业对安全件性能的要求。这类钢实际上是马氏体基的相变诱发塑性钢,其生产工艺或技术路线有 Q&P(即淬火分配处理)。2003 年,Speer J. G. 最早提出该钢的处理工艺和冶金原理[53]。宝钢在 2012 年率先将该钢种进行工业试制,成功生产出了 QP980 汽车板,2013 年进一步试制了 QP980GI 板和 QP1180 冷轧板,并试冲了汽车样件。2007 年徐祖耀提出了 Q&PT 热处理新工艺,即淬火-分配-回火钢,以期进一步改进和提升马氏体基 TRIP 钢的强塑积,并在热冲压成形零件上开始试验。第三代钢的另一条技术路线是 Mn-TRIP 钢。早在 20 世纪 70 年代,美国的钢铁冶金专家 R. L. Miller 就发现了在钢中加入 5% 左右的 Mn 可以得到强塑积 30GPa·% 以上的优异性能[54],为了充分增强钢板的 TRIP 效应,中 Mn-TRIP 钢通过添加 4%～12% 的 Mn,使室温下奥氏体的含量大于 30%,甚至超过半数成为基体组织,从而在变形过程中获得持续显著的 TRIP 效应。这里中 Mn 的定义是区别于 TWIP 钢高 Mn 含量的设计(Mn≥15%)。中 Mn-TRIP 钢目前常采用的生产工艺是热轧→冷轧→退火。由于 Mn 含量较高,热轧组织为马氏体,因此冷轧过程使马氏体发生变形,内部畸变的存在产生大量的形核点,在随后的退火过程中,形变马氏体发生逆相变,转变为超细晶铁素体和奥氏体。与传统 TRIP 钢对两相区加热后严格的冷却工艺不同,中 Mn-TRIP 钢对冷却速度无特殊要求,两相区获得的铁素体+奥氏体组织可以稳定保留至室温[55]。钢铁研究总院、太钢联合生产了中锰钢的汽车板,并在一汽试冲了汽车零件,他们将这类钢作为多元组织的第三代钢。Bhadeshia 提出了纳米贝氏体的概念来开发第三代钢,并将这类产品用于装甲车的防弹板,可以提升装甲板的防弹能力[56,57],但这类钢碳含量很高,必须开发新的连接方式,才可以得到应用。在文献 [58] 中提出了 δ-TRIP 钢作为第三代钢的生产技术路线,这类板材的抗拉强度为 800MPa,伸长率高达 40%。第三代钢完全是一种组织强化钢,基本是以相变诱发塑性来提高钢的强塑积,因此组织中都有稳定的残留奥氏体;这种复相组织的钢,对高速拉伸的响应特性,与一般的简单组织的钢有明显不同。

在文献 [28] 中,详细研究了 BH300GI、440WGA、HSLA350 GI(一组)、HSS590 CR、DP600 GI、TRIP590 EG(二组)以及 DP800 GA(三组)几种钢的高速拉伸响应特性,选择的 6 种应变速率包括 $0.005s^{-1}$、$0.1s^{-1}$、$10s^{-1}$、$100s^{-1}$、$500s^{-1}$ 和 $1000s^{-1}$,这些应变速率涵盖了汽车碰撞时的大部分应变速率,每种应变速率下都测量三个试样,应变速率 $500s^{-1}$ 以下的采用液压伺服试验机,应变速率 $500s^{-1}$ 和 1000^{-1} 采用霍普金森杆(Split Hopkinson Bar),应变速率 $500s^{-1}$ 时两种测试方法是重叠的,以比对液压伺服试验机和霍普金森杆的测试结果。电液伺服试验机测试时采用标距 20mm 的试样,用载荷包和应变片测量;霍普金森杆所用试样是小型的平板试样,霍普金森杆的拉伸数据和液压伺服数据完全可比,用霍普金森杆的压缩数据则和液压伺服数据有较大差别,这可能和加载路径及摩擦力有关。作者利用应变片测量的数据,整理了应力应变曲线,测量了相关的参量,包括各个应变速率下的弹性模量、均匀伸长率、总伸长率、n 值以及为评价撞击时吸能的能力而计算的 [(屈服强度+抗拉强度)×均匀伸长率/2、伸长率 10% 的吸能],同时根据拟合的曲线按 JC 方程作为各试验钢的本构方程,拟合试验数据,求出本构方程中的相关参量。主要结果得出:

钢的弹性模量基本不随应变速率改变而改变,在试验的 7 个钢种中,其屈服强度和抗拉强度均随应变速率的增加而增加,但由应变速率增加引起的流变应力增加的百分数则随钢的强度增加而降低。当应变速率低于 $0.1s^{-1}$ 时,强度对应变速率的正的相关性非常低;在应变速率高于 $0.1s^{-1}$,甚至超 $100s^{-1}$ 时,强度对应变速率的正的相关性就变得较高。在对比的三组钢中,即普通高强度钢、先进高强度钢和 DP800,同一组钢的屈服强度与抗拉强度表现为类似的应变速率敏感性，但第一组钢大于第二组钢，而第三组钢的应变速率敏感性最低。所有钢类的流变应力增加的绝对值几乎是常数，应变速率每增加一个数量级，抗拉强度增加 22MPa。

均匀伸长率和总伸长率随应变速率的变化比抗拉强度要复杂得多，一般来说，随应变速率的增加首先降低，当在应变速率为 $0.1s^{-1}$ 时，降到最低，然后开始增加；当应变速率大于 $100s^{-1}$ 时，均匀伸长率随应变速率增加再次降低，见图 5-27、图 5-28。在文献 [59] 中对 HSLA 钢试验结果也有类似的现象。但文献 [60] 得出，应变速率对总伸长率没有影响，造成这种矛盾的原因可能与所试验的应变速率范围、试样的标距长度和测试误差有关。

应变速率对均匀伸长率的影响可能与下列因素有关：塑性应变主要靠位错的滑移来产生，这也包括位错的热激活运动，例如为克服一些壁垒，常常需进行交滑移，在高应变速率下，热激活就会变得困难，因为没有足够时间给位错热激活[61]，因此使位错的活性被降低。在这种情况下，在高应变速率下变形时，材料的延性就较低，流变应力就增加，另一方面如果材料的应变速率敏感性是高的，在高应变速率变形时就可能会推迟缩颈，由此会增加均匀伸长率，局部缩颈区会发生硬化，后续的变形就会向着与硬化的缩颈区相邻的区域扩展，就像在超塑性发生时的情况一样。在不同的应变速率下，这两个相矛盾的过程就可能控制了均匀伸长率的大小。在较低的应变速率下，如小于 $0.1s^{-1}$，抗拉强度应变速率的敏感性是低的，这时以热激活效应为主，均匀伸长率随抗拉强度的增加而降低；在应变速率高于 $0.1s^{-1}$，抗拉强度的应变速率敏感性增加，缩颈的抑制变成了主导因素，这时均匀伸长率就随着应变速率的增加而增加。缩颈的抑制，也是一个时间相关的过程，在更高的应变速率下，如大于 $100s^{-1}$，局部缩颈区没有足够的时间使应变扩展到整个试样的标距截面内进行变形，而产生快速断裂，就导致了均匀伸长率快速的下降，见图 5-27。总伸长率与均匀伸长率的变化情况类似，见图 5-28，由于总伸长率还包含有缩颈后的变形，因此情况会更复杂。这些因素导致了均匀伸长率和总伸长率随应变速率变化的复杂情况。

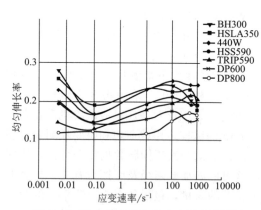

图 5-27 均匀伸长率和应变速率的关系

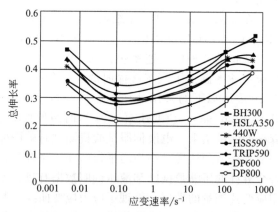

图 5-28 总伸长率和应变速率的关系

对 n 值随应变速率的变化测量结果表明，在所研究的应变范围内，TRIP 钢都具有比较高的 n 值，并随着钢的强度增加，对应变速率的依赖性下降。较高强度钢的加工硬化指数 n 值，对应变速率低的相关性意味着这类钢的成形性不像深冲钢，如 DQSK 那样随应变速率增加发生恶化。

高应变速率下的能量吸收是测量钢碰撞性能的重要指标，参量 [（屈服强度＋抗拉强度）×均匀伸长率/2] 与应变速率的关系类同于均匀伸长率和应变速率的关系。这说明均匀伸长率是能量吸收的主要贡献者。TRIP590 由于高的均匀伸长率表现出最高的能量吸收，先进高强度钢的能量吸收都高于普通高强度钢，如 HSS590、DP600、TRIP590，以这一参量作比较，在应变速率为 $100s^{-1}$ 时，其撞击吸能比 HSLA350 分别高 51%、81% 和 100%。这正是先进高强度钢应用在汽车结构件和安全件上的重要优点。

为了估算所测量的这 7 类钢的应变速率敏感性，用 JC 方程拟合的参量见表 5-4。表中的 C 值表征应变速率敏感性，该值越高，则材料的应变速率敏感性越高，这里的 n 值是数学拟合的结果，而不是应变硬化指数。一般认为，随着强度的升高，应变速率降低，表 5-5 的结果再次证实这一点。普通高强度钢 BH300、440W、HSLA350 有相似的应变速率敏感性，C 值为 0.0188~0.0214；第二组先进高强度钢应变速率敏感性低于第一组，C 值为 0.0119~0.0146；第三组 DP800 的应变速率敏感性最低，C 值为 0.0095。TRIP590 的应变速率敏感性要比 HSS590 和 DP600 要低，这可能是高应变速率下产生的绝热效应使残留奥氏体稳定性增加，导致抗拉强度的增量降低[62]。TRIP 钢受应变速率影响的动态应变过程中还会受其他因素的影响，包括残留奥氏体向马氏体转变时所诱发的内应力松弛和相变软化、新生成的马氏体的强化、残留奥氏体的应变硬化以及动态变形的绝热温升所造成的基体软化或对残留奥氏体稳定性的影响等诸多方面的交互作用，因此 TRIP 钢的应变速率敏感性会表现得更复杂[63]，但这方面还有待于进一步研究。文献[64] 曾研究了 DP780 高速拉伸时的响应特性，文章采用的本构方程为 CS 方程，物理意义明确的 CS 方程的变形为方程式(5-34)、式(5-35)，但文献[54] 所用的 CS 方程为

$$\sigma_y(\varepsilon_{\text{eff}}^p, \dot{\varepsilon}_{\text{eff}}^p) = \sigma_y^s \varepsilon_{\text{eff}}^p \left[1 + \left(\frac{\dot{\varepsilon}_{\text{eff}}^p}{C}\right)^{\frac{1}{p}}\right] \tag{5-58}$$

式中，σ_y^s 为初始流变应力；$\varepsilon_{\text{eff}}^p$ 为有效塑性应变；$\dot{\varepsilon}_{\text{eff}}^p$ 为有效塑性应变速率；p 为应变速率敏感系数；C 为常数。

根据试验数据所得到的模拟方程为

$$\sigma_y(\varepsilon_{\text{eff}}^p, \dot{\varepsilon}_{\text{eff}}^p) = 945\varepsilon_{\text{eff}}^p \left[1 + \left(\frac{\dot{\varepsilon}_{\text{eff}}^p}{3.57\text{e}\times 7}\right)^{\frac{1}{8.55}}\right] \tag{5-59}$$

尽管用该方程的计算值和试验的曲线有较好的符合率，但该方程的物理意义尚需进一步探讨，特别是 σ_y^s、$\varepsilon_{\text{eff}}^p$ 项的物理意义和表述与 CS 方程有较大出入。如果 σ_y^s 为初始流变应力，则回归所得的值显得太高，故 σ_y^s 应该是 Hollomon 方程中的强化系数 K。

文献[65] 也曾研究了 DP780 的动态力学行为，所采用的本构方程为 JC 方程，根据试验结果所拟合的本构方程为

$$\sigma = (450 + 950\varepsilon_{\text{pl}}^{0.31})(1 + 0.062\ln\dot{\varepsilon}) \tag{5-60}$$

对比的拟合常数 A、B、n、C 和表 5-4 中的 DP800 相关数据，A、B、n 值均相近，C 值差距太大。因此应用和选择本构方程，根据试验数据求出本构方程的拟合常数，并达到不同作者数据之间的可比，尚需做进一步的工作，找出产生差异的原因，以使本构方程和模型具有实际的应用价值。

文献[66] 曾对双相钢 DP590、DP780、DP980 高应变速率下的性能和组织进行了对比研究，结果也表明，三种强度级别的钢都表现有明显的应变速率敏感性，应变速率增加，流变应力增加，且强度级别越高，应变速率的敏感性降低。对同一种钢，在较低的应变速率范围，如准静态到 $100s^{-1}$ 应变速率范围，其应变速率敏感性要高于高应变速率范围内的敏感性，即随着应变速率的增加，钢的应变速率敏感性下降。三种钢各应变速率下的流变曲线见图 5-29，从图中可看出，随着应变速率的增加，其速率硬化为平行硬化，即更接近于 ZA 方

程。文献 [67] 有类似检测结果，见图 5-30。

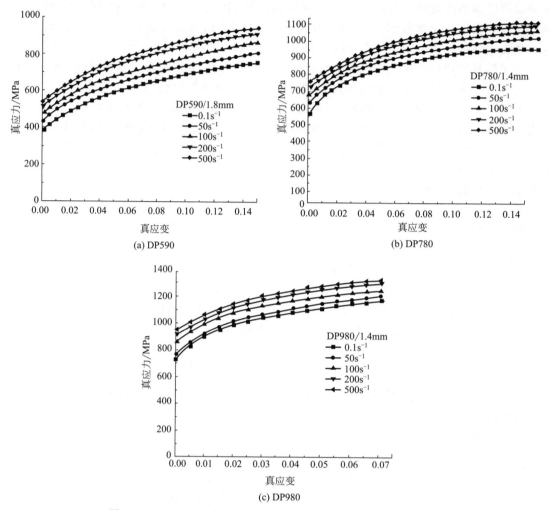

图 5-29　DP590、DP780、DP980 不同应变速率下的流变曲线 1

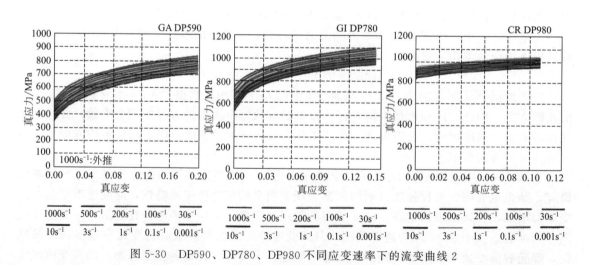

图 5-30　DP590、DP780、DP980 不同应变速率下的流变曲线 2

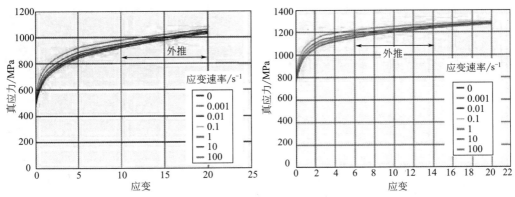

图 5-31　SSAB 公司的 DP800 和 DP1000 各应变速率下的流变曲线

SSAB 公司测试的 DP800 和 DP1000 各应变速率下的流变曲线见图 5-31，可以看出，两种高强度钢随应变速率增加，具有收敛的流变曲线，即适合用 CS 模型来描述。应变在 4%～5% 以下，不同应变速率下的流变曲线是平行的。在比较流变曲线时，还需看所测量的应变范围。三种双相钢的断口观察表明，在各种应变速率下，双相钢的拉伸断口形貌变化不明显[66]。一般结果表明，随着应变速率的提升，断口的韧窝变细变浅，这与强度提升相一致[68]，造成这个结果，可能与不同作者观察断口时，所取的部位不同有关，即使同一种材料同一拉伸速率下，断口的纤维区、放射区和最后断裂区的形貌也都不相同。因此比较断口形貌时，必须对不同区域划分后在同一区域进行比较。

5.4.2　防弹钢的高速拉伸性能

热处理防弹钢是轻量化的汽车防护安全件，承受高速冲击载荷，了解它们在高应变速率下的响应特性尤为重要。文献 [68,69] 对 B 级和 C 级防弹板进行了开发和应用研究，B 级和 C 级防弹板的化学成分见表 5-6。钢板经热轧到指定厚度，利用专用的设备在压力下进行硬模淬火处理，以保证防弹钢板的板型，板坯的大小为 1000mm×2000mm，热处理以后准静态的力学性能见表 5-7。C 级防弹板热处理后的显微组织见图 5-32，枪击后变形组织见图 5-33，枪击后的组织进一步细化。由图看出，C 级板热处理后的组织为细的板条马氏体。B 级板热处理后的组织和枪击后的组织见图 5-34、图 5-35，也为板条马氏体组织，只是板条要粗大一些。

表 5-6　B 级和 C 级防弹板的化学成分　　　　　　　　　　%

牌号	C	Si	Mn	P	S	Al	Nb+V+Ti	Cr+Ni	B
B 级	0.28～0.32	0.28～0.34	1.10～1.20	≤0.015	≤0.015	0.047	≥0.010	≥0.4	0.0019
C 级	0.38～0.44	0.31～0.37	1.15～1.25	≤0.015	≤0.015	0.046	≥0.114	≥01.0	0.0016

表 5-7　B 级和 C 级防弹板的力学性能

试样编号	屈服强度/MPa	抗拉强度/MPa	伸长率/%
B 级	1450	1800	6.5
C 级	1510	2110	7.3
R(进口板)	1470	1775	5.8

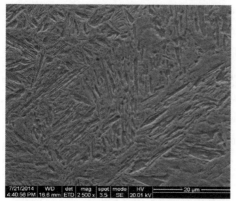

图 5-32 C 级防弹板热处理后的显微组织

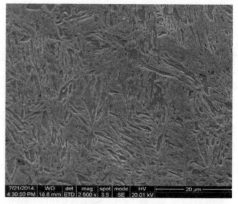

图 5-33 C 级板枪击变形后的显微组织

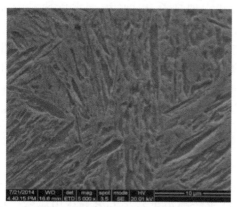

图 5-34 B 级板热处理后的显微组织

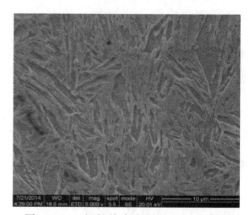

图 5-35 B 级板枪击变形后的显微组织

B 级防弹板的高速拉伸本构方程为[70]

$$\sigma=(1500+1244\varepsilon^{0.435})\left(1+0.0148\ln\frac{\dot{\varepsilon}}{\dot{\varepsilon}_0}\right) \quad (5\text{-}61)$$

C 级防弹板的高速拉伸本构方程为[71]

$$\sigma=(1670+3197\varepsilon^{0.525})\left(1+0.00414\ln\frac{\dot{\varepsilon}}{\dot{\varepsilon}_0}\right) \quad (5\text{-}62)$$

R 防弹板的高速拉伸本构方程为

$$\sigma=(1600+1328\varepsilon^{0.5238})\left(1+0.00572\ln\frac{\dot{\varepsilon}}{\dot{\varepsilon}_0}\right) \quad (5\text{-}63)$$

用拟合的本构方程计算所得的曲线见图 5-36。图中展示了通过本构方程计算的 0.001～2500s^{-1} 各应变速率下的流变曲线。应变速率对防弹钢板断口形貌的影响见图 5-37～图 5-39。断口照片均取自于拉伸试样的纤维区，每个钢种的断口都呈延性断裂，在接近准静态的应变速率下，断口的韧窝比较粗且有一定深度，随着应变速率的加大，断口中的韧窝变细，深度变浅，这和应变速率提高时，防弹钢的强度提升相一致。应变速率 50～500s^{-1} 断口的变化远大于应变速率 0.1～50s^{-1} 的变化。当应变速率为 500s^{-1} 时，三种钢断口的韧窝都变得非常浅且细。应变速率 0.1～50s^{-1} 断口形貌虽有变化，但变化的幅度要小得多，而这种局部变化的情况在流变曲线上又没有得到充分反映，有关原因尚待分析。

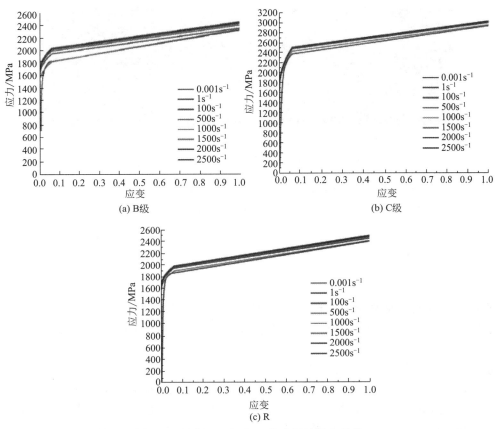

图 5-36 B 级、C 级和 R 防弹钢的拟合曲线

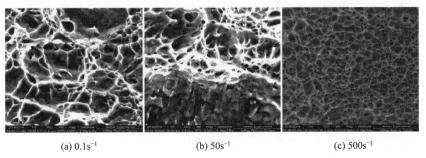

图 5-37 B 级防弹钢板不同应变速率下断口形貌

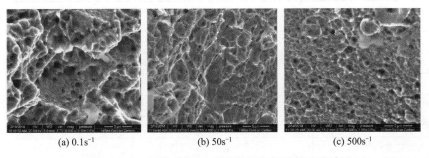

图 5-38 C 级防弹钢板不同应变速率下断口形貌

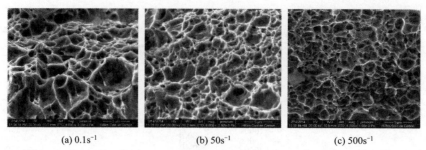

(a) $0.1s^{-1}$　　　　(b) $50s^{-1}$　　　　(c) $500s^{-1}$

图 5-39　R 防弹钢板不同应变速率下断口形貌

文献 [72] 利用高速拉伸性能和子弹高应变速率下的本构方程进行了高应变速率下防弹能力的模拟，防弹钢枪击时的子弹为直径 7.6mm 的钢芯弹，材料为 Q345，其本构方程为

$$\sigma_Y = \left[1+\left(\frac{\dot{\varepsilon}}{C}\right)^{\frac{1}{p}}(\sigma_0+\beta E_p\varepsilon_{\text{eff}}^p)\right] \tag{5-64}$$

$$E_p = \frac{E_{\tan}E}{E-E_{\tan}} \tag{5-65}$$

式中，σ_Y 为实际屈服应力；σ_0 为初始屈服应力；E 为弹性模量；$E_{\tan}$ 为切线模量；β 为硬化参数；C、p 为应变率参数；$\varepsilon_{\text{eff}}^p$ 为有效塑性应变；E_p 为塑性硬化模量；$\dot{\varepsilon}$ 为应变速率。

考虑到子弹的质量与防弹板的质量之比，在弹速为 700m/s 时，打击到钢板上，钢板的应变速率大约为 $2500\sim3000s^{-1}$，用这一本构方程，就可以对防弹钢防子弹侵切的能力进行模拟计算，从而节省了为求出抗子弹侵切能力的临界厚度的枪击试验工作量。三种 C 级板的材料参数见表 5-8，子弹的材料参数见表 5-9。C 级板牌号 C1 的三种厚度抗子弹侵切能力的模拟结果见表 5-10。在子弹速度为 720m/s 时，C1、C2、R 钢板的模拟结果见表 5-11。关于 B 级板的模拟结果参看文献 [73]。

表 5-8　钢板的材料参数

材料参数	C1	C2	R
密度 $\rho/(\text{kg/m}^3)$	7.8	7.8	7.8
泊松比 ν	0.3	0.3	0.3
弹性模量 E/GPa	204	197	206
屈服强度 σ_s/MPa	1515	1400	1470
抗拉强度/MPa	2200	2035	1775
断裂伸长率/%	0.063	0.052	0.058

表 5-9　子弹的材料参数

材料参数	子弹材料	弹芯材料
密度 $\rho/(\text{kg/m}^3)$	7.8	7.8
泊松比 ν	0.3	0.3
弹性模量 E/GPa	210	210
屈服强度 σ_s/MPa	235	345
失效应变 ε	1.2	1.2

表 5-10 钢板不同变形方式下试验和模拟结果对比

钢板变形方式	工况	试验/模拟	结果对比 正面	结果对比 背面
完全穿透	$v=720\text{m/s}$ 靶材 C1 $t=3.0\text{mm}$	试验结果		
		模拟结果		
钢板破裂	$v=720\text{m/s}$ 靶材 C1 $t=3.4\text{mm}$	试验结果		
		模拟结果		
产生弹坑	$v=720\text{m/s}$ 靶材 C1 $t=3.5\text{mm}$	试验结果		
		模拟结果		

表 5-11 C1、C2、R 钢板的模拟结果（子弹速度为 720m/s 时）

钢板牌号	钢板厚度 t/mm	钢板变形方式	变形高度 h/mm	钢板能量吸收量/J	子弹能量吸收量/J	最大界面接触力/kN	子弹剩余速度/(m/s)
C1	3.0	完全穿透	11.0	486	240	150	86
	3.1~3.4	钢板破裂	7.2~10.3	516~530	245~268	161~164	0
	3.5	产生弹坑	6.8	545	276	166	0
C2	3.1	完全穿透	10.3	464	212	148	116
	3.2~3.6	钢板破裂	7.3~10.2	522~527	236~272	153~160	0
	3.7	产生弹坑	6.8	545	284	162	0
R	3.4	完全穿透	9.7	410	209	153	47.2
	3.5~3.9	钢板破裂	6.8~8.6	464~476	218~242	155~167	0
	4.0	产生弹坑	6.0	508	251	168	−8

5.4.3 第二代先进高强度钢——高锰 TWIP 钢

TWIP 钢为高强塑积孪生诱发塑性钢,该钢强塑积为 60000MPa·%,即在抗拉强度 1000MPa 下,其伸长率高达 60%。一系列的研究[74~81]探讨了应变速率对 TWIP 钢力学性能和组织演化的影响。2000 年时,Grassel 等人[82]在研究中发现当高锰钢种的锰含量达到 25%时,Al 含量大于 5%,Si 含量大于 2%~3%,变形后组织中产生大量的形变孪晶,该钢的强塑积超过 50000MPa·%,具有高的均匀伸长率和总伸长率,称这类钢为孪生诱发塑性钢。这类钢是一种低层错能的合金,具有良好的冲压成形性,由于这类钢具有良好的强塑积,因此具有高的吸能能力,在汽车上应用展示了一定的前景,引起国内外研究者的兴趣,先后开发了 Fe-25Mn-3Al-3Si 和 Fe-23Mn-0.6C 的 TWIP 钢。目前韩国浦项已生产了 TWIP980,解决了延迟断裂缺口敏感以及镀锌等问题,在菲亚特汽车上进行了试用,初步进入了商品化阶段。对 TWIP 钢的研究,大都集中在钢种的成分、工艺参数、组织与准静态性能之间的关系,有关高应变速率下对其相关性能、组织的影响正引起人们的兴趣。TWIP 钢是一种组织很特殊的钢种,研究其应变速率敏感性对冲压成形和预测成形构件的撞击吸能都有重要的实际意义。车身部件冲压时的应变速率通常是在 $10^{-1} \sim 10 \mathrm{s}^{-1}$ 之间,汽车碰撞时,结构件应变速率在 $10^2 \sim 10^3 \mathrm{s}^{-1}$ 之间。文献[83]对应变速率对 TWIP 钢力学性能影响和组织演变的规律进行了探讨,研究了 5 种 TWIP 钢(编号为 1 号~5 号)的动态拉伸性能,5 种 TWIP 钢的主要区别是锰含量,其基本成分是 0.007%~0.024%C,Mn 含量分别为 14.3%、18.8%、25.4%、28.1%、32.3%,Al 含量分别为 2.29%、2.31%、2.28%、2.25%、3.79%,Si 含量分别为 2.60%、2.65%、2.55%、2.55%、2.30%。对其显微组织组成的分析表明,随着锰含量的增加,奥氏体体积分数增加,当锰含量达到 25%时,组织全部为奥氏体。动态拉伸采用霍普金森杆,静态拉伸采用 10t 的电子拉伸试验机进行,试验结果见表 5-12。静态和准静态的应变速率在 $10^{-4} \sim 10^{-1} \mathrm{s}^{-1}$,在这样的应变速率范围下,$1^{\#}$ 和 $2^{\#}$ 的组织为铁素体+奥氏体的混合组织,具有较高的抗拉强度,其余各 TWIP 钢为全部奥氏体组织。动态拉伸性能表明随着应变速率的提升,屈服强度和抗拉强度均明显提升,在动态条件下,5 种钢的屈服强度都大于 400MPa,断裂伸长率随动态应变速率的提升,和准静态相比明显下降,且组织为全奥氏体的 TWIP 钢,其总伸长率维持在 50%~60%。在动态条件下,应变速率的增加,抑制了位错发生交滑移和多滑移,增加了延性的断裂阻力,因此提升了材料的强度性能。高应变速率所导致的材料的硬化加剧、加工硬化能力提升,使材料的抗拉强度显著增加。TWIP 钢在高应变速率下保持良好的塑性与 TWIP 效应有关,按照文献[84]中的分析,在拉伸时发生应变诱发孪晶产生的应变的理论值为

$$\varepsilon_t = \sqrt{1 + 2s\sin\theta_0 + \cos\lambda_0 + s^2\sin^2\theta_0} - 1 \tag{5-66}$$

式中,ε_t 为孪生引起的拉伸应变;s 为孪生切应变;λ_0 为拉伸应力轴与孪生切应变方向之间的夹角;θ_0 是孪晶面与拉伸轴之间的夹角。如果变形条件正好是 $\lambda_0 = \theta_0 = 45°$,则上式简化为

$$\varepsilon_t = \sqrt{1 + s + 0.5s^2} - 1 \tag{5-67}$$

上式给出了孪生变形可获得的最大拉伸变形量,对于面心金属或合金,孪生面为 {111},孪生方向为 〈112〉,其 s 值为 0.707,代入上式得 $\varepsilon_t = 0.40$,即孪生变形从理论上可产生高达 40%的应变量。

随着应变速率的升高,塑性变形从等温过程转变为绝热或准绝热的过程,拉伸时塑性变

形的局部化会引起塑性区的温度升高，一般材料的塑性变形是由于加工硬化、应变速率强化使强度升高，另一方面是绝热温升效应使材料软化，绝热温升可由下式计算：

$$\Delta T = \frac{\beta}{\rho C_p} \int_0^\varepsilon \sigma \mathrm{d}\varepsilon \tag{5-68}$$

式中，β 为塑性功转化成热的比例，常取 0.9；ρ 为材料密度，7.8g/cm³；C_p 为比热容，0.1195cal/(g·℃)。由上式计算可得应变速率为 $10^2 s^{-1}$ 和 $10^3 s^{-1}$ 时，温升值 ΔT 分别约为 90℃ 和 125℃。

在高应变速率下，材料的动态拉伸过程实际上同时包含了应变硬化、应变速率强化和绝热温升软化效应的综合影响。绝热温升只对塑性流变阶段有影响。

文献 [85] 曾研究了低碳（含量 0.03%）18Mn-3Al-3Si 和 21Mn-3Al-3Si 的 TRIP/TWIP 效应共生钢高速变形过程中的组织演变及变形行为，高速拉伸采用的试样为标距 10mm×20mm，高速拉伸的应变速率为 $1000 s^{-1}$，拉伸变形前后的组织组成见表 5-13。

表 5-12　准静态和动态拉伸力学性能

试验材料	应变速率 /s⁻¹	屈服强度 $R_{0.2}$/MPa	抗拉强度 R_m/MPa	均匀伸长率 A_{gt}/%	断裂伸长率 A_t/%	强塑积 $R_m A_t$/MPa·%
1#	3.3×10⁻²	283	1005.3	22.6	24.9	25032
	760	471	1183	25	40.5	47912
	1380	516	1302	31.7	50.2	65881
2#	3.3×10⁻²	272	699.4	58.3	62.9	43992
	850	436	905	34.5	48.5	43893
	1480	490	1075	33.9	57.1	61383
3#	3.3×10⁻²	275	631.6	61.1	68.5	43265
	870	458	791	36.5	58	45878
	1490	511	810	36.3	60.3	48843
4#	3.3×10⁻²	255	596.4	60.2	66.7	39780
	830	454	815	34	56.5	46048
	1560	474	825	35	60.4	49830
5#	3.3×10⁻²	277	578	59.9	66	38148
	850	438	736	30	51.5	37904
	1540	458	795	32	56.8	45156

表 5-13　18Mn-3Al-3Si 和 21Mn-3Al-3Si 拉伸变形前后的组织组成　　　　%

钢	拉伸变形前			拉伸变形后			
	γ	α_F	ε	γ	α_F	ε	α'
18Mn-3Al-3Si	67.8	23.6	8.6	51.6	23.6	6.9	17.9
21Mn-3Al-3Si	76.1	12.7	11.2	65.3	12.7	10.8	8.2

在拉伸变形前，两种钢均由 γ-奥氏体基体、α-铁素体（α_F）、ε-马氏体组成，拉伸后的组织为 γ-奥氏体基体、α-铁素体（α_F）、ε-马氏体和 α'-马氏体。表 5-13 中数据表明，变形前后铁素体基本没有变化，高速拉伸变形后，奥氏体体积分数明显减少，α'-马氏体明显增多，ε-马氏体略有减少，但变化不大，表明高速拉伸变形过程中发生了 γ→α' 或 γ→ε→α' 的转变。

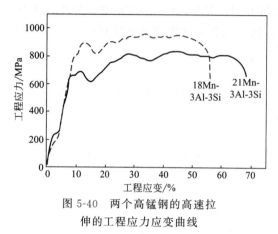

图 5-40 两个高锰钢的高速拉伸的工程应力应变曲线

两个高锰钢的高速拉伸的工程应力应变曲线见图 5-40。其中 18Mn 的抗拉强度为 960MPa，伸长率为 51.2%，强塑积为 49152MPa·%；21Mn 的抗拉强度为 830MPa，伸长率为 63.1%，强塑积为 52373MPa·%。TWIP 钢在高应变速率下的高的强塑积是与高应变速率下拉伸变形过程中多种因素复合作用的结果。对高锰钢来说，层错能 SFE（stacking fault energy）是影响应变诱发塑性奥氏体相变和形变孪晶的主要因素。文献 [86,87] 列出的经验公式用于计算层错能

$$\gamma_{SFE} = SFE = -53 + 6.2\%Ni + 0.7\%Cr + 3.2\%Mn + 9.3\%Mo(mJ/m^2) \tag{5-69}$$

用该方程计算得到 18Mn-3Al-3Si 和 21Mn-3Al-3Si 的层错能为 11.1mJ/m² 和 16.2mJ/m²，当 SFE≤20mJ/m² 时，有利于 γ→ε 相变；当 SFE≥20mJ/m² 时，γ→ε 相变将被抑制。两个高锰钢在室温下具有较低的层错能及拉伸变形前存在的大量层错可使 ε-马氏体的形成速率高于形变孪晶的形成速率。根据 γ、ε 和 α 相之间的错配度，在拉伸变形时，发生 γ→ε→α' 的相变相对于 γ→α' 相变更加容易。高速拉伸相变的初始阶段，亚稳态的 γ-奥氏体产生 ε-马氏体转变，而 α'-马氏体只能从 ε-马氏体中形成。在高速拉伸过程中，实际是一个绝热和准绝热的过程，高速拉伸的机械能将会向热能转化；根据方程式(5-68) 在应变速率为 1000s⁻¹ 时，取 β 为 0.95，ρ 为 7.8g/cm³，C_p = 0.46kJ/(kg·K)，可计算出 18Mn-3Al-3Si 和 21Mn-3Al-3Si 钢在应变速率 1000s⁻¹ 时的 ΔT 分别为 121℃和 129℃，这种明显的温升将会对组织演变和应变硬化行为产生影响。

高速变形过程中，形变产生的大量晶体学缺陷和温度的升高，可能会使热弹性的 ε-马氏体容易以可逆的方式进行逆相变，这些综合因素导致在应变速率 1000s⁻¹ 时的拉伸变形过程中，出现 γ→ε→α' 的相变，同时也出现 ε→γ 的逆相变，再加上变形过程中铁素体的应变硬化和相变引起的硬化和软化，导致 TWIP 钢在拉伸变形过程中流变特性随应变速率和应变量变化的复杂关系。

文献 [88] 详细研究了准静态和高应变速率下 18Mn-3Al-3Si TRIP/TWIP 钢组织演变和力学行为的影响，不同应变速率下的力学性能列于表 5-14。在准静态速率（1.67×10⁻⁴～1.67×10⁻¹ s⁻¹）下，随着应变速率的上升，强度下降、伸长率下降、强塑积下降；在动态应变速率（10～10³ s⁻¹）下，随着应变速率的提升，强度上升、伸长率上升、强塑积上升。不同应变速率拉伸前后的组织组成见表 5-15。应变速率对该钢性能的影响，主要与应变诱发 α'-马氏体相变密切相关。在准静态的应变范围内，随着应变速率较快升高，导致塑性失稳加快和伸长率降低，应变速率较小时，材料有足够的变形时间，应变 α'-马氏体和形变孪晶有足够的时间产生和增加，导致材料的强塑积增加。当应变在变形的初期时，大量位错在铁素体内累积，产生应变硬化，累积的应变能提供了奥氏体诱发相变的机械驱动力；当这一能量累积到相变条件时，奥氏体随变形的增加逐渐转变为马氏体，并产生体积膨胀，阻碍滑移面滑移，导致应变硬化能力增加，马氏体对变形的阻碍作用也使钢的应变硬化能力维持在较高水平。在动态应变速率范围内，随应变速率增高，抗拉强度和伸长率提高，对于 18Mn 钢均匀变形阶段，α'-马氏体的转变量少于准静态时 α'-马氏体的转变量，此时孪

生发生的应力随应变速率提高而降低。当应变速率提升时，奥氏体晶粒会存在多个方向的孪生系统相互交割，奥氏体晶粒被多个方向的孪晶进一步细化，从而使形变均匀、塑性增加。原始晶粒被分割，也增加了材料变形的进一步阻力，造成应变硬化的提高。再加上孪晶界都会阻碍位错运动，从而使强度增加。在动态拉伸过程中，高速动态变形抑制了位错的交滑移和多滑移，使材料急剧硬化。部分奥氏体转变为马氏体产生了强化，多个形变孪晶的分割使晶粒细化，这些都是强化的因素；当高速拉伸因绝热温升使材料得到软化时，使位错易于滑移，同时绝热温升使层错能升高，抑制了奥氏体向马氏体转变，这些多重因素的综合作用，就导致了不同试验者所做的应变速率对TWIP钢的各种试验结果的差异和不同。

表 5-14　18Mn-3Al-3Si 钢不同应变速率下的力学性能

应变速率/s^{-1}	抗拉强度 R_m/MPa	伸长率 A_t/%	强塑积 R_mA_t/MPa·%
1.67×10^{-4}	915	55	50325
1.67×10^{-3}	895	55	49225
1.67×10^{-2}	855	45	38475
1.67×10^{-1}	835	45	37575
10^1	850	43	36550
10^2	890	45	40050
10^3	857	56	47992

表 5-15　18Mn-3Al-3Si 不同应变速率拉伸前后的组织组成　　　　　　　　　　　%

应变速率/s^{-1}	ε	α_F	α'	γ
0	8	44	0	48
1.67×10^{-4}	3	44	40	13
1.67×10^{-1}	3	44	23	30
10^1	4	44	22	30
10^2	3	44	16	37
10^3	3	44	21	32

5.4.4　Q&P 钢和 Q&PT 钢

这类钢为第三代先进高强度钢，2003 年美国 Colorado 矿校的 Speer 教授在碳锰硅成分的基础上经过淬火分配处理得到新一代的先进高强度钢，简称 Q&P 工艺或 Q&P 钢[53,89]。Q&P 钢的工艺过程是将合适成分的钢进行奥氏体化得到全奥氏体组织，随后在马氏体相变的开始温度和终止温度之间的某一温度下淬火，得到一部分过饱和碳的马氏体和未转变的奥氏体，在该淬火温度或者略高于该淬火温度下保温一段时间，进行碳分配，从而得到脱碳的软化的马氏体和由于富碳而更加稳定的奥氏体，然后水淬到室温，最终得到马氏体基体加残留奥氏体的 Q&P 钢的组织，它实际上是马氏体基的 TRIP 钢。这一工艺已经引起了国际上的关注，可在廉价的钢中得到远远高于 Q&T 的强塑积。目前对 Q&P 钢在高速应变速率下的响应特性的报道还较少。文献［90］研究了应变速率对 Q&P 钢拉伸变形行为的影响，所用钢种的主要化学成分（质量分数）为 Fe 93.586%、C 0.200%、Si 1.770%、Mn 0.310%、Cr 1.010%、Ni 2.690%、Mo 0.300%、V 0.080%、Nb 0.050%、S 0.001%、P 0.003%。按文中所提供的处理工艺：在 905℃ 保温 20 min 后以 50℃/s 冷却至 250℃ 并保温 30s，之后在 440℃ 再分配 300s 并最终淬火至室温。显然，从合金成分和处理工艺看，属于 Q&PT 钢。Q&P 钢和 Q&PT 钢本质上都是马氏体基的 TRIP 钢，但 Q&PT 钢更加强调了马氏体的析出强化和微合金碳氮化合物的沉淀强化。将该钢加工成高速拉伸试样，分别在 MTS810 材料疲劳试验机和 Zwick/Roell Amsler HTM5020 高速拉伸试验机上进行了准静态（应变速率分别为 $10^{-4}s^{-1}$、$10^{-2}s^{-1}$ 和 10^0s^{-1}）和动态（应变速率分别为 10^1s^{-1}、$5\times10^1s^{-1}$、$7\times10^1s^{-1}$、$8\times10^1s^{-1}$、10^2s^{-1}、$2\times10^2s^{-1}$ 和 10^3s^{-1}）拉伸性能测试。应变速度对拉伸性能的影响见图 5-41，屈服强度和抗拉强度随应变速率增加而增大，但伸长率随应变速率的变化较为复杂。在准静态应变范围内，断裂伸长率随应变速率增加逐渐下降，当应变速率大于 $10s^{-1}$ 后，断裂伸长率大幅升高，到 $80s^{-1}$ 时，达到峰值，之后随应变速率进一步增加，断裂伸长率下降。

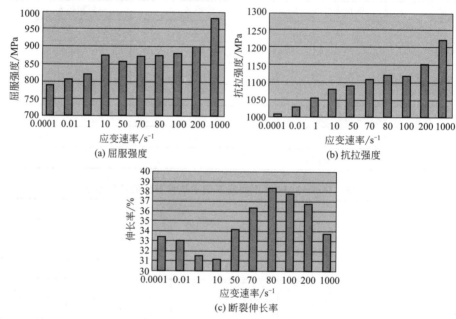

图 5-41　应变速度对拉伸性能的影响

对断口附近的显微组织观察表明，随着应变速率的增加，组织中的残留奥氏体减少，未转变的残留奥氏体被明显拉长。对准静态和动态拉伸的断口纤维区和剪切唇区进行了比较，准静态两个区域的拉伸断口韧窝较深，撕裂棱较多；动态拉伸断口韧窝较浅，撕裂部分变窄。对不同应变速率后的试样进行了 X 光分析，其中未变形的残余奥氏体体积分数为 8.22%，拉伸变形后各试样中残余奥氏体体积分数下降。在准静态应变速率范围内，残留奥氏体量为 5.5%～6%，当应变速率为 $10s^{-1}$ 时，残留奥氏体量保持在 6.4%；应变速率为 100～$1000s^{-1}$ 时，拉伸断裂后试样的残留奥氏体量从 4.8% 增加到 5.8%，即 TRIP 效应和应变速率有明显的关系。残留奥氏体的变化与 TRIP 效应密切相关，从而会影响样品的断裂伸长率。TRIP 效应可以降低和消除相界面的应力集中，推迟孔洞的形成、长大和聚合过程，有利于提高材料的延性，特别是均匀伸长率。但在动态应变速率的范围内，拉伸变形时的绝热温升效应增大，温度效应会使样品的温度升高，使残留奥氏体稳定性增加，抑制马氏体转变。在高应变速率（$10^2\sim10^3s^{-1}$）范围内，随应变速率增加，残余奥氏体体积分数增大，即随应变速率增加，TRIP 效应降低；绝热温升效应会导致材料发生局部软化，使断裂伸长率增大，实测的试验结果是这两种效应不同影响的结果。

2007 年开始，徐祖耀先生基于 Q&P 工艺对析出强化认识和应用的不足，利用 Q&P 钢的基础成分,加入铌、钒、钛等微合金元素,引入合金碳化物的析出强化作用,提出了淬火分配回火工艺[91,92];在随后的工作中,对这一钢的组织控制与设计进行了详细的论述[93~96]。

在文献[97,98]中对Q&PT钢进行了研究,经过适当的Q&PT工艺处理后的中碳钢(0.485C-1.195Mn-1.185Si-0.98Ni-0.21Nb,质量分数)抗拉强度大于2000MPa,伸长率大于10%,这几乎接近Bhadeshia等研发的纳米贝氏体钢的强度[99~101]。这类钢的微观组织特征由位错型的板条马氏体和板条间一定量的残留奥氏体,以及在马氏体基体上的合金碳化物组成。由于合金碳化物的析出沉淀强化,进一步提高了强度,因此Q&PT钢的强度明显高于Q&P的强度。Q&PT工艺以Q&P工艺为基础发展而来,但二者存在明显的差异:首先在合金成分设计上,Q&PT工艺需要加入形成稳定碳化物的合金元素(如Nb、V、Ti、Mo等),这些加入的微合金化元素不仅可以有效细化原奥氏体晶粒获得强化,而且在随后的回火/分配过程中能不断弥散析出碳化物以获得沉淀强化,析出强化在Q&P工艺中是不允许的。然后在工艺上,由于Q&PT工艺注重回火温度以获得最佳的析出强化效应,并由该温度决定碳的分配温度和分配时间,Q&P工艺仅考虑碳的分配,故碳的分配温度和时间有较大的选择范围。Q&PT工艺适当增加碳含量以补偿碳化物析出消耗的碳,以保持足够的碳从马氏体分配至残余奥氏体,使残余奥氏体富碳并能在随后冷却至室温的过程中保留下来。因此Q&PT工艺处理既要确保残余奥氏体增塑,又要考虑马氏体强化、沉淀强化和细晶强化[102]。Q&PT钢是Q&P钢的发展和完善。

文献[103]研究了Q&PT钢在高应变速率下的动态力学性能及变形机制,试验所用钢(0.256C-1.20Si-1.48Mn-1.51Ni-0.053Nb,质量分数)经Q&PT处理,准静态拉伸标距部分为5mm×16mm×1.4mm,动态拉伸标距部分为3mm×10mm×1.4mm,Q&PT处理工艺为奥氏体温度930℃,保温6min,300℃盐浴炉淬火,停留15s,400℃盐浴炉进行不同时间的回火分配处理,时间为30s,然后水淬。经这种处理后的不同应变速率下的力学性能见表5-16。由表可以看出,Q&PT钢在各应变速率下的强塑积都大于Q&T钢,尤其是Q&PT钢伸长率远高于Q&T钢,随着应变速率的提升,Q&PT钢的强度和总伸长率都在提升。对一般TRIP钢,随着应变速率的升高,一般强度上升,但塑性略有下降[104~106]。也有动态条件下抗拉强度和塑性均提高的报道,如应变速率由$10^{-3}s^{-1}$提升到$1300s^{-1}$,抗拉强度由869MPa提升到1084MPa,伸长率由24.5%提高到25.5%[107]。表5-16中Q&PT钢在应变速率10^3s^{-1}下,和静态速率相比,强度和塑性都有明显提升,因此这一钢种可以拓展至高应变速率下使用。表5-16中列出的各力学性能所对应的拉伸断口见图5-42。由图可看出,力学性能和图5-42的断口形貌相一致。对比动态和准静态的拉伸断口照片,Q&PT钢比Q&T钢表现出更好的延性,随着应变速率的上升,Q&PT钢的断口延性明显提升,即断口中的韧窝深度加深,周围的撕裂棱增多。应变速率对Q&PT钢强度和塑性的影响,首先可能与应变速率增加有关,可以激发更多的位错源开动,从而提高组织中的位错密度;其次是应变速率增加,位错的交滑移受到抑制,位错的交互作用增强,这些有利于强度的提升;最后是应变速率提升时,有可能促进相变诱发残留奥氏体向马氏体转变,从而提高强度。应变速率提升可能会使断裂方式发生改变,随着应变速率提升,断口中的二次裂纹减少,由此有利于延性的提升。在高应变速率下,Q&PT钢几乎处于绝热状态,拉伸变形时材料温度上升,最高达100~150℃,温升会使基体软化而提高材料塑性。由于绝热效应可以增加残余奥氏体的稳定性,因此会使Q&PT钢的塑性增强。按文献[103]所述,形变过程中残留奥氏体会发生吸收位错的效应、相变诱发塑性效应、残留奥氏体阻碍裂纹扩展效应等,这些效应均有利于提高材料的塑性。事实上,笔者在20世纪70年代讨论板条马氏体中的位错组织的强化机理时,已经提出板条间的残留奥氏体作为一个延性相有利于提高板条马氏体的强塑性，板条间的残留奥氏体薄膜对裂纹扩展的裂纹尖端有钝化作用，板条束的不同取向也有利于阻碍裂纹扩展，显然这些效应在 Q&PT 钢中都具有，这些因素的综合影响，以及应变速率对这些效应的影响和综合作用，导致了 Q&PT 钢随应变速率的增加而强塑积增加。在动态应变条件下，断裂模式的改变和绝热温升有利于 Q&PT 钢塑性的提高，但高应变速率会部分抑制残留奥氏体对裂纹扩展的钝化效应，或者吸收位错的效应、TRIP 效应、裂纹扩展的阻碍效应等，从而降低钢的塑性。在给定的应变速率下，哪一种效应表现得更强，就会导致 Q&PT 钢延性较准静态变形时提升或者降低。

表 5-16 Q&PT 钢与 Q&T 钢在不同应变速率下的力学性能

试样	应变速率/s^{-1}	抗拉强度/MPa	总伸长率/%	强塑积/MPa·%
Q&PT 钢	10^{-4}	1322	16.9	22342
	10^{1}	1355	17.2	23306
	10^{3}	1620	18.8	30456
Q&T 钢	10^{-4}	1438	12.1	17400
	10^{1}	1485	11.7	17375
	10^{3}	1820	10.5	19110

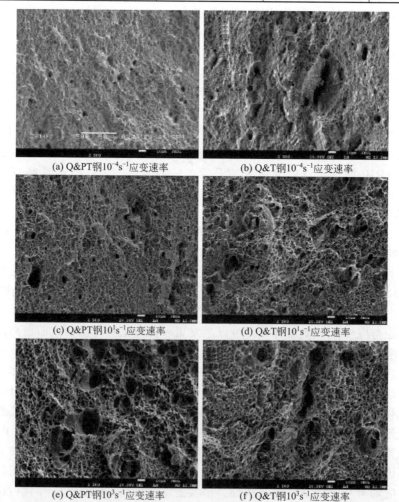

(a) Q&PT钢$10^{-4}s^{-1}$应变速率 (b) Q&T钢$10^{-4}s^{-1}$应变速率

(c) Q&PT钢$10^{1}s^{-1}$应变速率 (d) Q&T钢$10^{1}s^{-1}$应变速率

(e) Q&PT钢$10^{3}s^{-1}$应变速率 (f) Q&T钢$10^{3}s^{-1}$应变速率

图 5-42 Q&PT 钢和 Q&T 钢在室温不同应变速率条件下拉伸断口纤维区的 SEM 形貌

5.5 铝合金在高应变速率下的响应特性

铝合金的密度轻,只有 2.68g/cm³,比热容为 917J/(kg·K)。和钢相比,铝合金的强度较低,导热性较好,这些特点决定了其对应变速率的敏感性与钢的会有不同。一系列的工作研究了高应变速率下不同铝合金变形时的响应特性,文献[108]研究了 2519A 铝合金的动态力学性能和本构方程,该合金具有优良的比强度、良好的可焊性和应力腐蚀抗力。试验材料为 18mm 厚的板材,经 T87 处理,拉伸试样的取样方向平行于轧向,准静态拉伸采用万能电子拉伸试验机,应变速率为 $0.001s^{-1}$、$0.01s^{-1}$、$0.1s^{-1}$,准静态的应变硬化参数是在应变速率为 $0.01s^{-1}$ 的流变曲线上测定,动态拉伸在室温下进行,用 SHPD 系统,应变速率为 $1500s^{-1}$、$2400s^{-1}$、$3000s^{-1}$、$4300s^{-1}$、$5600s^{-1}$、$7000s^{-1}$、$8300s^{-1}$,高温下的动态冲击试验温度为 150℃、250℃、350℃,其应变速率分别在 $1000 \sim 5000s^{-1}$。力学性能试验结果表明,该合金的屈服强度和抗拉强度具有明显的应变速率敏感性和温度的敏感性,150℃和 250℃的流变曲线见图 5-43。根据有关试验结果,笔者用 JC 方程[见方程式(5-23)]拟合有关试验数据,求得拟合方程。

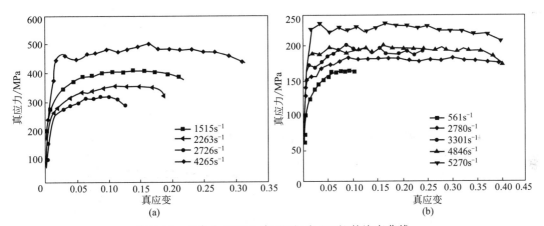

图 5-43 铝合金 2519A 在 150℃和 250℃的流变曲线

在这一工作中,$\dot{\varepsilon}_0 = 0.01s^{-1}$,$T_r = 20℃$,$T_m = 542℃$,根据准静态的试验数据和 SHPB 的试验数据,所拟合的参量见表 5-17。实验值和 JC 方程计算值的比较见图 5-44。图中表明试验值与计算值有近似的一致性,图中曲线也表明,每一个动态拉伸曲线,都有一个临界点,即该临界点下,$\dfrac{d\sigma}{d\varepsilon}=0$;从屈服点到临界点,该合金所发生的是稳态塑性变形,即在该阶段,$\dfrac{d\sigma}{d\varepsilon} \geqslant 0$,也就是加工硬化速率大于几何软化的速率;真应变大于临界点之后,合金发生塑性失稳,即非稳态塑性变形,此时 $\dfrac{d\sigma}{d\varepsilon} \leqslant 0$,材料的加工硬化速率小于几何软化速率,即发生塑性失稳。

表 5-17 拟合参量

$\dot{\varepsilon}_0/s^{-1}$	A/MPa	B/MPa	C	n	m
0.01	424.30	264.88	0.015197	0.42	0.74
1	452.68	282.60	0.014200	0.42	0.74

基于上述流变曲线的特点，对 JC 方程中的应变硬化项进行了修正，用二次方程的插值法替代了原来的 Ludwik 方程，修正的 JC 方程见方程式 (5-31)。

方程中的参数 E 和 F 通过非线性的拟合方法求出，对于该合金其值分别为 2.54 和 -10.8。修正的 JC 方程计算值和实验值的比较见图 5-45，图 (a) 为室温下不同应变速率下的计算结果，图 (b) 为同一应变速率（$\dot{\varepsilon}$ 为 $3000s^{-1} \pm 100s^{-1}$）下的比较。可以看出，图 (a)、(b) 在不同条件下的实验值和计算值均有较好的一致性。

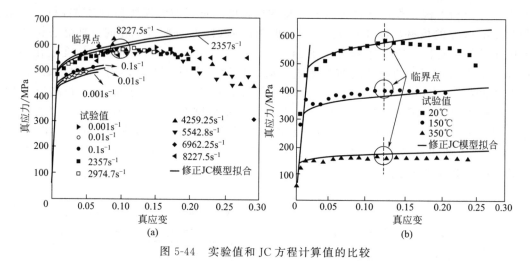

图 5-44 实验值和 JC 方程计算值的比较

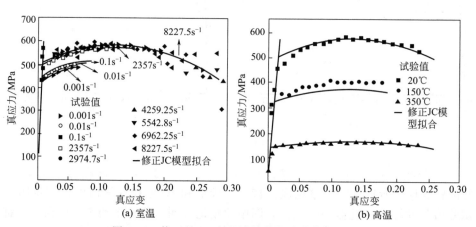

图 5-45 修正的 JC 方程计算值和试验值的比较

绝热剪切是该合金高应变速率下主要的损伤和断裂模式，裂纹从接触的表面萌生，沿着绝热剪切带（ASB）扩展。在裂纹附近的材料会有很大的变形，当裂纹通过整个试样时，试样就断裂为两部分，形成了一个剪切平面。在文献 [108] 中证实了高应变速率下该合金绝热剪切断裂的过程。但在高温下，难以看到 ASB，高温下的高速拉伸，铝合金将发生大的滑移和塑性变形，高速拉伸的变形能将以滑移的方式来消耗，150℃以下，主要消耗于 ASB，150℃以上，变形能主要消耗于滑移。透射电镜观察表明，该合金室温高速拉伸前强化的第二相与基体保持共格，见图 5-46(a)；样品在 350℃保温 5min，θ' 相的沉淀变厚和粗化，见图 5-46(b)；在高温和高速拉伸之后，沉淀相变厚、粗化并发展球化，见图 5-46(c)，沉淀相离子和基体界面逐渐变成非共格，且 θ' 沉淀相数量减少。在高温下 θ' 的钉扎效应严重弱化，使 2519A 的强度明显下降。

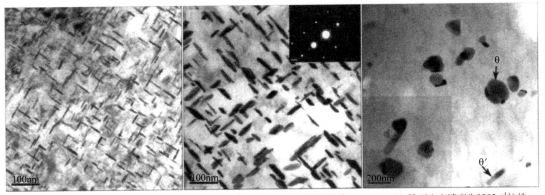

| (a) 室温未有高速拉伸 | (b) 350℃保持5min未进行高速拉伸 | (c) 350℃下应变速率为3282s^{-1}拉伸 |

图 5-46　2519A 铝合金不同条件下的透射电镜

6061 是机械和汽车中常用的一种铝合金结构材料,一些采用挤压材生产的汽车安全件,如门的防撞杆、前后保险杠多用 6061 铝合金来制造,因此研究其本构方程,对用计算机进行碰撞性能的模拟具有参考价值和实用意义。文献 [109] 研究了 6061 不同应变速率下的流变曲线,准静态下的应变速率为 $0.01s^{-1}$;试验用料为工业生产的 6061 铝合金,材料状态为自然时效状态和人工时效状态,冲击拉伸试验设备为旋转式间接杆型冲击拉伸试验装置,两种状态下的拉伸应力-应变曲线见图 5-47。拟合方程仍采用 JC 方程,当本试验中的 $\dot{\varepsilon}_0 = 0.001s^{-1}$ 时,在室温下进行,此时 JC 方程可简化为

$$\sigma = (A + B\varepsilon^n)(1 + C\ln\dot{\varepsilon}^*) \tag{5-70}$$

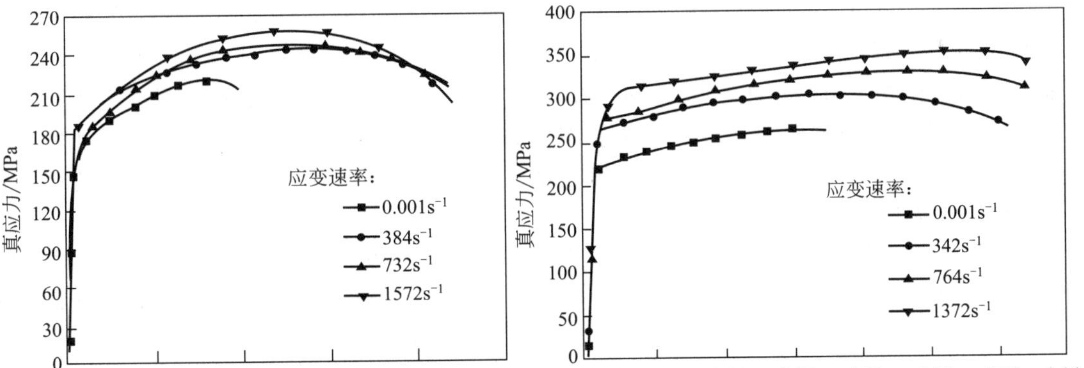

图 5-47　6061 铝合金在不同应变率下的应力-应变曲线

(a) 自然时效态　　(b) 人工时效态

根据试验拟合的 6061 铝合金自然时效的动态塑性力学本构关系为

$$\sigma = (69.52 + 106.99\varepsilon_p^{0.373})\left(1 + 0.0906\ln\frac{\dot{\varepsilon}}{\dot{\varepsilon}_0}\right) \tag{5-71}$$

6061 铝合金人工时效的动态塑性力学本构方程为

$$\sigma = (205.78 + 130.59\varepsilon_p^{0.357})\left(1 + 0.015\ln\frac{\dot{\varepsilon}}{\dot{\varepsilon}_0}\right) \tag{5-72}$$

计算值和实验值的对比见图 5-48。

两种状态下拟合的结果,计算值和试验值的比较可以看出,在两种状态下,6061 塑性

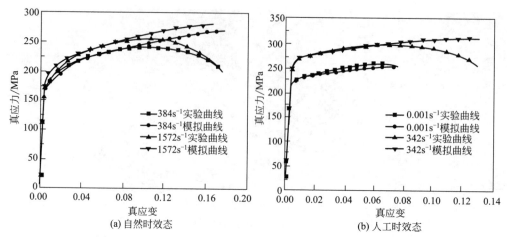

图 5-48　6061 铝合金不同条件下模拟曲线与试验曲线的对比

失稳前的计算值和实验值的一致性较好，塑性失稳点之后，计算值和实验值一致性较差，这一结果和前面的图 5-44 类似。也就是说 JC 方程更适合于材料塑性失稳点对不同应变速率下的应力-应变关系的描述，为此，将 JC 方程应变硬化部分的 Ludwik-Hollomon 方程进行了修正，从而使本构方程可以更好地描述不同应变速率下的应力应变关系，见方程式（5-31）和图 5-45。同样在文献［109］中，针对前述图 5-45 所示的类似结果，只考虑断裂应变时，其修正的 JC 表达式为

$$\varepsilon^f = [D_1 + D_2 \exp(D_3 \sigma^*)](1 + D_4 \ln \dot{\varepsilon}^*)(1 + D_5 T^*) \tag{5-73}$$

式中，$\sigma^* = p/\sigma_{\text{eff}}$，即压力与 Von Mises 等效应力的比值；$D_1$、$D_2$、$D_3$ 为与流变应力相关的应变常数；D_4 为与应变速率相关的应变常数；D_5 为与温度相关的应变常数；$\dot{\varepsilon}^*$、T^* 与前述相关方程中的参量类同。损伤参数 $D = \sum(\Delta \varepsilon / \varepsilon^f) = 1$ 时，断裂发生，其中 $\Delta \varepsilon$ 为积分循环期间的等效塑性应变增量。但是作者并没有给出相关的拟合方程。如给出相关拟合参数，对图 5-43 中塑性失稳后的流变曲线进行修正，则有可能会得出较好的计算值和实验值的相关性。

文献［110］研究了不同温度和不同应变速率下的 6061 的流变行为，试验在 Gleeble 3500 热模拟机上进行，变形温度为 365～565℃，应变速率为 0.01～1s^{-1}，试验材料为工业产的 6061 合金，基本成分为 Si：0.556%；Fe：0.338%；Cu：0.252%；Mg：1.005%；Zn：0.010%；Ti：0.032%；Cr：0.198%；Mn：0.049%；Al 余之。试验时将 T6 处理的试样以 3℃/s 的加热速度加热至 550℃，再以 1℃/s 的速度加热至固溶温度 565℃，保温 15min，使可溶相充分溶解；然后以 10℃/s 的冷却速度冷却至实验温度，保温 60s，使试样温度分布均匀；随后进行拉伸变形，变形后立即以 120℃/s 的冷却速度进行吹气淬火，以保留高温微观组织，总拉伸量为 15%。不同温度和应变速率下的真应力真应变曲线见图 5-49。

图 5-49 中曲线表明，6061 铝合金热变形可分为过渡变形和稳态变形两个阶段。变形的开始阶段，软化机制主要为位错交滑移；流变应力的增加，导致位错不断增殖，位错间的相互作用增大了位错的运动阻力，交滑移引起的软化不足以克服位错密度增加带来的硬化。因此，过渡阶段以加工硬化为主导，晶内储存能逐渐升高，动态软化和位错增殖引起的应变硬化逐渐趋于平衡。当软化和硬化过程达到动态平衡后，真应力真应变曲线几乎为一直线。如图 5-49(c) 所示，当应变速率较低时，在变形的开始阶段，加工硬化占主导地位；随变形

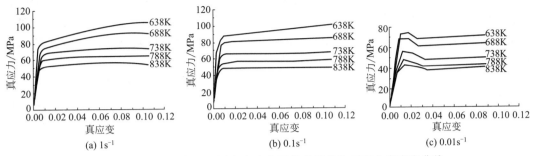

图 5-49 6061 铝合金不同应变速率下的高温拉伸真应力真应变曲线

的继续进行,动态软化作用增加,真应力真应变曲线的斜率下降;当加工硬化和动态软化达到平衡时,流变应力到达极值,之后软化机制起主导作用,流变曲线开始下降并最终达到平衡,出现稳态流变特征。在相同的应变速率下,流变应力随应力的升高而降低;在相同的温度下,流变应力随速率的增大而升高,随着应变速率增大,金属的形变储存能增大,材料加工硬化作用增强,动态软化速率不足以平衡因应变速率增大而产生的加工硬化速率,导致流变应力增大。文献[50,51]曾提出了高温塑性变形时,流变应力、应变速率和温度之间的本构方程,在低应力水平时,用幂函数来描述,见方程式(5-53);高应力水平时,用指数函数关系描述,见方程式(5-54);整个应力范围用双曲正弦函数关系描述,并引入 Arrhenius,见方程式(5-55)。高温塑性变形过程中,材料的流变应力 σ 取决于变形温度 T 和应变速率 $\dot{\varepsilon}$。Zener 和 Hollomon 建立了流变应力 σ、应变速率 $\dot{\varepsilon}$ 和温度 T 的关系[111],见方程式(5-56),将方程式(5-53)~式(5-57)进行数学处理,改变成方便拟合试验数据的形式,求出 6061 铝合金高温拉伸变形的参数,列于表 5-18。

表 5-18 6061 铝合金高温拉伸变形参数拟合计算值

β	n_1	α/MPa^{-1}	n	$Q/(\text{kJ/mol})$	A/s^{-1}
0.202	12.18	0.0166	9.08	188.44	2.8×10^{11}

6061 铝合金高温拉伸稳态时的本构关系为

$$\dot{\varepsilon}=2.8\times10^{11}[\sinh(0.0166\sigma)]^{9.08}\exp\left(-\frac{188.44\times10^3}{RT}\right) \quad (5-74)$$

试验所求得的 6061 铝合金的高温拉伸变形受热激活能控制,其变形激活能 $Q=188.44\text{kJ/mol}$。

文献[112]详细研究了 AA5182 和 AA5754 合金板材的高速拉伸性能,所用材料的成分见表 5-19。准静态采用 Instron 电液伺服试验机,动态试验采用拉伸的霍普金森杆(TSHB),板材厚 1.6mm,标距部分尺寸 12.5mm×1.75mm,准静态的应变速率为 $3.3\times10^{-3}\text{s}^{-1}$,高应变速率分别采用 600s^{-1}、1000s^{-1}、1500s^{-1},AA5754 的基体组织为基体相+0.6%第二相,AA5182 为基体相+0.98%第二相。室温下不同应变速率下的真应力-对数应变曲线见图 5-50。从图中可看出,合金 5754 有一定的应变速率敏感性,即随着应变速率的提升,流变应力增加,但应变速率从 600s^{-1} 到 1500s^{-1},流变应力并没有显著增加,这一特性是可以预测的,因为已经表明铝合金的流变应力对应变速率是对数依赖关系[113,114]。AA5182 的流变应力在所测的应变速率范围内对应变速率是不敏感的,随应变增加,流变应力没有明显变化,见图 5-50(b)。有趣的是应变速率从准静态增加到 1500s^{-1} 时,两种铝合金的总伸长率也随之增长,AA5754 从 30.6% 增加到 43.5%,AA5182 从

29.6%增加到37.5%，即AA5754的增长量高于AA5182。应变速率的提升，有推迟两种铝合金拉伸时失效的作用，这与高应变速率下产生温度效应有关，也与高应变速率使在第二相上形成孔洞的聚合力的速度推迟有关，在文献[112]中拉伸断口附近的孔洞观察结果证明了这一论述。

在应变速率为$1500s^{-1}$的条件下，所测量的温度对流变应力的影响见图5-51。图中列出了两种材料从室温到300℃的动态应力应变曲线。两种材料有类似的变化趋势，随着温度的上升，流变应力下降，初始拉伸温度在150℃以下，两个合金的总伸长率无明显变化；300℃时，则总伸长率均有所下降，但仍保持准静态的水平。

表5-19 AA5182和AA5754合金的化学成分

材料	合金成分/%							
	Mg	Mn	Fe	Si	Zn	Cu	Cr	Ti
AA5754	3.2	0.2	0.3	0.06	—	—	—	0.01
AA5182	4.5	0.35	0.27	0.08	0.05	0.05	0.03	0.1

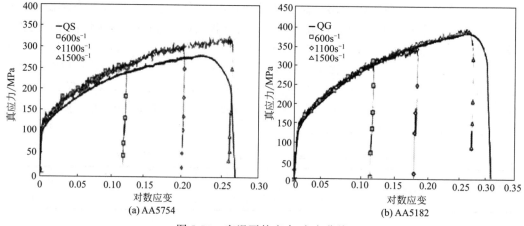

图5-50 室温下的应力-应变曲线

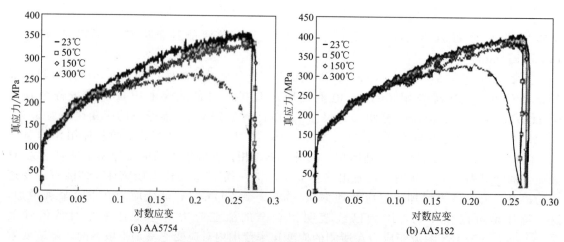

图5-51 温度对流变应力的影响

文献[115]曾测量7050铝合金热压缩变形的流变应力，并利用试验数据拟合了相关本构方程的有关参量，构建了本构方程，所用合金的成分为 Al、0.12% Si、0.15% Fe、2.6% Cu、2.6% Mg、6.7% Zn、0.006% Ti、0.13% Zr。试样采用 $\phi 10\text{mm} \times 12\text{mm}$ 的圆柱体，经470℃加热，48h均匀化后水淬。为克服压缩过程中的摩擦力，在圆柱试样的两端涂有润滑剂，热压变形设备用 Gleeble-1500 热模拟机，变形温度为 250~450℃，应变速率为 $0.01 \sim 10 \text{s}^{-1}$，最大变形量为50%，测取各变形温度下的真应力-真应变曲线，其中应变速率为 1s^{-1} 时的流变曲线见图 5-52。

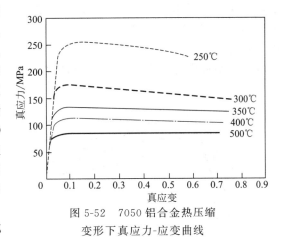

图 5-52　7050 铝合金热压缩变形下真应力-应变曲线

流变应力与温度、应变速率、应变值都有关系，用包含有应变激活能、温度的双曲正弦方程式(5-56)来拟合数据，该方程可以表示为 Zener-Hollomon 参数 Z 的函数：

$$\sigma = \frac{1}{\alpha} \ln \left\{ \left(\frac{Z}{A} \right)^{1/n} + \left[\left(\frac{Z}{A} \right)^{2/n} + 1 \right]^{1/2} \right\} \tag{5-75}$$

Z 为温度补偿的应变速率因子 [见方程式(5-57)]，根据试验数据求出方程中的相关参量，将数据代入方程式(5-57) 和式(5-75)，就可得出

$$\dot{\varepsilon} = 5.83 \times 10^{18} [\sinh(1.239 \times 10^{-2} \sigma)]^{7.589} \exp \left(-\frac{2.6406 \times 10^5}{RT} \right) \tag{5-76}$$

$$\sigma = 80.71 \ln \{ (Z/5.83 \times 10^{18})^{1/7.589} + [(Z/5.83 \times 10^{18})^{2/7.589} + 1]^{1/2} \} \tag{5-77}$$

研究表明，7050 在高温变形过程中有明显的动态回复与动态再结晶现象，流变应力经历了过渡变形与稳态变形两个阶段。在同一变形温度下，流变应力随应变速率的提高而增加；在同一应变速率下，流变应力随温度的上升而减小。7050 铝合金高温变形应变速率受热激活过程控制，其变形激活能 Q 为 264.06kJ/mol，并可利用所获得的本构方程为铝合金变形组织的预测、控制以及热加工工艺的制订提供理论依据。

5.6　镁合金在高应变速率下的响应特性

在汽车用的金属材料中，镁合金是密度最轻的材料，因此它有减重和节能减排的潜力。镁合金加工性能好，具有优良的阻尼性能、良好的铸造能力和循环再生、减振性能好、高的导电导热性能、高的比强度（镁合金的比强度为 170N·m/kg，铝合金为 120N·m/kg，抗拉强度为 400MPa 的钢比强度为 50N·m/kg），是最有前景的轻量化材料[116,117]。目前镁合金铸件已在发动机、传动系统的各类壳体、各种跑车的车轮上进行了应用。变形镁合金有比铸造镁合金更高的强度，更低的铸造缺陷，故在一些结构件上开始应用。POSCO 已经生产了镁合金板材用于做汽车的冲压件，如发动机的内外板[118]。同时变形镁合金还有好的冲击性能，更好的延性、腐蚀抗力和可热处理性。镁合金具有六方密集晶格，滑移系比较少，室温的变形比较困难。为使镁合金进行变形，就必须进行温成形（大于 225℃），在这一温度下，非基础的滑移系就可以开通[119]。

为优化 ZK60 热冲压的工艺参数，了解温度和应变速率对合金流变行为和显微组织的影响是重要的。近年来，有一些工作研究了 ZK60 合金的热变形行为[120~122]。文献 [123] 曾详细研究了 ZK60 镁合金（Mg-5.5Zn-0.45Zr）在不同温度和不同应变速率下的流变行为和组织的

变化,并求出了相关的本构方程,所用试样为圆柱试样,直径为 10mm,高度为 15mm,每个试样的两端加工深度为 0.2mm 的凹槽,并涂润滑剂。压缩试验用 Gleeble-1500 热模拟机,应变速率为 $0.1\sim50s^{-1}$,变形温度为 $250\sim400$℃,变形量为 $10\%\sim50\%$。300℃下不同应变速率和应变速率 $50s^{-1}$ 各种温度下的流变曲线见图 5-53。

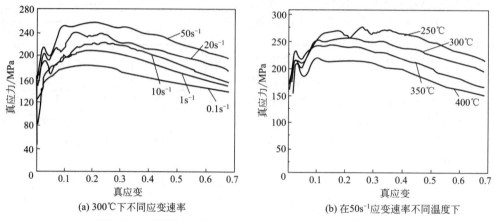

图 5-53 不同条件下 ZK60 热变形过程的真应力-应变曲线

不同应变速率下均是先硬化,再软化,随着应变速率的提升,加工硬化会更快;当应变速率高于 $10s^{-1}$ 时,开始出现非连续的屈服,在非连续屈服后,就快速硬化,然后软化,应变速率上升,软化量还增大。软化的出现可能与动态再结晶、动态回复和试样温度的增长及在热压缩过程中的晶粒粗化有关。在应变速率为 $50s^{-1}$ 时,各温度下的流变曲线均有不连续屈服,并随着温度的上升,硬化量下降,软化量增加,这可能与在高温下非基础滑移临界分解切应力降低和在高温下更容易开动非金属滑移系有关。在热加工中,有三个本构方程,见方程式(5-53)~式(5-55),用于描述材料的热变形行为用,图 5-54 的数据和三个本构方程,拟合相关数据,求出相关的常数,最终求出 ZK60 不同应变速率和不同温度下的本构方程

$$\dot{\varepsilon}=4.18\times10^9[\sinh(\alpha\sigma)]^{9.7}\exp\left(-\frac{1.1\times10^5}{RT}\right) \tag{5-78}$$

结合显微组织的观察可以得出,在低应变速率($0.1\sim1s^{-1}$)下,动态再结晶(DRX)的发展主要是在晶界;在高应变速率,动态再结晶回复在晶界孪晶区广泛地发展,由此产生更均匀的显微组织。根据流变曲线、显微组织和得出的本构方程,对 ZK60 所优化的热加工工艺参数为在应变速率 $10\sim50s^{-1}$ 下,变形温度为 $250\sim350$℃。在高应变速率下压缩时,所发展的动态再结晶诱发孪晶演化过程,演化过程可以分为三个阶段:首先是具有高位错密度的孪晶细分成初始晶粒;然后位错排列,将孪晶细分为亚晶粒;此后随着应变的进一步增加,动态再结晶继续发生。通过本构方程拟合和分析,求出的 ZK60 变形时的激活能为 110kJ/mol,应力指数 n 为 9.7。

文献[124]用分离式 Hopkinson 杆研究了应变速率为 $496\sim2120s^{-1}$ 范围下挤压态 AZ31B 镁合金高速冲击时的变形组织。结果表明:在这一范围内,不同应变速率下变形的应力-应变曲线几乎重合,即 AZ31B 镁合金的应力对应变速率不敏感。但其显微组织变化对应变速率非常敏感,随着应变速率增加,孪晶数量由多变少;在应变速率 $496s^{-1}$ 时,沿着 AZ31B 挤压方向进行压缩变形时,其变形主要以孪生方式进行;随着应变速率的提升,变形以滑移和孪晶两种方式进行,应变速率越高,滑移所占比例越大,这种变化是镁合金的晶体结构、变形织构、变形的温升以及孪生分割晶粒等一系列因素综合作用的结果。文

献[125]研究了在变形温度为 200～520℃、应变速率为 $2\sim60\mathrm{s}^{-1}$ 条件下的 AZ31B 镁合金厚板的热压缩变形,压缩变形量为 60%。测量了热压缩时的真应力-真应变曲线,观察了不同条件下的微观组织演变,其流变曲线的测量结果见图 5-54。该图表明,当变形温度较低时,图 5-54(a)、(b)试样在较小的应变下就会破裂,镁的层错能较低,在滑移面上的扩展位错较宽,难以聚集成全位错进行滑移和攀移,这将阻止动态回复进行;随着变形量的增加,位错堆积和缠结不能通过动态回复得到有效缓解,导致位错密度集聚上升,应变能不断累积,从而促进再结晶的发生;但 200℃下的动态再结晶效果无法补偿位错聚集和缠结所产生的硬化,使应力一直处于较高水平,故试样在较低的应变下就会被破坏。该合金的流变应力对应变速率并不敏感,只是高应变区有细微差异,但当温度升高到 250℃,且应变大于 0.2%时,流变应力随着应变速率的增加而增高,此后随着变形温度的升高,流变应力对应变速率的敏感性增加,并逐步呈现出动态再结晶的特性,即流变应力表现出 4 个典型的阶段:应变量从低到高分别为加工硬化阶段、过渡阶段、软化阶段和稳态流变阶段[126,127]。

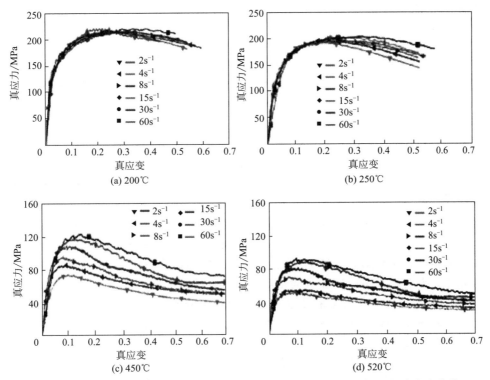

图 5-54　AZ31B 镁合金在不同热压缩温度和应变速率下变形的真应力-真应变曲线

在变形初期,应力随着应变的增加而急剧增加,此阶段即为加工硬化阶段。随着变形的继续,变形过程中产生大量的位错发生堆积和缠结,将会诱发动态回复和再结晶,加工硬化随应变的增加而下降,即加工硬化和动态回复再结晶软化效果叠加达到平衡时,应力达到峰值,此阶段为过渡阶段。随后动态回复以及再结晶所引起的软化超过加工硬化,应力随着应变的增大开始下降,变形进入软化阶段。当加工硬化和动态再结晶软化达到动态平衡时,应力稳定在一个较低的水平,热压缩进入稳态流变阶段。温度和应变速率对流变应力的综合影响都与上述的硬化和软化效应密切相关。

显微组织的观察表明,在该合金的热变形过程中,发生了明显的动态再结晶,动态再结晶随着拉伸速率的增大而增大,平均晶粒尺寸随变形温度的降低或应变速率的增大而减小,变形温度和应变速率影响组织均匀性。200℃、4s^{-1}下变形时，组织形貌呈现自由锻造式不均匀，在这一条件下，孪晶诱发的动态再结晶和连续动态再结晶机制并存，而孪晶诱发的动态再结晶为主导机制；在380℃、8s^{-1}条件下进行变形时，组织不均匀性得到明显改善，再结晶晶粒有所长大，连续动态再结晶机制成为主导机制。基于热压缩的试验结果，在300~330℃范围内，单道次大压下量的热轧获得了板厚为2mm、晶粒细小均匀、力学性能优异的ZA31B的板材。

在汽车用的结构材料中还有复合材料（金属基复合材料和树脂基复合材料），金属基复合材料重点用于特殊的汽车结构件和耐磨件，树脂基复合材料特别是长纤维增强复合材料，在车身结构件中的应用也日渐增多，但这两类复合材料直接与汽车的安全性联系较少，因此它们的高应变速率下的响应特性拟另文论述。

小结

本文论述了面向汽车安全性能的汽车材料的高速拉伸响应特性的研究进展，可以得出：

① 汽车轻量化意义重大，它是节能减排最直接、最有效地手段之一，同时也可以提高产品的竞争能力，也是汽车行业制造水平的体现。既要轻量化，也要保证安全，就必须有效地采用新型材料、新的工艺技术、新的结构；而借助于计算机模拟，进行虚拟开发可以非常有效地减少试验工作量和降低试验费用，减少试验次数，从而满足材料高应变速率下响应特性的需求。近年来，材料的高速拉伸性能测试有较大的进展。

② 高速变形的试验装备有多种，包括落锤、摆锤、飞轮、推进系统、液压伺服、霍普金森杆，它们适合于不同的变形模式、应变速率、应变能。在对汽车用的金属材料高应变速率下性能响应特性的测试中，液压伺服试验机和霍普金森杆是最常用的两种。

③ 影响高速拉伸可靠性和分散性的因素有试验设备、高速拉伸试样的尺寸和大小、应变的测量方法、试验数据的采集和曲线的平滑方法、拟合的本构方程的选取、试验夹具的设计和试验环境等。目前，虽然已经有一些高速拉伸测试标准，但由于试验设备不同，应变的测试方法不同，如应变片、非接触的光学测量、激光引伸计等，而这些测量方法的应用范围不同，测量的误差也不相同，从而影响测量数据的可靠性和分散性，如能采用多种方法相互校验进行测量，那将会提高试验数据测量结果的可靠性和可比性。

④ 高速拉伸的原始数据采集和处理是高速拉伸试验的重要工作和流程，目前常用的方法有波动上限和下限值的平均值法、二阶或三阶多项式拟合法、傅立叶法、计算机程序处理法。其中平均值法简单直观，其他方法需应用相应的程序进行处理，如将有关方法全部程序化，最后再进行综合比较和平均，将会有利于提高原始数据处理的精度。

⑤ 描述金属材料应变速率相关动态响应特性的本构方程有两类：一类是经验的唯象本构模型，主要包括 Johnson-Cook 模型、Cowper-Symonds 模型、双幂函数模型、Campbell 模型等；二类是基于材料变形时的物理本质的本构模型，包括 Zerilli-Amstrong（ZA）模型、修正的 Zerilli-Amstrong（ZA）模型、Sellars-Tegart 模型（双曲正弦和指数函数复合）、Steinberg-Guinan 模型等。在上述模型中，JC 模型得到了广泛的应用，如一些计算机程序中，LS-DYNA、MSC、DYTRAN 和 ABAQUS/explicit 均采用了这一模型，该模型是一种经验型的粘塑性本构模型，它考虑了温度、应变、应变速率等因素，形式简单，物理含义清晰，有关参数容易获取。近年来，根据一些数据处理的需要，又提出了多种形式的修正的 JC 模型。在物理模型中应用较多的是 ZA 模型，该模型是基于位错理论导出的应变速率敏感性的物理模型；为数据处理方便，近年来也提出了一些修正的 ZA 模型。为比较各模型对试验数据的精度，已有一些工作将有关模型编写成计算机程序，并用模型的计算结果和试

验结果进行误差分析比较，从而选取误差小的作为模型最终的材料应变硬化和速率硬化的本构模型，但相关工作还有待进一步完善。

⑥ 一系列的工作测量了钢铁材料、铝合金和镁合金的应变速率响应特性。对钢铁材料测量了高强度钢、第一代先进高强度钢、第二代先进高强度钢和第三代先进高强度钢。对普通高强度钢，各钢类都具有明显的应变速率敏感性，即随着应变速率的提升，强度明显上升，部分钢种在一定的应变速率下，伸长率和均匀伸长率下降；超过一定的应变速率后，伸长率和均匀伸长率又上升，当应变速率进一步提升时，有些钢种的伸长率和均匀伸长率又发生下降，表现出复杂的关系，这是应变速率对位错运动的热激活过程和缩颈的抑制综合影响的结果；随着强度的升高，应变速率敏感性增加。第一代先进高强度钢，随着强度的增加，应变速率敏感性增加，通常除了TRIP钢之外，受高速拉伸时热效应的影响比较小，TRIP钢由于残留奥氏体的存在，高应变速率引入的热效应会对残留奥氏体的转变和相变诱发塑性发生影响，因此可能会表现出应变速率敏感性更复杂的关系。高速拉伸下，先进高强度钢的能量吸收能力通常大于普通高强度钢，普通高强度钢和第一代先进高强度钢的本构方程通常都可用JC方程或修正的JC方程进行描述。对第二代先进高强度钢，即孪晶诱发塑性钢，高速拉伸过程中包含了应变硬化、应变速率强化、绝热温升软化等多种效应，绝热温升还会对组织演变和应变硬化行为同时产生影响，在高速拉伸过程中，形变产生大量的晶体学缺陷和温度升高，可能会使热弹性的ε-马氏体容易以可逆的方式发生逆转变，因此导致TWIP钢随应变速率的变化表现出复杂的应变变化过程，譬如在应变速率大于$1000s^{-1}$的变形过程中，即出现$\gamma \rightarrow \varepsilon \rightarrow \alpha'$的转变，同时也出现$\varepsilon \rightarrow \gamma$的逆相变，再加变形过程中的铁素体的应变硬化和相变引起的硬化和软化，导致TWIP钢在拉伸变形过程中产生流变特性随应变速率和应变量变化的复杂关系。这类钢除了具备一般钢种的应变硬化、应变速率硬化外，还具有相变硬化、相变诱发塑性和TWIP效应引起的体积变化导致应变硬化能力增加等多重因素的复杂强化作用，再加高速动态变形对位错交滑移和多滑移的抑制作用，孪晶分割晶粒引起的强化作用，高速变形的绝热温升软化作用以及使层错能升高，对奥氏体向马氏体转变的抑制作用，从而导致了不同作者关于应变速率对TWIP钢性能影响的试验结果的不同和差异。第三代先进高强度钢的代表是Q&P和Q&PT钢，这类钢实际是以马氏体或回火马氏体为基体的TRIP钢，在形变过程中，残留奥氏体会发生吸收位错效应、相变诱发塑性效应、残留奥氏体阻碍裂纹扩展效应、板条束对奥氏体晶粒的分割和对裂纹扩展的阻碍作用，这些因素的综合影响会导致Q&P和Q&PT钢随应变速率的增加，强塑积明显增加。

⑦ 对2000系的铝合金动态应变速率下响应特性的研究表明，采用JC方程在塑性失稳前拟合的流变曲线，误差较小，但在塑性失稳后，计算值和试验值有较大的误差；采用二次方程插值法代替原来的Ludwik-Hollomon方程对JC方程修正，修正后的JC方程计算值与实验值取得了良好的一致性。在对6000系的铝合金高应变速率下的本构方程拟合时，也有类似的情况，用指数方程对JC方程应变硬化部分的Ludwik-Hollomon方程进行了修正，取得了整条曲线拟合的效果；考虑到温度和应变速率的复合影响，采用双曲正弦函数和Zener-Hollomon方程拟合试验结果（即Arrhenius方程），取得较好效果。5000系铝合金的应变速率响应特性比较特殊，如AA5182在准静态到应变速率$1500s^{-1}$时，流变应力对应变速率不敏感，但伸长率则随应变速率增加而提升，即应变速率提升有推迟5000系铝合金失效的作用，这与高应变速率产生的温度效应有关，也与高应变速率推迟在第二相形成孔洞聚合的速率有关；从室温到300℃，随着温度的上升，流变应力下降，但总伸长率基本保持室温准静态的水平，其流变特性可以用JC方程来描述。7000系铝合金，如7075、7050，其流变应力对温度和应变速率的响应特性，可用Arrhenius方程来描述，7050合金在高温压缩变形

过程中有明显的动态回复和动态再结晶现象，变形时流变应力经历了过渡变形和稳态变形阶段，同一变形温度下，流变应力随应变速率的提高而增加；同一应变速率下，流变应力随温度上升而减小。可以看出，铝合金由于不同系列的成分、组织各不相同，其流变应力对应变速率和温度影响的响应特性也各不相同。

⑧ 镁合金的密度低、比热容低，为密排六方结构，室温基础滑移系少，因此其流变特性随温度和应变速率影响明显。一般镁合金的变形，如 AZ31B 在温度小于 200℃时，流变应力对应变速率敏感性不明显；当温度大于 200℃时，如 250℃，随着应变速率的提升，应变速率敏感性提升，但在初始阶段，流变应力随应变速率的增加变化不明显，真应变大于 0.15 后，随应变速率的增加，流变应力增加，但在温度大于 320℃以后，从初始阶段开始，随着应变速率的增加，流变应力就明显增加。温度和应变速率的这种影响与整个流变过程中显微组织（如晶粒大小）、孪晶诱发动态再结晶、连续动态再结晶等过程的发展密切相关。描述镁合金的本构方程也多用 Arrhenius 方程。

⑨ 不同类型材料的物理本征特征参量不同，同一类型材料不同牌号的合金成分不同、组织不同、处理工艺不同，其对温度和应变速率的响应特性也不相同，从目前的研发工作来看，还难以找出统一的材料对温度和应变速率响应特性通用的规律。迄今虽有一定数量的研究工作和文献报道关于材料在高应变速率下的响应特性，且利用有关数据和本构模型以融入所求出的本构模型中，但如能通过大数据的分析和处理，求出各不同作者本构模型中与试验数据误差最小的本构模型，将更有益于高速拉伸数据的推广和相关技术的扩大应用。

参 考 文 献

[1] 国务院发展研究中心产业经济研究部，中国汽车工程学会，大众汽车集团（中国）. 中国汽车产业发展报告 2014//B.1. 迎接第三次工业革命挑战. 北京：社会文献出版社，2014.

[2] 国务院发展研究中心产业经济研究部，中国汽车工程学会，大众汽车集团（中国）. 中国汽车产业发展报告 2014//B.5. 第三次产业革命对汽车产业的影响及对策研究. 北京：社会文献出版社，2014.

[3] Ma Mingtu, Yi Hongliang, Lu Hongzhou. On The Lightweight of Automobile [J]. Engineering Science, 2009, 11 (9): 20-27.

[4] 马鸣图，张宜生，宋磊峰，等. 超高强度钢热冲压成形的研究进展（上）[J]. 新材料产业，2015：61-67.

[5] 马鸣图，吴宝榕. 双相钢力学冶金 [M]. 2 版. 北京：冶金工业出版社，2008.

[6] 马鸣图，吴娥梅. 高强度钢在汽车轻量化和安全器件上的应用 [J]. 新材料产业，2014，7：15-19.

[7] Fuganti Antonio. Strategies in carbody engineering 2011. Bad Neuheim, Germany, 22-23th, March 2011.

[8] Marlen Bertram. Improving Sustainability in the transport sector. 2007, Dalian.

[9] 赵阳，黄震雷，周恒辉. 纯电动汽车动力电池系统的发展现状 [J]. 新材料产业，2015，6：37-41.

[10] 德国国家电动汽车平台报告. 汽车参考，2011，3：1-41.

[11] Metal Forming Research Group. Development of POSCO Body Concept for Electric Vehicle: PBC-EV, POSCO Global EVI forum, 27-29th, Oct. 2014.

[12] 哈宽富. 断裂物理基础. 北京：科学出版社，2000.

[13] HATT W K, MARBURG E. Preliminary report on the present state of knowledge concerning impact tests [M]. Ohio, USA: Proc. Amer. soc. Testing Meterials, 1899, 1: 27-50.

[14] YOUNG T. A Course of Lectures on Natural Philosophy and the Mechanical Arts [M]. Vol. 1, London, England: Joseph Johnson, 1807, 144-148.

[15] HOPKINSON J. Further experiments on the rupture of iron wire [J]. Proc. Manchest. Liter. Philos. Soc. 1872, 11: 119-121.

[16] HOPKINSON J. On the rupture of an iron wire by a blow [J]. Proc. Manchest. Liter. Philos. Soc. 1872,

11: 40-45.
- [17] DUNN B W. A photographic impact testing machine for measuring the varying intensity of an impulsive force [J]. J. Franklin Inst, 1897, 144: 321-348.
- [18] HOPKINSON B. The effects of momentary stresses in metals [J]. Proc. R. Sco. Lond. 1905, 74: 498-506.
- [19] HOPKINSON B. A method of measuring the pressure products in the detonation of high explosives or by the impact of bullets [J]. Phil. Trans. R. Soc. Lond. 1914, A 213: 437-456.
- [20] FEHR O, PARKER E R, D D J. Measurement of dynamic stress and strain in tensile test specimens [J]. Trans. ASME (J. Appl. Mech. 11), 1944, 66: A65-A71.
- [21] KOLSKY H. An investigation of the mechanical properties of materials at very high rate of loading [J]. Proc. Phys. Soc. Lond, 1949, B62: 676-700.
- [22] GILAT A., WU X. Elecated temperature testing with the torsional Hopkinson bar [J]. Experimental Mechanics, 1994, 34 (2): 166-170.
- [23] FRANTZ C E, FOLLANSBEE P S, HAWLEY R H. New experimental techniques with the Hopkinson pressure bar [A]. Berman I, Schroeder J W. High Energy Rate Forming [C]. New York: ASEM, 1984: 229-236.
- [24] LENNON A M, RAMESH K T. A technique measuring the dynamic behavior of materials at high temperatures [J]. International Journal of Plasticity, 1998, 14 (12): 1279-1292.
- [25] 谢若泽, 张方举, 颜怡霞, 等. 高温 SHPB 试验技术及其应用 [J]. 爆炸与冲击, 2005, 25 (4): 330-334.
- [26] Schnellzerrei maschinen, High-speed Tension Machines. 1977.
- [27] SIGNORET C, POUYET J M, Lataliade J L. Adaptation of a microcomputer system to a modified SHPB [J]. J. phys. E: Sci Instrum. 1980, 13: 1284-1286.
- [28] Yan Benda, Xu Ken. High strain rate behavior of advanced high strength steels for automotive applications [C]. 44th MWSP (metal working and steel processing) conference, 2002, XL: 493-507.
- [29] SEP1230, The Determination of the Mechanical Properties of Sheet Metal at High Strain Rates in High-Speed Tensile Tests.
- [30] ISO26203-2, Metallic materials—Tensile testing method at high strain rates—Part 2: Servo-hydraulic and other test systems.
- [31] ISO26203-1, Metallic materials—Tensile testing method at high strain rates—Part 1: Elastic-bar-type system.
- [32] GB/T 30069.1—2013 金属材料高应变速率拉伸试验 第1部分: 弹性杆型系统.
- [33] ISO18872-2007, Plastics—Determination of tensile properties at high Strain Rate.
- [34] SAE J2749-2008, High Strain Rate Tensile Testing of Polymers.
- [35] Xiao Xinran. Dynamic tensile testing of plastic materials [J]. Polymer Testing, 2008, 27: 164-178.
- [36] Li J, Fang X. Stress Wave Analysis and Optical Force Measurement of Servo-Hydraulic Machine for High Strain Rate Testing. Exp Mech. 2014, 54: 1497-1501.
- [37] Xia Y, Zhu J, Wang K, et al. Design and verification of a strain gauge based load sensor for medium-speed dynamic tests with a hydraulic test machine. International Journal of Impact Engineering. 2016, 88: 139-152.
- [38] Zhao Y, Ma M T, Wan X M, et al. The development of data processing software for dynamic tension of materials [C]. Proceedings of The 2nd international conference on advanced high strength steel and press hardening, Changsha, 2015, Oct. 16-18, 126-133.
- [39] Li Jie, Fang Xiangfan. Numerical stress wave analysis in LS-DYNA and force measurement at strain rates up to 1000 /s of a high speed tensile machine [C]. Institute of Automotive Lightweight Design University of Siegen, Germany. 面向汽车轻量化与安全的材料高速拉伸性能测试技术研讨会报

告，2015.

[40] 尹斌.面向汽车碰撞安全性能开发的材料动态测试及仿真方法研究［C］.面向汽车轻量化与安全的材料高速拉伸性能测试技术研讨会报告，2015.

[41] Aleksander Koprivc. Testing solutions for the automotive industry. 22 th international forum for materials testing，key note speech：102-108.

[42] JOHNSON G R，COOK W H. A constitutive model and data for metals subjected to large strains，high strain rate and high temperatures，in proceedings of the seventh international symposium on ballistics，the Hague，The Netherlands，1983，p541.

[43] Tan Jinqiang，Zhan Mei，Liu Shuai，et al. A modified Johnson-Cook modelfortensile flow behaviors of 7050-T7451 aluminum alloy at high strain rates. Materials Science & Engineering A，631（2015）214-219.

[44] CADY C M，et al. "Report of Materials Provided by the Auto/steel Partnership"，May 7，1999.

[45] XU K，WONG C，YAN B，et al. A high strain rate constitutive model for high strength steels［J］. SAE SP 1735，advanced in light weight materials for automotive applications，2003-01-0260.

[46] COWPER G R，SYMONDS P S. "Strain hardening and strain rate effects in the impact loading of cantilever beams" Brown Univ. Applied Mathematics report，sept.，1958，p28.

[47] ZERILLI F J，AMSTRONG R W. "Dislocation mechanica-based constitutive relations for material dynamic calculations"，J. Appl. Phys.，1987，Vli. 61，p1861.

[48] Samantaray，Dipti，Mandal，et al. A thermo-viscoplastic constitutive model to predict elevated-temperature flow behaviour in a titanium-modified austenitic stainless steel. Materials Science and Engineering：A，2009，526（1）：1-6.

[49] KLEPACZKO JR. A Practical Stress-strain-strain-rate temperature constitutive relation of the powerform. Journal of Mechanical Working Technology，15（1987）143-165.

[50] JONAS J，SELLARS C，TEGART W，et al. Strength and structure under hot working condition［J］. International Metal Reviews，1969，130（14）：1-4.

[51] SHI H，MCLAREN A，SELLARS C，et al. Constitutive equation for high temperature flow stress of aluminum alloys［J］. Materials Science and Engineering，1997，13（3）：210-216.

[52] 赵俊，湛利华，史博.6061 铝合金高温拉伸流变行为［J］.塑性工程学报，2014，21（3）：111-115.

[53] SPEER JG，MATLOCK DK，DE COOMAN BC，et al. Carbon partitioning into austenite after martensite transformation. Acta Mater，2003，51：2611-22.

[54] MILLER R L. Ultrafine-grained microstructure and mechanical properties of alloy steels［J］. Metallurgical transaction，1972（3）：905-912.

[55] 韩启航，张玉龙，王利.冷轧中 Mn-TRIP 钢的机理与研发进展［J］.宝钢技术，2015，4：9-17.

[56] BHADESHIA H K D H. TRIP Asssited steels［J］. ISSIJ. Inter，2002，42（9）：1059-1060.

[57] BHADESHIA H K D H. Posco lectures on Banite［R］. 2008，May，in Postech.

[58] Yi Hongliang. δ-TRIP steel，Thesis for Doctor of Philosophy，2010，Postech.

[59] CHATFIED D A，ROTE R R. "Strain rate effects on the properties of high strength low alloy steels" SAE paper No. 740177，1974.

[60] SHI M，Meuleman. "strain rate sensitivity of automotive steels" SAE technical paper series，920245，SAE，1992.

[61] XU K，ARSENAULT K J. High temperature deformation of NiAl Matrix composites，Acta. Mater.，Vol. 47，No. 10，p3023，1999.

[62] KANTZ S，BLECK W，PAPAMANTELLOS K. "The influence of test temperature on the mechanical properties and formability of cold rolled low and high alloyed TRIP steels"，Sheet Metal Forming Beyond 2000，Proceedings of the 20th Biennial congress，1998：399.

[63] 韦习成，李麟，付仁钰.Si-Mn 系 TRIP 钢高速冲击拉伸时相变过程的应变率相关性［J］.特殊钢，第

23 卷增刊：10-13.
[64] 王学双，曹广祥，张义和. DP780 钢应变率敏感特性研究及本构方程的建立 [J]. 汽车工艺与材料，2014，3：48-51.
[65] 田成达. DP780 高强钢动态力学行为研究. 上海交通大学硕士论文，2008.
[66] ZHANG J P, FANG G, JIN Q S, et al. Mechanical properties and microstructure of DP steel sheets under dynamic loads. Proceedings of The 2nd international conference on advanced high strength steel and press hardening, Changsha, 2015, Oct. 16-18, 217-223.
[67] POSCO. Automotive steel data book. 2011POSCO Global EVI forum，p58.
[68] Ma Mingtu, Chen Gang, Ma Yuhao, et al. The Development and Application Research of Light Weight Heat Treated B-grade Bullet Proof Steel [J]. Engineering, 2014, 12 (5): 2-7.
[69] Ma Mingtu, Chen Gang, Ma Yuhao, et al. The Development and Application Research of Light Weight Heat Treated C-grade Bullet Proof Steel [J]. Advanced Materials Research, 2015, 1063: 21-27.
[70] Ma Mingtu, Fang Gang, Feng Yi. Study on high speed tension property of B-grade bulletproof steel [J]. Engineering, 2014, 12 (5): 8-13.
[71] Ma Mingtu, Zhao Yan, Fang Gang, et al. A Study on high speed tension property of C-grade bulletproof steel [J]. Advanced Materials Research, 2015, 1063: 59-64.
[72] Ma Mingtu, Zhang Jingwen, Zhang Junping. Numerical Analysis on Bullet Penetration Resistance of Heat Treated Lightweight C-grade Bulletproof Steel Plates. Advanced Materials Research, 2015, 1063: 257-263.
[73] Ma Mingtu, Zhang Jingwen, Zhang Junping. Numerical Analysis on the shoot Resistance of Heat Treated Lightweight B-grade Bulletproof Steel Plates. Engineering, 2014, 12 (5): 12-20.
[74] CURTZE S, KUOKKALA V-T. Dependence of tensile deformation behavior of TWIP steels on stacking fault energy, temperature and strain rate. Acta Materialia. 2010, 58: 5129-5141.
[75] HSU C-H, LEE S-C, WANG LiLi, et al. The high strain-rate fracture behaviors of gray iron under compressive loading. Materials Chemistry and Physics. 2002, 73: 174-178.
[76] Puspendu Sahu, Sven Curtze, Arpan Das, et al. Stability of austenite and quasi-adiabatic heating during high-strain-rate deformation of twinning-induced plasticity steels. Scripta Materialia, 2010, 62: 5-8.
[77] Si Woo Hwang, Jung Hoon Ji, Kyung-Tae Park. Effects of Al addition on high strain rate deformation of fully austenitic high Mn steels. Materials Science and Engineering：A，2011，528：7267-7275.
[78] 熊志平，刘界平，辜蕾钢，等. 不同热处理状态下 Fe-30Mn-3Si-4Al TWIP 钢的动态力学性能 [J]. 中国冶金，2012，第 22 卷增刊 1：312-316.
[79] 陈盛良. 不同退火温度和应变速率对 Fe-20Mn-0.6C TWIP 钢拉伸性能的影响. 东北大学硕士论文，2013.
[80] 张俊平，段先锋，史子木，等. 温度及应变速率对 TWIP 钢拉伸性能的影响 [J]. 机械工程材料，2015，39（5）：4-9.
[81] 秦小梅，陈礼清，邓伟，等. 应变速率对 TWIP 钢 Fe-23Mn-2Al-0.2C 力学性能的影响. 材料研究学报，2011，25（3）：278-282.
[82] GRASSEL O, KRUGER L, FROMMEYER G, et al. High strength Fe-Mn-（Al，Si）TRIP/TWIP steels development-properties-application [J]. International Journal of Plasticity, 2000, 16 (9): 1391-1409.
[83] 熊荣刚. TWIP 钢在不同应变速率下的应变行为研究. 上海大学硕士论文，2008.
[84] REED-HILL R E. The inhomogeneity of plastic deformation [M]. Ohio: ASM, Metals Park, 1971: 285-286.
[85] 唐正友，吴志强，昝娜，等. 高锰 TRIP/TWIP 效应共生钢高速变形过程中的组织演变及变形行为.

金属学报，2011，47（11）：1426-1433.

[86] SCHRAMM R E, REED R P. Stacking fault energies of seven commercial austenitic stainless steels Is. Metall. Trans, 1975, 6A：1345-1351.

[87] NOSKVA N I, PAVLOV V A. Stacking fault in nickel solid solution [J]. Physics Metal and Metallography, 1 962, 14：86-89.

[88] 吴志强，唐正友，李华英，等. 应变速率对高Mn TRIP/TWIP钢组织演变和力学行为的影响. 金属学报，2012, 48（5）：593-600.

[89] MATLOCK D K, Bräutigam V E, SPEER J G. Application of the quenching and partitioning (Q&P) process to a medium-carbon, high-Si microalloyed bar steel. Materials Science Forum, 20013, 426-432 (2)：1089-1094.

[90] 刘超，王磊，刘杨. 应变速率对Q&P钢拉伸变形行为的影响 [J]. 特钢技术，2012, 18（3）：18-22.

[91] 徐祖耀. 钢的热处理新工艺 [J]. 热处理，2007, 22（1）：1-11.

[92] HSU T Y. Design of structure, composition and heart trestment process for strength steel. Materials Science Forum, 2007, 561-565（3）：2283-2286.

[93] 徐祖耀. 钢的组织控制与设计（一）. 上海金属，2007, 29（1）：1-8.

[94] 徐祖耀. 钢的组织控制与设计（二）. 上海金属，2007, 29（2）：1-8.

[95] 徐祖耀. 淬火-碳分配-回火（沉淀）（Q&PT）艺浅介 [J]. 金属热处理，2009, 34（6）：1-8.

[96] 徐祖耀. 用于超高强度钢的淬火-碳分配-回火（沉淀）（Q&PT工艺）热处理. 2008, 2（2）：1-5.

[97] Wang X D, Zhong N, Rong Y H, et al. Novel ultrahigh-strength nanolath martensitic steel by quenching-partitioning-tempering process. Journal of Materials Research, 2009, 24（1）：260-267.

[98] Wang X D, Guo Z H, Rong Y H. Mechanism exploration of an ultrahigh strength steel by quenching-partitioning-tempering process. Materials Science and Engineering A, 2011, 529：35-40.

[99] CABALLERO F G, BHADESHIA H K D H, MAWELLA K J A, et al. Very strong low temperature bainite. Materials Science and Technology, 2002, 18（3）：279-284.

[100] BHADESHIA H K D H. High performance bainitic steels. Materials Science Forum, 2005, 500-501：63-74.

[101] GARCIA-MATEO C, CABALLERO F G, BHADESHIA H K D H. Mechanical properties of low-temperature bainite. Materials Science Forum, 2005, 500-501：495-502.

[102] 戎咏华. 先进超高强度-高塑性Q-P-T钢. 金属学报，2011, 47（12）：1483-1489.

[103] 王颖. 先进高强塑性Q-P-T钢增塑机制及其动态力学性能. 上海交通大学博士论文，2012.

[104] PYCHMINTSEV I Y, SAVRAL R A, DE COOMAN B C, et al. International Conference On TRIP-Aided High Strength Ferrous Alloys. Belgium, Ghent, 2002：299-302.

[105] 韦习成. 高强度低合金Si-Mn系TRIP钢的动态拉伸性能. 上海大学博士论文，2002.

[106] Wei X C, Li L, Fu R Y, et al. On the tensile mechanical property of Si-Mn TRIP Steels at high strain rate. Acta Metallurgica Sinica (English Letters), 2002, 15（3）：285-294.

[107] Wei X C, Fu R Y, Li L. Tensile deformation behavior of cold-rolled TRIP-aided steels over large range of strain rates. Materials Science and Engineering A, 2007, 465：260-266.

[108] Liu Wenhui, He Zhen-tao, Chen Yu-qiang, et. al. Dynamic mechanical properties and constitutive equations of 2519A aluminum alloy. Trans. Nonferrous Met. Soc. China 24 (2014) 2179-2186.

[109] 刘再德，王冠，冯银成，等. 6061铝合金高应变速率本构参数研究 [J]. 矿冶工程，2011, 31（6）：120-123.

[110] 赵俊，湛利华，史博. 6061铝合金高温拉伸流变行为 [J]. 塑性工程学报，2014, 21（3）：111-115.

[111] ZENER C, HOLLOMON J H. Effect of strain rate upon plastic flow of steel [J]. Journal of Applied Physics, 1944, 15（1）：22-32.

[112] SMERD R, WINKLER S, SALISBURY C, et al. High strain rate tensile testing of automotive aluminum alloy sheet [J]. International Journal of Impact Engineering, 32 (2005) 541-560.

[113] LINDHOLM U S, BESSEY R L, SMITH G V. Effects of strain rate on yield strength, tensile strength, and elongation of three aluminum alloys. J MATER 1971, 6 (1): 119-133.

[114] OOSTERKAMP L, DJAPIC, IVANKOVIC A. Venizelos G. High strain rate properties of the selected aluminium alloys. J Mater Sci Eng 2000, A278: 225-235.

[115] 易幼平, 杨积慧, 蔺永诚. 铝合金热压缩变形的流变应力本构方程 [J]. 材料工程, 2007, 4: 20-26.

[116] AVEDSIAN M M, BAKER H. ASM specialty handbook: Magnesium and magnesium alloys [M]. Materials Park: ASM International, 1999: 1-11.

[117] Li Naiyi. Design and manufacture of magnisym components for automobile application. 2003, workshop on China-America automotive materials. America, Detroit, 13-14th, March.

[118] KIM C H. POSCO magnisym business, POSCO Globle EVI forum. 27th Jan., 2008.

[119] Yu H, Yu H S, KIM Y M, et al. Hot deformation behavior and process maps of Mg-Zn-Cu-Zr magnesium alloy [J]. Transactions of Nonferrous Metals Society of China, 2013, 23: 756-764.

[120] GALIYEV A, KAIBYSHEV R, GOTTSTEIN G. Correlation of plastic deformation and dynamic recrystallization in magnesium alloy ZK60 [J]. Acta Materialia, 2001, 49 (7): 1199-1207.

[121] GALIYEV A, SITDIKOV O, KAIBYSHEV R. Deformation behavior and controlling mechanisms for plastic flow of magnesium and magnesium alloy [J]. Materials Transactions, 2003, 44 (4): 426-435.

[122] Yang Y Q, Li B C, Zhang Z M. Flow stress of wrought magnesium alloys during hot compression deformation at medium and high temperatures [J]. Materials Science and Engineering A, 2009, 499 (1-2): 238-241.

[123] Wu Yuan-zhi, et al. Flow behavior and microstructure of ZK60 magnesium alloy compressed at high strain rate [J]. Trans. Nonferrous Met. Soc. China 24 (2014) 930-939.

[124] 毛萍莉, 刘正, 王长义, 等. 高应变速率下 AZ31B 镁合金的压缩变形组织. 中国有色金属学报, 2009, 19 (5): 816-820.

[125] 申利权, 杨旗, 靳丽, 等. AZ31B 镁合金在高应变速率下的热压缩变形行为和微观组织演变 [J]. 中国有色金属学报, 2014, 24 (9): 2195-2204.

[126] SAKAI T, JONAS J J. Overview no. 35 dynamic recrystallization: Mechanical and microstructural considerations [J]. Acta Materialia, 1984, 32 (2): 189-209.

[127] SHENG Z Q, SHIVPURI R. Modeling flow stress of magnesium alloys at elevated temperature [J]. Materials Science and Engineering A, 2006, 419 (1/2): 202-208.

第 6 章
汽车用先进高强度钢的氢致延迟断裂

6.1 概述

汽车轻量化已经成为世界汽车发展的趋势[1,2]。数据表明，对乘用汽车整备质量每减少100kg，百千米油耗可降低 0.3~0.6L。燃油消耗的减少可以有效降低汽车尾气的排放，这在国内空气质量日益成为关注焦点的大环境下具有重大意义。通过提升汽车钢材的屈服强度（Y_S）和抗拉强度（UTS），保证车体优异的抗冲击性能同时可以减薄所使用钢板的厚度，即实现减重。早在 20 世纪 80 年代，在提高车辆安全性的需求促进下，就已经开始了对先进高强度钢（抗拉强度大于 600MPa）的研究[3]。近年来，为满足汽车轻量化的发展需求，一批批先进高强度钢，包括双相（DP）钢、相变诱发塑性（TRIP）钢、孪生诱发塑性（TWIP）钢、淬火配分（QP）钢、热冲压钢等已经被研发出来[4,5]。然而，随着钢材强度的提高，其延迟断裂风险也随之提高。越来越多研究结果表明，先进高强度钢具有显著的氢致延迟断裂现象，即高强度钢零部件在经过一段时间后会突然自发开裂。这种延迟断裂的现象严重影响高强度钢零部件的服役安全性，对该现象的机理探索和风险控制研究迫在眉睫。

可扩散氢、残余应力、微观组织是高强度钢延迟断裂的三大关键要素。三者对延迟断裂的影响可归纳为：材料的微观组织决定了氢在材料内部的溶解度、扩散能力、聚集位置、存在状态以及材料对氢致断裂的敏感程度；残余应力是裂纹扩展的驱动力，并促进氢的扩散与聚集；可扩散氢在残余应力的影响下，扩散至应力集中位置，在达到临界氢浓度后，导致材料发生延迟断裂。可见延迟断裂是包含材料学、电化学、力学等的多学科过程，至今仍有许多问题未解决[6]。然而，随着定量研究手段的进步，特别是可扩散氢含量精确检测技术的开发和普及，原子尺度的材料表征与模拟技术，推动了高强度钢氢致延迟断裂的研究。本章内容将围绕汽车用先进高强度钢的氢致延迟断裂，对近期的研究结果进行总结和归纳，为广大科研工作者和工程师提供参考，同时为开发具有高延迟断裂抗力的汽车用先进高强度钢提供设计思路。

为厘清可扩散氢和残余应力对延迟断裂的影响，6.2 节介绍高强度钢中可扩散氢的来源、定义及其在材料中的状态和对材料的影响，然后介绍残余应力的起源、影响残余应力的重要因素及残余应力对氢扩散的影响；在此基础上，6.3 节我们总结现有的氢致延迟断裂机理；6.4 节将列举实验室对高强度钢氢致延迟断裂的表征方法，比如恒载荷拉伸试验（constant loading tests，CLT）、慢应变速率拉伸试验（slow strain rate tension tests，SSRT T）、弯曲和冲杯试验等，在掌握这些实验室表征方法的同时，读者可以思考氢和应力是如何在实验中引入的，与实际工况对比，选用合适的表征手段；6.5 节是高强度钢氢致延迟断裂的案例分析，涉及的材料包含第一至第三代汽车用先进高强度钢，特别当涉及孪晶诱发塑性（twinning-induced plasticity，TWIP）和相变诱发塑性（transformation-induced plasticity，TRIP）效应时，使高强度钢的氢致延迟断裂现象具有特殊性，是近年来该领域研究的热点。

6.2 可扩散氢与残余应力

6.2.1 可扩散氢

根据氢的来源，可将先进高强度钢中的氢分为内氢和外氢[6]。内氢是在冶炼和加工时进入材料的氢，而外氢是在服役环境中进入的氢。内氢可由冶炼过程中进入炉中的水分解而来。酸洗和电镀过程中阴极发生析氢反应，可产生氢进入高强度钢中，此类氢也属于内氢。使用氧化性酸或添加缓蚀剂可降低酸洗过程中进入钢中的氢量，同时电镀后零件可通过烘烤来消除氢的影响。焊接过程中局部区域温度可达 3000K，高温可从气氛或焊条中的水分、助熔剂中的结晶水等分解出原子氢。另外，热处理过程中也会引入氢，安赛乐米塔尔公司的研究报告表明[7]，热成形钢中的氢含量随其奥氏体化时炉内环境露点温度的升高而升高，如图 6-1 所示。

外氢是在服役环境或者人为引入的氢。洁净的金属表面在含 H_2 的环境中会吸附 H_2，吸附后氢原子进入材料内部。金属在湿空气或水介质中发生电化学腐蚀，其阴极过程可以发生析氢反应。图 6-2 为 AISI 4135 不锈钢在干/湿环境中经过不同循环腐蚀次数后的可扩散氢含量[8]。其中 $H_E^{average}$ 是循环结束后直接测量的平均氢含量，$H_E^{homogenized}$ 是循环实验结束后再在 90% 相对湿度和 30℃ 环境下进行 24h 均匀化处理后的平均氢含量[8]。图 6-2 表明随着循环次数的增加，即腐蚀的进行，进入材料内部的可扩散氢含量逐渐增加。另外，实验室为了研究氢与材料的相互作用，通常利用高压氢气环境或通过电解水实现对试样的预充氢。

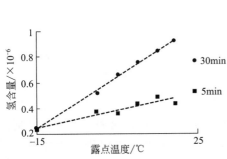

图 6-1 热成形钢中可扩散氢含量随着露点温度和保温时间的变化[7]

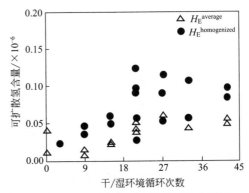

图 6-2 AISI 4135 钢在干/湿环境中循环次数与可扩散氢含量的关系[8]

氢在金属中的存在方式可能是氢原子、氢正离子、氢化物或氢气[9]。一般认为，氢进入金属晶格后仍以原子形态存在。但是当金属内有空洞或空腔时，原子氢进入空腔后会复合成氢气,占据整个空腔。甚至由于空腔内气压的增加使材料周围发生塑性变形或致使开裂,形成氢鼓泡或氢压裂纹[10]。在实验室充氢时,需避免由于氢含量过高可能造成如氢压裂纹和氢鼓泡这样的不可逆损伤。

原子氢在晶格中作为间隙原子周围存在一个应变场,该应变场与晶体缺陷(如空位、位错、孪晶界和晶界等)的应变场相互作用从而把氢吸引在缺陷的周围[6,11]。这种能捕获氢的材料缺陷,称之为氢陷阱,大量研究表明,氢陷阱对氢的溶解度、氢的扩散、氢损伤和氢致开裂都有重要影响。控制高强度钢内部缺陷的种类、数量和分布是提高材料抗氢致开裂的重要途径之一。当氢陷阱与氢的结合能(E_b)较小时,在室温条件下氢可以从陷阱中跑出而进入间隙位置[6]。这种陷阱成为可逆氢陷阱,比如位错、小角度晶界、空位或溶质原子。处在可逆氢陷阱中的氢参与氢的扩散及一切氢致开裂过程,对延迟断裂起很大的作用。如果E_b较大,则在室温下氢难于从陷阱中逃逸出,这类陷阱称为不可逆氢陷阱,如析出物的相界面或微孔等。许多研究表明,在材料中适当引入不可逆氢陷阱可以提高其氢致延迟断裂抗力。

一般而言,位于晶格或可逆氢陷阱中的氢称为可扩散氢,位于不可逆氢陷阱中的氢称为不可扩散氢。在实验室中,可通过热分析谱仪分析氢的热脱附动态过程(thermal desorption analysis,TDA)判断氢陷阱的种类及研究其物理性质[12]。图6-3为不同微观组织试样经过同样的充氢条件后的氢热脱附分析[13,14]。图6-3(a)为三种不同冷轧量铁素体的氢脱附曲线,对比可知冷变形引入更多的位错可以提高其氢含量,在500K左右的脱附峰是由位错吸附的氢引起的。图6-3(b)中三种试样的氧化物含量依次增加,对比其脱氢过程可知出现在700K的脱附峰是由钢中氧化物引起的。如图6-3所示,由位错吸附的氢即为可扩散氢,而由氧化物吸附的氢为不可扩散氢,可扩散氢的热脱附温度低于不可扩散氢。

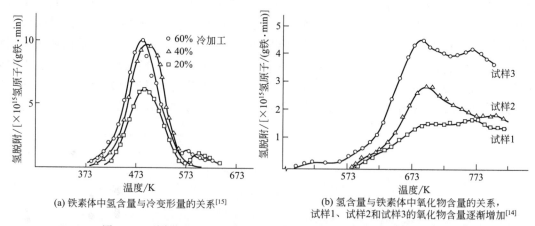

(a) 铁素体中氢含量与冷变形量的关系[15]　　(b) 氢含量与铁素体中氧化物含量的关系,试样1、试样2和试样3的氧化物含量逐渐增加[14]

图6-3　不同微观组织试样经过同样充氢条件后的氢热脱附分析

当氢进入材料时,会引起材料物化与力学性质的改变。在材料中,氢位于间隙位置使晶格发生畸变,能引起点阵常数的升高。另外,对于不稳定的奥氏体,氢能降低层错能促进其马氏体相变。充氢时,由氢在试样内部的浓度梯度产出应力梯度也可促进马氏体相变[16]。研究表明,304和316不锈钢在一定充氢条件下都会发生氢促进马氏体相变[16~18]。而第三代先进高强度钢中含有不稳定奥氏体,这些奥氏体可以在变形时发生形变马氏体效应(TRIP效应),从而提高材料的强塑性。在充氢条件下,这些不稳定奥氏体也有可能会发生转变,形成ε或α马氏体。但是据笔者了解,汽车用高强度钢中还未有相关文献报道过氢致马氏体相变现象。

氢会影响位错的运动。早在三十多年前，研究者就通过透射电镜中的原位拉伸实验观察金属材料中的位错在 Ar 和 H_2 气环境下的运动状态[19~22]。研究结果表明，在通入 Ar 时，静止的位错没有发生移动，但当通入相同压力的 H_2 时，位错发生运动。研究者再把 H_2 抽出，位错停止或反向运动。这些实验证据直接证明氢可以提高位错在金属材料中的可动性。氢提高位错可动性是多种机理共同作用的结果，其本质在于氢致应变场与位错应变场的交互作用。氢不仅可以提高位错的可动性，还可以改变位错组态。在面心立方晶体中，固溶原子氢偏向于富集在刃位错周围，从而降低刃位错的应变能，但氢与螺位错的作用较弱。这是因为在含氢条件下，当刃位错转变为螺位错发生交滑移时，会导致系统能量升高。因此固溶原子氢可以抑制位错的交滑移，同时促进位错的平面运动[21,22]。

晶界和相界可作为氢陷阱吸附氢原子[14]。对于先进高强度钢，特别是第三代先进高强度钢，其微观组织包含多种相，如马氏体、铁素体、贝氏体和残余奥氏体[5]，氢可吸附在这些相界面上。另外在热处理过程中，原奥氏体晶界可能存在杂质元素或析出相的偏聚，会与吸附在晶界上的氢共同作用产生微裂纹，这是汽车用高强度钢氢致裂纹的重要形核机制[23]。同时，氢吸附在原奥氏体晶界上可降低其表面能，从而提高材料沿晶断裂的可能性。

6.2.2 残余应力

残余应力在金属材料中是普遍存在的。人类最早利用残余应力的记录是公元前 200 年西汉时期制造的"见日之光"铜镜[24]。铜镜有铭文和图案处厚，无铭文处比较薄。因为厚度不均匀，铸造时产生应力，伴随着局部的弹性变形，使得镜子的厚处曲率小，薄处曲率大，曲率的差异与铜镜纹饰相对应。当光线照射到镜面时，曲率较大的地方反射光比较分散，投影就较暗；曲率较小的地方反射光比较集中，投影就比较亮，因此镜背面的图像可以显现出来，如"透光"，外国人称之为"魔镜"[25]。现在我们清楚，金属材料在铸造、热处理、轧制、冲压和焊接等过程中均会产生残余应力。残余应力对金属材料的腐蚀、氢脆和延迟断裂行为都有很大的影响。

汽车用先进高强度钢在冲压成形时，由于其变形在微观和宏观尺度上的不均匀性而产生残余应力[26]。残余应力可分为微观残余应力和宏观残余应力。微观残余应力存在于不同的物相组织和晶粒内部或其界面处，对氢致延迟断裂的裂纹起源起重要作用。宏观残余应力作用在工件尺度上，控制着延迟断裂的裂纹扩展过程。本文提到的残余应力若未特别说明，则是指宏观残余应力。图 6-4 为板材弯曲变形残余应力的形成示意图[26]，板厚度为 $2t$。当板

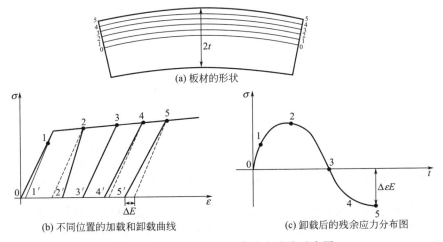

(a) 板材的形状

(b) 不同位置的加载和卸载曲线

(c) 卸载后的残余应力分布图

图 6-4　板材弯曲变形残余应力形成示意图

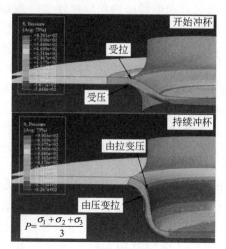

图 6-5 冲杯过程中板材的平均主应力
（箭头所指位置发生受力转变）

材经受弯曲时，0 位置不变形，1~5 位置变形量逐渐增加，其中 2 位置之后材料发生塑性变形，如图 6-4 (b) 所示。当卸载时，由于约束作用，变形后的材料无法完全弹性回复而产生 $\Delta\varepsilon$ 的弹性应变，对应的残余应力的大小为 $\Delta\varepsilon E$，其中 E 为弹性模量，如图 6-4 (c) 所示。由此可知，随着先进高强度钢板材屈服强度的提高，弯曲变形后弹性应变增大，$\Delta\varepsilon$ 也随着升高，导致更显著的回弹和形成更高的残余应力。在具体的冲压成形过程中，板材各部位不均匀变形、成形几何形状复杂和约束条件多，其残余应力与回弹均难以用解析法得到，一般借助有限元模拟进行预测。

笔者对冲杯过程的有限元模拟研究发现，板材在成形过程中经受反复弯曲变形。如图 6-5 所示，开始冲杯时，白色箭头所指板材下表面位置的平均主应力为正，表示该位置受拉，对应上表面红色箭头所指位置受拉。当冲杯持续进行时，下表面该位置变为受拉，对应上表面位置变为受压。另外，在脱模时，伴随着应力释放和回弹，也会发生应力状态的转变。

我们知道，材料在拉压反复加载过程中的力学响应由于材料微观内应力的作用会不同于单向变形。除了 BE 效应外，即反向加载时屈服应力降低，还会出现过渡屈服和持久软化的现象[27,28]，如图 6-6(a) 所示。笔者对 TWIP 钢板材的拉压实验表明，TWIP 钢反向加载时同时存在屈服点降低、过渡屈服和持久软化三种现象，如图 6-6(b) 所示。在有限元模拟过程中，使用能完整描述材料反复加载力学行为的弹塑性模型可以有效提高冲压成形过程模拟的准确性，更准确地预测回弹和残余应力。同时，大量研究表面由于第二代和第三代先进高强度钢微观组织变形的不均匀，其 BE 效应比起传统汽车钢更加显著[3,29~33]。因此，当模拟先进高强度钢冲压过程及预测成形残余应力和回弹时，考虑它们的 BE 效应十分必要。

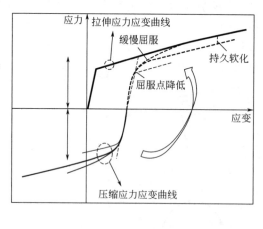
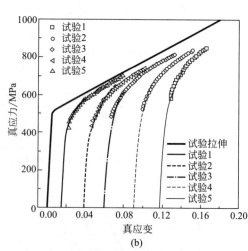

图 6-6 材料反向加载时的力学响应和 TWIP 钢的拉压变形曲线及其有限元模拟

残余应力在先进高强度钢的氢致延迟断裂中扮演着关键角色。通常来讲，残余应力越大，发生氢致延迟断裂的风险也就越大[34]。残余应力对氢扩散的影响也很大，在应力作用下，晶格发生弹性变形与氢致应变场产生作用，从而使氢原子的扩散驱动力发生变化。根据

菲克第二定律，可知

$$J = \frac{\partial C}{\partial t} = -\frac{DC}{RT}\nabla\mu \tag{6-1}$$

式中，J 为扩散通量；D 为氢在晶格中的扩散系数；C 为氢在金属基体中的摩尔浓度；R 为气体常数；T 为绝对温度；μ 为化学势。其中，化学势 μ 的表达式为

$$\mu = \mu_0 + RT\ln C - \nabla p V_H \tag{6-2}$$

式中，μ_0 为标准状态下的化学势；p 为静水应力（hydrostatic force，拉应力为正）；V_H 为氢的偏摩尔体积。式(6-2)中，等号右侧第二项为氢浓度对化学势的影响，第三项则为应力对化学势的影响。整理公式(6-1)与公式(6-2)可得

$$\frac{\partial C}{\partial t} = D\nabla^2 C - \nabla\left(\frac{DV_H}{RT}c\ \nabla p\right) \tag{6-3}$$

由此，我们可以模拟得到氢在裂纹尖端等应力集中位置的扩散与富集情况。例如，Wu 等[35]人在公式(6-3)的基础上，通过有限元方法模拟了氢在高强马氏体钢的扩散过程，他们发现，在高强马氏体钢的碳化物周围会形成较大的应力梯度，诱导氢往这些位置扩散并富集，如图 6-7 所示，最终形成氢致裂纹。在实际情况下，先进高强度钢的微观组织中存在很多氢陷阱，例如位错、晶界、析出物等。考虑到氢陷阱对氢原子扩散的影响，Sofronis 与 Mcmeeking[36] 改进了上述应力诱导氢扩散模型，如公式(6-4) 所示。

$$\frac{\partial C_L}{\partial t} + \frac{\partial C_T}{\partial t} = \nabla(D\ \nabla C_L) - \nabla\left(\frac{DV_H}{RT}C_L\ \nabla p\right) \tag{6-4}$$

式中，C_L 为晶格间隙中的氢原子浓度；C_T 为氢陷阱中的氢原子浓度，可以通过 Oriani 平衡理论得到。在此基础上，Krom 等人[37] 进一步改进模型，引入应变速率因子，为解释应变速率对氢致断裂的影响提供了依据。此后，Dadfarnia 等人[38] 又在模型中考虑了氢原子随位错的移动，发现尤其当氢原子晶格扩散系数较小时，氢原子随位错的移动会对裂纹尖端的氢含量起到较大的影响。同时，Dadfarnia 等人也指出，在应变速率较大时，氢原子可能无法再随位错发生移动，但是现有模型未考虑这一影响，仍有待改进。

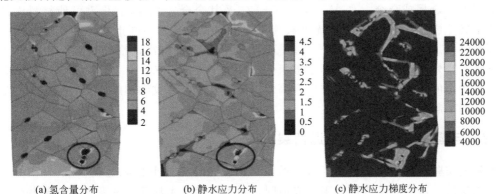

(a) 氢含量分布　　(b) 静水应力分布　　(c) 静水应力梯度分布

图 6-7　在含碳化物的高强马氏体钢中，应变 6% 时的氢含量分布、静水应力分布、静水应力梯度分布

（圆圈中的区域为周围富集了氢的碳化物[35]　）

6.3　氢致延迟断裂的微观机理

氢致延迟开裂的机理可分为两大类：第一类是认为开裂过程并不以塑性变形为先决条件；第二类认为金属材料的延迟开裂以局部塑性变形为先决条件，氢促进局部塑性变形从而

导致低应力下的氢致开裂[6]。属于第一类氢致开裂的机理包括氢压理论、氢降低原子键合力导致低应力脆断理论、氢吸附降低表面能致脆理论以及与氢化物相关的开裂理论等。与塑性变形有关的氢致延迟断裂机理根据断口形貌的不同，又可分为氢促进局部塑性变形致裂理论和氢促进微孔形核长大理论。

6.3.1 不涉及塑性变形的延迟断裂机理

由前所述，如果材料或试样内部存在空腔（如微裂纹、未愈合枝晶间隙或开裂的第二相界面），则充氢时外部进入材料的原子氢或因溶解度降低而析出的原子氢将进入空腔，进而复合成分子氢，形成氢气泡。同时周围晶格中的氢浓度降低，浓度差引起氢原子从远处向气泡周围扩散。另外，气泡的内压力会产生一个应力梯度，能诱导氢的扩散，使氢富集在气泡的附近，从而不断形成氢气分子，气泡内部压力增加。当内压作用在气泡壁上的拉应力等于屈服强度时，材料就会发生塑性变形，即气泡长大[39]。在许多情况下，氢气泡处于材料表层，表层材料屈服会使气泡鼓出表面，称为氢鼓泡。同理，当气泡壁上产生的最大正应力等于材料抗拉强度时，则气泡开裂。需要注意的是，氢鼓泡和氢压裂纹的形成只需要试样中的氢浓度超过某临界值即可，不需要外加应力或者内应力。但若存在外加拉应力或内拉应力，则会促进气泡的长大和裂纹的扩展。在实践中，典型的氢压裂纹包括钢中的白点、H_2S溶液浸泡裂纹、酸洗和电镀裂纹、焊接冷裂纹和无外应力电解充氢时产生的裂纹等。

氢的弱键理论认为氢原子的1s电子进入金属电子带后可使金属原子间的斥力增加，即降低了原子间的结合力σ_{th}。第一性原理计算表明，当第一个H进入124个Fe原子后，能使Fe-Fe键结合力降低45%，当第二个H进入时，又使Fe-Fe键结合力再降低17%[40]。当裂尖最大正应力σ_{yy}等于或大于原子键结合力σ_{th}时，裂纹前端各对原子就能被拉断，从而导致裂纹形核。降低原子键结合力同时会导致材料表面能的降低，从而减小裂纹扩展的阻力。然而，不同于陶瓷材料，钢铁材料中裂纹的形核和扩展过程涉及大量塑性变形，并非完全是原子键被正应力拉开的过程，开裂前消耗的塑性变形功往往比表面能大好几个数量级。因此，氢的弱键机理对高强度钢的延迟断裂并不十分适用。

对于B类金属或合金（如V、Nb、Ti、Zr及其合金），室温下几乎可使材料内部全部的氢原子转化成氢化物[41,42]。在无外载荷下充氢时，氢化物不断形成，从而使试样的断裂韧性不断降低。如在恒载荷条件下充氢，随着氢化物含量升高，临界断裂应力因子（K_{th}）不断下降，当外加应力强度因子等于被氢化物降低了的断裂韧性时，就会引起滞后开裂。另外，裂纹尖端的应力集中会使氢浓度升高，促进氢化物在裂纹尖端的析出，使脆性的氢化物开裂，从而引起裂纹的滞后性扩展。

6.3.2 与塑性变形相关的延迟断裂机理

大量的实验直接或间接证明了可扩散氢可以促进位错的形核和运动[43,44]。在低应力条件下，当扩散、富集的氢浓度大于临界值时，材料就会发生局部塑性变形。在某些位置（比如裂纹尖端的无位错区、位错塞积群前端）由塑性变形引起的应力集中等于被氢降低的原子间结合力时，会导致氢致裂纹的形核。在慢应变速率拉伸过程中，当含氢试样的平均应变还很小时，氢促进局部的塑性变形可使局部应变达到断裂应变，从而导致含氢光滑试样的早期脆断[6]。也就是说，氢促进局部塑性变形使应变高度局部化导致塑性损失。从微观上看，氢促进位错的发射和运动；从宏观上看，氢使断裂应力门槛值和应变下降，从而使材料变脆。

另外，只有当通过应力诱导的氢扩散和富集达到某一临界值时，才会明显促进局部塑性变形并使应变高度局部化，同时使断裂应力明显下降，从而在低的外应力条件下导致开裂。

这就表明，氢致开裂及其力学参量（比如断裂应变、应力及应力强度因子）本质上是和扩散富集的氢浓度相关。当微裂纹形核后，原子氢可进入微裂纹内部，还可以复合成氢气，产生氢压，从而使微裂纹稳定化，同时也能促进微裂纹的扩展。

除由氢促塑性变形导致延迟开裂的机理外，氢还能促进孔洞的形核和长大。孔洞形核、长大和连接属于韧性断裂过程。但是当材料中含有一定量的氢时，由于氢促进塑性变形，当外应力还很低时，微孔就形核和长大，从而引起氢致塑性损失。出现的空洞将成为不可逆氢陷阱，氢进入孔洞就会复合成氢气，产生氢压。室温时氢气不能分解成原子氢而扩散出孔洞，从而稳定孔洞。另外，氢降低原子键结合力和表面能，同时促进局部塑性变形，使得孔洞形核的临界半径降低。孔洞形核后将不断长大，到临界状态后为裂纹从孔洞壁形核，导致孔洞互相连接而韧断。实验表明，氢能使孔洞以及微裂纹形核的临界应变和临界载荷显著下降[6]。因此，可以看出高强度钢中的延迟断裂无法用单一机理进行描述。研究者往往会抓住延迟断裂过程中的两个基本过程进行解释，一是局部的位错运动即塑性变形，二是原子键断开和新界面的形成。

6.4 氢致延迟断裂性能的表征方法

目前，评价抗氢致延迟断裂性能的试验方法有很多种，例如恒载荷拉伸试验（constant loading tests，CLT）、慢应变速率拉伸试验（slow strain rate tension tests，SSRTT）、线性加载应力拉伸试验（linearly increasing stress tests，LIST）、断裂韧性试验、弯曲与冲杯试验等。在同一种试验方法中，也常常存在不同的评价参数，例如在 SSRTT 中，可以采用断裂应力、伸长率下降指数（elongation loss index，ELI）、截面积下降指数（reduction of arealoss index，RALI）来评价材料的抗氢致延迟断裂性能。不同的试验方法与评价方式可能会对材料抗氢致延迟断裂性能的表征结果产生影响，因此选择合适的试验与评价方法非常重要。

6.4.1 恒载荷拉伸试验

恒载荷拉伸试验（CLT）是将钢材暴露于腐蚀或惰性环境中，对试样施加恒定的拉伸载荷，然后观察试样在一定时间内是否发生断裂，并记录断裂时间。图 6-8 就是一种典型的 CLT 装置。其中，A 是待测试的试样，由上下夹具固定；B 是反应容器，在试验过程中，可以通过改变其中的试验溶液或施加不同电压，来模拟不同的服役环境；C 是应力环；F 是力传感器，可以实时测量试验过程中的载荷大小；H 是计时装置，左上角是放大后的照片，在试验开始的时候，挡板与按钮互相接触，使计时开始，样品发生断裂时，载荷瞬间消失，挡板快速抬起，按钮随之抬起，使计时结束，计时器显示试验过程的时间总长；J 和 I 则分别对应时间和力的显示装置。

通过改变恒载荷的大小，CLT 可以测得断裂应力-断裂时间关系，进而得到不发生氢致延迟断裂的临界应力，用以评价材料的抗氢致延迟断裂性能。目前，也有许多研究将预充氢 CLT 与 TDA 测氢技术相结合，建立起可扩散氢含量-断裂时间关系，得到不发生延迟断裂的临界可扩散氢含量与应力数值，从而判断不同材料的抗氢致延迟断裂性能。比如 Kim 等人[45]通过氢 CLT，比较了相同拉伸强度级别的珠光体组织与回火马氏体组织的抗氢致延迟断裂性能，得到的可扩散氢含量-断裂时间关系如图 6-9 所示，图中同时示出了不发生氢致延迟断裂的临界氢含量。从图中我们可以清楚地看出，珠光体组织的临界可扩散氢含量明显高于回火马氏体组织，即珠光体组织具有更好的抗氢致延迟断裂性能。Wang 等人[46]利用预充氢缺口试样进行 CLT，发现氢致延迟断裂受应力集中系数影响，且与预充氢后的初始浓度无关。这是因为在缺口试样中，应力促使氢在缺口处富集，使得缺口处氢浓度明显高于预充氢时氢的初始浓度。

图 6-8 典型的恒载荷拉伸试验装置
A—试样；B—反应容器；C—应力环；D—应力环底部；E—应力环顶部；F—力传感器；G—力加载装置；H—继电器计时装置；I—力传感器数值显示器；J—计时装置显示器

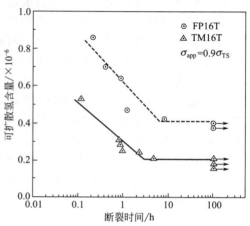

图 6-9 可扩散氢含量-断裂时间关系（FP16T 为珠光体组织，TM16T 为回火马氏体组织）[45]

6.4.2 慢速率拉伸试验

慢速率拉伸试验（SSRTT）是指在预充氢或原位充氢等条件下，以很小的拉伸速率对试样进行拉伸测试，保证氢有足够的时间扩散到应力集中的位置，形成氢致延迟断裂。相比于 CLT，尽管慢速率拉伸试验与实际服役情况差距更大，但是其测试效率更高。其中，SSRTT 是此类试验中最常见的一种，常见的应变速率范围在 $10^{-5} \sim 10^{-8} \mathrm{s}^{-1}$ 之间。SSRTT 评价方法可得到材料在氢环境中的伸长率下降指数、断裂截面积下降指数以及断裂强度等。图 6-10 给出了中锰钢 CRA（冷轧）与 HRA（热轧）试样充氢前后的拉伸曲线，测得伸长率下降指数分别为 87% 与 74%，由此判断 HRA 试样的抗氢致延迟断裂性能较好[47]。当金属试样的抗氢致延迟断裂性能很差，或者在拉伸速率非常缓慢的情况下时，试样在弹性变形阶段就有可能形成氢致裂纹，导致氢致断裂，此时可以采用断裂强度来评价 SSRTT 的结果。Wang 等人[48]采用约 $8.3 \times 10^{-7} \mathrm{s}^{-1}$ 的应变速率，发现不同预充氢量的 AISI 4135 钢均在弹性阶段发生断裂，如图 6-11（a）所示。他们采用了断裂强度作为评价指标，得到了如图 6-11（b）所示的断裂强度-可扩散氢含量关系图。在实际应用中，类似的断裂强度-可扩散氢含量关系图可以用于判断钢材抗氢致延迟断裂性能是否达标。

此外，文献[49]提出了线性加载应力试验（LIST）的方法来评价先进高强度钢的抗氢致延迟断裂性能，即在拉伸过程中，试样所受的力是线性增加的。分析认为在弹性

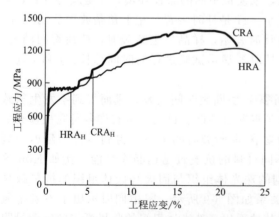

图 6-10 冷轧中锰钢（CRA）与热轧中锰钢（HRA）试样充氢前后的伸长率比较（下标 H 表示充氢后的拉伸曲线）[47]

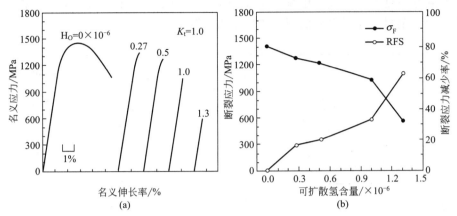

图 6-11 不同充氢量的 AISI 4135 试样的 SSRTT 结果和断裂强度-可扩散氢含量关系

阶段，LIST 与 SSRTT 并无明显差异，但当微裂纹形成并达到临界尺寸之后，LIST 试样中的力仍继续增长，试样很快就会失稳发生断裂。因此，相比于 SSRTT，LIST 的效率更高。但 SSRTT 与 LIST 的过程都仍然需要耗费较长的时间，对测试设备也有特殊要求。近年来，有学者开始尝试采用相对较快的拉伸速率进行抗氢致延迟断裂性能评价，例如，文献［50］提出了传统应变速率法（conventional strain rate technique，CSRT），他们采用带缺口的样品，发现将拉伸速度提升 200 倍至 1mm/min 后，结合有限元分析，最终得到的临界应力-可扩散氢含量关系没有发生明显改变，因此他们认为临界应力-可扩散氢含量关系是材料常数，并不会随拉伸速率而改变。如果可以将此类方法推广到其他材料中，则抗氢致延迟断裂性能的评价效率就有望得到提升。

6.4.3 断裂韧性试验

可扩散氢会降低钢材的断裂韧性，因此断裂韧性试验也能够用于表征材料的氢致延迟断裂风险，其中常用的评价参数有应力强度因子 K、裂纹扩展速率 da/dt、J 积分、裂纹张口位移（crack opening displacement，COD）等。试验过程中，随着应力强度因子 K 的增长，裂纹的扩展过程主要分为三个阶段，如图 6-12(a) 所示[9]。在 K 达到临界应力强度因子 K_{th} 之前，裂纹几乎不发生扩展，为第一阶段；第二阶段是当达到 K_{th} 之后，裂纹扩展速率快速增长至一个稳定值 da/dt_{II}，不再随 K 变化；而当 K 达到断裂韧性 K_c 后，裂纹扩展速率又快速增长，直至材料发生破坏，为第三阶段。

文献［51］对 Aermet 100、Ferrium M54、Ferrium S53 等多种新型马氏体钢进行了充氢断裂韧性试验，并与传统 300M 钢进行对比。如图 6-12(b) 所示，在电势较低时，他们所选择的新型马氏体钢的 da/dt_{II} 明显低于 300M 钢，也就是说，在氢环境中，这些新型马氏体钢的氢致裂纹扩展速率更慢。从图中还可以明显看出，新型马氏体钢中存在氢致断裂的安全电势窗口，在安全窗口内，da/dt_{II} 更低，传统 300M 钢则没有类似的安全电势窗口。

对于塑性较好的材料而言，其裂尖塑性区较大，此时，应力强度因子无法准确反映裂尖的应力与应变场强度，需采用 J 积分或 COD 等其他断裂力学参数。以 J 积分为例，J 积分是断裂力学中与路径无关的积分，可以用于表征裂纹总能量耗散对裂纹扩展的变化率，对于特定的几何尺寸，J 积分可以从力-位移曲线中计算得到，从而得到 J 积分随裂纹扩展量 Δa 的变化关系，即 J 阻力曲线（J-R curve），具体计算过程可以参考文献［52］。从 J 阻力曲线中，我们可以得到裂纹开始稳定扩展的临界值 J_{IC} 以及裂纹在扩展过程中所受阻力，从而评价氢对材料断裂韧性所造成的影响。图 6-13 比较了低碳铁素体-珠光体钢在充氢前后的 J 阻力曲线，可见钢材在充氢之后的裂纹扩展阻力下降显著[9]。

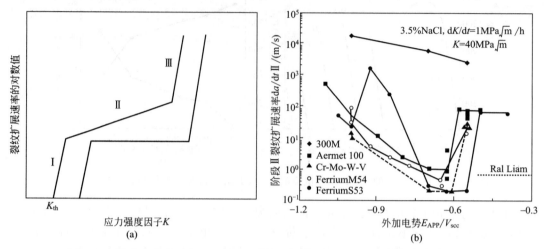

图 6-12　随应力强度因子 K 增长，裂纹扩展呈现出的三个不同阶段和四种新型马氏体钢与传统 300M 钢在不同电势下的稳定裂纹扩展速率

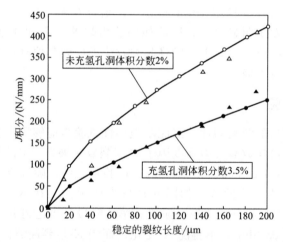

图 6-13　低碳铁素体-珠光体钢在充氢前后的 J 阻力曲线[9]

6.4.4　弯曲与冲杯试验

上述提到的 CLT、SSRTT 等试验都通过单轴加载来检测材料的抗氢致延迟断裂性能，其优点就是很容易控制应力、应变与可扩散氢含量等参数，对高强度螺栓钢等材料非常适用。但对于汽车用先进高强度钢板材，这些试验方法不能体现成形和多向残余应力等因素对零部件延迟断裂的影响。

车用高强度钢板材常应用于车门防撞梁、保险杠加强件等零部件，这些零部件主要采用冷冲压成形或热冲压成形。抗氢致延迟断裂的弯曲试验更加接近零部件的实际情况。其中，U 形弯曲试验与恒载荷四点弯曲试验比较常见。U 形弯曲试验的具体方法如图 6-14 所示[53]。首先，对长方形板材进行弯曲变形至 U 形，其次，用螺栓将 U 形零件的两边拴紧，再将拴紧后的 U 形零件暴露于腐蚀环境，观察零件是否发生破坏，并记录时间。试验过程中，可以通过控制 U 形弯曲半径控制应变大小，通过控制螺栓拴紧距离控制应力大小，通过控制腐蚀环境的 pH 值等变量控制可扩散氢含量，得到如图 6-15 所示的应力-应变-可扩散氢含量关系的三维图[53]，判断服役条件是否安全。恒载荷四点弯曲试验则是采用四点弯曲装置进行加载，通过应变片检测试样的载荷大小，最后得到的断裂应力-断裂时间关系或可扩散氢含量-断裂时间关系与恒载荷拉伸试验类似[54]。

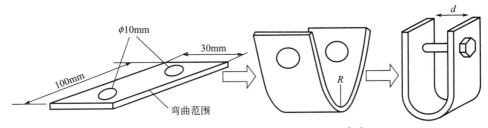

图 6-14　U 形弯曲试验具体方法的示意图[53]

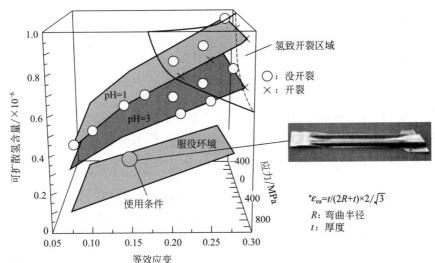

图 6-15　由 U 形弯曲试验得到的应力-应变-可扩散氢含量关系三维图
（插图为实际零件及其服役条件在三维图中的对应位置）[53]

冲杯试验是一种更接近实际情况的抗氢致延迟断裂性能表征方法。冲杯试验可以通过改变拉延比来改变试样中的残余应力与应变，其中残余应力可以由 X 射线衍射等实验方法测得，应变则可以通过有限元模拟计算得到。Takagi 等人[53]比较了 1180MPa 级 DP 钢的 U 形弯曲试验与冲杯试验，发现由于成形方式不同，在相同服役条件（应力、应变、可扩散氢含量）下，U 形弯曲试验更容易导致氢致延迟断裂。

6.5　先进高强度钢的氢致延迟断裂分析

先进高强度钢开发的传统思路为通过优化组织来提高钢材的强度和伸长率，伸长率高则意味着成形性能好。近年来，越来越多的研究者侧重于优化先进高强度钢的强度和扩孔率，扩孔率表示了材料的局部变形量。研究发现，在较高的强度条件下，很难同时提高材料的伸长率和扩孔率[55,56]。比如双相钢，由作为硬相的马氏体和软相的铁素体组成，两相协同变形使得其具有很好的伸长率，但由于位错在相界面堆积形成较高的应力集中从而致使界面开裂，形成微裂纹进而导致其扩孔率较低。Q&P 钢为马氏体基体组织，含铁素体和残余奥氏体，具有与双相钢类似的问题。而中锰钢由奥氏体和铁素体组成，奥氏体的硬度高于铁素体[57]，当奥氏体发生 TRIP 效应形成更硬的马氏体时，促进微裂纹在马氏体界面或内部形核。第二代高强度 TWIP 钢的伸长率极高，但扩孔率仍低于 40%，研究表明这是由于形变孪晶引起的微观应力集中和局部开裂所致[58,59]。因此先进高强度钢具有本征脆性，具体而言是指其非均匀微观组织易导致微裂纹的形成，表现为较低的扩孔率。

当材料内部存在微裂纹时，在氢与应力的共同作用下，这些微裂纹扩展，即发生延迟断裂。微观裂纹启动的机制一般有两种：一是氢扩散富集在裂尖应力集中处，材料的表面能降低导致临界断裂应力或断裂应变的降低，断裂可以是脆性的沿晶或解理机制，也可以是微孔机制；二是氢进入微裂纹内部形成氢分子，氢分子聚集产生氢压对裂纹施加额外的张开力，促使裂纹的扩展。因此，先进高强度钢的微观组织特点决定了其具有优异的强度和伸长率，但同时也决定其具有较高的延迟断裂风险。下文将分别讨论热冲压钢、TWIP 钢和含 TRIP 效应钢的氢致延迟断裂行为。

6.5.1 热冲压钢

目前，热冲压钢已经成功地应用在了汽车车身的 A 柱、B 柱、保险杆和车顶纵梁等各个部位[60]。现阶段广泛使用的热冲压钢的抗拉强度可达 1500MPa，同时，具有 2GPa 抗拉强度的热冲压钢也正逐步在汽车行业获得应用[61]。一方面，热冲压钢采用热成形工艺，可以减小残余应力和回弹，有利于降低延迟断裂风险；但另一方面，为达到 1500MPa 以上的强度，通常要求热冲压钢在淬火后形成易发生氢致延迟断裂的全马氏体组织[62,63]。相比于其他马氏体钢，热冲压钢中的氢含量更高[64]，高温的热处理与热冲压过程也都有可能在钢材中引入更多的可扩散氢[65]。有研究表明，回火可以提高热冲压钢的抗延迟断裂性能[66]。这是因为回火降低了材料的微观内应力，同时析出碳化物作为不可逆氢陷阱减缓氢的扩散。由于在热成形过程中存在自回火的过程，因此从热冲压零部件切取的试样比淬火试样具有更高的抗氢致延迟断裂性能[67]。

不同合金元素会对热冲压钢的抗氢致延迟断裂性能产生影响。例如，硼元素对热冲压钢的抗延迟断裂性能有影响。硼是热冲压钢中的重要合金元素，可以保证热冲压钢的淬透性。同时，硼元素也可以增强晶界原子间结合力，有效抑制磷等杂质元素偏析所导致的沿晶断裂[62]。但是，硼原子也有可能会与氢原子发生交互作用，对氢致延迟断裂产生不利影响。Chatterjee 等人[68] 对比了 AISI 1520 钢在添加硼合金元素前后的氢脆敏感性，发现硼元素使钢材对氢更加敏感，他们认为硼可能会在原奥氏体晶界处偏聚，提高发生氢致沿晶断裂的风险。但是 Komazazki 等人[69] 则发现，在高强度低合金钢中添加硼元素不会对氢脆性能产生明显影响，且硼元素能够有效抑制氢原子在钢表面的吸附，有望在实际服役环境中提升材料的抗延迟断裂性能。在 Lee 等人[70] 对热冲压钢 22MnB5 的研究中，尽管氢敏感性导致了小部分沿晶断裂，但断裂形貌仍以穿晶断裂为主，因此他们认为，硼在晶界处的偏聚对热冲压钢氢脆敏感性的负面作用可能不大。考虑到硼在热冲压钢中的重要性，深入研究硼对热冲压钢氢致延迟断裂敏感性的影响仍具有重要意义。

近年来，研究人员发现，通过微合金元素（如 V、Mo 等）强化原奥氏体晶界或形成纳米尺度的析出物，能够有效提升钢材的抗氢致延迟断裂性能。Zhang 等人[71] 研究了 Nb 元素对热冲压钢 22MnB5 氢致断裂敏感性的影响，在加入 Nb 元素后，形成的 NbC 能够成为氢陷阱，降低氢在材料中的扩散速率，同时 Nb(C，N) 能起到细化晶粒的作用，从而起到提升钢材抗氢致断裂性能的作用。为避免在奥氏体化过程中发生氧化、脱碳，热冲压钢通常需要在表面预制涂层，其中包括 Al-Si 涂层、Zn 涂层等。这些涂层本身（化学成分、破损情况等）也会对热冲压钢的腐蚀、氢吸收等行为产生影响，进而影响热冲压钢的抗延迟断裂性能[72,73]。例如，热冲压钢表面预制的 Zn 涂层一方面能够在奥氏体化过程中与钢表面发生反应，形成更加可靠的抗腐蚀保护层；而另一方面，钢表面的 Zn 涂层也可能会形成阴极保护，成为金属中氢的来源之一。此外，焊接等后续工艺也有可能会在热冲压钢中引入可扩散氢，提高热冲压钢的氢致延迟断裂风险。

6.5.2 含 TWIP 效应的钢

高锰钢在室温下具有纯奥氏体组织，变形时发生孪晶诱发塑性效应，具有约为 1GPa 的抗拉强度和超过 50% 的均匀变形量[74]。普遍认为，形变孪晶是 TWIP 钢主要的强化和加工硬化机制[74,75]。也有研究认为 TWIP 钢中的主要强硬化机制为位错增殖，且与碳含量相关[76,77]。同时 TWIP 钢中的孪晶会促进微裂纹的起源和解理裂纹的扩展，可能与延迟断裂的微观机制相关[58]。自 2009 年以来，ArcelorMittal 公司、ThyssenKrupp 公司、日本筑波大学、韩国浦项科技大学以及德国马普所等钢铁企业或科研单位相继开展 TWIP 钢延迟断裂行为的研究[78~81]。他们的研究成果表明：第一，TWIP 钢的延迟断裂是由氢与材料微观组织在较高残余应力下共同作用的结果；第二，添加 Al 元素可以有效抑制 TWIP 钢的延迟断裂，但是其机理尚无定论。

TWIP 钢的延迟断裂敏感性可通过预充氢（或原位充氢）SSRTT 和冲杯实验进行表征。SSRTT 的结果表明，TWIP 钢的断裂应力和伸长率随着可扩散氢含量的提高而降低，并且铝元素的加入可以提高 TWIP 钢的延迟断裂抗力[82~84]。Koyama 等人[81] 认为 TWIP 钢的穿晶断裂起源于孪晶界和晶界的交界，并可沿孪晶界扩展，与未充氢条件下的 TWIP 钢断裂机制相似[58]。除了可扩散氢外，应力是产生延迟断裂的必要条件。Seokmin 等人[80] 利用中子衍射对 TWIP 钢冲杯样的残余应力测量结果表明，杯子试样的环向拉应力可达 500MPa 以上，且有限元模拟的数值高于测量值。当通过去应力退火去除杯子的残余应力后，则延迟断裂不发生[85]。此外，也有文献报道细化晶粒可以提高 TWIP 钢的氢脆抵抗能力[86,87]。

笔者课题组利用含包辛格效应的材料塑性模型模拟了不同拉压比杯子试样的残余应力，并将这些杯子置于不同的中性腐蚀环境中长达一年，观察其延迟断裂的情况。图 6-16 为四种拉压比的冲杯试样在四种环境（室内空气、喷盐水、盐水部分浸泡和盐水全浸泡）中静置 2 个月后的延迟开裂情况。由图可知，随着拉压比的提高和腐蚀环境的加剧，延迟断裂风险提高。进一步的研究结果表明：

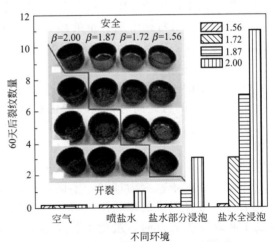

图 6-16 四种拉压比的 TWIP 钢冲杯试样在不同环境中静置 60 天后的开裂情况

① 随着拉延比的增加，冲杯试样的残余应力先增大而后稳定，而塑性应变随拉压比线性增加；

② TWIP 钢在中性条件下的延迟断裂机理为与氢相关的应力腐蚀开裂；

③ 除了残余应力外，塑性应变对延迟断裂的发生有促进作用。

6.5.3 含 TRIP 效应的钢

通过对残余奥氏体体积分数与稳定性的调控，TRIP 效应可以在保证先进高强度钢拉伸强度的同时，提升材料成形性等各方面能力，是近年来汽车钢轻量化领域的研究热点之一[88]。从氢致延迟断裂的角度来看，由于氢在奥氏体中的溶解度明显高于铁素体和马氏体，因此残余奥氏体中可以聚集大量氢原子。在塑性变形过程中，残余奥氏体转变为脆性的高碳马氏体相，可扩散氢也同时达到过饱和状态。TRIP 效应形成的高碳马氏体与大量可扩散氢相互作用，极易成为氢致裂纹的形核位置[89,90]。因此，含 TRIP 效应的钢材中的氢致延迟断裂问题也引起了人们关注，这里列举三种含 TRIP 效应的钢（传统 TRIP 钢、中锰钢和 Q&P 钢）供读者参考。

传统 TRIP 钢的微观组织通常由铁素体、贝氏体与残余奥氏体组成。由于残余奥氏体及 TRIP 效应的存在，传统 TRIP 钢中存在一定的延迟断裂风险。因为传统 TRIP 钢具有多相组织，其各相组织对氢的捕获能力与溶解度也各不相同，所以研究传统 TRIP 钢不同组织中的可扩散氢含量对基础研究与实际应用都有着重要意义。例如，Escobar 等人[91] 在 TRIP 钢的热脱附谱（TDS）中观察到了三个峰，并结合了差热分析（DSC）等方法，证明了其中温度最高的峰对应了奥氏体中的氢。通过与充氢前材料的热脱附谱对比，他们发现，残余奥氏体中的氢主要是在加工过程中引入的，而不是后续的电化学充氢实验。Hojo 等人[54] 采用预充氢恒载荷四点弯曲试验的方法，研究了不同化学组成的传统 TRIP 钢的抗氢致延迟断裂性能。他们发现，用相同含量的铝取代相同含量的硅，TRIP 钢的抗氢致延迟断裂性能会明显提高，其原因可能与奥氏体稳定性的改变有关。此外，他们还研究了 Nb、Mo、Mn 等其他微合金化元素的影响，其中，Mn 元素会使 TRIP 钢的抗氢致延迟断裂性能明显下降，并产生沿晶断裂的断口形貌[92]。不过，De Cooman 指出[93]，关于 TRIP 钢的氢敏感性的报道基本都采用了人为充氢的方法，此类测试条件与实际应用环境相差太大。实际上，在一般的电镀氢工艺中，传统 TRIP 钢并不会产生氢致延迟断裂。另外，根特大学研究了热镀锌退火过程中炉内气氛对钢中氢含量的影响，发现在误差范围内，采用纯 N_2 氛围或 N_2-5％H_2 氛围并不会对 TRIP 钢中的氢含量产生明显影响[93]。

由于汽车行业的轻量化需求，中锰钢近年来受到了广泛的关注。相比于传统 TRIP 钢，中锰 TRIP 钢属于第三代先进高强度钢，具有更高的拉伸强度，可以达到 1500MPa[94]。但与此同时，高强度也有可能引发高氢致延迟断裂敏感性，另外，中锰钢的组织中存在大量奥氏体（20％～40％），在塑性变形过程中，奥氏体发生 TRIP 效应，形成对氢敏感的马氏体[6]。Han 等人[47] 对比了中锰 TRIP 钢两相区退火前的冷轧工艺对氢脆性能的影响。研究发现，两相区退火前的冷轧工艺能够改变铁素体与奥氏体的最终形貌，使其从板条状变为球状，不同的组织形貌对其氢渗透性能并没有明显影响。但是，冷轧工艺后最终形成的球状组织形貌，可以改变氢致裂纹的扩展过程，使裂纹在纳米尺度上不断改变扩展方向，避免了裂纹沿微米尺度的原奥氏体晶界快速扩展，从而提升了中锰 TRIP 钢的抗氢致断裂性能。图 6-17[90] 比较了马氏体钢、传统 TRIP 钢与中锰 TRIP 钢的伸长率下降指数与氢含量之间的关系。从伸长率下降指数来看，马氏体钢具有更加严重的氢敏感性，而传统 TRIP 钢与中锰 TRIP 钢之间并没有明显差别。需要注意的是，伸长率下降指数与实际情况下的氢致延迟断裂情况存在许多差异，但目前针对中锰 TRIP 钢抗氢致延迟断裂性能的研究仍然有限，中锰 TRIP 钢的抗氢致延迟断裂性能仍有待更加系统性的评价与研究。

Q&P 钢化学成分与传统 TRIP 钢相近，但微观组织主要由回火马氏体与残余奥氏体组成（可能含铁素体），在变形过程中也会发生 TRIP 效应，可以达到比传统 TRIP 钢更高的强度，但与此同时，高强度也有可能会给 Q&P 钢带来更高的氢致延迟断裂风险。此外，Q&P 钢的微观组织可能同时包含多种不同的马氏体和不同的亚稳奥氏体[95]，这也使得 Q&P 钢的抗氢致延迟断裂性能与机理更为复杂。例如，Zhu 等人[94]比较了 Q&T 与 Q&P 工艺对同种化学成分钢材氢脆敏感性的影响，相比于无明显 TRIP 效应的 Q&T 钢，Q&P 钢在预充

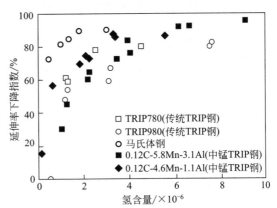

图 6-17 马氏体钢、传统 TRIP 钢与中锰 TRIP 钢的伸长率下降指数与氢含量关系图

氢后伸长率下降指数明显更高，表现出更高的氢脆敏感性，他们认为，亚稳残余奥氏体及其 TRIP 效应会提升 Q&P 钢的氢脆敏感性。但 Yang 等人[96]通过对比 Q&T 与 Q&P 工艺则发现，含较多残余奥氏体的 Q&P 钢抗氢致断裂性能更好。实际上，相比较于 Q&T 钢，Q&P 钢包含更多残余奥氏体，阻碍了氢在材料中的扩散，是有可能提升抗氢致断裂性能的。因此，Q&P 钢中氢致断裂的具体机制仍有待进一步探讨。

为改进 Q&P 钢的抗氢致延迟断裂性能，文献［97］针对化学成分为 Fe-0.22C-1.40Si-1.80Mn 的 Q&P 钢，采用 Q&PT 工艺，即在 Q&P 工艺基础上，再通过低温回火，析出细小的 ε-碳化物。这些低温回火过程中形成的碳化物能够有效捕获氢，并降低氢在材料中的扩散系数，从而使 Q&P 钢的抗氢致延迟断裂性能得到有效提升。此外，NbC 与 VC 等合金碳化物也有望用于提升 Q&P 钢的抗氢致延迟断裂性能。

除析出物之外，还可以通过增加铁素体体积分数与细化晶粒等方法，改善 Q&P 钢的微观组织，从而提升其抗氢致延迟断裂性能[96]。本章笔者对 QP980 与 QP1180 两种含铁素体的工业级 Q&P 钢的氢致延迟断裂机理进行了深入研究，通过对氢致断裂断口与裂纹扩展路径的观察，发现铁素体在 Q&P 钢的抗氢致延迟断裂性能中发挥了重要作用。一方面，在铁素体转变过程发生了扩散型相变，打断了连续的原奥氏体晶界，能够起到抑制氢致沿晶断裂的作用；另一方面，铁素体对氢致断裂的敏感性很低，能够在氢致裂纹形成之后，阻碍氢致裂纹的扩展，最终提升 Q&P 钢抗氢致延迟断裂性能。QP1180 因为只含有少量铁素体，且仍具有连续的、平直的原奥氏体晶界，所以氢致延迟断裂风险明显高于含大量铁素体的 QP980，呈现沿晶断裂的氢致断裂形貌。值得注意的是，由于工业级 Q&P 钢的淬火过程冷速常常较慢，或者会采用不完全奥氏体化热处理工艺，所以在工业级 Q&P 钢中，通常都含有铁素体，正确地控制这些铁素体的含量与分布，对提升 Q&P 钢抗延迟断裂性能具有重要意义。

参 考 文 献

[1] 王利，杨雄飞，陆匠心. 汽车轻量化用高强度钢板的发展. 钢铁，2006，41：1-8.
[2] 马鸣图，易红亮，路洪洲，等. 论汽车轻量化. 中国工程科学，2009，09：8.
[3] 马鸣图，吴宝榕. 双相钢——物理和力学冶金. 北京：冶金工业出版社，1988.
[4] FROMMEYER G，U Brüx，NEUMANN P. Supra-ductile and high-strength manganese-TRIP/TWIP steels for high energy absorption purposes，ISIJ international，2003，43：438-446.

[5] BOUAZIZ O, ZUROB H, HUANG M. Driving force and logic of development of advanced high strength steels for automotive applications. Steel research international, 2013, 84: 937-947.

[6] 褚武扬, 乔利杰, 李金许. 氢脆和应力腐蚀开裂. 北京: 科学出版社, 2013.

[7] Arcelor Mittal. Delayed fracture Usibor1500 AS. ArcelorMittal proprietary data, 2016.

[8] AKIYAMA E, MATSUKADO K, WANG M, et al. Evaluation of hydrogen entry into high strength steel under atmospheric corrosion. Corrosion Science, 2010, 52: 2758-2765.

[9] NAGUMO M. Fundamentals of hydrogen embrittlement. Springer, 2016.

[10] 任学冲, 单广斌, 褚武扬, 等. 氢鼓泡的形核、长大和开裂. 科学通报, 2005, 50: 1689-1692.

[11] ORIANI R A. The diffusion and trapping of hydrogen in steel. Acta metallurgica, 1970, 18: 147-157.

[12] NAGUMO M, NAKAMURA M, TAKAI K. Hydrogen thermal desorption relevant to delayed-fracture susceptibility of high-strength steels. Metallurgical and Materials Transactions A, 2001, 32: 339-347.

[13] HONG G-W, LEE J-Y. The interaction of hydrogen with iron oxide inclusions in iron. Materials Science and Engineering, 1983, 61: 219-225.

[14] LEE J-Y, LEE S. Hydrogen trapping phenomena in metals with BCC and FCC crystals structures by the desorption thermal analysis technique. Surface and Coatings Technology, 1986, 28: 301-314.

[15] HONG G-W, LEE J-Y. The interaction of hydrogen with dislocation in iron. Acta Metallurgica, 1984, 32: 1581-1589.

[16] PONTINI A E, HERMIDA J D. X-ray diffraction measurement of the stacking fault energy reduction induced by hydrogen in an AISI 304 steel. Scripta materialia, 1997, 37: 1831-1837.

[17] TANINO M, KOMATSU H, FUNAKI S. Hydrogen induced martensitic transformation and twin formation in stainless steels. Le Journal de Physique Colloques, 1982, 43: C4-503-C504-508.

[18] ROZENAK P. Stress induce martensitic transformations in hydrogen embrittlement of austenitic stainless steels. Metallurgical and Materials Transactions A, 2014, 45: 162-178.

[19] ROZENAK P, ROBERTSON I, BIRNBAUM H. HVEM studies of the effects of hydrogen on the deformation and fracture of AISI type 316 austenitic stainless steel. Acta metallurgica et materialia, 1990, 38: 2031-2040.

[20] ROBERTSON I, BIRNBAUM H. An HVEM study of hydrogen effects on the deformation and fracture of nickel. Acta Metallurgica, 1986, 34: 353-366.

[21] ROBERTSON I M. The effect of hydrogen on dislocation dynamics. Engineering Fracture Mechanics, 1999, 64: 649-673.

[22] FERREIRA P, ROBERTSON I, BIRNBAUM H. Hydrogen effects on the character of dislocations in high-purity aluminum. Acta materialia, 1999, 47: 2991-2998.

[23] BANERJI S K, MCMAHON C, FENG H C. Intergranular fracture in 4340-type steels: effects of impurities and hydrogen. MTA, 1978, 9: 237-247.

[24] 毛增滇. 西汉古铜镜"透光"机理今释. 力学与实践, 1992: 74-76.

[25] NOYAN I C, COHEN J B. Residual stress: measurement by diffraction and interpretation. Springer, 2013.

[26] TOTTEN G E. Handbook of residual stress and deformation of steel. ASM international, 2002.

[27] SOWERBY R, UKO D, TOMITA Y. A review of certain aspects of the Bauschinger effect in metals. Materials Science and Engineering, 1979, 41: 43-58.

[28] CHUN B, JINN J, LEE J. Modeling the Bauschinger effect for sheet metals, part I: theory. International Journal of Plasticity, 2002, 18: 571-595.

[29] BOUAZIZ O, ALLAIN S, SCOTT C. Effect of grain and twin boundaries on the hardening mechanisms of twinning-induced plasticity steels. Scripta Materialia, 2008, 58: 484-487.

[30] GUTIERREZ-URRUTIA I, VALLE J DEL, ZAEFFERER S, et al. Study of internal stresses in a TWIP steel analyzing transient and permanent softening during reverse shear tests. Journal of materials science, 2010, 45: 6604-6610.

[31] KULAWINSKI D, NAGEL K, HENKEL S, et al. Characterization of stress-strain behavior of a cast TRIP steel under different biaxial planar load ratios. Engineering Fracture Mechanics, 2011, 78: 1684-1695.

[32] THIBAUD S, BOUDEAU N, GELIN J-C. TRIP steel: Plastic behaviour modelling and influence on functional behaviour. Journal of materials processing technology, 2006, 177: 433-438.

[33] WANG Z, HU Q, YAN J, et al. Springback prediction and compensation for the third generation of UHSS stamping based on a new kinematic hardening model and inertia relief approach. The International Journal of Advanced Manufacturing Technology, 2017, 90: 875-885.

[34] PAPULA S, TALONEN J, H. Hänninen. Effect of Residual Stress and Strain-Induced α'-Martensite on Delayed Cracking of Metastable Austenitic Stainless Steels. Metallurgical and Materials Transactions A, 2013, 45: 1238-1246.

[35] WU Q, ZIKRY M A. Prediction of diffusion assisted hydrogen embrittlement failure in high strength martensitic steels. Journal of the Mechanics and Physics of Solids, 2015, 85: 143-159.

[36] SOFRONIS P, MCMEEKING R M. Numerical analysis of hydrogen transport near a blunting crack tip. Journal of the Mechanics and Physics of Solids, 1989, 37: 317-350.

[37] KROM A H M, KOERS R W J, BAKKER A. Hydrogen transport near a blunting crack tip. Journal of the Mechanics and Physics of Solids, 1999, 47: 971-992.

[38] DADFARNIA M, MARTIN M L, NAGAO A, et al. Modeling hydrogen transport by dislocations. Journal of the Mechanics and Physics of Solids, 2015, 78: 511-525.

[39] GRIESCHE A, DABAH E, KANNENGIESSER T, et al. Three-dimensional imaging of hydrogen blister in iron with neutron tomography. Acta Materialia, 2014, 78: 14-22.

[40] SIMONETTI S, MORO L, BRIZUELA G, et al. The interaction of carbon and hydrogen in a α-Fe di-vacancy. International Journal of Hydrogen Energy, 2006, 31: 1318-1325.

[41] SHIH D, ROBERTSON I, BIRNBAUM H. Hydrogen embrittlement of α titanium: in situ TEM studies. Acta Metallurgica, 1988, 36: 111-124.

[42] LUFRANO J, SOFRONIS P, BIRNBAUM H. Elastoplastically accommodated hydride formation and embrittlement. Journal of the Mechanics and Physics of Solids, 1998, 46: 1497-1520.

[43] BIRNBAUM H K, SOFRONIS P. Hydrogen-enhanced localized plasticity—a mechanism for hydrogen-related fracture. Materials Science and Engineering, 1994, A176: 191-202.

[44] MARTIN M, ROBERTSON I, SOFRONIS P. Interpreting hydrogen-induced fracture surfaces in terms of deformation processes: a new approach. Acta Materialia, 2011, 59: 3680-3687.

[45] KIM J S, LEE Y H, LEE D L, et al. Microstructural influences on hydrogen delayed fracture of high strength steels. Materials Science and Engineering, 2009, A505: 105-110.

[46] WANG M, AKIYAMA E, TSUZAKI K. Determination of the critical hydrogen concentration for delayed fracture of high strength steel by constant load test and numerical calculation. Corrosion Science, 2006, 48: 2189-2202.

[47] HAN J, NAM J-H, LEE Y-K. The mechanism of hydrogen embrittlement in intercritically annealed medium Mn TRIP steel. Acta Materialia, 2016, 113: 1-10.

[48] Wang M, EIJI A, KANEAKI T. Effect of hydrogen on the fracture behavior of high strength steel during slow strain rate tests. Corrosion science, 2007, 49: 4081-4097.

[49] VENEZUELA J, ZHOU Q, LIU Q, et al. Influence of hydrogen on the mechanical and fracture properties of some martensitic advanced high strength steels in simulated service conditions. Corrosion Science, 2016, 111: 602-624.

[50] 萩原行,伊藤睦,久森紀,等. CSRT 法による高強度鋼の遅れ破壊特性の評価. 鉄と鋼,2008,94:215-221.

[51] PIOSZAK G L, GANGLOFF R P. Hydrogen environment assisted cracking of a modern ultra-high strength martensitic stainless steel. Corrosion, 2017, 73: 1132-1156.

[52] ZHU X-K, JOYCE J A. Review of fracture toughness (G, K, J, CTOD, CTOA) testing and standardization. Engineering Fracture Mechanics, 2012, 85: 1-46.

[53] TAKAGI S, TOJI Y, YOSHINO M, et al. Hydrogen Embrittlement Resistance Evaluation of Ultra High Strength Steel Sheets for Automobiles. Isij International, 2012, 52: 316-322.

[54] HOJO T, SUGIMOTO K-I, MUKAI Y, et al. Effects of Aluminum on Delayed Fracture Properties of Ultra High-strength Low Alloy TRIP-aided Steels. Tetsu-to-Hagane, 2007, 93: 234-239.

[55] CHEN L, KIM J K, KIM S K, et al. Stretch-Flangeability of High Mn TWIP steel. steel research international, 2010, 81: 552-568.

[56] PAUL S K. Non-linear Correlation Between Uniaxial Tensile Properties and Shear-Edge Hole Expansion Ratio. Journal of Materials Engineering and Performance, 2014, 23: 3610-3619.

[57] HE B, LIANG Z, HUANG M. Nanoindentation investigation on the initiation of yield point phenomenon in a medium Mn steel. Scripta Materialia, 2018, 150: 134-138.

[58] LUO Z, LIU R, WANG X, et al. The effect of deformation twins on the quasi-cleavage crack propagation in twinning-induced plasticity steels. Acta Materialia, 2018.

[59] LUO Z, HUANG M. Revealing the Fracture Mechanism of Twinning-Induced Plasticity Steels. steel research international.

[60] 杨洪林,张深根,洪继要,等. 22MnB5 热冲压钢的研究进展. 锻压技术, 2014, 39: 1-5.

[61] 易红亮,董杰吉. 热成型钢及热成型技术. 2009.

[62] KARBASIAN H, TEKKAYA A E. A review on hot stamping. Journal of Materials Processing Technology, 2010, 210: 2103-2118.

[63] 宋磊峰,马鸣图,张宜生,等. 热冲压成形新型 B 钢开发与工艺研究. 中国工程科学, 2014, 16 (1): 71-75.

[64] LOVICU G, BOTTAZZI M, D'AIUTO F, et al. Hydrogen Embrittlement of Automotive Advanced High-Strength Steels. Metallurgical and Materials Transactions A, 2012, 43: 4075-4087.

[65] SCHWEDLER O, ZINKE M, S. Jüttner. Determination of hydrogen input in welded joints of press-hardened 22MnB5 steel. Welding in the World, 2014, 58: 339-346.

[66] 张永健,周超,惠卫军,等. 一种低碳 Mn-B 系超高强度钢板的氢致延迟断裂行为. 材料热处理学报, 2013, 34: 96-102.

[67] 张永健,惠卫军,董瀚. 一种低碳 Mn-B 系超高强度钢板热成形后的氢致延迟断裂行为. 金属学报, 2013, 49: 1153-1159.

[68] CHATTERJEE A, HOAGLAND R G, HIRTH J P. Effects of hydrogen pre-charging for quenched-and-tempered AISI 1520 steels containing boron. Materials Science and Engineering, 1991, A142: 235-243.

[69] KOMAZAZKI S I, WATANABE S, MISAWA T. Influence of phosphorus and boron on hydrogen embrittlement susceptibility of high strength low alloy steel. Isij International, 2003, 43: 1851-1857.

[70] LEE S J, RONEVICH J A, KRAUSS G, et al. Hydrogen Embrittlement of Hardened Low-carbon Sheet Steel. Isij International, 2010, 50: 294-301.

[71] ZHANG S, HUANG Y, SUN B, et al. Effect of Nb on hydrogen-induced delayed fracture in high strength hot stamping steels. Materials Science and Engineering, 2015, A626: 136-143.

[72] JEON H-H, LEE S-M, HAN J, et al. The effect of Zn coating layers on the hydrogen embrittlement of hot-dip galvanized twinning-induced plasticity steel. Corrosion Science, 2016, 111: 267-274.

[73] HU Y, DONG C, LUO H, et al. Study on the Hydrogen Embrittlement of Aermet100 Using Hydro-

[73] gen Permeation and SSRT Techniques. Metallurgical and Materials Transactions A, 2017, 48: 4046-4057.

[74] DE COOMAN B C, ESTRIN Y, KIM S K. Twinning-induced plasticity (TWIP) steels. Acta Materialia, 2018, 142: 283-362.

[75] BOUAZIZ O, ALLAIN S, SCOTT C P, et al. High manganese austenitic twinning induced plasticity steels: A review of the microstructure properties relationships. Current Opinion in Solid State and Materials Science, 2011, 15: 141-168.

[76] LUO Z, HUANG M. Revisit the role of deformation twins on the work-hardening behaviour of twinning-induced plasticity steels. Scripta Materialia, 2018, 142: 28-31.

[77] LIANG Z, LI Y, HUANG M. The respective hardening contributions of dislocations and twins to the flow stress of a twinning-induced plasticity steel. Scripta Materialia, 2016, 112: 28-31.

[78] GUO X, SCHWEDT A, RICHTER S, et al. Effects of Al on delayed fracture in TWIP steels—discussion from the aspects of structure homogeneity, hydrogen traps and corrosion resistance. Proceeding of 2nd International Conference on Metals and Hydrogen, Gent, Belgium, 2014: 59-67.

[79] HAN D K, KIM Y M, HAN H N, et al. Hydrogen and aluminium in high-manganese twinning-induced plasticity steel. Scripta Materialia, 2014, 80: 9-12.

[80] HONG S, LEE J, LEE S, et al. Residual Stress Analysis in Deep Drawn Twinning Induced Plasticity (TWIP) Steels Using Neutron Diffraction Method. Metallurgical and Materials Transactions A, 2014, 45: 1953-1961.

[81] KOYAMA M, AKIYAMA E, TSUZAKI K, et al. Hydrogen-assisted failure in a twinning-induced plasticity steel studied under in situ hydrogen charging by electron channeling contrast imaging. Acta Materialia, 2013, 61: 4607-4618.

[82] KOYAMA M, AKIYAMA E, SAWAGUCHI T, et al. Hydrogen-induced cracking at grain and twin boundaries in an Fe-Mn-C austenitic steel. Scripta Materialia, 2012, 66: 459-462.

[83] CHUN Y S, PARK K-T, LEE C S. Delayed static failure of twinning-induced plasticity steels. Scripta Materialia, 2012, 66: 960-965.

[84] JIN J E, LEE Y K. Effects of Al on microstructure and tensile properties of C-bearing high Mn TWIP steel. Acta Materialia, 2012, 60: 1680-1688.

[85] KIM J G, YOON J I, BAEK S M, et al. Residual Stress Effect on the Delayed Fracture of Twinning-Induced Plasticity Steels. Metallurgical and Materials Transactions A, 2017, 48: 2692-2696.

[86] PARK I-J,. LEE S-M, JEON H-H, et al. The advantage of grain refinement in the hydrogen embrittlement of Fe-18Mn-0.6 C twinning-induced plasticity steel. Corrosion Science, 2015, 93: 63-69.

[87] ZAN N, DING H, GUO X, et al. Effects of grain size on hydrogen embrittlement in a Fe-22Mn-0.6 C TWIP steel. International Journal of Hydrogen Energy, 2015, 40: 10687-10696.

[88] LIU L, HE B, HUANG M. The Role of Transformation-Induced Plasticity in the Development of Advanced High Strength Steels. Advanced Engineering Materials, 2018.

[89] SOJKA J, V. Vodárek, SCHINDLER I, et al. Effect of hydrogen on the properties and fracture characteristics of TRIP 800 steels. Corrosion Science, 2011, 53: 2575-2581.

[90] SUH D-W, KIM S-J. Medium Mn transformation-induced plasticity steels: Recent progress and challenges. Scripta Materialia, 2017, 126: 63-67.

[91] D. Pérez Escobar, DEPOVER T, DUPREZ L, et al. Combined thermal desorption spectroscopy, differential scanning calorimetry, scanning electron microscopy and X-ray diffraction study of hydrogen trapping in cold deformed TRIP steel. Acta Materialia, 2012, 60: 2593-2605.

[92] SUGIMOTO K I. Fracture strength and toughness of ultra high strength TRIP aided steels. Materials Science and Technology, 2013, 25: 1108-1117.

[93] DE COOMAN B C. Structure-properties relationship in TRIP steels containing carbide-free bainite.

Current Opinion in Solid State and Materials Science, 2004, 8: 285-303.

[94] ZHU X, ZHANG K, LI W, et al. Effect of retained austenite stability and morphology on the hydrogen embrittlement susceptibility in quenching and partitioning treated steels. Materials Science and Engineering, 2016, A658: 400-408.

[95] DAI Z, DING R, YANG Z, et al. Elucidating the effect of Mn partitioning on interface migration and carbon partitioning during Quenching and Partitioning of the Fe-C-Mn-Si steels: Modeling and experiments. Acta Materialia, 2018, 144: 666-678.

[96] YANG J, SONG Y, LU Y, et al. Effect of ferrite on the hydrogen embrittlement in quenched-partitioned-tempered low carbon steel. Materials Science and Engineering, 2018, 712: 630-636.

[97] ZHU X, LI W, HSU T Y, et al. Improved resistance to hydrogen embrittlement in a high-strength steel by quenching-partitioning-tempering treatment. Scripta Materialia, 2015, 97: 21-24.

第 7 章 乘用车结构的轻量化设计

7.1 概述

乘用车（passenger vehicle）是指在其设计和技术特性上主要用于载运乘客及其随身行李或临时物品的汽车，包括驾驶员座位在内最多不超过 9 个座位[1]。

近年来随着我国汽车工业的快速发展和人们物质文化生活水平的不断提高，乘用车已经成为人们日常工作和生活中出行的重要交通工具而走进千家万户。2017 年我国汽车产量已经达到 2901 万辆，已经连续 9 年居世界第一，其中乘用车产量为 2480 万辆，汽车保有量近 2.17 亿辆。因此在汽车导致的燃料消耗和环境污染中，乘用车占有更大的比重。

世界铝业协会的研究报告指出：汽车自重每减少 10%，燃油消耗可降低 6%~8%，有害物质排放降低 5%~6%；而燃油消耗每减少 1L，CO_2 排放量减少 2.5kg。可见，轻量化不仅可以节省原材料成本、降低燃油消耗，也可有效减少污染物排放。乘用车轻量化是汽车节能、减排和降耗的重要途径之一。

在当今世界汽车技术的发展中，轻量化技术的应用水平已经成为衡量一个汽车厂商技术水平和产品水平的重要标志之一。目前，我国自主品牌乘用车的整备质量约比发达国家同类车型平均重 8%~10%，尚有很大的减重空间[2]。

汽车轻量化涵盖设计、材料和制造三个方面，轻量化设计是汽车轻量化的重要途径之一，是轻量化汽车产品开发的基础和前提，通过轻量化设计使合适的材料、最优的结构形状和尺寸用在汽车结构合适的位置，使每部分材料都能发挥出其最大的承载、加强和吸能作用，可提高材料利用率，降低车重，减少材料成本，实现节能、减排、降耗。

7.2 对乘用车的性能要求

乘用车的性能主要包括动力性、燃油经济性、安全性、制动性、操纵稳定性、通过性、行驶平顺性、乘坐舒适性以及耐久性和可靠性等[3]，汽车轻量化会直接或间接影响乘用车的上述性能。因此，了解和掌握乘用车的各种使用性能对汽车轻量化至关重要。

动力性是指乘用车在良好路面上直线行驶时，由纵向外力决定的所能达到的平均行驶速度，主要用最高车速、加速时间、最大爬坡度这三个指标来评定。乘用车的最高车速越大，加速时间越短，所能爬上的最大坡度越大，其动力性越好。

燃油经济性是指乘用车在平直良好路面上行驶 100km 的燃油消耗量或用一定燃油量能使乘用车行驶的里程数来衡量。在我国及欧洲采用的指标是乘用车行驶 100km 消耗多少升燃料（L/100km），显然该指标值越小，乘用车的燃油经济性越好。而美国的评价指标是乘用车消耗每加仑燃料能够行驶多少英里（mile/gal），很显然该指标值越大其燃油经济性越好。

安全性是指乘用车在行驶中避免发生碰撞事故以及碰撞后能减轻损失或伤亡的性能。乘用车安全性可分为主动安全性和被动安全性，其中主动安全性是指汽车避免发生意外事故的能力；被动安全性则是指汽车在发生意外事故时对乘员进行有效保护的能力。

制动性能是指乘用车制动时能在短距离内停车且维持行驶方向稳定，以及在下坡时维持一定车速的能力。乘用车制动性能的好坏在很大程度上影响着车内乘员的生命安全，所以对乘用车制动性能的要求也较高。汽车的制动性能指标主要有制动效能、制动效能的恒定性、制动时汽车的方向稳定性。制动效能是指汽车迅速减速直至停车的能力，可用制动力、制动距离、制动减速度或制动时间来评定；制动效能的恒定性是指汽车在高速制动、短时间重复制动或下长坡连续制动时制动系统的效能是否能保持恒定；制动时汽车方向稳定性是指汽车制动时不发生跑偏、侧滑甚至失去转向能力的性能，尤其当汽车高速行驶时，制动方向稳定性在很大程度上决定了是否发生交通事故。

操纵稳定性是指驾驶者在不感到紧张、疲劳的情况下，汽车能按照驾驶者通过转向系统给定的方向行驶，而当遇到外界干扰时，汽车所能抵抗干扰而保持稳定行驶的能力。汽车操纵稳定性通常用汽车的稳定转向特性来评价。转向特性有不足转向、过度转向以及中性转向三种状况。略有不足转向特性的汽车，在固定方向盘转角的情况下绕圆周加速行驶时，转弯半径会逐渐增大；有过度转向特性的汽车转弯半径则会逐渐减小；有中性转向特性的汽车则转弯半径不变。操纵稳定性好的汽车应当有适当的不足转向特性，以防止汽车出现突然甩尾现象。

通过性是指汽车在一定的载重下能够以足够高的平均速度通过各种坏路、无路地段与克服陡坡、台阶、壕沟等障碍的能力。汽车的通过性主要取决于路面的物理性质及汽车的结构参数和几何参数，由接近角、离去角和最小纵向通过半径来评价。同时与汽车的动力性、平顺性、机动性、稳定性、视野性等密切相关。

行驶平顺性是指汽车隔离不平路面和动力总成激励引起的振动，保持汽车在行驶过程中乘员所处的振动环境具有一定舒适度的性能，由车身振动加速度均方根值、悬架动行程和车轮与路面间的相对动载荷来评价。不平路面激发的振动会使乘客感到不舒服和疲劳，也可能使运载的货物损坏，缩短汽车零部件的寿命。很显然，好的行驶平顺性直接影响着乘坐的舒适性，为了提高车辆的行驶平顺性，可以通过弹性轮胎、悬架、座椅等隔离路面传来的振动和冲击，使其控制在人的舒适范围内，保证人们舒适驾乘。

汽车的可靠性和耐久性是评价汽车技术水平综合性的使用性能。可靠性针对故障而言，指汽车在正常条件下和规定的时间内完成必要工作的能力。耐久性针对使用寿命的长短，是指汽车整车和总成零部件在达到极限磨损和疲劳强度值或不堪使用之前的工作期限。

综上所述，具有优异性能的汽车在竞争中更有优势，但整车的性能有的相互制约，不可能十全十美，这就要求汽车设计者在设计过程中，权衡利弊，综合考虑，善于取舍，使车辆的综合性能尽可能最优化，来满足市场的需求。

7.3 乘用车白车身的性能要求

国家标准 GB/T 4780—2000《汽车车身术语》中规定[4]，白车身（BIW）是由车身本体、开启件及其他可拆卸结构件组成的总成。通常指已经安装焊接好的白皮车身，主要包括车身结构焊接总成和车身闭合件焊接总成，不包括车身附属设备和装饰件[2]。为了使乘用车具有良好的使用性能，设计白车身时需要综合考虑多个要素，如车身强度、刚度、安全性、耐久、密封、制造工艺及制造成本等。同时为了提高驾乘人员的舒适性，降低驾驶疲劳，要求白车身具有好的固有频率分布及 NVH（noise vibration and harshness）特性。随着汽车技术的发展以及对汽车节能、降耗要求的不断提高，汽车厂商和消费者对白车身结构提出了更高的要求，在保证白车身上述性能要求的前提下还应使白车身结构轻量化，以提高汽车的节能、环保性能。对以内燃机为动力源驱动的汽车，白车身质量约占整车质量的 1/3~1/5，因此白车身轻量化对整车减重效果影响很大。此外白车身的轻量化不仅有利于悬架系统、制动装置和传动系统等底盘零部件的减重，还可明显提高汽车行驶稳定性，改善加速性能，减少制动距离及碰撞时冲击能量和车身侵入量。

总之，白车身是汽车的重要组成部件之一，其各方面性能均对整车性能影响较大，在设计时应综合考虑各方面性能的要求。

7.3.1 白车身刚度

(1) 白车身静刚度分析与评价

白车身静刚度主要分为弯曲刚度和扭转刚度。图 7-1 和图 7-2 分别为某车型的主要部件对整车弯曲刚度和扭转刚度的贡献率情况[5]。从图中可以看出，现代乘用车全承载式白车身几乎承担了整车绝大部分扭转和弯曲载荷，其结构静刚度特性具有十分重要的作用，白车身刚度分布设计得是否合理会直接或间接地影响整车性能。因此，掌握乘用车白车身静刚度的分析与试验方法，对于开发出满足设计要求的白车身结构是十分重要的。

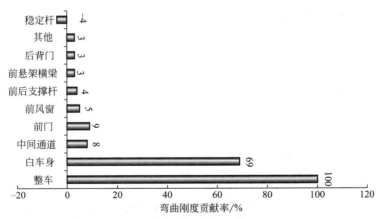

图 7-1 乘用车各部件对整车弯曲刚度贡献率

分析白车身静刚度主要有计算分析和试验两种方法。在进行车身静刚度有限元求解时，需要建立白车身结构的有限元模型，将复杂的白车身结构离散为有限元网格模型。建立乘用车白车身刚度有限元模型的基本过程一般包括：白车身结构的简化、单元的选取、网格划分和质量检查、T 形接头的处理和连接方式的模拟、模型规模的控制、模型质量的控制等。

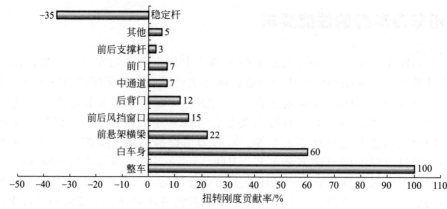

图 7-2 乘用车各部件对整车扭转刚度贡献率

下面简要介绍白车身弯曲刚度和扭转刚度的计算方法。

① 白车身扭转刚度。

白车身扭转刚度是评价白车身抗扭性能的一个重要指标,计算白车身扭转刚度时,假定白车身是一个具有均匀扭转刚度的弹性体,计算白车身扭转刚度的示意图如图 7-3 所示[6]。

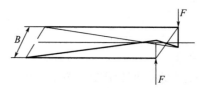

图 7-3 白车身扭转刚度的计算示意图

白车身扭转刚度的计算公式为

$$K_R = GJ = \frac{FB}{\theta} \tag{7-1}$$

式中　K_R——白车身扭转刚度,N·m/(°);
　　　F——施加在白车身上的扭力,N;
　　　B——两加载点之间的距离,m;
　　　θ——白车身轴间相对扭转角度,(°)。

图 7-4 为白车身轴间相对扭转角的示意图,扭转角的计算方法如式(7-2) 所示。

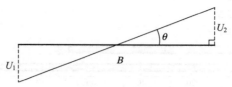

图 7-4 白车身轴间相对扭转角的示意图

$$\theta = \arctan\left[\frac{|U_1| + |U_2|}{B}\right] \tag{7-2}$$

式中　θ——白车身轴间扭转角,(°);
　　　U_1——左侧纵梁测点的挠度,mm;
　　　U_2——右侧纵梁测点的挠度,mm;

B——两加载点之间的距离，mm。

② 白车身弯曲刚度。

白车身弯曲刚度是评价白车身抗弯曲性能的一个重要指标，弯曲刚度可看作是在车身上垂直力的作用下车身的纵向张力，是表示白车身抗弯曲挠度的量。白车身弯曲刚度可由前后轴间弯曲变形量来衡量。

在计算白车身弯曲刚度时，假定白车身整体是一根具有均匀弯曲刚度的简支梁，在前后轴端中间某点施加集中载荷，如图 7-5 所示，求得在载荷作用下前后轴间的弯曲刚度值。按材料力学简支梁弯曲刚度的计算公式，根据加载力和弯曲挠度值来计算白车身的弯曲刚度。

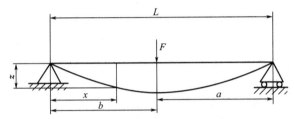

图 7-5　白车身弯曲刚度的计算示意图

如图 7-5 所示，当 $x \leqslant b$ 时

$$EI = \frac{Fax(L^2 - x^2 - a^2)}{6Lz} \tag{7-3}$$

当 $b \leqslant x \leqslant L$ 时

$$EI = \frac{Fax\left[\dfrac{L}{a}(x-b)^3 + (L^2 - a^2)x - x^3\right]}{6Lz} \tag{7-4}$$

式中　EI——弯曲刚度，N/mm；
　　　F——施加的集中载荷力，N；
　　　L——前后支撑点间的纵向距离，m；
　　　a，b——前后支撑点到加载点之间的距离，m；
　　　z——垂直方向弯曲挠度，m；
　　　x——计算 z 值点到前支撑点间的距离，m。

式(7-3) 和式(7-4) 是均匀简支梁受集中载荷作用时的弯曲挠度计算公式，其应用前提是认为白车身结构和施加的载荷关于车身纵向中心平面对称。如果这一假设不成立，则此计算公式就有很大的误差，有时用白车身底部左右两侧测点沿车身纵向的挠度曲线来评价白车身的弯曲刚度，由此曲线还可看出弯曲刚度沿车身纵向分布的平滑性，以评价白车身结构设计是否合理。

为了简化计算与分析评价，轿车白车身的整体弯曲刚度也可用施加的载荷 F 与白车身最大弯曲挠度 δ 的比值来计算，此时弯曲刚度按式(7-5) 计算。

$$K_B = \frac{\sum F}{\delta} \tag{7-5}$$

式中　K_B——白车身的弯曲刚度，N/mm；
　　　F——施加于白车身轴间的垂直载荷，N；
　　　δ——白车身最大弯曲挠度，mm。

③ 白车身静刚度的有限元计算与分析评价。

工程实际中，白车身的静态刚度通常用有限元方法来计算分析。首先建立分析白车身刚度的有限元模型,然后按照一定的载荷施加、约束设置和位移提取方法来计算白车身的扭转和弯曲刚度。然而,用有限元方法计算得到的白车身静刚度大小,与分析时采用的约束方式和加载形式密切相关,目前不同文献给出的分析白车身刚度的约束和加载方法有较大差异,尚没有一个统一的方法和规范来执行,导致不同技术人员分析得到的白车身刚度的计算结果间不具有可比性。为了解决这一问题,需要详细研究可能影响白车身刚度计算结果的主要因素及其影响的规律性,建立一种既简捷又准确的计算白车身静刚度的方法,使得不同人员按该方法求得的白车身静刚度具有可比性,以便对同类车型的白车身静刚度进行相互间的比较和评价。为此,经分析计算提出了下述白车身静刚度的有限元计算分析方法。

计算白车身扭转刚度时,在白车身左、右前悬架支撑点 A 和 B 处施加大小相等、方向相反的力,使白车身前端产生一个扭转力矩,力的大小应以使白车身扭转变形量有良好的信噪比,且不应使白车身结构产生塑性变形为宜;考虑到在实车装配状态下车身在悬架约束下的偏频在 2Hz 左右,近似处于自由——自由约束状态,因此在计算白车身扭转刚度对其进行约束时,应以尽量少的约束能达到准确计算白车身扭转刚度的目的即可,这样可使计算出的白车身扭转刚度能更真实地反映车身在实车安装状态下的实际扭转刚度特性;为此取白车身扭转刚度的约束条件为在右后悬架支撑点 D 处约束 X、Y、Z 三向平移自由度,左后悬架支撑点 C 处约束 X、Z 向平移自由度,同时约束前保险杠防撞梁中点位置的 Z 向自由度,如图 7-6 所示,然后计算出左、右前悬架支撑点在扭转载荷作用下的垂向位移 U_1 和 U_2,按式(7-2) 计算出白车身的扭转角 θ,再按式(7-1) 计算出白车身的扭转刚度。

计算白车身弯曲刚度时是将相当于满载乘客和行李负荷作为集中力施加在前后悬架支撑点中间且垂直于门槛梁的位置,以保证白车身弯曲变形量既有良好的信噪比,又不使白车身结构产生塑性变形;基于计算白车身扭转刚度施加约束时的同样考虑,计算白车身弯曲刚度的约束条件取为在右后悬架支撑点 D 处约束 X、Y、Z 三向平移自由度,左后悬架支撑点 C 处约束 X、Z 向平移自由度,右前悬架支撑点 A 处约束 Y、Z 两个方向平移自由度,左前悬架支撑点 B 处约束 Z 向平移自由度,如图 7-7 所示,然后计算出在弯曲载荷作用下白车身的最大垂向挠度 δ,再按式(7-5) 计算出白车身的弯曲刚度。

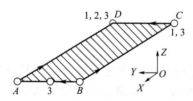

图 7-6 计算白车身扭转刚度的约束方式确定

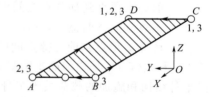

图 7-7 计算白车身弯曲刚度的约束方式确定

需要说明的是,欧洲和北美的白车身概念不包括四门两盖等开启件,相当于国标 GB/T 4780—2000 中的车身本体的定义。受四门两盖结构的影响,白车身和车身本体两者的弯曲和扭转刚度是有差异的。国内许多学者受这一概念的影响,也通常把国标定义的车身本体叫作白车身。此外,前后风挡玻璃对车身扭转和弯曲刚度也有较大影响。下面以某车身本体为例,给出其弯曲和扭转刚度的计算结果。

计算车身本体的弯曲和扭转刚度时,所施加的约束条件和加载方式主要是在悬架的支撑点位置,为了防止加载时在加载点和约束点产生应力集中,导致局部应力和变形过大,需要在车身本体前、后悬架四个支撑点处建立 4 个 RBE2 刚性单元,如图 7-8(a) 所示,再利用该节点进行约束和加载。RBE2 单元的建立方法是选取每个悬架支撑点作为刚性单元的主节点,沿着悬架支座边缘的节点作为从节点。在对车身本体进行静刚度计算时,所施加的约束和载荷都选择在所建立的 RBE2 主节点上，如图 7-8(b) 所示。

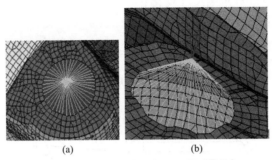

图 7-8　悬架支撑点处 RBE2 单元的建立

按照图 7-6 给出的计算车身扭转刚度的约束和加载方法，对车身本体进行约束和加载，如图 7-9 所示。通过计算，得到车身本体的扭转刚度，如表 7-1 所示。

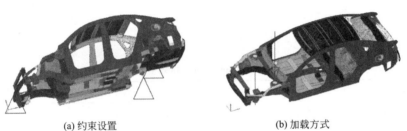

(a) 约束设置　　　　　　　　　　(b) 加载方式

图 7-9　计算车身本体扭转刚度的约束和加载设置

按照图 7-7 给出的计算车身弯曲刚度的约束和加载方法，对车身本体进行约束和加载，如图 7-10 所示。通过计算，得到车身本体的弯曲刚度，如表 7-1 所示。表 7-1 给出的是车身本体的最小弯曲和扭转刚度值。

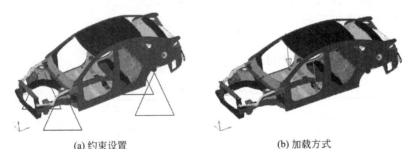

(a) 约束设置　　　　　　　　　　(b) 加载方式

图 7-10　计算车身本体弯曲刚度的约束和加载设置

表 7-1　某轿车车身本体扭转和弯曲刚度有限元计算结果

扭转刚度/[N·m/(°)]	弯曲刚度/(N/m)
16576.7	13324.4

按上述方法计算车身本体弯曲和扭转刚度的同时，还可以得到车身本体在施加载荷作用下结构模型上各节点处的位移，根据这些位移值可以详细、深入地分析评价车身本体的刚度分布是否合理[7]。

车身本体的扭转刚度还可由车身前后风窗和车门洞口对角线尺寸的变化量、车身锁位移动量及车身扭转角等指标衡量，如图 7-11 所示。即：

a. 车身地板一侧在长度方向上扭转角变化曲线；
b. 前后风窗及车门洞口对角线尺寸变化；
c. 门锁锁扣位置变化；
d. 前后轴间的扭转角；
e. 扭转变形曲线应连续变化无明显突变。

车身本体扭转刚度评价方法和量值如表 7-2 所示。

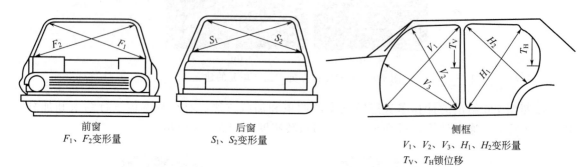

前窗
F_1、F_2 变形量

后窗
S_1、S_2 变形量

侧框
V_1、V_2、V_3、H_1、H_2 变形量
T_V、T_H 锁位移

图 7-11　车身本体扭转刚度的评价指标

表 7-2　车身本体各部位扭转变形量要求

前风窗对角线	F_1、$F_2 \leqslant 5.0$mm	后门洞口对角线	H_1、$H_2 \leqslant 3.0$mm
后风窗对角线	S_1、$S_2 \leqslant 5.0$mm	前门锁扣位置变化	$T_V \leqslant 4.0$mm
前围板下部变形	$f \leqslant 1.5$mm	后门锁扣位置变化	$T_H \leqslant 7.5$mm
前门洞口对角线	V_1、V_2、$V_3 \leqslant 3.0$mm	前后轴间扭角	$\alpha \leqslant 35'$

同样，车身本体弯曲刚度可以通过以下部位的变形量进行评价，即：
① 地板在车身长度方向上的垂直挠度变化曲线；
② 前排座椅处地板的最大变形；
③ 前围板的最大垂直变形；
④ 地板在车身长度方向上的垂直挠度变化曲线应连续无明显突变。
车身本体弯曲刚度评价方法和量值如表 7-3 所示。

表 7-3　车身本体各部位弯曲变形量要求

门槛纵向弯曲变形	$\tau \leqslant 1.0$mm	前门洞口对角线	V_1、V_2、$V_3 \leqslant 2.0$mm
前排座椅处横向弯曲变形	$t \leqslant 5.0$mm	后门洞对角线	H_1、$H_2 \leqslant 1.5$mm
前围板下部变形	$f \leqslant 1.5$mm	前、后门锁扣位置变化	T_V、$T_H \leqslant 2.0$mm

(2) 白车身静态刚度试验测量

① 白车身扭转刚度试验。

车身本体扭转刚度测量系统如图 7-12(a) 所示，试验时将车身后轴固定，对前轴施加静态扭转载荷，测量各测点的位移值，计算出车身本体的扭转刚度。

a. 仪器设备：前轴扭转和固定支架、后轴固定支架、变形测量系统、门窗对角线测规等。

b. 车身固定及安装调整：白车身按实车装配副车架、前后悬架装置。螺旋弹簧和减振器应被锁死或用刚性件代替。将前轴转向节经夹具与前轴扭转支架横梁连接，将后桥固定在后轴支架上，再对整车进行水平调整。

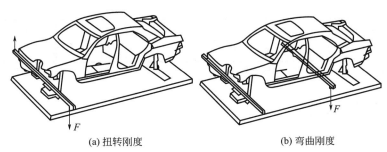

(a) 扭转刚度　　　　　　　　　　(b) 弯曲刚度

图 7-12　车身刚度测量系统示意图

c. 测量点：测量点分布于车身本体前后纵梁下部、门槛梁下部、前围板下部，间距 300mm，如图 7-13 所示。由位移传感器或千分表测量各点在车身受扭时的垂直变形，在前后窗口、左右侧门洞口布置对角线位移传感器，测量对角线长度变化。

d. 预扭：测量前，对台架上的车身以最大扭矩的一半预扭一次，而后卸载，以消除安装间隙。

e. 扭转负荷增加：由扭转支架横梁产生一个扭转负荷，数值为式(7-6)计算，通过前悬架机构作用在车身上，使车身发生扭转。

$$M = 0.5FS \tag{7-6}$$

式中　M——转矩，N·m；
　　　F——前轴允许载荷，N；
　　　S——前轮距，m。

② 承载式轿车车身弯曲刚度试验。

通过前后轴固定白车身，对其施加承载式车身的静态载荷，使车身产生弯曲变形，测量车身的刚度。

a. 仪器设备：前后轴固定支架、加载沙袋、位移测量系统、门窗对角线测规，如图 7-12(b) 所示。

b. 被试白车身：白车身总成。

c. 白车身固定及安装调整：白车身按实车装配副车架、前后悬架装置。螺旋弹簧和减振器锁死或用刚性件代替。将转向节经夹具与前轴支架的横梁连接，将后桥直接固定在后轴支架上，再对整车进行水平调整。

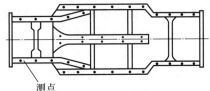

图 7-13　车身测量点

d. 测量点：测量点分布于白车身前后纵梁下部、门槛梁下部、前围板下部，间距 300mm，如图 7-13 所示。由位移传感器测量各点在车身弯曲时的垂直变形，在前后窗口、左右侧门洞口布置对角线位移传感器，测量对角线长度变化。

e. 消除安装间隙：测量前，对台架上的车身以最大弯曲载荷的一半加载一次，而后卸载，以消除安装间隙。

f. 加载过程：试验时，乘客室载荷均匀分布在前后座椅处，全部载荷按五个步骤进行加载，如表 7-4 所示。

表 7-4　弯曲载荷加载步骤

序号	发动机舱	客厢	行李厢	序号	发动机舱	客厢	行李厢
1	F_1	—	—	3	F_3	$F_2 - F_3$	—
2	F_2	2000N	—	4	F_1	F_2	—

续表

序号	发动机舱	客厢	行李厢	序号	发动机舱	客厢	行李厢
5	F_1	F_2-F_3	F_3	—	—	—	—

注：F_1—相当于发动机总成及附件、变速器总成、空调系统之和；F_2—客厢最大载荷×1.8；F_3—行李厢最大载荷。

7.3.2 白车身的安全性

汽车安全性分为主动安全性和被动安全性。主动安全性指汽车所具有的减少交通事故发生概率的能力，其研究内容包括汽车操纵稳定性控制、制动防抱死、牵引力控制、自适应灯光系统和驾驶员视野性能等。被动安全性指汽车所具有的在交通事故中保护乘员免受伤害的能力，其研究内容包括车身抗撞性、乘员约束系统性能以及转向系统防伤性能等。

白车身作为车身的主体，其骨架结构、梁形结构在碰撞中起到了关键的吸能和传力作用，而车身附件和活动件对碰撞性能的影响相对较小，因此白车身的安全性对于整车安全性十分重要。环境和能源的压力要求白车身的质量要尽可能的轻，但白车身轻量化设计的结果往往使得车身安全性降低，如使用的轻质材料在碰撞过程中不能很好地吸能，厚度的减薄使得梁结构的吸能能力和抗弯能力降低等。因此在进行白车身轻量化设计时必须以不降低其安全性为前提，保证轻量化后的白车身仍能满足安全法规的要求，具有良好的抗撞安全性能[5,6]。

(1) 汽车碰撞的类型

世界不同国家的不同地区，因道路交通状况各有差异，所以发生汽车碰撞事故的概率及形式也各有不同。汽车碰撞的类型根据汽车碰撞的方向通常可以分为正面碰撞、侧面碰撞、追尾碰撞及滚翻等。根据碰撞的障碍物，可以分为车体对车体的碰撞、车体对障碍物的碰撞、车体对人的碰撞及移动货物对车体的碰撞等。

(2) 正面抗撞性设计要求及结构设计

① 正面抗撞性设计要求。

车辆正面碰撞在汽车交通事故中发生的频率最高，约占40%。深入研究车辆正面的结构特性，合理地设计车辆前端结构，可以大大提高车辆发生正面碰撞时的安全性[8,9]。基于此，要求车辆前部设计过程中要遵循以下原则。

a. 控制车体的最大变形量。车体结构侵入乘员空间造成的接触性伤害是主要的伤害成因之一，设计车体结构时要确保乘员有足够的生存空间，尽量减小乘员舱的变形及车辆前部对乘员舱的侵入量。由于在车辆总布置时要尽可能地使车辆紧凑布置、空间合理利用，所以留给车辆前部的可变形空间十分有限。因此，为了避免车辆碰撞时对乘员的接触伤害，要绝对保证乘员舱结构的整体刚度，控制整车的最大变形量，将碰撞变形限制在一定区域之内。同时控制碰撞时A柱及仪表板的后移量、转向盘后移量和上移量、脚踏板后移量和上移量、放脚位置空间等。

b. 减小碰撞时车身的减速度。碰撞是一个瞬时过程，伴随着能量的消耗和速度的突变，会使车体产生很大的减速度。减速度越大，通过配合使用乘员约束系统减轻乘员伤害的难度也就越大。约束系统作用不足，会导致乘员仍然具有较大的减速度，仍会造成对乘员头部、颈部、胸部和腹部等部位的严重伤害。约束系统作用过大，约束力可能远大于乘员所能抵抗的生理极限，同样会对乘员造成严重的伤害。因此要求车辆前部结构要具有良好的吸能特性，保证车体具有较小的减速度，使传递到乘员舱的能量尽可能少。

c. 控制车体结构的变形模式。不同结构的碰撞变形模式主要有弯曲、断裂和褶皱。不同的变形模式，能量吸收能力有很大的差距，在很大程度上影响着汽车碰撞安全。在车体设计过程中，耐撞结构应尽可能地针对多种工况，使得耐撞结构在碰撞过程中发生稳定的变形，充分发挥其吸能效能。

d. 控制结构的变形顺序。变形顺序的合理与否直接决定了结构的吸能能力，合理的变形顺序应该从前到后依次变形，结构的后部先发生屈服变形将导致未变形区域发生相对转动，使结构发生弯曲失效，不利于乘员保护。

② 正面抗撞的结构设计。

为了使正碰时车辆具有较好的缓冲特性，设计时要合理地匹配车身前部结构和乘员舱的刚度，在保证车辆能量吸收能力的前提下，使车身前部结构软一些，同时乘员舱要硬一些，这样正碰时车辆大部分的动能都通过前部结构的塑性变形转化为内能，减小对乘员舱的冲击力和车身的减速度。

a. 车身前部吸能部件的组织。

正面碰撞过程中，碰撞力从前到后进行传递，主要吸能部件包括前防撞梁、吸能盒、前纵梁等。进行吸能部件的组织时，应合理布置，充分发挥主要吸能部件的作用，使它们吸收大多数的碰撞动能，从根本上减小传递到乘员舱的能量。

b. 车身前部吸能过程的管理。

整车布置的要求使得车辆前部碰撞吸能的区域十分有限，因此如何合理地利用前部吸能区是一个重要问题。提高前部吸能区的吸能效率可以使得在对后部结构的最大作用力一定时同样变形的吸能量最大，在吸能量相同时可以减小对后部的最大作用力和车身减速度峰值。通常，正面碰撞时车身前部构件主要依靠其压溃变形和弯曲变形吸收碰撞能量（实际上两种吸能方式往往同时发生）。由于弯曲变形需要的外部做功少，根据能量最低原理，结构变形更倾向于以弯曲变形为主，然而弯曲变形的吸能效率又较低，因此应尽可能地通过合理的结构设计来抑制弯曲变形的产生，使结构在碰撞过程中尽量产生压溃变形，提高前部吸能区的吸能效率。

③ 乘员舱的刚度设计。

合理地布置吸能路径上的部件，保证其按照设想的方式传递能量至关重要。通常乘员舱用于向后传递纵向力的路径主要有两条，如图 7-14 所示。一条通过乘员舱底部纵梁和门槛梁向后传递，这条路径承受的纵向力最大。因此一般在其前部布置主要的吸能部件，如前纵梁。另一条路径是纵向力经过前指梁和铰链柱、A 柱、车门及其抗侧撞梁和门槛梁向后传递。此路径上较大的载荷会导致前门框的较大变形，使碰撞后车门开启困难，因此该路径前部结构的吸能能力通常较小。

图 7-14 正面碰撞载荷在车身结构中的传递路径

为了给前部吸能结构提供稳定的支撑，通常要加固座舱前壁结构，以保证其具有较大的刚度，足以承受前部传来的载荷。此外乘员舱应具有一定的吸能能力，其刚度不能随着变形的增加而突然减小，否则无法保证发生高速碰撞时能量的进一步吸收。

(3) 侧面抗撞的设计要求及结构设计

① 侧面抗撞的设计要求。

侧面碰撞中对乘员舱过大的侵入量是造成乘员伤害的主要原因，而车身侧面允许的变形空间很小，因此必须通过对车身侧面结构的合理设计来充分减小侧碰中的侵入量，以保证乘员有足够的生存空间。具体要求如下。

a. 减小侧围结构对乘员舱的侵入量。避免侧围侵入量过大，超过乘员与侧围现有的间隙，对乘员产生过大的挤压。

b. 减小侧围结构对乘员舱的侵入速度。保证当车门与乘员接触时，车门的速度足够小，不能超过乘员所能承受的生理极限，车门具有一定的吸能能力。车门与乘员接触时的动量越大，在撞击乘员过程中其动量的变化率越大，这样会对乘员的胸部、骨盆造成很严重的伤害。此时侧围的加速度也比较大，会进一步加重对乘员胸部、头部的伤害。因此为了减轻侧碰中乘员的伤害程度，应尽量减小侧围结构的侵入速度。

② 侧面抗撞的结构设计。

发生侧面碰撞时乘员舱所允许的侧面压缩空间是有限的，所以车身结构侧面的抗撞性设计应以提高车身侧面刚度、减小乘员舱变形量为设计目标。

当车辆受到侧面碰撞时，车门在撞击力的作用下会向车内移动，车门框会阻止这一运动趋势，同时车门框也受到车门传来的侧向力作用。乘员舱横向结构及车身侧围对车体侧向移动及变形起到了重要的抵抗作用。因此侧面抗撞性设计的关键就是如何将车身结构组织成一个整体，保证载荷可以顺利地传递，这要求结构本身要具有足够的刚度，同时又要防止结构的失稳等失效形式出现，减小车门对乘员舱的侵入。

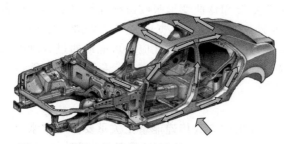

图 7-15 侧面碰撞载荷在车身结构中的传递路径

侧碰中 B 柱和门槛是两条最主要的传力路径，如图 7-15 所示。作用在 B 柱上的力，一部分通过车顶边梁、车顶横梁和相关接头结构向非撞击侧传递，另一部分传递给门槛梁。作用在门槛梁上的力，一方面来自外部的直接撞击，另一方面则来自 B 柱的作用。侧碰中起关键支撑作用的 B 柱、门槛、地板横梁和车顶横梁等结构在碰撞中以弯曲变形为主，吸能效果有限，因此为了增强侧碰中能量的吸收，需要增强这些结构件的抗弯能力，通常将这些结构件的截面设计成 W 形或 U 形，以增强弯曲刚度[8]。

(4) 后面抗撞的设计要求及结构设计

① 后面抗撞的设计要求。

a. 减小乘员舱的变形，通常用后排座位 R 点的前移量来衡量，即保证发生后面碰撞时，车体后部的变形量在一定限度内，不能过大。

b. 减小碰撞中车身的加速度，减轻乘员颈部的挥鞭性伤害。后面碰撞会导致车辆的瞬时加速度增加，而乘员颈部由于惯性作用，会使其相对车体产生滞后的运动，从而导致乘员颈部的挥鞭伤害。

c. 碰撞中保证油箱的空间，保证其完整性，减小对油箱的挤压。油箱一般布置在车体后部，如果碰撞导致油箱损坏、燃油泄漏，则可能引起火灾或爆炸。

② 后面抗撞的结构设计。

当后碰的速度较低时，要保证结构因后碰导致的损失足够小。而当后碰速度较大时，则希望尽量降低车身的减速度以降低乘员受挥鞭伤害的可能性，同时希望乘员舱变形尽量小。通常将车身后部结构设计得软一些，即通过设置吸能结构来缓和后部的冲击。为了防止因后碰导致的燃油泄漏，通常将油箱布置在变形区以外。

后碰中，撞击载荷向前方传递的路径主要有两条，如图7-16所示。一条由后防撞梁经后纵梁传递给门槛梁，另一条由后轮后部结构经后车轮传递给门槛梁。对于第二条路径，当轮胎参与碰撞时其与前面轴向刚度较大的门槛梁接触，导致对撞击的抵抗明显增加，所以碰撞吸能区通常布置在后轮后部，而将后轮作为变形限制器加以利用。为了实现轻量化，车辆后部有变短的趋势，因此要合理利用后部的吸能空间，尽可能使后部部件发生压溃变形，以减少弯曲变形，提高其吸能效率[8]。

图7-16 后面碰撞载荷在车身结构中的传递路径

（5）滚翻抗撞的设计要求及结构设计

① 滚翻抗撞的设计要求。

尽可能地提高车辆顶盖的刚度，减小乘员舱的变形量。滚翻事故发生时，往往伴随着很强的冲击，车体可能发生很严重的变形，很可能导致乘员舱生存空间的锐减，从而对乘员造成很严重的伤害。

② 滚翻抗撞的结构设计。

车顶变形导致乘员生存空间的丧失是滚翻事故中乘员伤害的主要原因之一。因此进行滚翻抗撞性设计时，减小顶盖的变形是设计的重点。

滚翻事故中，车顶及其他位置与地面接触，在地面的作用下发生变形。车顶受到来自地面的作用主要可分为前、后方向的载荷，侧向载荷和垂向载荷，这些载荷通过车顶立柱及相应接头传递到刚度相对较大的车身底部和前、后围结构，如图7-17所示。为了减小车顶结构在滚翻中的变形，应当通过立柱、车顶边梁、车顶横梁以及相应接头结构组成的车身框架整体来抵抗车体的变形载荷，要合理地对车体框架进行组

图7-17 作用在车顶上载荷的传递

织、设计框架各部分的刚度，保证立柱、梁结构的弯曲刚度、轴向刚度，尽可能将局部载荷分散至整个车身，避免由于失稳导致整个车身性能的失效。

7.3.3 白车身的固有频率和NVH性能

（1）白车身的固有频率

新车型开发过程中，作为汽车车身结构的主体部件，白车身设计一直占主导地位，其固有特性直接影响车辆的性能。为了使车辆具有好的特性，一般要求白车身有较高的刚性和良好的低频振动特性，这些特性通常通过有限元模态分析和试验模态分析来获得。白车身结构是复杂的多自由度系统，在自然状态下，它具有与自由度数相等数量的位移形状，这种位移形状称为白车身的固有振型。对于不同的初始激励，白车身系统的每一振型对应有唯一的固

有频率,白车身系统的振动特性可用固有频率和固有振型来表示。汽车在行驶的过程中,受到外界的时变激励产生振动,当外界的激振接近系统的固有频率时将发生共振,会产生剧烈振动和噪声,还会导致部件的早期疲劳损坏、车身表面保护层和车身密封性的破坏。因此需要对车身结构的固有频率进行分析,以合理分配车身结构的故有频率分布,提高车身的振动特性、安全性、舒适性和可靠性[5]。

无阻尼自由振动系统的特性分析又称为自由模态分析、白车身的振动分析,最基本、最重要的内容就是车身结构的自由模态分析。白车身结构固有模态是指白车身结构振动特性,包括固有频率和振型;车身自由模态分析的结果,是车身结构系统诸多基本动态性能的判断依据。汽车行驶在颠簸的路面上时,由于各个零件在路面激振力的作用下会产生各种形式的振动,振动不仅会产生很大的噪声,而且可能会造成汽车结构的疲劳破坏。车身结构的模态分析能够用来预测车身与其他系统如悬挂系统、路面、发动机及传动系之间的动态干扰的可能性,通过合理的结构设计,则可以避开共振频率范围,防止上述情况的出现。具体来讲,车身模态分析的意义在于:

① 通过全装备车身的约束模态分析,得到车身固有频率和振型,可以使车身结构的固有频率错开载荷激振频率,载荷激振频率主要是轮胎不平衡激振频率(一般在 $1 \sim 30 \mathrm{Hz}$ 之间)和发动机怠速激振频率(一般在 $20 \sim 40 \mathrm{Hz}$ 之间),从而确定整车的动力学特性并控制车身振动和噪声。尤其是车身整体结构的低阶模态频率,它是车身性能的关键指标,反映汽车车身的整体刚度性能。对全装备车身进行模态分析有利于控制车身的固有振动特性,从而可以对车身设计方案进行全面的评价和改进。

② 根据初步计算得到的模态频率值和振型,以及和以前其他车身模型的模态频率计算值或试验值对比,以经验判断模型的力学特性与实际车身结构是否存在较大的差异,以及判断质量和刚度分配是否合理。

③ 通过车身模态计算,分析组成车身的各部件对车身刚度的贡献。

④ 通过模态计算值和试验值的对比,分析车身模型的正确程度,找出误差的原因,并对模型做相应的修正,提高模型的准确程度。

⑤ 对车身模态分析可以得到车身的固有振动频率和振型,发现结构上的薄弱环节并加以改进,模态分析的结果也是对车身进行进一步动力学分析的基础。

对汽车白车身进行模态分析主要有两种途径——有限元模态分析和试验模态分析。

对轿车白车身有限元模型进行模态分析,求得结构的固有频率和振型,从而了解结构的动态特性,是目前广为使用的一种方法。通过有限元建模的方法进行模态分析主要是运用三维结构设计软件获得白车身 CAD 数据,之后在相应软件如 Hyperworks/Hypermesh 前处理中用壳单元对白车身结构进行离散化,将 CAD 模型转换为 CAE 模型,选取各向同性材料建立材料模型,包括材料的弹性模量 E、泊松比、密度和厚度,从而建立详细的车身有限元模型,然后根据有限元模型,进行白车身的自由模态分析。理论上,模态分析需要获得系统的各阶模态,再通过线性组合得出系统在任意激励下的响应。但汽车在激励作用下,白车身系统可看作为无阻尼线性系统;白车身系统的一般运动可以表达为各阶固有振型的线性组合,一般情况下,其低阶固有振型的能量较大,对白车身动力性的影响也大于高阶振型。白车身的低阶整体扭转振型和低阶整体弯曲振型,以及与之对应的白车身低阶整体扭转固有频率和低阶整体弯曲固有频率,是车身动力性研究的重点关注内容。所以只计算出前几阶模态进行叠加就可以得到足够的精度,并使频响函数的矩阵阶数大大减小,减少计算工作量。依照现有文献和相关统计资料,白车身整体结构的低阶模态频率是车身性能的关键指标,它反映汽车车身的整体刚度性能,一般轿车白车身整车第一阶固有频率在 $28 \sim 50 \mathrm{Hz}$ 之间。另外，白车身从前至后各局部部位的弯曲和扭转变形是评价车身刚度分配的重要参考量，它比车身整体的弯曲和扭转刚度结果更具实际意义。

有限元仿真是为了分析车身结构的力学特性，只有模型接近于实际模型，得出的计算分析结果才能够比较好地模拟结构的力学性能。但是，在实际模型建立过程中，由于进行了多种省略及简化，并不能确定所建立模型的准确性。因此，需要进行试验与仿真计算得出的计算结果进行比较，从而验证模型准确性并进行合理的模型修改，这是非常必要的。试验模态分析是基于激振力和系统响应的动态测试，是由系统输入（激振力）和输出（响应）数据，经信号处理和参数识别确定系统模态参数的一种试验方法。试验测量分析系统一般是由三大部分组成：试验激振系统、响应采集系统、模态分析和处理系统。在测量系统中，信号发生器发射信号，通过功率放大器放大给激振器，激振器激励车身结构振动。在激振器激振头处安装有力传感器，能够把激励力信号与车身结构上的加速度传感器信号一起传送到信息处理系统中进行处理，得到车身结构激励点到各响应点的传递函数，然后对传递函数进行拟合，就可以识别出车身结构的固有振动频率和振型，模态试验测试系统流程如图 7-18 所示。

从传统意义上讲，对白车身模态评价包括分析评价和类比评价两种方法——即分析评价法和类比评价法。分析评价法综合考虑汽车工作过程中外界激励和自身其他总成产生的激励、其频率作用范围对白车身相应振型的影响。具体来说主要包含以下方面：车身低阶频率应高于悬挂下结构的固有频率，而又低于发动机怠速运转频率，以免发生整体共振现象；车身弯曲模态频率和扭转模态频率应相互错开，避免弯扭模态耦合，否则在一定激励下会导致剧烈振动，从而使得整车舒适性及 NVH 性能降低；车身弹

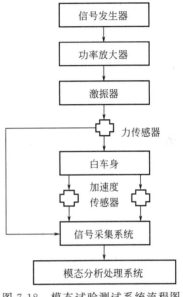

图 7-18 模态试验测试系统流程图

性模态频率应尽量避开发动机典型工作的频率范围，否则在发动机激励下，车身结构振动加剧，结构低频辐射噪声被放大；车身振型应该尽量平滑，避免有突变。类比评价法基于同类车型工作过程受到的外界激励和自身其他总成产生的激励一般相似这一观点，以已有的较成熟同级别车型的模态特性为参考标准，将白车身分析结果与之进行比较从而进行评价[6]。

(2) 白车身的 NVH 性能

在汽车行业，人们谈论噪声和振动问题时，通常都会提到 NVH，即噪声（noise）、振动（vibration）和声振粗糙度（harshness）三个英文单词的缩写。汽车的 NVH 特性就是指在车身振动、噪声的作用下，乘员舒适性主观感受的变化特性。它是人体各个器官主观感受的综合体现，客观衡量时多采用振动和噪声等性能的客观物理量为评价指标。汽车 NVH 研究涉及领域非常复杂，由于人耳是复杂的非线性结构，对不同频率的听觉感受是不同的。而且，人对振动的敏感程度也与人的姿势、振动的频率和方向有关。所以，人们购车时都特别关注其噪声和振动性能，都会亲身直接感受其是否舒适，这也是各大汽车厂商都会投入大量的人力物力来改善汽车 NVH 性能的原因。汽车 NVH 研究以提高顾客的听觉、触觉、视觉等感官舒适度，改善汽车乘坐舒适性为目的，以提高车辆结构动态响应性能为手段，实现汽车的舒适性设计。一般汽车 NVH 性能目标的确定依照以下四个方面：满足国家的相关法规规定；满足车辆耐久性和安全性要求；满足用户对车辆舒适性的要求；满足市场竞争的要求。

NVH 中噪声按照其影响途径分为结构传播噪声和空气传播噪声。如路面激励引起轮胎轴头振动，通过悬架、副车架和车身等结构的传递引发车内噪声，这属于结构传播噪声。若是胎体振动引发空气振动，通过缝隙传播和板件透射造成的车内噪声则属于空气传播噪声。按照频率分为低频噪声、中频噪声和高频噪声。按照噪声作用对象分为车内噪声（驾驶员或乘客耳边噪声）和车外噪声（通过噪声）。NVH 中主要振动类型分为正常行驶振动和非正常振动（地板和座椅垂直或横向抖动、制动抖动、怠速抖动等），主要的振源包括发动机、传动系统、悬架系统、高速时风激励振动等。图 7-19 显示了车内噪声的形成过程[7]。

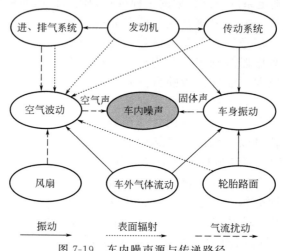

图 7-19　车内噪声源与传递路径

从 NVH 的观点来看，汽车是一个由激励源（发动机、变速器等）、振动传递器（由悬架系统和连接件组成）和噪声发射器（车身）组成的系统，汽车 NVH 性能的研究应该是以整车作为研究对象。整车 NVH 研究包含广泛的内容，包括白车身、附件、空腔、悬架、排气系统、进气系统、冷却风扇、底盘等，它们构成了振动和噪声传递的路径，其固有特性决定了振动和噪声的传递特性。但由于整车系统在受到发动机、路面、风振等复杂激励的情况下，其噪声振动响应十分复杂，加之不同工况下发动机和路面的激励不同，也会导致车内噪声的声压级和频率成分有很大差别，因此经常将它分解成多个子系统，如底盘子系统（主要包括前后悬架系统、转向系统、制动子系统）和车身子系统等来研究其 NVH 性能。在外界激励作用下，车身子系统固有振动特性并不随着激励的变化而发生变化，所以，可以通过了解某一车型的整车动态特性并分析其在不同工况下噪声源的激励情况，分析出该工况下其车内噪声各频率成分的引起原因，从而采取相应的整改措施。

车身系统在整车 NVH 特性研究中占有重要地位。它既是直接向车内辐射噪声的响应器，又是传递各种振动、噪声的重要环节，同时车内空腔决定了内部声场的声学特征，其吸声、隔声特性对车内噪声的减少有着重要影响。而且车身结构及其形成的空腔构成了驾驶员及乘客乘坐的基本环境，与乘员的各种舒适性感觉有直接的联系。

车内噪声与车身结构有着密切的关系，车身结构除了必须具有足够的强度以保证其疲劳寿命，足够的静刚度以保证其装配和使用要求外，同时也应该具有合理的动态性能以达到控制振动和噪声的目的。因此，合理的车身结构模态分布对提高整车的 NVH 性能有着十分重要的意义。车身结构振动和辐射噪声是车内噪声的主要来源（图 7-20）。根据汽车结构动态设计的要求，减少振动的量值或避开共振是两项重要的工作。由于实际车身总成的固有频率比白车身的固有频率低，很容易发生共振，因此白车身结构设计时要求其固有频率一定要避开与之相连系统的模态频率，比如，发动机运行时的振动频率、排气系统的模态频率，都不能与白车身的固有频率一致。否则，车身共振将使噪声放大，大大降低舒适性；此时车身壁板受激励而振动，往往辐射噪声并成为车身上的主要噪声辐射部位，成为很严重的噪声源。白车身的局部结构也应该避免局部共振，通过分析模态振型，修改局部变形较大的位置，可以减少振动噪声的产生与传递。车身声腔模态同样要避免出现共鸣声。

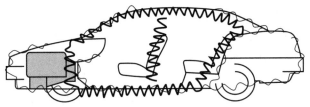

图 7-20　车身结构振动和结构辐射噪声

　　白车身是噪声和振动的传递载体，各种噪声和振动源都会通过白车身传入车内。在这个传递过程中，有关噪声和振动的问题会涉及白车身结构的模态、结构的振动传递和声传递灵敏度、结构噪声的传递率等。对于主振型（车身弯曲、扭转模态），应使汽车常用行驶工况的激励频率避开其固有频率，如无法避开，可以通过改变结构设计变动主振型。对于局部振型，不可能全部避开常用行驶工况的激励频率。对特别明显的局部振型，可以通过改变结构设计、增加局部刚度、提高振型的固有频率来错开激励频率；对不很明显的局部振型，可以通过喷敷阻尼材料的方法减小振动。车身结构设计过程中需要从总体上把握结构的固有频率、振型、阻尼等基本特性，从局部着眼变形较大部位，查清薄弱环节和传递途径，以改进设计，从而提高整车 NVH 性能。

　　汽车振动和噪声的研究步骤如下：

① 确定主要振源及其特性，建立预测模型；

② 车身结构模态分析，突出板件的局部振型；

③ 车内腔室的声学模态分析；

④ 实车试验；

⑤ 振动噪声的传递路径分析识别；

⑥ 利用有限元法、边界元法或统计能量法预测不同工况时车内噪声水平；

⑦ 车身各板件声辐射贡献分析，找出影响车内噪声的主要因素以便修改设计；

⑧ 针对车内噪声特性的灵敏度分析，优化设计，对原设计方案提出针对噪声特性的修改设计方案；

⑨ 对新方案进行评价。

　　国内外学者对于车身 NVH 已经做了大量的仿真和优化工作。

　　① 车身与振动激励源之间主要通过软垫连接，但如果车身连接点动刚度过低或存在特定频率段下的共振，则无论如何设计软垫刚度都难以满足隔振要求，因此，足够的车身连接点动刚度就变得非常关键。通过灵敏度分析，进行车身与动力总成、底盘、进排气等连接点动刚度优化可以快速找出问题根源，并提出合理的解决方案。

　　② 衡量车身结构噪声特性的常用指标是车身噪声传递函数（noise transfer function，NTF），即在车身与底盘、动力总成、排气系统等的连接点施加单位激励力，得到车内人耳处噪声响应值。一般通过阻尼材料或者是结构来进行车身噪声灵敏度的改进和优化。在车身设计过程中，通过形貌优化和连接点动刚度优化，可以达到降低车身声学灵敏度的效果。

　　③ FEM 和 SEA 是标准的汽车工业振动噪声响应预测方法。由于这两种方法都难以处

理中频段的问题,因此在中频段已经开始尝试使用 FEM 和 SEA 的混合模型。该混合模型可以用于整车宽频段(200~1000Hz)的车内结构噪声的预测和标定工作。

车身结构 NVH 设计中主要包括激励源的识别和分析技术、NVH 参数测量技术、CAE 仿真技术、有限元分析技术、模态综合分析技术以及其他噪声与振动控制技术。对 NVH 的特性研究,主要有以多体系统动力学、有限元方法、边界元方法、统计能量分析法等分析方法为主要内容的 CAE 技术,NVH 的激励源模拟和诊断技术以及以刚弹耦合系统和声固耦合系统为主要模型的仿真分析技术。其中,多体系统动力学方法(MB)将系统内部各部件抽象为刚体或弹性体,研究它们在大范围空间运动时的动力学特性。在汽车 NVH 性能的研究中,多体动力学方法主要用于底盘悬架系统、转向传动系统低频范围的建模与分析;有限元法(FEM)是把连续的弹性体化分成有限个单元,通过在计算机上划分网格建立有限元模型,计算系统的变形和应力以及动力学特性。目前,由于有限元方法的日益完善以及相应分析软件的成熟,使它成为研究汽车 NVH 性能的重要方法。一方面,它适用于汽车结构振动、车内空腔噪声的建模分析;另一方面,与多体系统动力学方法相结合来分析汽车底盘系统的动力学特性,其准确度也大为提高。与有限元方法相比,边界元方法(BEM)降低了求解问题的维数,能方便地处理无边界区域问题,并且在计算机上也能够轻松生成高效网格,但计算速度相对较慢。对于汽车车身结构和车内空腔噪声的声固耦合系统也可以采用边界元法进行分析,并且因其在处理车内吸声材料建模方面具有独特的优点,所以在汽车 NVH 分析中得到了广泛的应用。

以空间声学和统计力学为基础的统计能量分析(SEA)方法是将系统分解为多个子系统,研究它们之间能量流动和模态响应的统计特性。它适用于结构、声学等系统的动力学分析,对于中高频的汽车 NVH 性能预测,如果采用 FEM 或 BEM 建立模型,将大大增加工作量而且其结果准确程度并不高,因此,这时采用统计能量分析方法是合理的。

7.3.4 白车身使用寿命和回收

(1) 白车身使用寿命

汽车使用寿命是指从汽车开始使用到不能使用之间的整个时期。它可以用累计使用年数或累计行驶里程数表示。影响白车身使用寿命的因素主要有:事故损坏、疲劳损坏、腐蚀以及零件或材料方面的其他变化等。汽车从全新状态投入生产开始,直到在技术上不能按原有用途继续使用为止的时间称为汽车物理寿命,也称为自然寿命。它与汽车制造质量、材料品质、道路条件、运行条件、运输条件、季节气候等因素有关。

① 事故损坏。

对车身使用寿命影响最直接的为事故损坏,汽车发生碰撞时车身零部件发生大变形而使车身报废。根据公安部的统计数据,仅 2010 年全国道路交通事故已有 3906164 起[8]。这也大体反映了我国每年因交通事故而报废的车辆数。其中碰撞事故又分为正面碰撞、侧面碰撞、后面碰撞、翻滚等。根据国家 2007 年的事故统计年报显示,各种类型事故发生的概率如图 7-21 所示[10,11]。从图中可以看到正面碰撞发生的概率为 28%,侧面碰撞发生的概率为 36%,后面碰撞发生的概率为 16%。正碰、侧碰、后碰发生的概率占到所有事故的 80%。因此为了降低事故损害,必须采用

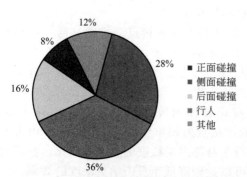

图 7-21 各种类型交通事故发生的概率

各种先进技术尽可能地降低事故的发生。

② 车身疲劳寿命。

a. 影响车身疲劳寿命的因素。

汽车在道路行驶时，受到不平整路面的激励作用以及发动机和传动系振动而产生交变力，这些交变力虽然没有超过材料的强度极限，但是会对车身的寿命产生严重的影响。影响白车身疲劳寿命的因素有很多，总结归纳起来有应力集中的影响、表面处理的影响、温度的影响、材料本身性质、残余应力等[12]。

• 应力集中的影响。

大量的试验和疲劳事故都表明，疲劳破坏容易出现在应力集中处。集中应力使车身的疲劳强度降低，而且集中应力是影响车身寿命最重要的因素之一。在容易产生应力集中的车身部位处要注意消除应力集中，如在车身与发动机的连接部位加装橡胶垫，这样既可以衰减交变力幅值又可以减小应力集中的影响[12]。

• 表面处理的影响。

疲劳破坏往往发生在试件表面，白车身的表面状况对疲劳寿命有显著影响。在实际生产过程中为了提高车身的疲劳寿命，采用的方法有降低车身表面的粗糙度，对车身表面进行渗碳、渗氮、淬火处理等，对车身钣金件通过冷作硬化的方式来提高白车身的疲劳寿命[13]。

• 温度的影响。

虽然汽车行驶过程中的环境温度相差不是太大，但是白车身在生产过程中会用到大量的焊接操作，焊接产生的局部高温将会对白车身的疲劳寿命产生影响。白车身后续生产过程的涂装工序中，由于在烤漆过程中也会产生大量的热量，因此影响车身的寿命。

b. 确定白车身疲劳寿命的方法。

白车身的疲劳寿命是决定车身寿命的主要因素。因此，生产商在决定白车身寿命时需要考虑白车身的疲劳寿命。目前确定白车身疲劳寿命主要有两种方法，实车试验和虚拟分析。实车试验主要包括道路试验、试验场试验、试验室内台架耐久性试验；虚拟分析主要为有限元方法的仿真分析等[12,13]。

• 实车试验方法。

实车试验一般是通过台架与道路试验相结合的方法进行的。其中台架试验方法没有统一的规范，都是汽车企业经过经验积累形成的，属于企业内部的信息[13]。试验过程如图7-22所示。台架试验得到的是车身的应力，通常通过应变片测得应变，然后再转化为应力，在粘贴应变片的过程中要注意应变片的方向。按循环应力大小，车身疲劳破坏又分为应力疲劳和应变疲劳。当最大循环应力低于材料的屈服应力时为应力疲劳，也称为高周疲劳；当最大循

(a)　　　　　　　　　　　　(b)

图 7-22　台架试验装置图

环应力高于材料的屈服应力时为应变疲劳,也称为低周疲劳。采用实车试验的方法虽然可靠,但是必须等到样车生产出来之后才能进行试验,试验周期长、费用高且不能与设计并行,因此不适合概念设计阶段。

- 虚拟分析方法。

虚拟分析方法主要有试验分析法和有限元分析法。试验分析法又称为科学疲劳寿命分析法,是依据材料的疲劳性能,对照结构所受到的载荷历程,按分析模型来确定结构的疲劳寿命。试验分析法包括三部分内容:材料疲劳行为的描述、循环载荷下结构的响应以及疲劳累积损伤法则。按照疲劳损伤参量不同可以将疲劳寿命分析方法分为名义应力法、局部应力应变法、应力应变场强度法、能量法、损伤力学法和功率谱密度法等。在实际设计中经常采用名义应力法、局部应力应变法、应力应变场强度法。

有限元分析方法伴随着计算机的发展得到了长足的进步。有限元方法可以缩短产品开发时间、节约开发成本,并能够与设计并行,使用于产品的初期开发阶段。使用有限元分析时首先应用多体动力学软件如 ADAMS 得到作用于悬架上的载荷,然后将悬架与车身连接起来,并通过有限元软件对车身的疲劳寿命进行分析。处理疲劳问题常用的软件有 MSC.Fatigue、ANASYS、ABAQUS 等。图 7-23 为实车试验与虚拟分析方法流程。

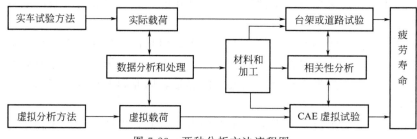

图 7-23 两种分析方法流程图

根据国家经济贸易委员会、国家发展计划委员会等部门制定的《关于调整汽车报废标准若干规定的通知》和公安部制定的《关于实施〈关于调整汽车报废标准若干规定的通知〉有关问题的通知》,新的汽车报废标准中规定,9 座(含 9 座)以下非营运乘用车汽车(包括轿车、含越野车型)使用期限为 15 年;达到报废标准后要求继续使用的不需要审批,经检验合格后可延长使用年限,每年定期检验 2 次,超过 20 年的,从第 21 年起每年定期检验 4 次。由于我国乘用车大部分为私用家庭轿车,出租车所占的比例很低,因此在设计车身寿命时要尽量与发动机等汽车其他部件的寿命相一致。

③ 白车身腐蚀。

腐蚀不仅影响车身寿命,而且还容易造成交通事故、污染环境等。据报道,金属腐蚀导致全世界每年每辆汽车平均损失为 150~250 美元,美国汽车工业因腐蚀而造成的年损失约为 200 亿美元。在 1985~1991 年间对瑞典和我国汽车腐蚀调查表明,除意外交通事故损坏或部分零部件磨损外,汽车腐蚀是汽车损坏报废的重要原因[14]。我国汽车工业发展水平与世界先进水平还有一定差距,投入使用的汽车 2~3 年后就出现腐蚀,4~5 年就有部件腐蚀穿孔。我国对于腐蚀防护的研究更是非常落后,国外从 20 世纪 60 年代就开始了整车道路强化腐蚀试验,这项试验对于汽车腐蚀防护能力的提高具有极其重要的作用,而我国在这方面的研究才刚刚开始。因此,我国迫切需要进行汽车腐蚀方面的研究[15,16]。

a. 车身易受损部位。

大量轿车的腐蚀调查分析表明,出现腐蚀的车辆随车龄和运行距离的增加而增加,而且随着车龄和运行距离的增加腐蚀程度越严重。图 7-24 和图 7-25 分别为汽车腐蚀频率随车龄和运行距离的关系图。汽车腐蚀频率为出现腐蚀的车辆与参与调查的车辆之比[14]。

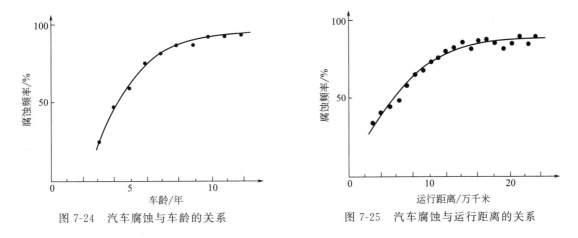

图 7-24　汽车腐蚀与车龄的关系　　　　图 7-25　汽车腐蚀与运行距离的关系

瑞典腐蚀研究所对 30 余种小轿车总计 7548 辆车进行了腐蚀调查。调查车辆运行距离从 3 万千米到 17 万千米。调查中将轿车划分为 34 个部位，左右各 17 个部位。车身各部分的编号如图 7-26 所示。对汽车各部位的腐蚀情况统计如表 7-5 所示。

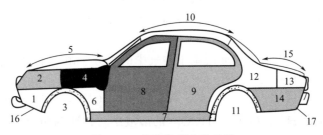

图 7-26　车身各部分的编号

表 7-5　各车龄组在划定区出现腐蚀的百分数　　　　%

车龄组 调查区域	1970~1971 年生产		1972~1973 年生产		1974~1975 年生产		1976~1977 年生产		1978~1979 年生产	
	右侧	左侧	右侧	左侧	右侧	左侧	右侧	左侧	右侧	左侧
1	16	17	14	15	11	13	7	9	4	4
2	30	35	21	25	15	17	8	10	2	3
3	16	15	19	20	17	19	13	14	7	7
4	30	32	26	31	25	29	16	18	3	5
5	4	8	6	8	8	11	6	9	3	4
6	22	23	20	22	14	15	9	10	3	4
7	28	31	27	27	24	26	17	18	9	10
8	44	48	37	40	36	40	24	29	8	12
9	22	25	16	17	17	18	13	14	5	7
10	1	2	2	3	2	3	2	3	1	1
11	44	47	44	47	37	40	25	26	12	14
12	10	16	12	14	11	12	7	9	3	5

续表

车龄组 调查区域	1970~1971年生产		1972~1973年生产		1974~1975年生产		1976~1977年生产		1978~1979年生产	
	右侧	左侧	右侧	左侧	右侧	左侧	右侧	左侧	右侧	左侧
13	5	5	4	5	4	4	2	2	1	1
14	29	29	22	24	21	22	13	14	6	6
15	6	8	7	10	7	11	6	10	3	4
16	20	29	17	23	16	23	12	18	7	10
17	16	24	14	19	13	18	9	12	4	5
轿车数/辆	389		894		1986		2411		1868	

从表 7-5 中可以看出，最受影响的腐蚀部位为后挡泥板前沿（11）、前门（8）、侧门槛梁（7）、前挡泥板后部上面（4）、后挡泥板后部（14）。这些容易腐蚀的部位集中在前后轮附近，当汽车行驶时，这些部位易受到碎石、潮气、污泥的影响。一般来说，轿车左侧较右侧腐蚀更为严重，这是因为在行驶过程中左侧受到紧挨着的车辆带来的碎石冲击更为严重些。

b. 汽车腐蚀的分类。

汽车大部分部件由金属制成。按照腐蚀特征和材料本身所显示的腐蚀形态，金属腐蚀可分为以下三种类型：均匀腐蚀、电偶腐蚀、缝隙腐蚀。按照腐蚀在乘用车发生部位、接触材料和所处环境的不同，汽车腐蚀一般可以分为斑状腐蚀、缝隙腐蚀、局部腐蚀和受载下的腐蚀等四种类型。按破坏形式，汽车的腐蚀分为三类：外观腐蚀、穿孔腐蚀、结构腐蚀。

c. 车身腐蚀产生的机理。

当铁暴露在潮湿空气中时，表面凝聚了空气中的水分。由于水中溶解有氧气、二氧化碳或其他盐类，结果形成了一层弱酸性电解质溶液的薄膜，如方程式(7-7) 所示。

$$H_2O \Longleftrightarrow H^+ + OH^-; CO_2 + H_2O \Longleftrightarrow H_2CO_3 \Longleftrightarrow H^+ + HCO_3^- \tag{7-7}$$

这样铁就如放在含 H^+、OH^-、HCO_3^- 的溶液中，铁作为负极，杂质作为正极，形成了千千万万个微小的原电池，发生的电化学腐蚀如方程式(7-8) 所示。

负极： $Fe - 2e \Longleftrightarrow Fe^{2+}; Fe^{2+} + 2OH^- \Longleftrightarrow Fe(OH)_2$

正极： $2H^+ + 2e \Longleftrightarrow H_2 \uparrow$

腐蚀总反应： $Fe + 2H_2O \Longleftrightarrow Fe(OH)_2 + H_2 \uparrow \tag{7-8}$

d. 引起腐蚀的原因。

引起车身产生腐蚀的原因可以分为两大类，即内在的质量原因和外界使用环境原因。其中内在质量产生的腐蚀因素包括，结构设计不合理，磷化、水磨时，腐蚀介质进到驾驶室门里或钢管空腔里，造成积水现象从而造成腐蚀；车身使用的材料不具有很好的耐腐蚀作用；焊接时，焊疤处易引入杂质，造成材料内部组织不均匀，易腐蚀；打磨腻子时，打磨机把底漆、磷化膜磨掉，造成整车防腐性下降；对于大型车，不能进行整车磷化，而在手工磷化时，某些地方磷化不到、底漆喷涂或底漆厚度不能覆盖住基体钢铁，腐蚀介质会渗透到里面；打磨除锈不彻底，磷化后仍会有锈迹，造成底漆附着力不高，易引起脱落；焊接时有异种金属相接触等。这些因素归结起来可分为两类，即汽车设计本身材料与结构缺陷的影响和制造工艺的实施质量。

外界使用环境的原因包括有害物质的侵蚀、机械损伤后的锈蚀和环境因素造成的锈蚀等。有害物质侵蚀的影响如道路上产生的盐碱、含化学物质的灰尘，均可加速汽车生锈，特别是受到盐碱、灰尘和水汽的污染侵蚀，会使车身部分锈蚀。在沿海一带空气中含有盐分，工业污染所形成的酸雨等有害化学物质，会加重对汽车的腐蚀。机械损伤后锈蚀的影响，如汽车受到意外或石块碰撞而划伤表面油漆保护层,会导致锈蚀。环境因素造成的锈蚀,如相对湿度高的地区,会加速汽车生锈,特别是在温度刚高于冰点温度时,生锈的倾向更为严重[15]。

e. 如何提高车身的耐腐蚀性能。

针对汽车车身腐蚀容易产生的部位以及腐蚀产生的原因,对车身的部件进行防腐设计,提高车身的耐腐蚀性能。常用的延长车身寿命的方法有车身用板材的设计、车身结构设计、冲压防腐、焊装防腐、涂装防腐等。

- 车身用板材的设计。

使用耐腐蚀性的材料来生产车身,或者使用有镀层材料的钢板来制造车身。现在世界各国的汽车行业多使用单面或双面镀锌钢板以增强车身的抗腐蚀性。根据瑞典腐蚀研究所的调查,在获得良好防锈方面最突出的因素是使用 $7\sim10\mu m$ 厚镀锌层,较薄的 $2\sim5\mu m$ 锌镍镀层在大多数情况下防腐能力不足7年。目前我国绝大部分车身仍全部采用冷轧钢板,只有个别合资企业生产的轿车采用镀锌钢板制造车身。

- 车身结构设计。

合理的结构设计可以避开某些引起腐蚀的因素,从而提高车身的寿命。提高车身防腐蚀的结构设计与制造应该注意以下几个方面。

- 接缝处的设计。

接缝处如果不涂密封剂很好地密封,必然趋向产生锈蚀。所以,接缝要尽可能不出现在外蒙皮上,而在车内部及地板下部不易看见的位置,接缝的设计要保证外观平整光滑,又便于密封防腐处理。另外,要依照汽车行进方向和飞溅方向设计接缝开口,使之朝向水难以进入的方向。图7-27为焊缝处的设计图。

- 板端面部位设计。

端面锐角处,考虑在眼睛难以观察到的地方向内侧折弯翻边,由于形成角而大幅度提高漆的附着量,提高防腐蚀性。如图7-28所示为流水槽弯折角改进设计。

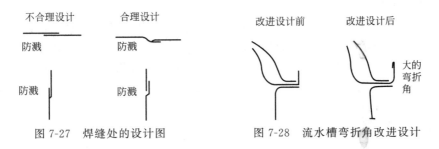

图 7-27　焊缝处的设计图　　　图 7-28　流水槽弯折角改进设计

- 空腔处设计。

空腔内是很易腐蚀的部位,所以在行李厢等处,为了向其内部完好地涂上电泳漆,需要充分考虑空腔的结构。如图7-29所示为几种空腔结构的比较。

- 工艺孔的设计。

要保证电泳用的工艺孔的位置、大小和数量,同时还必须考虑到放气孔。另外,排水孔要保证在最低位置,有足够的大小。

- 冲压防腐应注意的事项。

控制冲压钢板质量,采用耐腐蚀的钢板;用于生产的钢板开卷后要在规定时间内使用完;原料应放入库中,注意防潮,遵循先入先出的原则,对于冲压后的钣金件应放在不同的存放地、存放架,避免接触;对于过保质期的钢板要进行报废处理;工序间零件要存放在干

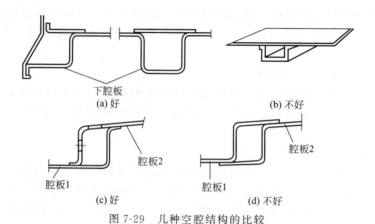

图 7-29 几种空腔结构的比较

净、清洁、通风的储运架上。
- 焊装防腐应注意的事项。

焊装过程中由于产生大量的热量造成焊点附近金属的氧化,影响车身的耐腐蚀性,因此在焊装过程中应注意保护焊点附近的金属。采用气体保护焊或者激光焊接等,在点焊处涂密封胶、压合胶、减振胶等提高车身寿命。
- 涂装防腐应注意的事项。

目前轿车车身100%进行磷化处理,然后进行阴极电泳。电泳涂装除使表面涂层均匀外,也可使接缝、空腔等不易喷涂的部位涂上一层漆膜,可以有效地隔离潮气、腐蚀性物质。对车身底部容易受到碎石打击、尘土附着的部位要继续进行特殊的防腐处理。对于轿车车身防腐蚀要求较高,经磷化、电泳处理后,内腔由于屏蔽作用,在这些部位电泳漆膜较薄,达不到防腐要求,又不能进一步涂漆,因此通常在底板空腔内进行喷蜡或注蜡处理。此外还要注意总装过程中的防腐、储运过程中的防腐。

(2) 白车身的回收

随着国民经济的发展,我国汽车保有量迅速增长,由此也带来了大量的报废车。如果对报废的汽车处理不当,则不但会影响汽车的循环经济,还会影响环境、交通和人民的生命财产安全。虽然我国每年报废大量的汽车,但是回收的车辆却相对较少。例如,1995年计划报废25万辆汽车,但是物资部门只回收了10万辆汽车。据统计,仅1994年已达到报废标准的汽车就有210万辆,但由于种种原因,这些车辆并未及时更新。

① 白车身材料回收。

汽车车身大部分采用金属材料。近年来随着能源紧张局面的出现,轻质化材料在汽车上的应用逐渐提高。车身采用的轻质材料主要有高强钢、铝合金、镁合金。这些金属都属于非再生资源,但却具有很好的回收性能。回收中常用的方法有两种,即人工分解汽车和机械化、半自动化回收原材料。人工分解可以将得到的原材料分类放置,可以按照不同的合金系分类回收,但是所用的人力成本较高,而且回收的零件大多不能直接使用。机械化和半自动化回收原材料的方法生产效率高、生产成本低,但是产品中混合成分多,使用的范围和价值降低。

a. 钢材的回收。

钢材仍然是汽车使用最多的材料,而且钢材是100%可回收的,还可以直接应用电弧钢处理工艺进行回收。报废的车身可以先送进挤压机压碎,而后用磁分离法把钢分离出来,同时,用电动势把铝分离出来。再生钢可以用来制造低价值初级产品。然而,钢在汽车上的用量已从 20 世纪 80 年代中期的 70% 降至 90 年代中期的 63%。

b. 铝的回收

铝合金在汽车中的应用逐年增加，并且部分企业已经推出全铝车身，如奥迪 A8、A2。尽管铝只占一辆轿车总质量的 5%～10%，但它却相当于 35%～50% 回收材料的价值。据美国铝业协会统计，目前全世界铝的回收率约 85%，有 60% 的汽车用铝来自回收的旧废料，而且还在逐年增长。生产 1t 新的铝锭要消耗大约 1.7 万度电，而再生铝锭每吨大约消耗 450 度电，只有新铝的 2.6%。同时回收再生铝锭生产过程中产生 CO_2 的量比生产新铝大幅度减少，所以从节能、省资源、环境保护诸多方面看，铝的回收再生是时代要求。轿车上用的铝、镁合金属于不同的合金系，既有变形合金又有铸造合金，经破碎和浮选后，不能再进一步分离，成为不同合金的混合物，这就给随后重熔再生合金的化学成分和杂质元素控制带来相当大的困难，大多数情况下仅能作为重熔铸造合金使用，降低了使用价值和广泛性[17]。

c. 镁的回收

镁可 100% 回收利用。在常用金属中，它有最大的强度质量比，在结构应用上，它能很好地吸收能量，并具有很高的抗冲击性。镁的密度只有钢的 1/4，铝的 2/3，比工程塑料略大。但是镁用于制造业成本太高。从 20 世纪 70 年代开始，福特、通用、克莱斯勒已开始用它制造不同部件。在欧洲，梅赛德斯-奔驰一直是镁的最大用户。镁的回收和铝回收面临同样的问题。

② 车身回收途径。

我国报废车的回收途径主要通过三种形式进行，这三种途径分别为官方回收、企业回收和民间回收。官方回收是指严格按照国家老旧汽车更新领导小组办公室的规定进行回收，回收单位为依法注册具有旧车经营权的企业。企业回收是指企业自身回收自身品牌报废的汽车。企业回收除了材料回收外，还可以将某些零件直接用于新车上，如发动机支架、空调压缩机支架。同时，还可以避免报废车拼装现象。民间旧车的回收实际上包括了旧车报废、旧车及其零部件的交易两个方面，回收单位并不是严格意义上的企业，往往是由于经济和历史原因长期形成的市场，或一些个体、私人作坊[18]。

③ 报废车回收法规。

报废车回收与新车购买同样存在着严格的法律规定，法规规定可以促进回收业的规范，促进材料、零件的再利用。自 1980 年，我国开展大规模的废旧汽车报废更新工作以来，国务院相关部委先后颁布了一系列关于汽车使用年限、废旧汽车报废规定的文件，对废旧汽车回收处理做出了详细的政策规定。我国最早于 1986 年颁布了《汽车报废标准》，但由于经济的快速发展，我国汽车保有量迅速增大，该标准便不再适合交通安全、节能、环保等要求，经国家相关部门根据实际情况进行修订，于 1997 年颁布了《汽车报废标准（1997 年修订）》，对各种车辆的报废标准进行了重新的界定。随后，我国又先后于 1998 年颁布了《关于调整轻型载货汽车报废标准的通知》（国经贸经〔1998〕407 号）、2000 年颁布了《关于调整汽车报废标准若干规定的通知》（国经贸资源〔2000〕1202 号）、2001 年颁布了《关于实施〈关于调整汽车报废标准若干规定的通知〉有关问题的通知》（公交管〔2001〕2 号），进一步对汽车报废标准进行了完善和改进，使之更加科学、合理、有效[19]。为了加强汽车拆解过程中环境保护的要求，国家环境保护总局颁布实施了《报废机动车拆解环境保护技术规范》（HJ 348—2007），但是该法规并没有涉及节约资源的作用。在参考欧洲、日本等地区法规的基础上，商务部促使我国汽车技术研究中心在 2008 年 7 月 1 日制定了《报废汽车回收拆解企业技术规范》。该规范于 2009 年 1 月 1 日开始实施[19]。

7.4 乘用车结构 CAE 分析

计算机辅助工程 CAE（computer aided engineering）在车身结构开发中占有重要地位。它是一个很广义的概念，从字面上讲，它可以包括设计、工程和制造业信息化的所有方面。但是，传统的 CAE 主要是指用计算机对工程和产品的运行性能与安全可靠性的分析，对其未来的状态和运行状态进行模拟，及早地发现设计计算中的缺陷，并证实未来工程、产品功能和性能的可用性和可靠性。也就是说，CAE 是指工程设计中的分析计算与分析仿真，具体包括工程数值分析、结构与过程优化设计、强度与寿命评估、运动/动力学仿真等。工程数值分析用来分析确定产品的性能；结构与过程优化设计用来保证在产品功能和工艺过程的基础上，使产品、工艺过程的性能最优；结构强度与寿命评估用来评估产品的设计精度是否可行、可靠性如何以及使用寿命为多少；运动/动力学仿真用来对虚拟数字样机进行运动学仿真和动力学仿真。现代大型 CAE 分析程序如 ABAQUS、ADINA、ANSYS、NASTRAN、MARC 等，无论在荷载条件的输入、边界条件的设置还是非线性算法的准确性上，基本已经做到精确模拟的程度，甚至连很多参数性试验都已经可以通过计算机模拟来代替。

设计过程的数字化已成为现代过程设计的基本特征，数字化设计为实现以人为核心的计算机辅助智能设计创造了前提。当今的 CAD/CAE 技术已经成为衡量一个国家汽车工业技术水平的重要标志之一，也是衡量一个汽车制造公司技术水平的重要标志，它已成为一个汽车公司开发新产品、组织规模生产、加强市场竞争的重要手段。CAE 技术在缩短产品开发周期，提高产品性能、质量和可靠性，降低产品成本等方面起到决定性作用，CAE 工具是否介入以及介入多少对整车开发周期的影响如图 7-30 所示。对汽车的零部件和整体结构进行动力学仿真和分析，是研究其可靠性、寻求最佳设计方案的主要手段。

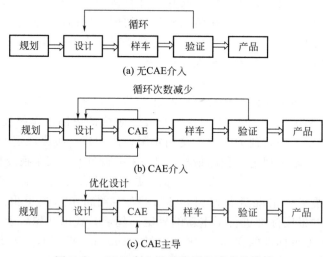

图 7-30 CAE 介入对整车开发流程的影响

CAE 应用于车身开发上成熟的方面主要有刚度、强度（应用于整车、大小总成与零部件分析，以实现轻量化设计）、NVH 分析（各种振动、噪声，包括摩擦噪声、风噪声等），机构运动分析等；而车辆碰撞模拟分析、金属板件冲压成形模拟分析、疲劳分析和空气动力学分析的精度有进一步提高，已投入实际使用，完全可以用于定性分析和改进设计，大大减少了这些费用高、周期长的试验次数；虚拟试车场整车试验仿真分析正在研究中，此外还有焊装模拟分析、喷涂模拟分析等。

乘用车结构的 CAE 分析具体含义有以下几个方面。

① 运用工程数值分析中的有限元等技术分析计算产品结构的应力、变形等物理场量，给出整个物理场量在空间与时间上的分布，实现结构从线性、静力计算分析到非线性、动力的计算分析。

② 运用过程优化设计的方法，在满足工艺、设计的约束条件下，对车身结构、工艺参数、截面形状等参数进行优化设计，使车身结构性能、工艺过程得到优化。

③ 运用结构强度与寿命评估的理论、方法、规范，对车身结构的安全性、可靠性以及使用寿命做出评价与估计。

④ 运用运动/动力学的理论、方法，对车身 CAS（computer aided styling）模型和 CAD（computer aided design）模型的机构、整机进行运动/动力学仿真，给出机构、整机的运动轨迹、速度、加速度以及动反力的大小等。

目前，汽车开发中典型的 CAE 分析软件主要有：用于结构问题分析的 ABAQUS、NASTRAN、LS-DYNA、PAM-CRASH 和 RADIOSS；用于动力学分析的 ADAMS；用于流体力学分析的 FLUENT。这些 CAE 分析软件无论在荷载条件的输入、边界条件的设置还是非线性算法的准确性上，基本已经做到精确模拟的程度，甚至连很多参数性试验都已经可以通过计算机模拟来代替。

7.4.1 CAE 分析的重要意义

乘用车结构的 CAE 分析涉及车身 CAD 和 CAM 的各个领域，具体包括产品战略阶段、概念设计阶段、详细结构设计阶段、试验试制验证阶段。

其中，CAE 在概念设计阶段所要完成的任务主要有：

① 确定新车的设计目标值，包括车身的静刚度目标、整车的 NVH 目标和整车的安全性目标等；

② 对竞争样车进行 CAE 模拟与试验，并结合设计部门的 CAE 数据库和相关法规来确定新车的设计目标值；

③ 目标车的典型截面分析及其优化设计，典型截面包括门槛、车顶横梁、A-B-C 柱、纵梁等，其评价指标有扭转常量、惯性矩、截面面积；

④ 目标车的接头刚度分析及其优化设计，通常是通过累积竞争车型或相近车型的接头结构性能参数构成数据库而获得的，评价指标包括变形分析、应力分析和应变分析；

⑤ 目标车的白车身静态刚度与模态分析，通过模态与刚度分析可以评价预测车身的性能，通过接头刚度与截面特性敏感度分析可考察最敏感的截面与接头参数；

⑥ 汽车安全性设计，主要包括前纵梁碰撞分析、车门侵入模拟、目标车的车顶压溃模拟。

CAE 在详细设计阶段所要完成的任务主要有：

① 车身强度与刚度分析及其灵敏度分析，包括截面分析与接头刚度分析、弯曲刚度和扭转刚度分析；

② 开闭件的强度与刚度分析；

③ 前门、后门、发动机盖、行李厢盖、前翼子板等强度和刚度分析；

④ 车身局部强度与刚度分析；

⑤ 仪表盘、管柱、前保险杠防撞梁、后保险杠防撞梁、座椅、安全带、方向盘和前围板等的被动安全分析等；

⑥ 模态分析以及频率响应分析；

⑦ 模态分析、动刚度分析、传递函数分析、声学分析、舒适性分析等；

⑧ 安全性分析；

⑨ 前碰、侧碰、后碰、车顶压溃、头部保护分析、行人保护分析等。

例如，CAE 分析在结构、疲劳、NVH 分析中的广泛应用，通过汽车结构的强度分析得到应力云图，可以判断汽车结构是否满足强度要求。在碰撞分析中可以得出汽车各个部分的变形、加速度、能量等情况，从而判定汽车的被动安全性能。通过建立汽车多刚体分析模型，可以进行汽车平顺性、舒适性分析，了解整车行驶时的整体性能，直观地反映出汽车各部件之间是否干涉、最小间隙等。汽车的热、流分析包括发动机燃烧、排气管道、空气对汽车的阻力和车厢内的通风换气等，热、流分析可以有效提高汽车性能，增加乘坐舒适性。

乘用车结构的 CAE 分析的主要意义表现在：

① 结构性能的预测仿真取代了大部分设计纠错，使工程师更加关注于成功的结构设计，而不是对结构设计失误的分析；

② 物理性能优良的结构仿真模型保证了乘用车车身的优良性能；

③ 提高结构设计全面性和深入性，使得车身结构性能设计稳健耐用；

④ 在概念设计阶段指导具体结构定义，推进车身结构精益设计的目标进程；

⑤ CAE 为乘用车的各个开发阶段提供了有限元分析（FEA，finite element analysis）、边界元分析（BEA，boundary element analysis）、多刚体动力学（MBD，multi body dynamics）、计算流体力学（CFD，computational fluid dynamics）、统计能量分析（SEA，statistical energy analysis）等多种高效的工程分析工具；

⑥ CAE 分析使得设计更加理论化、标准化；

⑦ CAE 分析提供了日益丰富的优化和稳健设计工具集；

⑧ CAE 分析为乘用车结构提供完备的安全性设计保障；

⑨ CAE 大大提高了设计预测的准确性。

7.4.2 CAE 分析的方法

CAE 分析的理论基础是有限元法和数值分析方法。有限元法的基本思想是将连续的求解区域离散为一组有限个且按一定方式相互联结在一起的单元的组合体，由于单元本身又可以有不同形状，因此可以模拟几何形状复杂的求解域。数值分析方法是研究适合于在计算机上使用的实际可行、理论可靠、计算复杂性好的数值计算方法，近 40 年来数值分析迅速发展并成为数学科学中的一个独立学科[20,21]。

CAE 的核心技术为有限元方法与虚拟样机的运动学与动力学仿真分析技术。主要是用计算机对工程或产品进行性能与安全可靠性分析，对其未来的工作状态和运行行为进行模拟，及早发现设计缺陷，并证实工程或产品未来性能的可用性与可靠性。

CAE 技术可以按分析目标分为静态分析、动态分析、可靠性分析和优化分析；根据研究对象的物理属性，CAE 又可以分为静力计算、动力计算、运动（干涉）计算、疲劳计算、热分析、流体分析、塑性分析及噪声分析等。CAE 分析的计算流程如图 7-31 所示。

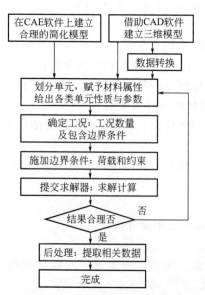

图 7-31　CAE 分析计算流程

7.4.3 CAE 分析的各种软件

CAE 软件集成了有限元法、数值分析、优化设计、图形处理、工程管理学、人机智能工程等多种技术领域，是一种综合性、知识密集型信息产品，其中在乘用车结构轻量化设计中使用较为广泛的有 ANSYS、Nastran、HyperWorks、LS-DYNA、SFE-CONCEPT、iSight 等。

(1) ANSYS 软件

ANSYS 软件是由世界上最大的有限元分析软件公司之一的美国 ANSYS 开发的大型有限元分析软件，它有与多数 CAD 软件数据传输的接口，能实现数据的共享和交换，如 Pro/Engineer、UG、CATIA 和 AutoCAD 等，是现代产品设计分析中应用较广的高级 CAE 工具之一。

ANSYS 软件主要包括三个部分：前处理模块、分析计算模块和后处理模块。

前处理模块提供了一个强大的实体建模及网格划分工具，用户可以方便地构造有限元模型；分析计算模块包括结构分析（可进行线性分析、非线性分析和高度非线性分析）、流体动力学分析、电磁场分析、声场分析、压电分析以及多物理场的耦合分析，可模拟多种物理介质的相互作用，具有灵敏度分析及优化分析能力；后处理模块可将计算结果以彩色等值线显示、梯度显示、矢量显示、粒子流迹显示、立体切片显示、透明及半透明显示（可看到结构内部）等图形方式显示出来，也可将计算结果以图表、曲线形式显示或输出。

(2) Nastran 软件

MSC.Nastran 软件是 20 世纪 60 年代美国航天局 NASA 为发展航天事业而开发的一套用于替代试验的有限元仿真程序。该结构有限元分析软件具有高度的可靠性和良好的操作灵活性，计算结果得到了各个行业的认可，广泛应用于各种规模的工程分析，是大型工程项目和国际招标项目有限元分析的首选工具，并且已经成为评估其他有限元分析软件精度的参照标准。MSC.Nastran 软件功能非常强大，多年来通过自身的不断完善，如增加新的单元类型和分析功能，解题精度和矩阵运算效益不断提升。此外，几乎所有的 CAD/CAM 软件都开发了与 MSC.Nastran 的直接接口，其输入/输出格式亦被人们看作当今 CAE 业界的标准。

MSC.Nastran 提供了方便的模块化功能选项，主要功能模块包括基本分析模块（包括静力、模态、屈曲、热应力以及流-固耦合分析等）、动力学分析模块、设计灵敏度分析及优化模块、热传导模块、非线性分析模块、超单元分析模块、气动弹性分析模块、DMAP 用户开发工具模块及高级对称分析模块等。

(3) HyperWorks 软件

HyperWorks 软件是由美国 Altair 公司开发的杰出的企业级 CAE 仿真平台解决方案，整合了一系列设计与分析所需的工具，包括建模、前处理、分析、优化、可视化、流程自动化、作业提交和数据管理系统等，具有高度的开放性和交互性，并提供了广泛的商用 CAD/CAE 软件交互接口。

HyperWorks 包括 HyperMesh、HyperView、HyperGraph、HyperCrash、HyperStudy、OptiStruct、RADIOSS 等模块，可进行有限元前后处理、数据分析和图表绘制、碰撞分析、优化设计、线性及非线性求解等。

(4) LS-DYNA 软件

LS-DYNA 是世界上最著名的通用显式动力分析程序，能够模拟真实世界的各种复杂问题，特别适合求解各种二维、三维非线性结构的高速碰撞、爆炸和金属成形等非线性动力冲击问题，同时可以求解传热、流体及流固耦合问题。在工程应用领域被广泛认可为最佳的分析软件包。与试验的无数次对比证实了其计算的可靠性。

LS-DYNA 程序 960 版是功能齐全的几何非线性（大位移、大转动和大应变）、材料非线性（140 多种材料动态模型）和接触非线性（50 多种）程序。它以 Lagrange 算法为主，兼有 ALE 和 Euler 算法；以显式求解为主，兼有隐式求解功能；以结构分析为主，兼有热分析、流体-结构耦合功能；以非线性动力分析为主，兼有静力分析功能（如动力分析前的预应力计算和薄板冲压成形后的回弹计算）；是军用和民用相结合的通用结构分析非线性有限元程序。

（5）SFE-CONCEPT 参数化设计软件

SFE-CONCEPT 是德国 SFE 公司设计开发的目前世界上第一款真正实现了仿真驱动设计的商用软件。它采用"分析驱动设计"的理念，以独树一帜的技术支持在开始详细设计之前进行产品性能的仿真分析，让 CAD 和 CAE 团队在设计早期阶段的密切合作成为可能，促使产品在概念设计阶段就完成大多数的性能评估和优化，减少了后期的设计更改，增加了产品的可靠性，缩短了开发周期，提升和加速了新产品的研发。

SFE-CONCEPT 软件主要可以实现以下功能：快速进行汽车结构多方案设计和构型设计；同时对多种设计方案进行快速结构拓扑布局与优化评估；建立模块化架构数据库。数据库中所有零件、组件包含智能连接关系，确保了几何模型和有限元分析模型的可重复利用性；快速进行系统级优化，在所有设计层面采用隐式全参数化描述，对其中一个零件的参数进行修改时，所有与之相关联的几何体自动完成修改，无需人为干预，保持系统级模型几何和拓扑关系的兼容性；采用独特的自动网格算法，根据几何模型的变化，实时生成带连接关系（如铆接、焊点、焊缝、胶粘、螺栓等）的高质量有限元网格模型；快速实现多方案、多学科、多目标优化。

（6）iSight 软件

iSight 软件最早是由 MIT 的博士 Siu S. Tong 在 20 世纪 80 年代左右提出并领导开发完成的，经过这些年的发展已经成为同类软件中的佼佼者。iSight 自身并不会进行计算，但是它通过相应的方法调用其他软件（如 ABAQUS、ANSYS 等）进行计算；所以 iSight 首先是一个"软件机器人"，可以在不用人工干预的情况下不断地调用相应的工程计算软件进行计算。

传统的设计通常是采用试算法，即在设计时根据要求，参考一些同类产品设计的成功经验，凭借一定的理论判断来选定设计参数，然后进行校核计算，检验其是否符合要求，不满意则调整设计参数再校核，如此反复多次直到满足设计要求为止。传统的算法已经不能满足高效、优质的设计生产任务要求，需要一种新的方法来适应现代化的高速发展。

基于上述数值分析软件的结构和工作过程，在进行数值分析的时候，可以通过修改模拟计算模块的输入文件来完成模型的修改，iSight 正是基于这种原理工作的。iSight 通过一种搭积木的方式快速集成和耦合各种仿真软件，将所有设计流程组织到一个统一、有机和逻辑的框架中，自动运行仿真软件，并自动重启设计流程，从而消除了传统设计流程中的"瓶颈"，使整个设计流程实现全数字化和全自动化。

iSight 是一个通过软件协同驱动产品设计优化的多学科优化平台，它可以将数字技术、推理技术和设计搜索技术有效融合，并把大量需要人工完成的工作由软件实现自动化处理。iSight 软件可以集成仿真代码并提供智能设计支持，对多个设计方案进行评估和研究，从而大大缩短了产品的设计周期，显著地提高了产品质量和可靠性。

iSight 的最主要功能大体上可以分为两类，一类是 iSight 提供了大量成熟的第三方软件接口，以图形化无缝的方式实现对设计、分析工具的集成。这些接口不但包括 CAE 工具 Abaqus、ANSA、ANSYS、Nastran、STAR-CCM＋、ADAMS、DYNA 等，CAD 软件

Catia、Solidworks、PROE、UG 等，还包括 Matlab、Excel、Calculator 等众多工程分析中经常使用的相关工具。

另一类是 iSight 提供了全面而强大的设计优化算法库，包括试验设计、优化方法、近似建模和质量设计方法。试验设计不但可以得到优化设计的粗略估计，而且还可以对各个设计变量进行灵敏度分析，同时为构造近似模型提供样本数据库。iSight 提供了多种试验设计方法，包括全因子试验、正交法、中心复合法、参数试验、拉丁超立方法、优化的拉丁超立方法等，iSight 还可以导入自定义的试验数据。优化方法大体上可以分为三种，一种是梯度法，包括序列二次规划法（NLPQL）、广义梯度下降法（LSGRG）、修正可行方向法（MMFD）等；一种是直接法，包括 Hooke-Jeeves 模式搜索法、下山单纯形法等；还有一种是全局优化法，包括多岛遗传算法、自适应模拟退火法等。同时 iSight 还提供了 Pointer 智能优化器，对于优化算法了解不深的工程师，可以选择这一算法，实现算法的软件自动选取。近似模型帮助用户快速拟合生成数学代理模型，从而避免在需要多次迭代计算的优化工程中运行大规模的 CAE 分析模型，iSight 提供的近似模型包括 1～4 阶的响应面模型、正交多项式近似模型、径向基神经网络模型及 Kriging 代理模型。iSight 提供的质量设计方法主要包括蒙特卡洛抽样、田口稳健设计、可靠性分析优化及 6-Sigma 稳健设计。蒙特卡洛分析可以有效评估设计的可靠性与稳健性；田口稳健设计是以试验设计为基础获取稳健的设计；可靠性分析优化可以提高设计的可靠度水平；6-Sigma 稳健设计则是质量工程中公认的规范性方法。

7.5 乘用车结构轻量化的优化设计

结构轻量化优化设计按照结构材料分布最优可以分为拓扑优化、尺寸优化、形状优化等优化设计方法；按照结构性能目标最优可以分为单目标优化和多目标协同优化两类。工程实际中的解优化设计问题都应包含四个要素，优化目标、设计变量、约束条件和优化算法。

7.5.1 结构拓扑优化设计

拓扑优化是在一定空间区域内根据约束、载荷及优化目标而寻求材料最佳分配和布局的一种优化方法[22]。其基本思想是在优化前构造一个合理的优化模型（包括结构所有的材料或者可能的单元），然后利用一定的优化方法逐步删减不必要的结构元素，直至最终得到一个最优化的拓扑布局[23,24]。

拓扑优化的主要思路就是将寻找结构的最优拓扑问题，转化为在给定的设计空间内寻求最佳的材料分配问题。从结构形式上来说，拓扑优化研究的问题主要分为两大类：一类是连续体结构拓扑优化，包括平面问题、板壳问题、实体结构等；另一类是离散体结构拓扑优化，包括桁架、刚架、网架等。连续体结构拓扑优化的目标一般是使结构的刚度最大，在满足一定的边界条件（应力约束、质量约束、体积分数约束、固有频率约束等）和给定的外载荷情况下，把一定的材料放到给定的设计空间中，使材料在给定的设计空间中，在某些地方聚集和在某些地方形成孔洞，从而得到结构的最优拓扑。而对于离散体结构拓扑优化，是在满足一定的边界条件下，寻求结构最优的布局形式，例如杆件的分布、连接方式等。

拓扑优化是一个根据优化参数反复迭代以寻求最优解的过程，其基本流程如图 7-32 所示。

拓扑优化方法主要有均匀化法、变密度法、渐进结构法等[28~31]。

1904 年，Michell 提出的桁架结构设计理论拉开了拓扑优化设计的序幕。1973 年，Rossow

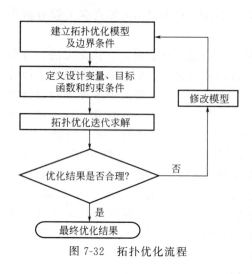

图 7-32 拓扑优化流程

和 Taylor 提出了变厚度板的优化设计，标志着连续体结构拓扑优化设计的开始。而连续体结构拓扑优化进入快速发展的阶段始于 Bendsoe 和 Kikuchi 提出的结构拓扑优化均匀化方法。均匀化方法是将结构拓扑优化归结为材料在一定区域内的优化分布问题，以材料微结构的几何尺寸和方向作为拓扑优化设计变量，在优化进行的过程中，如果孔洞变大以致充满整个微结构，则该微结构消失；如果孔洞变小以致消失，则该微结构为实体材料所填充。如果优化结束时，仍存在微结构，则认为该区域由某种复合材料组成。当拓扑优化后得到的结构中，微结构中不是孔洞就是实材料组成，则这样得到的结构才能实现最优，从而获得符合目标函数、性能优良的新结构。材料微结构示意图见图 7-33。

均匀化方法适用于比较简单的平面结构（如板、壳、膜等），当应用到三维问题时具有一定的难度。进而出现了变密度法，变密度法是人为地引入了一种假设密度在 0～1 之间可变的材料，以材料密度 i 为拓扑优化设计变量，通过引入密度与弹性模量间假定的函数关系 $E_i = f_i(x_i) E_0$ [其中 $f_i(x_i) = \begin{Bmatrix} 0 \\ 1 \end{Bmatrix}$，$E_0$ 为材料密度 $i=1$ 时的弹性模量]，将结构的拓扑优化问题转化为材料的最优分布问题，然后使用准则法或数学规划法求解材料最优分布。因为变密

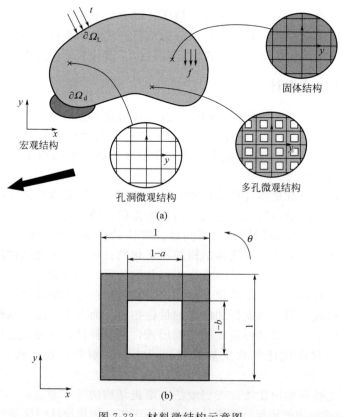

图 7-33 材料微结构示意图

度法会带来密度在 0 和 1 之间的材料，所以造成了最终必须处理自然界不存在材料的困难。

变密度法的关键是如何构造函数 $f_i(x_i)$，代表性的函数有 SIMP（solid isotropic microstructure with penalization）和 RAMP（rational approximation of material properties）两种。SIMP 密度刚度插值模型对中间密度的惩罚由下式进行。

$$f_i(x_i) = x_i^p \quad (i=1,2,\cdots,n) \tag{7-9}$$

式中，p 为惩罚因子，其取值越大，中间密度单元越少，离散效果越好，但太大的又容易引起棋盘格问题。通过上式以连续变量的密度函数来表达单元相对密度与材料弹性模量之间的对应关系，从而获得光滑的材料插值模型。弹性模量函数随 p 值的变化情况如图 7-34 所示。

而 RAMP 密度刚度插值模型对中间密度的惩罚则由下式进行。

$$f_i(x_i) = \frac{x_i}{1+p(1-x_i)} \quad (i=1,2,\cdots,n) \tag{7-10}$$

式中，p 为惩罚因子，弹性模量函数随 p 值的变化情况如图 7-35 所示。

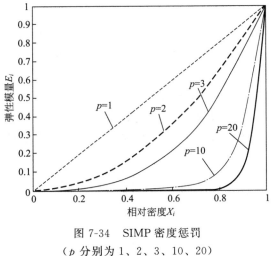

图 7-34 SIMP 密度惩罚
（p 分别为 1、2、3、10、20）

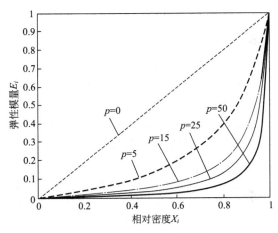

图 7-35 RAMP 密度惩罚
（p 分别为 0、5、15、25、50）

拓扑优化问题的实质是一个包含单元增删的离散型优化问题，其数学模型如下：

$$\begin{cases} \text{find} x = (x_1, x_2, \cdots, x_n)^T \\ \min c(x) = P^T U \\ \text{s.t.} \begin{cases} v \leqslant \dot{V} \\ P = KU \\ 0 \leqslant x_{\min} \leqslant x_i \leqslant 1 \end{cases} \end{cases} \tag{7-11}$$

式中，x_i 为设计变量，代表离散单元的伪密度，取值在 $[x_{\min}, 1]$ 之间的连续值；v 为结构的体积；$\dot{V}$ 为优化后体积的上限值；K 为总刚度阵；U 为结构的位移向量；P 为结构所受的外力向量。为了避免出现总刚度矩阵奇异，通常取 $x_{\min} = 0.001$。

7.5.2 结构尺寸优化设计

尺寸优化设计是在给定结构的类型、材料和拓扑布局的情况下，通过具体优化算法确定结构如板的厚度、梁和杆的截面参数、弹簧的刚度和应力系数、集中质量的质量等单元的属

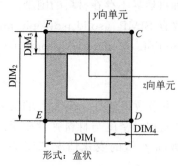

图 7-36 梁截面的参数表示示意图

性,以使结构重量、体积或造价最小。尺寸优化还可以设置多种结构响应为约束条件或目标函数,如应力约束、位移约束、屈曲因子、频率约束、静柔度、动响应约束等。尺寸优化是结构优化设计中最基本、最成熟的优化方法,已广泛地应用于各种结构的设计过程中[32,33]。

尺寸优化中的设计变量可以是板壳单元的厚度,复合材料的分层厚度和材料方向角度,梁的高度、宽度和厚度。如图 7-36 所示的梁截面,DIM_1、DIM_2、DIM_3、DIM_4 为截面形状的四个参数,在求解器 OptiStruct 中可以通过优化该截面的四个参数确定梁截面的形状。因此,应用尺寸优化来优化单元的属性时,既不改变单元的形状,也不改变结构的拓扑关系,所以在优化结束后不需要对结构进行重新划分网格,直接利用尺寸优化的结果更新单元的属性便可以得到新的模型。

尺寸优化设计的变量是作为设计变量的函数定义,最简单的定义是设计变量线性组合在一个如下的函数中。

$$\rho = C_0 + \sum DV_i C_i \tag{7-12}$$

式中,ρ 为待优化的属性;C_0 为常数,一般设置为 0;DV_i 为定义的设计变量,通过上限值和下限值指定变量的变化范围;C_i 为设计变量 DV_i 的权重系数,一般设置为 1。

以大客车车身骨架的尺寸优化为例,设需要确定壁厚的车身骨架杆件总数为 n,每个构件的壁厚 ρ_i 只有一个设计变量,则第 i 个构件的壁厚参数为 DV_i($i=1,2,\cdots,n$);以车身骨架结构总体积的函数 $V(DV)$ 为目标函数,则车身骨架的尺寸参数优化设计数学模型可以描述为

求 $\quad DV = (DV_1, DV_2, \cdots, DV_n)^T$

使 $\quad \min V = \sum_{i=1}^{n} A_i \rho_i = \sum_{i=1}^{n} A_i (C_{0i} + DV_i C_i)$ (7-13)

满足 $\quad DV_{i\min} \leqslant DV_i \leqslant DV_{i\max} \quad i=1,2,\cdots,n$

$\quad S_j \leqslant S_{j0} \quad j=1,2,\cdots,m$

如果对应每个设计变量 DV_i 的 C_{0i}、C_i 都为 0 和 1,则目标函数为 $\min V = \sum_{i=1}^{n} A_i DV_i$,$A_i$ 为第 i 个构件所用材料的总面积,$S_j \leqslant S_{j0}$ 为约束函数。

在尺寸优化设计中,并不改变结构的拓扑形式和边界形状,只是对特定的尺寸进行调整,相当于在设计初始条件中就增加了拓扑形态的约束。结构最初始的拓扑形态和边界形状必须由设计者根据经验、试验或拓扑优化确定。在不能保证这些最初的设计是最优的情况下,即使尺寸优化的结果很好,也达不到全局最优的结果。

7.5.3 结构形状优化设计

形状优化是设计人员对模型有了一定的形状设计思路后所进行的一种细节设计,目的是通过改变模型的某些形状参数(几何形状特征)改变模型的力学性能,以满足某些具体要求[34,35,37](如应力、位移等)。在形状优化中,优化问题的求解通过修改结构的几何边界实现,而在有限元中,形状则通过节点的位置确定,因此修改结构的形状亦即修改网格节点的位置[34~36]。HyperMorph 是一个内嵌在 HyperMesh 软件中的网格变形模块,通过它可以

使用多种交互式的方法改变网格形状，这些方法包括拖拽控制柄、改变倒角和孔的半径以及曲面映射等。

在有限元中，结构的形状由网格节点的坐标定义，即结构的边界形状改变须转换成网格的内部改变。在形状优化过程中，解决网格的变形有两种常用的方法：基矢量方法和扰动矢量方法。

（1）基矢量方法

基矢量方法将结构的形状改变定义为基矢量的线性组合，用基矢量定义节点的位置，即

$$x = \sum DV_i BV_i \tag{7-14}$$

式中，x 为节点坐标的矢量；BV_i 是与设计变量 DV_i 相关的基矢量。

（2）扰动矢量方法

扰动矢量方法将结构的形状改变定义为扰动矢量的线性组合。扰动矢量用于定义与原始网格相关的节点位置改变，又称形状变量，设计变量为扰动矢量的系数，即

$$x = x_0 + \sum DV_i PV_i \tag{7-15}$$

式中，x 为节点坐标矢量；x_0 为节点的初始坐标矢量；PV_i 为与设计变量 DV_i 相关的扰动矢量。OptiStruct 采用扰动矢量方法制定形状优化的设计变量。

HyperMorph 模块集成了各种各样的基于网格的变形技术。在 HyperMorph 模块中，通过创建变形域（domain）、控制把手（handle）、变形约束（morph constraint）、体积块变形（morph volume）、形状（shape）及对称性约束（symmetry）等来改变模型的几何形状。HyperMorph 包含 3 种变形方法，分别为：通过变形域和控制把手创建扰动矢量、通过体积块变形创建扰动矢量和自由变形创建扰动矢量。每种方法都有自己的长处和弱点，所以在处理变形的问题上应该选择合适的方法创建扰动矢量。

7.5.4 白车身结构载荷传递路径分析和抗撞性设计

载荷传递路径的设计思想是通过独特的结构设计来实现对碰撞能量的良好吸收和碰撞力的传递和分散，其主要依据是载荷传递路径的加权高度与整车重心高度相当[21]。为了找到最有效和最合理的载荷传递路径，应该最大化地拓展预留车身设计空间[22,23]。在整车所占据的三维体积中，扣除主要部件（乘员舱和行李舱、动力总成、底盘悬架、轮胎包络、风挡玻璃等）所占据的部分，剩余的就是留给车身结构拓扑优化的设计空间，用三维实体单元对该设计空间进行填充，通过原型车（图 7-37）建立车身结构拓扑优化有限元模型，如图 7-38 所示[3]。

图 7-37 原型车

图 7-38 车身拓扑优化模型

对所建立的优化模型进行拓扑优化设计，得到车身拓扑优化结果如图 7-39 所示[23]。

通过观察拓扑优化之后的车身模型可以得到前舱的载荷传递路径，如图 7-40 所示。正面碰撞载荷通过上、下纵梁吸收后分别向后分散传递，从而使整个车身结构参与了能量吸

收。上前纵梁传递过来的载荷通过 A 柱传递到车顶梁；前舱下纵梁传递过来的载荷通过纵梁地板延伸，被有效分流到中央通道和门槛梁上，避免此处因变形过大而引起乘员舱侵入量过大[25~27]。

图 7-39 车身结构拓扑优化设计结果

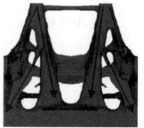

图 7-40 前舱的载荷传递路径

前纵梁结构耐撞性与前纵梁截面形状、构成截面的单件壁厚、单件材料特性、截面内部加强结构都有关[26,27]。前纵梁的结构设计首先应保证前纵梁结构变形稳定性，其次应保证前纵梁承载力和变形次序。最初的结构设计仿真结果：前纵梁变形模式不正确，Y 向容易失稳，前纵梁吸能较小，防火墙侵入量过大。通过调整前纵梁截面形状，形成高宽比接近 1 的规则截面形状，如图 7-41 所示；微调前纵梁前端的引导结构，前纵梁的内外板使用高强度材料并改变厚度，使前纵梁保持正常、稳定的压溃变形模式[1]，如图 7-42 所示。

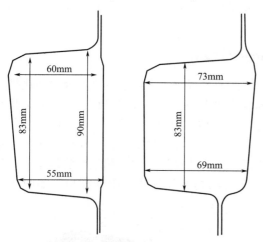

图 7-41 前纵梁截面设计方案

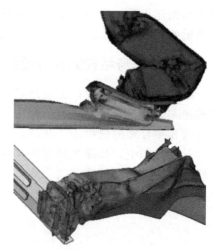

图 7-42 改进前后纵梁变形模式

从图 7-41 和图 7-42 中可以看出，把前纵梁的截面形状从长方形改变成近似正方形，前纵梁的变形模式发生很大的改变。前纵梁截面形状是长方形时，前纵梁发生弯折；截面形状是近似正方形时，前纵梁发生了叠缩变形，吸能量增大。

7.6 结构灵敏度分析方法

7.6.1 概述

在车身结构优化设计中，往往有很多设计参数可作为设计变量进行优化。为了提高设计效率、减少优化时间、降低设计成本，在优化设计前进行灵敏度分析，以便确定出对车身减重较敏感、对车身性能不敏感的设计变量。确定结构性能参数对各设计参数变化的敏感性是十分必要的，灵敏度分析是车身结构优化中十分重要的一个环节[38～43]。

灵敏度是一个十分广泛的概念，它是指响应指标对结构参数 x_i 的变化梯度。从数学意义上可理解为：若 $F(x)$ 可导，则它的一阶灵敏度可表示如式(7-16)、式(7-17) 所示。

$$S=(F)_j=\frac{\partial F(x)}{\partial x_j} \tag{7-16}$$

或

$$S=\frac{\Delta F(x)}{\Delta x_j} \tag{7-17}$$

式(7-16)为连续系统中的一阶灵敏度，称为一阶微分灵敏度。式(7-17)为离散系统中的一阶灵敏度，称为一阶差分灵敏度。

在结构方程中，灵敏度分析即是研究结构的各性能参数 u_j 对结构设计参数 x_i 变化的敏感程度，即求 u_j 对 x_i 的偏导数如式(7-18) 所示。

$$\text{sen}\left(\frac{u_j}{x_i}\right)=\frac{\partial u_j}{\partial x_i} \tag{7-18}$$

下面从静态性能灵敏度分析和动态性能灵敏度分析两个方面进行。结构的静态性能灵敏度分析有扭转刚度灵敏度分析和弯曲刚度灵敏度分析等，动态灵敏度分析主要是指一阶扭转频率灵敏度分析及一阶弯曲频率灵敏度分析[41,42]。

7.6.2 静态灵敏度分析理论

静态灵敏度分析主要是指车身弯曲刚度、扭转刚度对板厚的灵敏度及车身质量对板厚的灵敏度。其中，车身弯曲刚度和扭转刚度的灵敏度计算时用节点位移对板厚的灵敏度表示。

结构的静力平衡方程为式(7-19)。

$$K\delta=F \tag{7-19}$$

式中　K——系统的刚度矩阵；
　　　F——系统的载荷向量；
　　　δ——结构的节点位移矢量。

对方程式(7-19)采用波前法求解，得出结构的节点位移。

用一阶差分法计算节点位移对单元厚度 h 的灵敏度：

$$\frac{\partial \delta}{\partial h}=\frac{\Delta \delta}{\Delta h}=\frac{\delta(h+\Delta h)-\delta(h)}{\Delta h} \tag{7-20}$$

车身结构灵敏度计算分析可以通过计算各结构相应值对设计变量的导数，确定设计变量变化过程中对结构响应敏感的部位和参数，从而获得最佳的优化设计变量。考虑到轻量化设计中的方便操作性，并尽量降低加工制造成本，下面仅以车身结构零件的板厚作为灵敏度分析中的变量。

所研究的白车身共有 260 个板壳单元组，需去除局部加强件或支架等尺寸较小、对车身质量影响较小的零件。另外，所有对安全性有贡献的加强板（壁板）厚度不做修改。考虑到实际操作的可行性及分析效率，这些零件也不能全部作为优化的设计变量，需要对各设计变量进行灵敏度分析，有针对性地进行筛选，选出合适的设计变量。首先对车身本体各零件进行质量灵敏度分析，然后通过质量灵敏度分析筛选出质量较大的零件进行一阶弯曲频率、一阶扭转频率、扭转刚度以及弯曲刚度的灵敏度分析。

(1) 质量灵敏度分析

选取白车身中较大的 80 个零件的厚度参与质量灵敏度分析,如图 7-43 所示为白车身中 80 个零件的装配体。按照灵敏度分析流程定义设计变量、关联变量与材料属性、单元属性等,将定义好的.bdf 文件提交 Nastran 进行计算,结束后在结果文件.f06 中提取灵敏度分析结果[43]。

质量灵敏度分析结果见表 7-6。为方便分析,绘制条形图如图 7-44 所示。

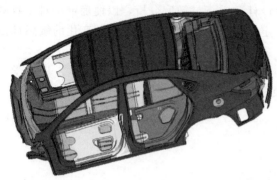

图 7-43 参与质量灵敏度分析的 80 个零件分布

表 7-6 质量对板厚的灵敏度分析结果

部件编号	对质量的灵敏度	部件编号	对质量的灵敏度	部件编号	对质量的灵敏度
1	4.28×10^{-3}	28	2.54×10^{-3}	55	2.47×10^{-3}
2	5.09×10^{-3}	29	4.39×10^{-3}	56	6.53×10^{-4}
3	5.85×10^{-3}	30	4.07×10^{-2}	57	1.68×10^{-3}
4	5.43×10^{-3}	31	4.54×10^{-3}	58	2.12×10^{-3}
5	1.31×10^{-2}	32	2.90×10^{-3}	59	1.35×10^{-3}
6	3.31×10^{-3}	33	5.15×10^{-3}	60	2.14×10^{-3}
7	7.39×10^{-3}	34	2.98×10^{-3}	61	1.00×10^{-3}
8	6.38×10^{-3}	35	6.33×10^{-4}	62	1.35×10^{-3}
9	6.10×10^{-3}	36	5.25×10^{-4}	63	1.45×10^{-3}
10	4.36×10^{-3}	37	1.76×10^{-3}	64	1.94×10^{-3}
11	2.49×10^{-3}	38	1.88×10^{-3}	65	1.08×10^{-3}
12	2.26×10^{-3}	39	1.20×10^{-3}	66	6.99×10^{-4}
13	2.29×10^{-3}	40	6.31×10^{-4}	67	1.17×10^{-3}
14	5.37×10^{-3}	41	1.12×10^{-3}	68	7.64×10^{-4}
15	2.49×10^{-3}	42	6.39×10^{-4}	69	1.62×10^{-3}
16	1.34×10^{-2}	43	1.34×10^{-3}	70	1.51×10^{-3}
17	4.84×10^{-3}	44	1.27×10^{-3}	71	2.34×10^{-3}
18	1.89×10^{-3}	45	8.31×10^{-4}	72	2.31×10^{-3}
19	1.17×10^{-2}	46	3.57×10^{-4}	73	2.53×10^{-3}
20	2.31×10^{-3}	47	1.91×10^{-3}	74	3.11×10^{-3}
21	4.42×10^{-3}	48	1.98×10^{-3}	75	6.46×10^{-4}
22	3.05×10^{-3}	49	2.11×10^{-3}	76	2.69×10^{-3}
23	4.33×10^{-3}	50	2.61×10^{-3}	77	2.82×10^{-3}
24	1.92×10^{-3}	51	4.01×10^{-3}	78	2.82×10^{-3}
25	2.69×10^{-3}	52	1.65×10^{-3}	79	2.95×10^{-3}
26	4.62×10^{-3}	53	1.72×10^{-3}	80	3.23×10^{-3}
27	9.35×10^{-3}	54	2.32×10^{-3}		

为了提高分析效率、节省分析计算时间,根据折线图选取质量灵敏度较大的前46个变量,如图7-45所示为白车身中46个零件构成的装配体。

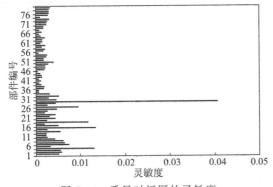

图7-44 质量对板厚的灵敏度

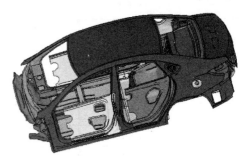

图7-45 质量灵敏度较大的46个零件分布

(2) 扭转刚度灵敏度分析

参照质量灵敏度分析步骤,对车身46个零件厚度进行扭转刚度灵敏度分析,得到扭转刚度对板厚的灵敏度分析结果,见表7-7。为方便分析,绘制条形图如图7-46所示。

表7-7 扭转刚度对板厚的灵敏度分析结果

部件编号	扭转刚度的灵敏度	部件编号	扭转刚度的灵敏度	部件编号	扭转刚度的灵敏度
1	1.26×10^{-2}	17	1.15×10^{-2}	33	1.34×10^{-2}
2	1.32×10^{-2}	18	2.88×10^{-2}	34	4.22×10^{-2}
3	7.21×10^{-3}	19	6.42×10^{-3}	35	5.24×10^{-3}
4	1.16×10^{-2}	20	1.23×10^{-2}	36	7.47×10^{-3}
5	1.20×10^{-2}	21	2.76×10^{-2}	37	1.18×10^{-3}
6	2.07×10^{-2}	22	3.03×10^{-2}	38	6.97×10^{-4}
7	4.23×10^{-3}	23	3.53×10^{-3}	39	2.88×10^{-3}
8	4.00×10^{-3}	24	3.56×10^{-3}	40	2.92×10^{-3}
9	8.94×10^{-3}	25	8.25×10^{-3}	41	3.56×10^{-3}
10	4.04×10^{-3}	26	8.73×10^{-3}	42	4.24×10^{-3}
11	7.27×10^{-3}	27	3.71×10^{-3}	43	5.23×10^{-3}
12	2.04×10^{-2}	28	1.49×10^{-1}	44	3.18×10^{-3}
13	5.51×10^{-3}	29	2.63×10^{-3}	45	6.97×10^{-4}
14	1.12×10^{-2}	30	1.13×10^{-2}	46	1.34×10^{-2}
15	3.07×10^{-4}	31	1.58×10^{-2}		
16	2.86×10^{-3}	32	1.82×10^{-2}		

根据扭转刚度对设计变量的灵敏度图,可以看出扭转刚度对编号为6、12、18、21、28、34的几个零件的板厚变化灵敏度较大。这些零件板厚的变化对结构扭转刚度影响较大,应避免将这六个零件的厚度选为轻量化优化时的设计变量。

(3) 弯曲刚度灵敏度分析

同样对46个零件进行弯曲刚度的灵敏度分析,得到弯曲刚度对板厚的灵敏度分析结果,见表 7-8，其条形图如图 7-47 所示。

表 7-8 弯曲刚度对板厚的灵敏度分析结果

部件编号	弯曲刚度的灵敏度	部件编号	弯曲刚度的灵敏度	部件编号	弯曲刚度的灵敏度
1	6.96×10^{-4}	17	6.07×10^{-2}	33	4.64×10^{-2}
2	9.01×10^{-2}	18	4.81×10^{-2}	34	1.46×10^{-1}
3	1.22×10^{-2}	19	1.32×10^{-3}	35	2.23×10^{-2}
4	3.65×10^{-1}	20	2.31×10^{-2}	36	8.69×10^{-3}
5	1.66×10^{-2}	21	1.68×10^{-1}	37	3.59×10^{-3}
6	1.55×10^{-1}	22	1.34×10^{-2}	38	6.72×10^{-3}
7	2.55×10^{-1}	23	2.21×10^{-2}	39	2.08×10^{-2}
8	1.14×10^{-1}	24	1.49×10^{-2}	40	3.88×10^{-2}
9	9.35×10^{-2}	25	9.33×10^{-2}	41	4.08×10^{-2}
10	2.17×10^{-4}	26	9.93×10^{-2}	42	4.24×10^{-2}
11	4.08×10^{-3}	27	2.76×10^{-2}	43	5.23×10^{-2}
12	9.76×10^{-2}	28	7.28×10^{-2}	44	3.18×10^{-2}
13	2.82×10^{-2}	29	2.27×10^{-1}	45	6.27×10^{-3}
14	9.92×10^{-3}	30	6.99×10^{-2}	46	2.15×10^{-2}
15	2.74×10^{-3}	31	1.73×10^{-1}		
16	2.74×10^{-2}	32	1.04×10^{-1}		

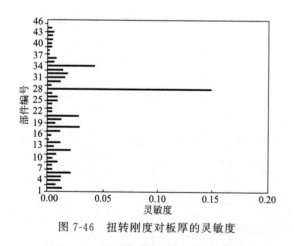

图 7-46 扭转刚度对板厚的灵敏度

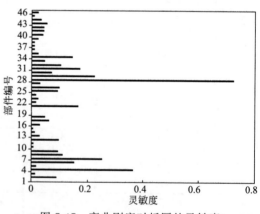

图 7-47 弯曲刚度对板厚的灵敏度

依据弯曲刚度对设计变量的灵敏度图，可以看出弯曲刚度对编号为 4、6、7、21、28、29、31、34 的零件板厚变化灵敏度较大。这些零件板厚的变化对结构弯曲刚度影响相对较大，应避免将这几个部件的厚度选为轻量化优化时的设计变量。

7.6.3 结构动态灵敏度分析

依据质量灵敏度分析结果，对车身质量灵敏度较大的 46 个零件板厚进行结构动态特性主要低阶固有频率的灵敏度分析，分析过程参照质量灵敏度分析计算过程，得到车身一阶扭转模态固有频率和一阶弯曲模态固有频率对设计变量的灵敏度,见表 7-9,条形图如图 7-48 所示。

表 7-9　结构一阶扭转和一阶弯曲固有频率对板厚的灵敏度

编号	灵敏度		编号	灵敏度	
	一阶扭转	一阶弯曲		一阶扭转	一阶弯曲
1	4.97×10^{-1}	1.54×10^{-1}	24	-1.07×10^{-2}	1.98×10^{-1}
2	3.45×10^{-1}	2.47×10^{-1}	25	1.24×10^{-1}	8.15×10^{-2}
3	9.73×10^{-2}	-1.15×10^{-2}	26	4.14×10^{-2}	4.19×10^{-1}
4	-2.12×10^{-1}	2.97×10^{-1}	27	1.70×10^{-1}	3.21×10^{-1}
5	-3.13	1.25×10^{-2}	28	8.52	2.71
6	5.07×10^{-1}	1.53×10^{-1}	29	4.31×10^{-2}	8.78×10^{-3}
7	1.22×10^{-1}	-5.03×10^{-3}	30	-4.14×10^{-1}	1.45×10^{-1}
8	-3.70×10^{-1}	1.19×10^{-2}	31	-2.08×10^{-1}	3.58×10^{-1}
9	2.66×10^{-1}	3.10×10^{-1}	32	2.25×10^{-1}	3.65×10^{-1}
10	5.13×10^{-2}	7.45	33	1.73	5.53×10^{-1}
11	7.33×10^{-1}	3.36×10^{-1}	34	4.59	1.86×10^{-1}
12	-1.64×10^{-1}	1.29×10^{-1}	35	3.34×10^{-2}	1.07×10^{-1}
13	9.47×10^{-2}	1.08×10^{-1}	36	6.39×10^{-2}	2.31×10^{-1}
14	3.01×10^{-1}	4.24×10^{-1}	37	-2.55×10^{-2}	8.15×10^{-2}
15	-1.02×10^{-2}	-8.48×10^{-2}	38	-7.22×10^{-3}	-5.63×10^{-2}
16	-5.11×10^{-2}	-2.94×10^{-2}	39	-8.12×10^{-2}	2.36×10^{-1}
17	1.37×10^{-1}	2.31×10^{-1}	40	-1.31×10^{-1}	2.34×10^{-2}
18	4.34×10^{-1}	7.05	41	5.63×10^{-2}	3.34×10^{-2}
19	1.03×10^{-1}	3.68×10^{-1}	42	1.07×10^{-1}	3.34×10^{-2}
20	2.52×10^{-1}	4.30	43	6.39×10^{-2}	2.31×10^{-1}
21	-4.51×10^{-2}	1.82×10^{-1}	44	8.12×10^{-2}	2.36×10^{-1}
22	6.34×10^{-2}	7.34×10^{-1}	45	7.22×10^{-3}	-5.63×10^{-2}
23	7.24×10^{-2}	2.35×10^{-1}	46	3.34×10^{-2}	1.07×10^{-1}

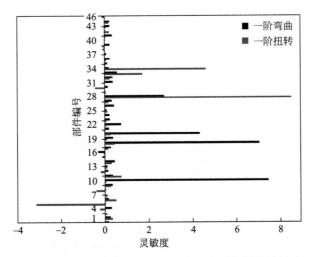

图 7-48　一阶扭转和一阶弯曲固有频率对板厚的灵敏度

在分析结果中,灵敏度值为负的零部件随着厚度的增加,固有频率值下降;灵敏度值为正的变量,随着其厚度增加,固有频率升高。因此,在车身结构设计中,减小结构的厚度并不一定会降低结构的动刚度,也可能会使动刚度增加,因而,必须根据灵敏度分析及优化设计,以达到设计参数的合理搭配。

研究表明,对质量灵敏度大而对固有频率灵敏度小的设计变量优化过程中质量减少,可以达到轻量化的目的。从固有频率对设计变量的灵敏度条形图可以清楚地看出,一阶扭转频率对编号为 10、18、20、28 的板件厚度的灵敏度较大,一阶弯曲模态频率对编号为 28、33、34 的板件厚度的灵敏度较大。这些零件板厚的变化对结构动刚度影响较大,应避免将这六个部件的厚度选为轻量化优化时的设计变量。

7.6.4　综合选取设计变量

综合结构模态频率、弯曲刚度以及扭转刚度灵敏度分析结果,选取对车身一阶弯曲频率、一阶扭转频率、扭转刚度和弯曲刚度的灵敏度都较小,即厚度变化引起的模态频率和弯曲、扭转刚度的变化较小的 27 个零件的厚度作为轻量化设计时的设计变量,见表 7-10。确定为设计变量的车身 27 个零件分布见图 7-49 中高亮度显示的部件,图中透明显示的部件为灵敏度分析剔除掉的变量。

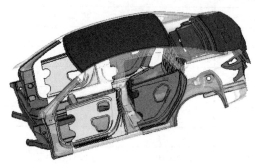

图 7-49　确定为设计变量的车身 27 个零件分布

表 7-10　车身各主要结构件的灵敏度分析结果

部件编号	部件名称	自由模态灵敏度		弯曲刚度灵敏度	扭转刚度灵敏度
		一阶扭转	一阶弯曲		
1	后座椅靠背承载隔板	4.97×10^{-1}	1.54×10^{-1}	6.96×10^{-4}	1.26×10^{-2}
3	中地板	9.73×10^{-2}	-1.15×10^{-2}	1.22×10^{-2}	7.21×10^{-3}
5	顶盖	-3.13	1.25×10^{-2}	1.66×10^{-2}	1.20×10^{-2}
6	A 柱内板	5.07×10^{-1}	1.53×10^{-1}	1.55×10^{-1}	1.55×10^{-1}
9	后轮罩	2.66×10^{-1}	3.10×10^{-1}	9.35×10^{-2}	9.35×10^{-2}
11	后风窗框下横梁	7.33×10^{-1}	3.36×10^{-1}	4.08×10^{-3}	7.27×10^{-3}
13	前风窗支柱内板	9.47×10^{-2}	1.08×10^{-1}	2.82×10^{-2}	5.51×10^{-3}
14	后窗台板	3.01×10^{-1}	4.24×10^{-1}	9.92×10^{-3}	9.92×10^{-3}
15	坑道加强板	-1.02×10^{-2}	-8.48×10^{-2}	2.74×10^{-3}	3.07×10^{-4}
16	前地板	-5.11×10^{-2}	-2.94×10^{-1}	2.74×10^{-3}	2.86×10^{-3}
17	A 柱外板	1.37×10^{-1}	2.31×10^{-1}	6.07×10^{-2}	1.15×10^{-2}
19	后围板	1.03×10^{-1}	3.68×10^{-1}	1.32×10^{-3}	1.32×10^{-3}
24	地板过渡板	-1.07×10^{-2}	1.98×10^{-1}	1.49×10^{-2}	3.56×10^{-3}
25	前围下板	1.24×10^{-1}	8.15×10^{-1}	9.33×10^{-3}	8.25×10^{-3}
27	地板纵梁	1.70×10^{-1}	3.21×10^{-1}	2.76×10^{-2}	3.71×10^{-3}

续表

部件编号	部件名称	自由模态灵敏度		弯曲刚度灵敏度	扭转刚度灵敏度
		一阶扭转	一阶弯曲		
35	前风窗支柱外板	3.34×10^{-2}	1.07×10^{-1}	2.23×10^{-2}	5.24×10^{-3}
36	尾灯灯框	6.39×10^{-2}	2.31×10^{-1}	8.69×10^{-3}	7.47×10^{-3}
37	地板连接横梁	-2.55×10^{-2}	8.15×10^{-2}	3.59×10^{-3}	1.18×10^{-3}
38	地板横梁	-7.22×10^{-3}	-5.63×10^{-2}	6.72×10^{-3}	6.97×10^{-4}
39	地板后纵梁	-8.12×10^{-2}	2.36×10^{-2}	2.08×10^{-2}	2.88×10^{-3}
40	后门槛梁	-1.31×10^{-2}	2.34×10^{-2}	3.88×10^{-2}	2.92×10^{-3}
41	左前门内板	5.63×10^{-2}	3.34×10^{-2}	4.08×10^{-2}	3.56×10^{-3}
42	右前门内板	1.07×10^{-1}	3.34×10^{-2}	4.24×10^{-2}	4.24×10^{-3}
43	左后门内板	6.39×10^{-2}	2.31×10^{-1}	5.23×10^{-2}	5.23×10^{-3}
44	右后门内板	8.12×10^{-2}	2.36×10^{-1}	3.18×10^{-2}	3.18×10^{-2}
45	行李箱盖外板	7.22×10^{-3}	-5.63×10^{-2}	6.27×10^{-3}	6.97×10^{-4}
46	行李箱盖内板	3.34×10^{-2}	1.07×10^{-1}	2.15×10^{-2}	1.34×10^{-2}

7.7 基于性能目标最优的优化设计方法

7.7.1 概述

基于性能目标最优的优化设计方法主要分为两种,即单目标优化设计方法和多目标优化设计方法。

单目标优化设计方法是以结构的某一性能目标为最优,以其他性能目标设定值和变量的变化范围作为约束条件,板厚度和梁断面形状尺寸参数为设计变量的优化设计方法。对于结构轻量化设计,是以结构质量最小作为优化目标函数,一般以结构最大应力小于许用应力,结构最大变形小于设定变形量,结构主要低阶模态频率大于设定的频率值,结构抗冲击性能小于规定的侵入量和冲击加速度,以零件板厚度和梁断面形状尺寸参数为设计变量。

结构多目标协同优化设计方法是以结构某几个重要的性能指标作为优化目标,以结构其他性能和抗撞性指标为约束条件,以零件板厚度和梁断面形状尺寸参数为设计变量的优化设计方法。多目标优化设计得到的优化解不是某一个数值,而是一个解集,还需要根据优化目的和约束条件从中确定适合具体优化问题的唯一最优解。

7.7.2 单目标优化设计

单目标优化设计是最简单常用的优化设计方法,其数学描述如下:

$$\begin{aligned}&\min f(x)\\&g_p(x)\leqslant 0;\ p=1,2,\cdots,l\\&h_q(x)=0;\ q=1,2,\cdots,m\\&x=[x_1,x_2,\cdots,x_n]^T\\&x_{iu}\leqslant x_i\leqslant x_{id},\ i=1,2,\cdots,n\end{aligned} \quad (7\text{-}21)$$

式中，$f(x)$ 为优化设计目标函数；$g_p(x)$ 为不等式约束；$h_q(x)$ 为等式约束；$x = [x_1, x_2, \cdots, x_n]^T$ 为设计变量；x_{iu} 和 x_{id} 为第 i 个设计变量取值的上下限。

单目标优化设计方法主要用于汽车结构轻量化和性能优化设计，在车身上常见的优化案例有：

① 减重为目标，车身刚度、强度、主要低阶模态频率为约束，车身零件结构尺寸为设计变量；

② 车身刚度最大为目标，车身质量、强度和频率为约束，车身零件结构尺寸为设计变量；

③ 车身一阶扭转频率最大为目标，车身质量、强度、刚度和一阶弯曲频率为约束，车身零件结构尺寸为设计变量。

下面以某轿车白车身结构轻量化设计为例，讨论白车身单目标优化设计方法的应用实例。

(1) 优化参数设置

① 目标函数。

因为是车身结构轻量化设计，所以以白车身质量最小为优化目标。

② 设计变量。

设计变量的数量决定了优化设计的设计效率，为了提高设计效率、缩短设计周期，应该依据灵敏度分析结果选取对车身质量灵敏度较大、对刚度和模态频率灵敏度较小的板件厚度作为设计变量进行优化设计，以避免设计变量变化时车身刚度和模态频率变化太大。车身板件厚度变化范围定为原厚度的 0.8～1.0 倍。

③ 约束条件。

在保证白车身模态频率和刚度性能的轻量化设计中，约束条件为白车身结构的整体一阶弯曲模态频率、整体一阶扭转模态频率、弯曲刚度以及扭转刚度降低小于 5%。

(2) 优化结果

采用 NSGA-II 优化算法经过 25 步迭代计算，优化过程自动结束。由于优化时零件板厚是连续变化的，因此优化计算得到的板件厚度含有多位有效数字，不适用于实际生产，需要根据企业已有的板材规格对优化后的板件厚度进行调整。调整后，各部件厚度如表 7-11 所示。

表 7-11　车身板件优化设计结果

部件名称	原始厚度/mm	优化结果/mm	圆整结果/mm
后座椅靠背承载隔板	0.7	0.604	0.6
中地板	0.8	0.6	0.6
顶盖	0.8	0.6	0.6
A 柱内板	1.0	1.11	1.0
后轮罩	0.7	0.6	0.6
后风窗框下横梁	0.8	0.6	0.6
前风窗支柱内板	1.6	1.25	1.2
后窗台板	0.8	0.6	0.6
坑道加强板	1.2	0.8	0.8
前地板	0.8	0.6	0.6

续表

部件名称	原始厚度/mm	优化结果/mm	圆整结果/mm
A 柱外板	1.8	1.15	1.2
后围板	0.8	0.73	0.7
地板过渡板	1.0	0.6	0.6
前围下板	1.0	0.6	0.6
地板纵梁	1.5	1.0	1.0
前风窗支柱外板	1.5	1.77	1.8
尾灯灯框	0.7	0.6	0.6
地板连接横梁	1.5	1.0	1.0
地板横梁	1.2	0.8	0.8
地板后纵梁	1.2	0.8	0.8
后门槛梁	1.5	1.0	1.0
左前门内板	0.8	0.606	0.6
右前门内板	0.8	0.6	0.6
左后门内板	0.7	0.637	0.65
右后门内板	0.7	0.65	0.65
行李箱盖外板	0.7	0.6	0.6
行李箱盖内板	1.0	0.6	0.6

(3) 白车身优化前后性能对比

对白车身轻量化优化设计前后的静态弯扭刚度和主要低阶模态性能进行对比分析,结果如表 7-12 所示。

表 7-12 轻量化前后白车身结构各主要性能参数对比

性能指标	优化前	优化后	相对变化
质量/kg	422.4	390.7	−7.5%
1 阶扭转模态频率/Hz	37.51	36.87	−1.7%
1 阶弯曲模态频率/Hz	51.36	49.57	−3.4%
扭转刚度/[N·m/(°)]	16752.60	15932.57	−4.89%
弯曲刚度/(N/mm)	12662.23	12433.95	−1.8%

从表 7-12 中可以看出,优化后得到的白车身一阶扭转模态频率为 36.87Hz,降低了 1.7%;一阶弯曲模态为 49.57Hz,降低了 3.4%,动态性能满足要求。车身本体扭转刚度为 15932.57N·m/(°),虽然有所降低,但仍高于国外同类车型扭转刚度设计的参考值 13000N·m/(°),满足设计要求;弯曲刚度为 12433.95N/mm,同样满足设计要求;白车身弯扭刚度下降均不超过 5%,符合约束条件要求。此时,白车身的重量为 390.7kg,比优化前减小了 31.7kg,减重约为 7.5%。

7.7.3 多目标协同优化设计

工程实际上的优化设计问题往往是多目标的,通常需要多个性能目标都达到较优值,而不仅仅是单一目标的优化问题，多目标协同优化设计方法的数学描述如下。

$$\begin{cases} \min f(x)=\{f_1(x),f_2(x),\cdots,f_k(x)\} \\ g_p(x) \leqslant 0, p=1,2,\cdots,l \\ h_q(x)=0, q=1,2,\cdots,m \\ x=[x_1,x_2,\cdots,x_n]^T \\ x_{iu} \leqslant x_i \leqslant x_{id}, i=1,2,\cdots,n \end{cases} \quad (7-22)$$

式中，$f_1(x),f_2(x),\cdots,f_k(x)$ 为优化设计目标函数；$g_p(x)$ 为不等式约束；$h_q(x)$ 为等式约束；$x=[x_1,x_2,\cdots,x_n]^T$ 为设计变量；x_{iu} 和 x_{id} 为第 i 个设计变量取值的上下限。

多目标优化设计方法主要用于结构轻量化设计和汽车性能优化设计，常用的车身优化案例有：

① 轻量化优化：以减重和车身某几个结构抗撞性为目标，车身刚度、强度、模态频率和其他结构抗撞性指标为约束，车身零件梁断面形状尺寸和板厚为设计变量，对车身结构进行轻量化设计；

② NVH 优化：以车身刚度、模态频率等最大为目标，车身质量、强度和结构抗撞性指标为约束，车身零件梁断面形状尺寸和板厚为设计变量，对车身 NVH 性能进行优化；

③ 被动安全性优化：以车身正碰或侧碰等的几个结构抗撞性指标为目标，车身质量、刚度、强度和模态频率为约束，车身零件梁断面形状尺寸和板厚为设计变量，对结构被动安全性进行多目标优化。

多目标协同优化设计方法可以分为直接优化方法和代理（近似）模型优化方法。直接优化方法为直接利用优化数学模型进行优化计算，主要有加权系数法、动态规划法、遗传算法、非支配排序遗传算法（NSGA-Ⅱ）等，用于模型简单、计算量不大的多目标优化问题。间接优化方法是先计算出样本点，拟合出代理（近似）模型，对模型精度进行检验，然后再利用优化算法进行优化。代理模型主要有多项式响应面（RSM）、克里格（Kriging）、支持向量回归和神经网络方法等，用于计算工作量大、难以用直接优化方法计算的优化问题。

代理模型方法或近似模型方法，即在基本不降低优化结果精度情况下采用高效数学模型或经验公式来替代实际分析模型，从而大幅削减仿真计算成本并显著提高优化设计效率。归纳起来，目前比较常用的代理模型方法包括响应面法（response surface method，RSM）、人工神经网络法（artificial neutral network，ANN）以及克里格差值法（Kriging）等。

(1) 响应面法（RSM）

响应面法是采用多项式来拟合设计因素与响应值之间的函数关系，以解决多变量问题的一种统计方法。根据仿真模型的复杂程度，可选择一阶、二阶、三阶或多阶多项式构建响应面代理模型。阶次越高，越能准确描述响应的非线性特性，其中比较常用的二阶多项式响应面数学模型可表达为

$$\hat{y}(x)=\beta_0+\sum_{i=1}^{m}\beta_i x_i+\sum_{i=1}^{m}\beta_{ii}x_i^2+\sum_{i=1}^{m-1}\sum_{i<j=2}^{m}\beta_{ij}x_i x_j \quad (7-23)$$

式中，x_i 为 m 维优化设计变量的第 i 阶分量；β_0、β_i、β_{ii} 和 β_{ij} 为多项式的待定系数。选取 n 个样本点，采用最小二乘法对多项式的待定系数进行确定，即

$$\min_{\beta} \sum_{i=1}^{n}(y_i-\hat{y}_i) \quad (7-24)$$

式中，β 是待定系数组成的向量；y_i 和 $\hat{y}_i$ 分别是第 i 个样本点的真实响应值和近似响应值。

图 7-50 为响应法步骤及响应面模型示例，表 7-13 为采用不同阶数 RSM 拟合某同一批样本点的对比示例。可以看出，响应面阶数越高，其拟合效果越好。

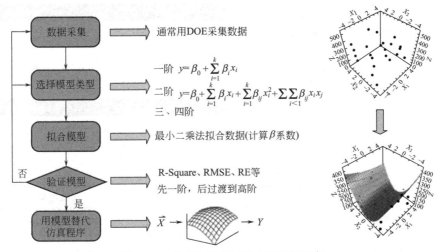

图 7-50　响应法步骤及响应面模型示例

表 7-13　不同阶数 RSM 拟合样本点的对比示例

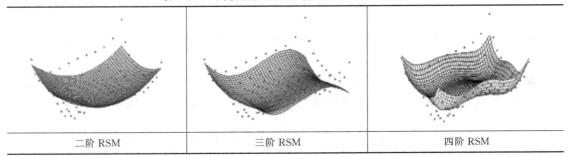

二阶 RSM	三阶 RSM	四阶 RSM

（2）径向基神经网络（RBFNN）

人工神经网络是一种模仿动物神经网络行为特征，进行分布式并行信息处理的算法数学模型。在诸多神经网络模型中，径向基神经网络（radia baiss function neutral network，RBFNN，简称 RBF）是人工神经网络的一种，它具有复杂非线性逼近能力强、学习收敛速度快、泛化能力好、容错功能强等诸多优点，因此得到了广泛的推崇和应用。RBF 神经网络在结构上属于前馈型三层局部逼近网络，其拓扑结构通常由输入层（信号）、隐含层（径向基函数）和输出层（响应）构成，如图 7-51 所示。

具体而言，RBF 首先利用样本数据确定隐节点，然后固定隐节点并利用样本数据确定隐层至输出层之间的连接权值。RBF 通过计算输入维向量与中心向量之间的欧氏距离实现对输入向量的非线性变换。输出层节点输出与隐含层节点的关系可表示为

$$y_k = \sum_{i=1}^{k} \beta_i \varphi(\|x - c_i\|) \tag{7-25}$$

式中，β_i 为连接权重；c_i 为第 i 个隐含层节点中心；$\|x - c_i\|$ 为欧式距离函数；φ 为非线性基函数。常用的非线性基函数见表 7-14。

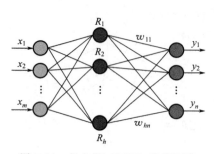

图 7-51 径向基（RBF）神经网络

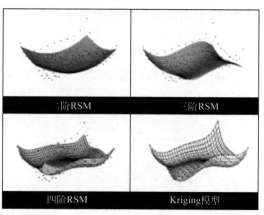

图 7-52 RSM 与 Kriging 拟合样本点对比

表 7-14 非线性基函数

类型	非线性基函数
薄板样条（thin-plate spline）	$\varphi(r)=r^2\log(cr^2), 0<c\leqslant 1$
高斯函数（Gaussian）	$\varphi(r)=e^{-cr^2}, 0<c\leqslant 1$
复合二次项（multiquadric）	$\varphi(r)=\sqrt{r^2+c^2}, 0<c\leqslant 1$
逆复合二次项（inverse multiquadric）	$\varphi(r)=\dfrac{1}{r^2+c^2}, 0<c\leqslant 1$

(3) 克里格插值法（Kriging）

克里格插值法其实质是利用区域化变量的原始数据和变异函数的结构特点，对未知样点进行线性无偏、最优估计。Kriging 代理模型由全局近似模型和局部偏差两部分组成，其表达式为

$$y(x)=f(x)+z(x) \tag{7-26}$$

式中，$y(x)$ 为待拟合的响应函数；$f(x)$ 为多项式响应面近似模型，表示设计空间的全局近似模型；$z(x)$ 为局部偏差，可表示为期望为零、方差为 σ^2 的随机过程；x 为设计变量。

$z(x)$ 的协方差矩阵表示其局部偏离的程度，其表达式为

$$\text{cov}[z(x_i),z(x_j)]=\sigma^2 R[R(x_i,x_j)] \tag{7-27}$$

式中，R 为相关矩阵，是对角线上均为 1 的 $n\times n$ 阶对称矩阵；$R(x_i,x_j)$ 是 n 个采样点中任意两个样本点 x_i 和 x_j 的相关函数。

$R(x_i,x_j)$ 可采用高斯相关函数表示为

$$R(x_i,x_j)=\exp\left(-\sum_{k=1}^{m}\theta_k|x_{ik}-x_{jk}|^2\right) \tag{7-28}$$

式中，m 为设计变量个数；θ_k 为用于拟合近似模型的未知相关系数；x_{ik} 和 x_{jk} 分别为样本点 x_i 和 x_j 的第 k 个元素。

相关函数确定之后，$y(x)$ 的近似响应 $\hat{y}$ 在未知点 x 的估计值可表示为

$$\hat{y}=f^T(x)\hat{\beta}+r^T(x)R^{-1}(y-F\hat{\beta}) \tag{7-29}$$

式中，$f^T(x)=[f_1(x),f_2(x),\cdots,f_m(x)]$ 为近似模型的回归基函数；$\hat{\beta}=[\beta_1,\beta_2,\cdots,$

$\beta_m]^T$ 为需要进行确定的回归系数矩阵；$r^T(x) = [R(x,x_1), R(x,x_2), \cdots, R(x,x_n)]$ 为 n 个样本点与未知点 x 所组成的相关矢量；y 为 n 个样本点的响应列向量；F 为 n 个样本点处全局近似模型组成的函数矩阵。

回归系数矩阵 $\hat{\beta}$ 可通过下式计算：

$$\hat{\beta} = (F^T R^{-1} F)^{-1} F^T R^{-1} y \tag{7-30}$$

方差估计值可由下式计算得到：

$$\hat{\sigma}^2 = \frac{[(y - F\hat{\beta})^T R^{-1} (y - F\hat{\beta})]}{n} \tag{7-31}$$

用于拟合 Kriging 模型的参数 θ_k 的极大似然估计为

$$\max_{\theta_k > 0} \varphi(\theta_k) = -\frac{n \ln(\hat{\sigma}^2) + \ln|R|}{2} \tag{7-32}$$

通过求解 k 维非线性无约束优化问题，就可以得到最优拟合的 Kriging 代理模型。

图 7-52 为采用 Kriging 方法与 RSM 方法拟合同一批样本点效果对比，可以看出，Kriging 方法整体拟合效果更好。

7.8 白车身轻量化多目标优化设计举例

设计变量、约束和目标函数是优化设计的三个要素，在白车身非安全件轻量化优化设计中，设计变量包括 46 个零件厚度设计变量，设计约束包括白车身的一阶扭转和一阶弯曲固有频率，设计目标为白车身的质量、静态扭转和弯曲刚度。

为了减少对白车身结构的性能和外形产生过大的影响，本文根据灵敏度分析得到的厚度设计变量，设定主要用于降低质量的零件板厚在优化时的变化范围为原厚度的 70%～110%，主要用于性能补偿的零件板厚在优化时的变化范围为原厚度的 90%～120%，所有零件厚度均不低于 0.7mm。在进行白车身结构轻量化设计时，以各板件厚度为设计变量，以白车身一阶扭转和一阶弯曲固有频率为约束条件，以白车身的质量最小、扭转刚度和弯曲刚度最大为优化目标，并定义各固有频率的变化量不低于原频率的 95%，得到白车身非安全件的多目标轻量化优化设计数学模型如下：

$$\min f(x) = [f_m(x), -f_t(x), -f_b(x)] \tag{7-33}$$

$$\frac{g_b(x) - g_{0b}(x)}{g_{0b}(x)} \leqslant 0.05 \tag{7-34}$$

$$\frac{g_t(x) - g_{0t}(x)}{g_{0t}(x)} \leqslant 0.05 \tag{7-35}$$

$$x = [x_1, x_2, \cdots, x_i]^T, i = 1, 2, \cdots, 46$$

$$-0.1 \leqslant \frac{x_{0i} - x_i}{x_{0i}} \leqslant 0.3, i = 1, 2, \cdots, 39$$

$$-0.2 \leqslant \frac{x_{0i} - x_i}{x_{0i}} \leqslant 0.1, i = 40, 41, \cdots, 46$$

式中　　$f(x)$——目标函数，包括 $f_m(x)$ 质量目标函数，$f_t(x)$ 扭转刚度目标函数，$f_b(x)$ 弯曲刚度目标函数；

$g_b(x), g_t(x)$——优化过程中，模型的一阶弯曲固有频率和一阶扭转固有频率；

$g_{0b}(x), g_{0t}(x)$——初始模型的一阶弯曲固有频率和一阶扭转固有频率；

x_i——各厚度设计变量，前 39 个为主要用于降低质量的变量；

x_{0i}——设计变量在初始模型中对应的厚度。

根据所建优化设计代理模型利用第二代非支配排序遗传算法（NSGA-Ⅱ）计算得到白车身的轻量化优化设计结果，其中在 NSGA-Ⅱ算法中取初始种群大小为 24，最大代数为 40，交叉系数为 0.9，共进行了 960 次迭代运算。依照上文所述，多目标优化问题最基本的特征就是存在一组相互无法进行简单比较的非劣最优解，经过计算得到的非劣解前沿见图 7-53（图中 MASS 为白车身质量，BENS 为弯曲刚度，TORS 为扭转刚度），整个前沿大致为一条空间曲线，在质量 308kg 处有一个较大的弯折。之后需要从中选择一个作为待求问题的最终解，这需要依赖于设计者对不同设计目标主观上的偏好。在非安全件的优化中主要考虑到白车身质量的减轻，以满足其他约束条件白车身质量最小的解作为最优解，从而确定出白车身轻量化设计方案[44]。

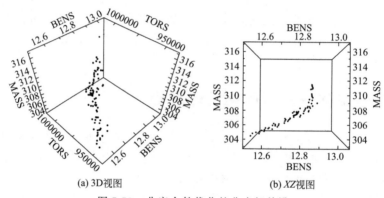

图 7-53　非安全件优化的非劣解前沿

优化前后白车身的性能对比如表 7-15 所示[44]。

表 7-15　优化前后白车身性能对比

项目	初始模型	优化后
质量/kg	326.22	307.30
一阶扭转模态/Hz	35.26	36.86
一阶弯曲模态/Hz	52.05	53.20
扭转刚度/[N·m/(°)]	17496.94	17340.40
弯曲刚度/(N/mm)	13055	12850

从表 7-15 中可以看出，经白车身多目标轻量化优化设计后，在不改变原白车身结构材料的情况下，白车身的质量由原来的 326.22kg 下降到 307.30kg，减少了 18.9kg，降低幅度为 5.8%，减重效果比较显著。白车身的一弯一扭固有振动频率略有增加，白车身的静态弯扭刚度略有下降，但变化很小。

参 考 文 献

[1] GB/T 3730.1—2001 汽车和挂车类型的术语和定义 [S]. 国家技术质量监督局，2001.

[2] 王登峰，董学锋，王智文. 中国汽车轻量化发展——战略与路径 [M]. 北京：北京理工大学出版社，2015.

[3] 余志生. 汽车理论 [M]. 5 版. 北京：机械工业出版社，2009.

[4] GB/T 4780—2000 汽车车身术语 [S]. 国家技术质量监督局, 2000.
[5] 黄金陵. 汽车车身设计 [M]. 北京：机械工业出版社, 2007.
[6] 谷正气. 轿车车身 [M]. 北京：人民交通出版社, 2002.
[7] 庞剑, 谌刚, 何华. 汽车噪声与振动——理论与应用 [M]. 北京：北京理工大学出版社. 2006.
[8] 张金换, 杜汇良, 马春生, 等. 汽车碰撞安全性设计 [M]. 北京：清华大学出版社, 2010.
[9] 孙凌玉. 车身结构轻量化设计（理论、方法与工程实例）[M]. 北京：国防工业出版社, 2011.
[10] 公安部交通管理局. 中华人民共和国道路交通事故统计年报（2007 年度）. 2008.
[11] 刘静波. 某轿车侧面碰撞被动安全性仿真分析与实验研究 [D]. 长春：吉林大学, 2011.
[12] 魏洪革. 某型白车身疲劳寿命分析及研究 [D]. 合肥：合肥工业大学, 2011.
[13] 冯刚. 白车身强度台架试验方法及疲劳寿命的研究 [D]. 重庆：重庆大学, 2005.
[14] 李彤. 国产汽车防腐现状及对策 [J]. 汽车技术, 2002（04）：9-15.
[15] 黄建中, 刘钟毓. 汽车腐蚀及其防护 [M]. 北京：冶金工业出版社, 1994.
[16] 肖军. 客车车身腐蚀原因分析及其防范对策 [J]. 城市车辆, 2007（3）：47-49.
[17] 张少宗. 报废汽车中有色金属的回收 [J]. 中国资源综合利用, 2000（02）：12-16.
[18] 王爱平, 王成焘, 叶柄玲. 报废汽车回收利用研究 [J]. 中国物资再生, 1998（08）：16-26.
[19] 张钰. 废旧汽车回收利用项目管理研究 [D]. 天津：天津大学, 2006.
[20] 朱颜. CAE 技术在汽车轻量化设计中的应用 [J]. 农业装备与车辆工程, 2008（10）：34-37.
[21] 王大志, 于成祥. 微型电动汽车正面碰撞结构耐撞性设计 [J]. 汽车安全与节能学报, 2010, 01（1）：49-52.
[22] 谢伦杰, 张维刚, 常伟波, 等. 电动汽车正碰结构耐撞性研究 [C]. 第九届国际汽车交通安全研讨会, 2011.
[23] 张鹏飞, 董瑞强. 拓扑优化在白车身概念设计中的应用 [J]. 汽车技术, 2010（7）：55-58.
[24] BRUNS T E. Zero Density Lower Bounds in Topology Optimization [J]. Computer Methods Applied Mechanics Engineering, 2006, 196：566-578.
[25] WIERZBICKI T, ABRAMOWICZ W. On the crushing mechanics of thin-walled structures [J]. J Applied Mechanics, 1983, 50：727-734.
[26] WIERZBICKI T, RECKE L, ABRAMOWICZ W, et al. Stress profiles in thin-walled prismatic columns subjected to crush loading-I compression [J]. Computers and Structures, 1994, 51（6）：611-623.
[27] 王大志. 基于乘员保护的汽车正面碰撞结构设计与变形控制研究 [D]. 北京：清华大学, 2006.
[28] 陈茹雯, 李守成, 吴小平. 基于有限元法的拓扑优化技术在某军车车身骨架设计中的应用研究 [J]. 汽车工程, 2006, 28（4）：390-393.
[29] 胥志刚, 林忠钦, 来新民, 等. 面向车身结构轻量化设计的水平集拓扑优化 [J]. 上海交通大学学报, 2007, 41（9）：1393-1396.
[30] 扶原放, 金达锋, 乔蔚炜. 多工况下微型电动车车身结构拓扑优化设计 [J]. 机械设计, 2010, 27（2）：77-80.
[31] 龙凯, 覃文洁, 左正兴. 基于拓扑优化方法的牵引车架优化设计 [J]. 机械设计, 2007, 24（6）：52-54.
[32] SIVANAGENDRA P, ANANTHASURESH G K. Size optimization of a cantilever beam under deformation-dependent loads with application to wheat stalks [J]. Struct Multidisc Optim, 2009（39）：327-336.
[33] BASKIN D M, REED D B, SEEL T N. A Case Study in Structural Optimization of an Automotive Body-In-White Design [C]. SAE Paper No. 2008-01-0880.
[34] 黄昶春, 沈光烈, 韦志林. 基于结构最大刚度的形状优化方法 [J]. 现代制造工程, 2005（01）：97-99.
[35] 崔海涛, 马海全, 温卫东. 弹性接触问题的形状优化设计方法 [J]. 应用力学学报, 2004, 21（2）：

83-86.

[36] OHSAKI M, TAGAWA H, PAN P. Shape optimization of reduced beam section under cyclic loads [J]. Journal of Constructional Steel Research, 2009 (65): 1511-1519.

[37] 单婷婷. 车身参数化轻量化设计与评价方法研究 [D]. 长春: 吉林大学, 2013.

[38] 胡志远, 浦耿强, 高云凯. 轻型客车车身刚度灵敏度分析及优化 [J]. 机械强度, 2003, 25 (1): 67-70.

[39] Li M. Robust optimization and sensitivity analysis with multi-objective genitival gori-thms: single-and multidisciplinary applications [D]. Maryland: University of Maryland, 2007.

[40] 张灶法, 朱壮瑞, 孙凌玉, 等. 白车身动态灵敏度应力分析的等效子结构法 [J]. 东南大学学报 (自然科学版), 2001, 31 (2): 39-41.

[41] 夏国林, 陈朝阳, 张代胜, 等. 轿车白车身动态特征灵敏度分析及优化设计 [J]. 汽车技术, 2008 (1): 26-29.

[42] VANHONACKER P. Differential and Difference Sensitivities of Natural. Frequencies and Modal Shapes of Mechanical Structural [J]. AIAA Journal, 1980, 18 (12): 1511-1514.

[43] 段月磊, 毕传兴. 基于刚度和模态灵敏度分析的轿车车身轻量化研究 [J]. 噪声与振动控, 2010 (6): 79-81.

[44] 季枫. 白车身参数化建模与多目标轻量化优化设计方法研究 [D]. 长春: 吉林大学, 2014.

第8章
商用车结构的轻量化设计

随着我国经济和物流运输业的迅速发展，高速公路设施不断完善，商用车在国内物流运输中所占比例愈来愈大，使用日益频繁。同时商用车出口量日益增长，已从非洲、中东等发展中国家扩展到了美洲、欧洲等发达国家。在国际化、市场化的大背景下，我国商用车采用了全方面利用国际资源的"开放条件下的自主发展"模式，自主开发能力不断增强，轻量化技术研发能力和水平迅速提升。

随着人们安全意识的提高、节能减排标准以及国家相关法规的日益严格，人们对商用车的安全性、舒适性和燃油经济性的要求也越来越高。而商用车重量的减轻，可以减少原材料消耗，降低成本，减少车辆行驶阻力和燃油消耗，提高车辆的燃料经济性，提高车辆使用效益，降低有害气体排放量。商用车轻量化是提高商用车研发水平和自主创新能力的关键核心技术之一。

商用车轻量化包含高强度钢和铝合金等高强轻质材料的应用、结构轻量化设计和先进制造工艺多个方面[1]，而结构轻量化设计是商用车轻量化的重要途径之一，是轻量化商用车产品开发的基础和前提。通过轻量化设计使合适的材料、最优的结构形状和尺寸用在商用车结构合适的位置，使每部分材料都能发挥出其最大的承载和增强作用。商用车结构轻量化设计既要有目标地减轻其自身的重量，又要保其被动安全性、结构强度、刚度、振动噪声性能及耐久性，同时尽可能使其制造成本没有较大增加，以提高材料利用率、降低成本，实现节能、减排、降耗。

8.1 商用车的工作模式和承载特性分析

商用车可以分为轻型载货车、载货汽车、牵引车、半挂车、挂车和行业特种车辆等，其关键总成包含驾驶室、车架总成、车桥总成、传动系统、制动系统、悬架总成、转向系统、制动系统、车轮总成和发动机总成等。而商用车的底盘都是通用的，只有在行业或载荷有特殊要求时或者实际所用装载装置比较特殊时才会设计为特殊结构。

绝大多数载货汽车都是以底盘形式出厂的，再根据需要装配与之功能相匹配的车身。个性化的装备和设备要求一般包括，驾驶室的规格和装备、辅助驱动系统以及可以选择配备的轮胎和传动比。按照布置和功能，载货汽车底盘可以分为车架、驾驶室、行走机构和动力总成系统四个重要的组件。挂车底盘是一个无车身的可行驶的车辆。它通常由一个具有承重功能的底盘车架，一个由车轴、车轮、轮胎、悬架构成的行走机构以及可能配备的转向装置构成，通过一个连接装置将其与牵引车连接在一起。

有关商用车技术原理、系统和部件可参考文献［2］，轻量化技术结构特点参照文献［3］，质量特征及轻量化评价参照文献［4］。

8.1.1 底盘车架

车架是底盘的重要支撑组件，在它上面固定有其他组件和车身；在驾驶室后面为车身保留有一定的空间，下方是动力总成和行走机构。这种严格的划分以及每个车辆上与车辆类型和质量等级无关的基本组件总是被装配在底盘上的相同位置，实现了结构尺寸、承载能力和驱动功率方面的多样性，并且在车身结构设计方面具有最大可能的自由度。每个底盘车架上缘以下区域内连接的基本组成部件包括油箱、蓄电池、压缩空气储气筒、工具箱、备胎、排气系统、车辆后下部防钻撞保护装置、挂车连接装置以及可拆卸车身的侧面保护装置。

底盘车架除了承受垂直载荷之外，还会受到较大侧向力和扭转载荷作用，这就要求底盘车架结构既要重量轻，又要具有能够承受拉、压、弯、扭、剪综合的承载能力，给结构轻量化设计带来挑战。

8.1.2 驾驶室

商用车驾驶室结构取决于发动机配置和车辆的用途。长头汽车的发动机位于驾驶室的前面，所以相对于发动机在底盘车架上放置的车辆，它的底盘车架相对较低，而平头汽车的驾驶室位于发动机的上部，并有一个中心通道。目前常见的驾驶室都是平头结构，通过驾驶室悬置与底盘车架相连，在对发动机进行保养和维修时可以将其沿两个前支撑点处的旋转轴向前翻转，后部的悬置支撑点具有缓冲和减振功能。

现代驾驶室的白车身都采用自支撑结构。它们大都采用单壳体结构，由一个压制成形钢骨架将两侧镀锌钢板材质的壳形外表面以及塑料蒙皮部件连接在一起。两根纵梁延伸到驾驶室的地板上，纵梁通过4个悬置点支撑在底盘车架上。通常情况下，位于两个弹簧腿后部的两个前悬架点，也是翻转的铰接点，它们使用的是橡胶金属元件。

驾驶室不仅是驾驶员操控车辆的空间，也是驾乘人员旅行居住的场所。因此驾驶室要满足安全性、舒适性和人机工程性能的要求，还要轻量化，实现节能、减排、降耗。

8.1.3 行走机构

汽车行走机构由车桥、车轮、制动系统、转向系统和悬架系统组成。挂车的行走机构明显不同于牵引车的行走机构，它增加了汽车列车的有效载荷。具体到鞍式牵引列车时，货物运输任务甚至完全是由挂车来完成的。挂车和半挂车完全脱离了驱动系统，所以就不需要驱动轴。因而，挂车行走机构的特性在于：低自重下的高轴荷，多轴情况下的轴荷平衡，由于重心较高而需要高侧倾稳定性，在调车过程中多轴行走机构较大横向力的阻力、过载和其他错误负载情况下的稳固性，较长使用寿命前提下保养和维修费用最小化。

8.1.4 动力总成系统

发动机、换挡离合器、变速器、万向节轴、分动箱（全轮驱动）和差速器组成了动力总成系统，该系统可以在各种条件下通过车轮将发动机功率传递到车道上。此外，发动机—变速器单元上还装配有取力装置来驱动辅助动力装置。还可以选择液压或电动缓速制动器，将其装配在变速器和差速器之间的万向轴系统中[2]。动力传动系统的轻量化有两个主要发展方向，即各总成壳体（如变速箱壳体等的铝化）的轻量化[5]和传动齿轮工作应力提升、减小齿轮尺寸而实现的轻量化。在传动轴轻量化方面，目前已发展了碳纤维和铝合金的传动轴，但由于碳纤维复合材料抗冲击性能远低于金属材料，再加上价格因素，因此推广应用受到一定的限制。

8.1.5 悬架系统

商用车的悬架系统通常使用板簧悬架，其轻量化的发展包括变截面板簧的应用，油气悬架、空气悬架以及这些悬架方式组合构成的悬架。近年来，弹簧钢冶金技术的进步，使弹簧钢的使用应力和疲劳寿命有很大提高；钢材纯净度的提高和合金元素的应用，已使少片变截面板簧得到发展，使钢板弹簧的轻量化取得较大进展。国内外典型公司板簧结构、重量、设计应力等的比较见表8-1[6]。表中数据表明，应用变截面板簧可以有效地使板簧轻量化。

表8-1 等截面板簧和变截面板簧的性能对比

项目	MAN	VOLVO		国内某商用车	
		前簧	后簧	前簧	后簧
满载负荷/kN	35.4	40	70	26.44	53.9
规格/mm	25×90	32×100	24×100	15×90	18×100
片数	3	2	5	10	11
重量/kg	84.5	67.2	113	134.4	198.1
设计应力/MPa	674	612	673	374	427
疲劳试验/万次	29.3	24	15.13	12.6	11.9

8.1.6 车轮

车轮是承载整车重量的运动构件，该零件承受疲劳、冲击等载荷，其轻量化对汽车的节能减排更具特殊意义。商用车车轮多由钢板冲压焊接制造，近年来车轮用钢的强度一直在提高，轻量化水平也在提升。目前车轮轮辋用钢已发展到FB780，轮辐冲压用钢已到DP590或更高。22.5in的商用车车轮，重量已减到38kg以下，一般车轮重量每减重1kg，其轻量化效果为簧载质量减重效果的2倍以上。商用车车轮的另一发展方向是采用锻铝车轮，目前22.5in的锻铝车轮可减重到25kg以下，能取得更好的轻量化效果。有关车轮设计、分析、轻量化用材和效果可参照文献[7～11]。

商用车典型构件有前梁、前桥、驾驶室、车架和车桥桥壳等，与前梁和前桥有关的结构分析和轻量化设计可参照文献[12]、[13]，下面仅以驾驶室、车架和车桥桥壳这三种典型构件的轻量化设计、分析作为例子，对其结构性能和轻量化设计方法进行详细论述。

8.2 商用车驾驶室轻量化设计

商用车驾驶室是非承载式车身结构，通常用空气弹簧或螺旋弹簧与阻尼减振器悬置在车架上起到减振隔声作用。商用车驾驶室重量约占整车整备重量的10%，驾驶室轻量化设计是整车轻量化设计的重要途径之一，其轻量化效果较为明显，轻量化的成本低于其他总成部件，从而提高商用车的使用经济性。

驾驶室外形一般分为长头驾驶室和平头驾驶室两种，下面仅以平头驾驶室为例，阐述驾驶室轻量化优化设计方法。

8.2.1 驾驶室参数化建模

传统的参数化设计，即显式参数化设计通常利用一些参数的输入，而非利用数学描述来实现参数化模型的建立和修改，这样很难实现复杂装配体如商用车驾驶室模型等的自动调整和设计。要实现商用车驾驶室的全参数化设计，同时能够对每一零件的位置、尺寸和形状进行快速修改，并处理各零件之间的复杂装配关系，显示参数化设计方法已经很难满足需求[14]，因此本文采用隐式参数化设计方法。隐式参数化设计通过控制点的位置、基线线段的曲率和截面形状等参数对模型加以控制，各零件之间的连接关系通过建立相应的映射（map）来实现。本文利用隐式参数化建模软件 SFE-Concept 进行商用车驾驶室全参数化模型的建立。

SFE-Concept 为结构参数化设计商用软件，可在原始几何结构有限元网格模型的基础上，建立全新的全参数化模型。新的模型可以很容易对各变量进行调整，建立曲率变化较大的组件及相邻零件间的映射关系，使几何变形时一直保持原有连接状态；参数化简单，参数化模型与原模型的性能具有良好的一致性，能够通过参数化模型进行快速的几何参数变化，实现驾驶室长宽高的迅速调整与变形，高效地进行参数的分析与结构优化，还可以综合考虑结构外形曲率、尺寸、厚度、材料等因素，实现结构-材料-性能一体化优化设计，而且在参数改变后能快速生成有限元网格模型，使大型复杂模型能够快速、全面地进行优化设计与分析。

图 8-1 某商用车驾驶室全参数化模型

商用车驾驶室大部分零部件关于汽车纵向对称面对称，所以在对其进行参数化建模之前，以平面（X-Z）为对称平面将商用车驾驶室模型分成左右两部分；参数化建模时只需先建立商用车驾驶室左侧部分，然后利用 SFE-Concept 中的镜像（copy）功能快速构建右侧参数化模型，再对非对称局部结构参数化设计即可。建立参数化模型时通常把驾驶室分解成顶盖、地板、前围、侧围和后围五个部分，采用模块化方法分别建立各部分参数化模型，再通过映射关系将各部分装配到一起，得到整个商用车驾驶室全参数化模型。同时参数化建模主要侧重于驾驶室结构概念设计，因此，部分较小的孔、倒角、筋等特征可以忽略掉，这样既提高了参数化建模速度，又提高了参数化模型的柔度，方便参数的快速改变。建立的全参数化商用车驾驶室模型如图 8-1 所示。

8.2.2 驾驶室弯扭刚度分析

驾驶室是商用车的关键总成，除了保证外形美观以外，汽车设计工程师们更注重驾驶室结构的设计。轻量化驾驶室应有足够的刚度，如刚度不足会导致驾驶室受载时局部区域出现较大的变形，导致车门卡死、密封不严以致漏风和漏雨等，从而影响商用车的正常使用。低的刚度也常常伴随有低的固有频率，易发生结构共振，最终影响汽车的 NVH 性能和安全性等。下面基于室内台架试验，对驾驶室进行弯曲刚度和扭转刚度测试[17~22]。

（1）商用车驾驶室弯曲刚度试验

进行驾驶室弯曲刚度试验时设定的边界条件为：约束驾驶室与车架连接的两个前悬置 X、Y、Z 向三个平移自由度，同时约束驾驶室后悬置点两个平移自由度 Y、Z 和绕 X 轴转动自由度 M_x，如图 8-2 所示[16]。

在驾驶室纵向方向上,在纵梁左右对称布置位移传感器对,具体位置如图 8-3 所示,传感器位置坐标如表 8-2 所示[17,18]。

图 8-2 驾驶室弯曲刚度试验

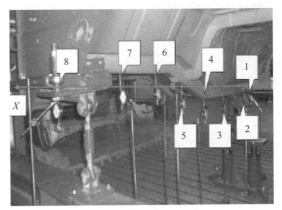

图 8-3 弯曲刚度传感器布置

表 8-2 弯曲刚度传感器位置坐标

传感器对编号	1(前悬置)	2	3	4	5	6	7	8(后悬置)
传感器位置 X 坐标/mm	0	300	600	900	1200	1500	1800	2100
左右传感器间距/mm	1210	1230	1230	1300	1300	1300	1300	1540

在驾驶室座椅位置处施加垂直载荷 4800N,进行驾驶室弯曲刚度测试,试验现场如图 8-4 所示[16]。

经试验分析可得驾驶室弯曲刚度试验曲线,如图 8-5 所示。

从图 8-5 中可得,该商用车驾驶室弯曲刚度为
$$K_B = F/\Delta Z = 4800/0.338 = 14201.2(\text{N/mm}) \tag{8-1}$$

式中,F 为载荷,N;ΔZ 为纵梁在垂直方向上的最大变形,mm。

(2) 商用车驾驶室扭转刚度试验

进行扭转刚度试验时设定的边界条件为:约束驾驶室与车架连接的两个前悬置三个平移自由度 X、Y、Z,以及约束驾驶室后悬置点移动自由度 Y。位移传感器的布置和弯曲刚度测试时一样,对驾驶室后部施加扭转载荷 8000N·m,如图 8-6 所示[17,18]。

图 8-4 商用车驾驶室弯曲刚度试验现场

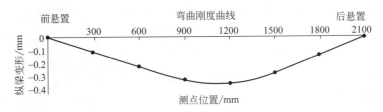

图 8-5 弯曲刚度试验曲线

经分析处理可得驾驶室扭转刚度试验曲线，如图 8-7 所示[17,18]。

图 8-6 驾驶室扭转刚度试验

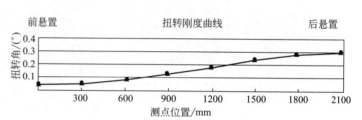

图 8-7 驾驶室扭转刚度试验曲线

从图 8-7 中可以看出，该商用车驾驶室扭转刚度为

$$K = M/\theta = 8000/0.29 = 27586 [\text{N} \cdot \text{m}/(°)] \tag{8-2}$$

8.2.3 驾驶室低阶模态分析

驾驶室低阶模态是评价驾驶室基本 NVH 性能的重要指标，其整体振型主要有弯曲振型和扭转振型；而高阶模态振型大多数为复杂的局部振型。汽车行驶时会受到来自路面、发动机、传动系统等外部激励，使驾驶室产生振动，影响驾驶室的乘坐舒适性、疲劳寿命及操纵稳定性。对于全装备驾驶室，如果外部激励与驾驶室的某阶固有频率接近时，会引起驾驶室共振。而大部分激励频率集中在低频区域，故商用车驾驶室低阶固有振动频率分析在驾驶室分析与设计中具有重要地位。

某驾驶室模态测试采用模态试验分析系统，结合数据采集、三向加速度传感器、电磁激振器、力传感器进行驾驶室低阶模态试验测试，如图 8-8 所示[19~21]。

图 8-8 驾驶室模态试验

驾驶室低阶有限元模态分析通过定义自由模态工况，利用求解器求解可得商用车驾驶室前六阶自由模态与振型。表 8-3 及图 8-9 为驾驶室前六阶弹性模态频率和振型[19~21]。

表 8-3 驾驶室前六阶模态及振型描述

阶次	模态频率/Hz	振型描述
1	18.79	整体扭转
2	21.58	后围一阶局部振动
3	31.39	侧围上部局部振动
4	31.49	侧围上部、后围局部振动
5	31.68	侧围二阶局部振动
6	32.27	后围、顶盖局部振动

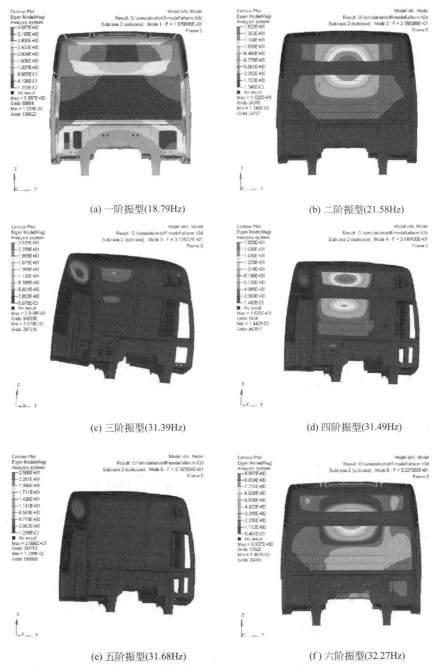

(a) 一阶振型(18.79Hz)　　(b) 二阶振型(21.58Hz)

(c) 三阶振型(31.39Hz)　　(d) 四阶振型(31.49Hz)

(e) 五阶振型(31.68Hz)　　(f) 六阶振型(32.27Hz)

图 8-9　商用车驾驶室前六阶振型

8.2.4　基于被动安全性的驾驶室轻量化优化设计

近年来，一些关于商用车驾驶室结构轻量化设计的文献主要是基于驾驶室静态力学性能和模态参数的结构轻量化设计[15,16]，这样设计出来的驾驶室不能很好地满足被动安全性的要求。随着国内重型商用车市场竞争的日益激烈，商用车出口走向国际市场是必然的选择和发展趋势。但有些国产商用车驾驶室在出口认证中发现被动安全性不能满足欧美现行法规要求,尤其是平头驾驶室,其被动安全性能和欧美同类车型驾驶室相比,还存在一定差距,其主要原因是我国商用车驾驶室被动安全性标准 GB 26512—2011 还在等同采用欧洲 ECE R29-02 法规,而欧盟等国家已制定并实施 ECE R29-03 法规,两者对驾驶室被动安全性要求有较大差异[22~24]。

新法规 ECE R29-03 与我国国家标准 GB 26512—2011 相比,对商用车驾驶室强度、刚度和耐冲击性能提出了更加苛刻的要求,增加了正面 A 柱撞击试验和驾驶室侧面摆锤 20°撞击试验,同时加大了正面摆锤撞击能量。因此,新法规更能保证在碰撞及翻滚事故中商用车驾驶室的强度,进而保证了乘员生存空间的完整性。ECE R29-02-03 中用于验证乘员生存空间的假人均为第 50 百分位男性身材,但 ECE R29-03 增加了对假人腿部可往外分开至 20°的规定。

(1) 驾驶室正面摆锤撞击仿真与试验分析

建立驾驶室白车身有限元模型,模型中零部件均采用弹塑性材料进行模拟。由于正面摆锤撞击试验中,摆锤的撞击能量转化为商用车驾驶室的动能和变形能,而驾驶室结构在碰撞下产生塑性变形的同时会因高应变率而产生动力硬化,因此在仿真中应考虑不同应变率可能会导致低碳钢材料出现动力硬化的影响,选用 Cowper-Symons 本构模型来模拟[22]。

正面摆锤撞击试验中,ECE R29-03 法规规定了不同总质量车型摆锤撞击驾驶室的能量数值。下面以总质量大于 7500kg 的商用车为例,按法规规定取摆锤撞击能量为 55kJ,正面摆锤撞击试验的示意图如图 8-10 所示[23]。

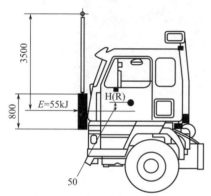

图 8-10 商用车驾驶室正面撞击试验示意图

在进行正面摆锤撞击的实车试验时,需要将刚性摆锤拉起至规定高度,再释放摆锤,下落过程中摆锤的重力势能转化为摆锤的动能,进而产生满足法规要求的撞击能量;分析中对正面摆锤撞击试验的撞击过程进行了简化,在碰撞初始时刻,处在最低点的摆锤冲击速度方向与车辆纵向中心平面平行,使其撞击的初始动能满足法规要求。其仿真分析模型及实车试验如图 8-11 所示[23]。

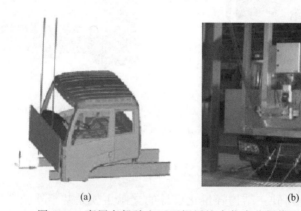

图 8-11 商用车驾驶室正面摆锤撞击仿真分析模型与实车试验

(2) 驾驶室正面 A 柱撞击仿真分析

该项试验模拟车辆发生 90°侧翻事故的情况,目的是考验 A 柱抗冲击变形能力,检测乘员的生存空间是否满足要求。该试验为 ECE R29-03 法规增加项，对商用车驾驶室被动安全提出了更高的要求和挑战。一方面要提高 A 柱的抗撞击能力，使其具有足够的刚度和强度；另一方面又要满足 A 柱双目障碍角驾驶员视野对 A 柱形状和尺寸限制的要求[24]。

正面 A 柱撞击有限元分析仿真在碰撞接触时刻，即处在最低点的摆锤施加与车辆纵向平面平行方向的碰撞速度，使其满足撞击动能要求。其仿真模型如图 8-12 所示。

（3）驾驶室顶盖强度仿真分析

商用车驾驶室顶盖强度试验模拟车辆发生滚翻事故时，驾驶室先经 90°侧翻，再翻滚至 180°的全过程，检测 90°侧翻时顶盖的抗撞击能力和 180°翻滚着地时的顶盖承载能力。

ECE R29-03 顶盖强度试验包括两个连续的试验，第一个试验是 20°摆锤撞击，撞击能量为 17.6kJ；第二个试验是顶盖的准静压加载，加载力为前轴最大轴荷，但不超过 98kN，其有限元模型如图 8-13 所示。

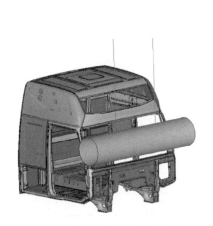 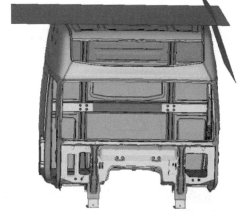

图 8-12　商用车驾驶室正面 A 柱撞击仿真分析模型　　图 8-13　商用车驾驶室顶盖强度仿真分析模型

（4）驾驶室结构轻量化优化设计

通过上述对 ECE R29-03 法规内容的分析，可知驾驶室在被动安全试验过程中，各部件会有不同程度的变形。如将所有部件都进行轻量化设计分析，这个工作量将十分巨大，因此在进行驾驶室轻量化设计前，首先筛选对轻量化设计影响较大的部件，故先进行驾驶室的灵敏度和贡献度分析。

灵敏度和贡献度分析均是研究一种系统结构参数的变化对输出响应影响程度的方法。结构灵敏度分析适合研究结构在线性小变形范围内的敏感度，而贡献度分析用于研究结构在非线性大变形时的敏感度。在对系统进行轻量化优化设计时，设计变量多，模型就会变大，计算时间就会越长，因此在优化设计前，在满足设计要求的前提下，应通过灵敏度和贡献度分析尽量减少设计变量，以提高优化效率。先通过灵敏度和贡献度分析选取对驾驶室被动安全性影响不敏感的结构件，再对其进行轻量化优化设计。下面结合某商用车驾驶室的轻量化优化设计来说明具体应用情况，分析时选择了质量较大的 13 个零部件作为贡献度分析对象，如图 8-14 所示[25～28]。

将选取的 13 个零部件分为 5 组，并在各部件原始厚度 t_1 上增加或减少 50% 的变化量 t_3 作为各部件厚度 t_2，各部件变化如表 8-4 所示。

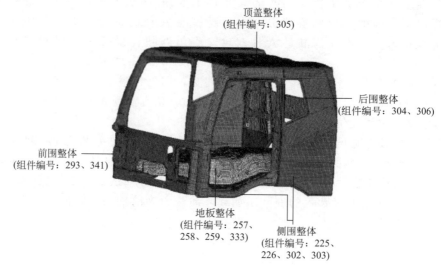

图 8-14 驾驶室贡献度分析选择的零部件

表 8-4 驾驶室零部件厚度变化

部件	组件编号	原厚度 t_1/mm	新厚度 t_2/mm	变化量 t_3/mm
前围部件整体 A	341	1.0	1.5	0.5
	293	1.5	2.25	0.75
后围部件整体 B	304、306	1.0	1.5	0.5
地板整体 C	257、258、259、333	1.0	1.5	0.5
顶盖 D	305	1.0	1.5	0.5
侧围整体 E	225、226、302、303	1.0	1.5	0.5

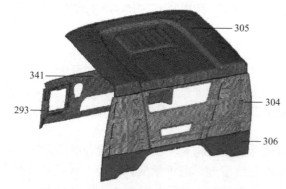

图 8-15 用于驾驶室轻量化优化的零部件

贡献度分析时采用正交试验中的极差分析法,也称 R 法。分别对正面摆锤撞击试验、正面 A 柱撞击试验和顶盖强度试验进行仿真分析,综合三个工况的不同评价指标,筛选出地板整体和侧围整体对驾驶室结构抗撞性影响较大,而前围整体、后围整体和顶盖整体影响较小。因此,在前围、后围和顶盖选取了对驾驶室被动安全性不灵敏的零部件作为轻量化优化设计对象,如图 8-15 所示[25,26]。

这些零部件的名称所对应的厚度尺寸如表 8-5 所示。

表 8-5 轻量化优化零部件尺寸

序号	原始厚度/mm	组件编号	零部件名称
1	$t_1=1$	341	前围盖板
	$t_2=1.5$	293	

序号	原始厚度/mm	组件编号	零部件名称
2	$t_3=1$	304	后围盖板
	$t_4=1$	306	
3	$t_5=1$	305	顶板

在进行驾驶结构轻量化优化设计时，有直接优化方法和间接优化方法两种。直接优化方法精度高、流程简单，适用于结构简单、模型规模小、优化计算时间不长的结构零部件。间接优化方法主要有代理模型方法，又称近似模型方法，适用于大型复杂、计算规模大、耗时长的结构优化计算；代理模型方法主要有响应面法、径向基神经网络方法、克里格方法和遗传算法等。利用该方法进行优化设计时，首先要通过试验设计方法设计和布置样本点，主要有均匀设计、正交设计、拉丁超立方试验设计和最优拉丁超立方试验设计；再对各样本点一一进行计算，获得全部样本点数据后，选取合适的代理模型对样本点进行拟合，然后对代理模型的精度进行检验，常用的检验方法有决定系数 R^2 法，R^2 的值越接近于1，模型精度越高；验证代理模型满足精度要求之后，利用所建代理模型选择适当的优化方法对其进行单目标或多目标轻量化优化设计，常用的优化方法有第二代非支配排序遗传算法（NSGA-Ⅱ）。如果是多目标优化，得到的并不是单一的优化解，而是一个帕累托（Pareto）图多目标优化解前沿，其中包含多个满足优化约束条件的解，再根据最受关注的优化目标要求，选取满足约束条件且目标函数取值最小的解作为优化解，例如对于轻量化优化设计，需要选取满足强度、刚度、主要模态频率和结构抗撞性要求，质量最小的解作为优化解[17]。按照上述方法建立商用车驾驶室被动安全性轻量化优化设计流程，如图8-16所示。

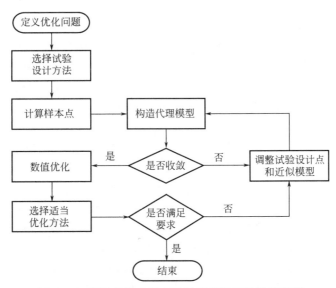

图8-16 驾驶室被动安全性轻量化优化设计流程图

在进行优化设计前需要通过试验设计提取样本点，选取的因素水平越多，得到的近似模型精度相对越高。考虑到试验点的"均匀分布"性，并尽可能减少样本点数量，可采用均匀试验设计。为使后面构造的近似模型具有较高的精确度，选取了25个水平，得到均匀试验设计表 $U_{25}(25^{11})$，在均匀试验设计表达式 $U_n(r^i)$ 中，U 表示均匀试验，n 表示需做的试验次数，i 表示均匀表列数，r 表示因素水平数与 n 相等。

利用各组样本点进行仿真分析，得到 25 组分析数据。基于这些样本点仿真数据构造克里格（Kriging）近似模型，并随机选取 5 个样本点来验证近似模型的精度、Kriging 近似模型验证结果如表 8-6 所示。

表 8-6　Kriging 近似模型验证

近似模型	决定系数 R^2
正碰最大侵入量	0.8955
顶压最大侵入量	0.8742
最大加速度	0.9058
驾驶室质量	0.9549

从表 8-6 中可以看出，四个模型拟合精度的决定系数 R^2 都在 0.87 以上。在工程实际中，由于碰撞过程是一个极其复杂的过程，非线性程度较高，一般要求决定系数 R^2 在 0.85 以上即可。因此该模型能准确地拟合试验参数，可以替代有限元模型进行结构参数优化。

采用遗传算法中的第二代非支配排序遗传算法（NSGA-Ⅱ）对 Kriging 近似模型进行轻量化优化计算，通过迭代得到驾驶室最优解，如表 8-7 所示。

表 8-7　驾驶室轻量化优化设计结果

部件名称	原板厚度/mm	优化结果/mm	圆整后厚度/mm
前围覆盖板	$t_1=1$	0.8974	0.9
	$t_2=1.5$	1.2253	1.2
后围覆盖板	$t_3=1$	0.8055	0.8
	$t_4=1$	0.7949	0.8
顶棚覆盖板	$t_5=1$	0.7867	0.8

将优化结果导入驾驶室有限元模型中，通过仿真分析，得到驾驶室弯扭刚度、低阶模态、被动安全性仿真结果与预测结果误差均在 5% 以内，优化结果合理。

优化前后驾驶室局部零部件质量对比如表 8-8 所示。

表 8-8　优化前后驾驶室局部零部件质量对比

项目	优化前	优化后	减重	减重比
质量 M/kg	6.304	5.149	1.255	20%

对优化后的驾驶室模型分别进行弯扭刚度、主要低阶模态、被动安全性仿真分析，弯扭刚度和模态频率的变化与原始值相比均在 5% 以内，被动安全性满足 ECE R29-03 规定要求。优化后各项性能指标均满足要求，从而在保证驾驶室结构刚度、主要低阶模态频率和被动安全性不降低的条件下实现了结构轻量化。由于文中选取驾驶室结构件较少，因此驾驶室总体减重质量不多，但优化零部件相对减幅达到 20%，显示了商用车驾驶室在保证各项性能指标的条件下，仍有较大的结构轻量化潜力。

8.2.5　商用车驾驶室其他轻量化方法

（1）框架式商用车驾驶室优化设计

近年来除了对商用车驾驶室板梁骨架结构进行轻量化优化设计外，文献 [29] 根据板梁结构驾驶室硬点坐标建立了由钢管折弯焊接而成的框架式商用车驾驶室三维几何模型和有限元模型,如图 8-17 和 8-18 所示。

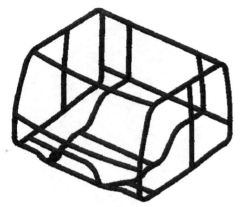

图 8-17 弯管框架式驾驶室结构几何模型

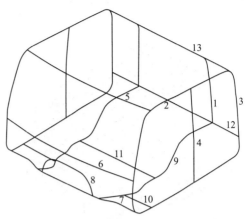

图 8-18 框架式驾驶室梁单元有限元模型

利用 ETA/DYNAFORM 软件对钢管弯管成形过程进行了数值模拟,分析了管件初始壁厚、弯曲半径和弯曲角度对弯曲成形后折弯半径内外侧壁厚变化的影响,计算了框架式驾驶室在自由状态下的主要低阶模态频率和振型,以及驾驶室在弯曲、扭转、垂向动载荷、转向、加速和制动 6 种工况下的强度和刚度,其结果如表 8-9 所示。

表 8-9 框架式驾驶室自由模态和静力学性能分析结果

垂直动载(3g)		加速(5g)		制动(5g)		转向(6.5g)	
最大位移/mm	最大应力/MPa	最大位移/mm	最大应力/MPa	最大位移/mm	最大应力/MPa	最大位移/mm	最大应力/MPa
0.28	11.1	1.19	25.8	1.19	25.8	2.14	41.4
扭转(3000N,两前悬置处反向施加)		弯曲(3000N,两 B 柱下端垂向施加)		一阶模态频率/Hz		二阶模态频率/Hz	
加载点位移/mm		加载点位移/mm					
4.92		1.22		33.2		46.0	

从表 8-9 中可以看出,除了扭转工况驾驶室加载点位移略大以外,其他工况驾驶室的最大应力和位移均较小,驾驶室前两阶自由模态频率也较高,满足商用车驾驶室结构强度、刚度和低频模态要求。

在此基础上,进一步建立了驾驶室拓扑优化分析模型,如图 8-19 所示;以驾驶室结构单元材料密度为设计变量,以驾驶室结构总质量、体积分数和质量分数不大于给定值作为拓扑优化约束条件,在驾驶室顶棚、前围和后围承受均布压力及弯曲和扭转五种工况下以驾驶室变形能最小为目标函数,对驾驶室进行了拓扑优化设计,结果如图 8-20 所示。

根据拓扑优化分析结果确定了框架式弯管驾驶室地板、顶棚、前围、后围和侧围各骨架梁位置的拓扑结构与有限元模型,如图 8-21 所示。并利用 Hyperstudy 软件,以驾驶室结构总质量最小作为目标函数,以驾驶室骨架各管件的 36 个断面尺寸作为设计变量,以驾驶室一阶模态频率不小于设定值,垂直动载荷、加速、转向、弯曲和扭转五种工况下驾驶室最大位移不超过设定值为约束条件,对驾驶室各管梁的截面参数进行了尺寸优化,并根据优化结果对驾驶室进行了静力学性能和自由模态分析,结果如表 8-10 所示。从表中可以看出,优化后的管梁框架式商用车驾驶室在其结构强度、刚度和主要低阶模态频率不低于板梁驾驶室性能指标的前提下取得了明显的减重效果。

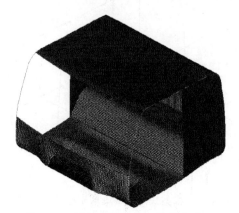

图 8-19 框架式驾驶室拓扑优化模型

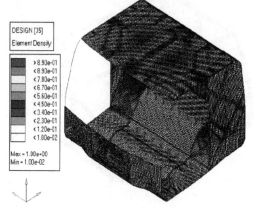

图 8-20 框架式驾驶室拓扑优化结果

表 8-10 框架式驾驶室尺寸优化后自由模态和静力学性能分析结果

垂直动载(3g)		加速(5g)		制动(5g)		转向(6.5g)	
最大位移/mm	最大应力/MPa	最大位移/mm	最大应力/MPa	最大位移/mm	最大应力/MPa	最大位移/mm	最大应力/MPa
0.38	12.7	0.58	23.8	0.58	23.8	0.93	32.1
扭转(3000N,两前悬置处反向施加)		弯曲(3000N,两B柱下端垂向施加)		一阶模态频率/Hz		框架式驾驶室质量/kg	
加载点位移/mm		加载点位移/mm					
1.77		0.95		49.2		66.0	

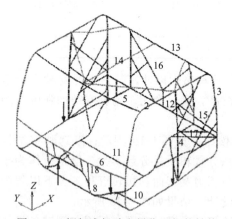

图 8-21 框架式驾驶室梁位置拓扑结构

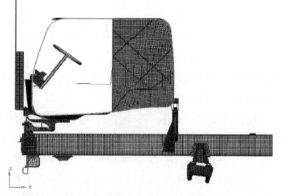

图 8-22 框架式驾驶室正面摆锤冲击有限元模型

最后,建立了包含外蒙皮、内饰件、座椅和转向机构的框架式驾驶室正面摆锤冲击有限元模型,如图 8-22 所示。基于 ECE R29-02 法规进行了正面摆锤撞击的被动安全性分析,结果表明,管梁框架式驾驶室结构在摆锤冲击作用下能够为假人提供足够的生存空间,符合 ECE R29-02 摆锤冲击法规要求。

(2) 全铝驾驶室结构优化设计

近年来除了对钢结构重型商用车驾驶室进行结构轻量化优化设计外,一些单位开始尝试研究用铝合金设计商用车驾驶室,并对其进行了结构轻量化优化设计[30,31]。首先根据钢制消防车驾驶室硬点建立了全铝消防车驾驶室结构,如图 8-23 所示;经有限元离散化得到全铝驾驶室梁单元有限元模型,如图 8-24 所示;并对驾驶室进行了节点位置和 5 种铝型材断面尺寸优化,优化前后节点位置和断面尺寸优化结果对比如图 8-25 和图 8-26 所示。

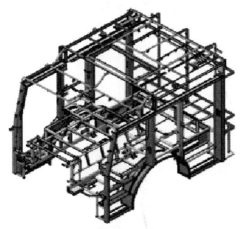

图 8-23 全铝框架式消防车驾驶室三维结构

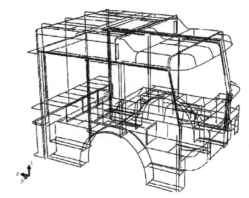

图 8-24 全铝框架式驾驶室梁单元有限元模型

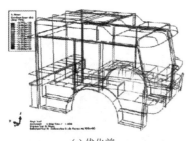

(a) 优化前

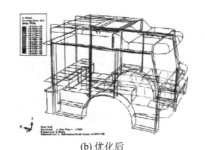

(b) 优化后

图 8-25 驾驶室节点位置优化前后驾驶室应力分布对比

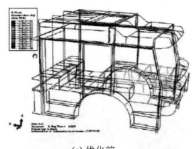

(a) 优化前

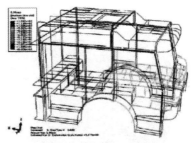

(b) 优化后

图 8-26 驾驶室型材断面尺寸优化前后驾驶室应力分布对比

从图 8-25 中可见,节点位置优化前后驾驶室的应力分布规律没有发生较大变化,但驾驶室最大应力由优化前的 377.59MPa,减小到优化后的 284.59MPa,最大应力值减小了 93MPa。图 8-26 中的结果表明,断面尺寸优化前后驾驶室的应力分布规律也没有发生较大变化，但驾驶室最大应力从 281.58MPa 降低到 124.24MPa，减小了 154.34MPa；型材总体积从 $0.0658m^3$ 减小到 $0.0636m^3$，取得了良好的结构强度提升和减重效果。

为了检验所设计的全铝消防车结构设计和优化结果的有效性，根据优化结果研制出驾驶室白车身框架总成样件，如图 8-27 所示。

(a)　　　　　　　　　　　(b)

图 8-27　全铝驾驶室白车身框架总成样件

为了验证全铝消防车驾驶室框架结构性能，对样件进行了模态、弯曲刚度、扭转刚度试验，如图 8-28～图 8-30 所示，试验结果如表 8-11 所示。

(a)　　　　　　　　　　　(b)

图 8-28　全铝框架式驾驶室结构试验模态分析现场

(a)　　　　　　　　　　　(b)

图 8-29　全铝框架式驾驶室结构扭转刚度试验现场

图 8-30　全铝框架式驾驶室结构弯曲刚度试验现场

表 8-11　全铝框架式消防车驾驶室刚度和模态试验结果

消防车驾驶室 结构形式	钢制驾驶室试验	全铝驾驶室试验		全铝驾驶室仿真
	框架+蒙皮	框架+蒙皮	框架	框架
驾驶室质量/kg	1290.00	662.00	429.00	
一阶扭转频率/Hz	12.90		16.04	12.03
扭转刚度/[N·m/(°)]	49754.00	37520.00	7415.00	5715.37
弯曲刚度/(N/mm)	20961.00	19211.00	5955.00	3857.14

从表 8-11 中可以看出，全铝消防车驾驶室（框架+蒙皮）总成样件重量为 662kg，比原钢制驾驶室（框架+蒙皮）重量 1290kg 降低 367kg，减重 35.7%，轻量化效果显著。全铝消防车驾驶室框架的一阶扭转模态频率为 16.04Hz，大于钢制驾驶室一扭频率 12.90Hz 和驾驶室开发目标 12.03Hz；驾驶室（框架+蒙皮）的扭转刚度为 37520N·m/(°)，大于驾驶室扭转刚度开发目标 30000N·m/(°)，小于钢制驾驶室扭转刚度 49754N·m/(°)；驾驶室（框架+蒙皮）的弯曲刚度为 19211N/mm，大于驾驶室弯曲刚度开发目标 15000N/mm，小于钢制驾驶室弯曲刚度 20961N/mm。可见，全铝框架式消防车驾驶室模态和刚度满足设计要求，实现减重 35.7%，取得了显著减重效果。

为了进一步检验全铝框架式消防车驾驶室是否满足国家标准 GB 26512《商用车驾驶室乘员保护》规定的正面摆锤冲击被动安全性要求，用商用车驾驶室正面摆锤冲击试验台，按照国家标准规定的试验要求对全铝消防车整车进行正面摆锤冲击试验，如图 8-31 所示。

试验结果表明，驾驶室前、后悬置结构连接正常，驾驶室与车架未分离；试验过程中车门未打开，试验后车门可手动打开，驾驶室内非弹性部件未与人体模型发生接触，

图 8-31　全铝框架式消防车驾驶室正面摆锤冲击试验

满足乘员生存空间要求。即全铝消防车驾驶室安全性能满足国家标准 GB 26512 规定的摆锤

冲击被动安全性要求。

(3) 驾驶室焊点优化设计

钢结构商用车驾驶室焊点分布、参数和数量是保证驾驶室结构模态性能、强度、刚度和疲劳寿命的重要因素之一。文献[32]基于驾驶室有限元模型建立了其焊点的空间分布模型,如图 8-32 所示。

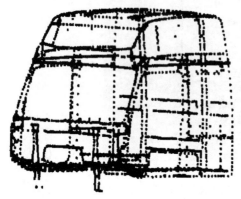

图 8-32 驾驶室焊点空间分布模型

以驾驶室假想设计空间焊接体单元体积最小为优化目标函数,以驾驶室自由状态下前 3 阶弹性模态频率为约束条件,以单元体积密度为设计变量,用变密度法对驾驶室焊点进行拓扑优化设计。优化结果表明,驾驶室焊点数由原来的 2885 个减小到 1962 个,减少了 923 个,占 32%。焊点优化后驾驶室前 3 阶弹性模态频率由原来的 18.66Hz、21.56Hz 和 26.34Hz 分别变为 18.41Hz、21.27Hz 和 26.27Hz,数值变化不大,降低均不超过 2%;驾驶室扭转刚度由焊点优化前的 21369.9N·m/(°),下降到 20526.3N·m/(°),降低了 3.9%,满足不超 5%的设计要求。

文献[33]在商用车驾驶室有限元模型基础上,建立了驾驶室焊点空间模型,并对驾驶室进行了扭转刚度分析,采用离散变量拓扑优化方法对驾驶室焊点的数量及空间布局进行优化设计。结果表明优化后在不降低驾驶室扭转刚度的条件下,驾驶室焊点数由原来的 3064 个焊点,减小到 2785 个焊点,减少了 279 个,占 9.1%。焊点数目的减少,可减少驾驶室焊接时间,降低驾驶室制造成本,减轻驾驶室结构重量。

(4) 驾驶室附件结构轻量化设计

商用车驾驶室附件的结构重量占驾驶室总重比例较大,在商用车驾驶室轻量化中起重要作用。为了对商用车驾驶室进行多层次、全方位轻量化设计,文献[34]对驾驶室地毯、上卧铺骨架结构和上下卧铺铺板进行了轻量化设计,并通过实车试验对驾驶室内饰件轻量化前后不同车速下车内噪声进行了比较,结果表明在保持驾驶室内饰件装饰功能和车内噪声不变的情况下,轻量化后驾驶室地毯、上下卧铺共减重 12.92kg,取得了较好的轻量化效果。

驾驶室前后悬置及其连接支架是连接驾驶室与车架的重要部件,其结构强度、刚度和阻尼特性严重影响驾驶室乘坐舒适性、结构强度、被动安全性和工作可靠性;文献[35]对驾驶室空气弹簧悬置系统进行了优化匹配,在改善驾驶室平顺性的同时实现了悬置系统轻量化。文献[36~38]分别对驾驶室前后悬置支架和翻转油缸下支架进行了多工况静力学性能分析和结构轻量化设计,在保证结构性能要求的同时实现了结构的轻量化。

8.3 商用车车架结构轻量化设计

车架是汽车底盘中最重要的总成之一。对重型商用车而言,它是整车的"脊梁",汽车上几乎所有大的总成和部件都安装连接到车架上,车架承担着所装载的全部质量,传递着全部的驱动力、转向力和制动力,其工作可靠性直接影响整车的使用性能。

汽车车架的受力极其复杂,静止时,车架在悬架系统的支持下承受汽车各部件重力;汽车行驶时，汽车各部件的重量、惯性力与工作载荷使车架承受不同方向、不同程度和随机变化的动载荷。车架在各载荷作用下，将发生弯曲、扭转等变形[39,40]。

车架轻量化的技术路径主要为应用高强度材料并需要解决材料应用中的制造工艺问题以及对车架结构进行轻量化优化设计两个方面。欧美重卡制造商如曼、斯堪尼亚、沃尔沃和奔驰的商用车车架主要采用屈服强度大于 650~750MPa、厚度 8~9mm 的单层结构车架纵梁，如 QSTE690TM 等。国内在高强钢应用方面，率先在重型半挂牵引车上用厚度为 8mm、强度为 600~750MPa 的高强热轧大梁钢取代 500MPa 级（如 510L）的双层梁车架实现轻量化。代表性的车型有一汽解放在 J6M 上采用 B700L 高强钢板，中国重汽 HOWO A7 应用 ZQS700L 高强钢，单车用高强度钢板 400kg 左右，使车架纵梁的重量明显降低[40~43]。更高强度级别的高强钢在商用车车架上的应用由于受冲压成形开裂、回弹、模具磨损与混压成形调整成形线复杂以及连接冲孔困难等方面的限制，目前尚在研究探索中，未得到广泛应用[40]。

在车架结构轻量化设计方面，基本的设计方法是应用有限元方法对车架的三维实体模型进行简化和有限元离散化。建立车架有限元模型，输入材料属性，按照不同的分析工况要求，对模型施加相应的约束条件和载荷，分析车架主要低阶自由和约束模态，计算车架的弯扭刚度，求解车架在典型工况下的结构强度和变形，对不满足设计要求的车架进行结构改进，对设计过于保守的车架进行减重优化[44~47]。

在车架结构轻量化优化设计中，最基本也是应用最多的就是车架结构轻量化单目标优化设计方法；该方法以车架质量最小为目标，以车架弯扭刚度、一阶扭转频率和危险部位最大应力为约束条件，以车架纵梁和横梁的断面尺寸参数为设计变量，如果变量太多，还可以通过灵敏度分析进行设计变量筛选，确定出对减重敏感、对车架主要性能不敏感的设计变量，然后对车架进行轻量化优化设计，在保证性能要求的前提下，实现车架结构的轻量化[48~51]。为了优化车架横梁的布局和结构拓扑，一些研究人员采用拓扑方法对车架结构进行拓扑分析。首先要建立车架的拓扑优化模型，设定车架两个纵梁和前后横梁中间的部分为拓扑区域，根据车架在典型工况的受力对模型施加载荷。为了保证车架具有足够的刚度，可以将目标函数设为车架的总柔度最小，即车架的刚度最大，设计变量为设计区域中各单元的相对密度。选取设计区域体积作为拓扑优化的约束条件，规定优化后的体积不大于原体积的一定百分比。通过拓扑优化设计可以优化材料在设计空间上的分布，主要用于车架概念设计早期，研究车架结构材料布局；优化结果决定了车架结构的最优拓扑，也就决定了车架的最终形状、结构与性能，保证结构设计的后续尺寸和形状优化是在材料分布最优形式下进行的，能够有效提高车架的材料利用率[52~59]。在确定了车架拓扑结构之后，还需要对车架结构进行轻量化尺寸优化。工程实际问题的尺寸优化通常为多个冲突目标的优化问题，尺寸优化除了单目标优化设计方法以外，还有更接近于工程应用实际的多目标协同优化设计方法，因该方法要求解的问题复杂，尤其是车架的多目标优化问题涉及结构疲劳寿命，计算量大，目前工程中多用代理模型方法进行多目标优化设计；先根据试验设计方法设计样本点分布，再对每个样本点进行分析计算，获得要求的样本点数目以后，选择合适的近似模型对样本点进行拟合，得到代理模型，然后对代理模型进行精度检验，满足精度要求后，即可对代理模型进行优化设计计算，通过优化得到优化解的帕累托（Pareto）前沿，有许多满足约束条件的妥协解，根据优化设计的目的，从中选出要求的最优解即可。如为结构轻量化优化问题，可以选择满足约束条件结构重量最轻的解作为优化解。下面通过详略的实例对车架结构常见的分析与优化问题进行论述。

8.3.1 车架结构有限元建模

(1) 网格划分

下面以牵引车车架为例介绍车架有限元模型构建要点,车架有限元建模流程如图 8-33 所示[58]。

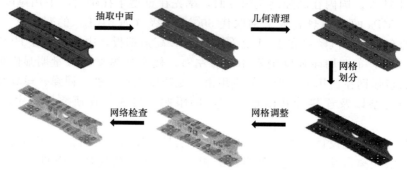

图 8-33 车架有限元网格划分流程

因车架多以壳单元进行有限元网格划分,首先要对车架的三维实体模型抽取结构的中性面,再进行几何清理;忽略车架结构上直径小于 3mm 的倒角、圆角、孔、凸台和凹坑,用壳单元对车架纵梁、横梁、连接板等薄壁件进行有限元网格划分,取网格尺寸为 8~10mm,对驾驶室支座、动力总成支座和悬架支座等实体件用四面体和六面体单元进行网格划分,网格尺寸大小取 10~15mm;再根据分析需要对局部网格进行调整,螺栓和铆钉连接按刚性单元 REB2 或梁单元处理,避免出现局部刚度突变,以提供较好的局部刚度效果,得到车架的有限元网格模型如图 8-34 所示[58]。一般车架有限元模型包含 30 万~50 万个网格单元和节点数,建立的牵引车车架有限元模型共划分了 439436 个单元和 336720 个节点。为了检查车架有限元网格离散是否满足建模精度要求,需要对车架有限元网格划分质量进行检查,工程上常用的有限元网格质量控制标准如表 8-12 所示。如网格质量不符合标准,则需要进行局部调整,直至符合网格质量控制标准为止。

图 8-34 车架有限元网格模型

表 8-12 车架网格质量评价指标

序号	名称	参数
1	雅可比	≥0.6
2	长宽比	≤5.0
3	翘曲度	≤15°
4	扭曲角	≤60°
5	四边形单元最小角度	≥40°
6	四边形单元最大角度	≤120°
7	三角形单元最小角度	≥25°

续表

序号	名称	参数
8	三角形单元最大角度	≤105°
9	三角形单元占单元总数的比例	≤5%

（2）车架材料属性输入

车架有限元网格几何模型需要根据各零件使用的材料输入材料特性，本文的牵引车车架纵梁采用 B700L，各横梁和支架的材料属性如表 8-13 所示。把上述材料属性输入车架有限元模型，即可对车架进行模态分析与计算。

表 8-13 车架材料属性

名称	材料	弹性模量/GPa	泊松比	屈服强度/MPa	抗拉强度/MPa	疲劳强度/MPa	密度/(t/m³)
纵梁	B750	206.8	0.3	700	800	375	7.85
横梁	B750	206.8	0.3	700	800	375	7.85
连接件	B750	206.8	0.3	700	800	375	7.85

8.3.2 车架有限元自由模态分析

在进行车架低频自由模态分析时，模型包含板簧支座、平衡轴支座和驾驶室前后支座。按照上述建模方法建立车架有限元自由模态分析模型，如图 8-35 所示[55]。

图 8-35 车架有限元自由模态分析模型

汽车行驶过程中车架主要受来自地面和动力总成的振动激励，车架与悬架之间直接连接，与动力总成之间通过悬置连接，车架的模态特性在一定程度上反映了其动态特性，直接影响商用车的行驶平顺性、操纵稳定性和振动噪声性能，因此在产品设计阶段对车架进行低阶模态分析和评价非常重要。要求车架的振动特性不与悬架振动和动力总成的主要激励频率相耦合，以免激起车架共振产生较大振动。通常重型商用车前悬架的偏频一般为 2～3Hz，后悬架的偏频为 3～5Hz，地面传递至车架的主要激励能量的频率范围为 0～5Hz，发动机怠速振动频率高于 35Hz，因此车架的一阶、二阶扭转和弯曲振型模态频率应该在 6～35Hz 之间为宜；另外要求车架结构振型应尽可能光滑过渡，以便消除节点刚度的突变；与车架相连接的各支架应尽量布置在车架主要低阶振型的节点上，以免各连接结构产生较大振动。

应用有限元软件对车架进行自由模态分析，得到车架前 6 阶模态频率为零的刚体模态，提取车架第 7～16 阶低频弹性模态频率和振型，如表 8-14 所示[55]。图 8-36 为车架的前 4 阶弹性模态振型。

表 8-14　车架的 7~16 阶弹性自由模态频率和振型描述

阶数	频率/Hz	振型描述
7	6.8	一阶扭转
8	10.6	一阶横向弯曲
9	19.9	一阶垂向弯曲
10	25.8	二阶横向弯曲
11	30.5	二阶扭转
12	33.6	驾驶室支架外翻
13	35.5	驾驶室支架右扭
14	37.6	驾驶室支架内翻
15	38.2	驾驶室支架左扭
16	54.3	车架二阶垂向弯曲

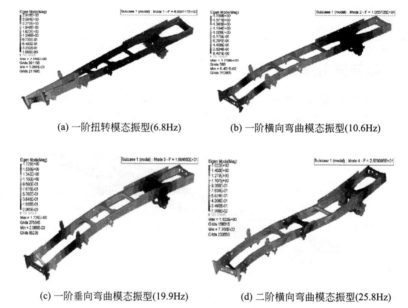

(a) 一阶扭转模态振型(6.8Hz)　　(b) 一阶横向弯曲模态振型(10.6Hz)

(c) 一阶垂向弯曲模态振型(19.9Hz)　　(d) 二阶横向弯曲模态振型(25.8Hz)

图 8-36　车架前 4 阶弹性模态振型

从图 8-36 中可以看出，车架的一、二阶扭转和弯曲模态振型过渡光滑、频率分布比较合理，车架整体刚度分布基本合理，无突变现象，车架的一阶扭转频率偏低，与地面激励频率接近，基本满足上述讨论的错开地面激励和发动机怠速激励频率的要求；安装驾驶室位置处车架刚度略显薄弱，需要进一步改进。

8.3.3　车架弯曲和扭转刚度的计算

（1）弯扭刚度计算公式

车架的刚度主要分为弯曲刚度和扭转刚度，车架弯曲刚度主要评价在整车满载时车架抵抗弯曲变形的能力。计算车架弯曲刚度时，首先要在车架上设置好约束条件和施加的载荷，然后在纵梁上选取等距的位移测量点，最后根据测得的位移与车架纵向位置之间的关系就可以绘出纵梁的弯曲特性曲线，并按式(8-3) 计算出车架的弯曲刚度。

$$C_{\mathrm{w}}=EI=\frac{a^3}{48}\times\frac{F}{f} \tag{8-3}$$

式中，C_{w} 为车架弯曲刚度，$\mathrm{N\cdot m^2}$；F 为施加的垂向载荷，N；a 为车架弯曲刚度分析时车架前后约束点之间的水平距离，m；f 为车架的最大弯曲挠度，m。

车架的扭转刚度是用于评价整车满载，当一组车轮悬空时车架抵抗扭转变形的能力。计算车架扭转刚度时，首先要在车架上设置好约束条件和施加的载荷，然后在纵梁上选取等距的位移测量点，最后根据测得的位移与车架纵向位置之间的关系就可以绘出纵梁的扭转特性曲线；先计算出车架的最大扭转角 θ，并按式(8-4) 计算出车架的扭转刚度。

$$C_{\mathrm{p}}=\frac{Tl}{\theta}=\frac{FL^2l}{h}\times\frac{\pi}{180} \tag{8-4}$$

式中，C_{p} 为车架扭转刚度，$\mathrm{N\cdot m^2/(°)}$；T 为扭转力矩，$\mathrm{N\cdot m}$；l 为车架前后悬架位置约束点之间的水平距离，m；θ 为相对扭转角，(°)；F 为集中载荷，N；L 为力臂，m；h 为挠度值，m。

(2) 车架弯曲刚度有限元分析

对于 8×4 自卸车车架，在车架有限元几何模型的基础上，先设置车架弯曲刚度分析的约束条件和载荷；然后取双前轴和双后轴轴距的中点连线作为虚拟轴，约束前虚拟轴左右两侧车架下端面各节点的 Y 和 Z 向平移自由度，约束后虚拟轴左右两侧车架下端面各节点的 X、Y 和 Z 向平移自由度，在前后两个虚拟轴中点两侧车架上端面分别施加向下的垂直力 F，载荷的大小根据车架的承载量确定，其大小既能让车架产生较大的弹性垂直变形，以增加刚度求解的信噪比，又不至于使车架发生屈服变形破坏，例如可取 $F=120\mathrm{kN}$；最后建立车架弯曲刚度分析有限元模型，如图 8-37 所示[55]。

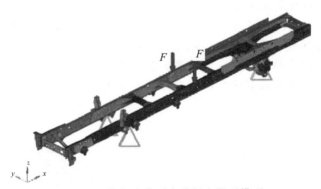

图 8-37　车架弯曲刚度分析有限元模型

为了画出车架弯曲刚度特性曲线，在车架纵梁有限元模型上等间距地取 13 个测点，用于测量车架在弯曲和扭转载荷作用下的变形量，如图 8-38 所示[55]。

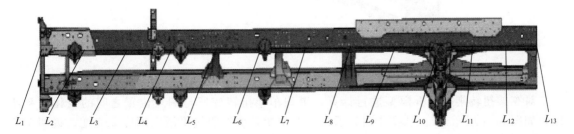

图 8-38　计算车架弯扭刚度的测点分布

对车架弯曲刚度有限元模型进行分析计算,得到车架在弯曲载荷作用下的变形分布;提取各个测点在垂直方向的变形量,得到车架垂直变形随测点位置之间的变化关系曲线,如图8-39所示[55]。

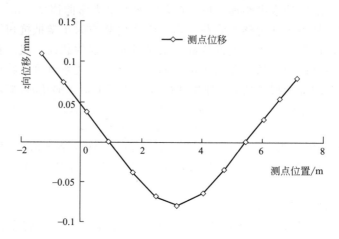

图8-39 弯曲工况下车架垂向位移随测点位置变化关系曲线

通过检查图8-39中车架弯曲状态下的挠度曲线是否有急剧变化和不连续的部分,来判定车架前后轴距间的刚度是否均匀一致。从图中可见,车架弯曲刚度曲线过渡平滑,无突变的部分,符合规定的要求。从图中确定车架最大垂向位移0.081mm,代入式(8-3)即可计算出车架的弯曲刚度 $C_w = 2.49 \times 10^4 \text{kN} \cdot \text{m}^2$。

(3) 车架扭转刚度有限元分析

在车架有限元几何模型的基础上,设置车架扭转刚度分析的约束条件和载荷。取双前轴和双后轴轴距的中点连线作为虚拟轴,约束前虚拟轴一侧车架下端面各节点的 Y 和 Z 向平移自由度,约束后虚拟轴左右两侧车架下端面各节点的 X、Y 和 Z 向平移自由度,在前虚拟轴另一侧车架上端面施加向下的垂直力 $F(F=120\text{kN})$,建立车架扭转刚度分析有限元模型,如图8-40所示[55]。

图8-40 车架扭转刚度分析有限元模型

对车架扭转刚度分析模型进行计算,得到车架扭转变形与测点位置之间的变化关系曲线,如图8-41所示[55]。从图中可以看出,车架扭转变形曲线平滑,刚度无突变,说明车架的扭转刚度特性满足要求。

提取车架扭转工况加载点的垂向位移 $h=3.8\text{mm}$，如图 8-42 所示，即可按式（8-4）计算出车架的扭转刚度为 $1.24\times10^4\text{N}\cdot\text{m}^2/(°)$。

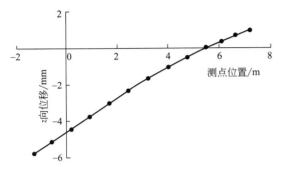

图 8-41 车架垂向位移随测点位置变化关系曲线

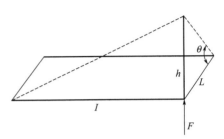

图 8-42 车架扭转角计算示意图

8.3.4 车架结构强度分析

根据重型商用车实际使用中车架的受载情况，重点分析整车满载工况下高速行驶车架弯曲、前轮单侧悬空车架扭转、紧急制动和紧急转向四种典型工况下车架的结构强度，以检验车架是否满足结构强度要求。

商用车悬架板簧具有线性弹性工作特性，对于 6×4 牵引车，前悬架板簧可以采用弹簧单元进行模拟，然后再用刚性单元 REB2 将其连接起来以便进行约束，得到车架前悬架板簧有限元模型，如图 8-43 所示。

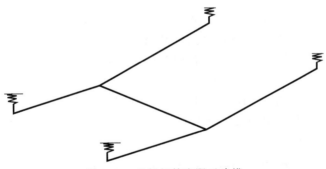

图 8-43 悬架板簧有限元建模

中轴和后轴间轴距较短，一般采用平衡悬架支撑，可以在中轴和后轴两轴线的中部建立一个虚拟轴线，在虚拟轴线对应的车架下端面处用弹簧元件等效模拟中后轴悬架板簧的弹性作用，如图 8-44 所示[58]，对于 8×4 的车辆，双前轴悬架也可以同样处理。

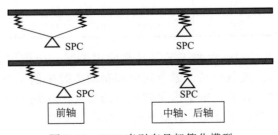

图 8-44 6×4 牵引车悬架简化模型

车架在使用中要承受安装在其上面的所有总成和零部件的重量载荷和动载荷。主要包括驾驶室、动力总成、油箱、电瓶、储气筒、尿素罐和鞍座载荷等,如表 8-15 所示[58]。

表 8-15　车架上各主要总成质量

序号	载荷名称	质量/kg
1	驾驶室和乘员	940
2	动力总成	1720
3	电瓶+储气筒+尿素罐	185
4	油箱	573
5	鞍载	16000

四种典型工况下车架施加的具体载荷和约束条件如下。

① 在汽车满载垂直弯曲工况下将各总成质量乘以动载荷系数($k_d=2$)并施加到车架上的相应位置,约束图 8-44 中前后悬架左右两侧 RBE2 单元主节点三个方向的平移自由度(即 SPC xyz)。

② 在前悬架左侧悬空车架扭转工况下,垂向动载荷系数取 $k_d=1$,将各总成质量直接施加到车架上的相应位置,约束图 8-44 中前悬架左侧 RBE2 单元主节点 x 方向平移自由度(即 SPC x),在 z 向位移自由度方向上施加 200mm 的强制位移,约束前悬架右侧和后悬架两侧 RBE2 单元主节点三个方向的平移自由度(即 SPC xyz)。

③ 在汽车满载紧急转向(左转)工况下,垂向动载荷系数取 $k_d=1$,将各总成质量直接施加到车架上的相应位置,并在各总成质心位置施加 $0.4g$ 向右的离心惯性力,约束图 8-44 中前、后悬架右侧 RBE2 单元主节点三个方向的平移自由度(即 SPC xyz),以及左侧悬架 RBE2 单元主节点 x 和 z 两个方向的平移自由度(即 SPC xz)。

④ 在汽车满载紧急制动工况下,垂向动载荷系数取 $k_d=1$,将各总成质量直接施加到车架上的相应位置,并在各总成质心位置施加 $0.6g$ 向前的制动惯性力,约束图 8-44 中前悬架左右两侧 RBE2 单元主节点三个方向的平移自由度(即 SPC xyz),以及后悬架左右两侧 RBE2 单元主节点 y、z 两个方向的平移自由度(即 SPC yz)。

得到四种典型工况下车架的有限元分析模型,然后对车架进行四种工况的结构强度分析,得到的结果如表 8-16 所示[58]。

表 8-16　四种工况下车架的最大应力和安全因子

工况	车架最大应力/MPa			车架安全因子		
	纵梁	横梁	连接件	纵梁	横梁	连接件
满载弯曲	186	142	189	2.02	2.64	1.98
满载扭转	291	309	371	2.41	2.27	1.89
紧急转向	241	194	243	2.31	3.13	2.02
紧急制动	223	183	283	3.14	3.83	2.47

从表 8-16 中可以看出,满载弯曲工况是日常使用工况,应该用疲劳强度进行评价,需要满足结构疲劳强度要求;满载扭转、紧急转向和制动工况是偶发极限工况,可用材料的屈服极限来评价。表中的结果表明,车架纵梁和横梁的安全因子均大于 2,连接件的安全因子在紧急转向和制动工况也都大于 2,在满载弯曲和扭转工况的安全因子小于 2 但均大于 1.8,满足结构强度要求。

8.3.5 车架结构轻量化设计

对商用车而言，通过减轻整体质量提升燃油经济性是厂商共同追求的目标；同时受使用性能与标准法规制约，车辆结构应具有足够的结构强度、刚度和被动安全性；所使用的材料和工艺又受生产成本的限制，因此车架在研发阶段进行结构轻量化优化设计是提升商用车性能的有效手段。

(1) 车架拓扑优化设计

拓扑优化是一种在给定的设计空间和边界条件下找到材料在车架上最佳分布位置的结构优化方法，而且拓扑优化的结果经过反馈与修改后可以为后续详细设计阶段的形状优化、尺寸优化提供依据。

下面以某 8×4 自卸车车架为例，讨论车架拓扑优化设计方法。在建立车架拓扑优化模型时，考虑影响车架受力的主要因素，对模型进行如下假设[55]。

① 忽略材料内部属性的各向异性；

② 发动机及变速器安装点、驾驶室安装点、货厢安装点均采用刚性连接，并且忽略此连接对分析结果的影响；

③ 在确保拓扑优化结果具备足够精度的条件下，尽量简化网格模型，以减少分析时间。

按照上述分析假设，在软件中建立了拓扑优化有限元模型，如图 8-45 所示[55]。其中，中间区域为设计优化区域，纵梁、前端梁和尾梁为非设计优化区域，选择六面体网格，单元尺寸为 30mm，模型中共包含 93795 个节点、82182 个单元；发动机及变速器安装点、驾驶室安装点、货厢安装点均采用质量点配重模拟载荷，各部分配重质量如表 8-17 所示[55]。

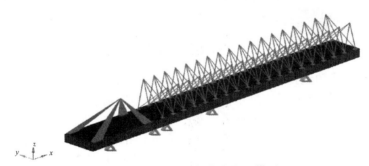

图 8-45 车架拓扑优化有限元模型

表 8-17 车架上各总成质量

序号	部件名称	加载方式	加载质量/kg
1	驾驶室总成	集中质量点配重	1017
2	发动机总成	集中质量点配重	1350
3	变速箱总成	集中质量点配重	370
4	货厢总成	集中质量点配重	21924

根据在工程运输与作业期间路面的实际情况，选取如下四种经典工况对车架进行拓扑分析，见表 8-18[55]。针对以下四个经典工况对车架进行优化，以获得车架材料的最佳分布。

表 8-18　车架拓扑优化分析工况及约束条件

工况	前轴				后轴				施加的载荷	
	一轴		二轴		三轴		四轴			
	左	右	左	右	左	右	左	右		
弯曲	xyz	z	yz	z	yz	z	yz	z	$z:-3g$	
扭转	xy	z	y	z	yz		yz		$z:-1g$	
转向	xyz	z	yz	z	yz	z	yz	z	$z:-1g$	$y:0.7g$
制动	yz	z	yz	z	xyz	xz	xyz	xz	$z:-1g$	$x:0.5g$

选择车架非约束区作为设计空间，以车架加权变形能最小为目标，以消除车架 80% 体积为约束函数对车架进行拓扑优化，定义单独前轮抬高工况，设定脱模方向及对称面。车架拓扑优化分析经过 19 次迭代后计算收敛，最终确定了车架结构密度分布云图，如图 8-46 所示[55]。

从图 8-46 的拓扑优化分析结果中可以看出，优化后车架各横梁已展现出基本结构形状，并且所有横梁均具有初步的外形，显示出可加工的结构拓扑，可为后期横梁形式的选择提供依据。

图 8-46　车架结构拓扑优化计算密度分布云图

（2）车架结构形式的选择

从图 8-46 的拓扑优化分析结果可见，优化出的车架拓扑结构与成熟车型的车架结构类似，但在横梁结构形式上尚存在较大差异，但横梁的位置可以基本确定，车架拓扑优化分析解决了车架横梁位置无法确定的问题。另外，由于拓扑模型的横梁结构无法直接进行加工，因此沿用传统设计方法，对车架横梁进行了初步选型和尺寸确定，以确保车架结构的可加工性能，并保证车架与拓扑优化结果基本类似，以保留拓扑优化的基本结构和位置特征[60]。

为了确定合适的横梁结构，要对车架拓扑优化密度云图进行分析，横梁为车架提供了扭转刚度支撑，因此可根据密度分布云图对横梁布置提供的线索来选择横梁结构。由图 8-46 可见，前端第二、三横梁贡献的车架刚度很小，拓扑的基本形状为方形；第四、五横梁要贡献的车架刚度大，横梁的拓扑形状接近于 H 形；而第六横梁对车架的刚度贡献较弱，仅展现出横向的密度分布，但此处还需要进行横梁布置；第七横梁为车架提供了最大的扭转刚度支撑，横梁的拓扑形状为 X 形。下面根据工程上车架常用的横梁结构形式（图 8-47）、横梁的用途以及横梁结构拓扑，来选择车架各横梁的结构[55]。

横梁选型时，为了方便布置，满足通用化和标准化要求，考虑其他总成的安装位置，避免干涉。由于第二横梁和第三横梁处主要用于安装发动机和变速箱，为保证横梁刚度，车架

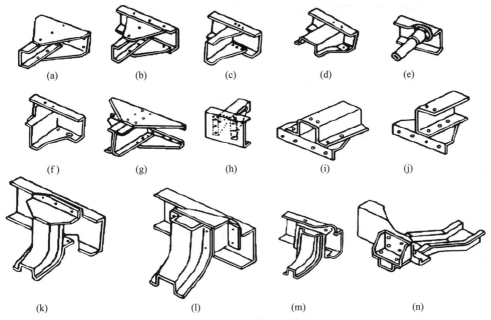

图 8-47 常见车架横梁的结构形式

横梁选用了厚度为 6mm 的管状横梁，属于图 8-47(e) 形状；在第四横梁和第五横梁位置处，需要横截面较大的抗扭梁，可选的有图 8-47(a)、(b) 和 (g)，为了规避传动轴的布置，选择使用拱形梁，厚度取为 8mm，以保证中部车架结构刚度；第六横梁为过渡横梁，考虑到轻量化要求，选择鸭嘴梁的结构形式，初步选择厚度为 7mm；第七横梁需要较大的扭转刚度，选用 X 形梁结构，其中间横梁选择背靠背梁，根据对标车型的横梁厚度范围，选取厚度为 8mm；因第一和第八横梁为拓扑优化时确定的非拓扑空间，因此在选择横梁结构时，选取尽量规则的形状及较大的厚度，以保证前后车架的扭转刚度，因此第一横梁厚度选择为 8mm，第八横梁厚度选择为 12mm，得到车架各横梁尺寸结构如图 8-48 所示[55]。

图 8-48 车架横梁结构的初步设计方案

根据自卸车横向稳定性和车架抗弯、抗扭刚度要求，确定车架总体结构为边梁式等宽结构，选取车架长 8457mm、宽为 865mm，车架纵梁断面尺寸参数为 300mm×80mm×(8＋4)mm，车架材料为 610L，最终确定车架的结构方案如图 8-49 所示[55]，后续可通过对车架结构的轻量化尺寸优化来确定纵梁和各横梁精确的尺寸厚度。

图 8-49 拓扑优化确定的车架初步结构方案

(3) 车架结构的尺寸优化设计

根据拓扑优化方法初步确定了车架结构方案以后,就可以对车架进行结构轻量化的尺寸优化设计,下面以某 6×4 重型商用车车架为例对其进行轻量化尺寸优化设计。

首先建立优化设计数学模型,以车架纵梁和各横梁及其连接件的板厚为设计变量,以车架各零件的最大应力小于对应材料的许用应力、最大位移小于设定的最大变形量,以车架的一阶弹性模态频率大于设定的频率值作为约束条件,以车架质量最小作为优化目标函数,建立车架结构轻量化尺寸优化数学模型,如式(8-5) 所示。

$$M = f(X)$$
$$\text{s.t.} \begin{cases} \sigma_{i\max} < [\sigma]_i \\ \delta_{i\max} < \delta_{id0} \\ f_1 > f_{01} \end{cases}$$
$$X = [x_1, x_2, \cdots, x_n]$$
$$x_{iL} < x_i < x_{iU}, x = 1, 2, \cdots, n \tag{8-5}$$

式中,M 为车架的总质量;$f(X)$ 为设计变量的函数;$\sigma_{i\max}$ 为车架第 i 个零件的最大应力;$[\sigma]_i$ 为车架第 i 个零件的许用应力;$\delta_{i\max}$ 为车架第 i 个零件的最大位移;δ_{id0} 为车架第 i 个零件的目标变形量;f_1 为车架的一阶弹性模态频率;f_{01} 为车架的一阶弹性模态频率目标值;X 为设计变量;x_{iL} 为第 i 个设计变量的下限;x_{iU} 为第 i 个设计变量的上限。

设计变量太少并且其取值区间过小都会影响计算的准确性,设计变量过多并且其取值区间过大也会降低计算效率,因此要合理选取设计变量的个数并设置其上下限值。本文在进行车架尺寸优化设计时选取 10 个设计变量,其初始值和取值范围如表 8-19 所示[54]。

表 8-19 车架尺寸优化设计变量及其取值范围

序号	变量名称	初始值/mm	上限/mm	下限/mm
1	纵梁	8	9	7
2	第一横梁	8	8	4
3	第一横梁连接板	8	9	6
4	第二横梁	7	7	4
5	第二横梁连接板	7	8	6
6	第三横梁	7	7	3
7	第三横梁连接板	8	9	6
8	第四横梁	7	8	4
9	第四横梁连接板	8	8	4
10	第五横梁	8	9	7

基于上述所建立的车架尺寸优化数学模型,用 Optistruct 软件对车架进行轻量化优化设

计，确定车架结构的轻量化优化设计方案，对优化得到的设计变量值进行工程圆整，并与优化前的设计变量值进行对比，如表 8-20 所示[54]。

表 8-20 车架尺寸优化前后设计变量对比

序号	变量名称	优化前/mm	优化后/mm	圆整后/mm
1	纵梁	8	8.145	8.5
2	第一横梁	8	5.041	5.5
3	第一横梁连接板	8	7.245	7.5
4	第二横梁	7	5.309	5.5
5	第二横梁连接板	7	6.399	6.5
6	第三横梁	7	4.204	4.5
7	第三横梁连接板	8	6.193	6.5
8	第四横梁	7	6.759	7.0
9	第四横梁连接板	8	5.304	5.5
10	第五横梁	8	8.845	9.0

将得到的车架轻量化优化设计结果代入车架受载最严重的弯曲和扭转工况有限元分析模型，进行车架结构强度和变形分析，并与轻量化前的结果进行比较，如表 8-21 所示[54]。

表 8-21 车架轻量化前后弯扭工况强度和变形分析结果比较

满载工况	轻量化前			轻量化后		
	质量/kg	最大应力/MPa	最大变形/mm	质量/kg	最大应力/MPa	最大变形/mm
车架弯曲	908	58.8	0.6	695	60.5	0.7
车架扭转		216.0	19.7		262.0	24.6

从表 8-21 中可以看出，优化后车架在满载弯曲和扭转工况下最大应力和变形变化很小，其结构刚度和强度仍能满足使用要求，但车架的质量得到了有效降低；优化前的车架质量为 908kg，优化后车架质量下降到 695kg，减重 213kg，减重幅度为 23.5%，取得了良好的轻量化效果。

8.3.6 车架疲劳寿命分析与轻量化

车架是重型商用车重要的承载件，使用中其结构破坏形式主要是疲劳破坏，静强度失效发生较少。车架的轻量化设计除了要考虑各种工况下车架的结构强度、刚度和模态特性外，更重要的是要满足车架的疲劳寿命要求。结构疲劳寿命分析方法有很多，常见的分析方法有名义应力法、局部应力-应变分析法、损伤容限分析法等，名义应力法是结构疲劳寿命分析常用的方法[62~64]，它以名义应力为基本参数，从材料的 S-N 曲线出发，考虑各种因素影响进行修正后，得出零件的 S-N 曲线，并根据零件的 S-N 曲线来预测零件的疲劳寿命。用名义应力法预测结构的疲劳寿命时，首先要确定结构的载荷谱，并用循环计数法对载荷谱进行数据处理，常用的计数方法有雨流计数法、峰值计数法、变程计数法、限制穿级计数法等。其中，应用最广泛的是雨流计数法。然后，通过零部件疲劳试验测定其 S-N 曲线，或根据材料的 S-N 曲线经过适当修正估算出零件的 S-N 曲线；材料的 S-N 曲线只能代表标准光滑试样的疲劳性能，而实际结构的尺寸、形状和表面粗糙度各式各样，与标准试样有较大差别。实际结构的 S-N 曲线往往需要根据材料的 S-N 曲线考虑多种因素的影响进行修正后才能得出。接着，按照选定的疲劳累积损伤理论进行结构的疲劳寿命分析预测，目前最简单、应用最广泛的是曼纳（Miner）提出的线性疲劳累积损伤理论，如式(8-6)所示。

$$\sum_{i=1}^{r} \frac{n_i}{N_i} = 1 \qquad (8-6)$$

式中，n_i 为某应力水平下的循环次数；N_i 为该应力水平下发生破坏时的寿命；r 为分解出的循环种类数。

近年来，一些学者开始从事车架结构疲劳寿命和轻量化研究[61~70]。文献[61]对某载货汽车车架的疲劳寿命进行估算和轻量化设计，建立了车架刚度、模态频率以及静、动态结构响应的综合权重灵敏度分析模型，并根据灵敏度分析结果，对车架进行了结构轻量化设计，进一步对减重后车架的全寿命、裂纹萌生寿命和裂纹扩展寿命进行分析，结果表明优化后的车架满足疲劳寿命要求。文献[62]根据半挂牵引车车架所受载荷、疲劳破坏类型以及车架零部件所用材料参数，采用名义应力法和曼纳（Miner）的线性疲劳累积损伤理论对该车架进行了疲劳寿命分析。利用有限元法的疲劳寿命预测结果，对半挂牵引车车架进行了尺寸优化设计，取得了 7.7% 减重效果，并通过轻量化前后车架性能的仿真分析，检验了轻量化车架的静态性能和疲劳可靠性。此外还有一些研究人员分别对内燃机和电动自卸车车架、矿车车架、重型载货车车架以及电动大客车车架进行了疲劳强度分析和结构轻量化设计[63~68]，在满足疲劳寿命要求的情况下取得了明显的减重效果。下面以某重型商用车车架为例详略介绍其结构抗疲劳轻量化优化设计方法。

车架由不同厚度的纵梁、横梁以及加强板连接而成，考虑到车架结构的对称性，选取车架 8 个部件板厚作为设计变量，用 $X_1 \sim X_8$ 表示，分别代表车架纵梁外层 U 形钢板、内层 U 形钢板、加强板以及第一~第五根横梁，如图 8-50 所示[69]。

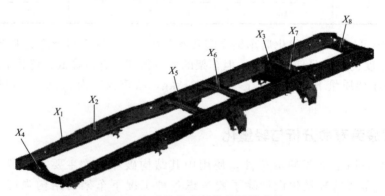

图 8-50 选取的车架结构设计变量

车架纵梁、横梁和连接件的材料均用 B550L，其材料特性参数如表 8-22 所示。选取车架设计变量以后，还需要确定各个设计变量的取值范围，统一选取在原有零部件厚度的基础上±2mm 作为设计变量的变化范围，8 个设计变量的取值范围如表 8-23 所示[69]。

表 8-22 车架材料特性参数

材料	弹性模量/MPa	泊松比	材料密度/(t/mm³)	屈服极限/MPa
B550L	2.1×10^5	0.3	7.8×10^{-9}	450

表 8-23 车架优化设计变量的取值范围

设计变量	X_1	X_2	X_3	X_4	X_5	X_6	X_7	X_8
初始值/mm	5	8	7	8	8	8	8	8
上限/mm	3	6	5	6	6	6	6	6
下限/mm	7	10	9	10	10	10	10	10

车架轻量化必须满足结构强度和刚度要求,因此取车架最大应力小于对应材料许用应力,最大位移小于车架结构允许的最大变形作为约束条件;提高车架的疲劳寿命能够提高车架的工作可靠性,从而保证车架的使用性能,降低车架的重量能够节省材料用量、减少制造成本,进而可以提高车架的竞争力;因此,以车架质量最小和重型汽车在满载行驶工况下的疲劳寿命循环次数最大为优化目标来实现车架的抗疲劳轻量化设计,建立车架的多目标优化设计数学模型表达式为

$$\min M(X)$$
$$\max F(X)$$
$$\text{s.t.} \begin{cases} \sigma_{i\max} < \sigma_{i0} \\ \delta_{i\max} < \delta_{i0} \\ X_{iL} \leqslant X \leqslant X_{iU}, i=1,2,\cdots,8 \end{cases} \tag{8-7}$$

式中,$M(X)$ 为车架质量;$F(X)$ 为车架最小疲劳寿命循环次数;$\sigma_{i\max}$ 为车架第 i 个零件的最大应力;σ_{i0} 为车架第 i 个零件的许用应力;$\delta_{i\max}$ 为车架第 i 个零件的最大位移;δ_{i0} 为车架第 i 个零件的允许位移;X 为设计变量;X_{iL} 为第 i 个设计变量的下限;X_{iU} 为第 i 个设计变量的上限。

下面用代理模型法建立优化数学模型的近似模型,再对车架进行多目标轻量化设计;选用克里格(Kriging)法来建立设计变量和目标函数之间的近似模型,建立 Kriging 近似模型需要采集一定数目的样本点,利用拉丁超立方试验设计方法进行样本点的取样,共提取 50 组样本点,分别计算出 50 组数据对应车架最小疲劳寿命循环次数和车架的质量,用克里格法拟合出近似模型。

从 50 组数据中随机抽取 5 组数据对所建立的车架疲劳寿命和质量响应近似模型的精度进行检验,如图 8-51 所示。误差散点图横纵坐标分别为预测值和真实值,越靠近斜 45°线的点表示预测值与真实值越接近。从图中可以看出,所建近似模型的精度较高,满足优化设计要求。

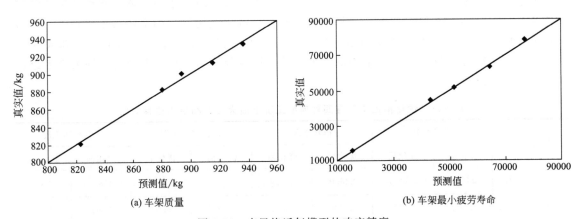

(a) 车架质量　　　(b) 车架最小疲劳寿命

图 8-51 克里格近似模型的响应精度

采用第二代非支配排序遗传算法（NSGA-Ⅱ）对车架质量和疲劳寿命两个目标进行寻优求解，设置初始种群规模为100，最大迭代次数为200，交叉概率和变异概率分别为0.9和0.1。经过多次迭代，得到满足设计要求的帕累托（Pareto）解前沿，如图8-52所示[69]。共有60个Pareto最优解。

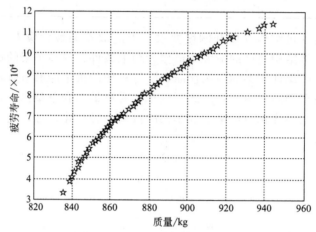

图8-52 车架轻量化多目标优化的Pareto解集

由于研究的目标是车架抗疲劳轻量化设计，从疲劳寿命和轻量化两方面综合考虑，需要车架疲劳性能和轻量化都有所改善，但相对而言对车架的轻量化关注度更高，因此选择车架的疲劳寿命满足要求结构重量最轻的解作为最优解，并与优化前各设计变量的值进行对比，如表8-24所示[69]。

表8-24 车架优化前后各设计变量值的比较

设计变量	X_1	X_2	X_3	X_4	X_5	X_6	X_7	X_8
优化前壁厚/mm	5.0	8.0	7.0	8.0	8.0	8.0	8.0	8.0
优化后壁厚/mm	5.7	6.5	6.4	8.4	7.2	7.6	7.8	7.6

从表8-24中可以看出，优化后纵梁外U形钢板和第一根横梁钢板的厚度略有增加，车架纵梁内U形钢板、加强板、第二和第三根横梁等厚度均有所减薄。

为了检验车架抗疲劳轻量化优化设计后是否满足车架弯曲、扭转、紧急制动和紧急转向四种典型工况结构强度和刚度要求，将车架抗疲劳轻量化优化设计结果代入车架有限元模型中，进行四种典型工况结构强度和刚度分析，并与优化前的相应结果进行对比，如表8-25所示；对车架疲劳寿命、质量、主要低阶模态频率进行分析与计算，并与优化前的结果进行比较，如表8-26所示。

表8-25 优化前后车架在四种典型工况下最大应力和最大位移对比

性能指标	弯曲工况		扭转工况		紧急制动工况		紧急转向工况	
	优化前	优化后	优化前	优化后	优化前	优化后	优化前	优化后
最大应力/MPa	240.0	258.3	236.0	267.4	275.0	344.3	308.0	333.7
最大位移/mm	7.15	8.12	7.76	8.83	8.22	9.56	5.91	6.95

表 8-26　优化前后车架质量、疲劳寿命和模态特性对比

车架质量/kg		疲劳寿命/×10⁴		一阶扭转频率/Hz		一阶弯曲频率/Hz	
优化前	优化后	优化前	优化后	优化前	优化后	优化前	优化后
907.5	867.9	6.64	6.96	9.1	8.4	15.2	14.2

从表 8-25 中可以看出，车架抗疲劳轻量化优化设计后，较优化前的最大应力和最大变形均有所增加，在紧急制动工况下车架的最大应力为 344.3MPa，车架材料 B550L 的屈服强度为 450MPa，此工况车架的安全系数为 1.31，紧急制动工况车架的最大变形为 9.1mm，小于车架允许的最大变形 10mm 的要求，可见优化后车架可以满足在静载荷作用下的结构强度和刚度设计要求。

表 8-26 表明，虽然轻量化优化后车架的一扭和一弯模态频率略有降低，但变化不大仍然满足设计要求，经过优化后车架的疲劳寿命略有提高，由优化前的 $6.64×10^4$ 次提高到了 $6.96×10^4$ 次，可见车架依然具有良好的抗疲劳特性。车架质量由初始的 907.5kg，下降到 867.9kg，质量减小了 39.6kg，减重率为 4.4%，取得了较好的轻量化效果。

8.4　驱动桥桥壳轻量化设计

8.4.1　概述

驱动桥壳是商用车底盘重要的承重件、传力件和安装基体，工作中不仅要承受汽车上各总成的重量和惯性力，还要抵抗车轮和路面相互作用传递到桥壳的驱动力、制动力、侧向力和垂直反力及反力矩，并经悬架传至车身。在汽车行驶过程中，由于道路条件和行驶工况的千变万化，桥壳会受到地面冲击激励载荷的影响，可能会引起桥壳变形、过载折断或疲劳破坏。因此驱动桥壳应具有足够的强度、刚度、疲劳寿命和良好的动态特性。桥壳的性能直接影响整车的使用性能和工作可靠性。驱动桥壳的轻量化设计能够增大车桥传动系统的设计空间，提高整车的承载效率，降低簧下质量，改善汽车的行驶平顺性和操纵稳定性[71~73]。驱动桥壳主要有铸造桥壳、钢板冲压焊接桥壳、内高压成形桥壳、组合桥壳。铸造桥壳从材料上又分为高强度球墨铸铁和高牌号铸钢桥壳，这种桥壳的优点是可根据各截面的承载要求灵活地确定为不等壁厚、刚性好、强度高、变形小、易铸成等强度梁；缺点是韧性和弹性差、重量大、铸造缺陷不易控制、成本较高，不适合整车进行轻量化及降成本设计。热冲焊桥壳具有工艺简单、材料利用率较高、质量小、韧性高、弹性好、成本低等优点，但由于板料感应加热过程中，材料失去了原有的状态，致使强度有所降低，热冲焊桥壳淬火技术很好地强化了桥壳钢板强度。内高压成形桥壳选用含碳量 0.35% 左右的高强度钢管，工艺上让钢管中部扩张成形，两端滚压缩颈，再加焊加强圈和三角板；这种成形工艺生产效率高，桥壳的刚度、强度都很好，材料利用率也高，桥壳重量轻，焊接工作量少，但开发这种桥壳需要内高压成形专用设备及工装。冷冲焊桥壳采用抗拉强度大于 510MPa 的高强钢专用桥壳材料，材料的韧性和成形性都很好，可冷冲压厚度大于 10mm 的半壳；该桥壳具有热冲焊和内高压成形桥壳共同的优点，同时避免了热冲焊桥壳因加热对材料强度的影响和内高压成形桥壳需要扩张成形专用设备及工装的不足，结构强度和疲劳强度都较高，成本低，是现阶段桥壳轻量化研发的主流技术[74]。

重型商用车驱动桥壳重量占整桥重量的 1/4 左右，其结构轻量化对车桥乃至整车轻量化有重要作用。桥壳的轻量化途径主要有：

① 提高铸造桥壳球墨铸铁或铸钢材料的强度级别；

② 由铸造桥壳改为冷冲压焊接桥壳、热冲压焊接桥壳或内高压成形桥壳实现减重；
③ 提高冲压钢板和内高压成形材料的强度级别；
④ 采用铝合金等轻质材料来研制桥壳[86]；
⑤ 采用结构优化方法降低桥壳重量；
⑥ 上述技术路径的组合应用。

目前桥壳结构轻量化设计方法，首先要建立桥壳有限元分析模型，分析桥壳在最大垂直弯曲载荷、牵引载荷、制动载荷和转向载荷四种典型工况下的应力和变形分布，评价桥壳是否满足强度和刚度要求[76~86]；再通过理论计算方法、整车虚拟样机技术或实车道路试验方法获得路面谱，根据桥壳材料的 $S\text{-}N$ 曲线经修正获得桥壳零件的 $S\text{-}N$ 曲线，或直接通过试验测量桥壳的 $S\text{-}N$ 曲线，用曼纳（Miner）的线性疲劳累计损伤理论预测桥壳的疲劳寿命；用单目标或多目标优化设计方法建立考虑桥壳强度、刚度、主要低阶模态频率和疲劳寿命的轻量化优化设计模型，经过分析计算得到桥壳的轻量化分析结果，并经过对设计变量取值进行工程圆整确定出桥壳的轻量化设计方案，再对轻量化桥壳进行四种工况结构强度、刚度以及疲劳寿命的分析、比较，以检验轻量化设计方案是否满足性能要求[78~85]。也有部分桥壳轻量化设计研究先考虑桥壳的强度、变形和模态频率约束进行优化设计，得到轻量化优化设计结果后再进行桥壳的疲劳寿命分析与检验。下面本文重点介绍基于疲劳寿命的桥壳结构轻量化设计方法。

8.4.2 桥壳结构有限元建模

桥壳是汽车底盘重要的承载件和传力件，要实现其结构轻量化，必须满足结构强度、刚度、模态特性和疲劳寿命的要求。关于桥壳的强度、刚度和疲劳寿命，通常有两种试验考核与评价方法，一是将桥壳装配成驱动桥总成，然后装车进行实车试车场强度、刚度和耐久试验考核，达到规定的试验里程要求没有出现结构塑性变形和疲劳失效，就视为满足性能要求。二是根据汽车行业标准 QC/T 533—1999《汽车驱动桥台架试验方法》和 QC/T 534—1999《汽车驱动桥台架试验评价指标》规定的要求进行试验。各类汽车的驱动桥壳在投入量产和实际使用前，为保证驱动桥壳使用性能和工作可靠性，必须先对桥壳进行刚度、强度和疲劳寿命等一系列的台架试验验证。驱动桥壳的主要台架性能试验包括驱动桥桥壳的垂直弯曲刚性、垂直弯曲静强度试验和驱动桥桥壳垂直弯曲疲劳试验（图 8-53），驱动桥壳的台架试验加载和约束如图 8-54 所示[75]。

驱动桥壳台架试验应满足如下指标。

① 垂直弯曲刚性试验评价指标：轴荷满载时每米轮距最大变形不超过 1.5mm。

② 垂直弯曲静强度试验评价指标：驱动桥壳的垂直弯曲失效后备系数应大于 6。其中，驱动桥壳垂直弯曲失效后备系数＝桥壳垂直弯曲失效载荷/桥壳满载轴荷。实际台架试验时，在桥壳板簧座处施加 6.0 倍垂直满载轴荷，若桥壳不发生弯曲失效，则证明桥壳的弯曲失效后备系数大于 6.0，满足台架试验标准。

③ 垂直弯曲疲劳试验评价指标：在桥壳板簧座处施加脉动循环满载轴荷，桥壳的垂直弯曲疲劳寿命试验数据服从正态分布或者韦布尔

图 8-53　桥壳的垂直弯曲疲劳试验现场

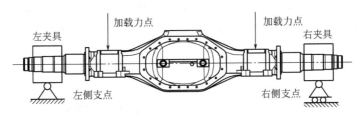

图 8-54　驱动桥壳的台架试验方法简图

分布，桥壳中值疲劳寿命不低于 80 万次，最低疲劳寿命不低于 50 万次。

对应的桥壳性能的有限元分析方法也分为两种，一是根据桥壳实车实际使用中的最大弯曲、牵引、制动和转向载荷工况和载荷谱建立桥壳的有限元模型，分析桥壳在实际使用过程各种载荷和载荷谱的作用下是否满足结构强度、刚度和疲劳寿命要求。二是按照行业标准规定中的台架试验方法设定约束、加载方法进行桥壳有限元建模，分析桥壳的强度、刚度和疲劳寿命是否满足台架试验规定的要求。下面详略介绍基于台架试验的桥壳有限元建模与分析方法。

（1）基于台架试验的有限元建模

基于桥壳的台架试验方法先建立桥壳的三维实体模型，进行结构简化后，用四面体单元对桥壳进行有限元网格离散化。建立桥壳的虚拟台架试验有限元几何模型如图 8-55 所示，模型包含 1033423 个单元、230945 个节点。

(a) 三维实体模型　　(b) 有限元几何模型

图 8-55　驱动桥壳三维实体及有限元几何模型

按照台架试验规定的约束和加载方法进行桥壳垂直弯曲刚性、静强度和疲劳寿命分析。模型的约束和加载如图 8-56 所示，应先尽可能使桥壳的边界条件和实际台架试验保持一致，再进行桥壳垂直弯曲刚度、垂直弯曲静强度和疲劳寿命分析，并将有限元分析结果和台架试验结果进行对比，来验证桥壳有限元分析结果的精度，以便利用经试验验证过的桥壳有限元模型进行进一步结构轻量化设计。

图 8-56　驱动桥壳虚拟台架试验有限元模型

（2）基于实际使用典型工况的有限元建模

为了模拟实车使用过程中桥壳的受力状态，在道路行驶状态下，桥壳还要承受来自横向和纵向载荷、扭转载荷以及路面的动态交变激励载荷，需要进一步研究行驶状态下桥壳的强度、刚度、振动模态和疲劳寿命等静动态性能。因此，从道路行驶桥壳四大典型工况的受力分析、桥壳的自由模态分析和路面载荷激励下的疲劳寿命分析三个方面,建立起桥壳的静、动态综合性能评价方法,使桥壳在后期结构轻量化优化时,能够综合考虑桥壳的多种使用性能。

根据重型汽车的行驶条件,考虑各行驶工况下桥壳的受力状态,将桥壳的典型受力工况归纳为最大垂向力、最大牵引力、最大制动力和最大侧向力四种工况。

① 最大垂向力工况有限元建模 当汽车在不平度较大的路面上行驶时,桥壳两侧的板簧座处会承受由路面随机激励和簧上质量振动产生的随机动态载荷,取动载荷系数为2.5,此时桥壳的垂向受力最大,是最大垂向力工况,此工况重点考核桥壳的垂向承载能力。在进行桥壳有限元建模时,按照实际道路行驶时桥壳在整车中的约束状态对模型施加约束,根据整车簧上质量及轴荷分配大小在桥壳两侧钢板弹簧座上表面施加垂向均匀载荷,得到桥壳有限元模型的约束条件设置,如表8-27和图8-57(a)所示,有限元模型如图8-58(a)所示[75]。

② 最大牵引力工况有限元建模 在汽车以最大牵引力工况行驶时,桥壳板簧座处不仅承受垂向载荷,还受到牵引载荷以及传递驱动转矩而引起的反作用力矩。最大牵引力工况主要考核桥壳在垂向和纵向载荷组合作用下的承载能力和传力能力。最大牵引力工况下桥壳有限元模型的约束条件设置见表8-27和图8-57(b),桥壳有限元模型如图8-58(b)所示。

③ 最大制动力工况有限元建模 当汽车处于紧急制动工况时,桥壳两侧板簧座处除承受垂向载荷外,还承受着紧急制动载荷,且载荷值较大。桥壳板簧座靠外侧区域承受着紧急制动力引起的转矩。最大制动力工况主要考核桥壳承受垂向载荷和纵向制动载荷的组合承载能力,最大制动力工况下桥壳有限元模型的约束条件设置见表8-27和图8-57(c),桥壳有限元模型见图8-58(c)。

④ 最大侧向力工况有限元建模 汽车在道路上急速转弯行驶时或外界条件致其侧滑时,由于离心惯性力或者沿桥壳轴线方向整车质量发生转移使一侧的钢板弹簧承受着较大的载荷,而另一侧钢板弹簧承受较小的载荷。桥壳的最大侧向力工况考核汽车侧滑或侧翻状态下

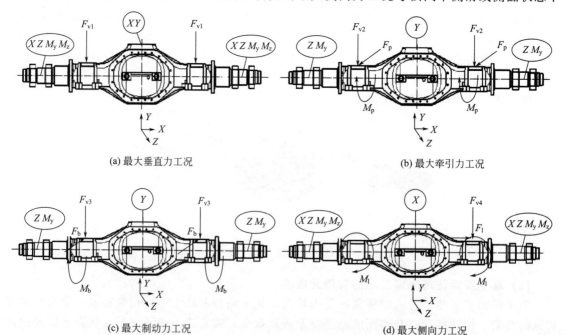

图 8-57 四种典型工况下驱动桥壳的约束和加载

桥壳钢板弹簧座单侧较高承压的能力。最大侧向力工况下有限元模型的约束条件设置如表 8-27 和图 8-57(d) 所示,桥壳有限元模型如图 8-58(d) 所示。

表 8-27 典型工况下驱动桥壳有限元模型的约束条件和施加载荷

工况	约束条件(自由度)		施加的载荷		
	两侧支撑点	中心截面上端	垂向载荷 $F_{vx}/\times 10^3$ kN	水平载荷 $F_{vx}/\times 10^3$ kN	力矩载荷 $M_x/\times 10^3$ kN·m
最大垂向力	$X\ Z\ M_y\ M_z$	$X\ Y$	162.5	0.0	0.0
最大牵引力	$Z\ M_y$	Y	78.0	19.9	9.28
最大制动力	$Z\ M_y$	Y	52.0	41.6	23.4
最大侧向力	$X\ Z\ M_y\ M_z$	X	130.0	130.0	73.1

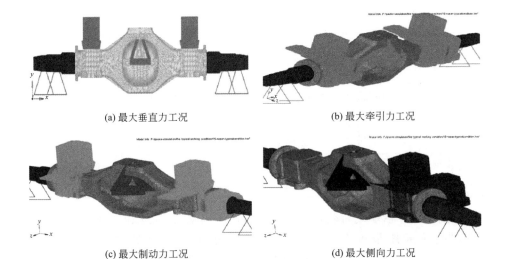

(a) 最大垂直力工况 (b) 最大牵引力工况

(c) 最大制动力工况 (d) 最大侧向力工况

图 8-58 四种典型工况下驱动桥壳的有限元分析模型

建立桥壳基于台架试验和实际使用四种典型工况有限元模型后,需要输入模型的材料特性参数,如表 8-28 所示,就可分别对上述有限元模型进行结构强度和刚度的分析与计算,并根据计算结果评价桥壳的力学性能。

表 8-28 桥壳与半轴套管材料参数

部件名称	材料名称	屈服强度 /MPa	抗拉强度 /MPa	伸长率 /%	弹性模量 /GPa	泊松比	材料密度 /(g/cm³)
桥壳	SCW550	420	570	≥15	212	0.31	7.85
半轴套管	42CrMo	1047	1134	≥12	210	0.28	7.82

8.4.3 桥壳结构强度和刚度分析

(1) 基于台架试验的强度和刚度分析

按照桥壳台架试验的加载方式,对桥壳有限元模型进行加载,分析桥壳在 1.0 倍满载轴荷 130kN 和 6.0 倍满载轴荷 780kN 载荷作用下的强度和刚度值,得到桥壳的等效应力和变形云图,如图 8-59 所示;统计桥壳在 1.0 倍和 6.0 倍轴荷下的最大应力和变形量,如表 8-29 所示。

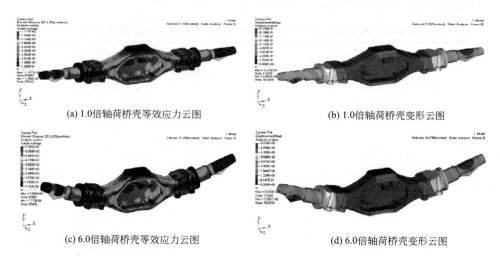

(a) 1.0倍轴荷桥壳等效应力云图　　(b) 1.0倍轴荷桥壳变形云图

(c) 6.0倍轴荷桥壳等效应力云图　　(d) 6.0倍轴荷桥壳变形云图

图 8-59　模拟台架试验 1.0 倍和 6.0 倍轴荷桥壳等效应力和变形云图

表 8-29　桥壳有限元模型施加 1.0 倍和 6.0 倍轴荷的最大应力和变形

加载工况	桥壳应力和变形	
	最大应力/MPa	最大变形/mm
1.0 倍满载轴荷工况	117.7	0.9219
6.0 倍满载轴荷工况	706.5	5.533

因所研究的自卸车后驱动桥轮距为 1865mm，所以从表 8-29 和图 8-59 可以得出，满载轴荷下桥壳的每米轮距最大变形为 0.49mm，远小于桥壳台架试验方法规定的不超过 1.5mm 的要求，桥壳的垂直弯曲静刚度满足要求；满载轴荷下桥壳的最大应力值为 117.7MPa，远小于桥壳材料 SCW550 的许用应力值 420MPa（屈服强度）/2.5（安全系数）= 168MPa。在 6.0 倍满载轴荷加载下，桥壳的最大变形为 5.533mm，发生在桥壳腹部爬坡起始位置和钢板弹簧座连接位置处；桥壳的最大应力值为 706.5MPa，发生在半轴套管处，没有超过半轴套管材料 42CrMo 的屈服强度 1047MPa，桥壳没有发生弯曲失效，桥壳的弯曲失效后备系数大于 6.0，满足台架试验标准。

(2) 基于四种典型工况的强度和刚度分析

对所建立的桥壳在最大垂向力、最大牵引力、最大制动力和最大侧向力四种典型工况下的有限元模型进行分析计算，即可得到四种工况下桥壳的应力和变形分布，如图 8-60 所示。提取四种工况下桥壳的最大应力和最大变形，如表 8-30 所示。

表 8-30　道路行驶典型工况下桥壳最大应力和变形分析结果

典型工况	桥壳最大应力/MPa	发生部位	强度安全系数	桥壳最大变形/mm	每米轮距最大变形/mm
最大垂向力	115.6	上下侧主减接合面 $R22$mm 圆角、两端前后侧肩部加强筋	3.63	0.6802	0.365
最大牵引力	58.42	上侧主减接合面 $R22$mm 圆角、两端后侧肩部加强筋	7.19	0.3388	0.182

续表

典型工况	桥壳最大应力/MPa	发生部位	强度安全系数	桥壳最大变形/mm	每米轮距最大变形/mm
最大制动力	71.05	上侧主减接合面 $R22mm$ 圆角、两端前侧肩部加强筋附近	5.91	0.5136	0.275
最大侧向力	68.61	侧滑端钢板弹簧座附近变截面区域	6.12	0.2852	0.153

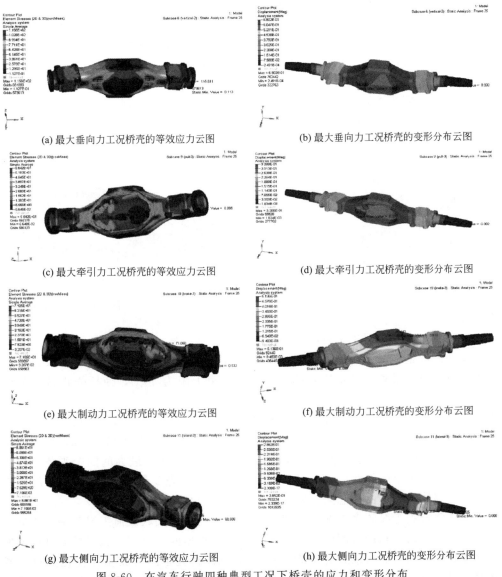

(a) 最大垂向力工况桥壳的等效应力云图　　(b) 最大垂向力工况桥壳的变形分布云图

(c) 最大牵引力工况桥壳的等效应力云图　　(d) 最大牵引力工况桥壳的变形分布云图

(e) 最大制动力工况桥壳的等效应力云图　　(f) 最大制动力工况桥壳的变形分布云图

(g) 最大侧向力工况桥壳的等效应力云图　　(h) 最大侧向力工况桥壳的变形分布云图

图 8-60　在汽车行驶四种典型工况下桥壳的应力和变形分布

从图 8-60 和表 8-30 中可以看出,在重型自卸车实际道路行驶四种典型工况下,桥壳的最大应力幅值均较小,强度安全系数均较大,最大应力出现在最大垂直力工况,为 115.6MPa,远小于桥壳材料的屈服极限 420MPa,强度安全系数为 3.63;四种工况下桥壳的最大变形都很小,均不超过 1mm,其每米轮距的最大变形更小,远小于桥壳台架试验方法规定的不超过1.5mm的要求。可见桥壳在工作中并不会产生结构静强度破坏，其失效模式为结构在循环动载荷作用下的疲劳破坏。

8.4.4 桥壳结构轻量化设计

拓扑优化方法可以得到结构在确定载荷工况下的最佳材料分布，通过约束结构的各项性能指标值，得到在满足性能要求条件下桥壳的最佳结构拓扑。拓扑优化是概念设计阶段的结构最优化设计方法，拓扑优化结果对材料在零件上的分布和后期的结构轻量化设计有重要的借鉴价值。

(1) 基于台架试验工况的桥壳拓扑优化

基于桥壳的台架试验工况进行拓扑优化分析时，优化设计变量及设计空间、优化约束条件同道路行驶工况拓扑优化的设置基本相同，不同之处是台架试验工况拓扑优化选取的优化关联载荷工况为垂直弯曲3.0倍满载轴荷台架加载工况。

拓扑优化目标函数为桥壳的总体积最小，调整拓扑优化的惩罚因子和目标容差，建立桥壳台架试验工况的拓扑优化模型，如图8-61所示。将桥壳台架试验工况的拓扑优化模型进行求解和迭代计算，得到桥壳材料的等值面分布计算结果，如图8-62所示。

图8-61 基于台架试验工况的桥壳拓扑优化模型

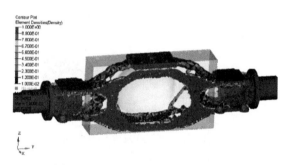

图8-62 桥壳的拓扑优化分析结果

(2) 基于实车四种典型工况桥壳拓扑优化

桥壳设计区域是空间对称结构，拓扑优化时应施加几何约束中的对称约束。拓扑优化时，为实现桥壳材料最省，设定桥壳的体积分数约束上限为30%，使桥壳设计区域优化后的体积小于原拓扑优化模型的30%。

桥壳的强度约束条件为：四种典型行驶工况下桥壳的最大应力值的上限，确定为SCW550材料的屈服应力420MPa除以安全系数（取1.2），结果为350MPa；桥壳疲劳强度上限设置为175MPa。桥壳刚度约束条件为：选取桥壳中部变形最大的四个观测点作为约束对象，测点的变形量上限设为2.82mm，对应每米轮距桥壳变形1.5mm。桥壳的频率约束条件为：桥壳整体结构自由模态第一阶弹性模态频率值高于120Hz。

桥壳在道路行驶工况的多工况拓扑优化时，选取的优化关联载荷工况为最大垂向力、最大牵引力、最大制动力和最大侧向力四种典型工况，根据四大典型工况对桥壳强度和刚度的影响，设置四大工况的加权系数分别为4:3:3:2。桥壳道路行驶拓扑优化的目标函数为四种典型工况下桥壳的加权应变能最小。调整拓扑优化的惩罚因子和目标容差，建立桥壳道路行驶多工况拓扑优化模型，如图8-63所示。将桥壳道路行驶工况的拓扑优化模型进行求解和迭代计算，得到桥壳的拓扑优化分析结果，如图8-64所示。

在桥壳的拓扑优化结果的等值面图（图8-64）中，深色部分代表实体，是需要保留的区域，浅色的材料已去除，介于深色和浅色中间的部分需要根据桥壳的制造工艺进行取舍。桥壳拓扑优化后材料的体积减小为拓扑优化前模型体积的30%，符合体积约束要求。

 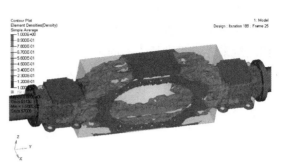

图 8-63　桥壳道路工况拓扑优化模型　　　　图 8-64　道路行驶工况桥壳拓扑优化结果

(3) 桥壳轻量化多目标尺寸优化设计

将多种工况下桥壳拓扑优化后的模型导出，并将其和现生产桥壳模型对比，得出桥壳拓扑优化模型和现生产模型的结构整体吻合率较高，并考虑工艺要求进行封闭填充和平滑处理，得到拓扑优化后的桥壳三维模型，如图 8-65 所示。

根据桥壳拓扑优化得到的拓扑结构，对桥壳进行尺寸优化设计，在保证桥壳整体各项性能要求的前提下，达到良好的减重效果。桥壳的尺寸设计变量选取直接影响尺寸优化和轻量化效果，共设置 9 个桥壳的尺寸作为尺寸优化设计变量（图 8-65），其取值范围见表 8-31[83]。

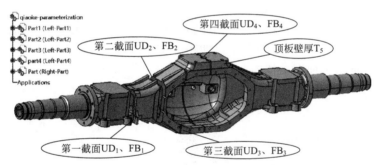

图 8-65　桥壳拓扑结构与尺寸优化设计变量

表 8-31　桥壳本体厚度参数及变化范围列表

设计变量	变量描述	初始值/mm	变化范围/mm
UD_1	桥壳本体第一截面上、下侧壁厚度	22	18～26
UD_2	桥壳本体第二截面上、下侧壁厚度	22	18～26
UD_3	桥壳本体第三截面上、下侧壁厚度	22	18～26
UD_4	桥壳本体第四截面上、下侧壁厚度	22	18～26
FB_1	桥壳本体第一截面前、后侧壁厚度	20	16～24
FB_2	桥壳本体第二截面前、后侧壁厚度	20	16～24
FB_3	桥壳本体第三截面前、后侧壁厚度	20	16～24
FB_4	桥壳本体第四截面前、后侧壁厚度	20	16～24
T_5	桥壳本体上连接板的厚度	25	21～29

在桥壳多目标尺寸优化设计中，建立代理模型来拟合尺寸设计变量和桥壳各项性能指标间的响应关系，进而对所建代理模型进行计算寻优。在建立代理模型之前，需要在设计空间内进行采样，得到桥壳不同尺寸参数的样本点。结合最优拉丁超立方抽样，共抽取 60 个样本点，对桥壳不同工况下的有限元模型进行强度和刚度分析，得到桥壳的静强度、弯曲刚度、低阶模态频率、疲劳寿命和质量的响应值等。在需要拟合的 60 个样本数据中，每组样本包含了 9 个设计变量和 5 个响应量值。根据样本数据，用径向基（RBF）神经网络方法分别针对 5 个目标响应值建立代理模型，并对拟合得到的代理模型进行精度检验，满足精度要求后，即可对代理模型进行优化设计。

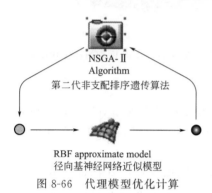

图 8-66　代理模型优化计算

用多学科优化设计软件 iSight，建立基于 RBF 代理模型的优化组件，如图 8-66 所示，运用第二代非支配排序遗传算法（NSGA-Ⅱ）对所建的桥壳优化代理模型进行多目标优化求解，设置第一代种群规模为 80，种群的进化代数设置为 100，交叉概率设置为 0.9，得到多目标响应的妥协优化解集。

根据妥协优化解集，将 X 和 Y 坐标轴分别选为桥壳质量响应（M）和疲劳寿命响应（FAB），Z 坐标轴选为最大变形量响应（D），得到多目标优化函数在设计空间内搜索寻优的总体解集，如图 8-67 所示，图中蓝色圆点代表可行的优化解，将优化解集提取，得到优化模型的帕累托（Pareto）解前沿，如图 8-68 所示。为直观显示桥壳质量与疲劳寿命和最大应力之间的关系，绘制疲劳寿命关于质量的 Pareto 解前沿平面图，如图 8-69 所示，以及最大应力（S）关于质量的帕累托（Pareto）前沿平面图，如图 8-70 所示。

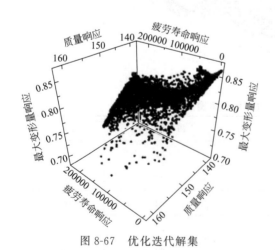

图 8-67　优化迭代解集

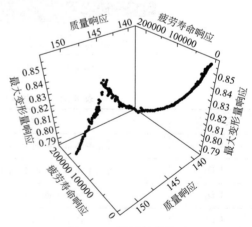

图 8-68　帕累托前沿图

由图 8-68 和图 8-70 可以看出，最大变形量和最大应力值的变化范围较窄，且均在许用范围内。而桥壳的质量和疲劳寿命响应值存在着耦合矛盾关系，质量响应的最优化必然要牺牲疲劳寿命的优化效果。因此综合权衡质量和疲劳寿命妥协解的取值空间，选取质量较小且疲劳寿命满足十万千米行驶里程的解作为最优解。将最优化解的设计变量进行圆整修正，得到优化前后桥壳的各设计变量数值对比，如表 8-32 所示。

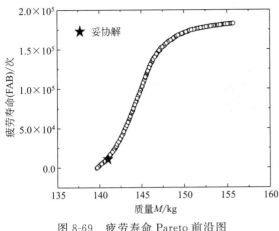

图 8-69 疲劳寿命 Pareto 前沿图

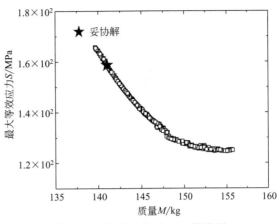

图 8-70 最大应力 Pareto 前沿图

表 8-32 桥壳轻量化优化设计结果

设计变量	初始值/mm	优化值/mm	变化量/mm
UD_1	22	18.0	-4.0
UD_2	22	18.0	-4.0
UD_3	22	18.0	-4.0
UD_4	22	18.0	-4.0
T_5	25	21.0	-4.0
FB_1	20	16.0	-4.0
FB_2	20	19.0	-1.0
FB_3	20	18.0	-2.0
FB_4	20	16.0	-4.0

由表 8-32 中可知，桥壳各厚度设计变量在轻量化优化后均得到降低。为验证桥壳轻量化优化后的各项性能指标的变化，将优化后的设计变量赋予桥壳有限元模型，通过仿真得到桥壳最大垂向力工况下的最大应力值和变形量、桥壳一阶弹性固有模态频率、2.0增强因子载荷谱激励下桥壳的疲劳寿命响应值，并和优化前的桥壳相应性能响应值进行对比（表 8-33）。图 8-71 给出了驱动桥壳轻量化前后的疲劳寿命云图。

表 8-33 轻量化设计前后桥壳性能对比

桥壳性能指标	初始值	优化值	相对变化量/%
质量/kg	152.4	141	-7.5
疲劳寿命/km	$25.06×10^4$	$10.85×10^4$	-56.7
总成疲劳寿命/km	$1.25×10^4$	$0.7×10^4$	-44.0
一阶弹性模态频率/Hz	142.0	134.07	-5.6
最大应力值/MPa	147.2	151.9	+3.2
总成最大应力值/MPa	397.1	421.8	+6.2
总成最大变形量/mm	0.782	0.846	+8.2

由表 8-33 可以看出，桥壳经轻量化优化设计后质量减少了 11.4kg，降低了 7.5%，桥壳的最大应力和最大变形量略有提高，桥壳的一阶弹性模态频率下降 5.6%，但仍远大于 120Hz。优化后桥壳的最小疲劳寿命为 1230 次，换算为耐久性行驶里程约为 10.85 万千米，

远大于强化试验场要求的汽车零部件的可靠性行驶里程。经过轻量化优化后，桥壳减重效果较明显，各项性能指标均满足设计要求。

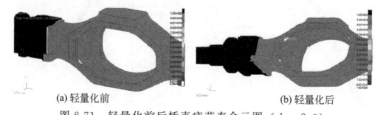

(a) 轻量化前　　　　　　　　　　(b) 轻量化后

图 8-71　轻量化前后桥壳疲劳寿命云图（$d_s = 2.0$）

参 考 文 献

[1] 冯美斌. 我国商用车轻量化技术现状及发展动向 [J]. 汽车工艺与材料，2009（2）：6-9.

[2] 艾里希·霍佩克，史蒂芬·布洛伊尔. 商用车技术：原理、系统和部件 [M]. 北京：北京理工大学出版社，2016.

[3] 汪海朋. 商用车轻量化技术结构特点新趋势 [J]. 商用汽车，2016（1）：62-65.

[4] 董学锋. 商用车的质量特征及轻量化评价 [J]. 汽车技术，2018（1）：10-14.

[5] 翁宇庆，陈蕴博，刘珄. 特殊钢在先进装备制造业应用中的战略研究 [M]. 北京：冶金工业出版社，2012.

[6] 周友明. 重型商用车车架轻量化技术的应用及发展情况 [J]. 专用车与零部件，2015（7）：71-74.

[7] 中信金属公司. 2014 年中国汽车车轮用钢技术研讨会论文集 [C]. 重庆，2014.

[8] 王登峰，张帅，陈辉，等. 基于疲劳试验的车轮拓扑优化和多目标优化 [J]. 汽车工程，2018，39（12）：1352-1361，1374.

[9] STEARNS J, SRIVATSAN T S, PRAKASH A, et al. Modeling the mechanical response of an aluminum alloy automotive rim [J]. Materials Science and Engineering：A，2004，366（2）：262-268.

[10] 陆斌. 锻造铝合金车轮推动商用车轻量化进程 [J]. 现代零部件，2010（6）：54-57.

[11] 张帅. 车轮疲劳-冲击-气动性能多学科轻量化优化设计方法研究 [D]. 长春：吉林大学，2018.

[12] 张敏，李丽君，纪祥飞. 矿用重型卡车前梁的多工况强度分析 [J]. 煤炭工程，2015，47（12）：139-141，145.

[13] 马瑞雪，王欣，覃祯员，等. 汽车前桥的仿真分析及结构轻量化设计 [C]//2012 重庆汽车工程学会年会论文集，2012.

[14] 蒋攀峰. 基于人机工程的船舶驾驶室参数化设计研究 [D]. 哈尔滨：哈尔滨工程大学，2016.

[15] 李莎. 某汽车驾驶室骨架结构分析与轻量化设计 [J]. 汽车实用技术，2018（21）：188-190.

[16] 于多年，王登峰，汪振华，等. 基于拓扑优化的重型货车驾驶室轻量化技术研究. 汽车技术，2009（9）：18-21.

[17] 马彦坡. 基于被动安全性的商用车驾驶室轻量化分析与优化 [D]. 长春：吉林大学，2014.

[18] 王新宇. 重型商用车驾驶室轻量化分析与优化 [D]. 长春：吉林大学，2012.

[19] 王新宇，王登峰，陈静，等. 重型商用车驾驶室轻量化设计. 农业机械学报，2012，43（8）：13-18.

[20] Wang Xinyu, Wang Dengfeng, Sun Wanlai, et al. Lightweight Design for a Cab of a Heavy-duty Truck Based on Passive Safety [J]. Advanced Materials Research，2012，569：603-609.

[21] 孙万来. 商用车驾驶室白车身轻量化优化设计与分析 [D]. 长春：吉林大学，2016.

[22] 王洪银. 轻量化的商用车驾驶室被动安全性分析与验证 [D]. 长春：吉林大学，2012.

[23] 王登峰，刘丽亚，苏玉萍，等. 商用车驾驶室强度试验要求研究与分析 [J]. 汽车技术，2010（10）：51-53.

[24] 刘丽亚. 商用车驾驶室乘员安全性仿真分析与试验研究 [D]. 长春：吉林大学，2011.

[25] 崔岸，王登峰，陈海潮，等. 基于模态灵敏度分析的商用车驾驶室结构优化 [J]. 汽车工程，2010，

32 (6)：535-539.

[26] 姜彪.基于相对灵敏度与综合优化的某商用车驾驶室轻量化设计 [D].长沙：湖南大学，2015.
[27] 陈剑，杜选福，施斐博.基于加权相对灵敏度的驾驶室结构轻量化 [J].中国机械工程，2016，27 (24)：3402-3407.
[28] 高明.基于单位质量灵敏度的重卡驾驶室白车身轻量化研究 [J].汽车零部件，2017 (9)：9-13.
[29] 周中彪.商用车驾驶室弯管式结构轻量化设计及安全性评价 [D].长春：吉林大学，2012.
[30] 付强.全铝消防车驾驶室的结构优化设计与研究 [D].长春：吉林大学，2016.
[31] 邢合理.铝合金框架式货车驾驶室结构优化方法研究 [D].山东理工大学，2016.
[32] 王登峰，张斌，陈静，等.商用车驾驶室白车身焊点缩减拓扑优化研究 [J].汽车工程，2009，31 (4)：326-330.
[33] 于多年，邹骥，王登峰，等.重型卡车驾驶室焊点的拓扑优化分析 [J].吉林大学学报（工学版），2009，39 (2)：264-268.
[34] 王倩，王新宇，陈静，等.某商用车驾驶室内饰件的轻量化设计 [J].汽车技术，2013 (1)：1-3，8.
[35] 陈静，曹晓琳，王登峰，等.重型商用车驾驶室空气悬置系统的匹配优化 [J].吉林大学学报（工学版），2009，39 (5)：1125-1129.
[36] 苟炜伟，马玉金，郭延威，等.某重型卡车驾驶室前悬连接支架轻量化设计 [J].汽车实用技术，2018 (17)：16-18.
[37] 张莉，刘警，孙万信，等.某重型卡车驾驶室后悬支架优化设计 [J].汽车实用技术，2018 (18)：143-145.
[38] 杨彪，李建华，刘蕴博.某重型载货汽车驾驶室翻转液压缸下支架轻量化设计 [J].汽车工艺与材料，2017 (7)：59-63，69.
[39] 樊立华.高强度汽车大梁钢在商用车轻量化方面的应用 [J].商用汽车，2010，(12)：99-100.
[40] 曹广祥，张洋，李莹娜.屈服强度 700_MPa 级高强度钢在商用车轻量化中的应用 [J].汽车工艺与材料，2017，(2)：60-64.
[41] 庞建中.北奔重型货车的轻量化实践 [J].MC 现代零部件，2009 (10)：40-41.
[42] 鲍伟东，王晓龙，苗永.基于 HyperWorks 有限元分析商用车车架轻量化纵梁结构及性能研究 [J].汽车实用技术，2018 (18)：54-56，70.
[43] 王超，苗永，康孝峰，等.某商用车车架轻量化设计 [J].汽车实用技术，2018 (21)：214-217.
[44] SIMPSON T W, MAUERY T M, KORTE J J, et al. Kriging Models for Global Approximation in Simulation-Based Multidisciplinary Design Optimization [J]. AIAA Journal, 2012, 39 (12)：2233-2241.
[45] 王青春.载货汽车车架轻量化评价方法及优化设计 [J].锻压技术，2017，42 (9)：175-181.
[46] Gao Y, Liu Q, Wang Y, et al. Lightweight design with weld fatigue constraints for a three-axle bogie frame using sequential approximation optimization method [J]. International Journal of Vehicle Design, 2017, 73 (1-3)：3-17.
[47] 王金员，顾长志.基于灵敏度分析的商用车车架轻量化设计 [J].汽车实用技术，2018 (16)：85-88.
[48] MARRE M, GIES S, MAEVUS F, et al. Joining of lightweight frame structures by die-less hydroforming [J]. International Journal of Material Forming, 2010 (3)：1031-1042.
[49] 景俊鸿，邵刚.中、重卡车架轻量化设计 [J].合肥工业大学学报（自然科学版），2009，32 (1)：14-17.
[50] 鲍伟东，王晓龙，苗永.基于 HYPERWORKS 有限元分析的某重型商用车车架轻量化纵梁结构和性能研究.汽车实用技术，2018，18：54-56，70.
[51] COSME C, GHASEMI A, GANDEVIA J. Application of Computer Aided Engineering in the Design of Heavy-Duty Truck Frames [C]. SAE Paper, 1999-01-3760.
[52] 郭丽群.商用车车架拓扑优化轻量化设计方法研究 [D].长春：吉林大学，2011.
[53] 周文.重型货车车架有限元分析与结构优化 [D].淮南：安徽理工大学，2017.
[54] 于自强.某重型商用车车架轻量化研究 [D].长春：吉林大学，2018.

[55] 樊晓冬.重型自卸车车架的拓扑结构设计与轻量化方法研究[D].太原：中北大学，2017.
[56] 李王兵.有限元法在重型载货车车架轻量化中的应用[D].长沙：湖南大学，2017.
[57] 王平.某解放牌自卸车底盘轻量化设计[D].青岛：青岛理工大学，2016.
[58] 李德光.基于高强度热轧钢板的物流车车架设计开发[D].长沙：湖南大学，2017.
[59] 董浩博.基于HyperMesh的高强度车架轻量化分析研究[D].成都：西华大学，2017.
[60] MARRE M, RUHSTORFER M, TEKKAYA A E, et al. Manufacturing of lightweight frame structures by innovative joining by forming processes [J]. International Journal of Material Forming, 2009, 2 (1)：307-316.
[61] 王书亭，刘啸，吴义忠，等.基于灵敏度分析的车架轻量化及疲劳寿命估算[J].中国机械工程，2011，22 (16)：2001-2006.
[62] 李成林，韩振南，宋莎莎.新型车架的疲劳寿命预测及优化设计[J].机械设计与制造，2013 (12)：115-117.
[63] 李鹏飞.重型自卸车疲劳寿命分析及结构优化[D].石家庄：石家庄铁道大学，2016.
[64] 刘丹丹.G760型宽体矿用车车架疲劳寿命分析[D].哈尔滨：哈尔滨工业大学，2016.
[65] 周美施，尹怀仙，张铁柱，等.考虑疲劳寿命的电动客车车架轻量化设计[J].机械制造，2016，54 (624)：9-11.
[66] 孙天.某重型商用车车架耐久性分析及轻量化设计[D].长沙：湖南大学，2013.
[67] 郜慧超.某重型载货汽车车架的疲劳分析及优化[D].北京：北京理工大学，2016.
[68] 米承继，谷正气，蹇海根，等.电动轮自卸车车架结构抗疲劳轻量化设计[J].中国机械工程，2017，28 (20)：2455-2462.
[69] 单喜乐.某重型汽车车架结构抗疲劳轻量化设计[D].长沙：湖南大学，2018.
[70] 郜慧超.某重型载货汽车车架的疲劳分析及优化[D].北京：北京理工大学，2016.
[71] 曾金玲，雷雨成，魏德永.冲焊桥壳的轻量化设计[J].机械设计，2007，24 (1)：32-34.
[72] 黄小花.基于有限元法的商用车驱动桥壳的结构分析与轻量化研究[D].武汉：武汉理工大学，2011.
[73] 吕国坤.基于遗传算法-响应曲面法的驱动桥桥壳轻量化设计[J].机械设计，2013，30 (10)：50-55.
[74] 兰孝永，张祎光.重型桥壳轻量化制造工艺[C] //中国汽车工程学会年会文集，2010，SAE-C2010M118：974-979.
[75] 许文超.重型自卸车铸钢驱动桥壳轻量化多目标优化研究[D].淮南：安徽理工大学，2017.
[76] 齐东东.CA1091型载重货车驱动桥壳结构分析及轻量化研究[D].太原：太原理工大学，2013.
[77] 马石磊.不确定性MDO在驱动桥壳轻量化设计中的应用[D].济南：山东大学，2013.
[78] 雷根成.驱动桥壳轻量化研究及可靠性验证[D].长沙：湖南大学，2014.
[79] 刘月鑫.重载车驱动桥桥壳轻量化研究[D].沈阳：东北大学，2016.
[80] 郭志田.轻量化冲焊桥壳优化设计及试验研究.青岛：青岛理工大学，2016.
[81] 吴利锋.某城市客车驱动桥壳有限元分析与轻量化设计[D].长春：吉林大学，2017.
[82] 宋晓飞.牵引车驱动桥壳轻量化研究[D].青岛：青岛理工大学，2018.
[83] 俞云云，崔世海，许文超.基于多目标优化的某驱动桥壳轻量化设计[J].武汉科技大学学报，2018，41 (4)：307-311.
[84] 宋晓飞，林荣会，李帅朝，等.基于OptiStruct的驱动桥壳轻量化设计[J].机械传动，2019，43 (4)：83-88，97.
[85] 范例，谢里阳，张娜.重卡驱动桥壳疲劳稳健性与轻量化设计[J].东北大学学报（自然科学版），2019，40 (3)：365-369.
[86] 黄丰云，周旷.铝合金驱动桥桥壳轻量化研究[J].数字制造科学，2017，15 (3)：103-107，113.

第 9 章
汽车轻量化和先进高强度钢的应用

9.1 概述

2009 年，我国汽车产量首次跃居世界第一，迄今一直保持较快的速度增长，多年仍处世界第一；2018 年汽车产量达到 2802 万辆，保有量超过 2 亿辆，预计在今后相当一段时间内，汽车仍会维持平稳的增长，我国已成为世界上最后的也是最大的一块汽车市场。汽车产业在高速发展给人们出行带来方便、给社会带来利益的同时，也产生了油耗、排放、安全三大问题，对能源和环境带来了不良影响。目前我国石油对外的依存度已经接近 60%，每年新增石油资源的 70% 被汽车消耗。随着汽车和经济的发展，我国碳排放每年都在快速增加。1990 年我国碳排放量为 224.5 亿吨，2011 年达到 795.5 亿吨，20 年间增加了将近 4 倍，我国年单位 GDP 二氧化碳排放量远高于世界平均水平，以 2011 年为例，全球平均水平的单位 GDP 二氧化碳排放量为 0.6kg，而我国为 1.9kg。我国政府曾承诺 2020 年单位 GDP 二氧化碳排放量比 2005 年要缩减 40%~45%，这既是承担了国际责任，也是我国自身发展的需求。尤其是近年来，北京和国内诸多地区雾霾严重，影响人们的健康和出行。在各行各业的碳排放中，全球有 15% 的二氧化碳来自道路交通。发达国家汽车排出的二氧化碳占其总量的 25%。对汽车每燃烧 1L 汽油，将会产生 2.5kg 的二氧化碳，如何降低传统燃油车的二氧化碳排放，已是目前汽车产业的一个重要课题。各国政府都十分重视汽车的燃油消耗和排放，制定了相当严格的法规，控制汽车的燃油消耗和排放。改善汽车燃油经济性的途径有多种，但轻量化已是大家所公认的最直接、最有效的手段。轻量化必须保证安全，在诸多的轻量化手段中，高强度钢是既能实现轻量化又能保证汽车安全的性价比高的、目前阶段一个基本的不可替代的汽车材料。正因为如此，汽车工业的发展，尤其是汽车轻量化技术的发展与钢铁产量和钢铁先进技术的发展同步进行，见图 9-1。

世界第一辆汽车是由钢铁材料和木头混合制成的，1921 年出现了第一个全钢车身，20 世纪 50 年代出现了铝制车身，直至 70 年代出现了高强度钢、铝合金、镁合金和塑料的复合用材，到 2000 年至今出现了一系列的先进高强钢制造的轻量化车身。汽车用材的变化和预测见图 9-2。该图表明，20 世纪 70 年代，乘用车用材中，钢铁材料占 70% 以上，在 60% 的钢材中，软钢占 90% 以上。到 2012 年，钢铁材料下降到 65%；在 57% 的钢材中，高强度钢和先进高强度钢上升至 32%，软钢下降到 40%。预计到 2025 年，钢铁材料下降到 54%，铝和塑料材料上升比例较大；在46%的钢材中，高强度钢和先进高强度钢上升到将近40%。这种汽车用材的变化趋势，是和汽车轻量化的发展趋势完全一致的。

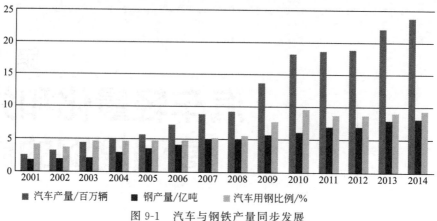

图9-1　汽车与钢铁产量同步发展

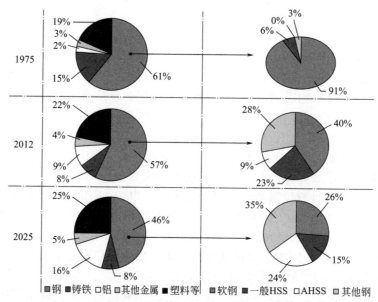

图9-2　汽车中各类用材情况和钢铁材料中不同钢类的比例

钢铁材料的应用，特别是高强度钢和先进高强度钢的应用，可在提升乘用车性能的同时，具有更多的轻量化和潜力。表9-1列举了欧洲车身会议上2007～2011年典型钢制白车身的性能，可以看出，这些乘用车安全性都达到了Euro-NCAP5星级的水平，轻量化系数都处于较低的水平，这表明轻量化效果很好，水平高，尤其是现代i40车型，是全钢车身，轻量化系数2.0，达到了令人惊奇的水平，这一车型获得了2011年欧洲车身会议的金奖。表9-2列举了按轴距排列的典型全钢车身、售价及整车的轻量化系数，有关数据表明，钢车身不仅具有良好的轻量化效果，同时具有高的性价比，这些正是钢铁材料在汽车上应用长盛不衰的原因。钢铁材料为适应轻量化的发展，其自身的技术也在不断地进展和完善，尤其是近几年，一系列的先进高强度钢不断涌现，第一代、第二代、第三代先进高强度钢已经由原来的实验室研究进入了市场首发和批量应用的阶段，促进了钢铁材料在汽车轻量化中的应用。这种良性的循环，正是广大材料科技工作者所希望的。总之，轻量化技术的需求和汽车安全性能的提升，对钢铁材料提出了更高的性能要求，而钢铁材料新技术的发展不仅满足汽车轻量化技术的发展要求，而且又进一步促进了轻量化技术和安全性的发展。

表 9-1 欧洲车身会议上 2007～2011 年典型钢制白车身的性能

车型	外形尺寸			抗扭刚性		轻量化系数		Euro-NCAP 星级
	长 /mm	宽 /mm	高 /mm	静扭 /[kN·m/(°)]	一阶动态 /Hz	BIW	全车身	
2007 年菲亚特新 500	3548	1627	1485	14.85	39	2.17	3.39	5
2008 年斯柯达 SuperbⅡ	4838	1817	1462	23.8	43.1	2.8	3.76	5
2008 年奥迪 Q5 SUV	4629	1880	1653	24.5	46	2.51	3.2	5
2009 年波罗 5	3970	1682	1453	18.0	32	3.41	4.58	5
2009 年斯柯达 YETI 越野	4223	1800	1691	21.5	39	3.26	4.39	5
2011 年福特 Foucs	4358	1823	1484	16.44	37.6	4.16	5.58	5
2011 年现代 i40	4770	1815	1425	34.0	37	2.09	2.71	5

表 9-2 按轴距排列的典型全钢车身

车型	轴距/mm	车身质量/kg	车身材料构成/%					国内价格/万元
			MS	HSS	AHSS	UHSS	PHS	
菲亚特新 500	2300	240	35	45	12	8		17～23
波罗 5	2470	305	54	33	4	2	8	9～12
斯柯达 YETI 越野	2578	373.6	35.7	56.9	0.4	1.8	5.1	12～18
福特 Foucs	2690	377	40.2	30.1	18.6	2.4	8.8	12～17
斯柯达 SuperbⅡ	2761	304	19	49	19	13		17～39
现代 i40	2770	411.5	35.6	23.2	28.5	6.1	3.1	14～20
奥迪 Q5	2807	452.7	32	41	15	12		38～68

9.2 汽车钢板的分类

作为汽车冲压件的用钢，是汽车用材的重要组成部分，是目前车身结构件和覆盖件的基本材料。汽车用钢种类较多，质量要求严格，是钢铁产品中技术水平要求较高的产品。汽车用钢板有不同的分类方法[1,2]，按钢种和合金成分分有无间隙原子钢、低碳钢、低合金高强度钢和合金结构钢。按强度级别分可分为低强度钢，即屈服强度小于 210MPa、抗拉强度小于 270MPa 的钢，超高强度钢，即屈服强度大于 550MPa、抗拉强度大于 700MPa 的钢，抗拉强度介于低强度钢和超高强度钢之间的钢为高强度钢。按冲压的级别分为商品级 CQ（commercial quality）、普通冲压级 DQ（drawing quality）、深冲压级 DDQ（deep drawing quality）、特深冲压级 EDDQ（extra deep drawing quality）、超深冲压级 SDDQ（super deep drawing quality）。各种冲压级别的钢板 n 值和 r 值的范围见图 9-3，各种冲压级别的钢板总伸长率和 r 值的范围见图 9-4。按组织组成分，又可分为软钢、高强度钢、先进高强度钢、高锰钢，其组织特征和组织组成见表 9-3。

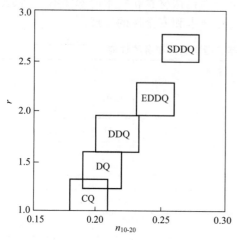

图9-3 各种冲压级别的汽车钢板 n 值和 r 值的范围

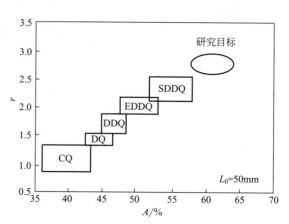

图9-4 各种冲压级别的汽车钢板总伸长率和 r 值的范围

表9-3 各类钢板的显微组织和组织特征

钢类	显微组织	组织特征
软钢	α	LC：非合金化的低碳铝镇静钢，特深冲级 EDDQ
		IF：微合金化的无间隙原子钢，超深冲级 SDDQ
HSS	$α+ρ_r$	BH：烘烤硬化，通过控制碳时效使之在油漆烘烤中附加强化
		IF-HS：高强度 IF 钢，用 Mn 和 P 使之固溶强化
		P：以 P 固溶强化的高强度钢
		IS：以 Ti 或 Nb 微合金化各向同性流变特性，中等屈服强度
		CMn：增加 C、Mn、Si 通过固溶强化的高强度钢
		HSLA：用 Nb 或 Ti 或 V 微合金化的高强度低合金钢
AHSS	$α+α'$ $α+α_B+γ_R$ $α'+α$ $α'$ $α+α_B+α'$ $α'+γ_r$ $α'_t+γ_r$ BCC+FCC $α_B+γ_r$ $α_δ+α_B+γ_r$	DP：具有 5%～30% 马氏体的双相钢
		TRIP：具有铁素体、贝氏体和残留奥氏体的相变诱发塑性钢
		PM：部分或全部马氏体钢
		HPF：热冲压成形钢
		CP：具有强化的铁素体、贝氏体和马氏体的复相钢
		Q&P：马氏体基体的相变诱发塑性钢
		Q&PT：回火马氏体为基体的相变诱发塑性钢
		MM：奥氏体逆转变的马氏体+奥氏体基钢
		NB：纳米贝氏体基钢(以贝氏体为基+纳米残留奥氏体基钢)
		δ-TRIP 钢(以 δ 铁素体+贝氏体+残留奥氏体的 TRIP 钢)
HMS	γ 或高体积分数 γ	HMS-TRIP：在这类合金化的钢中应变诱发 γ→ε→α 转变而诱发塑性
		HMS-TWIP：在这类合金化的钢中应变诱发机械孪生而诱发塑性

注：BH—bake hardening，烘烤硬化钢；IF-HS—high strength IF，高强度 IF 钢；P—rephosphorised，增磷钢；IS—isotropic steel，各向同性钢；CMn—carbon-manganese，碳-锰钢；HSLA—high strength low alloy，高强度低合金钢；DP—dual phase steel，双相钢；TRIP—transformation induced plasticity，相变诱发塑性钢；CP—complex phase，复相钢；Q&P—quenching&parting steel，淬火分配处理钢；Q&PT—quenching&parting-tempering steel，淬火-回火分配处理钢；MM—middle manganese reverse transformation of austenite to martensite steel，中锰奥氏体逆转变的马氏体+奥氏体基钢；NB—nano-bainite steel，纳米贝氏体基钢；δ-TRIP 钢—δ ferrite TRIP steel，δ 铁素体为基的 TRIP 钢；HMS-TRIP—TRIP-high Mn transformation induced plasticity，高锰诱发塑性钢；HMS-TWIP—TWIP-high Mn twinning induced plasticity，高锰孪生诱发塑性钢。

按强化机理来分，又分为固溶强化钢、沉淀强化钢、组织强化钢以及固溶、沉淀、组织强化的复合强化钢。以上各钢类的延性和强度的"香蕉"图见图9-5。图中表明有汽车用的软钢包括 IF 钢和 Mild 钢，一般高强度钢包括高强度 IF 钢、各向同性钢（即 IS 钢）、BH 钢（即烘烤硬化钢）、CMn（即碳锰固溶强化钢）、HSLA 钢（即高强度低合金钢）；第一代先进高强度钢，其强塑积在 20000MPa·% 左右，包括 DP 钢（即双相钢）、CP 钢（即复相钢）、TRIP 钢（即相变诱发塑性钢）、MART 钢（即马氏体基钢或者回复退火钢）、HPF（即热冲压成形钢）；第二代先进高强度钢强塑积在 60000MPa·% 左右，这类钢为高锰钢，锰含量 15%～25%，有时含有一定的铝。一类是通过相变诱发塑性，即应变诱发 $\gamma \to \varepsilon \to \alpha$ 转变而诱发塑性，如奥氏体不锈钢；另一类是通过应变诱发机械孪生

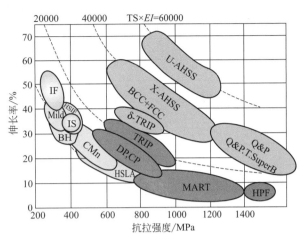

图 9-5 各类高强度和先进高强度钢的强度和延性的关系图

而诱发塑性，如高锰钢。近年来做的较多的是第三代先进高强度钢，其强塑积为 30000～40000MPa·%，其实施的路径为中锰钢的奥氏体逆转变而获得 BCC+FCC 的组织，即奥氏体+马氏体组织通过相变诱发塑性而获得高的强塑积[3]。另一条技术路线为 Q&P[4]，即淬火分配处理以获得马氏体+残留奥氏体的组织，在变形时通过相变诱发塑性而获得高的强塑积。第三条类同的路线是 Q&PT[5]，通过淬火得到一定的马氏体后，在较高温度的回火过程中使碳在马氏体和奥氏体之间进行分配，最终得到回火马氏体+马氏体+残留奥氏体，通过相变诱发塑性获得较高的强塑积。第四条技术路线是 nano-贝氏体钢[6,7]，这类钢通常碳含量较高，在条状贝氏体之间有一定量的较稳定的残留奥氏体，在变形时通过相变诱发塑性，获得较高的强塑积。

第五条技术路线是 δ-TRIP 钢[8]，是以 δ-铁素体为基体+贝氏体+残留奥氏体的相变诱发塑性钢，这类钢的强度级别为 800MPa，通过相变诱发塑性，伸长率可达 40%，从而获得高的强塑积。可以看出，第三代高强度钢都具有一定数量的高强度的组成，比如细晶粒的铁素体、马氏体、贝氏体、超级贝氏体以及对应变可控稳定性的奥氏体，以使这类钢在一定的变形下产生相变诱发塑性。各类高强度钢和先进高强度钢的应力应变曲线见图 9-6。各类高强度钢的典型性能见表 9-4。

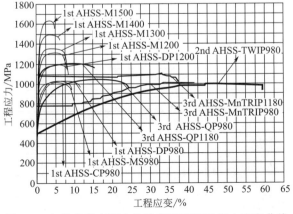

图 9-6 各类高强度钢和先进高强度钢的应力应变曲线

表 9-4 各类高强度钢的典型性能

钢种	屈服强度/MPa	抗拉强度/MPa	伸长率/%	备注
IF	150	300	46	A_{80}
DQSK	170	300	43	A_{80}
BH340	220	345	37	A_{80}
IF-rephos	220	345	38	A_{80}
HSLA340	350	445	28	A_{80}
DP490	314	539	32	A_{80}
DP590	340	600	27	A_{80}
DP780	450	840	17	A_{80}
DP980(550)	658	1030	11.2	A_{80}
DP980+Z(550)	636	1021	11.8	A_{80}
DP980(700)	720	1000	11	A_{50}
DP980+Z(700)	751	1038	10.3	A_{50}
TRIP590	380	631	34	A_{80}
TRIP690	468	730	30.5	A_{80}
TRIP780	470	820	28	A_{80}
TRIP980(CR)	720	1045	24	A_{80}
TRIP980(GA)	710	1000	23	A_{80}
TRIP1180(CR)	915	1215	15	A_{80}
TRIP1180(GA)	1025	1200	14	A_{80}
TWIP	450	1000	60	A_{80}
Q&PT(250)	950	1080	18	A_{80}
Q&PT	900	1600	27	A_{80}
M1500	1200	1500	8	A_{80}
δ-TRIP	661	740	41	A_{80}
HPF1470	1080	1490	7.4	A_{80}
HPF1800	1240	1830	6.8	A_{80}
HPF2000	1320	2060	5.7	A_{80}
FB780	722	818	17	A_{80}
FB980	838	1006	13	A_{80}
Q&T	1466	1830	10.4	A_{80}
CP980	873	1004	9.4	A_{80}
M980	820	1050	7.6	A_{80}
M1180	1040	1250	5.5	A_{80}
M1300	1213	1380	4.8	A_{80}
M1400	1252	1411	4.2	A_{80}
M1500	1338	1565	3.7	A_{80}
Q&P1180	850~1050	1180~1300	14~18	A_{80}

续表

钢种	屈服强度/MPa	抗拉强度/MPa	伸长率/%	备注
TWIP900	480	900	40	A_{80}
TWIP980	480	950	45	A_{80}
TWIP1100	750	1100	35	A_{80}
TWIP1200	850	1200	30	A_{80}
TWIP1100HY	700	1000	30	A_{80}

9.3 汽车钢板的典型显微组织

IF 钢和高强度 IF 钢基本组织为铁素体，连续退火和罩式退火后的组织特征见图 9-7。

各向同性钢的显微组织见图 9-8，以细晶粒铁素体为主体。这类钢种一般加有微合金元素，以控制各方向织构的形成，同时细化晶粒，最终得到高强度各向同性，$\Delta r \rightarrow 0$。C-Mn 固溶强化钢的组织见图 9-9，这类钢的晶粒大小受控轧控冷工艺影响较大，不同的工艺其晶粒大小区别明显，基本组织为细晶粒的铁素体＋少量的珠光体。双相钢典型的组织为铁素体＋马氏体，不同腐蚀剂后显示的金相组织、扫描电镜下及透射电镜下的精细结构组织在《双相钢——物理和化学冶金》[9] 一书中有详细论述。图 9-10 显示了 Lepera 试剂腐蚀的双相钢的组织，其中白色的为马氏体，黑灰色为铁素体。双相钢 DP590（1.4mm）光学显微镜下的组织见图 9-11，对应的扫描电镜下的组织见图 9-12，图中对应的 RS、NS、TS 的方向见图 9-13。

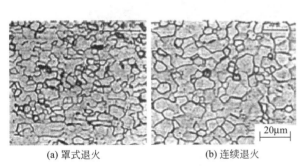

(a) 罩式退火　　(b) 连续退火

图 9-7　高强度钢的金相组织

图 9-8　各向同性钢的显微组织

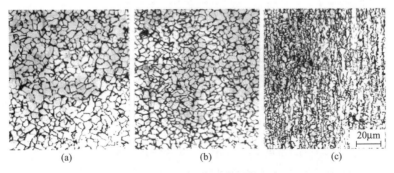

(a)　　(b)　　(c)

图 9-9　C-Mn 固溶强化钢的组织

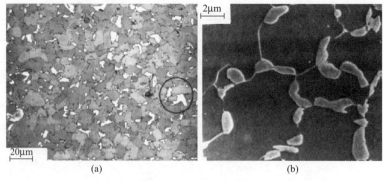

图 9-10 双相钢的组织

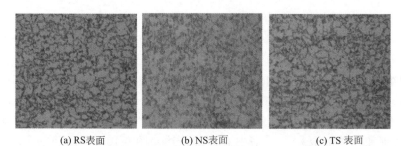

(a) RS表面　　　　　(b) NS表面　　　　　(c) TS 表面

图 9-11 双相钢 DP590（1.4mm）不同方向的表面组织

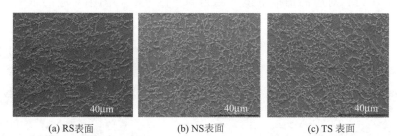

(a) RS表面　　　　　(b) NS表面　　　　　(c) TS 表面

图 9-12 双相钢 DP590（1.4mm）不同方向的表面组织（SEM）

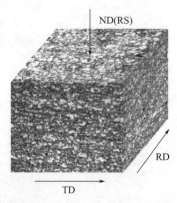

图 9-13 双相钢 DP590（1.4mm）三个方向的组织立体图

以同样方式图 9-14～图 9-16 展示了 DP780 的组织，图 9-17～图 9-19 展示了 DP980 的组织。这些图表明，随着双相钢强度级别的提升，马氏体体积分数迅速上升。这些组织还表明,马氏体岛呈细密的形态分布。在双相钢级别低时,马氏体岛多沿铁素体晶界分布,但马氏体量较多的时候,基本呈均匀分布,但各个不同的切面,马氏体形态和分布略有差异。透射电镜下,双相钢中的板条马氏体岛、孪晶马氏体岛和铁素体中的高密度位错等精细结构见图 9-20。

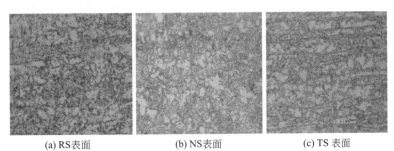

图 9-14 双相钢 DP780 (1.4mm) 不同方向的表面组织

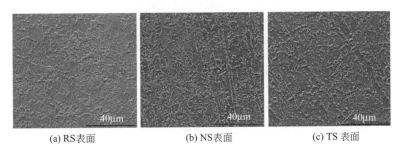

图 9-15 双相钢 DP780 (1.4mm) 不同方向的表面组织 (SEM)

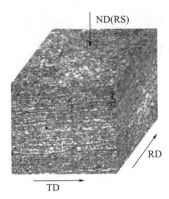

图 9-16 双相钢 DP780 (1.4mm) 三个方向的组织立体图

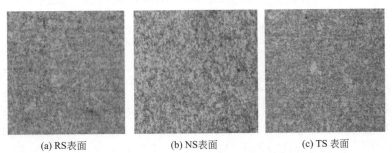

图 9-17 双相钢 DP980 (1.6mm) 不同方向的表面组织

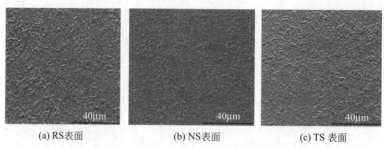

(a) RS表面　　　　(b) NS表面　　　　(c) TS 表面

图 9-18　双相钢 DP980（1.6mm）不同方向的表面组织 SEM

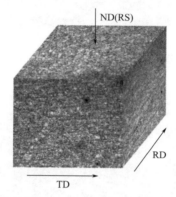

图 9-19　双相钢 DP980（1.6mm）三个方向的组织立体图

(a) 板条马氏体岛　　　　(b) 孪晶马氏体岛

图 9-20　双相钢中的板条马氏体岛、孪晶马氏体岛和铁素体中的高密度位错

TRIP 钢中典型的组织有铁素体（F）、贝氏体（B）和残留奥氏体（A），TRIP590 的显微组织见图 9-21。

冷轧 TRIP 980 和 TRIP 1180 的显微组织见图 9-22[10]。马氏体基钢的典型组织见图 9-23。Q&P 钢的典型组织见图 9-24，图中残留奥氏体、铁素体、马氏体组织共存；这类钢变形过程中的组织变化见图 9-25，可以看出，当变形 5% 时，残留奥氏体量迅速减少，10% 时进一步减少。Q&PT 钢在透射和扫描电镜下的组织特征见图 9-26，纳米贝氏体透射和扫描电镜下的组织特征见图 9-27[11]。不同合金成分的 δ-TRIP 钢的组织见图 9-28[8]。

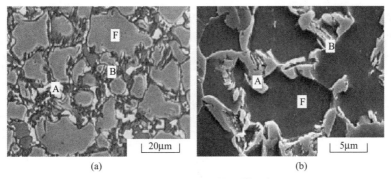

图 9-21　TRIP 590 的显微组织

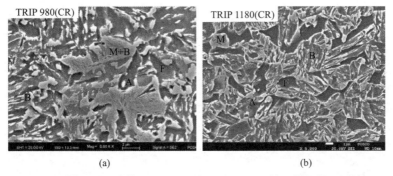

图 9-22　冷轧 TRIP 980 和 TRIP 1180 的显微组织

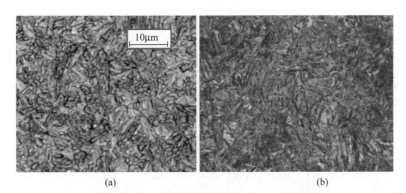

图 9-23　马氏体钢的典型回火马氏体组织

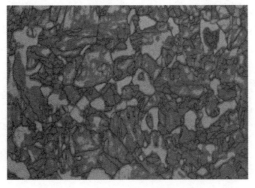

图 9-24　Q&P 钢的典型组织

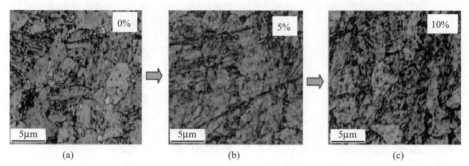

图 9-25　Q&P 钢变形过程中的组织变化

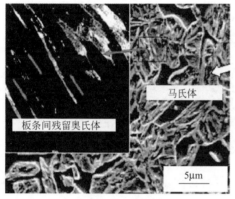

图 9-26　Q&PT 钢在透射和扫描电镜下的组织特征

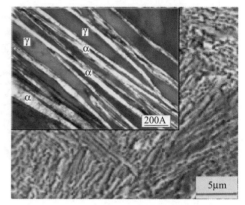

图 9-27　纳米贝氏体在透射和扫描电镜下的组织特征

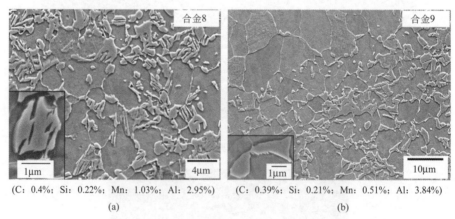

图 9-28　不同合金成分的 δ-TRIP 钢的组织

TWIP 钢的奥氏体形貌见图 9-29，这类钢在变形中的组织变化及产生变形孪晶的组织见图 9-30，在变形 4% 的时候开始诱发变形孪晶，到 23% 时组织中的变形孪晶迅速增加。

中锰钢（5% 左右的锰）利用奥氏体逆转变所开发的第三代钢 BCC+FCC 的组织见图 9-31[12]。最近宝钢开发了 8%～12% 锰的中锰 TRIP 钢，这一钢种是利用锰在铁素体和奥氏体中的再分配，提高过冷奥氏体的稳定性，其典型组织见 9-32[13]。奥氏体不锈钢在 1050℃ 加热 1h，淬火至 25～70℃，然后 450℃ 分配处理后的组织见图 9-33，可以看出，从

25~40℃残留奥氏体量一直在增加，从而产生 TRIP 效应[14]。

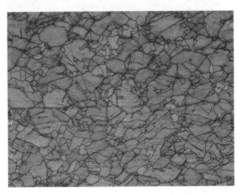

图 9-29　TWIP 钢的奥氏体组织

图 9-30　TWIP 钢变形过程中的应变诱发孪生

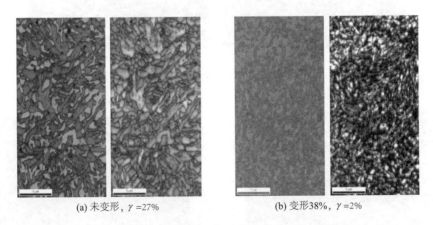

(a) 未变形，$\gamma=27\%$　　　　　　(b) 变形38%，$\gamma=2\%$

图 9-31　中锰钢的组织及其变形前后的变化

热冲压成形钢冲压前和冲压后的组织见图 9-34、图 9-35[15]。不同温度加热后的热冲压成形用钢的淬火组织见图 9-36[16]，一个明显的趋势是，随着加热温度的升高，板条马氏体组织变粗。

(奥氏体:红色;铁素体:蓝色)

图 9-32　中锰 TRIP 钢的组织

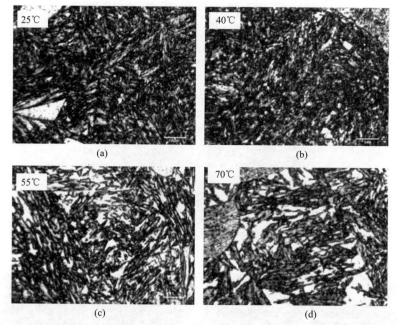

图 9-33　奥氏体不锈钢（24Cr13）淬火至不同温度分配处理后的组织

图 9-34　热冲压成形钢冲压前的组织　　　　图 9-35　热冲压成形钢冲压后的组织

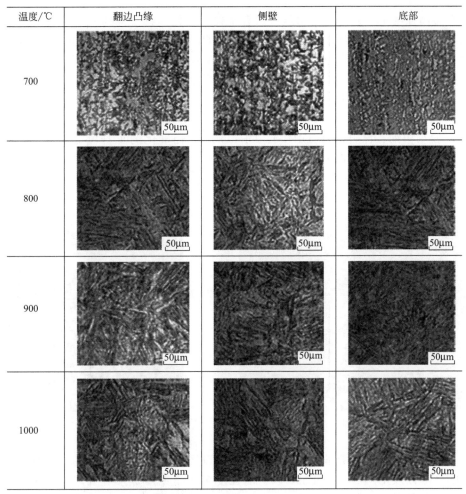

图 9-36 不同温度加热后的热冲压成形用钢的淬火组织

9.4 汽车高强度钢和先进高强度钢的研究进展

汽车高强度钢和先进高强度钢的研究进展和汽车工业的发展密切相关,正如第 1 章所述,在世界各国,尤其是在我国,汽车工业持续快速发展,产量增加、保有量增加,要求汽车安全性提升和节能减排,汽车必须进行轻量化,同时也必须提升安全性。高强度钢和先进高强度钢的研究和进展正是为适应这一形势而展开的。近年来,在以下几个方面汽车高强度钢取得明显的进展。对一般高强度钢,如 IF 钢,在保证良好的冲压成形性的同时,提高强度,为汽车复杂形状的冲压件减薄厚度、轻量化提供条件,因此出现了高强度 IF 钢、烘烤硬化钢。这类钢种多应用于汽车的外覆盖件,因此表面质量有更高的要求。表面质量将影响冲压的成形性,冲压过程中的润滑和冲压后成形构件的油漆附着力、光鲜性以及镀层板的性能。近年来进行了表面形貌的研究,包括表面粗糙度、轧辊表面不同毛化方法(如喷丸、电火花、电子束、激光)毛化后的冷轧板的表面形貌,从而提出 O5 板表面形貌的标准,包括表面形貌、单位长度的峰值数、峰值的高度以及用一些先进的表面形貌的测试仪器形象而定量的板材的表面特征。对 IF 钢进行微合金化的研究,以期提高 IF 钢的抗时效稳定性和烘烤硬化性，并提高 IF 钢冲压构件的抗凹性。

对低合金高强度钢一方面是采用复合微合金化，细化晶粒，得到强度和韧性的更好匹配，同时利用激光拼焊板扩大低合金高强度钢的应用，如门 B 柱的下部采用激光拼焊板，其下部应用低合金高强度钢，上部为热冲压成形钢，得到撞击吸能和抗撞击侵入的合理匹配。在一些车身构件中扩大低合金高强度钢的应用，得到高疲劳寿命、高强韧性的车身结构件。

(1) 第一代先进高强度钢的研究进展

在第一代先进高强度钢中，近年来的发展趋势是完善不同的强度级别，以便扩大应用并降低成本，如双相钢，已开发了 DP450、DP490 用于轻量化的车身覆盖件。这类钢具有超强的强度和延性的平衡，同时具有更高的烘烤硬化性；制作车身相应的覆盖件，代替烘烤硬化钢 BH340，可使板材厚度从 0.75mm 减至 0.7mm，减重 7%。图 9-37 示出了 DP490 的显微组织形貌，图 9-38 示出了 DP590GA 板的表面形貌。

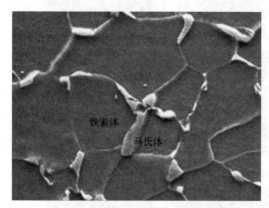
图 9-37　DP490 的显微组织形貌

图 9-38　DP590GA 板的表面形貌

双相钢的另一个方向是向高强度钢发展，形成系列，即 DP450、DP490、DP590、DP780、DP980 以及 DP1180。DP590 以下的强度多用于冲压成形性要求较高的覆盖件和形状复杂的车身结构件，如 B 柱等；DP780、DP980 多用于形状有一定的复杂性，强度要求更高的车身安全结构件；DP1180 用于形状较简单的超高强度辊压成形的车身结构件。与高强度钢发展的同时，一些钢铁企业在性能稳定性和一致性方面做了大量的贡献。因为先进高强度钢大部分为组织强化钢，其性能对工艺因素非常敏感，所以这类钢性能的稳定性和一致性都是各企业主攻的重点。汽车行业要求不同批次不同炉号应具有良好的性能稳定性和一致性，才能保证大批生产的汽车零件功能的一致性，为了加速先进高强度钢的应用，各钢铁企业对先进高强度钢的性能特别是应用性能和数据进行了大量的研究和测试，以满足汽车行业对新材料性能了解的需求。如浦项公司对各类高强度钢提供了较为完整的性能数据，并汇集有汽车板数据手册[17]，里面汇集了各钢种的流变曲线、高速拉伸曲线、成形极限曲线、点焊性能，包括十字拉伸、剪切拉伸以及点焊后的延性比，相应的显微组织，点焊的硬度分布，可供的规格及应用和应变疲劳曲线，点焊后的金相组织及应用举例。现以浦项的双相钢为例，列举相关性能。在手册中首先进行了双相钢的一般描述，双相钢是以马氏体作为第二相，也是强化相均匀分布在铁素体基体上的一类钢种，这类钢种的成形性好、屈强比低（一般为 0.5%～0.6%），总伸长率高，同时具有烘烤硬化性。目前可供有 DP440、DP590、DP690、DP780、DP980，并可供 GI 或 GA 板，其力学性能列于表 9-5。以 DP780 为例，生产工艺和显微组织见图 9-39。该类材料的流变特性列于表 9-6。表中除了一般力学性能外，还给出了 n 值、修正的 Holloman 方程的流变曲线的拟合参量。双相钢的真应力-真应变曲线和高速拉伸曲线分别见图 9-40、图 9-41。不同钢类的双相钢的成形极限图见图 9-42。该图表明了双相钢在较高强度下仍然具有较好的成形性。DP980 的冷弯性能见表 9-7。DP590 的高周疲劳模拟方程参量和疲劳极限列于表 9-8，低周疲劳模拟方程（Manson-Coffin）参量列于表 9-9[18,19]，应变疲劳曲线见图 9-43。以 PO DP590 为例，给出了氩弧焊的工艺和条件，见图 9-44，其在光学显微镜下的组织见图 9-45，其硬度分布见图 9-46。

表 9-5 浦项双相钢产品和力学性能

牌号	种类	屈服强度(0.2%)/MPa	抗拉强度/MPa	伸长率/%
DP490	CR/EG	270～360	≥490	≥28
	GI/GA	270～360	≥490	≥28
DP590	CR/EG	≥450	≥590	≥24
	GI/GA	≥420	≥590	≥24
DP780	CR	≥625	≥780	≥14
	GI/GA	400～625	≥780	≥16
DP980	CR	600～900	≥980	8
DP590	PO	≥305	≥590	≥20

注：1. 力学性能为拉伸试验的保证值，对未涂层板，沿轧制方向取样，试样尺寸 JIS5（冷轧板厚度为 0.8mm≤t≤1.0mm；热轧酸洗涂油板厚度为 2.0mm≤t≤2.5mm）。
2. CR 是未涂层的冷轧板；EG 是电镀锌板；GI 是热镀锌板；GA 是热镀锌退火板；PO 是酸洗涂油板。

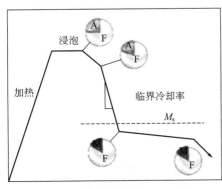

(a) 生产工艺

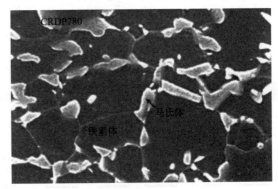

(b) 显微组织

图 9-39 DP780 生产工艺与显微组织

表 9-6 双相钢的流变特性

牌号	种类	厚度/mm	屈服强度/MPa	抗拉强度/MPa	伸长率/%	n_1	$\sigma = K(\varepsilon_0 + \varepsilon)^n$		
							K/MPa	ε_0	n
DP490	CR	1.4	348	536	29	0.15	834	3.6×10^{-3}	0.16
	GA	0.7	307	517	29	0.2	868	5.8×10^{-3}	0.2
DP590	CR	1.4	381	641	28	0.17	1035	3.5×10^{-3}	0.18
	GA	1.4	374	650	26	0.19	1072	3.9×10^{-3}	0.19
DP780	CR	1.2	516	870	20	0.14	1319	1.3×10^{-3}	0.14
	GA	1.2	521	838	19	0.14	1269	1.8×10^{-3}	0.14
DP980-L	CR	1.2	618	1048	17	0.12	1525	5.6×10^{-4}	0.12
	GA	2	612	1018	14	0.11	1449	4.1×10^{-4}	0.11

续表

牌号	种类	厚度/mm	屈服强度/MPa	抗拉强度/MPa	伸长率/%	n_1	$\sigma = K(\varepsilon_0 + \varepsilon)^n$		
							K/MPa	ε_0	n
DP980-H	GI	1.4	778	1008	12	0.07	1304	6.7×10^{-4}	0.07
DP590	PO	2.3	449	663	26	0.19	1102	1.1×10^{-2}	0.2

注:n_1 为拉伸试验的测量值,n 为方程的拟合值。

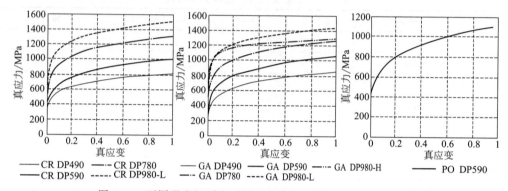

图 9-40 不同强度级别和不同表面涂层的真应力-真应变曲线

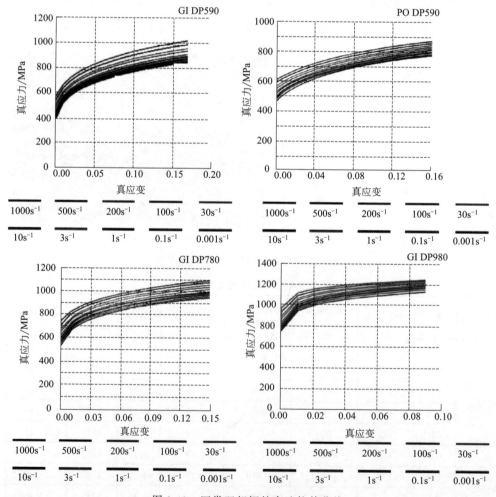

图 9-41 四类双相钢的高速拉伸曲线

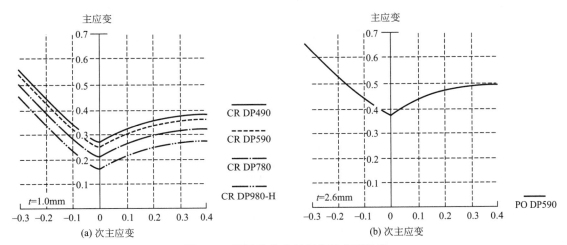

图 9-42 不同种类的双相钢的成形极限

表 9-7 DP980 冷弯性能

方向	GA DP980/2.0t					
	0.5R	1.0R	1.5R	2.0R	2.5R	3.0R
RD	×	×	△	△	△	○
TD	△	△	○	△	○	○

注：×，裂纹；△，无裂纹但表面粗超；○，无裂纹。

表 9-8 DP590 高周疲劳模拟方程参量

$$S = AN_f^b$$

牌号	厚度/mm	表面状态	R	A	b	疲劳极限
热轧 DP590	4.5	交货状态	−1	2163	−0.093	498

注：A、b 为拟合常数，S 为应力，N_f 为循环次数，R 为试验应力比。

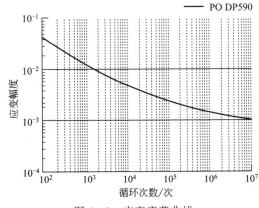

图 9-43 应变疲劳曲线

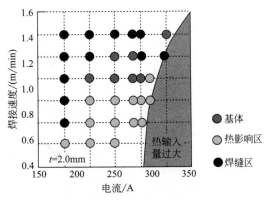

图 9-44 PO DP590 焊接速度、电流之间、失效部位之间的关系

表 9-9　DP590 低周疲劳模拟方程参量

牌号	厚度/mm	表面状态	$\Delta\varepsilon/2=\varepsilon'_f/E(2N_f)^b+\varepsilon'_f(2N_f)^c,\Delta\sigma/2=K'(\Delta\varepsilon_p)^{n'}$					
			K'	n'	σ'_f	b	ε'_f	c
热轧 DP590	2.6	好的机加工（粗糙度<5μm）	1471	0.24	1470	−0.14	0.573	0.582

注：$\Delta\varepsilon$ 为总应变幅；σ'_f 为疲劳强度系数；b 为疲劳强度指数；ε'_f 为疲劳延性系数；c 为疲劳延性指数；E 为弹性模量；$\Delta\sigma$ 为循环应力幅；K' 为循环强度系数；n' 为循环应变硬化指数；$\Delta\varepsilon_p$ 循环塑性应变。

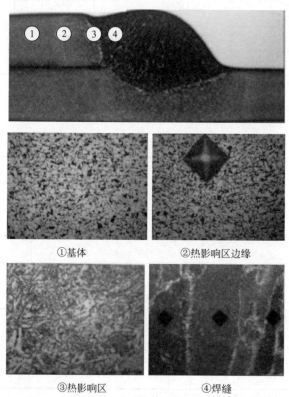

图 9-45　PO DP590 基体金属、焊缝热影响区、焊缝光学显微镜下的组织

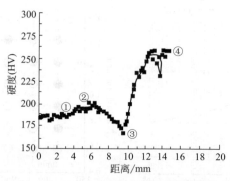

图 9-46　PO DP590 氩弧焊后的硬度分布

双相钢的点焊工艺和相关的十字拉伸和拉伸剪切的试验结果列于表 9-10，焊核直径 $d=5t^{1/2}$（t 为板厚）。

表 9-10 双相钢点焊试验结果

牌号	种类	厚度/mm	焊接力/kN	焊接时间（周期/循环）	焊接电流/kA 最小值	焊接电流/kA 最大值	焊接电流/kA 范围	拉伸剪切/kN	十字拉伸/kN	延性比
冷轧 DP590	CR	1.2	3.5	15	5	7	2	12.2	6.9	0.57
	GA	1.2	3	16	6.2	8	1.8	20.1	13.5	0.67
	PO	2.3	8	19	9.14	13.2	3.8	34.7	24.4	0.67
冷轧 DP780	CR	1.2	3.5	15	4.8	7.6	2.8	15.9	9.4	0.59
	GA	1.0	3.5	16	5	7.2	2.2	12.5	7.2	0.57
冷轧 DP980-H	GI	1.2	4	19	5.8	9.8	4	15.8	5.5	0.35

注：延性比＝十字拉伸载荷/拉伸剪切载荷。

GI DP980-H 点焊后的组织见图 9-47，硬度分布见图 9-48。各类双相钢在汽车上有广泛应用，见图 9-49，其中 GA DP490 可以用于车身外覆盖件，如门外板；PO DP590 可以做悬架支撑；CR DP980 可以做座椅导轨及座椅后侧支架。

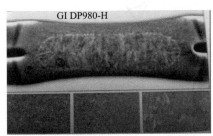

图 9-47 GI DP980-H 点焊后的组织

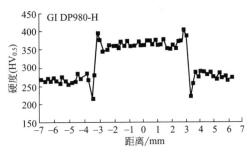

图 9-48 GI DP980-H 点焊后硬度分布

(a) 车门外板(GA DP490)

(b) 悬架系统(PO DP590)

(c) 座椅导轨(CR DP980)

(d) 座椅后侧支架(CR DP980)

图 9-49 双相钢在汽车上的应用

双相钢的成形性也是近年来人们研究的重点，其中文献［13］所引用的 DP980 成形极限曲线见图 9-50。图中成形极限曲线纵轴左边部分大体与横轴呈 45°，而右边部分相差较大，按照文献［20］的 NADDRG 模型的预测，右边部分大体与横轴呈 20°，以此来判别图 9-42 所示的结果是否和这一理论更为一致。双相钢的成形性受强度的影响，强度越高，成形性能变差；在成形极限的右侧区，其斜度还受 r 值的影响，通常对于低碳钢，这一斜度值随 r 值增加而下降。文献［21］考虑到 n 值和 r 值对 FLC 的综合影响，提出了对 NADDRG 模型的修正方程。图 9-51 示出了文献［22］所测得的 DP980 的 FLC，也可以看出右边部分的 FLC 曲线

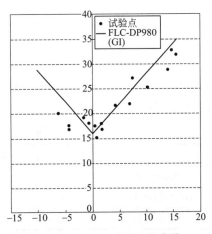

图 9-50 DP980 成形极限曲线

与横轴的角度较大，这可能与坐标系的纵轴、横轴刻度相距较大有关；而图 9-42 所示的 FLC 右边部分的曲线与横轴大体呈 20°，与该坐标系纵横轴刻度相同的成形特性有关，且几条线是平行的。文献 [22] 所测得的 DP590、DP780、DP980 的 FLC 曲线在同一个图上见图 9-52。这些不同研究者所测定的数据展示表明，FLC 的测试和相关结果还有不完全一致的地方，其结果不同的原因有材料的影响、厚度的影响、材料强度的影响、材料 r 值的影响、测试方法的影响，如测量应变的散斑法和网格法，还有试验测试技术的影响和数据处理、整理的影响等多种因素。

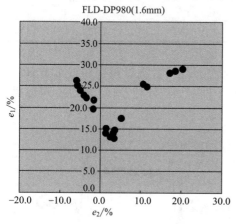

图 9-51　DP980 成形极限曲线

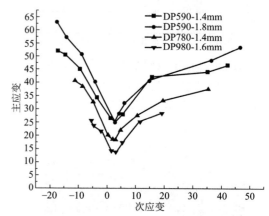

图 9-52　不同厚度不同强度的双相钢成形极限

对双相钢研发的另一进展是对高强度的双相钢进行精益生产，如同一种双相钢可以分不同的表面状态供货，可以有热轧、冷轧、热镀锌 GI 板、电镀锌 EG 板、酸洗涂油板、热镀锌合金化板等，同一个牌号又可分为低屈强比的板和高屈强比的板，特别是 DP980，可分为 DP980L 和 DP980H，他们的屈强比分别为 0.64 和 0.76。低屈强比用于成形性要求高的构件，高屈强比用于高强度的吸能件和疲劳件，两类屈强比的 DP980 的力学性能列于表 9-11。最近在低强度双相钢制作汽车外板的方面取得的进展为：浦项公司开发了 GA DP490、DP590，这两种双相钢有优良的表面质量和成形性，成形构件有高的凹痕抗力和刚度，为车身外板减重提供了有利条件。用这两种钢替代 EDDQ 做汽车外覆盖件，有明显的轻量化效果。外覆盖件的用材演化和轻量化效果见图 9-53。2005 年浦项首次实现将 GA DP490 用于做车门外板，代替 BH340，并实现了商业化生产，使门外板从 0.75mm 减至 0.7mm，减重 7%，并去除了车身外板的密封增强材料，如图 9-54 所示。2009 年浦项首次开发了 GA DP590 制作车身的外覆盖件，代替 BH340，板厚从 0.7mm 减至 0.55mm，减重 21%，所制作的小轿车的发动机罩盖见图 9-55(a)。同时在日本汽车厂试验的汽车前后轮罩表明该钢具有非常好的成形性，所制零件见图 9-55(b)。瑞典 SSAB 公司已有开发 DP1180 的报道，用辊压成形制作汽车的某些结构件。

表 9-11　两类屈强比的 DP980 的力学性能

牌号	厚度/mm	屈服强度(0.2%)/MPa	抗拉强度/MPa	伸长率/%
HC550/DP980	1.993	658	1030	11.2(A_{80})
HC550/DP980+Z	1.372	636	1021	11.7(A_{80})
HC700/DP980	1.083	806	1050	11.5(A_{50})

续表

牌号	厚度/mm	屈服强度(0.2%)/MPa	抗拉强度/MPa	伸长率/%
HC700/DP980+Z	1.772	751	1038	10.3(A_{50})

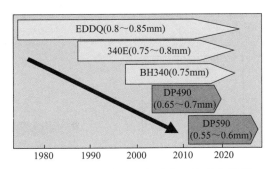

图 9-53　外覆盖件的用材演化和轻量化效果

(a) 车身外板　　　　　　　(b) 消除车体覆盖件密封增强材料

图 9-54　GA DP490 所制车身外板和消除车体覆盖件密封增强材料

 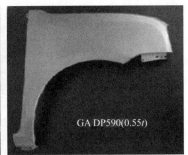

(a) 发动机罩盖　　　　　　　(b) 日本汽车上的轮罩

图 9-55　GA DP590 所制小轿车的发动机罩盖和日本汽车上的轮罩

马氏体级钢的发展和辊压成形技术的进展密切相关。这一技术的进展为高强度马氏体级钢提供了应用背景，汽车小重叠率正碰要求的引入，需要防腐性能好的前减振支撑和侧边门槛，为此韩国开发了回火马氏体镀锌的高强度板，命名为 PosMart CR/GI1470；这类钢具有超级的平整度，适合于轿车的白车身，点焊性能优良，并有良好的锌层结合力，其力学性能列入表 9-12，表中的冷弯性能用最小的弯曲半径与厚度之比来评价。按 ISO18278-2 评价其点焊性，由于该钢碳当量很低，因此点焊性能良好，其焊接电流与焊核大小、失效模式的关系见图 9-56，根据该图所确定的点焊参数和焊核组织见图 9-57，其中点焊的延性比为焊点的十字拉伸载荷与剪切拉伸载荷之比。该钢已经用于辊压成形的侧边外门槛，可以用

G1180CP 钢类同的辊压工艺，回弹角≤5°。

表 9-12 PosMart CR/GI1470 力学性能

牌号	屈服强度/MPa	抗拉强度/MPa	伸长率/%	屈强比	冷弯性能
PosMart CR/GI1470	≥1200	≥1470	≥5	≥0.8	≤6

注：冷弯性能＝最小弯曲半径/厚度。

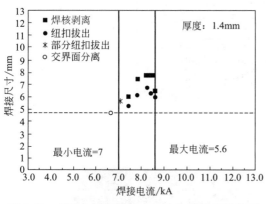

图 9-56 焊接电流与焊核大小、失效模式的关系

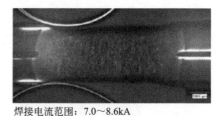

焊接电流范围：7.0～8.6kA
延性比(8.6kA)：0.36(7.4kN/20.3kN)

图 9-57 焊接工艺、焊核组织及点焊的延性比

表 9-13 列出了宝钢可供应的马氏体级钢的力学性能，用这类钢种辊压成形的零件见图 9-58。

表 9-13 宝钢可供应的马氏体级钢的力学性能

牌号	屈服强度/MPa	抗拉强度/MPa	伸长率/%
HC700/MS980	820	1050	7.6
HC950/MS1180	1040	1250	5.5
HC1030/MS1300	1213	1380	4.8
HC1150/MS1400	1252	1411	4.2
HC1200/MS1500	1338	1565	3.7

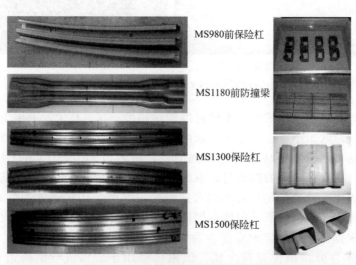

图 9-58 马氏体级钢辊压成形的零件

和双相钢一样，TRIP 钢也向着更高强度延伸，同时也增加各种镀层和冷轧的品种。由于 TRIP 钢在高强度下比双相钢具有更高的伸长率，因此可以冲压更高强度的车身结构件。TRIP980 和 TRIP1180 的力学性能列入表 9-14。这类钢具有良好的弯曲性能、点焊性能，点焊后的拉延比较高。由于这类钢中各相的硬度差较少，因此具有良好的孔胀成形性。这类钢的碳当量可按下式计算。

$$C_{当量} = C + Si/30 + 2P + 4S \tag{9-1}$$

表 9-14　TRIP980 和 TRIP1180 的力学性能

牌号		屈服强度/MPa	抗拉强度/MPa	伸长率/%	弯曲性能(r/t)	点焊性能 D.R	扩孔率/%
TRIP980	CR	720	1045	24	0.8	0.44	26
	GA	710	1000	23	0	0.42	33
TRIP1180	CR	915	1215	15	1.7	0.37	43
	GA	1025	1200	14	0.8	0.36	32

注：D.R 为延性比，延性比＝十字拉伸载荷/拉伸剪切载荷。

CR TRIP980 和 TRIP1180 的点焊直径、焊接电流的关系见图 9-59、图 9-60。CR TRIP980 当焊接电流 6.5kA、焊核直径 4.7mm 时，其失效模式为纽扣拔出；对 CR TRIP1180，焊接电流 6kA、焊核直径 4.6mm 时，其失效模式也为纽扣拔出，但这种失效模式并非是我们希望的，因此应增加点焊直径，增大焊接电流，使失效模式向着撕裂方向过渡，以提高点焊后的 TSS 和 CTS。为保证点焊质量，应使焊核直径和焊接电流合理匹配。这类高强度钢可用于 A 柱、B 柱、侧边防撞件、背顶滑轨等，用 TRIP980（1.2mm）代替 DP780（1.4mm）做 B 柱加强件[图 9-61(a)]，可减重 14%；用 TRIP1180 代替 DP980 做 A 柱[图 9-61(b)]，也有明显的减重效果。

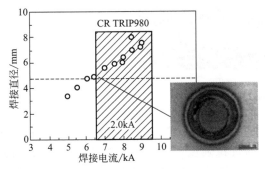

图 9-59　CR TRIP980 点焊直径和焊接电流的关系

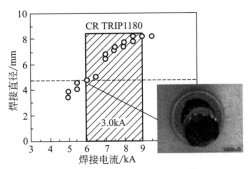

图 9-60　CR TRIP1180 点焊直径和焊接电流的关系

(a) TRIP980 所做 B 柱　　(b) TRIP1180 所做 A 柱

图 9-61　B 柱和 A 柱

在先进高强度钢中，CP980 也是近年来开发的新品种，这类钢虽然具有高的屈强比，但冷弯成形性良好，烘烤硬化性高，孔胀成形性良好；宝钢开发的牌号为 HC700/CP980，典型性能指标见表 9-15，流变曲线和冷弯性能见图 9-62；用这类钢主要做各种滑轨，其辊压成形精度很高，见图 9-63。

表 9-15　HC700/CP980 的力学性能

牌号	方向	屈服强度 /MPa	抗拉强度 /MPa	伸长率(A_{80}) /%	屈强比	弯曲直径	布氏硬度	孔胀率 /%
CP980	90°	881	1011	8.6	0.87	1a	100	58
	0°	873	1004	9.4	0.87	2a		

注：a 是板厚，mm。

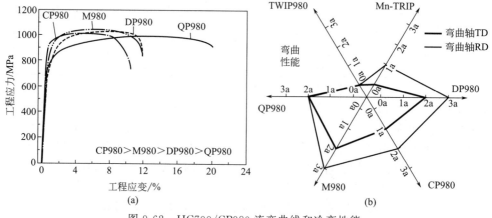

图 9-62　HC700/CP980 流变曲线和冷弯性能

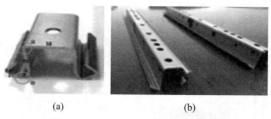

图 9-63　HC700/CP980 所做滑轨

在第一代先进高强度钢中，热冲压成形钢也有新的进展。首先是在钢种的成分中进一步增加碳、锰含量和其他的合金含量，以得到超高的抗拉强度，即从原来的 1470MPa 提升到 1800MPa 或 2000MPa。其次是这类钢有良好的冷弯性能，譬如热成形后的冷弯角度小于 60°；希望得到更良好的烘烤硬化性能，170℃的烘烤硬化量大于 150MPa。三类级别的热冲压成形钢强度性能和烘烤硬化性能列于表 9-16。不同热冲压成形钢的流变曲线和冷弯曲线见图 9-64。对热冲压成形钢的焊接性能也是近年来关注的焦点，文献 [10, 23] 等都探讨了热冲压成形钢的点焊性能，研究点焊工艺，包括焊接电流、压力、电极等变量对点焊性能的影响；研究焊核大小、焊核组织与板厚等相关参量之间的关系，文献 [10] 曾按照 ISO18272-2 进行了点焊工艺的试验，其焊接条件见表 9-17。不同钢种的焊接电流的范围见图 9-65，可以看出，厚度较大的铝硅涂层板比冷轧板的焊接电流要高；强度越大，焊接电流的范围越窄。点焊后的强度性能列于表 9-18，表中给出了剪切拉伸和十字拉伸的载荷值以及断裂的模式，其断裂模式均为部分交界面分离，点焊后的延性比均较低。从失效模式上来看，其焊接工艺仍有优化的余地；因比较好的失效模式是焊点的撕裂，所以这种失效模式可获得最高的冲击吸能[24]。

表 9-16 不同级别的热冲压成形用钢性能

牌号	HPF(900℃,6min)			HPF+BH(170℃,20min)		
	屈服强度/MPa	抗拉强度/MPa	伸长率/%	屈服强度/MPa	抗拉强度/MPa	伸长率/%
1470	1080	1490	7.4	1270	1520	7.1
1800	1240	1830	6.8	1440	1770	6.2
2000	1320	2060	5.7	1560	1950	5.4

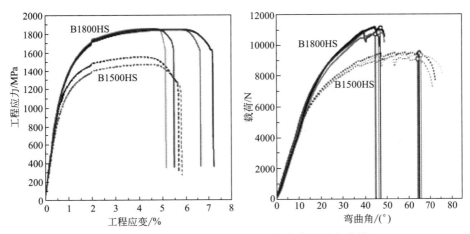

图 9-64 不同热冲压成形钢的流变曲线和冷弯曲线

表 9-17 热冲压成形钢的焊接条件

涂层	电极压力/kN	时间/s				电极			
		脉冲次数	焊接	冷却	保持	材料	类型	端部直径	冷却剂
无涂层	4.5	3	130	40	300	Cu-Cr	DR	8.0mm	4L/min

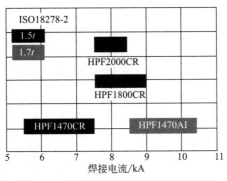

图 9-65 不同钢种的焊接电流的范围

表 9-18 点焊后的强度性能

材料		HPF1470		HPF1800	HPF2000
		AiSi 1.7t	CR 1.5t	CR 1.5t	CR 1.5t
电流/kA		8.5	7.0	8.5	8.0
剪切拉伸	TSS/kN	35.5	16.6	27.3	22.1
	断裂模式	部分交接面	部分交接面	部分交接面	部分交接面

续表

材料		HPF1470	HPF1800	HPF2000
		AlSi 1.7t	CR 1.5t	CR 1.5t	CR 1.5t
十字拉伸	CTS/kN	10.1	3.5	5.7	4.4
	断裂模式	部分交接面	部分交接面	部分交接面	部分交接面
延性比		0.28	0.21	0.21	0.20

（2）第二代先进高强度钢的研究进展

浦项近年来一直注重开发 TWIP 钢，所开发的高锰系列的奥氏体钢由于孪晶诱发塑性而具有优良的强度和延性的匹配。这类钢具有超高的加工硬化速率，具有高的碰撞吸能性能。浦项目前已经冷轧 TWIP980 作为商品供应，其抗拉强度 900 和 1100 级是焊接性能改善的新产品。目前 TWIP 钢的抗拉强度已经达到 1200MPa，各类 TWIP 钢的典型力学性能见表 9-19，流变曲线见图 9-66。

表 9-19 各类 TWIP 钢的典型力学性能

产品	级别	屈服强度/MPa	抗拉强度/MPa	伸长率(A_{80})/%
CR	900	≥480	≥900	≥40
	980	≥480	≥950	≥45
	1100	≥750	≥1100	≥35
	1200	≥850	≥1200	≥30
PO	900	≥480	≥900	≥40
EG/GI	900	≥480	≥900	≥40
	1000	≥600	≥1000	≥40
	1000-HY	≥700	≥1000	≥30

镀锌的 TWIP900（GI）具有很好的表面形貌和涂层的结合力，冷弯 $D=0°$、$180°$不开裂；这一钢种还有良好的延迟断裂抗力，在拉延比为 1.8、酸性盐雾试验时（5%NaCl，35℃），可以达到 827h 不开裂。该钢具有良好的点焊性能，可以和深冲钢 EDDQ、双相钢 DP980 点焊在一起，焊接电流有较宽的范围，该钢已在 FIAT 的前保险杠、车轮和 A 柱上进行应用，去掉了加强件，简化了冲压工序。TWIP 钢加铝之后，抗延迟断裂明显提升，在拉延比为 2.0 的情况下，加入 1.5Al 的 TWIP 钢具有很好的延迟断裂抗力，见图 9-67。铝的加入，提高延迟抗力，与层错能的增加密切相关。在层错能为 20~35MJ/m² 范围内，可抑制变形时马氏体的转变，促进孪晶的成形，从而有利于提高延迟断裂抗力，并改善成形性[25]。

由于这类高强度钢具有特高的伸长率，在 1000MPa 的强度下，伸长率可达 60%，具有好的成形性，可以冲压成形各类复杂形状的高强度钢零件。韩国浦项最先将这类高强度钢产业化，用于保险杠和车轮等构件。

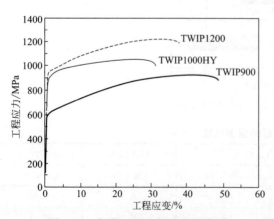

图 9-66 各类 TWIP 钢的流变曲线

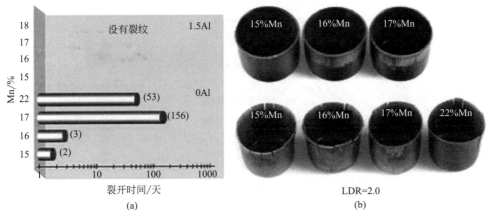

图 9-67 TWIP 钢延迟断裂试验结果与成分的关系

(3) 第三代先进高强度钢的研究进展

第三代先进高强度钢实际上是一种新的复相钢,在这类钢种具有更高数量的高强度组分,如马氏体、细晶粒的铁素体、贝氏体和超级贝氏体;同时一定含有稳定性可控的残留奥氏体,在一定的应变量下,组织中的残留奥氏体通过变形诱发马氏体转变,从而产生相变诱发塑性,使这类钢具有超高强度和延性的良好匹配。根据基体相的不同,可分为马氏体基体、贝氏体基体、超级贝氏体基体、δ-铁素体基体,从而使获得这类高强度钢具有不同的技术路线。其中典型的技术路线是中锰钢,通过锰在奥氏体和铁素体中的再分配,使过冷奥氏体稳定,得到随后变形时的 TRIP 效应。目前研发的有含锰 5% 的 TRIP 钢,譬如钢铁研究总院曾研究成分为 0.01%～0.05%C、3.5%～9%锰的中锰钢,这类钢快冷至室温,基本为体心立方组织,即 α-Fe,在奥氏体逆转变退火时,组织中就出现了奥氏体,随着组织逆转变时间的增长,逆转变的奥氏体量增多。由于奥氏体中包含较高的锰,这部分奥氏体稳定性较高,并可残留至室温。逆转变奥氏体的量随时间的变化见图 9-68[26]。这种含有较稳定奥氏体的钢在变形前后的组织变化见图 9-31。透射电镜下变形 38% 之后的组织见图 9-69,分别为条片状的组织和等轴状的组织,二者均具有高的位错密度,形变诱导马氏体为孪晶马氏体。不同奥氏体量的中锰钢的流变曲线见图 9-70。可以看出,随着奥氏体量的增多,屈服强度下降,伸长率明显上升。

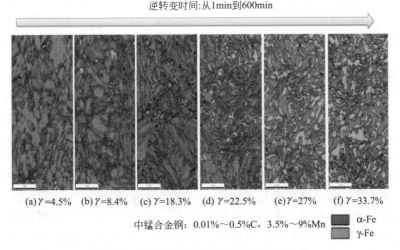

图 9-68 逆转变奥氏体的量随时间的变化

图 9-69　变形 38% 的均匀拉伸形变后中锰钢的组织

(a) 条片状组织　　(b) 等轴状组织

第三代高强钢中目前产业化进程较好的是 Q&P 钢，在 2003 年，Speer[27] 最先提出了 Q&P 钢的概念。这一概念是利用淬火后在 M_S 和 M_F 点之间的温度进行分配处理，这一温度略高于淬火的温度，进行保温，此时碳在奥氏体和马氏体中进行分配，奥氏体中碳含量将会迅速高于平均碳含量，马氏体的碳含量将低于平均碳含量，奥氏体中由于富碳，在随后冷到室温后，由于其马氏体转变点下降而残留于钢中，这一过程就是 Q&P 的处理过程。徐祖耀先生[5] 提出了 Q&PT 的分配处理过程，和 Q&P 的微小区别是马氏体中可以允许有少量的碳化物析出，碳分配的温度可以提升，比 Q&P 的分配温度高。Q&P 工艺中碳分配的示意图见图 9-71。从 2005 年开始，宝钢对这类钢开始了实验室研究，并设计了专用的超快冷的生产线，这类生产线具有多种冷却方式，最高冷却达 500℃/s。

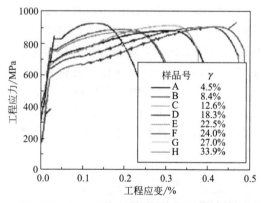

图 9-70　不同奥氏体量的中锰钢的流变曲线

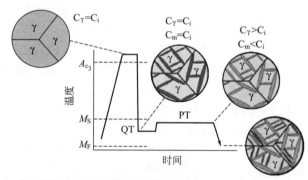

图 9-71　Q&P 工艺中的碳分配的示意图

Q&P 钢是回火马氏体为基体的 TRIP 钢，这类钢具有高强度和良好延性的匹配。目前，宝钢已开发了高伸长率的 Q&P980、Q&P1180 和均衡型的 Q&P980、Q&P1180，并可以供应冷轧板、热镀锌板和热镀锌合金板。故宝钢是国际上率先实现 Q&P 产业化的企业，与此同时，国际上一些知名钢厂，如安塞乐米塔尔也开发了 Fortiform 1180，也是高强度高成形性的钢。新日铁和 POSCO 也开发了 TRIP1180 钢，神户钢公司开发了 TBF1180。鉴于这类钢良好的成形性，国际上一些知名的汽车厂都在探索采用 1180MPa 以上的超高强度钢，以冷冲压成形的方式替代部分热成形技术。奔驰公司经过内部评估，认为用高延性的 Q&P 钢可以部分取代现有的热成形钢；在 A、B 级平台上，至少有 14 个零件可以冷成形取代热成形，把下一代 A/B 级平台与日产公司共享。2015 年，通用公司邀请了宝钢、安塞乐米塔尔、新日铁、蒂森、神户、POSCO 等 6 家钢厂提供冷轧高伸长率超高强钢材料，针对将于以后量产的某车型 A 柱进行冷冲压试验，用以替代广泛使用的热成形工艺，最终将看有关试验结果来确定相关方案。Renault 公司正与宝钢合作研究采用 QP980/1180 替代热冲压的可行性，涉及零件为 TWIWGO 车型的 B 柱、边梁、中通道。Nissan 对冷冲压高伸长率超高强钢使用非常积极，已向宝钢提出 1180MPa 高伸长率钢的明确需求。笔者认为究竟用冷成形还是热成形，还有大量的试验工作才能够确定，全面地进行 LCA 的评估，仍然是选用不同工艺的基本依据。虽然超高强度高伸长率的新钢种出现，提供了冷冲压成形的可能性，但详细的经济性评估，抗拉强度 1180MPa 这一级别可以冲压成功怎样复杂的零件，冲压模具的使用寿命，冲压回弹的控制等都需要认真细致的评估，才能做出相关的结论。对于形状简单的零件，通过辊压成形代替某些热冲压成形的安全件，是完全可能的，对形状复杂的零件，还是要慎重选择。

9.5 高强度钢的材料选用和设计哲学[28]

高强度钢的选用不仅是工程的需要，更重要的是一个整体的经济考虑。经济通常是一个决定性的因素，最终产品的经济性具有特殊意义。影响经济性的因素有材料的价格、产品的经济性、产品的寿命周期中所有的成本和价格。影响高强度钢板材制品总体成本的重要因素有：减重（即轻量化）、生产的难易程度、寿命的长短、制造过程、更多的发展合作、销售物流等。现分别叙述如下。

减重：高强度钢不仅是创造一个减重和降价的优势，而且还对提升构件的有效载荷，降低燃料消耗，降低运输成本、较小焊缝金属的体积等都是有益的。

产品制品更容易的钢：高度自动化和机器人生产系统的中断，很快就会导致产品价格迅速增长。与钢强度发展和提升的同时，成形性、可焊性、平整性以及产品表面清洁度也必须同时进行改进，同时力学性能的分散性和尺寸公差的分散性也应该大幅度下降。这种现代的钢板制品就提供了一个很好的产品经济性。

开发和合作：材料供应商和材料使用者从一开始就关心他们的努力，不只是在材料的价格上，还有产品开发的时间应缩短。在开发的早期阶段，事先将材料的 know—how 引进开发流程，就可节约大于 20% 的开发时间。钢材供应者参加到产品的开发中去，对双方都具有重要意义。

更长的寿命：磨损抗力和腐蚀保护的要求正在增长。一个原因是总的成本，包括保值的成本变得越来越重要。因此，应用涂层板和抗磨板是一个有吸引力的经济的解决方案。和普通钢制造的相对应的产品相比，由硼钢组成的产品磨损抗力给出了更高的寿命。

制造：制造线上半成品的合理生产对于板材的成形、剪切和弯曲会给出更好的经济性，这点常常是由于板材制造者需要更低的投资而产生的。

物流配送：通过资本的合理应用和库存的降低而降低成本，目前也十分急迫。通过有效的流程控制和在生产中的材料性能控制，满足更短的交货时间和更大的柔性空间要求。

实用性：新一代高强度钢产品的实用性已经为满足客户的各种要求做好了准备。

库存：储存 2~3 类钢一般来说是足够的。保证可能的几类钢的应用具有最重要的意义。

钢板与其他材料的比较：当比较各种材料的实用性时，常常应用某些形式的优点，在这种环境中的优点是基于材料的强度与它的重量和价格的总体评价。

弄清楚每千克重量的减低需要多少费用是非常重要的。一般在汽车工业中，每减重 1kg 大体需要 1~4 美元；航空航天中，每减重 1kg 大约需要付出 200 美元。图 9-72 给出了不同材料，即铝合金、纤维增强塑料等和钢板的价值评定结果，该图清楚地表明钢，特别是高强度钢是很有竞争力的材料。如每减重 1kg 所付出的价格可以大于 4 美元，那么高强度钢面临着其他材料的竞争。

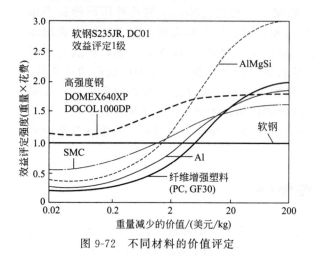

图 9-72　不同材料的价值评定

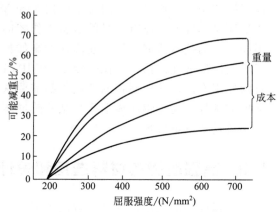

图 9-73　重量节约的潜力与屈服强度之间的关系
（注：$1N/mm^2=1MPa$，下同）

9.5.1　应用高强度钢时的重要性能

图 9-73 表明了重量节约的潜力与屈服强度之间的关系以及相应的价格变化。但是要选择合适的钢种和强度水平，要求具有更详细的性能知识和设计判据。当钢的强度和厚度改变时，这些性能都会变化。下述一些参数在用于某种结构时，随屈服强度的改变，相关参数也会发生变化。这些参数是刚度、弯曲失稳、压痕抗力、能量吸收、疲劳、腐蚀、韧性、成形、焊接性能、磨损、剪切以及材料价格。材料选择的哲学是在这些因素相互竞争时，选择尽可能高的材料强度。

刚度：高强度钢和低碳软钢的弹性模量是相同的。如果材料的厚度降低，刚度也会降低。然而刚度的损失在许多情况下可以通过截面形状的变化而得到补偿，如图 9-74 所示。平板元件的刚度可以通过沟槽、半径的改变，沿着板材表面水平深度值的变化而得到改变，因此甚至在设计阶段，高强度钢的刚度都被认为是很重要的。

弯曲失稳：弯曲失稳现象常常错误地认为仅与弹性模量相关，导致设计者认为增加强度是不可使用的，然而对于同样的板材厚度，设计容量常常与屈服强度增加的平方根成正比。如果应用高强度钢是围绕减低重量，譬如矩形的柔性梁，则边缘的宽度和厚度之比（b/t）应该限制在 80 左右。一个很好的例子是应用高强度钢时的弯曲失稳问题可以被克服，正如建筑工业所提供的图 9-75 中的形状，应用这一技术，对整个工程工业都具有很大的意义和兴趣。

压痕抗力：在运输工业，设计者尽全力保证板金属平面，如卡车、自卸车的底板在承受冲击时不能产生不可接受的凹痕深度，这就要求板材有好的凹痕抗力。当高强度钢板厚度减少时，提供改进和维持凹痕抗力的范围，如图 9-76 所示。试验证实如果屈服强度为 270MPa 的高强度钢替代低碳软钢，则当厚度减少 0.1mm，车门的凹痕抗力保持不变。用 DOMEX640 替代 S355JR，在几种车辆的底板结构中，凹痕抗力不变，板材厚度减少 30% 是可能的。引起钢板某一塑性压痕所要求的力与屈服强度（R_e）和板厚（t）的关系可以表示如下：

$$P=R_e t^2$$

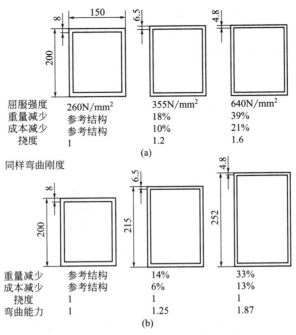

图 9-74 盒形截面的设计容量与刚度

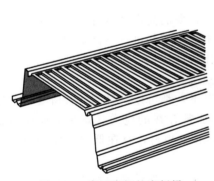

图 9-75 高强度钢的底板梁

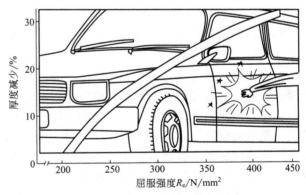

图 9-76 在相同凹痕抗力下厚度减低值与屈服强度之间的关系

能量吸收：汽车工业中，更高的安全性要求导致对高强度钢产生极大的兴趣。这不仅与压溃时大量能量吸收有关，还与乘员室高峰值载荷有关，这些钢提供了一个非常有趣的供替代的选择。取得高能量吸收的另一个应用领域是拖车和装载机的驾驶室。图 9-77 表明了轴向的能量吸收能力对矩形材料的构件是随着抗拉强度的增加而增加的。

疲劳：高强度钢板或承受疲劳的零件厚度的变化需要特别考虑。疲劳裂纹总是形成在应力集中出现的区域，因为在结构细节中，应力流基本上是均匀的和非扰动的。当构件由软钢

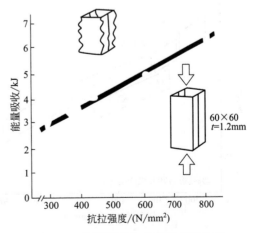

图 9-77 能量吸收与抗拉强度的关系

变为更薄的高强度钢板和缺口效应比较适中（小孔、半径、凹槽）时，预期寿命保持不变，而不需要特殊措施，见图 9-78。焊接应选择在低应力区域，点焊时焊点间距应降低。对接和角焊的焊趾应该进行圆滑或 TIG 处理（图 9-79），以使焊接的疲劳强度能够应用到高强度钢板。该图表明了焊趾 TIG 处理前后的填充焊情况。

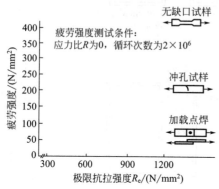

图 9-78　疲劳强度和极限抗拉强度的关系

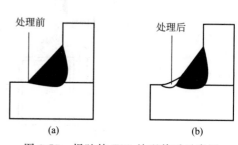

图 9-79　焊趾的 TIG 处理前后示意图

焊点的 TIG 处理将改进疲劳强度高于 100%，对接焊的疲劳强度改进 70%。当高强度板应用时，焊点的疲劳是最关键的因素。因此，进行精确的载荷分析是必须的。当载荷循环数较低，静载平均应力高，或者结构达到最大载荷的频次相对较低时，高强度钢有比较大的潜力。

腐蚀：软钢和高强度钢的腐蚀抗力没什么区别，厚度较薄的高强度钢可能会给出对腐蚀的更大关注。但在板材的大多数情况下，所用的高强度钢板材都是进行腐蚀防护的，譬如油漆、金属涂层。热金属涂层有高的防腐抗力。铝锌涂层比热镀锌板有更好的腐蚀抗力。特别是要求工业、海运环境和高温下，铝锌涂层有更好的腐蚀抗力。

韧性：现代的高强度钢都有一定的韧性，在通常情况下，都可以满足制造者所要求的韧性值。脆断的危险与厚度相关。由于在薄规格的板材中通常存在的应力状态是平面应力状态，因此脆性断裂一般是不存在的。但对于厚度大于 8mm 的板材，且在低温下使用时，高强度钢板应该保证 $-20 \sim -40$℃ 的冲击韧性。

磨损：当高强度钢板的结构承受磨损时，一般是磨粒磨损，如较硬的物体、石头划痕或切割进入一个较软的物体，这个结果就是磨粒磨损。在这种情况下，硬度是选择材料的最重要的性能。

剪切：对高强度钢板进行剪切和冲裁时，剪切公差一般比低碳钢的值大。如果材料的强度增加一倍，那么剪切的公差将增加大约 30%。冲裁力和剪切力增加正比于材料强度，厚度降低则剪切力降低。

成形：强度的增加通常伴随成形性的下降。基本的成形性能试验说明，冷轧高强度 DP 钢板的成形性能优于普通的 HSLA 钢，特别是延展成形，见图 9-80。在实际中，成形的复杂性有相当大的变化，对复杂的成形

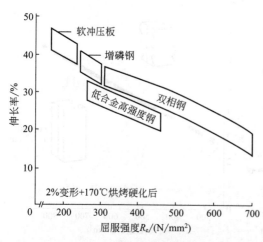

图 9-80　冷轧钢的成形性

工艺过程，对软钢的工具设计，其强度水平通常限制在抗拉强度 350～400MPa。渐进成形的工具可以做到更高的强度，达到 600MPa。

热轧冷成形钢能弯曲到小的半径而没有裂纹。标准钢和冷成形钢最小弯曲半径的比较见图 9-81。冷成形钢的延展成形性一方面随强度增加而降低。另一方面，深拉延性能原则上和强度无关。

与成形相关的回弹，通常是高强度钢大于软钢。回弹通常可以由过渡弯曲进行补偿。由于钢板性能的变化而使回弹发生变化时，进行回弹补偿就会更加困难。

新近开发的高强度钢具有相当均匀的材料性能，当这些钢成形时，回弹的变化通常是小的。弯曲和冲压力伴随着屈服强度的增加而增加，但当厚度减少或模具间隙增加时，弯曲和冲压力也会降低。

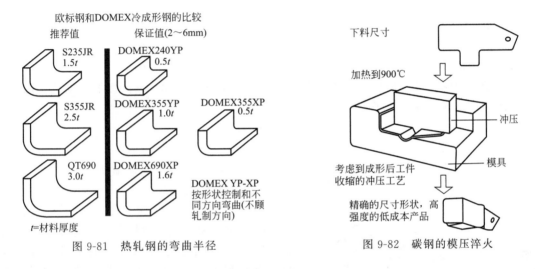

图 9-81 热轧钢的弯曲半径　　图 9-82 碳钢的模压淬火

超高强度钢制成极其复杂的零件时，硼钢的热冲压成形是一种有吸引力的成形方法。这种方法的特点是板材在模具冲压成形的同时进行硬化，见图 9-82。该方法可生产精确的形状而几乎没有回弹。

焊接：新的高强度钢板完全可焊，当点焊高强度钢板时，焊接电流通常比焊接软钢低 10%，电极压力比焊接软钢高 50%。点焊接头的静态极限剪切强度与钢的极限拉伸强度成正比增加，见图 9-83。高强度钢板的焊接零件承载能力和软钢的零件相当。

当点焊涂层板时，电极磨损增加，电极必须频繁地更换。当气体保护焊接热轧板时，应用强度级别比母材低的焊丝是更为经济的。焊接金属的强度至少等于母材和焊缝金属的极限抗拉强度平均值。

材料的价格：高强度钢比软钢贵一点，但价格的增长通常小于高强钢制造零件总价的节约。材料价格的降低来自总的重量下降，见图 9-73。

9.5.2 设计哲学

(1) 与现存结构相关的设计和基本原理的设计

原则上，高强度钢结构设计没有新的或明显的变化。然而，压缩失稳、变形、载荷的施加点和焊

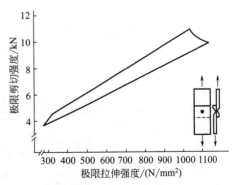

图 9-83 点焊静态剪切强度对极限拉伸强度的影响

接连接处的疲劳等是一些该特殊注意的区域。

高强度钢结构设计的成功与以下两个主要原理相一致。

① 与现存结构相关的设计。基于已存在的结构，只是材料厚度降低或与材料较高的屈服强度相关的外加载荷增加。

② 基于基本原理的设计。这是一个新的设计，它是基于加载条件而进行的整个结构的新的设计。

相关设计的优点是简单合理。设计者可以利用所知的存在结构特点的知识和当厚度、屈服强度改变时，各种性能如何变化的知识。其缺点是设计者在进行结构设计时，会陷入软钢性能为特点的设计处理方法的风险，进而不可能突破软钢保守设计的界限。

基于原理设计使设计者能够进行高强度材料中结构的整体优化，因而做出最大的效益。这种设计方法的困难是作用于结构上的相关的实际载荷数据经常是不可靠的。

实际上，相关设计是经常用的，同时经常进行压缩失稳、变形，载荷作用点和疲劳的检测和验证。

（2）拇指法则

实践经验表明，基于拇指法则本构关系的计算是十分安全的。该法则假定新的和旧的材料厚度比反比于屈服强度的平方根，即

$$\frac{t_2}{t_1}=\sqrt{\frac{R_{e1}}{R_{e2}}} \tag{9-2}$$

式中，t 为厚度；R_e 为屈服强度；下标 1 为参考钢；下标 2 为高强度钢。

效验表明变形是允许的，疲劳强度是适中的，如果这些要求不被满足，则可以通过改变截面来增加刚度，疲劳强度通过选择具有低应力集中效应的焊点来提升。如用 TIG（非熔化极惰性气体保护电弧焊）处理和磨光就可以进行改变和提升，见图 9-84。

假定我们所关注的性能与板材的厚度和板材力学性能之间写为更一般的关系，就可以表示为

$$E=AR^m t^n \tag{9-3}$$

式中，E 为所关注的性能；A 为常数；R 为屈服强度或抗拉强度（R_e 或 R_m）；t 为材料厚度；m、n 为表 9-20 给出的常数。

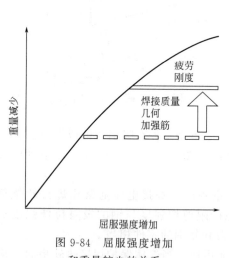

图 9-84　屈服强度增加和重量较少的关系

对同样板材的厚度，采用不同强度的板材时，所得出的性能改进可由下式表示：

$$\frac{E_1}{E_2}=\left(\frac{R_2}{R_1}\right)^m \tag{9-4}$$

表 9-20　近似计算的方程式(9-3) 中的 n 和 m 值

性能		关系	m	n
设计能力，静态载荷	拉伸，组件	$\propto R_e t$	1	1
	弯曲，板	$\propto R_e t^2$	1	2
	弯曲，横梁	$\propto R_e t$	1	1
局部屈曲		$\propto R_e^{0.5} t^2$	0.5	2

续表

性能			关系	m	n
能量吸收	最大载荷		$\propto R_e^{0.4} t^{0.9}$	0.4	0.9
	能力吸收(14m/s)		$\propto R_m^{0.6} t^{1.8}$	0.6	1.8
耐冲击性			$\propto R_e t^2$	1	2
疲劳强度	母材		$\propto R_e t$	1	1
	焊接点	小循环次数	$\propto R_e t$	1	1
		大循环次数	不受强度支配	0	1
冲裁间隙			$\propto R_m^{0.35} t$	0.35	1
冲裁力			$\propto R_m t$	1	1
弯曲力			$\propto R_m t^2 / W (W=模距)$	1	2

对同样的构件设计功能，采用高强度钢后可能的厚度或重量减少用下式表示：

$$\frac{t_2}{t_1} = \left(\frac{R_1}{R_2}\right)^{\frac{m}{n}} \tag{9-5}$$

式中，下标 1 表示参考钢板，下标 2 是高强钢板。

通过 TIG 处理，就会使与疲劳性能相关的构件设计功能整体改进。

在设计中，另外一个应该考虑的因素是缺陷大小对疲劳的影响。通常随着材料使用应力的提高，所允许的缺陷大小有明显的下降。高强度钢的设计使用应力远高于低碳软钢，对高强度钢表面允许的缺陷要求尺寸更小，分布和数量更加严格，以保证高强度钢构件承受疲劳载荷时的疲劳寿命。

文献 [1] 也详细介绍了高强度钢板材的性能要求以及从工艺链角度的性能要求，与这里所介绍的相关性能大体相近。在文献 [28] 中，对高强度钢应用的构件设计，包括材料的利用、刚度、外加载荷、连接方式、各类制造工艺、结构设计准则都有非常详尽的论述、计算和实际应用的例子，有兴趣的读者可以参阅这一资料。

在高强度汽车板的应用和设计哲学中，2006 年日本东京大学制造管理研究中心曾出版了《东亚汽车板生产的竞争和合作》[13,29]，该书对汽车板正向设计、研究开发和组织化的能力进行了详细论述，以汽车板的生产工序和对汽车板的性能影响进行了评论，表 9-21 和表 9-22 列举了这种工艺和功能之间的关系。表 9-21 按相关模块所得出的冷轧钢板的集成系统架构指数为 0.23[15/(8×8)，15 为圆圈所表示的工艺与性能的关系数量，8×8 为全部工艺与性能的对应数]，当考虑更多的工艺与性能关系时，则板材的集成架构指数可以提升，如表 9-22 所得出的该指数为 0.46。

表 9-21 不同模块下的冶金工艺和钢板功能之间的关系 1

作用过程	表面状况	腐蚀抗力	耐冲击性	成形性	可焊接	涂装性	尺寸精度	刚度
炼铁								
转炉		○		○	○			
二次精炼		○		○	○			
连续浇铸				○				
热轧				○				
酸洗					○			

续表

作用过程	表面状况	腐蚀抗力	耐冲击性	成形性	可焊接	涂装性	尺寸精度	刚度
冷轧				○		○	○	○
连续退火				○			○	

表 9-22 不同模块下的冶金工艺和钢板功能之间的关系 2

作用过程	表面状况	腐蚀抗力	耐冲击性	成形性	可焊接	涂装性	尺寸精度	刚度
炼铁								
转炉	○	○	○	○	○			
二次精炼	○	○	○	○	○			
连续浇铸	○							
热轧			○	○				
酸洗	○							
冷轧	○		○	○			○	○
连续退火	○		○	○	○	○		
连续镀锌	○	○	○	○	○	○		

因此，不同相关模块即相关的工艺因素对冷轧板功能的影响所得出的冷轧板的集成系统指数有明显的不同，这里集成系统指数定义为相关模块数量除以模块的总数量。集成系统指数越高，这表明各工艺因素与相关性能的关系度越多，越密切。以表 9-22 为例，其集成系统指数计算为 0.46＝相关的模块数/模块的总数＝33/(9×8)。在进行高强度钢的径向设计、研究开发和组织化能力之后，在应用中就必须了解汽车各主要零部件的功能和应用的可能性。由此进行材料开发和市场应用的 IPD 流程，即共用基础模块的管理流程，见图 9-85。

集成产品开发（integrated product development，IPD）是一套产品开发的模式、理念与方法。IPD 的思想来源于美国 PRTM 公司出版的《产品及生命周期优化法》（product and

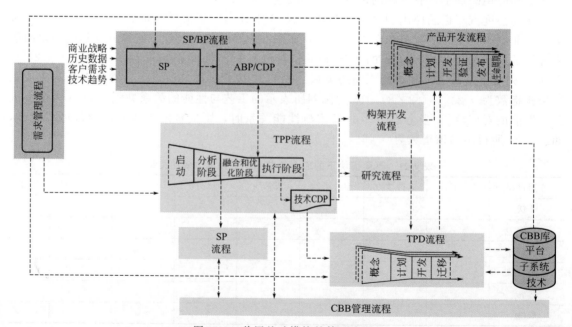

图 9-85 共用基础模块的管理流程

cycle-time excellence，PACE）一书，该书详细描述了这种新的产品开发模式所包含的各个方面。SP 为结构化编程，BP 为商业计划，ABP 年度商业计划，CDP 为公用开发计划。在确定高强度钢设计和应用方案时，较好的方法是进行全寿命周期的评估，同时进行多重方案的比较，从中选择出轻量化效果好、实施容易、产品性价比高的方案。一个基本准则是合适的材料用在合适的地方，在确定材料是否合适时，要进行材料的多重性能的评估。图 9-86 示出了 DP980、QP980、MS980、CP980 综合性能的比较，包括强度性能、成形性、扩孔性能、冷弯性能和焊接性能。根据这些性能的每种钢的特点和所选定的构件的强度级别、成形工艺，确定合理的选材和工艺路线，以便充分发挥所选材料的性能，用合适的工艺制作出我们所希望的零件的功能。

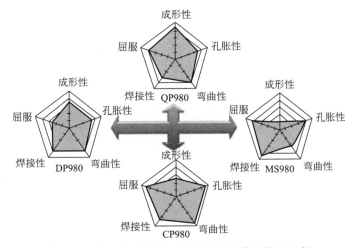

图 9-86　同一强度级别、不同材料综合性能的比较

9.6　高强度钢的应用和相关问题

高强度钢的应用和汽车轻量化的发展密切相关。汽车轻量化要保证安全，一种经济合理的方法就是应用高强度钢和先进高强度钢。高强度钢和先进高强度钢的发展为汽车轻量化的发展和应用提供了条件和基础。高强度钢应用中出现的问题，如回弹、成形困难、模具磨损等又导致了一系列先进成形工艺的出现和发展。这些相互依存又相互促进的因素，导致了最近几年汽车高强度钢的发展和在汽车工业中的应用迅速增加。现举一些典型构件的例子来说明高强度钢在汽车轻量化应用中取得的进展。

以宝钢为例，目前可供的高强度钢牌号列入表 9-23，相对应的流变曲线见图 9-6。

表 9-23　宝钢生产的各类高强度钢牌号

Mild 140/270	DP350/600	TRIP600/980	TWIP600/980	CP800/1000	HSLA550/650
BH210/340	DP700/1000	TRIP350/600	MS950/1200	CP1000/1200	HSLA420/500
BH260/370	DP300/350	TRIP400/700	MS1150/1400	CP600/800	HSLA350/450
BH280/400	DP1150/1270	TRIP450/800	MS1250/1500	CP1050/1470	HSLA450/600
FB330/450	DP600/800	HF1050/1500	IF260/410	CP600/900	
FB490/600	SF570/640	SF600/780	IF300/420	CP750/900	

目前采用的先进成形技术包括激光拼焊板、变厚度的轧制板、管子的液压成形（激光焊

管的液压成形、变厚度轧制管的液压成形、变径管的液压成形)、热冲压成形(冷冲压成形+模子中淬火、激光拼焊板的热冲压成形、变厚度板的热冲压成形)、辊压成形(激光拼焊卷的辊压成形、变厚轧制板坯的辊压成形),高强度钢板的应用促进了各类先进成形技术的发展,而各类成形技术的发展又有助于促进和扩大高强度钢的应用,从而为汽车的减重、轻量化和节能减排以及国产品牌竞争发挥重要的作用。

  高强度钢的应用已经有效地减少了零件的重量,实现了轻量化,如用 DP490 做汽车门外板代替 BH340,厚度同样为 0.7mm,压痕抗力可以提升 31%,翻边、回弹性能都可以满足要求;用 DP590 做前轮罩代替 DDQ 钢,可以减重 23%,厚度从 0.65mm 减到 0.5mm,可以通过抗凹性、翻边、回弹和点焊等各种性能评价。用 CP1180 做车边梁代替 CP590,重量可减重 33%,并可有效地控制回弹,碰撞吸能同时提升;用 DP980 做座椅导轨,重量可减轻 11%,同时疲劳性能提升,并通过了成形、疲劳和刚度的检测认证;用 TWIP900 钢通过优化设计,可以代替热轧 550 和 420 做后下控制臂,用一片式代替原来的四片式,满足了刚度和疲劳的目标,成本下降 7%,同时去掉了焊接工艺,减重 15%以上;同样宝钢用 TWIP980 制造前轮罩,通过优化和集成设计,将原来零件 9 个减为 3 个,重量由 6.16kg 减为 5.85kg,每个减重 0.31kg,焊点由 55 个减为 18 个,降低了制造成本和模具费用,同时提升了性能。侧边门槛原设计用钢为 B410LA,厚度 2.0mm,重量 6.8kg,采用 MS1180 代替,厚度 1.4mm,重量 4.76kg,减重 30%,即减重 2.04kg,整车两件,共减重 4.08kg,以此计算节能减排,按宝钢数据,每生产 1kg 钢板,CO_2 排放约 2.7kg,节约钢材 4.08kg,直接减排 11.016kg;由于单车少用 4.08kg 钢板,钢铁的 LCA 生命周期减排为 40.8kg;在汽车的使用环节,按减重 100kg,100km 油耗减少 0.6L,每升燃油排放 $2.5kgCO_2$ 计算,可减少 CO_2 排放 1500g,单车减重 4kg,100km 油耗可减少 0.024L,可减少 CO_2 排放 60g;生命周期按 20 万千米计算,可节油 48L,可减少 CO_2 排放 120kg。再考虑到原设计用 2mm 的 B410L,单件重 6.8kg,单件耗材 7.82kg,材料利用率 87%,采用超高强度马氏体级钢辊压成形,用材厚度 1.4mm,所用材料 1180MS,单件重 4.76kg,单件耗材 5.10kg,材料利用率 93.3%,通过工艺优化,可以进一步提高材料的利用率,减少材料的消耗,改进材料的性价比。左右前纵梁后段,原用 590RD+Z,零件厚度 2mm,重量 2.15kg,后采用 B1500HS,推荐厚度 1.6mm,重量 1.72kg,应用热成形方案,左右件共减重 0.86kg,成本降低 18.76 元。原某车型中通道用零件 16 个,重量 13.38kg,焊点数 193 个,后通过优化设计提高材料强度,零件减为 10 个,重量减至 10.95kg,焊点数减到 132 个。

  通过以上的例子可以看出,应用高强度钢和先进高强度钢,选用合理的、先进的成形技术,可以有效地使典型零件实现轻量化,并提升汽车的安全性能,虽然高强度钢和先进高强度钢具有良好的成形性,但对冲压成形仍带来不少的困难。应用高强度钢其主要产生的问题如下。

9.6.1 成形性

  作为汽车用钢的各类高强度钢和先进高强度钢的板材,成形性是十分重要的性能,它是指为生产一个满意的最终产品,在冲压过程中钢板承受形状变化而不发生成形缺陷,如起皱、开裂和其他表面缺陷的能力。成形性可分为约束的成形性和无几何约束的成形性。在文献[1,9]中相关章节已有详细论述,通常随着强度的升高,成形性变差,随着延性和韧性的升高,成形性改善。从材料物理和力学冶金、材料性能来看,强度和延性是一对矛盾体,通常随着强度的升高,材料延性和韧性下降,而延性和韧性的升高又靠牺牲强度来补偿。近年来，高强度钢和先进高强度钢的发展主要是围绕在提高强度的同时，尽可能地减少延性和韧性的降低，即这类钢是通过设计一种复合体，在这一复合体中使以上的优点得到充分发挥又避免另外一项的不足，同时也不影响另外一项优点的发挥，由此设计了各类组织强化钢，即一代、二代、三代先进高强度钢。在成形性的各种试验方法和表征参量中，成形极限曲线由于囊括了材料成形过程中的各类应变路径和应力应变模式（图9-87），可以较为全面地表征材料的成形性，因此这里简要和重点介绍这类成形方法的典型的试验结果。成形极限曲线通常采用半球形刚性凸模胀形法（Nakajima法），即国标 GB/T 15825.8 所规定的方法进行测定。2015年，中国汽车工程学会又起草了汽车薄板成形极限图的测试方法，对试验设备、方法、数据的采集和处理、成形极限曲线测试方法的许多试验细节进一步做了明确和规范，使成形极限图的测试结果可比性更强。由于成形极限曲线测试的方法比较麻烦，工作量也多，因此北美成形研究会曾提出了一个经验模型，这一经验模型为 NADDRG 模型[29]，按照这一模型，成形极限图的特征点 FLD_0 可以写为

$$FLD_0 = \frac{(23.3 + 359t)n}{0.21} \tag{9-6}$$

式中，t 为钢板的厚度，in；n 为材料的加工硬化指数。

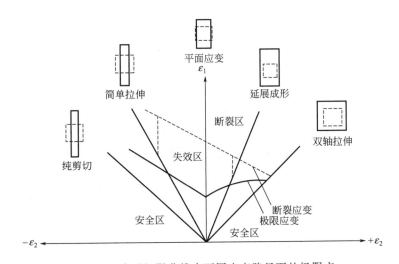

图 9-87　成形极限曲线中不同应变路径下的极限点

对低碳钢，n 值可以用均匀变形阶段（即塑性失稳前）的 n 值，也可以采用 n_u，即均匀伸长率的 n 值，也可以用 Hollomon 方程在均匀变形阶段求得的加工硬化指数。对第一代先进高强度钢，特别是双相钢，由于该钢的初始应变硬化速率比较高，因此用均匀变形阶段的 n 值不太合理，如用均匀变形 10% 之内的 Hollomon 方程的回归值更能表征材料的加工硬化特性和成形性；这里方程式(9-6)所表征的 FLD_0 主要与材料的加工硬化性能有关；即与 n 值有关，也与板材的厚度有关；求出 FLD_0 后，由 FLD_0 点引出与横坐标呈45°的直线，即求出 FLD 左边区域的成形极限曲线，然后过 FLD_0 点，在主应变和次主应变的右边象限引出与次主应变轴呈20°的直线，即为右边区域的成形极限曲线，该图的各特征点的应力状态示于图9-88。左右曲线的位置除受强度和 n 值、厚度的影响外，还受 r 值的影响，在右边部分区域，材料承受的是双向应变，这种变形模式会使材料承受的极限应变量增加，这是一种简单成形极限的做法，它可以粗略估计材料各种应变状态下成形时的极限应变。Keeler 等[30,31] 提出了 FLD_0 的计算方程

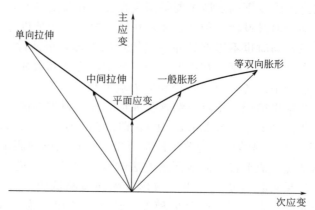

图 9-88 成形极限曲线中不同应变路径下的极限点

$$\mathrm{FLD}_0 = \ln\left[1 + \frac{(23.3+14.23t)^n}{0.21}\right] \quad n<0.21 \quad (9\text{-}7)$$

$$\varepsilon_1 = \mathrm{FLD}_0 - \varepsilon_2 \quad \varepsilon_2 < 0 \quad (9\text{-}8)$$

$$\varepsilon_1 = \ln[0.6(\exp\varepsilon_2 - 1)] + \exp\mathrm{FLD}_0 \quad \varepsilon_2 > 0 \quad (9\text{-}9)$$

式中，FLD_0 为成形极限图中平面应变状态下的最大主应变；t 为钢板的厚度，in；n 为工程应变在 10%～20% 时板材横向测量的加工硬化指数；ε_1 为 FLD 图上的主应变；ε_2 为 FLD 图上的次主应变。

Keeler 所提出的模型不是简单地用 45°或 20°的直线作为成形曲线，而是先用式(9-7) 算出 FLD_0 后，再根据成形极限图左右边区域的各对应点用方程(9-8) 式(9-9) 来计算；这些方程清楚地表明 FLD_0 受材料的延性即 n 值所影响，一般材料强度越高，延性越低，其成形性的安全空间越小。除了材料的延性之外，材料的塑性应变各向应变比也会影响成形极限图的形状、FLD_0 的大小。在文献 [1,21] 中考虑到 r 值也提出了相关的经验方程，有兴趣的可以去参看。在一代、二代先进高强度钢中，特别是 TRIP 钢和 TWIP 钢还必须考虑相变诱发塑性对成形性的影响，相变诱发塑性可以推迟缩颈的形成和发展，因此在成形极限图的右边部分会有更好的成形性和更高的成形安全区间。图 9-52 也显示了不同强度的双相钢成形极限的差异，可以明显地看出，强度增高，成形性下降。对低碳钢 DC 系列的钢种，由于材料的各向异性明显，r 值较高，其深拉延性能较好，因此成形极限图左边的线段明显高于右侧，通常 DC 系列的 r 值可以从 1.5 到 3.0，而双相钢 r 值仅为 1 左右；在低碳深冲钢的左侧曲线，基本上是一条与主轴呈 45°的曲线，而在右边双向拉伸区，由于低碳钢的 r 值较高，按照 Von Mises 类型的各向异性屈服准则，其曲线的斜度受 r 值影响，随 r 值的增加略有下降。双相钢具有较强的加工硬化能力，但 r 值较低，因此成形极限曲线的左侧和右侧高度比较相近。一系列的试验结果证明，FLD_0 和材料的厚度、材料应变硬化指数、材料的塑性应变各向异性比 r 值正相关，与材料的强度负相关。

随着强度的升高，成形性变差，以双相钢为例，随着强度级别的升高，成形极限下降，冲压成形时的安全空间变小。图 9-52 示出了强度级别分别为 590、780、980 的双相钢的成形极限图，可以看出，随着强度级别的升高，成形的安全空间在下降。各类先进高强度钢所做的大量研究，就是通过组织调控来改善各类钢的强度和延性的合理匹配，进而提高各类钢的成形性。

在成形极限应变超过总应变或者超过极限应变时，都可能产生成形时发生的一种缺陷——发裂。这类成形性不足，在弯曲试样上表现最为常见，非常明显，图 9-89 示出了这类形貌。

高强度钢在弯曲成形时的另一类缺陷是弯曲缩颈，此时的弯曲变形量超过均匀伸长率，但小于断裂伸长率，弯曲缩颈的典型图片见图 9-90，图中样品采用 1200 的砂纸抛光。

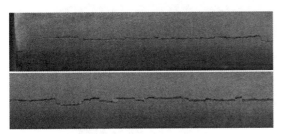

图 9-89　高强度钢冷弯时产生的发裂

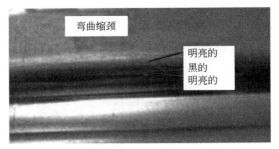

图 9-90　高强度钢弯曲变形时的弯曲缩颈

高强度钢和先进高强度钢在剪切时也会产生边裂，或者在剪切之后变形时将剪切产生的微裂纹受力扩展，形成边部裂纹，尤其是先进高强度钢的 TRIP 钢，剪切时由于剪切变形会诱发残留奥氏体发生马氏体转变，马氏体是硬而脆的相，在随后变形时就可能作为裂纹源形成边裂，典型的边部裂纹见图 9-91。许多先进高强度钢用于制造汽车安全件，这类安全件大部分为槽形或者帽形结构，因此边裂也会是先进高强度钢在剪切下料和冲压成形时容易遇到的缺陷。

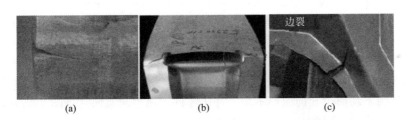

图 9-91　高强度钢的边裂

组织强化的先进高强度钢通常由硬相和软相组成，这类钢的扩孔性能由于两相硬度差较大，孔胀率均比较低，在扩孔时产生微裂纹或相间裂纹。图 9-92 示出了孔胀试验时的微裂纹，相应的孔胀试验示意图见图 9-93。图 9-94 示出了双相钢 740 在剪切断裂试验时马氏体-铁素体交界面上产生的微裂纹。两种钢的孔胀率见表 9-24，表中数据表明，总伸长率较高的钢是 TRIP 钢，其孔胀率低于伸长率较低的双相钢，这可能与下述因素有关：即 TRIP 钢在孔胀成形时，边部发生残留奥氏体应变诱发转变为强度较高的马氏体，在发生相变诱发塑性的同时，马氏体相变产生的体积膨胀和晶格形状的变化将诱发应力、应变，在基体和马氏体之间产生微裂纹；应变

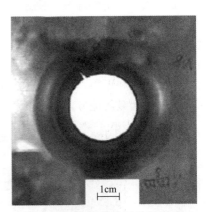

图 9-92　孔胀试验时的微裂纹

诱发的高强度马氏体也会由于和基体之间塑性应变不相容导致相间应力增大，也是相间微裂纹产生的诱因；高硬度的马氏体承受塑性应变的能力较差，在孔胀过程中也会产生断裂，成为孔胀时微裂纹的发生源，这些都可能降低扩孔性能，即降低孔胀率。

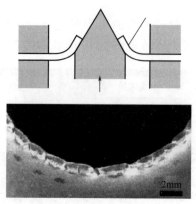

图 9-93 孔胀试验示意图

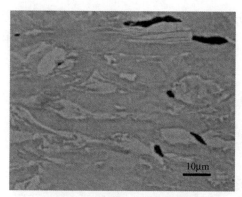

图 9-94 剪切试验时的微裂纹

表 9-24 两种钢的孔胀率   %

钢（780MPa）	伸长率	孔胀率
DP	19	60
TRIP	30	40

在成形时，材料的断裂模式还和材料组织成形时的加载路径、应变速率等多种因素有关，在成形时的加载路径包括单轴压缩、纯剪切变形、单轴拉伸、平面应变、延展成形、双轴应变等，他们的断裂形式均不相同，因此分析构件成形时的断裂和对断裂进行预测应综合考虑多种因素。有兴趣的读者可参阅文献［32,33］。

冲压变形的另一种缺陷是起皱（wrinkle）。起皱是材料在冲压变形时，特别是在深拉延变形时，其变形坯料的边缘由于受到较大的切向力，使变形产品沿边缘切向形成高低不平的皱纹，其本质是受力不均而引起的变形不均。冲压零件的典型起皱照片见图 9-95。既然起皱是由于剪应力不均匀造成的，因此凡是有利于剪切变形的因素都可以有效地减少和避免起皱；可以通过冲压件受力模式的分析，改变压边力，合理地选取和增加压延筋的数量，或者通过改变应力状态，或者通过合理设计使起皱部分处在零件进一步加工时可去除的部分等方式减少和消除起皱。起皱的另一个原因是压缩的塑性失稳，当板坯受到的平面应力达到某种程度时，由于厚度方向的尺寸远小于其他方向的尺寸，因此塑性失稳可能出现在厚度方向，导致起皱。诱发起皱的应力包括压缩应力、剪应力、不均匀拉伸应力以及平面弯曲应力，见图 9-96。起皱主要影响零件的精度和形貌，可以通过产品的机构设计、降低拉延深度，避免产品形状的急剧变化；在可能发生起皱的地方，增加吸收皱褶的形状，如拉延筋等。

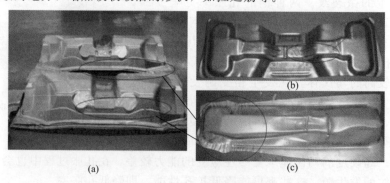

图 9-95 冲压零件的起皱

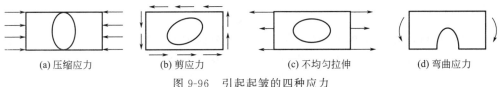

图 9-96 引起起皱的四种应力

在冲压中，另一种缺陷是由于模具的光洁度不够或者模具设计不合理，在冲压时导致的冲压件表面损伤、凹凸不平、变形不均匀等，影响油漆后的表面形貌或光鲜性，严重时也会使局部减薄过大，影响零件的刚性等性能。这类缺陷的典型图片见图 9-97。

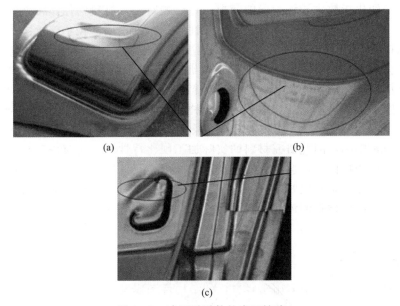

图 9-97 冲压时零件的表面缺陷

9.6.2 加工硬化特性

在讨论高强度钢加工硬化特性的时候，应该对相关的力学概念进一步深入认识，为简化讨论，我们假定高强度钢的流变方程符合

$$\sigma = \sigma(\varepsilon, \dot{\varepsilon}, T)$$

即流变应力为应变 ε、应变速率 $\dot{\varepsilon}$ 和温度的函数，其中应变又与加工硬化指数 n_i 相关，应变速率与应变速度敏感指数 m_i 相关，温度与温度敏感系数 β_i 相关，它们又可表示为

$$n_i = \left(\frac{\partial \ln\sigma}{\partial \ln\varepsilon}\right)_{\dot{\varepsilon}, T} \tag{9-10}$$

$$m_i = \left[\frac{\partial \ln\sigma}{\partial \ln(\dot{\varepsilon})}\right]_{\varepsilon, T} \tag{9-11}$$

$$\beta_i = \left(\frac{\partial \sigma}{\partial T}\right)_{\varepsilon, \dot{\varepsilon}} \tag{9-12}$$

按照 Considere 判据，当满足式(9-13)时，材料开始扩散缩颈，此时加工硬化速率与流变应力相等，或加工硬化指数与应变相等，关于这部分详细内容可参照文献 [9]。

$$\sigma = \left(\frac{\partial\sigma}{\partial\varepsilon}\right)_{\dot{\varepsilon}, T} \text{ 或者 } \varepsilon = \left(\frac{\partial \ln\sigma}{\partial \ln\varepsilon}\right)_{\dot{\varepsilon}, T} \tag{9-13}$$

当满足

$$\varepsilon = 2\left(\frac{\partial \ln\sigma}{\partial \ln\varepsilon}\right)_{\dot{\varepsilon},T} \quad (9\text{-}14)$$

这一方程时,材料开始局部缩颈,此时加工硬化指数仅为变形的 1/2。

为简化讨论,假定材料的流变曲线符合 Holloman 方程

$$\sigma = K\varepsilon^n \quad (9\text{-}15)$$

根据前面的 Considere 判据,当真应变与加工硬化指数 n 相等时,开始扩散缩颈,即材料仍然进行均匀变形;当真应变等于两倍的加工硬化指数时,局部缩颈开始,此时材料的加工硬化指数仅为真应变的 1/2。对应材料的工程应力应变曲线,见图 9-98(a),可分为均匀变形阶段和缩颈阶段。在均匀变形阶段,材料的加工硬化速率一直大于材料的几何软化速率,材料的应变硬化指数主导该阶段的变形;在缩颈阶段,材料的伸长为缩颈伸长,材料的加工硬化速率小于几何软化速率,材料发生塑性失稳,变形局部化,该阶段的长短与材料的应变速率敏感指数有关,变形的过程受应变速率敏感指数控制,当应变速率硬化比较强烈时,该阶段就会延续较长时间。图 9-98(b) 示出了应变硬化指数高的和低的两种变形模式,即高应变硬化特性和低应变硬化特性的两类材料的变形模式。图 9-98(c) 示出了脆性断裂、低应变速率敏感指数和高应变速率敏感指数三种材料变形模式的流变曲线。实际材料变形时的流变特性,不仅受应变硬化、应变速率硬化影响,还受温度、试样的几何形状、材料的导热性能等诸多因素影响,因此研究材料的实际加工硬化特性时,还应该考虑相关的因素。作为构件冲压时的流变特性,还会受应变路径、表面与模具的摩擦等因素所影响,因此其变形模式和失效准则会更复杂;此时用合适的有限元计算与材料流变特性的数据库相结合,采用有限元分析软件,可对材料的流变特性进行模拟。

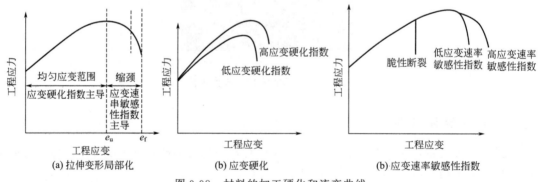

图 9-98 材料的加工硬化和流变曲线

9.6.3 回弹

回弹是指板材成形后在卸载时在弹性应变的驱动下发生的零件形状变化,它随强度和应变硬化的增加而增加,随弹性截面模量与厚度之比(W_e/t)的增加而增加。材料的屈服点对回弹有极大的影响,了解回弹的真实特性,对回弹进行有效的预测,以控制回弹,降低回弹,就变得十分重要;特别是对高强度钢零件,有效控制回弹,对提升高强度钢冲压件的质量和装配效果,亦十分重要。已经表明,板坯的保持力、弹性模量、应变硬化指数、板坯的厚度、屈服强度对零件的最终回弹、大小和形状都有明显影响。

为简化论述,现以纯弯曲为例来叙述回弹时的表征和应力应变分析。纯弯曲试验是快速确定回弹大小的方式,对自由纯弯曲试样,可以用图 9-99 来叙述成形、卸载和回弹的过程。在板坯没有变形时,其半径是无穷大;加载成形时,加上一定的弯矩(M),板材的半径变

为 R；成形后卸载，即弯矩去除，板材回弹，半径由 R 变为 r。由于回弹的作用，$r>R$，即回弹后的半径大于成形时的半径。弯曲变形时弯曲应变计算的相关参量见图 9-99（b），在未弯曲变形时，$\varepsilon=0$；弯曲变形时，中性层实际是不发生变形的。

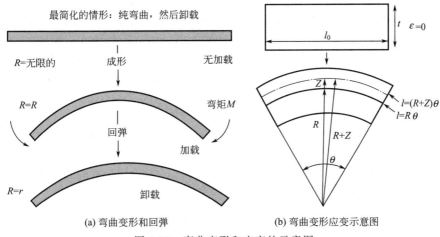

图 9-99 弯曲变形和应变的示意图

中性层未变形时长度为 l_0，弯曲变形后，$l_0=R\theta$。在中性层上半部分，材料承受拉伸应力，在拉伸应力作用下，平均变形值即图 9-99(b) 中虚线所示，并用 l 表示，$l=(R+Z)\theta$，式中 Z 为板材厚度的 1/4；板材中性层的下半部分承受压缩应力，其平均变形量 $l_c=R-Z\theta$，式中 θ 为以弧度表示的弯曲变形角。整个板坯的弯曲应变量可以写为

$$e=\frac{l-l_0}{l_0}=\frac{(R+Z)\theta-R\theta}{R\theta}=\frac{Z}{R} \tag{9-16}$$

三种状态下的应力应变分布示意图见图 9-100。由图可看出，加载状态和卸载状态的应变分布比较简单，但是卸载时板材的受力状态相对比较复杂，在加载时板材上表面受拉应力，下表面受压应力。从应力与应变对应关系来看，在施加弯矩时，应力分布应该和应变一样，呈线性关系，如红线所示，但考虑到变形的不均匀性和受力的不均匀性，实际的应力分

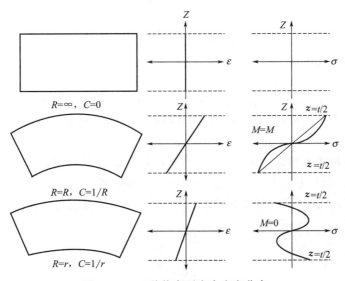

图 9-100 三种状态下应力应变分布

布如图中曲线所示。

对应变来说，卸载后图 9-100 中所示应变是施加弯矩时的变形与卸载后回弹的变形，二者合成的结果，但应力分布显然较复杂，在卸载后，即弯矩消除后，原拉伸表面的拉应力由于变形板材的弹性回复，实际承受的是压缩应力，原承受压缩应力的表面由于回弹，使表面承受拉应力，图中所示出的卸载后的应力分布实际是不同部位加载、卸载后承受应力的合成结果。

为了表征回弹，也可用加载和卸载后弯曲的曲率大小来表征，曲率定义为曲率半径的倒数；变形和回弹后的两曲率之差作为回弹的表征参量，用 ΔC 表示

$$\Delta C = C_R - C_{R'} = \frac{1}{R} - \frac{1}{R'} > 0 \tag{9-17}$$

式中，ΔC 为加载或卸载后曲率的变化，即回弹量；C_R、$C_{R'}$ 分别为加载和卸载后的曲率；R、R' 分别为加载或卸载后的曲率半径。

对不同材料的回弹，还会受弹性模量 E、流变本构方程中的强化系数 K、应变硬化指数、板材的厚度等因素的影响。回弹值可表示为

$$\Delta C = \frac{1}{R} - \frac{1}{R'} = \frac{6}{2+n} \times \frac{K}{E} \times \frac{t}{2R} \times \frac{1}{t} \tag{9-18}$$

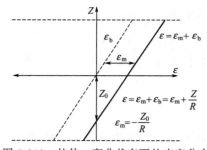

图 9-101 拉伸、弯曲状态下的应变分布

该方程只在理想钢塑性情况下才能成立，对这类材料，如受力材料是弯曲＋拉伸，则这时的应变的示意图见图 9-101，图中 ε 为总应变，ε_m 为拉伸产生的应变，ε_b 为弯曲产生的应变。由于拉伸变形的引入使整个应变分布的曲线向右平移，即承受拉应变的区域扩大，因此压应变的区域缩小。

在理想刚塑性的情况下，拉伸、弯曲状态下的回弹可以由下列方程估算。

$$T = W \int_{-t/2}^{t/2} \sigma \, dz \tag{9-19}$$

$$M = \frac{\sigma_0 t^2}{4}(1 - \overline{T}^2) \tag{9-20}$$

$$\frac{1}{R} - \frac{1}{R'} = \frac{3\sigma_0}{Et}(1 - \overline{T}^2) \tag{9-21}$$

式中，T 为归一化的拉伸载荷值；W 为截面系数；σ 为拉伸应力；M 为弯矩；σ_0 为初始拉伸应力，拉伸应力在理想刚塑性条件下对弯曲回弹的作用见图 9-102。

其中 $\Delta C(T)/\Delta C(T=0)$ 表示弯曲拉伸后的回弹与纯弯曲的回弹之比，从图 9-102 可以看出，拉伸应力增大，回弹逐步下降。对这种材料在弯曲时增加拉伸应力，是降低回弹的有效方法。

弯曲回弹中的相关参量示于图 9-103，其回弹量 ΔX 或者 $\Delta \theta$ 与流变应力 σ_0 成正比，与弹性模量 E 成反比 [式(9-22)]。在初始流变应力和弹性模量确定后，回弹量 ΔX 与样品的长度 L 成正比 [式(9-23)]，与样品厚度成反比，与 $1-\overline{T}^2$ 成正比 [式(9-24)]，分别表示为

$$\Delta X \propto \frac{\sigma_0}{E} \tag{9-22}$$

$$\Delta X \propto \frac{L}{t} \tag{9-23}$$

$$\Delta X \propto (1-T^2) \tag{9-24}$$

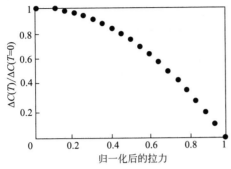

图 9-102 拉伸应力对理想钢塑性体回弹的作用

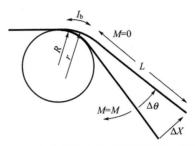

图 9-103 弯曲回弹中各参量与回弹量的关系

对于自由弯曲厚度大于 3mm 的高强度钢,为减少回弹或对回弹进行补偿,对 90°弯曲的过弯曲角度在模具张开为 10 倍厚度的情况下,可按下式来估算[28]:

$$\Delta \alpha = 0.0143 R_{eH}^{0.94} (R_i/t)^{0.1} \tag{9-25}$$

式中,R_{eH} 为屈服点;R_i 为内半径;t 为厚度。

对有底的 V 形弯曲,即有下模的弯曲,如果弯曲的力足够高,在弯曲的地方出现永久应变,这就可以有效地消除回弹,但是要准确计算底部的永久变形量还比较困难。当厚度小于 1.5mm 时,通常冲压后的底部厚度减薄量为 $0.08t$,一般情况下,可取 $(0.9 \sim 0.92)t$。下面将列举一些有下模的 V 形弯曲试验结果。

回弹与高强度钢的应用密切相关,它是汽车工业和钢铁工业共同关心的问题,对材料回弹的研究有超过 40 年的历史,早期 Baba A. 和 Tozawa Y[34] 曾研究了通过拉伸力对延展板材回弹的影响,结果表明在弯曲或弯曲之后可使回弹降低,此后多年来对回弹的研究集中在对回弹原因的深入探讨,对回弹的特点进行准确的理解,对回弹进行精确预测、控制和降低,即有效进行回弹补偿等有效降低回弹的方法,以使在高强度钢零件批量生产时获得有效性价比的制造工艺,降低开发时间、降低废品率。一系列的工作研究了材料性能、工艺参数等对回弹的影响,如板坯的保持力、弹性模量、应变硬化指数、板坯的厚度、板材的屈服强度和成形零件的屈服强度对零件中最终回弹大小的影响[35]。在文献 [36] 中研究了材料的塑性各向异性的变化对回弹的影响,文献 [37] 研究了非弹性效应对回弹的影响,文献 [38] 试验研究了板材的不同厚度和性能对弯曲时回弹的影响。计算机模拟是研究回弹和板材变形过程中回弹的有效手段,文献 [39~43] 用这一方法研究了材料的回弹。文献 [44] 研究了成形的铝合金厚板在蠕变中的回弹模拟。对回弹的研究大部分集中于对回弹的准确预测和回弹的补偿。对回弹参量的研究也是回弹的重点,当采用高强度轻量化材料时,对回弹参量的了解是冲压工具精确快速设计的基础,特别是在工艺的早期设计阶段,对回弹参量的分析,冲压件随后的装配工艺,是最重要的参考数据和参量[45,46]。文献 [47] 曾详细研究了三种双相钢的回弹特性,探讨了试验材料、试验方法、模具等相关参量之间的关系,试验用钢的化学成分列入表 9-25,力学性能见表 9-26、表 9-27。

表 9-25 试验钢的化学成分

钢种	化学成分(质量分数)/%							
	C	Si	Mn	Cr	Cu	Al	P	S
DP590	0.084	0.28	1.79	0.011	0.019	0.038	0.012	0.008

续表

钢种	化学成分(质量分数)/%							
	C	Si	Mn	Cr	Cu	Al	P	S
DP780	0.110	0.30	1.81	0.202	0.021	0.034	0.017	0.009
DP980	0.170	0.40	2.32	0.390	0.015	0.039	0.013	0.009

表 9-26　DP590 的力学性能

钢种	厚度/mm	编号	伸长率/%	屈服强度/MPa	抗拉强度/MPa	弹性模量 E/MPa	n_{2-20}	r_{2-20}	泊松比 μ
DP590	1.4	1#-0	26.44	385	654	197656	0.20	0.91	0.29
		1#-45	24.76	395	659	206002	0.19	0.79	0.26
		1#-90	26.81	387	656	201550	0.19	1.09	0.30
	1.8	2#-0	28.67	389	635	195328	0.19	0.89	0.29
		2#-45	25.33	408	634	207762	0.18	0.89	0.29
		2#-90	26.67	406	648	203501	0.19	1.07	0.28

表 9-27　DP780 和 DP980 的力学性能

钢种	厚度/mm	编号	伸长率/%	屈服强度/MPa	抗拉强度/MPa	弹性模量 E/MPa	n_{2-20}	r_{2-20}	泊松比 μ
DP780	1.4	3#-0	16.00	584	864	200502	0.13	0.83	0.27
		3#-45	14.83	584	860	198784	0.13	0.94	0.29
		3#-90	15.17	571	859	203606	0.13	0.89	0.30
DP980	1.6	4#-0	8.83	823	1026	201073	0.11	0.78	0.28
		4#-45	9.17	827	1023	200970	0.10	0.87	0.30
		4#-90	8.33	829	1032	205353	0.10	0.77	0.28

以霍洛曼方程作为本构方程，在应变0.5%～3%范围内拟合试验数据所得的本构方程为

$$DP590(1.4mm): \sigma = 1050\varepsilon^{0.187} \tag{9-26}$$

$$DP590(1.8mm): \sigma = 948\varepsilon^{0.164} \tag{9-27}$$

$$DP780(1.4mm): \sigma = 1201\varepsilon^{0.135} \tag{9-28}$$

$$DP980(1.6mm): \sigma = 1606\varepsilon^{0.131} \tag{9-29}$$

三种钢的组织见图 9-11～图 9-19。

用 L 形试样测量了三种双相钢的回弹，试验装置和回弹角测量的示意图见图 9-104。试验装置中下模圆角半径 R 为 3mm，上、下模压合时的侧边间隙为 1.1t（t 为板厚）。如没有回弹，弯曲后的样品角度为 90°，实际测量角减去 90°即为弯曲后的回弹角。回弹角与屈服强度、抗拉强度、3%的塑性应变的流变应力、Holloman 方程中的 K 值（强化系数）之间的关系见图 9-105。可以看出，回弹角随屈服强度、抗拉强度、3%的塑性应变的流变应力、K 值的上升而增大，双相钢的这类回弹与强度性能具有良好的线性关系。模子之间的间隙、材料厚度、模具的圆角半径对回弹试验结果都有明显影响，有关试验结果可参阅文献 [9]。

V 形弯曲试验也是测量回弹的一种常用方法。其试验装备和回弹测量的示意图见图 9-106。回弹测量时的试样大小为 160mm×70mm×厚度 t，冲头弯曲半径为 4mm，弯曲角度分别为 130°、110°、90°和 70°，弯曲时冲头的下移速度为 10mm/min，冲头的形状与样品紧密贴合，

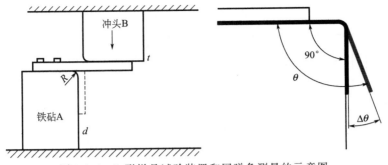

图 9-104　L 形样品试验装置和回弹角测量的示意图

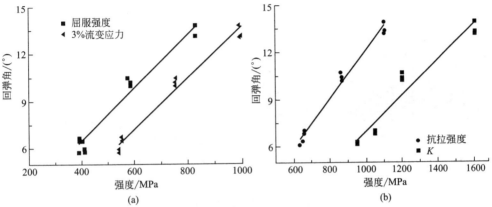

图 9-105　回弹角与屈服强度、抗拉强度、3%的塑性应变的流变应力、Holloman 方程中的 K 值之间的关系

保持 10s，设定的保持力为 2t。该装置还可以测量不同压边力下的样品弯曲时的回弹。弯曲角度为 130°的实物样品和回弹角的测量结果见图 9-107。回弹角度测量是将弯曲后的样品内外两边划线，最后取中线的夹角作为弯曲之后的实测角度，与模具的角度相比较，其差值即为回弹角。从图 9-107 的结果可看出，随着冷弯角度的增加，三种强度级别的双相钢板材的回弹角随弯曲角度的增加而增加；同一强度级别，双相钢 DP590 随厚度增加；在冷弯角大于 90°时，较厚的板材的回弹有所下降；在冷弯角度进一步提升时，厚度较高的板材回弹继续下降；意料之外的一个情况是双相钢 DP590 在所试验的各冷弯角度下回弹值均为负值，DP780 只是在冷弯角低于 110°时为负回弹，在冷弯角度为 130°为正回弹，DP980 在各冷弯角度下均为正回弹。文献［48］曾分析了板材自由弯曲时的变形过程，见图 9-108，可以看出弯曲成形后的 A 和 C 部区域有产生正回弹的应力，而在 B 区域是产生负回弹的应力，两种应力综合评定的结果，确定了回弹的正负值。在三种双相钢的回弹对比研究中，采用的冲头半径为 4mm，比较尖，选择的冲压力为 2t，也比较高，在冲头顶部和样品的接触区域有可能产生部分塑性变形，即出现厚度减薄，特别是 DP590，强度级别较低时，此时冷弯变形产生特殊应力状态，在冷弯之后卸载时，将有可能出现负回弹。图 9-109 示出了板材弯曲变形时中心点的减薄和 A、B 接触点的应力状态。在对比的三种双相钢中，DP590 的硬度为 200HB，DP780 的硬度为 234HB，DP980 的硬度 311HB，在弯曲变形过程中，DP590 和 DP780 与冲头顶部的接触区域可能发生部分变形和厚度减薄，DP980 因硬度较高，顶部变形将比较困难，因此出现了三种钢不同的回弹响应特性。三种钢马氏体和铁素体的硬度差不同，两种相的变形响应特性不同，DP590 的相间应力远大于 DP780 的相间应力，这也可能是三种钢不同回弹响应特性的原因之一。

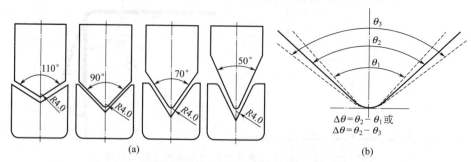

图 9-106 不同 V 形弯曲试验的模具和回弹测量的示意图

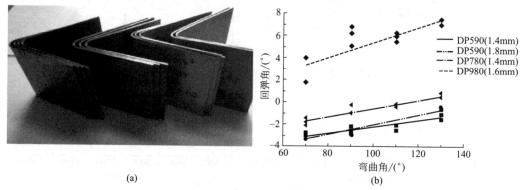

图 9-107 弯曲角度为 130°的实物样品和回弹角的测量结果

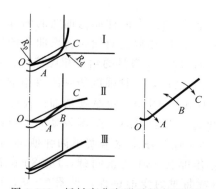

图 9-108 板材弯曲变形时的变形过程

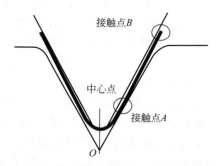

图 9-109 板材自由弯曲时的厚度减薄和与模具的接触点

  完整地解释相关的回弹现象，尚需进一步的研究工作。这类型样品的回弹和强度的关系，包括屈服强度、抗拉强度等，回弹角均随强度性能的提升而上升。为研究压边力对 V 形试样回弹的影响和寻找控制回弹的方法，文献 [49] 研究了三种双相钢不同条件下的回弹，所用模具和测量的参量见图 9-110，冲头半径分别为 4mm、7mm、10mm、13mm，压边力为 1t、1.5t 和 2t。不同钢种、不同压边力、不同冲头半径所测回弹角列入表 9-28，不同条件下压边的回弹角和 V 形试样的回弹角的变化趋势见图 9-111。表 9-28 中数据和图 9-110 中所示表明，随冲头半径的增大，回弹增加；随压边力的增加，回弹减小；随材料强度的增加，回弹增加，但在这些因素中，冲头半径和强度是影响材料回弹的关键因素，特别是冲头半径对回弹影响的显示度很大。

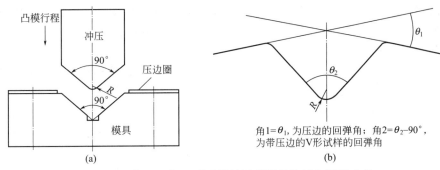

图 9-110 带压边的 V 形试样的回弹测量装置和测量参量

表 9-28 不同钢种、不同压边力、不同冲头半径所测回弹角

压边力/t	冲头半径/mm	DP590(1.4mm)		DP590(1.8mm)		DP780(1.4mm)		DP980(1.6mm)	
		角度1	角度2	角度1	角度2	角度1	角度2	角度1	角度2
1	R4	1.2	1.3	1	0.6	3	3	6.1	7
	R7	4.5	4.8	3	3	7	7	10.5	10.5
	R10	5.7	7.4	5.2	5.2	9.5	10.6	14.7	15
	R13	8	9	6.9	7.2	11	13	16.5	17
1.5	R4	1	1	0.9	0.9	3	3	5.8	6
	R7	4.3	4.8	2.9	2.8	7	6.8	9.8	10
	R10	5.3	7	4.5	5	9	9	14.5	14.5
	R13	8	8	6	7	10.3	12.5	15	16.7
2	R4	0.8	0.5	0.8	0.2	1.2	2	5	5.4
	R7	4	4.3	2.6	2.5	6.2	6	7.1	7
	R10	5	6	3.8	4.9	8.2	9	14.3	13.5
	R13	7	8	5.8	6	10	11	14.2	15.6

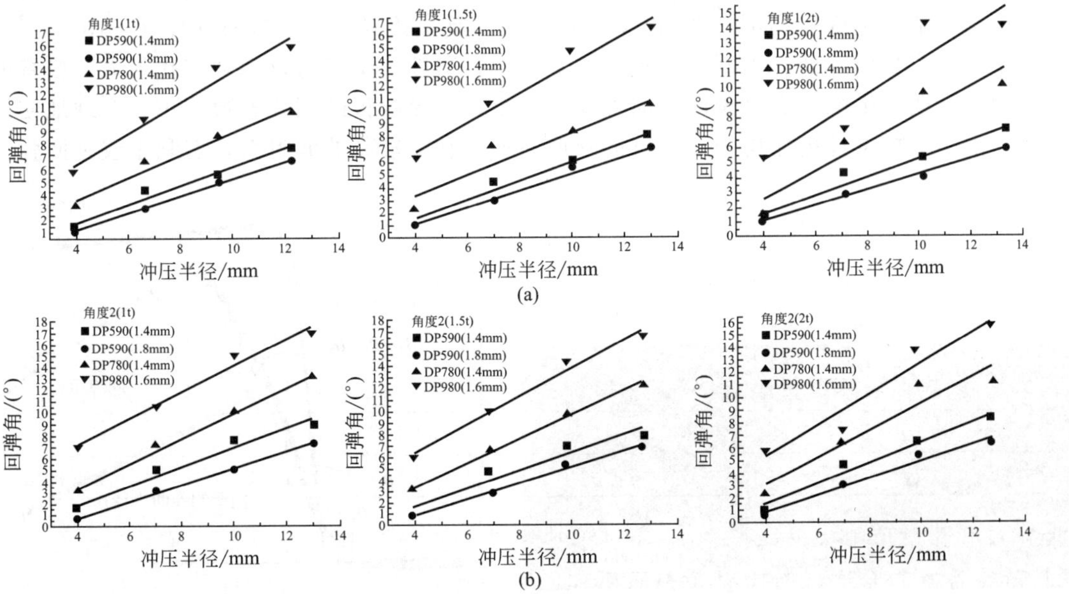

图 9-111 不同条件下压边的回弹角和 V 形试样的回弹角的变化趋势

不同强度级别压边力对回弹影响的程度不同，强度级别升高时，压边力的影响度明显，因此对不同的材料，根据不同的影响因素，合理控制各影响回弹的因素或各因素合理匹配，可能会取得控制回弹的较好效果。

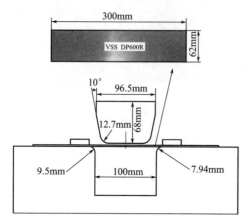

图 9-112　拉延弯曲成形的样品和工具示意图

一系列的工作对槽形构件张开结构进行了回弹测试研究，试图总结相关规律，已对回弹进行较为准确的预测[50~56]。陈平等曾详细研究了各种参数对开口槽形结构回弹的影响，回弹参数分为以下几部分：一是固有的参数，包括装备参数、板坯尺寸参数；二是同一批次的参数，包括工艺参量（如润滑、板坯的压边力）、材料参量（包括 Holloman 方程的强化系数 K、应变硬化指数 n、塑性应变各向异性比 r）、工具参数（包括模子的半径、模子的间隙、模具表面）；三是不同批次之间的参数，包括材料的不同供应商、不同的材料批次、不同的钢卷、工具的设置。检验这些回弹参数所用的样品、工具示意图和成形后开口槽形结构的形状见图 9-112、图 9-113。对不同成形参数的样品成形后测定的回弹参量见图 9-114。为保证测量数据的可靠性，对数据进行了统计分析和误差处理，对不同的材料供应商、不同的压边力、不同的润滑状态进行了成形工艺试验，测量了成形构件两边的回弹角和变形半径，对结果进行统计分析，找出影响回弹偏差的主要因素。为考虑双相钢材料强度级别的影响，又进行了下列试验：选用三种强度级别 DP600、DP800、DP1000，均来自 SSAB 公司。试验工具和尺寸示意图见图 9-115，变形回弹后的实物图见图 9-116。同样用统计分析的方法，测量三种钢不同试验条件下的回弹参量。表 9-29 列出了 DP1000 的试验结果。基于这些试验和分析的结果，可以得出材料性能对本研究中的回弹参数有最大的影响。当不同材料批次的材料参量非常接近时，不同材料批次对回弹没有明显影响，通常不同钢卷之间的变化大于不同批次的变化。在所列出的试验条件下，低黏度润滑剂对回弹参量的影响较小。当润滑剂黏度较高时，如在温度 40°F 下，其黏度值大于 87cSt（$1\text{cSt}=10^{-6}\text{m}^2/\text{s}$），有利于回弹参量的降低。不同钢厂提供的双相钢，当性能接近时，回弹变化不大。模具的表面对回弹有明显影响，板材越厚，回弹参数越小，非涂层板的回弹参数较小。合理地使用润滑剂，由于摩擦条件更加均匀，有可能降低回弹。黏度较高的润滑剂，有利于改善回弹。

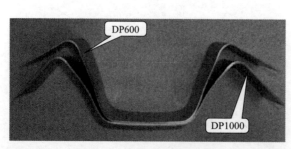

图 9-113　成形后的样品形状

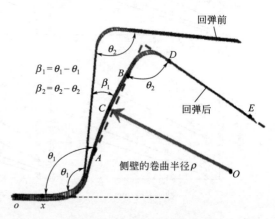

图 9-114　槽形零件成形后回弹参量测定示意图

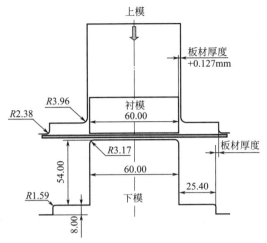

图 9-115 试验工具和尺寸示意图

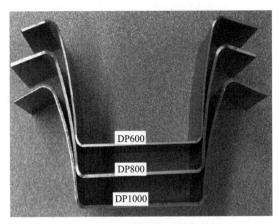

图 9-116 变形回弹后的实物图

表 9-29 DP1000 的试验结果

序号	材料	润滑剂	$\beta_1/(°)$	$\beta_2/(°)$	ρ/mm
1	批次 1	—	13.83	8.85	116.42
2	批次 1	—	13.69	8.76	116.26
3	批次 1	—	13.94	8.56	113.63
4	批次 1	TOWERPRO7800	14.00	8.74	119.75
5	批次 1	TOWERPRO7800	13.77	8.47	118.26
6	批次 1	TOWERPRO7800	13.50	8.65	121.36
7	批次 1	KLENEDRAW4800	14.24	8.87	118.61
8	批次 1	KLENEDRAW4800	14.51	8.96	116.23
9	批次 1	KLENEDRAW4800	13.86	9.25	119.89
10	批次 2	—	13.84	9.59	107.72
11	批次 2	—	13.95	9.57	106.29
12	批次 2	—	14.33	9.41	109.38
13	批次 2	TOWERPRO7800	14.13	9.67	111.09
14	批次 2	TOWERPRO7800	14.17	9.59	108.60
15	批次 2	TOWERPRO7800	14.04	9.85	109.52
16	批次 2	KLENEDRAW4800	14.69	9.58	111.04
17	批次 2	KLENEDRAW4800	14.60	9.51	113.76
18	批次 2	KLENEDRAW4800	14.67	9.43	109.88

回弹是零件成形之后卸载时形状被动的改变，高强度钢的应用，比软钢有更大的回弹。为扩大高强度钢的应用，必须开发回弹预测和补偿技术，因此，理解回弹的准确特点，预测控制和降低是应用高强度钢零件的关键和挑战。多年来对回弹的控制因素和找出降低回弹的方法，已经进行了大量的研究，包括早期通过拉伸应力对板材延展变形的影响，从而使回弹最小化，以及研究工艺参数对回弹的作用，包括冲压时板坯的保持力、弹性模量、应变硬化指数、厚度、屈服强度对零件最终成形后回弹大小的影响[57]以及塑性各向异性对回弹的

影响和作用，并且表明 Barlat 的屈服函数比其他屈服函数可以更精确地展示各向异性的影响[37]。文献［58～61］表明，回弹的有限元 FEM 模拟要比成形模拟对数字误差敏感得多。在有限元模拟中，单元类型对回弹的计算结果有影响[62]，卸载过程和方案对回弹预测的精度也有影响[63,64]。在文献［65,66］中曾试图建立成形操作时的动力学显性模拟与回弹静态隐性模拟之间的关系，并且表明这一技术对于回弹模拟是非常有效的。对回弹的研究更多的是聚焦于回弹的预测和补偿。基本了解回弹参量的参数，已经成为冲压工艺早期设计阶段中工具和工艺精确和快速设计的基础。一般说 Monte-carlo 模拟对任意类型非线性过程都是有效的，但在这类模拟中，要求大量的 FEA 模拟，因此对实际应用价格太高，而且比较复杂。如有限元模拟中应用 DOE 技术，有效地降低了模拟的工作量[67]。在文献［51］中曾研究了开口帽形结构的回弹过程和相关参量，以了解和准确预测回弹参数。开口帽形结构的零件冲压时考虑的材料和工艺参量见图 9-117。影响回弹来源的主要类别见图 9-118。零件到零件的变量作为系统水平变量或固有变量，这一变量的数量是通过给定一轮工艺的工艺过程所产生的给定零件的相关变量。全部非控制的过程参量为随机参量。以下的研究中板坯的厚度作为非控制变量，在每个批次内的变量是作为控制变量，如压边力 BHF、材料的性能、摩擦力等。不同批次之间的变量表征了个别批次中的参数变化，主要是不同批次间材料的性能参量变化，以及由于工具设定所引入的变量。开口帽形结构的回弹测量工具见图 9-119，冲压成形后的类似的实物图见图 9-115，回弹参量的图示见图 9-120；这里测量三个回弹参量，侧壁的张开角回弹 θ_1，翻边凸缘的角度回弹 θ_2，侧壁卷曲半径 ρ，截面的扭曲半径不予考虑，这种情况下可以忽略。假定上述三个参量是相互独立的，侧壁卷曲可以用一段弧度来近似，图 9-120 示出了测量位置是 A～E，回弹前测量的坐标是 A 点和 B 点，标识为 A_0 和 B_0，回弹前侧壁的张开角度为 θ_1 和翻边凸缘的回弹角度为 θ_2。利用 A、B、C 三点对曲线进行拟合，以构建和计算侧壁卷曲圆弧，其具体计算方法见文献［51］，计算出 θ_1 和 θ_2、回弹后的 θ_1 和 θ_2，就可以计算出 β_1 和 β_2。

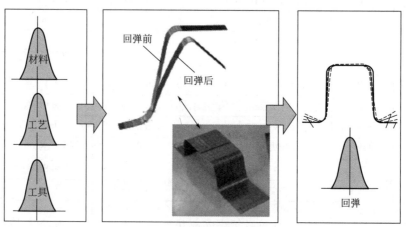

图 9-117　回弹参量和它的来源

先进高强度钢的开口帽形结构拉延件回弹的有限元模拟和试验证实用的板坯尺寸为 300mm×35mm，冲压成形为双动液压机 150t，冲压速度为 1mm/s，总的冲压行程为 70mm，板坯的压边力 BHF 为 2.5kN，材料为双相钢，相关的拉伸性能见图 9-121。

考虑到冲压工艺的几何对称性，这里模拟时只考虑板坯的一半，所模拟的材料为弹塑性材料，具有弹性各向同性，对塑性变形应用 Hill 的塑性各向异性的屈服准则，按照图 9-121 展示的 r 值基计算的 Hill 屈服准则的系数为 $r_{11}=1.0$，$r_{22}=1.01951$，$r_{33}=1.00219$，

$r_{12}=0.992318$,$r_{13}=1.0$,$r_{23}=1.0$。假定工具和板坯的摩擦系数是恒定的,为0.1,为确定合适的组元类型、接触条件,用ABAQUS进行模拟的分析类型,在模拟中试用了9种不同的组元类型、不同的接触状态、整个厚度不同的组元数、不同的分析类型,见表9-30。术语软接触是指试验压力处在接触表面之间的正常特性所规定的界限。

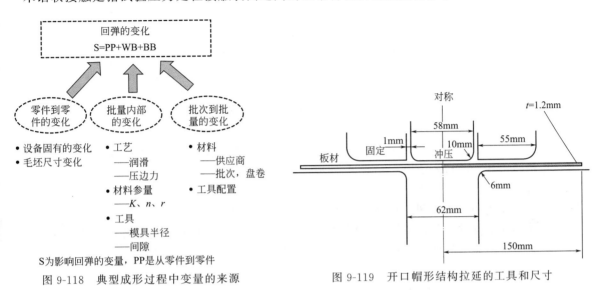

图9-118 典型成形过程中变量的来源

图9-119 开口帽形结构拉延的工具和尺寸

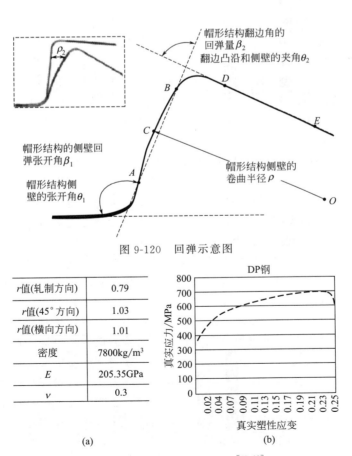

图9-120 回弹示意图

(a)

(b)

图9-121 DP钢的力学性能[43,68]

表 9-30 不同状态的组元

分析状态	组元情况								
	1	2	3	4	5	6	7	8	9
组元类型	固体	固体	固体	固体	壳状	壳状	壳状	壳状	壳状
接触面	软的	软的	软的	硬的	软的	软的	硬的	硬的	软的
成形分析(动态)	隐式	隐式	隐式	隐式	隐式	隐式	显式	隐式	隐式
回弹分析(静态)	隐式	隐式	隐式	隐式	隐式	隐式	隐式	隐式	隐式
全厚度的组元数量或集成点	5	9	21	9	9	21	5	15	9

不同模拟方法对预测侧壁的张开角度 θ_1、翻边凸缘的角度回弹 θ_2、侧壁卷曲半径 ρ 表示在图 9-122～图 9-124。可以看出侧壁的卷曲半径对模拟中所用的接触条件非常敏感。软接触是趋向于软化的接触表面，它降低侧壁卷曲半径，但这对于先进高强度钢并不是真实的。在这些组合中，组合 4、7、8（都是硬接触）三种回弹测量的试验结果与预测有很好的匹配，因此硬接触更为合理。从图 9-122～图 9-124 中可看出，组元的类型、成形分析的类型对回弹预测精度没有明显的影响，因此为了降低计算时间，硬接触壳组元显式的成形（动态）和隐式的回弹（静态）在进一步的模拟中将被应用。

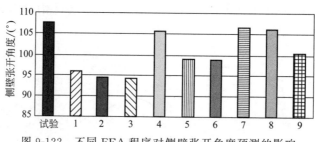

图 9-122 不同 FEA 程序对侧壁张开角度预测的影响

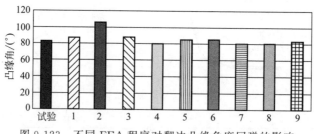

图 9-123 不同 FEA 程序对翻边凸缘角度回弹的影响

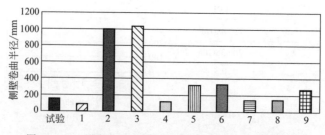

图 9-124 不同 FEA 程序对侧壁卷曲半径预测的影响

回弹的变参量模拟和结果分析,在进行模拟的时候,首先对试验进行设计,包括压边力、摩擦性能、材料性能(取图 9-121 中 3 种应变值的 110%、100%和 90%),设定好相关的参量和性能,同时假设可控参量和不可控参量对模拟过程的影响符合高斯分布。零件的厚度分别取 11.8~12mm,由此可进行相关计算机模拟。根据模拟结果,进行回归分析,求出 β_1、β_2、ρ,作为压边力、材料性能和摩擦性能的函数关系,见方程式(9-30)~式(9-32)。

$$\beta_1 = 16.5008 + 1.5867 X_{材料} + 0.7287 X_{压边力} - 0.8454 X_{压边力} X_{摩擦力} \quad (9\text{-}30)$$

$$\beta_2 = 12.2319 + 1.3329 X_{材料} + 0.9646 X_{压边力} - 0.3929 X_{摩擦力} \\ - 0.7297 X_{压边力}^2 - 0.5529 X_{压边力} X_{摩擦力} \quad (9\text{-}31)$$

$$\rho = 169.234 - 8.384 X_{材料} + 18.482 X_{材料} X_{摩擦力} \quad (9\text{-}32)$$

根据方程中变量的系数,以判定该变量对回弹影响的大小。回弹各影响因素之间关系的细节见图 9-125。

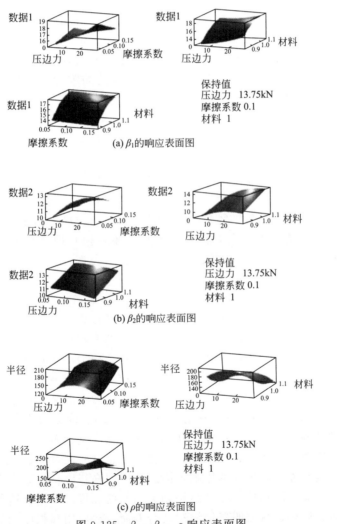

图 9-125 β_1、β_2、ρ 响应表面图

根据图 9-125 中结果可看出,回弹随压边力的增长而增加。在一定的条件下,可以将 Monte-Carlo 模拟应用于方程式(9-30)~式(9-32),并可以对模拟的结果进行敏感性分析。基于以上的模拟,可以得出侧边卷曲对模拟中的接触状态非常敏感,为改进高强度钢的侧边

卷曲半径，更倾向于硬接触。在本实验条件下，回弹参量无法和系统有效的噪声有效区分，因此回弹参量是不可控制的。为了降低回弹参数，用于变数随机化的标准方差也必须降低，必须完成冲压系统水平的调整降低已实现零件到零件装备的参数的变化。如果回弹参量是大的和不可控的，就必须用回弹补偿技术。回弹参量模拟的方法仍在发展，其目标和方向是采用有限元技术，快速求出或提供成形过程中的随机参量，以预测和控制对成形零件中回弹参量影响的快速理解，同时减少或消除寻求这些随机参量所需要进行费时费工的成形物理实验。

从前述可以看出，在高强度钢和先进高强度钢的应用中，回弹问题是影响构件成形和高强度钢应用的重要且十分困难的问题，强度高，在冲压成形时必然要发生回弹，一系列的先进高强度钢的开发，可以解决部分成形问题和深拉延的开裂问题，特别是 TRIP 钢，有效地增加了均匀伸长率和相变诱发塑性，但是高强度的回弹仍然难以解决。强度越高，回弹越大，特别是屈服强度越高，加工硬化速率越高，回弹就越大。汽车零件的形状越复杂，冲压成形时零件中的受力也越复杂，虽然近年来有大量的关于回弹方面的研究（从回弹的测量到回弹的计算机模拟，从回弹的预测到回弹的补偿），关于回弹的计算机模拟方法也一直在发展，以节约试验的劳动和成本，但强度高到一定数值，有效地解决回弹几乎是不可能的。以笔者的经验和看法，作为冷冲压，特别是形状较为复杂的零件，如门 B 柱，强度级别达到 980MPa，其成形性和回弹的控制已经较为良好；对形状简单的零件，通过辊压成形，可以应用强度级别更高的，如 1180MPa，更高强度级别的零件，只有通过热冲压成形才更为合理。对热成形和冷成形的比较，如 LCA 系统的评估，还有待于进一步的工作，但对强度要求大于 1180MPa 以上的构件，它是解决回弹和成形必需的一条工艺路径。另外，对相变诱发塑性钢，在冲压成形零件中变形和应力较大的地方，恰是马氏体发生转变和相变诱发塑性的地方，而室温能存在的残留奥氏体都是碳和合金元素含量较高的中高碳马氏体，这类马氏体可能诱发转变区的微裂纹，影响零件的疲劳性能或腐蚀环境中的延迟断裂抗力，如再考虑高强度钢冲压力和设备能力的提升，模具的磨损严重，模具用材和加工困难，模具价格昂贵，高强度钢冷冲压成形的应用强度级别的确定应慎重考虑。

9.6.4 疲劳性能

疲劳是指材料或零件在交变应力作用下发生的内部损伤，其表现为微裂纹的萌生、扩展和最后断裂。在各种经典文献 [69] 中，对疲劳定义的表述有所差异，但本质基本相同。疲劳必须有交变的拉应力作用，也就是作用于疲劳的复合应力的代数和必须是正值，同时是多次应力或应变作用的结果。由疲劳引起的失效称为疲劳失效或疲劳断裂。金属的疲劳失效是经历了疲劳裂纹的萌生、扩展和聚合导致材料或构件失效或断裂的过程。有关疲劳的基础论述请参照文献 [69]。关于高强度钢的疲劳，尚需注意以下特点：首先是疲劳强度受应力集中的特点、载荷循环的数目和载荷谱的形状的影响，其次是疲劳强度还受材料的静强度、平均应力、残留焊接应力、基体材料的腐蚀、板材厚度、试验温度和载荷频率的影响。既然载荷谱和循环周次对疲劳强度有极大的影响，因此在应用高强度钢时，在设计之前应该进行精确的载荷分析，特别应该注意检查产品结构相关的共振和振动现象，这种现象可能导致产生大应力幅的许多应力循环，从而明显地缩短疲劳寿命。在应用高强度钢的设计方面，应考虑应力集中的效应，焊接接点的疲劳特性在很大程度上会受到宏观和微观的焊接几何的控制，也就是受焊接质量的控制。设计工程师、产品工程师和焊接操作者对焊接结构的疲劳特点有决定性的影响。产品结构的设计应尽可能使流变应力均匀，避免截面的突变和刚度大的变化；尽可能在高应力区用对接焊代替角焊，如果应用角焊，应进行认真的设计，以使疲劳裂纹的萌生不在根部。在零件疲劳应力高的横截面部分，即使没有载荷，也不能进行焊接。如果有可能，将外加载荷用在中性轴的横梁上，在焊缝附近的局部应力集中应最小化，也就是尽力切除多余的焊缝金属，尽力使焊缝金属和母体之间的角焊沟槽具有平滑的过渡，尽力使底切最小化。选择最好的焊接位置，尽量选择平焊，避免轴或角的不对中性，这会产生很大的附加应力，一个好的焊接质量，会产生好的经济效益。必须清楚焊缝中的内部缺陷，是与表面缺陷的应力集中密切相关。表面缺陷的危险性通常大于内部缺陷，其危险因子要大 4~5 倍，对焊接者要强调好的焊接质量，高强度钢没有焊接时的疲劳强度通常正比于它的静强度，裂纹会在焊缝附近快速萌生，在这种情况下，材料的寿命主要由裂纹的长大所确定。焊接节点的疲劳强度受恒定的载荷幅影响，其一个大载荷循环数（n 大于 10^5）取决于母体材料的静态强度，因而高强度钢可以用于承受疲劳加载的焊接结构中，特别是平均应力高、载荷循环次数适中、载荷谱含有相对少数高载荷循环的条件下。在一些关键部位或区域中，残留焊接应力可能像屈服点那么高。因为应力幅是一个重要的参量，它与焊点的疲劳密切相关，所以消除应力的处理，可以增加疲劳强度，对于拉压疲劳，可以增加将近 25%。腐蚀环境降低疲劳强度高达 40%，甚至在非焊接结构中，增加拉伸性能，也不会对这种环境下的疲劳性能有所改善，阳极保护和表面处理都可以改善疲劳强度。热镀锌涂层可以降低疲劳强度，母材的强度越高，降低越明显，总体来讲，具有防腐处理的材料在腐蚀环境中具有高的疲劳强度，焊接节点的疲劳强度可以通过下述方式进行改进：通过改变结构细节，降低应力集中的影响，但必须保证高质量的制造；对高应力焊缝进行磨光或者 TIG 处理、消除应力的热处理。

高强度钢和先进高强度钢主要用于车身结构件，这些件在汽车使用中多承受交变的复合应力，同时经过各种加工过程，如冲压、焊接等，其失效模式不少为疲劳开裂，因此应用高强度钢就应对材料的疲劳特性有基本了解。本节将概述高强度钢和先进高强度钢在疲劳研究方面的进展。

疲劳中常见的两类是高周疲劳和低周疲劳，后者也称应变疲劳，以下列举的试验结果均以这两种疲劳为主要的结果。

影响金属材料疲劳性能的因素有平均应力、平均应力幅、应力幅与应力之比、材料的种类和抗拉强度、屈服强度、晶粒度和亚晶尺寸、材料表面的完整性，如表面粗糙度、残留应力、表层组织、表面裂纹、尺寸效应和缺口效应、加载频率和波形、腐蚀以及温度效应，有关这些内容可参阅文献 [69]。这里仅论述有关高强度钢的试验结果和相关的影响因素。

迄今为止，汽车用先进高强度钢共有四类，第一类为普通高强度钢，包括低合金高强度钢、固溶高强度钢，这类钢的强化原理是细小离子的沉淀强化和晶粒细化强化；第二类为第一代先进高强度钢，主要为双相钢和复相钢，其强化的原理是利用复相组织的特点，使其优点尽可能发挥，复相组织中的缺点尽可能减少和避免，从而达到高强韧性的目的，在这类钢中，还有超高强度马氏体基钢和热冲压成形钢，以及通过相变诱发塑性来提高强韧性的 TRIP 钢；第三类为孪晶诱发塑性钢，是通过孪生变形由奥氏体生成六方马氏体，最终转变为四方马氏体而诱发塑性，取得高的强韧性；第四类为第三代高强度钢，实质为不同基体的相变诱发塑性钢，从而取得高的强韧性。这些不同的强化原理和不同的组织组成，将直接影响材料的疲劳性能，包块疲劳裂纹的萌生、扩展，直到最后断裂。文献 [70] 曾对第一类和第二类先进高强度钢进行了研究。试验钢种的牌号和性能见表 9-31，表中的拉伸数据为按 ASTM E8 的试验方法进行拉伸试验所得。

表 9-31　试验钢的性能

力学性能	第一类			第二类			
	BH300 GI	440W GA	HSLA350 GI	HSS590 CR	DP600 GI	TRIP590 EG	DP800 GA
σ_s/MPa	300	326	356	431	412	428	462
σ_b/MPa	412	462	441	608	666	605	839
δ_t/%	35.8	29.0	28.1	24.5	23.2	32.0	17.9
δ_0/%	20.4	16.3	15.8	15.1	15.3	22.6	12.3
n 值 (6%~12%)	0.19	0.18	0.13	0.16	0.20	0.20	0.13

低周应变疲劳试样见图 9-126(a)，实验应用 MTS 电液伺服设备，应变控制疲劳过程按文献 [71] 和 ASTM E606 进行，应变幅从 0.1% 到 0.8%；最大应变幅由钢的强度和试样厚度确定，以不发生弯曲失稳为准；应变比为 $R=-1$，当拉伸时，载荷下降 60% 时即表明试样已经开裂；或当循环 500 万次后，试样无失效出现，实验终止，该样品试验完成。

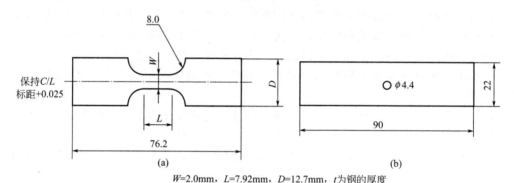

$W=2.0$mm，$L=7.92$mm，$D=12.7$mm，t 为钢的厚度

图 9-126　应变疲劳试样和缺口疲劳试样

缺口拉压疲劳试验样品见图 9-126(b)，该中心孔试样的应力集中因子 $K_t=2.5$，试验采用载荷控制，按 ASTM E466 进行试验，载荷比 $R=-1$，试验在 20t MTS 液压伺服试验机上进行；疲劳裂纹从孔的边部萌生，沿宽度方向扩展，为保持缺口疲劳试验的裂纹长度与光滑试样类同，在孔的两边贴上裂纹扩展的检测标尺，检测标尺的位置根据平滑试样中试验终止时裂纹的长度来确定，一般为 1mm，因此裂纹检测标尺和孔边缘之间距离设定为 1mm，当裂纹扩展通过标尺寸，标尺就破裂，试验就终止。实际表明：实验终止时的裂纹长度在 0.9~1.2mm，具有较好的一致性。实验在 500 万次循环后没有失效时，实验也定为终止。

应变疲劳的试验结果见图 9-127，从图可以看出，在高应变区循环次数较低的区域，强度较低，延性较好，低合金高强度钢具有较高的疲劳寿命，但在高周疲劳区，是强度控制的疲劳，通常强度越高，在所试验钢种的强度范围内高周疲劳区材料的强度越高。在循环次数 6.5×10^6 下，DP800 的疲劳强度高于 TRIP590，但高于这一循环次数后，TRIP590 的疲劳强度高于 DP800，这可能是经过多次循环后，TRIP590 中的残留奥氏体发生马氏体相变，提升了 TRIP590 的强度性能。一般情况下，在高周疲劳区，强度越高，应变疲劳寿命越高，符合应变疲劳的规律。用 Manson-coffin 方程拟合应变疲劳曲线，具体拟合时可将该方程分为弹性部分和塑性部分，所得各应变疲劳参量列于表 9-32。

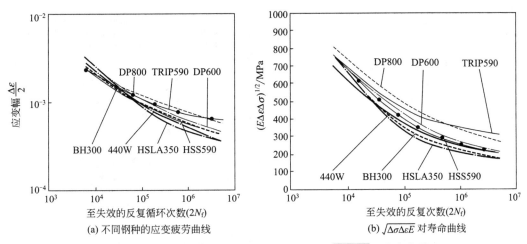

图 9-127 不同钢种的应变疲劳曲线和参数 $\sqrt{\Delta\sigma\Delta\varepsilon E}$ 对寿命曲线

Manson-coffin 方程为

$$\frac{\Delta\varepsilon_t}{2} = \frac{\sigma_f'}{E}(2N_f)^b + \varepsilon_f'(2N_f)^c \tag{9-33}$$

式中，可分为弹性分量 $\frac{\Delta\varepsilon_e}{2} = \frac{\sigma_f'}{E}(2N_f)^b$ 和塑性分量 $\frac{\Delta\varepsilon_p}{2} = \varepsilon_f'(2N_f)^c$。用该方程中的有关拟合参量，就可估算相关参量的应变疲劳寿命。

实践表明：大部分汽车零件的失效出现在应力增长处，用参量 $\sqrt{\Delta\sigma\Delta\varepsilon E}$ 对疲劳寿命作图，更有利于比较不同钢种的疲劳强度；参数 $\Delta\sigma$ 和 $\Delta\varepsilon$ 是试验时的应力幅和应变幅，参数 $\sqrt{\Delta\sigma\Delta\varepsilon E}$ 首先被 Neuber[72] 和 Topper 等人应用并建立了在缺口尖端的局部应力的联系[73]，该参数等同于 FEA 模拟所得出的缺口尖端的弹性应力，用于确定疲劳寿命，亦可以作为等效缺口应力。从图 9-128(b) 所示曲线可以看出：高强度的先进高强度钢表现出更高的疲劳寿命，这与应变疲劳曲线所表现的结果是类似的。表 9-32 还列出了循环强度系数 K'，n' 为循环应变硬化指数，循环次数为 5×10^5 时的疲劳极限和缺口耐久疲劳极限，这些数据再次表明，随着强度的升高，检测钢种的疲劳极限和缺口耐久疲劳极限升高，但 TRIP590 的疲劳极限和缺口耐久疲劳极限最高。虽然表中的疲劳极限随着抗拉强度的升高而升高，但可以看出，三个普通高强度钢疲劳极限基本相当，两个强度级别为 600MPa 的疲劳强度也相近，但强度为 600MPa 的 TRIP590 则有最高的疲劳极限，强度为 800MPa 的双相钢也有较高的疲劳极限，三个普通高强度钢缺口疲劳极限有类似的变化规律，TRIP590 疲劳极限和缺口疲劳极限同时提升，虽然 DP800 疲劳极限较高，但缺口疲劳极限并没有明显提升。作为评价疲劳极限缺口敏感性的 K_f（疲劳极限与缺口疲劳极限之比），DP800 最高，TRIP590 次之，其他钢种基本相当。TRIP590 疲劳极限最高，TRIP590 的缺口敏感性 $K_f=1.89$，比一般钢略高；这一现象的原因是：光滑试样的 TRIP590 由于疲劳过程中的残留奥氏体转变而产生强度和延性增加，使得疲劳极限有较大幅度提高，比 HSLA350 提高 68%，而缺口试样 TRIP590 的疲劳极限只比 HSLA350 提高 35%，造成表现上看 TRIP590 比其他钢具有较高缺口敏感性。从应力状态与残留奥氏体发生转变，使缺口周围的强度迅速提高，这明显提高了缺口附近的强度，而强度提高，降低了裂纹扩展阻力，从而导致缺口疲劳极限下降，此处强化大于韧化，从而导致表观上的 K_f 值升高。但由于残留奥氏体转变为马氏体，在提高强韧性和疲劳强度的同时，马氏体的存在增加了疲劳的缺口敏感性，因此增加了疲劳强度的缺口敏感系数。

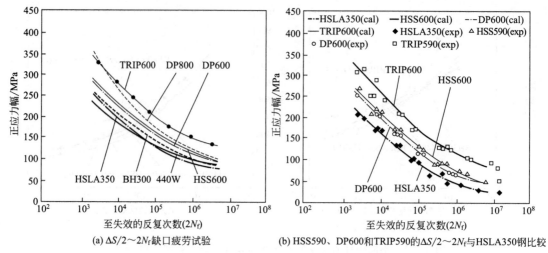

图 9-128 拉压载荷模式应力高周疲劳的试验结果

拉压载荷模式应力高周疲劳的试验结果见图 9-128。图 9-128(a) 为缺口疲劳试验结果，图 9-128(b) 为三种高强度钢与 HSLA350 的比较，其疲劳的变化规律与拉压应变疲劳基本相同，疲劳极限的有关结果已列入表 9-32。

表 9-32 一些高强度钢和先进高强度钢的疲劳性能

拟合方程参量和应力疲劳极限	BH300 GI	440W GA	HSLA350 GI	HSS590 CR	DP600 GI	TRIP590 EG	DP800 GA
σ'_f/MPa	549	841	806	886	983	813	1205
ε'_f	0.969	0.468	1.920	0.480	0.211	0.496	0.104
B	−0.063	−0.105	−0.098	−0.095	−0.101	−0.063	−0.101
C	−0.614	−0.523	−0.668	−0.538	−0.457	−0.572	−0.394
K'/MPa	530	966	671	983	1363	871	2104
n'	0.097	0.198	0.133	0.173	0.219	0.109	0.253
耐久极限 σ_{-1}/MPa	193	209	203	230	228	336	307
缺口耐久极限 σ_n/MPa	120	130	125	144	142	178	147
在 10^7 循环下的 $K_f = \sigma_{-1}/\sigma/n$	1.61	1.61	1.62	1.60	1.61	1.89	2.09

注：σ'_f 为疲劳强度系数；ε'_f 为疲劳延性系数；B 为疲劳强度指数；C 为疲劳延性指数；K' 为循环强度系数；n' 为循环应变硬化指数。

文献 [74] 系统研究了三种不同级别双相钢 DP590、DP780、DP980 的力学性能，三种钢的化学成分见表 9-25，相关力学性能见表 9-26、表 9-27，工程应力应变曲线见图 9-129。在 MTS 上对三种钢的应变疲劳进行测量，采用应变控制，拉压应变比 $R=-1$，其结果见图 9-130。可以看出，三种钢的应变疲劳曲线在某一点相交，在交点的左边，即低寿命高应变区，延性高的 DP590 具有高的疲劳寿命，DP780 居中，DP980 较低；但在高寿命低应变区，情况正好相反，此时控制疲劳寿命的主要因素是强度，强度较高的 DP980 疲劳寿命最高，DP590 较低，DP780 居中，这符合应变疲劳的一般规律[69]。

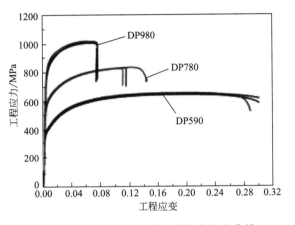

图 9-129　三种双相钢的工程应力应变曲线

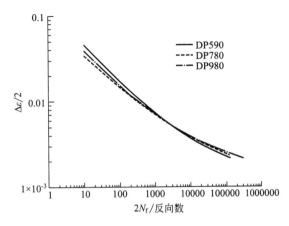

图 9-130　应变疲劳曲线

文献 [75] 得出了应变疲劳的回归方程。

热轧 DP590（$t=2.6$mm）：$\dfrac{\Delta\varepsilon_t}{2}=\dfrac{1470}{2.05\times 10^5}(2N_f)^{-0.14}+0.573(2N_f)^{-0.582}$　　　(9-34)

热轧 DP780（$t=2.0$mm）：$\dfrac{\Delta\varepsilon_t}{2}=\dfrac{1622}{2.05\times 10^5}(2N_f)^{-0.1429}+0.247(2N_f)^{-0.535}$　　(9-35)

冷轧 DP590（$t=2.0$mm）：$\dfrac{\Delta\varepsilon_t}{2}=\dfrac{431.3}{2.05\times 10^5}(2N_f)^{-0.0368}+0.473(2N_f)^{-0.59}$　　(9-36)

对应的循环应变的 Hollomon 方程为

$$\sigma=1471\varepsilon_f^{0.24} \qquad (9\text{-}37)$$

$$\sigma=1669\varepsilon_f^{0.200} \qquad (9\text{-}38)$$

$$\sigma=886\varepsilon_f^{0.157} \qquad (9\text{-}39)$$

对三种双相钢 DP590、DP780、DP980 做反复弯曲疲劳试验，试验设备见图 9-131，所得的疲劳极限和拟合方程见表 9-33。在这种应力和试验方法下，强度高的 DP980 为什么有如此低的疲劳强度，是试验方法问题还是材料的本质，尚需进一步研究。

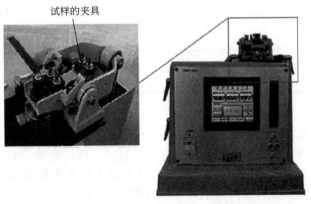

图 9-131　反复弯曲疲劳试验设备

表 9-33 反复弯曲疲劳拟合方程和疲劳极限

钢种	厚度 t/mm	拟合方程	疲劳极限/MPa
DP590	4.5	$S=2163N_f^{-0.0926}$	498
DP780	1.6	$S=4951N_f^{-0.1433}$	682
DP980	1.0	$S=700N_f^{-0.0412}$	416.5

文献 [75] 中所做的 BH340 的疲劳极限为 410MPa，高周疲劳的拟合方程为

$$S=1759N_f^{-0.0957} \tag{9-40}$$

疲劳极限和 DP980 相当，在该文献中，所做的低合金高强度钢，其高周疲劳极限也是随着强度的上升，反复弯曲疲劳极限上升。表 9-34 为 540C、780C 的力学性能和高周疲劳数据。高周疲劳也是反复弯曲疲劳试验方法。

表 9-34 540C、780C 的力学性能和高周疲劳

钢种	厚度/mm	屈服强度/MPa	抗拉强度/MPa	伸长率/%	N	拟合方程	疲劳极限/MPa
540C	2.0	498	586	25	0.13	$S=1573N_f^{-0.0616}$	589
780C	3.6	807	853	21	0.09	$S=1615N_f^{-0.0557}$	667

在文献 [75] 中，还进行了厚度 1.0～1.4mm 的低周疲劳性能试验，所得力学性能试验结果列于表 9-35。如此薄的钢板进行拉压应变疲劳，需要精细的试验技术。应变疲劳试验结果列于表 9-36，应变疲劳曲线见图 9-132。

表 9-35 低碳深冲钢的力学性能

钢种	分类	厚度/mm	屈服强度/MPa	抗拉强度/MPa	伸长率/%	N	r	$\sigma=K(\varepsilon_0+\varepsilon)^n$		
								K/MPa	ε_0	n
CQ	CR	0.8	216	328	45	0.23	1.80	584	1.8×10^{-2}	0.25
DDQ	CR	0.8	163	298	49	0.25	2.00	543	9.5×10^{-3}	0.26
EDDQ	CR	0.8	167	294	49	0.24	1.97	531	1.1×10^{-2}	0.25
SDDQ	CR	0.8	146	287	50	0.25	2.40	523	7.0×10^{-3}	0.26
CQ 热轧	PO	3.2	228	350	44	0.19	—	583	8.9×10^{-3}	0.20
DQ 热轧	PO	3.2	214	347	45	0.21	—	594	8.5×10^{-3}	0.21

表 9-36 低碳深冲钢的应变疲劳性能

钢种	厚度/mm	K'	n'	σ_f'	b	ε_f'	c
CQ	1.6	867	0.2124	433	−0.0581	0.1444	−0.4082
CQ	1.0	937.6	0.2734	311.8	−0.0575	0.0201	−0.2344
DQ	1.4	631.0	0.1848	451.0	−0.0839	0.1224	−0.4088
DDQ	1.2	1475.5	0.3492	1154.4	−0.1399	0.1206	−0.3865

在文献 [75] 中，提出了 ATOS（automobile structure）钢，这种钢实际是纳米沉淀强化和细小颗粒沉淀（$d=1\sim3\mu m$）的高强度热轧板。该钢的设计思想是低的碳含量，以保证成形性和可焊性；少量的合金元素（Nb、Ti、Mo），以提高强度；控制非金属夹杂物和硫化物的形成过程，以提高钢材的内部质量。这类钢主要用于商用车的大梁、车轮的轮辐、特种车的吊臂和轮辐等，它的显微组织和双折冷弯后的形貌见图 9-133，力学性能见表 9-37。目前该系列钢已经试制了 ATOS980，但有些数据有待完善。该类钢的应变疲劳性能见

表 9-38，不同级别 ATOS 钢的应变疲劳曲线见图 9-134。

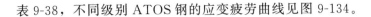

图 9-132 低碳深冲钢的应变疲劳曲线

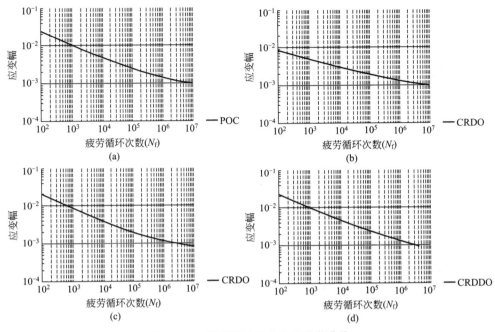

图 9-133 ATOS 钢的显微组织和双折冷弯试样形貌

表 9-37 不同级别 ATOS 钢的力学性能

钢种	分类	厚度/mm	屈服强度/MPa	抗拉强度/MPa	伸长率/%	n	$\sigma=K(\varepsilon_0+\varepsilon)^n$		
							K/MPa	ε_0	n
ATOS540 热轧	HR	6.0	452	581	28	0.15	908	1.4×10^{-2}	0.16
ATOS590 热轧	HR	6.0	498	636	25	0.14	974	1.2×10^{-2}	0.15
ATOS780 热轧	HR	6.0	825	866	19	0.058	1119	2.0×10^{-2}	0.078

表 9-38 不同级别 ATOS 钢的应变疲劳性能

钢种	厚度/mm	K'/MPa	n'	σ_f'/MPa	b	ε_f'/(mm/mm)	c
ATOS590 热轧	6.07	1116.86	0.148	1474.54	-0.1626	3.12	-0.9072
ATOS780 热轧	3.2	758.45	0.0981	2425.08	-0.1395	7.9643	-1.0811

对 ATOS780 热轧状态，厚度 3.2mm 进行了四点弯曲的高周疲劳试验，应力比 $R=-1$，

其高周弯曲循环的疲劳方程为 $S=183N_f^{-0.0599}$,相应的疲劳极限为 $686\mathrm{MPa}$。

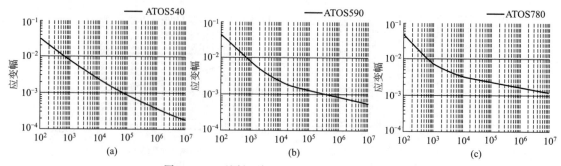

图 9-134 不同级别 ATOS 钢的应变疲劳曲线

FB 钢具有良好的强度延性匹配,同时还具有高的扩孔率,典型牌号的力学性能和本构方程见表 9-39。不同级别 FB 钢的应变疲劳性能见表 9-40,应变疲劳曲线见图 9-135,590FB 的高周疲劳方程为 $S=2783N_f^{-0.1112}$,疲劳极限为 $496\mathrm{MPa}$。

表 9-39 不同级别 FB 钢的力学性能和本构方程

钢种	分类	厚度/mm	屈服强度/MPa	抗拉强度/MPa	伸长率/%	n	$\sigma=K(\varepsilon_0+\varepsilon)^n$			扩孔性能/%
							K/MPa	ε_0	n	
FB440	PO	2.6	360	473	33	0.17	767	1.8×10^{-2}	0.19	120
FB540	PO	2.6	491	586	24	0.12	866	1.5×10^{-2}	0.14	108
FB590	PO	3.0	512	605	22	0.12	895	1.7×10^{-2}	0.14	95
FB780	PO	3.7	677	798	18	0.10	1124	9.9×10^{-3}	0.11	70

表 9-40 不同级别 FB 钢的应变疲劳性能

钢种	厚度/mm	K'/MPa	n'	σ_f'/MPa	b	ε_f'	c
FB540	2.6	451	0.1418	1174	−0.1126	0.128	−0.4473
FB590	3.2	488	0.0853	999	−0.091	0.2399	−0.5377
FB780	2.6	1007	0.0499	2121	−0.1228	0.8496	−0.7448

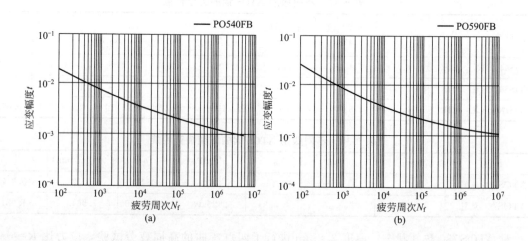

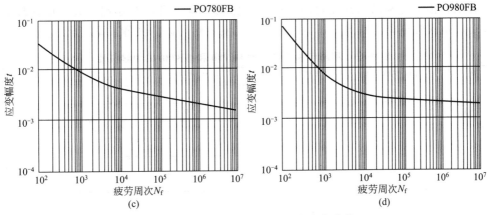

图 9-135 不同级别 FB 钢的应变疲劳曲线

TRIP 钢是相变诱发塑性的复相钢，TRIP 钢目前开发的典型牌号有 TRIP590、TRIP690、TRIP780、TRIP980、TRIP1180，TRIP 钢是钢中残余奥氏体通过变形发生马氏体转变产生加工硬化和诱发塑性的。常用的 TRIP590 和 TRIP780 准静态拉伸下的本构方程为 $\sigma=1075\times(1\times10^{-2}+\varepsilon)^{0.21}$ 和 $\sigma=1390\times(1.1\times10^{-2}+\varepsilon)^{0.22}$。

四点弯曲的高周疲劳性能见表 9-41。

表 9-41 不同级别 TRIP 钢的高周疲劳的本构方程参量

钢种	$S=AN_f^b$			疲劳极限/MPa
	厚度/mm	A/MPa	b	
TRIP780	1.6	4524	-0.1291	715
TRIP980	1.2	3861	-0.0915	951
TRIP1180	1.2	5547	-0.1073	1181

TRIP590 和 TRIP780 的应变疲劳方程为

$$\frac{\Delta\varepsilon_t}{2}=\frac{480}{E}(2N_f)^{-0.0387}+0.1080(2N_f)^{-0.3651} \tag{9-41}$$

$$\frac{\Delta\varepsilon_t}{2}=\frac{958}{E}(2N_f)^{-0.0763}+0.2112(2N_f)^{-0.4441} \tag{9-42}$$

TWIP950 钢准静态下的本构方程为

$$\sigma=2190(0.1284+\varepsilon)^{0.64} \tag{9-43}$$

TWIP900 四点弯曲（$R=-1$）高周疲劳的本构方程为

$$S=1634.33N_f^{-0.06346} \tag{9-44}$$

其疲劳极限为 365MPa。应变疲劳方程为

$$\frac{\Delta\varepsilon_t}{2}=\frac{813}{E}(2N_f)^{-0.0638}+11.3606(2N_f)^{-0.9538} \tag{9-45}$$

9.6.5 应变历史对双相钢疲劳性能的影响

文献［76］曾研究了应变历史对双相钢 DP780 和 HB780 力学性能和疲劳性能的影响，表 9-42 列出了不同应变历史下的 DP780 和 HB780 的力学性能，表中 DP780r、HB780r 为原材料的性能，DP780rp、HB780rp 为预应变 2% 的性能，DP780rpb、HB780rpb 为预应变 2%+175℃30min 烘烤硬化的性能。两种钢不同应变历史下的拉伸曲线见图 9-136。表中数

据可以看出，预应变和烘烤硬化对两种钢都使屈服强度上升，双相钢上升幅度比较大，HB钢比较小；抗拉强度略有提升，n值下降，预应变＋烘烤硬化使伸长率明显下降。

表 9-42　不同应变历史下的 DP780 和 HB780 的力学性能

钢种	屈服强度/MPa	抗拉强度/MPa	伸长率/%	n	r
DP780r	569	832	18.3	0.15	0.73
DP780rp	771	857	18.3	0.07	0.77
DP780rpb	831	863	16.1	0.09	0.77
HB780r	779	821	17.5	0.10	0.81
HB780rp	792	837	15.7	0.07	0.85
HB780rpb	804	842	14.8	0.06	0.85

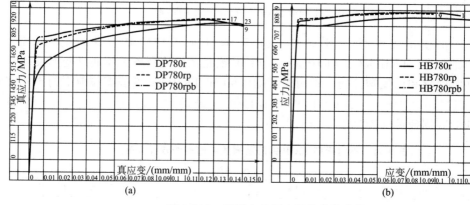

图 9-136　不同应变历史下的拉伸曲线

工艺路径对 DP780 应变疲劳相关参量的影响见表 9-43，相应的疲劳曲线见图 9-137。工艺路径对 HB780 应变疲劳相关参量的影响见表 9-44，相应的疲劳曲线见图 9-138。表 9-43 中数据表明，预应变使 DP780 的应变疲劳参量均有提升，预应变＋烘烤硬化可以使弹性线与塑性线的交点向右移。

表 9-43　工艺路径对 DP780 应变疲劳相关参量的影响

材料	疲劳强度系数 σ'_f/MPa	疲劳强度指数 b	疲劳延性系数	疲劳延性指数 c	弹性模量 E/MPa
DP780r	1593.7	−0.1230	0.1599	−0.4979	212491
DP780rp	1997.4	−0.1487	0.2003	−0.5073	197759
DP780rpb	1968.3	−0.1403	0.1979	−0.5029	209395

表 9-44　工艺路径对 HB780 应变疲劳相关参量的影响

材料	疲劳强度系数 σ'_f/MPa	疲劳强度指数 b	疲劳延性系数	疲劳延性指数 c	弹性模量 E/MPa
HB780r	1704.5	−0.10001	0.7775	−0.7994	216037
HB780rp	1939.6	−0.1230	1.1056	−0.8251	197920
HB780rpb	1465.9	−0.0866	1.2204	−0.8780	209413

对 HB 钢，预应变使应变疲劳参数提升，预应变＋时效后有关参量有升有降，这和 DP780、HB780 组织不同对预应变性能的响应特性不同有关，即 DP780 具有明显的应变硬化和烘烤硬化，HB780 应变硬化性能较低，烘烤硬化量低于 DP780 等因素。HB 钢应变疲劳曲线、塑性应变曲线和弹性应变曲线的交点随循环次数增加向左移，对这种疲劳特性的详细分析还有待于深入。

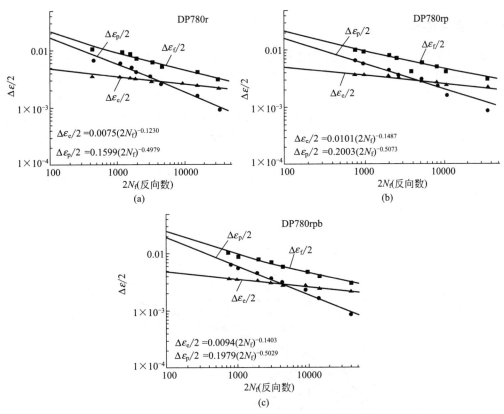

图 9-137 不同工艺路径的 DP780 应变疲劳曲线

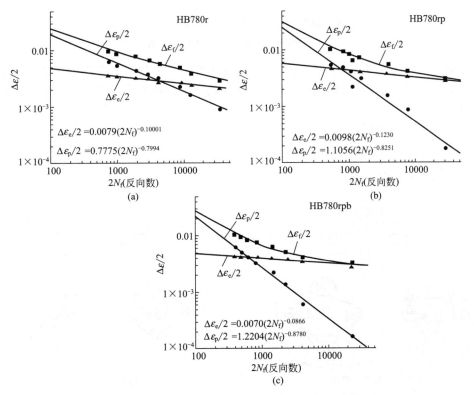

图 9-138 不同工艺路径的 HB780 应变疲劳曲线

9.6.6 点焊性能

点焊是汽车制造中的重要工序和连接方式,通常一部汽车的焊点超过 4000 点,点焊的质量直接影响汽车的使用寿命和碰撞的安全性,高质量的可靠的焊点就可以有效地提升汽车碰撞的安全性。迄今表明,在汽车碰撞失效时,车身中的不少焊点会发生脱落,从而影响高强度钢构件性能的发挥,日本某公司曾将切割的轿车车身发动机舱室部分进行碰撞,发现不少焊点失效,因此保证高强度钢点焊质量,并了解焊点的失效模式、确定合理的点焊工艺和相关参量就十分重要。

一系列的研究检测了点焊直径和板材厚度之间的关系,相关方程和失效模式见图 9-139[77]。

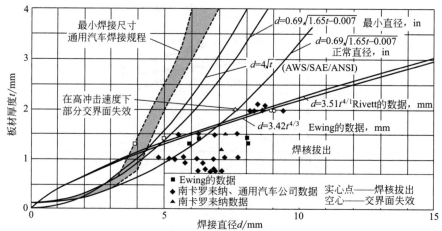

图 9-139 点焊直径与厚度的关系

在点焊中,常见的失效模式为焊核拔出、交界面分离失效,最合理的失效模式是焊核和基体的撕裂。用准静态的加载模式来评价焊核失效常用两种方法:其一为十字拉伸,其二为剪切失效。

十字拉伸时,样品焊核拔出的受力模式见图 9-140(a),失效模式见图 9-140(b);其拉

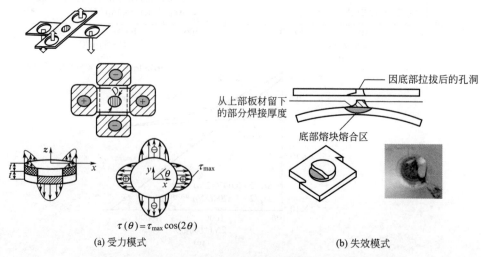

(a) 受力模式　　　　　　　　　　(b) 失效模式

图 9-140 点焊十字拉伸焊核拔出失效时焊核部位的受力示意图

伸载荷的计算方程见式(9-46)。交界面失效时的载荷和受力模式见图 9-141(a)，失效模式见图 9-141(b)。拉伸载荷的计算方程见式(9-47)。

$$P = \int_{-\frac{\pi}{4}}^{\frac{\pi}{4}} \tau(\theta) \times 2rt \, d\theta = tD\tau_{\max} \tag{9-46}$$

式中，$\tau_{\max}$ 为最大剪应力；D 为焊核直径；t 为厚度。

$$P_f = 1.25 K_I \frac{d^{5/2}}{t} \tag{9-47}$$

式中，$K_I = K_\infty f(\beta)$，$K_\infty = \frac{P}{d^{3/2}} \sqrt{\frac{2}{\pi}}$，$f(\beta) = \frac{2}{\pi} \left\{ \tan^{-1}\beta + \frac{\beta}{1+\beta^2} \left[1 - 0.714 \left(\frac{2}{1+\beta^2} \right) \right] \right\}$，且 $\beta = \frac{2t}{d}$，P_f 为无限大试样直径为 d 的焊核交界面破裂时的断裂载荷，K_I 为交界面断裂的应力强度因子，d 为焊核直径，t 为厚度，K_∞ 为相对于焊核直径 d 可认为板材为∞时的应力强度因子，P 为拉伸载荷，为异形加载即裂纹张开载荷的受力模式。

对一个给定的板材厚度，十字拉伸产生交界面的失效时的载荷为

$$P_f = 1.25 K_C \frac{d^{5/2}}{t} \tag{9-48}$$

十字拉伸产生纽扣拔出的失效时的载荷为

$$P_f = tD\tau_f \tag{9-49}$$

当焊核直径为

$$d = 0.86 \left(\frac{\tau_f}{K_C} \right)^{\frac{2}{3}} t^{\frac{4}{3}} \tag{9-50}$$

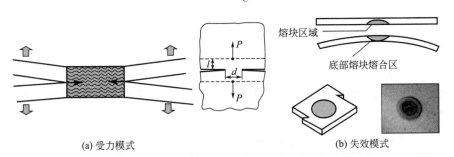

(a) 受力模式 (b) 失效模式

图 9-141 点焊十字拉伸交界面失效时焊核部位的受力示意图

失效模式由交界面失效转为焊核拔出。在十字拉伸时，有时还会出现焊核拔出和部分厚度断裂的混合断裂模式，见图 9-142。

根据有关力学性能数据所计算的点焊直径与板厚的关系见图 9-143。对这类曲线，不同企业不同焊接工作者进行了大量的试验，并总结了相关的经验方程，其汇总的曲线如图 9-139 所示。这类曲线对进行点焊工艺确定、焊核的大小选择具有重要的参考价值，但实际上点焊的失效模式和失效载荷不仅受焊接工艺参量的影响，还受点焊评价时的加载模式的影响、板材组织和性能的影响；在初步选定焊核直径后，应进行相关的点焊试验，以确定最佳的工艺参量。

点焊试样的试验结果还受点焊试样宽度的影响。在文献 [78] 中用拉伸剪切的试验方法研究了点焊试样宽度对点焊试样相关性能的影响。采用不同厚度、不同宽度试样在拉伸剪切试样电焊后进行拉伸剪切力和位移的关系曲线测量、拉伸剪切力和试样宽度的测量、拉伸剪切位移和试样宽度的测量，并分析了失效模式，观察了断口。结果表明，试样在达到一定宽

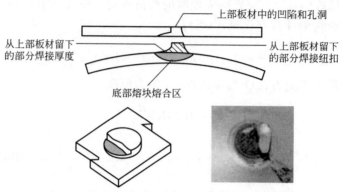

图 9-142　焊核拔出与部分交界面断裂的混合断裂

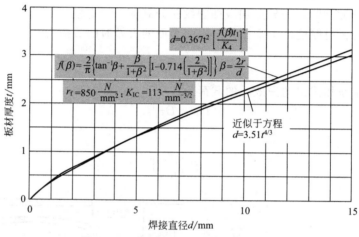

图 9-143　点焊直径与板厚的关系曲线

度后,试验结果才趋于稳定,图 9-144 为拉伸剪切力和试样宽度之间的关系。根据相关试验结果的综合分析,提出了点焊试样宽度的建议,见表 9-45。

表 9-45　实验焊接临界宽度与不同标准提出的焊接临界宽度比较

材料	实验给出的临界宽度	AWS D8.9M[79] 和 AWS C1.4M/C1.49[80]	GB 2651[81]	AWS D17.2/D17.2M[82]	BS 14323[83]
Q235($t=1.0$mm)	43	45	20	25	45
Q235($t=1.5$mm)	50	60	25	25	45
TRIP980($t=1.5$mm)	50	60	25	25	45
AA5052($t=1.0$mm)	25	(45)	20	25	45

表 9-45 中同时列出了不同国家标准对点焊试样尺寸的规定,可以看出,我国 GB 2651 和 AWS D17.2/D17.2M 所列的点焊试样的宽度较窄,可能会导致点焊结果的偏差较大,AWS D8.9M 和 AWS C1.4M、BS 14323 标准中给出的点焊试样宽度与本试验结果相近,比较合理。我国标准和 AWS D17.2/D17.2M 应该修订。

文献 [84] 中提出为使点焊性能的评价与汽车碰撞的受力模式更为接近,用准静态评价难以表征点焊的性能和结果,建议用动态冲击的方法对点焊失效模式和质量进行评估。该书

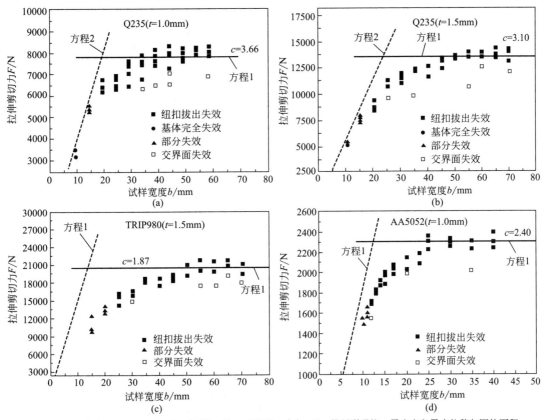

方程1：$F_{max}=Ctd$UTS；方程2：$F_{max}=tb$UTS；式中，F_{max}是断裂吸能，最大力和最大位移包围的面积；C为拟合常数，与材料和样品的几何形状有关；t是厚度；d是焊核直径；UTS是极限抗拉强度。

图9-144 拉伸剪切力和试样宽度之间的关系

提到点焊的三种失效模式：焊核拔出、交界面分离、焊核与基体交界面的撕裂。不同点焊冲击时失效模式的位移-时间曲线见第4章图4-26，可以看出，焊核与基体交界面撕裂时的冲击吸能为其他两种模式的近10倍。这些数据显示出动荷加载对点焊失效模式的影响。对点焊性能的评价在文献[1]中3.2.4涂层板的点焊性能一节中，已就点焊工艺参数对焊接质量的影响，一些公司的典型焊接工艺、镀层的成分等对焊接工艺参数的影响，点焊的疲劳性能、点焊试样的类型和静态断裂强度的关系，以及这些不同类型的点焊试样的疲劳强度比，不同试样的应变疲劳以及相关的应变疲劳的本构方程，板材的表面涂层、焊接工艺参数对点焊电极寿命的影响都进行了详细的论述，给出了详细的试验结果和数据。对这方面有兴趣的读者可参考该著作中的相关内容，此处不再重述。POSCO统计了不同镀层板的点焊电极的寿命范围，其结果见图9-145，可看出电镀纯锌EG板和热镀锌GI板的电极寿命较低。

一般高强度钢和先进高强度钢的点焊压力和保持时间比同等厚度的软钢和HSLA钢的压力大、时间长，焊接区的硬

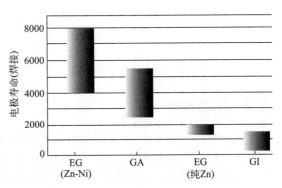

图9-145 不同镀层板的电极寿命范围

度随着基体材料硬度的增长而增长,见图 9-146。先进高强度钢电焊区的剪切强度一般高于软钢,并随着基体的抗拉强度增加而增加。

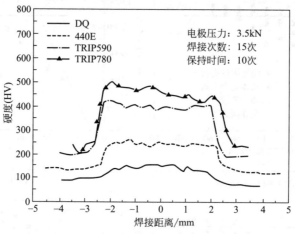

图 9-146　焊核与热影响区的硬度分布

在剪切试验时,焊接零件的失效模式主要取决于基体材料的强度、厚度、断裂韧性以及焊接区域的大小;疲劳强度并不取决于基体材料的性能和显微组织,而是取决于设计参量,如厚度、形状、焊接区域的大小。在先进高强度钢中,在焊接区域或热影响区域内,由于点焊时快速的加热和冷却的热循环形成硬化组织,如马氏体、贝氏体,使焊接的零件因此变脆而产生交界面失效,这种情况下,为了改进焊接区域失效的特征,可采用回火的方法,如过焊接回火、局部钉打印回火,增加材料的延性。回火对点焊延性比的影响见图 9-147。

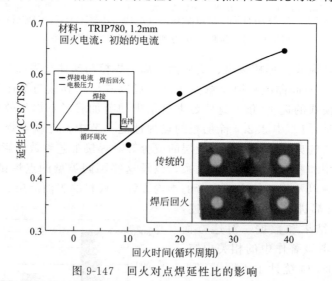

图 9-147　回火对点焊延性比的影响

9.6.7　工艺性能

任何一种新材料的开发过程都由 4 方面组成,首先是研究成分、组织之间的关系;确定材料的成分后,研究材料是否具有良好的冶金工艺性能;材料在钢厂生产出来之后,能否用经济、方便、快捷的方法使材料成为有用的物件,即材料应用的工艺性能;获得的零件能否满足零件的功能需求,即产品的功能,这四个方面是材料开发的全过程。其中两个方面都是材料的工艺性能。

在已经开发的普通高强度钢和三代先进高强度钢中，普通高强度钢和第一代高强度钢都具有良好的冶金工艺性能，生产这两类钢种，由于其成分简单，冶金厂炼钢工艺、轧钢工艺、连退工艺都没有特殊要求，可以很方便地生产出性能合格的冶金产品，同时也具有性能稳定、质量稳定、批量稳定供货的条件。这两类高强度钢冲压工艺、点焊工艺性能良好，零件容易成形，成形零件的回弹小，形状尺寸稳定，同时这两类钢由于成分简单，炼轧工艺性能好、成材率高，具有高的性价比，构成了汽车用高强度钢的基础。

第二代先进高强度钢为高锰钢，由于锰含量高于15%，在冶炼铸锭时，合金成分的均匀性较难以控制，因此这类钢轧制抗力高，轧制耗能大，轧材的交货硬度也较高；虽然有高达60%的伸长率，可以冲压成形状较为复杂的构件，但成形抗力高。这类钢通过孪晶诱发塑性和进一步的六方马氏体转化为四方马氏体而诱发塑性，在这些马氏体形成时既有变形引入的内应力，也有孪生和马氏体相变产生的相变应力，再加上马氏体硬而脆，使这类钢具有氢脆和延迟断裂的敏感性。目前仅有韩国浦项公司提供给菲亚特公司应用于汽车的安全件前保险杠，进一步推广和扩大应用尚有难度。显然这类钢由于合金含量高，其焊接性能的评价和改进也需要进一步进行研究。

第三代先进高强度钢有中锰钢，这类钢通过奥氏体逆转变获得高的强度，已作为温成形钢进行发展，由于锰含量（5%~10%）较高，板材的轧制抗力也较高，冶炼和熔铸时成分的均匀性和组织的均匀性也难以控制，板材热轧状态的硬度较高，因此对温成形时板坯的准备带来困难，同样存在焊接工艺性能的研究和提升。这类钢还缺乏大量的应用研究数据，包括温成形时的成形性，氢脆和延迟断裂抗力。这类钢的优点是温成形比热成形的成形温度下降。第三代先进高强度钢中的 Q&P 钢已由上海宝钢进行了产业化，它需要严格的加热、淬火和分配工艺，才能得到所要求的性能，因此，由于生产工程中的影响因素较多，保证其产品性能稳定性、一致性还有难度，成品率的提升也受到限制，从而影响了这类钢的性价比。这类钢主要用作冷冲压成形，它是马氏体基体的 TRIP 钢，可以在高强度下有较高的延性，不需要加热就可以冲压成形为超高强度的复杂形状零件。由于这类钢通过淬火分配处理使奥氏体在室温下进行稳定，通过随后的冲压变形发生马氏体转变产生相变诱发塑性，因此奥氏体中具有较高的碳含量和合金元素。这类奥氏体在冲压成形后产生马氏体转变必然是高合金、高碳的马氏体，高碳马氏体的精细结构为孪晶，脆性加大，导致成形零件发生脆性，降低成形零件的延迟断裂抗力和氢脆抗力。这类钢在下料时发生残留奥氏体的马氏体转变，使强度升高导致下料板坯的边裂，这些均影响这类钢的成形性和强韧性，它的点焊工艺性能也有待研究和提升。由于强度超过1000MPa后，成形时会产生较大的回弹，一般这类钢使用的合适的强度级别在1000MPa以下，关于这类钢和热冲压成形工艺性能的对比和LCA的评估尚需进一步的研究，但这些数据的取得将有助于找到这类钢合适应用的零件。第三代先进高强度钢中的 Q&PT 钢通过淬火分配、回火来改善超高强度钢的强韧性，拟将这类钢用于热冲压成形零件，试图提升零件的强韧性和增加安全件的撞击吸能，但要解决分配处理和回火的工艺与热成形生产节拍的匹配问题。上海交大、中汽院和华科大结合申报的重点基金项目正进行相关的研发工作。第三代先进高强度钢中的超级贝氏体钢是另一类特高强度钢，它通过贝氏体间的残留奥氏体的控制而取得超高强韧性，由于贝氏体的形成过程是一个极慢的相变反应过程，因此很难解决生产率的问题，一般碳含量为0.60%左右，在超高强度下，点焊很难进行（碳当量特高），由这类钢生产的构件，必须采用特殊的连接技术，如胶接、挂接等，目前只用于一些特殊的军工配件。

9.6.8 烘烤硬化

烘烤硬化是指钢在油漆烘烤（170℃，30min）之后产生的屈服强度上升，上升值大于 30MPa。它的本质是由于在烘烤温度下碳原子向位错线扩散，在位错线的周围形成 Cottrell 气团，碳原子对位错运动进行钉扎，提高了位错运动的阻力，使屈服强度上升，在拉伸曲线上还有上下屈服点的产生，见图 9-148[75]。对车身面板，这一效应可以提高凹痕抗力，特别是对发动机罩盖和门外板，这一效应可提高零件的抗凹性，当板材进行 2% 拉伸应变后，会强化烘烤硬化效应。基于这一原理，开发了烘烤硬化钢，如浦项公司开发了 BH340、180YB、210YB、240YB、270YB，其烘烤硬化值均在 30MPa。烘烤硬化效应取决于钢中自由位错的密度和游离碳原子的数量，在双相钢中由于由马氏体和铁素体组成，铁素体中有马氏体相变诱发的自由位错，因此当这些位错未被碳原子封锁时，双相钢具有低的屈服强度。因为组织中的这类自由位错可在较低的应力下发生运动，所以双相钢的预变形会引入铁素体组织中较多的自由位错，在随后的油漆烘烤时这些位错被碳原子在位错线的周围形成 Cottrell 气团封锁，就会产生较大的烘烤硬化量。双相钢和其他钢种变形硬化和烘烤硬化的屈服强度增量的比较见第 4 章图 4-1[85]。

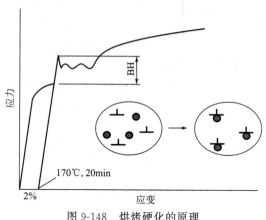

图 9-148 烘烤硬化的原理

9.6.9 压溃吸能

高强度钢和先进高强度钢多用于轻量化的结构件和安全件，因此其压溃吸能和撞击吸能是零件重要的使用性能。这一特性，常用帽形结构试样在一定的装置下和一定的速度、重量下进行冲击，测量帽形结构的位置；另一种方法是采用落锤试验，同样采用封闭的帽形结构，落锤试验装置示见图 9-149，所用的试样见图 9-150。不同钢种帽形结构的压溃吸能值见图 9-151[85,86]。图 9-151 中 B25 表示用简单弯曲形成槽形试样，在 25km/h 下冲击；D25 用拉延成形制成槽形试样，在 25km/h 下冲击；B50 以简单弯曲制成槽形试样在 50km/h 下冲击；D50 用拉延成形制成槽形结构样品，在 50km/h 下冲击。在所对比的钢中，DP590Y 具有良好的冲击吸能特性，几乎为 270E 的 2 倍，其吸能值与抗拉强度呈线性关系，吸能值随强度升高而上升；而和屈服强度的关系，则线性相关性较差。

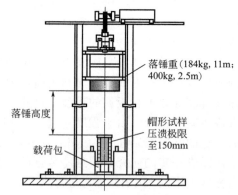

图 9-149 落锤试验装置

最近为了评价和比较高强度钢和先进高强度钢所制汽车安全件的压溃吸能或撞击吸能，如 B 柱，而应用了在特殊工装下直接压溃的方法或将 B 柱安装在车辆碰撞的壁障上，用给定的速度进行撞击，同时应用相关软件模拟分析压溃的曲线或撞击吸能曲线，以求得零件的撞击吸能值，这是一种更直接的评价或比较方法，但这类方法试验时比较麻烦，费用较

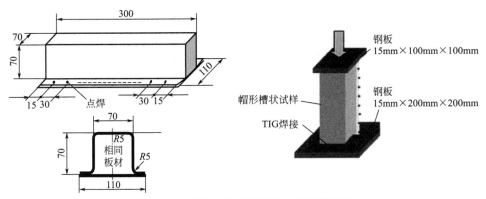

图 9-150 帽形结构试样的尺寸和安装图示

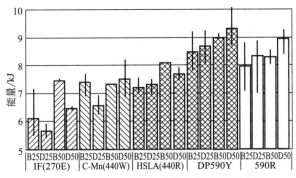

图 9-151 不同钢种的帽形结构的压溃吸能值

高。另外也有直接用一定装置下的静压溃测量载荷-位移曲线，由此计算构件的压溃吸能，见文献［87］。有时用这种压溃吸能的方法既可检测变形和位移之间的关系，在达到一定的压溃位移之后，室温放置时，又可看是否开裂作为零件是否产生氢脆的一种检测方法[88]。

作为轻量化的汽车板，表面处理性能也很重要，轻量化意味着汽车用板材的减薄，对耐腐蚀性的表面处理要求更高。高强度板目前的表面镀层有电镀锌、热镀锌、电镀锌镍和热镀锌铁等。有关镀层性能比较、镀层板的加工工艺、镀层板油漆的光鲜性和结合力、镀层板油漆后的防腐性能，在文献［1］中有专章论述。不同的镀层板和不同表面处理的环境腐蚀有关结果可参阅文献［69］的第 2 章。

参 考 文 献

［1］ 马鸣图. 先进汽车用钢［M］. 北京：化学工业出版社，2008.
［2］ 康永林. 现代汽车板工艺及成形理论与技术［M］. 北京：冶金工业出版社，2009.
［3］ Dong Han, Wang Cunyu, Chen Ying, et al. Warm Stamping of the 3rd Generation Sheet Steel for Automobiles［C］. Chongqing：2014 International Conference on Hot Stamping of UHSS，2014，8：18-21.
［4］ MATLOCK D K, BRIUTIGAM V E, SPEER J G. Application of the quenching and partitioning (Q&P) process to amedium carbon high Si microalloyed bar steel［J］. Mater. Sci. Forum，2003，426-432：1089-1094.
［5］ 徐祖耀. 钢的热处理新工艺［J］. 热处理，2007，22（1）：1-11.
［6］ BHADESHIA H K D H. Nanostructured bainite［J］. Proceeding of the Royal Society of London A，

2010，466：3-18.

[7] BHADESHIA H K D H. Posco lecture on bainite [R]. POSTECH，2010.

[8] Yi Hongliang. δ-TRIP steel，Thesis for Doctor of Philosophy，Department of Ferrous Technology Graduate Institute of Ferrous Technology Pohang University of Science and Technology，2010.

[9] 马鸣图，吴宝培. 双相钢——物理和化学冶金 [M]. 2 版. 北京：冶金工业出版社，2009.

[10] Kyooyoung Lee. Introduction to Development and Application of Automotive Steels of POSCO [R]. Inchon：Global EVI Forum 2014.

[11] Ma Mingtu，Yi Hongliang. Lightweight Car body and Application of High Strength Steels [C]. Weng Yuqing，Dong Han，Gan Yong editors，Advanced Steel，Metallurgical Industry Press，Springer，p187-198.

[12] Dong Han. The Recent Development of Advanced Automobile Sheet Steels [R]. International Symposium on Automobile Steel 2009.

[13] 王利. 先进高强度钢技术进展 [R]. 武汉：汽车先进材料技术研讨会，2014.

[14] Wang Lijun，Lin Chunming. Matrensitic Stainless Steel as Alternative for Hot Stamping Steel with High Product of Strength and Ductility [R]. Chongqing：1st International Conference on Hot Stamping of UHSS，2014.

[15] 马鸣图. 论汽车轻量化和高强度钢的先进加工成形技术 [R]. 上海：热冲压成形研讨会，2013.

[16] Li Ping，Liu Yusheng，Tianzong Gongzi，et al. Effect of Pre-heating Temperature on Microstructure and Properties of 22MnB5 Steel Hot Stamping [C]. Chongqing：1st International Conference on Hot Stamping of UHSS，2014.

[17] POSCO. Automotive Steel Data Book 2011.

[18] TAVERNELL I J F，COFFIN J R L F. Experimental Support for generalised Eguatin Predicting Low cycle Fatigue. Trans. ASME，J. Basic Eng. Vol84；No. 4，1962，p533.

[19] MANSON S S. discussion of reference，Trans. ASME，J. Basic Eng. Vol84；No. 4，1962，p517.

[20] LEVY S B. A Comparison of Empirical forming Limit Curves for Low Carbon Steel with Theoretical Forming Limit Curves. Ungarn：IDDRG WG3，1996.

[21] Ma Mingtu，Li Zhigang，Yi Hongliang. Application of High Formability and Fine Grain Hot Rolling C-Mn Steel Plate in Vehicle. Iron and Steel，Supplement，2005，40：734-739.

[22] Ma Mingtu. Formability tests and spring-back improvement of 590DP、780DP and 980DP steels. Final Report of cooperation research project，2013，10，Soule.

[23] Zhang Junping，Feng Yi，Song Leifeng，et al. Research on Resistance Spot Welding Property of Hot-stamping Quenched Steel Sheets [C]. 1st International Conference on Hot Stamping of UHSS，2014，Aug. Chongqing，p359-364.

[24] Zhang Hongyan，Senkara Jacek. Resistance Welding Fundamentals and Applications [M]. New York：Tayloy & Francis，2006.

[25] The development of a new Fe-Mn-C austenitic steel for automotive applications. La Revue de Metallurgie-CIT. Juin，2006：293-302.

[26] Yuqing Weng，Han Dong，Yong Gan. The Recent Development of Advanced Automobile Sheet Steel [C]. Da Lian：International Symposium on Automobile Steel，2009.

[27] SPEER J G，MATLOCK D K，DECOOMAN B C，et al. Carbon partitioning into austenite after martensite transformation [J]. Acta Mater.，2003，51：2611-5622.

[28] SSAB 公司. Sheet Steel Handbook：Design and fabrication in hign strength sheet steel，published by SSAB Tunnplåt AB.

[29] LEVY S B. A comparison of empirical forming limit curves for low carbon steel with theoretical forming limit curves. Urgarn：IDDRG WG3，1996.

[30] KEELER S P. Determination of forming limits in automotive stamping. SAE technical paper，No650535.

[31] KEELER S P., BRAZIER W G. RelationshiP between laboratory material characterization and press-shop formability. New York：Proc. 2 of Microalloying196eler S P and brazier 75，1977，517-530.

[32] Chen Guofei, Shi Ming F., TYAN Tau. Fracture modeling of AHSS in component crush tests. SAE Int. J. Manuf. Vol. 4 Issue12011-01-001：1-9.

[33] Zhu Hong, Zhu Xinhai. A mixed-Mode fracture criterion for AHSS cracking prediction at large strain. SAE Int. J. Manuf. Vol. 4 Issue1, 2011-01-007：10-26.

[34] BABA A., TOZAWA Y. "Effects of Tensile Force in Stretch-Forming Procession the Springback." Bull. JSME, 7, pp. 835-843.

[35] ZHANG Z T, LEE D. "Effects of Process Variables and Material Properties on the Springback Behavior of 2D-Draw Bending Parts." Automo-tive Stamping Technology, SAE, Warrendale, PA, pp. 11-18.

[36] GENG L M, WAGONER R H. "Role of Plastic Anisotropy and Its Evolutionon Springback." Int. J. Mech. Sci., 44, 1pp. 123-148.

[37] CLEVELAND R M, GHOSH A K. "Inelastic Effectson Springback in Metals." Int. J. Plast., 18, pp. 769-785.

[38] TEKINER Z. "An Experimental Study on the Examination of Springback of Sheet Metals With Several Thicknesses and Properties in Bending Dies." J. Mater. Process. Technol., 145, pp. 109-117.

[39] MATTIASSON, STRANGE A. Thilderkvist, and P., Samuelsson, A., 1995, "Simulation of Springback in Sheet Metal Forming." Fifth International Con-ferenceon Numerical Methods in Industrial Forming Process, NewYork, pp. 115-124.

[40] WAGONER R, CARDEN W D, CARDEN W P, et al. "Springback After Drawing and Bending of MetalShee H., ts." Proceedings of the IPMM' 97—Intelligent Processing and Manufacturing of Materials, Vol. 1, pp. 1-10.

[41] LI K P, GENG L M, WAGONER R H. "Simulation of Springback With the Draw/Bend Test." IPMM 99, IEEE, Vancouver, BC, Canada, pp. 1.

[42] LEE S W, YANG D Y. "An Assessment of Numerical Parameters Influencing Springback in Explicit Finite Element Analysis of Sheet Metal Forming Process." J. Mater. Process. Technol., 80-81, pp. 60-67.

[43] LEE M G, KIM D Y, KIM C M, et al. "Spring-Back Evaluation of Automotive Sheets Based on Isotropic-Kinematic Hardening Law and Non-Quadratic Anisotropic Yield Functions, PartIII：Applications." Int. J. Plast., 21, 5, pp. 915-953.

[44] HO K C, LIN J, DEAN T A. "Modelling of Springback in Creep Forming ThickAluminum Sheets." Int. J. Plast., 20, pp. 733-751.

[45] LIU S C, HU S J. "Variation Simulation for Deformable Sheet Metal Assemblies Using Finite Element Methods." ASMEJ. Manuf. Sci. Eng., 119, 3, pp. 368-374.

[46] LIU S C, HU S J. "An Offset Finite-Element Model and Its Application sinPredicting Sheet-Metal Assembly Variation." Int. J. Mach. ToolsManuf., 35, 11, pp. 1545-1557.

[47] Ma Mingtu, KIM D, Song Leifeng, et al. Comparison research for spring backs of dual-phase steels with three different strength grades. Proceedings of the 3rd International Conference on Advance High Strength Steel and Press Harding, edited by Yisheng Zhang, Mingtu Ma, 2016, World Scientific, 182-189.

[48] Ji Xiaowei. Research on high strength steel bending spring-back and control [D]. Chongqing University master's thesis, 2012.

[49] China Automotive Engineering Research Institute Co., Ltd. Formability tests and spring-back improvementof 590DP、780DP and 980DP steels. Final Report of cooperation research project, 2013，Oct. 31st.

[50] Lu Chao, Kang Yonglin, Zhu Guoming. Effect of Nonlinear Kinematic Hardening Model on Draw-Bend Springback Behavior of Dual Phase Steel. Advanced Materials Research, 2012, Vols. 538-541: 448-452.

[51] Chen Peng, KOC Muammer. Simulation of springback variation in forming of advanced high strength steels. Journal of materials processing technology, 2007, 190: 189-198.

[52] Chen Peng, KOC Muammer, Michael L Wenner. Experimental investigation of springback variation in forming of high strength steels. Journal of manufacturing science and engineering 2008, Vol. 130, 041006-1-9.

[53] CHONGTHAIRUNGRUANG B, UTHAISANGSUK V, SURANUNTCHAI S, et al. Influence of Pre-Deformation on Springback Effect of Advanced High Strength Steel. Journal of Iron and Steel Reseach, International, 2011, 18 (Supplement 1-2): 855-861.

[54] CHONGTHAIRUNGRUANG B, UTHAISANGSUK V, SURANUNTCHAI S, et al. Experimental and numerical investigation of springback effect for advanced high strength dual phase steel. Materials & Design, 2012, 39: 318-328.

[55] CHONGTHAIRUNGRUANG B, UTHAISANGSUK V, SURANUNTCHAI S, et al. Springback prediction in sheet metal forming of high strength steels. Materials & Design, 2013, 50: 253-266.

[56] Kyung-Hwan Chung, Junehyung Kim, Wonoh Lee, et al. AIP Conference Proceedings. Crash Performance Evaluation of Hydro-formed DP-steel Tubes Considering Welding Heat Effects, Formability and Spring-back, 2007: 424-429.

[57] Zhang Z T, Lee D. Effects of process variable sand material properties on the springback behavior of 2D-draw bending parts. in: Automotive Stamping Technology, SAE, 1995, pp. 11-18.

[58] MATTIASSON K, STRANGE A, THILDERKVIST P, et al. Simulation of springback in sheet metal forming, in: 5th International Conferenceon Numerical Methods in Industrial Forming Process, NewYork, 1995, pp. 115-124.

[59] WAGONER R H, CARDEN W P WD, CARDEN D K, et al. Springback after drawing and bending of metal sheets, vol. 1, in: Proceedings of the IPMM'97—Intelligent Processing and Manufacturing of Materials, 1997, pp. 1-10.

[60] LI K P, GENG L M, WAGONER R H. Simulation of springback with the draw/bendtest, IPMM'99, IEEE, Vancouver, BC, Canada, 1999, ISBN0-7803-5489-3, p. 1.

[61] LEE S W, Yang D Y. An assessment of numerical parameters influencing springback in explicit finitelement analysis of sheet metal forming process. J. Mater. Process. Technol. 80-81 (1998) 60-67.

[62] Li K P, GENG L, WAGONER R H. Simulation of springback: choice of element Advanced Technology of Plasticity. vol. III, Springer, Berlin, 1999: 2091-2098.

[63] YUEN W Y D. Springback in the stretch-bending of sheet metal with non-uniform deformation, J. Mater. Process. Technol, 1990, 20-221.

[64] Tang S C. Analysis of springback in sheet forming operation Advanced Technology of Plasticity. vol. 1, Springer, Berlin, 1987, pp. 193-197.

[65] PARK D W, Kang J J, Hong J P. Springback simulation by combined method of explicit and implicit FEM. in: Proceedings of NUMISHEET'99, 1999, pp. 35-40.

[66] VALENTE M, TRAVERSA D. Springback calculation of sheet metal parts after trimming and flanging. in: ProceedingsofNUMISHEET, 1999, pp. 59-64.

[67] KINI S D. Anapproach to integrating numerical and response surface models for robust design of production systems, Ph. D. Thesis, The Ohio State University, 2004.

[68] LEE M G, KIM D Y, KIM C M, et al. Spring-back evaluation of automotive sheets based on isotropic-kinematic hardening laws and non-quadratic anisotropic yield functions. PartII. Characterization of material properties, Int. J. Plasticity, 2004, 21 (5): 883-914.

[69] 马鸣图，等.汽车材料和典型零件失效分析与延寿［M］.北京：化学工业出版社，2017.
[70] Yan Benda. Fatigue behavior of advanced high strength steels for automotive applications. 44th MWSP conference proceeding，Vol. XL，2002. 509-516.
[71] Testing Procedures for Strain Controlled Fatigue Test（Supplement Instructions for A/sp Sheet Steel Fatiouge Program），Feb，1998，Auto/Steel Partnership.
[72] NEUBER H. Theory of Stress Concentration for Shear Strained Prismatical Bodies with Arbitrary Non-linear Stress-Strain Law. J. of Applied Mechanics，Ne12，1961，PP544-550.
[73] TOPPER T H，WERZEL R M，MORROW Jodean. Neubers Rule Applied to Fatigue of Notched Specimens. J. of Materials，JMLSA，Vol4 No1，1996，PP200-209.
[74] Zhang Junping，Fang Gang，Ma Mingtu. The microstructures and mechanical properties of DP steels. Advanced High Strength Steel and Press Hardening. edi. by Zhang Yisheng and Ma Mingtu. World Scientific Press. 2017，Danvers USA，196-201.
[75] POSCO. Automotive Steel Data Book. 2018：68-69.
[76] Ma Mingtu. Analysis for the fatigue performance of the automotive AHSS considering processing path. Final research of report of cooperation research project，2015. Oct.
[77] Chao Y J. Failure mode of spot welds：interfacial versus pullout. Science and technology of welding and joining，2003，8（2）：133-137.
[78] Ao Sansan，Shan He，Cui Xuetuan，et al. Effect of specimen width on the failure behavior in resistance spot weld tensile shear testing. Welding in the world. 2016，60（6）：1095-1107.
[79] AWS D8. 9M. Testmethods for evaluating the resistance spot welding behavior of automotive sheet steel materials. American Welding Society，2012.
[80] AWS C1. 4M/C1. 49. Specification for resistance welding of carbon and low-alloy steels. American Welding Society，2009.
[81] GB 2651—2008 焊接接头拉伸试验方法
[82] AWS D17. 2/D17. 2M. Specification for resistance welding for aerospace applications，2013.
[83] BS EN ISO 14323. Resistance spot welding and projection welds-destructive testing of welds-specimen dimensions and procedure for impact shear test and cross-tension testing. International standard，2006.
[84] Zhang Hongyan，SENKARA Jacek. Resistance welding fundamentals and application［M］. Published in 2006 by CRC press.
[85] Shi M F. Advanced High Strength Steels：Properties，Performances and Applications. China-America Automotive Materials Seminar，March 8，2003.
[86] 马鸣图，Shi M F. 先进的高强度钢及其在汽车工业中的应用.钢铁，2004（7）：68-72.
[87] 中国汽车工程学会组.汽车先进制造技术跟踪研究［M］//马鸣图，张宜生.超高强度钢热冲压成型研究进展.北京：北京理工大学出版，2016.
[88] Ma M T，Zhao Y，Lu H Z，et al. The cold bending cracking analysis of hot stamping door bumper. Proceedings of the 2rd International Conference on Advanced High Strength Steel and Press Harding，edited by Yisheng Zhang，Mingtu Ma，2015，World Scientific，724-731.

第10章
汽车轻量化和铝合金的应用

10.1 概述

近20年来，世界性能源及环境问题愈发严重，在当前各行业的石油消耗中，汽车工业是耗油大户，由此引起的交通运输的温室气体排放量仅次于电力工业。因此，汽车工业的节能减排对于一个国家的能源供应、环境保护乃至国家安全都具有重要的意义[1~3]。

新能源汽车可以明显减少城市中的污染，同时电驱动也是一个汽车运行的合理的替代能源，因此近年来国家大力提倡发展新能源汽车。但新能源汽车受到电池能量密度及续驶里程的影响，车身轻量化要比传统汽车迫切，在诸多汽车轻量化材料中，铝合金是一种有效的轻量化材料，并具有合理的性价比，同时某些铝合金制件的应用又有利于某些法规，如行人碰撞保护法规等。无论是铝合金零件的应用功能还是运行安全性及循环再生利用都具有优势，国内外铝合金在汽车上的应用发展很快，据欧洲铝业协会指出：在汽车中每使用1kg铝，可使汽车减重0.25~0.5kg、在汽车寿命周期中可减少19kg的尾气排放[4]。当前世界范围内铝材应用分布见表10-1[1]，可以看出铝在交通运输领域用量最大。铝自进入汽车工业领域后发展迅速，用量逐年增加，其增长的趋势见图10-1。而美国、日本、德国是全球汽车采用铝合金最多的国家。当前，国内外在新能源汽车方面所涉及的铝制零部件有车身、轮毂、底盘、防撞梁、地板、动力电池和座椅。其中，车身包括用高性能铝型材制作的车身骨架和用高精铝板制作的蒙皮及车门；铝合金轮毂（铸造铝轮毂或锻造铝轮毂）；底盘包括高强度大截面铝型材结构件和铝合金锻件；用型材制作的防撞梁；客车地板；锂离子电池和铝离子电池，锂离子电池包括电池正极铝箔、电池铝壳和电池铝托盘（欧美电池托盘全部为铝合金材质，国内电池托盘既有铝合金材质，也有钢材质）；新能源客车座椅系统等。

表 10-1 世界范围内铝材用量分布

应用领域	交通运输	建筑	包装	电子电器	机械设备	耐用品	其他
用量/%	31	19	18	10	9	6	7

根据最新国内铝材市场研究机构调研得出：技术成熟的铝合金材料已成为当前新能源车企的首选。铝合金材料在新能源汽车上的应用，因不同的车企理念、不同的车型设计而有所不同，全铝车身新能源车的用量大，其他新能源车则用量相对较少。有些车企采购铝材自己

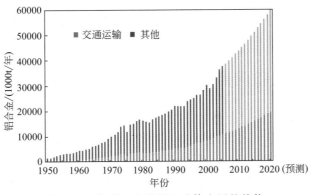

图 10-1　铝合金在世界上总体应用的趋势

加工部件，有些车企则采购铝制成品部件进而直接上线组装。值得一提的是，目前我国对新能源车采取财政补贴政策，一些国外品牌新能源汽车制造商为了分享这一优惠政策，同时看好我国新能源汽车的消费大市场，纷纷来华投资建设新能源汽车工厂。如美国特斯拉等国际知名新能源车企已在华投资建厂，实现本地化运营，将部分就近采购国产车用铝材或铝合金零件产品，可预见未来将极大促进我国汽车用铝产业的快速发展。

总之，新能源汽车用铝量将多于传统燃油汽车，我国新能源汽车的高速发展，必将促进铝材在新能源汽车这一细分市场的火爆。对于我国铝合金产业而言，当前及未来应高度关注新能源汽车产业的发展，抓住机遇，扩大及深化国内外合作，研发出高性能、适用性强的铝合金材料及零部件产品，不断提升我国车用铝合金应用规模及水平。

表 10-2　铝合金在北美、欧洲和日本汽车上的典型应用

地域年份 部位	北美			欧洲			日本		
	2002 年	2006 年	2009 年	2002 年	2006 年	2009 年	2002 年	2006 年	2009 年
发动机/kg	42.03	51.64	55.63	35.56	40.92	42.81	44.45	44.9	48.67
变速箱和传动系统/kg	28.14	31.51	29.94	15.42	15.51	15.69	20.55	21.77	21.86
底盘、悬挂系统/kg	6.24	8.5	8.33	8.21	10.26	11.57	2.95	3.56	3.58
轮毂/kg	22.37	23.61	25.17	14.22	18.03	20.21	17.78	19.32	20.2
制动器/kg	2.49	3.77	4.13	2.72	4.75	5.14	1.67	3.41	3.5
热交换器/kg	14.52	14.32	14.27	11.02	12.26	12.29	11.98	13.61	13.63
覆盖件(罩盖)/kg	1.96	2.5	2.69	2.4	4.89	5.15	0.27	1.85	1.94
车身/kg	0.45	0.59	0.6	1.77	2.81	2.88	0.14	0.21	0.1
隔热罩/kg	1.73	1.84	1.91	1.18	1.36	1.5	0.54	1.07	1.1
保险杠/kg	0.61	0.87	1.09	1.42	2.75	2.72	0.78	0.69	0.58
其他/kg	4.1	4.09	4.27	3.86	3.85	3.92	2.77	3.18	3.23
合计/kg	123.28	143.41	148.03	98.79	117.4	123.9	103.87	113.58	118.39
其中铸件重量比/%	82.1	83.0	83.2	77.1	76.2	77.0	84.1	81.8	82.6

铝合金在北美、欧洲和日本汽车上的典型应用见表 10-2[5]。从表中可以看出，在北美、欧洲、日本，铝合金在汽车上已经有广泛的应用，从车身构件、安全件到各类铸件，特别是动力传动系统的各类壳体、外覆盖件、运动构件车轮都有广泛的应用，目前用量

最大的是铸件，占76%～84%。铝合金应用的形式多种多样，如铝制铸件、挤压铝型材、铝线材、铝合金板材、铝基复合材料等，多种加工工艺决定了铝合金在汽车上各类构件的广泛性。

10.2 铝合金的特点和优点

在全球金属行业中，铝的应用排名第二，仅次于钢铁，被广泛地应用于工业生产的各个部门，尤其是汽车行业[6~11]。铝合金本身具有优良的导电性、导热性和耐腐蚀性，并且密度低（2.69g/cm³）、强度高的特点，使得其成为应用最为广泛的合金材料。其次，铝合金由于本身的物理特点，决定其拥有较强的塑性，具有方便加工的特点，因此可以制造成各种类型的板材。此外，铝合金还具有良好的易回收再生性，且性价比高，诸多优势使得铝合金是目前应用最多也是最为成熟的轻金属材料。据调查，2015年全世界平均每辆汽车上用铝合金为150kg，预计到2020年可能会达到180kg。欧洲铝协预测，欧洲小汽车的用铝量将会达到300kg/辆，如果轿车凡是可以应用铝合金的地方都用铝合金，那么每辆轿车的平均用铝量将达到454kg，同时新能源汽车轻量化的需求将会是铝合金材料消费的主要来源[11]。

铝合金在汽车轻量化领域具有以下特点和优点[1,12,13]。

① 减重和节能效果明显。铝合金密度小，其密度只有钢铁的1/3，几种典型材料的密度对比见表10-3[12]。对于平板或者梁类构件与钢铁材料相比，应用铝合金和镁合金的减薄效果或减重计算方法见表10-4。这里特别强调，这类构件的减薄效果与结构性能参量的不同判据有关。用该表中的有关方程计算的等结构参量的功能对钢的厚度比见图10-2。同样情况下计算的对钢的减重潜力见图10-3。

表10-3 几种材料的密度   g/cm³

钢	铸铁	Al(A380)	Mg(AZ91D)	PC/ABS
7.8	7.15	2.68	1.81	1.13

表10-4 不同结构参量减薄效果的计算方法

结构判据	厚度比 t_{Mg}/t_s	质量比 m_{Mg}/m_s
弯曲刚度	$(E_s/E_{Mg})^{1/3}$	$(d_{Mg}/d_s)(E_s/E_{Mg})^{1/3}$
弯曲强度	$(\sigma_s/\sigma_{Mg})^{1/2}$	$(d_{Mg}/d_s)(\sigma_s/\sigma_{Mg})^{1/2}$

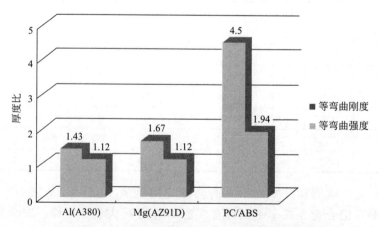

图10-2 等弯曲刚度或等弯曲强度下不同材料对钢的厚度比

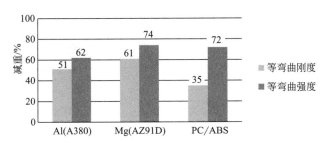

图 10-3　等弯曲刚度和等弯曲强度条件下对钢的减重潜力对比

对车身覆盖件用铝合金板材和屈服强度 160～180MPa 钢质板材相比，可减重 40%，和承受动载荷的结构件相比，可减重 25kg 以上。轻量化具有显著的节油效果，同时研究表明，轿车中每使用 1kg 铝，可使轿车的寿命周期内减少 20kg 尾气排放。从全寿命周期进行评估，铝合金也是一种良好的节能材料，即采用铝制零件节省的能量是生产该零件原铝耗能的 6～12 倍。

② 铝合金的物理力学性能好。铝合金的晶体结构是面心立方结构，室温下有 12 个滑移系。因此，铝合金的变形加工性能好，合适的成分和工艺性能下，铝合金容易冲压成形，有利于冲压成形各种精密型零件。铝合金可以通过合金化和热处理得到各种强度级别的铝合金和各种良好冲压成形性的铝合金，满足汽车轻量化构件和不同强度级别铝合金的需求。高强度的铝合金，如 2000 系和 7000 系的铝合金强度可达 400～600MPa，可以与低合金钢相比，但比强度则远高于钢，铝合金有良好的导热性、导电性，其仅次于铜，因此，在汽车中可做各类导线，同时适合于制造要求散热性良好的构件，如发动机罩盖、铝水箱、散热器等。

③ 铝合金具有良好的抗蚀性。当其暴露在空气中时，会形成一层致密的氧化薄膜，这层薄膜使金属铝和空气隔绝，可以保护铝不发生进一步的腐蚀，赋予铝合金优良的抗腐蚀性。

④ 铝合金具有良好的成形性。铝合金的熔化温度低，液态铝合金具有良好流动性，可铸造成形状复杂的各类汽车构件，如各类发动机构件。在一定的温度下，铝合金具有良好的挤压成形性，从而赋予铝合金挤压型材制造汽车构件的可设计性，使铝合金挤压材广泛用于各种刚度要求较高的汽车结构件和高吸能件。铝合金板材、型材具有良好的可焊性能，可用 TIG、MIG 进行焊接，也可用搅拌摩擦焊进行焊接，也可以与异种金属进行焊接。这些均有利于在汽车车身构件上扩大应用。

⑤ 具有良好的机械加工性能，特别是铸造铝合金，加工性能是钢铁材料的 4～5 倍，从而容易得到高精度的机加工构件，适合于汽车发动机用铝合金构件和变速箱壳体的构件等精密加工件在汽车上的应用。

⑥ 对安全吸能的铝合金，其截面可以设计成复杂的高吸能的形状，在吸能盒上充填泡沫铝，可进一步提高构件的吸能性，从而提升安全构件的安全性，由于铝合金的可设计性很强，加工成形好，从而可以减少汽车构件的焊点，有利于提高汽车在制造时的装配效率。

⑦ 铝合金易于回收。铝合金可循环回收使用，是一种循环再生率很高的金属材料，回收过程中，由于抗腐蚀性好，损耗量小于 5%。如果汽车用铝合金都用循环再生铝合金，那将极大地降低铝合金汽车零部件的制造能耗。按目前的水平。1t 电解铝的耗电要 1.3 万～1.35 万度，假定每度电 5 角，能耗的费用是 6500～6750 元，再加上氧化铝粉和其他费用，1t 电解铝的价钱是 1.4 万元。1t 废铝重熔耗电约 1000 度，不到电解铝耗电的 1/10，因此废铝回收大大地节能减排，这是在金属材料中循环利用时铝最突出的优点。

⑧ 铝合金制作汽车部件时，由于加工性好，可以加工成形为比较复杂的截面，其构件

的刚度明显提升，同时可大幅度降低部件的焊点，可大幅度提升白车身的装配效率。

正因为铝具备上述优点和特点，特别是循环再生铝的大量应用，有效地降低铝合金构件的成本和铝合金生产的节能减排；它的密度小，是一种减重效果非常有效的轻量化材料。因此可以预测今后铝合金在汽车上，特别是新能源汽车上的用量会大幅度提升。

10.3 汽车铝合金的应用形式

1896 年，印度人最先用铝合金制作了汽车曲轴箱，因其重量轻和良好的导热性，取得了良好应用效果，这是汽车上最早的铸造铝合金的应用。20 世纪早期，铝合金在豪华汽车和赛车上有了应用，如福特的 Model T 汽车就是铝质车身。

早期铝合金材料是豪华车的专属，近年来随着技术成熟度和成本的降低，铝合金在中低端汽车车型上也逐步得到了愈发广泛的应用。此外，随着铝合金的不断发展，其应用也自然开始变得细化。当前，应用于汽车工业中的铝合金，主要有铸造铝合金和变形铝合金，其中铸造铝合金是汽车铝合金应用的主要形式。例如铸造铝合金能够应用在发动机缸体和缸盖、离合器及变速器外壳、气缸套、活塞、水泵等部件上。变形铝合金主要分为挤压型材、锻造铝合金和板材，主要应用于车身、底盘及动力关键零部件。除此之外，近年来国内外汽车工业中也开始采用一些新型铝合金，诸如泡沫铝合金、快速凝固铝合金、半固态铝合金、铝基复合材料等。

总体而言，当前汽车用铝主要以压铸（含精密铸造）、挤压、轧制、半固态等几种形态投入使用。目前北美各类铝合金在汽车上使用比例大致为铸铝 77%、轧制材 10%、挤压材 10%、锻材 3%[10,12]。

当前在新能源车上广泛应用的铝合金零件有车身、车轮、底盘、防撞梁、地板、动力电池包壳和座椅等。此外，目前国内外汽车用铝主要集中在动力系统、变速箱、传动系统、制动系统等零部件位置，未来随着铝合金材料性能和应用技术的进一步提升，将会拓展到汽车构件和覆盖件上。

10.3.1 铸造铝合金

铸造铝合金是以熔融金属充填铸型，获得各种形状零件毛坯的铝合金，具有低密度、比强度较高、抗蚀性和铸造工艺性好、受零件结构设计限制小等优点。铸造铝合金按成分可分为 Al-Si 和 Al-Si-Mg-Cu 为基的中等强度合金；Al-Cu 为基的高强度合金；Al-Mg 为基的耐蚀合金；Al-Re 为基的热强合金。其中，大多数需要进行热处理以达到强化合金、消除铸件内应力、稳定组织和零件尺寸等的目的，用于制造梁类构件、泵体、轮毂、进气歧管、发动机的缸体缸盖、变速箱壳体、铸造铝活塞、仪表盘支架等零件。常用的铸造铝合金系有：

① 铝-硅系合金：通常硅含量为 4%~13%。该合金铸造性能最佳，裂纹倾向性极小，收缩率低，有很好的耐蚀性和气密性以及足够的力学性能和焊接性能。此系合金在工业上的应用虽较铝-铜系合金晚些，但于 1920 年发现可进行变质处理后，使该系合金的组织和性能得到改善，拓宽了使用范围，在用量上几乎占铸造铝合金的 50%。铝硅系合金可分为共晶型、亚共晶型、过共晶型和添加铜、镁、锰等复杂的共晶合金。ZL102 合金为典型的二元共晶合金，共晶温度为 577℃，共晶成分为 12.6%Si，共晶温度下 α 固溶体中溶解 1.6%Si，室温下溶解约 0.05%Si；β 相为铝溶于硅中的固溶体，其溶解度极小，因而共晶组织为 α+Si 两相组成。多元合金的组织中，除 α 和硅外，还有 $\theta(CuAl_2)$、$W(Al_xMg_5Si_4)$ 等相（见铝合金的相）。含铜的铝硅合金可热处理强化，但耐蚀性差。合金中硅相的形状对强度和塑

性有显著的影响,通过变质处理(在熔体中加入钠或锑),使硅相球化,合金的组织和性能得以改善。过共晶合金中的粗大初晶硅有害于力学性能和切削性能,常加入磷,形成 AlP 化合物,使初晶硅细化,减少其有害影响。

在铸造合金中,通常都加入晶粒细化剂,大多为 Al-Ti-B 合金,细化晶粒以改善铸造铝合金的性能。

② 铝-铜系合金:是最早出现的工业铸造铝合金。该系合金有高的强度和热稳定性,但铸造性和耐蚀性差。铜含量一般低于铜在铝中的溶解度极限(5.85%),平衡组织中无共晶体,非平衡条件下,可能出现少量共晶体,经固溶处理,使固溶体过饱和,可获得时效强化效果。合金中加入锰、钛可使晶粒细化,能补充强化和改善耐蚀性。

③ 铝-镁系合金:该系合金强度高,耐蚀性最佳,密度小,有较好的气密性。铝镁二元铸造合金,镁含量高达 11.5%,多元合金中的镁含量一般为 5% 左右。合金的组织为 α+β(Mg_5Al_8)相组成,热处理的强化效果不明显,主要为固溶强化。β(Mg_5Al_8)相沿晶界呈网状析出时,抗蚀性和力学性能变坏。为防止 β(Mg_5Al_8)相沿晶界析出,多在固溶状态下使用。合金中加入硅和锰能改善合金的流动性。

④ 铝-锌系合金:该系合金在铸造状态就具备淬火组织特征,不进行热处理就可获得高的强度,但合金的密度大,不适宜制作飞机零件。该合金系是在硅铝合金的基础上加锌而成的。

铝铸件的生产方法有多种,如砂型铸造、流变铸造、消失模铸造、半固态铸造、金属的永久模铸造、晶粒铸造等,正在发展的有高压模铸、真空模铸,金属模铸、真空吸铸等工艺。目前汽车配件市场中大约有 15%~20% 为采用不同铸造方法生产的铸件,这些铸件主要为动力系统关键部件和重要的结构部件,包括底盘产品、车身连接支架、发动机部件等。压力铸造简称压铸,在一定压力作用下使熔体填充型腔,铸件组织致密、力学性能高、尺寸精密、加工余量小等。根据压力高低可大体分为金属型重力铸造、低压铸造与高压铸造(压铸),主要应用于汽车变速壳、离合器壳、水泵壳、化油器壳、转向机壳等。金属型重力铸造的工艺特点是将液体金属用重力浇铸法浇入金属形成铸件,铸件品位比铝合金砂型铸造好,是生产较高质量铸件的传统方法。美国福特汽车公司就采用了金属型重力铸造方法生产铝缸体和铝气缸盖。低压铸造是介于重力型铸造和压铸之间的一种工艺,铝熔体在压力作用下沿升液管从设在底部的一、二个浇口填充型腔,并从远离浇口的地方开始凝固,逐步向浇口扩展。低压铸造时,产品的力学性能较高,致密性更好,生产过程也相对复杂,其铝熔体的利用率比金属型铸造高得多,可达 85%~90%,而重力型铸造仅 40%~60%。挤压铸造也称"液态模锻",是将熔融态或半固态金属浇入金属模内,然后施以压力,使铝合金在压力下凝固成形,获得毛坯或零件的方法。其实质是金属液在机械外力作用下结晶、补缩并伴有少量塑性变形的过程,具有金属利用率高、工序简化和质量稳定等优点。挤压铸造适用于力学性能和气密性要求高的厚壁铸件,如汽车、摩托车铝轮毂;发动机铝活塞、铝缸体、铝缸头、铝传动箱体;减振器、制动器铝铸件;压缩机、压气机、各种泵体铝铸件;自行车曲柄、方向轴、车架接头;铝镁或锌合金光学镜架、仪表及机算机壳体件;铝合金压力锅、炊具零件;铜合金轴套及铝基复合材料铸件等。

目前铝合金铸件的发展方向为:

① 汽车对铝合金压铸件的要求为向薄壁、形状复杂、高强度、高质量的方向发展。为适应这种要求,应进一步优化铸造工艺并进行新合金材料的开发。

② 应从设计和工艺的角度降低生产成本,如使用一模多件技术和自动化技术以提高生产率、延长模具使用寿命,并采用一体化的设计减少零件数量。

③ 采用计算机模拟技术，缩短工艺方案的开发周期。

④ 加大铝的回收力度。再生铝是铝铸造的主要原料，我国在发展铸造业的同时应重视再生铝资源的利用，开发从复合材料和异种材料组合的废料中有效分离铝的技术，并建立广泛的废料回收体系。

10.3.2 精密铸造铝合金

随着现代工业及铸造新技术的发展，对铝铸件需求量越来越大，要求也越来越高，要求铸件尺寸精确、表面质量和内部冶金质量好，表面粗糙度要求 Ra 在 $0.8\sim3.2\mu m$ 之间，并且向大型、薄壁、复杂、整体的方向发展（大型、薄壁一般指铝合金精密铸件的外廓尺寸大于 500mm、平均壁厚小于 2mm）。近年来随着汽车轻量化技术发展，为满足汽车零部件的形状复杂化、薄壁化、尺寸高精度及稳定性、性能高强韧化方向发展需求，采用常规的压铸方法已无法满足零件产品的综合服役性能要求。基于此，近年来国内外纷纷致力于各类先进铝合金精密铸造工艺技术的研发与应用研究，铝合金精密铸件具有：

① 节能、减重、降低制造成本；

② 结构轻量化、整体化、薄壁空心化；

③ 高性能、高精度、高可靠、短周期及低成本等特点[14]，现在已广泛应用于汽车行业中。

当前国内外典型的精密铸造技术主要有熔模铸造技术、真空压铸技术、特种挤压铸造技术等。

(1) 熔模铸造铝合金

熔模精密铸造方法从古代追溯而来，主要是指将蜡做成相应的模型，并在蜡模型的外部涂抹具有耐火性质的黏土，随后对蜡模型进行烘干加热，直至火将蜡全部熔化后，其蜡油全部流出，得到由耐火性质材料包裹的空壳。在此基础上，将所需要的金属材料熔化后全部倒入耐火材料包裹的空壳中，并采取相应的手段使金属冷却，最后再将冷却后金属外部的耐火材料敲碎，由此得到材料内部的金属模型[15]，称之为熔模精密铸造工艺。现代社会中采用铝合金熔模精密铸造技术，是将其广泛应用于各类工业领域，满足具有更为复杂结构且更高性能要求零部件产品质量需求的重要手段。

① 熔模制作技术与应用：通过对铝合金熔模精密铸造技术的深入分析发现，在铝合金熔模精密铸造应用过程中，其精密铸造所选用的模型材料的性能、蜡模的质量等，均会影响最后铝合金表面形成的粗糙程度。究其原因，铝合金材料的物质性能体现为其密度较低、熔点较低，在相对干燥的空气中，该金属材料将会自动形成具有保护性能的氧化膜，无法通过对蜡模和铸造壁上的微小孔穴加以复制。因此在铝合金熔模精密铸造后，其表面相对不够平整。为了满足当前工业发展的需要，通过对铝合金熔模精密铸造技术的深入研究，在技术应用研究中加强了对高强度性能膜料的研究，提升了铝合金熔模制作技术水平，并应用于相关汽车零件的生产[16]。

② 石膏熔模铸造技术与应用：石膏熔模铸造技术也是铝合金精密铸造技术中比较常用的手段之一，该技术具有良好的复制性，对尺寸要求较高的铸件也有较好的铸造效果。但采用石膏熔模铸造技术过程中，应适当降低对石膏熔模铸造技术下铸件表面的精度要求。因为石膏熔模铸造技术铸件过程中通常采用热模浇注，易导致铸件薄厚程度不统一。此外石膏熔模铸造技术应用过程中应加强对该技术操作的规范性，明确石膏粉与水的混合标准，保证二者在真空环境下实现搅拌，以保证工艺质量的可靠性。一般情况下，石膏熔模铸造技术普遍适用于制作对精度要求不太高的铝合金零件[16]。

③ 陶瓷熔模铸造技术与应用：陶瓷熔模铸造技术是目前工业中相对高端的一类精密熔模铸造技术。在铝合金熔模铸造过程中，由于铝具有密度和强度较低的特点。因此铸件在脱

蜡时应注意对原有浇注系统的保留。此外，铝合金熔模铸件材料受密度和强度的影响，其热冲击力相对较弱。因此，在铸件过程中应注意对温度和湿度的控制。在陶瓷熔模铸造技术使用过程中，保持温度和湿度的方法很多；通常可以采用减少陶瓷壳里外包裹黏土的数量，通过提高撒砂粒密度的方式，实现对温度和湿度的保留。通常情况下，陶瓷熔模铸造技术在工业机械制造中的使用，普遍应用于结构相对复杂的中型和小型铝合金铸件[16]。

在 20 世纪，国外熔模铸造技术发展很快。1965 年，通用汽车公司 Henzel 和 Keverian 等利用有限差分法对发动机缸体铸件进行了凝固模拟，结果与实验情况吻合。苏联高尔基汽车精铸熔模铸造车间从制蜡、制壳、焙烧、浇注完全自动化，由于精铸可以生产少切削或无切削的复杂合金件，故苏联把这种工艺作为 20 世纪 90 年代的重点发展工艺[17]。在 20 世纪 90 年代又出现了 SUP 法的一种工艺，该工艺是用水溶性尿素树脂代替蜡料作模料，采用低压注射成形的精铸法，最大优点是成本低，适用于批量生产，产品表面光洁度好、尺寸精度高。近年来随着新材料和新技术的不断发展，产生了很多新工艺、新技术、新设备。目前在日本、英国及德国等已成功地把精铸工艺采用流水线来生产低成本的汽车零件。总体而言，精铸工艺流程多且较为复杂，影响因素比较多，不易控制，典型精铸工艺流程见图 10-4。目前铝合金精密铸造技术在国外发达国家中发展较为迅速。美国、德国、日本等国家不仅可以生产小件，也可以生产较大件，铸件最大轮廓尺寸可达 1.8m，最小壁厚却只有不到 2mm。铸件的尺寸也越来越精确：25.4mm 内公差可以达到 ±0.125mm；从 25.4～254mm 每增加 25.4mm，公差增加 0.05mm；尺寸大于 254mm 时，每增加 25.4mm，公差增加 ± 0.127mm。表面粗糙度 Ra 最高可达到约 0.63μm（即相当于表面光洁度 7～8 级水平）[14]。此外，熔模铸件力学性能也不断提高。

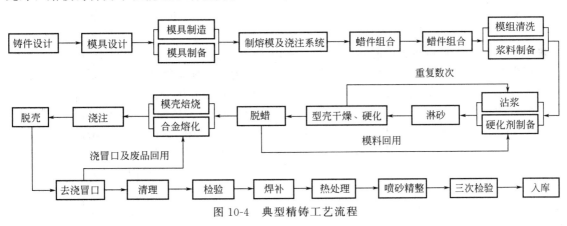

图 10-4 典型精铸工艺流程

随着我国汽车发动机机盖、支架、齿轮、铰链、摇臂等精铸零件的研制，我国精铸工业化进程也加速发展。在 20 世纪 50 年代，中科院研究所开发了水玻璃制壳工艺，成功用于汽车领域。1975 年，我国从英国引进斯贝航空发动机的制造技术，在消化吸收过程中，实现了熔模精密铸造工艺材料的国产化。近年来，北京隆源自动成型系统有限公司用 SLS 法制作了聚苯乙烯粉末浸蜡模的等离子发生器、汽车发动机缸体等模型。据统计，到 2009 年为止，全国精铸厂高达 3000 多家，产值达到 200 多亿。此外，经过 50 多年发展，熔模铸造已成为我国汽车制造业中不可缺少的基础工艺，并形成了一个独特的行业。近 20 年来，国内研究学者对铝合金精密铸造技术也进行了大量的研究工作和报到，在一些领域虽然取得了长足的进步，但与国外先进水平相比，仍然还有不小的差距。主要表现为，铝合金精密铸造专业化生产程度低；铝合金精密铸造生产设备和配套技术落后；铸件尺寸、尺寸精度、复杂程度和表面质量不高；铸件力学性能低；生产周期长等。目前还满足不了汽车工业领域对铝合金精密铸件更高的性能要求[17]。

随着社会经济文化的不断进步与发展，科学技术随之更新，铝合金熔模精密铸造技术日益成熟，并广泛应用到各类工业制造业领域内。近年来，城市化进程明显加快，现代工业对铝合金的使用频率显著提升，对铝合金铸件技术的要求日益提高。当前，不仅注重铝合金熔模精密铸造技术下尺寸的精确性、表面的平整性，同时也注重其内在的质量问题。为此，包括石膏熔模铸造技术和陶瓷熔模铸造技术在内的多种铝合金熔模精密铸造技术，逐渐在现有技术的基础上得到了创新式的发展。在未来的发展趋势下，伴随着汽车零部件产品设计的复杂性不断提升，为了满足汽车轻量化对铝合金构件铸造技术的要求，铝合金熔模精密铸造技术也将向形状和结构更复杂的方向发展，具体趋势如下：

a. 计算机数值模拟技术；
b. 快速熔模精密铸造技术；
c. 先进精密铸造方法；
d. 型芯技术；
e. 先进充填和凝固技术；
f. 凝固过程控制和热处理技术，提高铝合金熔模精密铸件力学性能；
g. 铝合金熔模精密铸件综合质量控制技术。

(2) 真空压铸铝合金

从1994年AudiA8轿车的全铝合金立体构架开始，高真空压铸技术的应用领域得到了切实的扩展，技术本身也获得持续发展，对汽车轻量化及改善燃油经济性作出了积极的贡献。从2010年以后，国内汽车零配件厂陆续引进了真空压铸技术，2014年首批件进入量产阶段。

真空压铸技术是在传统压力铸造技术的基础上辅以型腔抽真空技术，即先采用真空抽取装置将压铸模内压室和型腔内的气体抽出，使金属熔体在相对真空的条件下充填型腔。在压铸过程中利用真空压铸技术抽出压铸模内压室和型腔内的气体，能消除或显著减少压铸件内的溶解气体和气孔，提高铸件内部组织致密度，从而达到提升压铸件的表面质量和综合力学性能的目的。当前国内外高真空压铸技术主要有两种方法，一是德国Muller-Weingarten公司和VAW公司联合研发的Vacural法，二是德国Alcan-BDW公司推出的MFT法，又称high-Q-casting。Vacural法的工作原理，它是将熔化炉通过升液管和压射室直接相连，当模具合模时，模具型腔、压射室及升液管形成一个封闭的空腔；抽真空开启，将金属液吸入到压射室内进行定量，冲头开始起低速，封闭压射室上的进料口，继续抽真空，直至冲头起高速、前型腔达到设定的真空度后关闭真空，冲头进行高速压射成形。MFT原理是当模具合模时，铝液定量后通过导流槽进入到压射室内，冲头起低速封闭浇料口后设备开始抽真空处理，待冲头起高速，充填至型腔2/3时关闭真空完成压射成形。其工艺特点是采用多浇道和大截面积内浇口，以保证金属铝液在极短时间内填充满型腔。MFT的优势在于应用到普通压铸机上，真空阀本身的重复生产性高、反应时间稳定、能对每个铸造循环实施监控、可在动模或者定模多重真空系统上加以扩展以及易于保养；型腔的真空度可达到20~50Mbar（$1Mbar=10^{11}Pa$）。真空压铸生产的铸件具有以下优点：压铸件可进行热处理；压铸件具有良好的焊接性；降低了铸件内部的气孔率，使铸件内部组织致密，提高了压铸件的力学性能；改善了充型条件，能够生产壁厚薄、结构尺寸较大的铸件；真空度的存在，减小了型腔内的反压力，压射比压可以降低，有利于延长压铸模具寿命。

目前，国内外已实现了各类真空压铸铝合金零部件产品应用于汽车上，具体如下：

① 传统压铸件的技术提升。

应用于汽车发动机铸件，如缸体、缸盖罩、链轮壳、油底壳等，多属于形状复杂、结构多变、尺寸精密和致密性高的铸件，由于高标准、高成品率要求，对铝合金铸造工艺、品质保证等提出了挑战。这类件也通过技术革新引进了真空压铸工艺，将传统的排气通道改为真空抽气结构，以提高铸件的内部质量。

② 铝合金副车架。

副车架可以看成是前后车桥的骨架，是前后车桥的组成部分。其功能是阻隔振动和减少噪声直接进入车厢。原铝合金副车架一般采用重力铸造、低压铸造或差压铸造。此类铸件壁厚相对较厚，壁厚在3～5mm之间，因安装需求有较多厚大的安装凸台及橡胶减振安装孔，为提高铸件生产效率，铸件结构由原中空结构改为单面或者双面加强筋结构，并将真空压铸工艺引用到此类铸件的生产。

③ 新能源电动汽车电池壳体。

铝合金电池壳体伴随着新能源电动汽车同步开发出来，因其使用工况，要求壳体具有较高的力学性能及伸长率，同时也有内部质量及气密性要求。此类铸件的壁厚一般只有3.0～4.5mm，长宽尺寸一般在600～1000mm之间。此种结构的普通压铸工艺往往无法达到要求，就需要采用真空压铸或高真空压铸才能满足铸件的质量要求。铝铸件被制造能够承载大载荷的部件，明显减轻了重量但同时还具有高的强度。这些板件具有复杂的几何形状，通常是用真空压铸的方式，使它具有较高强度。铝铸件还具有高的延展性，良好的焊接性能，较高的塑性，保证了在发生碰撞时的高安全性。这些铸件的铝合金类型是5000或6000系列铝合金。目前铝铸件主要运用到电动汽车电池包结构箱体上比较多，如图10-5所示。

图10-5 Tesla Model S电池包箱体

④ 车身结构件。

汽车结构件是指汽车中的承载件或受力件，与汽车安全性密切相关。在汽车车身中许多结构件装在车身结构的节点上并与其他构件连接形成抗变形的高强度框架，这类结构件通常具有尺寸大、壁薄、结构复杂等特征。由于在行驶中要保证汽车可靠的安全性，所以对汽车结构件的力学性能要求高。此类件因与其他车身件的装配连接方式通常采用焊接或者铆接，这就要求此类件有较高的伸长率及焊接性。常规压铸工艺生产的铸件无法满足此类要求，需要采用高真空压铸工艺。

此外，车身结构件主要有前轮罩、后轮罩、纵梁、B柱、横梁、车门框等；壁厚通常为2.0～3.0mm之间，以2.5mm壁厚较多，铸件具有尺寸大、壁厚薄、加强筋多的特征。结构件的开发，将高真空压铸工艺引入到大批量生产阶段。

未来国内外真空压铸铝合金技术领域的重点发展方向如下：

① 微量喷涂技术。

现使用的水基脱模剂，在喷涂后需要进行吹干，整个喷涂过程占压射循环的1/4左右。

其喷涂量大，给废水处理、环境保护及资源带来了压力。如何减少每次喷涂量、缩短喷涂时间、提高生产效率，这些要求需要改进喷涂系统及脱模剂、调整喷涂工艺方面做研究及生产验证。

② 高性能的铸态铝合金材料。

应对汽车结构件力学性能的要求，对高性能的铸态铝合金材料尤为迫切。通过添加合金元素来提高真空压铸件的铸态性能，减少或省略热处理工序，对高真空压铸工艺经济性有重要意义。

③ 模具温控系统及监控。

随着微量喷涂技术的推广，对模具的温控系统提出了更高的要求。原通过喷涂带走的热量需要通过模具的温控系统传导出去，如何设计好模具各个部位的冷却通道、选择好何种模温机、如何控制模具各区域温度、采用模温精确控制系统尤为重要。

④ 提高压铸模具寿命。

压铸模具主要失效形式有热裂、整体脆断、侵蚀或冲刷等，其中以整体脆断最为严重。如何提高压铸模具寿命需要从压铸模具设计、模具材料、热处理、模具加工及使用维护综合考虑。

(3) 挤压铸造铝合金

根据金属液在铸型中充型的特征和结晶时所受压力的状况，挤压铸造分为柱塞挤压铸造、直接冲头挤压铸造、间接冲头挤压铸造和型板旋转挤压铸造四种类型。

① 柱塞挤压铸造。

柱塞挤压铸造用柱塞作为加压冲头，封闭凹形的开口处，并施压于正在凝固的金属液表面，保压直至其完全凝固。该法的特点是合型加压时，液态金属基本上不发生充型运动。柱塞挤压铸造适用于生产实心或壁厚大于10mm、形状不太复杂的中小铸件。

② 直接冲头挤压铸造。

直接冲头挤压铸造是在合型时将成形冲头插入液态金属中，将部分金属液向上反挤，以充填由凹形和冲头形成的封闭型腔，继续升压和保压直至铸件完全凝固。其特点是合型加压时金属液要进行充型运动，冲头直接挤压在铸件上。直接冲头挤压铸造适用于生产形状不太复杂的空心或通孔铸件，壁厚一般为5～10mm。

③ 间接冲头挤压铸造。

间接冲头挤压铸造采用成形冲头将浇入凹槽中的部分液体金属挤入已合型闭锁的型腔中，继续加压至凝固。其特点是冲头加压时，金属液发生充型运动，冲头通过内浇道将压力传递到铸件上。间接冲头挤压铸造适用于生产形状复杂、壁厚较薄的铸件（2～3mm）。

④ 型板旋转挤压铸造。

型板旋转挤压铸造的工艺过程是向半开的楔形型腔中浇注金属液，开动活动型板向固定型板合拢，金属液被挤压上升并充填铸型，多余的金属液外溢，以达到铸件成形和低压力下凝固。型板旋转挤压铸造适用于生产大型壁板且形状小、复杂的铸件。

挤压铸造是使液态金属在高的机械压力下进行凝固结晶的，相比于传统压铸工艺技术其具有如下特点和优势。

① 挤压铸造可消除铸件内部的气孔、缩孔和缩松等缺陷，产生局部的塑性变形，使铸件组织致密、晶粒细化。铸件的力学性能高，接近同种合金的锻件水平。

② 挤压铸件具有较小的表面粗糙度值（铝铸件可达 $Ra3.2\sim6.3\mu m$），较高的尺寸精度（铝合金和镁合金铸件的尺寸公差等级可达 CT5）。

③ 挤压铸造适用于铸造性能好的铸造合金和铸造性能较差的变形合金，也可用适用于

诸如铜、镁、锌等有色合金。

④ 便于实现机械化、自动化，可大大减轻工人的劳动强度，切实改善铸造车间的劳动条件。挤压铸造通常没有浇冒口，因而铸件工艺出品率高。

⑤ 铸件通过压力传递进行补缩，冷凝速度快，薄壁零件和一些形状复杂零件的生产受到限制。

我国在汽车零件上采用的挤压铸造工艺处于起步阶段，主要存在以下问题，首先是没有汽车挤压铸造铸件技术标准；其次，成形技术及装备远落后于欧美及日本，大型装备依赖进口并受限制。

未来国内针对铝合金挤压铸造技术的发展趋势为：

2016～2020 年，在工艺方面，首先建立起我国挤压铸造技术方面的理论体系和相关标准体系，将挤压铸件的成品率提升到 92% 以上。在装备方面，完成大型（如 3500t）高性能挤压铸造设备的研发，实现大型挤压设备关键性技术的突破，建设我国高水平挤压铸造研发试验平台。

2021～2025 年，在工艺方面，完成几种典型汽车受力件、气密件或耐磨件，如制动气缸体、减振支架、转向泵、传动支架等挤压铸造技术的开发。在装备方面，完成大型（如 4000t）智能挤压铸造生产线的关键技术研发及示范应用，并用于大型铝合金、镁合金挤压铸造件高效成形生产。

2026～2030 年，在工艺方面，要扩大开发典型汽车受力件、气密件、耐磨件（如铝活塞、全铝车身的可焊接的 C 柱顶部连接件、前纵梁壳等）的挤压铸造技术，并将挤压铸件的成品率提高到 98% 以上。在装备方面，要建成具有国际先进水平的智能化的挤压铸造示范车间，实现挤压铸造车间、工厂全面数字化、智能化。

10.3.3　半固态铸造成形

(1) 半固态成形的发展和特点

金属半固态成形是指将金属在凝固过程中的合金进行强力搅拌，使其先凝固的树枝状的初生固体破碎，获得一种由细小、球形、非枝晶初生相与液态金属共同组成的液、固混合浆料，即流变浆料，将这种流变浆料直接进行成形加工的方法。而将这种流变浆料先凝固成铸锭，再根据需要将此金属铸锭分切成一定大小使其重新加热至固液相温度区间而进行的成形加工称为触变成形（thixforming），流变成形和触变成形合称为半固态加工（semi-solid processing method），简称 SSM。这类加工研究始于 20 世纪 70 年代初，由美国 MIT 的学者在研究热裂问题时的发现[18]。

半固态成形有以下特点[19,20]：

① 应用范围广泛。凡具有固、液两相区的合金均可实现半固态加工，如铝合金、镁合金、锌合金、镍合金、铜合金及钢铁合金；可适用于多种加工工艺，如铸造、挤压、锻压和焊接等。

② 高的黏度。与 100% 液相高压模铸相比，可以采用更高的充型速度而保持良好的层状流动，充型平稳、无湍流和喷溅、少夹渣；生产更轻的零件而不影响产品的优良性能。

③ 加工温度低、凝固收缩小、成形件尺寸精度高，与成品零件相近，可以做到少或无切削加工，从而节约了资源。

④ 低的比热容。半固态金属凝固热焓需排量与 100% 液相金属凝固相比大约低一半，大大降低了凝固时间，有利于提高生产率；同时，减轻了对成形装置，尤其是模具的热冲击，使其寿命大幅度提高。

⑤ 性能高。半固态成形件组织在整个零件中均匀、细小，不受局部厚度的影响，表面光滑，内部组织致密，内部气孔、偏析等缺陷少，产品力学性能优良，可接近或达到锻造材料的力学性能；具有高强度、高伸长率、优良的焊接性和优良的热处理性能。

⑥ 与固态金属模锻相比，半固态的流动应力显著降低，因此半固态模锻成形速度更高，而且可以成形十分复杂的零件，加工设备小型化。

⑦ 节约能源。以生产单位质量零件为例，半固态加工与普通铝合金铸造相比，节能35%左右。

⑧ 应用半固态加工工艺可改善制备复合材料中非金属材料的漂浮、偏析以及金属基体不湿润的技术难题，这为复合材料的制备和成形提供了有利条件。

(2) 对半固态成形浆料的要求和制造方法

传统铸造法得到的金属铸锭为树枝晶组织，该组织会严重影响到材料的致密度及性能，而通过半固态浆料的制备方法所获得的半固态浆料具有以下特点，并满足半固态压铸时的性能要求。

① 非树枝晶要求、细晶要求；

② 浆料稳定要求，参数控制范围略宽；

③ 制浆成本低的要求（能源消耗、细化剂成本等）；

④ 制浆周期短的要求；

⑤ 制浆效率高和达到工业化大批量制浆；

⑥ 得到大直径半固态触变坯料。

非树枝晶金属浆料的制备方法主要有机械搅拌法、电磁搅拌法（EMS）、应变诱发熔化激活法（SIMA）、电磁脉冲振动法、超声振动搅拌法（UVS）及喷射沉淀法（Osprary）、液相线法等。在工业化生产中多用机械搅拌法、电磁搅拌法（EMS）以及液相线法，现对一些浆料制备的方法简述如下：

① 机械搅拌法。此法是最早采用的方法，主要用于研究金属的流变学性质与流变铸造。其原理是利用机械外力使生长过程中的枝晶破碎，机械搅拌流变铸造装置一般分为连续式与间歇式。间歇式多用于实验室研究，而连续流铸法可用于工业化生产。机械搅拌法可以获得很高的剪切速率，利于形成微小的球形微观组织。机械搅拌法存在下列缺点：a.存在搅拌死角，工艺参数不容易控制，影响浆料均匀性；b.搅拌器的腐蚀与溶解造成合金的污染；c.设备笨重、操作困难、生产效率低，固相率只能限定在一范围内。

② 电磁搅拌法。电磁感应线圈产生的电磁场对凝固着的铝熔体进行强力搅拌，将结晶的树枝晶的"枝"与"叉"打落，以形成球状等轴晶粒组织。控制电磁场强弱、电磁线圈高度、铸造速度、冷却强度等工艺参数，就可以控制晶粒大小。电磁搅拌法不会污染金属浆料，不会卷入气体，生产效率很高，电磁参数控制方便灵活。电磁搅拌按磁场方向分为水平式与垂直式。按磁场发生方式又可以分为交变电流与旋转永磁体法。后者的优点是不但可以铸圆锭，而且能铸扁锭、方锭、空心锭等，同时，转子结构简单、体积不大，可安装在现有的连续或半连续铸造机上，改造工作量很小，转子感应器可设计制造得相当高，磁场强度高，金属可产生三维流动，搅拌时间有所延长，使铸造组织得到了进一步改善；每吨锭平均电能消耗2kW，因为磁场是永久磁铁产生的，无任何有效功与无效功损失，功率因素非常接近1，设备造价低。

电磁搅拌技术相对比较成熟，已在工业化生产得到了应用。但通常认为，由于存在"集肤"效应，该技术只适用于直径小于150mm的锭坯，且对变形铝合金的适用性尚待研究。

③ 应变诱发熔化激活法（SIMA）。SIMA 是 strain-induced melt activation 的简称，是除电磁搅拌法外，目前工业上用于生产半固态浆的另一种方法。该技术是将常规铸造枝晶组织在高温下进行挤压变形，破碎枝晶组织，再施加足够的冷变形量后，加热到两相区。当冷变形足够大时，就会发生回复与再结晶过程，形成新的界面。若界面能大于固-液界面能的 2 倍，这种界面就是大角晶界的表面，液相就会进入这些晶界，大的晶粒碎化，形成细小的晶粒。在原来的树枝状晶粒碎化的同时，尖锐的突起部分熔化，由于扩散作用，凹处则发生凝固，于是液相基体结晶成细小的球状等轴晶粒组织，形成半固态浆料。

该技术对制备较高熔点的非枝晶组织合金具有独特的优越性，已成功地应用于不锈钢、工具钢、铜合金等系列。但由于其工艺复杂、生产成本高、生产效率低，仅用于小规格坯料的生产。

④ 喷射沉淀法。又称为奥斯普雷法。熔体合金通过气体（氮或氢）喷射器将液体金属雾化为液滴，以一定的速度冲向下方的成坯冷却靶上，直径约为纳米级的液滴在向下运动过程中，受惰性气体的冷却，表面温度迅速下降，发生凝固，形成外壳，在沉积时由于冲撞，外壳破裂，内部正在结晶的树枝晶破碎，形成非常细小的球化晶。经再加热后，获得具有球形颗粒半固态金属浆料。目前该方法已应用到工业生产，晶粒尺寸可小至 20μm。但该方法生产成本较高，只适用于某些特殊产品。

⑤ 液相线法。所谓液相线铸造，是将合金熔体冷却至液相线温度保温一定时间后，进行浇注，获得具有半固态触变组织的制浆方法。液相线铸造合金熔体温度低，几乎没有过热，温度场均匀，在浇铸过程中，大量晶核在熔体中均匀产生，有利于细小、均匀、等轴的半固态组织的形成。液相线铸造法分为间歇式与连续式两种。该技术也是汽车半固态铝轮毂应用的关键技术。

1991 年麻省理工学院的 M. C. Flemings 等人在原有的研究基础上，通过实验进一步发现细小的等轴晶形成临界温度位于液相线处，从而提出了改进的流变铸造工艺 SSR，即伴随搅拌的同时，快速使金属液温度降至液相线附近，并保持一小段时间而获得成形所需要的半固态组织。

1997 年都柏林大学进一步明确提出了类似的无需搅拌直接在液相线温度附近浇铸的方法（direct thermal method，DTM）制备半固态浆料，为半固态的工业应用打下了基础。

2002 年英国的布鲁内尔大学在传统挤压技术的基础上，开发出半固态金属双螺旋流变挤压工艺（semi solid metal twin-screw rheoextrusion）。该工艺利用金属液在流过带有高速旋转的双螺旋杆的管道时，先将金属液快速冷却到半固态金属浆料制备温度并保温，通过双螺旋杆转动产生较强的剪切速率和紊流来获得半固态金属浆料，同时由管道出口输送到成形装置中，该工艺装置可以同多种金属成形设备配套使用，显示出极大的灵活性，并对镁合金进行了流变成形的研究。

美国具有制造压铸设备 25 年以上历史的 THT 公司应用低液相线铸造工艺 sub-liquidus casting 设计出新型的半固态金属成形装置，该装置通过加设设计独特的浇道模板、压射室和冷却系统，仅需要对金属熔体进行一定程度的晶粒细化和注入压射腔时对熔体进行适当的温度控制，而不需要额外的制浆装置，生产成本明显降低，提高了生产效率。该技术通过温度控制即可制备半固态浆料，并用于小型汽车零部件批量生产。

当然，我国路贵民教授等利用"近液相线制浆技术"研究了多种牌号半固态成形的铝合金，如 A356、264-18、6063、7075、ZL201、ZL116 等铝合金浆料制备，并用触变成形制成了部分零件，和铸铝合金相比，综合性能提高了 30% 以上。

⑥ 复合制浆。作为大尺寸的浆料，应采用近液相线浇铸的制浆技术；用单纯的低温浇

铸技术所获得的半固态浆料若直接用于流变成形，必须严格控制初生相的形貌。为了获得符合流变成形要求的半固态浆料，还需严格控制液态合金的浇铸温度和冷却速度或者使液态合金在固液相区停留保温来保证初生相形貌，否则需要将已凝固的合金重新加热至固液相区并保温一定的时间，这样虽然可保证获得形貌良好的初生相颗粒，但使操作变得困难，提高成本；基于这个考虑以及考虑工业化批量生产、产品性能的稳定性，对于大尺寸的采用复合制浆技术和铸变制造将具有较大的合理性。控制和技术难点：

a. 复合流程方案控制；

b. 温度精确控制；

c. 冷速控制；

d. 静温时间控制；

e. 搅拌功率；

f. 搅拌时间；

g. 晶粒细化剂选择（Ti、B、TiB、SiB_2……）；

h. 半连续铸造参数控制等。

制备半固态浆料后，可以通过压铸、挤压铸造或锻造工艺进行成形，半固态铸造又分为触变铸造和流变铸造两种，这种工艺过程的优点是降低了凝固过程中的皱缩，在模具的深腔处发生了部分相变，降低了模具凝固过程中的潜热和凝固时间，减少了模具的热疲劳应力，延长了磨具寿命；可以制造形状复杂的近终成形的铸件；再加上这种工艺方式的铸件性能优良，因而受到人们的关注。其性能可以和锻造铝合金相比[21]。截至目前，半固态金属（SSM）成形技术经历了20余年的研究与发展，由于采用该技术的产品具有高质量、高性能和高合金化的特点，因此具有强大的生命力。此外，近年来半固态铸造工艺的专用装备也相继推出，如从600t到2000t的半固态压铸机。半固态铸造技术被认为是21世纪最具发展前途的近净成形和新材料制备技术之一。

经过多年的研究和开发，目前铝合金半固态铸造技术在西方发达国家已进入工业应用的成长期。国外已建立了许多半固态铸造厂，如美国Alumax公司早在1994年就建立了半固态铸造技术生产汽车零件的工厂，每年可生产2400万个零部件，零件单重从10g到10kg，直径最大达500mm。瑞士Buhler公司于1993年生产出了世界上第一台适用于铝合金半固态压铸的SC压铸机，与普通的压铸相比，产品质量提高，工艺周期缩短。相比于传统铝铸件，半固态铝铸件组织细小均匀、无铸造缺陷、力学性能较高（基本同锻造机加工一样水平），而成本却和铸造相当。此外，利用半固态铸造技术制备铝合金零件，还具有可选材料丰富、可实现形状复杂零件的近终成形，适合于薄壁成形，表面质量和尺寸精度高，气密性优异，成形后可热处理及焊接处理，模具使用寿命长等优势。半固态成形在国外汽车工业中已用于轿车、轻型车的转向节、泵体、转向器壳体、阀体、一些悬挂支架件和轮毂以及高强度、高致密度、高可靠性要求悬架支撑件，轮毂等铸件的制造。以Buick高级轿车从动链轮支架为例，毛坯净重1.85kg，铸件厚壁处15～40mm，薄壁处5～7mm，机加工后进行气密实验，原采用真空铸造产品废品率10%～20%，采用半固态压铸后产品废品率下降为5%，经探伤和金相组织观察，铸件内部显微组织结构均匀致密，无毛孔、缩孔等缺陷[21]。

(3) 典型半固态铸造合金的组织性能与普通低压铸造的对比

A356是最常用的经典的铸造铝合金牌号，其成分范围及对比试验用的合金成分见表10-5。用电磁搅拌获得的半固态成形组织及用普通低压铸造成形的组织对比见图10-6。

表 10-5 A356 铝合金的化学成分表

项目	Si	Mg	Zn	Cu	Mn	Fe	Ti	Al
成分范围	6.5~7.5	0.25~0.45	≤0.35	≤0.25	≤0.35	≤0.6	≤0.25	余量
试验用合金成分	6.83	0.35	0.17	0.0036	0.0035	0.1	<0.001	

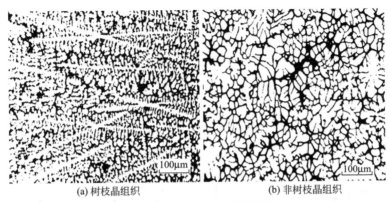

(a) 树枝晶组织 (b) 非树枝晶组织

图 10-6 铝合金微观组织图

对电磁搅拌制浆方法的影响因素有：

① 坯料拉速。随着坯料拉速的提高，浆料的初生相颗粒平均尺寸下降，其关系见图 10-7。根据试验结果拟合的方程为

$$D = 497.49 V^{-1.136} \tag{10-1}$$

式中，D 为直径，μm；V 为拉速，cm/min，二者呈指数关系。

坯料拉速影响非树枝晶颗粒组织的形状，拉速与非树枝晶颗粒组织的形状因子（l/d）关系见图 10-8。随着拉速的增加，直径和强度的比下降。

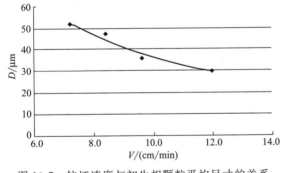

图 10-7 拉坯速度与初生相颗粒平均尺寸的关系

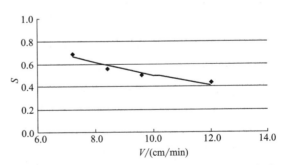

图 10-8 拉坯速度与非树枝晶颗粒形状因子的关系
（S 为形状因子，直径与长度之比）

② 铸锭的冷却速度。随着冷却速度的提升，铸锭的晶粒直径下降，其试验结果示于图 10-9。冷却速度与非树枝晶颗粒形状因子的关系见图 10-10，即随着冷速的提升，直径对长度的比例下降。

用电磁搅拌制备浆料时，其磁场强度对浆料的组织有明显影响，随着磁场强度的增大，晶粒的直径减小，其关系见图 10-11。电磁搅拌磁场强度对非树枝晶组织形状因子的影响见图 10-12，随着电磁搅拌强度的增加，晶粒直径对强度的比上升。这点和冷堆速度、铸锭的拉速对晶粒形状因子的影响略有不同。磁场强度增加，更有利于获得等轴晶粒。A356 电磁搅拌连铸坯的力学性能见表10-6。半固态触变铸造和液态压铸的性能对比及热处理的影响见表10-7。

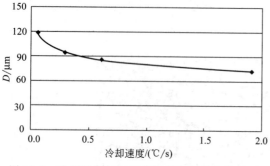

图10-9 冷却速度与初生相颗粒平均尺寸的关系

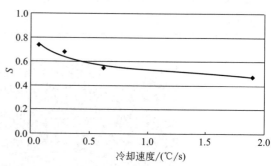

图10-10 冷却速度与非树枝晶颗粒形状因子的关系

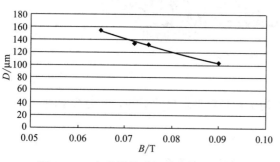

图10-11 电磁搅拌磁场强度与初生相颗粒平均尺寸的关系

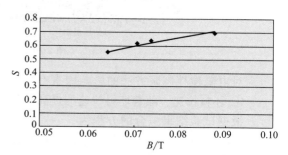

图10-12 电磁搅拌磁场强度与非树枝晶组织形状因子的关系

表10-6 A356电磁搅拌连铸坯的力学性能

样品编号	A1#	A2#	A3#	A系列平均	B1#	B2#	B3#	B系列平均	总平均	铸态国标
δ/%		16.1	15.0	15.6	14.6	16.5	16.8	16.0	15.8	≥2
σ_b/MPa	247	252.1	249.4	250.3	252.6	252.4	251.0	252.0	251.2	≥153

表10-7 半固态触变铸造和液态压铸的性能对比及热处理的影响

状态性能	液态压铸(L)		半固态压铸(S)	
	原始态(O.L.)	热处理态(H.L.)	原始态(O.S.)	热处理态(H.S.)
抗拉强度/MPa	218.0	279.2	220.8	343.3
伸长率/%	9.6	4.1	16.8	14.3
强塑积/MPa·%	2092.8	1144.7	3709.4	4909.2

注：O.L.是液态压铸的原始态，H.L.是液态压铸的热处理态，O.S.是半固态压铸的原始态，H.S.是半固态压铸的热处理态；伸长率为5倍试样标距所测。

(4) 半固态铸造的应用与发展

半固态成形在美国、欧洲、亚洲的一些典型应用如下：

① 美国：1988年以来，美国AEMP为Bendix牌小轿车生产了250万个铝合金气缸头，为Ford汽车公司生产了1500万个铝合金压缩机活塞，成品率近100%；1992年AEMP公司与Superior工业公司合资在美国Arkansas州建成了全球首家触变成形铝合金轮毂厂；1993年AEMP公司帮助美国AMP公司建设有7台半固态成形系统的工厂，用于生产电工

铝合金零件；1995 年，Concurrent Technologies Corp 为"欧洲人"汽车生产了后部悬挂构件，另外生产用于 LPD-17 两栖攻击舰的钛液压操纵阀。

② 欧洲：1985 年，Alumax 铝业公司将有关触变成形的专利技术向欧洲转让，生产 Volvo、BMW 和 Audi 等小轿车的铝合金零件。1993 年，Weber 公司开始用半固态技术为 Nuova Lancia Delta 公司生产油料注射挡。1993 年，瑞士 Buehler 公司开发出称为 SC 的半固态压铸设备，并开始进行汽车零件的生产。1996 年，德国 Alusingen 公司建立半固态触变成形生产线，主要生产悬挂系统结构件。1997 年，意大利 Stample 和 Fiat 公司生产 7kg 的悬挂结构件，还为福特 Zeta 发动机生产了燃油分配器。2000 年，意大利 MM 公司开始生产喷射油道产品，日生产量为 7500 件。此外，德国的 EFU、法国的 Pechiney SA、瑞士 Alusuisse-Lonza、意大利的 Fiat 等国际知名公司相继采用了半固态加工技术。

③ 亚洲：日本于 20 世纪 80 年代后期成立了一家由 18 个成员组成的 Rheotech 公司，随后对半固态加工技术进行系统研究，同时加强与美欧著名大学和公司的联系。在 1988 年 3 月至 1994 年 6 月期间共投资 30 亿日元进行研究开发，下一步转向工业应用阶段；日本レオック（株）采用流变成形法对半固态 AC4C 合金（Al-7％Si-0.3％Mg）进行了连杆的压铸。

和国外相比，我国在半固态成形技术领域的研究与应用还有差距，特别是原创性理论技术研究还需加强。为了我国汽车工业的发展，提高我国汽车工业的水平和在国际市场上的竞争能力，需要采用各种新工艺和新材料来装备我国的汽车工业，而推动半固态金属成形技术在汽车工业中的应用是目前的关键。近些年来，针对节能减排对汽车轻量化加工的迫切需求，半固态成形技术研究工作不断地深入，轻质合金半固态成形技术也不断成熟，半固态成形技术在汽车轻量化上的应用也越来越广泛。未来为赶超国外先进水平，国内针对车用半固态铝合金，应重点突破半固态合金成分设计原则；铝合金熔炼净化技术；无缺陷半固态浆料制备技术；半固态成形模具设计准则；模拟仿真与半固态压铸成形技术；零部件后处理等关键技术点。我国未来半固态铝合金技术发展趋势为：

从 2016~2020 年，在材料与工艺技术上，开发出半固态压铸成形用的新型合金体系，逐步建立半固态合金材料的数据库，同时开展半固态压铸数值模拟技术，使小型零件合格率达到 90％以上，并实现半部分固态压铸生产设备和模具制造的国产化；2021~2025 年，在材料与工艺技术上，开发出半固态压铸成形用的新型合金体系，积累扩大材料数据库，并开发真空辅助触变铸造成形技术，使小型零件合格率达到 95％以上，实现整套半固态压铸生产设备和模具制造的国产化；2026~2030 年，在材料与工艺技术上，开发出全流程多尺度数值模拟技术，使小型零件合格率达到 98％以上，建成有国际先进水平的智能化半固态成形铸造示范生产线，实现全面数字化、智能化。

10.3.4　锻造铝合金

铝合金锻件和锻材在汽车工业中有较广泛的应用，锻材有圆坯、矩形坯和方坯，所用铝合金有 2000 系、5000 系、6000 系和 7000 系，然后再切削加工成各种构件，如汽车中的各类阀件，ABS 中的 HCU（液压控制单元）等。铝合金锻件可分为模锻件和自由锻件，所用合金也覆盖了 2000 系、5000 系、6000 系和 7000 系，热处理状态包括 T4、T6、T73、T74、T61、H11、H112，以满足不同汽车构件的要求。典型的铝合金锻件有转向节、前轮上控制臂、后轮上控制臂、后轮下控制臂以及锻造铝合金车轮，其中锻造铝合金车轮是铝合金锻件中用量最大的。锻造铝合金车轮用材为 6061，经 T6 处理，屈服强度可达 240MPa，抗拉强度 260MPa，伸长率大于 9％，从车轮上取样的硬度分布见图 10-13。

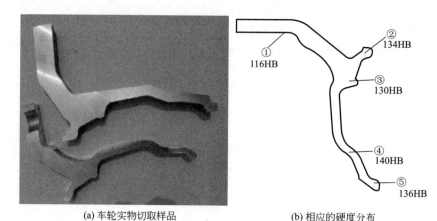

(a) 车轮实物切取样品　　　　　(b) 相应的硬度分布

图 10-13　车轮实物切取样品和相应的硬度分布

目前锻造铝合金的发展方向：一是简化工艺，改善锻造性能；二是提高锻件的综合力学性能和疲劳性能；三是提高锻件的成品率；四是减少铝合金锻件的公差和随后的机加工量，在此基础上扩大铝合金锻件在汽车上的应用。

10.3.5　挤压铝合金

挤压是铝合金材料重要的成形方法，它是铝合金的一种热加工成形方法，并且在整个生产过程中，铝合金均处于三向压应力状态下成形。因此通过挤压可以使铝合金成形为各种复杂的构件，其形状的可设计性非常强，因此构件的刚度可以通过挤压形状的设计得到提升，弥补了铝合金弹性模量较低的不足。挤压铝合金材料面向汽车型材产品，对应的产品系列有 2000～7000 系。按照抗拉强度高低可分为低强度、中等强度和高强度挤压铝合金；按照热处理强化程度可分为热处理强化型和不可热处理强化型两类；按照焊接性可分为可焊接型和不可焊接型；按照抗腐蚀性可分为低抗腐蚀型、中等抗腐蚀型、高抗腐蚀型。目前，国内外汽车制造业领域应用较为典型的挤压铝合金材料牌号包括 6061、6082、6063、6A02、5A06、2A70、2A12、2A06、7A04 等。一般铝合金成分不同，其挤压性能也就不同。挤压铝合金的可挤压性是定性评价铝合金挤压能力的一项综合指标。可挤压性含义是材料以高的流出速度、变形程度和挤压压力进行挤压加工的相对能力，其影响因素主要包括铝合金本身的特性和断面形状复杂程度。

挤压铝合金的整个生产过程可这样描述：首先，把铝及其他合金熔炼铸造成所需要的铝合金铸棒；其次，把预热后的铸棒放进挤压设备内进行挤压，铝合金坯料在主缸挤压作用下，通过模具的型腔挤出所需的型材；最后，为了提高铝型材的力学性能，在挤压过程或挤压后进行固溶处理，随后再进行时效处理。时效处理后的力学能根据不同的成分及时效制度各异，表 10-8 为汽车用挤压铝型材与汽车中常用的冲压成形的钢铁性能对比。

表 10-8　汽车用挤压铝型材与冲压的钢铁材料性能对比

项目	挤压铝型材	冲压的钢铁材料
抗拉强度 σ_b/MPa	310～572	370～660
屈服强度 $\sigma_{0.2}$/MPa	260～503	230～350
伸长率 δ/%	8～30	<20
硬度(HB)	90～150	100～160

续表

项目	挤压铝型材	冲压的钢铁材料
密度/(g/cm³)	2.7	7.8
弹性模量 $E/\times 10^5$ MPa	0.7	2~2.1

铝合金挤压产品较其他成形方式具备以下的特点：

① 在挤压过程中，被挤压金属在变形区内获得比轧制、锻造更为强烈和均匀的三向压缩应力状态，因此挤压可充分发挥被加工金属的塑性，可用于加工轧制锻造无法加工的难变形金属，同时可用于制作各种空心或实心的复杂截面构件；

② 由于铝型材几何截面可变，因而其构件的刚度高，可提高车身的刚性、降低其NVH特性、提高车辆动态控制特性；

③ 由于铝型材截面可控制，因此可提高构件的功能集成程度，降低构件数量，同时通过截面匹配还可实现焊接精确定位；

④ 具有挤压效益的产品，在淬火时效后，纵向强度性能（R_{m}、$R_{\mathrm{p0.2}}$）远比其他方法加工的同类产品要高；

⑤ 挤压后产品表面色泽好，耐腐蚀性能好，不需要做其他防腐性的表面处理；

⑥ 挤压加工灵活性大，工装模具成本低，设计变更费用低。

当前国内外汽车用铝合金型材的典型应用有保险杠防撞梁、吸能盒、车门防撞梁、仪表盘支架、前围、车架主梁、散热器及其支架、油管、滑动轨元件、热交换器的橡胶管接头等截面一致且形状复杂的构件。其中，汽车防撞梁一般使用钢质板件、钢质辊压件以及铝合金挤压型材，由于铝合金吸能效果好，因此广泛应用于合资品牌车型的保险杠防撞梁总成，国内自主品牌车型局限于成本及其他原因，使用较少。研究表明，使用铝质防撞梁后较原钢质防撞梁质量减轻了25%，具有较高的抗弯曲强度，低速碰撞试验条件下，铝合金前防撞梁较钢质件系统吸能效果提高45%。此外，当前使用铝型材较多的车身结构是组合车架式结构，主要涉及车架主梁、前围等部分，如Audi A8铝型材件的使用占车身铝合金比例的22%，A2车身铝型材使用比例约16%。据统计，采用挤压铝合金零件代替传统的钢质零件，可实现零件轻量化幅度范围约为30%~40%。表10-9为一些车型的发动机支架采用挤压铝合金后的减重效果。

表10-9 汽车发动机支架采用挤压铝合金型材后的轻量化效果

车型	发动机支架重量/kg	采用铝合金后的重量/kg	减重效果/%
A520	7.5	4.5	40
红旗	8.2	5.0	40
CV11	6.5	4.7	27.7
CG-2	6.0	4.2	30

当前，汽车部件的弯曲工序是铝合金挤压件加工难度较大的工序，尤其以复杂截面型材三维弯曲难度最大，一方面要保证安装及焊接精度，另一方面还需保持外露件表面质量。铝型材的弯曲主要是通过压弯、辊弯、绕弯和拉弯等方式实现。其中拉弯是可实现型材三维弯曲的便捷方法，在型材拉弯成形过程中，顶部与底部承受应力状态不一，顶层受拉应力，底层受压应力，大截面型材尤其严重，这往往是影响型材拉弯成形极限的关键因素。当弯曲半径过小时，型材底部压应力过大，容易出现起皱，甚至脱模，少量皱褶可通过施加拉应力进行校正，但这会影响壁厚及截面变形的均匀性。另外，型材三维弯曲成本高也是制约其广泛使用的重要因素。国外针对铝合金挤压成形技术的研究起步较早，除了静水挤压、连续挤压

等成熟工艺手段外，近年来还相继研发出了连续挤压拉拔、弯曲挤压、可变断面挤压、精密挤压、新功能挤压、高速挤压、液压挤压、无残料挤压等多种先进的挤压工艺方法。在铝合金挤压领域，美国、俄罗斯、日本等国走在了世界的前列，而英国、意大利、法国、挪威、瑞典、加拿大和澳大利亚等国的铝合金挤压水平也发展到相当高的程度。我国目前对铝合金挤压成形技术的发展距离国外先进水平尚有一定差距[22~24]，就技术层面而言，主要体现在原料质量、化学成分配比、铝熔体变质处理、铝熔体净化处理、合金棒材的均匀化处理、挤压模具可靠性、成品件表面质量、尺寸公差及性能等方面，尤其目前在汽车用挤压铝合金方面尚未建立起材料成分、冶炼工艺、挤压工艺、表面处理、成品质量检测方面技术标准体系，从而制约了我国汽车用挤压铝合金技术的进一步发展。

未来我国针对汽车铝合金挤压技术发展方向如下：
① 开发新的铝合金挤压材料牌号和挤压模具材料；
② 提升铝合金型材产品设计水平；
③ 进行先进制模具技术和新挤压技术研究；
④ 加强挤压模具的 CAD/CAM 技术研究；
⑤ 改进现有模具结构，开展新型结构模具及冷却和润滑系统研究，提升模具的使用寿命和产品质量；
⑥ 进一步借助 FEM 数值模拟分析手段，加强铝合金挤压过程中金属流动规律及挤压温度场、速度场、应力应变场变化方面的研究，提升模具及工艺设计水平。

综上所述，挤压是铝合金重要的加工方式，铝型材具备优秀的力学性能，使得部件的截面刚度提高，因此提高车身的刚性、降低其 NVH 特性、提高车辆动态控制特性。同时由于截面可变，可实现多部件功能的复合，因此是实现汽车轻量化的可靠材料。当前针对铝合金挤压件的广泛应用还存在一定瓶颈，主要是成本、铝合金车身设计能力不足、弯曲加工及焊接难度大及后期修复维护等因素。

10.3.6 变形铝合金板材

汽车车身约占总质量的 30% 以上，减轻车身的重量对轻量化非常重要。铝质车身比钢结构车身质量性能提高 23%，扭曲刚性提高 74%，抗弯性能提高 62%[25]。当前随着国内外市场对于汽车轻量化要求不断提升，铝板正成为新的车用铝合金增长点。据业内估计，未来汽车铝板的需求将以罕见的速度增长。尽管使用铝板的汽车会在原材料加工和生产过程中对环境造成影响，但是在产品使用阶段会减少环境影响。近年来随着中国汽车工业的持续快速发展，在外节能减排的大环境下，随着汽车轻量化的进程日益加快，为车用铝板材的发展创造了绝好的机会。

从合金成分体系来看，2000 系铝板可热处理，具有高的强度和烤漆硬化性，且兼有良好的形成性，可用于汽车外板；5000 系铝板只能通过加工硬化获得强度，一般以 O 态使用，强度低，通常用于汽车内板等形状复杂的部位。近年来国内外汽车产业又致力于开发 6000 系铝板的车身板，6000 系铝合金可热处理强化合金，综合性能优良，通常开发汽车车身板，用于汽车外板如车盖、车门等车身构件。

铝合金汽车车身板，除了要满足标准与规范要求的力学性能和抗腐蚀性能外，还要具有良好的成形性、抗时效稳定性、烘烤硬化性、翻边延性、成形构件的抗凹性、油漆光鲜性和兼容性等。奥迪公司于 1994 年和 1999 年分别推出 A8 和 A2 全铝轿车，使这两款车的车身质量比传统钢制车身减轻 43% 和 50%，使平均油耗降至每百千米 3L 的水平[10,25,26]。美国铝业公司、加拿大铝业公司及神户钢铁公司相继开发了 5000 系和 6000 系变形铝合金汽车用板材，并已批量生产和应用。我国西南铝业公司等企业也积极进行汽车板的研究和生产。目前车身板主要以 5000 系和 6000 系铝合金为主，主要牌号有 AA6016、AA6022、AA6111、AA6005、AA6009、AA6010、AA5182、AA5754 及 AA5052 等。如 Plymouth Prowler 采用 AA6022 铝合金作车身板，Audi A8 采用 AA6016 铝合金作车身板，Acura NSX 使用 AA5052 作为车身以及 6000 系铝合金作为车身外部面板，Jaguar X J220 和 GM EV1 采用 AA5754 作为车身覆盖件材料。国外已有全铝车身成熟应用（如奥迪 A8、Tesla-S 等），汽车用铝合金板材和生产的工艺装备要求较高，国内在技术和装备开发方面已取得较多进展，但目前汽车冲压用高性能铝合金的板材尚没有批量生产的供应，汽车板材应用的工艺技术也需要进一步的研发和深化认识。国外进口的高性能冲压变形铝合金板材价格高，只有个别车型的零件上少量应用。随着生产工艺的成熟和国产装备的应用，相关产品价格下降，冲压变形铝合金板材作为汽车，特别是新能源汽车轻量化的重要组成部分，它的性能和应用会在国内得到迅速的提升。

10.4 各类型铝合金在汽车中的典型应用[27, 28]

10.4.1 铸造铝合金的应用

汽车各类铝合金构件中，铸造铝合金是应用最多的一种，在汽车上应用的系统和零件种类见表 10-10。在汽车铸造铝合金中，发动机的缸体、缸盖和油底壳是铸造铝合金重量较大的铝合金铸件。由于轻量化技术的需求和铸造技术的进展，汽车发动机机体分上缸体（缸盖）和下缸体，均采用铝合金铸造，铸造形式大致分为压铸、低压铸造、重力铸造。铝合金铸锭的使用牌号世界各国代码都不相同，经常使用和常见的主要牌号有美国 A390、390、ASM380 等；日本的有 AC2B、ADC10 等；中国 ZL104、ZL106 等；法国 ALSI9Cu3；德国 ALSI8CuNiMg、ALSi12Cu 等。

表 10-10 铸造铝合金在汽车上应用的典型构件

部件系统	零件名称
发动机系统	发动机缸体、缸盖、活塞、进气管、水泵壳、启动机壳、摇臂盖、滤清器底座、正时链轮盖、分电器座等
传动系统	变速箱壳、离合器壳、传动箱换挡端盖
底盘行走系统	车轮、转向机壳、制动分泵壳、制动钳等
其他系统部件	离合器踏板、刹车踏板、方向盘、发动机框架、ABS 系统部件

汽缸盖是发动机零部件的第二大件，零件比较复杂，技术要求较高，普遍采用重力铸造或低压铸造，主要牌号有 A356、AC2A、AlSi6Cu4、AlSi7Mg、ZL106、ZL107 等。要求零件具有较高的耐热性、耐冲击性和疲劳强度等综合性能，对合金铸锭材料要求具有良好的抗拉强度及屈服强度等综合物理性能，对铸件针孔度、晶粒度及变质处理方面，应符组织结构的要求。任何铸件的组织结构都或多或少地存在着一些缺陷，应根据零部件的要求将铸件的缺陷控制在相应范围内，使其满足零部件性能要求：如初生硅尺寸小于 $50\mu m$，铝硅铁相的针状组织小于 $90\mu m$，平均晶粒度大于 7 级，针孔度小于 2 级。

随着汽车工业的发展和发动机技术的进步，汽车发动机正向高功率密度、轻量化方向发展。发动机功率密度或比功率（spec. power）由目前的 45～50kW/L 升至 60～75kW/L，发动机缸盖、箱体逐渐采用铝合金、镁合金，缸盖则主要采用铝合金铸造。发动机缸盖结构复杂，且直接与燃烧室接触，随着功率密度的提高，缸盖所承受的机械负荷和热负荷不断增加，燃烧室压强（comb. pressure）升至 18～20MPa，进出气口鼻梁温度接近 300℃。为了适应发动机功率密度不断提高的要求，发动机缸盖铸造铝合金应满足以下要求[29]：从室温至 250℃ 之间高的拉伸强度及抗蠕变性能，好的热导率，高的韧性及伸长率，低的孔隙率，良好的铸造性能，低的热裂倾向。为了达到上述要求，一是通过合金优化提高性能，尤其是通过增加 Cu 的含量；二是采用先进制备技术提高性能，降低铸造缺陷（诸如气孔、夹杂等）和改善微观组织（二次枝晶间距 DAS 代表了合金凝固速度的快慢，凝固速度越快，DAS 值越小）。目前，国内外发动机缸盖主要采用铝硅合金。铝硅合金具有优良的铸造性能，如收缩率小、流动性好、气密性好和热裂倾向小等，经过变质和热处理之后还具有良好的力学性能、物理性能和切削加工性能。但铝硅合金一般不是高强韧铝合金，为满足发动机缸盖的使用要求，需另加入一些强化元素来提高铝硅合金的力学性能，如 Mg 与 Cu 等。因此，国内外发动机缸盖的合金材料主要采用 Al-Si-Mg 系和 Al-Si-Cu 系铸造铝合金，合金牌号主要有 A356、319、ZL101A、ZL114A、ZL702A 等，如表 10-11 所示。近些年来国内外又根据不同需求，调整成分进一步优化合金性能。

表 10-11 发动机缸盖常用铸造铝合金的化学成分（质量分数） %

合金	主要元素			杂质元素（≤）				备注
	Si	Cu	Mg	Ti	Fe	Zn	Mn	
ZL101A	6.5～7.5	≤0.1	0.25～0.45	0.08～0.2	0.2	0.1	0.1	GB/T 1173
ZL114A	6.5～7.5	≤0.2	0.45～0.60	0.1～0.2	0.2	0.1	0.1	GB/T 1173
ZL702A	6.0～8.0	1.3～1.8	0.3～0.5	0.1～0.25	0.35	—	—	文献[29]
A356	6.5～7.5	0.2	0.25～0.45	0.2	0.2	0.1	0.1	ASTMV 26-92a
319	5.5～6.5	3.0～4.0	≤0.1	≤0.25	0.6	1.0	0.5	ASTMV 26-92a

基于发动机缸盖的服役状况，通常采用室温性能、高温（250℃）性能和疲劳性能来评价合金性能。德国 MTU 公司将特殊的合金强化技术用于发动机缸盖铝合金，使其抗拉强度达到 400MPa，伸长率达到 5%，代表了目前发动机铸造铝合金的最高水平。英国在缸盖铸件凝固过程中施加高压实现致密化，材料的疲劳极限显著提高，达到 70MPa 以上。奥地利 AVL 公司将 HIP 技术用于 AlSi7CuMg 合金，使其抗拉强度达到 300MPa，伸长率达到 5%，疲劳强度达到 70MPa。俄罗斯采用的缸盖材料具有很高的高温性能，300℃时瞬时抗拉强度（R_m）达到 230MPa 以上，350℃瞬时抗拉强度（R_m）达到 190MPa 以上。国内中北大学初步对 ZL702A 进行合金强化研究，提高了 ZL702A 合金的强韧性，实验室条件下砂型试棒热处理后 $R_m \geq 340$MPa，伸长率 $\delta \geq 5\%$。哈尔滨工业大学通过调整 Si、Cu、Mg 的含量、采用稀土元素 La 和过渡元素 Cd 优化铸造铝硅合金，砂型单铸试样的常温强度为 300～330MPa，伸长率 3%～4%，250℃瞬时高温强度为 200～230MPa，300℃瞬时高温性能为 150～170MPa。表 10-12 为发动机缸盖常用铸造铝合金的力学性能，表 10-13 为国内外发动机缸盖铸造铝合金性能对比，可以看出目前先进水平的发动机缸盖铸造铝合金的力学性能为抗拉强度 400MPa，伸长率 5%，250℃高温强度 230MPa，疲劳强度 70MPa[29]。

表 10-12 发动机缸盖常用铸造铝合金的力学性能

合金	条件	室温力学性能			高温力学性能（250℃）		备注
		抗拉强度/MPa	伸长率/%	硬度（HB）	抗拉强度/MPa	伸长率/%	
ZL101A	砂铸,变质,T6	≥271	≥2	≥90	—	—	GB/T 1173

续表

合金	条件	室温力学性能			高温力学性能(250℃)		备注
		抗拉强度/MPa	伸长率/%	硬度(HB)	抗拉强度/MPa	伸长率/%	
ZL114A	砂铸,变质,T5	≥315	≥3	≥85	—	—	GB/T 1173
ZL702A	砂铸,变质,T6	290～320	4～6	100	160～168	6～8	
A356	—	≥235	≥3.5	—	—	—	ASTMV 26-92a
319	—	≥215	≥1.5	80	—	—	ASTMV 26-92a

表 10-13 国内外发动机缸盖铸造铝合金性能对比

国家	抗拉强度/MPa	伸长率/%	高温强度/MPa	疲劳强度/MPa
中国	300	5	230(250℃)	—
德国	400	5	—	—
英国	300	5	—	70
俄罗斯	—	—	230(300℃)	—

汽车发动机用铝合金制造轻量化最为明显,一般可减重30%以上,另外发动机的气缸体和缸盖均要求材料的导热性能好、抗腐蚀能力强,而铝合金在这些方面具有非常突出的优势,因此各汽车制造厂纷纷进行发动机铝材化的研制和开发。目前国外很多汽车公司均已采用了全铝制的发动机气缸体和气缸盖。如美国通用汽车已采用全铝气缸套,福特公司也推出了一种铝合金发动机,命名为"V6 永久技术",发动机气缸容量为 2.5L 和 3.0L 两种;法国汽车公司铝气缸套已达 100%,铝气缸体达 45%;日本日产公司 VQ 和丰田公司的雷克萨斯 LS-400 等均采用了全铸铝发动机油底壳,其中 LS-400 采用的 IUZ-FE 发动机气缸容量为 4.0L,净重约 200kg,在 V8 型汽车发动机中是最轻的;克莱斯勒公司新 V6 发动机气缸体和缸盖都使用了铝合金材料。近年来国外采用中低压铸法进一步实现了发动机气缸体的轻量化,在原使用材料基础上降低壁厚。此外随着诸多新型耐热耐磨蚀铝合金的不断问世,对于气缸盖、活塞、连杆、气缸套等发动机零部件产品均可采用铝合金制造,进一步加快汽车发动机总成铝化速度。

用组合砂模生产的四缸发动机缸体见图 10-14,用消失模精密铸造的发动机缸体见图 10-15,低压铸造的发动机缸头和缸体见图 10-16。

(a) 四缸发动机模块　　　　　　　　(b) 相关的组合砂型

图 10-14　组合砂模制造的发动机缸体

真空吸铸又叫真空无冒口铸造(vacuum riserless casting,VRC)或压力无冒口铸造(pressure riserless casting,PRC),该工艺在铸造过程中由于真空和压力的作用,铸造过程中气体容易排除,很少有氧化物夹杂,在压力作用下又减少弥补了铸件的缩孔,因此可以得到更加致密和组织细化的高性能铸件,其高性能薄壁铸件的构件减振塔见图 10-17。该工艺还广泛用于生产汽车的底盘件和悬架支撑件,如汽车的横梁、控制臂、轮胎支架、发动机支架等,见图 10-18。其他真空薄壁铸件见图 10-19。各类典型铝铸件与同类型铸铁制件的质量比分别为缸体 1:(4～6),壳体 1:(2.5～6),薄壁铝铸件 1:(1.5～2.5)。

(a) 缸头   (b) V8发动机缸体

图 10-15 消失模铸造的轻量化发动机缸体   图 10-16 低压铸造的缸头和 V8 发动机缸体

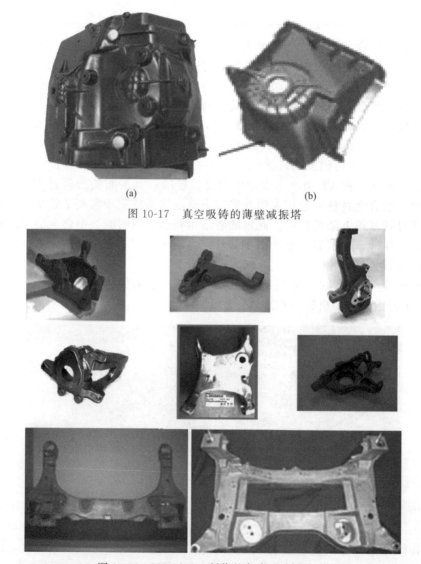

(a)   (b)

图 10-17 真空吸铸的薄壁减振塔

图 10-18 VRC/PRC 制作的各类汽车底盘件

(a) 车身结构的三向连接件

(b) 奥迪A8 A柱的下部

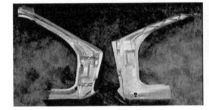
(c) A柱

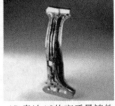
(d) 奥迪A2的高质量铸件

长1220mm
壁厚2mm
重量2300g

图 10-19　真空铸造的零件

重力铸造和低压铸造的铝合金车轮是汽车上应用最多的铝合金铸件，几乎所有的乘用车车轮都是铝合金铸件[5]。按我国目前乘用车产量 2000 万辆计，每车四个车轮，就需要 8000 万只车轮，社会配件的需求量通常为配套量的 30%，由于质量的提升，配件量按配套量的 20% 计，一年需要的车轮也将近 1 亿只，目前我们还有大量的车轮出口，因此铸造铝合金车轮是一个大的产业，不少工作围绕车轮性能的提升、使用寿命的延长、车轮形状设计等方面展开。各类铸造轿车用的铝合金车轮见图 10-20。目前国内外铸铝车轮在轿车中用量达 90% 以上。如北美在 1987 年铸铝车轮只占车轮用量的 19%，到 2000 年已占到车轮用量的 60%，日本、欧洲也有同样的变化趋势。车轮以 16in 外径的应用最多，其次为 15in，SUV 车通常使用 17in 的大直径车轮，以提高越野车的通过性。铸铝车轮的发展与我国汽车工业发展相对应，1988 年我国第一家铝合金车轮的专业生产企业——戴卡铝轮毂制造有限公司成立，此后一直是国内规模较大的企业。目前全球铝车轮的需求量超过 3.5 亿个，我国的需求量超过 1 亿个。目前我国生产铸铝车轮较大的企业已有 10 余家。为适应汽车安全、节能和低噪声的要求，汽车轻量化的要求，铝合金车轮正向着大直径、轻量化、宽轮辋的方向发展。16in 以上的车轮已占到市场最大的份额，未来 18in 的车轮也可能成为轿车的标准配置。大直径、宽轮辋的车轮可增加地面的附着力和摩擦力，提高车子的操控性能，改进安全性。目前铸造车轮主要用铝合金 A356，其铸造工艺采用低成本的低压铸造较多，其次是采用重力

(a)

(b)

(c)

图 10-20　各类铸造轿车用的铝合金车轮

铸造，国外最近出现无气孔压铸新工艺。

铸造铝车轮不仅用于轿车，也用于商用车，为提升车轮的性能，用于商用车的车轮，重量比一般锻造铝车轮（22.5in 的处理）高 2~3kg，为保证疲劳性能，对 A356 的合金成分、晶粒细化剂都做了成分微调，同时采用金属模铸造，并在模具中采取了快冷的措施、组织细化，减少了树枝晶组织，其典型组织和相应的能谱见图 10-21，目前这类商用车车轮已成功应用于各类客车和商用车。

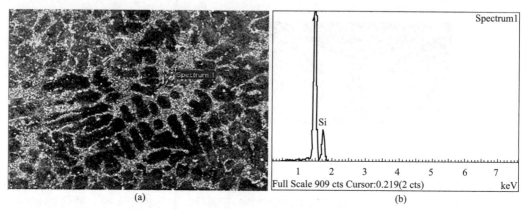

图 10-21　快冷下的铸态 A356 的组织和相应的能谱

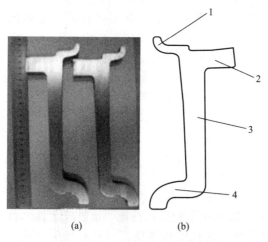

图 10-22　军用车轮辋的截面图

在 T6 工艺下，从车轮上取样其力学性能为屈服强度 260MPa、抗拉强度 340MPa、伸长率大于 6%[30]。为了进一步提高强韧性，国内还开发了含铜的高强度铸造铝合金，这种铝合金在 T6 处理下，其屈服强度 285MPa、抗拉强度 410MPa、伸长率大于 10.8%、冲击功为 11J。由于含铜后会增加材料的密度，因此只适合于汽车中某些高强度零件的应用。应用快冷和金属模铸造生产商用车车轮和军用车车轮，已有成功应用的例子。军用车轮辋的截面图见图 10-22，图中各点的性能见表 10-14，它的金相组织和拉伸断口形貌见图 10-23、图 10-24，在轮辋的其他各点组织和断口相似，这和它的性能相近是一致的。

表 10-14　图 10-22 中各点性能

序号	σ_b/MPa	σ_s/MPa	δ/%	(HBW)
1	283.27	227.34	2.8	96.9
2	275.43	226.99	2.6	93.8
3	266.26	218.12	2.7	92.2
4	278.84	227.00	2.6	94.3

图 10-25(a) 示出了半固态压铸成形的乘用车支承座，该零件通过了 30 万次的台架疲劳试验，普通铸件疲劳寿命不到 10 万次，相应的试验装置见图 10-25(b)。半固态压铸和锻造汽车油路管对比见表 10-15，表中数据表明，半固态压铸可以和锻件相媲美，同时有更好的

轻量化效果和低的渗透率。半固态铸造也用于发动机支架、主刹车油缸等构件。图 10-26 示出了半固态压铸的各类高性能要求的汽车机械零部件。半固态压铸不仅性能好，而且制件的形状几近近终成形。

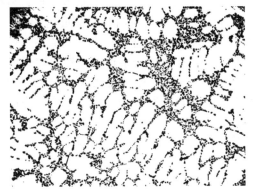

图 10-23　点 1 的金相组织

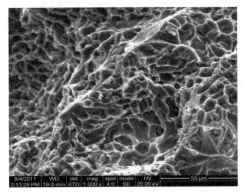

图 10-24　点 1 的拉伸断口 SEM 形貌

(a)　　　　　　　　　　(b)

图 10-25　铝合金半固态压铸成形的轿车后桥支承座和台架疲劳试验装置

表 10-15　半固态压铸和锻造汽车油路管对比

油管路	锻造	半固态
质量/g	681	333
最小壁厚/mm	5	3.8
渗透率/%	4	0.1

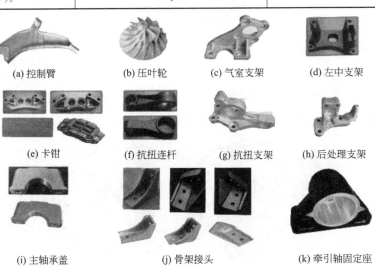

(a) 控制臂　　(b) 压叶轮　　(c) 气室支架　　(d) 左中支架

(e) 卡钳　　(f) 抗扭连杆　　(g) 抗扭支架　　(h) 后处理支架

(i) 主轴承盖　　(j) 骨架接头　　(k) 牵引轴固定座

图 10-26　半固态压铸的各类高性能要求的汽车机械零部件

半固态成形的另一重要应用是车轮，最近法国 Aluminium Pechiney 公司采用旋压制造铝合金轮毂的轮辋，用半固态成形生产轮毂的轮盘（轮辐），然后采用 MIG 焊接将其焊接在一起，和一般低压铸铝相比，其疲劳极限可能提高 50%，且重量可以减轻 20%，该产品美观、性能优良、安全性高、节省材料，其疲劳寿命和锻铝轮毂相当，且技术基本稳定；另据报道，日本 Speed Star Wheel 曾一度研制出半固态轮毂生产技术，所制轮毂最重达 5kg，但未见有规模量产报道；意大利的某公司已经可以批量生产半固态铝合金轮毂，其成品率可达 95%，远高于锻铝轮毂，生产效率达 3min/件，所制半固态轮毂性能接近锻造铝轮毂；美国 Alumax 工程金属工业公司已经利用半固态技术生产轮毂；同时，中国台湾某公司也试制出了高性能的半固态铝合金汽车轮毂。半固态技术生产轮毂在汽车行业被认为是最有潜力的汽车零部件生产技术，是代替普通铸造铝轮毂、钢制轮毂以及锻铝轮毂的最佳制造方法，该生产技术的轮毂成本与铸造铝轮毂相当，性能达到或接近锻造铝轮毂的性能。表 10-16 列出了半固态成形和锻造成形 6063 铝合金的性能对比。几乎所有的性能都达到了锻铝的性能，二者疲劳性能对比见图 10-27。图中数据表明，在不同存活率下二者的疲劳性能相近。因此半固态车轮有望代替锻铝车轮在汽车上应用，降低高性能铝车轮的成本。

表 10-16 半固态和锻造铝合金力学性能对比

材料	屈服强度/MPa	抗拉强度/MPa	伸长率/%	断面收缩率/%
半固态成形	253.9	275.6	15.75	52.75
锻造	254.7	276.2	14.0	54.75

注：1. 拉伸数据是三个试样的平均值。
2. 拉伸速度为 $1.3 \times 10^{-4} s^{-1}$。

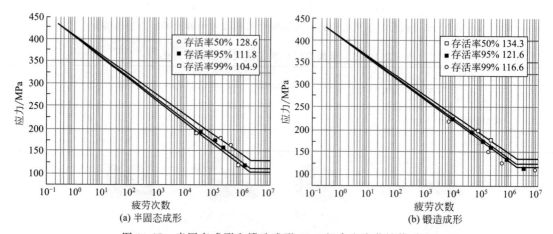

图 10-27 半固态成形和锻造成形 6063 铝合金疲劳性能对比

图 10-28 所示为 Buick 轿车从动轮链轮支架，铸件毛坯净重为 1.85kg，铸件厚壁处约

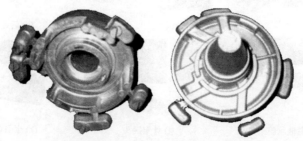

图 10-28 Buick 轿车从动轮链轮支架

15~40mm，薄壁处为 5~7mm 左右（壁厚不均匀），零件在机加工后进行气密封测试。美国原采用真空压铸，废品率为 10%~20%。后采用半固态压铸，试生产合格率为 95% 左右。探伤检查和金相组织观察表明，铸件的内部显微组织结构均匀致密、各向同性，没有气孔、缩松等缺陷。

当前，挤压铸造在欧美汽车零件上有广泛应用，日本每年轿车转向节的产量就有数百万件（图 10-29）。

(a) 三角臂铸件　　　　(b) 转向节铸件

图 10-29　挤压铸造汽车零件示例

10.4.2　锻造铝合金的应用

锻造铝合金比铸造铝合金有更高的强度，组织更加致密，缺陷更少，因此多用于汽车的各类结构件和疲劳件。锻件中的转向节、前后轮控制臂等见图 10-30。

(a) 铝合金转向节　　　(b) 前轮锻造上控制臂　　　(c) 后轮锻造上控制臂

图 10-30　汽车中应用的铝合金锻件

为了减少锻造的工作量，降低锻件的成本，铝合金锻件今后可能会采用铸锻相结合的工艺方法，即先用铸锭铸造与锻件类似的铸坯，然后再进行模锻，形成最终锻件，但这样增加了铸造的工序，其性能和模锻件相当，锻造工作量大幅度降低。采用铸锻成形的汽车零件见图 10-31。

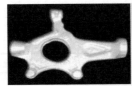

(a) 铝合金转向节　　　(b) 后轮铸锻上控制臂　　　(c) 后轮铸锻下控制臂

图 10-31　铝合金铸锻成形零件

商用车用锻造铝合金车轮是锻造铝合金用量最大的一个零件，这类零件主要由美铝公司最先开发，早期这类车轮主要用于发动机的起落架，当飞机以 240km/h 降到跑道时，每个轮毂承受的冲击力达 17t，这种轮毂广泛用于伐木搬运的运输车辆，各类要求轻量化、高强度的油罐车。锻造铝轮毂强度高，重量轻，导热性、圆形度好，使用安全，维护费用少，耐腐蚀性好，回收回报率高，当轮毂加载使变形 50mm，锻造铝轮毂需要加载的载荷为 71200kg，钢铁材料只需要加载 13600kg，承载相差了 5 倍。这类铝车轮通常由 6061 锻造，处理工艺为 T6 状态，抗冲击性能好。按日本 JWL 的标准（CHIGI-151-15Ⅲ），用 50km/h 速度撞向路边基石，钢制、铸铝车轮严重开裂失效，锻造铝轮毂完好无损，见图 10-32。对 22.5in×8.25in 的车轮，锻造铝车轮毂重 23.6～25.0kg，铸造铝车轮毂重 27.9kg，钢制车轮毂重 48.0kg，减重效果明显。在环境温度 25℃下，铝轮毂传热性好，铝合金热导率 167W/(m·K)，钢铁热导率 50W/(m·K)。锻造铝车轮毂没有焊接过程，气密性好，锻造组织中流线分布好，疲劳性能好，抗腐蚀性能强，维护方便，使用 5 年没有任何腐蚀和开裂，回收再生的回报好，轻量化节油效果显著，在日本的标准重卡上做试验，载重量 10t。轮毂型号：22.5in×7.25in 8 孔，圆形跑道运行 33km（km/L），和钢轮毂相比，平均节油 2.58％。在长途商用拖车上应用铝合金轮毂 14 个，轮毂总重 349kg，钢制轮毂为 632kg，相差 283kg，可增加载重量 283kg，锻铝轮毂的减重率为 2.735％，节油率是 3.38％。通常簧载质量以上的，每减重 10％，节油率为 6％。如果车轮减重 10％，车轮减重的节油率大于 12％，是簧载质量以上减重效果的 2 倍以上。此外由于铝合金热导率好，车轮的温度降低，可提高轮胎使用寿命 12％以上，刹车片寿命提高 15％，由于车轮温度低，刹车片摩擦系数稳定，整个车辆的制动性能稳定，提高了使用安全性。

(a) 钢制轮毂　　　　(b) 铸铝轮毂　　　　(c) 锻铝轮毂

图 10-32　三种轮毂试验后的照片

车轮是车辆承载重要部件，它除了受正压力外，还承受因车辆启动、制动时扭矩的交互作用，以及行驶过程中转弯、冲击等来自各个方向的不规则受力，车轮在高速旋转中，还影响车辆的平稳性、操作性等性能。车轮的质量与汽车的多种性能密切相关，整车的安全性和可靠性很大程度取决于所装车轮的性能和使用寿命。铝合金汽车轮毂与钢制汽车轮毂相比，其能够更好地满足耐磨耐老化和良好的气密性、良好的均匀性和质量平衡、较小的滚动阻力和行驶噪声、精美的外观和装饰性、尺寸精度高、质量轻且不平衡度小、耐疲劳性好、拆装方便、互换性好等要求。为适应不同车轮的使用要求，其车轮的制造工艺有铸造法、锻造法、冲压法、旋压法、半固态模锻法等，其中较为常用的成形方法主要是铸造法和锻造法。

铸造车轮的工艺路径为

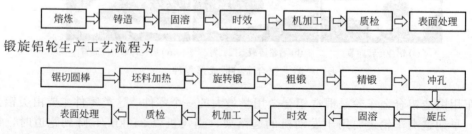

锻旋铝轮生产工艺流程为

国内某公司简化的生产工艺流程为

国内某公司超高强铝轮毂以其自主研发的超高强铝合金热轧厚板为原材料，经过锻压、旋压、热处理等工序，其内部组织更细密、耐蚀性好、力学性能更高，其强度超过市场现有铸造、锻造铝轮毂及钢制轮毂产品。几种工艺的用材和性能对比见表10-17。虽然利用其工艺，可以进一步减轻车轮的重量，但刚度测量和计算机模拟结果表明，此时车轮的刚度已经偏低，从而影响到车轮使用过程中的减振性能，因此车轮轻量化采用铝合金时，有一定的限度。

表10-17 几种工艺的用材和性能对比

性能指标	A356-T6 铸造轮毂	6061-T6 锻造轮毂	6061-T6 锻造轮毂(某公司)	6G6T-T6 铝轮毂	7A04-T73 铝轮毂
抗拉强度/MPa	254	325	374	415	613
屈服强度/MPa	232	283	340	380	554
伸长率/%	8	12	13	14	14

文献[36]将普通铸造铝合金轮毂和挤压铸造铝合金的组织和力学性能进行对比，结果显示挤压铝合金轮毂的力学性能高于铸造铝合金轮毂，且挤压铸造铝合金轮毂的弯曲疲劳性能、径向疲劳性能、耐冲击性能都能满足重载汽车使用要求。锻造铝合金轮毂的强度、韧性以及疲劳强度均显著优于铸造铝合金轮毂，并且还具有抗腐蚀性好、尺寸精确、加工量小、性能再现性强等优点。5000系锻造铝合金车轮抗腐蚀性能高，适合于在腐蚀环境下使用。6000系铝合金可热处理强化，如6061-T6，适合做综合性能好、疲劳性能高的车轮。以上所述铝合金锻件、铸件用于代替铸铁件和部分钢制零件的减重效果见表10-18。

表10-18 铝合金零件代替钢铁零件的减重效果

零件名称	铸铁件质量/kg	铸铝件质量/kg	质量比(铁:铝)	零件名称	钢件质量/kg	铝件质量/kg	质量比(钢:铝)
进气歧管	3.5~18.0	1.8~9.0	(1.9~2):1	前后上操纵杆	1.55	0.55	2.8:1
气缸体	80~120	13.5~32.0	(3.8~5.9):1	悬挂支架	1.85	0.70	2.6:1
发动机罩	18~27	6.8~11.4	(2.4~2.6):1	转向操纵杆	2.10	1.10	1.9:1
转向机壳	3.6~4.5	1.4~1.8	(2.5~2.6):1	万向接头	6.95	3.90	1.8:1
变速器壳	13.5~23.0	5.0~8.2	(2.7~2.8):1	托架	0.19	0.12	1.6:1
制动鼓	5.5~9.0	1.8~3.6	(2.5~3.1):1	吸振轴承	0.185	0.13	1.4:1
水泵壳	1.8~5.8	0.7~2.3	(2.5~2.6):1	悬挂支架轴承	0.30	0.14	2.1:1
油泵壳	1.4~2.3	0.5~0.9	(2.8~2.6):1	转向杆轴承	0.37	0.28	1.3:1

10.4.3 挤压铝合金的应用[3]

挤压铝合金是仅次于铸造铝合金在汽车上应用较多的铝合金，目前主要用于汽车的前后防撞梁、门内防撞杆，见图10-33。利用挤压铝合金形状的可设计性，保证零件在轻量化同时的刚度要求。利用合理的形状，可以保证防撞零件的吸能要求，如铝合金防撞梁的吸能盒，可以设计成六角形、正方形、矩形，在空心盒里，可通过充填泡沫塑料、泡沫铝进一步改善安全吸能件的能量吸收功能。铝合金保险杠这类零件和一般高强度钢相比，可减重30%，同时成形性更好。图 10-33 示出了铝合金仪表盘支架、保险杠的吸能盒等。保险杠制作工艺过程中很重要的是弯形，在保险杠局部弯形时，应进行回归热处理，才能满足成形要求，图 10-34 示出了局部的回归热处理，它实际是将硬化后的材料重新加热，进行软化，以便于进行成形加工的处理工艺。

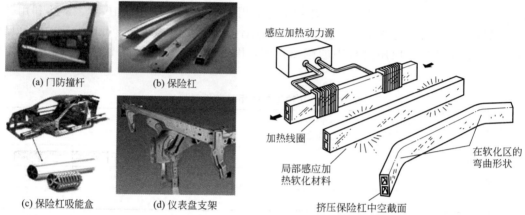

图 10-33 铝合金挤压材的典型应用　　图 10-34 保险杠通过局部热处理成形的过程

挤压铝合金的另一个用途是制造各类汽车车身整体式或组合式的空间车架，图 10-35 (a) 示出了整体式的空间车架，它采用 85% 铝板和 15% 挤压铝型材焊接而成。Honda NSX、福特 Prodigy 以及 Jaguar new XJ 皆采用这种设计制造方式。组合空间车架式采用高强度铝结构支撑，空间构架由铝型材和真空压铸接头组成，见图 10-35 (b)，这种方式的铝型材和铝合金板材约各占 50%。奥迪 A8 采用这种设计方式制造。图 10-36 示出了应用挤压铝型材制作的发动机支架。大型的铝合金挤压材曾用作商用车的车架，由于 GB 1589—2016 的实施，商用车轻量化，特别是长途物流车的轻量化十分迫切，部分全铝的商用车和长途拖挂车产量迅速增加，导致铝合金挤压材用量迅速增长，大量的挤压材用在车身组合构件上。

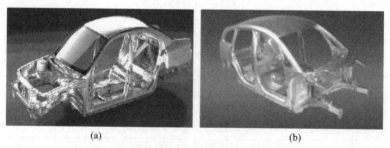

图 10-35 铝质车身整体式和组合空间车架式

2014 年，欧洲车身会议上一些车型展示了他们用铝合金挤压材做保险杠的相关信息，见表 10-19，表中列出的材料有 5000 系、6000 系和 7000 系的挤压材和板材，结构形状有口字型、日字型、片状板材冲压，工艺有挤压+冷弯、冲压，整体结构有复式结构和单体式结构，连接方式有铆接和焊接。在开发铝合金保险杠时，应综合研究保险杠的性能、材料和制作工艺，对结构进行优化，同时进行试制和试验，其研发程序和内容见图 10-37。

图 10-36 挤压铝型材制作的发动机支架

表 10-19 2014 年欧洲车身会议应用铝合金保险杠车型的相关信息

车型	保险杠图片1	保险杠图片2	材料	结构	工艺	特点
Chevrolet Corvette Z06			7000系铝合金	口字型材	挤压+冷弯	吸能盒较长,横梁与吸能盒铆接而成,吸能盒与前纵梁焊接而成
Peugeot 308			6000系挤压铝	日字型材	挤压+冷弯	横梁与吸能盒焊接而成
Jaguar F-TYPE			5000系铝合金	板材	冲压	横梁与吸能盒铆接而成,吸能盒与前纵梁焊接而成
BMWi8			7000系挤压铝	口字型材	挤压+冷弯	前保险杠为复式结构

图 10-37 铝合金保险杠开发内容及思路

10.4.4 轧制铝合金板材[31]

轧制铝合金板材分为热轧板和冷轧板。在热轧板里面,以 6000 系为主。热轧板较厚,主要用于商用车,由于轻量化的需求,不少热轧板正在被挤压材所取代。冷轧板主要用于汽车的覆盖件,有 2000 系、5000 系和 6000 系。2000 系强度较高,但成形性受到限制,5000 系成形性较好,但在 5000 系材料的应力应变曲线上,会出现吕德斯带(Lǔders),在冲压成形构件上会起皱,影响零件油漆后表面的光鲜性,多适合于做内板。6000 系铝合金是可热处理的铝合金,既有好的成形性,又能满足汽车外覆盖件对成形构件光鲜性的要求,从汽车回收的政策要求,对汽车覆盖件也逐步统一应用 6000 系铝合金。用铝合金做汽车外覆盖件,不仅可以有效地轻量化,减重高达 40%,也可以有效地满足碰撞对行人法规的保护。与钢制覆盖件相比,铝合金做汽车覆盖件的减重效果见图 10-38,用多种形式的铝合金制作的奥迪 A8 全铝车身覆盖件见图 10-39。

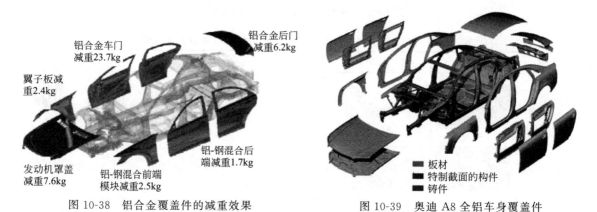

图 10-38 铝合金覆盖件的减重效果　　　　图 10-39 奥迪 A8 全铝车身覆盖件

变形铝合金板材所制的发动机罩盖,有利于减少碰撞对行人的伤害,其碰撞保护技术的应用过程示于图 10-40,从而有利于碰撞对行人保护法规的实施。模拟假人部件与实车冲击试验的示意图见图 10-41。其中欧洲这类法规为将行人分为下肢、上肢(大腿及骨盆)、头部 3 个部分(头部又分为儿童和成人两种),其分别对汽车整车或其相关零部件进行冲击试验,测量相应的性能参数,并进行相应的评价。日本的法规仅将儿童和成人头部模块对汽车整车或其相关零部件进行冲击试验,测量其伤害值,并进行相应的评价。我国参照欧洲的法规,在 2009 年 10 月,正式颁布了《汽车安全带提醒装置》(GB/T 24551—2009),2010 年 7 月 1 日实施。

近年来,欧洲车身会议提出了铝合金高强度钢和塑料复合材料在白车身上综合应用,以

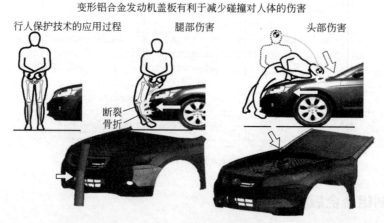

图 10-40 变形铝合金发动机盖板保护碰撞行人的过程示意图

图 10-41　模拟假人部件与实车冲击试验的示意图

充分发挥各类材料的特点,并根据不同车型的售价,估算了铝合金应用量的多少,并将铝合金应用的情况进行了各类车型的比较,提出:

① 2020 年前钢铝混合应用白车身市场占有率约 40%,铝为主或铝塑混合应用的白车身市场占有率约 20%。新能源汽车的发展将有效促进铝塑混合应用的白车身的发展。

② 少量铝合金(≤4%)与钢混合应用的主要作用是改善功能,中量铝合金(10%~20%)与钢混合应用的主要作用是减少白车身封闭件质量,大量铝合金(大于 30%)应用可以收到整体轻量化效果。

铝板主要应用 5000 系和 6000 系合金;挤压铝合金主要用于制造高刚性支架、梁构件;铸造铝合金主要用于制造各种接头和集成化支架。各材料混合应用的车型和相关情况见表 10-20。

表 10-20　各材料混合应用的车型和相关情况

车型	轴距/mm	完整 BIW 质量/kg	白车身材料构成						塑料(镁)/%
			钢/%			铝/%			
			MS	HSS+AHSS	UHSS+PHS	板	挤压	铸造	
2007 年 C-Class	2760	435	25	50+11	3+6	3			
2013 年 S-Class	3165	435	14.0	24.5+10.5	7.5+8.0	20.5	5.5	6.5	3.0
2009 年宝马 Gran Turismo	3070	499	16.3	35.3+16	1+9.8	10.2	0.1	3.9	
2010 年宝马 5 系	2968	425	13	39+16	3+14	4	7	4	
2011 年奥迪 A6	2912	379.3	29.1	28.2+13.3	0+11.3	13.5	2.6	1.9	
2010 年奥迪 A8	2992	300.7	0.9	0+3	3+0	47.6	18.5	27	
2013 年宝马 i3	2570	223	7.29			6.5	20.3	13.6	41.3(13.7)
2012 年奥迪 A3	2601	309.5	35.2	26.3+13.6	0+21.7	3.2			

10.5　铝合金在汽车典型零部件和白车身上的集成应用

10.5.1　铝合金副车架

如图 10-42 所示,副车架作为支承前后车桥、悬挂的支架,属于重要的结构安全件,它连接和固定着悬架系统、转向系统、发动机等总成零件,对其强度、刚度、模态、操稳等性能要

图 10-42 铝合金副车架示例

求较高。为了降低副车架重量实现汽车轻量化，国内外各主机厂一直研究并且有的厂家已成熟地应用了多种不同成形工艺的铝合金副车架。目前，国外主机厂在中高端车型上使用铝合金副车架，轻量化效果显著，欧系、美系和日系等高端车型上已成熟地使用铝合金代替钢铁生产副车架。当前，铝合金副车架制造方式一种是压力铸造、铝管液压成形或铝板冲压焊接等单一的工艺直接成形；另一种是由铸造成形、挤压成形、铝管液压成形、铝板冲压等两种或两种以上工艺组合[32]。

(1) 压铸成形

压铸成形具有组织致密、力学性能高、尺寸精密、加工余量小等特点，是汽车上应用最多的铝合金零件成形工艺。铝合金压铸成形根据副车架不同部位对强度、刚度、模态、安装等要求，可生产出结构复杂的零件，满足副车架各个部位不同性能的要求。相比传统钢板冲焊成形副车架，在降低重量的同时，减少了零件数量、焊接和组装工序，提高了零件生产效率。但是铸造铝合金材料强度较钢板的低很多，需通过对结构的调整和工艺的控制来满足副车架总成性能要求。压铸铝合金副车架常用材料为 Al-Si 系合金，代表牌号有 Al-Si11、Al-Si7-Mg0.3、Al-Si7-Mg、Al-Si9-Mg-Mn，零件抗拉强度能 $\geqslant 270 \text{N/mm}^2$。

目前采用铝合金压铸成形副车架的车型有欧系的大众途观、老款迈腾、大众 CC、奥迪 Q3、奔驰 C 级、路虎揽胜，日系的英菲尼迪 Q50 以及美系的克莱斯勒 200C 等。国内自主品牌广汽也已通过高抽真空铸造工艺研发出铝合金副车架，并在传祺系列车型的后副车架上成功应用。

(2) 液压成形

液压成形工艺是利用液体作为传力介质，通过模具使工件成形的一种塑性加工技术。液压成形工艺可以减少零件数量、零件生产工序和模具数量，降低生产成本，同时提高零件刚度与强度。铝合金材料伸长率较低，在向铝管内充液快速加压过程中易造成铝管补料不足而起皱或开裂，铝管液压成形难度大。当前，诸如大众等国外车企在其豪华车型上率先应用了铝管液压成形前副车架，以辉腾为例，其副车架重量仅为 10.5kg，轻量化效果显著，选用的铝管材料牌号为 Al-Mg3-Mn，材料抗拉强度 $\geqslant 200 \text{N/mm}^2$。

(3) 多种工艺组合应用：铸造成形＋挤压成形

挤压成形可生产截面复杂、壁薄等特点的零件，使零件尺寸精度高、表面质量好、强度较高。将铸造和挤压成形结合起来用于生产汽车副车架，不但可以满足对副车架个别复杂部位结构设计的要求，同时可满足副车架对强度和刚度的要求。汽车底盘常用挤压铝合金有 5754（Al-Mg3-Mn）、6060（Al-MgSi0.5）、6005A、6063 等。

铸造＋挤压成形副车架通常使用挤压成形工艺生产横梁或纵梁；在副车架需要与车身或底盘其他部位连接的部位，结构变化较为复杂，采用铸造成形工艺较为合适，通过 MIG 焊接将两种铝合金零件组装在一起。目前在诸如雪铁龙 C5、凯迪拉克 CTS、克莱斯勒 Concorde 等车型上，已应用这种组合工艺生产副车架。

(4) 多种工艺组合应用：铸造成形＋挤压成形＋液压成形

以奥迪为例，其旗下 A6 及其同平台下的 A4 和 Q5 等车型使用的铝合金前副车架，其前横梁结构简单但强度要求较高，使用挤压铝合金型材满足了强度和成形要求；左/右纵梁为铝合金管液压成形，保证了零件强度和结构要求；与车身、底盘和发动机等零件连接的部位需要相对复杂的结构,使用压铸铝合金零件能够满足要求。三种工艺成形的零件通过MIG焊接组合在一起。

以宝马为例,宝马5系和7系后副车架横梁使用挤压铝合金型材;前横梁则使用的是液压成形铝合金管;纵梁两端需与车身连接,同时要为悬架系统控制臂提供安装支座,铸造工艺可同时铸造完成,无需再焊接连接接头和衬套等零件。

(5)多种工艺组合应用:铝板+其他组合工艺成形

与钢板相比,铝合金板虽然伸长率低、硬度小、冲压成形性低,但各主机厂比较看重铝合金板的轻量化的优点,通过克服设计和工艺上的难点,现已在汽车车身覆盖件上大量应用铝合金。国外主机厂也一直研究在副车架上使用铝合金板代替钢板生产零件。用铝合金板代替钢板,通过增加板料厚度和结构优化设计,来弥补铝合金板在强度上的不足。将铝合金板与挤压成形、铸造成形和液压成形工艺结合起来生产副车架也已得到实际应用。生产副车架常用的材料有6061、5754(Al-Mg3-Mn)等铝合金厚度2.5~5mm板材。

综上所述,国外汽车主机厂越来越多地通过应用铝合金来实现汽车减重。而国内铝合金副车架受制于结构设计开发能力和铝合金生产工艺水平的限制,同时国内自主研发的品牌车型主要是面向中低端市场,无法承担较高的零件生产成本,故在国内自主研发的品牌车型中应用铝合金副车架的较少。国内自主品牌汽车主机厂应逐步掌握铝合金副车架的设计、工艺技术和积累生产经验,逐步推广铝合金副车架的应用。

10.5.2 铝合金在汽车悬架上的应用

如图10-43所示,在底盘悬架系统零件中常见的工艺方法是铸造和锻造成形。在国外常见的锻铝材料有铝硅合金、铝镁合金、铝锌合金等。铸铝合金是主要以铜、硅等合金为主的铝合金。而不管是锻铝还是铸铝,都需要对铝合金进行热处理,从而提高铝合金零件的力学性能。与钢最大的区别在于,铝合金的热处理方式十分独特,主要采取固溶处理。目前在国外由于要满足汽车的需求,对于铝合金零件的使用性能均有严格的要求,更注重对铝合金材料性能的把控。铝合金和钢材质最大的区别就是,铝合金零件打造轻便。在悬架系统中设置铝合金零件,与钢制零件相比,其悬架系统的总重量下降幅度较大,汽车整个重量也随之降低,轻量化效果十分明显。不过,由于铝合金材料比较昂贵,整体的悬架系统成本也会随之升高。应用于高端车时,该成本可以在接受的范围之内。但应用在低端、中端车时,高昂的铝合金成本会使很多厂商望而却步。

图10-43 铝合金悬架示例

目前,底盘铝合金盘悬架系统应用范围较为广泛,并逐渐替代了钢。在欧美、日本等一些发达地区的汽车底盘已经广泛地开始使用铝合金盘悬架系统。而且,越高端的车,使用铝合金零件的数量就越多。其中,高端德系车是采用铝合金盘悬架系统最多的车型,如宝马及奥迪等。在关于底盘悬架系统铝合金应用方面,尽管许多高端车应用范围较为广泛,但受到成本因素的影响,中、低端车对于铝合金替代钢在底盘悬架上的应用却比较狭窄。奥迪系列、路虎、揽胜等车型在全铝悬架的应用上已经正式推出,奥迪A6的全铝底盘悬架零件也备受关注。以欧系、美系、日系等车系为代表的国外厂家使用铝合金在汽车悬架系统中则十分常见,从性能到使用均更加方便。铝合金的前后转向节和摆臂、控制臂类的铝合金零件使用比例较高。根据车的价位来看,越高端的车型关于铝合金零件的应用就越多。中端价位的车型基本就开始使用铝合金零件,而高端车则更加注重底盘悬架系统和全铝底盘悬架的应用。表10-21为国外车型悬架系统零件常用材料及工艺示例[33]。

表10-21　国外车型悬架系统零件常用材料及工艺示例

零件名称	制造工艺	材料牌号	应用车型
前下控制臂	锻造	6082-T6	蒙迪欧,迈锐宝,天籁
前上控制臂	锻造	6082-T6	奥迪Q5,宝马5,奔驰ML350
后上控制臂	锻造	6082-T6	奥迪A6,宝马X5,天籁
后下控制臂	铸造	AlSiMg	天籁,沃尔沃,XC60,S60
前转向节	锻造	6082-T6	宝马X5,奔驰ML350,卡宴
	铸造	AlSiMg	奥迪A6,雅阁,锐志
后转向节	铸造	AlSiMg	奥迪Q3,雅阁,蒙迪欧

为了解悬架系统铝合金零件和钢质零件重量差异,选取某款车型(前麦弗逊+后多连杆悬架结构)进行铝合金零件和钢质零件对比分析,如表10-22所示。与钢质零件相比,铝合金零件将悬架系统总重量由原来的57.1kg降低到31.62kg,单车重量降低25.48kg,轻量化效果达到44.6%,轻量化效果显著。由于铝合金材料价格较高,使得全铝悬架总成本比原钢质悬架总成本预计上升120%,零件成本的大幅上升直接影响了在中端和低端汽车悬架上应用铝合金零件。

表10-22　车悬架系统钢、铝零件重量等对比

项目	前转向节	前下摆臂	后横臂	后下控制臂	后上控制臂	后转向节
钢质/kg	6.5	4.2	6.5	0.35	1.7	9.3
铝质/kg	3.1	3.2	3.2	0.31	1.5	4.5
单车减重/kg	6.8	2.0	6.6	0.08	0.4	9.6
减重率/%	52	23.8	50.7	11.4	11.8	51.6
成本上升/元	100	140	87	20	30	150
成形工艺	铸铝	锻铝	铸铝	锻铝	锻铝	铸铝

以铝代替钢在底盘悬架上零件的应用越来越广泛,欧、美、日系车型已在底盘部分零件上大量使用了铝合金零件,车型价位越高,其悬架系统使用的铝合金零部件数量就越多。奥迪A4、A6、Q5,宝马5系、7系和路虎揽胜等车型已推出了全铝悬架,如图10-44所示为奥迪A6全铝底盘悬架零件。

图10-44　奥迪A6全铝底盘悬架零件

为了解国外主机厂铝合金在汽车悬架系统上的应用情况,在欧系、美系、日系和韩系车型中,选择有代表性的60辆独立悬架车型,并对悬架系统零件用材情况进行统计。图10-45表示铝质和钢质零件在调研车型中应用比例,可以看出:铝合金后转向节应用比例接近50%,摆臂、控制臂类零件的铝合金应用比例也达到30%左右。图10-46所示为对应用铝合金零件车型价位的分析,15万

元左右价位车型悬架系统开始出现铝合金零件的应用，30 万元以上车型底盘悬架系统开始大量应用铝合金零件，在 40 万元左右车型上开始有全铝底盘悬架出现。铝合金零件的应用和应用部位受车型价位的影响较大，在低端车型上应用铝合金材料受到很大限制，中、高端车型底盘悬架系统更多地应用铝合金零件。

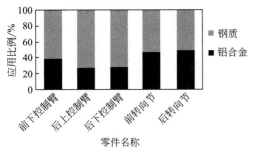

图 10-45　铝和钢质零件应用比例示例

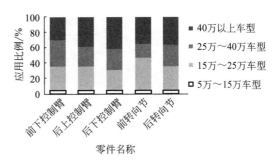

图 10-46　应用铝合金零件车型价位分析

为分析各零件应用铝合金材料的趋势，选择国外有代表性的 60 辆独立悬架车型，对底盘悬架系统应用铝合金零件的车型上市或换代时间进行统计，以 3 年为一个时间段，对三个时间段内每个零件应用铝合金材料的车型数量分别进行统计，如图 10-47 所示，可以看到底盘悬架系统零件对铝合金材料的应用呈快速增长的趋势。

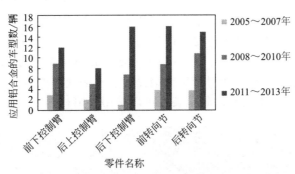

图 10-47　铝合金在底盘悬架系统零件中的应用趋势

10.5.3　铝合金在新能源车上的应用

(1) 散热器

新能源汽车的燃料电池车热负荷非常大。在燃料电池系统中，大约有 50% 的能量转换成热量被散发到大气中去，与传统内燃机 33% 左右的热负荷相比，对散热器的散热能力提出了更高的要求。这些都需要高性能散热器来辅助。散热性能的好坏对发动机的动力性、经济性和可靠性都有很大的影响。目前，欧洲国家汽车上铝合金散热器的普及率已近似达到了100%，美国达到 65%~75%，日本达到 30%~40%。由于目前低速电动汽车基本可以实现自冷，电动机、控制器和电池的热量也可以自己散掉，所以就不需要水箱散热装置，但是对于高速行驶的大功率密度的电动汽车，就必须进行水冷散热，需要配套相应的电动汽车热交换器。图 10-48 为新能源汽车常用的散热器的结构[1]。风冷型散热器的基板通常由 6063 铝合金通过挤压成形，随后将 1050 铝合金做成的翅片插入镶嵌而成；水冷型散热器是冷却管和翅片均由 4000 系和 3000 系铝合金复合板加工成形后钎焊而成。铝合金复合材是制造汽车散热器等钎焊式热交换器的关键原材料，主要是由 2~3 种合金经叠合轧制后制成的多层复合材,包覆层(皮材)多为高硅合金或低电位合金,如 4004、4045、4047、4343、7072 铝合金等,基体(芯材)主要是 3003、3003+Zn 和 3004 铝合金等。该类复合材料可以通过载气钎焊和真空钎焊连接散热管及散热翅片,从而实现热交换。复合钎焊铝箔制汽车散热器重量比铜箔的约轻 37%～45%,比铜制散热器轻 20%～30%,热交换效率高 12%。

(a) 风冷插片式散热器(翅片+基板)   (b) 水冷型散热器(基板+B型管)

图 10-48 新能源汽车常用的散热器

作为铝合金的散热件,新能源汽车的电动机壳也是重要的应用零件,用铝合金代替铸钢件电动机壳,成形工艺比较简单,可以用大型的挤压型材来制作。电动机壳上的散热鳞片,可以直接挤压成形。铝合金热导率是钢的 3 倍,可以有效地散发电动机的发热量。

(2) 电池外壳及电池包壳体

为了增加续驶里程,新能源电动汽车需要大量的锂电池组合模块,每个模块都是由若干个电池盒组合而成,如特斯拉电池,电池包由 7104 个 18650 锂电池组成,这样每个电池盒的质量大小对整个电池模块的质量影响很大,特斯拉的电池包总重量高达 900kg。因此,采用密度低、强度高、拉伸成形性和焊接性能好的 3003 铝合金来制作电池壳体成为动力电池封装的必然选择。3003 铝合金材料具有易加工成形、良好的高温耐腐蚀性、传热性和导电性而被选为汽车动力电池铝壳,相对于不锈钢壳可以省去盒底焊接工艺。图 10-49 为方形和圆形动力锂电池铝壳[34]。电池壳的软包装也可以采用铝箔材料。

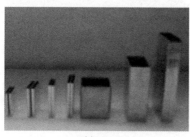

(a)   (b)

图 10-49 新能源车用方形及圆形动力锂电池铝壳

图 10-50 挤压铝型材生产的电池包壳

电池包壳采用挤压铝型材和搅拌摩擦焊的方式来制作,这类电池包壳实现了轻量化,同时具有阻燃性能和耐温性能,可以保证电池包的安全性。用挤压铝型材生产的电池包壳见图 10-50。电池包壳要经过振动、火烧、挤压、冲击、疲劳、短路、盐雾等 16 项试验,是对安全性要求非常高的一种零件。

(3) 氢燃料汽车的储氢容器

按丰田公司的氢燃料电池汽车储氢 5kg,运行

500km，对储氢容器要求高强度、无氢脆、不漏氢，这类高压容器的内衬是由铝合金板材制造，经过冲压、旋压做成铝合金气罐内衬，外加碳纤维或其他高强纤维缠绕，使之成为能够承受 60~70MPa 的高压氢气的储氢容器，见图 10-51，供氢气燃料电池汽车的动力应用。

图 10-51　氢气燃料电池汽车铝制储氢罐

对新能源汽车，铝合金的用量会比传统燃油车用量更大，以补偿新能源汽车，特别是纯电动汽车电池能量密度低和续驶里程要求的限制。

10.5.4　铝合金在典型整车上的应用

铝合金在一些新型整车上已有广泛应用。在 2015 年，韩国釜山国际汽车展上已展出有全铝车身的小型电动车、奔驰轻量化全铝轻卡、MAN 公司全铝翻斗车、韩国现代全铝车身和碳纤维覆盖件的轻量化乘用车，见图 10-52。在欧美一些国家，铝合金在一些商用车上已有广泛应用，在一些专用车上应用比例已超过 70%，包括厢式货车、特殊用途的翻斗车、油罐车等，见图 10-53。

(a) 全铝车身的小型电动车　　(b) 奔驰轻量化铝合金轻卡

(c) MAN公司的铝合金翻斗车　　(d) 全铝车身和碳纤维覆盖件

图 10-52　铝合金在典型整车上的应用

2016 年欧洲一些公司如 Meierling 公司推出了全铝货厢三轴后倾自卸车，Benalu 公司推出了全铝自卸半挂车，见图 10-54。国内一些公司也推出了全铝油罐车、全铝自卸半挂车、多功能翼开启半挂车厢，各种冷藏保温车、民用厢式车、邮政车、发电车、抢险车、军用战备车、航空食品车等，典型车型见图 10-55。

图 10-53　欧美商用车上铝合金的应用

图 10-54　Meierling 公司全铝货厢三轴后倾自卸车和 Benalu 公司全铝自卸半挂车

图 10-55　铝合金在商用车上的典型应用

铝合金在商用车上可能应用的零件和减重效果见图 10-56。

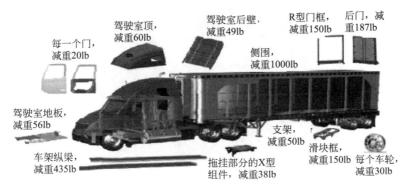

图 10-56　铝合金在商用车上可能应用的零件和减重效果

10.5.5　其他新型铝合金在汽车上的典型应用

(1) 铝基复合材料

以陶瓷纤维、晶须、微粒等为增强材料，生产铝基复合材料，其比强度、比弹性模量、耐热性、耐磨性等大幅度提高，可用作发动机零件，如用粉末冶金法研制成功的 Al_2O_3 或 SiC 颗粒（晶须）增强的 Al-Si 系合金活塞，在保留 Al-Si 合金活塞优点的同时，可进一步改善活塞的强度、耐磨性、耐热性和抗疲劳性能，用于汽车发动机上；此外，颗粒增强铝基复合材料还可用于制造车辆发动机的气缸体、活塞和连杆等部件。

笔者曾研究了硅酸铝短纤维增强铝基复合材料做镶环活塞，代替奥氏体 Ni-Cr 铸铁镶环活塞，具有重量轻、界面结合好、耐磨性好、热稳定性高等特点。并通过 600h 台架强化试验和跑车试验，耐磨性比普通活塞提高 60%。镶环活塞预制块的制作不是用压结法而是用离心法，生产率高，纤维排列有方向性，镶环和基体的结合面好，适合于大批量生产。液态模锻的模具设计、浇注工艺、专用工夹具均是专有技术[35]。磨损样品的取样部位和尺寸见图 10-57。基体与复合材料结合处的组织见图 10-58，不同方向纤维的分布和基体组织见图 10-59。纤维的尺寸直径为 10～12μm，长度为 0.5～3mm，纤维的抗拉强度为 1200MPa，在所制复合材料铝活塞中的体积率为 7%～10%，铝合金基体的成分为（质量分数）：Cu0.9%，Mg1.0%，Si12.0%，Ni1.4%，Al 余量。图 10-58 中纤维组织表明，基体和复合材料层基本为无缝连接，而奥氏体 Ni-Cr 镶环达到 95% 以上的贴合就是比较理想值。从不同方向的组织对比表明，纤维分布具有明显的方向性，在环槽的耐磨表明，纤维分布正好垂直于活塞环的磨损面。A 面、B 面纤维多呈点状和椭圆状，C 面的纤维多平行于 C 面，这些分布与用离心法制得的纤维分布是一致的。

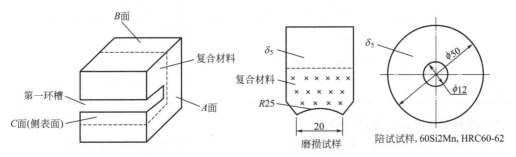

图 10-57　磨损样品的取样部位和尺寸

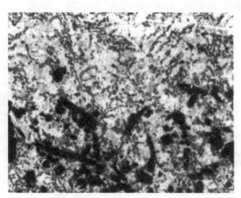

图 10-58 基体与复合材料结合处的组织

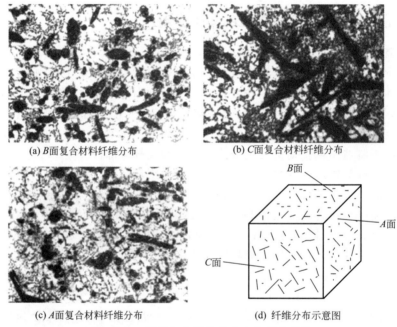

(a) B面复合材料纤维分布　　(b) C面复合材料纤维分布

(c) A面复合材料纤维分布　　(d) 纤维分布示意图

图 10-59 不同方向纤维的分布和基体组织

不同纤维分布方向耐磨性的试验结果见表 10-23。表中数据表明，垂直于纤维方向比平行于纤维方向的耐磨性要高 59.8%，比没有纤维增强的基体要高 66.6%，这与在台架试验中复合材料铝活塞比原机活塞的耐磨性提高 59.5% 是一致的。

表 10-23　Al 基复合材料不同纤维分布方向磨损试验结果

试样编号	磨损面纤维方向	磨损下试样转数/转	负荷/kN	磨后失重均值/mg
1	平行	6000	30	19.2
2	垂直	6000	30	7.7
3	无纤维基体	6000	30	23.0

(2) 喷射沉积成形的高硅铝合金

文献 [36] 曾系统介绍了喷射沉积成形铝合金在汽车发动机缸套上的应用。

喷射沉积成形技术由美国 Swanea 大学 Singer 教授于 1968 年提出，并于 1972 年获得专利。这种技术的基本原理是将熔融状态的金属流经高压惰性气体，雾化成弥散的液滴，用一定速度的气体喷射到收集器上，形成连续致密的具有一定形状的近终形产品。它是一种以单个累计运行的产生近终形产品的快速凝固过程。喷射沉积成形技术的主要优点和特点如下：

  a. 致密度高。喷射沉积后的密度一般可达理论值的95%以上，经冷热加工后很容易达到完全的致密，即理论密度。

  b. 形成合金的氧含量低。金属液流的雾化和沉积过程均在惰性气体保护下进行。其沉积体的氧含量（小于25×10^{-6}）一般低于同类粉末冶金水平，而与同类铸造合金相近。

  c. 具有快速凝固的显微组织特征。形成细小的等轴晶组织（$15\sim25\mu m$），可以消除宏观偏析。显微偏析相的生成受到抑制，一次相的析出均匀细小（$0.5\sim15\mu m$），二次析出和共晶相细化。合金成分更趋均匀并形成亚稳过饱和固溶体等。

  d. 合金性能比常规铸锻材料有较大提高（如腐蚀、耐磨、磁性各向同性及强度和认读等理化和力学性能）且容易加工成形，甚至可以获得超塑性，而同类材料经铸造成形后很难甚至几乎不可能再热加工成形。

  e. 工艺流程短，成本降低。喷射沉积成形可能是目前从熔炼到成形产品最短的工艺路线，因而可降低能耗，提高经济效益；与传统的粉末冶金工艺相比，可减少粉末制造、筛分、装罐、去气、压实和烧结等工序，因而避免这些工序可能产生的污染，增加了产品的可靠性和竞争力。

  f. 沉积效率高。Osprey雾化器的生产率达到$25\sim200kg/min$；单个产品的质量可达数吨，有利实现工业化生产。

  g. 灵活的柔性制造系统。产品具有通用性和多样性，可以进行多种金属材料（如高、低合金钢，铝合金，高温合金，镁和铜合金及金属间化合物等）的制备。

  h. 近终成形。可以直接形成多种接近零件实际形状的大截面尺寸的挤压、锻造或轧制坯件，真值直接成为零件使用。

  喷射沉积成形提供了一个制造高性能、低成本、高功能零件的完美的工艺结合，同时作为一种新工艺参与有色铸造、钢铁冶金、粉末冶金、电渣重熔等领域的竞争，并分取市场。目前，喷射沉积成形已应用于铝合金、铜合金、特殊钢、不锈钢、Ni基合金、超合金、低膨胀性能的Si-Cu合金等材料的生产和零件的近终成形，展示了广阔的应用前景。

  (3) 高强耐磨铝合金的喷射成形技术和相关性能

  和纯铝相比，高硅铝合金具有热膨胀系数低（$20\sim250℃$范围内热膨胀系数仅为$16\times10^{-6}m/K$）、高的弹性模量（约90GPa）、良好的耐磨性（特别是抗咬合磨损性）和良好的热稳定性，使其成为制造汽车发动机的耐热耐磨部件的重压材料。但采用传统的铸造技术生产这类高Si铝合金时，由于形成过量的共晶相和大的初生相，而导致材料塑性和韧度的大幅度降低，给随后的加工成形带来很大的困难，甚至无法成形。

  通常认为，快速凝固粉末冶金（RS/PM）工艺是制造高硅铝合金最优希望的新技术。自20世纪80年代以来在世界范围内，尤其在日本、德国对此进行了大量的研究。传统的快速凝固工艺包括气体雾化、离心雾化、水雾化、多级雾化、甩带等。处于成本和性能的综合考虑，多数公司选择了气体雾化工艺，凝固速度约为$10^2\sim10^5℃/s$。粉末成形一般采用挤压或热等静压，而以热挤压为主。由于传统粉末冶金工艺固有的高成本特性，从而限制了这种工艺在汽车工业中的广泛应用。而喷射沉积成形工艺提供了降低传统RS/PM工艺制造成本的新途径，同时可在高硅铝合金中保持细小的初生Si相和第二相。用这类工艺生产的高硅铝合金的性能类似于RS/PM合金，H_2和O_2含量分别为0.2×10^{-6}和10×10^{-6}，低于典型 RS/PM 工艺的 H_2 和 O_2 含量（1×10^{-6} 和 150×10^{-6}）。

在铝硅合金中加入 Cu、Mg 等沉淀强化元素，可以进一步提高合金的常温性能，而加入 Fe、Ti 等过渡族元素，除了改善合金常温性能外，还可以明显改善合金的耐磨性能和高温性能。用喷射冶金方法生产的 AlSi25Cu4Mg1 合金的显微组织和用重力铸造方法生产的 SAE390（AlSi17Cu4Mg1）的显微组织对比见图 10-60。

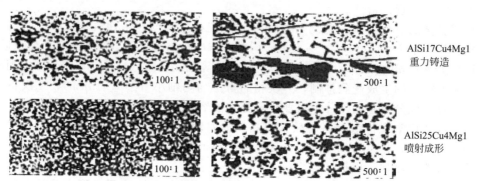

图 10-60　两种方法生产的高硅铝合金显微组织对比

从图 10-60 中可以看出，经重力铸造的 SAE390 合金，由于在凝固时的冷却速度较低，其典型的显微组织为 12% 的共晶相和 6% 的初生硅沉淀。其初生硅相具有尖锐的棱边，分布不均匀，大小约为 $50\mu m$，大的初生硅相中，还有大片的孔隙。由于硅相的高硬度和其形状具有尖锐的棱边，使这类合金的加工困难，并且这些初生硅相还对滑动配偶产生严重磨损，因此必须对活塞环和活塞的环槽分别以铬和铁进行涂层。

与铸态的 SAE390 合金组织相反，用喷射冶金生产的 AlSi25Cu4Mg1 合金，其组织中的硅相非常小，且分布均匀，因而非常容易加工；硅含量达到 25%（质量分数）时，可赋予活塞环和活塞环槽最佳的滑动表面；由于冷却速度很高，全部硅以初生硅的形式沉淀析出，每个粒子的形状又是圆球形，因此对配合滑动表面的磨损非常小；不论活塞还是活塞环都不需要涂层，既降低了成本，又有清洁生产的优点；显微组织表现得很均匀，这正是喷射冶金的优点，对生产中的粒子大小统计分析表明，大多数粒子大小为 $2\sim5\mu m$。

铸铁和喷射冶金生产的铝硅合金的物理和力学性能对比见表 10-24。

表 10-24　铸铁和喷射冶金生产的铝硅合金物理和力学性能

性能指标	铸铁	喷射冶金生产的 AlSi25Cu4Mg1
密度/(g/cm³)	7.25	2.70
热膨胀系数 CTE/K^{-1}	10.5×10^{-6}	14.2×10^{-6}
硬度（HBS）	190~240	95~110
σ_b/MPa	250	245
$\sigma_{0.5}$/MPa	—	180
伸长率 δ_5/%	<1	1.2

从表中数据可以看出，AlSi25Cu4Mg1 合金与铸铁的力学性能十分相近，然而铝合金的密度远低于铸铁，而热膨胀系数 CTE 高于铸铁，这正是这类铝合金制作缸套的优点，可使缸套和铝活塞的 CTE 匹配更好，活塞的配缸间隙可以减小，从而降低发动机的噪声。铝合金的硬度低于铸铁，但硅相硬度远高于灰铁，这些给予铝合金缸套材料最好的性能匹配。

用喷射冶金方法生产的其他 Al-Si 合金、Al-Zn 合金以及 Al-Li 合金的性能对比见表 10-25，可以看出，和重力铸造相比，用喷射冶金生产的铝基合金性能有明显提高。

表 10-25 喷射冶金方法生产的不同铝合金性能对比

性能指标	Al20Si5Fe2Ni	Al11.5Zn2.5Mn0.2Zr	Al4Li0.2Zr
σ_b/MPa	360.0	705.0	528.0
$\sigma_{0.5}$/MPa	240.0	688.0	459.0
伸长率 δ_5/%	2.0	13.0	4.7
密度/(g/cm^3)	2.78	2.88	2.41
弹性模量/GPa	98.0	74.0	84.0
热膨胀系数 CTE/K^{-1}	16×10^{-6}	21×10^{-6}	21.6×10^{-6}

最近文献还报道了已经在商业上应用的喷射沉积成形的 Si-Al 合金，这类合金的膨胀系数较低，导热性较好，其性能见表 10-26。

表 10-26 喷射沉积成形的 Si-Al 合金性能对比

合金	CTE/$\times10^{-6}$K^{-1}	热导率/[W/(m·K)]	密度/(g/cm^3)
Si-50Al	10.5	140	2.50
Si-40Al	8.5	130	2.45
Si-30Al	6.5	120	2.40

1977 年，德国戴姆乐-奔驰公司与 PEAK 公司合作，并宣称已将喷射沉积成形高硅铝合金应用于号称世界上最先进的 V6 型汽车发动机缸套，所采用的喷射沉积成形铝合金的典型成分为 AlSi25Cu4Mg1。与传统铸铁缸套相比，这种高硅铝合金缸套的主要优点如下：

a. 由于采用铝基合金，可以减小质量，每个可减少 0.5kg 以上。

b. 铝基合金的热导率提高，由此可以通过点火时间优化而提高发动机效率。

c. 通过工作面的优化设计和特殊的加工工艺，可以降低活塞环的磨损，减少润滑油消耗（达到 30%），降低摩擦 5%。

d. 与活塞的热膨胀性能匹配好，从而可以降低活塞配缸间隙，降低噪声，增加功率。

e. 金属之间的结合匹配好，从而可降低气缸的扭曲，降低爆振，增加曲轴箱的刚性，由此亦可增加发动机功率。

f. 良好的加工性，可以采用各种传统的变形与机加工手段和方法进行成形加工及必要的精细尺寸加工。

g. 材料易于再生循环使用，与金属基复合材料相比，高硅铝合金可以多次再循环使用，符合环境材料的要求。

从这些特点可以看出，用喷射冶金成形的高硅铝合金制作的缸套具有诸多优点，为其他材料所不能比，因此其应用前景十分广阔。

高硅铝合金喷射成形的铝合金缸套已在国内外得到广泛应用，为汽车轻量化和发动机耐磨性的改善、寿命的提升，发挥了重要作用。

(4) 快速凝固铝合金

快速凝固条件下（冷速达 $10^4\sim10^9$℃/s），材料将引起一些组织结构上的新特征：超细化的微观组织；提高合金的固溶度极限；成分的高度均匀、少偏析或无偏析；形成新的亚稳相等。基于这些特征，快速凝固铝合金必然会在汽车行业得到应用。Sumitomo 电器公司利用快速凝固粉末状 Al-Si-X 高硅铝合金代替烧结钢，大批量制造汽车空调压缩机转子和叶片，使转子重量减轻 60%，整个压缩机重量减轻 40%；雅马哈汽车制造公司生产的快速凝固高硅铝合金活塞也投入市场，这种活塞与普通铸铁相比，重量减轻了 20%，寿命提高了 30%，而且显著降低了噪声，减少污染；马自达汽车公司利用喷射沉积 Al-Si-Fe-Cu-Mg 合金制造了一种新型发动机转子，提高了发动机效率，能节油 20%。

（5）泡沫铝合金

泡沫铝合金是一种在金属基体中分布有无数气泡的多孔材料，这种材料的质量更轻、强重比更高，并具有高的吸能特性、高的阻尼特性和吸振特性。将泡沫铝填充于两个高强度外板之间制成的三明治板材，在用于车身顶盖板时，可提高刚度、轻量化并改善保温性能；用在保险杠、纵梁和一些支柱零件上时，可以增加撞击吸能的能力，在轻量化的同时，提高了撞击安全性。

10.6 汽车用高性能、高成形变形铝合金板材的研究进展

10.6.1 对汽车变形铝合金板材的力学性能要求

（1）准静态和高应变速率下的力学性能

目前主要的汽车覆盖件用铝合金板材的牌号、成分以及相关的性能分别如表 10-27 和表 10-28 所示[37,38]。5000 系铝合金主加元素为 Mg 元素，通过与其他微量元素合金化，其典型的屈服强度为 130MPa 左右，抗拉强度 270MPa 以上，加工硬化指数通常 0.3 以上，展现出较好的加工成形性能，通常用于冲制形状更加复杂的内板，但这类合金没有烘烤硬化性，由于有屈服点伸长，冲压变形后有延展变形痕迹，不适合做外板，同时该合金对应力腐蚀敏感。6000 系合金主加元素为 Mg 和 Si 元素，通常合金中 Si 较高，该合金中部分合金为提高其烘烤硬化性能，还加入一定量的 Cu 元素。6000 系铝合金板材的典型屈服强度一般介于 120~160MPa 之间，抗拉强度介于 240~290MPa 之间，其加工硬化指数低于 5000 系合金，成形性能比 5000 系合金略差。但由于在加工过程中，可以在烤漆阶段再次硬化以及表面成形质量较好的缘故，6000 系合金通常用于汽车覆盖件外板。

表 10-27 主要汽车覆盖件用铝合金板材牌号及成分　　　　%

牌号	国外牌号	Si	Fe	Cu	Mn	Mg
5022	KS5J30	<0.25	<0.40	0.20~0.50	<0.10	3.50~4.9
5023	KS5J32	<0.25	<0.40	0.20~0.50	<0.10	5.0~6.2
5182		<0.20	<0.35	<0.10	0.20~0.50	4.5~5.0
6016	KS6K21	1.0~1.5	<0.50	<0.20	<0.20	0.25~0.60
6022	KS6K21	0.8~1.5	0.05~0.20	0.01~0.10	0.02~0.10	0.45~0.70
6111	6C32、KS6K31、6K32	0.7~1.1	<0.40	0.50~0.90	0.15~0.45	0.50~1.0

表 10-28 主要汽车覆盖件用铝合金板材性能

合金	R_p/MPa	R_m/MPa	A/%	n	r	弯曲性(r_{min}/t)	杯突 LDR	Y_s/T6/MPa
5022	135	275	30	0.30	0.67	—	2.08	—
5023	135	285	33	—	—	—	2.11	—

续表

合金	R_p/MPa	R_m/MPa	A/%	n	r	弯曲性(r_{min}/t)	杯突 LDR	Y_S/T6/MPa
5052	90	190	26	0.26	0.66	—	2.08	—
5182	125	265	28	0.33	0.80	—	2.10	—
6111	160	290	28	0.26	0.60	0.45	—	233
6016	130	235	28	0.23	0.70	0.25	—	180
6022	155	275	31	0.25	0.60	0.15	—	200

6C32-T4 状态的合金成分（质量分数）为 1.08%Si、0.16%Fe、0.68%Cu、0.05%Mn、0.47%Mg、0.05%Cr、0.02%Zn、0.01%Ti，其余铝，其力学性能见表 10-29，工程应力应变曲线见图 10-61(a)，相应的真应力真应变曲线见图 10-61(b)。预应变 2%后 170℃、20min 烘烤硬化后的性能见表 10-30[37,38]。

表 10-29　铝合金 6C32-T4 状态的力学性能

方向/(°)	R_p/MPa	R_m/MPa	A/%	$n(10\%\sim20\%)$	$r(15\%)$
0	134	251	27	0.26	0.74
90	126	239	27	0.26	0.60

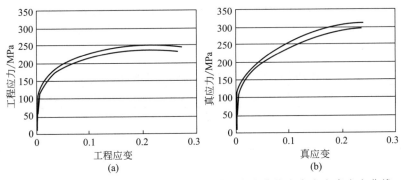

图 10-61　铝合金 6C32-T4 状态的工程应力应变曲线和真应力真应变曲线

表 10-30　铝合金 6C32-T4 烘烤硬化后的性能

方向/(°)	R_p/MPa	R_m/MPa	A/%
0	212	297	24
90	204	281	26

KS6K21-O 状态的合金成分（质量分数）为 1.02%Si、0.09%Fe、0.06%Mn、0.60%Mg、0.02%Ti，其余铝，其力学性能见表 10-31，工程应力应变曲线见图 10-62(a)，相应的真应力真应变曲线见图 10-62(b)。预应变 2%后 185℃、20min 烘烤硬化后的性能见表 10-32。

表 10-31　铝合金 KS6K21-O 状态的力学性能

方向/(°)	R_p/MPa	R_m/MPa	A/%	$n(10\%\sim20\%)$	$r(10\%)$
0	132	234	23	0.23	0.71
90	125	220	24	0.24	0.60

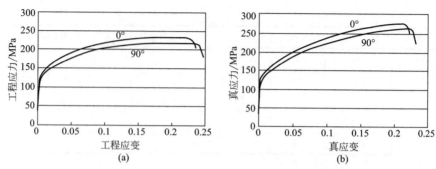

图 10-62　铝合金 KS6K21-O 状态的工程应力应变曲线和真应力真应变曲线

表 10-32　铝合金 KS6K21-O 预应变 2%后 185℃、20min 烘烤硬化后的性能

状态	方向/(°)	屈服强度/MPa	伸长率/%	抗拉强度/MPa	n 值(10%~20%)	r 值(10%)
0%→烘烤	0	166	23	249	0.19	0.72
	90	159	25	240	0.20	0.59
2%→烘烤	0	200	21	266	0.13	0.74
	90	196	23	258	0.17	0.61

KS6K21-T4 状态的合金成分为 1.04%Si、0.16%Fe、0.01%Cu、0.08%Mn、0.57%Mg、0.01%Cr、0.01%Zn、0.01%Ti，其余铝，其力学性能见表 10-33，工程应力应变曲线见图 10-63(a)，相应的真应力真应变曲线见图 10-63(b)。预应变 2%后 185℃、20min 烘烤硬化后的性能见表 10-34。

表 10-33　铝合金 KS6K21-T4 状态的力学性能

方向/(°)	屈服强度/MPa	抗拉强度/MPa	伸长率/%	n 值(10%~20%)	r 值(10%)
0	129	227	22	0.22	0.77
90	124	216	23	0.22	0.69

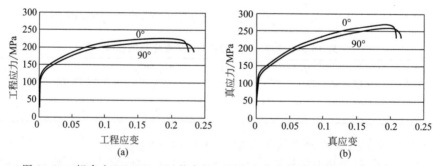

图 10-63　铝合金 KS6K21-T4 状态的工程应力应变曲线和真应力真应变曲线

表 10-34　铝合金 KS6K21-T4 预应变 2%后 185℃、20min 烘烤硬化后的性能

预应变	方向/(°)	屈服强度/MPa	伸长率/%	抗拉强度/MPa	n 值(10%~20%)	r 值(10%)
0%	0	191	22	273	0.16	0.79
	90	183	20	264	0.10	0.67
2%	0	217	21	281	0.12	0.77
	90	210	20	271	0.11	0.72

美铝公司的 6111-T4 状态的力学性能见表 10-35；6022-T4 状态的力学性能见表 10-36；6111-T4PD 状态的力学性能见表 10-37，其硬化曲线见图 10-64。

表 10-35 美铝公司的 6111-T4 状态的力学性能

板厚/mm	屈服强度/MPa	抗拉强度/MPa	伸长率/%		r 值
			均匀伸长率	总伸长率	
0.8	140.8	283.6	24.8	26.8	0.651
0.9	149.0	295.3	24.8	28.3	0.720
1.5	163.5	293.3	22.8	26.4	0.713
1.8	174.6	297.4	22.3	26.7	1.016
2.1	177.3	295.3	22.1	26.3	0.839
2.7	176.0	293.9	22.7	27.0	0.719

表 10-36 6022-T4 状态的力学性能

板厚/mm	屈服强度/MPa	抗拉强度/MPa	伸长率/%		r 值
			均匀伸长率	总伸长率	
0.8	158.0	273.2	24.4	28.8	0.541
0.9	146.3	270.5	25.8	29.0	0.562
1.0	139.4	260.1	25.0	29.2	0.577
1.6	169.1	274.6	23.3	28.7	0.593
2.0	152.5	256.7	23.5	29.7	0.611
2.1	159.4	268.4	24.3	30.8	0.628

表 10-37 6111-T4PD 状态的力学性能

屈服强度/MPa	抗拉强度/MPa	均匀伸长率/%	总伸长率/%	弹性模量/MPa	泊松比	r 值
146	290	18	25	69000	0.3	0.65

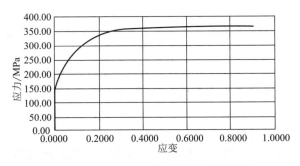

图 10-64 6111-T4PD 状态的硬化曲线

铝合金 5182 的合金成分（质量分数）为 0.1％Si、0.22％Fe、0.06％Cu、0.22％Mn、4.8％Mg、0.02％Cr、0.04％Zn、0.01％Ti，其余铝，其力学性能见表 10-38，工程应力应变曲线见图 10-65(a)，相应的真应力真应变曲线见图 10-65(b)。

表 10-38　铝合金 5182 的力学性能

方向/(°)	屈服强度/MPa	伸长率/%	抗拉强度/MPa	n 值(10%~20%)	r 值(10%)
0	129	26	276	0.30	0.91
90	127	27	271	0.31	0.95

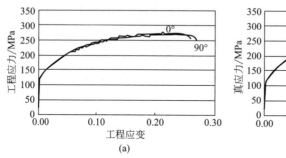 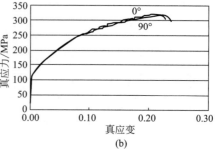

图 10-65　铝合金 5182 的工程应力应变曲线和真应力真应变曲线

从以上数据可以看出，6000 系的铝合金如 6016、6022，由于可以热处理强化，多用于汽车外板和内板。欧洲的牌号 KS6K21、6022 的 Fe 含量要求略为严格，Cu 含量略低，Mg 含量略高于 6016，这一牌号多用于美国；美国美铝公司通过成分微调开发了类似的牌号 6181，这类板材具有良好的烘烤硬化性、成形性以及良好的腐蚀抗力。在 6111 合金中，具有较高的 Cu，在美国的牌号是 6K32，也是神户的牌号，这类合金有更高的烘烤硬化性，但对丝状腐蚀更为敏感，成形性比 6016 差。经 T4P 处理的 6000 系铝合金，比其他状态如 O 状态通常有更低的屈强比，更高的伸长率，更好的烘烤硬化性。6000 系铝合金 r 值均比较低，0°方向的 r 值略高于 90°，力学性能也是 0°方向略高，差距不大。流变曲线光滑，即 PLC 效应不明显。汽车板的另一类铝合金是 5000 系，其中有高 Mg 的合金 5182（KS6K31、6K32）、5022（KS5J30）、5023（KS5J32）等，这类铝合金有较高的强度，优良的成形性，但对应力腐蚀敏感，Cu 增加了成形性。5000 系中 Mg 合金为 5754，Kobe 公司的牌号有 5754、5154、5454，这类合金具有很好的应力腐蚀抗力，也有较好的成形性。5000 系中还有低 Mg 合金，牌号为 5052，强度级别较低。因此应用较多的是 5182，主要做内板，欧洲、日本大都用这类牌号。5000 系铝合金有较好的屈强比和高的伸长率，但有明显的 PLC 效应，流变曲线有明显的锯齿状，烘烤硬化性能差，油漆烘烤时有软化效应。PLC 效应和室温放置时屈服点伸长的出现都会影响冲压构件的表面光鲜性，因此多数用 5000 系做冲压内板。

国外提供力学性能时，通常提供工程应力应变曲线和真应力真应变曲线相对应的数据对，即工程应力对应工程应变，真应力对应真应变，同时通过拟合试验数据，求出对应的本构方程。对铝合金对应的本构方程有霍洛曼方程（Hollomon equation）和沃斯方程（Voce equation）。

霍洛曼方程：
$$\sigma = K\varepsilon_p^n \tag{10-2}$$

式中，σ 为真应力；ε_p 为真应变；K 为强化系数；n 加工硬化指数。该方程常用于真应力-真应变流变曲线的拟合。

沃斯方程：
$$\sigma = A - B\exp(-C\varepsilon) \tag{10-3}$$

沃斯方程的原型为：
$$\sigma = \sigma_0' - \exp[-K'(\varepsilon_p - \varepsilon_0)] \tag{10-4}$$

式中，σ 为流变应力；σ_0' 为初始屈服应力；ε_p 为塑性应变；ε_0 为初始屈服应变；K' 为强化系数。修正的沃斯方程简化为方程式（10-3），A 相应于 σ_0'，B 是常数，C 相应于 K'，ε 相

应于 ε_p，忽略了 ε_0。

描述流变曲线的本构方程还有路德维克方程、斯维夫特方程和修正的斯维夫特方程，用于拟合不同的流变曲线。

路德维克方程：
$$\sigma = \sigma_0 + K_1 \varepsilon_p^{n_1} \tag{10-5}$$

式中，σ 为流变应力；σ_0 为初始流变应力；ε_p 为塑性应变；n_1 为加工硬化指数；K_1 为强化系数。

斯维夫特方程：
$$\sigma = K_1'(\varepsilon_p + \varepsilon_0)^m \tag{10-6}$$

式中，σ 为流变应力；K_1' 为强化系数；ε_p 为塑性应变；ε_0 为初始塑性应变；m 为加工硬化指数。

修正的斯维夫特方程：
$$\varepsilon_p = \varepsilon_0 + c\sigma^{m_1} \tag{10-7}$$

式中，ε_p 为塑性应变；ε_0 为初始塑性应变；σ 为流变应力；c 为与加工硬化相关的系数；m_1 为加工硬化指数。

目前已报道的描述铝合金的霍洛曼方程和沃斯方程等本构方程如下：

6111 ($t=0.9$mm) T4 状态，霍洛曼方程：$\sigma = 536.1\varepsilon_p^{0.271}$ (10-8)

沃斯方程：$\sigma = 384.5 - 240.2\exp(-8.952\varepsilon)$ (10-9)

根据不同厚度，以上参量有细微变化。

6022 ($t=0.9$mm) T4PD 状态，霍洛曼方程：$\sigma = 505.0\varepsilon_p^{0.25}$ (10-10)

沃斯方程：$\sigma = 372.6 - 241.5\exp(-8.19\varepsilon)$ (10-11)

6023 ($t=0.9$mm) O 状态，霍洛曼方程：$\sigma = 520.0\varepsilon_p^{0.31}$ (10-12)

6016 ($t=0.9$mm) T4PD 状态，霍洛曼方程：$\sigma = 515.0\varepsilon_p^{0.28}$ (10-13)

5182 ($t=0.9$mm) O 状态，霍洛曼方程：$\sigma = 514.0\varepsilon_p^{0.32}$ (10-14)

(2) 高应变速率下的响应特性

铝合金汽车板和一些构件多用于汽车安全件和冲压件，其承受的载荷多半是在较高应变下的载荷，用准静态载荷下的力学性能难以表征材料在成形和受冲击载荷下的失效时的响应特性。一系列的研究[39~44]，进行了高应变速率下铝合金响应特性的研究。铝合金的应力应变关系，包括屈服点、流变应力、应变硬化速率等，都和应变速率及温度有密切关系。在面心立方金属中，控制塑性流变的主要机理是克服离子的障碍。譬如，沉淀离子或位错森林。面心立方金属的初始屈服应力对应变速率和温度具有较小的敏感性。在面心立方金属中，激活体积或面积定义为位错交割点之间分离的距离，这一激活体积随着塑性应变的增加而降低，其原因是位错和森林位错的增加。因此应变速率增加，改变了面心立方金属应变硬化曲线的曲率，这就导致在较高的应变速率下，面心立方金属承受动载荷时流变应力迅速增加。这一现象，可归结于从准静态载荷下的热激活到高应变速率下黏质拖曳效应的速率控制机理的转变。在高应变速率加载时，单个位错为克服短程障碍所需的时间可以忽略。当位错通过晶格时，位错的速度是由于能量的消耗所控制，因此热激活应力受应变速率更大的影响。流变应力的温度效应可作为热软化效应，成为材料力学性能的重要影响因素，温度增加，可以强化热激活效应，并降低位错运动的短程热壁垒，因此在许多多晶材料中就可以观察到热软化效应。铝合金是熔点较低的面心立方金属，在高速拉伸时，其本构方程应考虑速率影响和温度影响。

在文献 [39] 中曾试验了 2000 系铝合金 2024 T351 状态及铝铜镁合金面心立方结构，应变速率采用 $10^{-4} \sim 10^3 \mathrm{s}^{-1}$，温度在 233~505K，动荷拉伸和压缩采用圆棒试样，试验时由于塑性功转化为温升，可用方程式(10-15) 来估算。

$$\Delta T = \frac{\beta}{\rho C_p} \int_0^\varepsilon \sigma(\varepsilon) \mathrm{d}\varepsilon \tag{10-15}$$

式中，β 为由于塑性变形引起的热损耗的体积分数，金属材料通常取 0.9；ρ 为密度；C_p 为材料的比热容。

不同温度不同应变速率下的真应力-真应变曲线见图 10-66。

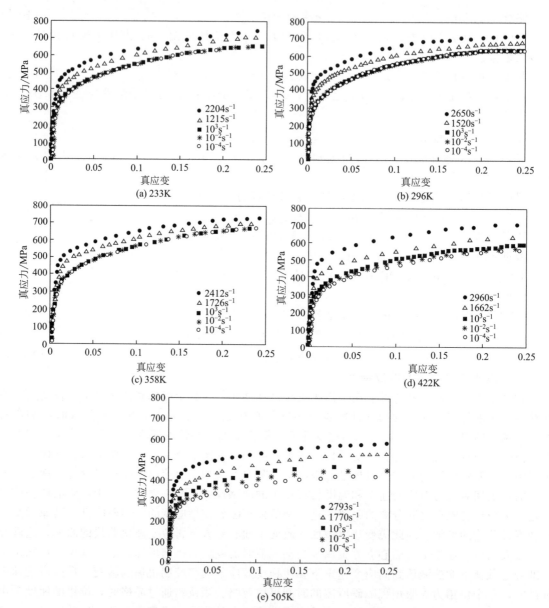

图 10-66 铝合金 2024 T351 状态不同温度不同应变速率下的真应力-真应变曲线

流变应力、应变硬化、应变速率硬化和温度的影响可以表示为

$$\sigma(\varepsilon,\dot{\varepsilon},T)=\sigma_0(\varepsilon,\dot{\varepsilon},T)g(\dot{\varepsilon},T)h(T) \tag{10-16}$$

式中，$\sigma_0(\varepsilon,\dot{\varepsilon},T)$ 为给定温度和应变速率下的屈服和应变硬化行为；$g(\dot{\varepsilon},T)$ 描述应变速率效应的温度相关性；$h(T)$ 描述流变应力的温度相关性。

根据相关的试验结果和假定的应变速率敏感系数、温度敏感系数、屈服强度和应变硬化行为描述的方程，求出相关的材料常数，就可求得流变应力的温度、应变速率和应变硬化的本构方程。但这类方程比较复杂，在以后的不同作者的试验中已经得出了考虑应变速率硬化、应变硬化和温度影响的本构方程，然后根据试验数据，求出本构方程中的材料常数，就得出了可以描述温度、应变、应变速率影响的本构方程，其中常用的就有 JC 方程、CS 方程、CA 模型、修正 JC 方程（参照第 5 章）、双幂函数和 Arrhenius 方程。

文献 [45～47] 曾研究了 AA5754 和 AA5182 铝合金不同温度和不同应变速率下的流变特性，其曲线参照第 5 章。应变、应变速率和温度对 Von.Mises 流变应力的影响，通常用 Johnson-cook 经验本构模型模拟，并可表示为

$$\sigma = (A + B\varepsilon^n)(1 + C\ln\frac{\dot{\varepsilon}}{\dot{\varepsilon}_0})(1 - T^{*m}) \tag{10-17}$$

式中，A、B、C、m 都是材料常数，其中 A 为参照温度下的屈服应力，B 为硬化模量，C 为应变速率硬化指数，m 为热软化指数；T^{*m} 是一个温度比，又称当量温度，$T^{*m} = (T - T_{室温})/(T_{熔} - T_{室温})$，其中 T 为试验温度，$T_{熔}$ 为材料的熔点；ε 为应变，$\dot{\varepsilon}$ 为应变速率，$\dot{\varepsilon}_0$ 为准静态的应变速率或参考应变速率，$\frac{\dot{\varepsilon}}{\dot{\varepsilon}_0}$ 为无量纲的塑性应变率。

其拟合的参数见表 10-39。

表 10-39　AA5754 和 AA5182 铝合金 JC 方程的参数

	项目	A	B	n	C	m
AA5754	回归拟合值	67.456	471.242	0.424	0.003	2.519
	95%下限	49.492	456.715	0.371	0.002	2.381
	95%上限	85.420	485.769	0.477	0.004	2.656
AA5182	回归拟合值	106.737	569.120	0.485	−0.001	3.261
	95%下限	96.077	554.512	0.450	−0.002	3.088
	95%上限	117.398	583.728	0.519		3.433

6016 铝合金高速拉伸应力-应变曲线见图 10-67，用 C-S 本构模型进行拟合，其本构方程为

$$\sigma = 423.8\varepsilon^{0.153}\left[1 + \left(\frac{\dot{\varepsilon}}{1771379.1}\right)^{\frac{1}{0.173}}\right] \tag{10-18}$$

用该方程计算的真应力-真应变曲线见图 10-68。

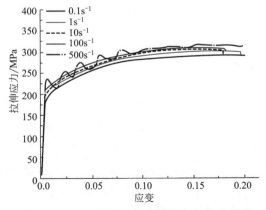

图 10-67　6016 铝合金高速拉伸应力-应变曲线

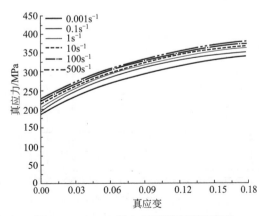

图 10-68　6016 铝合金不同应变速率下的真应力-真应变曲线

从图 10-67 中可以看出，在各应变速率下，流变曲线具有明显的锯齿状，这表明在高应变速率下铝合金比准静态拉伸下的 PLC 效应更加明显。PLC 效应由法国人 Portevin-Châtelier 最早发现和研究，本质是溶质原子和位错的交互作用在塑性变形时所产生的一种现象，由国际上著名的物理冶金学家 Cottrell 教授提议命名。

5000 系合金样品的拉伸曲线有屈服平台，曲线有明显的锯齿。拉伸后的样品表面在屈服平台处和屈服后的变形部分的表面形貌见图 10-69。PLC 效应一般有三种类型的锯齿状，见图 10-70。类型 A 为大齿距的锯齿；类型 B 为小齿距密集的锯齿，锯齿高度浅；类型 C 为高密集的锯齿，深度比类型 B 大。

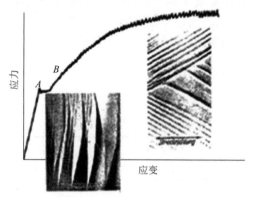

图 10-69　5000 系铝合金拉伸曲线的锯齿状形貌和样品表面的形貌

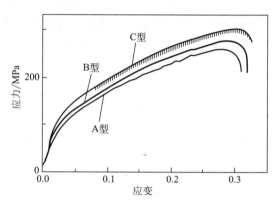

图 10-70　PLC 效应的三种不同的锯齿状

6016 铝合金经不同的处理可以明显改变锯齿的形状，甚至可以使锯齿消失。6016 铝合金经 550 固溶，进行不同温度的 T4 处理和处理后室温存放不同时间对其流变曲线锯齿状的影响见图 10-71、图 10-72。图 10-72 表明，停留 4 天可以明显改善流变曲线的锯齿形状，降低 PLC 效应。预处理温度对 PLC 效应也有明显影响，图 10-71 示出了预时效温度 80℃时有明显的 PLC 效应，但预时效温度达 100℃时，PLC 效应明显消失。PLC 效应将影响铝合金冲压后表面的光鲜性，因此在制定预处理工艺时，要考虑这方面的因素。

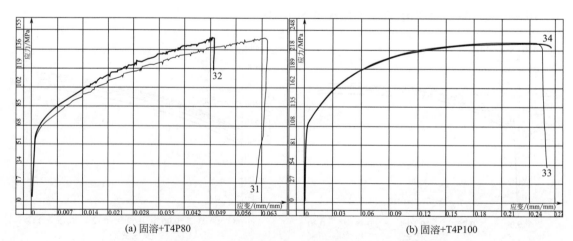

图 10-71　6016 铝合金经不同温度的 T4 处理

经过合理处理后的工程应力应变曲线多呈拱形，没有明显的屈服点伸长，总伸长率远低

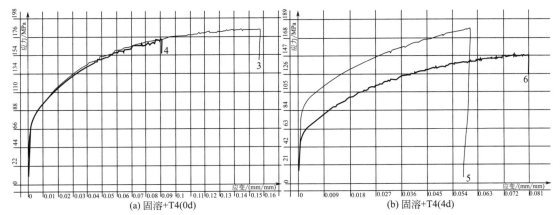

图 10-72 6016 铝合金经 550℃、80℃ T4 处理停留不同时间的流变曲线

于软钢,但 n 值都比较高,这可能是铝合金汽车板具有一定的良好成形性的原因,可以冲压成汽车的内板和外板。5000 系、6000 系铝合金和软钢的流变曲线及拉伸试样的形状对比见图 10-73。

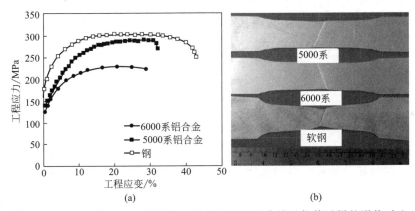

图 10-73 5000 系、6000 系铝合金和软钢的流变曲线及拉伸试样的形状对比

10.6.2 成形性

板材成形性是指为生产一个满意的最终产品,在冲压过程中,板材承受形状变化的能力。成形性的评价有多种,可分为两类:第一类为无几何约束的成形性试验,包括单轴拉伸、剪切延展、延展弯曲和杯突等,在这类试验中,变形材料的各组元不受相邻组元的约束,失效模式是断裂;第二类是有几何约束的成形试验,包括半圆冲头延展试验、液压鼓胀试验。极限应变可用成形极限图(FLD)以及极限冲头高度来表征。在这类成形试验中,板材各组元的变形受相邻组元的约束,变形材料的失效模式是局部减薄和塑性失稳[48]。

(1) 成形极限图

不同铝合金成形极限图的对比见图 10-74。表 10-40 为几种铝合金的 FLD_0 比较,从表中所列数据可以看出,几种铝合金的 FLD_0 有区别,同一牌号随厚度的增加,FLD_0 上升。同样厚度比较,5000 系的 FLD_0

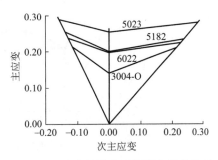

图 10-74 几种材料成形极限曲线的比较

一般高于 6000 系，5182 由于强度较高，其成形性和 6111 相当。6000 系强度高的 6111 低于强度较低的 6016。

表 10-40 几种铝合金的 FLD_0 比较　　　　　　　　%

试样编号	FLD_0	试样编号	FLD_0
国外铝合金板材（T4PD）	23.95	6181-2.0mm	24.5
L1(6016-0.8mm)	21.21	6111-0.9mm	22.8
L2(6016-0.9mm)	23.67	5182-0.9mm	22.2
L3(6181-1.2mm)	23.01	5023-0.9mm	24.0
6016-1.2mm	23.4		

对 5000 系铝合金，成形性与镁含量有关，当镁含量超过 3%，随镁含量增加，强度增加，伸长率增加，平面应变的极限点越高，成形性越好，见图 10-75。

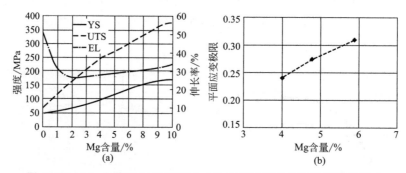

图 10-75　Mg 含量对 5000 系铝合金性能和对平面应变的极限的影响

其他几种铝合金的成形极限图见图 10-76。图中形状表明，左边部分成形极限曲线与主应变轴呈 45°，右边部分的成形极限曲线与主应变轴呈 70°，与许多低碳软钢的形状相近似。

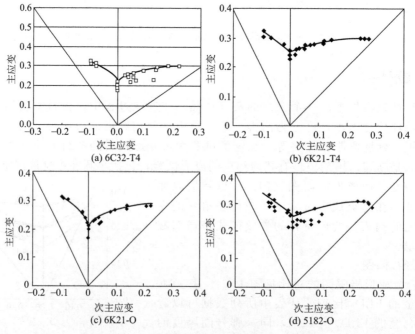

图 10-76　不同铝合金的成形极限图的实测结果

(2) 碗状试样的冲压成形性[31,37]

5000 系和 6000 系及软钢的碗状试样冲压成形时的开裂/起皱的极限高度与压边力的关系如图 10-77 所示。从图可以看出：在低压边力下，三种材料起皱的极限高度没什么区别；但在高压边力（BHF）时，由于铝合金样品产生开裂而不能使成形高度进一步提高。因此，在模具设计时，对于承受碗状试样冲压变形模式的铝合金板材冲压成形时，应在较低的压边力（BHF）下进行。

(3) 深拉延与延展成形性[49]

该试验的装置见图 10-78，图中各参量为：D_d 模子直径，153.83mm；D_p 冲头直径，149.99mm；D_c 压边直径，177.8mm；R_d 模子剖面半径，根据压边模的厚度进行选择，分别为 12mm、9mm、6mm、3mm；R_p 冲头截面半径，12mm；c 间隙 $(D_d-D_p)/2$，为 1.92mm。

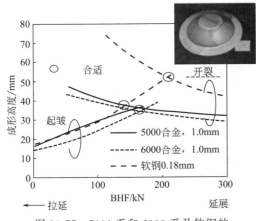

图 10-77　5000 系和 6000 系及软钢的碗状试样冲压成形对比

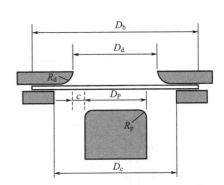

图 10-78　深拉延与延展成形性测试装置

试验用材料为 AA5754-O 和 AA6111-T4。AA5754 含有 3％Mg 产生固溶强化，并产生高的应变硬化速率。AA6111 是沉淀强化的 Al-Mg-Si-Cu 合金。经铸轧后，最后冷轧至 1.55mm。经 530℃的温度固溶，保温时间足以使 Mg、Cu、Si 固溶，经快速淬火和几个星期的自然时效，检测的力学性能见表 10-41，极限拉延比列于表 10-42。在测量极限拉延比时，为使摩擦系数恒定，在板材两边加上 0.127mm 的 Teflon 塑料薄膜。试验时通过特定的断裂时的极限载荷而确定极限拉延比 LDR（极限拉延高度与试样直径之比）。表 10-42 同时给出了不同直径试样的冲头位移和冲头直径的关系。可以看出，对于两个材料，当板坯直径达到一定值后，在深拉延时的断裂之前的载荷极限和板坯的直径无关，利用这一极限载荷的概念，就可以确定 LDR；从图 10-79 也可看出，板坯直径越大，则达到极限载荷的冲头位移量越小。利用这一极限载荷的概念，用 3～5 个试样可以快速确定板材的 LDR 值。表 10-42 的 AA5754-O 和 AA6111-T4 的 LDR 试验值就是利用这种方法确定的不同模子剖面半径下的数据。

表 10-41　AA5754-O 和 AA6111-T4 合金单轴拉伸下的性能和成形性参量

材料	取样方向/(°)	拉伸性能				拉伸成形性参量	
		Y_S	TS	E_U	E_I	n	r
AA5754-O	0	105.1	229.9	18.5	22.6	0.32	0.71
	45	103.2	219.5	22.5	25.8	0.31	0.64

续表

材料	取样方向/(°)	拉伸性能				拉伸成形性参量	
		Y_S	TS	E_U	E_I	n	r
AA5754-O	90	105.6	220.2	20.5	23.9	0.31	0.78
AA6111-T4	0	170.3	294.8	18.9	22.7	0.25	0.66
	45	163.0	289.0	21.5	23.0	0.24	0.60
	90	164.3	291.9	20.0	22.7	0.24	0.76

表 10-42 不同模子剖面半径下的 AA5754-O 和 AA6111-T4 的 LDR 试验值

工具参数编号	模子剖面半径 R_d/mm	LDR	
		AA5754-O	AA6111-T4
1	12	2.16	2.03
2	9	2.07	1.95
3	6	2.07	1.78
4	3	1.44	<1.44

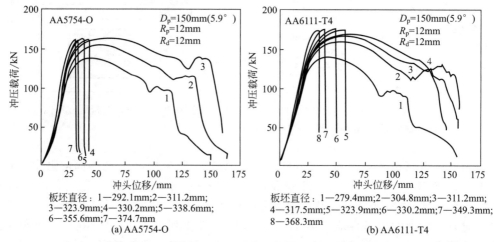

板坯直径：1—292.1mm；2—311.2mm；
3—323.9mm；4—330.2mm；5—338.6mm；
6—355.6mm；7—374.7mm
(a) AA5754-O

板坯直径：1—279.4mm；2—304.8mm；3—311.2mm；
4—317.5mm；5—323.9mm；6—330.2mm；7—349.3mm；
8—368.3mm
(b) AA6111-T4

图 10-79 不同板坯直径的冲头载荷和冲头位移的关系

可以看出，在同样的 R_d 值下，AA5754-O 的 LDR 值高于 AA6111-T4，这一区别与两种材料的加工硬化、冷弯性以及不同的断裂特点有关。同时，表 10-42 中数据也表明两种材料的 LDR 值均随模具剖面半径的降低而下降，而 AA6111-T4 要比 AA6111 合金更为敏感。这与前者较后者的 n 值更低以及冷弯性能更差有关。如在板坯上彩印圆形网格，则可以测量沿深拉延杯的表面的应变分布，从而求出不同变形条件下的深拉延杯剖面的应变分布，并以主应变和次应变为坐标画出这种变形条件下的成形极限曲线。同时，也可用有限元分析对其深冲和延展成形性进行预测。

(4) 延展弯曲成形性[49~51]

试验是模拟板材在延展或拉伸作用下的弯曲的成形性。这种成形性通常采用由 Demeri[52] 提出的角度延展弯曲或半球延展弯曲的试验方法进行，以测定 RHt 或 tRH 条件的冲头半径（R）和板材厚度（t）以及板材失效时延展弯曲高度（H）之间的关系曲线。延展弯曲成形性所用夹具及样品见图 10-80；该类型夹具曾用来测量各类先进高强度钢的角度弯曲成形性[51]，所得的试验结果将有助于板材零件的设计和冲压工艺的制定。测量延展弯曲成形性的铝合金面板的性能见表 10-43[53]。板材厚为 0.81～2.54mm，半球延展弯曲采用试样为 203.2mm 的方板或长方形板。半球冲头半径为 50.8mm、19mm、12.7mm、9.5mm、6.4mm、3.2mm。角度延展弯曲试验采用压头半径 1.6mm、3.2mm、6.4mm、9.5mm，在失效开始时相对应的最大载荷下的延展高度作为失效判据。

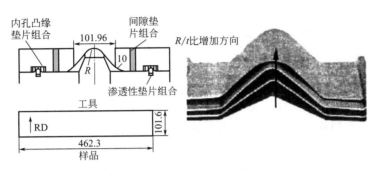

图 10-80　延展弯曲成形试样和装置示意图（单位：mm）

几种试验材料的半球延展弯曲成形性的试验结果见图 10-81，图 10-81 中示出了弯曲半径和板材厚度的影响。横坐标的 R/t 强调了在弯曲进行时的延展性能，而如以 t/R 作横坐标作图，则强调了在延展进行时的弯曲性能；图 10-82 给出了板厚与两种冲头直径的角度弯曲时极限高度的关系。表 10-43 为用于延展弯曲试验的汽车铝合金板材性能。

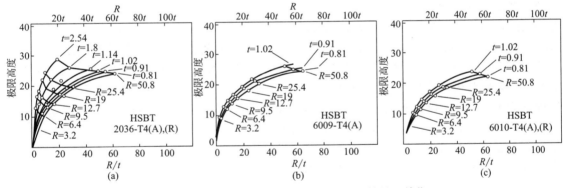

图 10-81　几种材料的半球延展弯曲成形性的试验结果（单位：mm）

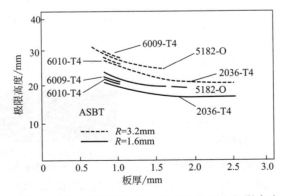

图 10-82　角度延展弯曲成形时两种冲头半径的板厚和极限高度的关系曲线

表 10-43　用于延展弯曲试验的汽车铝合金板材性能

合金、处理	来源	抗拉强度/MPa	屈服强度/MPa	伸长率/%	n	r
2036-T4	A,R	338	193	24	0.23	0.75
5182-O	R	276	131	25	0.33	0.80
6009-T4	A	228	124	25	0.23	0.70
6010-T4	A	290	172	24	0.22	0.70

注：A 提供板材厚度为 0.81mm、0.91mm、1.02mm、1.80mm；R 提供的板材厚度为 1.14mm、2.54mm。

可以看出：几种试验条件下的 5182-O 和 6009-T4 的延展弯曲成形性均优于 2036-T4 和 6010-T4，对比 AK 钢和 DP-90T 以及 HSLA（F50）钢的数据[51]，铝合金 5182-O 和 6009-T4 的延展弯曲成形性略逊于 HSLA-F50 和 DP-90T，但远低于低碳软钢 AK 钢。所展示的一些成形性数据，可以作为铝合金延展弯曲成形时的设计参考。

（5）回弹

由于铝合金板材的初始加工硬化性能高于软钢，因此其冷弯时的回弹也大于软钢。一些铝合金牌号的回弹角和软钢板的对比见图 10-83(a)；其回弹角的试验装置和测量方法见图 10-83(b)。不同的弯曲半径下铝合金回弹角较软钢板大 2～3 倍[37]，这一特点，在设计铝合金冲压模具时必须充分考虑。文献 [54,55] 曾研究了 AA6022、AA6082、AA6111、A6016 等合金的回弹特性；合金 AA5754-O 具有很好的成形性和抗蚀性，文献 [50] 中研究了 AA5754-O 状态铝合金板的回弹，板材供货状态的屈服强度为 104.6MPa，经 10%、20%、30% 冷轧后的屈服强度分别为（沿轧向）189MPa、208MPa、268MPa，在图 10-84 所示的 V 形弯曲装置上进行变形并测量变形后构件的回弹角，试验装置配有合适半径的冲头，将装置放在 Instron4469 试验机上。试样为长方形带状试样，127mm×25.4mm，冲头半径 R 为 3.18mm、4.35mm、12.7mm，以研究弯曲半径对回弹的影响；模子底部有方形槽，以防止底部板材受到压缩，模子上部有两个钢块，以施加在试样上不同压力（即夹紧扭矩）。测量 V 形成形样品底部 90°角的变化作为回弹参量。弯曲半径、夹紧力和冷加工对回弹的影响见表 10-44。从表 10-44 中数据可以看出，冷加工使回弹量增加，这与冷加工增加屈服强度、减薄厚度有关，即冷加工使 Y_S/E 增加，同时也使 R/t 的值增加，这些都增加回弹量；而屈服强度增加的影响更大。同样厚度下，冲头弯曲半径 R 增加，则回弹也增加，这与随 R 增加，弹性带的宽度增加有关。

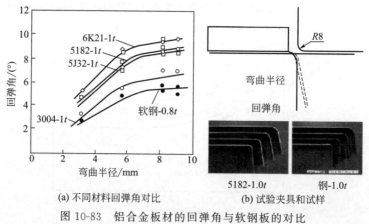

(a) 不同材料回弹角对比　　(b) 试验夹具和试样

图 10-83　铝合金板材的回弹角与软钢板的对比

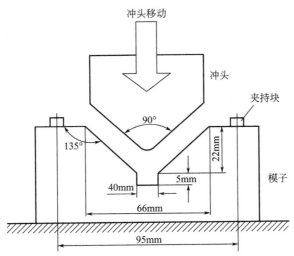

图 10-84　90°V 形弯曲工具图

表 10-44　不同试验状态下的试样的回弹

夹持状态	冲头弯曲半径/mm	在下面冷加工量下的回弹/(°)			
		0%	10%	20%	30%
无夹紧	3.10	0.50	1.00	1.60	2.05
	6.35	1.40	2.45	2.70	3.65
	12.70	2.60	4.30	5.85	8.50
手动夹紧	3.18	1.00	1.00	2.30	3.00
	6.35	2.10	2.75	2.90	4.00
	12.70	4.25	4.30	6.25	9.20
$T=2.4\mathrm{N\cdot m}$	3.18	0.70	1.20	1.85	2.15
	6.35	1.50	2.40	2.75	3.10
	12.70	3.90	4.55	6.00	9.25
$T=6.36\mathrm{N\cdot m}$	3.18	0.30	1.00	1.50	2.00
	6.35	0.65	1.55	1.70	2.25
	12.70	2.20	4.05	5.15	8.25

Schey[56] 曾提出了估算回弹的公式(10-19) 和式(10-20)。

$$\frac{r_i}{r_f} = 1 - 3\left(\frac{r_i}{t} \times \frac{Y_S}{E}\right) + 4\left(\frac{r_i}{t} \times \frac{Y_S}{E}\right)^3 \tag{10-19}$$

$$\frac{\alpha_f}{\alpha_i} = \left(r_i + \frac{t}{2}\right)\left(r_f + \frac{t}{2}\right) \tag{10-20}$$

式中　r_i——回弹前的初始半径；

　　　r_f——回弹后的最终半径；

　　　Y_S——残留变形为 0.2% 的屈服强度；

　　　E——弹性模量；

　　　t——板材厚度；

　　　α_f——回弹后的最终角度；

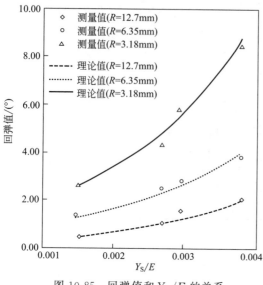

图 10-85 回弹值和 Y_S/E 的关系

α_i——回弹后的初始角度。

式(10-19)表明,$\dfrac{r_i}{t}$ 或 $\dfrac{Y_S}{E}$ 增加将增加回弹 r_f,按式(10-20),当 r_f 增加时,α_f 也增加,其回弹量 $(\alpha_i - \alpha_f)$ 也将增加;图 10-85 示出了式(10-19)、式(10-20)计算的回弹值和 $\dfrac{Y_S}{E}$ 的关系,理论预测值和试验值具有很好的一致性。

回弹试验除了 L 形、V 形试样外,还有 V 形试样的压边试验,所用样品和工具见第 9 章图 9-110,其试样尺寸为 $160\text{mm} \times 70\text{mm} \times t$。测量的参量有 θ_1、θ_2、θ_3,θ_1、θ_2 表征回弹的不对称性的情况,θ_3 为 V 形试样的回弹量,板坯的压边力、冲头尖部的角度等都影响回弹量。这类试样的受力状态类似于冷弯拉延,冲头的角度、压边力、拉延力都会影响回弹。

另一种回弹的测试方法为帽形试样,其样品示意图和试验模具示于图 10-86,试验尺寸为 $260\text{mm} \times 40\text{mm} \times t$。测量参量为表面张开角和宽度的张开角。表面张开角主要表征变形的不对称性,通常用 FOA 表示,宽度方向的张开角表明深拉延试样的回弹量,通常用 WOA 表示,这类试样的受力模式类似于深拉延,板坯的压边力和拉延深度等对回弹有明显影响。

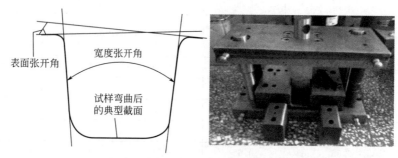

图 10-86 帽形样品示意图和试验模具

用以上不同试样测定的回弹量将为类似受力状态零件的回弹预测和控制提供参考。以上各类试验在文献 [57,58] 中均有进行,详细讨论了影响回弹的各种因素,见图 10-87。

可以看出,影响因素多而复杂,如不同材料,不仅强度影响,其种类也影响。高强度钢、软钢和铝合金回弹的示意图见图 10-88,图中对比的三种材料,高强度钢、软钢弹性模量相同,强度不同,强度高的高强度钢回弹高于软钢,铝合金的强度低于软钢,弹性模量也远低于钢铁材料,回弹远大于锻钢,甚至高强度钢。这表明强度和弹性模量不同时,弹性模量对回弹有更大的影响,弹性模量越低,即使强度也比较低,其回弹量也较大。同样弹性模量的材料,回弹受强度的影响见图 10-89。同一种钢种,由于组成相的强度级别不同,如双相钢由铁素体和马氏体组成,铁素体、马氏体及其所构成的双相钢其弹性模量相同,但变形能力不同、内应力不同、回弹量不同。因此回弹受内应力、相间应力、包辛格效应等影响,见图 10-90。

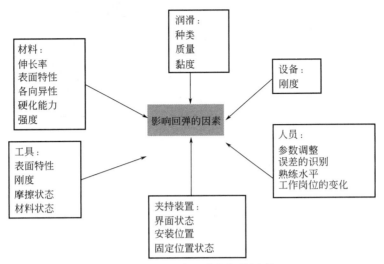

图 10-87 影响回弹的各种因素

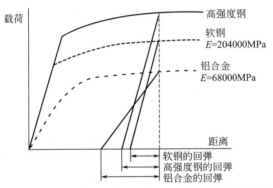

图 10-88 高强度钢、软钢和铝合金回弹的示意图

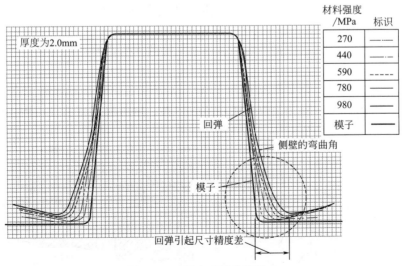

图 10-89 强度对回弹的影响

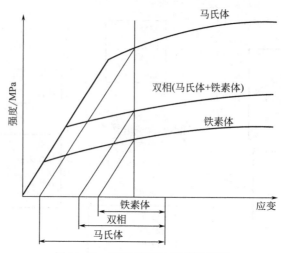

图 10-90　不同组织的回弹示意图

回弹还受工艺过程的影响。在帽形结构成形时，采用变板坯压边力代替恒定的板坯压边力，能减小成形时的回弹。进行材料弯曲成形时采用凸轮冲压成形的路径比直接冲压成形有较小的回弹。在产品设计时，采用阶梯形状或局部的凹性设计，增加侧边的压边筋，都会有效地降低回弹。采用计算机模拟应用有关降低回弹的措施，进行回弹预测，对有较大回弹的地方进行补偿，都是有效地降低回弹的方法。

（6）弯曲性能和翻边延性[59]

板材在冲压翻边时，抵抗开裂的特性称之为翻边延性。作为汽车外覆零件，在冲压成形后，要进行翻边加工工序，如发动机盖板的内外板的合成等均采用翻边工艺，因此要求铝合金板材应具有良好的翻边延性，以保证在翻边成形时不发生开裂。

板材的翻边延性和板材的总伸长率有关，也与材料的内部组织有关。翻边延性可用冷弯来检测，但通常的冷弯并未考虑到应变速率敏感性，而冲压翻边时则变形较快，应变速率较大，从而对翻边延性有更高的要求。

按现代的物理冶金和力学冶金的进展和理念，改善翻边性能或孔胀成形性的方法是：

① 采用纳米粒子强化，并且材料的性能尽可能为各向同性；

② 如果是板材组织有两相组织强化，则两相组织的性能应尽可能相近。

晶粒细化而均匀、第二相细化等是提高翻边延性的重要因素。冷弯性能和翻边延性密切相关。

一般用冷弯试验来评价铝合金的翻边延性。用给定半径的弯芯弯曲180°，观察弯曲底部的形貌和开裂情况，作为判断弯曲性能好坏的标准。弯曲模式有两种，图10-91 所示的弯

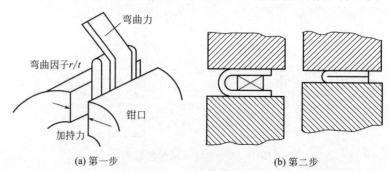

(a) 第一步　　　　　　　　(b) 第二步

图 10-91　弯曲试验方法 1

曲过程分两步，第一步是给定的弯芯将试样弯曲，第二步在平面模下将试样弯成180°；另一种弯曲模式为三点弯曲模式（图10-92）[60]，用压头将板材沿支撑的两个辊子压下，弯曲因子 $f=r/t$，r 为压头端部的半径，t 为板材的厚度，这类试验可以直接将板材压到180°。如要观察 $r=0$ 时的弯曲性能，在弯曲后取出弯曲的压头，在平板模上继续压到180°，如图10-91(b) 所示。

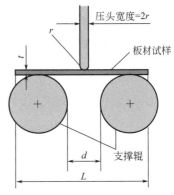

图 10-92　弯曲试验方法 2

图 10-93(a) 示出了预应变和冷弯双重作用的评定结果，图 10-93(b) 为表面状态的实物展示，可以看出，这类板材在预应变等于 0 的情况下，如 $r/t=0$，表面产生严重的粗化；在 $r/t=0.5$ 时，表面粗糙度中等；在 $r/t=1.5$ 和 $r/t=2.5$ 时，弯曲后无表面缺陷。其他预应变和冷弯状态的组合可对比图 10-93(b) 进行观察。总体效果可以看出，预应变和弯曲因子对弯曲后的表面形貌有明显影响。

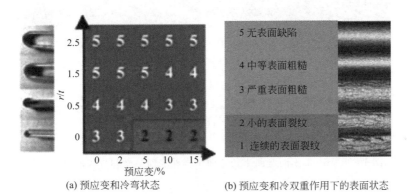

图 10-93　预应变和冷弯作用下的铝合金板材 6016 表面状态

用有限元分析可以对弯曲过程进行分析，并可预测表面形态，图 10-94 示出了有限元分析对冷弯时表面形貌的预测[60]。

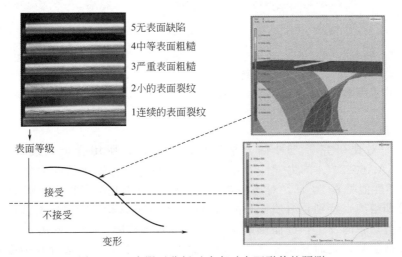

图 10-94　有限元分析对冷弯时表面形貌的预测

弯曲压头半径对 6111 弯曲试样外表面开裂的影响见图 10-95。图中示出了组织和裂纹的微观形貌，可以看出，弯曲半径对开裂影响很大。弯曲半径越小，产生开裂的概率越大，裂纹张开的越大。图 10-96 示出了 AA6111 在弯曲半径为 0.305mm 的条件下，裂纹扩展的微观组织形貌，可以看出，裂纹沿晶界扩展。图 10-97 对断口的组织进行观察，更清晰地表明了裂纹在冷弯时沿晶界扩展和晶间断裂的本质，显然强化晶界有利于提高这类材料的冷弯性能。对 6022 的研究有类似的结果，但第二相影响更加明显[61]。

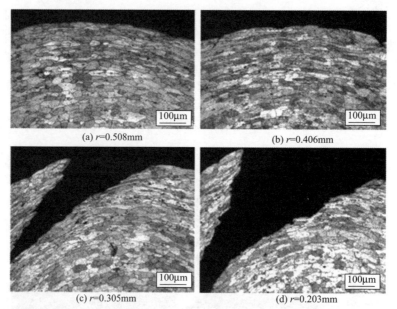

图 10-95　6111 不同弯曲半径弯曲试样外表面显微和裂纹的微观形貌

图 10-96　AA6111 弯曲试样外表面的裂纹扩展的微观照片（$r=0.305$mm）

图 10-97　AA6111 弯曲试样外表面的裂纹扩展的晶间断裂特征（$r=0.203$mm）

① 影响翻边延性的因素。

文献 [61] 对比研究了三种铝合金板材冷弯性能，所用合金的成分列入表 10-45。AA6111-T4 和 AA6022-T4 的力学性能对比见图 10-98，烘烤硬化后的力学性能见图 10-99。AA5754 的力学性能见表 10-46。对这些合金冷弯性能的研究结果得出，影响冷弯性能的因素有合金成分和组织，特别是溶质元素的固溶量、镁、硅含量，通过影响基体的组织、强度和延性，影响剪切带的发生，进而影响微裂纹的产生和扩展。6000 系铝合金弯曲样品弯曲的外表面首先被粗化，表面晶粒分离，类似于橘皮的产生过程，其表面粗糙度随着弯曲半径的下降而增加，并导致在表面晶粒之间断裂的萌生，随着弯曲的继续，断裂过程继续发生和进展,通过整个材料截面。5000 系和 6000 系合金开裂过程类似,但 AA5754 弯曲时开裂裂纹的扩展速度要低于 6000 系,在这类合金中,裂纹并不完全是以晶间断裂的方式发生。

表 10-45　三种铝合金的成分　　　　　　　　　　　　　　　　　　　　%

合金	Si	Fe	Cu	Mn	Mg	Al
AA6111-T4	0.82	0.26	0.59	0.2	0.58	余量
AA6022-T4	0.82	0.13	0.07	0.06	0.6	余量
AA5754-O	0.40(max)	0.40(max)	0.10(max)	0.50(max)	2.60~3.60	余量

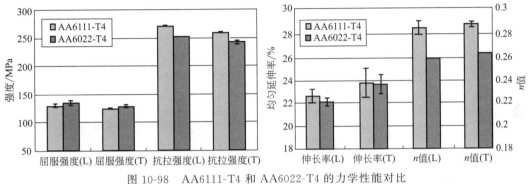

图 10-98　AA6111-T4 和 AA6022-T4 的力学性能对比

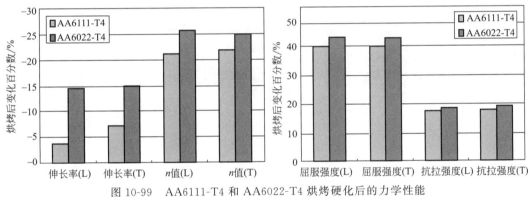

图 10-99　AA6111-T4 和 AA6022-T4 烘烤硬化后的力学性能

表 10-46　AA5754 的力学性能

方向	屈服强度/MPa	抗拉强度/MPa	均匀伸长率/%	$n(1\%\sim20\%)$
L(纵向)	228.6	96.65	20.20	0.317
T(横向)	221.8	95.44	20.99	0.314

影响冷弯性能的因素如下:

金属间化合物的形状、大小和数量。Mg、Si、Fe 和 Mn 的含量,特别是 Fe 和 Mn 的含量将对其有很大的影响。金属间化合物将影响微裂纹的产生,通过均匀化处理,可以改变金属间化合物的形状、大小和数量,从而减少冷弯时微裂纹的产生。减少微裂纹的产生,就有利于提高冷弯性能。

晶界析出物。它影响晶界的强度,析出物的脱聚和开裂也会影响微裂纹的产生。固溶处理和处理后的冷却速度对晶界析出物都有影响,提高冷却速度可以降低析出物的数量和大小。

晶粒大小将影响材料的延性和强度,从而影响剪切带的发生;提高固溶处理的加热速度,将有利于细化晶粒,从而提高板材的冷弯性能。

晶粒的方位和织构。合理的织构将有利于材料的冷弯性能,特别是深拉延性能,同时还会影响剪切带的大小,从而影响冷弯性能;通过控轧工艺,求得合理的织构,将有利于改善冷弯性能。

在合金成分的含量中,Mn 含量具有明显的影响。实践表明,一定的 Mn 含量有利于改善冷弯性能或翻边延性。Mn 具有细化晶粒的作用,同时 Mn 含量通过改变第二相析出的形态,由长条形改变为块状,缩小长径比来改善翻边延性。Mn 含量影响冷弯性能的试验结果见图 10-100,可以看出,从不含 Mn 到 0.19% 的 Mn,冷弯性能逐步改善,当不含 Mn 时,表面粗糙并产生微裂纹;在 0.10%Mn 时,冷弯试样的外表面略有粗糙;在 Mn 含量为 0.19% 时,表面基本光整。Mn 含量的这种影响,与 Mn 对夹杂物形态的影响密切相关。图 10-101 示出了 Mn 含量对夹杂物的影响,由图可以看出,当不含 Mn 时,析出的 β-AlFeSi 呈长条状,在 0.1%Mn 时,析出相为点状的 α 相和短棒状的 β 相,在 Mn 为 0.19% 时,只存在块状的 β-Al(Fe·Mn)Si 相。这种析出相形态变化与冷弯试验结果相一致。

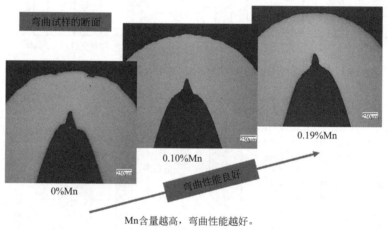

图 10-100　Mn 含量对冷弯性能的影响

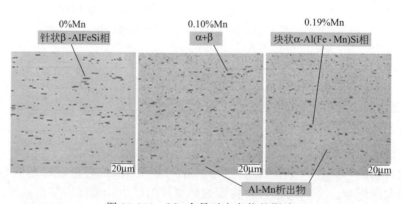

图 10-101　Mn 含量对夹杂物的影响

固溶状态可以明显改善冷弯性能,但固溶后自然时效,随着时间的延长,可使冷弯性能恶化。为避免自然时效发生,铝合金在固溶之后要进行预时效处理,以阻止时效动力学发生和消除固溶后自然时效的不良影响。在自然时效过程中,由于 6111 含有铜,它比不含铜的

6022更容易形成细小析出相,因此自然时效对6111冷弯性能的恶化要大于6022。自然时效中形成的GP区会使力学性能恶化,伸长率和成形性下降,也使冷弯性能变坏。在预处理时,由于GP区形成的条件要比自然时效的温度高,因此析出的核心多,GP区更细小,不会长大,这种组织比较稳定;虽然其细小对强度和冷弯性能影响甚微,但它形成的结晶核心为随后的烘烤硬化提供了良好条件。因此预处理是铝合金供货状态的基本处理工艺。

油漆烘烤之后,冷弯性能略有下降,这是因为油漆烘烤使强度上升,通常可提高30%~40%,延性下降,因而冷弯性能下降。

预应变10%使冷弯性能恶化,弯曲截面的表面承受最大拉应力状态,预应变的拉伸和最大拉应力状态叠加,因此随着预应变量的提升,加速了铝合金外表面的退化,使冷弯性能恶化。表面粗糙度降低冷弯性能,这是因为较粗的表面降低了裂纹萌生所承受的应变,但表面粗糙度对铝合金5754冷弯性能的影响要低于6000系的合金。冷弯半径的降低会增加表面粗糙度,因此为改进铝合金在小弯曲半径下的冷弯性能,应该更好地改善材料的表面性能。

② 冷弯失效的机理分析。

金属间化合物剪切带和裂纹的扩展示意图见图10-102。

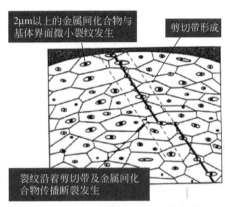

图10-102 裂纹扩展模式和影响因素

析出相形态的改变对冷弯性能影响的机理示于图10-103。如第二相和铝合金基体视为显微增强复合材料,当这一复合材料受拉应力时,由于纤维相和基体的变形抗力不同,纤维相和基体交界面处会出现剪应力,其纤维相的受力和相关参量可用下式表示。

$$\sigma_{zz} = \frac{2\tau z}{r_0} \tag{10-21}$$

式中,σ_{zz}为距纤维端部Z处的纤维中的应力;z为纤维的长度;τ为半径r_0纤维表面的剪应力。

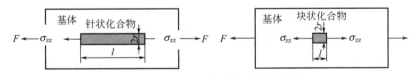

图10-103 析出相对板材性能影响的模型

这类复合材料在拉伸变形时的失效模式与纤维相的长短密切相关,由于纤维的断裂萌生孔洞失效和纤维的直径、临界长度有关,因此纤维越细,临界长度越大,纤维越容易断裂;另一种失效模式是纤维和交界面分离,萌生孔洞而失效,这时纤维的直径越大,临界长度越小,两相交界面剪应力越大,越容易产生交界面失效。因此改善纤维的形态就可改变其失效模式和失效抗力。

a. 翻边延性是铝合金汽车板冲压件扣合时的重要性能,通常可以用冷弯进行评价。冷弯性能和压头的冷弯角度密切相关,同时也受拉伸预应变的影响,并可用有限元分析的方法预测。

b. 影响冷弯性能的因素有合金成分(Mg、Si、Fe和Mn的含量,特别是Fe和Mn的含量将对其有很大的影响)、晶粒大小、第二相的形态和大小、晶粒位相和织构等。

c. 提出了剪切带、第二相开裂等裂纹扩展模式,并用纤维增强复合材料合理地解释了第二相形态,特别是长径比对冷弯性能的影响。

(7) 铝合金汽车板成形性改进的方法

目前常用的成形性方法比较见表10-47。

表10-47 几种成形方法的比较

成形方法	成形温度	成形速度	成形方法的特点和优势
传统的冲压成形	室温	$10s^{-1}$	成形途中速度不可调
SERVO冲压成形	室温	$10s^{-1}$	成形途中速度可调
液压成形	室温	$1s^{-1}$	可以节省模具
温成形	200~300℃	$1s^{-1}$	成形温度低
高温高速充气成形	400~500℃	$10^{-1}s^{-1}$	一般组织状态
超塑性成形	500℃	$10^{-3}s^{-1}$	晶粒细化(10μm以下)

根据表10-47中所列各成形方法的特点和各企业所拥有的设备条件,综合选择合适的冲压成形方法。公司AMINO曾开发了液压成形技术,其成形过程示意图见图10-104。对形状复杂的成形构件,只需要一个上模就可以充液进行成形。丰田公司所使用的板材液压成形机的成形力达40000kN,能成形平面尺寸为1300mm×950mm,重达7kg。

本田开发了高温高速充气成形技术,其成形过程和装置的示意图见图10-105,用这种方法可以大幅度地缩短时间,适合于大批量生产,有效提高生产效率。

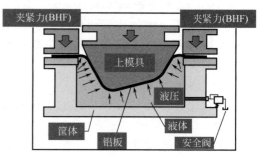

图10-104 铝合金板材液压成形过程示意图

热态液压成形技术:室温增加到170℃时,拉深高度只从35mm增加到38mm;而当增加到250℃时,拉深高度可增加到60mm。目前世界众多著名汽车制造商都在采用此技术,以提高铝合金的成形性[62]。该技术优点为:可提高成形极限;成形零件的回弹性小;模具结构简单;可以加工形状复杂的零件。由于液压技术的运用,使得板材成形有着摩擦保持、溢流润滑等特点。这种方法提高了铝合金板材的极限深冲比,可用此方法生产车外板以及前挡泥板等。但是,该技术需要解决材料的高温力学性能、热态介质的选择、加热、传输、摩擦与润滑等方面存在的问题。热态液力成形技术在生产车身覆盖件方面将具有十分重要的经济及战略意义。随着技术研发的不断推进,该技术将有可能使铝合金车身覆盖件的规模化应用成为可能。德国纽伦堡大学的Ml Geiger等人,在文献中介绍了他们用铝合金(AA6016、AA5182、AA5754、AA5454)做车身板的高温材料性能研究情况,认为铝合金板材的适宜成形温度为150~

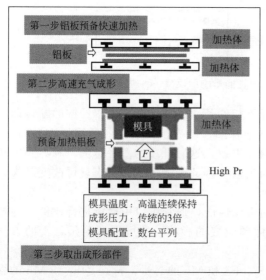

图10-105 铝合金高温高速充气成形

300℃。密歇根大学的 Daoming Li 等，在文献中介绍了他们通过单向拉伸和双向拉伸对 3 个系列铝合金板在 200℃、350℃时力学性能的研究，认为铝合金板的伸长率随着温度升高而提高，随着应变速率的提高而降低，应变速率的敏感性则随温度升高而增加，说明高温可以提高材料的塑性。荷兰的 P J Bolt 等人，在文献中介绍了对铝合金温拉深性能进行研究的情况，认为随着温度升高，材料的拉深高度可显著提高。丰田汽车公司所用板材液压成形机的成形力已达 40000kN，能成形平面尺寸为 1300mm×950mm，加工零部件的重量可达 7kg。另外结合多点压边系统，热态液压成形还可以大大提高成形极限和成形质量。

超塑性成形技术：金属在一定的组织结构，如合适的晶粒度等内部条件和适当的变形温度（如 $T>0.5T_m$，T_m 为熔化温度）、适当应变速率（$10^{-1}\sim10^{-4}s^{-1}$）等外部条件下，其应变速率敏感指数 m 值大于 0.3 时，金属将显示出特大伸长率，这一性能被称作超塑性。利用铝合金材料的超塑性特点进行冲压成形，即为超塑性成形，见图 10-106。日本和瑞士等国的汽车公司曾研究用超塑成形方法生产大型铝合金覆盖件。美国摩根汽车公司在生产 Aero8 型车的铝制外覆盖件时，即采用了超塑成形工艺。福特公司生产的 Ford GT 型全铝结构车，几乎所有覆盖件都是用超塑成形技术生产的。目前，超塑成形周期已降到 10min 以下，成形表面质量也可以达到"A 级"。

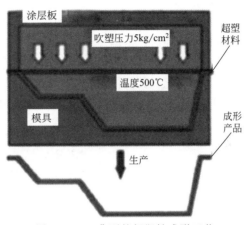

图 10-106 典型的超塑性成形工艺

铝合金汽车覆盖件的超塑成形研究已经成为当前的一大热点，近年来的 SAE 论文中有很多相关文章。超塑成形的优点是能产出符合空气动力学形状要求的零部件，使用的模具成本较低，超塑成形能把多个零件整合为一个零件，减少了连接和装配的步骤，降低了生产成本。在超塑性状态下成形零件不会出现回弹，克服了铝合金在冷冲压变形时存在的不足。

超塑成形技术亦有不足。尽管使用的模具成本较低，生产的细晶铝合金超塑成形覆盖件的总成本仍较高。目前，细晶超塑铝合金板材价格为普通铝合金板材的 10 倍左右，其原因是铝合金细晶板材的制备成本较高。不仅如此，不同成分的铝合金超塑性差异很大，如 AA7575、AA5083、AA8090、AA2090 等有较好的超塑性，而 AA6016 的超塑性能则很低，从而限制了该技术在生产车身覆盖件方面的应用。因此，该技术的推广应用还需要进一步的工作。

电磁复合冲压成形技术：电磁复合冲压成形是把传统的冲压成形与局部电磁成形结合在一起进行复合加工，该技术在汽车覆盖件成形时，需要特殊结构形状的电磁线圈，用来完成对复杂曲面壳体特殊部位的成形。电磁复合冲压成形的一次成形周期可控在 5s 以内，冲裁只需 $10^{-3}\sim10^{-4}s$；利用 5.4kJ 的能量进行电磁成形，铝合金板成形极限提高了 47%。

美国俄亥俄州立大学的 Vohnout 等人，对汽车铝合金门内板的电磁复合冲压成形进行了研究，完全达到了钢板成形的效果。另外，该大学还与以色列的 PULSAR 公司合作研究，并用复合冲压成形技术做出了铝合金车门样品，外观和强度基本达到了使用要求。利用传统冲压模具及润滑方法，在不致破裂情况下铝合金板最高可成形 4.4cm；而在相同的成形设备上安装电磁成形线圈后，完成一次冲压，可使铝合金板的成形极限提高近 47%。J Imbert 等通过对 AA5474 板的电磁成形研究，摸清了提高铝合金板成形极限的规律，并提出在电磁成形时，模具和铝合金板材间的相互作用是成形性增加的主要原因。

10.6.3 预处理（T4P）和抗时效稳定性

铝合金板材在室温存放时不发生时效的特性称之为抗时效稳定性。产生时效效应的铝合金板材在拉伸变形时出现屈服点伸长现象，即 lüders 带，从而在冲压时造成表面变形不均和起皱，影响冲压件的外观。时效的本质是合金中的溶质原子通过不同的扩散途径，在合金中的一些缺陷聚集，形成 GP 区，类似于钢中的 Cottrell 气团。板材从生产出厂到构件冲压成形往往需要运输和储存一些时间，通常要求板材在室温存放 6 个月而不发生时效，即具有抗时效稳定性。

可热处理强化铝合金固溶处理后，在室温停放时会发生时效过程。以 6K21 铝合金板材为例，预时效处理后，室温停放时间对屈服强度、抗拉强度和伸长率的影响见图 10-107，一周内变化不明显，三个月屈服强度由 120MPa 增加到 140MPa 左右，但烘烤硬化后，屈服强度不随时效时间而变化，其抗拉强度从 240MPa 增加 260MPa 左右，此后没有变化，伸长率不受室温时效时间的影响。由此可见，预处理后的 6K21 可以满足铝合金板材抗时效稳定性的要求。

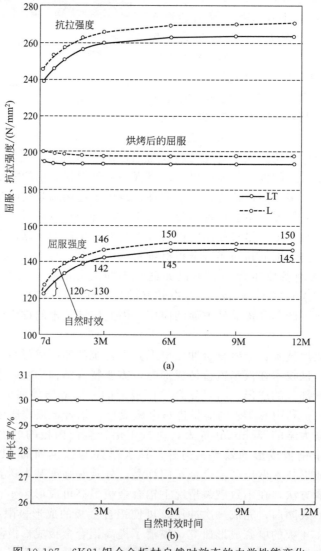

图 10-107 6K21 铝合金板材自然时效态的力学性能变化

固溶后的室温时效对 6K21 铝合金板材翻边成形性的影响以及对门内板成形极限的影响见图 10-108(a) 和(b)。三个月之内翻边成形性有明显下降，但对门内板的成形极限没有影响。

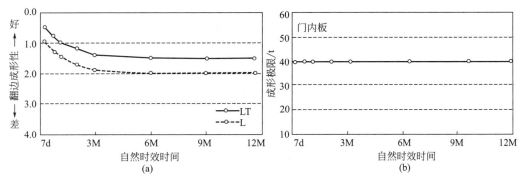

图 10-108　自然时效对 6K21 翻边成形性和对门内板成形极限的影响

T4P 预处理工艺见图 10-109。预备时效能得到高密度的原子集团（cluster），能防止室温进一步时效，稳定室温长期保管时的力学性能，从而改善了成形性。这些原子集团正好成为喷漆烘烤加热时析出 β″ 相的核，比直接加热能得到高密度的 β″ 相析出物，提高烘烤硬化性。考虑到铝合金做覆盖件时，特别是外覆盖件，要求油漆的表面光鲜性，因此铝合金冲压裸板，表面不应有损伤。铝合金本身在高温下的强度较低，如果固溶处理后，进行自然时效，试样的显微硬度会增加；自然时效后进行烘烤，试样的硬度会显著增加，随着自然时效时间的延长，烘烤硬化效果会减弱。当自然时效 9 天后进行烘烤，试样的硬度值反而下降。各种不同自然时效和时效+烘烤的硬度变化见图 10-110，图中硬度变化表明，采用自然时效很难得到性能稳定的板材。

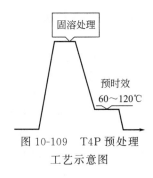

图 10-109　T4P 预处理工艺示意图

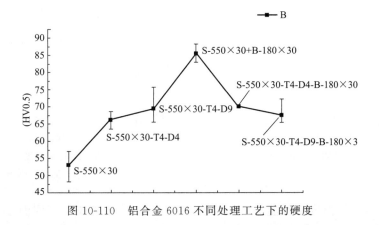

图 10-110　铝合金 6016 不同处理工艺下的硬度

如果固溶处理后，进行 T4P 处理，即进行 60～100℃ 预时效处理，则时效后的试样显微硬度随着温度升高而增加；进一步提高预时效温度后，试样的显微硬度略有降低，基本维持在小范围内变化，即合适的预时效处理，可以得到性能较为稳定的板材。对预时效后的试样进行烘烤工艺处理时，各预时效样品烘烤后的硬度都有所提高，尤其是预时效温度在 100～

160℃范围时，烘烤工艺使试样的显微硬度显著提高，见图 10-111。

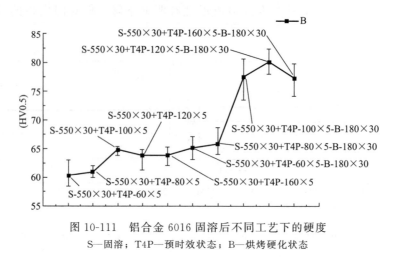

图 10-111　铝合金 6016 固溶后不同工艺下的硬度
S—固溶；T4P—预时效状态；B—烘烤硬化状态

预时效温度对加工硬化指数的影响见图 10-112，预时效温度对屈服强度和抗拉强度的影响见图 10-113，预时效温度对伸长率的影响见图 10-114。可以看出，预时效温度从 60℃ 到 100℃ 时强度值随着温度升高而增加，进一步提高预时效温度后，试样的强度略有降低。材料的加工硬化指数较高，预时效温度大于 100℃ 后，n 值较为稳定，延性也较为稳定，并处于较高水平。即当预时效温度大于 100℃ 时，其强度塑性较好，n 值较高且较为稳定。预时效后进行烘烤硬化，其强度和 n 值变化与预时效后的性能变化一致。但预时效温度大于 80℃ 时，烘烤后的加工硬化指数显著下降，随后稳定。预应变、预应变＋时效后屈服强度和预时效温度的变化关系和图 10-113 的关系类同。

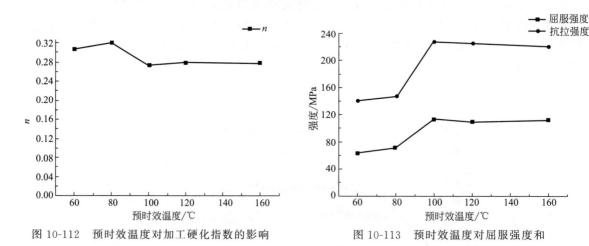

图 10-112　预时效温度对加工硬化指数的影响

图 10-113　预时效温度对屈服强度和抗拉强度的影响

T4P＋T6P（不同温度下保温 30min，180℃、0.5h）和 T4P（不同温度下保温 30min）对合金 Al0.6Mg0.8Si 屈服强度和伸长率的影响见图 10-115。该图表明，T4P 从 60℃ 到 90℃，屈服强度略有上升，伸长率略有下降；T4P＋T6P，屈服强度明显上升，从 60℃ 到 90℃，上升变化缓慢。

T4P 处理与抗时效稳定性的机理探讨：经过 T4P 处理后，材料中第二相原子的析聚已经达到足够高的密度的 GPⅡ区，通常预时效的温度是 80～120℃，室温保留时第二相原子团的析聚不会发生变化，材料性能也就不会发生变化。因此合金具有抗时效稳定性。预处理后进行变形会引进新的可动位错，增加了合金中的位错密度，在进行烘烤硬化时，会加速溶质原子向新位错周围聚集，同时预处理产生的原子团析聚 GP Ⅱ 区会转变为第二相沉淀析出，再加位错线上析聚的第二相在时效温度下也会形成第二相析出，双重影响导致材料的时效硬化效果显著上升，有关这一过程正在用原子析聚和沉淀相析出的高分辨电镜试验进行证实。

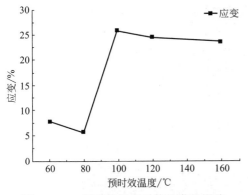

图 10-114　预时效温度对伸长率的影响

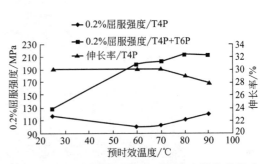

图 10-115　不同预处理工艺对铝合金性能的影响

GP 区源于 Al-Cu 合金时效的研究，GP Ⅰ 区是溶质原子（Cu）的富集区，其晶体结构与基体相同，Cu 原子集中在 Al 晶格的 {100} 面上。随着温度的提高，逐渐形成 Cu 和 Al 原子的规则排列，并长大和增厚，即 GP Ⅱ，此后对铝合金时效过程中溶质原子不同阶段的偏聚，泛指为 GP Ⅰ 区和 GP Ⅱ 区。GP Ⅱ 区在时效温度下发展成为金属间化合物的沉淀相。

文献 [63] 曾进行了纳米沉淀强化的 AlMgSi 合金原子柱的研究，所用合金的成分（质量分数）为 0.43%Mg、1.2%Si、0.2%Fe、0.1%Mn，Al 其余。板材厚度为 0.2mm，其热处理工艺流程见图 10-116。样品为直接烘烤和经预时效后烘烤。用高分辨透射电镜研究样品的精细组织结构，观察的样品经电子曝光、固溶后，在 180℃ 直接烘烤的样品硬化的粒子在 1～5min 时开始出现，沿 Al 基体 ⟨100⟩ 方向迅速生长，并成为针状。这种直接沿长度方向生成的粒子 2～6nm 长，2nm 宽，合金的硬度从 75HV 增加到 85HV，见图 10-117。在烘烤 30min 时，针状的长度增加到 18nm，但宽度并没有增加图 [图 10-117(b)]，硬度增加到 120HV；进一步增加烘烤硬化时间，针状沉淀粒子缓慢长大，宽度不变；在烘烤硬化时间 3h 时，峰值硬度达到 130HV，随着烘烤时间延长，针状粒子的宽度达到 4nm，硬度缓慢降低，见图 10-117(c)。针状沉淀粒子确定为 $\beta''(Mg_5Si_6)$。经过合适的预时效处理，形成的大部分沉淀粒子为球状，直径约 2nm 或更小，在这种两阶段的时效工艺（工艺 2）中，产生迅速的烘烤硬化，硬度从 75～85HV 增加到 110～120HV [图 10-117(d)]。这些沉淀粒子沿着铝 ⟨100⟩ 方向轻微被拉长。在预时效之后，许多沉淀粒子被拉长，在烘烤硬化时，合金也能产生快速的硬化响应特性，但铝合金的成形性变差，难以满足汽车零件成形性的需求。

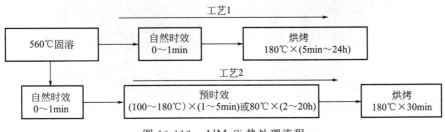

图 10-116　AlMgSi 热处理流程

许多高分辨图像的分析表明,这些纳米沉淀粒子有相同的单斜晶格,见图 10-117(e)~(h)。晶格相表明大部分粒子(宽度 2nm)有 1~2 个单斜的单胞,最终的粒子宽度可达 4nm[图 10-117(g)]。大部分粒子都与基体共格,但最终的沉淀粒子与基体半共格,在一些粒子中还包含有堆垛层错。两种工艺的粒子结构和图像的不同,合理解释了两种工艺处理后的性能和成形性的不同,也为铝合金汽车板预处理工艺的制定提供了依据。

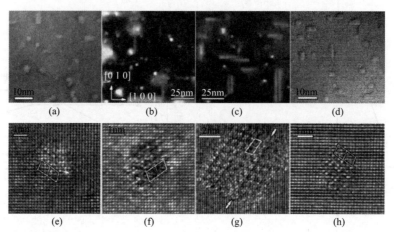

图 10-117 Al-Mg-Si 合金的典型硬化粒子在高分辨电镜下的形貌

文章进一步研究了铝合金处理过程中的不同沉淀粒子的结构(图 10-118),初始 β'' 相的结构为单斜结构,Al 含量较高,成分近似于 $Mg_2Si_{2.6}Al_{6.4}$,与 Al 基体完全共格。其最主

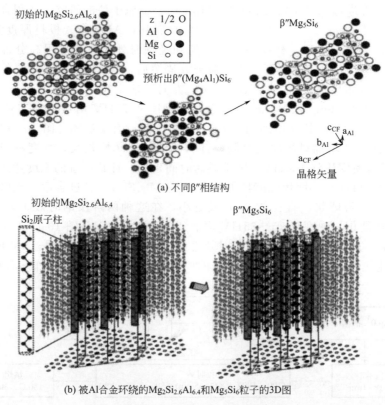

图 10-118 不同硬质沉淀粒子的结构

要的特征是具有沿 Al 基体 〈100〉方向生长的 Si_2 原子柱，这些 Si_2 原子柱构成了一个稳定的骨架。从图 10-118(b) 可以看出 Si_2 原子双柱是这些粒子通用的结构源，并作为 β'' 相结构稳定的柱子。在 Mg_5Si_6 粒子中，可以看到更多 Si_2 组分（黄色）。文章进一步分析了在不同工艺过程的沉淀相演变时，沉淀相的形成焓和体积膨胀比，一级烘烤硬化保温过程中的沉淀相结构与硬度之间的关系，从而为预时效和烘烤硬化工艺的制定提供了更有价值的数据。

10.6.4 烘烤硬化性

汽车冲压件在冲压后经油漆烘烤处理而产生应变时效硬化，使屈服强度上升的特性称之为烘烤硬化性。高的烘烤硬化将会赋予零件高的抗凹性。材料的烘烤硬化性可按标准进行评定。烘烤硬化实际上是流变硬化量和烘烤硬化量的组合，在工业实践中，对冲压成形构件的板材要求良好的冲压成形性和翻边延性，冲压成形构件又要求高的凹痕抗力，高的凹痕抗力又与材料高的力学性能相关。为表征材料在冲压和油漆相组合的工艺过程中材料的强度变化，即考虑材料的初始硬化能力和硬化后烘烤时的应力增量，通常采用预应变 2%＋模拟烤漆工艺的方式来表征板材的冲压变形与涂装过程，对其过程中的力学性能变化分析，找出相应的流变应力变

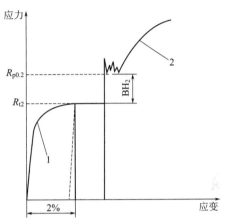

图 10-119　烘烤硬化的测试过程和参量
1—2% 预应力的应力-应变曲线；
2—同一试样烘烤后的应力-应变曲线

化的参量，作为材料烘烤硬化性能表征。其测试过程见图 10-119。相关的试验标准可参照钢铁材料的烘烤硬化标准[64]，所测量的烘烤硬化值 BH_2 就作为烘烤硬化性能表征。具体过程为：将板材进行预拉伸 2%，在 170~180℃ 烘烤 30min，再进行拉伸变形，测出 2% 时的流变应力，参量 $BH_2 = R_{p0.2}$（烘烤后）$- R_{t2.0}$（烘烤前），这里应该说明该值是考虑了 2% 的拉伸预应变对烘烤硬化影响的结果。如果纯粹考验合金的烘烤硬化性，则直接测出烘烤前和烘烤后板材的屈服强度，二者之差即为板材的烘烤硬化性能表征，定义为 BH_1，计算方法为 $BH_1 = R_{p0.2}$（烘烤后）$- R_{p0.2}$（烘烤前）。材料的烘烤硬化性与材料的微观组织特征有关，特别是铝合金还和预处理工艺、烘烤硬化工艺等密切相关[37]。图 10-120 示出了烘烤温度和保温时间对 6K21 高烘烤硬化型和 6K21 低烘烤硬化型的烘烤硬化量的影响，可以看出，高烘烤硬化型随着温度的升高和保温时间的增长，烘烤硬化量增加；对低烘烤硬化型在 180℃ 以下，随着保温时间增长，烘烤硬化量变化不大，在 190℃ 时，随着保温时间的增长，烘烤

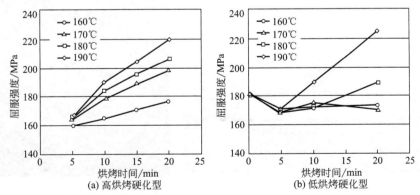

图 10-120　烘烤温度和保温时间对 6K21 高烘烤硬化型和 6K21 低烘烤硬化型的烘烤硬化量的影响

硬化量增加。

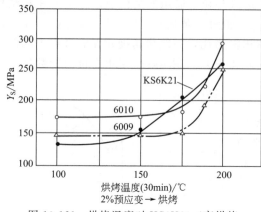

图 10-121　烘烤温度对 KS6K21（高烘烤硬化型）、6009、6010 屈服应力的影响

烘烤硬化 30min，温度对 KS6K21（高烘烤硬化型）、6009、6010 屈服应力的影响见图 10-121，可以看出烘烤后的屈服强度在 150℃以后迅速增长，特别是 6009 和 6010 在 175℃以后屈服强度随温度升高而陡升。考虑到日本和我国汽车行业中的烘烤条件是 170~180℃，英国和美国烘烤条件是 190~200℃，因此图中示出的烘烤温度最高 200℃。

10.6.5　抗凹性

板材和构件抵抗外力和物件压入而不发生凹陷或永久变形的能力称为抗凹性。实际工况中，汽车覆盖件易因受到手掌和肘部的下压产生凹陷，行驶过程中易受飞溅的石子等较小物体的高速撞击而发生局部凹陷。以铝代钢时，材料抗凹性能的变化是一个值得关注的问题。测试材料的抗凹性能时，参照相关标准[65]，将铝合金板材冲制成如图 10-122 所示的浅盘状试样，该盘状底部的等效变形量为 2%，以此确定冲压盘状试样时的压边力，样品冲成后，在给定的拉压试验机上测量给定载荷下凹痕深度或者给定深度下的凹痕载荷作为板材抗凹性的指标。为使测量数据稳定，可进行一次加载和循环增量加载，准静态抗凹性测试的试验装置示意图和实物图见图 10-123。

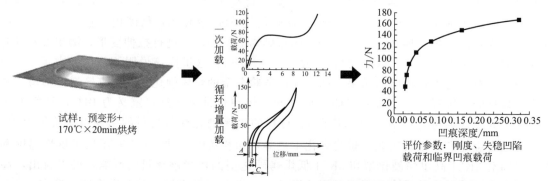

图 10-122　铝合金板材的抗凹性能试验及评价参量

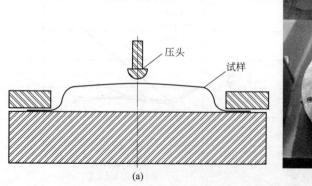

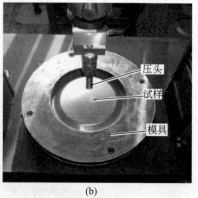

图 10-123　抗凹性测试的试验装置示意图和实物图

试样测试点在载荷的作用下发生弹性变形和塑性变形。弹性变形阶段,载荷-位移曲线的斜率代表试样抵抗局部弹性变形的能力,称为抗凹刚度;塑性变形阶段,试样在载荷作用下发生凹陷,卸载后试样表面残留局部永久变形,永久变形量用凹痕深度表示。测量时压头直径为25.4mm,其试验方法和细节见标准 SAE-China J3201—2013 和美国标准 SAE J2575—2004。通过载荷和材料分析,获得材料的刚度、失稳凹陷载荷和临界凹痕载荷。

典型汽车覆盖件用铝合金板材的凹痕与凹痕抗力曲线如图 10-124 所示。在一定外力条件下(小于150N 时),材料产生的可见凹痕较小,肉眼无法分辨,此时外载

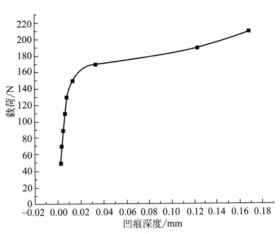

图 10-124 典型汽车覆盖件用铝合金板材的凹痕与凹痕抗力曲线

荷的施加不会影响试样的外观质量;当外加载荷大于 170N 后,随着载荷增加,试样表面产生的残余变形(即凹痕)显著增大。一般而言,当凹痕大于 0.06~0.1mm 时,其形状即肉眼可见,此时凹痕的产生将影响试样的外观质量。

抗凹性或凹痕抗力 P_t 与材料的流变应力 σ_f 有关,也与材料厚度 t 有关,并可表示为[31]

$$P_t = k\sigma_f^n t \tag{10-22}$$

式中,$n = \dfrac{1}{2.5} \sim \dfrac{1}{2}$。

该式表明,凹痕抗力与材料流变应力的 n 次方成正比,也与材料厚度 t 成正比。因此材料强度的提升,可在保持同样凹痕抗力下,减薄厚度及轻量化。文献[65]曾研究了烘烤硬化温度对铝合金 6016 板材性能的影响,见图 10-125。不同温度烘烤后板材的载荷-凹痕深度曲线见图 10-126,该图表明随着所用烘烤硬化工艺产生的烘烤硬化量增加,材料的抗凹性提升,即同样的载荷下,凹痕深度降低;或同样凹痕深度下,材料的凹痕抗力提升。

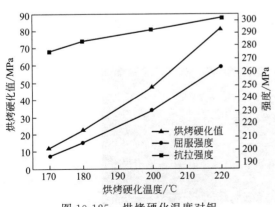

图 10-125 烘烤硬化温度对铝合金 6016 板材性能的影响

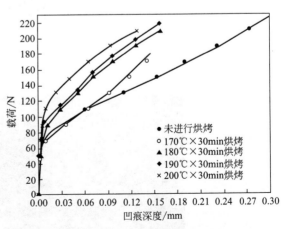

图 10-126 不同温度烘烤后板材的载荷-凹痕深度曲线

10.6.6 5000系铝合金镁含量和应力腐蚀开裂

5000系铝合金的成形性和平面应变极限FLD_0和镁含量密切相关,通常当镁含量超过3%时,镁含量越高,强度和延性越好,平面应变极限越高,成形性越好。但出于对应力腐蚀开裂敏感性的考虑,镁合金的含量不应超过3.5%。图10-127示出了镁含量、温度和应力腐蚀开裂敏感区[66,67]。通常评价应力腐蚀开裂敏感的方法为将板材退火→30%的冷轧→120℃、168h敏化处理→U形弯曲和放在3.5%NaCl溶液中进行电极溶解,电流密度$6.2mA/cm^2$,在这种程序下,试验样品开裂后进行断口检查,其断口形貌见图10-128[68]。从图10-128(a)可以看出,当镁含量3.5%时,没有应力腐蚀开裂倾向,经过应力腐蚀敏化处理,其拉伸的断口为典型的韧窝组织;当镁含量4.5%时,有应力腐蚀开裂倾向,在上述同样工艺处理后,拉伸断口为解理断裂,断口为沿晶的冰糖状断口[图10-128(b)]。断口形貌和显微组织密切相关,图10-129示出了不同镁含量5000系铝合金的显微组织,可以看出,当镁含量为3.5%时,晶粒较细,且晶界的硬质粒子沉淀是不连续的,这种组织对应力腐蚀开裂是不敏感的,与图10-128敏化处理后拉伸断口为韧窝的延性断口是一致的。含镁4.5%的5000系铝合金,晶界上出现了连续的第二相沉淀薄膜,晶粒较为粗大,这类组织对应力腐蚀开裂是敏感的,这与敏化处理后拉伸的冰糖状脆性断口是一致的。

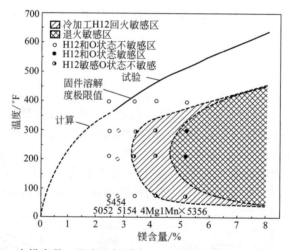

图10-127 在镁含量、温度坐标系内5000系铝合金应力腐蚀开裂敏感区

(a) 3.5%Mg含量   (b) 4.5%Mg含量

图10-128 应力腐蚀断裂实验后的断口形貌

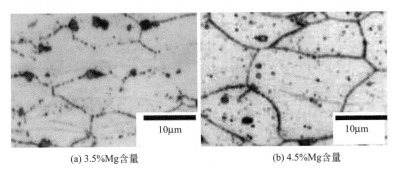

(a) 3.5%Mg含量　　　　　　　　(b) 4.5%Mg含量

图 10-129　不同镁含量 5000 系铝合金显微组织

10.6.7　油漆的光鲜性——表面状态、罗平线和橘皮

(1) 表面状态

油漆的光鲜性受铝合金冷轧板表面形貌、表面毛化方法的影响，橘皮和罗平线都是重要的影响因素。铝合金做汽车覆盖件，其光鲜性显得非常重要。目前铝合金冷轧辊的表面形貌有一般的磨光辊、电子束毛化处理、电火花毛化处理和激光毛化处理等。图 10-130 列出了不同辊面处理后的轧材表面形貌。这些不同的处理，既影响表面的光鲜性，也影响油漆的附着力和耐腐蚀性，从而影响表面光鲜性。文献 [69] 曾用激光共聚焦测量了日本、欧洲和韩国的变形铝合金 6016 表面形貌的 3D 图和 2D 图，见图 10-131。表面粗糙度结果表明，欧洲和韩国的铝合金粗糙度 R_a 比较接近，基本为 $12\sim13\mu m$，轮廓的最大高度 R_z 为 $115\sim130\mu m$；日本的铝合金粗糙度较低，大概为 $6\sim9\mu m$，轮廓的最大高度为 $50\sim80\mu m$。这与前述辊子表面毛化方法有关，一定的表面粗糙度和轮廓高度可以使表面涂油，还有利于改善板材的冲压成形性。

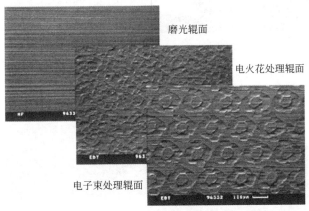

图 10-130　不同处理的表面状态

(2) 罗平线

罗平线（Roping line）是在垂直于轧向变形后肉眼可见的一种线，这种线是不规则的隆起和凹谷，长 $5\sim50mm$，深 $10\sim30\mu m$，这类线在油漆或油石打磨后肉眼可见。有罗平线的板材拉伸后的表面形貌实物图和罗平线的结构示意图见图 10-132。罗平线的本质是由立方取向晶粒的体积而产生的。6000 系铝合金有罗平线和没有罗平线的对比以及立方取向晶粒图的对照见图 10-133[70]。在文献 [71] 曾用扫描电镜研究了汽车铝合金冷变形 85%、经

T4P 处理后垂直于轧向拉伸变形后出现的罗平线,见图 10-134。用 EBSD 所测量的各织构见图 10-135。

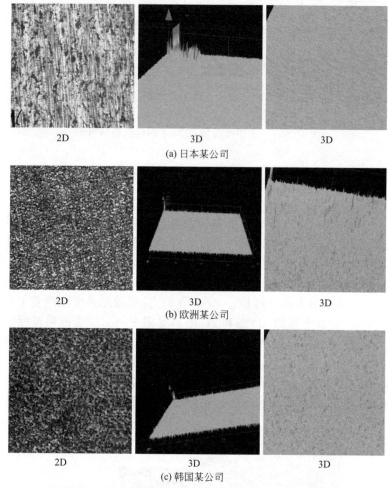

图 10-131 三维共聚焦测量的国际上知名公司铝合金表面形貌

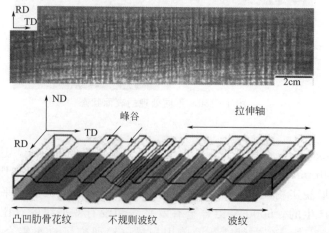

图 10-132 有罗平线的板材拉伸后的表面形貌实物图和罗平线的结构示意图

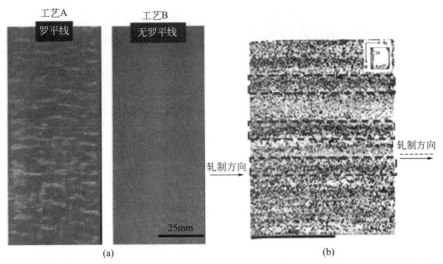

图 10-133　6000 系铝合金有罗平线和没有罗平线的对比以及立方取向晶粒图的对照

图 10-134　6016 中的罗平线（白色部分）

各织构的组分相对含量见表 10-48。表中各织构分别为 CH{001}⟨210⟩，是 Cube 织构取向沿轧板 ND 方向旋转 20°～30°的一种旋转立方织构；Cube 织构是立方织构；Goss 织构是高斯织构；S 织构是热轧态织构。从图 10-135 中可以看出，在该样品中，Cube 和 Goss 织构组分在 ND 面上的分布要明显多于 CH 织构组分和 S 织构组分。图 10-35(b) 和（c）有相对较多的 Cube 和 Goss 织构组分，分布很不均匀，明显沿某一特定方向和区域排布或聚集，形成了一定程度的织构带；图 10-35(a) 中的 CH 织构组分也出现了明显的织构聚集现象；图 10-35(d) 中的 S 织构组分相对含量较少，在大区域上的分布较为分散，无明显聚集现象。图 10-135 中所标出的 6 条辅助观察纵向线可看出，图（a）和（b）中的 CH 织构组分和 Cube 织构组分聚集现象基本发生在同一区域（图中 3 对相对的箭头标明的区域），在图（c）中，Goss 织构在图（a）和（b）标明区域的相反区域发生聚集现象，三种织构聚集现象存在明显的位置互补。这种织构组分的分布，当样品受外力变形时，某一明显区域的晶粒由于统一取向原因，会向同一方向旋转、变形，导致宏观上表现出表面凹凸不平，出现罗平线。

表 10-48　T4P 样品中各织构的组分相对含量　　%

项目	CH {001}⟨210⟩	Cube {001}⟨100⟩	Goss {011}⟨100⟩	S {123}⟨634⟩
相对含量	4.2	17.2	16.3	3.0

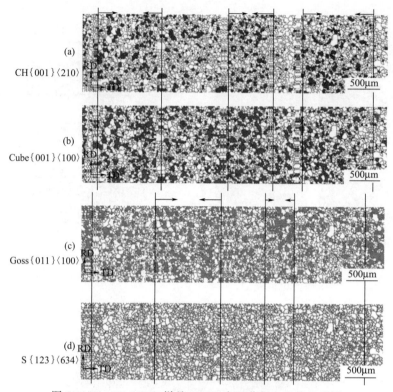

图 10-135　6016 T4P 样品 EBSD 大区分析和织构组分图

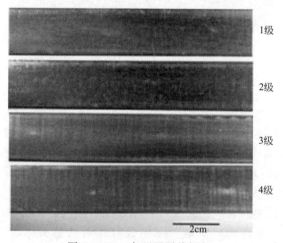

图 10-136　表面罗平线评级

Aleris 公司曾对表面罗平线进行了评级，共分 4 级，见图 10-136，检测时将拉伸变形 2%～5% 后的试样放平，使用 320 号油石进行打磨，观察表面，图中 1 级和 2 级是可以接受的，1 级的质量等级最高；3 级和 4 级可以看出明显的凹凸不平的线，是不可接受的。具有不同级别罗平线的板材可以用于不同的地方。汽车各类内板和结构件对外观没有要求，只要能满足成形性，有无罗平线均可使用，见图 10-137(a)，对一般外覆盖件，表面要求不是特别高的可采用图 10-137(b) 的表面形貌，对一些表面要求特别高的外覆盖件，如发动机的盖板，可选用图 10-137(c) 的表面形貌。

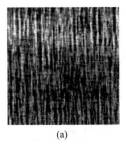 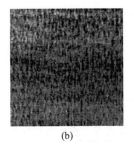 

图 10-137 不同的表面形貌

(3) 橘皮

橘皮是影响铝合金冲压件光鲜性的另一缺陷，它是铝合金板材在一定的冲压变形后表面产生的像橘子皮一样的表面缺陷，会严重影响表面的光鲜性。文献 [72,73] 详细研究了 6016 铝合金有关的橘皮形貌表征、成因和影响因素。合金成分（质量分数）为 Si=0.70%，Mn=0.065%，Cu<0.05%，Mg=0.56%，Cr<0.04%，Zn<0.05%，Ti=0.026%，Fe=0.06%，Al 余之。样品经 T4PD 处理，其显微组织见图 10-138，其中图 (a) 为细晶组织，以下称为样品 1，晶粒度为 80μm；图 (b) 为粗晶组织，为样品 2，晶粒大小为 125～130μm，其力学性能见表 10-49、表 10-50。从表 10-49 和表 10-50 可以看出，有无橘皮样品的力学性能区别不明显，只有 r 值和均匀伸长率有明显区别，这可能是影响橘皮形成和反映橘皮材料特征的因素之一。有橘皮样品的总伸长率也低于无橘皮样品，这和有橘皮样品的晶粒度较粗是一致的。通常情况下，细晶粒的铝合金具有较高的均匀伸长率和总伸长率，r 值通常和晶粒大小有关，更和晶粒的取向有关[48]。从力学性能和拉伸后的表面形貌可以看出，有橘皮和无橘皮样品其显微组织的主要区别是晶粒的大小不同，粗晶粒的显微组织是导致铝合金板材变形后产生橘皮的主要原因，粗晶和细晶的变形模式以及粗晶产生的变形不均匀和由此引发的表面橘皮现象的示意图见图 10-139[74]。有关晶粒度的影响和钢铁材料中变形后产生橘皮的结果一致[75,76]。产生橘皮的临界晶粒大小的预测和控制正是笔者继续进行的工作，如果通过微观力学的模拟能对这方面的工作有所帮助，也是非常有意义的。

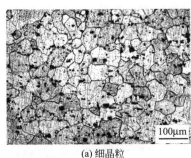 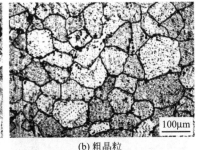

(a) 细晶粒　　　　　　　　　(b) 粗晶粒

图 10-138 铝合金板材的金相组织

表 10-49 有橘皮与无橘皮拉伸样品力学性能

编号	牌号	板厚/mm	$R_{s0.2}$/MPa	R_m/MPa	A_{80}/%	A_u/%	样品取向	拉伸后表面特征
1-1	6016	1.2	134.2	236.9	25.6	18.0	平行轧向	有橘皮
1-2	6016	1.2	127.2	237.7	28.5	19.5	垂直轧向	
1-3	6016	1.2	125.4	233.3	25.4	18.0	45°轧向	

续表

编号	牌号	板厚/mm	$R_{s0.2}$/MPa	R_m/MPa	A_{80}/%	A_u/%	样品取向	拉伸后表面特征
2-1	6016	1.2	142.8	238.8	27.9	20.1	平行轧向	
2-2	6016	1.2	138.1	233.5	29.1	21.0	垂直轧向	无橘皮
2-3	6016	1.2	136.4	234.4	29.8	21.5	45°轧向	

注：$R_{s0.2}$ 表示屈服强度，R_m 表示抗拉强度，A_{80} 表示伸长率，A_u 表示均匀伸长率。

表 10-50　有橘皮与无橘皮板材样品的 n 值和 r 值

编号	牌号	板厚/mm	n 值(0.5%～10%)	r 值	样品取向	拉伸表面特征
1-1	6016	1.2	0.271	0.750	平行轧向	
1-2	6016	1.2	0.290	0.241	垂直轧向	有橘皮
1-3	6016	1.2	0.297	0.581	45°轧向	
2-1	6016	1.2	0.253	0.730	平行轧向	
2-2	6016	1.2	0.248	0.399	垂直轧向	无橘皮
2-3	6016	1.2	0.252	0.862	45°轧向	

注：n 表示加工硬化指数，r 表示各向异性比。

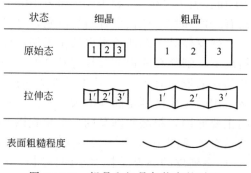

图 10-139　粗晶和细晶各状态的对比

粗晶样品拉伸后有明显的橘皮，细晶样品拉伸后表面光滑，无橘皮出现。拉伸后的表面形貌对比见图 10-140。有橘皮样品的三维激光扫描测定的表面形貌见图 10-141。

(a) 有橘皮　　　　　　　　(b) 无橘皮

图 10-140　试样表面形貌对比（1.5×）

扫描电镜下有、无橘皮拉伸表面形貌见图 10-142，可以看出有无橘皮样品表面变形时，有明显的滑移带形成，滑移带是晶体内某些部分的滑移面进行滑移后与晶体表面相交，在交界面所形成的一种组织特征。在有橘皮样品的表面滑移带的相交处形成了橘皮表面的凸起，其滑移带的宽度比无橘皮样品宽得多，在更高的倍数下，可以看出有明显的表面微裂纹和微

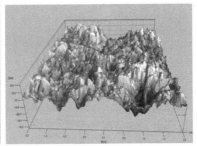

(a) 橘皮样品的表面形貌　　(b) 三维立体形貌

图 10-141　橘皮表面的三维立体形貌

坑，见图 10-142(a)。无橘皮样品中表面滑移带多而细，在滑移带的相交处几乎没有发现任何微裂纹或微坑，变形后的整个表面显得平整，不影响油漆后的光鲜性，见图 10-142(b)。

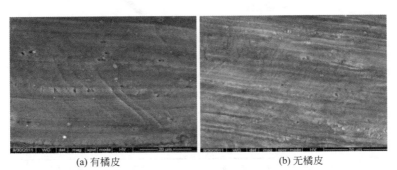

(a) 有橘皮　　(b) 无橘皮

图 10-142　变形铝合金试样表面 SEM 形貌

对有橘皮和无橘皮的试样表面粗糙度进行测量，其结果如表 10-51 所示。其粗糙度曲线见图 10-143。

表 10-51　有无橘皮试样的表面粗糙度测量（测量范围 0.8mm）

粗糙度参数	$R_q/\mu m$	$R_z/\mu m$	$R_y/\mu m$	$R_p/\mu m$	$R_m/\mu m$	S/mm
橘皮试样	3.35	3.69	11.66	6.07	5.59	0.17
无橘皮试样	0.025	0.11	0.18	0.04	0.18	0.01

注：R_q 为轮廓的均方根误差，即在取样的长度范围内轮廓偏距的均方根值；R_z 为微观不平度，即在取样长度内 5 个最大轮廓峰高平均值与 5 个最大轮廓谷深平均值之和；R_y 为轮廓的最大高度，即在取样长度内轮廓峰顶线与轮廓谷底线之间的距离；R_p 为轮廓最大峰高，是在取样长度范围内从轮廓峰顶线至中线的距离；R_m 为轮廓最大谷深，是在取样长度范围内轮廓谷底线至中线的距离；S 为轮廓单峰的平均间距，即在取样的长度范围内轮廓单峰间距的平均值。

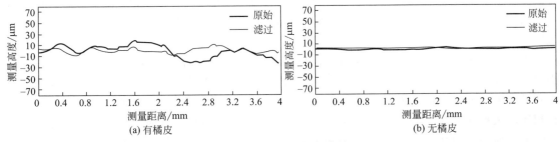

(a) 有橘皮　　(b) 无橘皮

图 10-143　粗糙度的曲线

橘皮表面与无橘皮表面相比，其粗糙度参量都高得多，而这样的粗糙度在油漆后会严重影响油漆表面的光鲜性，造成冲压件表面不合格和废品。

长期以来，对表面橘皮的表征均以表面形貌的特征为依据，对橘皮的物理和力学本质缺乏了解。文献［77］首次尝试对表面橘皮进行纳米硬度测试，以探讨有无橘皮样品纳米硬度的表征特性。图10-144给出了有、无橘皮样品表面纳米硬度的测量曲线，即载荷-压痕深度曲线，数据结果见表10-52。

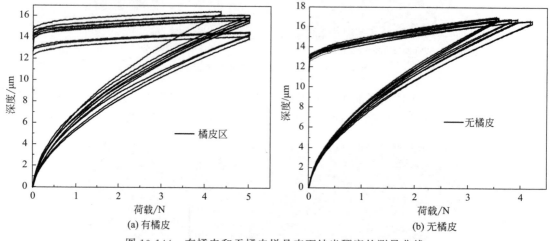

图 10-144　有橘皮和无橘皮样品表面纳米硬度的测量曲线

表 10-52　有、无橘皮样品的纳米硬度试验结果

样品	最大压入深度/nm	塑性变形深度/nm	最大载荷/mN	硬度/GPa	弹性模量/GPa
无橘皮	16864.98	14987.73	3791.46	0.68537	18.123
有橘皮	15532.18	13505.55	4920.80	0.91760	68.015

从表10-52可以看出，有橘皮样品的纳米硬度、最大载荷以及弹性模量（在弹性范围内，单位变形深度的负荷值）均远高于无橘皮样品的测量值；而无橘皮样品的最大压入深度和塑性变形的深度远大于有橘皮样品，即经过拉伸变形后，有橘皮样品的微区硬化远高于无橘皮样品。

虽然从纳米硬度测试已经明确表示了有橘皮和无橘皮样品的纳米硬度响应有明显不同，有橘皮样品的塑性变形能力下降，纳米硬度升高，最大载荷值和弹性模量都升高，而这些特性是一种表层性能变化的反应，用其他测量参量还无法反映橘皮形成后的一些表层特性，所列结果仅是用纳米硬度研究橘皮特征的一个尝试，即通过有橘皮和无橘皮样品的对比反映二者的变化。因此，如果通过进一步的研究和积累，能建立起一种物理和力学模型，直接通过纳米硬度测试就可以有效反映变形材料的橘皮效应，那将是橘皮效应纳米压痕的进一步定量表征。

多晶体由不同取向的多个晶粒组成，在室温下铝合金为面心立方，有12个滑移系。当铝合金承受外力，某一晶粒对外力的位向有利于变形时，将首先变形，而由于临近晶粒的位向和不同方向弹性模量的差异，晶粒间承受不均匀的应力，导致不均匀变形；和小尺寸的晶粒相比，大尺寸晶粒有利于滑移方向的晶粒内部可开动的滑移系较少，因此，在晶界就会产生较大的应力，但相邻晶粒开始滑移变形时，晶界的这一应力才得以松弛。对于大尺寸晶粒，不同位向的晶粒其滑移不易通过晶界传至相邻的晶粒，形变结果为晶界变形较大，并且变形由内扩大出现类似竹节状的多晶体变形。粗晶粒相比细晶粒更容易出现不均匀变形，滑移系少的金属材料比滑移系多的金属材料也更容易出现不均匀变形，而当变形不均匀达到一定程度时，即表现出宏观可见的橘皮。有橘皮试样由于变形的严重不均匀性，晶界处产生了严重的内应力累积，从而使之发生形变硬化，导致微区内纳米的压痕硬度升高，最大载荷上升，变形深度和塑性深度减小。

文献［77］曾对拉伸后有、无橘皮的断口形貌进行了 SEM 观察对比，100 倍下的断口形貌对比见图 10-145。由图 10-145 可以看出，有橘皮样品的韧窝宽度比无橘皮样品的韧窝宽度要宽得多，二者分别为 65～70mm 和 40～45mm，即有橘皮的拉伸试样断口剪切唇的宽度较窄，而无橘皮的拉伸试验断口剪切唇的宽度较宽，这与两个样品的延性不同有一定的对应关系。剪切唇是在临界分切应力作用下使晶体产生滑移所形成的，剪切唇宽的样品其延性要高[9]。对比两种材料的剪切唇，有橘皮的拉伸试样断口剪切唇中的滑移带较宽，并且交滑移的图像不明显，见图 10-146(a)；无橘皮的拉伸样品断口剪切唇中的滑移带密集，具有明显交滑移的形貌，这和断口中表面层滑移带的宽窄形貌相一致，见图 10-146(b)。这种形貌表明，两种材料在拉伸变形时所启动的滑移系是不同的，有橘皮材料启动相邻晶粒的滑移系较少，无橘皮材料启动相邻晶粒的滑移系较多，其交滑移现象十分明显和活跃，导致出现较宽的剪切唇。

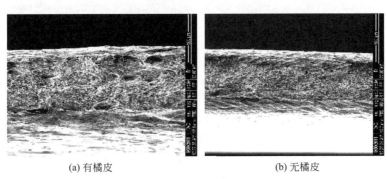

(a) 有橘皮　　　　　　　　　(b) 无橘皮

图 10-145　有橘皮和无橘皮的拉伸断口对比

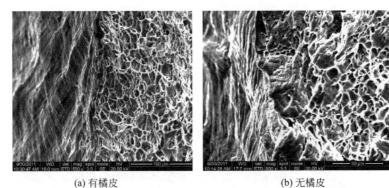

(a) 有橘皮　　　　　　　　　(b) 无橘皮

图 10-146　有橘皮和无橘皮拉伸断口的剪切唇形貌

有橘皮和无橘皮的韧窝形貌也有明显不同，有橘皮试样的拉伸断口韧窝较大，相对较浅，且局部地方拉长变形明显，见图 10-147(a)；而无橘皮试样的拉伸断口的韧窝较小，且深度较深，难以找出明显拉伸变形的韧窝，见图 10-147(b)。这些特征与有橘皮样品变形不均匀，无橘皮样品变形较均匀以及韧窝区的宽窄等特征相一致。这与文献［78］中的拉伸断口形貌相一致。实际上延性断裂过程是一个缓慢的过程，在单独拉伸时，当加工硬化增加的强度不足以补偿截面收缩减少的强度时，就产生了缩颈。缩颈的形成就形成了 3 种应力状态，在缩颈的中心就产生了 3 组拉应力，在这一应力的作用下，在夹杂物等缺陷处会形成小孔洞，这些孔洞逐渐汇集成一个裂口，裂口沿垂直于拉伸的方向扩展，直到接近试样表面，然后沿着局部应力集中的切应变平面（和拉伸轴呈 45°角）传播，形成杯锥断口的锥面部分[79]。按照这一延性断裂过程，材料的加工硬化能力对断口的形貌，即剪切唇的宽度和中间韧窝宽度的比值有重要的影响。一般橘皮形成时材料的晶粒粗大，加工硬化能力远小于无橘皮的细晶粒组织材料，因此就形成了前述的有橘皮和无橘皮的断口组织特征。

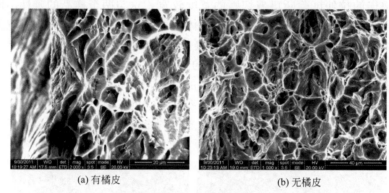

图 10-147 有橘皮和无橘皮拉伸断口韧窝形貌

　　EBSD 因制样简单，能对大面积区域进行晶体学取向信息的快速统计分析等优点而在材料的微观组织表征领域取得了广泛应用[80]。通过样品面扫描采集到的数据不但可以绘制取向成像图，还可以绘制极图、反极图，计算取向差分布函数；在很短的时间内就能获得关于样品的大量的晶体学信息，如晶体织构和界面取向差，晶粒尺寸及形状分布，晶界、亚晶及孪晶界性质分析，应变和再结晶的分析，相鉴定及相比计算等。

　　文献［81］曾用 EBSD 研究了 AA3104 和 AA1050 铝合金板不同冷变形后的组织演化过程和织构变化，并计算了界面取向差的分布图；文献［82］曾用 EBSD 分析了 ST14 钢板中橘皮的缺陷成因，并认为与变形过程中织构的形成有一定的关系；文献［83］对比研究了有橘皮和无橘皮样品的 EBSD 图像，合理解释了在变形铝合金汽车板中（6016）橘皮形成的原因。

　　无橘皮样品微变形区和大变形区的晶粒取向 EBSD 试验结果见图 10-148、图 10-149，有橘皮样品微变形区和大变形区的晶粒取向 EBSD 试验结果见图 10-150、图 10-151。对比

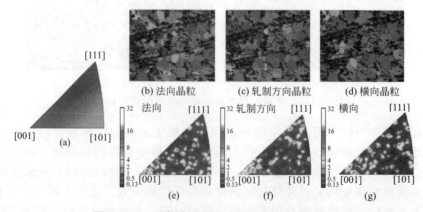

图 10-148 无橘皮试样微变形区域的晶粒取向

图 10-148、图 10-149 可以看出，无橘皮样品的微变形区晶粒取向已存在［001］取向特征，但还存在一些呈分散态的其他取向。较大变形区晶粒［001］取向变得明显，其他取向减少，说明在拉伸过程中，晶粒发生一定转动，向［001］靠拢。但在有橘皮样品中微变形区晶粒有［001］取向倾向，还存在一些其他取向；在较大变形区域内晶粒形成强烈的［001］取向，其他取向明显减少，说明在拉伸过程中，该样品的晶粒发生明显的转动，其取向向［001］靠拢。

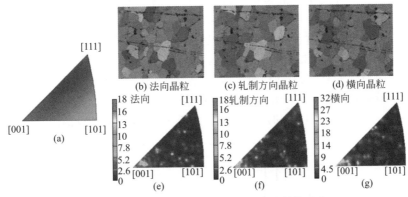

图 10-149　无橘皮试样大变形区域的晶粒取向

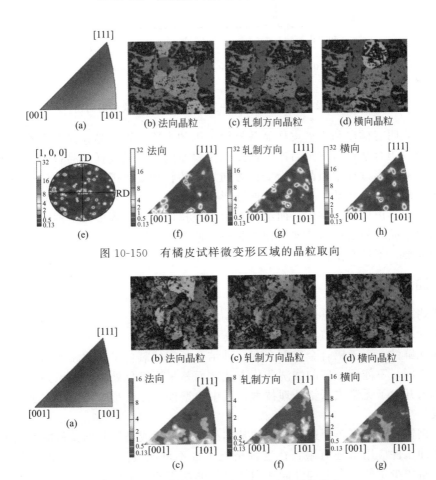

图 10-150　有橘皮试样微变形区域的晶粒取向

图 10-151　有橘皮试样大变形区域的晶粒取向

此外，就有橘皮和无橘皮样品比较而言，无橘皮样品在拉伸过程中晶粒发生的转动比有橘皮样品要小得多。推测这是由于有橘皮样品中晶粒较大，在拉伸过程中晶粒有足够转动的空间，而无橘皮样品晶粒较小，周边相邻的晶粒较多，其转动范围和转动量受周边晶粒的限制较多，因此其转动量较小，晶粒取向倾向也较小。由于有橘皮样品中晶粒的转向大，各晶粒的变形差异也大，因此对拉伸方向比较有利的变形取向的晶粒容易发生变形，但这种变形不容易传递到相邻晶粒；由于这类变形取向有利的晶粒受周围晶粒拘束较小，易随变形而发生转动，因此只是在晶界发生变形累积，造成表面凹凸不平，即宏观上的橘皮。以上这些结果与钢铁材料拉伸变形过程中橘皮产生的原因以及 EBSD 的分析结果类似。

为了进一步证明在拉伸过程中晶粒转动织构的形成，对有橘皮和无橘皮的铝合金板材进行 X 射线衍射分析，图 10-152 给出了有橘皮样品的微变形区和大变形区的 X 射线衍射图谱。标准图谱中的最强峰是（１１１）面，次强峰为（２００）面，试验样品无论是微变形区还是大变形区，最强峰都是（１００），并且峰值远远高于其他峰，这说明实验样品有很强烈的（１００）织构。另外，（１００）的法向就是［００１］，这与 EBSD 的结果一致。

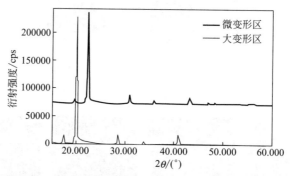

图 10-152　有橘皮试样两种变形区域的 X 射线衍射图谱

以上分析表明有橘皮和无橘皮样品其显微组织的主要区别是晶粒的大小不同，粗晶粒的显微组织是导致铝合金板材变形后产生橘皮的主要原因。有橘皮样品晶粒较粗或者晶粒大小不均匀，在拉伸变形过程中粗晶粒沿变形方向发生的转动受周围晶粒的拘束较小，导致晶粒向着有利于变形的方向转动，导致在拉伸变形中继续发生变形并使变形在晶界累积，造成样品的不均匀变形，形成表面橘皮；而细晶粒由于在拉伸变形过程中发生的转动受周围晶粒的限制，所以每个晶粒的变形易传递到相邻晶粒，使变形难以在晶界发生累积，即不易发生表面的不均匀变形，不易产生橘皮。

10.6.8　油漆兼容性

油漆烘烤是汽车零部件必经的一道工序，钢铁材料在油漆之前，其表面要经过酸洗磷化处理，以去除表面的油污和氧化皮，改善冲压件表面与油漆的结合力，提高其抗蚀性、油漆质量和表面光鲜性；由于铝合金表面会有一种结合紧密的氧化膜，油漆前的表面处理方法就和钢铁材料不同，不能用一般的酸洗磷化方法，而是采用铬化处理，考虑到六价铬对人体的毒性，近年来开发了无铬或低铬处理技术，其中典型处理方法是 Arodine 方法，并已有较成熟的生产线。

目前，钢铁材料是汽车制造冲压件的基本材料，油漆线是针对钢铁材料的表面处理生产线。铝合金冲压件应用量还有限，在这种情况下，不可能投入建设专业的铝合金表面处理线。因此，希望少量的铝合金构件能和钢铁材料的油漆处理生产线共线使用，希望铝合金的油漆处理可以表面兼容，为此在钢铁材料油漆的酸洗磷化处理生产线上引入了氟离子，使在该处理池中的铝表面氧化物可以和氟离子发生反应，生成反应渣，及时清理这些渣，并保持发生反应的氟离子浓度，解决了铝合金酸洗磷化时表面处理的问题。钢铝共线的表面处理过程示意图见图 10-153。

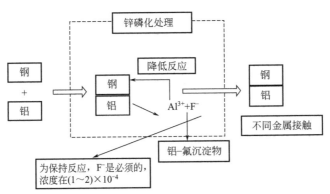

图 10-153　钢铝共线的表面处理过程

10.6.9　铝合金应用时的焊接技术

铝合金材料具有氧化能力强、热导率高，焊接能耗比钢板显著，线胀系数大，对光和热的反射能力强，热裂纹倾向性大等特点，焊接过程中容易形成氢气孔，出现高温强度和塑性较低、合金元素易蒸发烧损等问题。因此，在生产过程中必须采取相应的焊接工艺和措施来减少变形与缺陷，以维持焊缝合金的组织与力学性能。对于铝合金车身而言，常用焊接方法为点焊、MIG 焊、氩弧焊以及激光焊等。但是，铝合金对各种焊接方法的适应性有所不同。

① 激光焊接及激光-MIG 复合焊接技术　激光焊接是采用激光作为焊接热源，机器人作为运动系统的焊接过程，激光热源具有能量密度高、加热集中、焊接速度快、焊接变形小等特点，可实现薄板的快速连接；MIG 焊是通过电弧热作为热源，熔化填充的焊丝金属，把母材连接到一起的过程，具有更好的电弧稳定性；激光-MIG 复合焊接则是两种方法同时作用于焊接区的焊接过程，见图 10-154。

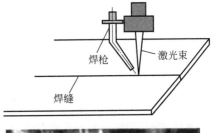

激光和 MIG 电弧以不同程度和形式影响复合焊接的工艺和效果。这种复合焊接可以结合两者的优点，既可获得所需的焊缝形貌，又能在焊接速度较高的前提下，充分发挥 MIG 电弧焊稳定性的特点，获得较好的焊缝性能。另外，铝合金对可见光和红外线都具有较高的反射率（约达 90%）。因此，单独

图 10-154　激光-MIG 复合焊技术

的铝合金激光焊接需要更大功率的激光器，激光复合焊所产生的电弧热则可使激光焊机的功率相应减小。奥迪 A8 的车门和大众 Phaeton D1 的所有车门，都采用了激光-MIG 复合焊；BMW 5 系列的铝合金隔板也采用了这种复合焊接技术。

② 搅拌摩擦焊接技术　搅拌摩擦焊（FSW）是靠摩擦产生的热量进行焊接的，具有显

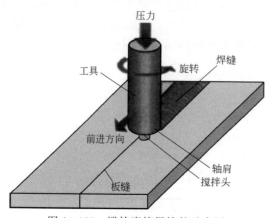

图 10-155 搅拌摩擦焊接的示意图

著的节能效果，其焊接原理见图 10-155。近年来搅拌摩擦焊大多应用于挤压型材和厚板材，近期才开始研究如何将该技术应用于薄板焊接。日本富士重工业公司已开始应用 FSW 焊接技术进行 1mm 左右的铝合金薄板对接。通过夹具控制，可以实现高精度位置配合，通过设定与接合面相接触工具的最佳转速，能够稳定实施铝合金薄板结构的高质量摩擦搅拌焊接。MAZDA 的 RX-8 的铝制引擎盖和后车门均采用了 FSW 点焊技术。由于不需要常规点焊那样的大电流，进而可以节约成本。对于 1.5mm 的铝合金板（AA5754）的焊接研究表明，焊接过程的能量输入对焊接力学性能有重要影响。K Okamoto 等科研人员使用 AA6022-T4 板材进行了搅拌摩擦点焊（FSSW）、搅拌摩擦缝合焊（stitch-FSW）以及搅拌摩擦摆动焊（swing-FSW）的研究。假设上板和下板厚度分别为 0.8mm 和 1.5mm，模拟汽车覆盖板的焊装，K Okamoto 等通过对这几种技术的焊接强度以及疲劳性能的比较（图 10-156），认为搅拌头的形状是影响搅拌摩擦焊效果的主要因素。

从图 10-156(a) 所列结果可见，搅拌摩擦摆动焊（swing-FSW）的静强度值明显高于搅拌摩擦点焊和搅拌摩擦缝合焊，特别是高于电阻点焊 RSW 方法，三种焊接方式的循环疲劳强度比较见图 10-156(b)。在低循环条件下，搅拌摩擦摆动焊（swing-FSW）的疲劳强度最高，电阻点焊（RSW）的疲劳强度最低；在高循环时，三种方法的循环疲劳强度相差不大。A Raut 等研究了 1.66mm 和 1.06mm 厚 AA5754-O 铝合金板的焊接疲劳性能，认为使用搅拌摩擦焊接后，焊接屈服强度得到了提高，但拉伸强度变化不大，且拉伸率还有所降低。显示疲劳性能的 S-N 曲线表明，无预应变的 AA5754-O 薄板焊接与未焊接疲劳强度差异不大；有预应变的 AA5754-O 薄板（60% 和 80%）使用搅拌摩擦焊的疲劳强度低于未焊接薄板的疲劳强度，两者的疲劳裂纹源都是弥散颗粒。通过对准静态和循环条件下搅拌摩擦点焊失效和疲劳机制的研究，认为在准静态载荷条件下，材料强度与显微组织、焊缝几何形状等有关。而在循环条件下，除与显微组织和焊缝几何形状有关外，还与载荷幅度有关。

该技术有节能、无焊头磨损以及焊缝力学性能与板材接近等优点，有广阔应用前景。

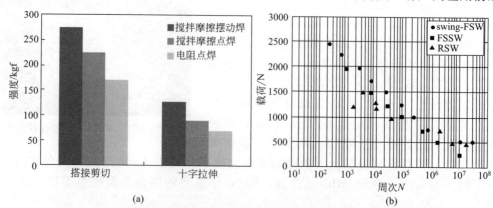

图 10-156 搅拌摩擦摆动焊（swing-FSW）、搅拌摩擦点焊（FSSW）和电阻点焊（RSW）的静强度比较以及疲劳强度比较

小结

综上所述，铝和铝合金已经广泛用于新能源汽车，特别是汽车动力和悬挂部件、汽车车身、热交换器部件、动力电池外壳、电池盖帽等方面，被汽车工业看好，用量会在短时间内迅速增长。预计到 2020 年底，我国新能源汽车的保有量将达到 500 万辆。随着原料成本的降低、成形技术的进步、防腐工艺的提高，铝合金在新能源车中也将扮演越来越重要的角色。高强度汽车用铝合金、铝基复合材料、超塑性铝合金、粉末冶金铝合金、固体泡沫铝合金等新型铝合金材料的开发和应用势必进一步扩大铝合金材料在汽车工业用材中的使用份额。在汽车中扩大铝合金的应用将会产生巨大的经济效益和社会效益，但在制造技术及应用方面铝材还面临一些问题。

① 加工性能：铝合金的加工难度目前比钢材要大，成形性还需继续改善，铝合金板材的性能尚需提高。

② 材料成本和零件价格：铝材价格大致是钢材的 3.5 倍，铝合金应用虽然提高了汽车的综合性能，但同时也提高了整车成本。西方国家已大批量生产的 6011、6016 铝合金汽车覆盖件板材的市场价格为 38000 元/t，而汽车钢板的市场价格仅为 8000 元/t，扣除密度的差异，铝合金覆盖件的材料成本仍然比钢覆盖件的材料成本高出许多；冲压零件的成本还和零件量有关系，欧洲一些汽车公司经验表明，当产量为 6 万辆增加到 20 万辆时，零件的成本可下降 50%，主要是装配费用和制造费用大幅度下降。

③ 开发和应用的投入：使用铝合金板代替原来的钢板，必须投入相当的实验费用研究新的生产工艺和流程，而新产品在批量投入使用前还需进行大量的实验以满足使用要求，必要时还需更换其现有的生产设备、模具等，这些都会增加企业开发和应用铝合金的投入。

④ 维修习惯：长期以来，汽车维修行业形成了对钢制零件的维修工艺和维修习惯，这些工艺和习惯对铝合金覆盖件损伤后的维修都不适用，只能更换被损伤的零件，增加了用户的使用成本和维修的难度，影响铝合金制件的应用。

⑤ 标准体系：目前新能源汽车国家标准不完善，车用轻量化材料包括铝合金材料的相关标准、加工工艺技术标准、零件功能的评价检测标准，都需要制定和完善，以便更加切合实际，这对铝合金的应用具有指导作用，但显然还有一段过程。

基于上述总结，汽车用铝材今后的发展将集中在两方面。一是改善现有汽车用铝各种形式，包括铸铝、挤压铝、锻铝、铝合金板材的成分、性能和工艺，以获得更高的性能，从而扩大铝合金的用量，降低零件的成本。二是对新研发的品种，如快速凝固铝合金、粉末冶金铝合金、超塑性铝合金、纤维增强型铝合金、泡沫铝材等，进行应用研究，根据其特点，找到合适的应用地方。扩大铝合金的应用，可从以下几个方面进行相关的研发和应用工作。

① 铝合金零件设计方法：研发铝合金零部件的设计方法、结构计算方法，开发先进的计算机模拟设计软件。用整体型材无框架式结构车身替代板梁框架式结构车身，并建立完整的汽车用铝合金的数据库。做好汽车轻量化应用研究，建立轻量化材料扩大应用和产业发展的改性发展平台和数据库。

② 新合金开发：轻量化、高性能、长寿命是铝合金材料的发展趋势。开发具有较高疲劳强度，同时成本较低的新型铝合金挤压型材、压铸材料；开发转向机构及制动器零部件等用的高承压和高强度的特种铸造铝合金。考虑到制动器耐热性的要求，开发具有良好铸造性能的 Al-Cu 系铸造合金。加强锻铝半固态成形以及高性能铝合金板材的开发和应用，满足汽车轻量化和特殊功能要求的一些构件需求。

③ 连接技术：轿车车身大部分的工件都是用焊接组装，而铝的焊接要比钢材难度大得

多。铝板材可焊性通常比钢板要差,如何改进铝合金板汽车覆盖件的焊接性能,提高焊接质量,也是扩大铝合金在汽车覆盖件上的应用要解决的技术问题。今后根据乘用车多材料应用的连接技术要求,开发不同类型材料(如铸铁-铝、钢-铝、铝-镁等)焊接和连接技术。

④ 制造技术:如热成形技术、超塑性成形技术、电磁复合冲压成形技术、半固态形成技术、各类整体框架的制造技术等,以提高性能,并减轻质量、降低成本。

⑤ 评价检测:研究轻量化的表征参量、测试方法、轻量化的实施路径和轻量化的设计、材料、先进加工工艺、使用性能之间的关系,并开展轻量化效果的 LCA 评估。另外,研究铝合金材料的表面形态、油漆前的前处理、油漆后的防腐效果等问题也是今后新能源汽车的发展方向之一。

⑥ 回收技术:汽车轻量化的发展趋势给铝合金的应用带来了新的发展机遇,但铝合金的成本问题一直是个瓶颈,也阻碍了铝合金在乘用车上的大规模应用。为促进铝合金在汽车工业的大量应用,开发新的回收再生技术以进一步降低铝合金的生产成本。

⑦ 按汽车冲压件对铝合金汽车板的各项要求,研发强塑性匹配良好、性能稳定的汽车冲压用变形铝合金板材,满足全铝车身,尤其是新能源汽车车身对铝合金覆盖件用材的需求。

参 考 文 献

[1] 马鸣图,李志刚,易红亮,等.汽车轻量化及铝合金的应用 [J].世界有色金属,2006 (10):10-14.

[2] 马鸣图,马露霞.铝合金在汽车轻量化中的应用及其前瞻技术 [J].新材料产业,2008 (9):43-50.

[3] Ma Mingtu. Present status object and plan of China vehicle light weight materials and related technology. Da Lian:proceeding of internationalconference on the traffic aluminium 2007.

[4] Marlen Bertram. Improving sustainability in the transport select-through weight reduction and the application of aluminium. Da Lian:proceeding of international conference on the traffic aluminium 2007.

[5] 马鸣图.铝合金和镁合金在汽车轻量化中的应用//中国汽车工程学会.世界汽车技术发展跟踪研究.北京:北京理工大学出版社,2013:60-99.

[6] 肖勇,丁玉梅,秦柳,等.新能源汽车轻量化的关键技术 [J].塑料,2016,45 (2):98-100.

[7] 刘静安.汽车工业用铝材的开发应用趋势与对策 [J].铝加工,2002,25 (6):1-6.

[8] 张少华.铝合金在汽车上应用的进展 [J].汽车工业研究,2003 (03):36-39.

[9] 朱则刚.铝合金复合材料在汽车轻量化上的应用 [J].轻金属,2011 (10):3-6.

[10] 廖君.车用铝合金轻量化材料 [J].汽车工艺与材料,2008 (2):8-10.

[11] 程一卿,莫凡,彭亚南.新能源汽车发展态势及其轻量化 [J].科技创新导报,2016,13 (12):41-45.

[12] ALAN A,Luo. Automotive Applications of Aluminum and Magnesium Alloys. China-America Automotive Materials Semina. Detroit,MI,March 8,2003.

[13] Ma Mingtu, Zhang Junping, Zhou Jia, et al. Property requirements and research progress of aluminum alloy sheets for automotive closure. Functional and Functionally Structured Materials II, Chinese Materials Conference 2017:18-29.

[14] 刘国利.铝合金熔模铸造技术现状及发展 [J].2010,30 (1):72-75.

[15] 周明智,朱春临,陈奇海.精密熔模铸造技术在雷达产品中的应用 [J].电子机械工程,2013,9 (4):46-48.

[16] 沈伟杰.铝合金熔模精密铸造技术及应用 [J].现代制造技术与装备,2016,241:132-134.

[17] 渠志刚,刘江南,贺辛亥,等.熔模精密铸造技术在汽车工业的应用及发展 [J].热加工工艺,46 (1):11-22.

[18] SPENER D B, MEHRABIAN R, FLEMINGSM C. Rheological behaviour of Sn-15Pct Pb in the crystallization range. Metallurgical Transactions,1972,3:1925-1932.

[19] DETERING K, et al. Semi-solid processing of thixotropic Aluminum alloys. aluminimu, 1996, (7-8): 514.

[20] 王平. A356铝合金半固态制浆及成形工艺与理论研究 [D]. 东北大学博士论文, 2002.

[21] 唐见茂. 新能源汽车轻量化材料 [J]. 新型工业化, 2016, 6 (1): 1-14.

[22] 刘静安. 铝合金挤压及其新材料的研发概况与应用前景 [J]. 中国材料进展, 2013, 32 (5): 269-275.

[23] 周帖武, 刘金水, 肖锋, 等. 铝合金挤压型材工艺及在汽车中的应用 [J]. 金属成形工艺, 2004, 22 (1): 62-64.

[24] 王祝堂. 汽车用挤压铝材概览 [J]. 2011, 39 (3): 1-20.

[25] 张屹林, 王洪民, 王海涛, 等. 汽车轻量化与铝合金 [J]. 内燃机配件, 2004 (5): 37-40.

[26] 刘闯, 姚嘉, 卢伟. 铝合金在汽车上的应用现状和前景分析 [J]. 佳木斯大学学报（自然科学版）, 2006, 24 (4): 559-562.

[27] 林林. 铝合金与汽车轻量化. 重庆: 国家人事部高级人才培训班报告, 2015.

[28] 马鸣图. 汽车轻量化和铝合金镁合金的应用. 重庆材料学会年会特邀报告, 2011.

[29] 陈大辉, 贾祥磊, 朱秀荣. 发动机缸盖铸造铝合金的研究进展 [J]. 铸造技术, 2010, 31 (7): 882-887.

[30] 熊慧. 中国交通用铝报告. 中国交通用铝国际研讨会, 2011.

[31] 马鸣图, 游江海, 路洪洲, 等. 铝合金汽车板性能及其应用 [J]. 中国工程科学, 2010, 12 (9): 4-20.

[32] 史东杰, 张宇, 王连波. 汽车铝合金副车架应用现状 [J]. 轻合金加工技术, 2015, 43 (8): 16-19.

[33] 史东杰, 刘伟波, 王连波. 乘用车悬架系统铝合金应用现状 [J]. 轻合金加工技术, 2015, 43 (6): 5-8.

[34] 李龙, 夏承东, 宋友宝, 等. 铝合金在新能源汽车工业的应用现状及展望 [J]. 铝合金加工技术, 2017, 45 (9): 18-25.

[35] 马鸣图, 申谋, 马豫昊, 等. Al基复合材料纤维方向性控制和磨损性//张志民. 第九届全国复合材料学术会议论文集: 下册. 北京: 世界图书出版公司出版, 1996.

[36] 马鸣图, 石力开, 熊柏青, 等. 喷射沉积成型铝合金在汽车发动机缸套上的应用 [J]. 汽车工艺与材料, 2001 (2): 16-19.

[37] KOBE STEEL LT. Automotive sheet and coils [R]. Shanghai, China, 2008.

[38] Aluminum Standard and Data [M]. The Automotive Association Inc, 2003.

[39] Akhtar S. Khan, Liu Haowen. Variable strain rate sensitivity in an aluminum alloy: Response and constitutive modeling [J]. International Journal of Plasticity, 2012, 36: 1-14.

[40] ABEDRABBO N, POURBOGHRAT F, CARSLEY J. Forming of AA5182-O and AA5754-O at elevated temperatures using coupled thermo-mechanical finite element models [J]. International Journal of Plasticity, 2007, 23: 841-875.

[41] BENALLAL A, BERSTAD T, BORVIK T, et al. An experimental and numerical investigation of the behavior of AA5083 aluminium alloy in presence of the Portevin-Le Chatelier effect [J]. International Journal of Plasticity, 2008, 24: 1916-1945.

[42] CLAUSEN A H, BOVIK T, HOPPERSTAD O S, et al. Flow and fracture characteristics of aluminium alloy AA5083-H116 as function of strainrate, temperature and triaxiality [J]. Materials Science and Engineering A, 2004, 364: 260-272.

[43] GAO X S, ZHANG T T, HAYDEN M, et al. Effects of the stress state on plasticity and ductile failure of an aluminum 5083 alloy [J]. International Journal of Plasticity, 2009, 25: 2366-2382.

[44] DORWARD R C, HASSE K R. Strain rate effects on tensile deformation of 2024-O and 7075-O aluminium alloy sheet [J]. Journal of Materials Engineering and Performance, 1995, 4: 216-220.

[45] SMERD R, WINKLER S, SALISBURY C, et al. High strain rate tensile testing of automotive alumi-

[46] LINDHOLM U S, BESSEY R L, SMITH G V. Effects of strain rate on yield strength, tensile strength, and elongation of three aluminum alloys [J]. J MATER, 1971, 6 (1): 119-133.

[47] OOSTERKAMP L, DJAPIC, IVANKOVIC A, et al. High strain rate properties of the selected aluminium alloys [J]. J Mater Sci Eng, 2000, A278: 225-235.

[48] 马鸣图，吴宝榕. 双相钢物理和力学冶金 [M]. 2版. 北京：冶金工业出版社，2009.

[49] DEMERI M Y. Formability Guideliness for aluninum alloys [J]. J. applied metal working, 1983, 2 (4): 288-292.

[50] Zchua Qin, MALLICK P K. A study on the bending springback of alumium alloy 5754 [P]. SAE. paper 20030576, 2003.

[51] 马鸣图. 先进汽车用钢 [M]. 北京：化学工业出版社，2008.

[52] DEMERI M Y. The Stretch-Bend Forming of Sheet Metal [J]. J. App. Metalworking, 1981, 2 (1): 3-11.

[53] KEELER S P. Backofen Forming limit curve for sheet formability [J]. W A Trans. ASM, 1963 (56): 25-31.

[54] STEIN J J. The Effect of process variables on sheet metals pring-back [P]. SAE Technical Paper: 982299, 1998, 31.

[55] CARDEN W D, GENG L M, MATLOCK D K, et al. I Measurement of spring back [J]. International Journal of Mechanical Sciences, 2002, 44: 79-101.

[56] SCHEY J A. Introduction to Manufacturing Processes [M]. 2nd Ed, McGraw-Hil, lNY, 1987.

[57] Ma Mingtu. Final Report of cooperation research project, "Formability tests and spring-back improvement of 590DP、780DP and 980DP steels," 2013.

[58] MA M T, KIM D G, SONG L F, et al. Comparison research for spring backs of dual-phase steels with three different strength grades. Advanced high strength steel and press hardening, proceedings of the 3rd international conference on Advanced high strength steel and press hardening（ICHSU2016）edited by Yisheng Zhang, Mingtuma, World Scientific, 2017: 182-189.

[59] 张钧萍，周佳，马鸣图. 铝合金汽车板的翻边延性 [J]. 锻压与冲压，2017，22: 28-31.

[60] Aleris Ltd Co. Hemming Metallurgical Optimisation [R]. Beijng: Automotive Lightweight Seminor, 2011.

[61] FRIEDMAN P A, LUCKEY S G. Failure of Al-Mg-Si alloys in bending [J]. Practical Failure Analysis, 2002, 1 (2): 33-42.

[62] 路洪洲，马鸣图，游江海，等. 铝合金汽车覆盖件的生产和相关技术研发进展 [J]. 世界有色金属，2008 (5): 66-70.

[63] CHEN J H, COSTAN E, VANHUIS M A, et al. Atomic Pillar-Based Nanoprecipitates Strengthen AlMgSi Alloys [J]. Science, 2006, 312: 416-419.

[64] BS EN 10325 Steel—Determination of yield strength increase by the effect of heat treatment.

[65] SAE-China J3201-2013 Dent resistance test method of Automotive panel sheet.

[66] 张钧萍，马鸣图，方刚，等. 铝合金板材抗凹性能研究 [J]. 中国工程科学，2014，16 (1): 108-112.

[67] DIX E H, et al. Influence of Service Temperature On the Resistance of Wrought Aluminum-Magnesium Alloys to Corrosion, 1959, 15 (2), 19-26.

[68] 赵丕植. 铝合金汽车板的研发及应用. 重庆：中铝交通运输高研班培训资料，2014.

[69] 马鸣图，等. 铝合金表面形貌的激光共聚焦观察. 内部资料，2012.

[70] ENGLER O, Brünger E. On the Correlation of Texture and Ridging in AA6016 Automotive Alloys. Mater. Sci. Forum396-402 (2002) 345.

[71] 谢锦岳. 6016铝合金板材的织构和微观组织研究 [D]. 重庆大学硕士论文，2015.

[72] 马鸣图，杨红亚，吴娥梅，等. 铝合金板材拉伸变形时橘皮成因的研究进展 [J]. 中国工程科学，

2014，16（1）：4-13.
- [73] 马鸣图，梅华生，路洪洲，等.铝合金板材拉伸后的表面橘皮与其力学性能及表面粗糙度的关系[J].机械工程材料，2013，37（8）：59-62.
- [74] 王贤敏.1Cr18Ni9Ti奥氏体不锈钢橘皮状表面形成原因的探讨［J］.铸锻热—热处理实践，1994（3）：49-51.
- [75] Liu Yinong，NEERUSHANA Jehanathan，Yang Hong，et al. SEM observation of the "orange peel effect" of materials [J]. Materials letters，2001（61）：1433-1435.
- [76] 李霄，杨平，林瑞民，等.低碳冲压钢板橘皮缺陷的成因［J］.北京科技大学学报，2010，32（5）：589-594.
- [77] Ma Mingtu，Mei Huasheng，Lu Hongzhou，et al. Morphology observation for surface orange peel and fracture in tension sample of aluminum alloy sheet and characterization of nano hardness [J]. Engineering Sciences，2012，10（6）：2-6.
- [78] 美国金属学会.断口金相与断口图谱［M］.北京：机械工业出版社，1985.
- [79] 冯端，王业宁，丘第荣.金属物理：下册［M］.北京：科学出版社，1975.
- [80] 陈绍楷，李晴宇，苗壮，等.电子背散射衍射（EBSD）及其在材料研究中的应用［J］.稀有金属材料与工程，2006，35：500-504.
- [81] 张永浩，姚宗勇，黄光杰，等.轧制变形铝合金微观组织与织构的EBSD研究［J］.电子显微学报，2009，28（1）：43-45.
- [82] Cao Shengquan，Zhang Jinxu，Wu Jiansheng，et al. Analysis of orange peel defect in ST14 steel sheet by electron backscattered diffraction（EBSD）［J］. Journal of Materials Science & Technology，2005，21（1）：17-20.
- [83] Ma Mingtu，Sun Zhifu，Wang Zhiwen，et al. Analysis of surface orange peel of aluminum alloy automobile sheet by using of EBSD and x-ray diffraction [J]. Engineering Sciences，2012，10（6）：7-11.

第11章 汽车轻量化和高分子基复合材料的应用

11.1 概述

在全球能源紧缺的情况下，不管是传统类型的燃油汽车还是近年大力发展的新能源汽车（电、天然气等），都存在节能、减重及降低成本的综合要求。汽车轻量化的发展顺应现代汽车工业发展方向，是能够解决目前面临难题的关键技术之一，不管是传统燃油汽车还是新能源汽车，自重的降低都会减少能源的消耗。对于传统燃油汽车，汽车车身占整车重量的近30%～40%，自重每降低10%，燃油消耗量可降低6%～8%，温室气体排放量可降低8%左右[1]。车身轻量化是提高汽车节能能力、推动传统汽车产业升级、解决节能和环保问题的关键技术。而对于配备新能源系统的新能源汽车，增加电池包或者天然储气瓶的配置会造成整车重量显著增加。特别是纯电动汽车，其有限的续航里程和较长的充电时间大大限制了其产业的发展。普通电池系统一般会使得整车增重250～400kg，而相同充电行驶里程中，车重减轻400kg，则可减少电耗约40%[2]。这说明对于纯电动车而言，轻量化不仅可减少全生命周期电池消耗量，显著增加续航里程，降低电池使用成本，还能够同时实现降低成本、节能的目标。当然，在轻量化的过程中，汽车安全性也是不可忽视的重要指标。这就要求汽车轻量化必须完成一个多目标的系统优化工程——在满足刚度、强度、碰撞安全性和舒适性等约束条件下，再尽可能地降低整车重量，并同时保证高效的制造节拍与合理的生产成本。能满足上述要求的轻量化重要途径之一，就是采用轻质高效的复合材料零部件。

11.2 高分子基复合材料的定义和分类

11.2.1 高分子基复合材料的定义

复合材料是由两种或两种以上不同性质的材料（金属材料、陶瓷材料或高分子材料），通过物理或化学的方式组合制备而成的具有新特性的材料[3]。各种材料在性能上互相取长补短，产生协同效应，使复合材料的综合性能优于原组成材料而满足各种不同的要求。复合材料由于其组成部分不同，可分为金属基复合材料、陶瓷基复合材料和高分子复合材料。其中，高分子基复合材料是以有机聚合物为基体，纤维等为增强材料组成的复合材料，基体主要有合成树脂、橡胶、陶瓷、石墨、碳等[4]。有关复合材料和先进复合材料的基础、性能、应用和进展在文献［5］中有详细论述，有兴趣的读者可参阅这本书。

11.2.2 高分子基复合材料的分类

高分子基复合材料按照基体材料种类可分为热固性树脂基复合材料、热塑性树脂基复合材料和橡胶基复合材料[6]。

按基体材料性能可分为通用型、耐化学介质腐蚀型、耐高温型和阻燃型高分子基复合材料。

按照增强材料种类可分为玻纤、碳纤、芳纶纤维、硼纤维、碳化硅纤维、石棉纤维、单晶晶须、金属丝和硬质细粒等增强型高分子基复合材料。

按增强体类型分为：纤维增强、晶须增强以及颗粒增强型高分子基复合材料。

按纤维的长短可分为短纤维、长纤维和连续纤维增强复合材料。长纤维增强复合材料定义为纤维的长度大于临界长度时的复合材料；纤维的临界长度可按下列方程计算。

$$l_c = \frac{r_0 \sigma_f}{\tau} \quad \text{或} \quad \frac{l_c}{d} = \frac{\sigma_f}{2\tau} \tag{11-1}$$

式中，l_c 为纤维的临界长度；r_0 为增强纤维的半径；σ_f 为增强纤维的临界断裂应力；τ 为基体的剪切强度；$\frac{l_c}{d}$ 为纤维的临界长径比。

按目前的玻璃纤维增强热塑性的 PP 材料所估算的长纤维和短纤维的相关参量见表 11-1。这类复合材料具有很好的可设计性，可做成多层复合，可满足汽车轻量化的诸多性能，如质量轻、强度高、抗疲劳性能好、环保可回收、零件加工易于自动化、成本低、具有高的性价比。

表 11-1　长纤维和短纤维长度定义

名称	短玻纤增强聚合物		长玻纤增强聚合物		
玻纤长度	<1mm	1~5mm	5~25mm	5~25mm	>10~100mm
原材料	短纤维复合物	SFT 丸粒	LFT 丸粒	有方向性的 LFT	玻璃纤维增强型热塑性塑料的复合材料的片状模压料

11.3　纤维增强树脂基复合材料

在众多的高分子基复合材料中，纤维增强树脂基复合材料作为一种新型材料，由于其优异的性能特点，独特的轻量化效果、可设计性强和易于整体成形等诸多优点，在航空航天、建筑等领域已经得到了广泛应用，并越来越广泛地应用于对轻量化要求较高的汽车零部件。其性能特点主要有以下几点[7]。

(1) 具有优异的力学性能

纤维增强树脂基复合材料的特点是比强度与比模量高。比强度、比模量分别是指材料的强度和模量与密度之比，当比强度越高时，同一强度下零件的自重就越小；当比模量越高时，零件的刚性就越大。因此强度和模量的提高，对需要很高力学性能且高速运转的部件，和需减轻自重与增强承载能力的汽车结构具有重要意义。

(2) 具有各向异性

纤维增强树脂基复合材料，由于其组成组分不均一，沿纤维方向的比强度、比模量明显优于垂直于纤维方向，因此在力学性能上具有各向异性。

（3）具有可设计性

与传统材料确定的性能不同，复合材料的结构和对应的性能均具有可设计性，并可实现整体化设计与成形。其中基体材料与增强材料的选择、纤维方向的选择、铺层的设计都可以影响复合材料的整体性能，并可提前根据组成复合材料的基体材料以及增强材料的参数进行性能计算。

（4）结构功能一体化

相比于传统材料制造的零件通过铆接、焊接等方式进行连接，复合材料可通过合理的设计以及适当的工艺完成整体成形，可提升零件整体的性能、降低成本、减轻整体质量。

近年来，化工水平的不断提高，复合材料中纤维以及树脂等原材料的价格下降，工艺水平不断提高、批量化生产能力的提升，也为复合材料在汽车工业的应用提供了优良的契机。对于环境问题的重视以及对于节能减排的迫切需求，使得各国在汽车以及轨道交通领域对于复合材料的应用加大了研发的投入，各大企业也在复合材料应用方面不断推动技术创新以及拓展复合材料应用范围，以提高自身竞争力。

11.4 增强纤维

在复合材料中，一般情况下连续相称为基体，基体材料起到黏结、均衡载荷、分散载荷、保护纤维的作用。另外一相为以独立的形态分布在连续相中的分散相，其力学性能优越，对复合材料强度增强显著，故称为增强体，在基体与增强体间存在界面。

增强体中的增强材料就像人体中的骨骼，混凝土中的钢筋一样，是复合材料的重要组成部分，并起到非常重要的作用。就其形态而言，主要有纤维及其织物、晶须和颗粒。就其组成的性质而言，又可分为有机增强材料、金属增强材料和无机非金属增强材料。在纤维增强复合材料中，纤维是承受载荷的组元，纤维的力学性能决定了复合材料的性能。复合材料中的增强纤维有主要包括有玻璃纤维、碳纤维和芳香族聚酰胺纤维等[8]。

11.4.1 玻璃纤维

玻璃纤维（glass fiber 或 fiber glass）是一种性能优异的无机非金属材料，种类繁多，优点是绝缘性好、耐热性强、抗腐蚀性好、机械强度高，但缺点是性脆、耐磨性较差。它是以玻璃球或废旧玻璃为原料经高温熔制、拉丝、络纱、织布等工艺制造成的，其单丝的直径为几微米到二十几微米，相当于一根头发丝的 1/20～1/5，每束纤维原丝都由数百根甚至上千根单丝组成。玻璃纤维通常用复合材料中的增强材料、电绝缘材料和绝热保温材料、电路基板等国民经济各个领域。最早的玻璃纤维是大自然的杰作，当强大的风吹到火山流动的玻璃态熔岩的浪峰时，风把熔岩牵伸拉成纤细的纤维。公元前，腓尼基人就在火山口附近发现了玻璃纤维。1841 年，英国人制成玻璃纤维拉丝机。第一次世界大战期间，德国人拖动脚踏车拉制玻璃纤维。20 世纪 30 年代，美国人发明了用铂坩埚拉制连续玻璃纤维的生产技术，玻璃纤维才得以在世界范围内大规模地生产。1938 年，美国的欧文斯·伊利诺伯利公司和康宁工厂联合组成了欧文斯·康宁玻璃纤维公司，它是世界上第一家玻璃纤维企业，为现代的玻璃纤维制造工业的发展奠定了基础。在 1958～1959 年期间，美国最大的两家玻璃纤维制造商——欧文斯·康宁公司和匹兹堡平板玻璃公司采用池窑拉丝技术相继建立了玻璃纤维制造厂。从此，玻璃纤维制造技术由以纺织型玻璃纤维产品为主的传统的坩埚拉丝工艺，逐步过渡到以生产增强型无纺玻璃纤维产品为主的池窑拉丝工艺技术，使得玻璃纤维的生产成本大幅度下降,生产效率大幅度提高,成为玻璃纤维发展史上的一个里程碑。我国的玻璃纤维工业起源于1958年,1965年开始玻璃纤维池窑拉丝制造技术的工业化试验,20世纪70年代初建成我国第一条玻璃纤维池窑拉丝生产线。2004年,我国玻璃纤维的年产量为66万吨,约占世界总产量的1/5,进入玻璃纤维制造大国行列[9]。

玻璃纤维的特点是强度高,其抗拉强度可达1000~3000MPa;弹性模量比金属低得多,为$(3\sim5)\times10^4$MPa;密度小,为$2.5\sim2.7\mathrm{g/cm^3}$,与铝相近,是钢的1/3;比强度、比模量比钢高;化学稳定性好;不吸水、不燃烧、尺寸稳定、隔热、吸声、绝缘等。缺点是脆性较大,耐热性低,250℃以上开始软化。玻璃纤维按照成分和长度可分为以下几类[10]。

(1) 按玻璃中碱金属氧化物的含量多少来划分

① 无碱玻璃纤维。其碱金属氧化物含量小于1%,此种玻璃纤维相当于E玻璃纤维。它有优良的化学稳定性、电绝缘性和力学性能,主要用于增强塑料、电器绝缘材料、橡胶增强材料等。

② 中碱玻璃纤维。其碱金属氧化物含量为8%~12%。此种玻璃纤维相当于C玻璃纤维。由于含碱量较高,耐水性就较差,不适宜用作电绝缘材料。但它的化学稳定性较好,尤其是耐酸性能比E玻璃纤维好。虽然机械强度不如E玻璃纤维,但由于来源较E玻璃纤维丰富,而且价格便宜,所以对于机械强度要求不高的一般增强塑料结构件,可用这种玻璃纤维。

③ 高碱玻璃纤维。其碱金属氧化物含量为14%~15%。此种玻璃纤维相当于A玻璃纤维。它的机械强度、化学稳定性、电绝缘性能都较差,主要用于保温、防水、防潮材料。

④ 特种成分玻璃纤维。由于在配方中添加了特种氧化物,因而赋予玻璃纤维各种特殊性能。如高强度玻璃(S玻璃)纤维、高弹性模量玻璃(M玻璃)纤维、耐高温玻璃纤维、低介电常数玻璃纤维、抗红外线玻璃纤维、光学玻璃纤维、导电玻璃纤维等。

玻璃纤维的直径越细则强度越高,扭曲性也越好,主要原因是纤维直径越细,其表面裂纹较少而且小,因此拉伸强度随着纤维直径的减小而急剧上升。增强塑料常用的玻璃纤维直径是$6\sim15\mu\mathrm{m}$,属于高中级玻璃纤维类型,此种玻璃纤维拉伸强度一般在1000~3000MPa,因而增强塑料有很高的机械强度。对于超级玻璃纤维,由于产量低、成本高,不宜采用,它一般作高级绝缘基材。从强度及成本角度考虑,今后中级玻璃纤维作增强材料将占极大比重。

(2) 按纤维长度划分

① 连续玻璃纤维主要是用漏板法拉制的长纤维。

② 定长玻璃纤维主要是用吹拉法制成长度为300~500mm的纤维,用于制毛纱或毡片。

③ 玻璃棉主要用离心喷吹法、火焰喷吹法制成长度为150mm以下,类似棉絮的纤维。主要用作保温吸声材料。

11.4.2 碳纤维

碳纤维(carbon fiber),又称石墨纤维,是一种具有很高强度和模量的耐高温纤维,为化纤的高端品种。它主要由碳原子构成,直径约$5\sim10\mu\mathrm{m}$。碳纤维通常以碳纤维束形式使用,碳纤维束由数千条更微小的碳纤维所组成。几千条碳纤维集束在一起形成一个纤维束,其可以单独使用或被编织成织物。最早的一代如T300、HTA和AS4直径有$16\sim22\mu\mathrm{m}$,新研发的碳纤维(如IM6或IM600)的直径大约有$5\mu\mathrm{m}$[11]。

碳纤维一般用聚丙烯腈(PAN)、黏胶纤维等聚合物原料先在200~300℃的空气中进行预氧化,然后在氩气等惰性气体保护下,用约1700℃的高温完成驱除非碳原子的过程(碳化),最后加热到2600~3000℃成碳纤维。碳纤维的长丝可能被进一步处理以提高品质,然后卷绕到筒管[12]。为了生产碳纤维，碳原子通过共价键在晶体中结合，平行排列的纤维长轴给予碳纤维相当高的强度/体积比。碳纤维的特性，如高硬度、高强度、重量轻、高耐化学性、耐高温和低的热膨胀，使其在航空航天、土木工程、军事、赛车与其他竞技体育运动制品中很受欢迎。然而，相对于类似的纤维，例如玻璃纤维或塑料纤维，碳纤维是相当昂贵的。碳纤维通常通过与树脂混合缠绕或模压后形成具有非常高的强度/重量比的碳纤维增强聚合物（通常也被称为碳纤维增强复合材料）。当然，碳纤维也会与其他如石墨的材料复合，以形成耐高温的碳-碳复合材料。

在原子层面，碳纤维跟石墨很相近，是由一层层以六边形模式（石墨烯薄片）排列的碳原子所构成。两者的差别在于层与层之间的连结方式。石墨是晶体结构，它的层间连结松散，而碳纤维不是晶体结构，层间连结是不规则的。这样便防止滑移，增强物质强度。一般碳纤维的密度为 $1750 kg/m^3$。导热能力高但传电能力低，碳纤维的比热容亦比铜低。当加热的时候，碳纤维会变厚而短。虽然碳纤维的天然颜色是黑色，但可以把它染上不同的颜色。2014 年全球碳纤维需求量约 5.4 万吨，2015 年达 7.4 万吨，未来随着碳纤维复合材料成形技术的不断发展，下游应用领域的不断开拓，尤其是航空、汽车、电叶片的强劲增长以及其带动作用，未来碳纤维需求量年均增长率将超过 10%，2020 年将超过 13 万吨。国内 2015 年碳纤维需求量为 1.7 万吨，预计 2020 年将达到 3 万吨左右，复合年增长率约 11%[13]。强劲的需求来自航空航天、风力发电以及汽车行业。

11.4.3 芳纶纤维

芳香族聚酰胺纤维（简称芳纶）是经由聚间苯二甲酰间苯二胺（poly-metaphenylene isophthal amides，MPIA）纤维经纺丝制得的。主要有两类：一类是聚对苯二甲酰对苯二胺（PPDA）纤维，如美国杜邦公司的 Kevlar-49、荷兰恩卡公司的 Twaron HM、我国的芳纶 1414 等；另一类为聚对苯甲酰胺（PBA）纤维，如 Kevlar-29、芳纶 14 等[14]。此种纤维耐热性及绝缘性能很好，而且工作化学性能稳定，对于弱酸、弱碱及大部分有机溶剂有很好的抵抗性。但是也存在耐光性的缺点。如果在日光的暴晒下维持一年，则它的强度（单位截面积下的张力）会下降 50%。所以通常需要加入耐光剂去防止此情况。美国杜邦公司在 1967 年以氯化钙作用，开发出聚间苯二甲酰间苯二胺纤维（HT-1 纤维），定商品名"NOMEX"。以氢氧化钙或氨中和聚合溶液，然后在其静态混合器中混入苯胺等链终止剂以制得纺丝原液，之后则用湿法或干法的纺丝方法而制成纤维。其他种类如特威隆纤维（Twaron）或克维拉纤维（Kevlar）等。芳纶纤维多层连在一起可以制造拆弹专家用的软式装甲，这种装甲能令军人受到保护时同时仍能动作灵活。这是一类具有高强度、高模量、耐高温、低密度等优异性能的新型材料，主要用于航空、航天、造船、医疗器械和体育用品等复合材料制件。

由于芳纶纤维价格颇高，目前国内还只有航空、航天、船舶及体育器械等系统使用，且根据最终产品用途不同，成形工艺和加工方法亦不完全一致；由于其优异性能和应用范围的特殊性，应用领域随着我国高新技术的发展会具有广阔的应用前景。另外，芳纶纤维也有诸多缺点[15]，芳纶纤维与基体的粘接力较差，因此机械加工极易分层。由于芳纶纤维柔韧性好，用其制成的复合材料在切削时纤维不易被切断，因此未切断的纤维和树脂堆积在断口处，造成加工面粗糙。国产芳纶易断头、表面易起毛、吸湿性差，而且生产规模小、品种和规格少，工程应用设计可选择余地小。采用芳纶作为轮胎的带束和胎体，成形过程中会出现一些问题，如芳纶带束无磁性不能贴住带束鼓、芳纶帘布不能自动卷曲和供料、成形压合时出现存气等。芳纶是利用各向异性液晶纺丝制成的纤维，虽然强度和模量很高，但是在纤维轴垂直方向的性能，如压缩强度、疲劳特性等都比较差。由于芳纶的分子排列紧密，染料不易进入，因此所有芳纶着色性都较差。在芳纶纸中，其研制中长期存在的匀度不良会导致性能不佳。

芳纶纤维是一类性能颇好的有机纤维，它不仅可单独使用，还可与玻璃纤维、碳纤维等根据使用要求进行合理搭配组成混杂复合材料，可获得异乎寻常的效果，这是当前复合材料研究领域的发展方向之一。可以预计，随着芳纶纤维品种规格增加、性能不断提高、材料成本降低和加强工艺技术研究与质量控制等方面做好各项工作，芳纶纤维及其复合材料将会在更广阔的领域中得到加速发展和应用。

11.5 树脂基体

11.5.1 热固性树脂基体

热固性基体树脂在航天航空、汽车工业领域得到广泛的用途。高性能热固性树脂主要包括环氧树脂、双马来酰亚胺树脂、聚酰亚胺树脂、酚醛树脂、聚氨酯树脂以及氰酸酯树脂，用作内饰、涂料、胶黏剂、绝缘材料以及耐高温材料等方面。

环氧树脂。环氧树脂具有优良的工艺性能、力学性能、黏结性强、收缩率低等优点，已经开发成为一系列航空航天用复合材料基体，被广泛应用在机翼、机身等大型主承力构件中和副翼、舵面、整流罩和客舱内壁。通信卫星的中心推力筒壳体也由环氧树脂纤维面板的夹层结构组成。作为一种传统的热固性树脂，其缺点也很显著，如吸湿率大、尺寸稳定性差、介电性能差、本身也比较脆。对于其应用在汽车工业上需要从以下两个方面进行改进：一是提高使用温度，二是提高韧性。随着增韧改性的深入研究，环氧的韧性也在逐步提高，目前主要有以下几种改性手段：烯丙基化合物改性、二胺扩链改性、环氧树脂改性、热塑性材料改性等[16]。

双马来酰亚胺树脂。一些特殊场合要求复合材料树脂基体在 130~150℃ 额定湿热条件下能保持较高的强度、刚度，即使在结构受到低能量损伤后，仍有足够的剩余强度，对此，工程化的环氧树脂已难满足温度要求。而双马来酰亚胺树脂（BMI）既有接近聚酰亚胺的耐热性，又基本保留了环氧树脂的成形工艺性，引起了广泛关注，进入先进复合材料的基体树脂领域。BMI 具有良好的耐高温、耐湿热、耐辐射、吸水率低和热膨胀系数低等优点，同时其加工方法与环氧树脂类似。目前已有用 BMI 树脂作为碳纤维复合材料的基体来代替或部分代替环氧树脂应用。BMI 树脂的耐湿热性能和耐热性均优于环氧树脂，但作为结构复合材料基体使用，其韧性略显不足，同时也存在工艺性能差的缺点，因此，为了能够在汽车工业上广泛应用，其未来主要的工作重点应该是对其进行改性研究。一方面要开发新的单体，使固化产物的韧性提高，固化温度降低，提高其工艺性能；另一方面应该着重于 BMI 共混改性的研究，加强热塑性塑料增韧 BMI 的研究，使之能生成 IPN 结构，提高树脂的耐热性和韧性。

氰酸酯树脂。氰酸酯树脂具有吸湿率低（<1.5%）、收缩率低、介电性能好（介电常数 2.7~3.2，介电损耗 0.001~0.005）、玻璃化转变温度高（240~290℃）、力学性能优良和黏性好等优点，并且具有和环氧树脂类似的固化工艺，自从 20 世纪 80 年代商品化以来，氰酸酯树脂在高性能树脂领域的地位越来越重要。Cytec 公司的 EX-1509 氰酸酯树脂的玻璃化转变温度达 335℃，短时工作温度可达 300℃，可以代替 BMI。氰酸酯树脂主要用于三个方面：高速数字以及高频用印制电路板、高性能透波结构材料、航空航天用高性能结构复合材料等方面。研究表明，碳纤维/氰酸酯复合材料可以用于生产超音速导弹的操控面，其质量

比传统材料减少25％。高导热高模量碳纤维增强的氰酸酯树脂可作为太阳帆板结构材料,该材料经历高温后力学性能几乎没有下降,因此完全可以用于近太阳、金星等的耐高温飞行器的结构部件。氰酸酯目前还处于基础研究阶段。虽然氰酸酯和其他热固性树脂相比,韧性较好,但在汽车工业的高效率低成本要求等条件下,仍无法满足其全方面的要求。同时需要进行增韧改性,主要方法是和单官能团氰酸酯共聚降低交联密度,或者是和橡胶等材料进行共混改性[17]。

聚酰亚胺(PMR)树脂。反应性聚酰亚胺作为一种热稳定性复合材料基体,可以在高温环境中作为结构承力构件来使用,现在已经广泛应用于航空航天领域。作为耐热材料可用于飞机发动机。

11.5.2 热塑性树脂基体

热塑性聚合物作为热塑性基体,主要是指树脂分子链都是线型或带支链的结构,分子链之间无化学键产生,具有加热后软化、冷却时固化、可再度软化等特性的塑料。热塑性塑料中加热时软化和冷却时变硬的过程是物理变化。因该现象可交替反复进行(有的物质只能受热可塑化一次,冷却固化后再受热则不具可塑性),所以可回收再利用。不同于热固性聚合物,后者在高温时不易软化也不容易发生形变(因此热固性聚合物虽能耐高温,却无法回收的缺点)。热塑性聚合物的特性是绝缘导热。

自20世纪50年代热塑性树脂基材料问世以来,几十年树脂基复合材料一直以热固性树脂基材料为主流。进入90年代,随着科学技术的迅猛发展,以通用工程塑料和高性能工程塑料为基体树脂的热塑性复合材料越来越受到人们的关注,并已成为复合材料异常活跃的研究开发热点。国外的热塑性树脂基复合材料发展速度非常快,已大大超过热固性树脂基复合材料的发展速度。以美国为例,热固性树脂基复合材料年平均增长速度为5.48％,而热塑性树脂基复合材料则为23.15％[18]。

热塑性塑料可分为通用塑料、通用工程塑料、高性能工程塑料等三类,主要的热塑性塑料有聚乙烯(PE)、聚丙烯(PP)、聚苯乙烯(PS)、聚甲基丙烯酸甲酯(PMMA)、聚氯乙烯(PVC)、聚酰胺(尼龙,nylon)、聚碳酸酯(PC)、聚四氟乙烯(特氟龙,PTFE)、聚对苯二甲酸乙二醇酯(PET)、聚甲醛(POM)[19]。目前,采用聚酰胺、聚对苯二甲酸丁二醇酯、聚碳酸酯等树脂与碳纤维、芳纶纤维等复合形成热塑性复合材料的技术进步很快,但批量应用尚不成熟,尤其在商用车上的应用比较少见。

热塑性复合材料产量大、密度小,且具有较好的力学性能。热塑性复合材料具有高的比强度、比刚度、抗冲击韧性、成形加工性能优、易回收再利用及可设计性强、性价比高、绿色环保等卓越性能,因而逐渐成为汽车车身轻量化的主流轻质复合材料[20]。

11.6 复合材料的界面

在复合材料中,增强体材料(各种高性能纤维)的主要作用是承担载荷,对材料的力学性能起主要的贡献作用;基体材料(尤其是聚合物基体)的作用是将纤维黏结在一起,并赋予材料一定的刚性和几何形状;而界面相则起到在基体相与增强相间均匀地传递载荷并阻碍材料裂纹进一步扩展的作用。界面(interface)是复合材料重要的微结构,它是增强纤维与基体连接的"纽带"。由此可见,复合材料的物理、化学及力学性能不仅与增强纤维、基体有关,更与两者之间的界面有着重要的关系。复合材料界面是在热、化学及力学等环境下形成的体系,具有既不同于基体相又不同于增强相组分本体的复杂结构。例如纤维增强复合材料界面通常包括以下几个过渡区：具有一定形貌及化学特性的纤维表面层；与增强纤维本体性能不同的纤维表面过渡区；上浆剂或涂层；与本体基体性能不同的基体表面过渡区等众多层次。因此以上某一层次发生变化都将导致复合材料性能的改变并对复合材料的宏观性能产生影响，所以界面附近这一个结构与性能发生变化的微区也可作为复合材料的一相，称为界面相（interphase）。因此确切地说，复合材料由基体相、增强相和界面相组成[21]。

11.6.1 界面剪切力的提出

界面的面积累计起来十分巨大。例如，当直径为 $10\mu m$ 的玻璃纤维在复合材料中占 60%（体积分数）时，则在每 $100cm^3$ 的复合材料中就有 $4\times10^8 cm^2$ 的界面[22]。随着纤维直径减小，界面的面积就会更大，界面也更加重要。界面是增强材料发挥效能的作用区，其界面剪切强度直接影响到复合材料的强度和韧性，因此，界面剪切强度的研究和测定也成为复合材料界面研究中的一个重点。近年来，对界面的研究内容主要包括界面的物理化学现象（化学反应、润湿、吸附、静电等）以及界面的相关理论、结构、改性技术及设计研究，接触的两相表面性质，复合方式和加工条件对界面形成的影响，界面表征及界面参数的确定，界面力学及与复合材料性能的关系等，主要围绕提高复合材料的力学性能或赋予其新的功能的研究。

自从1962年美国材料咨询委员会（AMAC）成立专业组，系统研究纤维增强复合材料界面以来，界面问题的研究引起了许多研究者的注意和兴趣。界面的脱黏和失效演化的数值模拟成为研究的重点，而且绝大部分的工作都是在细观力学有限元的基础上展开的。研究学者通过模型模拟以及载荷实验发现，导致纤维应力高度集中的强界面及基体的韧性对界面脱黏有重要影响，并把界面定义为应力和不连续位移存在线性关系的无厚度界面，这样的界面被称为黏结带模型（cohesive zone model）。国内学者采用有限元法对于界面损伤、失效的细观力学数值模拟同样展开了一些有益的研究工作，描述多相结构材料之间的界面不连续情况，并进行复合材料的界面数值分析。

11.6.2 界面剪切力的测定方法

由于难以建立统一的相对较精确有效的界面载荷传递模型、确立统一的实验规范和标准，因此造成采用不同的实验方法实验结果无法相比较，同一实验方法不同研究者的结果也无法比较。目前界面剪切力可以通过建立力学模型进行计算测定，界面的力学模型有以下几种[23]。

理想几何界面模型。由于界面的力学性能很难准确测量，特别是界面上的剪应力分布非常复杂，因此用一个剪切强度表征界面的性能是不全面的。在理论分析中，一般对界面（层）进行简化处理。通常在分析时将其假设成为理想几何界面模型，即在界面两侧材料性质发生间断，位移与应力满足连续条件。这样的模型简单易于分析，但与实际界面有较大出入，界面上位移出现交叠。

弹簧模型。该模型假设界面没有几何厚度，但有一定的弹性刚度和强度，就像存在两个弹簧一样，它们分别表示界面的切向刚度 K、法向刚度 K_n。只要知道界面的相对位移就可以计算界面的应力。当界面正应力达到极限强度时，界面开始分离；当界面剪应力达到切向极限强度时，界面开始滑移。当界面具有一定的厚度时，也可以将界面层折算为弹性刚度，简化为弹簧模型处理。纤维增强复合材料的基体——纤维界面行为对其宏观力学性能有着显著的影响，因而引起了人们广泛的研究兴趣。已有的研究工作主要涉及在较高应力水平下界面脱黏及其引起的摩擦滑动等问题。

界面黏性滑动的物理机制由 Raj 和 Ashby 提出。材料界面在微观尺度上一般总是有微小的起伏。在剪应力 τ 作用下，界面上各点的应力分布是不均匀的，在 τ 较小且温度较高时，排除塑性变形和开裂，仅考虑界面正应力梯度引起至少一种材料的原子沿界面扩散。应力驱动的界面扩散引起界面物质重新分布，导致两种材料相对滑移。基于以上机制得出的界面相对滑动速率 δ 的表达式如下 (11-2)[24]：

$$\delta = \frac{\tau^*}{\eta} \tag{11-2}$$

式中，η 为黏性常数，依赖于温度、原子迁移率以及截面粗糙度，其值可由适当设计的实验测得。尽管这一界面滑动模型最早是用于解释多晶金属的晶界滑动，但也可以解释出现于纤维复合材料的类似现象。

界面剪切强度实验手段的发展由科学技术的发展水平所决定，目前的实验方法主要有单纤维拔出实验、微珠脱黏实验、单纤维埋入法实验和纤维压出实验。单纤维拔出实验，测定纤维从基体中拔出的载荷，测出埋入纤维的长度和纤维直径，计算出界面强度；微珠脱黏实验，测出纤维拔出载荷，再通过黏结长度或者黏结面积估算出界面强度；单纤维埋入法实验，将纤维埋置基体内，在纤维施加轴向拉力，测出纤维断裂的临界长度来确定界面强度；单纤维都是受轴向拉伸载荷，要求试样必须由实验室制备，并不是实际的复合材料，因此得出的界面强度难免存在偏差，而纤维压出实验，采用实际复合材料作为实验的试样，测定真实复合材料界面参数。实验要求确定界面脱黏时所加的压力，经过理论分析计算界面参数。但是，由于复合材料界面的复杂性，至今人们对界面的认识还很肤浅，还没有一种理论能完善地解释各种界面现象。随着科学的发展和界面表征技术的进步，人们必将更全面、更深入地认识界面现象，界面理论也将进一步发展和完善。

11.7 热固性树脂基复合材料的制造工艺与方法

复合材料的成形方法按基体材料不同各异。热固性树脂基复合材料的成形方法较多，有手糊成形、喷射成形、缠绕成形、模压成形、拉挤成形、RTM 成形、热压罐成形、膜压成形、迁移成形、反应注射成形、软膜膨胀成形、冲压成形等[25]。

11.7.1 手糊成形工艺

手糊成形：用纤维增强材料和树脂胶液在模具上铺覆成形，室温（或加热）、无压（或低压）条件下固化，脱模制成品的工艺方法。

(1) 原材料

① 树脂：不饱和聚酯树脂、环氧树脂。

② 纤维增强材料：玻纤制品（无捻粗纱、短切纤维毡、无捻粗纱布、玻纤细布、单向织物）、碳纤维、Kevlar 纤维。

③ 辅助材料：稀释剂、填料、色料。

(2) 工艺过程（图 11-1）

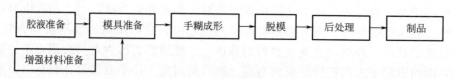

图 11-1 手糊成形工艺过程

胶液的工艺性主要指胶液黏度和凝胶时间。手糊成形的胶液黏度控制在 0.2~0.8Pa·s 之间为宜。环氧树脂可加入 5%~15%（质量比）的邻苯二甲酸二丁酯或环氧丙烷丁基醚等稀释剂进行调控。其中关键参数为凝胶时间，是在一定温度条件下，树脂中加入定量的引发剂、促进剂或固化剂，从黏流态到失去流动性，变成软胶状态的凝胶所需的时间。手糊作业前必须做凝胶试验。但是胶液的凝胶时间不等于制品的凝胶时间，制品的凝胶时间不仅与引发剂、促进剂或固化剂有关，还与胶液体积、环境温度与湿度、制品厚度与表面积大小、交联剂蒸发损失、胶液中杂质的混入、填料加入量等有关。手糊成形所适用增强材料主要是布和毡。其中关键参数为布的排向、同一铺层的拼接、布的剪裁。糊制时一般表面层（俗称胶衣层）涂刷两遍，方向正交，喷涂距离保持在 400~600mm 之间。注意杜绝胶衣层内混入气泡和带入水，喷涂过程中尽量减少苯乙烯的挥发，防止固化不良。铺层控制的原则为制品强度损失小，不影响外观质量和尺寸精度，施工方便。拼接形式有搭接和对接两种，以对接为宜。对接式铺层可保持纤维的平直性，产品外形不发生畸变，并且制品外形和质量分布的重复性好。为不致降低接缝区强度，各层的接缝必须错开，并在接缝区多加一层附加布。多层布的铺放也可以按照一个方向错开，形成"阶梯"接缝连接。将玻纤布厚度 t 与接缝距 s 之比称为铺层锥度 z，即 $z=t/s$。试验表明，$z=1/100$ 时，铺层强度与模量最高，可作为施工控制参数。由于各种原因不适宜一次完成铺层固化的制品，如厚度超过 7mm，需要两次拼接固化（铺层二次固化拼接）。手糊成形大多是室温固化，应选择活化能和临界温度较低的引发剂。在室温下，引发剂不能分解出游离基（低于临界温度），故必须加促进剂。低温高湿不利于不饱和聚酯树脂的固化。制品室温固化后，有的需要再进行加热后处理。其作用为，使制品充分固化，从而提高其耐化学腐蚀、耐候等性能，缩短生产周期，提高生产率。一般环氧玻璃钢的热处理常控制在 150℃ 以内，聚酯玻璃钢控制在 50~80℃ 之间[26]。

(3) 手糊制品厚度与层数计算

① 手糊制品厚度 $$t=mk \tag{11-3}$$

式中 t——制品（铺层）的厚度，mm；

m——材料质量，kg/m^2；

k——厚度常数，$mm/(kg·m^{-2})$，材料厚度常数 k 见表 11-2。

表 11-2 材料厚度常数 k

性能＼材料	玻璃纤维（E 型、S 型、C 型）	聚酯树脂	环氧树脂	填料-碳酸钙
密度/(kg/m³)	2.56、2.49、2.45	1.1、1.2、1.3、1.4	1.1、1.3	2.3、2.5、2.9
$k/[mm/(kg·m^{-2})]$	0.391、0.402、0.408	0.909、0.837、0.769、0.714	0.909、0.769	0.435、0.400、0.345

② 铺层层数计算 $$n=\frac{A}{m_f(k_f+ck_r)} \tag{11-4}$$

式中 A——手糊制品总厚度，mm；

m_f——增强纤维单位面积质量，kg/m^2；

k_f——增强纤维的厚度常数，$mm/(kg·m^{-2})$；

k_r——树脂基体的厚度常数，$mm/(kg·m^{-2})$；

c——树脂与增强材料的质量比；

n——增强材料铺层层数。

11.7.2 喷射成形工艺

喷射成形工艺为，将混有引发剂和促进剂的两种聚酯分别从喷枪两侧（或是在喷枪内混合）喷出，同时将切断的玻纤无捻粗纱由喷枪中心喷出，使其与树脂均匀混合，沉积到模具上，当沉积到一定厚度时，用辊轮压实，使纤维浸透树脂，排除气泡，固化后成制品[27]。

(1) 工艺过程（图 11-2）

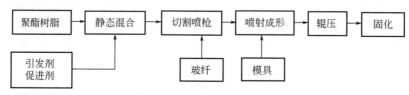

图 11-2 喷射成形工艺过程

原材料主要为树脂（主要用不饱和聚酯树脂）和玻纤无捻粗纱。喷射成形设备分压力罐式和泵供式两种：

① 泵式供胶喷射成形机，是将树脂引发剂和促进剂分别由泵输送到静态混合器中，充分混合后再由喷枪喷出，称为枪内混合形。其组成部分为气动控制系统、树脂泵、助剂泵、混合器、喷枪、纤维切割喷射器等。树脂泵和助剂泵由摇臂刚性连接，调节助剂泵在摇臂上的位置，可保证配料比例。在空压机作用下，树脂和助剂在混合器内均匀混合，经喷枪形成雾滴，与切断的纤维连续地喷射到模具表面。这种喷射机只有一个胶液喷枪，结构简单、重量轻、引发剂浪费少，但因系内混合，使完后要立即清洗，以防止喷射堵塞。

② 压力罐式供胶喷射机是将树脂胶液分别装在压力罐中，靠进入罐中的气体压力，使胶液进入喷枪连续喷出。其由两个树脂罐、管道、阀门、喷枪、纤维切割喷射器、小车及支架组成。工作时，接通压缩空气气源，使压缩空气经过气水分离器进入树脂罐、玻纤切割器和喷枪，使树脂和玻璃纤维连续不断地由喷枪喷出，树脂雾化，玻纤分散，混合均匀后沉落到模具上。这种喷射机是树脂在喷枪外混合，故不易堵塞喷枪嘴。

(2) 喷射成形工艺控制

① 纤维。选用前处理的专用无捻粗纱。制品纤维含量控制在 28%～33%，纤维长度一般为 25～50mm。

② 树脂含量。喷射制品采用不饱和聚酯树脂，树脂含量控制在 60% 左右。

③ 雾化压力。当树脂黏度为 0.2Pa·s，树脂罐压力为 0.05～0.15MPa 时，雾化压力为 0.3～0.55MPa，方能保证组分混合均匀。

④ 胶液黏度。应控制在 0.3～0.8Pa·s，触变度以 1.5～4 为宜。

⑤ 喷射量。喷射量与喷射压力和喷嘴直径有关，喷嘴直径在 1.2～3.5mm 之间选定，可使喷胶量在 8～60g/s 之间调变。

⑥ 喷枪夹角。不同夹角喷出来的树脂混合交距不同，一般选用 20°夹角，喷枪与模具的距离为 350～400mm。改变距离，要高速喷枪夹角，保证各组分在靠近模具表面处交集混合，防止胶液飞失。

(3) 喷射成形注意事项

① 环境温度应控制在（25±5）℃，过高，易引起喷枪堵塞；过低，混合不均匀，固化慢。

② 喷射机系统内不允许有水分（要求独立管路供气，气体必须彻底除湿）存在，否则

会影响产品质量。

③ 成形前,模具上先喷一层树脂,然后再喷树脂纤维混合层。

④ 喷射成形前,先调整气压,控制树脂和玻纤含量。

⑤ 喷枪要均匀移动,防止漏喷,不能走弧线,两行之间的重叠小于1/3,要保证覆盖均匀和厚度均匀。

⑥ 喷完一层后,需要立即用辊轮压实,要注意棱角和凹凸表面,保证每层压平,排出气泡,防止带起纤维造成毛刺。

⑦ 每层喷完后,要进行检查,合格后再喷下一层。

⑧ 最后一层要喷薄些,使表面光滑。

⑨ 特殊部位喷射:曲面时,喷射方向始终沿曲面法线方向;沟槽时,先喷四周和侧面,然后再从底部补喷适量纤维;转角时,从夹角部位向外喷射。

⑩ 喷射机用完后要立即清洗,防止树脂固化,损坏设备。

11.7.3 树脂传递模塑(RTM)成形

RTM(resin transfer molding)工艺是指将液态热固性树脂(通常为不饱和聚酯树脂)及固化剂,由计量设备分别从储桶内抽出,经静态混合器混合均匀,注入事先铺有玻纤增强材料的密封模内,经固化、脱模、后加工而成制品[28]。

(1) 工艺过程(图11-3)

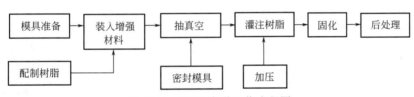

图11-3 RTM成形工艺流程图

(2) 原材料

主要原材料为通用型不饱和聚酯树脂,环氧多数用于航空制品中,但其价格较高,乙烯基树脂介于聚酯和环氧之间,价格适中,其他的树脂系统,如丙烯酸树脂系统和甲基丙烯酸甲酯乙烯基树脂系统是新的树脂系统,适合RTM工艺。增强材料为玻璃纤维连续毡、复合毡及方格布,连续纤维毡是目前RTM中应用最广泛的增强材料。要求铺覆性好,质量均匀性好,容积压缩系数要大,耐冲刷性好,对树脂流动阻力小,机械强度高等。混合使用连续纤维毡和短切纤维毡,尤其是以短切纤维毡/连续纤维毡/短切纤维毡的排列方式可使纤维的含量提高。无捻粗纱布变形性和浸透性较差,一般不单独使用。填料对RTM工艺很重要,它不仅能降低成本,改善性能,而且能在树脂固化放热阶段吸收热量。常用的填料有氢氧化铝、玻璃微珠、碳酸钙、云母等,其用量为20%~40%。成形设备为树脂压注机,由树脂泵、注射枪组成。树脂泵是一组活塞式往复泵,最上端是一个空气动力泵。当压缩空气驱动空气泵活塞上下运动时,树脂泵将桶中树脂经过流量控制器、过滤器定量地抽入树脂储存器,侧向杠杆使催化剂泵运动,将催化剂定量地抽至储存器。压缩空气充入两个储存器,产生与泵压力相反的缓冲力,保证树脂和催化剂能稳定地流向注射枪头。注射枪口后有一个静态紊流混合器,可使树脂和催化剂在无气状态下混合均匀,然后经枪口注入模具,混合器后面设计有清洗剂入口,它与一个有0.28MPa压力的溶剂罐相连,当机器使用完后,打开开关,溶剂自动喷出,将注射枪清洗干净。RTM模具分玻璃钢模、玻璃钢表面镀金属模和金属模三种。玻璃钢模具容易制造,价格较低,聚酯玻璃钢模具可使用2000次,环氧玻璃钢模具可使用4000次。表面镀金属的玻璃钢模具可使用10000次以上。金属模具在RTM工艺中很少使用,一般来讲,RTM的模具费仅为SMC的2%~16%。

(3) RTM成形特点

树脂系统黏度低:250~300Pa·s为最佳;固化放热峰低:一般为80~140℃;固化时间短:一般凝胶时间控制在5~30min之间,固化时间为凝胶时间的2倍。

11.7.4 袋压法、热压罐法、液压釜法和热膨胀模塑法成形

袋压法、热压罐法、液压釜法和热膨胀模塑法统称为低压成形工艺。其成形过程是用手工铺叠方式,将增强材料和树脂(含预浸材料)按设计方向和顺序逐层铺放到模具上,达到规定厚度后,经加压、加热、固化、脱模、修整而获得制品。四种方法与手糊成形工艺的区别仅在于加压固化这道工序。因此,它们只是手糊成形工艺的改进,是为了提高制品的密实度和层间粘接强度[29]。

袋压成形分压力袋法和真空袋法两种,压力袋法为将手糊成形的未固化制品,通过橡胶袋或其他弹性材料向其施加气体或液体压力,固定好盖板,然后通入压缩空气或蒸汽(0.25~0.5MPa),使制品在热压条件下固化。真空袋法是将手糊成形未固化的制品,加盖一层橡胶膜,制品处于橡胶膜和模具之间,密封周边,抽真空(0.05~0.07MPa),使制品中的气泡和挥发物排除。真空袋成形法由于真空压力较小,故此法仅用于聚酯和环氧复合材料制品的湿法成形。

热压罐和液压釜法都是在金属容器内,通过压缩气体或液体对未固化的手糊制品加热、加压,使其固化成形的一种工艺。热压罐使用卧式金属压力容器,未固化的手糊制品加上密封胶袋,抽真空,然后连同模具用小车推进热压罐内,通入蒸汽(压力为1.5~2.5MPa),并抽真空,对制品加压、加热,排出气泡,使其在热压条件下固化。液压釜使用密闭的压力容器,体积比热压罐小,直立放置,生产时通入压力热水,对未固化的手糊制品加热、加压,使其固化。

热膨胀模塑法采用不同膨胀系数的模具材料,利用其受热体积膨胀不同产生的挤压力,对制品施加压力。热膨胀模塑法的阳模是膨胀系数大的硅橡胶,阴模是膨胀系数小的金属材料,手糊未固化的制品放在阳模和阴模之间。加热时由于阳、阴模的膨胀系数不同,产生巨大的变形差异,使制品在热压下固化。

11.7.5 夹层结构成形工艺

夹层结构成形:由高强度蒙皮和轻质夹芯材料所构成。有手糊法和机械法两种,大多数采用手糊法[30]。

(1) 原材料

玻璃布分蒙皮和芯材两种。蒙皮:选用增强型浸润剂处理的玻璃布,规格通常为0.1~0.2mm的无碱或低碱平纹玻璃布。对曲面通常采用斜纹玻璃布。芯材:选用未脱蜡的无碱平纹布。生产纸基和蜂窝夹芯所用的绝缘纸,以木质纤维素制成的纸最好。金属箔以铝箔使用最多。蒙皮和芯材用树脂基体及蒙皮和芯材之间胶接用的树脂粘接剂可以选用环氧树脂、不饱和聚酯树脂、酚醛树脂、有机硅树脂和DAP树脂。而蜂窝夹芯制作过程中的胶条通常用聚醋酸乙烯酯、聚乙烯醇缩丁醛胶和环氧树脂等。

低密度夹芯由纸、棉布、玻璃布浸渍树脂或由泡沫塑料制成,有时也包括铝蜂窝夹芯。这类夹层结构的面板(蒙皮)多采用胶合板、玻璃钢以及薄铝板。其芯材与面板是胶接而成

的。高密度夹芯中夹芯与面板材料都采用不锈钢或钛合金制成。芯材制造及芯材与蒙皮的连接多采用焊接的方式。

(2) 蜂窝夹层结构制造工艺

根据制造方法不同可以分为湿法和干法成形,按成形工艺过程可分为一次成形(适宜纸蜂窝和布蜂窝)、二次成形(适宜纸蜂窝)和三次成形。硬质聚氨酯灌注发泡法(一步法)工艺过程:首先将模具预热到 40~50℃,按配比将 A、B 物料混合均匀,混合温度保持在 30~35℃。所用齿形搅拌器转速在 1000~1500r/min,搅拌时间大约为 30s,然后迅速将混合物注入模具内,控制凝胶时间大约为 5~7min,而后将发泡体送入 100℃的烘箱中保持 2h,再自然冷却至室温,脱模取出发泡体备用。硬质聚氨酯泡沫喷涂法(二步法)工艺过程:把原料分别由计量泵输送到喷枪内混合,使用干燥的高压空气作为搅拌能源(或用风动马达带动搅拌器),再在压缩空气作用下,将混合物喷射到制品,一般在较短时间内生成硬质聚氨酯泡沫塑料。

11.7.6 模压成形工艺

模压成形:是将一定量的模压料放入金属对模中,在一定的温度和压力作用下,固化成形制品的一种方法[31]。

(1) 模压成形工艺分类

模压成形工艺按增强材料物态和模压料品种可分为以下几类。

① 纤维料模压:是将预混或者预浸的纤维模压料装在金属模具中加热加压成形;高强度短纤维预混料模压成形是我国广泛使用的工艺方法。

② 织物模压:将预先织成所需形状的两向、三向以及多向织物浸渍树脂后,在金属对模中加热加压成形,剪切强度明显提高,质量比较稳定,但成本高。

③ 层压模压:将预浸胶布或毡剪成所需形状,经过叠层后放入金属对模中加热加压成形,适合制薄壁制品。

④ 碎布料模压:将预浸胶布剪成碎步块放入模具中加热加压成形。

⑤ 缠绕模压:将预浸渍的玻纤或布带缠绕在一定模型上,再在金属对模中加热加压定性适用于特殊要求的制品及管材。

⑥ SMC 模压:将 SMC 片材按制品尺寸、形状、厚度等要求裁剪下料,然后将多层片材叠合后放入模具加热加压成形,适用于大面积制品成形。

⑦ 预成形坯模压:先将短切纤维制成与制品形状和尺寸相似的预成形坯,然后将其放入模具中倒入树脂混合物,在一定温度压力下成形,适用于制造大型、高强、异形、深度较大、壁厚均一的制品。

⑧ 定向铺设模压:将单向预浸料(纤维或无纬布)沿制品主应力方向取向铺设,然后模压成形,适用于成形单向强度要求高的制品。

(2) SMC 模压成形工艺

SMC(sheet molding compound)即片状模塑料,是用不饱和聚酯树脂、增稠剂、引发剂、交联剂、低收缩添加剂、填料、内脱模剂和着色剂等混合成树脂糊浸渍短切玻璃纤维粗纱或玻纤毡,并在两面用聚乙烯或聚丙烯薄膜包覆起来形成的片状模压成形材料。SMC 是干法生产玻璃钢纤维增强复合材料制品的一种中间材料,独具特点是重现性好,是一种较重要且用途广的模压复合材料制品的半成品。

SMC 的种类:

① BMC(bulk molding compound)即块状模塑料。可用于压制和挤出成形,与 SMC

的区别仅在于材料形态和制作方法上。BMC 中纤维含量较低，纤维长度较短，填料含量较大，因此 BMC 适合制造小型制品，SMC 则用于生产大型薄壁制品。

② TMC (thick molding compound) 即厚片状模塑料。组成与制作同 SMC 类似。SMC 一般厚 0.63cm，TMC 一般厚度达 5.08cm。

③ 结构 SMC 按纤维形态与分布不同可分为 SMC-R（纤维不规则分布）、SMC-C（连续纤维单向分布）、SMC-D（不连续纤维定向分布）以及 SMC-C/R、SMC-D/R。树脂采用高反应性的间苯二甲酸聚酯树脂。

④ 高强 SMC 分为 HMC (hight molding compound) 和 XMC。HMC 是一种少加或不加填料，短切纤维含量达 60%～80%，玻纤定向分布，树脂含量在 35% 以下的片状模塑料；具有极好的流动性和成形表面，其制品强度是普通 SMC 的 3 倍。XMC 是一种含有 70%～80% 定向连续玻纤，20%～30% 的聚酯树脂，加适量或不加填料的片状模塑料；玻纤以一定角度交叉布置，标准粗纱角度为 82°，在普通缠绕机上进行。

⑤ LS-SMC 即低收缩 SMC。采用低收缩树脂或加入热塑性低收缩添加剂制造，成品收缩可趋于零。适于制造尺寸精度高和表面光洁度高的制品。

⑥ ITP-SMC 即渗透增稠片状模塑料。不需要普通 SMC 所需的专门熟化室，而且在室温下 24h 达到不黏手的特点。制品具有高度刚性、耐冲击性、尺寸稳定性的特点。

此外还有高弹 SMC、低密度 SMC、耐热 SMC 和耐燃 SMC 等。

其工艺过程见图 11-4。

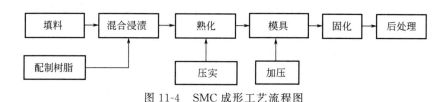

图 11-4　SMC 成形工艺流程图

其模压工艺参数如下。

① 装料量的估算。

装料量等于模压料制品的密度乘以制品的体积，再加上 3%～5% 的挥发物、毛刺等损耗。模压制品的体积常采用以下三种方法进行估算：形状、尺寸简化计算法，密度比较法，铸型比较法。

② 温度制度。

包括了装模温度、升温速度、最高模压温度和恒温、降温及后固化温度等。装模温度是物料放入模腔时模具的温度。镁酚醛装模温度在 150～170℃，氨酚醛、酚醛环氧型模压料一般在 80～90℃。模压料的挥发物含量高、不溶性树脂含量低时，装模温度较低，反之，要适当提高装模温度。制品结构复杂及大型制品装模温度一般宜在室温～90℃ 范围内。由装模温度到最高压制温度的升温速度，对快速模压工艺，装模温度就是压制温度，不存在升温速度问题；而在慢速压制工艺中，需慎重选择适宜的升温速度，尤其是在成形较厚制品时更为重要。一般采用 10～30℃/h 的升温速度，对氨酚醛的小尺寸制品可采用 1～2℃/min。最高模压温度主要依树脂放热曲线来确定。在成形压力和模压温度下保温的时间，作用是使制品固化完全和消除内应力。主要取决于两个因素：一是模压料固化反应的时间（与模压料种类有关）；二是不稳定导热时间。后固化处理一般不包括在压制制度中，目的是提高制品固化反应程度，通过提高温度，使尚未反应的基团间继续交联增加密度，去掉残留挥发物且消除残余应力。

③ 压制制度。

包括了成形压力、加压时机、放气等。成形压力的作用是克服模压料的内摩擦及物料与模腔间的外摩擦，使物料充满模腔；克服物料挥发物（溶剂、水分及固化副产物）的抵抗力及压紧制品以保证精确的形状和尺寸。主要取决于两个因素：模压料的种类及质量指标、制品结构形状尺寸。成形压力是用单位压力表示的。单位压力定义为，制品在水平投影方向上单位面积所承受的力。加压时机的选择主要为，在装模后经多长时间、在什么温度下进行加全压。快速模压时不存在加压时机。在快速压制工艺中都要采取放气措施，即在加压初期，压力上升到一定值后，随即卸压抬模放气，再加压充模，反复几次。

（3）层压成形工艺

层压工艺是指将浸有或涂有树脂的片材层叠，组成叠合体，送入层压机，在加热和加压下，固化成形玻璃钢板材或其他形状简单的复合材料制品的一种方法。

11.7.7　卷管成形工艺

卷管成形工艺是用预浸胶布在卷管机上热卷成形的一种复合材料制品成形方法，其原理是借助卷管机上的热辊，将胶布软化，使胶布上的树脂熔融。在一定的张力作用下，辊筒在运转过程中，借助辊筒与芯模之间的摩擦力，将胶布连续卷到芯管上，直到要求的厚度，然后经冷辊冷却定型，从卷管机上取下，送入固化炉中固化。管材固化后，脱去芯模，即得复合材料卷管[32]。

卷管分手工上布法和连续机械上布法。基本过程：首先清理各辊筒，然后将热辊加热到适当温度，调整好胶布张力。在不加压辊的情况下，在卷管机上将引头布先在涂有脱模剂的管子芯模上卷制约一圈，然后放下压辊，将引头布贴在热辊上，同时再将胶布拉正，也盖贴在引头布的加热部分，与引头布搭接。引头布长度通常为80～120cm，视管材直径而定。引头布与胶布的搭接长度一般为15～25cm。

11.7.8　缠绕成形工艺

缠绕成形：是将浸过树脂胶液的连续纤维或布带，按照一定规律缠绕到芯模上，然后固化脱模成为增强塑料制品的工艺过程[33]。

（1）缠绕成形的分类

可分为环向缠绕、纵向缠绕和螺旋缠绕三类。

① 环向缠绕。

芯模绕自轴匀速转动，导丝头在筒身区间做平行于轴线方向运动。芯模转一周，导丝头移动一个纱片宽度（近似），如此循环，直至纱片均匀布满芯模筒身段表面为止。只能在筒身段进行缠绕，不能缠绕封头。当缠绕角小于70°时，纱片宽度就要求比芯模直径还大。这也是环向缠绕的缠绕角必须大于70°的原因。

② 螺旋缠绕。

芯模绕自轴匀速转动，导丝头依特定速度沿芯模轴线方向往复运动。不仅在筒身段进行缠绕，也缠绕封头。纤维缠绕轨迹是由圆筒段的螺旋线和封头上与极孔相切的空间曲线所组成。

③ 纵向缠绕。

导丝头在固定平面内做匀速圆周运动，芯模绕自轴慢速旋转。导丝头转一周，芯模转动一个微小角度，反映在芯模表面为近似一个纱片宽度。

(2) 工艺流程图（图 11-5）

图 11-5　缠绕成形工艺流程图

11.7.9　拉挤成形工艺

拉挤成形：是玻纤粗纱或其织物在外力牵引下，经过浸胶、挤压成形、加热固化、定长切割，连续生产玻璃钢线型制品的一种方法[34]。

(1) 成形工艺分类

间歇式拉挤成形工艺：牵引机构间断工作，浸胶的纤维在热模中固化定型，然后牵引出模，下一段浸胶纤维再进入热模中固化定型后，再牵引出模。如此间歇牵引，而制品是连续不断的，制品按要求的长度定长切割。连续式拉挤成形工艺：制品在拉挤成形过程中，牵引机构连续工作。立式拉挤成形工艺：采用熔融或液体金属槽代替钢制的热成形模具，其余工艺过程与卧式拉挤完全相同。值得注意的是，由于熔融金属液面与空气接触而产生氧化，并易附着在制品表面而影响制品表观质量。所以，需在槽内金属液面上浇注乙二醇类有机化合物作保护层。

(2) 拉挤成形工艺参数（以不饱和聚酯树脂为例）

对于卧式拉挤设备来讲，由于模具长度一定，固化炉长度一定，故制品的固化温度和时间取决于树脂的引发固化体系。通用的不饱和聚酯树脂多采用有机过氧化物为引发剂。浸胶时间为无捻粗纱及其织物通过浸胶槽所用时间。时间长短以玻纤被浸透为宜，一般对不饱和聚酯树脂的浸胶时间控制在 15～20s 为宜。张力是指拉挤过程中玻纤粗纱张紧的力，它可使浸胶后的玻纤粗纱不松散。牵引力一般分为启动牵引力和正常牵引力，通常前者大于后者。

拉挤制品所用纱团数按下式计算：

$$N = \frac{100A\beta_f\rho_f V_f}{K} \tag{11-5}$$

式中，A 为制品截面积，cm^2；β_f 为玻纤支数，m/g；ρ_f 为玻纤密度，g/cm^3；V_f 为玻纤体积含量，%；K 为玻纤股数；N 为玻纤团数。

(3) 拉挤成形工艺流程图（图 11-6）

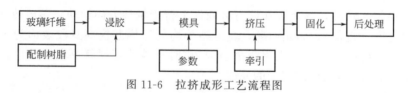

图 11-6　拉挤成形工艺流程图

11.8　热塑性树脂基复合材料的制造工艺与方法

热塑性树脂基复合材料根据纤维的不同可以分为短纤维增强热塑性复合材料、长纤维增强热塑性复合材料、连续纤维增强热塑性复合材料以及混杂纤维增强复合材料。每种材料所使用的制造工艺和方法都有所不同。

短纤维增强热塑性塑料是传统的种类，应用较普遍，生产过程是将短切成一定长度的玻璃纤维、填料及其他添加剂与塑料干湿后在挤出机中熔融混合，从机头挤出，边冷却边切成很短的粒料，粒料作为半成品，经过模塑成形成为制品。最主要的成形方法是注塑法，其次是挤出、吹塑、压塑、离心铸塑等成形方法。短纤维增强热塑性塑料主要应用领域是汽车行业，一般用作非结构零件，适用于柱塞式注射成形机和形状较复杂的制品生产。由于复合材料中纤维赋予制品良好的热力学性能，因此还适用于制造靠近热源的器件，另外在电气电子和家用器具方面也应用较广，其玻璃纤维含量为30%左右[35]。

长纤维增强热塑性塑料的粒料是将玻璃纤维束包覆在树脂中间，纤维长度等于粒料长度；工艺简单、连续操作方便、质量较好，是国内外采用最多的造粒工艺。短纤维增强热塑性塑料制造过程中，由于纤维在挤出机中与树脂混炼后，在螺杆和机筒内进行剪切，因此纤维会受到损伤，在拉料中长度变短，直接影响增强塑料的性能。而长纤维增强热塑性塑料因玻璃纤维长度较长，长度合并更好，所以能增强制品的力学性能，尤其是能提高抗冲击强度。它与短纤维增强热塑性塑料相比具有独特性能，如刚度好、变形小、韧性高、抗蠕变性能强。

连续纤维增强复合材料的制备方法有传统方法与先进方法之分。传统方法主要是指通过挤拉成形、注塑成形、反应注塑成形（RIM）、旋转成形以及新近发展的缠绕成形等成形方法制成连续纤维增强热塑性复合材料的制品，目前也在发展缠绕成形法。而先进方法是指通过聚合物溶液浸渍法、聚合物熔融浸渍法、干态粉末浸渍法、湿态粉末浸渍法、纤维与基体的热压浸渍法（包括聚合物纤维混纺掺入和聚合物模夹入法等）等纤维分散方法而制成的连续纤维增强热塑性复合材料的半成品。连续纤维增强热塑性复合材料具有优良的耐药品、耐辐射和电气性能，生产周期短、生产效率高，可重复或二次成形，克服了热固性复合材料韧性差、断裂伸长率低，易发生早期应力开裂的缺点，也弥补了短纤维和中长纤维增强热塑性复合材料承载力不高的缺陷，可应用于使用环境较为苛刻、承载能力要求较高的场合。

混杂纤维增强复合材料是指在拉制玻璃纤维的同时用塑料与其共挤相间复合面形成紧密结合的复合纤维，可用的塑料种类有聚丙烯、聚乙烯、聚酰胺、PET、PBT等，形成的无捻粗纱可利用各种工艺加工成编织物、机织物、针织物、粒料等，还可以预固化成压延板材，进行冲压或模压成形；该复合纤维在一次作业进程中完成拉丝、复合两种工序，以较低成本解决了热塑性树脂浸渍连续玻璃纤维的问题，成形方便，能够高效率地制造热塑性复合材料。由于各种纤维分布均匀、制品兼有不同纤维的优点、无孔隙、力学性能稳定，因此被广泛应用于汽车制造行业，复合纤维还可制成型材，具有良好的外观和韧性，使用寿命长且易加工，常见制品为工具手柄、围栏、窗框等，此外在船舶、建材、电子器件等领域也被成功地应用。

本文主要针对热塑性复合材料的典型工艺方法进行介绍。

11.8.1 挤出成形工艺

挤出成形工艺指物料通过挤出机料筒和螺杆间的作用，边受热塑化，边被螺杆向前推送，连续通过机头而制成各种截面制品或半制品的一种加工方法。只能生产线型制品，原材料为热塑性颗粒[36]。

挤出成形工艺如图11-7所示。

挤出成形主要包括加料、塑化、成形、定型四个过程。在挤出机内沿螺杆长度方向划分为加料、压缩和均化三段。

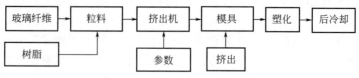

图 11-7 挤出成形工艺流程图

11.8.2 注塑成形工艺

注射成形又称注塑成形，其原理是将粒状或粉状的原料加入注射机的料斗里，原料经加热熔化呈流动状态，在注射机的螺杆或活塞推动下，经喷嘴和模具的浇注系统进入模具型腔，在模具型腔内硬化定型。影响注塑成形质量的要素：注入压力、注塑时间、注塑温度。其优点为成形周期短、生产效率高、易实现自动化，能成形形状复杂、尺寸准确、带有金属或非金属嵌件的塑料制件，产品质量稳定，适应范围广。其缺点为注塑设备价格较高、注塑模具结构复杂、生产成本高、生产周期长，不适合于单件小批量的塑件生产[37]。

(1) 注塑成形工艺（图 11-8）

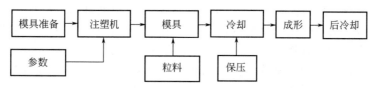

图 11-8 注塑成形工艺流程图

将粒状或粉状塑料从注射机的料斗加入料筒中，经加热塑化呈熔融状态后，借助螺杆或柱塞的推力，将其通过料筒端部的喷嘴注入温度较低的闭合模具中，经冷却定型后，开模取出制品。

(2) 关键工艺参数

注射成形的重要工艺条件是影响塑化流动和冷却的温度、压力和相应的各个作用时间。温度控制包括料筒温度、喷嘴温度、模具温度、熔料温度的控制；压力控制包括塑化压力、注射压力的控制；成形周期为完成一次注射模塑过程所需的时间，也称模塑周期。成形周期直接影响劳动生产率和设备利用率。因此，在生产过程中，应在保证质量的前提下，尽量缩短成形周期中各个有关时间。软化塑料所需的热能，部分来自螺杆的转动，转动愈快，温度愈高，虽然螺杆的旋转速度可以达到一个很高的数值，但这并不表示着我们应该使用这样高的旋转速度。较好的做法是按照施工塑料的种类和生产周期的长短来调节螺杆的旋转速度。

螺杆行程是指螺杆直射注塑机射料缸内螺杆的线性移动距离，移动距离是从塑化过程完结后螺杆停顿的位置至保压压力的切换位置（模具保压）。

在注塑工艺中，目前应用在汽车工业上比较常见的是使用 LFT（long fiber reinforced thermoplastics）粒料进行注塑，LFT 是纤维与热塑性树脂通过挤出成形而制成的热塑性复合材料。在通常情况下，一般纤维增强热塑性材料中的纤维长度为小于 1mm，而 LFT 中的纤维长度大于 2mm，目前的加工工艺已经能够将 LFT 中的纤维长度保持在 5mm 以上。LFT 材料主要分为以下两类。

① LFT-G（long fiber reinforced thermoplastic granules）材料。粒料或片材运输到零部件生产厂注塑或模压成形，LFT-G 材料主要应用于注塑工艺，尽管注塑机经过很多改良，但限于注塑工艺的原因，在最后的制成品中纤维只能达到 3.2～6.4mm。同时，纤维在流动

方向的差异，导致制品各向异性。所以在评估制品性能的时候需采用联合仿真，即应用模流分析软件将玻纤取向模拟出来，输入到力学仿真软件中，充分考虑到纤维的取向问题，使仿真结果更加准确。目前广州汽车集团股份有限公司汽车工程研究院已经在前端模块、电池托盘等产品中应用此技术，有效地提高了分析的准确性。

② LFT-D 材料[38]。LFT-D（long fiber reinforced thermoplastic direct）材料的加工是采在线直接生产制品的一种工艺技术，采用在线挤出糊状料直接连接注塑设备或模压设备生产制品，一般采用模压工艺，保证了纤维的含量和长度。LFT-D 压制成形制品比 LFT-G 成形后的制品纤维长很多，因此其抗冲击性能明显高于 LFT-G。在目前的应用中，前端模块都有选用 LFT-G 材料或者 LFT-D 材料。LFT-D 材料压制的成形制品，其抗冲击性能比 GMT 材料略低，但 LFT-D 材料的成本优势使之在市场上占据了一定地位。

11.8.3 连续纤维增强热塑性复合材料成形工艺

连续纤维增强的热塑性复合材料（continuous fibre reinforced thermoplastic plastics，CFRTP）是以连续纤维为增强材料、以热塑性树脂为基体，通过特殊工艺制造的高强度、高刚性、高韧性的新型复合材料；可以制成片材，能够直接模压成制品，也可以制成条状片材，方便作为增强材料复合到制品需要加强的部位。连续纤维增强技术的难度比较高，可以将被树脂浸润的单层连续纤维薄片进行不同角度的铺层后，再黏结固化成所需厚度的片材；也可以将被树脂浸润的连续纤维丝束编织后模压或辊压成片材；还可以将玻璃纤维和聚丙烯纤维共同编织，之后熔融模压或辊压成片材。以上几种工艺生产的片材具有双向增强或多向增强的效果。如果采用单向定向连续纤维浸润树脂的方法生产预浸料，然后通过挤出或模压成形出片材，就是单向连续纤维增强的片材。由于增强纤维是连续的，所以连续纤维增强热塑性复合材料的力学性能远高于普通热塑性复合材料。在同样玻璃纤维含量、同样树脂的条件下，连续纤维增强热塑性复合材料的强度为 LFT 材料或 GMT 材料的 2 倍以上，为短纤维增强材料的 3 倍以上。因此，连续纤维增强的热塑性复合材料多数作为骨架或增强材料用于制品受力的局部区域，或作为夹层材料用于受力面的整体增强[39]。

连续纤维增强热塑性复合材料缠绕成形技术基本沿袭热固性复合材料的缠绕技术，其技术难度更大，过程也比热固性复合材料缠绕复杂。两者最大的区别在于热塑性复合材料缠绕需要采用合适的浸渍方法，在缠绕的过程中进行合理的加热，防止树脂在缠绕过程中冷却凝固，导致层内和层间黏结不良，严重影响制品性能。连续纤维增强热塑性复合材料的缠绕成形工艺主要可以分为两种，即两步法工艺（预浸料缠绕工艺，预浸料一般为预浸带以及混纤纱）以及一步法工艺（在线浸渍和缠绕联合工艺）[40]。

(1) 缠绕成形工艺（图 11-9）

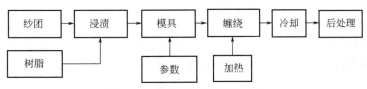

图 11-9 缠绕成形工艺流程图

(2) 关键工艺参数

成形的基本工艺过程为浸渍、加热缠绕和冷却定型这三个主要步骤。热塑性树脂的浸渍方法主要有熔融浸渍、粉末浸渍、混纤纱浸渍以及反应浸渍。浸渍效果对连续纤维增强热塑性复合材料的性能有重要的影响，较高的纤维分散程度、合理的纤维含量、均匀的纤维分布、低空隙率的浸渍效果是获得具有良好性能缠绕制品的前提,缠绕过程与纤维增强热固性复合材料的缠绕过程相似,主要的工艺参数有缠绕张力、缠绕角度(方向)、缠绕速度等,这些参数都会影响最终的制品性能,应该选择最优的操作条件。缠绕张力的合理和均衡是保证制件稳定成形的关键。缠绕张力过小则纤维取向差、层间黏结不良、结构松散,使制品强度和耐疲劳性降低;而缠绕张力过大,使得缠绕过程中纤维与设备、纤维与纤维、纤维冷却定型和后处理冷却定型均在较高压力作用下,纤维之间的粘接树脂不足,从而影响纤维的受力协调。过高的张应力在冷却定型后,纤维中张应力过大,这些均会导致复合材料的性能下降,影响疲劳时的纤维断裂。冷却定型的方法分为原位冷却定型和后冷却定型,并可分为在线浸渍缠绕/原位冷却定型工艺;预浸料缠绕/原位冷却定型;预浸料缠绕/后冷却定型工艺。构件成形后的后处理一般采用的都是退火处理,这样可以降低成形过程中产生的热应力[41]。

11.8.4 树脂注入成形工艺

树脂注入成形也称为"树脂传递模塑",它也是一种从热固性树脂基复合材料成形借鉴过来的新的热塑性树脂基复合材料成形方法。在成形制品时,首先将环状低聚物树脂粉末在室温下放入不锈钢压力容器中,绝热的容器逐渐加热到达注入温度时,加入引发剂粉末,搅拌均匀,再用氮气给压力容器充压,树脂通过底部开口和加热管道注入纤维层状物或预成形物的模腔中,当树脂充满模腔后,将模具温度提高到聚合温度,树脂进一步聚合,聚合完成后,将模具按要求降温,开模即得到最终制品。

11.8.5 GMT 片材模压工艺

玻璃纤维针刺毡增强热塑性片材称为 GMT(glass mat reinforced thermoplastics)。GMT 基体树脂采用聚丙烯等塑料,具有密度低、加工性好、储存期长和综合性能较高等特点,使用比较普遍。纤维一般采用玻璃纤维,也有的采用碳纤维、植物纤维等品种。GMT 片材成形工艺是将切断的玻璃纤维与胶黏剂相混合,通过针刺工艺制成玻璃纤维毡。玻璃纤维毡与聚丙烯树脂混合、浸润,模压成为 GMT 片材。汽车零部件生产厂采购 GMT 片材可以模压成制品[42]。

CMT(chopped mat reinforced thermoplastics)片材是一种短切玻璃纤维增强热塑性聚丙烯塑料片材,属于热塑性复合材料,拥有成形周期短、韧性好、可回收利用等特点,大量应用于汽车工业,是未来复合材料的趋势;纤维长度(一般为 25~100mm)比 LFT 片材的纤维长度长,LFT 片材通过螺杆挤出成形,其中的纤维长度一般不超过 15mm,所以 CMT 片材比 LFT 片材具有更高的冲击强度。CMT 片材的纤维在成形过程中不会因受到外力(如 GMT 成形过程中的针刺等)而折断损坏,所以 CMT 片材的强度和刚度也高于 GMT 片材;而且在成形过程中,CMT 材料中的纤维被树脂浸润更为充分,保证了 CMT 片材具有优异的综合性能。CMT 片材是新开发的材料,处于试应用阶段,尚未推广使用;但由于 CMT 片材具有 LFT 片材和 GMT 片材不可比拟的强度优势,所以将很快成为汽车行业日益关注的新材料[43]。典型的 CMT 模压产品性能见表 11-3。

表 11-3 典型的 CMT 模压产品性能

序号	项目	单位	测试结果		
			30%	40%	50%
1	玻璃纤维含量	%	32	43	49
2	密度	g/cm^3	1.12	1.23	1.32

续表

序号	项目	单位	测试结果		
			30%	40%	50%
3	拉伸强度	MPa	128	201	223
4	弯曲强度	MPa	120	186	238
5	弯曲模量	MPa	5890	8012	9040
6	悬臂梁缺口冲击强度	kJ/m²	56	122	150
7	热变形温度	℃	128	152	161

11.9 复合材料的强度理论

对于材料强度通常可以采用唯象论和破坏机理两个理论来设计和计算。唯象论是指仅从实验结果所得的现象出发而确定的强度理论；唯象论依赖于大量的、精确的、分散度较小和在各象限分布合理的实验数据。破坏机理主要是从理论的角度进行分析，由于复合材料比单一材料更复杂，存在着基体和增强相的界面以及二者的匹配性问题，如果想准确地建立与实际工况相适应的数学物理模型，则需要从宏观、细观、微观三个尺度，用宏观力学、细观力学、微观力学三个层次相嵌套的方法进行研究。一个有价值的强度理论应该是破坏机理和唯象论的有机结合体，应将理论分析和实验数据吻合到误差允许的范围内，半理论半经验强度准则就是将理论和经验有机地结合在一起的产物，因此存在着更广泛的前景。强度理论只能具有相对的正确性，不可能绝对正确。

复合材料由基体和增强相组成，复合材料的强度影响因素也基于此两个部分以及相互的作用。为了使材料的强度、刚度等各项性能达到最优，对复合材料的设计基于对基体和增强相两个部分进行协同设计。其中，基体是材料的基本组成部分，因此对材料的脆性、韧性性能有着主要的作用。增强相的加入可以通过对基体的显微组织结构、孔隙度、晶粒尺寸及材料密度的改变，改善和弥补基体性能上的不足。增强相的性质对复合材料的强度起着至关重要的作用，但并不是增强相强度越高，复合材料的强度越高，而是基体和增强相互相存在最佳匹配关系。增强相是载荷的主要承受者，对位错的产生、亚晶结构细化也起着重要的影响。对于定向排列增强相增强的复合材料，常常单一方向上强度高，其他方向上强度很低。基体与增强相之间的界面相容性是一个必须重视的问题，界面是复合材料中普遍存在且非常重要的组成部分，是影响复合材料行为的关键因素之一，复合材料界面的脱胶、撕裂、滑移等现象是破坏形式中最常见的，复合材料宏观性能的好坏很大程度上取决于基体和增强相之间的界面结合状况。良好的界面使基体和增强相能同时达到极限状态，为了获得更高的强度，应该形成稳定的界面结合。

11.9.1 连续纤维增强高分子基复合材料的强度

在纤维增强复合材料的性能影响因素中，增强相纤维的纤维长短及长度分布直接影响着复合材料的力学性能。连续纤维增强热塑性复合材料，其突出优点是目前所有树脂基复合材料难于兼备的，如极其优异的力学性能（高韧性、极高刚性、极高强度、高裂纹扩展抗力、高抗疲劳等）。连续纤维增强复合材料弥补了短纤维和中长纤维增强热塑性复合材料承载力不高的缺陷，可应用于使用环境较为苛刻、承载能力要求较高的场合。一般来说，连续纤维有取向性，复合材料在纤维长度方向上强度高，在垂直于纤维方向上强度低，存在一定的方向性，在使用过程中存在一定局限[44]。

对于热固性树脂基纤维增强复合材料，连续纤维成形方法主要有缠绕成形、拉挤成形、模压成形等。对热塑性树脂基纤维增强复合材料，它与连续增强纤维的结合归纳有两大类方法：第一类方法是预浸渍法，即预浸料的制备方法，它使液态树脂流动、逐渐浸渍纤维并最终充分浸渍每根纤维，形成的半成品为预浸料。预浸渍法又分溶液浸渍法和熔体浸渍法。第二类方法是后浸渍法或预混法，即预混料的制备方法，它是将热塑性树脂以纤维、粉末或薄膜态与增强纤维结合在一起，形成一定结构形态的半成品。但其中的树脂并没有浸渍增强纤维，复合材料成形加工时，在一定的温度和压力下树脂熔融并立即浸渍相邻纤维，进一步的流动最终完全浸渍所有纤维。

11.9.2 不连续纤维增强高分子基复合材料的强度

不连续纤维增强复合材料根据纤维长度的不同，分为长纤维增强复合材料和短纤维增强复合材料；根据纤维的增强原理，只有增强纤维的长度在其临界长度以上时才能充分发挥纤维的增强作用。一般短纤维增强复合材料中纤维长度约 0.3mm，而长纤维增强复合材料纤维长度可达到 3.0mm 以上；根据已有研究结果可知，纤维长度是决定纤维增强复合材料力学性能最主要的因素，因此长纤维比短纤维具有更佳的增强效果。相比于短纤维增强复合材料，长纤维增强复合材料具有更高的刚性、弯曲强度、压缩强度、耐蠕变性及显著提高冲击强度。

荷兰科学家 Thomason[45] 分别将 0.09～12mm 之间 6 种长度的玻璃纤维与聚丙烯以不同比例混合制成 GMT 片材，研究了玻璃纤维长度对 PP/GF 力学性能的影响。随着长度的增加，纤维的增强效率提高，当纤维长度超过 12mm 时，纤维对复合材料各项性能的增强效果基本达到最佳，并与用来预测强度的 Kelly-Tyson 模型对比。

Kelly-Tyson 模型：

$$\sigma_{uc} = \sum_i \left[\frac{\tau L_i V_i}{D}\right] + \sum_j \left[\sigma_{fj} V_j \left(1 - \frac{L_c}{2L_j}\right)\right] + (1 - V_f)\sigma_{um} \tag{11-6}$$

式中，σ_{uc} 为复合材料的强度；τ 为界面强度；V_i，V_j 分别为 $L_i L_j$ 长度纤维的体积分数；σ_{fj} 为纤维强度；σ_{um} 为失效应变的强度；L_c 为临界纤维强度。

而增强效率为在不同纤维含量条件下（10%、20%、30%、40%、50%）不同长度纤维增强的 PP 为基体的复合材料的实测强度与理论强度的比值。实测结果表明，在纤维长度超过 6mm 之后，除冲击强度外，拉伸强度、弯曲强度、拉伸模量、弯曲模量随着纤维长度的增加而增加；基体对拉伸强度的贡献并不明显。纤维长度与增强效率之间的关系见表 11-4，长纤维（纤维长度大于临界长度的纤维）、短纤维增强 PA66 的力学性能对比见表 11-5[46]。

表 11-4 纤维长度对增强效率的影响

项目	纤维长度/mm					
	0.09	0.8	3	4.5	6	12
拉伸模量	0.61	0.91	0.91	0.94	0.98	0.99
弯曲模量	0.69	0.89	0.97	0.96	0.96	0.96
拉伸强度	0.47	0.73	0.84	0.93	0.94	1
弯曲强度	0.46	0.57	0.88	0.91	0.94	0.98
冲击强度	0.08	0.28	0.65	0.75	0.85	1

表 11-5 纤维长度对力学性能影响

项目	PA66(纤维含量:0%)	PA66(短纤维含量:50%)	PA66(长纤维含量:50%)
拉伸强度/MPa	70	192	254
拉伸模量/GPa	2.8	4.6	18
弯曲强度/MPa	100	295	405
弯曲模量/GPa	2.4	11.4	17

长纤维复合材料表现出比短纤维复合材料更佳的性能，可提高刚性、压缩强度、弯曲强度、耐蠕变性。另一个显著特点是冲击强度成倍提高。纤维复合材料吸收冲击强度的方式有三种：纤维断裂、纤维拔出、树脂断裂。纤维长度增加，则纤维拔出消耗更多的能量，故有利于冲击强度的提高。另外纤维的端部是裂纹增长的引发点，长纤维端部的数量小，也使冲击强度提高。长纤维比短纤维增强热塑性塑料的热变形温度也有所提高。长纤维的纤维端头较少，填充性能好，长纤维混料在充入模具时相互缠结、翻转和弯曲，而不像短纤维混料那样沿流动方向排列，因此，长纤维混料模塑制品与短纤维混料的同样模塑制件相比，各向同性程度较高，平直度较好，翘曲较小[47]。

11.9.3 长纤维和短纤维增强高分子基复合材料的混合强度

短纤维增强复合材料内部纤维取向优于长纤维增强复合材料，所以采用在长纤维粒料混合不同比例的短纤维粒料的方式来改善纤维取向，提高复合材料内部纤维取向度是提高长纤维增强复合材料力学性能的关键。随着短纤维混合比例的增加，长、短纤维粒料混合增强复合材料的拉伸强度、弯曲强度及冲击强度都呈现下降趋势，而拉伸模量呈上升趋势，整体对复合材料的力学性能有积极作用[48]。

11.10 树脂基复合材料在汽车轻量化中的应用

11.10.1 汽车用复合材料的特点

高分子复合材料根据增强体和基体材料不同可分为多种类型，但目前用量最广当属纤维增强树脂基复合材料，因此行业内在不引起歧义的场合习惯将其直接简称为"复合材料"，其他类型的复合材料则在其名称前部加上基体和增强体的类别冠以全称。汽车用复合材料根据基体不同又分为热固性和热塑性，以前在汽车上使用的热塑性材料为不含增强体的通用塑料和工程塑料，由于进一步提高强度、减重的需求，采用纤维增强改性而成为复合材料。高分子复合材料密度小、设计灵活美观、易整体集成成形、耐腐蚀、隔热、绝缘、耐冲击、抗振、易于涂装，且强度高、弹性模量高，具有和金属材料相近的力学性能，又在一定条件下有金属薄板所不能比拟的优点；在质量减轻与强度方面达到甚至超过了铝材，而综合成本更低[48]。

随着复合材料的进步、原材料价格降低、制造工艺优化、制造周期缩短，复合材料在汽车零部件上的应用也越来越多。复合材料与传统材料相比，具有比强度高、质量轻、比模量高、抗疲劳性能好及减振性能好等诸多优点。复合材料的各个组成材料在性能上起协同作用，具有单一材料无法比拟的优越综合性能。因此，在汽车工业中，复合材料被广泛应用于车身、灯壳罩、前后护板、保险杠、板弹簧、座椅架及驱动轴等部件的设计与制造。复合材料是各向异性的非均质材料，与其他材料相比有以下突出特点：比强度与比模量高。比强度、比模量是指材料的强度和模量与密度之比，比强度越高，零件自重越小；比模量越高，零件的刚性越大。因此，对高速运转的结构件或需减轻自重的运输工具具有重要意义[49]。

在汽车工业中的复合材料设计应注意以下原则：比强度高和比刚度高；材料与环境相适应；性价比高。另外，在设计车身时，有一些经验方法，如在应力高的区域适用碳纤维复合材料；在对韧性和刚度要求比较高的区域使用三合板复合材料；在几何形状复杂的区域可以使用层合板。复合材料性能适合车身轻量化的要求，降低油耗。传统的汽车车身材料处于以薄钢板为主的单一状态，不能适应人们追求高速与轻量化的要求，为减轻其质量，改善风阻系数和降低油耗，许多汽车厂家都积极研究和利用新材料以达到上述要求。许多类型的复合材料都在车身轻量化过程中得到了施展才能的舞台，并在汽车的轻量化进程中大显身手。汽车轻量化的目的就是节能和减轻排放污染。同时环境保护已成为可持续发展战略必不可少的条件，而复合材料的发展趋势正朝着延长使用期以及可再生的方向发展[50]。

目前应用在汽车零部件上的增强材料主要有玻璃纤维和碳纤维两大类，玻璃纤维由于其应用较早且价格低廉已得到广泛应用。玻璃纤维增强复合材料普遍应用在轿车车身空气导流板、前翼子板和前挡泥板延伸部件、大灯罩、发动机罩、装饰条、尾板等以及卡车身保险杠、翼子板、脚踏板、面罩、高顶等。碳纤维复合材料（carbon fiber reinforce plastic，CFRP）具有良好的韧性和抗拉强度，其密度一般在 $1.45\sim1.6\mathrm{g/cm^3}$ 左右，拉伸强度可以达到1.5GPa以上，超过密度为 $2.7\mathrm{g/cm^3}$ 左右的铝合金的3倍，接近超高强度合金钢制部件的水平。碳纤维的应用可使汽车车身减轻质量30%～60%，但由于碳纤维成本及CFRP部件制造成本过高，碳纤维增强复合材料在汽车中的应用仍然有限，仅在一些F1赛车、高级轿车、小批量车型上有所应用，如宝马i3、Z-9、Z-22的车身，M3系列车顶棚和车身，通用的Ultralite车身，福特的GT40车身及保时捷911 GT3承载式车身等。

另外，对于碳纤维增强复合材料来说，随着碳纤维价格逐渐下降、复合材料制造工艺的成熟，各大主机厂纷纷进行碳纤维零部件的开发，随着汽车领域对碳纤维复合材料的不断研究和应用，轻质、高强的碳纤维复合材料应用成本下降，碳纤维复合材料零部件的应用会越来越广泛。预计，到2030年，碳纤维复合材料将成为汽车零部件轻量化的主流材料。图11-10为碳纤及碳纤复合材料成本预测，图11-11为碳纤复合材料生产周期预测。从图中可以看出，到2030年以后，碳纤维复合材料无论成本还是生产周期都会大幅下降为目前的1/3左右。

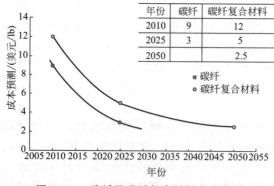

图11-10 碳纤及碳纤复合材料成本预测
（2020～2055年为预测）

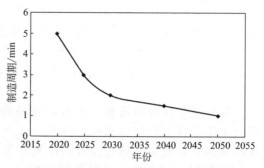

图11-11 碳纤复合材料生产周期预测
（2020～2055年为预测）

11.10.2 复合材料在汽车上的应用

2017年8月，杜邦调研公司发布了由 Penton Market Research 进行的年度调查，汽车制造商增加了对玻璃钢作为轻量化材料的关注，与2016年同比使用上升了5%，在零部件方面汽车动力总成仍然是车辆轻量化工作中被关注较多的焦点区域，比2016年上升了2个百分点，底盘排在第二位。另外，值得注意的是，汽车内饰的轻量化增长迅速，同2016年相比几乎翻了一倍。2017年2月13日，据全球著名的玻璃纤维制造商欧文斯科宁发布数据调查，到2019年，全球汽车将产1亿辆。由于每辆车采用复合材料的比例增加，因此使其减重100kg。复合材料行业的一大趋势是增加舒适度和增加汽车功能，这为复合材料行业带来了很多机遇。车辆的大部分重量是结构（30%），然后是内饰、动力系统、电力/电子和外饰。复合材料在动力传动系统中已经发挥了很大的作用，但是在底盘和外观领域，是一个相对未开发的领域。在未来的10年里，汽车工业将会比过去50年发生更多变化。复合材料行业在逐步解决生产效率、材料使用成本、回收、减重、设计自由度和功能集成以及功能先进部件等问题。到2025年对许多国家来说，将实现严格的二氧化碳排放目标，汽车的发展趋势在于SUV销售量增长，汽车所有权模式的变化（如共享汽车），发展无人驾驶汽车，提高自动化程度，这将导致车辆成本更高；消费者除了对更快、更耐用、更时尚的汽车的需求增加，更要求汽车具有安全性和满足碰撞要求。近日，美国玻璃纤维复合材料工业协会发布了《全球玻璃纤维复合材料市场趋势预测和机会分析》报告。该报告指出，未来5年内，全球玻璃纤维复合材料市场总消费水平预计将以8.5%的年增长率强劲增长，其市场份额预计在2022年将达到1080亿美元。这份市场报告同时提供了玻璃纤维复合材料在不同行业领域的详细分析及预测，并指出，未来5年，汽车构件、建筑装饰、安全防护、航空航天、液体过滤将成为玻纤复材发展的5大重点领域，其市场份额将占到玻纤复材总量的80%，且产品将呈现整体高端化发展趋势。目前来看，玻纤复材汽车固件代工工厂缺乏总体工程经验，并且已适应基于金属零部件的装配线，出于风险和更换成本的考虑，对更换设备相当谨慎。此外，欧洲报废车辆法要求提升汽车再循环能力，将引发大规模碳纤维复材进入该行业，届时，尽管增强型玻璃复合材料技术工艺已经相对成熟，但后来居上的碳纤维复合材料仍会带来激烈的竞争。德国 Textilgruppe Hof 公司开发的可用于生产汽车吸音板的 Zetajet 玻纤非织造布的单位面积克重范围在 $18\sim350g/m^2$，由于采用了特定的纤维取向技术，因此利用 Zetajet 玻纤非织造布制备的车底吸音板，可以大幅度降低汽车在行驶过程中产生的气阻和负面冲击，有助于改善每加仑汽油所行驶的里程数。此外，该材料可以根据客户的需求进行特殊功能性处理。目前，Zetajet 材料已获得德系3大汽车品牌制造商的认可，并率先在宝马新一代车型中开始采用。

(1) 复合材料在汽车轻量化中的应用发展

乘用车发展迅速，根据统计互联网门户网站 Statista 统计，2017年全球乘用车销量达到7770万辆。这为复合材料行业提供了巨大的市场潜力。据咨询公司 Industrial Market Insight 数据观察显示，全球汽车复合材料市场在2018年达到近150亿美元。近几年，车辆使用复合材料的比例持续增长，复合材料越来越受到重视，在各大汽车厂商应用广泛。自2015年以来，一方面，先进的复合材料，如碳纤维，已经在高性能或豪华车辆中大幅增加；另一方面，大批量的量产车辆一直使用玻璃纤维和天然纤维（亚麻增强聚丙烯）增强的复合材料。复合材料目前主要集中在商用车上，复合材料比例仅占轻型汽车生产所用材料的1%左右，可以说还有巨大的潜力。

自汽车开始制造以来，复合材料便以各种形式应用于汽车零部件中，其中树脂基复合材料在1953年才正式应用于汽车工业中,美国通用汽车公司采用手糊成形工艺(将设计好的玻璃纤维增强型复合材料铺设在开放式的模具内,然后通过树脂浸渍、滚压赶泡、固化反应、脱模等一系列工序来完成制作)生产出世界上第一辆复合材料车身。从此,复合材料越来越广泛地得到汽车行业的认可,复合材料在汽车车身上的应用比例开始逐步增大。总体而言,复合材料在汽车上的应用及发展经历了三个阶段。

第一阶段,即从20世纪50年代初延伸到20世纪80年代末,为复合材料在汽车应用的初步兴起阶段。这期间,车用复合材料主要以片状模塑料(SMC)的应用为主,多采用手糊成形工艺,此工艺生产批量小、质量差、应用少。且生产复合材料汽车零部件的厂家多为业内专业生产厂家,最初的应用也多为汽车外饰件。到20世纪60年代中期,开始尝试采用复合材料制作车身结构件。20世纪70年代,Renault等人在乘用车上率先采用SMC材料的保险杠以取代传统的钢铁材料保险杠。20世纪80年代后期,全塑汽车的概念在整个汽车行业轰动一时,我国北京中华汽车公司也曾推出全玻璃钢车身的车型。

第二个阶段,20世纪90年代,为复合材料在汽车上应用的探索成长阶段。其在汽车工业中的应用广度有了很大突破,已不仅仅局限于外饰件,在结构件、内饰件以及功能件上,都开始进行尝试。德国大众汽车公司的奥迪100中级轿车中开始采用SMC材料的后保险杠背衬、右侧烟道隔离板、行李厢和备胎厢等部件。1991年,丰田汽车公司将纳米聚丙烯复合材料用于汽车前、后保险杠,使保险杠的厚度以及重量都大大减轻。依维柯S系列商务车开始采用GMT材料进行汽车顶棚的生产。中美合资的北京吉普汽车有限公司生产的XJ系列切诺基吉普车的后举升门总成、前散热器罩和座椅骨架等部件均采用纤维增强型复合材料。该阶段,越来越多的车型采用了复合材料零部件,而且作为以塑代钢的理想材料已被汽车工业部门逐步认识,初步形成车用复合材料的概念[51]。

第三个阶段,进入20世纪后,复合材料在汽车行业的应用进入了快速发展阶段。经过五十多年的不断研究和发展,复合材料的新材料、新工艺、新技术不断涌现,越来越多的复合材料被广泛地用于汽车零部件上,以SMC为代表的热固性复合材料更趋成熟。2000年,在SMC材料市场中,美国和欧洲汽车对SMC材料消耗量的占有率已分别达到70%和42%。2014年,德国宝马公司率先推出由高效成形高压树脂传递成形工艺(high pressure-resin transfer molding,HP-RTM)制备碳纤维增强热固性复合材料车身的i系列量产电动车。该复合材料车身已经全面改变了其传统金属材料车身的设计理念与结构,其车身模块相比传统钢制车身减少了1/3左右的部件,提高了车身的整体性,减少了原材料的损耗。而且,其单件成形工艺周期降低至约3~4min之间,且避免了预浸料模压等工艺需严格考虑原材料保存的问题,在降低成本的同时,减少了装配时间,大大提高了生产效率。但热固性复合材料普遍面临回收再利用困难、回收成本高等问题。因此,纤维增强型热塑性复合材料由于其可回收再利用容易且回收成本低以及在高成形温度下有优良的可加工性等特点,由热塑性复合材料制作的复杂成形件对于先进轻量化汽车车身的应用变得越来越重要[52]。热塑性复合材料在快速生产中显示出可回收性、实用性和低成本性,已经被广泛应用于汽车零部件当中,例如车顶门、覆盖件、地板件、蓄电池检视门和座椅系统等[53],与其相对应的传统金属零部件相比质量减轻了40%~60%,同时表现出与其相对应的传统金属零部件相同或更好的性能。其中长玻璃纤维增强聚丙烯作为一种热塑性树脂基复合材料,目前在车身上的应用呈现出快速发展的趋势。早在20世纪80年代,ICI公司就实现了长纤维增强热塑性粒料的工业化生产,随后Ticona、RTP、北欧化工等公司也开始相继成为长纤维增强热塑性粒料的生产商。长纤维增强热塑性粒料采用注塑成形加工为最终制品,由于其相较于短玻璃纤维增强型复合材料力学性能有明显改善,因此其开始大量应用于汽车车身。Jeep公司牧马人系列最早使用长玻璃纤维增强聚丙烯材料作为车门护板及前端模块；Rieter 公司提供的长纤粒料应用于大众 PQ35 系列的前端模块；RKT 公司采用长玻璃纤维增强聚丙烯材料进行发动机罩、隔音罩及前端模块的生产。由于长纤维增强热塑性粒料的生产成本较高，而且在注塑成形时会造成纤维的严重断裂导致力学性能的降低，因此其应用受到了限制。为了避免上述问题的出现，许多厂商开始对原材料及成形工艺进行改进。Azdel 公司首先推出中长玻璃纤维毡增强聚丙烯片材，采用模压成形工艺以减少成形时纤维的断裂，来取代粒料进行车身制品的生产。Faurecia 公司采用长玻璃纤维聚丙烯片材为标致汽车公司生产前端模块及底盘防护系统。大众途安系列采用长玻璃纤维增强聚丙烯片材作为前端支架及扰流板。我国北京汽车生产的勇士军车也采用长玻璃纤维增强聚丙烯材料作为发动机罩盖及左右翼子板。

2015 年 1 月，美国能源部宣布，计划在五年里提供 7000 万美元用以推动清洁能源产品所需的轻型复合材料的发展。此外美国政府还宣布组建先进复合材料制造创新研究所，该研究所将与生产企业、各所高校和国家实验室合作，为创新复合材料技术的开发和研究提供支持。复合材料在重型卡车上的应用大概是 40~50kg/辆，轿车以宝马（BMW）、美星华通（GMC）、日产尼桑（NISSAN）、大众（VW）应用最为广泛。欧系汽车在很多外饰件和结构件上采用复合材料，如前端水箱支架、导流罩、导流板、翼子板、侧裙板、面罩和保险杠等。在众多零部件中，复合材料或混合底盘或结构构件的玻纤增强复合材料的比例最高。另外，在新款的阿特拉斯、高尔夫、捷达、帕萨特和途观中均有玻纤增强复合材料的内饰面板及发动机舱内部件，目前复合材料占整车大约 5%~7% 的重量。未来几年，还会大幅增长。在 2014 年推出大众高档车的模块化跑车系统（MSS）平台，采用混合铝/碳纤维复合材料设计取代了以前平台的全铝结构。新的底盘使用树脂传递模塑（RTM）工艺生产 B 柱、底盘通道和后防火墙。底盘比以前的平台轻了 15%，重量大约 200kg。在强度方面，仅采用碳纤维增强复合材料替代了 13% 比例的材料，扭转刚度增加 40%。本田公司 Acura NSX 有许多由复合材料制成的 A 类车身面板，包括 CFRP 可选车顶。2016 年推出的第二代 Honda Ridgeline，卡车车厢结构已经从主要的 SMC 材料结构转变为多件式复合材料结构。2016 年款本田思域采用了纤维增强热塑性前端模块。讴歌 NSX 采用 SMC 车身面板，包括挡泥板和侧板以及可选车顶为 RTM 工艺制造的碳纤维增强复合材料，各种发动机罩盖也使用 FRP 复合材料。

在国内，一汽建立了汽车轻量化先进成形技术创新基地，针对材料方面开展了碳纤维复合材料、GMT 等轻量化材料在汽车上的应用研究，部分材料处于转量产阶段。长安汽车与中国科学院、中航复材以及湖南大学等院校开展合作，正在研制适于规模化生产的碳纤维顶盖和地板。

随着碳纤维成本的降低以及快速固化树脂体系的出现，加上工艺和自动化设备的不断成熟，到 2030 年，碳纤维复合材料的综合性价比会优于金属，将取代金属材料成为汽车零部件轻量化的主流材料，用于量产车的底盘制造，并涵盖大多数的高端车型和少量的中级车。表 11-6 为目前复合材料在车身中的应用比例。可以看出，汽车内饰件已基本实现全复合材料生产，今后的应用重点将进一步向半结构件及结构件上扩展[51]。

表 11-6　复合材料在车身中的应用比例　　　　　　　　　　　　%

分类	部件	入门级车	中级车	高级车	豪华车
内饰件	仪表盘	>75			
	内饰	>75			

续表

分类	部件	入门级车	中级车	高级车	豪华车
功能件	油箱	<25	>75		
	水箱		>75		
外饰件	一体式车顶	<25	>25	50~75	
	可开启车顶	>75			
	门板	<25	<25	<50	>50
	发动机盖	<25	<25	>50	>75
	前后保险杠	<25	>75		
	后备厢	<25	>25	>50	>75
半结构件	前框架	目前无应用	>25	50~75	
	保险杠框架				
	座椅框架				
	地板				
底盘	底盘构件	<25			

欧洲 LFT、CFT、GMT 应用情况和变化趋势见图 11-12,其中 LFT 为长纤维增强复合材料;CFT 为连续纤维增强热塑性复合材料;GMT 为玻纤热塑性模塑复合材料。可以看出,长纤维的用量迅速增长。

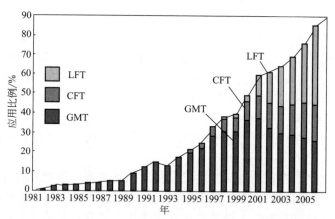

图 11-12 欧洲 LFT、CFT、GMT 应用情况和变化趋势

复合材料回收问题一直是阻碍其发展的难题之一,自从 20 世纪 50 年代开始大规模生产以来,已经生产出超过 80 亿吨的树脂基材料,现在有超过 55 亿吨的树脂基材料已经成为废料。在所有这些树脂基材料中,只有 9% 被回收利用,所以,发展复合材料的同时,要加强对热塑性体系、天然纤维和再生纤维的使用。另外,制造商面临的最大威胁是成本,这就是为什么我们看到复合材料的大量使用仅限于高性能或豪华车。成本分为两个方面,材料成本和制造成本。所以,复合材料行业应该积极开发新的制造工艺,设计智能多材料体系,扩大材料目录,包括可回收材料的开发等。

(2) 非结构件应用

由于非结构件对力学性能、冲击性能要求相对低,因此这给复合材料的一个新兴领域——生物基复合材料发挥的空间。生物基复合材料由天然纤维(棉花、大麻、亚麻、剑麻、黄麻、金麻或再生木材和纸）作为增强体，或者有机物作为树脂基体（聚乳酸 PLA 和大豆基树脂）。天然纤维在许多年前已经使用，然而由于其固有的力学性能较低以及在 20 世纪早期和中期，玻璃、芳纶和碳纤维等合成材料的发现和随后的商业化，导致了人们对天然纤维在许多应用中需求降低。但是，随着汽车工业的发展，汽车的更新换代和寿命中止，每年汽车行业约产生 800 万～900 万吨的废物，其中只有 65%～75% 的废物成功回收或安全处理，这些残留物的累积效应影响巨大，汽车行业在努力减少环境负担，这包括减少汽车的开发、生产、使用、处置和回收的总生命周期的能源消耗和环境影响。各国政府和环境机构研究通过了一些针对废物产生、回收和碳排放目标的政策，鼓励使用可持续的和生态高效的材料。与传统的玻璃纤维相比，天然纤维复合材料不会在撞击时产生碎片，在全生命周期内耗能低，材料成本更低，而且可循环利用。在汽车复合材料中使用天然纤维对生态保护和技术发展都有好处。欧盟委员会（European Commission）和欧洲汽车制造商协会一起建立法规，将轻型车的二氧化碳排放目标定位 2020 年达到 95g/km。

经过研究人员不懈的努力，行业引领者梅赛德斯奔驰在 1994 年发现，在复合材料中使用天然纤维达到或超过了目前在汽车内饰部件的强度和耐用性的高性能要求。最初梅赛德斯-奔驰 E 级车创新使用麻纤维增强环氧树脂复合材料的内部门板，该门板减重约 20%。后来发展的天然纤维复合材料由 50% 的大麻和 50% 聚丙烯（PP）混合而成，应用方向是垫类产品，逐渐成为各种部件的主要组成，如图 11-13 所示。2000 年，奔驰开始在许多公共汽车品牌中使用聚酯/亚麻增强复合材料发动机周边产品，诸如 EvoBus、Travego 和 Setra Top-clas。天然纤维/UP 复合材料使得整体发动机减重 5%。2002 年，戴姆勒-克莱斯勒的研究人员申请了一种由菲律宾马尼拉 Cordage 公司提供的一种新型的麻纤维增强 PP 的专利，以取代 2004 年的 A 级车的轮毂盖，得到了 2005 年塑料工程师协会（SPE）在"环境类别"的创新奖。2006 年梅赛德斯奔驰 S 级车内饰件共使用了 27 个天然纤维部件。前门衬里的内部部分、驾驶员的座位背部以及注射成形的固定钩等使用了木纤维，在包架和后厢盖、木饰面、装饰条和面板使用了亚麻纤维。与之前的车型相比，使用量增加了 73%，减重贡

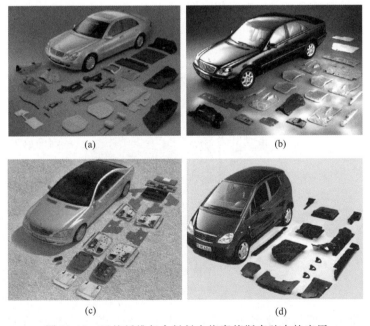

图 11-13　天然纤维复合材料在梅赛德斯奔驰中的应用

献了近 43kg。梅赛德斯-奔驰 C 级车型使用天然纤维减少了 10% 的重量，并降低了 80% 生产这些部件所需的能源，成本比同类玻璃纤维产品降低 5%。2009 年 VDI 奖授予了戴姆勒、巴斯夫和布朗大学开发的生物聚酰胺复合材料空气过滤器系统，表彰他们在复合材料领域的创新应用。

FlexForm 技术是使用天然纤维增强的复合材料制作工艺和应用的技术，它是将天然纤维复合材料代替玻璃纤维或其他不可持续循环利用纤维资源注塑成复合材料构件或预成形的料片。这些复合材料料片可以组装或模压成另外的汽车配件，如图 11-14 所示。

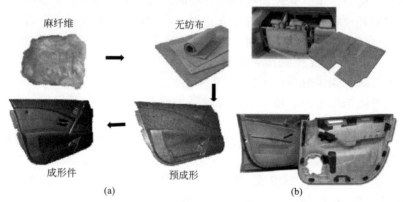

图 11-14 天然纤维增强的复合材料 FlexForm 技术

丰田公司首先商业化了麻纤维增强复合材料的备胎罩，并使用在 RAUM 2003 车型上；马自达门和其他内部部件使用了麻纤维增强 PP 复合材料；2008 年，Rav-4 车型的座椅上使用了大豆基发泡材料；丰田公司在 2010 年丰田凯美瑞轿车散热器上使用了 Zytel 生物基尼龙材料；2011 年，该公司率先在 Lexus-CT200 汽车应用推出使用基于生物的聚对苯二酸酯（PET）制备的复合材料。另外，雷克萨斯 CT200h 车型上将 PP/PLA 材料在侧门板、门磨损板、工具盒、地板抛光板和托盘中应用（图 11-15）。

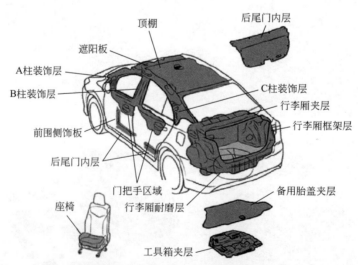

图 11-15 在雷克萨斯 CT200h 中的生物基复合材料

福特汽车 20 世纪早期与农业密切合作，关注于减少碳排放和减重研究，位于美国、德国、巴西的研发中心一直在开发汽车生物基发泡材料等复合材料。2008 年开始，福特汽车公司与 Lear 公司合作开发大豆基复合材料发泡座椅，大约有 100 多万辆 Ford Lincoln 和 Mercury 使用生物基复合材料座椅。在 2010 年，其他福特品牌包括 Expedition、F-150、Focus、Escape、Mercury Mariner、Lincoln navigator 以及 Lincoln MKS 均开始使用大豆基复合材料发泡座椅。而另外一些诸如麦秆基注塑复合材料在 2010 年福特 Flex 的储物箱有所应用，见图 11-16。hemp-propylene 复合材料也在福特 Montagetrager 的前端格栅上量产，具有良好的力学性能、经受了时间的考验。

图 11-16　在福特装饰面板、储物箱和盖层总成使用了天然纤维复合材料（20％麦秆增强 PP）

BMW 从 20 世纪 90 年代早期就开始将天然纤维复合材料应用到 BMW 3、5 和 7 系列中，在 BMW 7 系列中有 24kg 可再生材料，包括车门里和镶板上、木纤维座椅靠背、棉纤维隔音材料。BMW 7 系列轿车的下车门使用独特的热固性丙烯酸共聚物，由来自巴斯夫的 crosslinke 改性聚丙烯酸，还有从 Dittrich 和 Sohne 公司提供的天然纤维垫制成[54]，如图 11-17 所示。

(3) 一般结构件应用

一般通用的汽车结构件需要比非结构件更强的承载性能。一般的汽车结构件复合材料使用增强体为玻璃纤维、芳纶纤维和碳纤维等，主体树脂为热塑性、热固性树脂基体，所使用的工艺有 SMC、RTM、LFT、GMT 等。应用复合材料的特点可实现零部件的模块化生产，如 BMW（宝马）系列的汽车变速箱组件由 35％玻纤增强 PA66 制成，它集成了许多零部件于一体，不仅节约了发动机体内的宝贵空间，也减少了成形工艺。

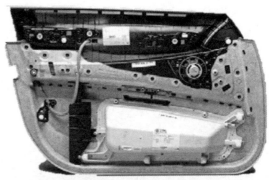

图 11-17　BMW 7 系列轿车的下门板使用天然纤维增强丙烯酸共聚物模压成形复合材料

① SMC 工艺。

与钢制汽车零件相比，SMC 材料质量较轻，能实现减重目的；对模具的要求远远小于钣金件，能实现造型设计自由，同时制件的整体性好，零件的数量很少，可在一定程度上降低成本。但是 SMC 材料最大的缺点是回收性差、污染环境，目前多数是以填料方式用于建筑行业。目前美国汽车用复合材料年消耗量超过 70 万吨，其中 32％的热固性复合材料用于汽车及其相关领域，相当一部分部件采用了 SMC 材料的模压工艺。在美国，有 65％的美国轿车采用 SMC 材料作为前脸和散热器护栅板，国内也有很多车型采用 SMC 材料作为后背门，如：DS6 车型和 3008 车型等。美国 CSP 公司研发了 TCA UltraLite，此类 SMC 材料密度仅为 1.2g/cm³，同时可直接用于 A 级外观零件上，避免了采用模内喷涂技术来掩盖模压的缺陷。由 SMC 材料制备产品时采用的是一种化学反应的方法，在工艺上与传统热塑性模压差别很大。基于化学反应过程及原理来实现缩短周期、控制产品的性能，是未来需要加强研究的方向。2017 年 1 月 5 日，日本帝人集团（Teijin）宣布，已完成对美国大陆结构塑料公司（Continental Structural Plastics，CSP）的收购。帝人集团目前的重点是建立汽车复合材料产品的发展平台，旨在为汽车制造商提供更广泛的解决方案。相信在不久的未来，A 类车身覆盖件将会有所增加。

在高性能 SMC 开发方面，世界各国也有着不断的进展。位于美国密歇根州的 Quantum Composites 公司，开发了一系列 AMC®8500 复合材料，适用于要求高刚度和高强度的结构应用方向，特别适合具有开孔和填孔结构的部件、对拉伸和压缩要求高的情况。这种材料体系专为复杂几何形状的压缩成形而设计，相对传统的层压预浸料材料，这种材料更轻和更加节约成本。AMC®8500ESC®（工程结构复合材料）是一种快速固化环氧树脂改性的乙烯基酯树脂体系的片状模塑料（SMC）。树脂基体固化快，但又有一定的保质期，同时保留环氧树脂的高强度、韧性和环境耐热性。其主要的增强体由不同纤维长度和纤维丝束尺寸的混合纤维材料组成。在无规纤维内，添加了单向碳纤维（AMC®8595）和织物（AMC®8575）的这两个牌号材料，力学性能和局部增强的抗冲击性能得以增强。

兰博基尼 Sesto Elemento 型号的悬挂臂，使用 AMC®全复合材料替代了原本的铝合金材料，实现了减重 27%，同时又提高了材料的集成性。全复合材料悬架臂总重量减轻了 4.92kg，最终部件与其替代的锻造铝结构相比，成本还具有竞争力，如图 11-18 所示。另外一个重要部件是兰博基尼 Sesto Elemento Monocoque 汽车的地板，这个部件采用了 80% 碳纤维含量的 AMC®复合材料，纤维含量在复合材料应用中又创新高，使车辆重量减轻了 25%，如图 11-19 所示。通过制造工艺的更改，制造周期大大缩短，相对于常用的树脂传递模塑（RTM）以小时计时来说，这种新工艺制造周期以分钟为单位，AMC®碳纤维材料和锻造复合材料工艺已被证明可用于高档车辆的商业化生产，可以制造碳纤维结构的高需求量部件。

图 11-18　兰博基尼 Sesto Elemento 型号的悬挂臂使用 AMC®全复合材料替代原本的铝合金材料

另外，除了结构部件，SMC 发展也趋于多功能化，2017 年，获得北美年度商用皮卡车的 2017 Honda Ridgeline，该车配有 SMC 卡车车厢。车厢的独特之处在于整个隔层和侧面都可以作为大型扬声器使用，如图 11-20 所示。

2017 年，为 Indy Car、F1、FE、IMSA 和其他一系列赛车开发底盘的意大利 Dallara 公司，推出了第一个高性能碳纤维跑车 "Stradale"。如图 11-21 所示，由于大量使用碳纤维布增强复合材料,这款车的重量仅为 1885lb。外壳使用预浸料工艺,车身的结构部件采用长纤维复合材料压缩成形。面板用碳纤维骨架薄板。一共有 9 个部件使用了 Polynt-SMCarbon® 24 CF 复合材料,就性能而言,在 3.25s 内提速范围 0～62mile/h(0～100km/h),最高时速 174mile/h(280km/h)。使用五挡时,从 50mile/h(80km/h)到 75mile/h(120km/h)仅仅需要 3.49s,从 62mile/h(100km/h)到 124mile/h(200km/h)仅仅需要 8.5s。

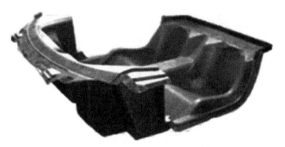

图 11-19　用碳纤维制成的兰博基尼 Sesto Elemento Monocoque 汽车的地板

图 11-20　2017 Honda Ridgeline 的 SMC 卡车车厢图

图 11-21　意大利 Dallara 公司推出的"Stradale"

② RTM 工艺。

RTM 工艺采用的树脂可以是环氧树脂、聚氨酯或者热塑性树脂,纤维可以是玻璃纤维和碳纤维。RTM 由于可以使用织物或者连续纤维,因此所得的产品一般强度高、尺寸精度高,主要产品为门板、底板、横梁、侧裙板、车顶、承载式车身和地板等部件。在要求能承受更大的拉应力的情况下,封闭的座舱能够在车身受到高速冲撞,甚至车体彻底肢解后,保证驾驶者的绝对安全。欧洲汽车公司采用树脂传递模塑成形(RTM)工艺,成功地试制出某轿车碳纤维复合材料底板,零件的数量由 28 个减少到 8 个,重量较金属减轻约 50%,而车身的性能达到了原钢车身水平。CFRP 材料通常应用在赛车及跑车上,因为利用碳纤维可有效提高其性能,同时,此类车对成本一般不作限定。近年来随着复合材料成本的下降以及设计方法的改进,国内各大汽车厂均加大了对 CFRP 材料的研发及应用,主要应用于制造汽车车身、底盘、覆盖件、驱动轴等部件。选用 CFRP 材料的制品其成形工艺甚多,从传统的手糊工艺,发展到真空导入工艺、树脂传递模塑成形(RTM)和真空辅助树脂传递模塑成形(vacuum assisted resin transfer molding,VARTM),制品外观质量越来越好,制造周期越来越短,使得选用 CFRP 材料的制品成本逐年减少。2017 年 1 月 20 日,宝马公司(BMW)携手康得集团打造轻量化碳纤维复合材料零件生产线,双方就碳纤维复合材料领域的合作进行深入探讨。目前国内康得复合材料有限责任公司从国外引进的两条由德国迪芬巴赫公司(Dieffenbacher)和克劳斯玛菲公司(Krauss Maffei)共同开发的高压树脂传递模塑(HP-RTM)自动化生产线以及中国恒瑞有限公司导入的西班牙卡普勒高碳纤维快速多孔注入压缩成形(RMCP)全自动生产线,解决了多年以来碳纤维零部件不能进行大批量生产的技术难关。在国家的大力支持下,越来越多企业投入到 CFRP 材料及其生产工艺的研究中。

2017 年，哈尔滨天顺化工科技开发公司宣布，该公司继在 2015 年底成功达到量产低成本 T700 级碳纤维基础上，经过一年刻苦攻关，利用自产千吨线生产的原丝，再次突破低成本 T800 级碳纤维生产技术，各项指标均达到或超过日本 T800 级碳纤维技术水平。在碳纤维复合材料应用方面，各国充分利用其轻质、高强、可设计性好和集成度高等优势进行车体结构设计与开发。例如：在保持性能要求前提下，宝马公司采用树脂传递模塑成形（RTM）技术，将车身零件数量较原钢质结构减少 70%，减重约 50%。美国通用、福特和德国宝马、奔驰等汽车企业都围绕 CFRP 的应用开展了低成本制备的成形技术、高效率及高可靠性连接、结构-性能的一体化设计与多材料零部件集成开发等关键技术研究。2018 年 3 月 8 日，日内瓦车展上，欧洲首次推出了新的合成密集型车型——意大利设计的 Corbellati Missile，为世界上最快的汽车。Corbellati 广泛使用复合材料，在底盘和车身面板的几乎所有部分都加入了碳纤维布增强复合材料。然而，超级跑车并不是唯一出现在日内瓦的集成性车型。其他厂商也纷纷推出了复合材料集成车型。宝马 M8：大尺寸 M8 轿跑车的特点是使用"肌肉发达"碳纤维布制作的车顶，它能在视觉上和实际上降低汽车的重心。菲亚特 Abarth 124 GT：也使用了碳纤维复合材料的车顶，菲亚特声称这是市场上唯一一个完全由碳纤维布制造的车顶，整个重量只有 16kg，提高了汽车的集成性和整体扭转刚度。该车的后扰流板也使用了碳纤维复合材料。Pal-V Liberty：这是世界上第一款商用飞行汽车，使用了碳纤维复合材料螺旋桨和车身面板。

图 11-22　奥迪 A8 后面板 RTM 生产工艺

以奥迪 A8 为例，在 2017 JEC 复材展期间，Voith 公司展出了一种全新的碳纤维生产技术，该技术为新奥迪 A8 生产 CFRP 混合框架材料的后面板，该 CFRP 后面板是 A8 的组成单元中最大的组件，减重 50%。根据奥迪的说法，CFRP 后面板承载了总车辆扭转刚度的 33%，使用 Zoltek 的 PX35 碳纤维、陶氏的 VORAFORCE 环氧树脂以及 BETAFORCE™ 复合黏合胶，通过高压树脂传递模塑（HP-RTM）工艺，将 VORAFORCE 注入碳纤维预成形，固化时间小于 120s，通过内脱模剂保证顺利脱模，确保了大批量的生产能力。每天产能大于 300 件，如图 11-22 所示。

2016 年，福特公司在底特律车展上展示了一款 1.0L EcoBoost 发动机，该发动机包括气缸头使用碳纤维复合材料 RTM 成形，重量下降了近 16 个百分点，如图 11-23 所示。2017 年，福特和麦格纳联手开发了一种碳纤维增强复合材料框架，比传统的框架减重 34%，同时使用的零件要少得多。2018 年 2 月，福特公司申请了一项关于复合材料气缸盖的专利，内部结构是热固树脂型复合材料，主体还包含有液压阀杆调节装置和火花插座/喷油器。

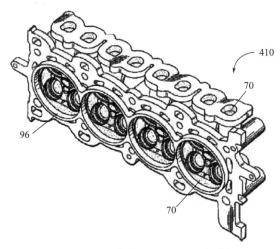

图 11-23　福特公司 EcoBoost 发动机

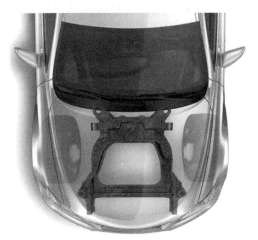

图 11-24　碳纤维复合材料引擎副支架

2017年，美国密歇根州特洛伊城的 Magna 国际公司与福特汽车合作开发了碳纤维复合材料引擎副支架，可以减重34%；通过用两个模压件和四个金属部件用粘接和结构铆钉来连接替换45个钢件，零件减少了87%，如图11-24所示。副支架是汽车车身结构中的关键组成部分，为发动机和车轮连接提供一个容纳空间，因此该机构需要有足够的刚度和碰撞管理机制。

沃尔沃在2017年推出了高端 SUV XC90，采用了高性能、轻量的复合材料板簧；采用了 Loctite 公司 MAX 2 双组分聚氨酯复合材料树脂系统使用高压树脂传递模塑料（RTM）生产。该体系快速固化，低黏度能

图 11-25　沃尔沃 RTM 复合材料板簧

够迅速填充模具、浸润预成形纤维，而不会影响其定位，如图11-25所示。

兰博基尼旗舰款超级跑车 Aventador LP700-4（图11-26）的车舱完全用 RTM 碳纤维复合材料制造而成，并配以硬壳式结构，结构重量仅为145.5kg。

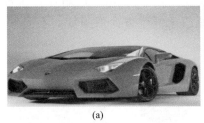
(a)

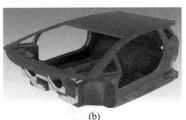
(b)

图 11-26　兰博基尼 Aventador LP700-4

③ LFT 工艺。

在过去十年中，GMT 生产商面临着长纤维增强的热塑性塑料（也称为 LFRT 或 LFT）的日益激烈的竞争。通过将连续的玻璃纤维和树脂制成小直径棒，然后根据所需的纤维长度将棒材切割成粒料，LFT 提供了 GMT 和短玻璃热塑性塑料之间的性能中间体[55]。在20世纪90年代中后期被商业化，目前，LFT 工艺已在汽车防撞梁、前端模块、仪表盘骨架、车门中间承载板、电瓶箱、座椅骨架板、备胎仓以及车底部护板等结构件和半结构件中得到广

泛应用。乘用车的前端模块是其中最具代表性的产品应用。据泰科纳的资料介绍，德国大众公司一款车型的前端最初采用金属制造，零件数量为 7 个，重量为 9.5kg；而采用 LFT 工艺成形后，零件数量削减至 1 个，产品重量约 3kg。另外，典型的应用还有 Opel Astra 的天窗，别克君越中央控制台支持结构，如图 11-27 所示。

(a) Opel Astra 的天窗　　　(b) 别克君越中央控制台支持结构(陶氏树脂)

图 11-27　LFT 复合材料应用

LFT 的粒料生产工艺见图 11-28，热塑性复合材料带的生产机构原理图见图 11-29。

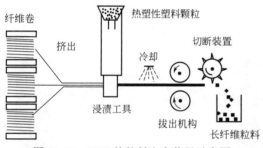
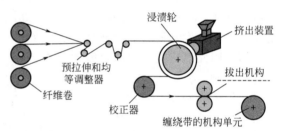

图 11-28　LFT 的粒料生产装置示意图　　　图 11-29　热塑性复合材料带的生产机构原理图

用上述机构生产的 LFT 的粒料类型和结构示意图见图 11-30，图（a）为短纤维粒料，粒料长度 0.2～0.4mm，这类复合材料性能没有方向性，制造工艺简单；图（b）为电缆包覆法长纤粒料，粒料长度 10～25mm，注塑和压制后复合材料性能和纤维的方向性有关；图（c）为全浸润法长纤粒料，纤维长度为 11～25mm，这类材料的性能也具有方向性；图（d）为新开发的产品，全浸润法制造的连续纤维增强"胶带"，用于压制具有强烈方向性的复合材料制品，即平行于纤维方向的强度远高于垂直于纤维方向的强度。不同纤维含量的 LFT 的性能见表 11-7。

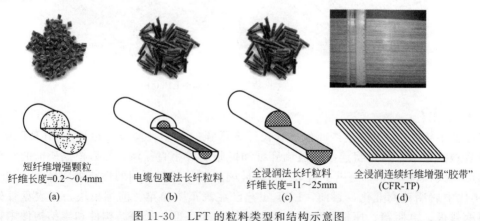

图 11-30　LFT 的粒料类型和结构示意图

表 11-7　不同纤维含量的 LFT 的性能对比

测试项目	玻纤 30%	玻纤 40%	玻纤 55%
拉伸强度/MPa	102	137	158
断裂伸长率/%	2.14	2.12	2.11
弯曲强度/MPa	163	226	251
弯曲模量/MPa	8240	8700	12800
悬臂梁缺口冲击强度/(J/m^2)	278	348	436
悬臂梁缺口冲击强度/(J/m^2)	691	750	872
洛氏硬度(HRB)	95	122	133
热变形温度/℃	125	130	135
密度/(g/cm^3)	1.13	1.22	1.47
玻璃纤维含量/%	30	40	55
模具收缩率/%	平行流体方向:0.37 垂直流体方向:0.41	平行流体方向:0.27 垂直流体方向:0.36	平行流体方向:0.25 垂直流体方向:0.31

根据不同部件的强度和其他性能要求，可选择不同纤维比例的粒料，粒料制成之后，用注塑机按一定的工艺制成不同类型的构件，LFT 的注塑机最好采用高耐磨性的双金属螺杆，以保证批量生产时注塑件性能的稳定性，同时采用低压缩比、大螺距以减少纤维的搅动和断裂，最大限度保证产品中纤维的长度，提高产品的力学性能。一般注塑的速度为 170mm/s，注塑压力大时，可缩短工艺时间，提高产品质量。LFT 专用螺杆设计时，通常采用深螺槽，并采用低压缩比（1:1.8）～（1:25），纤维的长径比为（18:1）～（22:1）。LFT 适合于各种汽车中的结构件，在欧洲已经广泛应用，所制的各类汽车零件见图 11-31。

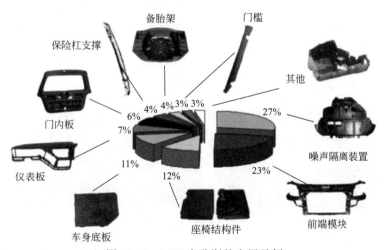

图 11-31　LFT 在欧洲的应用示例

前端模块是 LFT 应用的典型零件，在 2005 年之前，这一零件大部分采用钢的冲压焊接而成，重量高达 11kg。2010 年福特金牛座用 LFT 模压，原冲压件（由 15～20 个零件组成）改为 LFT 后，前端模块组合设计成 1 个零件，减重 30%～40%，成本下降 10% 以上。和 2005 年采用钢和尼龙的混合，由 4 个零件组成福特 500 的前端模块相比，价格下降 33%；和 2008 年采用 PP＋钢的冲压件，用反应模塑制成的 4 个零件组成的福特金牛前端模块相比，成本下降 18%；和 2009 年采用镁合金模铸＋铝冲压件，5 个零件组成的美国林肯 MKS

车型的前端模块相比，成本下降 41%，取得了良好的轻量化效果。各年不同车型的前端模块见图 11-32。

(a) 2005年福特500　　(b) 2008年福特金牛　　(c) 2009年林肯MKS　　(d) 2010年福特金牛

图 11-32　各年不同车型的前端模块

目前我国在奇瑞、长安等诸多车型上应用注塑的 LFT 前端模块，中国汽车工程学会也制定了 LFT 前端模块的设计准则[56] 和检测评价方法[57]。

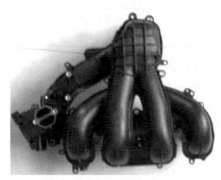

图 11-33　LFT 制作的进气歧管

LFT 在小排量发动机上代替玻纤短纤维增强的尼龙，制造进气歧管（采用注塑＋振动摩擦焊的工艺），已成功完成了所有的对比试验，减重效果约 10%，成本下降 15%，见图 11-33。和铝合金的相比可减重 50%，成本下降 20%~30%；和钢铁材料相比可减重 85%。

LFT 在长途客车的行李架、车轮、SUV 车的后门内板都有应用，它的优势是可以循环应用，符合汽车工业的回收政策要求。

2018 年 3 月 1 日，通用汽车正式公布了其 2019 年的 GMC Sierra，可选配件包括一个名为"CarbonPro Box"的碳纤维车厢，CFRP 帮助 GMC 在卡车车厢减重 62lb（28kg），使用的工艺为 Teijin 的"Sereebo"工艺，主材为 1in 长的碳纤维增强尼龙 6，通过预加热材料在模压机内成形，成形周期 60~80s。并且，材料可循环利用，回收的材料可用于卡车结构的其他部件，这种车厢还具备耐腐蚀的特性，如图 11-34 所示。

图 11-34　"CarbonPro Box" 的碳纤维车厢

多年来，宝马一直是汽车复合材料制造领域的引领者。复合材料 OEM 厂商从 i3 工艺路线的改变中获得经验，现在将碳纤维布作为目前生产和未来生产新宝马摩托车和汽车的基础材料。最近，宝马的摩托车方面又向前迈进了一步，宣布它已经开发并制造了一款由碳纤维布增强的后摇臂用于 HP4 赛车。这种工艺使用碳纤维热塑性预浸带注塑成形规模化生产部件，这个产品在 2018 年 3 月 JEC 复材展获得创新奖项，这个工艺是基于 RTM 技术制造摩托车底盘的成功应用基础上开发出来的，采用连续纤维增强，额外还可以使用碳纤维增强板局部增强，如图 11-35 所示。

20世纪90年代末,机械成形制造商开发了嵌入式复合(ILC)系统,为直接长纤维热塑性塑料(D-LFT)的开发提供了便利。D-LFT系统在混炼机上结合树脂、增强体和添加剂,直接注入或压缩成形。尽管D-LFT需要对特殊设备进行资本投资,但与使用预混合LRT或GMT的传统工艺相比,使用D-LFT的工艺生产零部件的成本更低。注塑机械方面的主要供应商包括Krauss-Maffei(德国慕尼黑)和Plasticomp、LLC(明尼苏达州的Winona),而压缩成形的方面则有迪芬巴赫公司(德国Eppingen)、博恩沃纳 & Pfleiderer(斯图加特,德国)和复合产品公司(明尼苏达州的Winona)。LFT克服了短玻璃增强复合材料和GMT的缺点,特别是针对替代金属的复杂和部件集成的情况,典型的性能如图11-36所示。

图11-35 宝马的摩托车

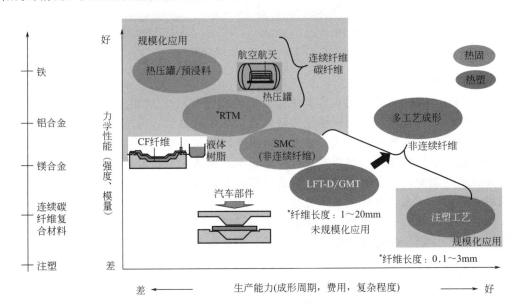

*RTM:树脂传递塑料;SMC:片状模塑料

图11-36 典型的D-LFT的性能

在过去的十年里,LFT每年大约有20%~30%显著增长,尽管GMT、LFT和D-LFT可以在广泛的半结构和轻结构中成功地应用,但它们在构成、可加工性和它们给完成部分带来的特性方面存在显著差异。D-LFT部件提供的力学性能比传统的注塑成形高,同时可以形成比传统的GMT更复杂的形状,具有工艺和性能的优势。第五代德国大众Jetta车型的前端模块采用克劳斯玛菲的IMC在线混炼注塑设备KM2000-14000 IMC生产。该部件以聚丙烯为基体材料,并由30%的玻璃纤维增强。采用D-LFT模压成形的代表性汽车部件包括:Fiat Stilo车型的前端模块,采用30%玻纤增强的聚丙烯制造,外形尺寸为1490mm×550mm×330mm,重量为3.5kg,成形周期为35s;大众Touran车型的备胎舱盖,外形尺寸为730mm×690mm×18mm,重量为2.3kg,成形周期为25s;Mercedes E级车的仪表板支架,外形尺寸为1530mm×500mm×2920mm,重量为3.2kg,成形周期为40s。D-LFT

模压成形与 D-LFT 注塑成形各有特点。D-LFT 模压成形能够在成形过程中将不同类型的纤维增强热塑性塑料的织物布置在需要更高强度的位置，得到更轻质的结构部件，从而优化承力结构。例如，BMW E46 的前端模块，该部件整体采用 30% 玻纤增强的聚丙烯材料，并在受力较大的位置铺放了 60% 玻纤含量的 Twimtex 织物。全部采用 D-LFT 材料的与同等部件相比，其产品重量从 3.75kg 降低至 2.551kg，减少了 30%。D-LFT 注塑工艺具有常规注塑工艺的优势，可以制造非常复杂的带有筋结构和多向抽芯结构的产品，更适合制造复杂结构的零件总成，而且连续生产时的效率高，生产过程的稳定性更好。

图 11-37(a) 为 D-LFT 技术应用在 smart fortwo 汽车的提升式门内部面板。图 11-37(b) 为发动机噪声罩，蓝色部分使用了连续的玻璃 D-LFT，并采用加强筋以提高冲击强度。

(a) smart fortwo 汽车的提升式门内部面板　　(b) 发动机噪声罩

图 11-37　D-LFT 技术应用

④ GMT 材料。

GMT 材料由 PPG 工业公司（宾夕法尼亚州匹兹堡市）在 20 世纪 60 年代中期开发，是一种以热塑性树脂为基体、玻璃纤维毡为增强骨架的复合材料，典型的 GMT 工艺是由预先成形的玻璃纤维垫注入聚丙烯制成。一般可以生产出片材半成品，然后直接模压加工成所需要形状的产品。短纤维增强的热塑性塑料在低温下、碰撞中变得易碎，长纤维技术保证了破坏前的吸收更高能量，不会发生脆断，具有强度高、韧性高、刚性好、耐高温、重量轻、可循环利用、吸声好、无臭等优点，广泛应用于汽车部件。作为内饰件，在 90℃ 的条件下放置 16h 不会释放异味和有毒气体，它不会对人体造成伤害。GMT 具有良好的抗拉强度、抗弯强度、抗冲击性能，性能远远超过了麻纤维、木粉板和聚氨酯材料。防潮、防霉：玻璃纤维不吸水、不变形、不发霉。松散的网络结构使轻 GMT 具有良好的隔音、吸声、减振、透气性。尺寸稳定性：产品成形后形状就不会变化，具有良好的空间稳定性。曾几何时，玻璃纤维毡增强热塑性塑料（GMT）复合材料几乎是工程师们在聚合材料中寻找增强刚度、强度和韧性的唯一选择，在近 30 年的时间里，GMT 在复合材料领域的热塑性塑料方面几乎没有竞争，这种材料具有适中的成本、工业规模的生产能力和相对较薄的横截面。

GMT 材料在汽车上一般可用于生产前端部件、座椅壳体、保险杠、备胎池、内顶板、遮阳板、门板、屋顶、尾门（衣帽架）、轴承板、座椅、备用车轮、汽车防护装置、汽车侧和其他内部材料。GMT 材料另一个重要特点是可回收利用，可对采用 GMT 材料制成的部件回收并进行加热，再模压成同等质量的同类部件或其他类型部件。GMT 材料在大众 Passat 的混合结构前端模块已经量产，典型的产品性能如表 11-8 所示。

表 11-8　典型的 GMT 性能

测试项目	单位	数值
密度	g/cm³	0.3～0.9
抗弯强度	MPa	6～65
弯曲模量	MPa	250～3200

续表

测试项目	单位	数值
抗拉强度	MPa	10~50
断裂伸长率	%	2.3~4.5
冲击强度	kJ/m²	15~50
热变形温度	℃	92~120
水平燃烧	mm/min	≤100

Hanwha 公司的 GMT 生产线在世界上属于领先水平,为韩国现代提供了很多产品,例如,现代索纳塔第三代(1993 年)的后保险杠重达 4.3kg,但现代索纳塔第七代(2014年),即"LF 索纳塔",仅为 2.57kg,如图 11-38 所示。另外,GMT 制造商也通过混杂材料的使用,进一步提高 GMT 的力学性能,比如说利用金属作为骨架的 GMT 仪表盘,如图 11-39 所示。

图 11-38 Hanwha 高级材料部门开发的钢混合的 GMT 前保险杠

图 11-39 典型的沃尔沃玻璃纤维 GMT 仪表盘

丰田 GR:这是一款概念赛车,继承了丰田著名跑车的优良传统;引擎盖、前和后保险杠、前分器和后挡板、侧裙、门镜房和后翼都是用复合材料制成的,车门也应用了碳纤维布增强复合材料,如图 11-40 所示。

(4)高强度高性能结构件的应用

先进的复合材料不仅坚固而且重量轻——便于减少燃料消耗,同时也为高性能汽车应用提供了一种节能和清洁的解决方案。如轻量化的新能源汽车的储气瓶、车轮部件、底盘等。通常为了提高性能,这些部

图 11-40 丰田 GR 复合材料部件汽车

件使用的均为连续纤维成形技术,纤维主要为碳纤维和少量玻璃纤维,树脂基体主要为热固性树脂。而成形技术主要有缠绕成形技术、编织灌注成形技术、拉挤成形技术等。

储气瓶是一类主要应用,根据气体不同,分为天然气瓶 CNG、液化气瓶和氢气瓶,所使用的压力和工作环境也不同。一般根据材料不同,分为Ⅰ型瓶、Ⅱ型瓶、Ⅲ型瓶、Ⅳ型瓶,如图 11-41 所示,减重比较明显的为Ⅲ型瓶、Ⅳ型瓶(高达 75%)。CNG 压力通常在 200~250bar 之间,目前主要应用于公共汽车、出租车、运输车等领域。许多城市运营公共汽车配备了天然气瓶,节约能源的同时减少环境污染,另外对于运输业,世界各地的物流行业承受巨大的价格压力,天然气正日益成为商用车辆的替代燃料来源,通常分为纯天然气发动机

或者是双燃料发动机，使用天然气与柴油混合动力。CNG 气瓶在汽车上的应用见图 11-42。

名称	Ⅰ型瓶	Ⅱ型瓶	Ⅲ型瓶	Ⅳ型瓶
简图	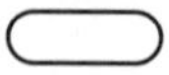 ⬭	 ⬭	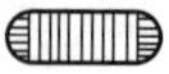 ⬭	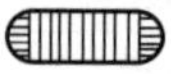 ⬭
市场占有率/%	93	4	<2	<2
结构	金属	内部：金属 外部：环缠绕复合材料	内部：金属 外部：全缠绕复合材料	内部：HDPE 外部：环缠绕复合材料
常见材料	CrMo 金属	CrMo 金属及玻璃纤维复合材料	CrMo 金属及玻璃/碳纤维复合材料	HDPE内里及碳纤维复合材料
每升容量的成本/元	21～35	35～49	63～84	77～126
每升容量的重量/kg	0.9～1.3	0.8～1.0	0.4～0.5	0.3～0.4

图 11-41　气瓶分类

图 11-42　CNG 气瓶在汽车上的应用

Ⅱ型气瓶由玻璃纤维复合材料缠绕钢内胆制成，如图 11-43 所示。Ⅲ型气瓶由碳、玻璃纤维或其他混合纤维（Kevlar 纤维/玻璃纤维）复合材料增强，内衬由高强度的铝合金制成，这类气瓶相对于纯金属材料制成的Ⅰ型气瓶，具有轻量、高强度、结构优化、抗疲劳强度高、工作温度范围广和对环境影响的抵抗力强、热导率低、热膨胀和空间稳定性可精密控制、对振动的敏感性低等特点，如图 11-44 所示。

图 11-43　Ⅱ型气瓶及其在汽车上的应用

NEIL 公司开发的用碳纤维制造的 CNG Ⅲ型瓶与一个具有相同容积的Ⅰ型瓶比较，重量减重 70%，比Ⅱ型瓶减重 50%。在满载气体的情况下，由于 CNG Ⅲ型瓶比 CNG 型Ⅰ型瓶承压能力更高，因此气体的装载量比 CNG Ⅰ型多 12%，续驶里程更高，如图 11-45 所示。

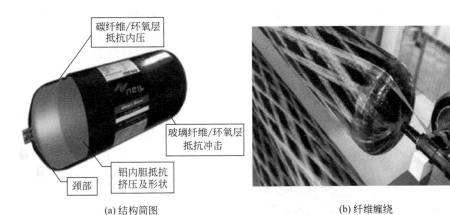

图 11-44 Ⅲ型气瓶

类型	压力/bar	容量/L	重量/kg
Ⅰ型瓶	200	100	110
Ⅱ型瓶	200	100	80
NEIL气瓶	200	100	33
Ⅳ型瓶	200	100	31

类型	平均速度/(km/h)	容量/L	续驶里程/km
Ⅰ型瓶	100～120	100	220
NEIL气瓶	100～120	100	250

图 11-45 NEIL 公司开发的 100L CNG Ⅲ 型瓶

（注：$1\mathrm{Bar}=10^5\mathrm{Pa}$）

Hexagon 复合材料公司开发了新一代的梅赛德斯-奔驰 GLC F-CELL 的储氢瓶，这种车型在 2017 年推出，碳纤维复合材料储氢瓶的工作压力为 70MPa。同时，丰田汽车北美研发（TMNA 研发）已经完成了对丰田重型燃料电池卡车的开发和初始交付。这种氢气瓶采用高密度聚乙烯（HDPE）作为内衬，使用碳纤维缠绕复合材料增强，比起金属内衬，这种复合材料减重更明显；可以最多装 4kg（8.8lb）的液态氢，其储氢量比以前多了 30%，如图 11-46 所示。

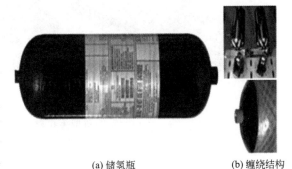

图 11-46 Hexagon 复合材料公司开发Ⅳ型瓶

另外一个高性能复合材料部件为复合材料车轮部件，典型的车轮毂是由以铝合金为中心，周围的使用碳纤维复合材料制作；相对于铝合金减重至少 20%，一般采用高压树脂传递成形工艺（HP-RTM）。这种动力部件的减重带来的效果比固定部件更加显著，其好处包括减少燃料消耗、减少道路噪声、减少停车距离、快速加速、机械掌控力优化以及转向和操控性能增强。除了豪华轿车，预计随着成本的降低，不久的将来也会逐渐渗透到大众生产的汽车中。

福特 GT350 是世界上第一个批量地使用碳纤维轮毂的车型，它的澳大利亚供应商与法拉利合作，2018 年 4 月初，为其新的 488 Pista 超级跑车提供高性能的碳纤维复合材料车轮。这是法拉利第一个使用碳纤维预浸布的汽车。根据法拉利的说法，这些轮子比 488 GTB 的标准轮辋要轻约 40%（大约 200lb），并使用了在航空航天工业上开发的一种特殊的涂层，使其能够有效地驱散刹车产生的热量，该车型和使用的碳纤维轮毂如图 11-47 所示。

现代汽车公司已经申请了一项专利，采用碳纤维布制造的前端底盘结构，把碳纤维布增强的两种部件车身支柱和乘客舱地板编织在一起，保证更好的结构刚性。除了用碳纤维布制造这些车身结构外，现代的专利还描述了用其制造整个罩板，各种各样的单独的零部件将被编织在一起合并成一个单一的部件以提高刚性。为了使碳纤维布的部件更加坚固，现代汽车集成多个零件形成多边形

图 11-47　福特 GT350

的横截面，而不是一个简单的长方形。2017 年 8 月，保时捷也公布了类似的技术，为其 911 涡轮增压汽车制造车轮。保时捷表示，这种技术使碳纤维增强复合材料结构变得更加密集和紧凑，从而增加了刚性，更有效地使用材料，也能减少浪费。

2017 年 10 月 31 日 SEMA 展览展示了一款现代公司和 Bisimoto 公司开发的新型车，命名为 Hyper Econiq Ioniq，具有卓越的空气动力学和高燃油效率，该车的 19×5.0 CR-9 的轮毂由碳纤维复合材料制成，采用编织注射工艺，树脂注入模具中预先形成碳纤维部件，如图 11-48 所示。亨斯曼公司也推出了一款用于混合动力车的碳纤维车轮，见图 11-49。

(a)

(b)

图 11-48　现代公司和 Bisimoto
公司开发的新型车轮毂

图 11-49　亨斯曼公司推出
的一款混合动力车
的碳纤维车轮

11.10.3　复合材料在新能源汽车上的典型应用

对于汽车产业链而言，转型升级已迫在眉睫，在当前及今后相当长的一段时期，是新能源汽车发展的重要关键时期，新能源汽车包括电动汽车、气体燃料汽车、生物燃料汽车、氢燃料汽车等。随着排放标准提高，推动汽车制造厂商开发新能源动力汽车，比如大众汽车计划在 2025 年前推出 30 多款新电池电动汽车（BEV）。未来几年，随着将复合材料引入车身外板和结构构件，这类车辆使用的复合材料将继续增长。

先进复合材料作为一种新型高科技汽车轻量化材料，必将以不可阻挡之势担当重要角色，推动新能源汽车快速发展，由此而带来的新的机遇与挑战，正在催生出应用先进复合

料技术、寻求变革与跨越发展的强烈意愿。不管是热塑性复合材料还是热固性复合材料，都能根据其特点在新能源汽车领域找到发挥的空间。复合材料在新能源汽车上的应用主要是结构件和内饰件。沃尔沃的 Polestar 1 作为一款新能源车，车身使用了复合材料，续航里程 150km，减重 507lb（230kg），扭转刚度提高 45%，同时，汽车的重心降低。

2017 年，Workhorse 公司首次推出了 W-15，汽车行业的第一辆电动皮卡。整个卡车车身是由碳纤维布增强复合材料制成的，该公司表示，这款车的整体重量不超过 5000lb。2017 年 11 月，Workhorse 推出了 N-Gen 电动面包车，与 W-15 一样，N-Gen 是复合材料集成制造，N-Gen 的单次充电可以达到 100mile，是美国首批全电动、零排放货车，用作包裹递送。整个车身是复合材料制作，每台车的重量都不超过 5500lb，如图 11-50(a) 所示。另外，这种车配备了无人机包裹递送系统。该无人机使用碳纤维增强材料制作的机翼，并在驾驶员的视线范围内运送包裹到目的地。

(a) Workhorse Group轻型电动面包车　　(b) 空气动力学概念车"星际飞船"

(c) 宝马i8　　(d) "EMotion"电动车

(e) "智能手机"电动汽车　　(f) Toho Tenax与GH Craft公司开发的电动汽车

(g) 特斯拉发布了class8全电动卡车　　(h) 玻纤复合材料外壳旅行拖车 silver bullet

图 11-50　玻纤、碳纤、复合材料在各类车身上的应用

壳牌 Rotella 和 AirFlow 首次推出备受期待的空气动力学概念车"星际飞船",预计在 3 年里完成 18000h 的行驶工作,整车几乎都是由碳纤维增强复合材料制作,包括驾驶室、引擎盖、保险杠、前和后侧裙板,如图 11-50(b) 所示。

在 2018 年底特律的北美国际汽车展上展出了新型的宝马 i8,搭乘 Coupe 和 X2 的平台,2014 年首次上市的时候,它是第一款碳纤维复合材料集成座椅乘客的中型汽车。新一代产品除了使用复合乘客电池外,这款新轿跑车还配备了一种新的碳纤维布挡风玻璃框架,可以帮助降低车辆的整体重量,如图 11-50(c) 所示。

2018 年 1 月,在拉斯维加斯举行的 2018 年国际消费电子展上,Fisker 公司展出了 "E-Motion"电动车,这款车由碳纤维复合材料和铝合金制成车身结构。碳纤维复合材料和铝制车轮使得质量降低了 40%。于 2019 年投放市场,续航里程 400mile,最高时速可达 161mile/h,如图 11-50(d) 所示。

2017 年 12 月 18 日瑞典 Uniti 公司最近发布了一款名为"智能手机"的现代电动汽车,车身完全由 Zoltek 的 PX35 碳纤维制成,22kW·h 电池可以覆盖 186mile,在 30min 内充电到 124mile。第一批交付的目标是 2019 年,如图 11-50(e) 所示。

由于公共汽车在其上层结构中带有高压氢气罐,所以车辆顶部的部件至关重要。日本帝人公司的碳纤维和复合材料业务核心公司 Toho Tenax 与 GH Craft 公司合作设计、开发了一种轻型的多材料复合材料车顶盖,用于丰田公司开发的世界上第一个批量生产的燃料电池客车。车顶盖是由碳纤维增强塑料(CFRP)、铝和其他轻质工程塑料复合而成。车顶集成了其他部件,形状复杂,适合规模化生产,如图 11-50(f) 所示。

在过去的几年中,在半卡车和公共汽车中使用复合材料的数量显著增加。2017 年 11 月,特斯拉发布了 class8 全电动卡车,这辆卡车的初始设计材料几乎全是碳纤维布增强复合材料。然而,经过调整,特斯拉在其汽车的大部分结构材料中使用铝、铝和复合材料的组合材料,减重以抵消电池组的重量。重新改造的卡车司机驾驶室配备碳纤维板制成的特斯拉半客舱。这款卡车拥有 500mile 的续航里程,总重量 8 万磅,在 20s 内可以从 0 加速到 60mile/h,比传统的柴油卡车快 40s,如图 11-50(g) 所示。

2018 年 4 月 13 日,Airstream 正式推出了该公司备受期待的玻璃纤维增强复合材料外壳旅行拖车——silver bullet。这是复合材料在汽车领域的又一新应用,代替了传统的铝合金拖车,只有 2500lb,如图 11-50(h) 所示。

在 2016Wired magazine's 年会上,展出了一款自动驾驶电动货车,这种车主要用超轻型复合材料制造,将复合材料部件与电池结合起来,减重明显,如图 11-51(a) 所示。

Proterra 是零排放车辆的设计者和制造商,最近推出了 E2 电动公共汽车系列。这款公共汽车车体的主体部分为碳纤维增强聚合物(CFRP)制造,并有选择性地在公共汽车需要高强度-重量比的区域使用,如 A 柱、窗户周围的区域和一些较低的身体结构,采用真空辅助树脂传递模塑(VARTM)工艺制备;重量只有 15t,配备 660kW·h 的电池组,能够在一次充电中达到 350mile 的续航里程,如图 11-51(b) 所示。

福特发布的 EcoSport 汽车,配备了调节的货舱以及可调的地板,电池在两层蜂巢状树脂浸渍的再生纸和水基胶组成的六边形形状的复合材料之间,这个架子只有 6lb,但载重量是自身重量的 100 倍以上,如图 11-51(c) 所示。

在电动汽车设计和多种材料综合应用方面,奥迪 Urban concept 驾驶舱由碳纤维复合材料(CFRP)打造,并且将两个座位的底架整合在一起,使得结构极其轻巧坚固。智能新概念车"smart forvision"是世界上第一款采用热塑性塑料轮毂[图 11-51(d)]的汽车。这种全塑轮毂是采用巴斯夫公司的新型特种聚酰胺 Ultramid 制造,重量仅为 6kg,比标准铝合金轮毂轻 30%。

(a) 自动驾驶电动货车　　　　(b) E2电动公共汽车系列

(c) EcoSport汽车及其蜂巢状材料

(d) 热塑性塑料轮毂

图 11-51　复合材料在汽车及典型零件上的应用

2014 年以来，北京汽车、长安汽车、江淮汽车等国内自主汽车企业，开始计划借鉴宝马 i3[58] 和 i8 等车型的全新架构设计理念，尝试选用碳纤维及玻璃纤维增强复合材料与金属材料薄壁化铝合金、先进超高强度钢、镁合金等多材料共用的技术路线，探索对车身和底盘框架进行全新设计，以期待突破全新架构电动汽车的共性关键技术。在电动汽车的发动机碳纤维复合材料方面，奇瑞和奥新等企业先后在政府和社会力量的支持下，开发了碳纤维车身；长安、长城和上汽等汽车企业也联合了大连兴科、中科院宁波所、东华大学等单位，针对传统乘用车和电动汽车的发动机盖板等典型零部件，开展了碳纤维复合材料选用、零部件设计与性能验证等针对性探索研究，其他高校也进行了相关理论研究[59]。

小结

汽车轻量化是高强度钢、先进高强度钢、铝合金、镁合金、塑料复合材料以及先进成形工艺的多材料、多种专业的优势集成，在汽车轻量化材料中，塑料复合材料是一种重要的轻量化材料，这类材料的密度小、工艺性能良好、耐腐蚀、可设计性强，在汽车轻量化中已经得到广泛的应用。

热固性复合材料在汽车结构件和一定高温下使用的轻量化零件已有一定的应用，但热固性复合材料快速成形和回收是进一步扩大这类复合材料应用急需解决的技术问题。一些企业和研发单位先后开发了树脂传递模塑成形（RTM）、湿法模压成形、预浸料成形工艺等，以缩短零件的生产周期，提高其劳动生产率，以进一步促进各类型纤维（长纤维、连续纤维等）热固性复合材料在汽车结构件和疲劳件上的应用。目前碳纤维的价格已有明显下降，为高强度碳纤维增强的复合材料在汽车结构件或疲劳件上的应用提供了条件。如能进一步降低成本，则有可能在汽车结构件上得到更多的应用。

近年来，轻量化技术的发展，特别是新能源汽车的发展对轻量化提出了更高的要求，导致强度较高的轻质的塑料复合材料有更多的应用。热塑性复合材料，如LFT，不仅具有良好的可设计性和综合力学性能，而且生产效率高，并可回收、循环使用。目前已用这类材料制造汽车前端模块和疲劳件，如车轮等；当用这类材料制造汽车前端模块时，通过集成和优化设计，可用LFT一个零件代替汽车15～20个冲压组焊件，性能提升，制造工艺简化，成本略有下降。这类材料采用先进的成形工艺，如LFT-D还可以制造各类大型结构件，在汽车轻量化中展示了广阔的应用前景，是世界各国重点关注和研发的新材料和新工艺。

参 考 文 献

[1] 施辉忠.塑料材料在汽车轻量化中的应用［J］.工程技术，2014，23：80-81.
[2] 王秀玲.电动汽车驱动系统的研究［J］.吉林：吉林大学硕士学位论文，2007.
[3] 傅绍濂.国外复合材料发展现状与应用［J］.材料导报，1987（8）：2-7.
[4] 曾汉民.高分子复合材料的进展——纤维增强树脂基复合材料［J］.材料工程，1989（4）：6-13.
[5] 鲁云，朱世杰，马鸣图，等.先进复合材料.北京：机械工业出版社，2004.
[6] HULL D, CLYNE T W. An introduction to composite materials［M］. Cambridge university press, 1996.
[7] ROYLANCE D. Introduction to composite materials［M］. Cambridge：Department of material science and engineering, Massachusetts Institute of Technology, 2000.
[8] VINSON J R, SIERAKOWSKI R L. The behavior of structures composed of composite materials［M］. Springer Science & Business Media, 2006.
[9] 姜肇中，高建枢.玻璃纤维的发展和应用［J］.玻璃钢/复合材料，1997（6）：5-10.
[10] 佟威，郝建军，王宝.玻璃纤维的制备及性能应用［J］.辽宁化工，2016（3）：362-364.
[11] Soo-Jin Park. Carbon Fibers. Springer：Technology & Engineering Oct 8, 2014.
[12] DEBORAH D L. Carbon Fiber Composites［M］. Elsevier：Technology & Engineering, 2012.
[13] 2017—2022年中国碳纤维市场研究及投资前景预测报告，2017.
[14] 沃西源，涂彬，夏英伟.芳纶纤维及其复合材料性能与应用研究［J］.航天返回与遥感，2005（2）：50-52.
[15] 李新新，张慧，萍晏雄.芳纶纤维生产及应用状况［J］.天津纺织科技，2009（3）：4-8.
[16] 王汝敏.先进复合材料用热固性树脂基体的发展［J］.热固性树脂，2001，16（1）：36-38.
[17] 吴良义，罗兰，温晓蒙.热固性树脂基体复合材料的应用及其工业进展［J］.热固性树脂，2008，23（B08）：22-31.
[18] 杨福生，赵延斌，吴靖.国外热塑性树脂基复合材料现状及发展趋势［J］.吉林化工学院学报，2001（3）：74-78.
[19] 梁晓梅.国内外高性能高分子复合材料发展与应用［J］.哈尔滨职业技术学院学报，2014（01）：174.
[20] MALLICK P K. Thermoplastics and thermoplastic-matrix composites for lightweight utomotive structuresMaterials［J］. Design and Manufacturing for Lightweight Vehicles, 2010：174-207.
[21] 伍章健.复合材料界面和界面力学［J］.应用基础与工程科学学报，1995（3）：80-92.
[22] 蒋咏秋，叶林，吴键，等.聚合物基复合材料界面剪切强度的测试［J］.材料研究学报，1990，4（6）：550-554.
[23] 蒋培清，陈东生.纤维增强复合材料的界面力学性能测定方法［J］.玻璃钢/复合材料，1997（6）：25-26.
[24] 蒋敬.扩散控制的界面滑动及其对复合材料力学行为的影响［D］.中国科学技术大学，2002.
[25] 王汝敏，郑水容，郑亚萍.聚合物基复合材料及工艺［M］.北京：科学出版社，2004.
[26] 朱士英.电性能在高分子材料中的应用［J］.材料开发与应用，1994（9）：32-35.

[27] 李天佑.玻璃钢喷射成型工艺探讨［J］.玻璃钢/复合材料，1986（s1）：80-86.
[28] 徐敬一，马玉录.树脂传递模塑（RTM）成型工艺及应用［J］.中国塑料，1992（2）：9-16.
[29] 邢丽英，蒋诗才，周正刚.先进树脂基复合材料制造技术进展［J］.复合材料学报，2013，30（2）：1-9.
[30] 毕红艳.蜂窝夹层结构成型工艺对其力学性能影响［J］.黑龙江科技信息，2016（21）：66-67.
[31] 黄家康，等.玻璃钢模压成型工艺［M］.北京：中国建筑工业出版社，1982.
[32] 陈杨如，张适阔.复合材料成型工艺［M］.武汉：武汉理工大学出版社，2012.
[33] 肖颖，史耀耀，常丽丽.复合材料缠绕成形工艺研究［J］.电加工与模具，2007（5）：56-60.
[34] 黄克均，张建伟.拉挤成型工艺及应用［J］.工程塑料应用，1997（3）：54-57.
[35] 王振清，梁文彦，吕红庆.先进复合材料研究进展［M］.哈尔滨：哈尔滨工程大学出版社，2014.
[36] 樊在霞，张瑜.纤维增强热塑性树脂基复合材料的加工方法［J］.玻璃钢/复合材料，2002（4）：22-24.
[37] 刘来英.注塑成型工艺［M］.北京：机械工业出版社，2005.
[38] KRAUSE W，HENNING F，Tröster S，et al. LFT-D-A Process Technology for Large Scale Production of Fiber Reinforced Thermoplastic Components［J］. Journal of Thermoplastic Composite Materials，2003，16（4）：289-302.
[39] 王荣国，刘文博，张东兴.连续玻璃纤维增强热塑性复合材料工艺及力学性能的研究［J］.航空材料学报，2001（02）：44.
[40] 方立，周晓东.连续纤维增强热塑性复合材料的浸渍及其缠绕成型［J］.纤维复合材料，2009，25（3）：27-31.
[41] 陈同海，贾明印，杨彦峰，等.连续纤维增强热塑性复合材料制备与熔融浸渍机理研究［J］.工程塑料应用，2013（7）：52-56.
[42] 叶鼎铨.GMT片材发展概况［J］.纤维复合材料，2007（4）：18-20.
[43] 王泽庆，朱熠，滕腾.热塑性复合材料在商用车上的开发应用［J］.汽车工艺与材料，2017（5）：12-17.
[44] 朱迅，王明寅，王荣国，等.纤维增强聚合物基复合材料的蠕变力学研究进展［J］.纤维复合材料，2004，21（3）：51-53.
[45] THOMASON J L，VLUG M A. Influence of fibre length and concentration on the properties of glass fibre-reinforced polypropylene：1. Tensile and flexural modulus. Composites Part A 1996，27A：1075-1084.
[46] 陈生超.长玻纤增强聚丙烯注塑成型中纤维断裂和分布的初步研究［D］.郑州大学，2013.
[47] 刘夏慧.纤维长度以及排向对喷射成型复合材料力学性能的影响［D］.东华大学，2015.
[48] 孔徐洁.不同长度玻璃纤维增强复合材料力学性能与界面性能的研究［D］.东华大学，2016.
[49] 曹令俊.复合材料在汽车工业中的应用及趋势［J］.汽车工程师，2000（1）：28-31.
[50] 冯奇，何健，万党水，等.复合材料在汽车中应用的发展趋势［J］.上海汽车，2013（2）：50-53.
[51] 徐光.汽车保险杠用增韧聚丙烯（PP）复合材料的研究［D］.武汉理工大学，2008.
[52] 魏莉霞，马鸣图，杨洁.长纤维增强热塑性复合材料在汽车轻量化上的应用［J］.新材料产业，2013（9）：45-52.
[53] 于飞.长纤维复合材料在汽车座椅上的应用［J］.橡塑技术与装备，2015（22）：105-106.
[54] 刘雅坤.轻量化的秘密 BMW iCARS WITH CFRP［J］.世界汽车，2014（9）.
[55] 李正其，龙仕彰，张鹏.长纤维增强热塑性复合材料在汽车前端模块中的应用［J］.汽车工程师，2012（2）：52-55.
[56] SAE-China J0706—2013 塑料前端模块支架设计方法.
[57] SAE-China J0710—2013 塑料前端模块支架测试方法.
[58] 苏峰.宝马i3纯电动车——全碳纤维复合材料车身［J］.纤维复合材料，2012（3）：19-19.
[59] 王俊峰，马祥林，张兴龙.碳纤维在汽车轻量化中的应用［C］.全国炭素制品信息网炭素技术信息交流会，2015.

第12章 汽车轻量化和镁合金的发展应用

12.1 概述

镁合金在汽车轻量化的进程上是极具竞争力的材料，具有密度小、减振、压铸成形性能好和易回收等优势。目前，全球汽车用镁正以年均20%的增长速度迅速发展，世界各大汽车公司都把已采用镁合金零件的数量作为自身产品技术领先的标志。大量实验表明，车身重量每减少10%，可降低油耗6%～8%，燃油效率提高5.5%，排放降低5%～6%；每使用1kg镁，可使轿车寿命期减少30kg尾气排放；而行驶和动力部分减重带来的节能减排效果更加明显，如车轮减重的节能效果可达到车身的两倍以上。因此，推动轻合金零部件在汽车上的开发应用，实现汽车轻量化，对汽车行业的节能减排具有重大意义[1]。

汽车工业已成为我国的支柱产业之一，2017年，我国全年汽车产销量分别为2901.5万辆和2887.9万辆，连续九年蝉联全球第一，行业经济效益增速明显高于产销量增速。工信部联合发改委、科技部等部门编制的《新材料产业"十三五"发展规划》中提出加快镁合金制备及深加工技术开发，开展镁合金在汽车零部件、轨道列车等领域的应用示范。其主要内容包括加快镁合金、稀土镁（铝）合金在汽车仪表板及座椅骨架、转向盘轮芯、轮毂等领域的应用，扩展高性能复合材料应用范围，支撑汽车轻量化发展。2016年10月，中国汽车工程学会发布的《节能与新能源汽车技术路线图》指出，重点加大对镁合金材料零部件生产制造技术的开发，增加镁合金零部件的应用比例，大力推动镁合金在汽车上的应用；并提出至2020年实现单车用镁量达到15kg，2030年达到45kg的长远规划，为镁合金在汽车上的应用指出了明确的方向和目标。自2000年起，科技部、发改委、工信部等部门分别支持了"交通工具用镁合金零部件生产及应用共性关键技术研究开发及产业化""高性能镁合金的研制和应用"等一批国家和省部级项目，在新型高强度镁合金材料、镁合金压铸技术、镁合金轧制和挤压加工技术、镁合金连接技术等方面取得了重要进展，为镁合金材料的进一步应用打下了坚实的基础。一些非结构和非耐热的壳体类零部件，如方向盘芯骨、电器支架、后窗框、门内框、辅助转动支架等小型零部件已开始使用压铸类镁合金，并取得了较好的经济效益和社会效益。

12.2 镁合金的特点和优势

镁合金是以镁为主体加入其他元素组成的合金。其特点是密度小（$1.8g/cm^3$ 左右）、比强度高、比弹性模量大、散热好、减振性好、承受冲击载荷能力比铝合金大、耐有机物和碱的腐蚀性能好。主要合金元素有铝、锌、锰、稀土、钍以及少量锆等。目前使用最广的是镁铝合金，其次是镁锰合金和镁锌锆合金，主要用于航空、航天、运输、化工等工业部门。镁合金是实际应用中最轻的金属结构材料，但与铝合金相比，镁合金的研究和发展还很不充分，镁合金的应用也相对有限，目前镁合金的产量只有铝合金的1%。与目前的主流材料相比，镁合金在汽车上的应用具有如下几个突出的优点。

① 密度小：镁合金作为一种轻质金属结构材料，其密度约为铝的64%、钢的23%。与铝合金具有相同等刚度的镁合金，其重量约减轻了25%。这一特性对于减轻车辆重量，从而降低能耗有重要意义。

② 吸振性能好：镁合金具有极好的吸收能量的能力，对于用于设备机壳减少噪声传递、提高防冲击与防凹陷损坏十分有利。这一特性可以使得汽车的舒适度大大提高，驾驶操控性能增强。

③ 良好的铸造性能：在保持良好结构的条件下，镁制品壁厚可小于0.16mm，这是塑胶制品在相同强度下无法达到的。铝的铸造性能只能在直径112～115mm范围内才可与镁相比。同时，与铝相比，镁合金的比热容更低，这意味着它在模具内能更快凝固。一般来说，镁合金的压铸生产率比铝高出40%～50%，最高可达到压铸铝的两倍，这可以提高镁合金产品的生产率，降低成本，使铸造镁合金制品在汽车多部位复杂零部件上得到广泛应用。

④ 良好的切削性能：镁合金允许较高的切削速度，减少切削加工时间；且比其他金属有高出几倍的刀具寿命（极少停机换刀并节省了操作时间与刀具成本）；同时具有优良的表面光洁度，并可一次切削获得，极少出现积屑瘤；有良好的断屑特性及温度传导性，可免于使用冷却液或润滑液。

⑤ 再生性：作为金属材料的共性，镁合金可以二次回收利用，这种符合环保要求的特点，使得镁合金比许多塑胶材料更具吸引力，也更符合汽车行业对节能环保的要求。

12.3 镁合金应用的类型

镁合金按照成形工艺可分为铸造镁合金和变形镁合金。

12.3.1 汽车用铸造镁合金

镁合金由于密排六方结构的限制，使得其塑性变形能力较差，加工成本较高。用铸造的方式生产镁合金零部件产品，具有高效、低成本、可复杂成形等优势。目前，常用镁合金产品中近90%为铸造产品，广泛应用于汽车零部件，如方向盘、仪表盘、轮毂等。

从20世纪40年代起，铸造镁合金就开始用在汽车产品的零部件上。20世纪60年代，汽车上的方向盘、离合器、阀门壳等零部件广泛采用铸造镁合金材料制造，在个别车辆上使用镁合金材料的零件质量达到23kg。20世纪80年代初，采用新工艺新技术，研制出高强度耐腐蚀的新型铸造镁合金，同时又降低了成本，从而大大促进了镁合金在汽车上的应用。从20世纪90年代开始，欧美、日韩等地区的汽车商应用于组装汽车上的镁合金零件达300多种，每辆欧洲生产的汽车上平均使用25kg的镁。未来出于减重和节能的需求，每辆汽车对镁的需求将提高至 70～120kg。有专家预计,未来 10 年世界范围内仅汽车工业对镁合金的需求量就将增长 15%。目前,我国是最大的汽车消费市场,2017 年,我国汽车产销量接近 3000 万辆汽车,同比增长 3%以上。未来我国对汽车将保持极大的消费需求,因此镁合金在汽车中的应用具有极好前景。

12.3.2 汽车用变形镁合金

目前,压铸是镁合金成形的主要方式,但是压铸件力学性能较差,并且容易产生微小的气孔,因此阻碍了镁合金产品的进一步发展。变形镁合金因其良好的综合力学性能而受到了重视,与铸造镁合金相比,经变形加工后的镁合金拥有较高的强度、塑性等综合性能。常用的镁合金塑性变形手段包括挤压、轧制、锻造等。由于镁合金是六方结构,塑性变形能力较差,加工成形较困难,导致成本较高,极大地限制了其在汽车上的广泛应用。随着科学技术的发展,变形镁合金的加工技术将会快速发展,它的技术难题取得突破之时,变形镁合金将得到更广泛的应用。

变形镁合金通常具有更好的力学性能,例如,目前市场上最常用的 AZ31B 变形镁合金就具有很好的强度(可达 250MPa 以上)、塑性(伸长率可达 20%)[2,3]和耐腐蚀性等综合性能。随着变形镁合金耐腐蚀性的提高和连接工艺的成熟,挤压镁合金型材应用于汽车结构已成为可能,例如福田欧 V 客车公司的新能源客车中采用了镁合金挤压管材作为扶手管[4]。变形镁合金会表现出明显的拉伸与压缩力学性能的差异性,即拉压非对称性。另外,变形镁合金中存在明显的织构现象,导致其力学性能呈各向异性。同时,其力学性能还具有明显的应变率相关性。这种各向异性、拉压非对称性和应变率敏感性等特性也增大了镁合金结构件设计的技术复杂性。特别是变形镁合金与传统的低碳钢相比韧性较差,在结构受到冲击时,容易发生脆性断裂。变形镁合金的特殊力学行为给镁合金在汽车结构件中的应用带来了挑战。目前,变形镁合金管材、型材、板材、锻材在汽车上可用作各类把手、扶手、门板、轮毂等。

12.4 汽车用新型镁合金的研究现状和进展

尽管镁合金在汽车上的应用具有其他金属不可比拟的优点,但在过去的几十年中,由于性能和生产技术方面的原因,镁合金部分零部件一直未得到广泛应用。近年来随着高性能镁合金的研究开发,使镁合金在汽车中的应用越来越广泛。世界范围内各主要汽车生产国不断加大新型镁合金的开发和应用,一些新技术相继问世。

12.4.1 高强高韧镁合金

(1) Mg-Al 系合金

AZ91 合金作为成熟的商业应用镁合金,是 AZ 系列的镁合金的代表之一,Al 和 Zn 含量分别约为 9%和 1%。AZ91 合金具有最好的综合力学性能。经过 T6 处理,其抗拉强度可以达到 275MPa。广大材料研究者为了进一步改善 AZ 系列镁合金的性能,在 AZ 系列镁合金的基础上,通过添加适量其他的合金元素作了种种尝试。张诗昌等[5]以及王渠东等[6]研究了合金元素钇和混合稀土分别对 AZ91 镁合金铸态组织的影响。肖晓玲等研究了 AZ91 镁铝锌合金中 γ-$Mg_{17}Al_{12}$ 析出相的形态和晶体学特征[7~9],指出了提高 Mg-Al 合金时效强度的可能途径。孙扬善等[10]等对含 Sn 的 AZ91 合金的研究表明,加入少量的 Sn(0.5%)能显著提高 AZ91 的高温性能,尤其是屈服强度提高了近一倍。其原因是合金时效后在晶界析

出弥散分布的 Mg_2Sn 相,它具有立方晶体结构和远高于基体的熔点,有效地抑制了拉伸时的晶界滑移。袁广银等研究了 Sb 对镁合金的显微组织和力学性能的影响[11],还研究了 Sn 对镁合金显微组织和力学性能的影响[10]。他们关于 Bi、Sb 合金化对 AZ91 基镁合金显微组织和力学性能影响的研究表明,加入超过其固溶度的 Bi 或少量的 Sb(0.1%,0.7%)后,将分别析出具有六方 D52 晶型的热稳定性 Mg_3Bi_2 相和 Mg_3Sb_2 相,在高温下它有效地强化了基体、抑制了高温下的晶界滑动,并且在时效过程中还阻止了粗大非连续析出相的形成,并促进了与基体具有共格结构的细小连续的 $Mg_{17}(Al,Zn,Bi)_{12}$ 和 $Mg_{17}(Al,Sb)_{12}$ 相在晶内析出,从而显著提高了合金的耐热性。另外,Bi 能有效细化 AZ91 合金的铸态组织,Mg_3Sb_2 相可作为 α-Mg 基体非自发形核的基底。在改善镁及镁合金性能方面,某些性能不能用常规合金化方法来实现,如弹性模量,必须寻求其他增强方式,如纤维增强。合金元素在镁中的固溶度有限,也限制了镁合金力学性能与化学性能的提高幅度。

(2) Mg-Zn 系合金

二元 Mg-Zn 合金具有明显的时效硬化特性,有共格的 GP 区。在 Mg-Zn 二元系基础上发展起来的常用 Mg-Zn 合金有 Mg-Zn-Zr 合金、Mg-Zn-Re(稀土)合金以及具有良好综合力学性能的新型 Mg-Zn-Cu 合金。

Mg-Zn 合金的最主要缺点是晶粒粗大,易形成显微孔洞。加 Zr 可以细化晶粒,改善其性能,因此,Mg-Zn 合金中一般都要加入一定量的 Zr。Zr 能细化晶粒的主要原因是,Zr 在固态 Mg 中的溶解度很小,在液态 Mg 合金结晶时,Zr 首先以 α-Zr 质点析出,而 α-Zr 与 Mg 均为密集六方晶格,且晶格常数非常接近。因此 α-Zr 将作为异质晶核促进 Mg-Zn 合金的晶粒细化。ZK61 为典型的 Mg-Zn-Zr 合金,其 T5 状态下的抗拉强度可以达到 310MPa,但是较脆,伸长率基本为零。有代表性的 Mg-Zn-Re 合金是 ZE41 和 ZE33 合金,大致相当于国内标准的 ZM1 和 ZM2 合金,二者性能一般。在 Mg-Zn 合金中加入 Cu 可改善铸件韧性和固溶处理特性,表现出良好的室温和高温力学性能;其铸态下的室温、高温抗拉强度分别为 227MPa、144MPa,伸长率分别为 11%、31%,但是由于铜的大量加入,其抗蚀能力极差[12]。

(3) Mg-Re 系合金

稀土(Re)金属化学活性较强,具有去除 O、H、S、Cl、Fe 及夹杂物,以及改善合金流动性和加工性能等作用。稀土可将合金中呈溶质状态的 Fe、Co、Ni、Cu 转变为 Mg-Re-Fe(Cu)-Al(或 Zn、Mn)金属间化合物的状态,抑制 Fe 对镁合金的抗腐蚀性的副作用。稀土加入镁合金中,可细化合金组织,促进合金表面氧化膜由疏松变为致密,降低合金在液态和固态下的氧化倾向,从而提升传统镁合金强度、塑性、耐蚀性、耐磨性等性能[13]。因而从 20 世纪 70 年代就开始了添加稀土元素强化镁合金的广泛研究和应用。由于资源和成本的原因,目前主要以稀土 Ce 或稀土 Y 或富 Ce 混合稀土的形式加入镁合金[14,15]。Antion 等[16]研究表明,在室温条件下,Mg 与 Y 以 $Mg_{24}Y_5$ 高温强化共晶相化合物形式弥散分布于 α-Mg 晶内和晶界处。所以 Mg-Y 合金具有很显著的时效硬化特性,时效温度一般在 200℃左右,时效过程分为 $β''→β'→β(Mg_{24}Y_5)$ 三个时期[17,18]。一方面,$Mg_{24}Y_5$ 分布在 α-Mg 晶内,可以弥散强化基体;另一方面,$Mg_{24}Y_5$ 分布于晶界,可以阻止晶界滑移,强化晶界,进而能有效地提高镁合金的高温强度和抗高温蠕变性能。近年来,Y 对镁合金的有利作用越来越受到人们的重视,并将 Mg-Y 系合金视为很有发展潜力的一类耐高温合金[14,19~23]。其他的稀土元素还包括 La、Pr、Nd、Gd、Dy 等,同样也被应用于镁合金之中[10,22~28]。其中 Nd 的作用尤为优良,由于其最大固溶度为 3.6%,远大于 Ce 的固溶度 1.6%,以 $Mg_{12}Nd$ 高温稳定共晶相存在[29~35],所以其表现与 Ce 不尽相同[36],它不仅能提高镁合金的高温强度,而且还能提高室温强度。由于上述原因,人们又开发出了一些多元的稀土镁合金,如 Mg-Y-Nd-Zr 合金[28~31,37,38],室温强度和抗高温蠕变性能都比其他镁合金高些,使用温度可达 300℃。稀土 Gd、Dy 的原子半径与镁的更为接近,所以它们在镁中的固溶度更大,分别为 23.5% 和 25.8%,且随温度的降低而降低,具有比 Y 更高的时效硬化特性,其中尤以 Gd 为最强[39~44]。但是,单稀土元素的强化效果仍不理想;而多元稀土的强化机理的研究还不够成熟。

12.4.2 耐热镁合金

目前,由于 AZ 和 AM 系镁合金的高温抗蠕变性能差,长期工作温度不能超过 120℃,因此使其无法用于制造对高温蠕变性能要求高的汽车发动机等传动部件,这些部件往往是汽车、摩托车等交通工具能否最大限度实现轻量化的关键,从而极大地阻碍了镁合金在汽车上的进一步应用。正是耐热镁合金在汽车领域的应用潜力和诱人前景,所以自 20 世纪 90 年代以来,国内外对于汽车用耐热镁合金的研究开发予以了广泛关注和高度重视,并对此进行了广泛而深入的研究。截至目前,已先后有 AS(Mg-Al-Si)系、AE(Mg-Al-Re)系、ZE(Mg-Zn-Re-Zr)系、ZA(Mg-Zn-Al)系、EQ/QE(Mg-Ag-Re-Zr)系、HZ(Mg-Th-Zn-Zr)系、QH(Mg-Ag-Th-Zr)系和 WE(Mg-Y-Re-Zr)系等耐热镁合金的研究开发情况被报道。

加拿大诺兰达公司是开发 Mg-Al-Sr 耐热镁合金的领先者,其在 AM50 合金基础上,通过添加 Sr 和 Mn(主要用于提高合金的耐腐蚀性),先后开发出了 AJ50X、AJ51X、AJ52X、AJ62X 和 AJ62LX 等牌号 AJ 系列耐热镁合金。上海交大丁文江院士团队开发了超高强耐高温镁合金 JDM2(ZL200510025251.6),该合金在工作温度达到 300℃ 时,铸造和变形 JDM2 合金仍具 275MPa 左右的抗拉强度。300℃ 的高温疲劳强度也超过高温性能最好的 AC8A 合金。该合金是替代 AC8A 合金成为新一代活塞制造的理想材料,还被美国通用汽车公司、日本日立制作所、德国大众、美国波音等国外跨国企业分别选为新一代的发动机缸体、活塞、轮毂和航空座椅骨架的研制材料,并为他们成功研制出了合格样件,如图 12-1 所示。

(a) 美国通用的全球首款全镁低压铸造缸体

(b) 高压铸造缸体

(c) 德国大众的镁轮毂

(d) 日本日立的镁活塞

图 12-1　超高强耐高温镁合金零部件

(1) Mg-Al 系耐热镁合金

在 Mg-Al 系镁合金中加入稀土（Re）元素，形成的高温稳定相 Al_xRe_y 一方面消耗了部分 Al 元素，从而减少了高温不稳定相 $Mg_{17}Al_{12}$ 的产生；另一方面，Al_xRe_y 相本身能够有效阻碍位错而显著降低镁合金的蠕变速率。这类含稀土元素的镁合金（Mg-Al-Re）称为 AE 系镁合金，由于具有较好的高温稳定性，因此能够在汽车动力系统中替代铝合金部件实现轻量化的目标[45]。

AE42（Mg-4%Al-2%Re）合金具有优良的高温蠕变性能是因为 Re 元素加入后，形成 Al-Re 中间化合物而抑制 $Mg_{17}Al_{12}$ 相的形成，Al-Re 金属间化合物具有良好的高温稳定性。有研究[46]发现引起铸态 AE42 合金在 200℃时效后高温蠕变性能恶化的 $Mg_{17}Al_{12}$ 相，并不是因为以往文献所报道的 $Al_{11}Re_3$ 相的分解产生 Al_2Re 和 $Mg_{17}Al_{12}$，而是因为凝固过程中 Al 元素在凝固基体中形成的过饱和固溶体在 200℃析出 $Mg_{17}Al_{12}$ 所致。图 12-2 为 AE42 合金在 200℃时效 2 个星期以后的透射电镜（TEM）图片，图中箭头所指的就是时效处理后析出的 $Mg_{17}Al_{12}$ 相。而 AE42 合金中所含的金属间化合物 $Al_{11}Re_3$ 和 Al_2Re 为高温稳定相，在时效处理后并没有发现两种第二相的分解。进一步地研究发现，Al 在 Mg 基体中形成的过饱和固溶体在 150℃以上就会析出 $Mg_{17}Al_{12}$，从而恶化合金的蠕变性能。

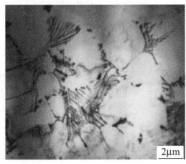 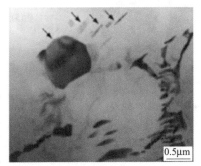

(a) 低倍　　　　　　　　　　　　(b) 高倍

图 12-2　AE42 合金在 200℃时效 2 个星期后的透射电镜（TEM）图片[46]（箭头所指为 $Mg_{17}Al_{12}$）

(2) Mg-Zn 系耐热镁合金

在镁合金加入低成本的 Zn 能够增加熔体流动性，改善镁合金的铸造性能；高 Zn 镁合金还具有较好的高温性能，因此在 Mg-Zn 合金中加入稀土元素开发出 Mg-Zn-Re(ZE) 镁合金，使合金具有更好的室温和高温综合性能[47]。ZE41（Mg-4.5%Zn-1.75%Re-1%Zr）合金被广泛应用于飞机和汽车的发动机、齿轮箱等，所以提高这一系列镁合金的抗腐蚀性能成为现在的研究热点。为了提高合金的耐腐蚀性能，研究腐蚀初期和腐蚀过程的机理非常必要。文献[48]研究了 ZE41 合金在腐蚀过程中晶界第二相、晶粒内部富 Zr 区和镁基体之间的相互关系。图 12-3 为 ZE41 合金在 0.001mol/L NaCl 溶液浸泡 18h 后，移除腐蚀产物后的扫描电镜（SEM）图。通过腐蚀后合金形貌观察发现晶粒内部发生点蚀，腐蚀坑附近有轻微腐蚀痕迹，晶粒内部的腐蚀和富 Zr 区或含 Zr 金属间化合物颗粒有关。

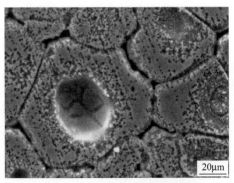

图 12-3　ZE41 合金在 0.001mol/L NaCl 溶液浸泡 18h 移除腐蚀产物后的 SEM 图

图 12-4 为 ZE41 合金腐蚀顺序示意图，可以

看出，该系合金的腐蚀顺序为 T 相（Mg_7Zn_3Re）附近首先发生点蚀，接着富 Zr 区发生深度腐蚀，最后 α-Mg 晶粒内部发生点蚀。并且晶粒内部含 Zr 金属间化合物颗粒的尺寸与合金的抗腐蚀性能有很大关系，所以控制第二相的尺寸是提高 ZE41 镁合金抗腐蚀性能的关键。

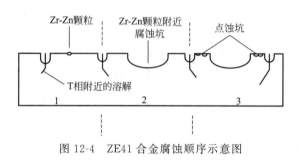

图 12-4 ZE41 合金腐蚀顺序示意图

热处理能够改变第二相的形貌，所以热处理对镁合金的腐蚀性能有着重要的影响[49]。对于含 Zr 镁合金热处理能够导致晶粒内部含 Zr 化合物的分散和连接，时效处理后含 Zr 化合物拓宽后分布更加均匀，提高了镁基体晶粒内部抗腐蚀性能。同样，通过热处理来改变 ZE41 镁合金中含 Zr 化合物的形貌来提高合金的抗腐蚀性能也是可行的。图 12-5 为 ZE41 合金的金相组织和 SEM 显微组织图。可以看出，T 相在晶界处分布，晶粒内部存在 Zr-Zn 化合物。

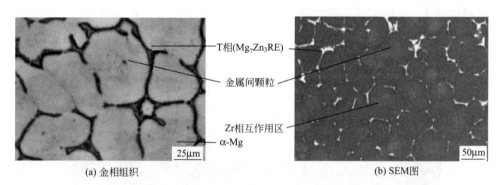

图 12-5 ZE41 合金的显微结构

将 ZE41 在 500℃下热处理 4h，其金相组织和 SEM 显微组织如图 12-6 所示。可以看出，晶界处的 T 相显著减少，晶粒内部 Zr-Zn 化合物细化，出现云状的富 Zr 区。热处理后合金的腐蚀形貌中，没有明显的腐蚀坑，腐蚀方式由点蚀变成丝状腐蚀。形貌改变后的 T 相并没有成为腐蚀源，晶粒内部的 Zr-Zn 化合物的细化提高了 α-Mg 晶粒内部的抗腐蚀性能。所以，在晶粒内部不会出现点蚀，而是在基体晶界附近发生丝状腐蚀，直到晶粒内部的富 Zr 区腐蚀停止。

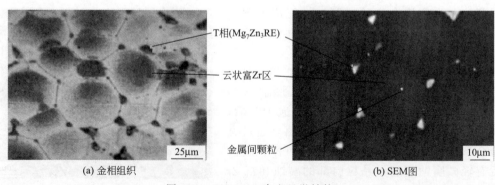

图 12-6 HTZE41 合金显微结构

(3) Mg-Re 系耐热镁合金

Mg-Re 系合金是重要的耐热镁合金，在 200～300℃ 具有良好的抗蠕变性能。将三价稀土元素加入镁中被认为提高了电子浓度，增强了原子间结合力，在 200～300℃ 的使用温度下，使原子扩散速度较低，从而有效地阻止了高温下晶界迁移和减小扩散性蠕变变形。镁合金中一种重要的稀土元素是 Y，其具有较大的固溶度，可以实现固溶强化，又可通过 Mg_xY_y 阻碍晶界的扩散来提高镁合金的高温蠕变性能[50]。已开发的 Mg-Re (WE) 基耐热镁合金是目前应用最为广泛的耐热稀土镁合金，如 WE54（Mg-5.1% Y-3.3% Re-0.5% Zr）和 WE43（Mg-4.0%Y-3.3%Re-0.5%Zr）。有研究[51] 发现，对 Mg-4Y-2Nd-1Gd 合金进行不同工艺的时效处理后，合金中的第二相种类和形貌随之发生明显变化。在 200℃ 和 225℃

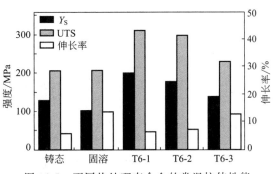

图 12-7 不同热处理态合金的常温拉伸性能

峰时效后，合金中主要的析出相为 β″ 和 β′ 相；在 250℃ 峰时效后，合金中主要的析出相为 β 和 $β_1$ 相。图 12-7 为不同热处理态合金的常温拉伸性能。可以看出，热处理产生的不同第二相的种类和形貌对该系合金的力学性能和断裂形貌有着重要的影响，高密度均匀分布的 β″ 和 β′ 相能够起到最理想的第二相强化作用。

12.4.3 高耐蚀性镁合金

总的来讲，镁合金作为结构材料的应用潜力与现实之间仍然存在巨大反差，而造成这一现状的一个重要原因就是镁合金的腐蚀问题，即较差的腐蚀性是制约镁合金发挥应用潜力的瓶颈问题之一。也正是看到镁合金腐蚀防护问题的解决对于镁合金应用的推动作用，所以国内外对镁合金腐蚀防护问题的研究给予了广泛关注和高度重视。近 10 多年来，国内外围绕镁合金的表面处理和耐蚀镁合金的开发等开展了大量的研究工作，并取得了许多积极的成果。表面处理只是被动对镁合金的腐蚀进行防护，无法从根本上解决镁合金的腐蚀防护问题。因此，积极探索增强镁合金耐腐蚀性能的各种途径，并在此基础上研究开发高性能耐蚀镁合金，对于从根本上解决镁合金的腐蚀问题，进而推动镁合金作为结构材料的应用并充分发挥其性能优势具有非常重要的作用。

目前，耐蚀镁合金的研究开发途径主要集中在：

① 降低合金中的杂质元素含量，杂质元素主要指 Fe、Ni、Cu、Co，这四种元素在镁中的固溶度很小，在其浓度小于 0.2% 时就对镁合金产生非常有害的影响，大大加速了镁合金的腐蚀。因此，减少镁合金中的杂质元素含量，将其控制在一定的含量范围内，将会极大地提高镁合金的耐蚀性，如与普通镁合金相比，现有高纯镁合金中 Fe、Ni、Cu 的含量约为普通镁合金的十分之一，但其耐蚀性却远远超过普通镁合金，如 Makar 等发现高纯 AZ91 镁合金的耐盐喷腐蚀性能较压铸 SAE380 铝合金还高[52]。

② 添加合金元素。添加合金元素主要是改变镁合金中的相组织，并且合金化还可在提高镁合金强度的基础上增强镁合金的耐蚀性，而且工艺条件一般都简单易行。所以通过添加适当的合金元素来提高镁合金的耐蚀性能成为开发新型耐蚀镁合金的理想途径。

③ 采用合适的加工工艺，相结构对镁合金的腐蚀性能影响很大，采用快速凝固或半固态铸造等加工工艺改善镁合金的相成分和微观结构，使基体组织更加均匀和缺陷减少，可以

在一定程度上抑制镁合金局部腐蚀的发生；同时，采用合适的加工工艺还可以提高合金的固溶度，使得新相形成和合金成分范围扩大，有害元素以危害更小的形态或在危害更小的位置存在，从而提高镁合金的耐腐蚀性能[53]。

12.4.4 高性能变形镁合金

虽然，目前铸造镁合金产品用量大于变形镁合金，但经变形的镁合金材料可获得更高的强度、延展性及更多样化的力学性能，可满足不同场合结构件的使用要求。目前，汽车用镁合金集中在铸造镁合金，变形镁合金应用相对较少，高性能镁合金常用于航空航天产业。

重庆大学潘复生院士团队开发了一系列高性能变形镁合金，其中变形 Mg-Gd-Y-Zn-Mn 系镁合金抗拉强度达 500~520MPa，伸长率达 5%~10%；开发的以 Mg-Zn-Zr-Y 系为代表的高强高韧变形镁合金抗拉强度达 360~420MPa，伸长率达 18%~20%。2017 年，中南大学材料科学与工程学院刘楚明教授团队历时 10 余年技术攻关，成功开发了高性能变形镁合金材料，制备的大规格高性能变形镁合金承载结构件满足型号技术指标需求，并首次在航天航空领域取得成功应用，能满足国防军工在此领域的重大需求，推动了镁合金产业的快速发展。韩国浦项采用独创的"薄带连铸"(strip-casting)技术，大量生产了各种尺寸的镁板材产品。2014 年 9 月，POSCO 镁板材在全球首次用于雷诺三星汽车推出的 SM7 Nova 车型上，主要作为内装材用于 VIP 后座板及后备厢的框架部位，重量可减轻约 61%。2015 年 3 月，镁板材作为外装材首次用于保时捷新车型 911 GT3RS 的车顶，与铝材相比，车顶重量减轻了 30% 以上，减轻了车身中部的重量，还可以确保车体的安全性。2015 年 4 月，镁板材又用于法国雷诺汽车公司概念车 Eolab 的车顶，车身重量可减轻 130kg。2015 年 1 月，韩国双龙汽车的新车型 Korando C 在韩国国内首次采用了 POSCO 镁板材制造的扬声器，与现有 2.0L 级 SUV 车型上的 6.5in 纸喇叭相比，音质大有提升。

12.4.5 阻燃镁合金

镁合金容易氧化燃烧是因为氧化镁膜疏松、不致密，不能阻止空气与镁的接触。因此向镁合金中添加合金元素，形成致密的保护膜就可起到阻燃作用。这样通过加入合金元素就可提高镁合金的着火点，使熔炼和浇注时不产生氧化燃烧。

(1) 含 Ca 阻燃镁合金

由于钙在接近镁的熔点温度时具有还原 MgO 的能力，因此人们很早就想到了研究含钙的阻燃镁合金。日本较早研究了含 Ca 的阻燃镁合金，日本九州国家工业研究所的 Sakamoto 等[54]研制了在纯镁中加 1%~5%Ca 的阻燃镁合金，并测定它们的燃点。结果表明，加入 1% 的 Ca，该合金就能够在没有覆盖剂和保护气氛的情况下直接在空气中进行熔炼和浇注。含 Ca 量为 5% 的镁钙合金，其氧化膜即使在 700℃ 的大气中暴露 60min，氧化膜也没有增厚的现象。含 Ca 镁合金熔液表面所形成的氧化膜由两层组成：上层是 CaO，在氧化一开始就产生了；下层是 MgO-CaO 混合膜，由氧缓慢通过 CaO 层渗入基体金属氧化而形成。CaO 层的厚度与暴露时间无关，MgO-CaO 混合膜层厚度则随着时间的延长而增厚。含 Ca 的氧化膜具有阻止氧渗入镁液和抑制熔液表面镁挥发的作用，因此提高了镁合金的燃点。

但值得注意的是，添加过多的 Ca 会影响镁合金的其他性能。质量分数超过 0.3% 的 Ca 就会降低镁合金的焊接性能；铸造镁合金中质量分数 0.5% 以上的钙会增大合金的脆性，降低合金的力学性能；在含铝的镁合金中，钙会阻碍铝在镁中的溶解过程，增加镁合金热处理的难度。对于 AZ91 合金来说，当 Ca 添加量少于 0.2% 时，Ca 主要溶解于 $Mg_{17}Al_{12}$ 相中，提高了合金的热稳定性，抗拉强度和屈服强度均有所提高，但伸长率有所下降。但当 Ca 的加入量达到 0.5% 时,合金组织中就形成了新相 Al_2Ca 和 Mg_2Ca,而减少了 $Mg_{17}Al_{12}$ 相。由于 Al_2Ca 强度低且在晶界上呈网状分布,Ca 的加入对 AZ91 合金的拉伸性能和延伸性能均是有害的,随着 Ca 含量的增加,两项性能均呈下降趋势[55,56]。

(2) 含 Be 阻燃镁合金

Be 是一种活泼性金属,通常被添加到铝合金和镁合金等合金中,生成保护性氧化膜,提高其抗氧化性能,减少炉渣,提高金属纯度、产量以及合金的流动性。上海交大曾小勤等[57]研究发现,在镁合金中同时加入稀土和较高含量的铍,可获得能在大气中直接熔炼并具有较好铸造性能和力学性能的阻燃镁合金,简称为 IPMA (ignition-proof magnesium alloy)。通过 AZ91D 与 IPMA 合金的对比试验,表明添加铍可使镁合金液的表面氧化膜由氧化镁组成的疏松结构变成由氧化镁、氧化铍和氧化铝组成的复合致密结构,阻止熔炼过程中镁的氧化燃烧,使 IPMA 合金可直接暴露在大气中熔炼,并使其着火点比 AZ91D 合金高约 250℃。

表 12-1 合金力学性能

合金	拉伸强度/MPa	伸长率/%
AZ91D	167.78	3.0
	161.43	3.83
	164.46	3.42
IPMA	161.44	1.58
	158.86	1.60
	158.66	1.58

表 12-1 为两种合金的抗拉强度和伸长率。由表可以看出,虽然 IPMA 合金的抗拉强度有所下降,但仍接近于 AZ91D 的抗拉强度,只是伸长率下降较多。这是由于镁合金中含较多铍时,会造成晶粒粗化而使力学性能下降。稀土的添加可以使抗拉强度得到部分恢复,达到可以接受的水平,但伸长率仍旧较低。为了提高阻燃合金的力学性能,还需要做大量的工作。

(3) 加入稀土的阻燃镁合金

稀土元素由于具有独特的核外电子排布,因此在冶金、材料领域中有着重要的作用,常常作为合金化元素添加到合金中以获得优异的性能,同样稀土元素也可被用来加入合金中以提高抗氧化性能。研究表明,在镁合金中加入少量的稀土元素,就可以显著提高镁合金熔体阻燃性能,当稀土元素的含量达到一定值时,不但能提高镁合金的抗氧化性能,还能提高其相应的力学性能。稀土阻燃镁合金常用的稀土元素有 La、Ce 和 Y 等。黄晓峰等[58]研究发现,Ce 的加入对 AZ91D 熔体的起燃温度产生了影响。从图 12-8 可以看出,随合金中 Ce 含量的加入,镁合金的起燃温度逐渐升高,当 Ce 含量为 0.5% 时,镁合金的起燃温度为 668℃;当 Ce 含量为 1% 时,镁合金的起燃温度为 724℃。同样也有研究者发现[59~63],添加纯 La、纯 Ce 和富 La 稀土均能提高 ZM5 镁合金的起燃

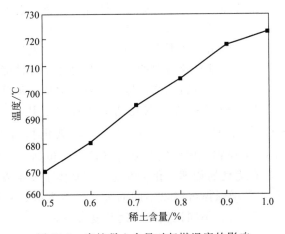

图 12-8 富铈稀土含量对起燃温度的影响

温度，随着稀土加入量的增加，起燃温度均呈现先递增后递减的抛物线变化规律，其中以添加 1% 左右的纯 La 稀土阻燃效果最佳。稀土 Y 是一种很重要的抗氧化和阻燃元素，Ravi Kumar N V 等的研究结果表明，Y 能够大大提高纯镁、AZ91 和 WE43 镁合金的抗氧化性能和阻燃性能。

12.4.6 半固态成形镁合金

半固态成形技术是在固液相区直接成形的一种新型材料成形技术，同传统的铸造方法相比，半固态成形方法具有节能高效、金属收缩小、气孔率低、偏析轻、组织均匀细小的优点，而且半固态成形制备的零件尺寸精度高，产品力学性能优异。同锻造成形方法相比，半固态成形具有模具使用寿命高、金属流变性能好、金属变形抗力小、坯料的成形性好的优点。

自 20 世纪 70 年代 MIT 的 Flemings 教授率先提出了半固态成形技术以来，半固态成形技术发展迅猛，按工艺路线可分为三大类：第一类是流变铸造，即在金属液凝固过程中进行搅拌，当固相分数达到一定值时，进行挤压或压铸成形，这种方法能耗低、成本低、工艺简单，但不利于半固态浆料的保存和运输[64]。第二类是触变成形，即将镁合金坯料重新加热到固液相区，进行半固态挤压或压铸成形。由于坯料易于运输以及加热过程便于控制，因此触变成形是镁合金半固态成形的主要工艺方法。第三类是半固态注射成形技术，包括触变注射成形和流变注射成形。触变注射成形方法由美国 DowChemical 公司开发[65]，并已注册成 Thix-molding 商标。该方法成形尺寸精度高、重复性好，但工艺与设备存在局限性，整个注射设备价格昂贵，而且该工艺对材料的选择性较小，常用的只有 AZ91D、AM50A 和 AM60B 等几种镁合金，目前最成功的是 AZ91D 镁合金。

12.4.7 镁基复合材料

（1）镁基复合材料的增强体

镁基复合材料是指以镁或镁合金为基体，通过加入颗粒、晶须、纤维等增强材料来获得所需性能的一种金属基复合材料。镁基复合材料的基体经历由纯镁到镁合金的发展历程，基体镁合金主要有 Mg-Al-Zn 系（AZ31、AZ61、AZ91）、Mg-Zn-Cu 系（ZC71）、Mg-Zn-Zr 系、Mg-Li 系、Mg-Mn 系、Mg-Re-Zr、Mg-Al-Ca 和 Mg-Y-Re-Zr 系等合金系[66]，基体中添加稀土元素、碱土元素生成热稳定性较高的第二相，可进一步提高镁基体合金的室温和高温力学性能[67~69]。镁基复合材料的制备工艺在传统制备工艺基础上，向多种制备工艺结合、引入辅助改善方法发展[70~72]。增强体由原来的单一的种类和单一的尺寸，发展到多种尺寸、多种增强体混合增强以及进行表面处理，整体向着更小尺寸甚至纳米级、更复杂的工艺发展，镁基复合材料的力学、物理化学等性能越来越优异[70,71,73~77]。

镁基复合材料的增强体主要有碳化物、碳纤维、碳纳米管、金属氧化物、氮化物、硼化物以及金属颗粒等。碳化物有 SiC[74]、B_4C[78]、TiC[79] 等，金属氧化物有 Al_2O_3[80]、ZrO_2[81]、MgO[82]、Y_2O_3[83] 等，氮化物有 Si_3N_4[84]、AlN[85]、BN，硼化物有 TiB_2、TiB，金属颗粒增强镁基复合材料主要包括 Cu/Mg、Ni/Mg、Ti/Mg 等[76,86,87]。增强体通常具有优良的物理、化学性能，与基体不发生界面反应，润湿性良好，载荷承受能力强等优点[88]。增强体可以以不同的尺寸（微米级、亚微米级、纳米级）、不同的形态（颗粒、晶须、纤维）、不同比例加入镁基复合材料[74,89~92]。几种常见镁基复合材料增强体的性能如表 12-2 所示。

表 12-2　常见镁基复合材料增强体的性能

增强体	晶体结构	密度 /(g/cm³)	熔点/℃	热导率 /[W/(m·K)]	膨胀系数 /×10⁻⁶K⁻¹	抗弯强度 /MPa	弹性模量 /GPa
SiC	六方晶系	3.21	2700	59	4.7～5.0	400～500	480
B_4C	三方晶系	2.52	2450	29	5.0～6.0	300～500	360～460
TiC	立方晶系	4.92	3300	29	7.4	500	320
Al_2O_3	六方晶系	3.98	2050	25	8.3	221	410
SiO_2	立方晶系	2.66	1650	7.6	0.5～1.08	100	73
ZrO_2	单斜晶系	5.89	2680	2.1	10.3	83	132
TiB_2	六方晶系	4.50	2980	27	7.4	129	370
Si_3N_4	六方晶系	3.2～3.35	2100	2～155	3.0	980	330
AlN	六方晶系	3.25	2300	10	6.0	2069	350
BN	六方晶系	2.25	3000	33	3.8	600～900	90

(2) 镁基复合材料的力学性能

一般来说，镁基复合材料的硬度、强度随着增强体的体积分数增加而增加，塑性和延展性则是随着增强体体积分数增加而降低。增强体的密度影响镁基复合材料的比强度和比刚度，增强体引入大量的界面、位错和第二相，也是影响镁基复合材料力学性能的重要因素。

① 颗粒增强镁基复合材料。

颗粒增强镁基复合材料的力学性能主要取决于颗粒的分布、尺寸和体积分数，颗粒与镁基体界面的结合以及镁基体的缺陷等[71,93,94]，不同的制备工艺、不同的工艺参数对材料性能的影响可归结到从颗粒分布、界面结合、第二相数量和分布以及镁基体缺陷来影响力学性能。表 12-3 列出了常见颗粒增强镁基复合材料的力学性能。表 12-3 中，a 为挤压态；b 为微米颗粒增强；c 为亚微米颗粒增强；d 为纳米颗粒增强；e 为微米、纳米颗粒混合增强；g 为微米、亚微米、纳米颗粒混合增强；h 为热处理态；i 为铸态；j 为球磨处理。如表 12-3 所示，其中 [1%纳米＋4%亚微米＋10%微米 SiC_p（体积分数）] /AZ91D 的抗拉强度达 378MPa，伸长率为 2.3%[74]。

表 12-3　颗粒增强镁基复合材料的力学性能

材料	体积分数/%	质量分数/%	屈服强度/MPa	抗拉强度/MPa	伸长率/%	弹性模量/GPa	显微硬度(HV)
SiC/Mg[95]a,b	2.7		182±2	219±2	2.10±0.90	—	53±1
SiC/Mg[95]a,b	9.0		155±1	207±2	1.40±0.10	—	56±2
SiC/Mg[95]a,b,h	2.7		200±9	233±2	2.88±0.32	—	51±2
SiC/Mg[95]a,b,h	9.0		168±5	213±2	3.57±0.85	—	54±3
SiC/AZ91D[74]a,c	1		275	345	4.0	—	—
SiC/AZ91D[74]a,d	1		255	340	11.6	—	—
SiC/AZ91D[74]a,g	10(微米)＋4(亚微米)＋1(纳米)		305	378	2.3	—	—
SiC/AZ91D[74]a,g	10(微米)＋4(亚微米)＋1(纳米)		280	356	2.8	—	—

续表

材料	体积分数/%	质量分数/%	屈服强度/MPa	抗拉强度/MPa	伸长率/%	弹性模量/GPa	显微硬度(HV)
SiC/AZ91D[75]c,j	1		127	161	0.8	—	—
SiC/AZ91D[75]a,c,h	1		275	335	2.7	—	—
Ti/Mg[76]a,b,j	5.6		158±6	226±6	8.0±1.5		
(Ti+B_4C)/Mg[76]a,e,j	5.6+2.7		215±9	260±8	8.1±0.3		
Al_2O_3/AZ91(273K,25∶1拉延比)[94]a,b		20	187.5	317.92	0.50	—	—
Al_2O_3/AZ91(273K,25∶1拉延比)[94]a,b		20	293.64	325.00	2.00	—	—
Al_2O_3/AZ91(273K,25∶1拉延比)[94]a,b		20	234.47	277.76	2.95	—	—
Al_2O_3/AZ91(273K,25∶1拉延比)[96]a,b		20	195.53	209.75	11.24	—	—
Al_2O_3/AZ31[96]a,d	1.5		225±3	313±4	14.0±1.0	—	—
Al_2O_3/AZ31[96]a,c	5		215±4	294±5	2.8±0.4	—	—
Al_2O_3/AZ31[96]a,b	10		215±7	293±8	5.6±1.4	—	—
Mg_2Si/Mg[97]b,i	7		119	254	4	55	—
Mg[98]a	—		125±9	169±11	6.2±0.7		48±1
Ti/Mg[98]a,b		5.6	158±6	226±6	8.0±1.5		71±2
Cu/Mg[98]a,d		3	182±4	220±4	8.9±0.9		82±4
(Ti-Cu)/Mg[98]a,e		5.6+3	196±9	227±4	5.7±1.6		86±2
(Ti-Cu)/Mg[98]a,e,j		5.6+3	201±7	265±11	7.5±0.8		91±3
Mg[99]a,b			100±4	258±16	7.7±1.2	43±1	57±1
Ni/Mg[99]a,b		14.46	370±12	389±15	3.1±0.1	47±11	76±10
Ni/Mg[86]a,b		7.3	337±15	370±14	4.8±1.4	47±1	69±1
Ni/Mg[86]a,b		14	420±27	463±4	1.4±0.1	53±1	79±1
Ni/Mg[86]a,b		24.9	—	313±29	0.7±0.1	58±1	82±1
(Y_2O_3+Ni)/Mg[83]b,i		0.7+0.3	232±8	272±2	9.5±0.9	—	60±4
Si_3N_4/ZK60A[84]a,d	1.5		232±2	331±2	13.1±0.5	—	—

② 晶须增强镁基复合材料。

晶须是指直径小于 3μm 的单晶体生长的短纤维。与短纤维不同的是，晶须是单晶，缺陷少、强度高、模量大，直径一般小于 0.1μm，长径比大于 10。晶须主要包括陶瓷晶须（氧化物晶须和非氧化物晶须）和金属晶须（Cu、Cr、Fe、Ni 等）两大类[100~102]。

硼酸镁晶须的添加可以有效提高镁基复合材料的力学性能，使基体合金的弯曲模量和弯曲强度分别从 42GPa 和 211MPa 提高至 50GPa 和 407MPa。同时，复合材料的显微维氏硬度也有显著提高，由基体合金的 56.5 增加至 120.7[103]。

表 12-4 为采用不同黏结剂的压铸态 SiC_w/AZ91 复合材料的力学性能。与基体合金 AZ91 相比，SiC_w/AZ91 的屈服强度、抗拉强度和弹性模量均大大提高，而伸长率有所下

降。黏结剂对 $SiC_w/AZ91$ 复合材料的力学性能也有显著影响,由表 12-4 可以看出,采用酸性磷酸铝黏结剂时,镁基复合材料的各项性能指标均达最高值[100]。

表 12-4 采用不同黏结剂的 $SiC_w/AZ91$ 复合材料的力学性能

材料	体积分数/%	屈服强度/MPa	抗拉强度/MPa	伸长率/%	弹性模量/GPa
AZ91	0	102	205	6.00	46
$SiC_w/AZ91$（酸性磷酸铝黏结剂）	21	240	370	1.12	86
$SiC_w/AZ91$（硅胶黏结剂）	21	236	332	0.82	80
$SiC_w/AZ91$	22	223	325	1.08	81

③ 其他镁基复合材料。

碳纳米管增强镁基复合材料的力学性能已有较为系统的研究。采用搅拌铸造法制备 0.5% CNTs（体积分数）增强 Mg-Mn-Ce-Zn 镁基复合材料,抗拉强度为 212.2MPa,伸长率可达 21.1%。第二相强化、细晶强化、CNTs 的润滑作用以及对裂纹的阻碍作用是镁基复合材料强度和塑性提高的主要原因[104]。对于搅拌铸造法制备的 CNTs 增强镁基复合材料,高速搅拌存在夹杂而弹性模量普遍偏低[105],低速搅拌有利于 CNTs 与镁熔体形成宏观上的均匀分散[106]。碳纳米管增强镁基复合材料的强度随着碳纳米管体积分数的增加而先增加后降低。随着体积分数的增加,CNTs 出现团聚,相比于纯镁,CNTs 团聚增加脆断的可能性,导致伸长率下降。适当的球磨可以细化晶粒,使 CNTs 分布均匀,改善碳纳米管增强镁基复合材料的性能。原位合成的 CNTs 能较好地嵌入镁基体中,提高复合材料的力学性能[107]。

碳纳米管增强镁基复合材料的界面结合较差,将金属粉末和碳纳米管混合球磨以及在碳纳米管上涂覆镀层,可以很好地改善其性能。将 Al 粉和 CNTs 同时加入镁基体中,可以同时提高强度和延展性,[1%Al+0.18%CNTs（质量分数）]增强镁基复合材料的抗拉强度为 (208±8)MPa,伸长率为 (11.2±2.9)%。Al 可以细化基体的晶粒,弱化织构,镁基体与 Al 粉、CNTs 的热膨胀失配和弹性模量失配可以提高强度[108]。采用挤压渗透法制备的碳纳米管增强 AZ91 镁基复合材料的力学性能如表 12-5 所示。通过碳纳米管和纯 Si 粉固相反应得到的 Si 涂层改善了碳纳米管在镁基体中的分布,改善碳纳米管与镁基体的润湿性,提高界面强度,复合材料的组织更均匀,拉伸强度、屈服强度和硬度等力学性能均优于未经 Si 涂层处理的碳纳米管增强 AZ91 镁基复合材料和 AZ91 镁合金[109]。

表 12-5 碳纳米管增强 AZ91 镁基复合材料的力学性能[109]

材料	屈服强度/MPa	抗拉强度/MPa	伸长率/%	显微硬度(HV)
AZ91	80±5	205±5	5.0±2	80
5%CNTs/AZ91（体积分数）	210±10	243±10	1.0±2	150
5% CNTs(Si 涂层)/AZ91(体积分数)	253±10	296±10	1.3±2	160

12.5 镁合金在汽车轻量化中的典型应用

汽车上有 60 多种零部件可以采用镁合金生产。国外汽车应用镁合金的主要部件系统有车内构件（如仪表盘、座椅架、座位升降器、操作台架、气囊外罩、转向盘、锁合装置、转向柱、转向柱支架、收音机外壳、小工具箱门、车窗马达罩、制动与离合器踏板托架、气动踏板托架等）、车体构件（如门框、尾板、车顶板、IP横梁等）、传动系统（如阀盖、凸轮盖、四轮驱动变速器箱体、手动换挡变速器、离合器外壳与活塞、进气管、机油盘、交流电动机支架、变速器壳体、齿轮箱壳体、油过滤器接头、电动机罩、前盖、气缸头盖、分配盘支架、油泵壳、油箱、滤油器支架、左侧半曲轴箱、右侧半曲轴箱、空压机罩、左抽气管、右抽气管等)、底盘系统（如轮毂、引擎托架、前后吊杆、尾盘支架等）[110]。我国已有20余种汽车零部件采用镁合金生产，如仪表盘骨架、座椅骨架、进气歧管、赛车车轮、支架、转向盘骨架、缸体、壳体类零件等。目前，镁合金件正向着大型集成化发展。

12.5.1 镁合金方向盘骨架

镁合金汽车方向盘不但能降低驾驶员的疲劳程度，而且能使驾驶员在车辆碰撞过程中的人身安全更有保障。在国外早已实现镁合金方向盘的研发生产，而国内的高档汽车则靠进口。最近，汽车行业要求所有带安全气囊的方向盘均使用镁合金骨架，因此在国内开展镁合金方向盘的研制生产具有巨大的技术价值和广阔的商业应用前景。

图12-9 镁合金方向盘骨架

镁合金方向盘骨架（图12-9）优点：重量轻；强度、刚度高；吸振性好；耐印痕性；压铸生产率高，尺寸收缩小，具有优良脱模性能；可回收性能好，符合环保要求。

目前，方向盘骨架是轿车应用镁合金普及率最高的零部件。一般选用AM50合金，质量在550～700g。不同厂家因安装方式不同设计有三种安装结构：第一种是使用钢质花键嵌入镁合金骨架；第二种是在镁合金骨架上直接攻螺纹；第三种是楔形六角结构，不攻螺纹。商用车因转向盘直径大及其他特殊要求等原因其应用相对较少。镁合金转向盘骨架相对原钢质设计减重40%以上，成本会有所提高。

12.5.2 镁合金仪表盘支架

汽车仪表盘和转向结构中的镁应用增长最快。第一代镁合金仪表盘支架由美国通用公司在1961年压铸生产，比使用锌合金压铸生产的同样部件节省4kg材料。1968年仪表盘支架应用在奥迪车上，1995年应用在通用汽车公司年度车型上。第一代部件质量大约为7～8kg，壁厚大约为3.5～4mm。第二代镁合金仪表盘支架壁厚和质量都进一步减小，但仍保持着较高的防撞性及减振、降噪、刚度的要求。目前，镁合金仪表盘支架（图12-10）质量大约为4.5～5.0kg，壁厚大约为2.7～3.0mm。在过去的10年里，设计和压铸的镁合金仪表盘支架取得了极大的进展。例如，目前的仪表盘通常厚度为2～2.5mm（与此相比，早期的仪表盘支架应用厚度约为4～5mm），并且采用了更多的部件固定和节能；例如在目前的通用别克LaCrosse的生产中所采用的镁合金仪表盘支架（6.9kg）。尽管如此，镁合金压铸仪表盘支架的使用目前还是遇到了强有力的竞争。挤压铝制的仪表盘支架得以在欧洲产的奔驰上应用。仪表盘设计中使用弯曲钢管（包括或不包括液压成形）和镁合金压铸件相比会稍微重一点，但是其突出的优点是比较便宜。要维持并增进在仪表盘生产中的使用，镁合金设计及薄壁铸造技

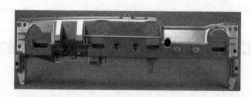

图12-10 镁合金仪表盘支架

术必须持续提高以进一步降低重量和成本。使用镁挤压机板状组件的管状设计也应给予探索。国外品牌应用较多，国内自主品牌应用较少，仅奇瑞车型有所应用。2008 年，同济大学联合上海汽车股份有限公司采用挤压工艺，研究所得挤压镁合金仪表盘支架，与原钢件相比减重 64.7%。碰撞侵入量分析表明，镁合金仪表盘支架满足碰撞安全要求。弯曲成形性仿真表明，仪表盘支架具有良好的可制造性。试制表明，挤压镁合金仪表盘支架的结构、工艺和连接设计均可行。

12.5.3 镁合金轮毂

轮毂作为车辆运行的基本承载部件，其轻量化是减轻汽车自重和节省能源的一个最有效途径，而其性能的好坏对车辆行驶安全及外观质量的影响也至关重要。用镁合金制造汽车轮毂，较铝合金轮毂具有更多的优势：

① 镁合金质量较轻，能减轻汽车自重，达到节省能源消耗、保护环境的目的；
② 镁合金优良的导热性能，能避免车辆高速、长时间运行时发生爆胎的问题；
③ 镁合金具有良好的减振性和阻尼性，能增加汽车行驶中的平稳性和舒适性；
④ 镁合金轮毂能减轻轮毂力矩，降低对发动机的能量损耗，提高车辆操控性、加速性能及刹车性能。

但与铝合金轮毂相比也存在明显的劣势：

① 镁合金原材料成本相对较高，导致零部件成本也高；
② 轮毂外部转动关重件对性能及外观质量要求较高，镁合金表面处理成本也相对较高；
③ 镁合金轮毂加工制造成本高，特别是锻造镁合金轮毂成形困难，材料利用率低。

镁合金轮毂与铝合金轮毂相比重量减轻 30% 左右（表 12-6），同时还能提高汽车的使用性能，在赛车及某些高档车上已开始使用镁合金轮毂（图 12-11）。德威科技股份有限公司正式投产的镁合金轮毂生产线，是我国第一条镁合金汽车轮毂生产线，也是世界上第一条真正实现工业化生产的镁合金汽车轮毂生产线。德威股份作为国际镁合金汽车轮毂标准制定者，目前拥有我国镁合金汽车轮毂一次正反锻压工艺专利，领先同行业 3～5 年。计划 3 条镁合金汽车轮毂生产线年产 100 万只。

表 12-6　汽车镁合金轮毂与铝合金轮毂的减重效果　　　　　　　　　　　kg

车种	车轮规格	镁轮毂重	铝轮毂重	减重效果	一辆车减重效果
轿车与小客车	5-1/2JJ×4	3.5～4	5～6	1.5～2	6～8
中型汽车	6.0GS×16	8	11.5	3.5	21
十轮大卡车	7.5V×20	16.5	24.5	8	80
十轮客车	8.25×22.5	16	24.5	8.5	85

图 12-11　镁合金轮毂

图 12-12　汽车座椅骨架

12.5.4 镁合金座椅骨架

座椅骨架（图 12-12）是汽车座椅最基础的结构，包括靠背骨架和座框骨架，其中座框骨架包括边板、座盆和后横管。传统的汽车座椅座框的边板、座盆和后横管分别是独立制作的，需要经过装配，将三者结合，结合强度不能得到保证且不利于流程的简化。此外，现有的汽车座椅座框骨架多采用铁板制造，重量大，强度不好。镁合金是以镁为基加入其他元素组成的合金，具有密度小、比强度高、比弹性模量大、散热好、消振性好、耐有机物和碱腐蚀等优点，随着人们对汽车品质的要求不断提高，需要强度更高、材料更好的汽车座椅骨架。一般座椅骨架由钢板冲压焊接而成，但随着整车对座椅轻量化的要求日益提高，镁制骨架等将渐渐成为主流。

前排座椅一般功能较多，其结构较复杂，而后排座椅功能较少，其结构较为简单。目前，镁合金在座椅上的应用主要是以靠背骨架和坐垫骨架单独开发为主。前排座椅骨架组装时使用螺栓、卡扣将镁合金靠背、坐垫与调高机构、角调机构连接在一起。后排靠背和坐垫不组装，分别卡在轮罩安装支架、地板安装支架上。同济大学在分析了国内外大量车型的基础上，结合镁合金替代设计的经验采用镁合金挤压型材框架和镁合金冲压板件的组合结构，利用镁合金挤压的工艺优势充分降低了镁合金板的冲压难度，使得构件的翻边结构转移到型材上来，使座椅骨架的质量减轻 41.3%，实现了轻量化的目标。

12.5.5 镁合金自动变速器壳体

图 12-13 镁合金变速器壳体

1999 年，奥迪采用了第一款镁合金自动变速器。镁合金应用到变速器壳体上除能体现其密度小、抗振动、降低噪声等优势外，主要体现散热和机械加工的优势。在相同体积下，镁合金蓄热能力要远比铝合金低，但两者散热能力却相差无几。因此，采用镁合金变速器壳体能更好地散热，从而降低齿轮高温磨损和咬死概率。镁合金铸件可以直接进行切削加工，获得光亮表面，而铝合金铸件需要热处理后才能进行机械加工。大众公司 B 型车架的轿车中每天使用约 600 个镁合金材料制造的变速器壳体。图 12-13 是奔驰车上采用的镁合金变速器壳体。

12.6 扩大镁合金应用的问题和方法

12.6.1 积极推进镁合金的基础研究

镁合金基础科学问题研究的缺乏，已成为阻碍镁合金广泛应用的瓶颈。在元素周期表中，镁元素和铝元素处在相邻的位置，是具有类似性质的金属元素。但是铝合金的应用几乎无处不在，成为一种量大面广的基础性金属结构材料，而镁合金的应用还只是集中在特定的几个领域。基础研究领域跟不上技术的发展，严重制约了镁合金的进一步发展，必须集中优势力量加强以下几个方面的基础研究。

（1）必须加强镁合金相图和基础数据的研究

与铝合金相比，镁合金的合金化研究程度还不高的原因之一就是镁基相图的研究远远落后，缺少二元、三元和多元相图的研究，特别是多元变温纵截面相图的研究；此外，镁合金的基础数据中，还缺少二元、三元和多元系统的热力学数据库以及扩散系数、相变动力学数据库；缺乏第二相强化及过饱和固溶体的析出理论与相关数据的积累；缺少在这些数据库基础上的相计算合金设计的理论与实践积累。此外在化合物的化学组成、晶体结构以及实际铸造、变形、热处理过程中的相形成、析出、转变的规律及对性能的影响规律等方面的研究也基本属于空白。

(2) 必须加强镁合金强韧化机理研究

与铝合金相比，镁合金的绝对强度较低，大大地限制了镁合金的应用。比如在飞机大梁等关键结构部件中镁合金还难以发挥作用，汽车应用的镁合金也只限于变速箱、方向盘等非结构件。高强度镁合金的缺乏来源于对镁合金内在强化机制认识的缺乏。目前人们对于提高镁合金强度的方面，仅仅只能停留在简单的方法，如晶粒细化、微合金化、复合材料强化等工艺强化方面。因此，必须加强镁合金强韧化机理的研究，从其内在的强韧化机理出发，才能更有效地设计开发高强度镁合金，提高镁合金的强度水平[111]。

(3) 必须加强镁合金塑性变形机制的理论研究

镁合金的晶体结构对称性较低，室温下缺少有效的滑移系，塑性较差，难以塑性加工成形。鉴于以上原因，90%以上的镁合金是以铸件的形式获得应用，而不是像铝合金那样大部分以塑性加工，如挤压材和轧制板材的形式获得应用[112,113]。目前，在国家"十二五"支撑计划的支持下，重庆大学通过联合开发，研制出了宽幅502mm的大型中空薄壁镁合金型材，在世界上处于领先水平；营口银河镁铝合金有限公司在四辊精轧机上攻破了成卷轧制的关键技术，实现了镁合金宽幅轧制板材的量产，以1.5m的宽幅镁卷板成为了世界镁宽幅轧制卷板的领先者。但是这些深加工的镁合金产品多采用塑性较好的合金，其绝对强度不高，如AZ31；而对于塑性较差的高强度镁合金，还没有出现较大的突破。为了促使镁合金塑性加工的发展，扩大镁合金的应用领域，提高镁合金的附加价值，必须加强镁合金变形机制的理论研究。

对于镁合金变形机制的理论研究，一方面有必要研究合金的微观变形机制，包括滑移、孪生以及二者间的交互作用，弄清不同微观变形机制对塑性变形的贡献，特别是非对称变形对镁合金成形性的研究有待于更多人的参与。另一方面有必要从本构关系入手，掌握塑性变形时的应力-应变关系、应力-应变速率-温度相关性、变形条件-组织-性能间的关系，了解变形过程中动态回复和动态再结晶行为等问题，创造有利于镁合金变形的应力应变条件。

(4) 必须加强镁合金腐蚀机理与防护技术的研究

镁的电极电位低，化学性质活泼，导致镁合金产品容易腐蚀，因此腐蚀问题成为阻碍镁合金应用的关键因素。在我国生产的某些型号的战斗机中，由于没有解决好镁合金的腐蚀防护问题，因此导致大量的原有镁合金零件被铝合金替代，牺牲了战机的良好作战性能。由于镁合金的表面氧化膜存在固有孔隙使侵蚀性介质直接与基体接触，因此基体极易腐蚀而使保护涂层从内部被破坏，失去保护作用，成为镁合金零件失效的原因之一。为了提高镁合金的耐腐蚀性能，一方面要加强镁合金腐蚀机理的研究，从机理出发寻求提高镁合金自身耐腐蚀性能的方法，高度重视"不锈镁"的研究；另一方面应当采取各种表面处理方式，特别是发展低成本表面处理技术，对镁合金表面进行防护处理[114~116]。

12.6.2 建立世界级的产品开发和设计平台

近十年来，国内外镁及镁合金产品的开发应用和技术创新一直在迅速地向前发展，镁合金产品由于其特有的性能特点而受到了各行业的广泛关注，应用范围越来越广，用量也越来越大，传统的新产品调研、设计、制造、检验、应用、销售的实物开发生产周期已远远不能满足镁合金产品对市场快速响应的需求。因此，引入高科技的现代制造技术，在保证产品可靠性和经济性的条件下，缩短产品的开发和制造周期、降低成本、提高产品质量，已成为镁合金产品发展和推广应用的关键，是实现我国镁产业可持续发展的必经之路，也是我国镁合金产业走向世界的前提条件。

因此，基于现代技术的镁合金设计制造产品开发平台的建立，包括基础数据库、替换设计平台和虚拟技术平台的建设也应投入更多的人力物力进行研究；集聚国内外人才、集中国内外优势资源，搭建世界级的镁合金产品开发和设计及生产应用技术开发公共服务平台，为我国乃至世界镁产业的可持续发展提供技术支撑[117]。

12.6.3　加快推进镁合金牌号和产品标准化

目前，全世界的铝合金牌号超过350余种，其热处理状态数量更加庞大，因此在应用铝合金时有大量可供选择的余地。而对于镁合金来说，尽管重庆大学国家镁合金材料工程技术研究中心等单位近几年发展了20多个正式的国家牌号合金，但目前全世界的牌号也不过几十种，其热处理状态更少，因此选用镁合金材料时可供选择的余地太少，阻碍了镁的应用。

另外，目前我国镁合金方面的标准体系也还有不够完善的地方，由于这些标准制定时大部分在20世纪80年代中期，随着生产这些产品的技术和工艺的发展，有些标准已不太适应当前的生产实际，同时随着新产品的研究与开发，也有一些产品存在无标生产的状态。近年来，我国镁工业有了很大发展，镁品种增多，尽管在国家镁合金材料工程技术研究中心等单位的努力下，国家镁合金产品完整的标准格局已基本形成，但仍然有一些标准不能适应生产和贸易的需求，需要进一步完善。

为了使我国的金属镁从生产大国变成应用大国，从入口大国变成出口强国，有必要花大力气来完善我国的镁标准体系。首先，各方要正视我国镁标准目前存在的问题，充分重视镁标准工作。国家有关部门要鼓励和引导镁工业的发展，具体到镁标准体系的完善上，应该从项目和经费保障上予以重点考虑。说到底，标准化是一项公益性事业，没有国家有关部门的引导、支持、协调，是做不好的。其次，要做好规划，完善镁标准体系的工业涉及的任务很多，不可能齐头并进，只能分轻重缓急，要做一个规划，先做什么，后做什么，应该有一个总体考虑。最后，要积极学习国际标准和国外先进标准，尽量参照国际标准和国外先进标准制定和完善我国的镁合金及镁合金产品标准。这一方面可以减少我们的工作量，另一方面也是重要的一点，是可以减少贸易技术壁垒，冲破西方国家设置的贸易保护，有利于我国产品的出口[118~121]。

12.6.4　积极开展汽车全寿命周期评价的研究

汽车生命周期评价（LCA）是对汽年相关的环境负荷进行量化评价的过程。首先通过辨识和量化汽车所使用的物质、能量和对环境的排放，然后评价这种汽车材料的使用对能耗和排放等的影响。评价包括汽车的整个生命周期，即包括原材料的采集和加工，汽车零部件及汽车产品制造、营销、使用、回收、维护、循环利用和最终处理以及涉及的所有运输过程。它关注的环境影响包括生态系统健康、人类健康和能源消耗三个领域。但汽车作为"衣食住行"的重要一环，以及在社会中作为一种商品存在，其全寿命周期社会效益和经济效益也十分重要，在评价过程也应该被关注。

进而如何量化轻量化汽车对环境保护及节能减排的贡献，轻量化所带来的性价比的提高对汽车产品竞争力的提升效果有多大，轻量化所带来的报废汽车回收制造是否有负面影响等诸多问题必须通过轻量化汽车的全寿命周期评估（LCA）方法以及汽车轻量化工程的效果评估方法进行研究，找到解决上述问题的办法，结合和跟踪实际轻量化汽车的设计、制造、销售、使用等过程，并且结合汽车生产的上下游产业链定量地讨论"汽车使用过程节能减排"与"汽车制造过程增加了能源和环境负担"以及"汽车回收处理在制造过程耗能和环境影响"等的关系，同时定量地评估汽车轻量化工程的实施效果，对整车的燃油经济性、安全性能、NVH、回收性能、成本、平顺性等的影响进行定量的评估，得出确切数据。

国际上大的跨国汽车公司和汽车研究机构都在积极开展汽车生命周期评价（LCA）研究，以应对未来针对汽车的生态标志标准、绿色采购政策以及进行原材料的选择和市场宣传等。尤其是电动汽车、其他新能源汽车、轻量化汽车的评价。

我国应该结合汽车轻量化和资源化的原则，从轻量化汽车及其零部件在其原材料生产、零部件加工、总成装配以及汽车组装、汽车使用、汽车维修和汽车报废再制造整个过程以及各个阶段的能耗情况，以及对环境的影响情况（排放）进行定量评估，从而量化轻量化汽车对环境保护及节能减排的贡献[122]。

12.6.5 大力推进汽车板 EVI 服务模式

EVI 指的是材料制造商介入下游用户的早期研发阶段，充分了解用户对原材料性能的要求，从而为用户提供更高性能的材料和个性化服务[123]。

目前，国内宝钢等少数钢铁企业已经开始实施 EVI 模式，谁先介入谁就会先获利，谁就会赢得市场先机。推进汽车板 EVI 服务模式的重要性包括：

① 促进设计与制造工艺技术进步。依靠钢厂钢板新材料和新技术专业领域的技术优势，可促进汽车企业汽车设计理念更新和制造工艺水平的进步，使先进汽车产品和新材料、新技术的发展与时俱进。通过与钢厂 EVI 项目的参与，汽车企业产品设计和工艺团队将了解并逐步熟悉这些新材料和新成形工艺，增强新材料和新工艺的视野，加快车身及整车轻量化设计步伐，提升"绿色、安全、环保、节能"设计理念。

② 新车型车身初始成本可控。好的产品还要有合理的成本及市场售价。由于初始成本核算及控制不良导致上市定价较高而影响销售业绩的案例不乏其例，尤其对于以价格为竞争目标的中低端汽车，初始设计成本可控尤为重要。另外新车型设计变更以及工模夹具的重做，延误了新车研发量产的时机等造成后期实际成本高企，同样造成超出原来的目标成本。汽车企业输入一个车身成本目标参数，钢厂提供一揽子解决预案，由钢厂专业的技术支持，攻克技术难题，量身定做，少走弯路，保障成功率。

③ 提升车身钢板成形质量和材料利用率。钢厂凭借其专业领域的技术优势支撑，对车身钢板成形位置、应变大小与梯度、金属流动方向、应变分布、变形方式及安全裕度等进行应变分析；建立零件试模档案，固化材料模具工艺匹配信息；进行成形难易性评价、模具调试与修整、判定成形质量失效分析、仿真结果验证、协同模具验收等系列措施，提升车身钢板冲压成形质量。通过 EVI 进行质量改进，材料优化和成形工艺大大提高材料利用率。

④ 加快新车型设计研发和投产的周期。另外，通过钢板 EVI 项目的模具优化及模具设计制造国产化，以节省模具投入和购买资金。同时，在钢厂专业技术服务支撑下，可加快新车型设计研发和投产的周期，增强综合竞争力。

12.6.6 积极组建产学研用协同创新体

重庆大学已成为教育部批准的唯一一个和镁合金推广应用密切相关的国家级协同创新中心——重庆自主品牌汽车协同创新中心。该中心把镁合金的推广应用作为重点研发内容，开展协同创新，联合了长安汽车、中国汽研、青山工业、超力高科、博耐特、西南铝业、重庆钢铁、两江创投、重庆理工大学、重庆邮电大学等国内知名企业和研究院所。中心以我国自主品牌汽车发展重大需求为牵引，体制机制创新为手段，探索我国汽车自主品牌发展模式，重点开展培养高端人才、汇聚优秀团队、研发核心技术、推广产业应用、整合优势资源、搭建交流平台等工作。立志于构建"基础研究—应用研究—成果产业化"的一体化开放式创新研发体系；形成具有工程实践经验且掌握汽车最新前沿技术的复合型创新人才培养体系；形成项目引进、项目融资、项目实施推广全过程协同的成果转化与社会服务体系；全面提升区域汽车技术自主创新能力与产业化水平；积极推进以镁合金为代表的轻量化材料在汽车上的规模化应用，满足我国节能减排工程的重大需求。

由东北大学、中国科学院沈阳金属所、沈阳工业大学、大连理工大学的镁合金领域专家学者组建的辽宁省镁合金工程技术中心在大石桥市揭牌，主要致力于镁合金技术研发与推广。为使研究成果更好地转化，该中心已吸收沈阳华晨金杯汽车有限公司、营口欣立耐火材料科技有限公司等企业为应用企业，该中心已完成镁合金挤压材、镁合金板带电磁铸轧等技术研制，并初步形成规模生产，实现新建镁合金企业5家，后形成具有辽宁特色和一定规模的镁合金车辆零部件、军工产品等产业链，推动辽宁地域镁产业发展[124]。

长春应化所与吉林临江市东锋有色金属股份有限公司、一汽铸造有限公司、扬州宏福铝合金有限公司、长春中科希美镁业有限责任公司合作，在"高强高韧镁合金的研发和应用"方面取得新进展。长春应化所发明了高强高韧镁合金，2项专利技术转让临江市东锋有色金属股份有限公司，2项专利技术研发的耐热抗蠕变稀土镁合金首次应用于一汽集团460hp发动机气缸罩盖上[124]。

河南科技大学与鹤壁地恩地新材料科技有限公司合作建立"有色金属共性技术河南省协同创新中心镁产业基地"。该中心是河南省委、省政府积极推行"2011"协同创新计划、加快中原经济区建设而建立的高端产学研合作平台。双方合作，能够充分释放人才、信息、技术等创新要素的活力，建立多技术集成的研发与应用平台，产学研合作技术协同创新，毕业生社会实践和就业等方面开展多种形式的合作[124]。

中国长安汽车公司联合国家镁合金工程中心和重庆博奥镁铝金属有限公司等单位共同对长安CVⅡ车型进行了镁合金零部件的开发综合应用，共开发12个零部件，用镁总重量20.1kg，其零部件全部通过了相关机构的性能检测及路试，已小规模地投入生产。由此可见，通过组建产学研用协同创新体，极大程度上推动了镁合金的应用[120~122]。

尽管已成立若干产学研联盟或协同创新中心，但这些联盟或协同创新中心急待创新和完善。联盟或联合体应真正从镁产业发展需要出发，围绕技术创新，促进产、学、研、用各单位的知识、技术和人才要素有效集成，成为以市场为导向，企业为主体，推动技术进步、产业升级、扩大应用和转变镁工业发展方式的有效途径。要引导应用部门和用户参与，使联盟或联合体内部的科技成果和应用需求实现对接，为产学研单位提供市场"出口"，又为用户寻求新技术（新产品）提供便捷渠道。联盟或联合体自身的发展是从单一成果到技术集成、从研发推动到应用拉动、从单个合作到产业链构造[120]。

按市场机制的要求，把技术创新与体制创新紧密结合起来，让企业真正成为参与和投入的主体，并实现"产学研用"结合。主要应从以下三个方面开展工作：

① 促进我国镁冶炼加工企业与有条件有实力的高等院校、研究院所的有机结合，探讨产学研联盟新体制，解决好镁产业高质化问题；

② 促进有核心竞争力的镁合金加工企业与汽车附件生产企业，计算机、通信、航空和交通等应用领域的企业，以共同制定专项合作计划或形成上下游多种方式合作的有机结合，打通镁合金加工业与制品应用的通道，实现镁产业链的扩展和延伸；

③ 促成镁合金制品加工企业与机器制造业发达地区的设备制造专业化集团及有关院校之间的联合，形成实施镁合金加工装备研发专项计划的有机结合[121]。

参 考 文 献

[1] 白方，仝仲盛.汽车轻量化之镁合金材料的应用（1）[J].汽车工艺师，2011（12）：48-51.
[2] PATRICK W. Advanced materials in automotive: Newer steels, aluminum, magnesium, and other materials lead to more lightweight, economical vehicles [J]. Manufacturing Engineering, 2009, 143 (3): 153-159.
[3] KULEKCI M K. Magnesium and its alloys applications in automotive industry [J]. International Journal of Advanced Manufacturing Technology, 2008, 39 (9-10): 851-865.
[4] 吴章斌，桂良进，范子杰.AZ31B镁合金挤压板材力学性能的各向异性[J].材料研究学报，2012，26（2）：218-224.
[5] 张诗昌，魏伯康，林汉同，等.钇和铈镧混合稀土对AZ91镁合金铸态组织的影响[J].中国有色金属学报.2001，11（S2）：98-102.
[6] Wang Qudong, Lu Yizhen, Zeng Xiaoqin, et al. Effects of RE on Microstructure and properties of AZ91 magnesium alloy [J]. Trans. Nonferrous Met. Soc. China.
[7] 罗承萍，肖晓玲，刘江文，等.AZ91Mg-Al合金中γ-Mg17Al12析出相的多重位向关系及{112}γ伪孪晶关系[J].金属学报，2002，7（38）：709-714.
[8] 肖晓玲，罗承萍，聂建峰，等.AZ91 Mg-Al合金中β-Mg17Al12析出相的形态及其晶体学特征[J].金属学报，2001，1（37）：1-7.
[9] Xiao Xiaoling, Luo Chengping, Liu Jiangwen. Invariantline and crystallography of HCP-BCC precipitation [J]. Science in China (SeriesE), 2002, 2 (1): 58-64.
[10] 孙扬善，翁坤忠，袁广银.Sn对镁合金显微组织和力学性能的影响[J].中国有色金属学报，1999，9（1）：55-59.
[11] 袁广银，孙扬善.Sb低合金化对Mg-9Al基合金显微组织和力学性能的影响[J].中国有色金属学报，1999，4.
[12] 黄晓锋，梁艳，谢锐，等.新型镁合金研究进展[J].热处理技术与装备，2009，30（3）：3-8.
[13] 马刚，郭胜利.稀土在镁合金中的应用[J].宁夏工程技术，2005（03）：367-372.
[14] 刘宏伟，罗承萍，刘江文.钇及混合稀土对AZ91镁合金时效析出的影响[J].机械工程材料，2004（04）：29-32.
[15] 黄正华，郭学锋，张忠明.Ce对AZ91D镁合金力学性能与阻尼性能的影响［J］.稀有金属材料与工程，2005（03）：375-379.
[16] ANTION C, DONNADIEU P, PERRARD F, et al. Hardening pre-cipitation in a Mg-4Y-3RE alloy [J]. ActaMaterialia, 2003, 51 (18): 5335-5348.
[17] Shao G, VARSANI V, Fan Z. Thermodynamic modelling of the Y-Zn and Mg-Zn-Y systems [J]. Calphad, 2006, 30 (3): 286-295.
[18] Zhang M, KELLY P M. Morphology and crystallography of Mg24Y5 precipitate in Mg-Y alloy [J]. Scripta Materi-alia, 2003, 48 (4): 379-384.
[19] 张清，李全安，文九巴，等.Y对镁合金AZ91力学性能的影响[J].新技术新工艺，2006（06）：66-67.
[20] 李金锋，耿浩然，王英姿，等.Si、Y对铸造Mg-Zn-Al合金组织性能的影响[J].热加工工艺，2004（12）：7-9.
[21] Li Q, Wang Q D, Li D Q, et al. Effect of Nd and Y Addition on Microstructure and Mechanical Properties of Extruded Mg-Zn-Zr Alloy [C] // Progress in Light Metals, Aerospace Materials and Superconductors, 2006, 97-102.
[22] Xu D K, Liu L, Xu Y B, et al. The effect of precipitateson themechanical properties of ZK60-Y alloy

[J]. Mate-rials Science and Engineering A, 2006, 420 (1-2): 322-332.

[23] Per Bakke, KetilPettersen H W. Improving the strengthand ductility of magnesium die-casting alloys via rare-earth addition [J]. JOM, 2003, 55 (11): 46-51.

[24] 吴安如, 董丽君, 夏长清, 等. 稀土元素对镁合金高温力学性能的影响 [J]. 热加工工艺（热处理版）, 2006 (02): 26-30.

[25] 薛山, 孙扬善, 朱天柏, 等. 二元稀土镁合金 Mg-La 和 Mg-Nd 的组织和性能 [J]. 铸造, 2005 (09): 888-891.

[26] 邱巨峰. 抗高温蠕变稀土镁合金 [J]. 稀土信息, 2000 (04): 9-10.

[27] BIALOBRZESKI A, CZEKAJ E. An attempt to use alloy synthe-sis in evaluating the corrosion behaviour of Al- andMg-based alloys [J]. Journal of Materials Processing Technol-ogy, 2006, 175 (1-3): 27-32.

[28] Pelcová J, SMOLA B, Stulíková I. Influence of processing technology on phase transformations in a rare-earth-containing Mg-Zn-Zr alloy [J]. Materials Science & Engineering A, 2007, 462 (1): 334-338.

[29] NEUBERT V, Stulíková I, SMOLA B, et al. Thermal stability and corrosion behaviour of Mg-Y-Nd and Mg-Tb-Nd alloys [J]. Materials Science & Engineering A, 2007, 462 (1): 329-333.

[30] ROKHLIN L L, DOBATKINA T V, TARYTINA I E, et al. Peculi-arities of the phase relations in Mg-rich alloys of the Mg-Nd-Y system [J]. Journal of Alloys and Compounds, 2004, 367 (1-2): 17-19.

[31] Nie J F, MUDDLE B C. Characterisation of strengthening precipitate phases in aMg-Y-Ndalloy [J]. Acta-Mate-rialia, 2000, 48 (8): 1691-1703.

[32] 黄晓锋, 王渠东, 曾小勤, 等. 钕对 Mg-5Al-1Si 高温蠕变及组织性能的影响 [J]. 中国稀土学报, 2004 (03): 361-364.

[33] 黄伯杰, 聂邦盛, 贾延杰, 等. Mg-Nd-Zn-Zr 耐热高强铸造镁合金 [J]. 特种铸造及有色合金, 2002 (S1): 289-291.

[34] 汪正保, 刘静, 袁泽喜. Sb 对镁合金组织和力学性能的影响 [J]. 特种铸造及有色合金, 2005 (09): 567-569.

[35] 王越, 林立, 李锋, 等. 钕对压铸 AM50 镁合金力学性能的优化作用 [J]. 铸造, 2003 (10): 732-736.

[36] 张世军, 黎文献, 余琨. 铈对镁合金 AZ31 晶粒大小及铸态力学性能的影响 [J]. 铸造, 2002 (12): 767-771.

[37] 王斌, 易丹青, 周玲伶, 等. 稀土元素 Y 和 Nd 对 Mg-Zn-Zr 系合金组织和性能的影响 [J]. 金属热处理, 2005 (07): 9-13.

[38] 严安庆, 周海涛, 刘子娟, 等. AZ61-RE 合金的显微组织及拉伸性能 [J]. 热加工工艺, 2005 (09): 20-24.

[39] He S M, Zeng X Q, Peng L M, et al. Microstructure and strengthening mechanism of high strength Mg-10Gd-2Y-0.5Zr alloy [J]. Journal of Alloys and Compounds, In Press, Corrected Proo. f.

[40] He S M, Peng L M, Zeng X Q, et al. Comparison of the microstructure and mechanical properties of a ZK60 alloy with and without 1.3% gadolinium addition [J]. Materials Science and Engineering A, 2006, 433 (1-2): 175-181.

[41] APPS P J, KARIMZADEH H, KING J F, et al. Phase compo-sitions in magnesium- rare earth alloys containing yttri-um, gadolinium or dysprosium [J]. Scripta Materialia, 2003, 48 (5): 475-481.

[42] Gao X, He S M, Zeng X Q, et al. Microstructure evolu-tion in a Mg-15Gd-0.5Zr (ω,%) alloy during isother-mal aging at 250℃ [J]. Materials Science and Engineer-ing A, 2006, 431 (1-2): 322-327.

[43] He S M, Zeng X Q, Peng L M, et al. Precipitation in a Mg-10Gd-3Y-0.4Zr (ω,%) alloy during iso-thermalageing at 250℃ [J]. Journal of Alloys and Compounds, 2006, 421 (1-2): 309-313.

[44] Luo A A. Recent magnesium alloy development for elevat-ed temperature applications [J]. International MlaterialsReviews, 2004, 49 (1): 13-30.

[45] 张景怀, 刘淑娟, 冷哲, 等. Mg-Al-Ce-Y 基压铸合金的微观结构稳定性和力学性能 [J]. 中国有色金属学报（英文版）, 2012, 22 (2): 262-267.

[46] Zhu S M, GIBSON M A, Nie J F, et al. Microstructural analysis ofthe creep resistance of die-cast Mg-4Al-2RE alloy [J]. ScriptaMaterialia, 2008, 58 (6): 477-480.

[47] 黄明丽, 李洪晓, 丁桦, 等. 400 ℃时 Mg-Zn-Ce 系金属间化合物及相平衡 [J]. 中国有色金属学报（英文版）, 2012, 22 (3): 539-545.

[48] NEIL W C, FORSYTH M, HOWLETT P C, et al. Corrosion of magnesiumalloy ZE41-The role of microstructural features [J]. CorrosionScience, 2009, 51 (2): 387-394.

[49] NEIL W C, FORSYTH M, HOWLETT P C, et al. Corrosion of heat treated magnesium alloy ZE41 [J]. Corrosion Science, 2011, 53 (10): 3299-3308.

[50] 张诗昌, 魏伯康, 林汉同, 等. 钇及铈镧混合稀土对 AZ91 镁合金铸态组织的影响 [J]. 中国有色金属学报, 2001, 11 (z2): 99-102.

[51] Liu Zhijie, Wu Guohua, LiuWencai, et al. Microstructure, mechanical properties and fracture behavior of peak-aged Mg-4Y-2Nd-1Gd alloys under different aging conditions [J]. Materials Science and Engineering A, 2013, 561: 303-311.

[52] 王益志. 杂质对高纯镁合金耐蚀性的影响 [J]. 铸造, 2001, 50 (2): 61-66.

[53] 杨明波, 李晖, 胡红军. 耐蚀镁合金的研究现状及进展 [A]. 中国铸造活动周论文集, 2010.

[54] SAKAMOTO M, AKIYAMA S, HAGIO T, et al. Mechanism of Non-combustibility and Ignition of Ca-bearing Mg Melt [A]. Proceedings of the Fifth Asian Foundry Congress [C]. Nanjing, China: Southeast University Press, 1997: 380-389.

[55] 闵学刚, 朱旻. Ca 对 AZ91 显微组织及力学性能的影响 [J]. 材料科学与工艺, 2002, 10 (1): 93-96.

[56] Wang Q D, Chen W Z. Effects of Ca addition on the microstructure and mechanical properties of AZ91 magnesium alloy [J]. Journal of Materials Science, 2001, 36 (12): 3035-3040.

[57] 曾小勤, 王渠东, 吕宜振, 等. 阻燃镁合金研究 [J]. 铸造, 1999 (6): 4-7.

[58] 黄晓峰, 周宏. 富铈稀土对镁合金起燃温度的影响 [J]. 中国有色金属学报, 2001, 11 (4): 638-641.

[59] Zeng Xiaoqin, Wang Qudong, Lu Yizhen. Influence of beryllium and rare earth additions onignition-proof magnesium alloys [J]. Journal of Materials Processing Technology, 2001, 112 (1): 17-23.

[60] RAVI N V, BLANDIN J J. Effect of alloying elements on the ignition resistance of magnesium alloys [J]. Scripta Materialia, 2003, 49 (3): 225-230.

[61] Chen Zhihong, Ren Xueping. Effect of RE on the ignition-proof, microstructure and properties of AZ91D magnesium alloy [J]. Journal of University of Science and Technology Beijing: Mineral Metallurgy Materials, 2005, 12 (6): 540-544.

[62] Wu W H, Xia C Q. Microstructures and mechanical properties of Mg-Ce-Zn-Zr wrought alloy [J]. Journal of Central South University of Technology, 2004, 11 (4): 367-370.

[63] Lin Pengyu, Zhou Hong. Interactive effect of cerium and aluminium on the ignition point and the oxidation resistance of magnesium alloy [J]. Corrosion Science, 2008, 50: 2669-2675.

[64] 毛卫民. 半固态金属成形技术 [M]. 北京: 机械工业出版社, 2004.

[65] 闫洪华. AZ91D 镁合金半固态触变成型的数值模拟研究 [D]. 哈尔滨: 哈尔滨理工大学, 2006.

[66] Ye H E, Liu X Y. Review of recent studies in magnesium matrix composites [J]. Journal of Materials Science, 2004, 39 (20): 6153-6171.

[67] 王彦, 王慧远, 马宝霞, 等. 颗粒增强镁基复合材料的研究现状 [J]. 材料科学与工艺, 2006, 14 (3): 320-325.

［68］ KUMAR K K A，PILLAI U T S，PAI B C，et al. Dry sliding wear behaviour of Mg-Si alloys ［J］. Wear，2013，303（1/2）：56-64.

［69］ Bi G，Li Y，Huang X，et al. Dry slidingwear behavior of an extruded Mg-Dy-Zn alloy with long periodstacking ordered phase ［J］. Journal of Magnesium and Alloys，2015，3（1）：63-69.

［70］ SCHALLER R. Metal matrix composites，a smart choice for high damping materials ［J］. Journal of Alloys and Compounds，2003，355（1）：131-135.

［71］ Chen L Y，Xu J Q，CHOI H，et al. Processing and properties of magnesium containing a denseuniform dispersion of nanoparticles ［J］. Nature，2015，528（7583）：539-543.

［72］ 张从阳，李文珍，朱巧博，等. 超声复合分散法制备镁基纳米复合材料的关键技术 ［J］. 铸造技术，2013，34（8）：965-968.

［73］ Liao H，Chen J，Peng J，et al. Fabrication and characterization of magnesium matrixcomposite processed by combination of friction stir processing and high-energy ball milling ［J］. Materials Science and Engineering：A，2016，683（2017）：207-214.

［74］ Shen M J，Wang X J，Ying T，et al. Characteristics and mechanical properties of magnesium matrixcomposites reinforced with micron/submicron/nanoSiCparticles ［J］. Journal of Alloys & Compounds，2016，686：831-840.

［75］ Deng K K，Wang X J，Zheng M Y，et al. Dynamic recrystallization behavior during hot deformation and mechanical properties of 0.2μm SiC preinforced Mg matrixcomposite ［J］. Materials Science & Engineering A，2013，560：824-830.

［76］ SANKARANARAYANAN S，JAYALAKSHMI S，GUPTA M. Hybridizing micro-Ti with nano-B4C particulates to improve themicro structural and mechanical characteristics of Mg-Ti composite ［J］. Journal of Magnesium and Alloys，2014，2（1）：13-19.

［77］ Zheng M，Wu K，Liang M，et al. The effect of thermal exposure on the interface and mechanical properties of Al18B4O33w/AZ91 magnesium matrix composite ［J］. Materials Science and Engineering A，2004，372（1）：66-74.

［78］ Yao Y，Chen L. Processing of B4C particulate-reinforced magnesium-matrix composites by metal-assisted melt in filtration technique ［J］. Journal of Materials Science & Technology，2014，30（7）：661-665.

［79］ 陈礼清，郭金花，王继杰，等. 原位反应自发渗透法 TiC/AZ91D 镁基复合材料及 AZ91D 镁合金的拉伸变形与断裂行为 ［J］. 稀有金属材料与工程，2006，35（1）：29-33.

［80］ 王武孝，亢春生，范志康，等. Al_2O_3 f/Mg-9Al-0.5Nd 复合材料的组织与压缩性能 ［J］. 特种铸造及有色合金，2009，29（6）：546-549.

［81］ 刘守法，夏祥春，王晋鹏. 搅拌摩擦加工工艺制备 ZrO_2 颗粒增强镁基复合材料的组织与力学性能 ［J］. 机械工程材料，2016，40（1）：35-38.

［82］ BHINGOLE P，CHAUDHARI G，NATH S. Processing，microstructure and properties of ultrasonically processed in situ MgO-Al_2O_3-$MgAl_2O_4$ dispersed magnesium alloy composites ［J］. Composites Part A：Applied Science and Manufacturing，2014，66：209-217.

［83］ TUN K S，GUPTA M. Development of magnesium/(yttria+nickel) hybrid nanocomposites using hybrid microwave sintering：Microstructure and tensile properties ［J］. Journal of Alloys & Compounds，2009，487（1/2）：76-82.

［84］ PARAMSOTHY M，CHAN J，KWOK R，et al. Enhanced mechanical response of magnesium alloy ZK60A containing Si_3N_4 nanoparticles ［J］. Composites Part A：Applied Science & Manufacturing，2011，42（12）：2093-2100.

［85］ Cao G，CHOI H，OPORTUS J，et al. Study on tensile properties and microstructure of cast AZ91D/AlN nanocomposites ［J］. Materials Science & Engineering A，2008，494（1）：127-131.

［86］ SHAMEKH M，PUGH M，MEDRAJ M. Understanding the reaction mechanism of in-situ synthesized (TiC-TiB$_2$) /AZ91magnesium matrix composites [J]. Materials Chemistry and Physics, 2012, 135 (1): 193-205.

[87] HASSAN S F, GUPTA M. Development of high strength magnesium based composites using elemental nickel particulates as reinforcement [J]. Journal of Materials Science, 2002, 37 (12): 2467-2474.

[88] SEETHARAMAN S, SUBRAMANIAN S, GUPTA M, et al. Influence of micron-Ti and nano-Cu additions on the microstructure and mechanical properties of pure Magnesium [J]. Metals-Open Access Metallurgy Journal, 2012, 2 (3): 274-291.

[89] Hou L G, Wu R Z, Wang X D, et al. Microstructure, mechanical properties and thermal conductivity of the short carbon fiber reinforced magnesium matrix composites [J]. Journal of Alloys and Compounds, 2016, 695 (2017): 2820-2826.

[90] Chen S, Jin P, SCHUMACHER G, et al. Microstructure and interface characterization of a cast Mg$_2$B$_2$O$_5$ whisker reinforced AZ91D magnesium alloy composite [J]. Composites Science and Technology, 2010, 70 (1): 123-129.

[91] 闫庆斌,李世嘉,王月琴. SiC$_p$增强镁基复合材料的研究进展 [J]. 铸造技术, 2013 (12): 1608-1611.

[92] 邱慧,班新星,刘建秀. SiC 晶须含量对镁基复合材料性能影响的研究 [J]. 粉末冶金工业, 2016, 26 (3): 34-37.

[93] 金头男,聂祚仁,李斗星. 浸渍/挤压 (SiC$_w$+B$_4$C$_p$)/Mg (AZ91) 复合材料的界面特征 [J]. 中国有色金属学报, 2002, 12 (2): 284-289.

[94] 盛绍顶,严红革,陈振华. 快速凝固结合粉末冶金法制备 Al$_2$O$_3$ 颗粒增强 AZ91 镁基复合材料的组织与力学性能 [J]. 机械工程材料, 2010 (10): 40-42.

[95] UGANDHAR S, GUPTA M, SINHA S. Enhancing strength and ductility of Mg/SiC composites using recrystallization heat treatment [J]. Composite Structures, 2006, 72 (2): 266-272.

[96] PARAMSOTHY M, NGUYEN Q B, TUN K S, et al. Mechanical property retention in remelted microparticle to nanoparticle AZ31/Al$_2$O$_3$ composites [J]. Journal of Alloys & Compounds, 2010, 506 (2): 600-606.

[97] 殷黎丽,高平,狄石磊. Mg$_2$Si 颗粒增强镁基复合材料组织和力学性能的研究 [J]. 铸造, 2011, 60 (5): 466-468.

[98] JAYALAKSHMI S, SAHU S, SANKARANARAYANAN S, et al. Development of novel Mg-Ni 60Nb40amorphous particle reinforced composites with enhanced hardness and compressive response [J]. Materials & Design, 2014, 53 (2): 849-855.

[99] HASSAN S F, GUPTA M. Development of a novel magnesium/nickel composite with improved mechanical properties [J]. Journal of Alloys & Compounds, 2002, 335 (1/2): L10-L15.

[100] Frank Witte. The history of biodegradable magnesium implants: A review [J]. Acta Biomaterialia, 2010, 6: 1680-1692.

[101] KIRKLAND N T. Magnesium biomaterials: past, present and future [J]. Corrosion Engineering, Science and Technology, 2012, 47: 322-328.

[102] 高家诚,乔丽英,王勇,等. 纯镁在动物体内骨诱导性能的研究 [J]. 稀有金属材料与工程, 2010, 39 (2): 296-299.

[103] 洪岩松,杨柯,张广道,等. 可降解镁合金的动物体内骨诱导作用 [J]. 金属学报, 2008, 4 (9): 1035-1041.

[104] 夏伟军,朱小平,张孟军,等. 碳纳米管增强镁基复合材料的组织与力学性能 [J]. 机械工程材料, 2016 (5): 52-56.

[105] 姚孝寒,曾效舒,戚道华. 镁合金 (ZM5)/碳纳米管复合材料力学性能研究 [J]. 南昌大学学报 (工科版), 2006, 28 (2): 126-129.

[106] Liu Shiying, Gao Feipeng, Zhang Qiong-yuan, et al. Fabrication of carbon nanotubes reinforced

[107] Sun F, Shi C, RHEE K Y, et al. In situ synthesis of CNTsin Mg powder at low temperature for fabricating reinforced Mgcomposites [J]. Journal of Alloys & Compounds, 2013, 551: 496-501.

[108] HABIBI M K, PARAMSOTHY M, HAMOUDA A M S, et al. Using integrated hybrid (Al+CNT) reinforcement to simultaneously enhance strength and ductility of magnesium [J]. Composites Science & Technology, 2011, 71 (5): 734-741.

[109] PARK Y, CHO K, PARK I, et al. Fabrication and mechanicalproperties of magnesium matrix composite reinforced with Sicoated carbon nanotubes [J]. Procedia Engineering, 2011 (10): 1446-1450.

[110] 吴修彬, 王婧. 汽车轻量化之镁合金材料的应用 (2) [J]. 汽车工艺师, 2011 (12): 52-54.

[111] 刘兵, 曾大本, 苏竣. 我国镁产业发展过程中的技术变迁与作用分析 [J]. 中国科技产业, 2007 (4): 58-64.

[112] 陈振华. 变形镁合金 [M]. 北京: 化学工业出版社, 2005.

[113] 潘复生, 韩恩厚. 高性能变形镁合金及加工技术 [M]. 北京: 科学出版社, 2007.

[114] 高正源, 潘复生. 镁合金表面功能涂层制备与界面表征技术的研究进展 [J]. 功能材料, 2012, 43 (14): 1817-1821.

[115] 卫英慧, 许并社. 镁合金腐蚀防护的理论与实践 [M]. 北京: 冶金工业出版社, 2007.

[116] 宋光铃. 镁合金腐蚀与防护 [M]. 北京: 化学工业出版社, 2006.

[117] 查吉利, 龙思远, 徐绍勇. 镁合金产品及生产应用技术开发平台建设 [J]. 特种铸造及有色合金, 2005, 25 (10): 593-595.

[118] 吴秀铭. 发展中的中国镁工业及其发展战略//中国镁业发展高层论坛专题报告文集. 中国有色金属工业协会镁业分会, 2004: 5-20.

[119] 潘复生, 王敬丰, 章宗和, 等. 中国镁工业发展的机遇、挑战和责任 [J]. 中国金属通报, 2008 (2): 6-14.

[120] 孟树昆. 中国镁工业进展 [M]. 北京: 冶金工业出版社, 2012.

[121] 潘复生. 积极推进技术创新与机制创新大力发展重庆镁合金产业 [C]. 中国镁业发展高层论坛, 2004.

[122] 路洪洲, 马鸣图, 许振明, 等. 汽车的资源化与轻量化 [C]. //中国汽车工程学会年会论文集. 2009.

[123] 孙红梅, 贾耿伟. 占领市场制高点大力推进汽车板 EVI 服务模式 [J]. 河北企业, 2015 (4): 55-56.

[124] 徐晋湘, 等. 2013 年镁工业发展报告 [J]. 中国镁业, 2014, 168 (2): 4-17.

第13章 汽车轻量化和热冲压成形技术

13.1 概述

汽车轻量化而又保证安全，导致高强度钢应用。为改善高强度钢的成形性，已经开发了一系列先进高强度钢。通常，冷冲压成形的高强度钢，以笔者的观点，应用到980MPa 已是冷冲压零件强度的上限，强度再高，如 1180MPa，只可以用于形状简单或采用辊压成形的方式成形。许多轻量化和安全件，抗拉强度已用到1500MPa，甚至更高，在这样高的强度下，冷冲压成形十分困难，甚至不可能。在抗拉强度大于 1000MPa 后，冷冲压成形时还会产生较大的回弹、模具磨损、模具成本增高、寿命降低等一系列的问题，在这种情况下，热冲压成形就应运而生。热冲压成形常用的钢种可以很方便地生产出1500MPa 的零件或更高强度的零件，且没有回弹，避免了冷成形的不足，又可以生产 1500～2000MPa 的热冲压成形零件。因此，在热冲压成形技术产生后，就得到人们的重视和迅速的发展。

20 世纪中叶，SSAB 公司首先开发出热轧和冷轧热冲压钢板，1973 年，Norrbottens Jernverk 率先开发出热成形工艺。瑞典一家称之为 Plannja 的公司拥有该专利，并将该工艺用于生产锯片和割草机刀片。1975 年，在 Volvo 车型上率先开展热冲压零件适用性研发。80 年代初期，生产出第一件汽车零件，客车侧防撞梁，并于 1984 年生产出其他零件，如保险杠、A 型支柱和 B 型支柱加强件以及底盘组件[1]。由于加工速度缓慢，零件成形花费时间较长，因此用热成形为每辆汽车生产的零件数量非常有限，而且价格高，只被原设备制造商所接受。在 80 年代中期专利结束之后，有 3 家公司可提供需要的所有零件，生产的件数从 1987 年的 3 百万件/年增加到 1997 年的 8 百万件/年。从 2000 年起，更多的热成形零件在汽车上应用，到 2007 年热冲压成形件上升到年产约 1 亿零 7 百万件[2]。其间，有数家一线供应商和 5 家原设备制造商在生产热成形件。另外，每辆汽车上使用的热成形件的百分比也明显增加。有些公司正在研究用热成形件建造整个车体结构的可能性。

Arcelor 于 20 世纪 90 年代开展热冲压技术研究，攻克相关核心技术，开发了全球闻名的镀层热冲压用钢 Usibor1500。目前，国际上热冲压成形公司有德国的本特勒公司 (Bentler)、西班牙的 Gestamp 即 Hitech 公司、西班牙的 Cosma 公司、加拿大的 Magna、德国的蒂森金属成形 TK-MF、美国的一些钢铁公司、韩国 Posco 公司，这些公司大体采用类同的工艺路线，即首先将板材下料→在保护气氛炉中加热→由机械手将料放入热冲压成形模子中并进行压制成形→通水冷淬火和回火→出模进行切边和打孔→清理和涂装→出厂。

国外 SSAB 公司曾最早申请了热冲压成形硼钢的专利技术（22MnB5），随之 Mital 公司开发了表面涂层技术并获得相应的专利；国内的热成形方面的专利几乎全是针对塑料的热压成形技术，有关金属板材热冲压成形的相关专利在近年内才有报道[3]。

目前国外已建有 110 条热冲压成形生产线，主要分布在美国（19 条）、德国（30 条）日本（10 条）以及法国、西班牙、瑞典等国。我国目前有热成形生产线超过 100 条，分别为长春的 BENTLER、上海昆山的 GESTAMP、上海 BENTLER、上海嘉定的 COSMA 以及上海宝钢从 AP&T 公司引进的热冲压成形公司，热冲压成形生产线的供应商有德国的 SCHULER 以及瑞典的 AP&T 公司，这两家公司的产品几乎覆盖了热冲压成形生产线的市场。目前国产化的生产线已有将近 10 条。

它可用来生产汽车前后保险杠、A 柱、B 柱、C 柱、车顶构架、车底中通道、车门防撞梁等构件，如图 13-1 所示[4]。

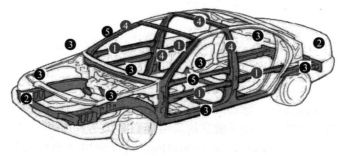

❶ Side Impact Beams 侧边防撞梁
❷ Bumper Beams 前后保险杠
❸ Cross & Side Members 横向和侧边防撞件
❹ A & B Pillar Reinforcement A&B柱加强件
❺ Waist Rail Reinforcement 腰部轨梁加强件

图 13-1 热冲压成形零件在汽车安全件上的应用

目前的热成形工艺可分为四类，如图 13-2 所示。首先是直接热冲压成形工艺，其次是间接热冲压，第三是温冲压成形工艺，第四是部分冲压淬火工艺。目前应用最多的典型的热冲压成形工艺是直接热冲压成形工艺和间接热冲压成形，间接热冲压比直接热冲压更能得到尺寸精度更高的零件，但工艺较为麻烦。间接热冲压通常用镀锌板，直接热冲压成形应用较多的是裸板和铝硅涂层板。直接和间接热冲压的工艺流程图见图 13-3[3]。

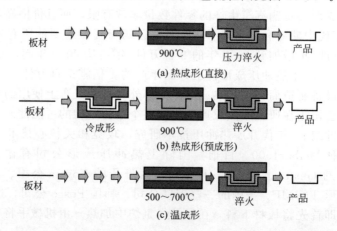

(a) 热成形(直接)

(b) 热成形(预成形)

(c) 温成形

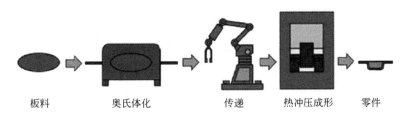

(d) 部分淬火

图 13-2 热成形工艺

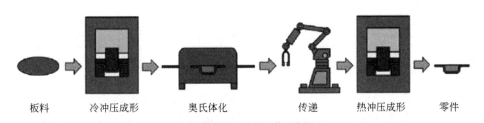

(a) 直接热冲压成形工艺示意图

(b) 间接热冲压成形工艺示意图

图 13-3 热冲压成形工艺示意图

13.2 热冲压成形材料的开发

(1) 普通热冲压成形钢

目前热冲压成形材料主要用 22MnB5，在 1977 年由瑞典 Plannja 公司用 22MnB5 进行热冲压成形，并申报专利[5]。1984 年，SAAB 公司用硬化的 B 钢制造汽车零件[1]，在 1987 年这种零件生产达到 300 万件/年，1997 年达到 800 万件/年，2007 年达到 1.07 亿件/年[6]，该钢已在汽车工业中广泛应用。目前年产超过 10 亿件。多年来，世界各国对热冲压成形用钢进行了大量的研发工作，相继开发了 Mn-B、Mn-Mo-B、Mn-Cr-B、Mn-Cr 和 Mn-W-Ti-B 系列，其中 Mn-B 系硼钢系列的钢板的使用量最大，该种钢板的热成形技术也最成熟。目前，我国热冲压技术尚属研发初级阶段，研发的热冲压用钢基本上都是 Mn-B 系列硼钢板，Mn-Mo-B 系列钢板主要是北美、欧洲等所用的热冲压用钢，Mn-Cr-B 为高淬透性热冲压用钢，Mn-Cr 为部分马氏体热冲压用钢，Mn-W-Ti-B 系列为韩国浦项（POSCO）开发的高烘烤硬化的细晶粒热冲压用钢[7]。文献 [8] 对高强钢的调查发现，只有硼钢才能在拥有冷却系统的模具中淬火后获得完全的马氏体组织，这些硼钢包括 22MnB5、27MnCrB5 和 37MnB4 等，其化学成分见表 13-1，力学性能见表 13-2，其中 22MnB5 是目前应用最广的钢种。热冲压前钢板的组织为铁素体＋珠光体，抗拉强度约 600MPa，经热冲压后组织为全马氏体，抗拉强度达 1500MPa 左右[9~11]。只要板材在模具中冷却速度超过马氏体临界转变速度（约 27K/s），就可以获得强度满足要求的零件，如图 13-4 所示[12]。马氏体转变温度在 425℃左右，转变终止温度在 280℃左右[13]。

表 13-1 硼钢的化学成分   %

钢种	Al	B	C	Cr	Mn	N	Ni	Si	Ti
20MnB5	0.04	0.001	0.16	0.23	1.05	—	0.01	0.40	0.034
22MnB5	0.03	0.002	0.23	0.16	1.18	0.005	0.12	0.22	0.040
8MnCrB3	0.05	0.002	0.07	0.37	0.75	0.006	0.01	0.21	0.048
27MnCrB5	0.03	0.002	0.25	0.34	1.24	0.004	0.01	0.21	0.042
37MnB4	0.03	0.001	0.33	0.19	0.81	0.006	0.02	0.31	0.046

表 13-2 各种硼钢的力学性能

钢种	马氏体温度/℃	冷却速率/(K/s)	屈服强度/MPa		抗拉强度/MPa	
			供货态	热成形	供货态	热成形
20MnB5	450	30	505	967	637	1354
22MnB5	410	27	457	1010	608	1478
8MnCrB3	*	*	447	751	520	882
27MnCrB5	400	20	478	1097	638	1611
37MnB4	350	14	580	1378	810	2040

注：* 表示无法获得全马氏体组织。

C 含量对材料淬火后的强度影响较大，而 Mn、Cr 等元素的影响较小。在调整好元素后，通过合适的冷却速率便可获得希望的相变和硬化效果[14]，其中 B 元素对硬化的贡献较大，它能阻止奥氏体向软相（铁素体）转变，即提高淬透性。

上海宝钢集团开发了热冲压用硼钢板。图 13-5 是宝钢开发的热冲压成形用含硼钢的连续冷却转变（CCT）曲线，经过 950℃ 左右单相奥氏体区的加热保温后，当冷却速度大于 15℃/s 后（多数研究者测定的这一数值为 27℃/s），钢板的组织转变为全马氏体组织，其硬度为 450~500HV，强度达到 1300~1500MPa，无镀层[15]。

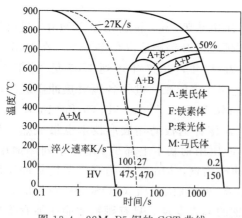

图 13-4 22MnB5 钢的 CCT 曲线

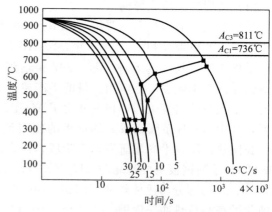

图 13-5 热冲压用硼钢板的 CCT 曲线

全球最大的 Acelor 钢铁公司开发了热冲压成形硼钢板 USIBOR1500，其化学成分见表 13-3。淬火后钢板的抗拉强度高达 1600MPa。日本某公司测定了它的特征值，见表 13-4[16]。结果显示钢板保持良好的强塑性，伸长率达 8%。采用此种钢板生产的汽车零件可使同类低强度的零件减重 50% 以上[17]。

瑞典 SSAB 公司开发了热轧硼钢板 Docol Boron 02/Domex 024B 和 Docol Boron 04/

Domex 044B,其化学成分如表 13-5 所示,材料淬火前、后的性能如表 13-6 所示。

德国蒂森克虏伯公司开发的锰-硼合金钢,其热冲压淬火后最高强度可达 1600MPa。此外,包括新日铁公司在内的著名钢铁公司和 VOLVO、保时捷、戴姆勒-克莱斯勒、大众、本特勒等知名汽车厂商致力于热冲压硼钢研究与开发工作。

此外,美国西渥斯托公司和戴姆勒-克莱斯勒公司共同开发出了热冲压硼钢,用于取代载重车架横梁。可减轻质量,而且提高了耐疲劳性能。对汽车大梁的研究表明,由硼钢制成的零件比原有模式制成的零件更加耐用。用硼钢代替中碳钢制成的零件质量减轻了 20%。

表 13-3 材料化学成分(质量分数)　　　　　　　　　　　　　　　　　%

C	Mn	Cr	B
0.22	1.2	0.15	0.002

表 13-4 热处理淬火前、后材料力学性能

状态	屈服强度/MPa	抗拉强度/MPa	断面收缩率/%
淬火前	374	513	32
淬火后	1286	1609	8

表 13-5 Boron02 化学成分(质量分数)　　　　　　　　　　　　　　　　　%

C	Si	Mn	S	P	Cr	B
0.2~0.25	0.2~0.35	1.0~3.0	<0.01	<0.03	0.14~0.26	<0.005

表 13-6 材料淬火前后力学性能

状态	材料	屈服强度/MPa	抗拉强度/MPa	伸长率 A/%
淬火前	Boron02	350	530	28
	Boron04	380	620	24
淬火后	Boron02	1200	1600	—
	Boron04	1200	1720	—

对热冲压成形用钢有以下要求:

① 质量的稳定性、一致性,特别是淬透性的稳定性和一致性,这样才能保证零件性能的稳定性和一致性。首先需化学成分的一致性,不同炉号、批次,板卷的不同部位保证成分一致。

② 板材中夹杂物的控制。包括呈立方结构的氮化钛、硫化物的数量和形态。

③ 硼含量的控制和对性能影响的控制。由目前的提高淬透性,最好成为 B 处理钢,提高淬透性和晶粒细化相结合。

④ 表面质量。表面质量良好并具有良好的抗氧化性,在无保护气氛和无镀层的情况下加热,其表面的抗氧化性与有保护气氛下相当。

⑤ 供货状态的硬度应满足冲裁下料的要求。

⑥ 材料应具有在热冲压成形时计算机模拟所需要的各种性能,包括各种温度下的流变曲线和本构方程、高温下的 FLD、高温下的摩擦系数、冷却过程中的 CCT 和 TTT 曲线。

⑦ 表面脱碳层的要求,为厚度的百分数。

⑧ 具备良好的可焊性。

(2) 高强韧性的细晶粒钢

中信技术公司、中汽院等曾研究了含铌和铌钒复合的热冲压成形钢,由于铌可以有效地

细化晶粒,从而可以有效地提高热冲压成形件的强韧性,并有利于改善热冲压成形钢的延迟断裂抗力,含铌钢的成分见表13-7[18,19]。不同充氢条件下的含铌钢延迟断裂抗力有明显的提升(图13-6)。

按照文献[18,19]的结果,细晶粒可以降低延性/脆转变温度和提高断裂应力,对于淬火回火钢来说,细化的奥氏体晶粒可以降低淬火板条束的大小。在22MnB5中,加入Nb,可以使初始奥氏体晶粒从ASTM的5~6级细化到7~9级,从而改善22MnB5热冲压成形后的冷弯性能,即在抗拉强度1500MPa的条件下,可使冷弯角度小于60°。抗拉强度与弯曲角度的关系见图13-7。

表 13-7 含铌和不含铌热冲压成形钢的化学成分　　　　%

钢种	C	Si	Mn	Ti	Cr	B	Nb
22MnB5	0.25	0.32	1.20	0.030	0.17	0.0022	—
22MnBNb5	0.23	0.33	1.18	0.033	0.17	0.0025	0.053

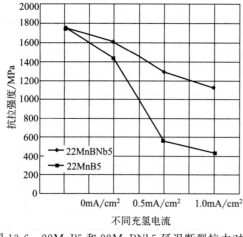

图 13-6 22MnB5 和 22MnBNb5 延迟断裂抗力对比

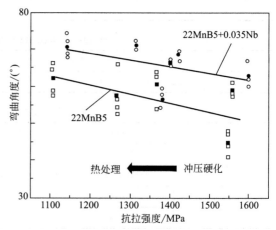

图 13-7 抗拉强度与弯曲角度的关系

(3) 超高强度热成形钢

文献[20]曾研究了抗拉强度1800MPa级的热冲压成形用钢及其在汽车保险杠中的应用,该钢的力学性能见表13-8,表中还列出了1500MPa级的热成形用钢的性能,以进行对比。该钢晶粒度明显细化,其晶粒直径由1500MPa级的12~15μm细化到5~8μm,相应的拉伸断口形貌也明显地细化和均匀。该钢具有良好的淬透性,其CCT图示于图13-8,其点焊性能和1500MPa级别的钢类同。用该钢制成了汽车的前保险杠,进行冷弯试验,其厚度1.4mm的保险杠与1500MPa 1.6mm厚所制保险杠性能相当,其保险杠的形状和压缩试验时的载荷压缩行程曲线见图13-9。当强度从1500MPa提高到1800MPa,零件可轻量化20%。

表 13-8 1800MPa 级和 1500MPa 级的热冲压成形用钢的力学性能

钢种	屈服强度/MPa	抗拉强度/MPa	伸长率/%
1800MPa 级	1267	1882	7.6
1500MPa 级	1162	1545	8.0

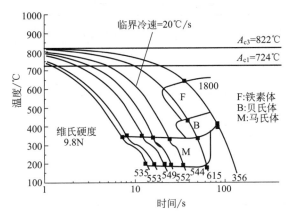

图 13-8 1800MPa 级的热冲压成形用钢的 CCT 曲线

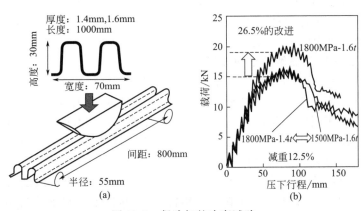

图 13-9 保险杠的冷弯试验

(4) 工艺性能良好的热冲压成形钢

围绕提高热冲压成形零件的强韧性和扩大材料的工艺窗口,以更好地保证热冲压成形工件性能的一致性和稳定性,进行相关材料的开发。中汽院和莱钢曾研发了成分为 C：0.22%～0.25%，Mn：0.8%～1.2%，Mo：0.10%～0.12%，B≥0.005% 的热冲压成形用钢[21,22]，该钢的连续转变冷却曲线见图 13-10。可以看出，该钢的临界冷却速度明显下降,这有利于工艺的实施。该钢还具有良好的抗氧化性,将该钢与 22MnB5 材料抗氧化性能对比试验,采用相同的热成形工艺（880～930℃保温 3～5min+模具成形冷却）,加热过程中炉内无保护气氛,采用机械手运送热坯料,成形冷却完后清理出加热、成形、冷却、淬火全过程中所有的氧化皮,在 AL204 型精密电子天平上称量,其重量的测量精度为 0.1mg。试验结果见表 13-9,可以看出氧化物的重量为 22MnB5 的 1/3。

该钢还具有良好的强韧性匹配,按正常的热冲压成形工艺,冲压成形 1.8mm 厚的吉利汽车前保险杠,从样件上取样,所得力学性能对比见表 13-10。

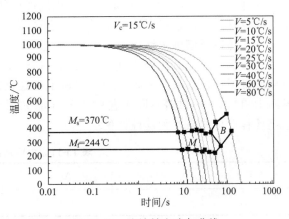

图 13-10 连续转变冷却曲线

表 13-9 氧化试验对比结果

钢种	热冲压工艺	零件尺寸/mm	零件设计重量/kg	氧化皮重量/(g/件)
新型 B 钢	930℃保温 3min 保压 15s 快冷至 150℃出模	1100×200×100	4.5~5.0	38
22MnB5				129

表 13-10 力学性能对比

钢种	标距/mm	屈服强度/MPa	抗拉强度/MPa	总伸长率/%	硬度(HV)
新型 B 钢	30	1040~1130	1470~1580	10.0~12.0	460~495
22MnB5	30	1100~1180	1520~1620	6.0~7.0	485~536

考虑到进一步改善淬透性又不增加材料的成本，一些研究曾做了 22CrMnB 的热冲压成形钢，可以使钢获得更好的淬透性，除碳含量之外，钢的其他成分类似于弹簧钢 55CrMnB。考虑到 B 的冶金工艺性能的稳定性有待进一步提升，也有一些研究提出开发不含 B 的 Cr-Mn 系的热冲压成形钢。

(5) Nb-V 复合高抗氢脆敏感性热成形钢

目前热成形零件韧性和碰撞吸能不足，为进一步提高材料的强韧性，采用铌钒复合微合金化；微量的钒既可细化晶粒，又可析出强化，同时析出的碳化钒离子又是很好的氢陷阱，从而提高超高强度钢延迟断裂的抗力。这一合金设计思想，笔者已在弹簧钢 55SiMnMoVNb 中得到证实，同时微量的钒固溶后还可以提升材料的淬透性[23]。最近中汽院和上海交大等合作，正在进行铌钒复合微合金化热冲压成形用钢的研究。

目前热冲压成形用的铝硅涂层板基本为阿赛洛米塔尔所供应，该公司拥有 22MnB5 的铝硅涂层技术的专利，2012 年该公司在国内销售 13 万吨以上，目前该公司与湖南涟钢共同建设热冲压成形钢板的生产线，已投入生产。

韩国浦项开发了 Mn-Cr-W-Ti-B 系钢，涂层用纳米锌与铝硅复合材料，在韩国本地已有销售和使用，在国外推广相对较少，中汽院等曾对这类钢板进行过热冲压试验，其成形和表面状态有待改进。

上海宝钢已可批量供应 22MnB5 裸板，正在研发镀锌和铝硅镀层板，其裸板销售约 2 万吨以上。武钢、鞍钢、马钢和本钢也开发了 22MnB5 裸板，并在中泰豪斯特公司进行了热冲压试验，效果良好。不久，马钢也会有涂层板供应。

蒂森已于 2015 年 9 月在重庆建成铝硅镀层的热冲压成形板生产线。不久的将来，热冲压成形板材供应，也将形成多渠道的竞争局面。

(6) 超高强韧性中锰钢

北京钢铁研究总院用中锰钢和奥氏体逆转变试冲了热成形件，在钢材热成形后的强韧性方面取得了良好结果。文献[24]也做了中锰钢的研究，其合金成分见表 13-11，工艺过程见图 13-11，不同材料不同工艺的力学性能见图 13-12。可以看出，合适的处理工艺后，中锰钢具有很高的强度和延性匹配。

表 13-11 中锰钢的合金成分 %

C	Mn	Al	Mo	Nb	N
0.17	6.57	1.1	0.22	0.05	0.03

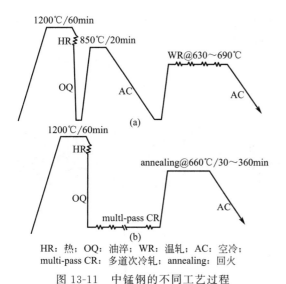

图 13-11 中锰钢的不同工艺过程

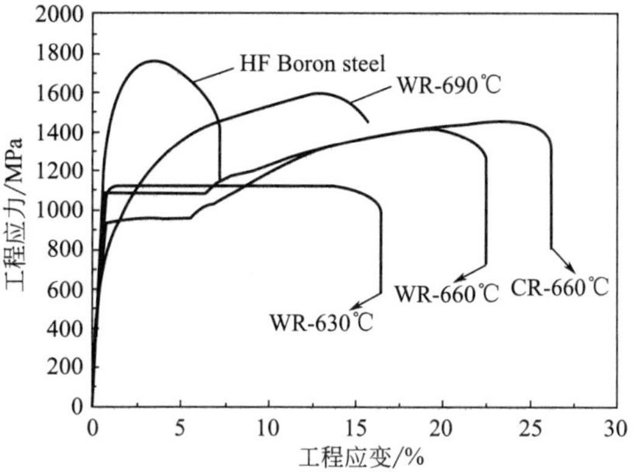

图 13-12 几种材料不同工艺后的力学性能对比

13.3 热冲压成形板的镀层

目前热成形钢板的表面供货状态有三种：裸板、铝硅镀层板、镀锌板。

在奥氏体化加热时，高温下的裸板抗氧化性差，必须用保护气氛的炉子进行加热，保护气氛应进行干燥，控制稳定的露点。表面氧化后会在热冲压时摩擦力增加，影响成形性，同时造成模具磨损。裸板在加热时不同氧化物层的形貌见图 13-13，裸板氧化层不同氧化物的纳米硬度和弹性模量见表 13-12。可以看出，氧化物层的硬度远高于基体层。

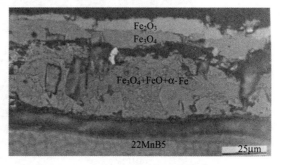

图 13-13 裸板不同氧化层的形貌和成分

表 13-12 裸板氧化层不同氧化物的纳米硬度和弹性模量

材料	弹性模量/GPa	纳米硬度/GPa
22MnB5	210±17	3.2±0.2
$FeO/(\alpha-Fe+Fe_3O_4)$	147±35	8.7±1.3
Fe_2O_3	177±38	14.7±1.8

热冲压成形时钢板要加热到奥氏体状态，为了防止钢板在加热条件下被氧化，对钢板进行涂层保护。目前较常见的是镀 Al-Si 层，板坯中的基体层和铝硅涂层的金相组织见图 13-14，热冲压后的涂层组织见图 13-15，图中可以看出，涂层中出现了一些微裂纹。由于铝硅涂层有良好的抗氧化作用，热冲压成形件不需要进行喷丸处理，有利于改善生产中的环境。

文献[25]研究了热成形参数对镀层化学行为的影响，金属镀层中含 Si10%、Fe3%、Al87%。在高温下，Si、Al 能先于 Fe 元素形成一层保护，阻止 Fe 元素向外扩散，发生氧化。铝硅镀层板熔点低，600℃左右就会发生熔化，在用辊道式炉子进行加热时，会在莫来石制成的辊道上造成粘辊,影响辊子的寿命,同时粘辊较多时,影响辊子的表面清洁度,使工件在辊道上传输时容易跑偏。另外,铝硅镀层板镀层较厚,一般为$(80\pm10)g/m^2$,在加热时,镀层和基体材料的热膨胀系数相差较大,产生热应力,涂层发生微裂纹,在拉应力作用下,涂层微裂纹的发展和长大过程见图13-16。铝硅涂层板可有效地避免氧化,冲压时减少模具磨损,同时有利于零件的防腐和表面的光洁度。

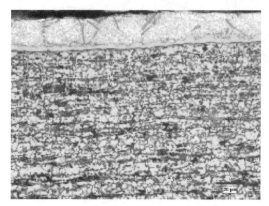

图13-14 板坯中的基体和铝硅涂层组织

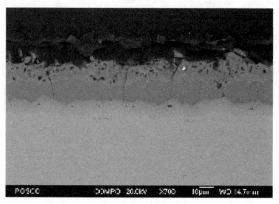

图13-15 热成形后的镀层组织

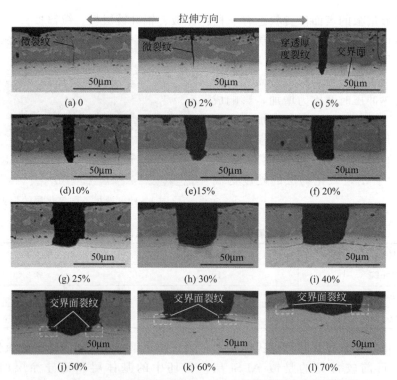

图13-16 750℃下随着应变增加,铝硅镀层微裂纹的扩展情况

因此在加热涂层板时需缓慢加热,以避免由于加热时的应力而产生微裂纹。长期以来,热成形时加热涂层板规定300~330s,就是考虑快速加热时涂层板的微裂纹问题。22MnB5钢的合金元素简单,这类钢板加热时按一般热处理工艺,1~1.5min/mm加热即可满足要求。通常热成形板厚为1.2~1.8mm,即使按1.8mm计算,加热保温3min也可满足要求。

一般规定的加热时间为 5min 以上，这样长的加热时间影响生产率，影响辊道炉长度，特别是预热段的长度，影响投资。

Al-Si 涂层板另一个问题是该产品是安赛乐米塔尔的专利产品，价格高，影响该类产品的扩大应用，一般钢厂没有专利许可，不能生产。

此外铝硅涂层在常温下延性较低，成形时容易开裂，因此这种镀层的钢板不能用于间接热成形工艺生产。

另一种表面保护的工艺为热镀锌板，通常为 GA 板，即热镀锌合金化板。热镀锌板具有良好的冷冲压性能，通常用于间接热冲压成形工艺，这类工艺分两步成形，首先预成形，然后加热，加热后迅速移到模子中，在一定的接触压力下，整形淬火，因此尺寸精度更高，但这类工艺要多一次预成形，比较麻烦。在 2017 年美国亚特兰大召开的第 6 届国际热冲压成形会议上，一个重要的热点就是用镀锌板进行直接热成形。由于这种涂层的特点，使零件可以快速加热，大大地缩短了加热时间，节省了能量，提高了生产率，同时降低了镀层板的成本。在文献［26］中对马钢生产的镀锌板进行了系统的工艺研究，并用所制定的工艺生产出了镀锌板的热冲压成形件。这一工艺的特点是可以快速加热，在出炉后的热冲压之前进行适当的预冷，然后再进行热冲压成形，取得良好的工艺效果，显然这种板材的热成形工艺参量要求更为严格。锌镀层板的另一个优势是摩擦系数较低，可以改善热成形板材的成形性，从而提高成品率，减少模具的磨损，但部分锌在模具上的残留，会影响零件的成形精度。铝硅涂层和镀锌层板材不同温度下的摩擦系数对比见图 13-17。

图 13-17 表明，Zn 涂层的摩擦系数一般低于 Al-Si 涂层，其稳定性也较 Al-Si 涂层好，但 Zn 涂层板在点焊时会有 Zn 蒸气出现，会造成车间空气污染。在加热温度超过 850℃ 以后，Zn 涂层变得不稳定。一般加热温度低于 900℃，这可能影响工件转移时的节拍和要求。

为提高热冲压成形板材加热时抗氧化的能力，我国台湾中钢对热冲压成形板开发了相关的有机涂层，有关使用效果正在试验中，初步的结果表明，使用效果良好。也有在热冲压成形板加热前涂上抗氧化表面涂层，这种方法对于少量样品的试制还

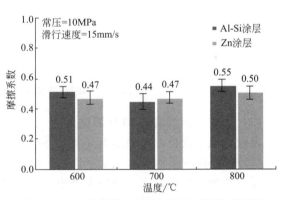

图 13-17　铝硅涂层和镀锌层板材不同温度下的摩擦系数对比

可以考虑，大批量应用存在人力成本和生产力等问题，应用前景需要进一步研究。

13.4　热冲压成形钢的高温流变特性、FLD 和摩擦系数的测定

（1）热冲压成形钢的高温流变特性

由于热冲压成形是在高温状态下的变形，当进行计算机模拟时，需要材料的高温流变特性，考虑到材料在高温下变形时如应变速率过低，类同于准静态，材料在变形时难以准确反映该温度下的流变特性，在这种条件下，材料可能发生再结晶和回复，因此必须在一定的应变速率下进行测试。一般电子拉伸应变速率太低，对材料在高温下并在一定的应变速率下进行测试时，可考虑用 Gleebe3500 热模拟机进行测试，在该设备上测定了不同应变速率下的流变曲线，见图 13-18。

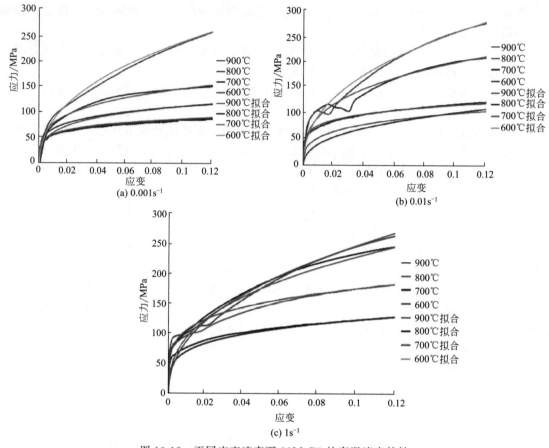

图 13-18 不同应变速率下 22MnB5 的高温流变特性

(2) 热成形钢的高温 FLD 测试

为进行成形模拟，必须进行不同温度下的 FLD 测试。在高温下材料的流变应力很低，伸长率较好，应该具有良好的成形性，但高温下材料的摩擦力较大，因此严重影响了材料的成形性，并使其在平面应变下的失效模式发生改变，见图 13-19；高温和室温的 FLD 的特征有明显不同，必须进行高温 FLD 的测试，才能用于计算机模拟，但迄今为止，高温 FLD 的测试尚没有相关的标准和给定的测试方法，也缺乏相关装备。已经表明，在进行高温 FLD 测试时，样品破裂的位置和常温下 FLD 的位置不同（图 13-19）；中汽院设计和制造了高温 FLD 的测试装置，其原理见图 13-20。安塞乐米塔尔公司曾得出 FLD_0 和温度的关系曲线，并进行线性回归，得出 FLD_0 随温度的变化方程式(13-1)。[27]

$$y = 0.0003X + 0.0997 \tag{13-1}$$

式中，y 为 FLD_0；X 为试验温度。

同时笔者等根据常温下 FLD_0 的计算方程，考虑到高温下的断裂模式和摩擦力的影响，试图找出高温下的 FLD_0 计算方程，计算出各个不同温度下的 FLD_0，为不同构件热冲压成形时的计算机模拟提供基础数据。

(3) 摩擦系数的测试

摩擦系数是进行热冲压成形计算机模拟所必需的基本参数，文献中难以查到热冲压成形板材在不同温度下的摩擦系数，为此，国内有关单位采用自制的摩擦系数测定实验机进行了热冲压成形用钢的高温下的摩擦系数测定[28]，与文献 [29] 类似。摩擦系数的计算方程为

$$\mu = \frac{T_F}{2P} \tag{13-2}$$

式中，P 为正压力；T_F 为拉伸力。

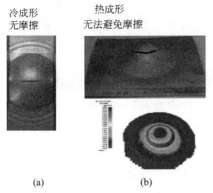

图 13-19 平面应变下的冷成形和热成形的失效模式

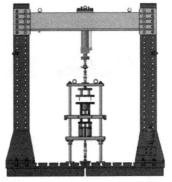

图 13-20 高温 FLD 的测试装置

摩擦系数测定的试样为 $30\text{mm} \times 2\text{mm} \times (500 \sim 1500)\text{mm}$，或者采取积分计算平均值的方法，即

$$\mu = \frac{1}{L_S} \int_0^{L_S} \mu \, dL \tag{13-3}$$

22MnB5 的裸板和铝硅涂层板不同温度下的摩擦系数测定结果见表 13-13。

表 13-13 不同温度下的摩擦系数（载荷：5000N；速度：$10 \sim 20\text{mm/s}$）

样品	室温	600℃	650℃	700℃	750℃	800℃
裸板	0.13	0.36	0.43	0.46	0.49	0.55
Al-Si 涂层	0.27	0.31	—	—	—	0.45

在 800℃、900℃下摩擦系数测定后的裸板与铝硅涂层板的表面形貌见图 13-21、图 13-22。可以看出，铝硅涂层板加热和摩擦系数测定后的表面有明显的涂层开裂。

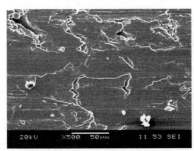
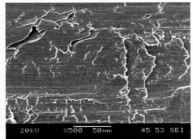

(a) 20MnB(500N、20mm/s、800℃)　　(b) 20MnB(500N、20mm/s、900℃)

图 13-21 20MnB 钢板不同温度下热摩擦磨损测量压痕表面 SEM 形貌

文献 [30] 曾研究了 Al-Si 镀层板的热力学性能，发现在加热过程中，Al-Si 涂层的表面将产生微裂纹，随后的变形过程中，与拉伸方向垂直的微裂纹将率先扩展，微裂纹宽度增大；与拉伸方向平行的微裂纹则变化较小。文献 [31] 研究了 Cr + Mo 为 0.5% 的 22MnB5 裸板的氧化性能，用纳米硬度计测量了不同氧化物的硬度和弹性模量。文献 [32] 研究了

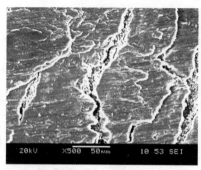 

(a) 铝硅镀层钢板(500N、20mm/s、800℃)　　(b) 铝硅镀层钢板(500N、20mm/s、900℃)

图 13-22　铝硅镀层钢板不同温度下热摩擦磨损测量压痕表面 SEM 形貌

22MnB5 不同涂层厚的板材摩擦性能，其结果见表 13-14。从表可以看出，合理的抗氧化涂层可以明显改善摩擦系数，改善 22MnB5 的成形性。摩擦系数和热冲压成形时成形零件的厚度减薄比有密切关系，摩擦系数越高，减薄越明显，也就是说冲压开裂的可能性越大，因此改善热冲压成形板材表面的摩擦性能也是改善板材热冲压成形的重要方面，摩擦系数与厚度减薄比的关系见图 13-23。摩擦系数的增大在热冲压成形时，厚度减薄率明显增大。

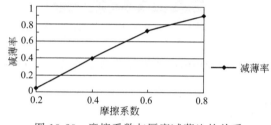

图 13-23　摩擦系数与厚度减薄比的关系

表 13-14　不同表面状态下 22MnB5 钢的摩擦系数

温度	表面状态	7.5MPa	5MPa	平均 μ_m	$\Delta\mu_m$
700℃	裸板	0.53	0.52	0.525	0.01
650℃		0.52	0.51	0.515	0.01
600℃		1.50	0.50	0.500	0.00
平均 μ_m		0.517	0.510		
$\mu_{m,max}-\mu_{m,min}$		0.03	0.02		
700℃	抗氧化涂层	0.23	0.24	0.235	0.01
650℃		0.22	0.21	0.215	0.01
600℃		0.20	0.19	0.195	0.01
平均 μ_m		0.217	0.213		
$\mu_{m,max}-\mu_{m,min}$		0.03	0.05		
700℃	铝合金涂层	0.49	0.46	0.475	0.03
650℃		0.43	0.43	0.43	0.00
600℃		0.40	0.40	0.40	0.00
平均 μ_m		0.44	0.43		
$\mu_{m,max}-\mu_{m,min}$		0.09	0.06		

13.5 加热工艺

（1）热冲压成形的加热方法和工艺参量

热冲压过程的首要环节就是加热，对板材进行有效均匀的奥氏体化是获得理想全马氏体组织的前提。文献［33］研究了奥氏体化的温度和时间、厚度对固体淬火后硬化效果的影响。固体淬火的接触压力是 40MPa，淬火效果用硬度来表征，测量了不同奥氏体温度下奥氏体化时间和不同板材厚度达到要求硬度值时对应的各参量（图 13-24）。

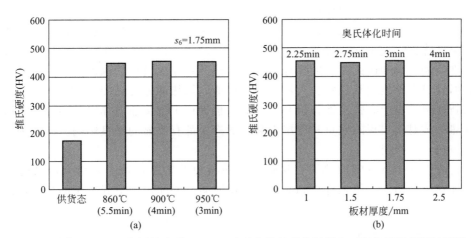

图 13-24　厚度 1.75mm 的板材达到 470HV 时对应的奥氏体温度和时间与不同板厚达到要求硬度（470HV）时所需要的奥氏体化时间

结果表明，对 1.75mm 厚的板材，达到淬火要求的硬度，随奥氏体化温度升高，加热时间缩短。在 950℃加热温度下，不同厚度的板材，达到所要求的硬度，随板材厚度增加，加热时间增加。同时，文献［34］指出，镀 Al-Si 的板材的加热时间与镀层板的厚度有关。在一般辐射加热条件下，镀层板的黑度和对热的反射能力都会对加热时间有影响。一般情况下，钢板辐射加热时的镀层厚度不宜超过 40μm[35]。板材的加热工艺和方法对热冲压零件的性能、工艺时间和效率影响很大[36]。如何保证板材均匀加热和缩短加热时间是热冲压成形工艺的重要发展方向。目前主要的加热类型包括辐射加热、感应加热和电传导加热三种，如图 13-25 所示。

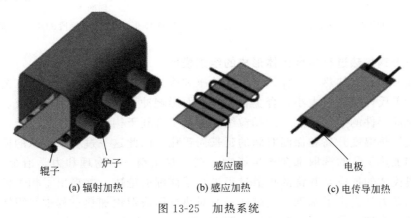

图 13-25　加热系统

辐射加热是热冲压成形的主要加热方式，最长的辊道式辐射加热炉已经达 30～40m。通过提高辐射加热速度，减少板材的加热时间，提高加热效率，以节约能源和改善板材的表面质量[37]。辊道式炉子适合于大批量少品种生产，工件传输的自动化过程比较简单。辐射加热的多层箱式炉则适合于多品种、小批量或中等批量生产，工件传输的自动化过程较为复杂，空气中工件的冷待时间高于辊道式炉子。电极接触加热是另一种加热方式，这种加热方式只适合于形状规则和简单形状的板材[38]，要合理设计接触方式，控制好接触压力，以保证对板材加热的均匀性[39]。采用感应加热时，感应线圈与板材的距离会影响加热系统的效率，感应线圈与板材之间需有绝缘材料，同时感应线圈与板材之间距离不能太小，以避免工件和感应圈之间的干扰，或损坏加热系统[40]。

文献［41］提出热冲压试验过程中，利用电阻对放入模具中的板材直接加热以防止板材在成形前温度降低，这个加热过程非常快，几乎与冲压过程同步发生。这种加热方式不用考虑移动工件所需时间和由此产生的温降。传统加热方式靠提高加热温度，以补偿工件移动时的温降，但这对工件氧化和晶粒长大不利。直接通电加热的原理见图 13-26。

重庆新材料工程中心曾对镀锌板和铝硅镀层板进行了直接通电加热和感应加热试验，发现两种加热方式对镀层板的质量和镀层微裂纹的产生都有明显的不良影响。因此关于这方面的技术尚需进一步探讨。

最近也有人提出将感应加热或直接通电加热与短的辊道式炉子相结合，以提高加热效率，改善加热的均匀性，使工件得到必需的保温时间，并缩短辊道式炉子的长度，但目前仍在研发中。

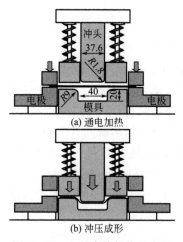

图 13-26　电阻直接加热示意图

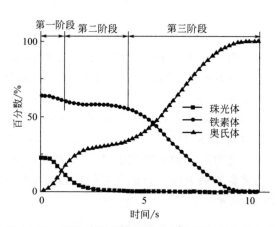

图 13-27　奥氏体形成的三个阶段的组织组成的变化

（2）热成形钢加热过程中奥氏体形成的组织模拟

热冲压成形包含有加热、工件传递、热冲压和冷却等工艺过程，热冲压工艺过程中加热工艺将影响到奥氏体的晶粒大小、合金含量，从而影响冲压成形后的组织组成、奥氏体的淬透性以及冲压成形件的力学性能，细晶粒组织的钢将有利于构件强韧性的改善，加热过程中奥氏体晶粒随加热温度升高和保温时间的延长而粗化。因此这一过程中组织的模拟将对加热工艺的制定和加热工艺的选取都会产生影响。在《双相钢——物理和力学冶金》[42] 中曾对加热过程中奥氏体的形成及其锰的扩散过程进行了详细的论述，并提出了相关模型，为了解奥氏体形成的动力学提供了基础。文献［31］对热冲压成形钢加热过程中组织转变的数字模拟进行了有益的尝试，取得了一些进展。图 13-27 示出了奥氏体形成的三个阶段组织组成的变化。从图可以看出，奥氏体长大分三个阶段：初始阶段、第二阶段和温度上升时的第三阶段，模拟结果与实际结果相近。在900℃保温5min后，模拟的显微组织和光学显微镜的组织对比见图13-28。奥氏体形成过程和合金元素均匀化的计算机模拟见图13-29。

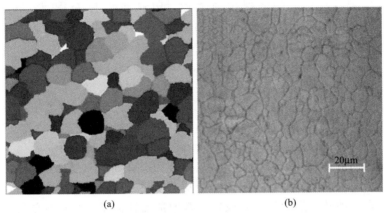

图 13-28 模拟的显微组织和光学显微镜的组织对比

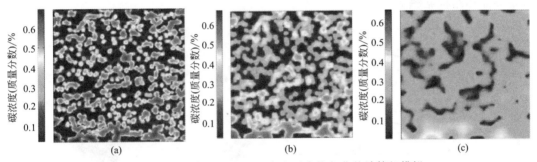

图 13-29 奥氏体形成过程和合金元素均匀化的计算机模拟

13.6 成形和冷却

热处理后的热成形板坯迅速移动到模子中在全奥氏体状态下进行冲压成形，同时通过模具的固体淬火进行冷却，获得高强度的马氏体零件。零件进行冷却时，其冷却速度必须大于钢淬火时的临界冷却速度，并保持一定的接触压力，才能使热成形零件达到淬火的目的，因此热成形的冷却技术也是重要的关键技术。

热成形冷却时热的传导包括板料与模具之间的传热、模具内部传热和模具与冷却系统传热。前两者可以通过提高板料与模具之间的接触面积、减小空隙、使用高热传导系数的模具材料来解决。冷却系统传热就需设计合理有效的冷却线路和通过降低冷却介质的温度来提高冷却速率[43]。

由于冷却管道的设计必须考虑加工的合理，事实上这二者是冲突的，有的研究者[44]提出在模具的铸模中直接生产出冷却管道，优点是冷却系统的设计不受限制。另外一种是将模具分为几段，分段模具之间通过螺栓连接成完整的模面和冷却系统[45]，这种方法就是成本太高，且对零件的表面质量和模具内部传热有负面影响。

要达到良好、高效、短的热循环时间，最重要的是要在零件和模具之间获得尽可能的最佳接触。液压机在底座和滑块上所使用的特殊液压垫技术，强制性地要求在零件内部本身以及在多个零件生产时,所有的零件必须达到所需的接触。因此,舒勒开发出 PCH 技术[46]。PCH 意思是压力控制热成形。PCH 的液压垫能补偿模具和压力机的变形、材料公差和不同模具的高度。形状复杂的零件也可用 PCH 技术制造,并且质量也很高。用传统技术可达到介于 $0\sim1500\mathrm{W/(m^2\cdot K)}$ 之间的热传递系数。用舒勒的 PCH 技术,热传导系数将在 $2500\sim3000\mathrm{W/(m^2\cdot K)}$ 之间。用理想的冷却管理,将 1s 的冷却时间用于 1mm 厚的零件是可行的。与快速传输和后续冷却结合在一起,就能达到 6s 的总循环时间。这意味着在出 1 件的生产线上,每分钟可生产 10 个零件,在出 2 件的生产线上,每分钟可生产 20 个零件。

有人提出将后续冷却处理连接到热成形生产线上,需要将零件冷却到室温,否则就无法达到要求的 0.1mm 公差。要在循环时间内实现后续冷却的唯一可靠方法是,将零件浸在水中,并保持冷却水的温度。这样做,就可在 3s 之内,将零件从 250℃冷却到至 20℃。我们用 3s 进行处理,就可用极小的设备空间,达到最小的 6s 循环时间。实际上控制一定的出模温度可使淬火马氏体进行自回火,有利于稳定尺寸和提高零件的强韧性。

当零件冲压成形后的冷却速度大于钢的冷却速度时,零件就会淬火形成马氏体,这一过程是一个复杂过程,涉及成形力学、相变、冷却时的流体力学、热传导学等多种因素,因此要预测这一过程中的影响因素、成形结果,计算机模拟是一种有力的手段。马氏体相变前后的性能和晶体结构见图 13-30。

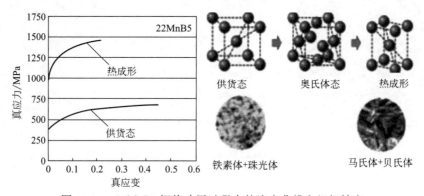

图 13-30 22MnB5 钢热冲压过程中的流变曲线和组织转变

13.7 热冲压成形时的计算机模拟

计算机模拟是汽车零件冲压成形时的有效有段,它可以对所用板材的成形性进行模拟,对成形零件的成形效果进行模拟,包括减薄、应变分布等,对成形可能产生的缺陷进行模拟,包括回弹、起皱、开裂等。对热冲压成形零件除进行形状模拟外,还可以对零件进行组织模拟、成形零件的性能进行预测,对热成形模具进行冷却能力模拟、水流模拟,但这些模拟全部以数据建立为基础,即有强大的数据库为支撑,但计算机模拟的合理应用,将可以有效地节省零件试制的时间、模具修模和调试的时间,是一个有利的工具,特别是对热冲压成形,影响因素较多(图 13-31)。进行成形模拟尤其重要,已有一系列的研究进行了热冲压的成形模拟和相关的试

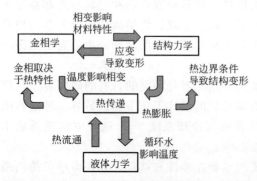

图 13-31 热冲压成形时热机械模拟考虑的因素

验[47~52]，在进行相关模拟时，建模和选用合适的软件都非常重要。

同时需要有相关的材料数据进行支撑，如材料在各种温度下的流变曲线，各种温度下的摩擦系数等。在进行冷却过程相变模拟时，还必须考虑相变前后的组织和性能，如铁素体、奥氏体、马氏体、贝氏体等组织对应的性能数据以及奥氏体在有外加变形的条件下的连续冷却转变曲线等相变模型，有了材料性能数据，才有可能进行各种工艺过程的计算机模拟。

在热成形模拟中，通常采用的模型为刚粘塑性有限元法模型，它的基本假设有

① 忽略材料的弹性变形及 $\delta_{ij} d\varepsilon_{ij}=0$；

② 材料的体积不可压缩；

③ 忽略材料成形过程中的 Bauschinger 效应；

④ 材料具有均质各向同性；

⑤ 不计体积力（重力和惯性力）的影响。

刚粘塑性有限元法的基本方程：

① 平衡微分方程：
$$\sigma_{ij,j}=0 \tag{13-4}$$

② 本构方程（应力-应变率关系）：
$$\sigma'_{ij}=\frac{2\bar{\sigma}}{3\dot{\bar{\varepsilon}}}\dot{\varepsilon}_{ij} \tag{13-5}$$

式中，$\dot{\bar{\varepsilon}}=\sqrt{\frac{2}{3}\dot{\varepsilon}_{ij}}$，为等效应变速率；$\bar{\sigma}$ 为流动应力。

③ 几何协调方程（应变率-位移关系）：$\dot{\varepsilon}_{ij}=\frac{1}{2}(u_{i,j}+u_{j,i})$ (13-6)

④ 体积不变条件：$\dot{\varepsilon}_v=\dot{\varepsilon}_{ij}\delta_{ij}=0$

⑤ 力学边界条件，在力面 S_F 上：$\sigma_{ij}n_j=T_i^0$

⑥ 速度边界条件，在速度面 S_u 上：$v_i=v_i^0$

热冲压过程的模拟过程中，壳体单元的划分非常重要，它能有效模拟工件与模具接触的实际情况，传统的热传导壳体单元来源于三维等参数固体单元，这就导致温度在厚度方向呈线性分布。但在热冲压过程中由于热板坯与模具间存在单侧和双侧接触，因此温度在厚度方向上的线性分布是不够准确的，文献［53］采用的模型是温度沿面呈线性分布和沿厚度方向呈二次方函数分布。

13.7.1 冲压成形和冷却过程中的模拟

热冲压成形过程包含有不同温度下材料的变形和成形、成形之后的组织转变，为保证组织转变，模具需具有足够的冷却速度，故模具中必须通水冷却。变形会对随后的组织转变发生影响，在进行计算机模拟时，实际是热力-耦合的模拟（thermal mechanical coupling simulation），如图 13-32 所示，在这类模拟中需要考虑成形、热传递和微观组织，也就是说要考虑工件和模具的接触条件、成形过程中的变形热和相变潜热，考虑到热胀冷缩、显微组织的变化和力学性能变化的关系，考虑到工件的热性能、相变塑性以及相变和热胀冷缩引起的体积变化、热传导条件、相变的相关参数、连续冷却转变曲线等，从而模拟出成形过程，并预测零件的性能[54,55]。为对这一工程进行模拟，文献［56］提出了双有限元模型分析法，模型中考虑热力学和机械力学模型，两个模型之间通过几何和物理性能数据转变来连接，由于两个模型是分开计算，所以有限元模型柔性化好，且参数易于调整，不足之处是两个模型之间参数转变会影响计算的精确度。另外一种方法就是采用特殊的分析工具，如 LS-DYNA、Auto-Form 和 Pam-Stamp。比如有限元模型中的 LS-DYNA 能够将热壳体单元和机械

壳体单元结合起来作为材料的壳体单元[53]。热传导问题采用隐式算法解决，成形问题采用显式算法解决。LS-DYNA 中可结合两种算法的优点，解决接触及热传导问题等。模具可假设为有热传导行为的刚体[57]。要预测热冲压过程中板料的温度分布，模具的影响很大。需要建立硬化温度函数来表征塑性变形，函数要考虑板料与模具之间传热及板料由于对流辐射等损失的热量，同时模型也要考虑相变诱导塑性的影响[58]。文献［59］中提出热成形过程更符合刚粘塑性有限元，通常再结晶温度以上的热加工，应变硬化效应不显著，但对变形速率有较大的敏感性，即变形速率的增加会引起变形抗力的明显增加。热加工时要用粘塑性有限元法，刚粘塑性有限元视变形体为连续介质非牛顿流体，适用于速率敏感材料热成形过程的热力耦合分析。刚塑性有限元、刚粘塑性有限元所取增量步长较大，计算工作量较小，精度较高并避开了几何非线性问题，因而能够模拟复杂的大变形过程。

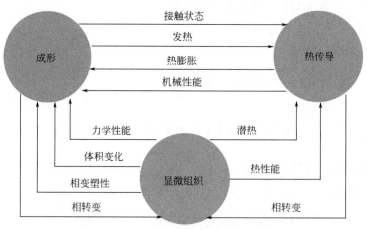

图 13-32 热力学、力学性能与组织之间的相互作用

13.7.2 热传导模拟

要对热冲压过程进行有限元模拟，需要建立精确的材料模型，这个模型能够反应热冲压的真实情况（同时成形和淬火）。首先是热传导系数 h，它被用来表征板料的冷却效果，该系数受到许多因素的影响，如接触压力、板料温度和板料表面状态（板厚、粗糙度、镀层厚度等）[60]。对 22MnB5 钢来说，其力学性能受温度的影响很大，因此温度参数在热冲压有限元模型中非常重要。

为了确定热传导系数 h，Hoff 开发了淬火模具[61]。即是将高温下的板材通过两块冷模板淬火，冷模板通水冷却，两冷模板之间设定一个固定压力。试验过程中记录板材和冷模板的温度，在此基础上结合 Newton 的冷却规律确定接触条件，从而得出热传导系数。

$$T(t) = (T_0 - T_\infty) e^{\left(-h \frac{A}{c_p \rho V} t\right)} + T_\infty \tag{13-7}$$

式中　A——接触面积；

　　　c_p——比热容；

　　　h——热传导系数；

　　　V——体积；

　　　t——时间；

　　　T_0——初始温度；

T_∞——环境温度；

ρ——密度。

工件与模具之间的接触压力对热传导的影响很大，如图 13-33 所示。增加接触压力，就增加了工件与模具之间的有效接触面积，热传导系数增加，传热速度加快[62]。

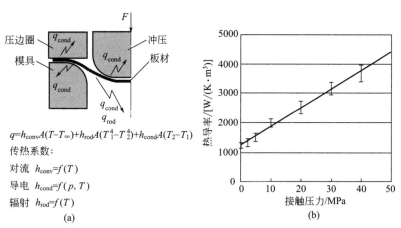

图 13-33 热板冲压成形的热传导系数

文献 [63] 认为热冲压过程是复杂的热力相耦合过程，温度场对整个热冲压过程起着非常重要的作用，认为在各向同性固体中热传导如下：

$$\rho c_p \frac{\partial T}{\partial t} = (kT_j)_j + \dot{q} \tag{13-8}$$

式中，ρ 为质量密度；c_p 为比热容；T 为温度；k 为热导率；$\dot{q}$ 为单位体积的内热产生率，同时它也包括类似塑性变形产生和转变热的外热源。

在热冲压过程中工件的表面会因氧化而发生变化，工件与模具之间的传热受到正压力、二者之间的相互滑动及表面状态等因素的影响，从微观的角度讲，工件与模具之间存在缝隙、气体和点接触等集中情况，当以缝隙接触时，热传导主要以辐射的方式进行。文献 [64] 建立了两个不同数学模型用来描述接触界面的热传导行为。第一个模型中，认为工件与模具之间在高压的情况下接触，二者之间没有缝隙，因此工件和模具表面的温度值是一样的。这种假设在大多数情况下导致模拟的模具温度高于实际值。第二个模型考虑了内表面热阻力的影响，定义 p_{eff} 与工件和模具表面温度的差值成比例：

$$p_{eff} = h_c (T_w - T_t) \tag{13-9}$$

式中，h_c 为内界面有效热传导系数，$W/(m^2 \cdot K)$；T_w、T_t 为工件和模具的表面温度。有效热传导系数 h_c 的值是通过计算值与试验值不断调整后得到的。文献 [65] 在模拟分析中选用的 h_c 的值为 $6500 \sim 7000 W/(m^2 \cdot K)$，在许多商用的有限元代码中，只是设定热传导系数为一个常数值，而这个值的准确性有待考察。

当工件与模具之间距离较远时，热传导主要是工件向周围气体以对流和辐射方式进行，P_r 被定义如下：

$$P_r = \varepsilon \sigma_s (T_w^4 - T_t^4) \tag{13-10}$$

式中，ε 为辐射率；σ_s 为斯蒂芬-博茨曼常数；T_w、T_t 为工件和模具的表面温度。

ε 受工件的表面状态影响很大，如果工件表面受到氧化，则 ε 的值增大。式(13-9) 中没有考虑辐射的影响。当周围存在多个这种表面时，就需考虑辐射传热的情况，辐射传热主要受到表面几何形状和方向的影响。于是引入了 F_{ij} 的概念,它被定义为远离 i 表面的辐射被 j 表面拦截的百分数,如式(13-11)所示[66]。

$$F_{ij} = \frac{1}{A_i}\int A_i \int A_j \frac{\cos\theta_i \cos\theta_j}{\pi R^2} \mathrm{d}A_j \mathrm{d}A_i \tag{13-11}$$

该方程中的术语和变量见图 13-34。该图示出了与面积单元 $\mathrm{d}A_j$、$\mathrm{d}A_i$ 的辐射变化的可见因素,n_i、n_j 是相关的表面矢量。

在考虑辐射的情况下,从 i 表面到 j 表面(冷面)的发射能可由下式表示:

$$P_{ij} = \varepsilon_{\mathrm{eff}}\sigma_s F_{ij} A_i (T_i^4 - T_j^4) \tag{13-12}$$

式中 $\varepsilon_{\mathrm{eff}}$ ——有效辐射率。

单位区域的热对流能可运用公式(13-8)表示,这种情况下的热传导系数比工件与模具接触且模具温度与空气对流的情况要低很多,以后的工作需考虑热传导系数与表面状态的函数关系。

文献[67]建立了热冲压模具冷却系统临界水速的解析模型,模具冷却系统的传热情况如图 13-35 所示。

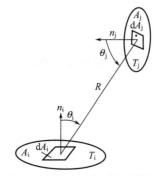

图 13-34　方程 (13-11) 的术语和变量

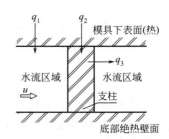

图 13-35　模具冷却系统中支撑柱纵剖面示意图

研究者假设模具的热量一部分传给水流,一部分传给支撑柱,再由支撑柱传给水流,平均传热密度分别为 q_1 和 q_2,当 $q_1 = q_2$ 时,认为此时的水流密度为临界水流密度。同时还假设支撑柱横截面上各点温度相同,则支撑柱的温度可以简化为沿高度方向上的一维分布;从整体角度分析传热,忽略水流速度变化引起的冷却系统中各处传热不均现象,忽略传热较高的迎流处与传热较低的背流处差异;使用准静态传热现象进行研究;模具下表面温度均匀一致,即模具下表面与水和支柱的接触温度均相同。模具向水传热的热流密度表达式为

$$q_1 = \alpha(T_\mathrm{w} - T_\mathrm{f}) = \frac{f(uL/v)\left(\dfrac{v\rho c_\mathrm{p}}{\lambda_\mathrm{f}}\right)}{L}(T_\mathrm{w} - T_\mathrm{f}) \tag{13-13}$$

$$f(Re) = \begin{cases} 0.664 Re^{1/2}, & Re < 5\times 10^5, \text{层流} \\ 0.037 Re^{0.8} - 870, & Re \geq 5\times 10^5, \text{湍流} \end{cases}$$

式中,u 为截面平均水流速度;L 为支撑柱水流方向长度;Re 为雷诺数;v 为水的运动黏性系数;λ_f 为水的热导率;ρ 为密度;c_p 为水的定压比热容;α 为水的导温系数;T_w 为模具下表面温度;T_f 为流体入口温度。

考虑模具下表面向支撑柱传热的整体效应,在计算模具下表面向支撑柱的传热中,采用准静态散热的理想状态来分析,同时将支撑柱的传热简化为沿高度方向的一维导热问题;采用一维圆形肋片的传热数学模型,而支撑柱与冷却水的换热作为内热源来考虑,则模具向支

撑柱的传热热流密度可由下式表示

$$q_2 = \sqrt{\alpha_2 U \lambda_s A}(T_w - T_f)\tan(mh) = \sqrt{\frac{Nu_2 \lambda_s}{d} U \lambda_s A}(T_w - T_f)\tan(\frac{Nu_2 U}{A}h) \quad (13\text{-}14)$$

式中，$m = \sqrt{\frac{\alpha_2 U}{\lambda_s A}}$；$h$ 为支柱高度；d 为支柱直径；Nu_2 为具向支柱传热的努谢尔特数；λ_s 为金属支柱的热导率；$\tan x$ 为正切函数；α_2 为支撑柱与冷却水之间的对流换热系数。

针对汽车用 U 形件热冲压成形模具冷却系统，设定支撑柱高度为 10mm，支柱半径为 10mm，运用 Matlab 语言中的迭代方法对方程进行求解，得到汽车用 U 形件热冲压模具冷却系统中临界水速的解析结果为 0.75269m/s。

同时研究者也通过选择基于湍流动能和扩散率的标准 $k\text{-}\varepsilon$ 模型对冷却系统进行分析。k 方程为湍流动能方程，ε 方程为扩散方程，其材料的热物理参数值见表 13-15。

表 13-15　材料热物理参数值

材料	水	模具
密度/(kg/m³)	988	7800
比热容/[J/(kg·K)]	4.174	470
热导率/[W/(m·K)]	0.55	49.8
运动黏度/(m²/s)	100600	—
热传导系数/[W/(m·K)]	14300300	—

文献 [68] 建立的热冲压淬火成形的解析模型，将传热过程分为 3 个阶段：与空气传热、与模具传热以及与空气和模具混合传热。

结合热冲压过程中钢板能量流动的特点，以钢板为研究对象，建立热冲压过程中能量的流动平衡方程

$$\rho c \frac{dt}{d\tau} = -\int_A qn\,dA + \int_V q_V n\,dV \quad (13\text{-}15)$$

式中，A 为钢板的表面积；V 为钢板的体积；τ 为时间；q 为钢板边界面的热流密度；n 为边界面的单位外法向向量；q_V 为钢板内热源的发热率。$\int_A qn\,dA$ 为整个边界面与钢板的换热量 Q，$\int_V q_V n\,dV$ 为内热源产生的热量 Q_V。而且，在热平衡分析中不考虑内部热源，即 $q_V = 0$。因此，流动平衡方程可以简化为

$$\rho c V \frac{dt}{d\tau} = -\int_A qn\,dA \quad (13\text{-}16)$$

该式表明，在热成形过程中，钢板温度的变化主要与钢板表面的热流密度 q 有关，而 q 是由钢板与外界的传热状态所决定的。因此，在不同的成形阶段，钢板将呈现不同的温度变化特性。

钢板从加热炉中取出到达模具实行固体淬火前，钢板冷却主要为空气对流散热和辐射换热，此时有 $q = \alpha(t - t_B)$。式中，t_B 为环境温度；α 为钢板边界上平均换热系数，包括空气对流系数和辐射换热系数。

$$\rho c V \frac{dt}{d\tau} = -\alpha A(t - t_B) \quad (13\text{-}17)$$

假设周围环境温度 t_B 为一个常量,定义过余温度 $\theta = t - t_B$,则通过确定初始条件进行积分可得

$$\theta(\tau) = \theta_0 \exp\left(-\frac{\alpha A}{\rho c V}\tau\right) + C(\text{常数}) \tag{13-18}$$

可以看出,钢板从加热炉中取出,到达模具之前的传递过程中,钢板的温度呈指数变化。通过该理论模型可计算板料传递过程中的温降,确定板料成形的初始温度,从而为保证板料在奥氏体状态下成形提供理论指导。

在计算保压过程的温度模型时,林建平等人认为固体淬火与水冷淬火的热流密度一致,引入一个等效换热系数的概念,根据傅里叶导热定律得出保压过程的等效换热系数为 $\alpha_\text{固} = \frac{1}{R_j A}$,可得

$$\rho c V \frac{\mathrm{d}t}{\mathrm{d}\tau} = -\alpha_\text{固} A(t - t_B) \tag{13-19}$$

求解过程和前面的一样,得到热冲压保压过程的温度为

$$t = t_0 - (t_0 - t_B)\left[1 - \exp\left(-\frac{\alpha_\text{固} A}{\rho c V}\tau\right)\right] \tag{13-20}$$

可见,钢板保压固体淬火阶段中,钢板温度随时间的变化主要由钢板与模具间的热阻及接触面积决定。通过改变模具系统中冷却水流的速度来调节钢板与模具和水冷系统之间的换热系数,从而通过上式可以确定板料在固体淬火阶段的温度变化率,预测板料在模具中的冷却速度。

同理可得热冲压过程的空气与固体混合冷却的换热系数为混合换热系数,可表示为

$$\alpha_\text{混} = \frac{1}{R_j A}(\text{固体淬火}) + \alpha_c(\text{热对流}) + \alpha_r(\text{辐射}) \tag{13-21}$$

由此得到混合冷却时钢板的温度为

$$t = t_0 - (t_0 - t_B)\left[1 - \exp\left(-\frac{\alpha_\text{混} A}{\rho c V}\tau\right)\right] \tag{13-22}$$

上式表明,固体淬火和对流换热综合条件下,钢板温度变化主要由钢板与模具间的热阻和接触面积以及钢板与周围空气的对流换热和辐射换热系数决定,钢板温度仍然随时间成指数曲线关系变化。这一阶段板料主要进行成形并淬火,根据该解析模型得到的温度变化情况与材料的连续冷却曲线相对比,可估计板料成形过程中组织转变情况,从而预测部件的最终性能,解析法计算时笔者选用的参数值如表 13-16 所示。

表 13-16 解析法相关材料参数

钢板相关参数	参数值	钢板相关参数	参数值
面积 A/m^2	0.042	热导率 $\lambda/[\mathrm{W/(m \cdot K)}]$	49.8
密度 $\rho/(\mathrm{kg/m}^3)$	7800	环境温度/K	300
特征尺度 δ	0.85	钢板初始时刻温度/K	1200
比热容 $c/[\mathrm{J/(kg \cdot K)}]$	470		

13.7.3 材料的流变模型和本构方程

文献 [69] 应用热拉伸试验表征了 22MnB5 钢的流变行为,从而确定材料的高温热力学性能(图 13-36)。研究发现应变量、应变速率和温度都对 22MnB5 钢的流变行为有影响。

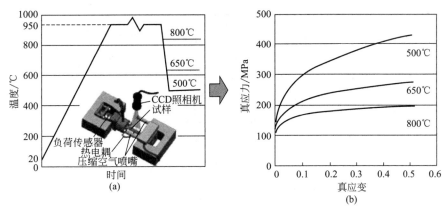

图 13-36 试验方案流变曲线

除了考虑温度与应变速率的影响，在不同温度下的塑性各向异性也能探测。在800～850℃区间，板材表现出同性的塑性行为。而有研究者认为在奥氏体中，这个塑性各向异性可以忽略[70]。

文献［71］对 Mn-Cr-B 热冲压材料进行了同时成形和冷却的热压缩试验和模拟分析（反向建模法）。选用的工艺参数分别为：冷却速度 50℃/s，应变量 0.5，应变速率 $0.08s^{-1}$。热机械模拟分析的参数：传热系数 $7000W/(m^2·K)$，静态和动态摩擦系数 0.3，钢板初温 827℃，模具初温 26℃。板材与模具的温度分布均匀，假设温度沿厚度方向的传导系数为常数，板材与周围环境辐射传热，设定温度为 30℃，试验温度选用三个温度区间：［936，627］、［788，477］、［643，345］。同时采用有限元分析法分别求解三个模型的参数，模拟的正算问题采用 LS-Dyna[72] 来完成。

模拟结果显示：模具的平均冷却速率为 18.6℃/s，最大冷却速度为 70℃/s，最大有效塑性应变为 0.267，结果中也包括成形力与时间的关系曲线，Nemat-Nasser 的模型与给定的温度和应变范围内的试验结果吻合度较好。除此之外，文献［74］也测定了 boron 02 钢的 CCT 曲线，结果显示当冷却≥50℃/s 时，才能获得全马氏体。

对于热冲压成形过程，存在大量半经验的流变应力模型，目前存在的模型列于表 13-17。表中列出的都是近年来对 22MnB5 钢的流变行为拟合较好的模型。文献［73，74］对测试的试验数据进行了拟合，这些试验数据通过高速变形膨胀计测得。许多建立的参数在文献中没有给出，但其他的材料数据可以通过文献［37，63］等获得。

表 13-17　22MnB5 钢的材料模型

Nemat-Nasser(1999)	$\sigma_f = \sigma_0 \left\{ 1 - \left[-\frac{kT}{G_0} \left(\ln\frac{\dot{\varepsilon}}{\dot{\varepsilon}_0} + \ln f(\varepsilon_p, T) \right) \right]^{1/q} \right\}^{1/p} f(\varepsilon_p, T) + \sigma_a^0 \varepsilon_p^n$ $f(\varepsilon_p, T) = 1 + a_0 \left[1 - \left(\frac{T}{T_m}\right)^2 \right] \varepsilon_p^{1/2}$ σ_0 为有效应力；k 为波尔兹曼常数；p、q 为能量势垒形状参数；$\dot{\varepsilon}_0$ 为参考应变速率；G_0 为活化能；T 为温度；T_m 为熔化温度；$\sigma_a^0 \varepsilon_p^n$ 为流变应力的绝热部分
Johnson-Cook(1983)	$\sigma_f = \sigma(A + B\varepsilon^n) \left[1 + C\ln\left(\frac{\dot{\varepsilon}}{\dot{\varepsilon}_0}\right) \right] \left[1 - \left(\frac{T - T_0}{T_f - T_0}\right)^m \right] T \geqslant T_0$ A、B、C、n、m 为模型的系数；$\dot{\varepsilon}_0$ 为参考应变速率；T 为温度；T_0 为参考温度；T_f 为熔化温度

Norton-Hoff(1929,1954)	$\sigma_f = K(b+\varepsilon)^{n_0 \exp[c_m(T-T_0)]} \dot{\varepsilon}^{m_0 \exp[c_m(T-T_0)]} \exp\dfrac{\beta}{T}$ K、β、b、n_0、m_0、c_m 为模型系数；T 为温度；T_0 为参考温度
Tong-Wahlen(2005)	$\sigma_f = A\left[\dot{\varepsilon}^{m_1(T-T_0)} \exp\left(\dfrac{m_2 Q}{RT}\right)\right] [1-\beta\exp(-N\varepsilon_p^n)]$ A、m_1、m_2、N、β 为模型常数；R 为气体常数；Q 为激活能；T 为温度；ε_p 为塑性应变
Ghost(2004)	$\sigma = (\sigma_0 + Ma\mu b\sqrt{\rho})\left\{1+\dfrac{kT}{b^3\tau_{va}}\operatorname{arsh}\left[\dfrac{\dot{\varepsilon}}{\dot{\varepsilon}_0}\exp\dfrac{Q}{RT}\right]\right\}$ M 为泰勒因子；a 为位错参数；μ 为剪切模量；b 为伯格斯矢量；ρ 为位错密度；k 为波尔兹曼常数；R 为气体常数；σ_0 为摩擦阻力；τ_{va} 为剪切力；$\dot{\varepsilon}_0$ 为参考应变速率
Molinari-Ravichandran(2005)	$\sigma_f = \hat{\sigma}_0\left(\dfrac{\dot{\varepsilon}}{\dot{\varepsilon}_0}\right)^{\frac{1}{m}} \hat{\sigma}_0 = \hat{\sigma}(d)\dfrac{\delta_0}{\delta}$ $\dot{\varepsilon}$ 为应变速率；$\dot{\varepsilon}_0$ 为参考应变速率；$\hat{\sigma}_0$ 为固有阻力；m 为瞬时材料速率灵敏度；d 为晶粒尺寸
Voce-Kocks	$\sigma_f = \sigma_s + \left[(\sigma_0-\sigma_s)\exp\left(-\dfrac{\varepsilon}{\varepsilon_r}\right)\right]$ σ_s 为饱和应力；σ_0 为初始屈服应力；ε_r 为松弛应变

此外，还有 Eriksson M 模型：

$$\sigma_y(\bar{\varepsilon}^p,T) = \sigma_0(T) + A(\bar{\varepsilon}^p) T^{-B(\bar{\varepsilon})^p}$$
$$\sigma_0(T) = p_0 T^{-p_1} \qquad (13\text{-}23)$$
$$A(\bar{\varepsilon}^p) = a_0 (\bar{\varepsilon}^p)^{a_1}$$
$$B(\bar{\varepsilon}^p) = b_0 (\bar{\varepsilon}^p)^{b_1}$$

式中，p_0、p_1、a_0、a_1、b_0 和 b_1 分别为材料常数。

文献 [73] 证实了 Tong-Wahlen 模型与试验值拟合得较好。图 13-37(a) 显示在 Norton-Hoff 和 Nemat-Nasser 模型中，等效应变的值较高的，流变应力的值拟合得不是很好。

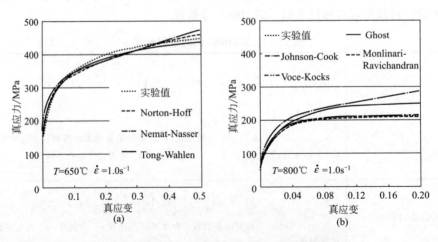

图 13-37　22MnB5 钢不同模型和试验的流变曲线

文献[75]研究显示 Johnson-Cook 模型中高应变时的流变应力拟合偏差较大是其不足，如图 13-37(b) 所示。Voce-Kocks 模型在小应变时与试验值拟合的程度较好，约 0.06 之前，且在试验中观察到了应变硬化。Monlinari-Ravichandran 模型在塑性应变超过 0.1 后和试验值较好吻合。Ghost 模型在塑性应变为 0.05 之前与试验值较吻合。

在流变行为的本构模型中，文献[58]考虑了相变的影响。得出的模型是在考察相变潜热、体积变化和相变诱导塑性的基础上得出的材料高温力学性能[65]。通过模型与试验值数据的比较可以发现，对于建立有效的 22MnB5 钢高温流变模型是可行的。

文献[76]使用 Pam-Stamp 2G 软件对材料为 DP500 的某轿车前保险杠的成形工艺进行了模拟研究。模拟采用动力显示算法求解，凸模的最大冲压速度为 5000mm/s，摩擦因数为 0.12，选用的材料模型为正交各向异性 Hill48 参数模型，材料的屈服函数表达式为

$$\sigma_{\text{Hill48}} = \sqrt{\frac{1}{2}[H(\sigma_{11}-\sigma_{12})^2 + F(\sigma_{22}-\sigma_{33})^2 + G(\sigma_{33}-\sigma_{11})^2] + 2N\sigma_{12}^2} \quad (13\text{-}24)$$

式中，F、G、H、N 为与材料各向异性参数相关的系数；σ_{11}、σ_{22}、σ_{33} 为正应力分量；σ_{12} 为切应力分量。

根据该材料的流变规律和硬化规律，其应力应变行为用 Krupkowsky 公式描述为

$$\sigma = K(\varepsilon_p + \varepsilon_0)^n \quad (13\text{-}25)$$

式中，$\varepsilon_0 = \sqrt[n]{\sigma_y/K}$，$\sigma_y$ 为屈服极限应力；K 为硬化系数；ε_p 为有效塑性应变；n 为硬化指数。笔者对上述材料，K 值选用 960.74MPa，ε_0 选用 0.001855，n 选用 0.2246。

13.7.4 马氏体相变模型

相变从微观上讲分为形核与长大两个过程。通常形核都是在高能位置（晶界、空位和位错）。长大过程分为扩散控制（珠光体和贝氏体）和非扩散（马氏体）控制两种，两种相变的转变动力学不同。热冲压过程中，奥氏体母相分解为其他各相，转变动力学的类型主要受到冷却速度、变形条件、化学成分和奥氏体晶粒度的影响。一般热冲压用钢都是采用亚共析钢（C 含量），产品可能出现的组织是铁素体、珠光体、贝氏体和马氏体。

为了获得高的强度，就希望奥氏体能够快速冷却通过非扩散相变转变为马氏体。较常见的马氏体转变模型[77]是

$$x_m = x_a[1 - e^{-\alpha(M_s - T)}] \quad (13\text{-}26)$$

式中，x_a 为先前转变后剩余奥氏体体积分数；α 为材料常数；$M_s - T$ 为马氏体转变过冷温度。文献[78]提出了另一个马氏体转变模型

$$x_m = x_a\{1 - (1-T^*)^{3.5}[1 - e^{-17(T^*)^2\alpha}]\} \quad (13\text{-}27)$$

式中，$T^* = \dfrac{M_s - T}{M_s - M_f}$，$M_f$ 为马氏体转变终止温度。

许多文献指出外部施加的应力和内应力会影响马氏体转变温度和含量。文献[79]提出了这种影响的表达式

$$VM_s = C_1\sigma_m + C_2\sqrt{J_2} \quad (13\text{-}28)$$

式中，σ_m 为平均应力；J_2 为二次应力；C_1、C_2 为常数。一般情况下，拉伸或压缩的对称应力、剪应力会提高马氏体转变温度，而静液压力会降低马氏体转变温度。文献[80]证实式(13-21)中的系数 α 在外应力低时是有效应力的函数，外应力高时是有效应力和有效应变的函数。

13.7.5 成形极限图和摩擦系数

(1) 成形极限图

传统的方法是通过成形极限图来评价板材的成形性能 (FLC)。室温下的 FLC 主要受到应变量的影响，但在高温下，材料的成形极限不仅受到应变量的影响，还受到温度、应变速率和组织演变的影响[81]。基于这个理论许多人开发了测试材料高温 FLC 的设备，常用的是 Marciniak 等人的测试方法。所有测试中板材都要承受热机械处理，在不同温度，选用一定的应变和应变速率在模具中变形，直到材料表面开始出现裂纹等[82,83]。这些测试方法中最大的不同就是冲头的形状，要么是半球形的，要么是平的[84]。

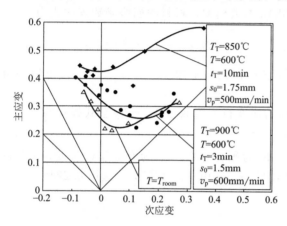

图 13-38 22MnB5 钢的高温成形极限图

22MnB5 钢的高温 FLC 的测定设备需在原有室温设备基础上添加特殊的加热炉，以保证冲头、模具和压边圈对温度的设定。文献 [84] 等人已经对 22MnB5 钢的高温 FLC 进行了测定，其测定结果如图 13-38 所示。他们的研究结果显示板材初始温度越高、厚度越厚，得到的临界应变越高。目前这几种测试方法中，Pellegrini 等的加热方法不能保证板料在炉中保持温度分布一致，但能有效控制冷却，保证高的冷却速率。而 Lechler 等的加热方法保证板材在炉中的温度分布一致，但对冷却时温度不好控制，这是因为是手工进行冲压。Pellegrini 设想通过建立应变、应变速率和温度的失效标准函数来确定材料的高温成形性能。

(2) 摩擦系数

带镀层的热冲压板材的摩擦特征可通过图 13-39 所示的方法测定。这些测试方法中，板材与模具接触的边界条件不一样，这对正确测定热冲压过程中的摩擦系数非常重要。

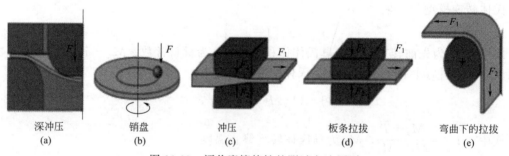

图 13-39 评价摩擦特性的测试方法原则

文献 [85] 采用了试验-分析-数值评价的方法测试了工艺条件下的摩擦系数。图 13-39 (a) 中的深拉伸杯测试模拟热冲压的温度-时间关系，并将其作为试验依据。试验研究了温度对摩擦系数的影响。而对于镀层的 22MnB5 合金，摩擦系数的测定采用 Siebel 的测试方法[86]。测试结果如图 13-40 所示，摩擦系数随温度的升高大幅度降低，从 0.6 降到 0.3[85]。文献 [87] 进行了如图 13-39(b) 所示的 pin-on-disc 测试，他们研究了工艺参数（温度、接触压力、滑动速度和粗糙度）对摩擦系数的影响。结果显示增加温度和接触压力，摩擦系数会减小。图 13-39 分别用不同的测试手段对镀层 22MnB5 钢板进行了摩擦系数测定试验，结果显示接触条件对摩擦系数的计算值影响很大。和实际的热冲压工艺条件相比，图 13-39(a) 中的深拉伸和图 13-39(e) 中的弯曲拉伸与热冲压的实际条件较相符。目前主要采用扳带弯曲拉伸测试方法测试摩擦系数。

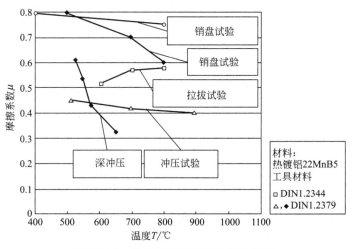

图 13-40　摩擦系数与温度的关系曲线

静态和动态的摩擦系数与相对滑动速度、接触压力、温度、气氛和表面状态之间呈非线性函数关系。文献［88］的研究发现在一般气氛下，石墨之间的摩擦系数为 0.1。而文献［89］得到的流变应力表达式中，工件与模具之间的摩擦系数相对较小，约 0.08（动态和静态）。而 Nemat-Nasser 等人获得的摩擦系数值分散较大，分别为 0.04、0.08、0.12、0.16。到目前为止，Nemat-Nasser 表达式的拟合程度是最好的，且研究发现目标函数的值随摩擦系数的降低而降低。

利用上述的有关模型和本构方程、相关因素，用有限元分析计算的加热、变形、冷却过程中的组织转变过程示意图，见图 13-41。

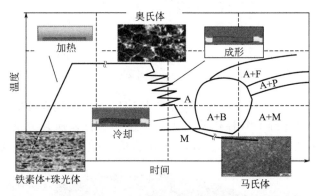

图 13-41　加热、变形、冷却过程中的组织转变过程示意图

热冲压成形的建模和仿真需要考虑的因素更多。热冲压成形过程中，板料被加热到奥氏体状态，随后被快速转移到冷却水控温的模具中，板料通过其与模具间的热传递降温，并且奥氏体在温度变化过程和机械变形的共同作用下分解为不同的子相。板材高温变形时其微观组织主要仍为奥氏体，随后由于保温阶段的不同工艺参数控制，奥氏体转变为马氏体、贝氏体、珠光体和铁素体等不同组织[63]。相变后的相组成直接决定材料的强度和硬度等级，因

此，相组成是决定硼钢板最终性能的首要因素。奥氏体的晶粒尺寸决定了相变后组织的晶粒尺寸，而晶粒尺寸又与强度、硬度等力学性能息息相关，因此，原始奥氏体的晶粒尺寸也是一个非常重要的影响因素[90]。

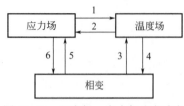

图 13-42　温度场、应力场和相变间的相互作用[90]

在固态相变期间，相变释放热量并影响板料的温度场。此外，板料的力学和高温特性都会随温度和变形而变化。因此，用于同时模拟成形和淬火的实际模型必须考虑应力分布、温度场与微观组织之间的相互作用，具体如图 13-42 所示[90]。图中 1 表示热冲压成形时的热边界条件受到变形影响，并且这种影响主要来自塑性耗散和摩擦；2 表示高温导致的热膨胀会影响零件上的应力分布；3 表示相变导致的潜热会影响板料的温度场；4 表示微观组织转变取决于板料的温度；5 表示零件的力学行为由相变的结果决定，并且相变膨胀同热膨胀一样也会影响零件上的应力分布；6 表示相变受到应力应变的制约。

在热冲压成形仿真中，对板料的结构响应进行建模时一般选择壳单元。在热冲压成形过程中，板料与模具部分单面接触、部分双面接触，导致板料厚度方向上的线性温度近似不够准确，如图 13-43 所示[90]。为了在这种类型的应用中更精确地捕获热传递，可以使用具有面内线性温度近似和厚度方向二次函数的热壳单元[90]。

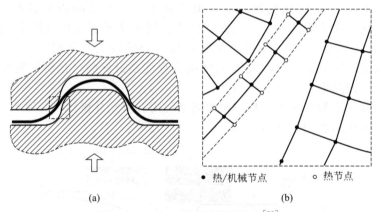

图 13-43　热壳单元的主要形式[90]

热冲压的典型零件，如门 B 柱和前防撞梁是热冲压成形有代表性的零件，文献 [91，92] 基于热-力相变耦合模型进行了 B 柱热冲压成形全过程仿真，所建立的有限元分析模型示于图 13-44，设定了有关热冲压成形的参数，选取了相关的材料模型以及材料的热物理性能

图 13-44　有限元分析模型

(热导率和比热容),由此计算了板料加热和成形淬火后的温度变化、板料的厚度变化,预测了显微组织和性能,并对零件典型截面的厚度测量。温度场的模拟结果见图 13-45。

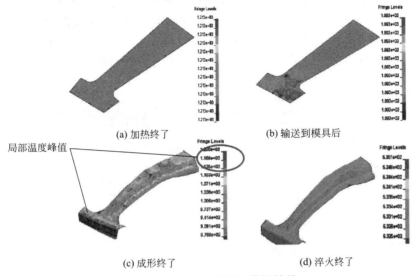

图 13-45　板坯的温度场模拟结果

对热冲压冷却过程组织转变马氏体体积分数及硬度的预测见图 13-46[93]。

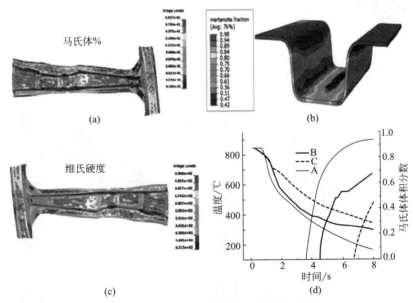

图 13-46　马氏体体积分数及硬度的预测

文献 [94~96] 结合国家攻关项目,对吉利某车型的前防撞梁热冲压成形进行了系统研究,前防撞梁的零件示意图和模型见图 13-47,材料应用 22MnB5,材料的流变曲线和热物理参数见文献 [94],分析软件采用 LS-DYNA 软件,材料模型选用 MAT-106 号模型,即热弹粘塑性材料,热冲压成形过程计算中,采用单动拉延成形。在润滑作用下,零件的成形分布见图 13-48,零件厚度的减薄率模拟值见图 13-49,成形过程中零件温度场的变化见图 13-50,坯料上节点温度随时间变化曲线见图 13-51。对这类保险杠进行成形模拟和冷却模拟设计之后,还必须开展坯料的形状设计[97]。在进行坯料形状设计时,首先根据零件的3D图判定该零件成形工艺大类上属于U形弯曲件,然后依据有限元的逆算法,通过零件的三维模型,快速反应求板坯形状。考虑零件法兰边及后续激光切边处理的要求,对初始展开线进行适当调整,如图13-52中虚线所示;为了确保板坯能够准确地放置在托料架上,同时防止在机器人带动卡爪快速上下料时,卡爪产生甩动,导致板料滑动,最终影响其位置精度。根据以上分析结果,设计制造的模具在试产线上热冲压成形的零件形状和组织见图13-53。

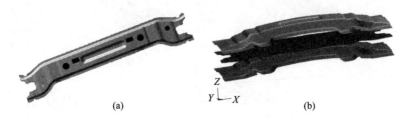

图13-47 前防撞梁的零件示意图和模型

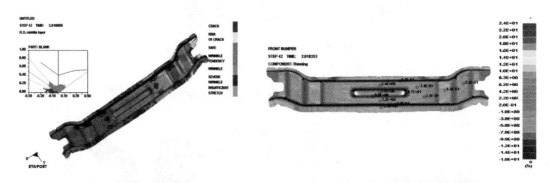

图13-48 零件的成形分布(有润滑)　　　　图13-49 零件厚度的减薄率模拟值

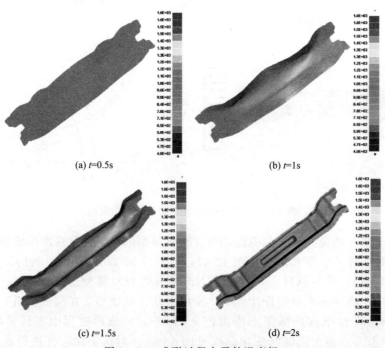

图13-50 成形过程中零件温度场

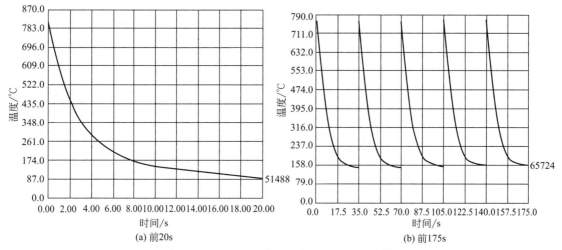

图 13-51 坯料上节点温度随时间变化曲线

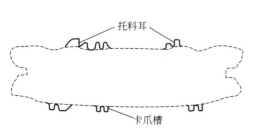

图 13-52 考虑夹持与定位的板坯形状设计

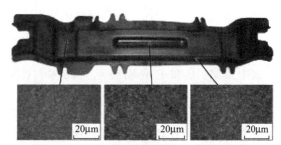

图 13-53 热冲压成形的零件形状及其微观组织

文献 [98,99] 对门内防撞杆也进行了热冲压工艺过程中的数字模拟和工艺优化的研究，包括模面设计、成形性分析、冷却过程中的模拟、模具和工件指定点的温度变化的模拟及模具中水流的模拟，成功设计和加工了模具，在试产线上进行了批量试制，取得了良好效果。

文献 [100] 在金属板材的冷、热成形分析模拟方法及其在工程中的应用也做了一些有益的工作，取得了一些进展。

13.8 不同组织状态下的 22MnB5 钢的本构方程

准确的力学行为描述是热冲压成形仿真的基础，本构模型是其中的一项重要内容。硼钢板的力学行为由其微观组织决定，而力学行为的控制则主要通过热冲压工艺参数的设计实现。因此，可以通过获得工艺参数、微观组织及力学行为之间的耦合关系，建立基于微观组织和工艺参数的硼钢板本构模型。

为了获得不同马氏体、贝氏体和铁素体比例的微观组织，在 Gleeble 3800 热模拟试验机上进行不同工艺条件下的热处理试验，获得如图 13-54 所示的不同相比例时的应力-应变曲线。

一般碳钢的流变应力可分成两部分：应变硬化和速率硬化，其中应变硬化就是大家熟悉的 Hollomon 方程 $\sigma = K\varepsilon^n$，根据位错运动速度和流变应力关系的经验方程，可以导出在恒定温

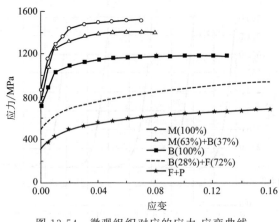

图 13-54 微观组织对应的应力-应变曲线
(应变速率 $0.001s^{-1}$)

度和应变下,流变应力和速率的关系为 $\sigma = C\dot{\varepsilon}^m$;$m$ 为应变速率敏感指数,可用阶梯拉伸的方法进行测量,$m = \dfrac{\partial \ln\sigma}{\partial \ln\dot{\varepsilon}}$[44]。

20 世纪 80 年代,Katsuro Inoue 在做了大量试验后,提出了考虑应变硬化、速率硬化、温度影响的材料流变应力的本构模型

$$\sigma = K\varepsilon^n \dot{\varepsilon}^m e^{(I/T)} \tag{13-29}$$

式中,K 和 I 为材料常数;T 为变形温度;ε 为等效塑性应变;$\dot{\varepsilon}$ 为应变速率;n 为硬化指数;m 为应变速率敏感指数。

根据图 13-54,结合文献 [101] 的试验结果,拟合方程式(13-29),求出方程中的相关常数 K、n、m 和相组成之间关系的方程

$$K = 907.84\exp[0.0013(510M + 402B + 198F)] \tag{13-30}$$

$$n = 174.81(510M + 402B + 198F)^{-1.279} \tag{13-31}$$

$$m = 8.032\exp[-0.017(510M + 400B + 330F)] \tag{13-32}$$

式中,M、B 和 F 分别表示马氏体、贝氏体和铁素体在硼钢板中的体积分数。F 泛指 F+P。

将式(13-30)~式(13-32)拟合的参数带入式(13-29),使得 Katsuro Inoue 模型包含应变、应变速率、相比例等参数。修改后的模型如下所示。

$$\sigma(\varepsilon, \dot{\varepsilon}, M, B, F) = K(M, B, F)\varepsilon^{n(M,B,F)}\dot{\varepsilon}^{m(M,B,F)} \tag{13-33}$$

用方程式(13-33)计算的硼钢的不同组织组成的流变曲线,其计算值和试验值的比较见图 13-55 和图 13-56。不同应变速率和相比例下的拟合结果与试验结果都有很好的吻合度。因此,拟合的本构方程可以用于预测热冲压硼钢板不同相比例时的流变行为。

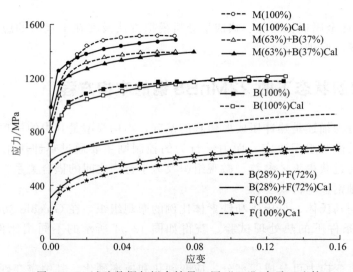

图 13-55 试验数据与拟合结果(用"Cal"表示)比较

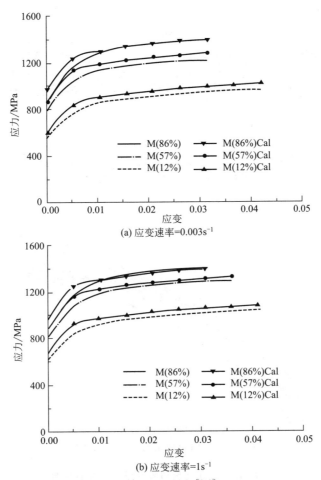

图 13-56 应变速率分别为 $0.03s^{-1}$ 和 $1s^{-1}$ 的引用数据[101] 与拟合结果（用 "Cal" 表示）的比较

13.9 热冲压成形零件热-力耦合仿真的实际应用

13.9.1 工艺参数对热冲压成形前防撞梁的影响

前防撞梁的板料厚度 1.6mm，其二维图和三维图见图 13-57。热冲压时加热温度为 920℃，热等待时间为 5s，冲压速度从 100～200mm/s（间距为 20mm/s）进行热冲压仿真，其冲压速度、冲压结束温度对该零件冲压成形性的仿真结果如表 13-18 所示。

冲压速度从 100～200mm/s 时，随着冲压速度的提高，拉延工序结束后板料的温度整体提升，但升温幅度有所减小，例如冲压速度从 100mm/s 提高到 120mm/s，冲压结束后整体升温 6～24℃（120mm/s 冲压结束后零件最高温度 784℃，100mm/s 冲压结束后零件最高温度 778℃，二者相差 6℃；120mm/s 冲压结束后零件最低温度 687℃，100mm/s 冲压结束后零件最低温度 663℃，二者相差 24℃），但冲压速度从 180mm/s 提高到 200mm/s，冲压结束后整体升温只有 2～9℃（200mm/s 冲压结束后零件最高温度 798℃，180mm/s 冲压结束后零件最高温度 796℃，二者相差 2℃；200mm/s 冲压结束后零件最低温度 737℃，180mm/s 冲压结束后零件最低温度 728℃，二者相差 9℃），因此符合随着冷却的进行，传热系数逐渐减小，降温速率也减小的一般规律。

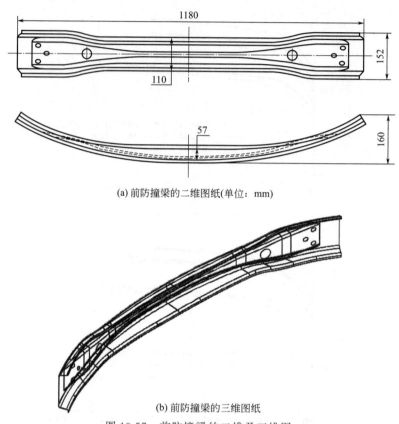

(a) 前防撞梁的二维图纸(单位：mm)

(b) 前防撞梁的三维图纸

图 13-57　前防撞梁的二维及三维图

表 13-18　冲压速度对零件成形性能的影响

仿真序号	冲压速度/(mm/s)	最大减薄率/%	最大增厚率/%	冲压结束温度/℃	FLD	仿真结果
1	100	16.787	6.084	778~663		
2	120	16.771	6.107	784~687		

续表

仿真序号	冲压速度/(mm/s)	最大减薄率/%	最大增厚率/%	冲压结束温度/℃	FLD	仿真结果
3	140	16.794	6.020	789～704		
4	160	16.722	6.045	793～718		
5	180	16.751	5.945	796～728		
6	200	16.867	5.957	798～737		

同样，可以看出，最大减薄率、最大增厚率与冲压速度没有明显的关系，FLD 和 Formability 成形结果大致相同，可见冲压速度对板料的成形性能影响不大。

凸模高度、压边圈高度、冲压时间对零件成形性能的影响见表 13-19、表 13-20。从表 13-19 看出，在压边圈高度相同的条件下，随着凸模高度的增加，零件的最大减薄率逐渐增大，最大增厚率逐渐减小，说明凸模高度越大，零件破裂的可能性会增大，但起皱的趋势减弱；FLD 及 Formability 仿真结果相近，零件拉延成形后的温度总体降低，冲压所用时间增多。

从表 13-20 看出，在凸模高度相同的条件下，随着压边圈高度的增加，零件的最大减薄率逐渐减小，最大增厚率逐渐增大，说明压边圈高度越大，零件破裂的可能性减小，但起皱的趋势增强，与凸模的规律相反；冲压所用时间相同，在凸模高度一定的条件下，压边圈高度对冲压所用时间没有影响；零件拉延成形后的最高温度基本不变，最低温度基本呈现升高的趋势，在冲压过程时间一定的条件下，压边圈高度越大，即压边圈与板料的实际接触时间越短，对板料的降温作用减弱。

表 13-19 凸模高度对零件成形性能的影响

仿真序号	凸模高度/mm	压边圈高度/mm	最大减薄率/%	最大增厚率/%	拉延后温度/℃	冲压时间/s	FLD	仿真结果
1	200	150	16.346	6.213	784~687	6.819	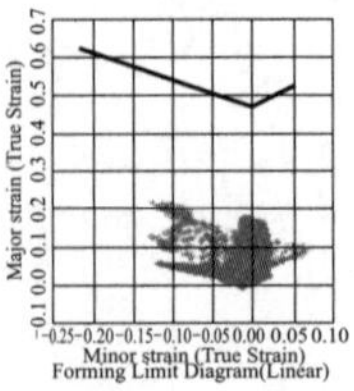	
2	300	150	19.112	5.732	768~594	7.728	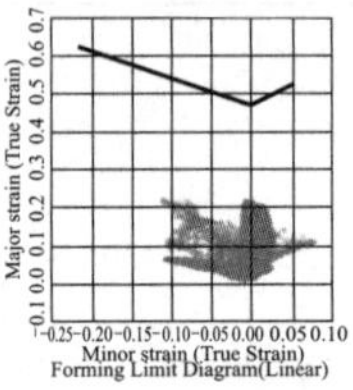	
3	400	350	16.161	6.100	752~602	8.637	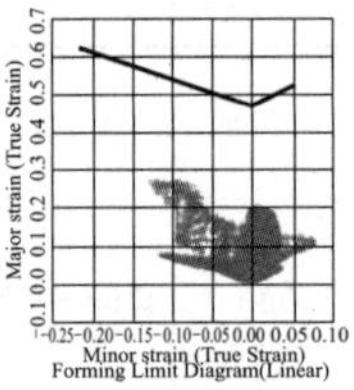	
4	500	350	18.919	5.713	737~548	9.546	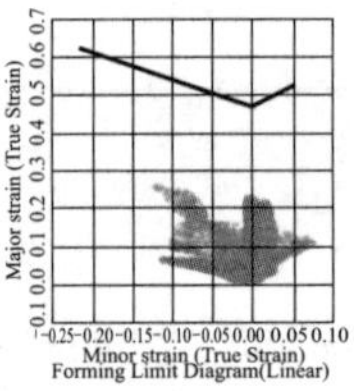	

表 13-20 压边圈高度对零件成形性能的影响

仿真序号	凸模高度/mm	压边圈高度/mm	最大减薄率/%	最大增厚率/%	拉延后温度/℃	冲压时间/s	FLD	仿真结果
1	350	150	20.370	5.431	760~541	8.183	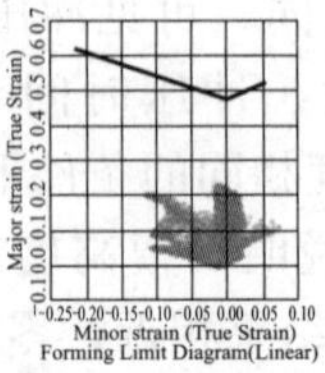	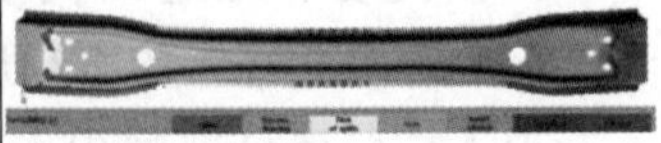
2	350	200	18.924	5.735	760~586	8.183	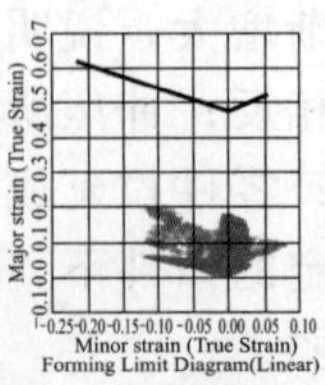	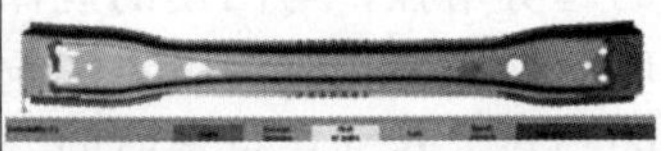

续表

仿真序号	凸模高度/mm	压边圈高度/mm	最大减薄率/%	最大增厚率/%	拉延后温度/℃	冲压时间/s	FLD	仿真结果
3	350	250	17.284	5.946	760~627	8.183	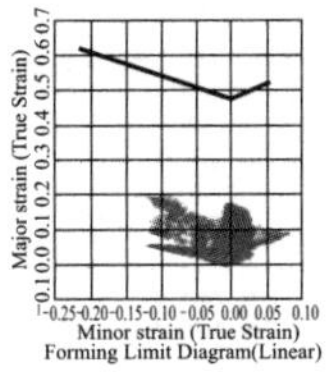	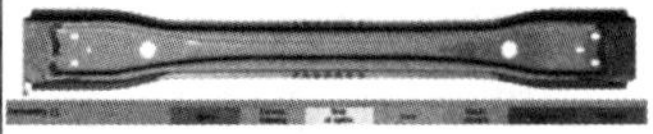
4		300	17.785	5.955	760~622		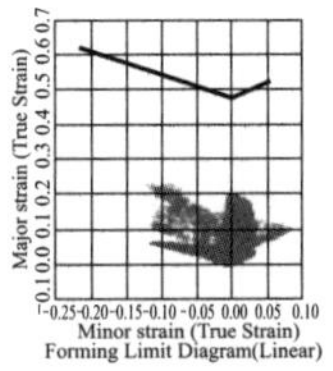	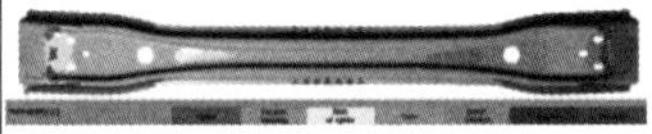

表 13-21 模具温度对零件成形性能的影响

仿真序号	模具温度/℃	最大减薄率/%	最大增厚率/%	拉延后温度/℃	FLD	仿真结果
1	25	16.419	6.263	780~672	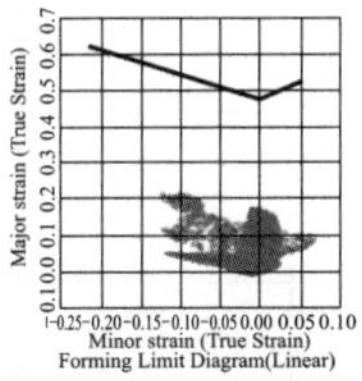	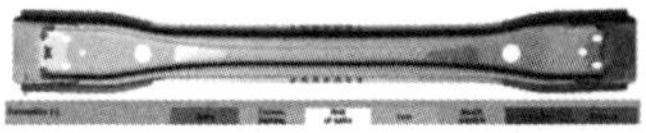
2	50	16.440	6.165	780~676	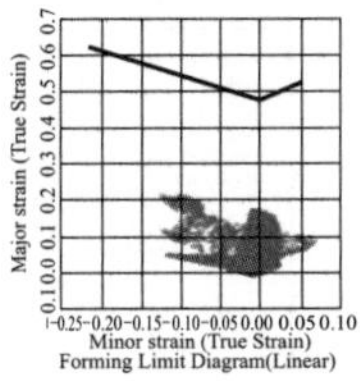	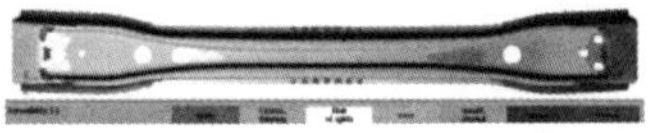
3	75	16.653	6.128	780~680	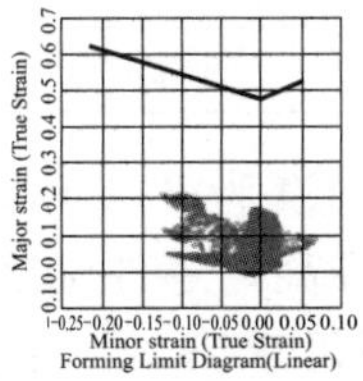	
4	100	16.746	6.121	780~684	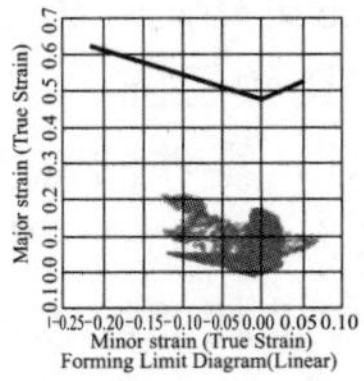	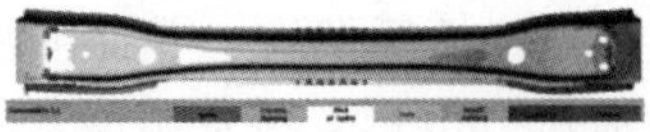

根据上述分析结果，在可能的条件下，尽量减小凸模的高度，选择较大的压边圈高度，以获得较小的零件最大减薄率和最大增厚率，并减小冲压所需的时间。

模具温度对成形性能的影响见表 13-21。表中数据表明，模具温度对拉延后零件的温度影响不大，模具温度每上升 25℃，成形后零件的温度整体上升 3～5℃。模具温度升高，成形后零件的最大减薄率逐渐增大，但最大增厚率逐渐减小。模具温度过高会增加开裂的危险性，但板料在冲压过程中降温少，板料在较高塑性下成形，起皱的可能性减小，总体上来说，模具温度变化对零件的成形性能影响不大，但由于模具温度升高，致使降温速率减小，对保压淬火阶段存在一定的影响。

零件冲压成形后，通过保压阶段实现零件温度的快速降低并淬火，获得超高强度。保压时间、保压压力对零件温度及降温速率的影响分析结果见表 13-22。

表 13-22　保压时间、保压压力对零件降温速率的影响

仿真序号	模具温度/℃	保压时间/s	保压压力/t	拉延后温度/℃	保压后温度/℃
1	25	3	0	780～672	692～190
2		3	60		525～138
3		3	120		460～138
4		5	0		660～88
5		5	60		416～60
6		5	120		348～60
7		7	0		630～49
8		7	60		331～36
9		7	120		268～36
10	75	3	0	780～680	670～228
11		3	60		540～180
12		3	120		493～180
13		5	0		625～133
14		5	60		438～108
15		5	120		383～100
16		7	0		586～96
17		7	60		358～85
18		7	120		302～82

表 13-22 中数据表明，模具温度为 25℃时，保压时间每增加 2s，零件上的温度整体下降 120℃左右，随着模具温度的升高，零件温度随着保压时间增加而降低的幅度减小，当模具温度升高到 75℃时，保压时间每增加 2s，零件上的温度整体下降只有 80℃左右。保压时间长，开模后温度较低，零件性能更稳定，但过长的保压时间，会影响整个热冲压线的生产节拍。故保压时间选择在 5s 左右比较经济。

当保压压力从 0 增加到 60t 时，零件的温度整体下降 200℃左右；但当保压压力从 60t 增加到 120t 时，零件温度只下降大约 80℃。因此，较大保压压力对零件的快速降温更有效，但过大保压压力在实际生产过程中消耗的能源过多。以某公司热冲压生产线为例，压机最大压力为 200t，冲压 B 柱为 1 模 2 件，每件分配压力 100t；冲压 A 柱为 1 模 4 件，每件分配压力 50t。另外，压力大小还与零件的复杂程度相关。根据上述分析，结合前防撞梁的几何结构特点，选择保压压力为 60t，保压时间 5s、保压压力 60t 时，零件的开模温度大约

在 200℃。

13.9.2 热冲压成形零件开模变形的仿真

热冲压成形零件在冷却过程中，由于温度分布不均而易产生热应力和热变形，易导致零件的开模变形。而热冲压成形零件的超高强度使得微小的变形也会对后续的装配等造成很大的困难。热冲压成形过程中非均匀的温度场、非均匀的应力场和零件不对称的几何形状等引起的应力释放、热膨胀和相变体积应变等，最终导致了热冲压成形零件的开模变形[102]，图 13-58 示出了 B 柱温度场、应力场、开模后的变形分布、影响因素、控制方法与途径。

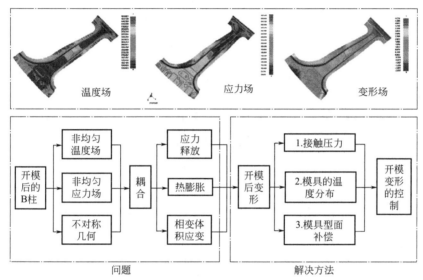

图 13-58 热冲压成形的问题分析及其解决方法

(1) 考虑零件开模温度场分布的回弹仿真模拟

以 B 柱为例，开模温度场的分布以及回弹过程中零件内部温度场的变化对其最终的回弹变形有着重要的影响。为了准确地预测热冲压零件的回弹变形，必须将温度场的变化因素引入传统的回弹仿真中，即采用热力耦合的分析方法来预测回弹。

表 13-23 示出了用有限元方法分析这一问题时显示和隐式算法的对比。通常为保证回弹仿真精度，多选择工作量较大的隐式算法；而在对温度场进行分析时，考虑到计算的效率和时间成本，采用显示算法。

表 13-23 显、隐式算法对比

显示算法	无条件收敛	计算效率高	计算精度相对较低
隐式算法	存在收敛问题	计算量大	稳定性和计算精度高

对于零件开模后的卸载回弹过程，采用无模法进行模拟。在回弹仿真时，先移除冲压成形过程中的模具工具，将成形终了状态的接触条件转化为反向的力学边界条件 F'，并导入成形终了时刻板料的应力应变场信息作为回弹仿真过程中板料的初始状态。零件回弹时，接触反力 F' 作为外力场与板料内部的应力场相互平衡。设置三点约束，防止板料发生刚体运动，回弹仿真过程中逐步将外力卸载至零，采用隐式增量法求解结构系统的运动学平衡方程以得到板料开模回弹后的最终形状及应力应变场。

结构系统的通用运动学平衡方程为

$$[M]\{\ddot{U}\} + [C]\{\dot{U}\} + [K]\{U\} = \{F\} \tag{13-34}$$

式中　$[M], [C], [K]$——结构的质量、阻尼和刚度矩阵；

　　　$\{\ddot{U}\}, \{\dot{U}\}, \{U\}$——节点的加速度、速度和位移矢量；

　　　$\{F\}$——结构所受内外力的矢量合，即接触反力 F' 与内应力之差。

采用 Newmark 隐式法求解上述回弹过程中的平衡方程，本文假定从 t 到 $t+\Delta t$ 时刻的速度不变，则有

$$\{\ddot{U}\}_{t+\Delta t} = \frac{4}{\Delta t^2}(\{U\}_{t+\Delta t} - \{U\}_t) - \frac{4}{\Delta t}\{\dot{U}\}_t - \{\ddot{U}\}_t \tag{13-35}$$

$$\{\dot{U}\}_{t+\Delta t} = \frac{2}{\Delta t}(\{U\}_{t+\Delta t} - \{U\}_t) - \{\dot{U}\}_t \tag{13-36}$$

考虑 $t+\Delta t$ 时刻的运动学平衡方程并将式(13-35)和式(13-36)代入，即可得到关于 $\{U\}_{t+\Delta t}$ 时刻的方程

$$[\overline{K}]\{U\}_{t+\Delta t} = \{\overline{F}\}_{t+\Delta t} \tag{13-37}$$

式中，$[\overline{K}]$ 为有效刚度矩阵；$\{\overline{F}\}_{t+\Delta t}$ 为有效载荷。

$$[\overline{K}] = [K] + \frac{4}{\Delta t^2}[M] + \frac{2}{\Delta t}[C] \tag{13-38}$$

$$\{\overline{F}\}_{t+\Delta t} = \{F\}_{t+\Delta t} + [M]\left(\frac{4}{\Delta t^2}\{U\}_t + \frac{4}{\Delta t}\{\dot{U}\}_t + \{\ddot{U}\}_t\right) + [C]\left(\frac{2}{\Delta t}\{U\}_t + \{\dot{U}\}_t\right) \tag{13-39}$$

由式(13-38)和式(13-39)可得 $\{U\}_{t+\Delta t}$，进而可由式(13-35)和式(13-36)解出 $\{\dot{U}\}_{t+\Delta t}$ 和 $\{\ddot{U}\}_{t+\Delta t}$。

对温度场进行分析时，根据传热学的基本理论，可以推导出板料在热回弹过程中的传热微分方程，如式(13-40)所示。

$$\rho c \frac{\partial T}{\partial t} = K\left(\frac{\partial^2 T}{\partial x^2} + \frac{\partial^2 T}{\partial y^2} + \frac{\partial^2 T}{\partial z^2}\right) + \dot{q} \tag{13-40}$$

式中，ρ 为材料的质量密度；c 为比热容；T 为材料内部任一点的瞬时温度值；t 为时间；K 为各向同性材料的热导率；$\dot{q}$ 为单位体积内的热生成率。

初始条件的设定：将热冲压成形后的温度场分布信息导入作为回弹仿真分析开始时的温度场初始状态；边界条件的设定：在回弹分析的过程中，主要的条件为板料与工作环境之间的热交换，而环境温度设定为室温，故属于第三类边界条件，即

$$Q = H(T_{\text{blank}} - T_{\text{air}}) \tag{13-41}$$

$$H = h + h_s \tag{13-42}$$

式中，Q 为板料与环境之间的等效热流密度；H 为总换热系数，由板料与空气间的对流传热系数 h 和辐射换热系数 h_s 组成；T_{blank} 和 T_{air} 分别为板料和环境温度。

对式(13-35)进行变分和离散化可得到单元瞬态温度场有限元方程的矩阵形式

$$C^e \dot{T}^e + K^e T^e = F^e \tag{13-43}$$

式中，C^e 和 K^e 分别为单元的热容矩阵和热传导矩阵；$\dot{T}^e$ 和 T^e 分别为单元节点温度对时间的导数向量和节点温度向量；F^e 为节点的温度载荷向量。

采用中心差分显示法，求解上述温度场有限元方程，即

$$\dot{T}_t = \frac{1}{2\Delta t}(T_{t+\Delta t} - T_{t-\Delta t}) \tag{13-44}$$

将式(13-44)带入式(13-43)可得[106]

$$\frac{C^e}{2\Delta t}T_{t+\Delta t} = F^e - K^e T_t + \frac{C^e}{2\Delta t}T_{t-\Delta t} \tag{13-45}$$

由式（13-45）即可得到新时刻的温度 $T_{t+\Delta t}$。

(2) 回弹变形的热-力耦合分析流程

回弹的热-力耦合分析采用直接耦合法，使回弹变形分析和热分析反复交替进行。应力应变场的求解和温度场的求解按照时间步分开单独计算，但两者之间又通过与温度直接相关的材料热物理参数以及高温应力-应变本构关系紧密联系，最终实现考虑温度场变化的零件回弹仿真。具体的回弹热-力耦合有限元分析流程如图 13-59 所示[103]。

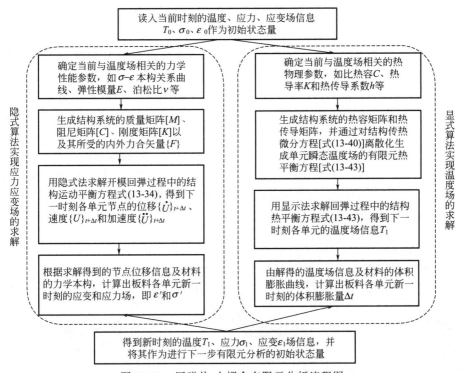

图 13-59 回弹热-力耦合有限元分析流程图

成形过程的仿真考虑了热胀冷缩及相变体积应变在板料成形与淬火过程中对零件尺寸精度、应力和开模温度的影响。采用显式计算在热成形过程中每一时刻零件的温度场、应力场对下一时刻的影响，最终实现对成形与淬火后零件的温度、厚度、应力场的精确预测。

开模变形过程的仿真考虑了开模温度历程下的应力释放以及热胀冷缩与相变体积应变。采用"显式温度计算＋隐式回弹计算"迭代的方法，实现热冲压开模变形过程的模拟，与实际零件的变形更为接近。

这一仿真建模方法适用于基于热胀冷缩效应的热冲压零件开发、模具设计以及生产阶段的预测，可以为 B 柱等典型热冲压零件的设计与生产提供参考和依据。

(3) 影响热冲压成形零件开模回弹变形的因素及规律仿真分析

热冲压 B 柱零件开模变形主要是由开模后冷却过程中的热胀冷缩和应力释放两方面耦合作用造成的，图 13-60 是影响开模变形的因素[104]。

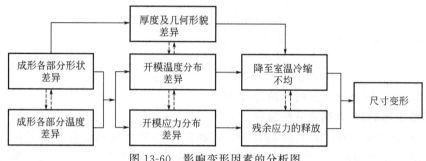

图 13-60　影响变形因素的分析图

为了通过仿真分析说明压力释放和开模温度场对热冲压 B 柱零件开模变形的影响，现设置三组对比试验进行分析。

① 实际开模状态 A，分析冲压残余应力的释放＋开模后不均匀温度场降温后的回弹变形。

② 虚拟开模状态 B，不考虑冲压残余应力，只考虑开模不均匀温度场 T 变化后的回弹变形模拟。

③ 虚拟开模状态 C，同时考虑冲压残余应力和加载成形后不均匀温度场，假定零件自身不传热、不与环境进行热交换，开模后零件温度均一，只考虑残余应力 σ 释放引起的回弹变形。

基于以上情况，仿真参数设置如下：仿真模型为 B 柱，开始成形温度 800℃，成形及保压过程由软件默认设置。B 柱整体的开模变形分布情况示于图 13-61。该图表明，B 柱的顶部（D）、底部（E）以及中间（F）剖面的变形明显，且有代表性。因此选择变形较为典型的 D、E、F 三个截面进行分析。

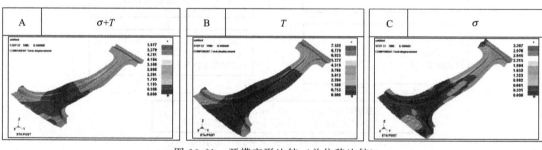

图 13-61　开模变形比较（总位移比较）

由图 13-62 可以看出，在 D 截面上的变形主要分收缩和弯曲两种形式，同时考虑残余应力 σ 释放和开模后不均匀温度场 T 的仿真回弹变形最大，其在 X 方向的变形为整体向刚性约束点收缩，且两侧（位置 1、6）较中段（位置 3、4）收缩的更严重（仿真结果多收缩 0.4mm 左右）（后述结果均为仿真结果）；Y 方向的变形为两边向内部收缩（位置 1 内缩 1.5mm，位置 6 内缩 0.7mm）；Z 方向的变形为向 $Z+$ 方向上翘，形成沿 X 轴的弯曲（位置 1 上翘 4mm，位置 6 上翘 4mm，位置 3 上翘 0.5mm）。

形成收缩和弯曲的主要原因均是因为板料开模后不均匀的温度降至室温引起的（由曲线规律可知，不均匀的温度降至室温所引起的变形对总变形的贡献最大）。收缩是由于降温引起的 B 柱 X、Y 方向尺寸的收缩。弯曲是由于 1、6 位置对应的直壁处开模温度较高，收缩程度大；而 3、4 位置对应的 pad 处温度较低，收缩程度小，总体形成了沿 X 轴的弯曲。

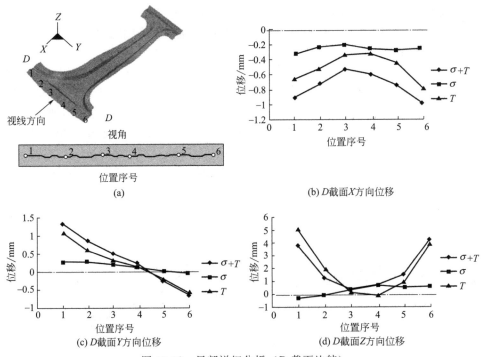

图 13-62 局部详细分析（D 截面比较）

由图 13-63 可以看出，在 E 截面上的变形主要分收缩、弯曲和扭转三种形式。同时考虑残余应力 σ 释放和开模后不均匀温度场 T 时，X 方向的变形为整体向刚性约束点收缩，位置 1~7 收缩基本均匀，收缩量 3mm 左右；Y 方向的变形主要是绕 Z 轴的弯曲（位置 1~7 向 $Y-$ 方向移动 1.7mm 左右）；Z 方向的变形主要是绕 X 轴的扭转（位置 1 向 $Z-$ 变形 0.7mm，位置 7 向 $Z+$ 变形 2mm）。

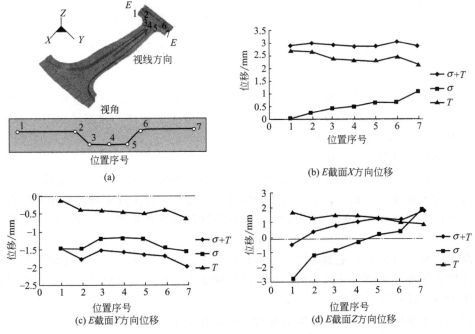

图 13-63 局部详细分析（E 截面比较）

形成收缩的主要原因为板料不均匀温度场引起的 B 柱 X、Y 方向尺寸的收缩（由曲线规律不同因素的贡献量可知）。而绕 Z 轴的弯曲和绕 X 轴的扭转主要由冲压后开模时不均匀的残余应力释放引起。

由图 13-64 可以看出，在 F 截面上的变形主要分收缩、弯曲和扭转三种形式。同时考虑残余应力 σ 释放和开模后不均匀温度场 T 的仿真中，X 方向的变形主要是整体向刚性约束点收缩（位置 1~5 收缩基本均匀），收缩量与刚性约束点距离变化（位置 1 收缩 3mm、位置 5 收缩 0.7mm）；Z 方向的变形主要是整体沿 Y 轴弯曲变形，可见 B 柱出现绕 Z 轴的弯曲（位置 1 向 $Z+$ 移动 1.5mm、位置 5 向 $Z+$ 移动 0.5mm，而位置 3 向 $Z-$ 移动 0.5mm），该方向弯曲度"加重"；Y 方向的变形主要是沿 $Z+$ 的扭转变形，B 柱头部向 $Y-$ 变形，尾部向 $Y+$ 变形，绕刚性约束点扭转（位置 1 向 $Y-$ 方向移动 1.7mm 左右，位置 5 向 $Y+$ 方向移动 0.4mm 左右）。

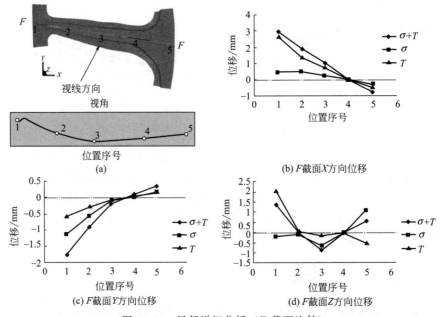

图 13-64　局部详细分析（F 截面比较）

形成收缩的主要原因为板料降温收缩（由曲线规律不同因素的贡献量可知）。绕 Y 轴的弯曲，是由不均匀温度场降温收缩量不同引起的，直壁温度较高，收缩量较大，形成弯矩。绕 Z 轴的扭转和 Z 方向的微弯曲是由不均匀温度场和残余应力释放共同引起的（B 柱不对称、长边一侧收缩量更大等原因）。

由典型 B 柱的变形分析可知：典型零件的开模变形因素主要由"不均匀的开模温度 T"和"残余应力 σ 释放"引起。在实际的热冲压及开模过程中，上述两种因素相互作用，共同耦合，并通过不同温度下的材料本构和不同温度下的热膨胀系数等，表现出各式各样的变形行为。

在众多的变形行为中，主要分为三种形式：收缩、弯曲、扭转。三种变形行为在零件不同的截面均有体现，并随着分析方向的转变而分别成为主要的变形形式。变形影响因素间的关系如图 13-65 所示。

根据以上详细的分析结果，总结 B 柱的变形规律如下：

收缩——主要由开模温度 T 的降温引起，任意方向上的降温，都将导致零件在该方向向刚性约束点的收缩。

弯曲——主要由于在弯曲变形的两侧，开模温度 T 以及变形长度 L 分布不对等，导致弯曲行为两侧收缩量不对等，引起弯曲的变形趋势与行为。但不同冲压过程的残余应力分布情况不同，对这种弯曲行为也有一定的影响，但总体影响没有温度影响显著。

扭转——主要由冲压后的不均匀残余应力的释放引起。这种残余应力的分布，与零件的几何形状、材料的流动、冲压过程的不同而不同。而不均匀的温度场 T 和变形长度 L 由于对扭转区域两侧贡献不同，也会对这种弯曲产生影响，但总体影响没有不均匀残余应力释放的影响显著。

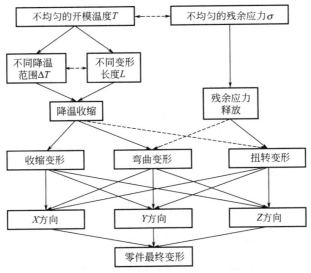

图 13-65　变形影响因素的关系图

(4) 热冲压成形零件回弹的变形控制仿真模拟

B 柱的开模复杂变形是由于开模后产生的不均匀应力场、不均匀温度场以及不对称几何形状共同作用，从而引发的应力释放、热胀冷缩以及相变膨胀造成的。回弹的变形控制技术将综合考虑这些因素引起的耦合结果，以减小控制后的 B 柱开模变形。基于前述的 B 柱成形及回弹变形的仿真结果，以通过改变零件接触压力、模具温度分布以及模具型面补偿三种方法尝试来减小 B 柱的开模变形。

① 改变零件接触压力。

由于 B 柱开模后温度的不均匀很大程度上是由于直壁和侧壁处比 pad（B 柱槽型结构的底部）接触部分温度高造成的（B 柱开模后温度分布如图 13-66 所示），而接触压力与传热系数间存在着一定的关系（两者关系如图 13-67 所示）[105]，因此尝试改变直壁和侧壁两个部分的接触压力来增加传热系数，从而更快地降低温度。

保证 pad 处压力为 900kN 不变，改变凹模压力分别为 1100kN（方案一）、2200kN（方案二）和 6600kN（方案三），根据图 13-67 所示压力与传热系数的关系，当前模具变形时直壁与侧壁间的传热系数分别为 $1770W/(m^2 \cdot K)$、$3000W/(m^2 \cdot K)$ 和 $4500W/(m^2 \cdot K)$。

保压 3.5s 开模后，方案一、二和三零件的最低温度分别为 127℃、104℃ 和 51℃。可见改变接触压力后，直壁与侧壁处温度有一定程度上的降低。在不同的接触压力下得到零件开模后的回弹云图如图 13-68 所示，可见改变接触压力后，B 柱回弹变形模式相同，主要变形都集中在头部的弯曲和底部侧边的翘曲。

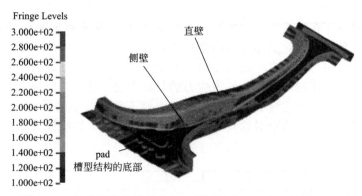

图 13-66 B柱开模后温度分布（保压压力 900kN，保压 3.5s）

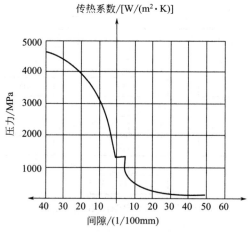

图 13-67 接触压力与传热系数关系

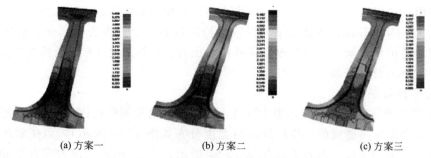

(a) 方案一　　　　　　(b) 方案二　　　　　　(c) 方案三

图 13-68 改变零件接触压力后的开模变形

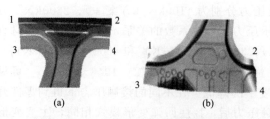

图 13-69 头部和尾部选取的测量点

对 B 柱的头部和尾部各取如图 13-69 所示的四个测量点，对比在不同传热系数下 B 柱开模回弹变形量的变化情况，结果如表 13-24 所示。从表中可以发现随着传热系数的增加，B 柱顶部和底部的开模变形量均会有所减小，并且改变接触压力所达到的平均控形效果在 20% 左右。

表 13-24　不同传热系数时 B 柱头部和尾部测量点的最大变形量

位置	序号	传热系数		
		1770W/(m²·K)	3000W/(m²·K)	4500W/(m²·K)
B柱头部位移量/mm	1	5.1503	4.993	4.412
	2	5.296	4.6861	5.402
	3	4.4268	3.8965	3.4
	4	4.2476	3.4478	3.799
B柱尾部位移量/mm	1	4.3313	2.8402	2.47
	2	4.2312	3.6272	3.543
	3	1.7381	1.3014	1.263
	4	3.656	3.2271	2.867

② 改变模具温度分布。

为探讨 B 柱头部每一区域的温度对最终开模变形的影响，将 B 柱按照温度分布划分为不同的 9 个区域：零件中间底部、右侧弯角直壁、左侧弯角直壁、右侧直边直壁、左侧直边直壁、左侧弯角侧壁、右侧弯角侧壁、左侧直边侧壁、右侧直边侧壁。先假设各区域温度均为 300℃，以发现均温条件下的开模变形特点，对比头部的变形量与原始温度下的变形量，如图 13-70 所示。从图中结果可以看出，当头部开模温度统一到达 300℃ 时，开模变形大幅度减小，但是出现了如图 13-71 所示的扭转变形情况。

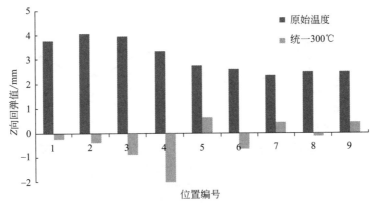

图 13-70　统一 300℃ 下 B 柱头部的变形情况

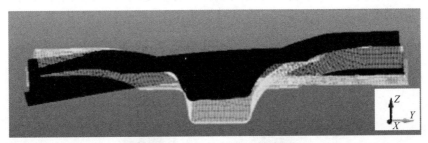

图 13-71　B 柱头部扭转变形情况

假定在统一 300℃ 的基础上更改单一区域温度的大小，分析其每一区域温度的变化对最终变形的影响。首先保证其他各区域温度不变，将区域一的温度从 300℃ 逐渐降低到 250℃，得到头部在四个测量点的弯曲变形和扭转变形,如图 13-72 所示。可见区域一与其他分区的温差造成 B 柱头部的弯曲,且温差越大,头部弯曲越大,但是区域一的温度变化对整体扭转影响不明显。

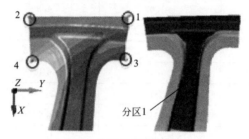

(a) 区域一的位置及测量点的分布

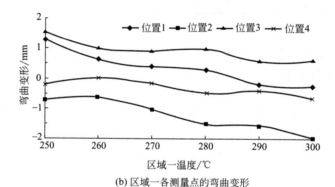

(b) 区域一各测量点的弯曲变形

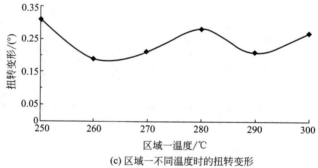

(c) 区域一不同温度时的扭转变形

图 13-72　区域一温度变化对变形的影响

一、三区域温度为 300℃不变,将区域二、四的温度从 300℃逐渐降低到 250℃,得到四个测量点的弯曲变形及扭转变形,如图 13-73 所示。

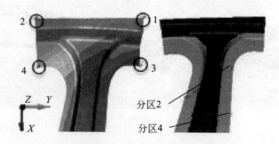

(a) 区域二、四的位置及测量点的分布

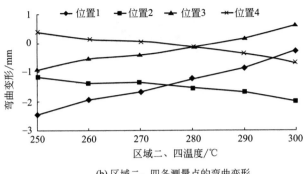

(b) 区域二、四各测量点的弯曲变形

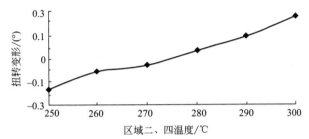

(c) 区域二、四不同温度时的扭转变形

图 13-73　区域二、四温度变化对变形的影响

可见区域二、四处温度主要影响头部扭转变形，且减小温度会引起扭转变形的减小；分析表明区域三、五处的温度影响与区域二、四刚好相反，即减小区域三、五的温度会引起扭转变形的增加。

如保证其他区域温度为 300℃ 不变，将区域六、八的温度从 300℃ 逐渐降低到 250℃，得到四个测量点的弯曲变形及扭转变形，如图 13-74 所示。由图中结果可见，区域六、八处温度主要影响头部扭转，且减小温度会引起扭转变形的减小；经过研究发现区域七、九处的温度影响与区域六、八刚好相反，即减小区域七、九的温度会引起扭转变形的增加。

按照以上规律可以对 B 柱的回弹变形进行变温控制，实际冲压过程中可以在保证 pad 处温度为 140℃ 不变的情况下，对侧壁和直壁位置通冷却水降温，使得降温效果为：分区 2＞分区 3＞分区 6＞分区 7＞分区 4＞分区 5＞分区 8＞分区 9，这样使得开模后的温度可以达到如表 13-25 所示的几个方案。可以得到各方案下 B 柱最终开模变形结果，如图 13-75 所示。综合考虑弯曲与扭转变形，建议使用方案 5。

表 13-25　更改不同区域温度优化方案　　　　　　　　　　　　　　℃

方案	分区 1	分区 2	分区 3	分区 4	分区 5	分区 6	分区 7	分区 8	分区 9
优化前	140	300	300	200	200	300	300	200	200
方案 1	140	140	140	140	140	140	140	140	140
方案 2	140	150	150	150	150	150	150	150	150
方案 3	140	160	160	160	160	160	160	160	160
方案 4	140	150	160	150	160	160	160	160	160
方案 5	140	160	160	160	160	150	160	150	160

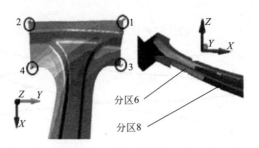

(a) 区域六、八的位置及测量点的分布

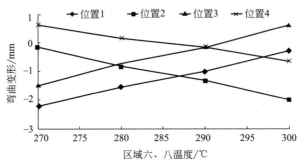

(b) 区域六、八各测量点的弯曲变形

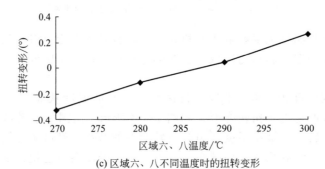

(c) 区域六、八不同温度时的扭转变形

图 13-74　区域六、八温度变化对变形的影响

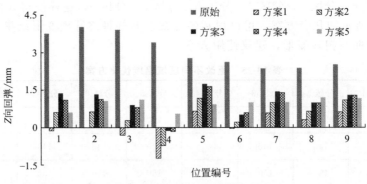

图 13-75　各方案下 B 柱开模变形对比

③ 模具型面补偿。

模具型面补偿是控制热冲压零件成形精度的重要方法，在进行模具型面补偿时主要遵循以下的流程图（图 13-76）不断进行循环操作。

用计算机模拟进行模面补偿时，首先应了解当用传统的补偿方法进行设置后用 ls-dyna 无法计算，需用 dynajs-p 进行计算，且需选用双精度计算。其次，在进行回弹补偿工艺设置时，依据实际多步冲压过程，当选择模具（die）和衬垫（pad）同时作为主动工具，则软件补偿计算出的网格将会混乱，无法使用；补偿的主动工具设为 die，其余设为从动工具。最后，在进行回弹补偿工艺设置时，也宜将 die 设为主动工具，其余设为从动工具，再进行补偿后网格计算。此种方法可以得到清晰的模具网格，但生成的网格模型中存在间隙，并且不同模具部件之间会出现干涉。

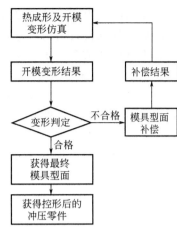

图 13-76　补偿计算流程

基于以上基本原则，可以得出进行模具补偿的基本方法为：

a. 原始模型进行热成形和开模变形的仿真，获得零件形状作为补偿前参考型面。

b. 以补偿前参考型面为基准，进行模具补偿。

c. 为保证补偿计算后模具的一致性，将上模、下模进行缝合，缝合成上、下两整体。

d. 用缝合后的上、下模以补偿前参考型面为基准进行模具补偿计算，获得补偿后的上、下模。

e. 将补偿后的上、下模按原始模具分块方式进行分块；将上模分为凸模和压边圈，将下模分为凹模和衬垫（pad）。

f. 用补偿后的分块模具进行一轮热成形与开模变形仿真，获得新的零件形状。

g. 新获得零件形状与理想模型对比，比较尺寸偏差变化。对新的零件形状进行超差检测，若符合要求则终止补偿，若不符合要求则再进行补偿。

④ 模具补偿后热冲压零件的变形结果。

利用以上方法对 B 柱进行模具补偿，针对头部和尾部的四个测量点对比回弹值，结果如图 13-77 所示。可以发现补偿后的尺寸偏差分布范围和尺寸偏差值均较补偿前减小，采用

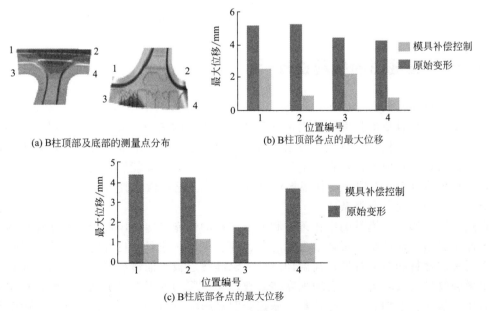

(a) B柱顶部及底部的测量点分布　　(b) B柱顶部各点的最大位移

(c) B柱底部各点的最大位移

图 13-77　模具补偿前后测量点变形对比

模具补偿后的获得的零件更接近理想模型，尺寸精度更好，并且可以反复进行补偿计算最终获得理想的补偿模具型面来有效减小尺寸偏差。

综上分析和结果，压力控制、变温控制、模具补偿控制三种方法对 B 柱开模变形的影响示于图 13-78。从图可以看出，采用压力控制对热冲压零件出模后的回弹变形影响效果最小，但是最容易实现；变温控制的方法所得到的控形效果最好，在模具设计和冷却过程模拟时，应该考虑温度对零件成形后出模回弹变形的影响；模具补偿方法对于控形具有很好的可操作性，其效果也较好，可有效地减小热冲压零件开模后的回弹变形。以上三种开模变形控制方法，可以针对企业生产的不同阶段、不同零件的开模变形情况，合理选取不同的开模变形控制方法，以提高成形零件的尺寸精度。

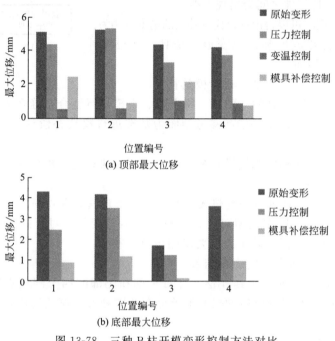

图 13-78　三种 B 柱开模变形控制方法对比

13.10　热冲压成形的模具设计[106]

热冲压成形模具的功能即在热状态下使板坯进行成形，在成形的同时又在模具中淬火，从而得到超高强度且成形精度能够满足汽车结构件要求的热冲压成形件。为保证板坯在高温下能够有足够的成形性和预测成形效果，就需要对高温下板坯的成形性进行计算机模拟；要保证淬火效果，模具应该稳定在恒定的温度，使工件在奥氏体能够在大于临界冷却速度的条件下，将板坯冷到 M_s 点以下，使板坯淬火成马氏体。这类模具具有成形、冷却、淬火等多种功能，比一般的模具要复杂。

在热冲压成形时，模具的工作条件和成形坯料的性能与冷冲压不同。要使加热的板坯在热状态冲压成形，这种状态板坯本身强度低、伸长率高，应具有良好的成形性，但成形过程中还需要考虑材料的摩擦特性，高温加热后的铝硅镀层板表面镀层可能产生微裂纹，在冲压过程中微裂纹扩展或剥落，都会增加摩擦系数，无镀层的裸板在出炉到压机的过程中表面会产生氧化，从而会增加表面摩擦系数，摩擦会明显影响材料的冲压和拉延成形。由于材料在热状态下进行冲压成形,因此需具有材料不同温度下的流变特性,如图 13-79 所示。在应变速率为 0.015s^{-1} 时,用 Hollomon 方程进行了回归,求出应变在 1%～20%区间内的回归方程式(13-46)～式(13-49):

$$600℃:\sigma=562\varepsilon^{0.382} \tag{13-46}$$

$$700℃:\sigma=264\varepsilon^{0.232} \tag{13-47}$$

$$800℃:\sigma=198\varepsilon^{0.218} \tag{13-48}$$

$$900℃:\sigma=134\varepsilon^{0.160} \tag{13-49}$$

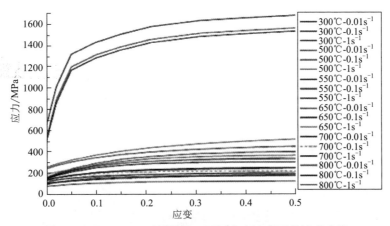

图 13-79 22MnB5 不同温度、不同应变速率下的流变曲线

由这些方程可以看出,在高温拉伸时,在一定的温度下,材料软化非常明显,变形能力提升,同时在高温下,材料的硬化能力下降,即随着温度的上升,Hollomon 方程中回归的应变硬化指数 n 下降,强化系数 K 下降。测定这类材料状态的流变特性时的应变速率,最好和冲压时材料的流变速率相同。同时要考虑成形前后奥氏体、马氏体的密度变化、比热容变化以及热导率的温度关系,见图 13-80。

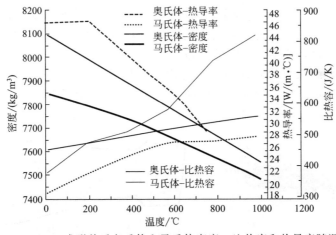

图 13-80 22MnB5 成形前后奥氏体和马氏体密度、比热容和热导率随温度变化

表 13-26 不同温度下试验钢板的摩擦系数

室温	600℃	650℃	700℃	750℃	800℃
0.14	0.38	0.41	0.45	0.50	0.53

续表

室温	600℃	650℃	700℃	750℃	800℃
0.12	0.36	0.44	0.47	0.49	0.54
0.11	0.33	0.43	0.47	0.48	0.57
0.123	0.357	0.427	0.463	0.490	0.547

考虑到材料的流变应力和硬化特性随温度的变化、摩擦系数随温度的变化（表 13-26），实测热冲压成形钢不同温度下的成形极限图时的最低点 FLD_0 的值随温度变化的回归方程见式(13-50)。

$$FLD_0 = 0.0997 + 0.003T \tag{13-50}$$

在上述条件下，材料成形时的破裂模式也和冷成形不同。冷成形时，失效的开裂处在样品应变最高处，即板材减薄的样品的最顶端。高温成形时由于摩擦力的影响，失效的开裂处向偏离顶部的侧边移动，冷成形和热成形失效位置的对比见图 13-81。以上破裂特点为计算机模拟热冲压成形时的变形情况提供了参考和基础。

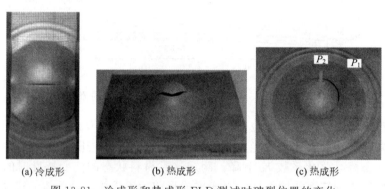

(a) 冷成形　　　　　(b) 热成形　　　　　(c) 热成形

图 13-81　冷成形和热成形 FLD 测试时破裂位置的变化

现以 B 柱为例，展示在热成形模具设计时进行成形模拟的过程和结果。B 柱根据热成形零件设计要求、工艺要求及结构功能要求，确定零件特征和设计模型，即 3D 图，见图 13-82；根据该模型对冲压该零件的板坯进行形状优化，见图 13-83，应用前述的热冲压过程中的有关参量和相关的软件，进行成形过程中的模拟，应力应变的分析见图 13-84，根据应力应变的分析结果对成形过程和模具进行调整，尽可能使变形分布均匀，降低局部应力应变的集中点。根据成形时的变形过程，模拟板料厚度的变化及分布见图 13-85。在热冲压成形时，尽可能减少零件的减薄，一般零件的减薄率不超过 20%。

图 13-82　零件特征及设计模型

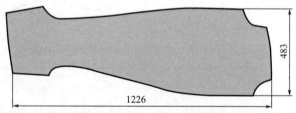

图 13-83　优化后的板料形状

热冲压成形时除了保证零件有较高的成形精度，还必须赋予零件超高强度，即在成形的同时板坯在模具中发生马氏体转变，得到形状好、回弹小，而又具有超高强度的汽车热冲压成形安全件，因此在成形时还应该进行冷却分析。热成形时 B 柱模具在冷却 3.426s 时，凹

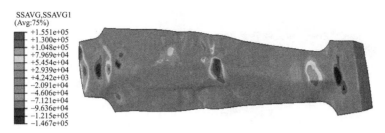

图 13-84　应力应变的分析

图 13-85　板料厚度变化及分布

模和凸模达到最高温度（110℃）时的温度分布如图 13-86 所示，图中模拟时的接触热导率为 1200W/(m² · ℃)。模子中保温 20s，出模时零件的温度分布见图 13-87。为保证工件出模时，温度维持在 100℃左右，模具中应该开有水道，水道的设计和水道冷却能力的优化设计见图 13-88[107]，模具中的液流模拟见图 13-89。为保证模具中有合适的冷却速度，即在冲压成形后在模具中可以淬火成马氏体，为此还应该根据冲压时板材的连续冷却转变曲线所确定的临界冷却速度进行模具冷却能力的模拟，并根据相关的模拟结果对冷却的液流速度和冷却液流的温度进行调整和修正，以保证模具的冷却能力，达到成形和淬火的双重效果。

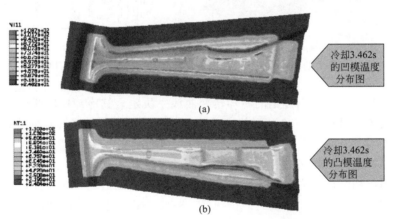

图 13-86　凹模和凸模达到最高温度时的温度分布

图 13-87　出模时零件的温度分布图

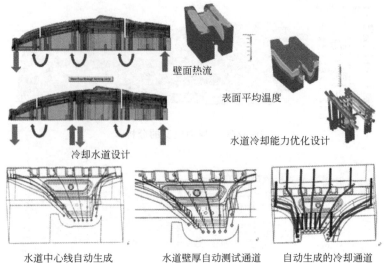

图 13-88 水道的设计和水道冷却能力的优化设计

图 13-89 模具中的液流模拟

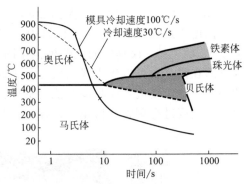

图 13-90 冷却时间和温度的变化示意图

冷却水道的开发,要根据硼钢的冷却转变曲线来决定,其冷却速度要保证冲压构件的奥氏体转变为马氏体,冷却时间和温度的变化示意图见图 13-90。在模具的冷却水道设计时,水道进口的压力为 7.5Pa,出口的压力为 5.8Pa,液流速度为 1.1~2.8m/s,根据生产节拍和模具冷却需要带走的热通量进行水道冷却性能的设计和优化。

凸凹模采用镶块结构,内置冷却水道;采用可升降定位热坯料托料杆;采用模板水槽串联各模块的冷却水道。模块化的模具总图见图 13-91,用上述方法设计的 B 柱模具的 3D 图见图 13-92。热成形模具的开发流程见图 13-93。

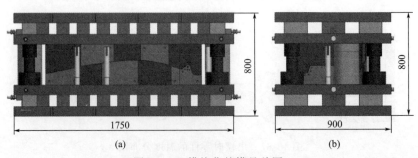

图 13-91 模块化的模具总图

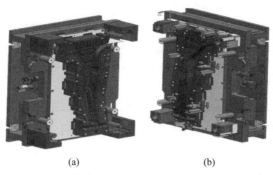

图 13-92 B 柱模具的 3D 图

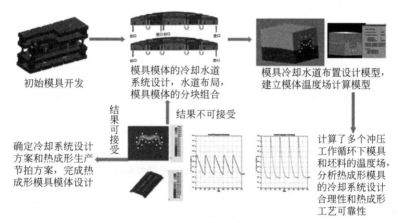

图 13-93 热成形模具的开发流程

13.11 热成形零件的性能检测

13.11.1 准静态力学性能和高速拉伸性能

热冲压成形钢抗拉强度较高，伸长率较低。22MnB5 的准静态力学性能达 1500MPa，在做准静态拉伸时，如何保证拉伸试样的对中性、测出准确的强度和伸长率值，Zwick 公司应用了拉伸时夹持试样对中性的方法，如光学校对仪器、应用专用的夹具等。韩国 POSCO 热冲压成形钢的化学成分见表 13-27。1470MPa 级热成形钢有涂层和无涂层供货状态的性能见表 13-28。

表 13-27 韩国 POSCO 热冲压成形钢的化学成分

元素	C	Si	Mn	Ti	B	W	N	碳当量
成分/%	0.26	0.40	2.0	0.040	0.003	0.050	0.020	0.53

表 13-28 供货状态的性能

类型	方向	屈服强度/MPa	抗拉强度/MPa	总伸长率/%	厚度	
					裸材/mm	镀层
无镀层	热轧	<500	>700	>16	1.8~4.5	
	冷轧	<500	>700	>16	0.8~2.3	

续表

类型	方向	屈服强度/MPa	抗拉强度/MPa	总伸长率/%	厚度 裸材/mm	厚度 镀层
镀层	Al-Si	<500	>750	>16	0.8~2.3	$(80\pm10)g/cm^2$
	Zn	<500	>700	>16	0.8~2.3	

无镀层热成形钢板热处理前后性能对比见表13-29。镀铝硅热成形钢板热处理前后性能对比见表13-30。

表13-29 无镀层热成形钢板热处理前后性能对比

类型	方向	屈服强度/MPa	下屈服点/MPa	抗拉强度/MPa	均匀伸长率/%	总伸长率/%	n(4%~14%)
热处理前	0	361	361	545	16.8	27.1	0.170
	45	365	365	537	16.9	27.3	0.180
	90	366	365	541	15.9	23.2	0.180
热处理后	0	1174		1578	4.6	8.2	
	45	1161		1556	5.0	8.0	
	90	1197		1588	4.3	7.1	

表13-30 镀铝硅热成形钢板热处理前后性能对比

Al-Si 型	方向	屈服强度/MPa	抗拉强度/MPa	均匀伸长率/%	总伸长率/%
热处理前	0°	399	641	13.6	21.5
	45°	400	616	13.6	20.4
	90°	413	655	13.5	20.3
热处理后	0°	1238	1682	4.8	6.5
	45°	1233	1677	4.9	7.2
	90°	1247	1680	4.9	6.1

在热冲压成形材料和零件的各种性能检测时，试样的制备是关键。热冲压成形材料多为板材，考虑到热成形板坯的制备，对板材供货状态的性能要进行系统测试，以保证板坯制备时的原材料供货状态的性能要求。对预成形的板材，要求成形性更高。热处理后性能的检测，样品制备时应尽可能与热成形状态一致，样品性能的制备最好用硬模淬火，硬模淬火压力和零件热冲压时的接触压力相一致。另一种方法是从零件上直接取样，测量相关的力学性能，更能代表零件的性能。硬模淬火既能保证试样的形状，同时也和热冲压成形工艺的条件比较一致。热成形钢中B是提高淬透性的重要元素，但酸溶B的检测一直是个难题，因为只有酸溶B才是提高淬透性的。酸溶B的检测是化学分析中操作精细的试验工作，因此在进行力学性能检测时，如果数据出现反常，要进行金相组织观察，看是否满足全马氏体的要求，并进行淬火工艺的检测、脱碳层的检测以及B含量的检测，找出性能反常的原因。

考虑到热冲压成形零件都是高强度状态下使用，主要用于汽车的各类安全件承受应力，都是高应变速率下的材料响应特性，因此应进行材料高应变速率下性能测试。高应变速率下的材料响应特性要用专用的高速拉伸设备测量，其测试设备和方法在本书第5章有专门的论述。这类数据对于热冲压成形零件的计算机模拟特别重要。

文献［108］研究了 22MnB5 淬火状态下的高速拉伸性能，所有设备为 ZWick HTM5020 的高速拉伸试验机和光学应变测量系统，不同应变速率下的变形测量结果见图 13-94。抗拉强度和均匀伸长率见表 13-31，相应的流变曲线见图 13-95。从图 13-94、图 13-95 及表 13-31 的数据可以看出，在所列出的应变速率下，材料的弹性模量没有明显的变化，屈服强度和抗拉强度随应变速率的增加而增加，不同应变速率下的断口与准静态拉伸时相当，均为剪切断口，即断口与拉伸轴呈 45°；均匀伸长率随应变速率的增加而略有下降。

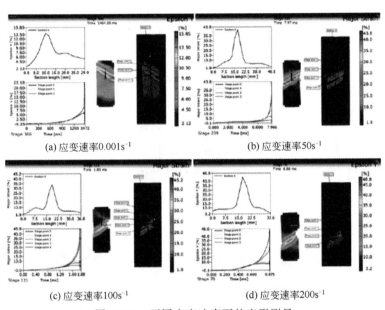

(a) 应变速率 0.001s^{-1} (b) 应变速率 50s^{-1}

(c) 应变速率 100s^{-1} (d) 应变速率 200s^{-1}

图 13-94 不同应变速率下的变形测量

表 13-31 不同应变速率下的力学性能

应变速率/s^{-1}	0.001	0.1	50	100	200	500
均匀伸长率/%	5.9	5.1	6.4	5.2	4.9	3.8
抗拉强度/MPa	1523	1514	1634	1618	1545	1656

根据高速拉伸试验的结果，求出相关的本构方程。文献［109］曾研究了超高强度热成形防弹钢高速拉伸的力学性能，并拟合了相关的本构方程，观察了相关断口。对断口的观察表明，随着应变速率的升高，断口中的韧窝有明显变细的趋势，深度变浅，这与应变速率提升，强度升高、延性下降相一致。

13.11.2 热冲压成形钢板的尖冷弯

宝马公司曾提出为保证热冲压成形零件的强韧性匹配，冷弯角度要求大于 60°，奔驰公司要求大于 65°，其冷弯试验的方法按德国标准 VDA 238-100 late bending test for metallic materials，试验试样的样品宽度大于厚度的 20 倍，试验的弯曲夹具图和

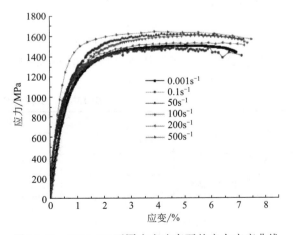

图 13-95 22MnB5 不同应变速率下的应力应变曲线

实物见图 13-96。弯曲角度的计算方程如下。

$$g = \left(R + \frac{L}{2}\right)^2 + (R+a-S)^2 \tag{13-51}$$

$$h = 2(R+a)^2\left[-\left(R+\frac{L}{2}\right)\right] + 2\left(R+\frac{L}{2}\right)^3 - 2(R+a-S)^2\left[-\left(R+\frac{L}{2}\right)\right] \tag{13-52}$$

$$i = (R+a)^4 - 2(R+a)^2\left(R+\frac{L}{2}\right)^2 - (R+a-S)^2(R+a)^2 + (R+a-S)^2\left(R+\frac{L}{2}\right)^2 + \left(R+\frac{L}{2}\right)^4 \tag{13-53}$$

$$\alpha = 2\left\{-\arctan\left[\frac{(R+a)^2 - \left(\frac{-\sqrt{h^2-4gi}-h}{2g} + R + \frac{L}{2}\right)^2 - (R+a-S)}{\frac{-h-\sqrt{h^2-4gi}}{2g}}\right]\frac{180}{PI}\right\} \tag{13-54}$$

式中，R 为辊子半径，即 15mm；a 为试样厚度，即 1.5mm；L 为辊子间距离，即 2 倍的板厚+0.5mm=3.5mm；S 为最大载荷下的位移。

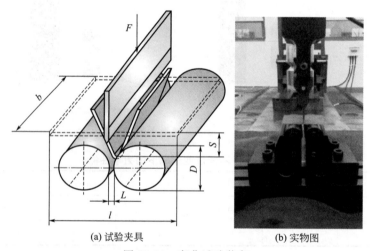

(a) 试验夹具　　(b) 实物图

图 13-96　弯曲试验装备

文献 [110] 中研究了几种国内外生产的零件的冷弯性能，材料均为 22MnB5，供货状态和热冲压成形后的组织见图 13-97，试验所测得的冷弯角度见表 13-32。从表中数据可以看出，从零件上取样所得几种零件的冷弯角基本相当，均未达到奔驰、宝马的相关要求。在文献中曾详细观察了拉伸断口和弯曲断口的相关情况，分析了冷弯角度较低的原因，提出了改进冷弯角度的方法和措施。

表 13-32　试样的弯曲角度和硬度

编号	零件	宽度/mm	角度(VDA 238-100)/(°)					硬度平均值(HRC)
			1	2	3	4	平均	
1~20	进口防撞杆	20	46.0	54.5	46.7	48.2	48.9	45.6
1~30		30	46.1	44.1	45.7	45.2	45.3	45.5
1~60		60	46.3	46.0	46.1	46.0	46.1	45.6
2	进口B柱	60	43.3	46.9	44.3	47.1	45.4	45.4

续表

编号	零件	宽度/mm	角度(VDA 238-100)/(°)					硬度平均值(HRC)
			1	2	3	4	平均	
3	国产A柱	60	49	50.9	48.5	54.8	50.8	47.3

此外，中汽院用叠片冲击来评价热冲压成形后的材料的韧性，有关结果尚需研究。

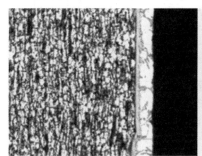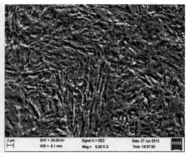

(a) 钢板供货状态组织　　　　　　(b) 1号样品的组织(SEM)

图 13-97　钢板供货状态和 1 号样品的组织

13.11.3　热冲压成形质量的检测和构件功能的检测

对热成形零件应进行力学性能、显微组织、尺寸精度、刚度及动态性能检测，文献［111］曾基于磁性 MBN（magnetic Barkhausen noise）开发了热冲压成形零件硬度的非破坏检测装置，为热冲压成形零件的质量快速检测提供了有前景的检测手段。在这些相关参量合格后，还要进行零件整体的性能检测，包括静压、冲击、落锤等。热冲压成形安全件如门防撞杆、前后保险杠等要进行零部件的相关试验。热冲压成形零件又是轻量化的零件，因此必须进行刚度和碰撞吸能等方面的检测，还需增加整个零件的冷弯性能的检测。

Gestamp 公司对一些零件进行台车碰撞试验，台车重量 1500kg，速度为 21km/h，当台车重量 2500kg，速度可降为 17km/h；如果用落锤试验，当落锤重量为 1000kg 时，速度为 17km/h，当落锤重量 2500kg，速度为 10km/h。这些试验都可以记录载荷、位移、速度和加速度的测量，用高速相机记录试验时零件的变形过程。对车门进行静压试验时，标准为 FMVSS214 静压溃试验，见图 13-98[112]。门侧边压溃时的载荷-位移曲线见图 13-99。对门 B 柱和保险杠都可以用类似的压溃试验、台车碰撞来测定热成形零件的破坏形式、压溃和撞击吸能，以判断零件的整体质量和能否满足使用要求。具体检测的数据要求要根据不同车型、不同零件进行确定。

(a) 试验前　　　　　　　　　　(b) 试验后

图 13-98　门总成的静压溃试验

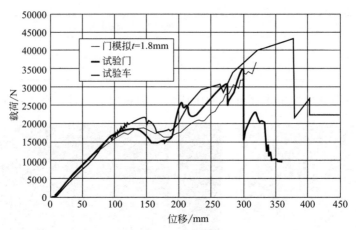

图 13-99　门侧边压溃时的载荷-位移曲线

13.12　热冲压成形零件的后续加工

(1) 零件的激光切割技术

激光切割是热冲压成形零件最后加工成形的工艺技术，激光切割的工艺参数将影响切割面的质量和加工精度，切割加工面临近的热影响区的组织，激光切割输入能量的大小还会影响到切割面附近的工件的变形，因此对激光切割技术和装备应进行合理的制定和选择。文献 [113] 曾对相硬化零件激光切割的周期性条纹和显微组织进行了模拟，计算了激光切割时横截面的温度场、表面形貌以及相关的影响因素。图 13-100 示出了三种类型的数字表面预测形貌，图 13-101 示出了热影响区的组织形貌，根据预测和试验结果，对激光切割工艺参数的制定提出了建议。在文献 [114] 曾进行了 3D 光纤激光切割机器人对热冲压成形门防撞杆的切割加工工艺的优化研究，在激光切割中通过引入摄影测量技术，得到了尚未切割的 3D 模型，从而推出了离线程序的创新方法，通过事先避免交界面干涉、选择合适的介入点、调整法向常数和合适的工艺参数，改进了切割质量和切割效率。

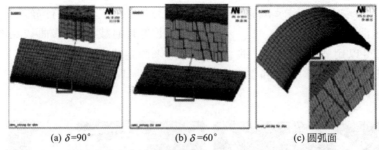

图 13-100　三种数字表面预测形貌（400W；1.8m/min；0.6MPa）

(2) 热冲压超高强度板的点焊技术

通常，点焊焊核的直径和板材的厚度相关，并已提出了一系列的经验方程[115]，这类经验方程多半是对低碳钢或低强度钢应用计算板厚和焊核大小的（见第 9 章图 9-142），但这类方程中哪一个更适合于高强度钢的应用，尚需进行较多的试验。该图同样也提供了选择焊核直径的一些经验计算方法。

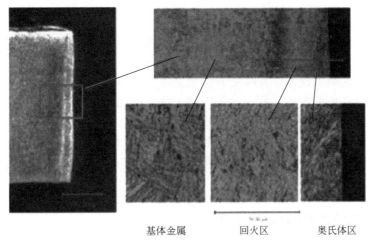

图 13-101　HAZ 的微观组织

基体金属　回火区　奥氏体区

文献 [116] 对连接技术——电阻点焊进行了研究，所用试样为 1500MPa 的热冲压成形钢，板厚是 1.8mm，研究了焊接电流、焊接时间、电极压力对最大剪切力的影响以及对熔核直径的影响，有关试验结果见图 13-102。目前正在探讨点焊冲击状态下的失效模式和焊核直径、板材厚度、冲击功之间的关系。

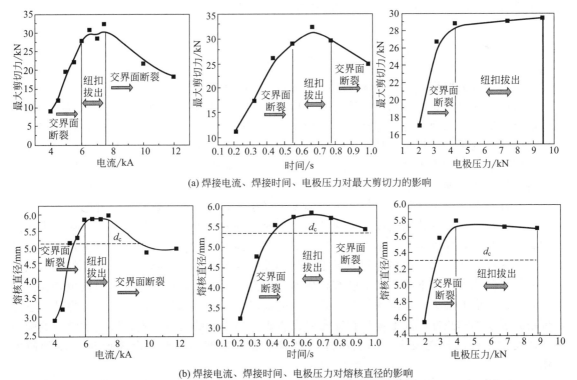

(a) 焊接电流、焊接时间、电极压力对最大剪切力的影响

(b) 焊接电流、焊接时间、电极压力对熔核直径的影响

图 13-102　焊接工艺参数对热冲压成形钢最大剪切力和熔核直径的影响

点焊工艺对电焊后工件的失效模式有重要影响，在第 4 章表 4-7 列出了在点焊冲击条件下点焊部位的冲击吸能与失效模式之间的关系，可以看出，不同的失效模式如交界面剪切、纽扣拔出和焊接部位的撕裂，其冲击吸能相差一个数量级。第 4 章图 4-26 示出了点焊冲击

的载荷-位移曲线。

(3) 喷丸

为降低热成形原材料的成本，裸板的应用越来越多，即使在有保护气氛的炉中，由于工件传输在空气中，也很难避免工件表面发生氧化，为去掉这层氧化皮，喷丸处理是一种简单有效的方法。目前的喷丸设备，其喷丸参量包括丸粒的速度、喷丸的流量、丸粒的大小等，可调范围有限。喷丸机的生产厂家，对于不同工件的喷丸效果和相关喷丸参量之间的关系缺乏相关试验数据的支持，因此喷丸工艺和喷丸机的功能、柔性化和各种参量数据库的建设，尚需进行大量的工作，以使不同类型热成形工件在喷丸处理时既可有效地消除工件表面的氧化皮，达到工件的光亮，满足使用要求，又不产生过喷丸，导致工件由于残留应力的影响发生变形。

13.13 热冲压成形的热点[117, 118]

近年来，随着热冲压成形技术的发展、扩大应用和汽车行业对热冲压成形应用的零件性能要求的多样化以及我国大量引进国外的热冲压成形生产线，热成形产生了一系列的焦点和热点，现从以下几个方面对焦点和热点进行分析。

① 关于热冲压零件的强度问题。目前广泛应用的 22MnB5 抗拉强度一般按 1500MPa 计算，屈服强度按 1200MPa，近年来，结合轻量化的需求，有开发抗拉强度 1800MPa 和 2000MPa 的热成形钢。按照零件厚度的拇指法则，用式(13-55) 来确定零件的厚度和强度之间的关系。

$$1-\frac{t_2}{t_1}=1-\left(\frac{\sigma_1}{\sigma_2}\right)^n \tag{13-55}$$

式中，零件的厚度 t_2、t_1 与材料的强度 σ_1、σ_2 相对应。

对弯曲的应力状态，如门的防撞杆、前后防撞梁、门B柱等构件基本上承受弯曲应力，强度的提升有可能减薄零件，即轻量化；但是厚度较薄意味着零件刚度的下降，这两者之间需要一个合理的平衡。汽车零件的厚度与刚度密切相关，刚度影响零件的振动、噪声、撞击吸能，因此热冲压成形零件的强度 1500MPa 是否已经到极限值，是否还需要开发 1800MPa 的材料，进一步减薄？除了考虑零件刚度之外，进一步减薄还将影响到热冲压时零件的工艺性能，零件越薄，出炉后工件在空气中的温度下降越快，为保证在热冲压零件时发生马氏体转变，必须加快零件的传输速度，以保证热成形时零件的温度，能够保证在成形后淬火所需要的温度。另外，强度越高，钢中碳含量越高；马氏体的脆性与钢中碳含量有密切关系，因此在强度提高时还必须考虑热冲压成形零件强韧性的匹配。在强度越高时，零件的延迟断裂抗力和氢脆的能力也会下降，目前已有热成形零件发生延迟断裂；因此这一因素也是在强度提高时应该考虑的因素。强度的提升，碳含量的提高，还会影响热成形零件的可焊性，已经发现超高强度钢和热冲压成形零件在冲击时发生焊点不正常的失效模式，影响了焊点的吸能和高强度钢零件的性能发挥。综上所述，热成形零件强度的提升，尚需要进一步的研发工作。

② 热冲压成形板状试样冷弯性能的相关问题。宝马公司和奔驰公司对热成形后零件上取样，按标准 VDA 238-100 late bending test for metallic materials 进行冷弯试验，要求冷弯角度分别大于 60°和 65°；按这种冷弯方法，目前 90% 22MnB5 所制零件都难以满足这一要求，这一角度制定的依据是什么？它和材料的强韧性有什么关系？和热冲压成形件撞击吸能有什么关系？和热成形零件的氢脆和延迟断裂抗力有什么关系？都需要进一步的研究和量

化。有人曾发现，22MnB5 钢表面有一定的脱碳层，会改进热成形后的冷弯角度，但表面脱碳会降低表层的强度和零件的综合强度，它是否会影响撞击吸能，也需要进一步研究和量化。

③ 镀层板问题。长期以来，热成形采用铝硅镀层板，是安塞乐米塔尔对这一镀层板的应用申报了发明专利，据了解，该专利的保护期至少还有 10 年以上，这种镀层板对保护热冲压成形时钢板表面不受氧化具有良好作用，同时也可以减少冲压时的摩擦系数，提高成形性，减少模具磨损。由于是专利产品，板材价格偏高，影响板材的应用和热成形零件性价比的提升，在工艺上，这类镀层板当快速加热时，由于镀层和基体钢板的膨胀系数不同，加热速度较快时，容易发生微裂纹，影响随后的冲压性能和使用时油漆的表面质量和光鲜性。因此长期以来热冲压成形工艺规定加热时间为 300~330s，为保证这一加热时间，对辊道式的加热炉，炉膛的长度就比较长，对多层箱式炉，加热的层数较多，增加了投资，影响了生产率。在薄板加热时，一般 1mm/min 的加热时间已经足够，热成形板材为 1.2~1.8mm/min，这种厚度的板材，加热和保温时间为 200s 已经足够（22MnB5 的合金成分简单，只要给足够的时间使 Mn 扩散均匀就好）。考虑到辐射加热、表面的黑度系数、不同的表面状态，加热时间会有出入，总体来讲，加热时间可较大幅度缩短。对裸板，加热时间缩短，既可节能，又可提高生产率，同时减少氧化。铝硅镀层板可以去掉喷丸工序，是一个重要的优点。近来一些公司开始试验镀锌板（即 GA 板），这类镀锌板实际上是在热浸镀锌后进行退火处理，在表面形成一层锌铁合金层，二者结合得很好，这类板材在热冲压加热时，可以快速加热，不会产生微裂纹。GA 板的加热温度比铝硅镀层板低，温度一般不高于 900℃，因此对成形过程中工件的传动速度要求更高。加热温度过高，会产生液态锌沿晶界扩散，发生液态金属诱发脆性，在热成形加热后，表面会产生一些氧化物，在加热后冲压时锌层会产生微裂纹，这些都影响到 GA 板随后的表面形貌，因此通常在热成形之后的零件要经过喷丸处理，镀锌层会影响喷丸后的粉尘和环境。关于镀锌板的热成形工艺和推广应用，还需要进一步地工作。一般来说，GA 板加热之后镀层的摩擦系数较低，有利于板材的成形，从而改善热冲压件的成形性，提高成品率；但锌镀层会不会黏模，影响模具的精度和寿命，也需要进一步的实践和积累数据。此外，镀锌板喷丸后的点焊工艺以及激光切割加工工艺也需要考虑到镀锌层的影响。

文献 [119] 中表明，裸板在冲压硬化之后，氢致延迟断裂抗力的倾向要低于铝硅涂层板，其原因是在热成形中由于炉中气氛中水蒸气含量会生成部分扩散氢，在冲压过程中被热成形零件吸收，即所谓高温的大气腐蚀。在热成形高温下在铝硅涂层板中水蒸气和铝发生反应生成较多的扩散氢，在热成形后的零件中比裸板吸收更多的扩散氢，吸收的扩散氢在成形后的裸板零件中，室温下更容易自然逸出。热成形后的铝硅涂层零件中，扩散氢吸收得多，烘烤保温时由于铝硅涂层的保护作用，使扩散氢难以逸出。在奥氏体加热过程中，铝硅镀层产生的氢在铝中有高的扩散率，在奥氏体中有高的溶解度，因此奥氏体化过程中氢会被有效地分配到热冲压零件的基体上。铝硅涂层热冲压零件的氢脆就是由于扩散的氢原子和位错、晶界弱结合引起的，这种脆性的特征是三点弯曲时最大载荷下伸长率和弯曲角度显著较小。扩散氢的存在也会导致晶间裂纹和在断口表面的凹坑尺寸细化。热冲压零件的烘烤硬化处理，可以释放热冲压零件中吸收的扩散氢，并抑制含铝冲压硬化钢的脆性断裂。关于这方面的相关结果，尚需进一步的工作，以进一步阐明裸板和涂层板氢脆敏感性的高低，同时提出有效的预防措施。目前，裸板热冲压时才采用干燥的还原性的氮气保护气氛，铝硅涂层板一般不通保护气氛，只要空气干燥，上述的扩散氢的进入机制是可以避免的。

④ 热冲压成形的加热炉和加热方式。目前加热炉有两种：一种是多层箱式炉，这类炉

子灵活、节能、使用方便，占地面积小，但对炉门的开闭机构和工件传输的自动化水平要求较高，适合于多品种、少批量生产。对某些零件，在工艺和设备调试稳定的条件下，也可以大批量生产。另一种炉子是辊道式炉子，这类炉子投资大、占地面积大，如生产铝硅镀层板，高温状态下的辊子黏附镀层的可能性较大，影响辊子的寿命，工件的黏附会导致工件在炉子中跑偏。炉子适合于裸板大批量生产，是否适合于镀锌板也有待试验。这类炉子工件的传输比较简单，自动化部分投资小，工件出炉到压机的传输时间短，冲压成形温度容易控制。考虑到上述情况，如果企业建两条生产线，建议采用两种炉子的加热模式，以兼顾两种加热炉的优点，又合理避开它们的不足。

在热冲压成形的加热方式中，除了上述两种类型炉子采用辐射加热外，目前的加热方式还有直接通电加热，但这种加热方式只适合于形状规则、简单的板坯，铝硅镀层板由于加热速度快，镀层还有发生微裂纹的危险。对于扭力梁这类工件，采用这种加热方式具有热效率高、投资小、工艺过程简单、控制容易等优点。直接通电加热的有关工艺尚需进一步的试验和验证。另一种是感应加热，同样适合于形状简单的板坯，但需要有感应发生器和感应圈，对强度柔性分布板坯的局部加热，这类加热方式有一定的优势。以上这两种加热方式，热效率高、加热速度快，但目前在实际生产中的应用报道还少。

⑤ 强度柔性分布的工艺技术。为了满足汽车轻量化和安全碰撞的要求，既要有高的强度，防止碰撞时构件侵入伤害乘员，又要满足工件的吸能要求，对某些安全件提出了强度柔性分布的要求，即一定强度的高吸能部分和超高强度部分的有机融合，由此发展了一系列的强度柔性分布工艺技术，包括模具局部控制的冷却技术、模具局部的加热技术、工件的局部加热技术、工件的"热打印"或"冷打印"技术、激光拼焊板技术、差厚板技术。每种技术都应该有相应的模具结构相匹配。

以B柱为例，其强度理想的柔性分布为B柱的上部希望为超高强度部分，以抵抗伤害物的侵入，保护乘员不受伤害，下部区域希望为一定的强度和高的韧性，以吸收撞击时的能量，中间区域为上下力学性能的过渡区，用这样的零件可以更好地提升汽车的安全性。

a. 通过金属板料局部加热取得强度的柔性分布，即将金属板料在获得高强度的区域被加热到其 A_{c3} 温度以上（高温区），而其他区域的温度被控制在 A_{c1} 与 A_{c3} 之间或 A_{c1} 以下，然后在成形过程中板坯以同一冷却速率淬火，如图13-103所示[120,121]。这种加热方式将会形成高强度马氏体组织区域，中等强度高韧性的铁素体＋珠光体组织区域，以及两个区域间

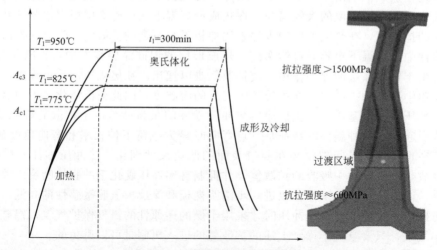

图 13-103　金属板材的局部加热技术

的过渡区域的复相组织（马氏体＋贝氏体＋珠光体＋铁素体）。但这种不同区域形成的不同组织，会影响零件加热和成形时的变形行为和开模回弹变形等。

这种局部加热方式可以通过多种途径实现，其中一种方式是在板料的长度方向上按需分配加热时，完成板料的加热和冲压成形，再在一般模具中冲压成形，但这种方法的模具设计和形状控制难度较大，一般只适用于冲压深度较小或平板类零件[122]。对于形状稍加复杂的零件，可以采用二次热冲压成形，局部加热可采用3D形状的辐射加热和成形板坯。

b. 金属板料局部淬火技术。金属板料的局部淬火技术用于热冲压成形的淬火阶段，通过控制板料不同位置的冷却速率从而控制不同部位的相变，以实现不同部位强度柔性分布。以B柱为例，具体如图13-104所示[120]。

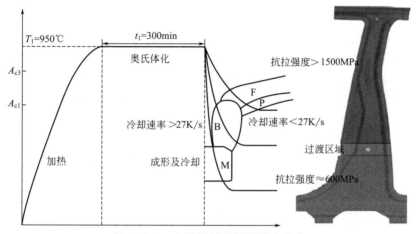

图 13-104　金属板材的局部淬火技术

板料的局部淬火技术一般在模具中完成。通过将模具分块，部分模块与传统模具一样通过冷却系统冷却使板料获得高冷却速率，部分模块可通过加热到一定温度，减少水流量以获得板料所需的较低的冷却速率。板料高温和低温区域之间存在一个温度过渡区域，过渡区域的大小取决于板料的厚度、加热和冷却系统的布置等[123]。在进行模具设计时，除控制模块的温度和冷速外，还可以在一套模具中采用不同热传导系数材料制成的模块，从而通过板料与模具间的热传递，控制不同部位板料热量的向外传递，来达到各部位冷却速率不同的目的[124]。此外，在模具有些部位上开槽，增大该部位模具与板料的间隙，使得该部位只能通过板料自身的热传递和热辐射传热，从而降低该区域板料的冷却速率[125]。

c. 激光拼焊板的热冲压成形工艺。将可热冲压强化的22MnB5和一般淬透性低的低合金高强度钢拼焊在一起，获得不同的强度分布，具体如图13-105所示[126]。

由于拼焊板的两块母材具有不同的板料厚度，因此与通过其他方法制造的力学性能梯度零件相比，由拼焊板制成的热冲压零件具有更明显的轻量化效果和更小的过渡区域[127]。力学性能梯度来源于拼焊板，而拼焊板可以按照需求任意焊接，同时可以灵活地为不同区域进行力学性能分配。此外，拼焊板热冲压成形时模具温度均一，不需要分模块单独控制，所以拼焊板的热冲压成形比使用其他工艺控制策略时更加简单和稳定。

对镀层板，为了满足激光焊接的要求，焊接前必须先去除焊接区的镀层，并且焊缝的存在会导致板料的应力集中，限制热冲压成形过程中拼焊板的成形性能。此外，基于拼焊板的热冲压成形的力学性能梯度零件制造所需的工序时间和成本都会有所增加。

d. 补丁板的热冲压成形工艺。补丁板热冲压成形工艺首先将母材和补丁板热冲压钢板

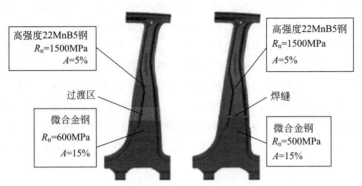

图 13-105 激光拼焊板的热冲压成形

点焊在一起,然后在加热炉中整体加热至 930℃ 左右并保温一定时间,之后在热成形模具内完成冲压成形和保压淬火,具体如图 13-106 所示[128]。补丁板的力学性能梯度可以通过不同厚度和力学性能补丁的选择,以及补丁的分布等实现。这可以降低热冲压成形时相变的控制难度,并获得更精确的零件形状。补丁板是在一块母材上局部增加材料厚度,导致补丁板不同部位与模具的间隙不同,而板料与模具间的接触压力与板料的冷却速率密切相关,在热冲压成形时对模具冷却系统的要求也会相应提高。补丁板是通过点焊而成的,焊点的布置和数量对于补丁板的可靠性、牢固性、零件的成本都有一定程度的影响[129]。

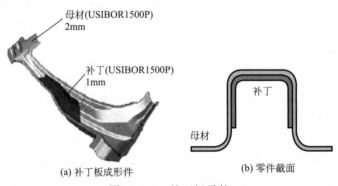

(a) 补丁板成形件 (b) 零件截面

图 13-106 补丁板零件

e. 差厚板的热冲压成形工艺。与拼焊板和补丁板等相比,差厚板是由一种材料制作而成的(如 22MnB5 等),将板料根据零件所需的力学性能及其分布,通过柔性轧制工艺制成沿板料长度方向厚度不均匀分布的差厚板料[121]。由于差厚板的厚度过渡连续,不存在补丁板的厚度突变,在过渡区域能实现更好的载荷分布,见图 13-107。然而,为了确保热冲压成形过程中差厚板与模具表面的合理接触,热冲压模具的设计变得更为复杂。

⑥ 热冲压成形的模具制造技术。热冲压成形模具较为复杂,既保证成形,又要使成形后的构件在模具中进行淬火,得到超高强度的构件。这类模具除具有成形功能外,还具有冷却系统;模具设计制造涉及金属学、相变、流体力学、传热学等多个学科。模具的功能和受力模式也较复杂,目前正围绕模具的失效、模具的延寿、高导热性模具材料的开发、模具的设计和计算机模拟技术、低成本的简易模具的制造技术等方面进行相关的开发和研究。在美国亚特兰大举行的第六届国际热冲压成形会议上,提出为降低激光切割成本,采用热冲压级进模的新的工艺技术,对模具提出了更高的要求,但进入实用阶段,尚有诸多技术工作有待完善。热冲压模具进一步的发展方向是标准化、模块化和集成化,只有如此才可以有效地降

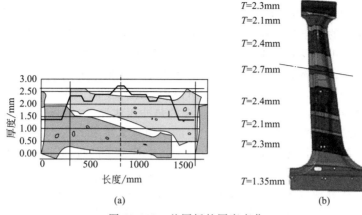

图 13-107 差厚板的厚度变化

低模具成本、缩短模具开发的周期，为延长模具的使用寿命、提高冷却效率，应进一步提升模具用钢的耐磨性、热疲劳性能和提高导热性。

⑦ 热冲压成形零件的检测评价。热冲压成形零件的检测评价包括：

a. 零件形状的检测，要满足热成形零件设计的公差要求。

b. 基本力学性能（包括高速拉伸性能）和组织的检测，满足所用钢种淬火、低温回火组织的性能和显微组织的要求。由于热成形后的零件强度性能很高，在进行热成形力学性能测试时，特别注意屈服、抗拉、伸长率的测试方法和可靠性，使所得数据与组织要能够自洽和互洽，特别注意不同批次零件的不同部位强度性能的分布和零件要求的一致性、重现性、稳定性。

c. 冲压零件的功能检测，包括按零件的受力模式进行冷弯等功能检测。

d. 零件实物碰撞的检测，其结果应与计算机模拟相对应。在进行这些检测时，特别注意零件的失效模式和零件的基本力学性能检测结果、碰撞吸能等数据是否相容。

⑧ 热成形零件的氢脆和延迟断裂。近年来，已有有关超高强度钢和热成形零件氢脆和发生延迟断裂的报道，有的是热成形零件预压后室温停放发生断裂的，经分析是氢和应力引起的典型的延迟断裂，有的是在使用过程中由于安装应力产生的断裂，也是氢和应力综合引起的延迟断裂。随着超高强度热成形零件应用的增多，这类问题越来越引起汽车工业界和热成形领域内有关研发人员的关注。目前该领域内相关问题的研究包括原材料中引起延迟断裂的原子氢的含量及其测试方法；在确定原子氢的含量后，发生断裂的零件中的应力值；对延迟断裂失效模式的评价方法，发生失效的预测；材料的强韧性与延迟断裂之间的关系；为避免发生延迟断裂，材料的冶金过程、热成形工艺过程中应该采取什么措施等。上海交大、中国汽研、华科大利用国家自然科学基金重点研发项目正在进行一些相关研究工作，希望有关结果能对以上问题的解决提供帮助。

⑨ 热成形零件的点焊。点焊工艺对低强度零件已有普遍应用，工艺也较成熟。对超高强度零件的点焊及其评价方法尚有待完善；常用的点焊评价方法是剪切拉伸和十字拉伸，评价点焊接头在准静态负荷模式下焊点的质量和失效模式。对大量汽车碰撞后的高强度结构件点焊的焊点失效观察表明，不少焊点发生焊点拔出和纽扣的分离。通常情况下，焊接工艺的制定是以准静态试验结果为依据的。高强度钢和超高强度钢主要做结构件和车身安全件，它们在碰撞时的失效模式是在高应变速率下发生的，原用准静态下对点焊质量的评价结果已不能表征在冲击载荷模式下焊点的质量和失效抗力；为此东北大学和中国汽研研究了冲击载荷

下焊点的剪切和拉伸的失效吸能的评价方法和相关设备,结果表明在冲击载荷下,如焊点的失效为纽扣分离、纽扣拔出、焊点的撕裂,三种失效模式的冲击吸能分别为 10J、8J 和 110J。不同失效模式的冲击吸能相差一个数量级,用冲击下的焊点吸能和失效模式来确定点焊参数比准静态下更能反映点焊的失效本质,有关这方面的问题尚待进一步深入研究。

此外,激光切割的装备和工艺技术的国产化也是热成形重要的工序和国产化任务,目前已有单位取得了一些进展,但达到生产实用阶段尚需进一步的工作。

⑩ 金属板材热冲压的发展[镁(铝)合金的热冲压成形]。镁合金是目前实际工程应用中密度最小的金属结构材料,在汽车轻量化中的应用越来越受到人们的广泛关注[130],其应用前景相当可观。随着轻量化、降低能耗、减少污染等要求的提高,镁合金在汽车、航空航天、国防军工、机械、电子以及运动器材等行业应用日益广泛,其前景相当可观[131]。

由于纯镁及大部分镁合金均具有密排六方晶体结构(hcp),如图 13-108 所示。其轴比(c/a)值为 1.623,接近于理想的密排值 1.633,最密排面和滑移面为(0001)基面,镁合金具有基面滑移系、棱面滑移系和锥面滑移系等三种独立的滑移系。此外,常温下孪生也是镁合金的主要变形机制,主要有 $\{10\bar{1}2\}$ 拉伸孪生和 $\{10\bar{1}1\}$ 压缩孪生。由于 $\{10\bar{1}2\}$ 孪生的切变量最小,且其所需的临界分解切应力(CRSS)也较小,在常温下最容易发生。$\{10\bar{1}1\}$ 孪生在温度较高或者变形量较大时才能发生。因此,常温下镁合金的变形机制主要为基面滑移和孪生[132]。

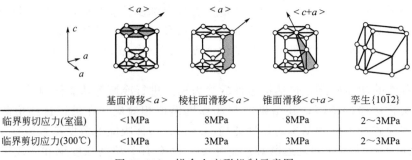

图 13-108 镁合金变形机制示意图

常温下镁合金的基面仅有三个滑移系,而 α-Fe 及铝合金均有 12 个滑移系,导致镁合金在室温下塑性差以及变形加工性能低下,严重制约了镁合金材料的应用。因此,开发高性能镁合金以及先进的塑性成形加工工艺等是近期的重要发展方向。

镁合金基面滑移以及孪生的 CRSS 随温度上升变化不大,但棱面滑移及锥面滑移所需 CRSS 随着温度上升急剧下降,因此镁合金在温热状态下(293~673K)具有很多的滑移系,其成形性能随着加热温度上升逐步升高[133]。据此,近年来发展了较多镁合金在温热状态下的先进成形工艺。

镁合金板的温热成形是指将镁合金板加热至 373~673K 左右进行冲压成形。镁合金板的差温拉深(也有叫不等温成形)成形工艺是在温热成形工艺上发展而来的,其中压边圈和镁合金板加热至成形温度,而凸模内置冷却系统,保持在一定的低温。由于在镁合金板的筒形件等温拉深时,总是在凸模圆角处破裂,对凸模进行冷却使得凸模圆角处的材料温度有所降低,从而提高了材料在凸模圆角处的强度和承载能力,避免了此处由于强度不足导致破裂,提高了镁合金板的拉深性能。差温拉深工艺中,凸模的温度控制以及压边圈的加热温度均是关键控制工艺参数;此外压边力的控制有助于调节凹模圆角处的阻力以及防止板材的起皱,成形过程中的变压边力控制也有利于提高板材的拉深性能。镁合金板的差温拉深工艺对冲压速率非常敏感，除了在高温下的镁合金板本身对变形速率敏感以外，由于凸模圆角处以及筒形件的筒壁处的材料需要被凸模冷却至一定的温度，因此如果冲压速率较大，材料不能被及时冷却，从而达不到差温拉深的效果[134]。

在一定变形条件下，当金属的伸长率达到 200%～1000% 时，可认为金属具备了超塑性，例如镁合金板在 623K 以上，以小于或等于 $10^{-3}s^{-1}$ 的应变速率变形时具有超塑性[135]。镁合金板的超塑性气胀成形（superplastic gas blow forming）便是在此基础上发展而来的，它是将压边圈、凹模（无需凸模）和镁合金板料加热至高温，利用高温气体将板料吹胀贴牢凹模成形。由于在高温下变形速率低以及镁合金的堆垛层错能较低，很容易发生动态再结晶，且晶界扩散速度较快；此外，镁合金板的超塑性变形机制主要是晶界滑动，因而镁合金板在高温低应变速率下表现出非常好的塑性[136]。由于超塑性气胀成形工艺本身的特点，其成形速率非常低，其应用往往受到限制，只能小批量进行零件生产。

近年来，除以上受关注较多的镁合金板先进成形工艺以外，仍有较多处于实验室研究状态的新成形工艺，如镁合金板多步气胀成形（many-stage gas bulging forming）、温热状态的镁合金板增量成形、温热状态的镁合金板电磁成形等。

几乎所有研究表明，镁合金板在温热状态下的成形性能随着成形速率上升而降低，因而所有温热状态下的镁合金板成形工艺中允许的成形速率均较低[137]。对于差温拉深工艺，还需要对凸模设计冷却系统，从而导致零件的生产成本居高不下，限制了镁合金板材在汽车覆盖件上的大批量应用。

一般来说，在达到零件质量要求且不增加制造成本的前提下，汽车零件制造商更希望在常温下进行零件的生产制造。因此，美国通用汽车提出了一种新的在常温下成形的镁（铝）合金板热处理辅助成形工艺，即 PFA 成形工艺，如图 13-109 所示。在该工艺中，零件在常温下预成形至一定的变形量（颈缩前），然后在加热炉中一定温度下进行退火热处理，产生静态回复和静态再结晶，从而消除预成形产生的加工硬化，冷至室温后再将零件进行最终冲压成形[138]。由于 PFA 成形工艺下的冲压成形均在常温下进行，因此相对于温热状态下的镁合金成形，冲压速率大大提高，生产成本得到降低和控制，是一项非常有发展前途的成形工艺。文献［139］对温成形在铝合金的应用上做了大量工作，并提出了 HFQ，为高强度铝合金如 7 系在汽车轻量化中的应用打下了冲压成形的工艺基础，并开发了 7 系的材料，冲制了 B 柱等高强度铝合金零件，拓展了热成形在铝合金中的应用。

⑪ 以宽容的心态对待国产的热冲压成形设备。从防弹钢的研发开始，我国对热成形的关注、发展和应用至今已有 20 年的历史，热成形的快速发展和应用

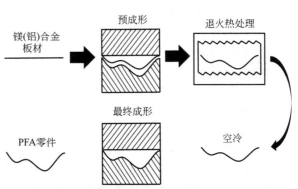

图 13-109　PFA 成形工艺过程示意图

是最近 10 年的事情，笔者目睹了这一先进成形工艺在我国发展的全过程。早期从国外进口热成形零件，国外的一些知名公司在我国设厂，如本特勒，热成形伴随我国汽车工业的发展得到迅速发展，目前中国已有近 100 条生产线，几乎等于世界热成形生产线的总和。在这期间，伴随着市场的需要和国家政策的支持、科技项目的支持，我国近年来在热成形工艺、热成形材料、热成形的应用研究都取得了令人可喜的成绩。目前热成形技术的神秘感已基本破除，随着人们认识的深入，认为热成形就是成形和淬火结合的一些肤浅认识逐步被人们所扬

弃。热成形技术是一种综合性很强的技术，它是成形力学、材料科学、传热学、流体力学、结构力学等多学科的有机融合，才能设计和制造出好的热成形产品。当前技术发展的前提下，它又是机电一体化和全数字化的生产技术和装备，才能稳定生产出质量一致的热成形产品。热成形技术的发展和产品的增多、应用技术的进展有力地支持了我国汽车工业的发展，尤其是为提升国产自主品牌汽车的轻量化效果和安全性做出了突出的贡献。

在引进的100条生产线中，很少引进完整的技术，更很少有单位对引进的装备和技术进行消化吸收和国产化，这种重复大量的引进模式和国家长期倡导的模式"引进、消化、吸收、国产化、再创新"明显背道而驰。作为长期从事这一领域的科技人员，也是一种憾事，好在近年来在国家一些专项的科技项目支持下或者有些企业自主开发了相关的生产线，虽然这些生产线和进口线相比，可靠性尚需提升，某些方面有待完善，但只要大家支持它，以宽容的心态对待开发过程中的问题，我相信热成形的工艺技术和装备制造水平一定会迅速提升，并达到国际先进水平。改革开放后，有些人的"洋奴"思想有所抬头，他们认为国外的技术是完美无缺的，出了问题，首先自己检讨没有掌握国外的先进技术和操作技能，对国内设备实实在在存在的问题和需要改进的问题不敢谈，不愿谈，对国产化的设备只要出现一点问题就吵吵嚷嚷，预置这些新生事物于死地而后快，期望大家能以平和的心态，能以对待进口设备的"宽容"态度对待国产化的技术和装备。热成形国际会议笔者作为会议主席，已成功召开了四届，这一国际会议目前已得到国内外的广泛认可，这表明了我国热成形技术研发水平的进展，相信在不久的将来，我们也一定会和欧洲的最先发起召开的CS_2国际热成形会议一样，成为国际上该领域内相互交流学习的平台。

以上就目前所了解的关于热冲压成形的热点问题，进行了讨论和分析，不少观点仅系个人的看法。虽然近年来笔者在该领域和有关单位合作，并在国家项目的支持下，开展了一些研究，取得了一定的进展，但全面解决热冲压成形上述的问题，还需行业内的有关企业和专家共同努力，对有关热点问题和焦点问题共同讨论，提出解决办法。热冲压成形涉及各个领域，如力学、结构、材料、相变、传热等学科，解决上述问题需要产学研用相结合，协同创新，共同推进该领域的技术进步，为我国汽车工业的轻量化和安全水平的提升做出新的贡献。与此同时，我国的热冲压成形也会得到更快的发展，逐步形成有中国特色的装备、工艺和技术。

小结

本章对热成形研究进展进行了系统的论述。热成形始于20世纪60~80年代，经过了几十年的发展，该技术已在汽车上广泛应用，为汽车工业轻量化和安全性的提升做出了突出的贡献。热成形技术从21世纪2010年逐步为我国一些汽车行业所认识，初始由于热成形的工艺技术和产品为国外垄断，产品价格较高，影响了该技术在我国的发展和应用。近20年来，在国家的科技项目支持下，更主要是我国汽车工业迅速的发展，对汽车轻量化和安全性提升技术的需求，使得热成形在我国快速发展，人们才充分认识到热冲压成形时材料科学、相变学、流体力学、传热学、结构力学等多种学科的综合和集成，加上机电一体化设备，才能生产出质量稳定的热成形零件。目前，我国在热冲压成形工艺技术、材料、零件的结构设计、热成形零件的检测和评价等方面，取得了诸多进展和成果，有力地推动了热成形在我国的扩大应用。从2014~2018年召开的4届国际会议中，和国外高校和企业进行了广泛的交流，我国在热成形技术方面的进步和市场，得到了国外的广泛认可。近100条生产线的引进、热成形产量的增大、价格的下降，为在国产自主品牌上的应用提供了条件，有利于国产自主品牌轻量化和安全性的提升，但从另外意义上说，花了大量的外汇，把热成形设备大量的利润提供给了国外公司，这是件令人遗憾的事情。今天在 04 专项的支持下，和某些有志的企业开发了国产的热冲压成形生产线，笔者希望有关企业能以平和、宽容的心态来帮助改进国产生产线中的相关问题，进一步完善各种功能，不能用极低价格的国产设备而要求具有国外高价进口设备的同样功能。价格和功能有一个合理的平衡点，相信在这种心态下，国产热冲压成形生产线，一定会进一步完善，尽快改善和达到国际先进水平。

参 考 文 献

[1] BERGLUND G. The history of hardening of boron steel in northern Sweden. 1st International Conference on Hot Sheet Metal Forming of High-Performance Steel，Kassel，Germany，2008：175-177.

[2] ASPACHER J. Forming hardening concepts. 1st International Conference on Hot Sheet Metal Forming of High-Performance Steel，Kassel，Germany，2008：77-81.

[3] 马鸣图，孙智富，马豫昊，等. ZL 2011 1 0126218.8 一种强度柔性分布的热冲压成形汽车零件及控制方法.

[4] Mark Jonsson. Hot stamped technology boron steel. Gestamp company. 2008. Seminor. APT company.

[5] Patent GB1490535A. Manufacturing a hardened steel article，Norrbottents Jaernverk AB，1977.

[6] ASPACHER J，et al. Forming hardening concepts. 1st International Conference on Hot Sheet Metal-Forming of High-Performance Steel，Kassel，Germany，2008：77-81.

[7] 上海宝钢热成形技术培训会议，2010.

[8] NADERI M，DURRENBERGER L，MOLINAI A，et al. Constitutive relationships for 22MnB5 boron steel deformed isothermally at high temperatures. Materials Science and Engineering A 2008，478：130-139.

[9] ADAMCZYK J，OZGOWICZ W，WUSATOWSKI R. Boron-treated microalloyed quenched and tempered plates，their structure and properties. Journal of Materials Processing Technology，1997，64.

[10] ISHIKAWA S，PFAENDTNER J A，MCMAHON C J. The effect of boron on stress-relief cracking of alloy steels. Materials Science and Engineering A，1999，272.

[11] Eriksson Magnus，OLDENBURG M，SOMAN M C. Testing and evaluation of material data for analysis of forming and hardening of boron steel component. Modeling and simulation in materials science and engineering，2002，10：277-294.

[12] MERKLEIN M，LECHLER J，Stöhr T. Characterization of tribological and thermal properties of metallic coating for hot stamping boron-manganese steels. Proceedings of the 7th International Conference Coatings in Manufacturing Engineering，Chalkidiki，Greece，2008：219-228.

[13] SOMANI M C，KARJALAINEN L P，ERIKSSON M，et al. Dimensional Changes and Microstructure Evolution in a B-bearing Steel in the Simulated Forming and Quenching Process. ISIJ International，2001，4：361-367.

[14] Garcia Aranda L，CHASTEL Y，Fernández Pascual J，et al. Experiments and simulation of hot stamping of quenchable steels. Advanced Technology of Plasticity，2002，2：1135-1140.

[15] 王利，杨雄飞，陆匠心. 汽车轻量化用高强度钢板的发展. 钢铁，2006，41（9）：1-8.

[16] 关洪涛. 日本汽车金属材料应用发展及变化特征. 汽车工艺与材料，2006（7）：1-6.

[17] 王洪俊，范海雁. 轿车车身零件制造中的热成形技术. 模具制造，2005（4）：32-34.

[18] Lu Hongzhou，Zhang Shiqi，Jian Bian，et al. Solution for Hydrogen-Induced Delayed Fracture in Hot Stamping [C]，International Conference on Hot Stamping of UHSS，2014：89-93.

[19] Jian Bian，Wang Li，MOHRBACHER H，et al. Development of Niobium Alloyed Press Hardening Steel with Improved Properties for Crash Performance [C]. International Conference on Hot Stamping of UHSS，2014：60-73.

[20] Kazuo Hikida，Toshinobu Noshibata，Hirohiss Kikuchi，et al. Properties of New TS1800 MPa Grade Hot Stamping Steel and Application for Bumper Beam，Proceedings of Hot sheet metal forming of

high-performance steel, 4th International Conference: 127-136.

[21] Song Leifeng, Ma Mingtu, Guo Yihui, et al. Research Status and Progress of Hot Stamping [J]. 2012, 10 (6): 51-61.

[22] Song Leifeng, Ma Mingtu, Zhang Yisheng, et al. 热冲压成形新型 B 钢的开发与工艺研究 [J]. 中国工程科学, 2014, 16 (1): 71-75.

[23] 马鸣图. V 对弹簧钢 35SiMnB 淬透性的影响. 特殊钢, 2001, 10: 11-14.

[24] HODGSON P, CAI M H, ROLFE B. Hot forming of medium Mn steels with TRIP effect. proceedings of the 2nd international conference, edied by Zhang Yisheng, Ma Mingtu. World Scientific: 27-34.

[25] BORSETTO F, GHIOTTI A, BRUSCHI S. Investigation of the high strength Steel Al-Si coating during hot stamping operations. Key Engineering Materials, 2009, 410-411, 289-296.

[26] 王凯. 热成形钢铝硅及锌基镀层组织转变与形变开裂研究. 华中科技大学博士论文, 2017.

[27] DURRENBERGER L. Forming limit curves at high temperatures. 重庆: 交流资料, 2012.

[28] Sun Zhifu, Ma Mingtu, Ma Fangwu, et al. The Test Device for Heat Friction Coefficient of High Strength Steel [J]. Engineering Sciences, 2012, 10 (6): 75-78.

[29] YANAGIDA A, AZUSHIMA A. Evaluation of Coefficients of Friction in Hot Stamping by Hot Flat Drawing Test [J]. CIRP Annals-Manufacturing Technology, 2009, 58: 247-250.

[30] Gui Zhongxiang, Liang Weikang, Liu Yong, et al. Thermo-mechanical Behavior of The Al-Si Alloy Coated Hot Stamping Boron Steel. Materials and Design, 2014, 60: 26-33.

[31] Mario Schrenk, Christian Peuker, Friedrich Franek, et al. Oxidation of Uncoated 22MnB5 Steel Grades for Hot Stamping Applications. Proceedings of Hot sheet metal forming of high-performance steel, 4th International Conference: 161-166.

[32] CHUNG C H, HUNG T H, TSAI H K. Development of a friction testing apparatus and friction behavior of boron steels with different surface coating. proceedings of the 2nd international conference, edied by Yisheng Zhang, Mingtu Ma. World Scientific: 573-579.

[33] LECHLER, J, MERKLEIN M. Hot stamping of ultra strength steels as a key technology for lightweight construction. Materials Science and Technology (MS&T), Pittsburgh, Pennsylvania, 2008: 1698-1709.

[34] AUSTERHOFF N, ROSTEK W. Hot Stamping und Wärmebehandlung von höchstfesten Stählen am Beispiel von Karosserie- und Fahrwerksbauteilen. In: Stahl-Spaceframes contra Schalenbauweise, Tagungsband zur 5. Europäischen Karosserie-Leichtbau-Konferenz, Bad Neuheim, Germany, 2002: 1-10.

[35] STOPP R, SCHALLER L, LAMPRECHT K. et al. Warmblechumformung in der Automobil-Serienfertigung: Status, Trends und Potenziale. Tagungsband 2. Erlanger Workshop Warmblechumformung, Erlangen, Germany, 2007: 23-36.

[36] LECHLER J. Grundlegende Untersuchungen zur Beschreibung und Modellierung doWerkstoffverhaltens von presshärtbaren Bor-Manganstählen. Dr. -Ing. Dissertation, LFT, 2009.

[37] LENZE F J, BANIK J, SIKORA S. Applications of hot formed parts for body in white. International Deep Drawing Research Group IDDRG, 2008: 511-519.

[38] BEHRENS B A, Hübner S, DEMIR M. Conductive heating system for hot sheet metal forming. 1st International Conference on Hot Sheet Metal Forming of High-Performance Steel, Kassel, Germany, 2008: 63-68.

[39] KOLLECK R, VEIT R, HOFMANN H, et al. Alternative heating concepts for hot sheet metal forming. 1st International Conference on Hot Sheet Metal Forming of High-Performance Steel, Kassel, Germany, 2008: 239-246.

[40] KOLLECK R, VEIT R, MERKLEIN M, et al. Investigation on induction heating for hot stamping of

boron alloyed steels. CIRP Annals- Manufacturing Technology, 2009, 58, 275-278.

[41] MORI K, MAKI S. Warm and Hot Stamping of Ultra High Tensile Strength Steel Sheets Using Resistance Heating [J]. Manufacturing Technology, 2008 (57): 321-324.

[42] 马鸣图, 吴宝榕. 双相钢——物理和力学冶金 [M]. 北京: 冶金工业出版社, 2009.

[43] STEINBEISS H, SO H, MICHELITSCH T, et al. Method for optimizing the cooling design of hot samping tools. Production Engineering - Research and Development, 2007, 1 (2): 149-155.

[44] KUHN, D, KOLLECK R. Warmumformung - den höheren Festigkeiten folgend. MM das Industries Magazine, 2006, 17: 86-87.

[45] FREIECK U. In zwei Wochen zum Serienwerkzeug. Blech, 2007, 2, 46-47.

[46] STEINMETZ. Form Hardening Concepts, CMF'08-Conference, 2008 (12): 95-98.

[47] HOFFMANN H, SO H, STEINBEISS H. Design of Hot Stamping Tools with Cooling System. Annals of the CIRP, 2007, 56 (1): 269-272.

[48] PARTEDER Erik, RIEDEL Hermann, Sun Dong zi. Simulation of hot forming processes of refractory metals using porous metal plasticity models. International Journal of Refractory Metals & Hard Materials, 2002, 20: 287-293.

[49] CHENOT J-L, MASSONI E. Finite element modelling and control of new metal forming processes. International Journal of Machine Tools & Manufacture, 2006, 46: 1194-1200.

[50] TURETTA A, BRUSCHI S, GHIOTTI A. Investigation of 22MnB5 formability in hot stamping operations. Journal of Materials Processing Technology 2006, 177: 396-400.

[51] XINGA Z W, BAO J, YANG Y Y. Numerical simulation of hot stamping of quenchable boron steel. Materials Science and Engineering A, 2009, 499: 28-31.

[52] BARIANI P F, BRUSCHI S, GHIOTTI A, et al. Testing formability in the hot stamping of HSS/ CIRP. Annals- Manufacturing Technology, 2008, 57: 265-268.

[53] BERGMAN G, OLDENBURG M. A Finite Element Model for Thermo-mechanical Analysis of Sheet-metal Forming. International Journal for Numerical Methods in Engineering, 59: 1167-1186.

[54] DENBURG M, Åkerström P, BERGMAN G. Simulation of the microstructure evolution in a press hardened component. 1st International Conference on Hot Sheet Metal Forming of High-Performance Steel, Kassel, Germany, 2008: 3-13.

[55] JESWIET J, GEIGER M, ENGEL U, et al. Metal forming progress since 2000. CIRP Journal of Manufacturing Technology, 2008: 12-17.

[56] HEIN P. A global approach of the finite element simulation of hot stamping. Advanced Materials Research, 2005, 6-7: 763-770.

[57] KARBASIAN H, BROSIUS. Numerical process design of hot stamping processes based on verified thermo-mechanical characteristics. Materials Science and Technology (MS&T), Pittsburgh, Pennsylvania, 2008: 1733-1743.

[58] Åkerström P, BERGMAN G, OLDENBURG M. Numerical Implementation of a Constitutive Model for Simulation of Hot Stamping. Materials Science and Engineering, 2007, 15: 105-119.

[59] 谭志耀, 等. 超高强度钢板热冲压成形基础研究. 同济大学硕士学位论文, 2006.

[60] FORSTNER K, STROBICH S, BUCHMAYR B. Heat transfer during press hardening. International Deep Drawing Research Group IDDRG, Györ, Hungary, 2007: 609-613.

[61] HOFF C. Untersuchung der Prozesseinflussgrößen beim Presshärten des höchstfesten Vergütungsstahls 22MnB5. Dr. -Ing. Dissertation, LFT, University of Erlangen-Nuremberg, 2007.

[62] KARBASIAN H. KLIMMEK C, BROSIUS A, et al. Identification of thermo-mechanical interaction during hot stamping by means of design of experiments for numerical process design. Numisheet, Interlaken, Switzerland, 2008: 575-579.

[63] Paul Akerstrom. Modelling and Simulation of Hot Stamping [M]. Department of Applied Physics and

Mechanical Engineering Division of Solid Mechanics,Lulea University of Technology. 2006:30.

[64] SELLARS C M. Evaluation of interfacial heat transfer and friction conditions and their effect on hot forming processes. In 37th mechanical and steel processing conference, Hamilton, Ontario, Canada, October 1995.

[65] AKERSTROM P. Material parameter estimation for boron steel from simultaneous cooling and compression experiments,2005:1291-1308.

[66] DE WITT D P. Fundamentals of heat and mass transfer John Wiley Sons, New York, third edition, 1990. ISBN O-471-51729-1.

[67] 王立影,等. 热冲压成形模具冷却系统临界水流速度研究 [J]. 机械设计,2008,25 (40):15-17.

[68] 林建平,等. 超高强度钢板热成形板料温度的解析模型研究 [J]. 锻压技术,2009,34 (1):20-23.

[69] MERKLEIN M,LECHLER J. Investigation of the thermo-mechanical properties of hot stamping steels. Journal of Materials Processing Technology,2006,177:452-455.

[70] MERKLEIN M,LECHLER J. Determination of material and process characteristics for hot stamping processes of high strength steels with respect to a FE-based process design. SAE, Paper No. 2008-0853.

[71] AKERSTROM P,OLDENBURG M. Studies of the thermo-mechanical material response of a Boron steel by inverse modeling [J]. 2004,120:625-633.

[72] HALLQUIST J O. LS-DYNA Theoretical manual,LSTC,May 1998.

[73] HOCHHOLDINGER B,GRASS H,LIPP A,et al. Modeling and determination of flow curves for the simulation of hot forming. International Deep Drawing Research Group IDDRG, Golden, CO, USA,2009:659-669.

[74] DURRENBERGER L,WILSIUS J,HEIN P. Impact of the constitutive model on the hot-forming numerical predictions of usibor 1500P,2nd International Conference on Hot Sheet Metal Forming of High-Performance Steel,Luleå,Sweden,2009:51-58.

[75] DURRENBERGER L,BLECK W. The effects of non-isothermal deformation on martensitc transformation in 22MnB5 steel. Materials Science and Engineering,A 2008,478:445-455.

[76] 谷诤巍,徐勇,等. 高强度钢板冷冲压成形数值模拟研究 [J]. 汽车工艺与材料,2010 (1):68-70.

[77] KOESTINEN D P,MARBURGER R E. A general equation prescribing the extent of the austenite martensite transformations in pure iron-carbon alloys and plain carbon steels. Acta Metall,39:59-60.

[78] LOMAKIN V A. Transformation of austenite under nonisothermal cooling. Mech. And Machine,2: 20-25.

[79] INOUE T,Wang Z. Coupling between stress, temperature and metallic structures during processes involving phase transformations. Material Science and Technology,1 (10):845-850.

[80] Liu G,Liu Z. Study of the effects of stress and strain on martensite transformation Journal of Computer Aided Materials Design,2000,7:63-69.

[81] PELLEGRINI D,LECHLER J,GHIOTTI A,et al. Interlaboratory comparison of forming limit curves for hot stamping of high strength steels. Key Engineering Materials,2009,410-411:297-304.

[82] BARDELCIK A,SALISBURY C P,WINKLER S,et al. Effect of cooling rate on the high strain rate properties of boron steel [J]. International Journal of Impact Engineering,2010,37 (6):694-702.

[83] BARIANI P F,BRUSCHI S,GHIOTTI A,et al. Testing formability in the hot stamping of HSS [J]. CIRP Annals - Manufacturing Technology,2008,57:265-268.

[84] DAHAN Y,CHASTEL Y,DUROUX P,et al. Procedure for the experimental limit curve for USIBOR 1500 P. International Deep Drawing Research Group IDDRG,Györ,Hungary,2007:125-132.

[85] Stöhr T,MERKLEIN M,LECHLER J. Determination of frictional and thermal characteristics for hot stamping with respect to a numerical process design. 1st International Conference on Hot Sheet Metal Forming of High-Performance Steel,Kassel,Germany,2008,293-300:32-43.

[86] SIEBEL E,Beisswänger H. Tiefziehen,München,Hanser-Verlag. 1955.

[87] GHIOTTI A, PELLEGRINI D, BRUSCHI S. Feasibility of producing tailored microstructures in hot stamped sheet components. IDDRG, Golden, CO, USA, 2009: 941-950.

[88] BOWDEN F P, TABOR D. The Friction and Lubricants of Solids, Oxford University Press, ISBN 0-19-852026-3.

[89] JOHNSON, COOK. A constitutive model and data for metals subjected to large strains, high strain rates and high temperatures, April, 1983.

[90] OLDENBURG M, AKERSTROM P, BERGMAN G, et al. Simulation and evaluation of phase transformations and mechanical response in the hot stamping process. AIP Conference Proceedings, 2007, 908: 1181-1186.

[91] 桂中祥, 张宜生, 王子健. 基于热-力相变耦合的B柱热冲压成形全过程仿真 [J]. 锻压技术, 2012, 37 (6): 193-197.

[92] 谭海林, 张宜生, 桂中祥, 等. 奥迪B柱热冲压成形热-力-相变耦合仿真分析 [J]. 热加工工艺, 2003, 42 (1): 67-69.

[93] Zhu B, Zhang Y S, Li J, et al. Simulation research of hot stamping and phase transition of automotive high strength steel. Materials Research Innovations, 2011, 15 (1): s426-s430.

[94] 郭怡晖, 马鸣图, 张宜生, 等. 汽车前防撞梁的热冲压成形数值模拟与试验 [J]. 锻压技术, 2013, 38 (3): 46-50.

[95] 郭怡晖, 马鸣图, 张宜生, 等. 前防撞梁零件的热成形试制研究 [J]. 中国工程科学, 2014, 16 (1): 76-80.

[96] 郭怡晖, 马鸣图, 张宜生, 等. 汽车前防撞梁热成形冷却过程温度场数值模拟 [J]. 塑性工程学报, 2013, 20 (5): 45-49.

[97] 桂中祥, 张宜生, 李洪庆, 等. 汽车保险杠热冲压成形及坯料形状设计 [J]. 锻压技术, 2013, 38 (3): 19-23.

[98] Guo Yihui, Ma Mingtu, Fang Gang, et al. Numerical Simulation of Hot Stamping of Side Impact Beam [J]. Engineering Sciences, 2012, 10 (6): 62-66.

[99] Wang Chao, Zhu Bin, Zhang Yisheng. et al. Hot-Stamping Process Simulation and Optimize Research for CollisionBeam of Automobile Door [J]. Advanced Materials Research, 2011, 201-203: 3-8.

[100] Hu Ping, Ma Ning, Liu Lizhong, et al. Theories, Methods and Numerical Technology of Sheet Metal Cold and Hot Forming: Analysis, Simulation and Engineering Applications, Springer. 2012.

[101] BARDELCIK A, WORSWICK M J, WINKLER S, et al. A strain rate sensitive constitutive model for quenched boron steel with tailored properties. International Journal of Impact Engineering, 2012, 50: 49-62.

[102] Lin Jianping, Li Fangfang, Min Junying. Recent developments and challenges in hot stamping of boron steel. In Advanced High Strength Steel and Press Hardening: Proceedings of the 2nd International Conference (ICHSU2015), pp. 3-7, October 2015, Changsha China.

[103] 牛耀民. 连续降温热冲压零件的开模变形与控制. 上海: 同济大学硕士学位论文, 2016.

[104] 林建平, 田浩彬, 张燕, 等. 超高强度硼钢板热冲压成形技术. 北京: 机械工业出版社, 2017.

[105] OBERPRILLER B, BURKHARDT L, GRIESBACH B. Part A: Physical tryout report. The Numisheet 2008 benchmark 3 — Continuous press hardening.

[106] 赵岩, 马鸣图, 宋磊峰. 热冲压成形模具设计的考虑. 锻压与冲压, 2017 (22): 24-27.

[107] APT公司. APT simulation and design process. 上海: APT siminar 2010.

[108] Fang G, Zhang J P, Jin Q S. Study on mechanical properties and failure modes pf hot forming steel under different strain rates. proceedings of the 2nd international conference, edited by Yisheng Zhang, Mingtu Ma. World Scientific, 203-207.

[109] Ma Mingtu, Zhao Yan, Fang Gang, et al. A Study on high speed tension property of C-grade bulletproof steel [J]. Advanced Materials Research, 2015, 1063: 59-64.

[110] 马鸣图, 路洪洲, 孙智富, 等. 22MnB5 钢三种热冲压成形件的冷弯性能. 机械工程材料, 2016, 7: 7-12.

[111] Luo Xiaoyu, Zhang Yu, Wang Zijian, et al. Non-destructive Testing Device for Hot Forming High Strength Steel Parts Based on BarkhausenNoise [J]. Applied Mechanics and Materials, 2013, 423-426: 2555-2558.

[112] JONSSON M. Hot stamped technology boron steel. 中汽院交流资料, 2010.

[113] Liu Peixing, Zhang Yisheng, Liu Huiqiang, et al. Modeling for periodic striation and microstructure evolution in active gas melt laser cutting for phase hardened parts [J]. Int J Adv Manuf Technol.

[114] Liu Huiqiang, Zhang Yisheng, Liu Peixing, Process optimization of 3D optical fiber laser cutting robot for press hardening of UHSS [J]. Advanced Materials Research, 2013, 753-755: 2033-2036.

[115] Chao Y J. Failure mode of spot welds: interfacial versus pullout. Science and technology of welding and joining, 2003, 8 (2): 133-137.

[116] Feng Yi, Ma Mingtu, Hua Fuan, et al. Study on the resistance sport welding technology of 22MnMoB hot stamping quenched steel [J]. Engineering, 2014, 12 (5): 45-53.

[117] 马鸣图, 赵岩, 宋磊峰. 热冲压成形的热点分析. 锻压与冲压, 2018, 8: 22-25.

[118] Ma Mingtu, Zhao Yan, Song Leifeng. Hotspot of hot stamping China sheet metal industry, 2018: 9-13.

[119] Lawrence Cho, DIMAS H. SULISTIYO, et al. Hydrogen absorption and embrittlement of ultra-high strength aluminized press hardening steel. Materials Science & Engineering A, 2018, 734: 416-426.

[120] MERKLEINA M, WIELANDA M, LECHNERA M, et al. Hot stamping of boron steel sheets with tailored properties: A review. Journal of Materials Processing Technology, 2016, 228: 11-24.

[121] 李芳芳. 硼钢板热冲压成形过程中的组织演变与力学行为的关系研究. 上海: 同济大学博士学位论文, 2016.

[122] BOEKE J, KROGMEIER J, REINHOLD P. Continuous furnace used in the production of vehicle components, e.g. B-columns, comprises two zones lying opposite each other and separated from each other by a thermal insulating separating wall. DE10256621B3, 2004.

[123] GEORGE R, BARDELCIK A, WORSWICK M J. Hot forming of boron steels usingheated and cooled tooling for tailored properties. Journal of Materials Processing Technology, 2012, 212: 2386-2399.

[124] CASAS B, LATRE D, Rodríguez N, et al. Tailor made tool materials for the present and upcoming tooling solutions in hot sheet metal forming. Proceedings of the 1st International Conference on Hot Sheet Metal Forming of High-Performance Steel, 2008: 23-36.

[125] MORI K, OKUDA Y. Tailor die quenching in hot stamping for producing ultr-high strength steel formed parts having strength distribution. CIRP Annals- Manufacturing Technology, 2010, 59: 291-294.

[126] MANZENREITER T, ROSNER M, KURZ T, et al. Challenges and advantages in usage of zinc-coated, press-hardened components with tailored properties. BHM, 2012, 157: 97-101.

[127] Hua L, Song Y L, Liu J N, et al. Forming and application of auto body panels made of tailor welded blanks and ultra-high strength steel sheets. In Advanced High Strength Steel and Press Hardening: Proceedings of the 3rd international conference (ICHSU2016), 2016: 381-389.

[128] AHMAD M A, ZAKARIA A. Optimization of spot-welds on patchwork blank for hot forming process. Applied Mechanics and Materials, 2014, 606: 177-180.

[129] Chen F K, Hung T H, Hung C H, et al. Experimental platforms and die design for hot stamping of a patchwork blank. In Advanced High Strength Steel and Press Hardening: Proceedings of the 3rd international conference (ICHSU2016), 2016: 491-497.

[130] 卢晨, 卫中山. 镁合金的研究与应用进展. 汽车工艺与材料, 2005, 9: 1-3.

[131] 丁文江，吴玉娟，彭立明，等. 高性能镁合金研究及应用的新进展. 中国材料进展，2010，29：37-45.

[132] 陈振华. 变形镁合金. 1版. 北京：化学工业出版社，2005.

[133] ABU-FARHA F，VERMA R，HECTOR J L G. High temperature composite forming limit diagrams of four magnesium AZ31B sheets obtained by pneumatic stretching. Journal of Materials Processing Technology，2012，212：1414-1429.

[134] 张士宏，王忠堂，周丽新. 镁合金板件零件的温热成形技术进展. 第十届全国塑性工程学术年会，2007.

[135] 刘英，李元元，陈维平，等. ZE10镁合金板的超塑变形行为. 华南理工大学学报（自然科学版），2006，34：17-20.

[136] CARTER J T，KRAJEWSKI P E，VERMA R. The hot blow forming of AZ31 Mg sheet：Formability assessment and application development. JOM，2008，60：77-81.

[137] Zhang S H，Zhang K，Xu Y C，et al. Deep-drawing of magnesium alloy sheets at warm temperatures. Journal of Materials Processing Technology，2007，185：147-151.

[138] Min J Y，CARTER J T，VERMA R. Tensile properties of three preform-annealed magnesium alloy sheets. Magnesium Technology 2012. Orlando，FL：The Minerals，Metals & Materials Society，2012：443-448.

[139] Wang L L，Dean T，Lin J G. Innovation，Development and Implementation of HFQ Process. proceedings of Advanced high strength steel and press hardening. World Scientific，2017：289-300.

第14章 汽车轻量化和其他先进成形技术

14.1 液压成形

14.1.1 概述

液压成形是指利用液体作为传力介质或模具使工件成形的一种塑性加工技术，也称液力成形。按使用的液体介质不同，可将液压成形分为水压成形和油压成形。水压成形使用的介质为纯水或由水添加一定比例乳化油组成的乳化液；油压成形使用的介质为液压传动油或机油。按使用的坯料不同，液压成形可以分为三种类型：管材液压成形、板料液压成形和壳体液压成形。

板料和壳体液压成形使用的成形压力较低，而管材液压成形使用的压力较高，又称为内高压成形。板料液压成形使用的介质多为液压油，最大成形压力一般不超过100MPa。壳体液压成形使用的介质为纯水，最大成形压力一般不超过50MPa。内高压成形使用的介质多为乳化液，工业生产中使用的最大成形压力一般不超过400MPa。与冲压工艺相比，液压成形工艺的主要优势如下[1]。

① 减小毛坯尺寸，节约材料。
② 提高成形极限，减少成形道次。
③ 零件的表面质量和尺寸精度大幅提高。
④ 降低配套模具数量和成本。
⑤ 减少后续机械加工和组装焊接量。
⑥ 可以成形形状复杂、变形程度大、整体性要求高的零件。

14.1.2 板料的液压成形原理和方法

板料液压成形分为充液拉深成形和液压凸模拉深。充液拉深是用液体介质代替凹模，而液体凸模拉深是以液体介质作为凸模，如图14-1所示，其中F_c为合模力，p为液室压力。

板料充液拉深成形工艺可分为四个阶段，如图14-2所示。首先开动液压泵将液体介质充满液室至凹模表面，在凹模表面上放好坯料[图14-2(a)]，施加压边力[图14-2(b)]；然后凸模开始压入凹模，自然增压或者通过液压系统使充液室的液体介质建立起压力，将板料紧紧压贴在凸模上 [图 14-2(c)]，同时流体沿法兰下表面向外流出，形成流体润滑，直至成形结束 [图 14-2(d)]。

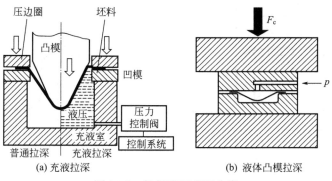

图 14-1 板料液压成形分类

板料充液拉深成形的基本原理是采用液体作为传力介质传递载荷，使板料在传力介质的压力作用下贴靠凸模以实现金属零件的成形。由于在拉深过程中压力使板料与凸模之间产生有益摩擦 F_f，如图 14-3 所示，该摩擦力的数值可接近成形力，充液室压力越大，摩擦力越大。在充液室压力达到某一临界值时，液体的压力作用室坯料法兰部分脱离凹模圆角，消除坯料与凹模圆角之间的摩擦；在没有密封的情况下 [图 14-3(a)]，充液室内液体介质强行从法兰与凹模之间流出，在整个法兰区形成流体润滑，从而有效降低法兰与凹模间的摩擦，缺点是无法精确控制充液室压力。如果采用密封 [图 14-3(b)]，液体介质无法从法兰下流出，不能形成流体润滑，但此时却可以用溢流阀调节充液室压力。完全靠凸模进入凹模的自然增压方式往往使初期液压不足，不能抵消凸模圆角处坯料的拉应力而发生破裂，此时可采用强制增压，就是在施加压边力之后，启动液压泵向充液室内注入液体增压，然后再使凸模进入凹模，实现充液拉深[1]。

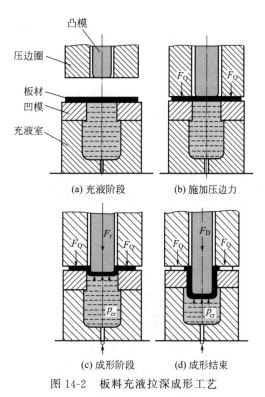

图 14-2 板料充液拉深成形工艺

14.1.3 板料液压成形的形式

近年来，为了进一步提高成形极限和零件复杂性，板料液压成形技术不断出现新的工艺改进，如径向主动加压充液拉深、预胀充液拉深（正胀、反胀、局部胀）、正反向加压充液拉深、双板成对液压成形和热态液压成形等；适用材料由低碳钢、不锈钢进一步扩展到高强钢、铝合金、镁合金等[2]。

(1) 径向主动加压充液拉深

不同于传统周向加压充液拉深，径向主动加压充液拉深是在成形坯料的法兰外缘施加独

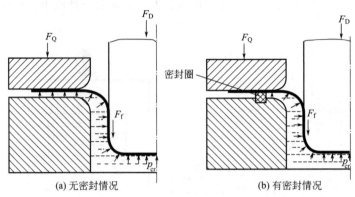

图 14-3 充液拉深的流体润滑与有益摩擦

立、可控的径向液压，径向液压不受液室压力的限制，可根据变形材料、成形极限优化控制，增加了工艺可控性，适合极限拉深比达到 2.5 以上的铝合金、低碳钢、不锈钢等深筒形件成形[3]。实现径向主动加压的充液拉深设备需要配置两台增压器和加压控制系统。径向主动加压充液拉深可使法兰区坯料产生一个明显的径向应力分界圆，如图 14-4 所示，其中 σ_r、σ_θ 分别代表径向应力和环向应力。随着径向液压增加，分界圆的位置逐渐向凹模口移动，从而使危险断面的拉应力降低，壁厚减薄率明显改善。

（2）预胀充液拉深

随着高强钢板的应用，普通拉深存在变形不均匀、不充分的问题，无法充分发挥材料的应变硬化性能[4]。预胀充液拉深可以在拉深变形前通过预胀变形提高板料的应变硬化量，使零件成形后获得足够的刚度、强度、抗弯、抗凹等性能，原理如图 14-5 所示，该工艺适合航空航天领域贴模度 0.25mm 以下的复杂曲率铝合金整流罩、头罩等以及汽车发动机罩、顶盖、外门板等覆盖件成形。

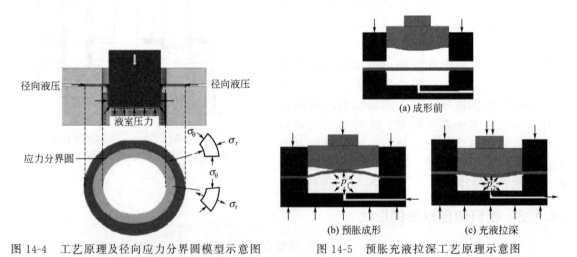

图 14-4 工艺原理及径向应力分界圆模型示意图　　图 14-5 预胀充液拉深工艺原理示意图

（3）正反向加压充液拉深

为了进一步提高成形极限，同时避免悬空区的反胀破裂问题，在施加液室压力（反向液压 p_1）的同时，在板料的上表面同时施加正向液压 p_2，即正反向加压充液拉深；适合高径比达 1.2 以上的深筒形件、薄壁曲面件及低塑性铝合金复杂件成形，工艺原理如图 14-6 所示。正反向液压同时加载时,板料处于明显的三向应力状态,静水压效果增强,传力区板料承载能力提高,拉深比进一步提高[5]。

(4) 双板成对液压成形

液体凸模拉深为保持成形液压需要施加较大的合模力,导致法兰区板料的流动困难。因此,针对复杂变截面薄壁空腔零件的成形需要,国内外学者提出板料成对液压成形技术。该方法采用两张周边焊接的板料(也可以不焊接),在成形初期采用较小的合模力,通过预留的充液孔充入液体,使上下板料在液压的作用下分别贴模到上下模腔内;成形后期采用较高的合模力和液体压力,成形出小圆角等局部特征,原理如图 14-7 所示。该技术适合具有复杂异形截面特征和局部特征的汽车 B 柱、副车架、防撞杆、油箱等零件的成形。

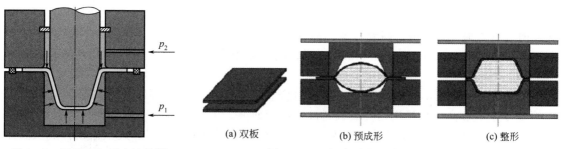

图 14-6 正反向加压充液拉深工艺原理示意图

图 14-7 双板成对液压成形工艺原理示意图

(5) 热态液压成形

针对奥氏体不锈钢、高温合金板料应变硬化显著、成形难度高、回弹大、残余应力大以及镁、铝合金等轻合金板料室温下塑性较低、成形性差等问题,国内外学者提出热态液压成形技术。如 304 不锈钢在液室压力 50MPa 下,采用微温充液拉深(90℃)可一次成形出拉深比 3.3 的深筒形件,成形压力比室温降低 38%,残余应力降低 52%[6],如图 14-8(a)所示。AZ31 镁合金板料在温热状态下(225℃)充液拉深,板料塑性明改善,拉深速度为 1mm/s 时,可以成形拉深比 3.0 的平底筒形件,如图 14-8(b)所示[7]。

(a) 不锈钢筒形件　　　　(b) 镁合金筒形件

图 14-8 双板成对液压成形工艺原理示意图

此外,日本、德国以及美国的研究人员提出差温充液拉深技术,并开展了镁合金、铝合金差温液压成形研究,如图 14-9 所示。但是,与热气胀成形相比,热态液压成形采用热油作为成形介质,存在成形效率低、工作环境恶劣、能耗大等问题,目前该方法还处于研究阶段。

14.1.4 板料液压成形的应用

目前,板料液压成形已经成为美国、欧盟和日本等先进制造国家和地区解决复杂薄壁件精确、高效、整体成形的关键技术,并已经在高档轿车车身覆盖件、航空发动机、运载火箭整流罩等复杂零件、难成形材料的成形中获得初步应用。成形零件种类覆盖几百种,包括筒形、球形、锥形、抛物线形等旋转体零件以及具有复杂曲面的非旋转体零件,成形材料涵盖

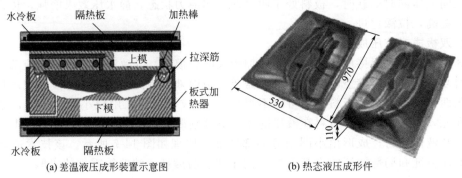

(a) 差温液压成形装置示意图 (b) 热态液压成形件

图 14-9 热态液压成形工艺与成形件

低碳钢、不锈钢、高强钢、高温合金、铝合金、镁合金、钛合金等,厚度 0.2~3.2mm,最大零件尺寸达到 2200mm×1600mm,成形精度(贴模度)小于 0.25mm,最大壁厚减薄率小于 12%[2]。

在航空航天领域,美国国防部投入大量资金,集中了波音、福特及俄亥俄州立大学等 12 个航空企业和高校科研机构开展板料液压成形研究,为美国某型号战机研制出唇口零件,如图 14-10(a) 所示[8]。北京航空航天大学采用充液拉深成形工艺,通过数值模拟和实验结合,试制出了合格的 6061 铝合金飞行器翼尖蒙皮零件,如图 14-10(b) 所示[9]。

(a) 发动机唇口 (b) 翼尖蒙皮成形件

图 14-10 航空航天领域典型板料液压成形件

在车身覆盖件制造领域,日本丰田汽车公司、德国 Schuler 公司和 Amino 北美公司率先应用板料液压成形技术研制铝合金外覆盖件,如图 14-11(a)~(c) 所示[10,11]。北京航空航天大学联合某车企成功试制后背门内板件,如图 14-11(d) 所示[12]。此外,随着高档轿车、新能源汽车的开发以及铝合金车身的逐步应用,我国自主汽车制造企业已经将目光关注到板料液压成形领域,并着手引入相关技术和设备,采用板料液压成形更加复杂的车身覆盖件产品。

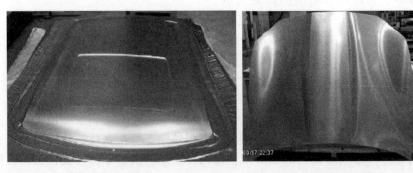

(a) 铝合金顶盖 (b) 铝合金发罩外板

(c) 铝合金翼子板

(d) 后背门内板

图 14-11　车身覆盖件典型板料液压成形件

14.2　内高压成形

14.2.1　内高压成形的原理和方法

管件内高压成形技术是用管材作为原材，通过对管腔内施加液体压力及在轴向施加负荷作用，使其在给定模具型腔内发生塑性变形，管壁与模具内表面贴合，从而得到所需形状零件的成形技术。

与传统的冲压焊接工艺相比，管件内高压成形的主要优点有：减轻重量、节约材料；减少零件和模具数量，降低模具费用；减少后续机械加工和组装焊接量；提高强度及刚度，尤其疲劳强度；降低生产成本。

管件内高压成形技术根据坯料塑性变形的特点可分为变径管成形、弯曲轴线管成形和多通管成形等[1]。

(1) 变径管内高压成形技术

变径管是指中间一处或几处的管径或周长大于两端管径或周长的管件，其主要的几何特征是管件直径或周长沿轴线变化，轴线为直线或弯曲程度很小的二维曲线。从结构上看，变径管又可以分为对称和非对称两种形式。

变径管内高压成形工艺过程可以分为三个阶段（图 14-12）：填充阶段[图 14-12(a)]，将管材放在下模内，然后闭合上模，使管材内充满液体，并排出气体，将管的两端用水平冲头密封；成形阶段[图 14-12(b)]，对管内液体加压胀形的同时，两端的冲头按照设定加载曲线向内推进补料，在内压和轴向补料的联合作用下使管材基本贴靠模具，这时除了过渡区圆角以外的大部分

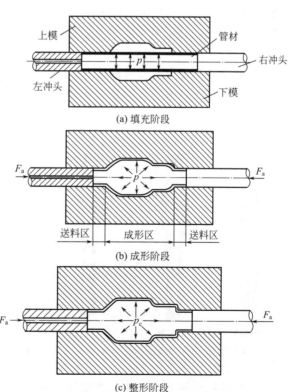

图 14-12　变径管内高压成形工艺过程

区域已经成形；整形阶段 [图 14-12(c)]，提高压力使过渡区圆角完全贴靠模具而成形为所需的工件，这一阶段基本没有补料。从截面形状看，可以把管材的圆截面变为矩形、梯形、椭圆形或其他异形截面。

根据受力和变形特点，零件分为成形区和送料区两个区间。成形区是管材发生塑性变形，直径发生变化的部分；送料区在模具内限制管材外径不变，主要作用是向成形区补充材料。

变径管内高压成形是在内压和轴向进给联合作用下的复杂成形过程，主要缺陷形式如图 14-13 所示。轴向进给过大，会引起屈曲或起皱；内压过高，会过度减薄甚至开裂。只有给出内压力与轴向进给的合理匹配关系，才能获得合格的零件。

屈曲是当管材成形区长度过长，在成形初期还没有在管材内建立起足够大的内压时，施加了过大的轴向力造成的。这种缺陷可以通过选择合理管材长度，增加预成形工序和控制工艺参数加以解决。

当轴向力过大时，将产生皱纹。皱纹可以分为两类，一类后期加压整形无法展平，这类皱纹称为死皱，它是一种缺陷，可以通过调节加载路径防止这类皱纹产生，但是工艺复杂；另一类皱纹通过后期加压可以展平，称为"有益皱纹"，这类皱纹不仅不是缺陷而且还可以作为一种预成形手段，在成形初期将管材推出皱纹以补充材料，但前提条件是后序整形压力能将皱纹展开。

对于低碳钢材料，当管件的膨胀率大于 40% 时，内压过高容易使管件发生开裂。破裂由管壁的局部减薄所引起，破裂开始的时刻取决于管壁厚度、材料力学性能和加载条件。为了避免开裂，必须保证管壁在发生颈缩前贴靠模具。对于膨胀率较大的零件，采用中间预成形坯或退火是避免开裂的主要方法。

变径管内高压成形技术适用于制造汽车进、排气系统，飞机管路系统，火箭动力系统，自行车和空调中使用的异形管件和复杂截面管件，主要用于管路系统中的功能元件或用于连接不同直径的管件。

(2) 弯曲轴线管内高压成形技术

弯曲轴线管件的内高压成形工艺过程包括弯曲、预成形、内高压成形等主要工序，如图 14-14 所示。

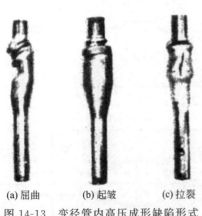

图 14-13　变径管内高压成形缺陷形式
(a) 屈曲　(b) 起皱　(c) 拉裂

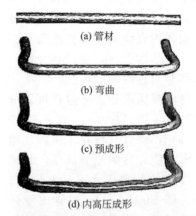

图 14-14　弯曲轴线异形截面管件内高压成形工艺过程
(a) 管材　(b) 弯曲　(c) 预成形　(d) 内高压成形

由于构件的轴线为二维或三维曲线，因此先要经过弯曲工序，将管材弯曲成与零件轴线相同或相近的形状。用于内高压成形的弯曲件与普通的弯曲件相比，除了保证弯曲轴线形状尺寸满足要求外，更重要的是控制弯曲过程中的壁厚减薄，因此采用合理的弯曲工艺来控制壁厚减薄，是保证内高压成形顺利进行的前提。用于内高压成形的弯曲工艺主要有 CNC（computer numerical control）弯曲和压弯等。根据是否采用内压支撑，压弯又可分为普通压弯和充液压弯两种。

弯曲后，如果零件截面简单或管材直径小于模具型腔最小宽度，则可以直接将弯曲后的管材进行内高压成形，否则，还需要进行截面预成形工序。截面预成形工序主要有三个方面的作用：一是对于初始管材直径大于模具型腔宽度的情况，通过预成形使管材能够顺利放到内高压成形模具中，避免在合模的过程中出现飞边缺陷；二是预先合理地分配坯料，使零件在内高压成形过程中变形均匀，避免皱纹和破裂缺陷；三是通过获得合理的预成形形状，降低过渡圆角整形压力和控制壁厚，降低设备合模力，节约模具费，提高生产效率。

内高压成形工序是将预成形后的管材放到内高压成形模具中，首先用快速充填系统把管材充满乳化液，再通过一端冲头引入高压液体，并按照一定的加载曲线升压，在高压液体的作用下管材或经过预成形的管材贴靠模具型腔形成所需形状的零件。

弯曲轴线管件典型截面形状包括四边形、多边形、椭圆形以及不规则截面。四边形截面包括正方形、矩形和梯形等形状；多边形截面包括正五边形、正六边形和其他形状的五边形、六边形；椭圆形包括长短轴不同的形状和长椭圆等形状；不规则截面是不包括上述形状在内的其他复杂形状，主要用于规则截面之间的过渡。

弯曲轴线管内高压成形缺陷主要有开裂、死皱和飞边：

① 开裂常见的部位是弯曲段外侧、多边形截面过渡区和焊缝热影响区。弯曲段外侧开裂的原因是弯曲过程造成壁厚过度减薄和加工硬化使材料塑性不足，预防措施主要是弯曲时控制壁厚过度减薄。过渡区开裂是因为过渡区先满足屈服条件开始塑性变形，引起环向应变增加和壁厚持续减薄而导致开裂。焊缝开裂的主要原因是因焊缝质量不良造成在焊缝及附近热影响区开裂。

② 死皱产生的主要原因是管材直径过大，预成形截面形状和内高压成形模具分模面设计不合理。当预成形零件截面的某段长度大于模具上该段的长度时，在该处容易产生死皱。

③ 飞边产生的主要原因是零件某处截面形状特殊，且预成形截面形状和内高压成形模具分模面设计不合理，造成管材的一部分与模具先接触，在模具闭合前被挤出分模面而形成。

(3) 多通管内高压成形技术

多通管件的种类很多，按照多通数量可以分为直三通管（T 形管）、斜三通管（Y 形管）、U 形三通管、X 形四通管和五通以上的多通管，如图 14-15 所示。按主管、支管直径大小分为等径和异径多通管；按轴线形状，分为直线和曲线多通管；按对称性，分为对称和非对称三通管。按照壁厚大小，分为厚壁和薄壁多通管，薄壁多通管一般指壁厚 0.5～2mm 的多通管件。T 形和 Y 形三通管件是多通管中应用最多的结构形式。

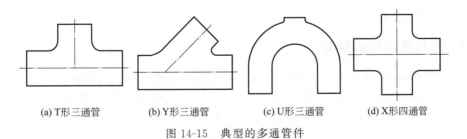

(a) T形三通管　　(b) Y形三通管　　(c) U形三通管　　(d) X形四通管

图 14-15　典型的多通管件

三通管的成形工艺过程（图 14-16）分为三个阶段：成形初期，中间冲头不动，左右冲头进行轴向补料的同时，向管材内施加一定的内压，支管顶部尚未接触中间冲头，处于自由胀形状态；成形中期，从支管顶部与中间冲头接触开始，内压继续增加，按照给定的内压与三个冲头匹配的曲线，左右冲头继续进给补料，中间冲头开始后退，后退中要保持与支管顶部接触，并对支管顶部施加一定的反推力，以防止支管顶部的过度减薄造成开裂，在这一阶段已经完成支管高度的成形，但支管顶部的过渡圆角尚未成形；成形后期，左右冲头停止进给，中间冲头停止后退，迅速增加内压进行整形使支管顶部过渡圆角达到设计要求。

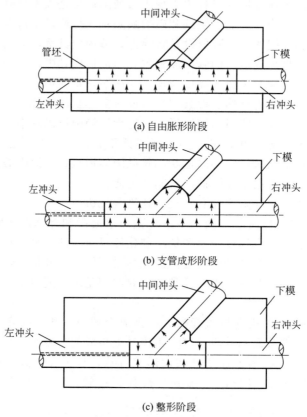

图 14-16　三通管内高压成形工艺过程

多通管内高压成形过程中，由于内压、左右两端轴向进给量及中间冲头后退量匹配的不合理，会出现不同的缺陷形式。T 形三通管内高压成形的主要缺陷形式有支管顶部破裂、主管起皱。而 Y 形三通管由于结构的不对称性还会出现支管过渡区内凹缺陷。

采用内高压技术成形的多通管接头是各种管路系统中不可缺少的管件之一，广泛应用于电力、化工、石油、船舶、机械等行业中。在汽车发动机排气系统、自行车车架、卫生洁具制造等领域运用得比较多。

14.2.2　内高压成形的装备

专业的管材内高压成形生产企业应配置的基本设备有割管机、弯管机、清洗机、内高压成形液压机、外围设备（如激光切割机、焊机等）、自动化装置等，典型的生产线布置如图 14-17 所示。其中，最重要的设备是内高压成形液压机，其作用是提供合模力、高压液体介质、轴向推力等，并按照设定的曲线控制内压和轴向推力[13]。

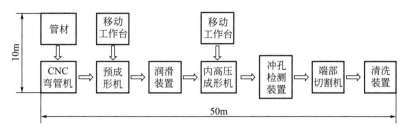

图 14-17 内高压成形机生产线布置

(1) 内高压成形设备组成

内高压成形设备为满足成形工艺的特殊需要而专门设计开发，应具备成形工艺所需的全部功能，属于专用设备，其主要组成及功能如图 14-18 所示，主要参数见表 14-1。

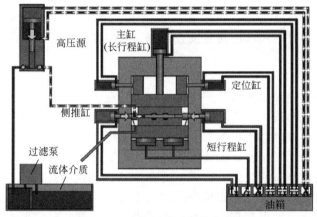

图 14-18 内高压成形设备构成图

表 14-1 内高压成形机压力机主要参数（国外某一产品为例）

合模力	6000kN
内压	600MPa
最大模具尺寸(长×宽×高)	3.7m×2.0m×1.2m
模具开起高度	600mm
机器尺寸(长×宽×高)	4.2m×4.2m×5.6m
机器重量	130t
加工周期	15～20s
模具更换时间	20min

① 合模液压机。

合模液压机的作用是提供模具和轴向推力油缸的安装空间，以及内高压成形时所需的合模力。其主要参数包括公称合模力、台面有效尺寸、最大行程、开口高度和滑块速度。公称合模力是影响设备加工能力与结构的主要参数，应根据最大内压和零件的投影面积等因素确定。

根据工艺需要，主机可设计成各种结构形式，例如传统液压机的下压式、上顶式和刚性框架式。鉴于内高压成形需要较大的合模力，而且零件的几何尺寸较大，为了保证设备刚度，主机机身多采用组合预紧式框架结构，四面开挡，以方便模具的安装和操作机械的接近。为了满足柔性化生产时的加工需要,可设置多个滑块,也可将多台小吨位设备机身并联,变成更大吨位设备使用。

② 高压源。

高压源是产生高内压的核心部件,直接影响到加工能力。最大内压力应根据零件的材料、壁厚、形状(如直径、圆角大小)等因素确定,压力范围一般为 200~400MPa。

超高压发生装置通常采用单向或往复式增压器,较少采用超高压泵。当采用增压器时,输出液体压力的大小取决于液压泵的输出油压和增压比(即增压器大、小活塞的截面积之比)。通常,液压泵输出油压的范围为 10~30MPa,增压比范围为 (10:1)~(25:1)。由于在增压器活塞的行程终点存在着换向冲击,为了减小液体压力(即工作内压)的波动幅度,应设置高压蓄能器。输出的超高压液体通过高压管路、轴向推力油缸活塞中的内孔与管坯内腔联通。液体工作内压通过超高压传感器进行检测,并反馈给电气系统进行闭环控制。

由于输出液体的工作脉动频率在 $60\mathrm{min}^{-1}$ 以上,增压器缸体受到高水平脉动应力的作用,因此,内筒的缸体材料应选用高强度合金钢,外层则由多层预紧筒压合,或采用自增强预应力钢丝缠绕而成。

③ 水平缸。

水平缸的作用是提供轴向推力,产生轴向行程,在管材成形时起到补料的作用。其主要参数是最大推力、行程和最大速度。对于伺服油缸,还有行程控制精度。轴向推力油缸的数量、位置、推力、行程等参数应根据零件材料及形状尺寸、模具结构、成形工艺要求等因素确定。安装形式多采用水平布置,安装方式通常有以下几种:

a. 安装在机身立柱上。油缸位置固定,适合少品种刚性生产线。缺点是位置不易调节,床身受到侧向力作用,仅适合框架式机身结构的压力机,实际应用较少。

b. 安装在专用模架上。可根据产品种类更换模块,具有一定的生产柔性。

c. 直接安装在模具上。连接可靠,多用于大型模具。

d. 安装在液压机工作台上,通过 T 形螺栓紧固,位置不易精确控制。

轴向推力油缸应具有一定的通用性,适合多品种生产的需要。在加工不同规格的管坯时,应更换相应形状及尺寸的压头,压头同时起到密封的作用。

④ 充液系统。

与常见的压力机冲压生产相比,内高压成形的生产节拍较慢,一般仅在 $3\sim2\mathrm{min}^{-1}$ 以上。因此,压缩辅助工序时间,对于提高产量、降低生产成本具有重要意义。

⑤ 自动化装置。

为了提高生产效率,增加安全性,节省人力,改善劳动环境,在项目投资额度许可的范围内,应尽量采用机器人等自动化装置来装备生产线,实现零件的自动化上下料。

(2) 典型结构形式

内高压成形机按合模压力机主油缸行程分类,可分为长行程和短行程两类。

① 长行程内高压成形机。

长行程内高压成形机的合模压力机可采用传统的通用液压机,由液压机的主缸进行模具提升与闭合,并在成形过程中施加合模力,典型结构如图 14-19(a) 所示。长行程内高压成形机主缸行程一般在 400mm 以上。

通用液压机技术成熟度高,在其基础上制造的长行程内高压成形机具有设备通用性好、设备结构系列化、配件系列化的优点,便于维护和产品变更,将内高压成形机上水平缸和模具取下,即可用于板料冲压生产等其他用途。

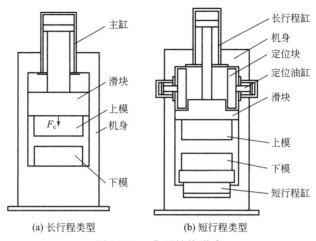

图 14-19 典型结构形式

长行程内高压成形机的主要缺点是：a. 主油缸容积大，需要大流量泵；b. 液压油压缩量大、建立合模力时间长，能量损失大；c. 模具提升和闭合均使用主油缸，开合模具时间长，效率低。

长行程内高压成形机多在立柱式液压机基础上制造。立柱式内高压成形机常见结构为四柱式，即以通用三梁四柱式液压机作为合模压力机，配合其他部件构成内高压成形机。对于某些吨位较小的情况，也可采用双柱式合模压力机。

例如，德国舒勒公司生产的 30000kN 内高压成形机。其合模压力机为四柱式，公称合模力为 30000kN，压力机台面尺寸为 3150mm×1400mm，配置了最高内压为 400MPa、高压腔容积为 4L 的增压器。由于设备台面很大，对于需要合模力较小的零件，可采用一模两件的形式进行生产，配备了液压冲孔系统，可在零件成形结束卸压之前完成冲孔工序。设备可全自动操作，生产效率高，按每天 3 班计算，年产量达到 75 万件。

② 短行程内高压成形机。

短行程内高压成形机 [如图 14-19(b)] 的主油缸行程一般小于 50mm，开模、合模均由辅助的小吨位提升缸完成，因此合模与开模速度较快，主缸行程小，容积小，可快速建立合模力，生产效率较高。

该合模压力机仅可在很短的行程内输出最大压力，只能专用于内高压成形生产，设备通用性差。压力机上还附加了 2 个水平定位油缸和 1 个长行程缸，机械结构较复杂，对机架的刚度要求也比较高。

短行程内高压成形机多采用框架式机身。框架式机身一般为空心箱形结构，前后敞开，但左右封闭，立柱部分做成矩形截面或 π 形截面，并在内侧装有两对可通过螺栓调节的导轨，活动横梁的运动精度由导轨保证。

例如，瑞典 Schaefer 公司设计了结构紧凑、易于安装的短行程新型合模压力机，其总高为 5.1m，可直接安装在混凝土地面上，而不需庞大的基础。SCHULER、SPS 和 AP&T 公司也开发了用于内高压成形的机械锁模装置，这样的锁模装置可不采用液压系统建立合模力，使内高压成形件的生产周期缩短 25%。德国舒勒公司、万家顿公司和斯图加特大学等共同研发了一种框架式短行程内高压成形机，其公称合模力为 35000kN，合模主缸的行程仅为 50mm，工作压力为 60kPa，台面有效尺寸为 2500mm×900mm，最大内压为 420MPa。

14.2.3 内高压成形的模具设计

(1) 常见成形工序

弯曲轴线异形截面管件的内高压成形工艺过程包括弯曲、预成形、内高压成形等主要工序过程[14,15]。

当构件的轴线为二维或者三维曲线时,首先需要对构件进行弯曲工序,将管材弯曲成和零件轴线相同或相近的形状。对于轴线形状复杂的三维曲线,需要采用 CNC(computer numerical control)弯曲工艺。

CNC 弯曲是把管材轴线的形状输入到弯曲机数控系统中,然后由数控程序控制弯曲机利用管材绕模具旋转运动实现管材自动弯曲的加工方法。

弯曲过程中弯曲外侧存在很大的减薄,在尽可能地减小弯曲外侧的壁厚减薄的同时,往往会引起弯角内侧的起皱。所以弯曲后得到合格的弯管件,是保证内高压成形过程顺利进行的前提。

对于横截面形状比较复杂、过渡圆角半径较小的零件,无法通过液压胀形直接得到合格的零件,在这种情况下,在液压胀形之前,需要通过预成形将管坯加工成过渡形状。预成形有三方面的作用:

① 当初始管材直径大于模具型腔宽度,预成形使管材压扁从而顺利地放入内高压成形模具中。

② 预先合理地分配坯料,使零件在内高压成形过程中变形均匀,避免皱纹和破裂缺陷。

③ 通过合理的预成形形状,降低过渡圆角整形压力和控制壁厚,降低设备合模力,节约模具费用,提高生产效率。

内高压成形工序是将预成形后的管材放到内高压成形模具中,首先用快速填充系统把管材充满乳化液,再通过一端的冲头引入高压液体,并按照一定加载曲线升压,在高压液体的作用下管材或经过预成形的管材贴靠模具型腔形成所需形状的零件。

(2) 内高压成形模具注意的问题

内高压成形模具设计包括两个方面:分模面设计和模具型面设计。

分模面设计对内高压成形零件的成形质量和可制造性有重要影响。对于预成形及液压胀形模具而言,在合模之后要形成一个封闭的空间,从而将管坯包含在其中。不合理的分模面设计会导致材料在成形过程中被挤压到分模面之间,从而使零件发生"咬边"。

不合理的模面设计会使得零件无法从模具中取出。如图 14-20 所示,如果使用 $A—A$、$B—B$、$C—C$ 和 $E—E$ 所示的分模面中的任意一种,在胀形结束后,零件将无法从模具中取出。

因此,内高压成形模具在设计中需要考虑下面两个问题:①预成形过程中,材料可能会被挤压到分模面之间;②在胀形结束后,零件可能无法顺利地从模具中取出来。

内高压成形最终是使得管材与模具的型面完全贴合,所以内高压成形模具的型面应与零件的形状相同。

复杂截面零件的破裂通常发生在零件的过渡圆角处。为保证在液压胀形过程中,有足够的材料流向过渡圆角,在预成形过程中,通常通过使管壁发生适当的塌陷,减小液压胀形开始阶段零件外表面与液压胀形模具内表面之间的接触面积,从而减小零件与模具之间的摩擦力,使材料

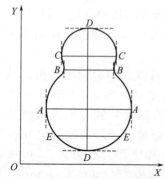

图 14-20 复杂零件分模面设计图

易于向过渡圆角处流动。

(3) 模具结构和材料

如图 14-21 所示为典型的内高压成形模具结构。内高压成形模具的主要部分包括上模、下模、左冲头和右冲头。与其他模具一样,还要通过上垫板和下垫板分别与机器滑块和台面连接固定。

冲头是内高压成形模具的特殊部分,起密封管端和轴向进给补料作用。冲头端头的密封结构是非常重要的,关系到整个内高压成形过程能否顺利进行和其生产效率。冲头的直径和长度要根据管坯直径和长度的不同而变化。模具上、下垫板两端均可加工出承力槽,以便于水平缸法兰在合模时嵌入模具垫板,形成封闭力系,平衡掉作用在冲头上的轴向推力。

上下模具与冲头接触滑动部分可以采用镶块结构,镶块可以使用耐磨材料,损坏后便于及时更换。同样对于大批量生产用的模具,模膛采用镶块结构也可以降低模具的制造成本。

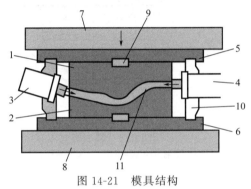

图 14-21 模具结构

1—上模;2—下模;3—左冲头;4—右冲头;5—上垫板;
6—下垫板;7—滑块;8—台面;9—定位件;
10—液压缸支座;11—工件

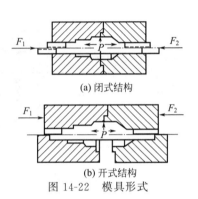

(a) 闭式结构

(b) 开式结构

图 14-22 模具形式

内高压成形模具具有闭式结构和开式结构两种基本形式,如图 14-22 所示。闭式结构是生产中常用的一种结构,优点是管坯导向好且屈曲倾向小,缺点是管坯与模具内表面有较大的摩擦,摩擦会对模具内表面造成磨损、增大补料时需要的水平轴向推力。开式模具在开始阶段两块模具是分开的,随着胀形的进行而逐渐闭合,使管坯在模腔内成形。其优点是管坯与模具内表面无摩擦且不会产生折叠缺陷;缺点是在成形初期容易产生屈曲,而且导向也存在困难。

模具材料选择应遵循以下一些基本原则:

① 满足内高压成形的工作条件要求,即耐磨性、强韧性、疲劳断裂性能,并根据模具不同部位的工作条件选择不同的材料和相应的热处理工艺。

② 满足模具加工工艺性能要求,即可锻性、切削加工性、淬透性和磨削性等。内高压成形模具形状复杂,模具尺寸精度和表面光洁度要求高,因此加工难度大,应采用加工性能好的材料保证模具技术要求。

③ 满足经济要求。应考虑产品产量、产品材料性能和工艺参数,合理选择低成本的模具材料,并根据加工成本优化模具结构。对于产量较小、成形压力较低的零件,可采用优质碳素结构钢,如 45 钢等制造模具;对于批量大、成形压力高的零件,可采用合金模具钢。

(4) 模具的密封设计

管件内高压成形中采用几百兆帕的高压液体压力作为成形载荷,高压液体的密封是一个难点。

侧缸活塞与侧推头之间的密封,则需要进行特殊设计。图 14-23 是一种典型的内高压成形的密封方式。

侧推头与管件端面之间的密封采用双重密封方式,即斜锥面扩张式密封和平台端面压紧式密封,如图 14-24 所示,在侧推头与管件接触区域采用斜锥面过渡成垂直端面的形式。图 14-24 中管件 4 的端部内表面恰好接触侧推头斜锥面而不发生变形时,管端面到侧推头垂直台面有一段距离;当侧缸推力推进侧推头时,管件端部管径由于推头斜锥面的扩张作用而变大,此时管件外径受模具的约束作用,在模具内表面、管壁、斜锥面形成第一道密封。如图 14-24 所示变形过程中的管件 3 端面完全接触侧推头垂直台面后,依靠侧推力作用,侧推头垂直台面与管端面形成压紧式密封,形成第二道密封。

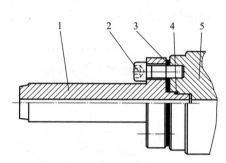

图 14-23 侧推头与侧缸活塞杆间密封
1—侧推头;2—内六角螺钉;3—密封环;
4—密封圈;5—侧缸活塞杆

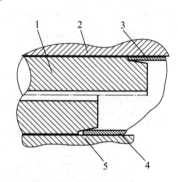

图 14-24 管端密封方式
1—侧推头;2—上模;3,4—管件;5—下模

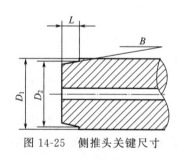

图 14-25 侧推头关键尺寸

侧推头端部的设计如图 14-25 所示,管件外径为 D_1,管壁初始厚度为 t,获得良好密封的侧推头关键尺寸的经验设计公式如下。

侧推头外直径尺寸 D_1 为

$$D_1 = D + t/3 \tag{14-1}$$

斜锥根部直径 D_2 的取值范围为

$$D - 4t/3 < D_2 < D - t \tag{14-2}$$

斜锥角度 B 的取值范围为

$$100° < B < 150° \tag{14-3}$$

斜锥长度 L 在侧推头与管端接近时起导向作用,通常 L 取值范围为

$$5t < L < 7t \tag{14-4}$$

(5) 副车架零件工艺优化与模具设计

对于副车架零件,主要工序包括弯管、预成形、液压成形,副车架由于空间结构形状复杂,在以上各个工序均有诸多关键点,在前期开发过程中需要予以关注[16,17]。

对于液压成形整体式副车架,在获得零件数模的基础上,在分析与改进阶段,需要依次解决如下技术问题:①弯曲工艺设计与优化;②预成形工艺设计与优化;③液压成形工艺设计与优化。

如图 14-26 所示为液压成形副车架零件,加工过程中的主要工序有:弯管—预成形—液压成形—激光切割。在仿真分析过程中,主要分析弯管、预成形和液压成形工序中的变形情况,如图 14-27 所示。

① 弯曲工艺设计与优化。

图 14-26 中的副车架形状复杂，且高度落差较大，因而弯曲过程也比较复杂，且在弯曲过程中零件容易与弯管设备发生干涉。按照零件形状，需要进行 13 次弯曲，需要 6 个不同的弯曲半径。采用弯曲线重构技术，结合后续预成形工艺和液压成形工艺，对零件的弯曲线进行了反复的优化设计。优化后，整个零件弯曲只需 1 个弯曲半径、7 次弯曲即可完成。通过弯曲工艺设计与优化，极大简化了零件的弯曲过程，提高了弯曲效率，降低了弯曲工序生产成本和质量管控风险。经过优化后的弯管线形状和弯管如图 14-28 所示。

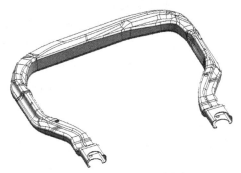

图 14-26 液压成形副车架

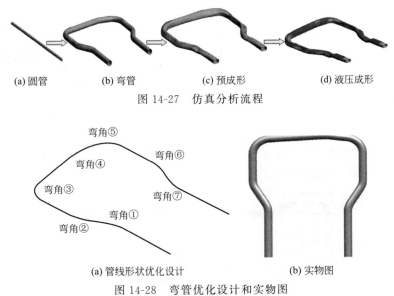

图 14-27 仿真分析流程

图 14-28 弯管优化设计和实物图

圆管弯曲后的形状及 FLC 如图 14-29(a) 所示。经过弯曲工序后，在弯角处，零件内侧壁厚增加，外侧壁厚减少，减薄达 13%。从 FLC 中可以看出，最大减薄发生在位于横梁左右两端的弯角处。除这两个弯角外，其余弯角部位减薄较小，其余弯角部位的 FLC 如图 14-29(b) 所示，弯曲后还具有较高的安全裕度。

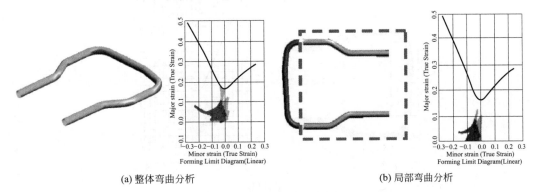

图 14-29 弯曲过程分析

② 预成形工艺设计与优化。

上述副车架零件经过弯管工艺后,弯管上多个区域不能完全放入模具中,如图 14-30 所示。图中灰色为液压成形模具,从图中可以看出,多个区域管壁均位于模具外面,这些区域需要通过采用预成形的方式把位于模具外的材料压入模具内。在预成形过程中,利用设计好的预成形模具,通过优化局部型面形状和截面尺寸,可以对需要预成形的区域进行预成形,从而可以保证预成形后的管件能完全放入液压成形模具中。

预成形后零件形状及零件变形 FLC 如图 14-31 所示。预成形完成后,位于模具外的管被完全压入下模具内,且没有出现"咬边"现象。经过预成形工序后,最小壁厚为 1.73mm,在预成形过程中,管壁没有发生明显减薄。

图 14-30　需要预成形区域　　　　图 14-31　预成形过程分析

横梁部位预成形如图 14-32 所示,从图中可以看出,预成形后,模具外侧管壁被完全压入模具内,且横梁部位预成形后还具有较大的安全裕度。

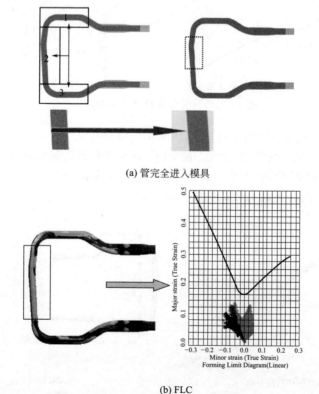

(a) 管完全进入模具

(b) FLC

图 14-32　横梁部位预成形分析

③ 液压成形工艺设计与优化。

液压成形分析结果如图 14-33 所示。液压成形过程中，没有出现"咬边"现象，最大内压力 150MPa。从图中可以看出，液压成形过程中的大变形主要集中 1、2、3、4 区域。其中 1、4 区域的大变形主要是因为局部圆角过小所致，只要调整局部的圆角半径即可。大变形主要来自弯管工序，可通过控制弯管工序中的壁厚减薄来进行改善。

④ 模具设计与加工。

通过对液压成形副车架零件完成全工艺分析，优化了各工序工艺参数，获得了适合液压成形的预成形零件形状。在获得模具型面的基础上，进行模具结构设计与优化。

结合前工序弯管和后工序液压成形，对预成形工序进行多轮联动仿真分析，对预成形型面进行多次修正优化，最终确定了合适的预成形模具型面，如图 14-34 所示。

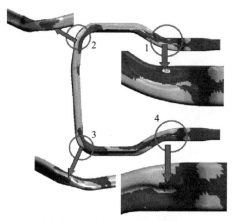

图 14-33 液压成形分析结果

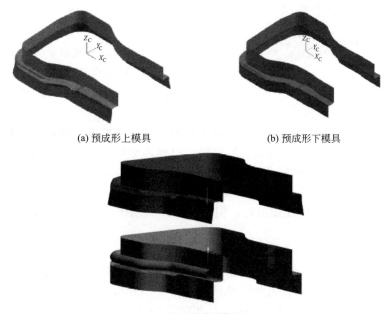

(a) 预成形上模具　　(b) 预成形下模具

(c) 预成形模具

图 14-34 预成形模具设计

14.2.4 内高压成形的用材和性能要求

内高压成形在汽车领域用材可以按底盘类零件和车身类零件区别，底盘类内高压成形零件用材以 SAPH400、SAPH440、QSTE340 等高强钢热轧酸洗板为主，随着高强钢的快速发展，更高强度的 FB590、FB780、CP800 及热成形钢等也开始应用于底盘类内高压成形零件，尤其扭力梁类零件，因扭力梁在车辆行驶过程中受弯受扭，服役条件更加严苛，对材料强度有更高的要求。此外，在国外高端车型底盘类内高压成形零件用材还包括铝合金、镁合金。车身类内高压成形零件以 DP780、DP980 等冷轧超高强钢为主，其他也包括强度较低的冷轧板及铝合金等。

液压成形模具型面如图 14-35 所示,液压成形模具装配如图 14-36 所示。

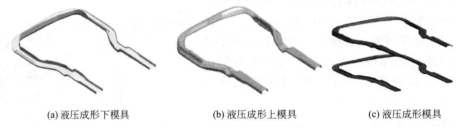

(a) 液压成形下模具　　　　(b) 液压成形上模具　　　　(c) 液压成形模具

图 14-35　液压成形模具设计

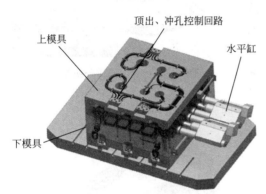

图 14-36　液压成形模具

内高压成形零件对材料性能的要求包括以下几个方面。

① 在强度方面满足设计要求。

② 成形性方面满足可制造性要求,内高压成形以双拉及平面应变状态为主,对材料的 n 值及均匀伸长率较为敏感,此外,因周向有复杂形状要求或较小的 R 角,要求管件周向有良好塑性性能。

③ 对内高压底盘类零件,主要通过高频焊制管并与其他构件连接,且在车辆运动过程中反复受载,因此要求有良好的焊接性能及抗疲劳性能。

内高压成形以管材为原材料,制管方式对原管的力学性能和成形性能有较大的影响,一般要求制管过程尽量减小加工硬化,尽量保留材料的塑性,同时对焊缝质量、原管尺寸精度等有较高的要求。钢管制管方式主要有无缝管、电阻焊（ERW）管、激光焊管,铝管主要是铝合金型材。对于钢材来说,ERW 管比无缝管成本低,且成形性能好,因此通常优先选择 ERW 管。激光焊管成形性能最好,但成本高,只用于对零部件质量要求较高的部位以及高强钢焊管。

(1) 无缝管

无缝管是用钢锭或实心管坯经穿孔制成毛管,然后经热轧、冷轧或冷拔制成。无缝管的规格用外径×壁厚表示。热轧无缝管外径一般大于 32mm,壁厚 2.5～7.5mm,冷轧无缝管外径可以达到 6mm,壁厚可到 0.25mm,薄壁管外径可到 5mm,壁厚小于 0.25mm,冷轧比热轧尺寸精度高。热轧无缝钢管主要生产工序:管坯准备及检查→管坯加热→穿孔→轧管→再加热→定（减）径→热处理→成品管矫直→精整→检验→入库;冷轧无缝钢管主要生产工序:坯料准备→酸洗润滑→冷轧→热处理→矫直→精整→检验。

无缝管的制造过程一般能保证细化的晶粒和均匀的流线,并且可以通过后续的退火、回火的热处理工艺和酸洗过程保证管材的力学性能和表面质量。因为没有焊缝,无缝管的力学性能一致性较好,适合于一定成形压力范围内的内高压成形件。但是,由于无缝管加工中难免发生一定的偏心,导致管材周向壁厚变化,容易造成成形过程开裂或壁厚分布不均匀,影响使用性能。

(2) ERW 管

ERW 管是将热轧或冷轧卷板经过成形机成形后,利用高频电流的集肤效应和邻近效应，使管坯边缘加热熔化，在挤压辊的作用下，进行压力焊接来实现的。高频电阻焊可用于多种材料和各种类型工件的焊接，用于能全部形成闭合电流通路或完整回路的场合。

为满足内高压成形件表面质量要求，板卷表面应无氧化皮，并经酸洗和涂油处理。ERW 管材的制造过程对其加工硬化有一定的影响，不同工艺参数会导致管材圆周上不同部位的屈服应力有所不同，因此需要通过严格控制生产工艺减小这种差别，以便满足内高压成形的要求。测试数据表明，焊缝处的屈服强度最高，与焊缝相对的部位次之，与焊缝成 90°角的部位屈服强度最低。ERW 管焊后在管材内外壁均会有一定的焊缝隆起，内高压成形管材一般是在焊后直接采用特制道具将隆起部分刮除，有时候也可以保留内部的隆起。

ERW 管焊缝较短，所以出现焊接缺陷的概率就较小；ERW 管有定径、矫直的工序，因此其几何尺寸精度高；由于 ERW 管在变形过程中变形比较充分，加之随后定径平椭、立椭的变化和缩径，使 ERW 管残余应力变小。ERW 管材用于内高压最大的问题是焊缝和热影响区的开裂，为此很多厂商开发了专门用于内高压成形的 ERW 管材，通过改变卷制、焊接和焊后热处理工艺可以大大提高管材的塑性。

(3) 激光焊管

激光拼焊管由冷轧板进行弯制后进行激光焊接而成，其生产制造工序大致为对钢板进行开卷落料、将钢板预弯成形、进行激光焊接。虽然制造工序不复杂，但对钢板预弯成形后间隙量要求较高，否则无法保证激光焊接的质量。目前在工业大生产领域，使用激光拼焊管制成内高压成形件的比较少，较多地集中于副车架、排气管等零部件。常用激光焊管的尺寸和规格如表 14-2 所示。

表 14-2　常用激光焊管的尺寸及重量规格

外径/mm	壁厚/mm	重量/(kg/m)		外径/mm	壁厚/mm	重量/(kg/m)	
		铁素体钢	奥氏体钢			铁素体钢	奥氏体钢
38	1.5	1.324	1.359	48	1.5	1.687	1.731
	1.8	1.576	1.617		1.8	2.012	2.064
	2.0	1.742	1.787		2.0	2.226	2.283
	2.5	2.147	2.203		2.5	2.752	2.823
42	1.5	1.470	1.508	50	1.5	1.760	1.806
	1.8	1.750	1.796		1.8	2.099	2.153
	2.0	1.935	1.985		2.0	2.322	2.383
	2.5	2.389	2.451		2.5	2.873	2.947
45	1.5	1.578	1.619	55	1.5	1.941	1.992
	1.8	1.881	1.930		1.8	2.317	2.377
	2.0	2.080	2.134		2.0	2.564	2.631
	2.5	2.570	2.637		2.5	3.175	3.257

激光拼焊管的最大优势在于可以有大的直径厚度比 (d/t)，这是一般的高频电阻焊管所无法比拟的。而在轿车白车身结构件中，随着大量高强钢的使用，这就需要钢板的壁厚更薄，从而对管状结构而言，需要有更大的 d/t 和较好的成形性能，激光拼焊管正是适应这种要求而出现的一项新工艺。除了上述优点外，激光拼焊管还具有焊接缺陷少、热影响区小、二次加工能力及抗腐蚀性能优越、焊后毛刺缺陷小从而不需要内部进行毛刺处理等优点。但同时目前影响激光拼焊管大量使用的瓶颈在于其焊接速度与高频焊管相比较低，其生

产效率要远低于高频焊管,成本相对较高,故激光拼焊管主要运用于对零部件质量要求较高的部位以及高强钢等领域。

激光拼焊管具有很强的灵活性,能够根据用户使用的特点在不同部位使用不同的材料,具有焊接质量高等优点。在不久的将来,必将在轿车结构件上得到大量运用,将成为内高压成形技术所使用原材料的一种重要补充形式。

(4) 铝合金型材

型材是铁或钢以及具有一定强度和韧性的材料(如塑料、铝、玻璃纤维等)通过轧制、挤出、铸造等工艺制成的具有一定几何形状的物体。铝型材因其重量轻、比强度高、耐腐蚀、外形美观、制造简单等特点,在汽车、机械、航空航天、电力以及建筑装潢等国民经济的各个领域得到了广泛的应用。

采用挤压工艺可以获得复杂截面的空心型材。带有厚度变化的矩形截面型材、多孔型材、带有法兰的空心型材,均可通过挤压工艺制造。主要的挤压工艺有芯模挤压、分流模挤压。芯模挤压适于单孔型材,在挤压前需要对坯料进行穿孔,该方法往往因芯模的偏移形成较大的厚度不均。其主要优点是挤压截面上没有焊合线。

分流模挤压可用于制造截面复杂的型材,由于芯模定位准确,因此壁厚控制优于芯模挤压。但是分流模挤压过程材料先分流再焊合挤压,需要通过控制材料温度和挤压速度来保证焊合质量。铝合金挤压型材需要通过后续的热处理来获得适于内高压成形的力学性能要求。

随着铝合金型材应用的不断发展,铝型材挤压正在向大型化、复杂化、精密化、多品种、多规格、多用途方向发展,挤压生产也日趋连续化、自动化和专业化。铝合金型材的特殊挤压技术,如连续挤压拉拔技术、可变断面挤压技术、新材料新功能挤压技术、弯曲挤压技术、紧密挤压技术等也在不断地被开发研制出来。

14.2.5 内高压成形零件的检测和评价

内高压成形零件的检测及评价首先不能有开裂、起皱、凹陷、咬边等缺陷。如图 14-37

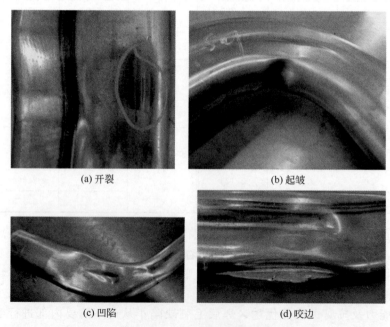

(a) 开裂　　　　　　　　　　　(b) 起皱

(c) 凹陷　　　　　　　　　　　(d) 咬边

图 14-37　内高压成形缺陷

所示为内高压成形零件的典型缺陷,包括开裂、起皱、凹陷及咬边等。凹陷是管件在预成形或液压成形合模过程中发生,后续在管内高压液体作用下仍不能消除。咬边缺陷是预成形或液压成形合模过程中,由于上工序管件不能完全放入下工序模具型腔,在合模过程中边部被咬伤。

内高压成形零件样件开发过程中,一般依次经过白光扫描对比分析、壁厚减薄分析、三坐标测量等手段进行检测,以保证所获得样件与原设计形状、尺寸的一致性及壁厚减薄率要求。量产零件通过检具检查满足尺寸要求,如图 14-38 所示。

对底盘类零件,需总成后进行台架试验及路试试验进行评价满足设计要求,如图 14-39 所示某台架试验装置,此外还需要进行路试耐久性评价,如某内高压成形副车架总成。台架试验一般需要进行垂直、侧向、纵向的负载静刚度测试及耐久性测试。

图 14-38　内高压零件检具

图 14-39　台架试验装置

14.2.6　内高压成形的典型应用

按变径管成形、弯曲轴线管成形和多通管成形分类介绍内高压成形的典型应用[18~20]。

① 变径管内高压成形技术适用于制造汽车进、排气系统,飞机管路系统,火箭动力系统,自行车和空调中使用的异形管件和复杂截面管件,主要用于管路系统中的功能元件或用于连接不同直径的管件。

② 弯曲轴线内高压成形件在汽车上主要应用有:a.排气系统异形管件;b.副车架总成;c.底盘构件、车身框架、座椅框架及散热器支架;d.前轴、后轴及驱动轴;e.安全构件。内高压成形件在车体结构件中的主要应用如图 14-40 所示。图 14-41 所示为弯曲轴线管作为副车架主管件及其典型截面。

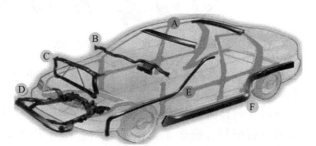

图 14-40　内高压成形件在车体结构件中的应用

③ 采用内高压技术成形的多通管接头是各种管路系统中不可缺少的管件之一,广泛应用于电力、化工、石油、船舶、机械等行业中,在汽车发动机排气系统、自行车车架、卫生洁具制造等领域运用得比较多。图 14-42 所示为用 Y 形三通管制造的汽车发动机排气歧管。

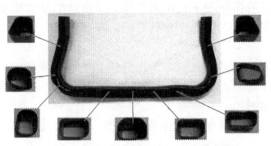
图 14-41 副车架主管件及其典型截面

图 14-42 Y形三通管制造的发动机排气歧管

14.3 辊压成形

14.3.1 辊压成形工艺概述

辊压成形，又称为辊弯成形或冷弯成形，英文名称为 rollforming 或者 roll-forming，是指以金属卷料或板料为原料，通过多架装配了特定形状成形辊的成形机组对材料逐步进行弯曲变形，从而得到特定截面产品的塑性加工方法，如图 14-43 所示。随着钢材品种和质量的进步，辊压成形技术在建筑、汽车、电气设备、家具等行业得到了广泛的应用。

图 14-43 辊压成形工艺示意图

辊压成形工艺可以分为四种，即单张（或单件）成形工艺、成卷成形工艺、连续成形工艺和联合加工工艺。考虑到机组效率问题，现在大多企业都是采用的成卷连续成形。即以卷材为原料，而且前一卷带材的尾部与后一卷带材的头部对焊，使坯料带材连续不断地进入成形机组进行成形。整个工艺流程大致为：开卷→矫平→预冲孔→进料→成形→（焊接）整形→存储。

辊弯成形的物理过程是当材料送入机架时，在成形力的作用下，材料沿横向发生弯曲变形，在上下成形辊相切处达到该道次设计弯曲角度（塑性变形区），同时纵向（材料前进方向）产生一定程度塑性变形；材料离开模具后，成形应力释放而产生回弹（回弹释放区）；随着材料进一步前进，受到下一道次变形约束，材料开始发生新的塑性变形（变形过渡区）。变形过程中，板材经过不同弯曲角度逐步弯曲，最终成形为所要求的截面，如图 14-44 所示。从一个角度弯曲至下一个角度不是在板材全长上同时进行的，而是经过一个平缓过渡逐渐弯曲成形的，因而可以获得更小的弯曲半径；在多道次的弯曲过程中，材料经历反复的"加载-卸载"过程，有利于减轻最终成形应力和回弹问题。

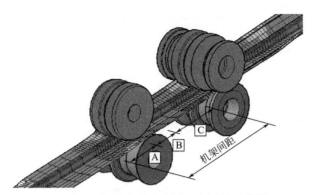

图 14-44 辊压成形道次间三个区域示意图
A—塑性变形区；B—回弹释放区；C—变形过渡区

辊压成形工艺的技术优势有以下方面：
- 辊压成形适用的材料广泛，适合各种力学性能及不同组织结构的钢、铝合金、镁合金等，特别是高强钢、超高强钢；
- 辊压成形采用多道次渐进弯曲成形，相比较于冲压成形，可以获得更小的弯曲半径，且能成形各种开放或封闭复杂截面形式的零件，成形后零件刚度较好；
- 辊压成形通过多个道次的变形来进行回弹补偿，回弹调整空间大，成形精度高，且零件表面质量好；
- 辊压成形可集成其他加工工艺，如冲孔、焊接、压花、弯圆等，生产中成形速度可超过 10m/min，生产过程自动化程度和生产效率高；
- 辊压成形过程中除冲孔外，几乎无其他工艺废料，材料利用率高；
- 辊压成形模具加工简单，使用寿命长，模具制造成本低。

随着当代汽车工业的发展，汽车燃油经济性和被动安全性能要求不断提升，使得高强度钢及超高强钢材料在汽车车身上的应用稳步增长。传统冷冲压成形工艺在成形高强钢材料时，由于材料强度的上升，易产生零件回弹、开裂及模具磨损等诸多问题。辊压成形由于其工艺上的固有特性，在某些汽车部件的成形中具有其他工艺不可替代的优势，因而近年来得到了愈加广泛的应用，成为汽车车身轻量化的重要技术手段之一。

14.3.2 高强钢辊压成形材料特性

掌握材料辊压成形特性是高强钢辊压成形技术的关键。与传统低强度钢相比，高强钢材料在最小弯曲半径、回弹特性等关键性能上存在差异，需要在产品设计阶段就进行有针对性的优化设计。

① 最小弯曲半径：随着材料强度的提升，相同料厚下不发生弯曲开裂的最小半径极限值也相应地提升[21]，典型超高强钢弯曲特性见图 14-45。在设计产品圆角半径时，除考虑功能要求外，应当同时考虑高强钢材料的辊压最小弯曲半径，并给予一定的成形安全裕度，以保证产品在量产及服役过程中安全和稳定。

② 辊压回弹特性：影响圆角辊压回弹的主要因素有材料屈服强度、材料厚度及弯曲的圆角半径，同等厚度下，弯曲圆角半径越大，回弹角度越大；材料屈服强度越大，回弹角度也越大，如图 14-46 所示为不同强度超高强钢回弹特性。因此工艺设计上，要充分考虑到圆角成形后的回弹水平并给予充分的回弹角度补偿；同时由于高强钢材料屈服强度波动水平范围也普遍更大，回弹补偿装置上要具有一定的调整空间，以适应不同批次高强钢材料的性能波动。

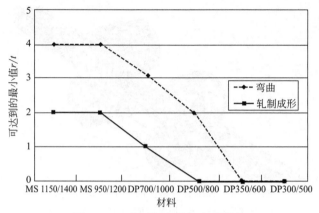

图 14-45 典型超高强钢弯曲特性

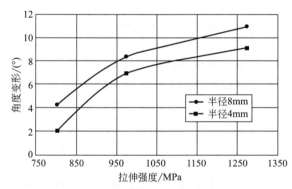

图 14-46 超高强钢回弹特性

14.3.3 高强钢辊压成形工艺设计及装备

辊压零件的设计基础是辊压成形辊花图，辊花图是将辊压成形各道次的成形截面叠加在一起，可以反映整个辊压成形变形过程，图 14-47 为 C 形截面的辊压成形辊花图。

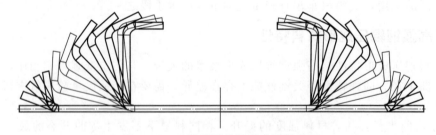

图 14-47 C 形截面的辊压成形辊花图

高强钢辊压成形辊花设计上，要考虑以下关键要素：

① 型面开口方向：型面开口方向选择上要综合考虑成形过程难易程度、切断工艺难易程度以及冲孔等其他工艺的限制；对于超高强钢材料，冲切方向对于切断刀具寿命和切断质量有重要影响，在工艺设计之初要予以考虑。

② 成形基准平面：辊压成形过程中要保证材料变形过程中有足够的驱动力，基准平面优先选择零件较大的特征平面上，尽可能使零件在基准点两侧的弯曲量相等，以充分利用各成形道次，减少成形切断后的扭曲现象。

③ 弯曲角度分配：变形角度设计上，要遵循初始道次弯曲角度较小，以方便高强钢材料导入模具；中间道次根据产品特征尺寸来确定弯曲角度大小；成形结束阶段的道次弯曲角度也不能过大，以减少切断后的产品张开变形问题。

辊压成形过程属于三维弹塑性大变形问题。在成形过程中，它不仅是纵向弹性拉压和横向弹塑性弯曲等变形的综合，同时还受到外部边界摩擦、材料本身的加工硬化和材料横截面壁厚不均分布等影响。这些因素均能使变形形态发生改变，引起带钢横向扭曲与纵向拉伸和压缩。对于高强钢材料而言，由于其变形过程更为复杂。设计人员不经过实践，无法初步判断金属变形是否合理、辊型设计是否合理，迫切需要数值分析技术指导设计过程。

早期的数值分析技术主要采用简单解析法，将板料在辊弯成形过程中的变形，分为纵向变形与横向弯曲变形单独加以计算。由于在计算过程中，需要对模型做太多的假设，因此计算结果与实际情况相比有较大的差距。该方法只能对简单截面进行初步分析，无法合理求解板料三维变形问题[22]。自20世纪70年代古恩等人提出了求解板料在成形过程中变形状态的能量方法后，学者们开始采用半解析方法对辊弯成形过程进行研究。能量法的中心思想是将板带在相邻两个成形辊间的变形构形预先以含有待定参数的某种函数来描述，通过使板材在成形辊间的变形能或塑性功达到最小值，反求出板形函数中的选定参数，进而计算板材的变形以及应力、应变分布。优点是计算简便，对计算工具的要求较低，计算效率高，在对成形的分段研究中能够考虑变形历史。描述成形辊机架间变形曲面的函数对计算结果有决定性的影响，如何确定合理的函数及待定参数是问题的关键。变形曲面决定于一个待定系数的函数，故造成构造曲面与真实曲面之间存在误差，同时需要对板料边界条件与本构关系做比较多的假定，限制了应力应变分析的精度[23~25]。

随着计算机软硬件和有限元技术的飞速发展，有限元分析（FEA）技术在辊弯成形研究中发挥着越来越大的作用，产生了多款成熟的商业化有限元分析软件[26]。美国的 Carl、Mc Clure、Reblo 和 Li 等人先后利用 Abaqus 模拟了槽形断面的成形过程，法国 M. Brunent 开发了有限元软件 PROFIL 来分析完整的材料应变历史，德国 data M 公司利用 MSC.MARC 求解器开发了辊压成形设计软件 COPRA，针对辊压成形过程复杂的前处理、后处理和边界条件设定等问题进行了二次开发，用户能基于辊压模具设计自动化地完成 FEA 有限元模型建模，降低了工程技术人员使用 CAE 辅助设计的技术难度，具有一定的通用性。data M 公司开发的 COPRA FEA 辊压成形有限元分析软件见图 14-48。

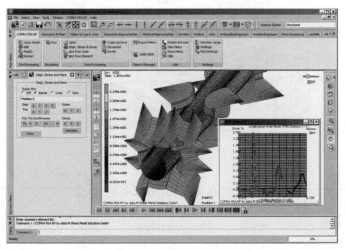

图 14-48　COPRA FEA 辊压成形有限元分析软件（data M 公司）

随着计算机技术与有限元工程软件的快速发展，以 FEA 有限元仿真分析技术为核心的 CAE 辅助设计技术从学校研究逐渐转入到工程实践，为大量的工程问题提供了理论指导。采用 CAE 辅助工艺设计的超高强钢辊压零件开发流程见图 14-49。

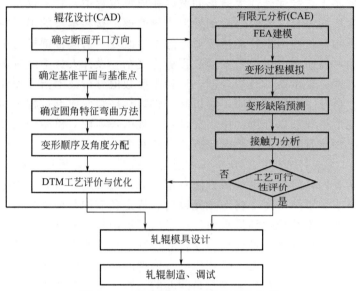

图 14-49　超高强钢辊压零件开发流程

辊压成形生产线的核心是成形机架，通常由电动机提供能源，少数情况下用液压马达驱动，大多数液压马达用电动机带动液压泵提供能源。旧式辊压成形线装配的是单速交流电动机，通过齿轮减速箱，用 V 带或者链条或者链轮来驱动。为了满足成形速度化的要求，逐渐地引入不同的方法以改变轧机驱动轴的转速，生产线上还安装了 2、3、4 个速度的齿轮箱。以汽车前保险杠为例，典型的封闭截面保险杠的辊压成形生产流程见图 14-50。

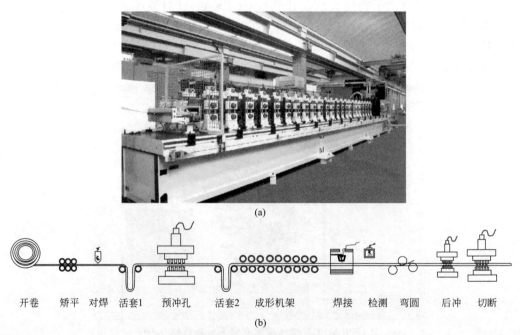

图 14-50　封闭截面保险杠的辊压成形生产流程

高强钢材料对于辊压成形设备提出了新的要求：

① 开卷阶段。高强钢材料通常会存在一定程度的板型问题，同时材料卷曲过程中还存在一定的内应力。为改善辊压成形质量，建议在开卷阶段设置矫平机构。矫平辊数量通常5～27 个，按矫平辊数量分类，5～9 辊为简单矫平机，9～19 辊为精密矫平机，19～27 辊为高性能矫平机。简单矫平机通常只能消除钢卷因卷曲而出现的纵向弯曲，而精密矫平机还可以消除横向弯曲与扭转，边波等缺陷需要使用高性能矫平机进行消除。

② 预冲孔阶段。高强钢材料抗拉强度提高后，孔冲裁力上升，对于压机的吨位提出了更高的要求；在设计冲孔模具时，除校核冲裁力外，还需要考虑设备刚度和冲裁力平衡问题。

③ 成形阶段。使高强钢变形需要更高的能量，因此需要更大的电动机功率；高强钢的回弹严重，用来整形和控制回弹的设备相对较多，因而需要更多的成形道次。此外，在选用模具材料及表面处理工艺时还需要考虑模具磨损问题。

④ 弯圆阶段。高强钢材料变形抗力大，弯圆装备要有动力驱动，以保证材料在各道次弯圆机构中送料顺利，减轻弯圆时平面起皱问题。

⑤ 切断阶段。高强钢零件冲切时模具磨损大，易产生毛刺等质量缺陷。冲切模具设计时，要避免大的立切形成和角度；模具结构上要设计成可维护和更换的结构，并进行定期检查和维护。

14.3.4 高强钢辊压成形零件的检测与评价

对于高强钢辊压成形后的零件，除基本的产品尺寸检测外，应注重圆角区域成形质量检查；对于成形后的高强钢零件，可以通过静态性能检测、动态性能检测以及延迟开展性能检测，以确保最终产品满足服役性能要求。

圆角区域成形质量是高强钢辊压成形零件检测的重点区域。高强钢材料由于塑性下降，在小圆角弯曲成形时，容易产生开裂或微裂纹，对于零件的服役性能有重大影响。微裂纹检测可以采用高倍放大镜或者金相实验进行观察，如图 14-51 所示为高强钢辊压零件圆角微裂纹示意图，对于接近高强钢材料弯曲极限半径的辊压零件要予以重点关注，对于带镀层高强钢材料，还要关注成形后圆角区域镀层质量。

(a) 7.5×   (b) 16×   (c) 40×

图 14-51 不同放大倍数下高强钢辊压零件圆角微裂纹

静态性能检测一般以三点弯曲为主，对于辊压成形后的产品，在指定的跨距和加载速度下，记录零件抵抗变形的最大载荷，要求零件峰值力变化连续，没有突变现象，实验过程中零件未发生断裂现象。图 14-52、图 14-53 分别为三点弯曲实验设备和实验后的辊压零件样件状态。

图 14-52 三点弯曲实验设备

图 14-53 实验后的辊压零件样件状态

动态性能检测一般以小总成碰撞试验（图 14-54）为主，通过特定的碰撞实验台车重量、速度和连接工装来模拟零部件在整车碰撞过程的变形状态。碰撞后的零件状态如图 14-55 所示。通过模拟实验可以验证辊压零件碰撞吸能性能，为整车级别的实验改进提供基础。

图 14-54 小总成碰撞实验

图 14-55 碰撞后零件局部开裂状态

为评价高强钢材料辊压成形后的氢致延迟开裂现象，对于成形后的零件样件，采用 0.1mol/L HCl 溶液浸泡 300h 的方式来评估其延迟开裂性能，图 14-56 为延迟开裂实验零件。

图 14-56 延迟开裂实验零件

14.3.5 高强钢辊压成形件在汽车轻量化的应用

高强钢辊压成形技术在乘用车车身上应用的典型零件主要有前后保险杠、车门防撞杆、门槛加强件以及座椅滑轨，具有良好的轻量化效果与经济性。典型乘用车高强钢辊压零件强度分布及其发展趋势如图 14-57 所示，其中：

① 前保险杠目前辊压零件的抗拉强度多为 800~1000MPa，预测后续将进一步提升到 1200~1400MPa；

② 后保险杠目前辊压零件的抗拉强度仍主要集中在 600MPa，预测后续将提升到 1000MPa；

③ 车门防撞杆目前辊压零件的抗拉强度多为 800MPa 左右，预测后续将提升至 1200MPa；

④ 门槛加强件目前辊压零件的抗拉强度集中在 1000~1200MPa 左右，预测后续将持续提升至 1500MPa；

⑤ 座椅滑轨目前的主流强度在 800MPa 左右，预测后续辊压成形零件强度将提升至 1200MPa。

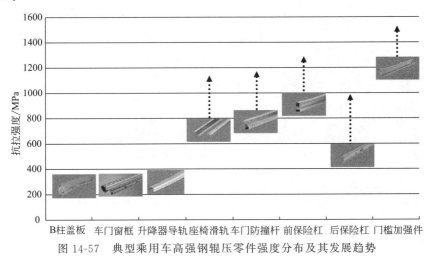

图 14-57　典型乘用车高强钢辊压零件强度分布及其发展趋势

高强钢辊压成形技术在商用车上也有大量的应用。辊压成形技术可以加工形状复杂的截面，为客车骨架等商用车型材截面提供了更加灵活的设计空间，在满足轻量化的需求同时具有更好的结构刚度特性；在卡车上应用主要集中在纵梁、加强梁、集装箱箱体、车厢地板、侧板等零件上。图 14-58、图 14-59 为典型的客车型材骨架及异形风道型材。

图 14-58　客车骨架（型材）

图 14-59　客车用异形风道型材

14.3.6 辊压成形前沿技术

(1) 变截面辊压成形

传统的辊式辊压成形工艺可以生产大批量的不变截面的产品。随着市场竞争的加剧，以及节能环保的要求，需要产品的改变能适应更多的变化，即具有灵活可变的柔性。对于汽车制造业来说，把最合理的材料用到最适合的地方是汽车设计和制造追求的目标。采用计算机技术的变截面柔性辊压成形（flexible roll forming）是辊压成形新技术的发展方向。

三维辊压成形是实现变截面辊压成形的技术路线之一，通过采用计算机对轧辊空间位置进行实时编程控制，来适应截面特征的变化，图14-60为三维变截面辊压成形装备。近年来国内外在柔性辊压成形技术方面投入了大量的研发力量，欧盟投资1000万欧元启动的Proform项目，目标是研发下一代的汽车制造新技术，柔性辊压成形新技术是其3个研究方向之一，国内北方工业大学等也针对相关技术开展研究工作。受限于生产效率和制造成本，目前这一技术仍处在样件试制阶段[26]。

图14-60 三维变截面辊压成形装备

采用链式成形方式的辊冲成形技术，也具备变截面辊压成形的可行性。辊冲成形结合辊压和冲压技术特点，利用多道次连续回转的超大轧辊（轧辊等效半径大于10m），通过依据产品形状设计的上下分块模具，对板料或卷料进行渐进式弯曲或拉延。由于辊冲成形区域足够长，其模具与板料的接触面积增大，接触形式由辊压中的线接触变为了面接触，即模具与板料通过型面接触而成形，则其成形过程接近冲压成形，相当于一个道次内的实现多步冲压成形且该多步为渐进连续，因此辊冲成形具备冲压成形的特性，也因此具备了加工变截面梁类零件的可能。可将其中轧辊分解出模具部分，并参照冲压成形方式，将模具按照零件型面进行设计，则可应用于成形变截面梁类零件[27,28]，如图14-61所示。

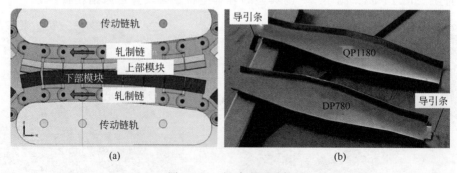

图14-61 辊冲成形零件

(2) 热辊压成形

局部加热技术是将冷弯成形过程中受力最大，金属变形最剧烈的变形区域加热到指定温度，从而降低材料的强度，提高金属的塑性。适用于强度比较高、伸长率低的高强度钢的成形，同时能够得到弯曲半径较小的型钢产品。其特点是以比较经济的方法加热冷弯成形中厚板料的变形区域，降低了因板材强度对冷弯成形设备的要求，提高了板材的塑性，使冷弯型钢产品的截面形状更加多样[29]。图 14-62 为局部加热辊压成形装置。

整体热冷弯成形技术是将冷弯成形和淬火工艺集成在同一工序的成形技术，如图 14-63 所示[30,31]，将板料在进入到轧辊之前加热到奥氏体状态，经过轧辊压轧成形以后淬火处理得到均匀马氏体组织。其特点是提高了生产效率；被加工产品的长度可以不受限制，板料的使用率高达 90%；节省了材料，从而降低了成本。此项技术具有很大的优势，高强度钢的冷弯成形技术将广泛应用于汽车冷弯型钢件的生产，在汽车行业掀起新的革命[32]。

图 14-62　局部加热辊压成形装置

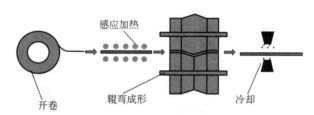

图 14-63　整体加热辊压成形工艺

(3) 分枝辊压成形

传统的分枝技术是在焊接、层压、再加热等工艺条件下加工成形，成本高，资源浪费严重。新型的分枝成形技术不需要焊接、层压、再加热，而是在常温下通过冷弯成形机组逐个道次的变形从而形成整体分枝截面。在成形过程中，变形区的成形性能得到提高，同时保证了局部的大应变。分枝成形产品的特点是力学性能提升一倍左右，工件的整体刚度和表面加工硬化获得了较大的提高[33]。如图 14-64 所示为分枝辊压成形零件。

(4) 非厚辊压成形

非等厚板是应汽车制造行业的需求而开发的，注重于变截面型钢的重量优化，其截面的厚度尺寸因受力大小的不同而改变。非等厚冷弯成形技术是将厚度均匀的板材经过辊缝不同的冷弯成形机组成形为非等厚板[34]，如图 14-65 所示。

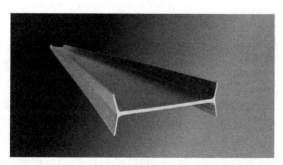

图 14-64　分枝辊压成形零件

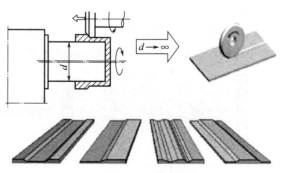

图 14-65　非等厚辊压成形

14.4 激光拼焊板冲压成形技术

14.4.1 概述

激光焊是利用高能量密度的激光束作为热源的一种高效精密的焊接方法。随着汽车工业的快速发展，传统焊接方法有很多方面难以满足要求，激光焊得到日益广泛应用。激光焊具有高能量密度、深穿透、高精度、适应性强、抗热裂能力和抗冷裂能力优于传统焊接方法、残余应力及变形小于传统方法等显著优点；另外，激光焊易于实现大规模数控自动化，为其批量稳定生产和相对低成本生产带来可能，因而受到汽车工业的青睐和重视。

激光拼焊板（tailored-welded blank，TWB），是将两张或多张不同厚度或不同材质的钢板通过激光对焊成一张钢板，然后进行整体冲压成形的工艺。早期的拼焊板（由于当时激光焊接应用技术尚未成熟而采用叠边电阻滚压焊接方式）主要是将两张同材质、等厚的钢板对焊起来，用以解决因钢卷宽幅不够而料片尺寸过小的问题。德国奥迪公司在1985年采用此工艺生产"奥迪100"轿车"地板"。图14-66是典型拼焊板形式，图（a）是门内板拼焊板，图（b）是纵梁拼焊板，图（c）是前侧围加强板拼焊板。

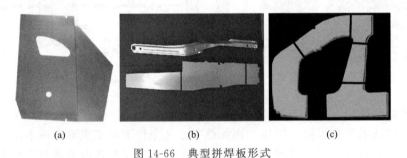

图 14-66　典型拼焊板形式

14.4.2 激光拼焊的原理和方法

激光通过受激辐射放射物光的放大作用而产生，是一种特殊性质的光，所以激光器发射激光的三个基本要素就是激励源、工作物质、谐振腔。工业激光器工作原理如图14-67所示，激光工作介质必须有亚稳态的能级结构，固体、气体、液体都可以作为工作介质，但并不是所有物质都可以用作激光辐射；激励源是激光器的能量来源，用以实现工作介质的粒子数反转，可以有电光热和化学等多种激励方式；通过光学谐振腔进行光放大和选择，从而产生高能激光[35]。

激光焊接是以激光为热源进行的焊接，激光是一束平行的光，单色并且连贯，用抛物面镜或透镜进行聚光，可得到很高的功率密度。因此可以将光集中于要做钢熔解的一个微小斑点上。汽车板拼焊的激光光斑尺寸一般也就0.5mm左右。

拼焊需要通过熔化以达到冶金结合，因此拼焊板早期可有多种焊接方法来选择，但在其历史发展过程中，最终选择了激光焊接这一先进焊接方法及工艺，这是与激光的发展密不可分的。激光束可以实

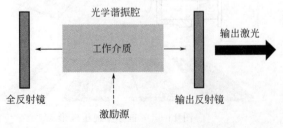

图 14-67　工业激光器工作原理

现非接触加工，同时随着激光器的发展，也避免了加工系统的庞大，此外，激光加工容易实现数控自动化大生产或智能制造。

汽车板激光拼焊工艺过程主要有拼焊板定位、夹紧、预成形、识别、焊接、跟踪、判定等过程。图 14-68 所示为苏泰克的激光拼焊焊接系统结构和激光拼焊机示意图，顺序依次有碾压预成形，主要减少间隙和错位等，间隙检测识别，激光焊接，焊后焊缝上下表面质量检测等。

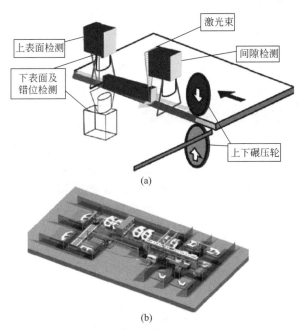

图 14-68　苏泰克的激光拼焊焊接系统结构和激光拼焊机示意图

激光加工工艺参数包括激光功率、焊接速度、离焦量等。另外，还有一些辅助工艺，如在线焊前预成形量或预成形力、间隙量识别，焊后质量判别等。

14.4.3　激光拼焊焊缝组织和性能

从钢板材料激光焊接热影响区的金相组织可以看出，焊接热影响区存在明显的粗晶区及细晶区，而焊缝区域晶粒的生长方向垂直于熔合线，向内快速生长，具有典型的柱状晶特点[36,37]，如图 14-69、图 14-70 所示，焊缝区为板条状粗晶，热影响区为焊缝粗晶区向母材细晶区逐步过渡晶粒区。

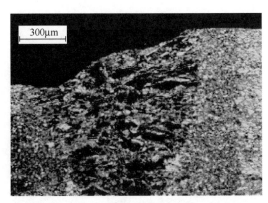

图 14-69　激光焊接接头金相组织

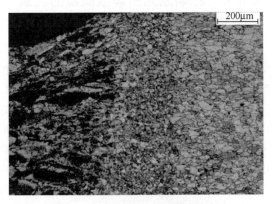

图 14-70　激光焊接热影响区组织

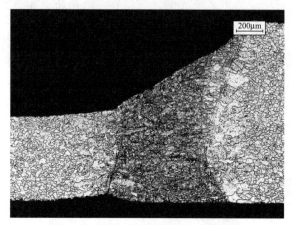

图 14-71 激光拼焊板焊缝区组织特征

激光拼焊是两边金属经过高能激光快速高温熔融然后空冷的过程,其焊缝区金相组织大部分都转变成了马氏体组织,由于这种马氏体的含碳量低,故也称低碳马氏体。焊缝中马氏体组织的生成,不但与焊缝化学成分有关,更主要的是与焊接方法和焊接冷却条件有关。激光拼焊板焊缝区组织特征如图 14-71 所示,在激光焊接条件下,焊缝区受到急速加热和冷却,此时奥氏体过冷到 M_s 温度以下就发生马氏体转变,由于母材本身含碳量少,因此焊缝中一般只会出现板条状马氏体。焊缝两边相邻部位也有相当部分的组织转变成了马氏体,在远离焊缝的区域晶粒尺寸较小,在靠近焊缝区域生成较大晶粒,二者呈明显梯度变化,构成了焊接热影响区的主要微观结构。焊缝区域的强度和硬度比原来两边母材提高很多,而塑性及其伸长率大大下降,即很脆,图 14-72 为焊缝拉伸试验应力应变图,图 14-73 为母材拉伸试验应力应变图,图 14-74 所示为焊缝宽度区域硬度分布图,因而焊缝区域承担塑性变形能力很差。当在该区域承受剧烈变形或异常受载时,焊缝容易出现开裂[38]。

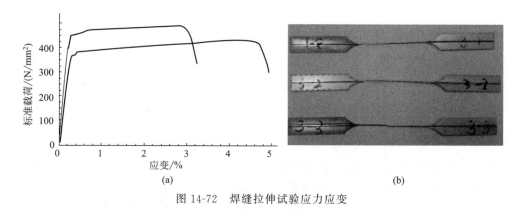

图 14-72 焊缝拉伸试验应力应变

14.4.4 影响激光拼焊板质量的因素

(1) 材料

① 基板表面要求:钢板表面需干燥或有少量涂油,钢板表面无锈迹、无污染物。钢板表面质量控制要求参照宝钢内板控制要求 FB。

② 材料焊接边有严格的要求:保持很好的接触,直线度约为厚度的 5%;剪切断面形状及要求如图 14-75 所示,D 表示塌角区高度,Z_L 表示光亮带高度,Z_A 表示撕裂带高度,P 表示撕裂带宽度。剪切质量高且焊接面必须保持清洁[39]。

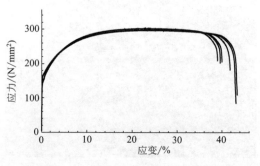

图 14-73 母材拉伸试验应力应变

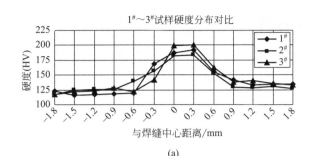 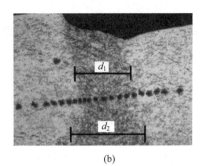

图 14-74 焊缝宽度区域硬度分布

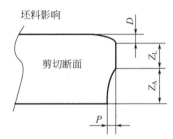

图 14-75 剪切断面形状及要求

（2）激光拼焊设备和工艺

激光拼焊板装备制造在国际上兴起于 20 世纪 90 年代，最多时有 50 多家，随着竞争和兼并逐步形成了几家大的汽车板用激光拼焊板成套设备公司，如苏泰克公司、蒂森克虏伯激光拼焊设备公司（现为武钢国际激光技术公司）、小矢部三家占据了国际市场较大份额，尤其是前两家占据全球一半以上份额。近些年，国内汽车工业的发展带动了激光拼焊业的发展，国内（包括台湾地区）有五六家装备制造公司[38]。

由于汽车板激光拼焊要求加工精度高、速度快、自动化程度高、批量大、焊缝质量好等特点，因而对激光拼焊设备各项性能要求相对也很高；由于长期来各家还形成了一些自己的专利及保护，因此对拼焊板定位、夹紧、预成形、识别、焊接、跟踪等不同设备商还各有差异。另外，还有成本性价比，国际大牌公司设备功能全、精度高、质量好等，相应的价格贵，国内的相对便宜很多。因此，设备的差异会一定程度造成焊缝质量有差异。

激光拼焊工艺的好坏是影响拼焊质量的一个重要因素，如激光加工参数，包括激光功率、焊接速度、焦点大小及离焦量等因素对激光焊接质量的影响。焊前精确定位、夹紧、预成形、间隙识别功能有否或好坏，焊后跟踪监测等都会影响交给用户拼焊板的批量质量稳定性。图 14-76 为不同工艺下拼焊焊缝，左边是间隙为 0 的焊缝，中间是间隙为 0.1mm 的焊缝，右边是间隙为 0.2mm 的焊缝，从图显示间隙越大焊缝凹陷越多。

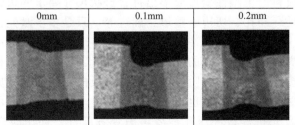

图 14-76 不同工艺下拼焊焊缝

14.4.5 激光拼焊板在汽车工业中的应用

目前,激光拼焊板主要应用于汽车制造业,尤其被广泛地应用于车身部位。ULSAB(世界轻质钢制车身协会)的研究结果,当激光拼焊技术应用于车身侧围的制造时,不再需要任何加强杆、加强筋及附属的生产工艺,则重量和部件数量都会得到减少,而高延展性材料的应用也会使抗撞击能力得到改进。同时,也不再需要加强板,在 B 柱上,拼焊板的应用可大大降低累积公差。

激光拼焊板的采用,不仅提高了车门部件制成品质量的稳定性,使车门部件的调校不再是个难题,同时可降低部件的重量,而且可省去原有接缝处密封措施,也使其更具有环保性。此外,拼焊板在车门上的应用还使铰接区域的刚性得到整体加强,车门的配合公差得到大幅改善。重量降低、生产工艺得到优化,则必然使成本下降。结果表明:最新型的钢制车身结构中,50%采用了拼焊板制造。

自 20 世纪 90 年代以来,汽车行业激光拼焊板生产和应用得到快速发展,迄今为止,国际上大部分汽车制造中都用上了激光拼焊板,尤其是欧美日等发达地区设计制造的使用激光拼焊板比例达到了很高的程度;同时,激光拼焊技术的出现使得汽车生产制造从整车制造商向材料供应商转移,国际上形成了以蒂森克虏伯(现拼焊部分被武钢并购)、阿赛洛、宝钢等钢材制造商为主的大型激光拼焊板生产集团。

我国激光拼焊板应用是 21 世纪才开始的,但发展异常迅速,到目前为止,我国已成为世界最大的激光拼焊板生产和应用市场。而对其的研究工作自 20 世纪 90 年代已开始,其中宝钢开展的工作尤为全面,引进研究先进设备,开展拼焊工艺、冲压成形、拼焊零件设计等诸多方面的研究和应用。

14.4.6 激光拼焊板冲压成形基本原理

激光拼焊板的应用技术方面,作为一种相对新型的技术,开展研究应用和公开发表的相关的研究文献很多,但具有系统指导实际设计制造应用的公开技术手册或书籍却没有。本文结合拼焊板零件设计制造多年的研究和应用,尝试相对概貌地介绍激光拼焊板零件冲压和设计的基本技术。

激光拼焊板可分为等厚激光拼焊板和不等厚激光拼焊板。等厚激光拼焊板主要应用在超宽汽车冲压件上,如卡车、客车等的大顶盖、侧围、前围板等零件,少部分也出于提高材料利用率而采用拼焊板。

激光拼焊板应用中绝大部分都是不等厚激光拼焊板,其中既有同材不等厚,也有不同材不等厚。其相应的应用技术是当前激光拼焊板应用技术的主要部分。

由于目前激光拼焊板大量应用的主要是薄板,因此这里介绍的是薄板激光拼焊板冲压,其冲压成形原理基本是一般冲压的一种扩展,其主要的冲压工艺、模具、设备等与传统冲压相似,都是利用冲压模具冲压板料产生塑性变形成形出符合形状尺寸要求的钣金零件,其主要工艺工序形式也是落料、拉延、冲孔、切边、整形、翻边等,只是多了激光拼焊工序,并且其成形、模具、工艺等又有一些特征与一般冲压显著不同。

激光拼焊板冲压与传统非拼焊板冲压具有的主要不同之处:①不等厚拼焊板一般是一面为平齐,另一面厚板与薄板连接处有高度差台阶。这样,拼焊板模具型面也相应在一面具有高度差台阶。②厚板薄板两边受载变形的能力也不一样,往往是薄板承受更多的变形,因而造成焊缝横向不均匀移动。③激光拼焊板冲压还需要考虑焊缝脆性,冲压时焊缝是其薄弱区,相对较易出现开裂。④激光拼焊板焊缝较硬,冲压时容易刮伤拉毛模具和零件。⑤一般激光拼焊板要求在激光拼焊之前分别将每块母板切料或落料，而且每块母板需激光拼焊的切边需要高精度，一般需要高精剪或高精落料或激光切割才能满足。

14.4.7 激光拼焊板冲压成形优势

传统工艺条件下，汽车各种部件的制造是由各种小的冲压零部件点焊制成。而采用了激光拼焊新技术后，则改成先将不同强度和不同厚度的板材冲裁、焊接成整体毛坯，然后进行整体冲压成形。激光拼焊产品的经济技术优势表现在能显著降低汽车产品的制造成本，并有效提高汽车产品的各项性能，为新型汽车设计及制造工艺的发展指明了方向。在轿车市场占主导车型的紧凑型轿车和中型轿车的设计上，激光拼焊制造工艺的优越性体现得更加突出，采用的激光拼焊加工部件越来越多。

利用激光焊接技术生产的拼焊板具有巨大的优势，主要体现在以下六个方面。

(1) 减轻车身重量

在汽车结构件的应用中，使用激光拼焊板，就不必使用多余加强件，从而降低整体车身重量。通过在一块钢板中，不同材料和厚度的组合可以大大简化整体车身的结构。

(2) 减少汽车零部件数量

提高汽车车体结构精度，可以缩减许多冲压设备和加工工序。通过使用激光拼焊技术，将材料的强度、厚度进行合理组合，可大大改善结构刚度。

(3) 原材料利用率提高

通过在结构件的特定部位有选择性地使用高强、厚材料，从而使材料的利用率大大提高。通过在落料工序中采用排料技术，各种各样的钢板得到合理组合，从而大大降低材料工程废料率。

(4) 结构功能提高

通过使用激光拼焊技术，材料强度、厚度得到合理组合，使结构刚度强度得到提升，结构的抗腐蚀性能也得到提高。同时，对于有碰撞要求的部位，使用高强钢或厚板；而在要求低的部位，使用低强钢或薄板，从而大大提高了汽车零部件抗碰撞的能力。与传统点焊工艺相比，使用激光拼焊板的冲压件，大大提高尺寸和形状精度，使车身的装配精度得到改善，这将降低汽车噪声和整体装配缺陷。

(5) 为生产宽体车提供可能

由于受钢厂轧机宽度的限制，钢厂提供的板宽有限。随着汽车工业的发展，汽车对宽板的需求却日趋紧迫，采用激光拼焊不失为一种有效而经济的工艺方法。ULSAB项目于1998年生产出样车，在这一超轻型车上运用的拼焊板零部件数量达到16件，约占车身重量的45%。由于通过采用拼焊板技术，使车身零件数量约减少25%、抗扭刚度提高了65%、振动特性改善35%，并且增强了弯曲刚度。

(6) 增加产品设计灵活性

一个零件，如果某一部分需要提高强度，则这部分的厚度也相应增加。对产品的设计者而言，在设计时只需提高某个部分的强度和厚度即可，而不需要增加整个零件的强度和厚度。

在激光焊接中，材料是对接而不是搭接，这将带来如下焊缝特性：①焊缝区域的体积小，例如，焊缝宽度不超过0.5~1mm；②不增加焊缝高度；③焊接过程中，热影响区小；④在焊缝上附加镀锌后，可保持其阴极保护功能；⑤对冲压成形性能影响较小。

完成焊接后，焊缝区域的静态、动态强度是非常重要的指标，因此，还需对焊缝区域抽样，进行破坏性抗拉强度测试（杯突测试），以检验焊缝区的拉伸成形性能。一般来说，焊缝的拉伸强度比母材的强度要高。

激光拼焊板工艺与传统点焊搭接工艺的产品相比有诸多优势：减重轻量化、提高安全性及寿命等性能、降成本、减少零件和工序、提高制造装配精度、使优化设计更灵活等。不仅降低了整车的制造成本、物流成本、整车重量、装配公差、油耗和废品率，而且减少了外围加强件数量，简化了装配步骤及工艺，同时使车辆的碰撞能力增强、冲压成形率及抗腐能力提高。此外，由于避免使用密封胶，也为环保带来利益。图 14-77 是轿车传统门内板与铰链及反光镜固定板点焊设计和激光拼焊设计，其中激光拼焊门内板设计省去了传统的铰链及反光镜固定板及其点焊连接。图 14-78 是轿车前纵梁传统点焊设计和激光拼焊设计，激光拼焊纵梁设计省去了传统设计中的 6 个小零件及其点焊连接。

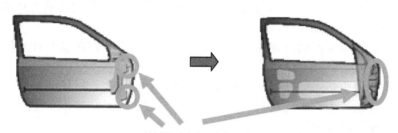

图 14-77　轿车传统门内板与铰链及反光镜固定板点焊设计和激光拼焊设计

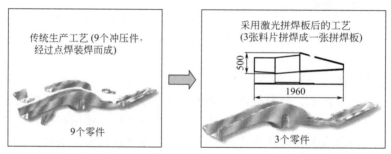

图 14-78　轿车前纵梁传统点焊设计和激光拼焊设计

14.4.8　激光拼焊板冲压成形性及其模具设计制造关键技术

（1）激光拼焊板冲压成形性

激光拼焊板一般是由两块以上不同材料和不同厚度的钢板拼焊到一起，成形时往往薄的或软的一侧材料首先开始塑性变形，厚的或强的一侧材料在成形过程中变形不充分，原因是两边作用力反作用力相等情况下薄的或软的一侧材料先达到材料的变形屈服应力，而厚的或强的一侧材料未达到变形屈服应力前的所有塑性变形都由薄的或软的一侧材料承担，因而整个成形过程中薄的或软的一侧材料承担着更多的塑性变形。故一般情况下，激光拼焊板成形中往往薄的或软的一侧材料塑性变形更大，也更容易产生开裂；并且，成形中焊缝还将产生移动，一般焊缝大部分区域朝厚的或强的一侧材料移动[40]。图 14-79 是

图 14-79　门内板拼焊板成形后的焊缝移动

实际门内板拼焊板成形后的焊缝移动。图 14-80 是合格焊缝的杯突试验，裂纹垂直于焊缝。图 14-81 是实际焊缝成形开裂案例。图 14-82 是实际焊缝成形开裂和起皱案例。

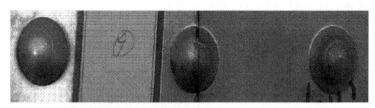

图 14-80 合格焊缝的杯突试验

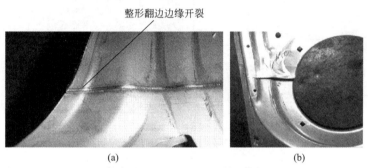

图 14-81 实际焊缝成形开裂

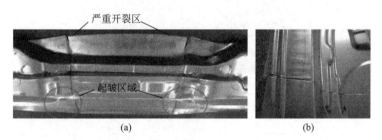

图 14-82 实际焊缝成形开裂和起皱

（2）激光拼焊板冲压模具设计制造关键技术

由于激光拼焊板往往是两块以上不同厚度不同材料拼焊成一整块板，再加之需要考虑不同材料的成形差异性以及激光焊缝特性，因而，拼焊板冲压模具设计具有与传统冲压模具明显的区别。图 14-83 是激光拼焊板及其模具厚度差台阶图示，拼焊板是一面为平齐，另一面厚板与薄板连接处有高度差台阶。这样，拼焊板模具型面也相应在另一面具有高度差台阶，另外，厚板薄板两边受载变形的能力也不一样，往往是薄板承受更多的变形，因而造成焊缝横向不均匀移动。模具设计时模具焊缝台阶设计位置与零件焊缝设计台阶位置一般不在同一位置，需要考虑实际零件成形时焊缝的移动方向及移动量，同时还需考虑实际冲压定位及冲压波动的窜动间隙[40]。

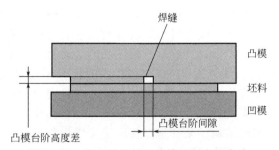

图 14-83 激光拼焊板及其模具厚度差台阶

激光拼焊板冲压还要考虑焊缝脆性，冲压焊缝是其薄弱区，相对较易出现开裂。于是，焊缝区域模具设计要尽量控制焊缝区域的剧烈变形。

拉延筋设计时，激光拼焊板模具应考虑厚板或强板整个成形中变形不充分的特点，将其对应部分的拉延筋尽量设计为相对较弱的拉延筋，以利厚板或强板的充分流动。在焊缝压边部位适当设计拉延筋，尤其是成形中边部横向伸长变形时，以便控制焊缝伸长率低引起的开裂。图 14-84 是拼焊门内板模具型面结构设计案例，包含了拉延筋布局、坯料形状尺寸、焊缝台阶设计等。图 14-85 是模具设计制造未有效控制焊缝移动而至冲压经常性开裂案例，造成薄板移动过大减薄过多开裂。

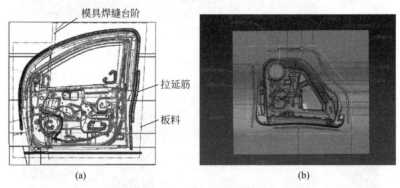

图 14-84 拼焊门内板模具型面结构设计

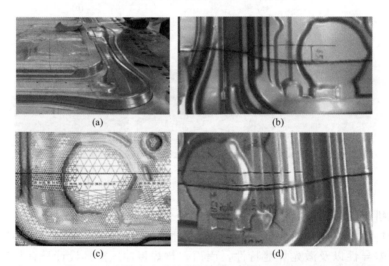

图 14-85 模具设计制造未有效控制焊缝移动而至冲压经常性开裂案例

此外，激光拼焊板坯料形状尺寸确定需考虑激光拼焊加工特点的可行性，激光拼焊板一般是先剪切或落料出每块母板，然后再激光拼焊。激光拼焊时需要有合适的定位和夹持；另外，焊缝形式只能是直线、折线、曲线，实际上折线、曲线都有一些特殊的要求，如大于 90°的折线。图 14-86 是拼焊门内板拉延模具实物示例，由于拼焊板两边厚度不同，模具对应焊缝位置需设计厚度差台阶，并且模具焊缝台阶应设计避让过渡区。

模具材料方面，焊缝较硬，容易刮伤拉毛模具和零件，较好的措施是在压边入模区域采用镶块结构。尤其是高强度激光拼焊板零件，型面整体考虑用模具钢更好。同时，也结合模具合适的热处理工艺。

激光拼焊板模具设计除了上述主要与传统设计的不同特点外，其他设计方面与传统冷冲压相同，主要过程：根据产品数模确定工艺工序，如主要的拉延、冲孔、切边、整形、翻边；根据分析及产品数模确定坯料形状尺寸、回弹控制及补偿、工艺补充、压边面、拉延筋

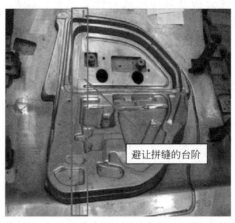

图 14-86　拼焊门内板拉延模具实物示例

等设计，设计模具形式、型面、结构、模具材料等；制定技术要求，如模具硬度、尺寸及表面精度等；配件明细、装配要求等。图 14-87 是拼焊板前纵梁回弹案例，明显回弹很大；图 14-88 是拼焊板前纵梁回弹控制案例，其中采用了拉延筋、法兰边波纹、工艺凸包等措施控制回弹。

图 14-87　拼焊板前纵梁回弹

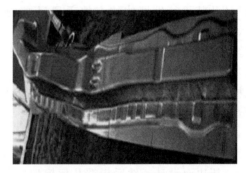

图 14-88　拼焊板前纵梁回弹控制

14.4.9　激光拼焊板冲压件可制造性分析

（1）激光拼焊板冲压件可拼焊性分析

激光拼焊板拼焊生产具有其相应的一些特许要求，这些要求相应地要求拼焊板零件设计需要考虑。

目前，激光拼焊批量生产的焊缝形式有直线、折线和曲线三种形式。作为可供选择的参考，直线焊缝最容易焊接，其相对拼焊质量、成材合格率也最好，成本也相对最低；曲线焊缝最难焊，而且需要专门的工装，其成材合格率相对最低。

由于激光拼焊时两块板需要定位夹持，因而每块母材需要有一定的板宽尺寸，如宝钢每块母板宽度最小尺寸需不小于 200mm。

两块可焊钢板厚度比，理论上最大比值为 1∶3。

由于汽车行业板材主要是薄板，目前一般激光拼焊设备主要应用于薄板焊接，一般最大可焊厚度建议不大于 3.5mm，原因主要是拼焊后焊缝质量和性能不易满足后续的冲压变形要求。

可焊钢板材料可选择冷轧板、镀锌板、热轧酸洗板，各种强度级别均可激光拼焊。激光拼焊对板形和板面精度要求高，故普通热轧板由于这方面精度较低而不适合激光拼焊。

(2) 激光拼焊板可冲压性分析及其冲压成形计算机数值模拟

激光拼焊板冲压目前一般采用传统冷冲压，传统冷冲压设备基本上都可冲压激光拼焊板，其可成形性分析与传统冷冲压相似，需要结合零件及其材料、设备的能力，确定合适的冲压工艺实施途径，需要分析零件冲压采用的工艺工序，如拉延、冲孔、整形、翻边、包边等，需要考虑各工序实现的可行性。对冲压工艺不可实施的产品设计可提出改进建议。

激光拼焊板成形与传统冷冲压大部分相似，但其与传统冷冲压也有明显差异的一些特征，这里主要结合激光拼焊板材料特点提出其需要关注的部分。

激光拼焊板一般是先切料或落料成需要的坯料形状尺寸，然后再拼焊成一张整板坯料。其开展可成形性分析时，坯料形状尺寸优化需考虑拼焊料需要的定位夹持以及拼焊焊缝可用的合理形式等。

激光拼焊板由于冲压成形中焊缝会因为不均匀变形产生移动，因此可成形分析中需要相对准确地估计焊缝的移动以及由于焊缝移动带来的后工序和零件质量要求的影响、这些影响对零件质量要求的满足程度。

激光拼焊板冲压成形数值模拟。薄板成形数值模拟技术经过 20 多年的发展，已经基本能相对有效地开展冲压成形的各主要工序的模拟分析，主要分析成形过程中的开裂、起皱、回弹等，结合 CAD/CAE 技术可以不断优化产品设计、成形工艺等，作为一种早期设计及其可行性评估的有效手段已被国际国内广泛采用。拼焊板冲压成形模拟功能的加入是 20 世纪 90 年代后期，其功能也一直在不断完善中；到目前为止，对于差异明显的不等厚或不等强度拼焊板，能模拟其成形过程的材料流动、变形、焊缝移动、减薄、开裂、起皱、回弹等成形特征，及其拉延、切边并能相对有效地满足实际工程需求。这些软件中应用很普遍的有 DYANFORM、PAMSTAMP、ABAQUS、AUTOFORM 等薄板成形分析软件。

拼焊板冲压成形数值模拟主要过程：先要依托成形模具几何数模，若还没有模具数模只对产品数模进行分析，对产品几何数模进行合适的处理；根据模具设计特点进行工艺补充面设计、压边面设计；然后根据几何模型划分有限元网格。冲压成形过程物理定义：定义冲压部件（如冲头、凹模、压边等）、冲压方式（如冲压、成形、冲裁、单动、双动等）、钢板材料形状尺寸及性能属性、焊缝位置及属性、摩擦润滑属性、拉延筋设置、冲压速度压边力等冲压参数设定、计算控制参数等；计算调试；错误修改；计算。结果分析：材料流动、起皱、开裂、减薄、焊缝移动、回弹等。优化分析：优化材料、焊缝、工艺、产品结构等。图 14-89 是折线拼焊门内板成形计算机模拟及其结构与坯料优化，图（a）是产品结构图、图（b）是成形仿真分析图、图（c）是仿真分析后优化的坯料图。图 14-90 拼焊板成形计算

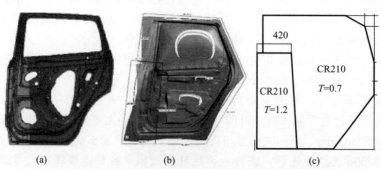

图 14-89 折线拼焊门内板成形计算机模拟及其结构与坯料优化

机模拟材料流动、减薄及焊缝移动分析。图 14-91 拼焊板成形计算机模拟安全、开裂、起皱等分析。

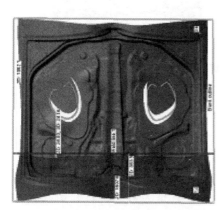

图 14-90　拼焊板成形计算机模拟材料流动、减薄及焊缝移动分析

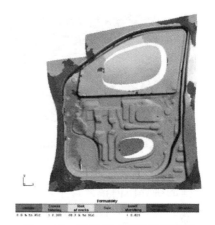

图 14-91　拼焊板成形计算机模拟安全、开裂、起皱等分析

但是，通过对焊缝组织、性能等特征的试验分析，焊缝及其热影响区是一个物理属性明显区别于两边母材的区域。目前，国际上的成熟薄板成形分析工程软件都未曾考虑焊缝的物理属性。这种分析对于差异明显的不等厚或不等强度拼焊板还具有工程意义的相对准确性，但对于等厚或等强度及其相近的情况就明显不能满足要求。国际上，研究者提出了很多的焊缝假设模型，如过渡单元、实体单元等处理焊缝建模，并在小试样试验及数值模拟间开展对比分析，但到目前为止没有一个焊缝模型被上述广泛使用的薄板成形工程软件采用。原因主要有模型建模太过复杂、焊缝单元太小、相对于焊缝单元尺寸工程实际都是大尺寸的零件、模型精确通用性问题等。

14.4.10　激光拼焊板零件优化设计

激光拼焊板零件优化设计是一个相对宽泛的概念，因为激光拼焊板适应的零件范围很宽，所以其功能性能要求也相差很大。总的来说，激光拼焊板零件设计是依托于整车及其车身设计目标，然后对整车设计目标进行分解，落实到各个零部件或小总成需要达到期望的分解目标。利用激光拼焊板零件优化设计的灵活性，这些目标主要有改善性能、改进结构、减少工序、降低成本、减轻重量等，每个激光拼焊板零件目标要求各有侧重。同时，在激光拼焊板零件设计中，还必须考虑激光拼焊板拼焊加工和冲压生产等的制造可行性。

零件设计方面，焊缝区域尽量设计型面简易些，结合板厚和材料性能，避免焊缝区小尺寸的突变。

这里对于一些应用广泛的典型拼焊板零件以及结合具有典型功能要求的设计性能分别展开做些简要介绍。

① 车门内板拼焊板设计。典型的是将铰链加强板、反光镜固定板等传统设计零件去掉，改用一块厚板和一块薄板组成的激光拼焊板设计。性能设计上需要达到目标需求，如门系统要求的刚度、强度等；结构上需要满足门内板各种与其他零件装配的要求，甚至还包括包边、密封等要求；拼焊、冲压等加工可行性要求。依据这些目标要求，设计合适的结构、焊缝、材料等。主要目的是减少工序、较少工装、节省材料、节省成本、提高连接强度、减轻

重量。图 14-92 是车门内板及其铰链加强板与反光镜固定板传统设计和激光拼焊板设计案例。

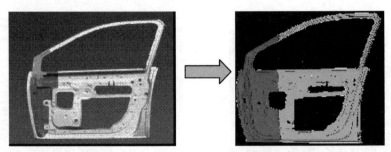

图 14-92　车门内板及其铰链加强板与反光镜固定板传统设计和激光拼焊板设计

含窗框的拼焊门内板设计中，焊缝设计目前主要有直线、折线、曲线焊缝三种形式。对于不含窗框的拼焊门内板设计，一般是直线焊缝设计，只是为考虑材料利用率和冲压效率，在冲压设计时大多是一张拼焊板一模两件冲压设计。

② 纵梁拼焊板设计。汽车尤其是乘用车前后纵梁是整车最重要的碰撞吸能安全件之一，为了达到充分吸能又能保证乘员安全的目标，纵梁需要设计合理的形状和结构，设计过程需要结合整车碰撞分析，考核整车和纵梁的变形程度与吸能情况，优化其设计以达到设计目标。图 14-93 是汽车拼焊前纵梁碰撞变形计算机模拟和结构示例，显示前段充分压溃变形吸能、后段少变形保安全。

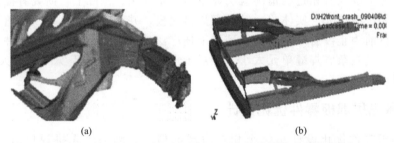

图 14-93　汽车拼焊前纵梁碰撞变形计算机模拟和结构示例

纵梁总成结构一般为盒形框梁结构，该盒形框梁结构目前大部分都是由多个零件冲压后点焊装配而成，而用激光拼焊板设计可大大减少纵梁总成的零件数量，如图 14-94 所示为传统纵梁总成结构（部分封闭件未显示）和拼焊板简化设计的纵梁结构比较。乘用车中纵梁长度方向还往往成略弯曲的 S 形以便与其他零件配合，更好地实现碰撞时前端压溃变形吸能、后端受碰载荷的合理分配与传递。

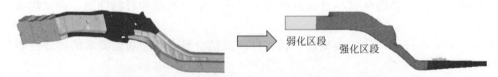

图 14-94　传统纵梁总成结构（部分封闭件未显示）和拼焊板简化设计的纵梁结构比较

纵梁除了形状结构及尺寸的合理设计外，激光拼焊板设计中可优化各段的合理长度、厚度、材料强度等影响因素，结合 CAE 碰撞分析，直到达到合理的碰撞设计目标值。

拼焊纵梁设计时一般采用直线焊缝设计，根据设计需要拼焊纵梁有一条焊缝、两条焊缝、三条焊缝的设计形式。

③ 中立柱拼焊板设计。一般轿车及其相近的 SUV、MPV 等车型都有中立柱结构设计，中立柱位置靠近第一排乘员。中立柱作为侧碰乘员安全保证的最重要部件之一，其合理设计很受重视。图 14-95、图 14-96 为中立柱总成传统结构和中立柱侧碰改为满足设计目标的高强拼焊内外加强板设计优化。

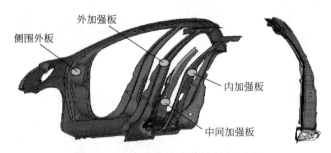

图 14-95　中立柱总成传统结构示意

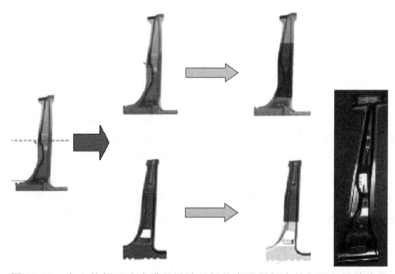

图 14-96　中立柱侧碰改为满足设计目标的高强拼焊内外加强板设计优化

除了上述拼焊设计应用较多的零件外，还有一些设计时应用到的拼焊零件，如天窗加强板、行李厢内板、轮罩内板、悬挂支座、前后保险杠等零件，宝钢开发的汽车座椅骨架超高强激光拼焊板零件等，这些零件采用拼焊设计或是不同程度减少了辅助零件数量，或是改善了零件性能，或是提高材料利用率、减轻重量等。图 14-97 是汽车座椅骨架零件超高强拼焊轻量化开发设计制造案例，同时由于零件及其工序减少还节省成本。

如图 14-69、图 14-70 所示，从钢板材料激光焊接热影响区的金相组织可以看出，焊接热影响区存在明显的粗晶区及细晶区，而焊缝区域晶粒的生长方向垂直于熔合线，向内快速生长，具有典型的柱状晶特点。

14.4.11　激光拼焊板冲压件在车身中的典型应用

(1) 激光拼焊板冲压件总体应用现状和发展趋势

激光拼焊板自 20 世纪末开始应用于汽车工业以来，在欧美日等发达地区得到快速发展，并拓展到航空航天、船舶、电子电器、核动力、军工等行业。目前应用量最大的还是汽车工

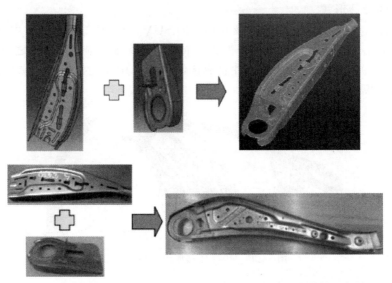

图 14-97 汽车座椅骨架零件超高强拼焊轻量化开发设计制造案例

业，发达国家的汽车设计中普遍在整车中将一些零件用拼焊板结构设计。目前世界最大的激光拼焊板生产商阿赛洛米塔尔公司生产线达 40 多条，年产量近 4000 万片。近年随着我国及亚洲汽车工业的快速发展，亚洲激光拼焊板市场发展异常迅速，宝钢激光拼焊板生产线近 39 条，年产量已达 4000 万片而成为亚洲最大、世界第二的拼焊板生产商；另外，2013 年原武钢收购蒂森克虏伯激光拼焊公司而成立的武钢国际激光拼焊板公司生产线 40 多条，年产量达 3000 多万片，随着宝武合并，激光拼焊业务也在开始整合；韩国浦项生产线 19 条，年产量也达到了 1000 多万片。在欧美和亚太绝大多数市场，激光拼焊板采用的是由钢厂或专业厂集中生产、集中供应的方式。从全球范围看，日本本土激光拼焊板大多采用的是汽车厂本厂生产或一对一供应模式，激光拼焊板供应商集中度很低，主要的拼焊板生产厂达 27 家，但日本拼焊板应用总量很大，汽车生产中激光拼焊板零件应用的比例很高。图 14-98 是拼焊板数量统计图。

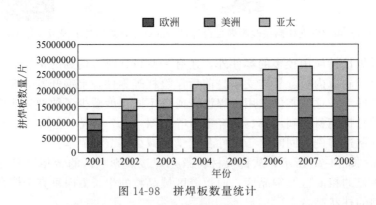

图 14-98 拼焊板数量统计

我国近年来虽然激光拼焊板生产和应用发展很快，但与发达国家相比，整车应用零件数量的比例较少，尤其是自主设计车型，有很多还没用上激光拼焊板。当然，这与国内拼焊板零件设计生产应用方面一整套的系统技术相对落后有关。

基于激光拼焊板在轻量化、成本、安全等诸多方面的优势，以及世界各国一直不遗余力地挖掘激光拼焊板设计制造的技术优势，激光拼焊板生产和应用还将在全球范围内进一步增长。伴随汽车轻量化等要求以及越来越多的超高强钢开发,与其对应的激光拼焊及其零件成形和设计制造技术也需要开发应用并达到最有效化的轻量化目标,如阿赛洛公司开发的镀铝硅热冲压汽车板激光剥皮拼焊等技术。而在我国及类似的国家,也随着像宝钢一样越来越多的公司对激光拼焊板研究应用的不断展开深入,激光拼焊板还有很大的市场有待扩展。

(2) 激光拼焊板冲压件在车身中的典型应用

激光拼焊板冲压件目前主要应用于汽车工业中,包括轿车、客车、卡车等都有应用,其中以轿车和接近轿车的 MPV、SUV 等车型应用更多;而在整车中又以车身冲压件最多,涵盖了很多大型覆盖件和结构件,图 14-99 为激光拼焊板零件在轿车车身上典型应用,如车门内板、纵梁、B柱、地板、轮罩、侧围内板、行李厢内板、前挡板等;此外,底盘零件中也有应用,如副车架拼焊板设计。

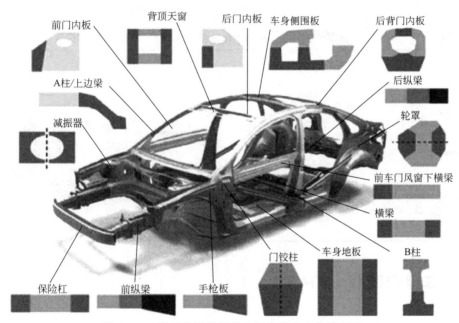

图 14-99　激光拼焊板零件在轿车车身上典型应用

(3) 激光拼焊板技术要求

① 外观和尺寸

a. 焊接长度公差:为待焊板公差的累计值。

b. 焊缝长度:符合板料图纸标注要求,焊缝的起始点和终止点在冲压件的废弃部位视为允许,除非另有说明。

c. 焊缝宽度:不大于较薄一侧基板厚度的 3 倍,不小于 0.3mm(另有规定除外)。

d. 焊缝位置:焊缝位置的偏差应当符合板料图纸标注的要求,一般偏差应在±1mm 范围内。

e. 水平错边:由于钢板放置错误导致的焊缝头部水平错边不得大于 1mm。

f. 焊缝的连续性:对焊缝的正面和背面应进行连续性检查,不得有明显波动跳跃现象、漏焊现象。

g. 钢板的搭接:对于激光拼焊板不得有明显可见的搭接现象。

h. 孔洞:对于激光拼焊板不得有明显可见的孔洞现象。

i. 溅渣：对于激光拼焊板不得有范围超过 5mm 的溅渣及脏物。

j. 断面检查：利用剪板机对激光拼焊板头中尾进行剪切，对剪切断面使用砂纸打磨，观察断面焊缝熔合度，不得有未熔合现象及光束聚集点明显偏离现象。

② 激光拼焊板拼焊后的焊缝成形性评价方法

a. 焊接接头拉伸。

在拼焊板上取拉伸样，试验的加载方向垂直于焊缝，试样的断裂位置必须在焊缝外（热影响区或母材内），否则视为不合格。

b. 杯突试验。

表 14-3 是杯突试样目视判定标准，在拼焊板上取杯突试样，使焊缝位于杯突试验球形压头中央。裂缝平行于焊缝参照＜杯突试样目视判定标准＞进行对比，符合合格试样图示的判定为合格，裂缝垂直于焊缝参照＜杯突试样目视判定标准＞进行对比，既要符合合格试样图示还要考察值≥75％为合格品。考察值＝焊缝杯突均值/薄板杯突值×100％[36]。

表 14-3　杯突试样目视判定标准

合格试样 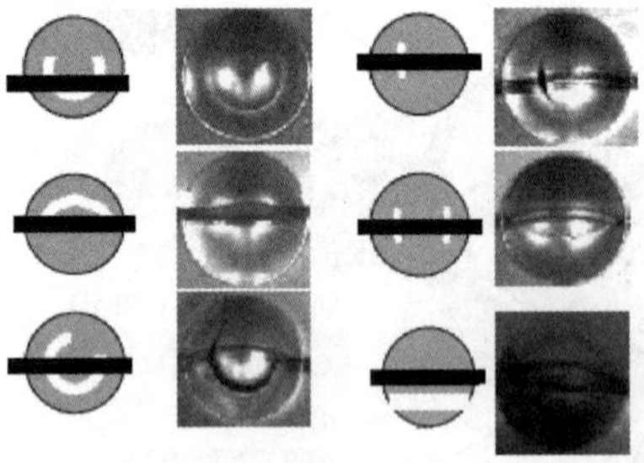	不合格试样 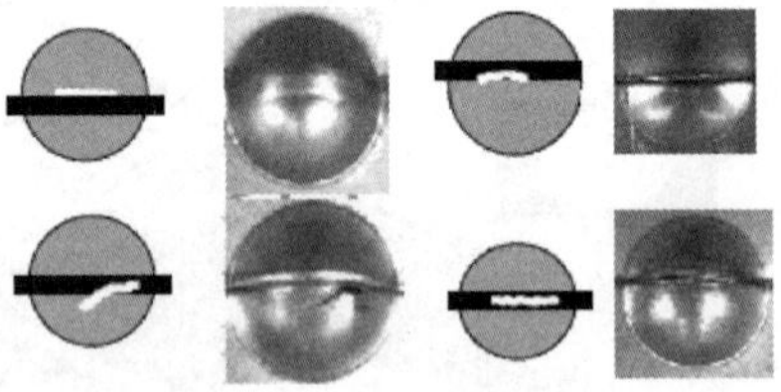

14.5　汽车用变厚板（VRB）

14.5.1　概述

目前汽车轻量化已成为减少能耗的有效对策之一，与之相伴的材料、设计以及成形方面的研究已成为全球汽车业研究的重点课题。然而，汽车轻量化绝非是简单地将其小型化而已。首先，轻量化应保持汽车原有的性能不受影响，即既要有目标地减轻汽车自身的质量，又要保证汽车行驶的安全性、耐撞性、抗振性及舒适性，同时汽车本身的造价不被提高，以免给客户造成经济上的压力。

目前汽车轻量化技术除了汽车结构的合理设计和使用轻量化材料两大方面，在材料的合理利用方面也进行了大量的研究，例如激光拼焊板和变厚度钢板等。

激光拼焊板（TWB, tailor welded blanks）是根据车身设计的强度和刚度要求，采用激光焊接技术把不同厚度、不同表面镀层甚至不同原材料的金属薄板焊接在一起，用于冲压成形的金属板根据所处位置和强度等特性的需要被裁减和拼接，然后再进行冲压，其减重效果可达 25％。由于 TWB 钢板可以根据需要任意进行拼接，因而具有极大的灵活性。但其不足在于：在板料的拼接处存在着厚度的突变，这使回弹预测、模具设计制造、焊缝移动控制成为新的课题；再者，焊缝的存在和在焊缝处的马氏体引起了材料的明显硬化现象，影响后续的成形。

变截面技术 1955 年首先由美国洛克威尔公司开始根据等强度原理用以研制汽车弹簧，该技术已经得到了广泛的认可和应用[41]。20 世纪 90 年代初开始，德国 Aachen 工业大学金属研究所的 R.Kopp 教授提出了连续变截面辊轧板概念，它是通过柔性轧制工艺生产的金属板，即在钢板轧制过程中，由计算机实时控制和调整轧辊的间距，以获取沿轧制方向上按预先定制的厚度连续变化的板材[42,43]。后来德国 MuBea 公司将该技术发扬光大，形成了以 TRB® (tailor rolled blanks) 为商标的产品技术[44]。上海宝山钢铁有限公司亦致力于研究并开发了该类变厚度产品，并申请了自己的注册商标 VRB® (variable thickness rolled blanks)，VRB 轧制原理如图 14-100 所示。同时，宝钢已经于 2017 年三季度完成产业化

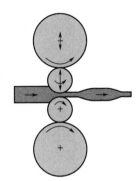

图 14-100　VRB 轧制原理

轧机的建设，已经具备变厚板产品的批量供货能力。通过这种新的柔性轧制技术生产的变截面薄板经成形后，汽车零部件将具有更合理的承载能力特性，且明显地减轻车身质量[45]。

14.5.2　变厚板轧制技术基本原理

变厚板轧制技术，实质上类似于传统轧制加工方法中的纵轧工艺。但其最大不同之处是，如图 14-100 所示，在轧制过程中，轧辊的间距可以实时地调整变化，从而使轧制出的薄板在沿着初始轧制方向上具有预先定制的变截面形状[46]。

VRB 轧制是传统横向轧制和纵向周期性连续变化轧制的有机结合，其最大的特点是在轧制过程中，轧辊的辊缝必须连续、周期性按预先确定的钢板形状变化[47]。而轧辊压下量的实时调整，使得轧辊的弯曲跟随发生变化，因此辊缝的调整变化必须和轧辊横向变形相协调[48]。因外，还必须借助高性能计算机对轧辊的横向和纵向进行实时控制，以快速协调辊缝的连续变化和横向送进变化。图 14-101 表示了变厚度轧制轧机的典型控制系统。

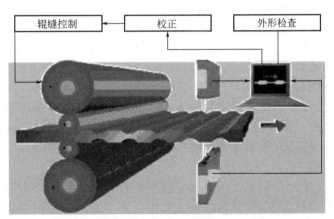

图 14-101　变厚度钢板的柔性轧制过程

VRB 的特点是轧制过程中能使轧件的厚度按预先设计的曲线要求变化，由于 VRB 生产是一个连续过程，为了使计算机能直接控制被控对象，保证轧辊的定位精度，必须采用高精度的辊缝位移传感器在线直接测量辊缝的变化，并通过计算机与伺服阀控制液压缸动作来快速调节辊缝的周期性连续变化[49]。

在轧制的过程中，各种因素都可能对钢板的精度产生影响，例如钢带的来料厚度误差、

硬度波动、压下力、前后带钢张力、工作辊的速度变化、轧制变形区摩擦条件的变化所诱发的前滑和后滑的影响以及还受到来自轧机本身的轧辊偏心、润滑状态、轧制速度变化所带来的摩擦系数波动和张力波动影响。因此在轧制的过程中，需对采集的数据进行及时的修正，见图 14-102。

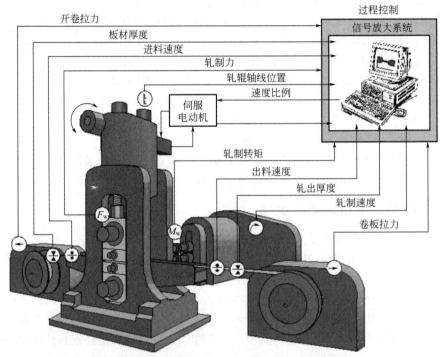

图 14-102　变厚度钢板柔性轧制控制系统

　　VRB 的厚度控制包含两个方面：一是周期性连续变厚度控制，二是钢带全长厚度的精度控制。前者主要受预设的板形厚度方程约束，同时也受下压力、张力、工作辊的速度和摩擦所诱发的前滑和后滑影响；后者主要受钢带的来料厚度误差、硬度波动以及轧机本身的轧辊偏心、润滑状态、轧制速度变化所带来的摩擦系数波动和张力波动影响。这些因素都是非线性的，并具有强烈的耦合性，而且其数学模型难以精确化。为此，应采用现代控制方法（如多变量控制、最优控制、自适应控制、预测控制等）和智能控制方法（如模糊控制、不确定性理论、专家系统、神经网络）相融合的人工智能自适应板形控制方法对 VRB 板形厚度进行控制。因此建立 VRB 板厚综合系统模型以使钢板的板厚曲线与设定的目标曲线相吻合才是最佳的控制方案。

　　由于 VRB 板厚是实时控制的，因此除了钢板的板形方程、张力方程、轧制力方程和轧制塑性方程外，板厚方程在 VRB 轧制控制方程中起到了关键的作用。变厚度钢板每个区段的板厚方程的通用差分式可表达为

$$\Delta h_i = \Delta S_i + \frac{\Delta P_i}{C_P} + \frac{\Delta F_i}{C_F} \qquad (14\text{-}5)$$

　　式中，Δh_i 为板厚波动量；ΔS_i 为辊缝的变化量；ΔP_i 为轧制力的变化量；ΔF_i 为工作辊弯辊力的变化量；C_P 为轧机纵向刚度系数；C_F 为弯辊刚度系数；i 为钢板的区段数，$i=1, 2, \cdots$。

　　由于 VRB 板出口厚度和形状取决于实际轧制过程的辊缝大小，而辊缝值又受轧制力、

原始辊缝和轧制加载时轧辊的刚度系数、板坯的前滑和后滑程度等影响。因此，通过在线精确测量实际辊缝值和轧制力大小，并进行曲线拟合，与给定 VRB 曲线进行比较，以达到对伺服系统的控制，进而实现对实际辊缝值的测控。同时，板坯的移动量是控制和测量的一个难点，它一方面必须满足塑性方程和体积不变规律，同时必须考虑辊缝变化和轧制力波动所带来的影响，因此板坯的移动量必须是这两个因素的综合。图 14-103 表示了变厚度钢板轧制过程控制框图。

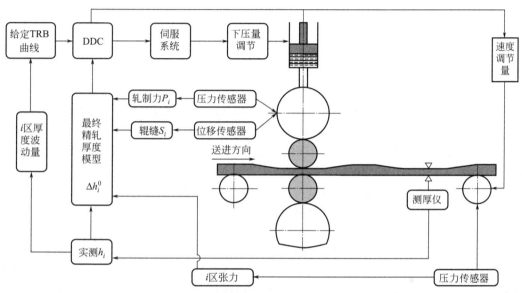

图 14-103　变厚度钢板轧制过程控制框图

轧机的压下液压缸是实施辊缝调整的直接执行机构。液压式压下厚度自动控制系统（液压 AGC）借助于轧机的液压系统，通过液压伺服阀调节液压缸的油量和压力来控制轧辊的位置，以实现对钢带厚度的自动控制。为了精确测定实际辊缝值，一般在轧机上安装位移传感器来检测辊缝位置的变化。

轧制是生产变厚度钢板工序的核心，但是得到满足冲压成形需要的钢板还要经过一系列的后续工艺过程，例如退火、平整、酸洗、矫直、涂层、剪切等。由于 VRB 钢板厚度变化的特点，在轧后热处理时要考虑特殊的退火工艺才能使材料的热处理特性均匀。同时在后续的平整和矫直工序，也要采取特殊的控制方法来满足厚度变化的需要。

不同于等厚度钢板，在 VRB 钢板的成形过程中，要求板料的定位相当精确。不当的板料定位将会使冲压件的性能发生变化。严重的情况下，错位的 VRB 钢板将会破坏模具，从而影响正常的生产过程。因此在钢板剪切时，要求有非常精确的定位，这就要求生产线要具有高精度的纵向剪切定位测试和剪切执行手段。同时在冲压板料的设计时也要考虑板料的尺寸裕度来抵消由于轧制参数波动而带来的长度方向的尺寸偏差。

VRB 钢板的生产过程是一个复杂的、多领域、多学科的工艺体系，完美地实施变厚度钢板的产生和应用，将涉及高精度动态厚度控制技术、合理的热处理工艺、柔性精整和矫直技术以及高精度的长度跟踪和周期剪切技术。正确实现每一技术细节将是实现 VRB 钢板轧制工艺过程建模、缩短开发周期、降低生产成本、提高板型质量的基础，也是推动 VRB 技术在汽车车身轻量化上应用的保证。如图 14-104 所示为变厚度钢板制造和使用技术流程图。

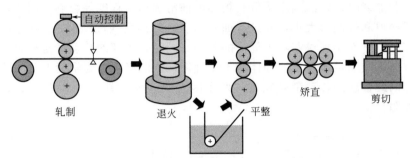

图 14-104 变厚度钢板制造和使用技术流程图

14.5.3 变厚板应用关键技术

了解柔性轧制技术的过程原理和轧制工艺特性仅仅是触及了 VRB 技术的部分领域，是充分了解 VRB 技术在例如汽车这种对结构轻量化比较敏感的领域的第一步。使 VRB 技术特点得以充分体现的另一重要领域是 VRB 钢板的成形技术，即使该设计理念通过零件的手段通过成形得以体现。VRB 钢板的厚度变化以及这种变化在钢板成形过程中金属流动的特性将使其在成形模具设计、金属流动规律的正确评判产生重要影响[47,48]。

(1) 变厚度钢板冲压成形数值模拟技术

几何形状上，变厚板相对于等厚板一个显著特点是，变厚板在其初始轧制方向上的截面形状是连续变化的，即厚度在过渡区存在连续变化。

由于在轧制过程中的加工硬化等现象而具有明显的正交各向异性，因此在考虑钢板成形流动准则时，必须考虑各向异性，同时应注意冲压成形过程使板料各向异性发生的改变[50]。对于热处理之后的钢板也要考虑不同厚区、薄区以及厚度过渡区的特性，以便为冲压过程的数值分析等用途提供依据。

而通过等厚度区域的单向拉伸实验和变厚板数字散斑单向拉伸实验，可以有效探究不同厚度位置材料性能参数的差异性。通常所说的数字散斑相关方法是指二维的数字散斑相关方法，该方法是根据物体表面随机分布的散斑场在变形前后的统计相关性来确定物体的变形。数字散斑相关方法在测量变厚板的单向拉伸过程中具有实时性、非接触、光学系统简单等优点。应用数字散斑相关方法的前提是被测物体的表面有随机分布的、黑白相间的斑点，可以是人工斑点，也可以是物体表面的自然纹理、晶粒等。但一般情况下，都采用人工制作斑点的方法。制斑流程为先在试样表面喷涂白色底漆，然后在白色底漆上面喷涂黑色斑点。

实验装置如图 14-105 所示。相对于常规的单向拉伸实验，数字散斑实验装置增加了拍摄单拉过程的摄像机和处理相关图片的硬件和软件设备。

图 14-106 给出了变厚板在不同厚度区域的数字散斑单向拉伸试样力学性能拉伸曲线。从不同厚度位置的真实应力应变曲线、变厚板数字散斑单向拉伸试样的力-位移曲线和试样中不同厚度位置的主应变随时间变化曲线皆可以得出一个结论：变厚板过渡区不同厚度位置的力学性能参数同样存在差异。

行业内普遍应用的钣金成形分析软件也越来越重视变厚板技术，目前最新版的 Autoform（R6 及以上版本）、Dynaform（5.9.3 及以上版本）中已经嵌入了变厚板模块，已经能进行前期的变厚板零件冷冲压和热冲压的成形性分析。

以 Autoform R7 中的变厚板模块为例，可以在材料定义时，将材料类型定义为 Rolled，之后通过对厚度信息进行编辑，即可完成对变厚板板料厚度数量和厚度值的设置，如

图 14-107 和图 14-108 所示。

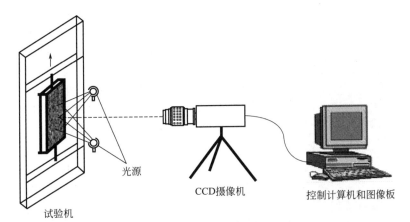

图 14-105 数字散斑实验装置示意图

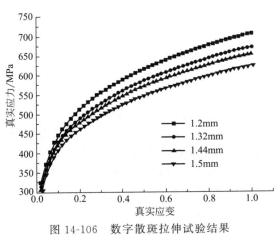

图 14-106 数字散斑拉伸试验结果

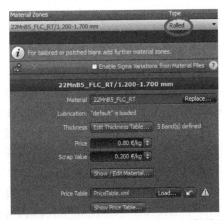

图 14-107 Autoform R7 中变厚板材料设置

Edit Thickness Table

Index	Thickness
1	1.200 mm
2	1.500 mm
3	1.700 mm
4	1.500 mm
5	1.200 mm

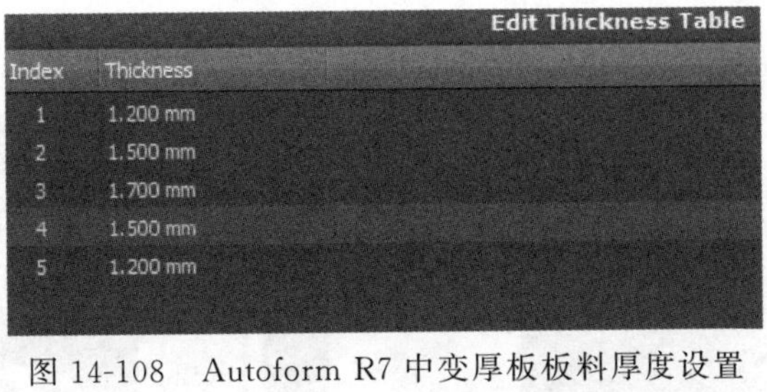

图 14-108 Autoform R7 中变厚板板料厚度设置

对板料轮廓进行定义后，就可以在板料设置模块中，对变厚板的等厚度和过渡区的长度进行设计，如图 14-109 所示。值得注意的是变厚板的厚度及过渡区设置必须结合变厚板本身的生产规格限制进行设置，而变厚板成形过程仿真分析中模面及成形设置与传统冲压基本一致。

虽然目前 Autoform、Dynaform 已经完成变厚板的商业软件嵌入，但是其功能还是存在一些不足，例如暂时无法进行不同厚度区域材料性能差异性的设置，只能通过对板料节点厚度的模拟来实现变厚度设置；同时无法提取出变厚板过渡区偏移曲线以指导模具设计等。因此，商业软件方面还有进一步优化的空间。

(2) 变厚板零件设计及其服役性能评价

目前借助整车数字化平台,可以实现变厚板零件在整车环境下使用性能的 CAE 分析、评估,借助外形、厚度、不同强度区域分配、相关结构的优化,实现性能提升、制造成本可控。同时,变厚板零件设计本身,需要深度结合变厚板产线规格以及生产能力等,需要从量产角度对相应 VRB 变厚板零件的工程设计以及可行性分析给予充分确认[51]。

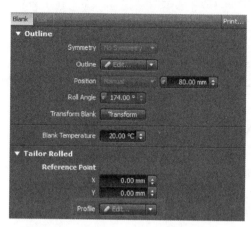

图 14-109 Autoform R7 中板料等厚区和过渡区长度设置

目前,在欧美新车型上,变厚板已经投入了汽车工业的实际应用中。以目前占比最大的汽车零件 B 柱加强板为例(图 14-110),B 柱(小总成)是影响汽车侧碰性能的关键敏感零件,理想的 B 柱设计既要防止侧碰时乘员区(乘员头部和胸部)发生过大的侵入位移以伤害乘员,又要让某些区域(和门槛加强板相连接区域)在侧碰时候发生压溃变形以吸收能量(不能让这部分区域强度过强,或厚度过厚)[52]。为了实现热冲压 B 柱不同区域有不同的强度,传统设计方法是采用热冲压零件和冷冲压零件分别冲压再焊接,或统一采用相对较薄的热冲压零件,再在需要强化的区域打补丁。传统设计方法制造工序多、制造成本高。而目前在欧系的一些中高档车型上,普遍采用新的热冲压工艺来实现变强度的热冲压零件,虽然实现一个零件整体成形,但不同区域强度不一样,以减少补丁板和冲压工序。由于 VRB 板本身的优点,VRB 热冲压工艺是新工艺中实现变强度 B 柱加强板零件中轻量化效果最好的。

由此可见,变厚板技术的应用,需要充分考虑到零件自身的受力状态,借助整车 CAE 仿真分析模型,应用数值模拟手段研究相关零件及其在整车环境下的使用性能,开展外形、厚度、不同强度区域分配和相关结构优化,图 14-110 为 Ford 新福克斯车型 B 柱采用变厚度设计。同时,结合三点弯曲和碰撞试验等手段,对 VRB 变厚板零件(或整车)进行实际性能测试和评估。

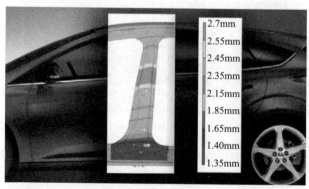

图 14-110 Ford 新福克斯车型 B 柱采用变厚度设计

(3) 冲压模具设计制造关键技术

对于变厚板来说,原来基于等厚度板材所建立的模具设计及制造方法已经不再完全适用,需要针对变厚板的具体变化特征来重新梳理相关冲压模具设计及制造技术。变截面薄板的冲压成形模具设计难度很高,但汽车制造业已经在车身覆盖件模具设计方面积累了大量的知识和经验,找到了解决问题的方法,可以使技术人员从共性之中挖掘其相同的本质,找到新的出路。如采用阶梯式压边圈技术消除凸缘区域的薄侧材料皱曲问题;采用分区变压边力的最优控制技术减少附加应力,防止变形不均匀所带来的起皱和破裂;借鉴等厚度板拉延筋布置技术,设计多重、高度连续变化的拉延筋;借鉴多点成形技术使凸模工作型面形状与VRB的板形一致,以减少或消除变形不均引起的起皱和破裂问题等,都为变厚度板料的模具设计提供了帮助,从而避免由于压边模与钢板不接触或者压边力不足而形成的钢板边部的皱褶或拉裂。

同时,对于变厚板模具的制造,变厚板冲压模具坯料定位、连续厚度过渡区域模具间隙、模具上下型面加工方式,拉延筋、压边圈几何设计,零件成形性能、回弹处理等关键问题,都值得深入的研究[50,53]。特别值得注意的是,变厚板冲压模具需要重视变厚板在成形过程中的板料稳定性,可以通过坯料靠模、定位销形式以及活料芯压料等多方面对板料成形状态进行综合优化,防止板料在成形过程中窜动导致的零件成形后厚度与设计不符[54,55]。

德国亚亨大学塑性成形研究所的 Kopp 教授在研究变厚度钢板成形时,通过不同的模具垫片来与变厚度钢板匹配,并对不同长度的厚度过渡区进行了成形试验。试验材料为DC04,厚度板厚 1.1~1.6mm,其厚度过渡区分别为 20mm、80mm 和 300mm,深冲件过渡区变形大小的情况见图 14-111[56]。

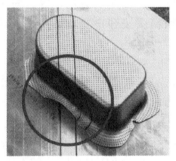 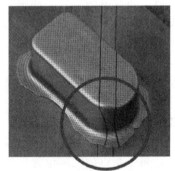

(a) 过渡区有较大的横向流动　　　　(b) 过渡区有较小的横向流动

图 14-111　变厚度板料的深冲试验

变厚板过渡区大小的相关变形试验结果(图 14-112)说明:

①在钢板的变厚度设计时,如结构及装配允许,尽量减小其减薄率;

②平缓的厚度过渡区将使得板料成形时的压边力设定和压边模的设计变得简单,也使得板料产生皱褶的可能性降低;

③更重要的是如果根据等强度的原理来合理设计零件,将会使板厚过渡区长度加大,既使成形变得容易,又可使产生成形缺陷的可能减小。

因此,加大板厚过渡区将从结构机械特性和增大板料成形性两个方面使变厚度钢板的优点和可成形性得到突出。

14.5.4　变厚板的检测评价

(1) 检测项目

由于变厚轧制过程不改变母材的化学成分,对于变厚板的检测不包括化学成分分析。

针对变厚板的检测项目包括:外观;尺寸;基板厚度;镀层厚度;力学性能;其他客户要求事项。

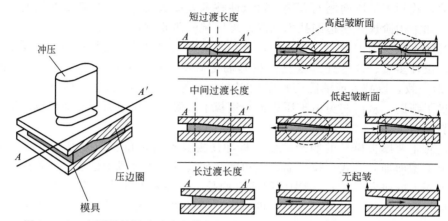

图 14-112 变厚板的深冲试验中模具设计与板料尺寸的匹配对变形过程的影响

(2) 评价标准

① 外观。

对于无镀层变厚板,表面按较高级的精整表面来控制。表面允许有少量不影响成形性及涂、镀附着力的缺陷,如轻微的划伤、压痕、麻点、辊印及氧化色等。对于镀层变厚板,表面不允许有露出底层基材的划伤。表面结构的粗糙度按客户要求,或按相对应的同牌号同厚度等厚钢板控制。

② 尺寸。

变厚板以方板形式交付时,尺寸管理包括:a. 板料总长度;b. 板料总宽度;c. 每厚度段长度。

对于总长度和总宽度,在客户没有特殊要求的情况下,按±2mm 控制。客户有特殊要求按客户要求执行。对于每厚度段的尺寸管理,以方板的端面为零点,等厚段到过渡段的拐点设为 a_1、a_2、$\cdots$、a_n,每个拐点的实际位置,与图纸要求的位置偏差控制在±2mm 以下。

③ 基板厚度。

变厚板的厚度只对等厚段进行控制。仍以方板的端面为零点,等厚段到过渡段的拐点设为 a_1、a_2、$\cdots$、a_n,在图纸规定拐点的位置向等厚段偏移一定距离进行测量。厚度符合同牌号等厚钢板的厚度公差要求即为合格。偏移距离一般由客户根据后续加工的模具设计指定。如客户无要求,按偏移距离 3~5mm 来测量。

④ 镀层厚度。

带镀层的钢板在变厚轧制后,镀层厚度会发生减薄。一般认为,镀层减薄率与基材减薄率相同。如变厚板的某段,母材厚度 2.0mm,轧制后厚度 1.0mm,减薄率即为 50%,相对应的厚度段镀层厚度也减薄 50%。

客户一般会指定板料镀层厚度的下限,因此在选择轧制原料卷时需考虑减薄后的镀层最小厚度满足要求。

⑤ 力学性能。

对于热冲压用变厚板,轧制后对力学性能不做测量。对于冷冲压用变厚板,按客户要求控制。分别有不同厚度段按同牌号钢材的性能控制和不同厚度按不同牌号钢材的性能控制两种方式。力学性能只对等厚段做检测,检测项目包括屈服强度、抗拉强度、总伸长率等指标。一般对 0°、45°、90°三个方向进行检测。在等厚段尺寸允许时,采用 A_{80} 标样,尺寸过小时,采用 A_{50} 标样。遇特殊尺寸时与客户协商试验方法。

⑥ 其他客户要求事项。

如客户有特殊要求，按客户要求实施。

(3) 评价方法

变厚板在检测时，只考虑等厚段。因此可作为对应牌号对应厚度的等厚钢板来实施。

对外观的检查一般采用目视。尺寸测量采用直尺、钢卷尺，并用塞尺配合检验平台检查不平度等。厚度采用千分尺测量。镀层厚度采用显微镜测量。

力学性能按照 ASTM E8M 或 GB/T 228.1—2010 的要求取样试验。

14.5.5 变厚度钢板在汽车行业的典型应用

根据目前汽车零部件的加工技术水平，变厚度钢板除了可在常规冷冲压工序中应用，也可应用在管形件的液压成形和激光焊管、开口或闭口的辊压件、热冲压件成形的各类零件中，对这类板进行 V 形弯曲成形时的回弹试验和数字模拟可参考文献 [57, 58]。VRB 技术的充分利用将会在满足结构对强度、刚度以及寿命要求的情况下，从根本上改变结构设计的理念，为结构轻量化提供最佳的解决方案。由于利用柔性轧制技术可以轧制出"量身定做"特性设计所需要的变厚度钢板，因此在设计时可根据结构对每个零部件的力学要求，依据结构总体性能最优，例如应力场分布、碰撞性能体现、NVH 特性等，得到理想的轻量化要求。

用轧制方法生产变厚度钢板的技术出现之后很快得到应用，德国 Mubea 公司报道已经生产出超过 1500 万件变厚度钢板供应给奥迪、宝马、大众等汽车制造厂家，广泛应用于制做轿车车身的各种梁、柱、板、管类零部件，见图 14-113 和图 14-114[58,59]。

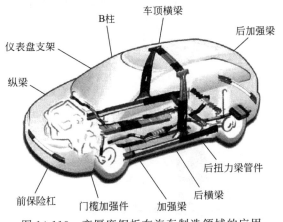

图 14-113　变厚度钢板在汽车制造领域的应用

图 14-115 所示为沃尔沃已经连续多年在 ECB 欧洲车身会议上展示的结合变厚板和拼焊板的技术方案。作为其车身结构的重要亮点之一，沃尔沃已经展示含有该技术方案的车型，包括 XC90（2014 年）、V90（2016 年）、XC60（2017 年），通过利用该技术可以有效提升其侧面碰撞安全性，并实现减重降本。

图 14-116 为另一个在汽车工业上的应用实例，斯柯达在其科迪亚克车型上将变厚板应用于地板横梁上，实现了减重 1.1kg。

VRB 技术被人们认知和利用将使材料应用由平面到曲面，零件结构性能由等截面到等强度的改变，也形成了车身轻量化和节能减排动力来源。目前人们对 VRB 技术而带来的设计理念的改变刚刚开始，可以预见这种设计理念的普及将会扩大，从而形成市场和应用的主流，将成为汽车车身轻量化的主要应用手段。

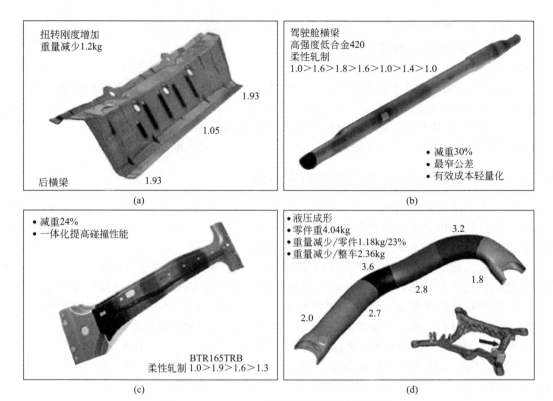

图 14-114　Mubea 利用变厚度钢板制作零件

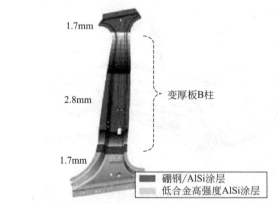

图 14-115　沃尔沃 XC90 车型变厚板 B 柱

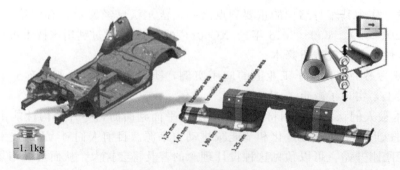

图 14-116　变厚度钢板的应用实例

参 考 文 献

[1] 苑世剑. 现代液压成形技术 [M]. 北京：国防工业出版社，2009.
[2] 苑世剑，刘伟，徐永超. 板材液压成形技术与装备新进展 [J]. 机械工程学报，2015，51（8）：20-28.
[3] Yang D Y, KIM J B, LEE D W. Investigation into manufacturing of very long cups by hydromechanical deep drawing and ironing with controlled radial pressure [J]. Annals of the CIRP, 1995, 44: 255-258.
[4] Chen B G, Xu Y C, Yuan S J. Investigation into influence of pre-bulging on subsequent hydrodynamic deep drawing [J]. Reviews on Advanced Materials Science, 2013, 33 (5): 423-428.
[5] 崔晓磊，王小松，苑世剑. 法向应力对板料成形极限影响的研究进展 [J]. 塑性工程学报，2013 (2)：1-9.
[6] Xu Y C, Kang D C. Investigation of sus304 stainless steel with warm hydro-mechanical deep drawing [J]. Journal of Material Science & Technology, 2004, 20 (1): 92-93.
[7] Liu W, Wu L Z, Yuan S J. Effect of hydraulic pressure on warm hydro mechanical deep drawing of magnesium alloy sheet [J]. International Journal of Modern Physics B, 2009, 23: 1975-1981.
[8] JOHANNISSON T G. Low volume production of sheet metal parts [C] //International Conference "Hydroforming of Tubes, Extrusions and Sheet Metals", Stuttgart, Germany, 2001: 158-179.
[9] 朗利辉，袁超，王永铭，等. 6061铝合金飞行器翼尖蒙皮充液成形及起皱控制研究 [J]. 锻压技术，2014，39（9）：36-41.
[10] 胡晓. 5A06铝合金框形件拉深成形过程研究 [D]. 哈尔滨：哈尔滨工业大学，2015.
[11] 刘渊媛，叶盛薇. 液压成形技术及其在汽车工业中的应用介绍 [J]. 武钢技术，2017，55（5）：58-62.
[12] 郎利辉，杨希英，刘康宁，等. 汽车轻量化及其进展 [J]. 现代零部件，2014，4：45-47.
[13] 蒋浩民. 宝钢汽车零部件产业发展概述 [C]. 天津：全国钢材深加工研讨会，2014：143-146.
[14] Su Haibo, Chen Xinping, Jiang Haomin. Fracture Mechanism of Hydro-piercing in Tube Hydroforming [C]. Japan: Proceedings of the 5th International Conference on Tube Hydroforming, 2011.
[15] Wu Lei, Jiang Haomin, Su Haibo, et al. Analysis of Hydropiercing Process on Automobile Parts [C]. 6th INTERNATIONAL CONFERENCE ON TUBE HYDROFORMING, 2013.
[16] Jiang Haomin, Chen Xinping, Su Haibo, et al. Experiment and Simulation of Tube Bending and Hydro-forming Processes [C]. Haerbin: Tube Hydro-forming Technology, 2007.
[17] Su Haibo, Jiang Haomin, Guan Shurong, et al. Finite Element Simulation and Experiment of Automobile Engine Cradle [C]. Taiwan: Proceedings of the 4th International Conference on Tube Hydroforming, 2009.
[18] 蒋浩民，陈新平，范频，等. 管件液压成形技术及其在车身轻量化中的应用 [C]. 成都：中国钢铁年会，2007：259-264.
[19] 陈新平，胡晓，宋晨，等. 超高强钢QP980液压成形B柱仿真及试验研究 [J]. 精密成形工程，2016，8（5）：60-64.
[20] Lu R D, Jiang H M, Wu L. The development of crash box hydroforming and the defect improving [C]. China: 7th INTERNARIONAL CONFERENCE OF TUBE HYDROFORMING, 2015.
[21] WorldAutoSteel. Advanced High-Strength Steels Application Guidelines Version 6.0, 2017: 3-33.
[22] 曾国. 多道次辊弯成形冷弯型钢残余应力有限元仿真与实验研究. 上海交通大学，2009.
[23] 王春新，刘继英. 冷弯成形过程仿真技术的发展. 北方工业大学学报，2004，16（1）：46-50.
[24] 张雪松，彭玉龙. 冷弯成型理论与工艺技术的发展. 金属世界，2014，3：26-29.
[25] 小奈弘，刘继英. 冷弯成型技术 [M]，北京：化学工业出版社，2007.
[26] 艾正青，刘继英，韩飞，等. 变截面柔性辊弯成型技术的国内外研究进展. 制造技术与材料，2010，19（2）：34-36.

[27] 韩飞，王秀坤，孙勇，等.链模式变截面成形机理分析.塑性工程学报，2017，24.
[28] Yong S, Yaguang L, Kun Z, et al. The Experimental Investigation on Chain-die Forming U-Profiled AHSS Products [C] // The 10th China Steel Conference, 2015.
[29] 晏培杰，韩静涛，王会凤.开发中的冷弯成形新技术 [J].锻压技术，2012（1）：6.
[30] 高金凤.热辊弯成型的热力耦合有限元分析 [D].北京：北方工业大学，2013.
[31] 晏培杰.高强钢热辊压成形技术研究，北京：北京科技大学，2012.
[32] 韩静涛.中国冷弯型钢工业发展的现状与未来 [J]，中国建设报，2013-3-11（008）.
[33] Peter Groche, Dragoslav Vucic, Michael Jockel. Basics of linear flow splitting. Journal of Materials Processing Technology, 2007. 183：249-255.
[34] HIRT G, Dávalos-Julca D H. Tailored Profiles Made of Tailor Rolled Strips by Roll Forming-Part 1 of 2 [J]. Steel Research International, 2012, 83（1）：100-105.
[35] 2016 年中国激光行业现状分析及发展趋势预测.中国产业信息网，2016.
[36] WI-QB-03 B1 激光拼焊板标准.2011.
[37] 郭瑞泉，阎启.线性焊缝激光拼焊板冲压特性研究.中国激光，2008.
[38] 奚松山.从业态特性看全球激光拼焊装备制造业的发展格局.科技视界，2016（21）.
[39] 郭瑞泉.激光拼焊板零件设计及其冲压工艺优化技术研究.中国激光，2012.
[40] 阎启，郭瑞泉.激光拼焊门内板冲压有限元仿真及实验研究.中国激光，2007.
[41] KOPP R, et al. Flexibly Rolled Sheet Metal and Its Use in Sheet Metal Forming. Advanced Materials Research, 2005, 6-8：81-92.
[42] MEYER A, et al. Increasing of the drawing depth using tailor rolled blanks—Numerical and experimental analysis. International Journal of Machine Tools & Manufacture, 2008, 48：522-531.
[43] HIRT G. Manufacturing of Sheet Metal Parts from Tailor Rolled Blanks. Journal for Technology of Plasticity, 2005, 30：1-2.
[44] 杜继涛.VRB 轧制建模及其在汽车覆盖件上应用的关键技术.同济大学博士学位论文，2008.
[45] 刘相华，等.差厚板轧制技术及其在汽车制造中的应用.汽车工艺与材料，2011（1）：30-34.
[46] 吴志强，等.带材周期变厚度轧制控制系统开发.东北大学学报，2011，32（3）：387-391.
[47] Chuang C H. Multidisciplinary design optimization on vehicle tailor rolled blank design. Struct Multidisc Optim, 2008, 35：551-560.
[48] URBAN M. Numerical research and optimisation of high pressure sheet metal forming of tailor rolled blanks. Journal of Materials Processing Technology, 2006, 177：360-363.
[49] RYABKOV N. Production of blanks with thickness transitions in longitudinal and lateral direction through 3D-Strip Profile Rolling. International journal Mater Form 2008, 1：391-394.
[50] 兰凤崇，等.差厚板汽车 B 柱轻量化设计.现代零部件，2011（12）：62-65.
[51] 姜银方，等.连续变截面板及其应用中存在的关键问题.制造技术与机床，2011（1）：144-148.
[52] JEON S J, et al. Development of Automotive Door Inner Panel using AA 5J32 Tailor Rolled Blank. Transactions of Materials Processing, 2011, 20（7）：512-517.
[53] Zhang Huawei, et al. Springback characteristics in U-channel forming of tailor rolled blank. Acta Metall. Sin. (Engl. Lett.), 2012, 25（3）：207-213.
[54] 李艳华，等.影响 VRB 单向拉伸的几何参数研究.现代制造工程，2010（3）：83-85，107.
[55] 张华伟，等.影响轧制差厚板冲压成形性能的几何参数研究.机械设计与制造，2012（4）：7-9.
[56] 官英平，等.拼焊板 V 形自由弯曲成形及回弹过程.塑性工程学报，2010，17（6），28-32.
[57] 包向军.变截面薄板弯曲成形回弹的实验研究和数值模拟.上海交通大学博士论文，2003.
[58] KOPP R, WIEDNER C, MEYAR A. Flexible rolling for load-adapted blanks. International Sheet Metal Review, 2005（7-8）：20-24.
[59] MEYER A, HIRT G. Tailor rolled blanks—experimental and numerical analysis of the deep drawing behaviour. Proceedings of the International Deep Drawing Research Group, Porto, 2006：421-428.